자연과학사1

History of Natural Science 1

자연과학사1
History of Natural Science 1

고대 · 중세 · 근세 편

박인용 지음

경당

머리말

이 책을 펴내며 밝혀둘 것은, 이 책은 프리드리히 다네만(Friedrich Dannemann, 1859~1936) 교수의 저서인 『발전과의 관련에서 본 자연과학사(1920~1923)』에 기초하였고 또한 유래하였다는 사실이다. 내가 처음으로 다네만의 책을 읽게 된 것은 1957년에 글래스고 로열 이공대학교 대학원에 핵공학을 공부하러 가던 때였다. 일본 동경에 들러서 여행 중에 읽을거리를 찾다가, 야스다 도쿠타로(安田 德太郎)와 가토 다다시(加藤 正) 교수가 다네만의 책을 일본말로 번역한 『대자연과학사』를 발견하고 구입한 것이 계기가 되었다. 당시 나의 핵공학에 대한 기초 지식이나 영어 실력은 아주 부족하여서, 유학 중의 공부와 독서는 고역으로만 느껴졌다. 다만 이 책을 읽는 것만이 독서의 재미를 느끼게 해주었으며, 고달픈 수학(受學) 생활의 위로가 되었다. 그뿐만 아니라 학구에 대한 기본 방침을 세우는 데도 적잖은 도움을 주었다.

종래의 자연과학에 관한 역사서는 노인의 골동 취미인 서지학 또는 고증학적 연구이거나, 그렇지 않으면 아동을 위한 위인전 이야기를 모은 것이 많고, 기껏해야 어떤 전문 분야의 나열적인 학사를 벗어나지 못했다. 과학사 기술의 초점은 자연과학의 전체적인 발전을 파악하고, 과학을 추진하는 내적 요소들과 사회적 배경을 인식하는 데 있다. 이와 같은 관점에서 저술된 자연과학사는 다네만 이전에는 찾아볼 수가 없다. 전기적 기술이나 좁은 범위의 과학적 지식의 수집에서 벗어나서 역사성 안에 살아 있는 과학사가 되게 한 다네만 교수는, 그가 저술한 『발전과의 관련에서 본 자연과학사』 서문에 과학과 역사의 관계에 대하여 다음과 같이 주장하고 있다.

"본서는 어떤 의미에서는 오스트발트의 『정밀과학 고전총서(Klassiker der exakten Naturwissenschaften)』의 테두리가 되며, 개개의 분야가 발전의 과정에서 어떻게 서로 영향을 주고받았는가를 설명하려는 것이다. 과학사는 무엇보다도 우선 문화사의 한 중요 부분이므로 문화사 및 일반 역사와의 관계에서 고찰하여야만 이해된다. 이와 같은 관점에서 출발한 자연과학 발전 과정의 강술은 아직 아무도 손대지 않았다. 어떤 시대, 어떤 지역, 어떤 분야의 과학사도 오직 전체적 발전의 테두리 안에서만 설명할 수가 있다. 이 전체적 발전을 안중에 둔다면, 자연과학을 문화 전체의 결과로서 고찰할 뿐만 아니라 타의 여러 과학, 특히 철학, 수학, 의학 기술과 관련지어서 고찰하지 않으면 안 된다. 그리고 이들의 사고와 탐구의 여러 부문이 서로 촉진하고 제약한 점들을 규명하지 않으면 안 된다. 우리의 경험이 미치는 범위에 있는 대상에 대한 발전의 행적을 명확히 눈앞에 떠올릴 수 없으면, 우리는 그것에 대한 명확한 개념을 가질 수 없다. 국가 조직을 이해하는 데 옛날부터 이 명제가 존중되어 왔다. 그래서 국가의 공민으로서의 인간에 관계된 문제에 대해서는 역사가 항상 선생으로 생각되어 왔다. 오늘날의 자연과학도 역시 역사의 가르침을 받아왔고, 또 역사의 발전에 영향을 미쳐 왔다. 그러나 기묘하게도 과학 그 자체가 발전의 견지에서 깊이 있게 고찰된 것은 최근에 와서다. 그러나 그 성립 과정을 이해해야만 그 성과를 바르게 이해할 수가 있다는 명제는 여기에도 꼭 들어맞는 것이다.”

자기가 연구하고 있는 바로 곁의 분야에 대해서는 전혀 알지 못하고, 다만 자기 자신의 좁은 연구 범위에서만 일류 전문가로 인정되는 것이 참다운 학자의 목표라는 의견이 유감스럽게도 흔히 있다. 그런데 이것에 대하여 뮌헨 대학의 귄터 교수는 이렇게 날카로운 비판을 하였다.

“과학사에서 중요한 것은 세세한 지식이나 개별 문제를 연구하는 것은 아니다. 여기서는 큰 이념이나 그것의 영향을 받은 성과에 대하여 하나의 대략적인 모습을 그리는 것이야말로 중요한 것이다.”

다네만 교수도 이에 찬동하여 과학사에 대한 다음과 같은 주장을 하고 있다.

“이러한 결함에 대한 귄터 교수의 조소는 매우 지당한 것이며, 이러한 결함을 생각할 때에 역사적 고찰법의 큰 의의는 더욱더 역설되어야 한다. 과학자 한 사람 한 사람의 활동이 좁고 작아지며, 과학 전체로 볼 때 너무나 작고 좁게 연구 범위가 한정될수록, 때로는 시선을 과학 전체에 돌려보는 것이 더욱 절박하게 필요해지기 때문이다. 물론 과학 전체를 현재에 펼쳐진 그대로 바라볼 수는 없을 것이다. 그러나 우리는 그것을 역사적 회고로서 우리 눈앞에 떠올려서, 중요한 사실이나 중요한 사상의 행적을 파악하고, 그것들을 이어서 속 깊숙한 이해에 도달할 수 있을 것이다. 역사적 연구의 가치 있는 이익의 하나는 지나친 일면성을 방지할 수 있다는 점이다. 실제로 과학의 특정한 경향을 너무나 일면적으로 강조하는 것이 과학 발전상 장애가 된 것이 적지 않다. 역사는 최근에 이르기까지 이와 같은 일면성이 주로 그 과학의 전문 학자들 책임이었다는 것을 가르쳐 주고 있다. 예를 들어보면, 학교 교장인 슈프렝겔(Christian Konrad Sprengel, 1750~1816)이 '꽃의 생물학' 기초를 세워 그 시대의 과학을 수십 년 정도 앞질렀을 때, 당시 전문 식물학자들은 오직 린네 체계를 완성하는 데 몰두하고 있었다. 또 그루(Nehemiah Grew, 1641~1712)나 헤일스(Stephen Hales, 1677~1761)가 100년이나 앞서 식물의 과학적 해부학과 생리학의 단서를 열었을 때도, 전문 식물학자들은 그것에 아무런 주의를 기울지 않았다. 이와 같은 예는 어느 분야에서나 볼 수가 있는데, 과학 발전의 연속성과 일관성은, 과학을 전체로서 대국적으로 보았다면 이와 같이 중단되는 일은 없었을 것이다. 그리고 또 발생적 고찰법은 현행 이론을 독단적으로 과대평가하는 것을 방지하는 데 매우 적합한 것이다. 역사적 고찰에 대하여 눈을 감은 사람은 이론이라는 것이 아무런 중계 없이 성립한다는 오류를 믿기 쉽다. 이러한 오류를 시정한 최근세의 한 예로서 '이온설'의 등장을 들 수 있다. 이 수미일관성은, 개념이 혼잡기가 없는 더욱더 순수한 것으로 되어감에 따라 언제나 자연과학의 역사에 경탄을 금할 수 없는 특색을 주고 있는 것이다. 예를 들어, 시대의 흐름에 따라 천문 현상의 관측 결과로 생긴 세계상에 대하여 생각해 보라. 천문학의 윤곽을 논술하려면 코페르니쿠스, 케플러, 뉴턴, 라플라스, 허셜 같은 사람들의 연구나 관념이나 사고방식을 늘 생각하지 않을 수가 없다. 이와 마찬가지로 물리학에서는 아르키메데스, 갈릴레이, 게리케, 그리고 화학에서는 라부아지에, 돌턴, 베르셀리우스, 리비히 등과 기타의 대과학자에 대해서도 적용된다."

"어떤 역사에 있어서도 그랬으나, 과학의 역사에 있어서도 전기적 방면이 부차적이기는 하나 한 역할을 해왔다. 그러나 옛날에 이 방면에 지나치게 힘을 쏟은 것이 어떤 의미에서는 과학사의 가치를 하락시켜서 그 참된 의의를 상실시키는 결과가 되었다고 나는 믿는다. 예를 들어보면, 갈릴레이가 '그러나 역시 그것은 움직이고 있다'라고 말한 것이 사실인가? 그가 낙하 실험을 한 곳이 피사의 사탑이었나? 등의 문제가 자연과학 발전에 어떤 의미를 가진다는 말인가! 특수한 연구에서는 이런 것에 어떤 이익이 있을지 모르나, 정신생활 안에 파고든 자연과학의 역사에서는 이러한 것을 아무리 쌓아 올려도 하등의 이익이 될 수는 없다. 과학의 발전을 이해하는 데 본질적으로 유용한 전기는 이용해도 부당하지는 않다. 예를 들면, 케플러가 천체 관측술의 대가인 티코와 개인적 관계를 맺은 것은 중요한 것이다. 이것으로 케플러는 화성에 대한 천문학적 기록을 입수하여 유성 운동의 법칙을 발견할 수 있었기 때문이다. 이와 같이 전기적 방면을 평가하는 데 다음 사항을 잊어서는 안 된다. 그것은 우리가 업적을 알려는 위대한 인물과 그가 출현한 일반적인 역사적 배경에 대한 지식을 가질 때 비로소 정신적 진보의 줄기와 그 최후의 성과를 더욱 깊게 이해할 수가 있는 경우가 있다는 것이다. 자연과학을 이와 같은 각도에서 볼 때, 사람들을 발분시키는 자연과학의 윤리적 영향력이 생기는 것이다. 위대한 과학자는 많은 경우에, 정신적·도덕적 자기 도야의 빛나는 실례가 되고 있으며, 그들이 과학의 분야에서 성취한 업적은 최고의 경탄을 받을 가치가 있는 것이다. 현대는 이 과학의 이상주의를 잊지 않게 하기 위하여, 이러한 인류의 지도자들에 감격하지 않으면 안 된다. 위대한 작가나 사상가에 못지않게, 과학과 기술의 창조자들도 이러한 지도자로 꼽히는 것이다."

"이상에서는 탐구와 연구에 대해서 언급했으나, 자연과학의 역사적 고찰은 과학교육, 따라서 일반교양에 있어서도 매우 큰 의의를 가지고 있다. 물론 이 의의는 아직 충분히 평가받지 못하고 있으나, 자연과학 교육을 참다운 인문주의적으로 구축하기 위해서는, 이러한 발생적 고찰 방법보다 적절한 것은 없다. 일반적으로 기억력에 너무 부담이 되지 않을 정도의 몇 개의 인명과 역사적 사실을 가르치는 것으로 사람들은 만족하고 있다. 그러나 교육을 활기 있게 하는 수단으로는, 문제의 역사적 생성 과정을 보여주는 것보다 효과적인 것은 없다. 금후도 지금까지와 같이 관찰과 실험을 앞세워서 기본적인 법칙을 귀납적 방법으로 습득시키지 않으면 안 된다는 것은 물론이다. 그러나 이러한 방법을 쓸 때만이 창의적 교수법은 지금까지보다 훨씬 고도로 모든 현상의 관련을 명백히 하는 데 도움이 될 것이다."

"역사적 연구와 사고방식을 싹트게 하는 것이, 자연과학의 응용인 의학과 기술에 대해서 가지는 의의도, 그것이 자연과학에 대하여 가지는 의의에 결코 못지않다. 이 응용 방면의 사람들의 의견에 의하면, 이 영역에서야말로 많은 자료가 산산이 흩어져, 개개의 분야를 이어줄 정신적 유대가 상실되어 있어서, 정해진 순서에 따라 무비판적으로 연구하는 결과로 되었기 때문이다. 이것이 인식되었기 때문에 응용과학 영역에서도, 단순한 실리적인 것을 넘어서 깊은 내용과 이들 과학이 문화 발전의 줄기로 성장한 과정에 눈을 돌리려는 노력이 일어나고 있다."

이상과 같은 다네만 교수의 과학과 역사의 관계에 대한 현명한 인식과 본질적인 착안점은 그의 『발전과의 관련에서 본 자연과학사』를 종전과 같이 단순한 전기적 서술이나 과학 지식의 나열에서 벗어나서 과학의 제반 분야가 유기적으로 관련되어, 그 발전이 역사 안에 살아 있는 첫 과학사가 되게 하였다. 이러한 과학사야말로 우리가 구하는 것을 줄 수 있는 참 과학사인 것이다. 다네만은 후일에 독일의 본 대학 철학과에 처음으로 자연과학사 강좌를 열었고, 이것이 계기가 되어 독일을 비롯한 서구의 여러 나라에서는 문과와 이과 대학의 정규 기초 교과목으로서 과학사 강좌를 두게 되었다.

그래서 다네만의 이 '자연과학사'는 제1차 세계대전에 패전한 독일의 혼란기에 출판되어 독일 청년들에게 과학의 역사적 사명을 인식시켰으며, 오늘의 독일 과학을 이루게 하였다. 또 이탈리아어로 번역된 것은 이탈리아가 가장 곤경에 빠졌던 1920년대에 출판되어서 이탈리아에 새로운 과학사를 부흥하게 하였다. 뿐만 아니라 러시아어로 번역된 것은 소련이 공산혁명으로 가장 곤란했던 시기에 출판되어 '5개년 계획'에 약진하는 소련 청년들을 고무하고 격려했다. 그리고 또 야스다 교수가 번역한 일본어 역본은 제2차 세계대전에 패전한 일본이 구미의 과학기술을 따라잡는 데 큰 공헌을 했다고 볼 수 있다.

1959년 영국 유학을 마치고 귀국하는 길에 동경에 다시 들렀을 때, 나는 야스다 교수의 역본이 제3판이나 1958년에 이미 발행되어 인기리에 판매되는 것을 보았다. 그런데 우리나라에서는 자연과학사가 대학의 정규 기초과목에서 빠져 있을 뿐만 아니라, 일반인은 물론이고 과학기술 분야의 전문인조차도 접하는 예가 매우 드문 형편이다. 선진국의 과학기술을 모방하는 데 급급한 나머지 남이 발전시켜 놓은 과학기술을 단순히 모방만 한다면, 과학기술에 대한 인식을 기초로 한 창의활동은 그다지 돋보이지 않을뿐더러 필요를 느끼지 못할 수도 있다.

그러나 선진국과의 격차가 어느 정도 좁혀지면, 선진국을 따라잡는 경쟁에서는 올바른 과학기술에 대한 인식을 기반으로 한 창의력이 승패를 좌우하는 관건이 된다. 우리가 과학기술이 발전해 온 과정, 즉 그 역사를 이해하지 못하고는 현재의 것도 바르게 이해할 수 없으며, 반대로 현재의 것에 대한 이해 없이는 미래를 지향한 창의가 생길 수 없는 것이다. 그리고 이러한 과학에 대한 역사적 인식은 어떤 특정 전문인의 인식이 아니라 민족 전체의 정신 기반에 뿌리내린 것이라야 한다. 이것이 바로 내가 자연과학사를 저술하게 된 동기이기도 하다.

그러나 다네만의 과학사를 그대로 받아들일 수 없는 것은 그의 과학사의 기조가 된 역사관이 진화론적 진보 사상과 변증법적 발전 사관에서 벗어나지 못했기 때문이다. 그가 살아 활동하던 19세기 말엽에서 20세기 초엽까지는 헤겔이 주창한 '변증법적 발전'이라는 역사관에서 발단된 마르크스의 유물론적 변증법과 그것을 뒷받침한 다윈의 진화론적 진보 사상에 온통 휩쓸려 있었다. 따라서 다네만이 이러한 사조에서 벗어나지 못한 것은 너무나 당연하다. 그러나 오늘의 시점에서 바라볼 때, 당시의 사조를 뒷받침하여 가장 위대한 과학적 성과로 신봉되었던 다윈의 진화론은 너무나 과학적 기초가 불안한 하나의 개념에 불과하고, 현대 과학의 발전에 아무런 역할도 하지 못한 것을 알 수 있다. 따라서 20세기 초엽까지의 다네만을 비롯한 과학 사가들이 가졌던 진화론적 진보 사상이 19세기의 과학을 주도하였고 장차도 그 기본 사상의 토대 위에서 과학이 발전해 갈 것으로 보았던 견해는 수정되어야 한다.

고대로부터 현재까지 인류가 알아낸 자연 법칙 중에 변함없이 진리로 인정되어 온 것이 있다면, 그것은 보존의 법칙이다. 존재하는 피조물 전체, 즉 인간을 포함한 전체 자연계의 본질적 존재는 스스로 생기거나 없어질 수 없고, 다만 변화할 따름이라는 것이다. 그렇다면 태초의 창조를 인정하지 않을 수가 없다. 그리고 이 자연계는 통일된 영원불변의 법칙으로 섭리되고 있다는 것이 바로 과학을 탐구하는 전제 조건인 것이다. 인간의 정신 활동은 어떤 법칙을 만들어 나가서 스스로 진보해 가는 것이 아니라, 태초로부터 존재해 있는 영원불변의 법칙을 찾아내서 인간 생활에 활용하는 것이다. 따라서 그 탐구의 성과는 항상 불변의 진리와 어느 정도의 오류와 격리를 내포하게 마련이며, 역사상에 전개되어 간다. 그래서 마치 인간이 창조한 과학이 역사상에 진보해 가는 것으로 보이나, 실은 그 탐구의 방향이나 인식된 지식의 활용에 따라서 정신 활동을 포함한 인간 생활은 퇴보하기도 하고 진보하기도 한다. 과학의 발전을 역사에서 파악해야 하는 이유와 의의도 바로 여기에 있는 것이다.

나는 35년간 한국원자력연구소에서 근무하면서, 연구 생활을 통하여, 후학의 지도와 대학원의 강의에서 이 책의 내용을 자주 인용해 왔다. 그리고 수년 전부터 이것을 번역하기 시작했다. 그런데 막상 80년 전에 저술된 것을 과학기술적 혁명을 겪고 난 오늘에서 번역하다 보니, 시간적 격리에 따른 여러 가지 문제에 부딪히게 되었다.

첫째로, 견해의 차이다. 같은 과학사의 자료에 대해서도 오늘의 관점에서 볼 때 보완하고 수정해야 할 것이 너무나 많다. 약 50년 전에 야스다 교수가 번역한 책에 나타난 보완과 수정의 양만 해도 거의 본문에 가까울 정도이다. 그로부터 50년 후의 관점에서 본 나의 견해와의 차는 말할 것도 없다.

둘째로, 가치관의 차이다. 과학 자료의 취사선택과 평가에 있어서도, 약 한 세기 전의 다네만과 현재의 나와의 가치관에는 많은 차이가 있을 수밖에 없다.

셋째로, 특히 역사관의 차이가 문제이다. 다네만의 과학사는 저술 당시에서 보면, 편견을 벗어난 훌륭한 것이다. 특히 과학사를 문화사 전체의 발전과 모든 분야의 상호 관련에서 보았던 것은 다네만의 과학사를 살아 있는 과학사가 되게 한 것으로, 오늘날도 지켜져야 할 과학 사관이다. 그러나 나의 눈에는 그도 역시 20세기 초까지 주류를 이룬 '진화론적 발전'이라는 편견적인 역사관에서 벗어나지 못한 것으로 보인다. 내가 다네만의 과학사를 번역하려는 동기가 바로 그의 과학 사관에 있으나, 또한 그대로 수긍할 수 없는 것이 그 속에 내포된 '진화론적 발전'이라는 역사관이다. 현재의 과학적 세계관에서 보면 진화론은 하나의 웃음거리에 지나지 않으며, 진화론의 뒷받침을 받았던 유물론적 발전 사관도 그 허구성을 드러낸 지 이미 오래다.

이상과 같은 문제점을 주석으로나 적당한 번역으로 회칠을 하는 것은 도리어 다네만의 권위를 손상할 뿐만 아니라 그가 의도한 살아 있는 과학사를 죽은 이야깃거리로 전락시킬 우려가 있다. 그래서 얕은 지식밖에 없고 글재주도 없는 나로서는 힘에 겨운 일인 줄 알면서, 감히 이 '자연과학사'를 집필하게 된 것이다. 따라서 본서는 '다네만의 자연과학사'의 골격을 가급적 그대로 유지하면서 20세기 말에 본 과학적 견해와 가치관 및 역사관을 자유로이 반영한 것이다. 그리고 이 책은 과학기술 분야뿐만 아니라 신학, 철학, 그리고 인문·사회 분야의 전반적인 지식인을 대상으로 하여 기술하였다. 그래서 고등학교 교과 범위를 벗어나는 전문적 서술은 가급적 피하고, 전문적 개념도 엄밀한 과학적 설명에서는 다소 벗어나는 점이 있어도, 일반적으로 이해될 수 있는 말로 바꾸어 설명하려고 노력했다.

이 책이 다네만의 자연과학사가 여러 나라에서 과학기술의 발전에 공헌한 것과 같은 역할을 하여 인간의 정신 활동 전반 속에 살아 있는 자연과학과 기술을 인식시키고 우리의 과학 사상을 향상시키며 과학 발전상의 상호 관계와 사회적 배경을 파악할 수 있게 하여 과학기술 발전에 적합한 사회적 토양을 조성하게 되기를 바란다. 그 토대 위에서 올바른 첩경을 찾아 과학기술을 발전시키는 데 공헌하기를 바라는 것이 분에 넘치는 것임을 알면서도, 이 책을 펴내는 나의 소망임을 솔직히 고백한다.

2013년 봄
박 인 용

차례

제 1 장
과학의 뿌리

우리가 잘 알고 있는 바와 같이, 그리스 정신생활의 전성시대에 자연과학과 수학의 체계가 성립되었다. 그러나 그 이전에도 과학의 기초가 될 고찰이나 관찰이 어떤 목적을 가지고 행해졌을 것이다. 하지만 그것들이 그 가치에 따라 선별되어 기록된 것을 찾아볼 수가 없는 아주 기나긴 세월이 가로놓여 있다. 여러 가지 인간 정신의 활동과 함께 자연과학의 뿌리도 선사시대의 어둠 속에 파묻혀 있으나, 과학의 기원이 처음으로 과학적 체계를 성립시킨 것으로 알았던 그리스에 있지 않다는 것만은 확실하다. 그리스의 전성시대보다 수천 년이나 앞선 고대의 이집트와 바빌론의 유물들은 오히려 그리스보다 과학기술이 더 발전되어 있었던 면모를 보여주고 있다. 우리는 과학의 뿌리를 이 시대로 거슬러 올라가서 찾아보아야 한다.

문화의 가장 오래된 옛 고향인 나일 강가와 유프라테스 강가의 평야에서 피상적 관찰이나 소박한 관념의 결과를 탈피한 최초의 과학적 지식이 발전되었다. 이와 같이 이집트와 서남아시아에서 이미 이루어져 있었던 과학적인 여러 요소와 접촉하게 된 그리스인들은 그들 속에서 잠자고 있던 탐구 의욕에 불타게 되었다. 그리스인들은 이집트와 서남아시아에서 이루어진 과학적인 여러 요소를 섭취했을 뿐만 아니라, 스스로도 과학적인 연구를 함으로써 자기들이 선진국으로부터 섭취한 것들을 확대하고 키워나가 오늘날의 문화적 복지의 출발점인 인식의 거목을 육성하는 데 성공했다.

자연과학의 발달은 무릇 그 시초부터 수학적 사고의 발달과 병행되어 왔다. 이것도 고대 이집트와 바빌론까지 거슬러 올라가서 그 시초를 찾아볼 수 있다. 이 두 민족에 관한 것은 19세기 초까지는 오직 그리스나 로마의 문헌만으로 전승되어 왔고, 그중 일부는 터무니없는 보고에 의존해 왔다. 그러나 고고학적 탐사로 이집트와 메소포타미아의 폐허가 발굴되고 고대 문자가 해독됨으로써 가장 오래된 문화민족인 이들의 역사와 학문, 그리고 생활 모습까지도 수천 년간의 암흑과 망각으로부터 밝혀져 나오게 되었다. 우리는 여기에서 과학의 뿌리를 찾아보아야 한다.

그리고 황하 유역의 중국 문화와 인더스 강 유역의 인도 문화도 나일 강 및 유프라테스 강 유역에 꽃핀 문화에 못지않게 일찍부터 탄생하여 찬란하게 꽃피웠다. 그러나 서구 과학을 신봉하는 역사가들에게는 깊이 고려할 필요가 없는 것으로 생각되어 왔다. 그것은 중국 문화나 인도 문화는 독립된 문화권을 형성했고, 서남아시아나 유럽의 자연과학적 지식에 극히 적은 영향을 주었다고 생각했기 때문이다. 그러나 근래에 전승되어 온 문헌에서 밝혀진 바에 의하면, 바빌론의 수학과 천문학이 인도의 수학과 중국의 천문학에 밀접히 관련되어 있었던 것을 알 수 있다.

고대의 인도와 중국의 과학에 대한 규명은 앞으로 우리가 해야 할 과학사에서의 중요한 과제라고 생각된다. 이것은 과학의 뿌리를 찾기 위한 것만이 아니라, 고도로 발전된 인도의 불교 철학과 중국의 유교 철학이 그들의 자연과학 발전에 미친 영향을 규명하는 것이 자연과학과 여타 철학의 발전해 온 관련성을 밝히는 데 중요하기 때문이다.

1. 이집트의 문화

우선 이집트인에 대하여 살펴보자. 이집트인은 가장 오래된 문헌과 최초의 수학, 자연과학, 의학 지식들을 낳은 민족일 것이다. 그리스의 전승에 따르면, 이집트인들은 남방 에티오피아로부터 나일 강 유역으로 이주하였다고 하나, 근대의 인류학적 연구나 고대 연구를 통해 그것이 틀렸다는 것이 밝혀졌다. 이들 언어의 특징이나 문화가 하구로부터 상류 쪽으로 전파되었던 것으로 미루어 볼 때, 이들은 원시 셈족이며 혈통으로는 바빌론인들과 결연되었다고 보아야 할 것이다.[1]

한가운데 뻗은 나일 강 양안의 풍요한 토지는 높은 정신적 축복을 받은 사람들이 고도의 문화를 발달시키기에 매우 적합한 지리적 조건이다. 그들은 나일 강 하구의 멤피스에서 높은 수준의 문화를 꽃피웠다. 이곳에서는 과학과 예술이 장려되었다. 그러다가 기원전 1600년경에는 테베를 수도로 한 신왕조가 건설되었으며, 이 동안에 문화적으로 최고의 번영을 이루었다. 그리고 이 두 수도 근처의 사막에 광대한 능묘들이 만들어졌다. 이들 능묘는 기나긴 시대의 변천에 잘도 견디며 남아 있었던 덕택에, 암흑에 파묻혀 있던 고대 이집트의 모습을 하나하나 소생시켜 역사 앞에 드러나게 되었다. 그래서 그 먼 옛날의 이집트 사람들이 고대 그리스나 로마 사람들과 같이 현실성을 가지게 되었다.

19세기까지 고대 동양 민족에 대한 지식은 그리스나 로마 저술가들의 보고에 의한 것

---

1 이집트어와 셈어가 같은 계통이라는 것은 엘먼(Elman)에 의해 밝혀졌고, 고대 이집트인의 체형이 흑인종과는 매우 다르다는 것이 증명되었다. (1888년 '베를린 아카데미' 보고)

뿐이었다. 이집트의 상형문자(hieroglyphic)로 기술된 고대 문서들이 유럽에 흘러들어 왔으나, 상형문자나 그것을 간략화한 신성문자(hieratic) 및 민간문자(Demotic)에 대한 지식은 3세기 말에 기독교도에 의하여 인멸되어 버렸다. 그래서 17세기부터 학자들이 그것을 해독하려고 했으나 여의치 않았는데, 나폴레옹의 이집트 정벌 후 나일 강 유역의 고고학적 탐사가 개시되어 겨우 그 해독에 성공하였다.

이 고대 문서 해독의 획기적 계기가 된 것은 '로제타(Rosetta)의 포고'와 같은 돌에 새겨진 포고문들의 발견이다. 1799년에 발견되어 현재 대영박물관에 소장되어 있는 로제타의 포고문은, BC 197년에 같은 포고문을 세 가지 언어와 문자로 현무암 판에 새긴 것이다. 본문은 고대 이집트어를 신성문자로 기록하였으며, 번역문은 속어를 민간문자로 새긴 것과 그리스어를 그리스 문자로 새긴 것이다. 이 해독에 가장 큰 공을 세운 사람은 샹폴리옹(Jean François Champollion, 1790~1832)이었다. 그의 후계자로는 이집트 유적을 탐사한 '프로이센 탐험대'를 지휘했던 렙시우스(Karl Richard Lepsius, 1810~1884)를 들 수 있다. 그는 기원전 238년에 두 가지 언어로 쓴 법령을 카노푸스(Canopus)에서 발견하여 고대 이집트인의 연대 계산을 알 수 있게 하였다. 돌에 새겨진 문서 외에도 파피루스와 양피지, 그리고 점토판에 쓰인 원 문서들을 발견하였고, 설형문자 문서들도 이집트 땅에서 많이 발견되었다.

기원전 3000년경에 메네스(Menes)에 의하여 최초의 이집트 왕조가 세워지기까지는 이미 길고도 묵묵한 발전의 시기가 있었던 것이 틀림없다. 왜냐하면 그리스의 지배하에 들어가기까지 30을 헤아리는 이집트 왕조의 맨 처음 시기에 이미 고도로 발전한 문화를 엿볼 수 있기 때문이다. 예를 들면, 이집트 제4왕조(BC 2600~2480) 때 쿠푸(Khufu, BC 2613~2492?), 카프라(Khafra, BC 2508~2442?), 멘카우라(Menkaura, BC 2442~2042?)의 피라미드는 단순히 건축술의 기적만을 나타내는 것이 아니다. 기원전 3000년경에 조영된 이 공사의 설계를 보면, 그 옛날에 만든 것이라고 상상할 수 없을 정도의 천문학적·수학적 지식이 담겨 있다. 이 거대한 피라미드의 4변은 정확히 4방위를 향해 있고, 옆벽과 밑면의 각도는 52도에 조금도 어긋남이 없다. 이것은 이미 이때에 삼각법과 닮은꼴에 대한 이론(상사론, 相似論)이 보급되어 있었다는 것을 입증한다.

이뿐만 아니라 제1왕조 메네스보다 1000년이나 앞선 BC 4241년에 이집트에서 태양력의 일 년을 360일에 잉여일 5일을 더하여 365일로 하는 '역법 개정'이 있었다는 놀라운 증거가 나타나 있다. 지구의 모든 곳이 선사시대의 암흑 속에 있을 때, 이집트인들만은 문화민족이었다는 것을 말해 준다. 고대 이집트의 건조물 설계에서는 천문학적 관점이 기준이 되었다는 것을 많은 신전의 위치로부터 증명할 수 있다.[2] 영국의 천문학자 로키어(Joseph Norman Lockyer, 1836~1920)의 보고에 의하면, 이집트인들이 신으로 숭배한 별인 시리우스(Sirius)가 떠오르는 지점에 건물의 주축 방향을 맞춘 신전들이 있었고, 또 하지(夏至)에 해가 지는 지점에 축 방향을 맞춘 아주 긴 건물로 된 신전도 있었다. 하지에 해가 질 때 한 순간만 방 끝까지 햇빛이 들게 하여 일 년의 길이를 정확히 측정할 수 있게 한 천문대의 기능을 하는 것도 있었다.

이 시대에 정치적 통수권자인 파라오에 맞먹는 권력을 가졌으며 정신적으로는 그 이상의 권위를 가졌던 신관들은 수학, 천문학, 수리학, 토목 및 건축공학 등의 과학적 지식으로 그 사회의 예언자나 선지자의 역할을 한 과학자들이다. 그들의 신전은 천문대와 도서실과 과학기술 연구소 역할을 한 곳이라고 볼 수 있다. 남아 있는 건조물에서 바빌론의 원의 6등분, 12등분 등 수학적·과학적 지식이 민족 간에 교류되고 전파되었던 경로와 시기도 알아볼 수 있다. 즉, 이집트의 제18왕조 때까지는 원의 4등분에 의한 장식 도형만 볼 수 있으나, 서남아시아가 이집트에 조공을 바치게 된 제19왕조부터는 파라오의 궁정에 원의 6등분과 12등분을 나타낸 장식과 차륜이 조공품에 나타난다.

그리고 아주 먼 옛날부터 문화의 기본인 문자가 사용되었던 것과 아울러, 아주 옛날의 초기 왕조에서 이미 기록들이 수집, 보관, 활용된 것을 엿볼 수 있다. 어떤 묘비에 새겨진 글에서, 기원전 2200년에 살았던 어떤 대관은 '사서관'이라는 칭호(관직)를 가지고 있었다는 실로 놀라운 사실을 알 수가 있다. 멤피스나 테베의 능묘나 신전에서 나온 문서들에서 우리는 그때에 일어났던 사건들이나 그들의 생활 풍습뿐만 아니라 그들의 지식에 관한 것도 제법 잘 알 수 있다. 이집트는 고왕국 시대에 이미 광범한 문헌들이 있었으며, 오늘날까지 남아 있는 것은 그것들의 극히 적은 단편에 불과하다. 그러나 종교서, 윤리서, 역사서와 더불어 천문학, 수학, 의학의 논문들이 포함되어 있다. 이것들은 오늘날까지 더욱 완전하게 남아 있는 후대 이집트 문서의 기초가 된 것이다.

고대 이집트 문화는 중왕국(中王國) 제12왕조(BC 2000년경)에 황금시대를 맞이하였고

---

2 『독일 동양협회지(1904)』 386쪽: 샤를리에르(Carl Vilhelm Ludwig Charlier, 1862~1934)의 논문을 보면, 초기 기독교 교회당의 건립에 같은 방법이 재현되었다고 한다. 교회당의 축이 그 교회의 기념일에 해가 지는 지평선상의 점을 향하고 있어, 여러 교회의 연대를 천문학적으로 결정한 것을 보고했다.

그 정점에 도달하였다고 볼 수 있다. 부강해진 이집트는 서남아시아를 토벌하기 시작하여 신왕국 제18왕조 때는 아시아에도 군림하는 강대한 제국이 되었으며, 투트모세 3세(Thutmose Ⅲ, BC 1502~1448)에 이르러 가장 강대한 제국이 되었다. 이리하여 바빌론 왕국 및 아시아 여러 나라와 긴밀한 접촉을 갖게 되어, 양 문화권 사이에 과학기술의 교류가 활발히 이루어졌다. 이 사실은 1888년 이집트의 '텔 엘 아마르나(Tell el-Amarna)'에서 발견된 파라오와 서남아시아 여러 왕들 간의 서신에서 알 수 있다.[3]

2. 이집트의 수학과 기술

1) 수학

이집트에서 수학이 태어났다. 이것은 "신관들에게 여가를 주었기 때문"이라고 아리스토텔레스는 말했다. 이와 달리 헤로도토스는 "이집트인이 기하학을 발명한 것은 그들의 땅 경계선이 해마다 나일 강의 범람으로 지워져서 다시 측량하여 경계선을 그어야 하는 필요에서 태어났다."라고 한다. 여하간 이들 그리스 역사가들의 보고를 통해, 문화민족의 초기 기하학이 실생활의 요구에서 태어난 것임을 알 수 있다. 그것이 관념적인 요구에서 생겼다는 견해는 다만 뒤의 발전 단계에만 적합할 뿐이다.

이집트의 수학은 매우 긴 세월 동안에 축적된 것이다. 이것은 이 땅에 유래된 가장 오래된 수학책인 『린드파피루스(Rhind Papyrus)』가 입증하고 있다. 이 수학책은 BC 1800년경에 힉소스(Hyksos) 왕의 서기관이던 아호메스(Ahomes)가 저술한 일종의 실용적 수학 교과서이다.[4]

아호메스는 이 교과서의 서문에 "이 교과서는 약 500년 전의 고문서를 기초로 하여 편찬한 것이다."라고 밝히고 있다. 따라서 이집트에서 수학이 얼마나 오래전부터 있었던 것인지 짐작할 수 있다. 그리고 또한 그 서문에서 말하기를 "수학은 대상 속에 함유한 모든 불명한 사물이나 비밀의 지식을 손에 넣기 위한 규칙"이라고 하였다. 이것은 마치 천

---

3 아마르나 문서는 기원전 14세기 전반에 아멘호테프 3세와 4세(종교개혁 왕 아크나톤)에게 보낸 서남아시아 제왕의 서신이다.

4 영국의 이집트 학자인 Henry Rhind가 구입한 것으로, 런던의 대영박물관에 소장되어 있다.

수백 년 후에 피타고라스학파가 "수와 양은 사물 속에 감추어져 있는 현실적인 본질"이라고 주창한 것과 같은 말이며, 약 4000년 후에 데카르트가 "모든 진리는 수학적으로 인식될 수 있으며 그래야만 바르게 인식할 수 있다."라고 주장한 '보편수학론'과도 같다. 이 교과서에는 이미 분수 계산이 응용된 많은 산술 문제뿐만 아니라 최초의 산술급수와 기하급수의 계산이 있으며, 논밭의 푯말을 박기 위한 도형의 면적 계산과 곡물 창고의 용적 계산 등이 기술되어 있다.

재미있는 것은 원의 면적을 지름에서 1/9을 뺀 것을 한 변으로 한 정방형의 면적과 같다고 한 것이다. 현재와 비교해 보면 π 값 3.14가 3.16으로 되어 0.63% 오차가 있다. 이것은 실용상 아무런 지장이 없는 정확한 값이다. 계산은 생활의 필요에서 태어난 것이므로 처음에는 유명(有名)수의 계산을 해오다가 한참 후에 무명(無名)수 계산으로 옮겨온 것이 틀림없다. 『린드파피루스』가 증명하는 것과 같이, 이 무명수 계산이 기원전 2000년에 이미 우리가 상상조차 할 수 없었던 높은 수준에 도달해 있었던 것이다.

아호메스의 책은 정수 계산을 전제로 하여 분수로 문제를 풀고 있다. 이중에는 우리가 '회사(會社)산'이라고 부르는 비례배분 문제들이 눈에 띈다. 이 교과서에 의하면, 이때의 이집트인들은 산술급수나 기하급수에 기착하는 문제를 푸는 데 이미 충분히 숙달되어 있었음을 알 수 있다.

이뿐만 아니라 근래에 발견된 제12왕조(BC 2000년경) 때의 파피루스에는 피타고라스학파에 의하여 처음으로 발견되었다던 제곱근의 연산도 들어 있다. '16의 제곱근은 4이고, (6+1/4)의 제곱근은 (2+1/2)이며, (1+1/2+1/16)의 제곱근은 (1+1/4)'이라는 등이 기록되어 있다. 그리고 '피타고라스의 정리'에서 나타나는 다음과 같은 수식도 기록되어 있다. $[2^2+(1+1/2)^2]=(2+1/2)^2$, $[6^2+8^2]=10^2$

그리고 건물의 벽을 직각으로 하기 위해서는 끈을 3 : 4 : 5의 비율로 나누어 세모꼴을 만들면 직각을 얻을 수 있다고 하였다. 피타고라스의 정리는 이와 같은 이집트의 암시를 받았던 것으로 보인다. 그리고 그리스인에게서 볼 수 있는 것과 같은 '계산 판(abacus)'이 이미 널리 보급되어 있었던 것을 알 수 있다.

고대 이집트인들이 창조한 공학과 건축학에서의 기적, 그리고 그들의 뛰어난 측량 지식 등을 생각해 볼 때, 기하학도 산술 이상으로 연구되어 발전해 있었다고 보아야 할 것이다. 산술에 관해서는 앞에서 보았듯이 우연히 발견된 아호메스의 교과서에 의하여 비교적 상세히 그들의 지식 내용을 알아볼 수 있었다. 기하학에 대한 이와 같은 교과서도 틀림없이 있었을 것이나 유감스럽게도 현재까지 발견되지 않았으며, 기하학에 관한 전문 문헌도 발견된 것이 없다. 따라서 그들의 기하학은 아호메스의 산술 교과서에 나오는 기하학에 관련된 내용과 그들의 축조물과 건축물, 그리고 그것들에 새겨진 기하학 도형들로부터 미루어 짐작할 수밖에 없다.

피라미드는 그 건축물 전체의 축조에 있어서뿐만 아니라, 개개의 돌의 가공에 있어서도 매우 정확한 측정을 바탕으로 하고 있다. 이 정확성을 설명하자면 그들에게는 이미 상사론(相似論)과 삼각법(三角法)에 대한 지식이 있었다고 인정하지 않을 수 없다. 아호메스 교과서에 나오는 피라미드 건축과 관련된 여러 구절에서도 이를 증명할 수 있다. 그중에는 '섹트(seqt)'라는 용어가 자주 나오는데, 이것은 피라미드의 대각선의 반과 능선의 비, 즉 이 두 직선이 이루는 각의 코사인(cosine)에 해당하는 용어이다. 이와 같은 수학적 개념은 몇 사람의 설계자뿐만 아니라 피라미드를 구성하는 돌 하나하나를 다듬은 석공의 염두에도 있어야 한다. 그렇지 않고는 능과 지면의 각이 모두 정밀하게 일치할 수 없다. 이와 같이 기하학이 발달해 있었는데도 그들의 유적에서 '투시도법'을 사용한 행적이나 투시도형을 찾아볼 수가 없는 것은 수수께끼로 남는 문제다. 20세기 초까지는 실로 상상조차 할 수 없었던 신비한 문제였다. 3차원의 공간 개념에서 사는 사람에게 투시도처럼 그 실체를 간명하게 나타내는 것은 없다. 그러나 오늘날에 와서야 눈뜨기 시작한 '상대성 이론'과 같이 n 차원의 시공 개념에 있어서는, 3차원의 절대공간을 전제로 한 투시법은 잘못된 방법이며 투시도는 무용지물이다.

피라미드를 건조한 그들이 3차원 공간을 인식하지 못하고 2차원적인 도형만 사용했다고는 생각할 수 없다. 이미 그 옛날에 오늘날의 물리학자들에게 생긴 상대성 이론과 같은 개념이 널리 인식되어 있었는지도 모르겠다. BC 1526년경에 이집트에서 태어나 그곳 궁중에서 40년 동안 살았던 모세가 하나님의 계시에 따라 기록한 『구약성서』 '창세기'에 나타난 우주관을 살펴보자.

"영원불변하며 자존적인 절대적 존재는 오직 하나님뿐이며, 이 세상의 모든 존재는 하나님의 뜻에 따라 창조된 상대적 존재이다. 태초에 하나님이 하늘과 땅을 창조하셨다. 그 땅은 혼돈하고 공허하며 암흑의 깊은 웅덩이(Black Hole)와 같은 것이었으며, 그 수면(고대 이집트에서는 물은 시원물질을 뜻함) 위에 하나님의 영이 운행하였다. 즉, 블랙홀과 같은 무양적 무인식적 존재인 시원물질 위에 하나님의 의지가 작용하였다. 그리하여 첫날(맨 처음)에 모든 존재와 인식의 근원인 빛이 있으라고 말씀하심으로 빛이 있었고, 그 빛이 하나님 보시기에 좋았다. 그리고 빛과 어둠을 나누셨다." (창세기 1장 1~4절)

이 개념은 마치 아인슈타인의 상대성 이론 등 20세기 말의 현대물리학 개념에서 나온 '우주 형성론(宇宙形成論)'을 읽는 듯하다. 이와 같은 기록을 남긴 그때에, 3차원의 절대 공간 개념에서 탈피한 어떠한 고차원적 또는 고도로 통일된 개념, 즉 현대물리학이 추구하고 있는 것과 같은 어떤 통일장의 개념이 이미 보편화되어 있었을지도 모른다는 생각을 터무니없는 공상이라고 물리칠 수 있을까?

2) 기술

이집트인들은 과학 분야에서와 마찬가지로 기술 분야에서도 눈부신 발전을 이루었다. 과학과 기술은 인간 생활의 필요에서 생겨난 두 다리와 같은 것으로, 본질적으로 같이 발달하게 되어 있다. 기술 분야에서의 그들의 업적을 살펴보면, 고대 이집트인들은 이미 일종의 공학 기술과 공학 역학을 가지고 있었다고 보는 것이 타당할 것이다. 인간적 창조인 이 부문은 이집트뿐만 아니라 메소포타미아 민족들에서도 발생하여 그리스인과 로마인에게 전해져 놀라운 발전을 하였다.

공학 기술은 인간과 자연의 끊임없는 투쟁에서 또는 인간이 자연의 힘에 대항하기보다는 그 자연의 힘을 구사(驅使)하려는 노력에서 생겨났다. 공학 기술에서 가장 오래전부터 있었던 과제는 다양한 형태와 작용으로 나타나는 물을 처리하는 것이었다. 이집트인과 바빌론인은 여러 인공적 관개시설(灌漑施設)을 만들어 그들의 거주 지역을 고대 세계의 곡창이 되게 하는 데 성공하였다. 이와 같은 시설을 장려하느냐 등한시하느냐에 따라 그 주민이 번영하거나 쇠퇴하여 갔다.

나일 강 하류나 메소포타미아 지역에는 거의 비가 내리지 않으므로 이 지역의 농업은 오직 하천의 증감하는 수량에 따라 댐과 수로들로 구성된 복잡한 관개 계통을 시설하여 적절히 운영함으로써 발전할 수 있었다. 이와 같은 계통을 실효성 있게 건설하고 운영하려면 단순한 토목공학 지식만으로는 부족하며, 토목공학은 물론 구조역학, 수력학, 수리학, 수문학 등 고도의 지식이 요구된다. 또한 이들의 지식이 합리적으로 종합된 계통을 이루어야 한다. 과학기술이 낳은 인공적 관개 계통으로 곡창 지대가 되게 하고 그로부터 얻은 경제력의 뒷받침으로 찬란한 문화를 꽃피웠다니 실로 놀라운 일이 아닐 수 없다.

또 한 가지 놀라운 사실은 고대 이집트인들이 이미 그 옛날에 홍해와 지중해를 잇는 운하를 만들었다는 것이다. 유럽 사람들이 바다와 바다를 연결하는 운하를 착상할 수 있었던 것은 근대에 와서 지구가 원판이 아니라 구(球)라는 개념이 생긴 이후며, 홍해와 지중해를 연결하는 '수에즈 운하'는 그들의 근대 과학이 창설한 인류 최초의 기념비적 존재라고 생각해 왔다. 그러나 이들보다 3000년도 더 앞서 고대 이집트인들이 이미 그것을 만들었다. 제19왕조 람세스 2세(Ramesses Ⅱ, BC 1301~1234) 때에 수에즈 지협 중의 호수 하나와 70km 서쪽의 나일 강 지류를 연결하는 운하가 만들어졌다.[5] 그리고 이것을 홍해까지 연장하여 홍해와 지중해를 연결하게 된 것으로 보인다. 이 운하는 프톨레마이오스 왕조와 아랍인의 통치하에 들어가기까지 잘 보존되어 오다가 8세기에 이르러 쓸모없게 되어 버렸다.

그리고 고대 이집트인들은 무게가 아주 큰 물체를 어떻게 다루었을까? 그 기술적인 업적 또한 실로 놀랍다. 하나가 300~400톤이나 되는 돌을 아주 먼 곳으로부터 운반하여 온 것을 볼 수 있다. 하나의 화강암 덩어리를 조각하여 만든 높이가 30미터이며, 무게가 300~400톤이나 되는 오벨리스크(obelisk, 방첨탑)를 어떻게 정확히 수직으로 세워 설치할 수 있었을까? 이것은 오늘날의 기술로도 매우 어려운 공사이다.

1970년대에 한국 최초의 원자력발전소인 고리 1호기를 건설할 때, 한 덩어리로는 가장 무거운 200톤 급의 원자로 용기 하나와 증기 발생기 두 개를 싣고 온 배에서 내려 공사 현장까지 불과 수백 미터 떨어진 설치 장소까지 운반하여 수직으로 정확히 설치하는데, 당시 국내의 중량물을 다루는 가장 우수한 기술 인력과 장비를 총동원하여 겨우 성공한 적이 있다. 그렇다면 고대 이집트인들은 이미 고도로 발달한 중량물을 다루는 기계적 수단을 쓰고 있었다고 볼 수 있다. 그리고 그 기계적 수단의 조립과 활용에 정통한 지식과 경험을 갖춘 지도자가 있었을 것이다. 또한 그러한 기계를 만들 철강과 같은 공학 재료의 야금(冶金), 제조, 가공 기술 또한 갖추고 있었을 것이다. 영화에서와 같이 도르래와 밧줄, 그리고 나무 기둥과 통나무 수레 같은 초보적인 기계와 노예의 인력만으

---

5 이집트는 BC 332년에 알렉산더 대왕의 정복으로 그리스 지배하에 있다가, BC 323년에 대왕의 죽음으로 그의 장수 프톨레마이오스 왕조에 영유되었으며, BC 30년에 이 왕조의 마지막 여왕인 클레오파트라를 끝으로 로마의 속주가 되었다. 그리고 AD 641년에 아랍의 지배하에 들어갔으며, 1250년부터 마메루크 군의 지배를 당했고, 1517년부터 1873년까지 오스만 왕국(터키)령이 되었다.

로는 엄두조차 낼 수 없는 어려운 일이기 때문이다.

야금술도 아주 일찍부터 발달해 있었던 것을 알 수 있다. 메네스 이전의 시대(BC 3300년경)에 시나이 반도에서 나오는 동(銅)이 널리 보급되어 있었다. 금속 전문 고고학자에 의하면, BC 3000년까지는 순동만 사용하다가 주석과의 합금인 청동을 사용하는 청동기 시대는 제12왕조(BC 2000년경) 이후일 것으로 보나, 그렇다면 피라미드를 축조할 때 그 많고 무거운 석재를 어떻게 옮기고 다듬었다는 말인가? 또 오벨리스크와 같이 하나의 돌로 된 길이가 30미터, 무게 300톤이나 되는 것을 어떻게 다듬고 움직여서 수직으로 세웠단 말인가? 이와 같은 일을 할 수 있는 실용상 편리한 도구나 기계를 강도가 아주 약한 순동으로 만들 수는 없으며 청동으로도 설계하기 힘든 노릇이다.

석기시대, 청동기시대, 철기시대와 같은 일반적인 시대 개념을 벗어나서, 이와 같은 석조물을 건조한 그 당시에 강철 또는 그와 비등한 강도를 가진 공학 재료가 그 석조물을 건조하기 위한 기기를 만드는 데 쓰였다고 보아야 할 것이다. 청동보다 내구성이 훨씬 떨어지는 철은 4000년의 기나긴 세월 동안 부식해 없어지므로 그 흔적조차 찾을 수 없다는 것이 타당한 추리일 것이다. 고대 인류가 처음으로 정제한 금속은 정제와 가공이 용이하고 실용 가치가 높은 금일 것이며, 뒤따라 '동, 청동, 철, 철 합금'의 순서였을 것이다. 이집트도 태고 때부터 금을 사용해 왔으며 그 생산지는 나일 강과 홍해 사이의 산악 지대였다고 추정된다. 솔로몬이 성전 건축을 위하여 금과 백단목(柏檀木)을 실어 온 오빌(Ophir)도 이 지역에 있었던 것으로 보인다.

고대 이집트인들은 이와 같이 수학, 천문학, 공학 및 기술을 높은 수준으로 발전시켰을 뿐만 아니라 높은 수준의 의학도 가지고 있었다. 이들이 이와 같이 자연과학 분야 전반에 걸쳐 고도의 발전을 이룩한 것은, 그들이 부강한 제국이 되어 서남아시아의 여러 나라와 바빌론까지 지배하면서 바빌론 문화권과 밀접한 접촉을 가짐으로써 과학기술의 발전에 좋은 기회를 맞이한 신왕국 제18왕조(BC 1570~1345) 이후가 아니다. 이미 중왕국 제12왕조(BC 1991~1778)에 과학기술의 절정에 도달하였고 문화의 황금기였다는 것을 그들의 유적들이 말해주고 있다. 이것은 매우 주목할 만한 사실이다. 왜냐하면 과학기술의 발전이 지식의 교류나 경제적 지원과 같은 외적 조건보다는 과학기술을 탐구하는 정신적·내적 요건에 따른다는 것을 의미하기 때문이다.

『구약성서』 '창세기'에 기록된 요셉의 기사는 중왕국 제12왕조 때의 일이며, '출애굽기'에 기록된 모세가 이스라엘 민족을 이끌고 이집트에서 나온 것은 이집트가 가장 부강하게 된 신왕국 제18왕조인 파라오 투트모세 3세(Thutmose Ⅲ, BC 1501~1448) 때의 일이다. 『구약성서』에 기록된 사실을 근거로 하여 이 두 시대의 상황을 살펴보자.

요셉은 야곱이 가장 사랑하는 아들로서, 꿈꾸는 소년이었다. 그는 그의 꿈 때문에 형들의 시기를 사서 17세에 이집트로 팔려가 시위 대장 보디발의 종이 되었는데, "여호와께서 요셉과 함께 하시므로 그가 형통한 자가 되어 그의 주인 이집트 사람의 집에 있으니 그 주인이 여호와께서 그와 함께 하심을 보며 또 여호와께서 그의 범사에 형통케 하심을 보았더라. 요셉이 그 주인에게 은혜를 입어 섬기매 그가 요셉으로 가정 총무를 삼고 자기 소유를 다 그 손에 위임하니 여호와께서 요셉을 위하여 그 이집트 사람의 집에 복을 내리시므로 여호와의 복이 그의 집과 밭에 있는 모든 소유에 미쳤다." 그 후에 주인의 처의 유혹을 거절함으로 그녀의 모함에 빠져 옥살이할 때 두 관원장의 해몽을 하게 되었고, 이로 인하여 파라오의 꿈을 해몽하여 14년간의 천기를 정확히 예보함과 아울러 이에 대비한 적절한 정책을 건의하였다.
"파라오와 그 모든 신하가 이 일을 좋게 여긴 지라 파라오가 그 신하들에게 이르되 '이와 같이 하나님의 신에 감동한 사람을 우리가 어찌 얻을 수 있으리오.' 하고 요셉에게 이르되 '하나님이 이 모든 것을 네게 보이셨으니 너와 같이 명철하고 지혜 있는 자가 없다. 너는 내 집을 차지하라. 내 백성이 다 네 명을 복종하리니 나는 너보다 높음이 보좌뿐이니라."라고 했다.

(창세기 39 : 2~5), (창세기 41 : 37~40)

요셉은 30세에 이집트의 총리가 되었고, 파라오로부터 '비밀의 게시자' 또는 '세상의 구원자'라는 뜻을 지닌 '사브낫바네아(Zaphenath-Paneah)'라는 이름을 얻어, 제사장 보디베라(Potipherah)의 딸인 아스낫(Asenath)을 아내로 삼게 되었다. 이때의 파라오는 중왕국 제12왕조 아메넴헤트 3세(Amenemhet Ⅲ)인 듯하며 BC 1885년경이다. 총리가 된 요셉은 성경에 기록된 것과 같이 7년간의 풍년 수확을 적절히 비축하여 앞으로 닥쳐올 7년간의 흉년에 잘 대비했다. 뿐만 아니라 이 시대의 유물과 문헌으로 미루어 보면, 나일강의 수위와 유량의 변동에 대응할 수 있는 댐과 저수지, 수로와 유량 및 수위 조절 시설들로 구성된 관개 계통을 개발하여 시설한 것으로 보인다. 그리하여 자연 조건을 극복함으로써 국내의 식량뿐만 아니라 주변국들의 곡창 역할을 하게 됨으로써 부강하게 되었다. 요셉은 여호와께서 함께하심으로 형통한 자가 되었다고 하나, 파라오와 그 신하들이 야만 부족의 한 노예가 꿈 해몽을 잘했다고 하여 어떻게 하나님의 믿음에 감동한 사람으로 인식할 수가 있었을까? 하나님이 그들의 마음을 밝게 하셨다면 출애굽기와 같이 그대로 기록했을 것이다.

이때의 파라오와 그의 신하들은 요셉을 하나님의 영에 감동한 사람으로 인식할 수 있는 밝은 마음을 가지고 있었다고 보아야 할 것이다. 이 시대의 정신적 지도자인 신관들은 미신적인 종교의 지도자라기보다는 자연의 진리를 추구하는 과학자였으며, 그들의 신전은 천문을 관측하는 천문대이며 과학기술을 연구하는 연구소였고 그 결과를 기록한 문헌들의 도서관이었다. 따라서 하나님을 독실하게 믿은 요셉은 아무 거리낌 없이 대제사장의 딸과 결혼도 하고 파라오와 그의 왕국을 위하여 충성을 다할 수 있었다. 그리하여 그들은 과학기술의 정상에 도달하였고 문화의 황금기를 이루었다.

한편, 모세는 40년간 왕녀의 양자로 살다가 동족을 학대하는 이집트인을 죽이고 미디안(Midian)으로 도망하여 미디안의 제사장 르우엘(Reuel)의 딸 십보라(Zipporah)와 결혼한다. 그러고 40년간 살다가 호렙(Horeb) 산에서 하나님의 소명을 받고 이집트로 돌아가 파라오를 이적으로 굴복시키고, 노예로 살던 이스라엘 민족을 이끌고 이집트에서 나왔다. 이러한 모세의 삶과 상황은, 요셉이 노예로 팔려가서 이집트의 총리가 되고 70인의 가족이 이집트로 이주할 때와는 매우 대조적이다.

모세가 태어난 때는 BC 1526년경인데, 신왕국 제18왕조의 세 번째 왕 투트모세 1세(Thutmose I, BC 1539~1514) 때이다. 이 왕은 아시아에서 건너와 제15왕조에서 17왕조(BC 1674~1567)까지를 이룬 힉소스 왕조를 축출하고 새 왕조를 세웠으며, 동북쪽의 이민족에 대한 경계심과 반감이 강한 요셉을 알지 못하는 새 왕(『구약성서』 출애굽기 1장 8절)이었다. 따라서 매우 많아진 히브리족을 말살하는 정책을 쓰게 되었으며, 그 연유로 모세는 물에서 건져져 투트모세 1세의 무남독녀 해트세프수트(Hatshepsut)의 양자로 그녀의 총애를 받으며 장성하게 되었다.

그러나 해트세프수트와 그녀의 남편 투트모세 2세 사이에 태어난 투트모세 3세와는 숙명적으로 세력을 다투어야 할 관계였다. 이때에 모세가 동족을 학대한 이집트인을 쳐죽인 것은 큰 정치적 사건이었으며, 미디안으로 도피하여 숨어 살지 않을 수 없는 상황이었다. 왕위에 오른 투트모세 3세는 서남아시아 여러 나라를 정복하고 바빌론까지 지배하여 이집트 역사상 가장 부강한 나라를 이루었으며, 바빌론 문화권과 밀접한 문물의 교류를 갖게 되어 과학기술 발전에 좋은 기회를 맞았다.

그러나 이 시대의 유적과 문헌들은 과학기술과 문화가 제12왕조 때보다도 오히려 뒤떨어졌음을 보여준다. 모세가 이집트로 돌아와 이스라엘 민족을 이끌고 이집트를 탈출한 것이 바로 투트모세 3세 때이며, 모세가 담판한 파라오가 이 투트모세 3세이다. 이들의 담판 내용에서는, 모세가 보여준 이적들을 그들이 행하는 눈속임인 요술과 같은 것으로 생각하고 끝끝내 모세의 요구를 받아들이지 않다가 그들의 장자들이 다 죽고야 모세의 요구에 응한 파라오와 그 신하들의 미련함과 정신문화의 유치함을 엿볼 수 있다.

이 시대의 신관들은 권력과 권위를 위하여 천문학을 비롯한 과학적 지식을 미신적 요소로 가식하였고, 바빌론으로부터 점성술을 도입하여 스스로 미신에 빠져들게 되었다. 그리고 그들의 신전은 과학을 탐구하는 전당이 아니라 미신의 전당으로 전락해 버렸다. 자연의 실존적 진리를 추구하는 정신의 퇴폐가 기술을 발전시키기에 좋은 외적 조건을 맞이하였음에도 도리어 쇠퇴하게 했다고 볼 수 있다. 과학은 자연에 실존하는 진리를 추구하는 정신 기반 위에서만 발전할 수 있으며, 기술은 자연에 실존하는 진리의 힘으로 자연을 지배하려는 창조적 정신 기반 위에서만 이루어진다.

3. 바빌론과 아수르 문화

바빌론 문화가 고고학적 연구로 밝혀지기 시작한 것은 고대 이집트인의 문화에 대한 연구보다 훨씬 뒤늦었다. 그러나 유럽에 전승되어 온 문헌들보다는 멸망한 도시들의 폐허 속에 파묻혀 남아 있던 조각들이 더 신용할 만한 귀중한 정보를 주고 있다. 우리가 알고 있는 메소포타미아의 가장 오래된 민족은 수메르(Sumer)인이다. 이 수메르인의 유래는 판명되지 못했으나, 셈 기원이 아니라는 것은 확실하며 넓은 의미의 몽고 인종에 속한다고 보고 있다. 이렇게 생각하면 가장 오래된 동아시아의 문화와 최초의 서남아시아 문화 사이에는 어떤 관련이 있었다고 보이며, 실제로 그러한 것으로 보이는 유물의 조각들도 발견되었다.

수메르인에 의한 서남아시아 문화의 시작은 기원전 4000년경까지 거슬러 올라간다. 기원전 3200년경에는 수메르인의 최초의 왕조인 우르(Ur) 제1왕조가 세워졌는데, 높은 문화 수준을 가지고 있었으며 완성된 설형문자로 기록된 문서들이 남아 있다. 그리고 기원전 2800년경에는 셈계의 아카드(Akkad)인들이 침입하여 아카드 왕조의 제1대 왕으로 사르곤(Sargon, BC 24세기)을 세웠다. 처음에는 개개의 소국으로 세워진 나라들이 후에는 점차로 통일되어 통일된 바빌론의 제1왕조를 세웠고, 이 왕조의 대표적인 왕으로는 함무라비(Hammurabi, BC 1729~1686)를 들 수 있다. 그리고 바빌론 왕국의 대외 관계가 이집트에까지 미치고 있었다는 것이 앞에서 이미 언급한 기원전 14세기의 아마르나 출토 문서에 잘 나타나 있다.[6]

서남아시아에서 수메르어는 유럽에서의 라틴어와 같이 장기간 고대 문화민족의 언어로서 보존되어 과학적 목적에 사용되었다. 이와 같이 수메르어와 설형문자에 기초한 바빌론 사람들의 정신생활이 일찍부터 발전되어 왔다는 것은 이들이 기원전 3000년경부터 문법 연구와 중요한 법률문제를 연구했다는 사실과 천문 현상에 대한 세심한 탐구를 해 왔다는 것에서도 알 수 있다. 그리고 그들의 연구와 탐구 결과는 수메르어와 설형문자로 점토판에 기록되어 반영구적으로 보존되어 왔다.

바빌론이나 이집트와 나란히 소아시아에는 히타이트(Hittite)인의 왕국이 있었다.[7] 그리스도 이들 고대 동양과 밀접한 접촉 관계가 있었던 것이 근래의 고고학적 연구에서 증명되었다. 이와 같은 접촉의 중개는 페니키아인들에 의하여 이루어졌다. 페니키아인은 기원전 1000년경부터 쇠퇴한 이집트인들을 대신하여 지중해 무역을 독점하게 되었다. 아카드인들이 약 1500년이라는 긴 세월 동안 통치한 후에 기원전 1300년경에 아수르인들이 메소포타미아를 정복하였다. 이들이 메소포타미아를 정복한 후에 이룩한 큰 업적은 대규모 관개시설을 만들어 이 지역을 곡창지대로 만든 것이다. 그리고 이와 같은 공학 기술 못지않게 과학도 장려되었다. 특히 아수르 왕 아슈르바니팔(Ashurbanipal, BC 7세기) 시대부터 규칙적인 정밀 관측에 기초한 천문학으로서 점성술이 발전하였다. 이 왕의 도서관이 발견됨으로써 점성술에 관한 바빌론의 막대한 저술들이 밝혀졌으며, 이것들은 고대 바빌론 시대의 천문학적 지식에 대한 가장 중요한 자료가 되었다.

니네베(Nineveh)와 바빌론 기타 지역에서 영국인, 미국인, 독일인들의 발굴에 의하여 다량으로 나타난 문서들은 설형문자의 각인을 찍은 점토판을 구운 것들이다. 이와 같은

---

6 이집트의 테베와 카이로 사이에 있는 아마르나에서 출토된 문서들이며, 바빌론과 서남아시아 여러 왕들이 이집트의 신왕국 제18왕조의 아멘호테프(Amenhotep) 3세와 4세에게 보낸 서신이다. 특히 바빌론어와 수메르어의 사전도 있다. (런던 대영박물관 소장)

7 『구약성서』에 나오는 히타이트인의 문서들이 북시리아와 카파도키아에서 발견되었다. 이들은 철의 제련과 같은 야금술에 많은 업적을 남긴 것으로 보인다.

문서를 해독하는 데 성공한 것은 1835년에 수개 국어를 병기한 본문이 발견된 후부터이다. 이와 같은 설형문자의 해독에 따라 바빌론과 아수르 역사 연구의 기초가 된 것은 페르세폴리스와 수사(Susa)의 페르시아 왕궁 유적지에서 발견된 각인 문서(각문)이다.[8]

오늘날에는 수십만 개의 설형문자 판이 발굴되었으며, 1848년에 영국의 고대학자 레이어드(Sir Austen Henry Layard, 1817~1894)가 아수르 왕 아슈르바니팔의 니네베 왕궁의 완비한 도서관 하나를 발견했다. 이들의 설형문자가 새겨진 토판(土版)은 이집트인의 파피루스에 비하여 반영구적으로 보존할 수 있다는 장점이 있으며, 구운 것은 더욱 그렇다. 그뿐만 아니라, 이러한 문서 토판은 중국 문화권에서 고대로부터 해온 탁본 인쇄(拓本印刷)의 원판이라고 생각된다.

레이어드가 아슈르바니팔(BC 668~626) 왕의 도서관을 발견함으로써 대단히 많은 자료가 세상에 알려졌다. 이 왕은 이 도서관을 위하여 여러 곳에 있는 많은 문헌의 사본을 만들어 모았다. 그중에는 기원전 1900년 것도 있다. 이와 같이 모은 약 2만 5000개의 점토판이 오늘날까지 남아 런던 대영박물관에 소장되어 있다. 이것은 바빌론 아수르 문헌의 가장 귀중한 자원이다. 자연과학의 역사에서는 그것들이 수학과 의학, 그리고 천문학에 관한 저술의 조각들을 많이 포함하고 있으므로 특히 중요하다.

19세기 말엽에 이 기록들이 발굴되어 처음으로 세상에 알려졌을 때 제멋대로 여러 억측을 낳게 하였으나, 그것은 이 기록들이 고대로부터의 여러 곳의 문서를 수집한 것이기 때문에 연대와 지역의 원천을 알 수 없다는 점과 불완전한 단편들이라는 점으로 미루어 보아 하는 수 없는 노릇이었나. 그러나 그 안에는 점성술에 관한 4000개의 점토판이 있다. 이것에서 우리는 점성술이 바빌론 및 아수르로부터 유래된 것임을 확실히 알게 되었다. 이들 '사르다나팔로스 도서관'의 점성술에 관한 설형문자 문서는 우리가 알고 있는 어떤 것과도 비길 수 없는 가장 중요한 문서이다.

---

8 1835년에 롤린슨이 세 개 국어로 병기된 다리우스 왕의 송덕비를 발견하였다. 이것이 서남아시아 학술 탐사의 봉화가 되었다.

4. 바빌론의 수학

가장 오래된 수학의 발달을 알기 위하여 소위 '니푸르(Nippur)' 본문이 대단히 중요하다. 이것은 약 오만 개의 설형 문서 판이며 니푸르의 신전에 보존되어 있던 것을 미국의 발굴대가 파낸 것이다. 니푸르 문서 판은 기원전 2200년에서 1350년 사이에 이루어진 것이다. 그 본문에서 알 수 있듯이, 니푸르에서는 수학뿐만 아니라 천문학과 의학도 연구되고 있었다. 발견된 곱셈표에서 바빌론 사람들은 '수위 원리(단위 진법, 單位進法)'를 알고 있었다는 것을 알 수 있다. 설형문자는 이집트의 신성문자와 같이 어떤 상형문자로부터 생겨났다고 생각되나, 수(數)도 설형의 선으로 나타내고 있다. 예를 들면, '1은 1, 10은 〈, 100은 ⊢, 1000=10×100은 〈⊢'과 같은 모양을 설형으로 새긴 것이다. 그런데 〈〈⊢는 20×100=2000이 아니라 $10^2×100=10000$을 나타낸다. 왼쪽의 〈의 개수는 10의 배수가 아니라, 10의 지수(指數)를 의미한다. 이와 같은 수의 표현은 『구약성서』에서도 아주 큰 수를 표현할 때 쓰고 있다. '만만'은 2만이 아니라 1억을 의미한다. 아마도 바빌론 사람들에게서 배웠거나 아브라함으로부터 물려받은 것으로 생각된다.

바빌론 사람들은 십진법과 60진법에 따른 기수법(記數法)을 병용하였다. 유럽 수학 사가들은 60진법은 원의 둘레를 반지름으로 나눌 때의 6으로, 1년의 360일을 나누는 것과 관련이 있는 것으로 보고 있다. 그러나 나의 의견은 다르다. '1년은 360일이다.'라는 사상에 대한 수량적 파악은 그보다 앞서 그만한 수를 계산할 수 있는 수의 개념이 있어야 할 수 있다. 즉, 1년을 360일로 인식한 것은 그들의 수 개념이 이미 60진법에 고착된 관측에서 계량된 365일을 개략적으로 360일로 인식한 결과이다. 10진법을 쓰는 고대 이집트 사람들이 기원전 4241년경에 1년을 365일로 한 '역법 개정'을 한 사실로 보아, 그들보다 천문학에서는 뒤떨어지지 않았다고 볼 수 있는 바빌론 사람들이 1년의 길이를 몰랐다고 생각되지 않는다. 그리고 원의 둘레를 반지름으로 나누면 6등분된다는 기하학적 발견도 6 또는 60이라는 기본수를 위하여 발견된 기하학적 기법이라고 생각된다. 그렇다면 수메르 사람들은 이집트 사람들과는 달리 60진법을 어떻게 쓰게 되었을까? 이는 그들의 뿌리와 상관있는 동아시아와 관련이 있다.

언제부터인지는 정확히 알 수 없으나 중국 문화권에서는 아주 고대로부터 해(年)와 날(日)을 60진법으로 계산하여 왔으며, 한국에서는 지금도 생년월일(生年月日)을 표기하는 데 쓰고 있다. 한국의 노인들이 나이나 시일을 계산할 때 열 손가락으로 10간(十干: 甲, 乙, 丙…… 癸)을 삼고 네 손가락의 열두 마디를 12지(十二支: 子, 丑, 寅, 卯…… 亥)로 쳐서 60간지를 계산하는 것을 볼 수 있다. 이와 같은 10간 12지법이 천문학상의 시일과 위치 결정에 사용된 것은 아주 옛날부터이다. 중국의 사서가 전하는 바에 의하면, 황제(黃帝, BC 3000년 이전)가 제정하였다고 하며, 동쪽의 이민족 동이(東夷, 한국 민족)로부터 전래하였다고도 한다.

중국 문화권에서의 가장 기본적인 수는 2이다. 두 개의 손, 팔, 다리, 음양(밤과 낮, 달과 해, 여자와 남자) 등에서 생긴 수이다. 그다음은 5이다. 이것은 다섯 손가락과 당시에 알고 있던 다섯 개의 행성(行星)에서 생겼다고 보인다. 그다음은 10이며, 이것은 두 손의 손가락이 10인 데서 또는 2와 5에서 비롯되었다고 생각된다. 이와 같이 음양(陰陽)의 2와 오행(五行, 5行星)의 5에서 비롯된 10을 '하늘의 수'라는 뜻에서 '10간(干＝天數)'이라고 하였다. 다음의 기본수는 12이며, 이것은 1년이 12개월이라는 개략적인 천문 관측에서 얻은 수이다. 또 지상에서 본 공간 방위를 12로 구분하는(十二支宮, 열두 별자리) 것을 '12지(支, 地數)'라고 했다. 60진법은 천지의 조화 개념에서 천수 10간과 지수 12지의 조합으로 생겼다. 이 조합에서 천수 갑(甲)이 여섯 번 생긴다고 6간(6갑)에서 6이이라는 기본수도 생겼다. 이들은 이와 같은 수 개념에서 1년은 열두 달, 360일이라는 기본 개념을 가지게 되었고, 실제의 정밀 관측과 이 수적 기본 개념 사이의 오차를 합리적으로 해소시키려는 노력이 역법 개정에 나타나고 있다.

이와 같은 역법 개정에서 이집트 사람들은 태양주기를 중심으로 한 양력을 개발하였고, 중국인과 수메르인은 달의 주기를 중심으로 한 음력(月曆)을 개발하게 되었다고 생각된다. 이와 같이 생각하면 수메르인이 메소포타미아에 들어와서 이집트와 다른 독자적인 문화를 이루었다고 보기보다는 중국과 뿌리를 같이한 동아시아 문화를 가지고 메소포타미아에 들어와서 수메르어와 설형문자의 문화를 발전시켰으며, 그 후 이 지역을 지배한 여러 민족이 수메르인이 이룩한 문화를 계승하여 보존하고 발전시켰다고 보는 것이 타당하다.

바빌론 사람들이 60진법을 사용한 것은 1854년 유프라테스의 센케라(Senkerah)에서 발견된 점토판에 잘 나타나고 있다. 이들 점토판에는 59까지의 제곱(平方)과 33까지의 세제곱 값을 기록한 수표가 있는데, 7의 제곱은 49, 8의 제곱은 1+4, 9의 제곱은 1+21 등으로 표기되어 있다. 여기에서 1+4는 60+4=64이고, 1+21=60+21=81 등으로 볼 수밖에 없다. 이와 같은 60진법은 그 후에 그리스의 천문학자들도 사용했고, 아랍인과 서구의 중세에서도 사용해 오다가 근세에 와서 10진법으로 바뀌었다.

센케라 문서에는 바빌론 사람들이 분수를 쓴 것이 나타나는데, 이집트 사람들은 분자가 1인 단위 분수를 주로 사용한 것에 반하여 바빌론 사람들은 분모가 60 또는 60의 제곱인 3600인 것을 사용하였다. 1/2과 1/3은 30/60과 20/60으로 표기되었다. 즉, 60진법의 소수 형식으로 표기되었다. 수학사에서 이와 같이 중요한 센케라 문서는 이집트의 아호메스가 그의 수학 교과서를 저술한 때와 같은 시대인 기원전 1900년경에 쓰인 것으로 보인다. 갈라디아(Galatia)[9] 사람들의 계산술은 출토 문서뿐만 아니라 그리스 문헌을 근거로 한 원본으로부터 판단하여도 아주 오래된 것임을 알 수 있다. 예를 들면, 하드리아누스(Hadrianus) 황제 때(117~138)의 수학자인 스미르나(Smyrna)의 테온(Theon)이 "이집트 사람들은 유성의 운동을 도형으로 연구했으나, 갈라디아 사람들은 계산으로 연구하였고, 그리스의 천문학자는 이 두 민족으로부터 그 지식의 초보를 이어받았다."라고 기록하고 있다. 이와 같이 계산술뿐만 아니라 그들의 기하학적 지식도 결코 적은 것이 아니라는 것을 벽에 그려진 도형이나 높은 수준의 건축술에서 미루어 짐작할 수 있다. 예를 들어, 기하학적 작도에 의한 원의 6등분과 이에 뒤따른 원둘레의 360도 분할, 그리고 직각의 3등분까지도 기록되어 있다.

5. 천문학의 기원

수학의 기원에 대하여는 이미 고찰하였으므로, 이제 이 수학적 사고를 맨 처음에 시용(試用)한 자연과학 문제에 대하여 고찰해 보자. 천계(天界)에 일어나는 사상(事像)이 규칙적 현상이라는 개념을 최초로 생기게 한 것으로 여겨진다. 그래서 사람들은 무엇보다도 먼저 이 천계의 사상으로 탐구의 눈을 돌려, 수학과 더불어 천문학이라는 과학적 인

---

9 갈라디아 사람들은 기원전 1000년경에 바빌론으로 이주하여, 기원전 612년에는 니네베를 점령하고, 사르다나팔로스 사망 후 아수르 제국 대신에 새 바빌론 제국을 일으켰다. 이 갈라디아 왕조 때 바빌론은 가장 번성하였고, 갈라디아는 고대 기록자들에게 바빌론의 대명사로 쓰이게 되었다. 그리고 기원전 538년에 페르시아에 의해 멸망되었다.

간 정신의 활동을 나타내게 된 것은 우연한 것이 아니다. 이 분야도 역시 이집트 사람들과 갈라디아 사람들이 구름이 없는 맑은 대기의 혜택으로 나일 강과 유프라테스 강 유역에서 수학과 함께 발전시킨 것이다. 이와 같이 하여 생겨난 천문학적 지식이 그리스 사람들과 그 후세의 민족들에게 전해져서 모든 과학적 진보의 토대가 되었다.

인간이 가장 낮은 발달 단계에서도 그냥 보아 넘길 수 없었던 천문학적 사실들은, 규칙적으로 반복하는 해가 지고 뜨는 하루의 밤과 낮, 언제나 일정한 변화를 반복하는 달의 모양, 해가 일 년 동안에 나타내는 운동과 이에 따른 사계절의 순환이었을 것이다. 여기에서 한 발 나아가 더 세심한 관찰을 하면 많은 별은 그들 상호간의 위치가 변하지 않는데, 해와 달과 몇 개의 별은 그 움직이지 않는 별 사이를 움직여 나간다는 사실에 눈뜨지 않을 수 없었을 것이다. 그래서 초기의 고대 이집트 천문학자들은 조금도 쉬지

바빌론의 그림 경계석

않는 별과 조금도 움직이지 않는 별로 구분하여, 조금도 쉬지 않는 별들로 '목성, 토성, 화성(붉은 별), 수성, 금성'을 들고 있다. 그리고 조금도 움직이지 않는 별들의 하늘, 즉 항성천(恒星天)의 위치를 표시하는 별자리(星座)는 서구 사람들에게 전해온 것과 같이 그리스 사람들이 시작한 것이 아니라, 천문학과 함께 고대 동양에서 생겨난 것이다. 설형문자로 기록된 천문학 문서들이 해독됨으로써 그리스 사람들과 현재 서구 사람들이 쓰고 있는 별자리 이름들과 같은 의미의 이름들을 이미 바빌론 사람들이 쓰고 있었다는 것이 밝혀졌다. 그리고 메소포타미아에서 발굴된 경계석에는 오늘날 별자리 그림에 사용되는 '수대 기호(獸帶記號)'로 표시된 것이 있다.

갈라디아 사람들은 오늘날과 같이 수대를 열두 별자리로 구분하였다. 그 별자리들의 이름도 오늘날 서구 사람들이 부르는 이름(zodiac)과 같은 것이 '저울, 양, 소, 지네, 활, 사수' 등 반이나 되며, 중국 문화권의 사람들이 부르는 이름과 같은 것도 있다. 황도를 12분하는 것은 바빌론에서 이집트로 전하여져서 다음에 그리스로 전하여졌다고 볼 수 있다. 그리고 그 뿌리는 아마도 중국의 12방향으로 구분하는 12지(十二支)일 것이다.

20세기에 들어와서 이집트 덴데라의 한 사원 천장에 그려진 수대도(獸帶圖)를 발견하

였는데, 이것은 로마 시대의 것으로 판명되었다. 그리스와 갈라디아의 수대도와 비교 검토한 결과, 그리스 사람들은 이집트 사람으로부터 수대도를 받아들였으며, 이집트 사람들은 갈라디아의 수대도를 받아들여 수정하였다는 것이 밝혀졌다.

아주 고대에도, 식별할 수 있는 한 항성(恒星)이 여명에 해가 지는 수평선 부근에 나타났다가 해가 뜨면서 보이지 않게 되던 것이 차차 변하여 나중에는 밤하늘에 반짝이게 되는 것에 주의하게 되었을 것이다. 이리하여 그들은 사계절이 한 번 순환하는 똑같

덴데라의 수대도: 양(羊), 황소(牛), 쌍 집게(雙子), 게(蟹), 사자(獅子), 처녀(處女), 저울(天秤), 전갈(蝎), 사수(射手), 염소(山羊), 물병(水甁), 고기(魚)

은 기간에 해가 하늘을 한 바퀴 돈다는 것을 알았다. 그리고 해가 지나가는 별자리들을 '수대(獸帶)'라고 불렀다고 서구 사람들은 생각하고 있다. 그런데 중국 문화권에서는 하늘의 12방향이라는 뜻으로 '십이지(十二支)'라고 불렀으며, 각 지의 이름은 그 별자리의 모양을 상기시키는 짐승의 이름을 붙여 '수대(獸帶, 띠)'라고 불렀다. 즉, '쥐(子), 소(丑), 호랑이(寅), 토끼(卯), 용(辰), 뱀(巳), 말(午), 양(未), 원숭이(申), 닭(酉), 개(戌), 돼지(亥)'라는 이름을 12지에 붙였다. 그리고 이것은 월시(月時)를 12진법으로 나타내는 이름과 10간(十干)과 함께 연일(年日)을 60진법으로 나타내는 이름으로 사용해 오고 있다.

이와 같은 사고 과정은 서구 사람들이 중세를 통하여 17세기까지 믿어온 지구 중심적 생각과는 다르다는 것을 지적해 두어야 하겠다. 동양의 철학에는 처음부터 지구 중심적 사상을 찾아볼 수가 없다. 동양철학은 처음부터 하늘과 해(太陽)를 중심으로 한 생각을 기반으로 하여 출발하였다. 12지(支)는 지지(地支) 또는 12지궁(支宮)이라고도 불렀고, 이것은 1년의 12개월의 각 달에 지구가 돌아가며 머무는 하늘의 자리 또는 방향이라는 뜻에서 붙여진 이름이다. 그리고 '황도(黃道)'라는 말도 '지(地)'는 '황(黃)'이므로 '지도(地道)', 즉 '지구(地球)가 돌아가는 길'이라는 뜻이다. 그리고 시간을 '양음(陽陰)'이라고 하는 것도, 태양(太陽)을 향한 낮(陽)과 태양에 등을 돌려 그늘진 밤(陰)의 반복을 의미한다. 그러나 그들의 일상용어는 성서에서와 같이 '해가 뜨고(日出), 해가 진다(日沒)'라

고 지금도 말한다.

고대 이집트 천문학자는 모든 움직이지 않는 별 중에서도 시리우스(Sirius, 늑대별)를 가장 중요하게 여겼다. 그들은 이 별을 '소프트'라고 불렀고, 그리스 사람들은 '소디스'라고 발음하였다. 이 시리우스의 헤리악 출현은 나일 강의 물이 붇기 시작하는 때와 꼭 같으며, 이때를 한 해의 시작으로 삼고 있었다. 그리고 한 해는 열두 달로 나누고, 한 달은 30일로 쳤다. 덴데라, 멤피스, 그리고 헬리오폴리스(Heliopolis) 등에는 천문대(天文臺)가 있어서 눈으로 볼 수 있는 모든 별들의 운동이 관측되었고 기재되었다. 이와 같이 하여 만들어진 표(表)들의 아주 적은 단편만이 남아 있을 따름이다.

이집트의 유물 가운데는, 사람이나 짐승의 모양을 한 요정으로 나타낸 별들이 통나무 배를 저어 태양신 '오시리스'를 뒤따르고 있는 그림이 있다. 이것을 보고 서구 사람들은, 이집트 사람들은 창세기 기자인 모세와 같이 "하늘은 물과 같은 액체로 땅을 둘러싸고 있는 것이며, 그 위에 별들이 떠 있다."라고 생각하였다고 보고 있다. 그러나 4세기 사람인 성 아우구스티누스(Augustinus)가 그의 저서 『고백』에서 창세기 1장을 해석한 바에 따르면, 물은 가시적인 물과 더불어 시원물질(始原物質)을 뜻한다고 보고 있다. 고대 이집트 사람들은 그들의 세계와 생활이 나일 강의 물에 근원하였으므로, 물은 또한 '시원물질, 능력의 근원(에너지 또는 힘), 생명의 근원'을 뜻하기도 한다. 따라서 그 그림은 서구 사람들이 생각하는 것과 같은 유치한 개념에서 그려진 것이 아니라, 상형문자를 만들어 사용한 수준 높은 개념에서 그려진 깊은 뜻을 나타내는 추상적인 그림일 것이다.

처음에는 이집트 사람들도 여러 민족과 같이 달력(月曆)에서 시작하였을 것이다. 그러나 그들이 그렇게 빨리 태양력(太陽曆)으로 옮기게 된 것은, 이집트의 생활을 규제하는 나일 강의 증수가 태양의 운행에 따른다는 사실과 관련된다. 수천 년에 걸쳐서 나일 강의 물이 불기 시작하는 것이 시리우스가 여명에 나타나기 시작하는 헤리악 출현과 일치한다는 것을 경험하였다. 그래서 이집트 사람들은 이 시점을 한 해의 시작으로 삼았다. 그리고 한 해를 세 계절, 즉 '범람기, 파종기, 수확기'로 나누고, 한 계절은 네 달로 하였으며, 한 달은 30일로 하였다. 이와 같이 일 년을 360일로 한 역법을 사용했을 때, 6년마다 한 해의 첫날인 시리우스의 헤리악 출현 일이 한 달씩 뒤에 오게 되어, 72년 후에야 제 날짜에 시리우스가 여명에 나타나기 시작하는 헤리악 출현을 보게 되었다. 그래서 그들은 일 년의 끝에 5일을 가산하여 일 년을 365일로 한 역법 개정을 하였다. 그러나 이것도 역시 매 4년마다 하루씩 모자라서, 4×365=1460년이 지나면 시리우스의 헤리악 출현 일과 민간력(民間曆)의 첫날이 맞아진다. 이와 같은 관계는 민간 신년과 시리우스 신년을 병기한 많은 묘비에서 알 수 있다. 이 날짜에서 추산해 보면, 이들이 일 년을 365일로 개정한 것이 BC 4000년 이전인 것으로 추정된다.

그러나 이와 같은 역법으로도 긴 세월을 지나면 축제일(祝祭日)이 어긋나게 되는 것을 알게 되었고, 기원전 238년에 실시된 법령, 즉 "겨울철에 할 공공 축제를 여름철에 하는 것과 같은 일이 없도록 하기 위하여 매 4년째 해는 366일로 한다."라는 법령에 따라 역법을 개정하였다. 따라서 윤년(閏年) 제도는 이집트 사람들 덕분이다. 기원전 46년에 율리우스 카이사르(Julius Caesar)가 역법 개정을 할 당시 자문한 천문학자들은 이집트에서 행하여진 이 제도를 알고 있었을 것이다. 그렇다고 하여 율리우스 카이사르의 공적을 부인할 수는 없다. 당시의 로마는 시기를 바로잡기 위하여 85일을 더 넣어주어야 할 정도로 시기 계산이 난맥에 빠져 있었던 것이다. 이와 같은 시기 계산을 바로잡은 공적은 결코 무시할 수 없는 것이며, 서구가 16세기까지 시기의 계산을 확립할 수 있었던 것도 율리우스 카이사르 덕분이었다.

천문학의 단서도 근대 고고학적 연구에 의하여 밝혀졌다. 천문학이 성립할 수 있었던 것은 각의 측정, 숫자 조직과 계산술의 발달과 더불어 시간을 측정할 수 있게 되고부터이다. 시간을 충분히 정확하게 측정하도록 분할하는 방법을 발견한 것은 바빌론 사람임이 틀림없다. 그들은 이와 같은 목적에 물시계를 사용하였다. 먼저 태양 면의 상단이 지평선에 나타나는 순간에 물을 채운 용기의 출구를 열어 아래 용기 안으로 똑똑 떨어져 들어가게 한다. 그리고 물그릇은 따로 흘러 들어가는 물로 항상 일정하게 채워져 있게 한다. 이와 같이 흘러 떨어지는 물을 태양 면의 하단이 지평선을 떠나는 순간까지 작은 그릇에 받아두고, 그 순간부터 큰 그릇에 받기 시작하여 다음 날 아침 태양 면의 상단이 지평선에 나타날 때까지 받는다. 이와 같이 하여 작은 그릇과 큰 그릇에 받은 물의 양을 정확하게 저울로 달아서(평량, 枰量) 그들의 시간 비율뿐만 아니라 태양의 지름과 황도의 원둘레의 비도 상당히 정확하게 산출한 것을 볼 수 있다. 즉, 물의 양을 각각 Q와 q로 하면, $(Q+q)/q = 360^0/D$에서 태양의 직경 D는 약 1/2도에 해당하므로, 태양 직경의 황도에 대한 비는 1/720이라고 하였다. 물론 이와 같은 방법에 의한 정확한 측정은 적도 아래에서만 가능하나, 갈라디아 지방에서는 기울기가 크지 않으므로 충분히 만족할 만한 결과를 얻고 있다.

그리고 바빌론의 기록을 보면, 그들이 태양년을 365일로 하였을 뿐만 아니라 일 년간의 태양의 운동에 늦고 빠름의 차가 있는 것도 인지한 것을 알 수 있다. 이와 같은 사실을 서구에서 처음으로 인지한 것은 갈릴레이(Galilei)와 함께 지동설을 정립한 17세기의 케플러이다. 서구 사람들이 고대인을 그들보다 미개한 존재라는 선입관을 가지고 해독한 "일 년간의 태양의 운동"이라는 문구의 원문 내용은 "지구에서 본 일 년간의 겉보기의 태양 운동"일지도 모르겠다. 이미 지적한 바와 같이 한자 문화권에서 천문학에 사용하는 '황도(黃道)'라는 용어의 한자 뜻은 '지구의 길'이다. "천지 현황(天地玄黃), 천(天)은 검고(玄), 지(地)는 누르다(黃)."이므로, 황도(黃道)는 지도(地道), 즉 '지구가 일 년 주기로 태양 주위의 12지궁(支宮)을 순회하는 길'이라는 뜻이다.

갈라디아 사람들은 하루를 12로 나눈 2시간을 시간 단위로 하였다. 태양 면이 천구 상에서 자기 직경만큼 나아가는 데 걸리는 시간, 즉 2분에 해당하는 시간을 60진법에 따라 60배 한 것이 이 시간 단위이다. 수학과 천문학의 결합에 의한 이 시간 측정법은 후세에까지 남게 됐는데, 이 한 가지만 보더라도 바빌론의 문화적 사명을 엿볼 수 있다. 후세에 하루를 나누는 시간 단위나 그의 하위 단위를 반분하여 '시, 분, 초'가 생긴 것은 둘째로 칠 것에 지나지 않는다.

고대의 여러 민족들은 실리를 위하여 천문학을 연구하였다. 그러나 그것이 가지는 예측 기능과 동양인의 숙명론적 공상 등이 상호 관련하여 어느 사이에 천문학은 점성술(占星術)로 타락하고 말았다. 또한 천문학은 특히 신관 계급이 독점하고 있었고 그들은 그들이 하는 것을 초자연적 신비로 가식하여 그들의 권위를 세우는 데 정신을 팔게 되었다. 이리하여 신관들은 진실을 밝혀 민중에게 알리는 일 대신에 민중을 속이는 술수를 개발하여 자기 욕심을 채우는 일을 하게 되었다.

점성술은 셈족에서 기원하였다고 하나 그 시초가 이미 수메르인들에게 있었다. 이들은 금성을 특히 중요하게 여겼다. 이들의 문서에는 해와 달의 기호와 더불어 금성의 기호가 자주 나온다. 뱀도 가끔 나오는데 19세기 이후의 서구 천문학자들은 은하를 나타낸 것이라고 생각하고 있는데, 내 생각에는 뱀띠나 용띠로 생각된다. 그리고 과학적인 천문학이 시작된 것은 기원전 1000년경에 갈라디아 민족이 바빌론에 침입한 후라고 생각한다. 이 '갈라디아인'이라는 명칭은 바빌론의 신관 계급을 가리키는 것으로 변해갔다. 이런 명칭의 변화가 어떻게 이루어졌는지는 알 수 없다고 마이어(Meyer)는 그의 저서 『고대사』에서 말하고 있다. 여하튼 이들은 점성술의 연구를 조직화할 목적으로 적도(赤道)와 황도(黃道)를 360도로 나누고 12지궁의 수대 기호를 써서 유성(遊星)의 운동을 규명하였다.

특히 네부카드네자르(Nebuchadnezzar, BC 747~734) 치세 때 많은 천문 관측의 결과를 집성하였다. 이것이 후세에 알렉산드리아의 천문학자들에게 이용되었으며, 오늘날 우리가 『알마게스트』 안에서 볼 수 있는 것이다. 그리고 갈라디아 시대 이전의 천문학적 지식은 과학적인 천문학이라고 부를 가치가 없다고 서구에서는 보아왔다.

점성술에서의 유성 관측 중에 금성에 관한 것이 가장 많은 것은 놀라운 것이 아니다. 왜냐하면 금성은 해와 달을 빼고는 낮 정오경에도 가끔 볼 수 있는 오직 하나의 별이기 때문이다. 금성이 목성, 화성, 토성에 근접하는 것, 달 속으로 침입하는 것, 그리고 없어졌다 다시 나타나는 것 등을 중대한 의미가 있는 것으로 생각한 것은 너무나 당연하다. 그리고 초저녁에 나타나는 밝은 별과 새벽에 나타나는 밝은 별이 같은 금성이라는 것을 바빌론 사람들은 기원전 2000년경에 이미 알고 있었다. 그 증거로 다음과 같은 로마 문자로 된 문구가 남아 있다.

"Dilbat ina sensi adi lstar kakkabi, Dilbat ina aribi Bilit ili."
금성(Delephat)은 새벽의 밝은 별일 때는 Istar-Astarte의 별이며, 초저녁의 밝은 별일 때는 Beltis-Baaltis의 별이다.

천문학의 점성술적 경향을 나타내는 가장 오래된 증거로서는 기원전 1700년경의 한 갈라디아 문헌이 남아 있다. 이것을 근대 동양학이 해독한 바에 의하면, 점성술의 예언을 포함한 하나의 전조 역서(前兆曆書)이다. 그 속에는 월식과 일식을 예언하였고, 그에 따라 일어날 일들이 기재되어 있다. 월식이나 일식, 그리고 혜성과 같이 인간의 미신적인 공포감을 일으키게 하는 이상한 천문 현상은 별의 세계에 특히 강하게 주목하게 하였을 것이다. 따라서 고대의 천문학적 기록에는 식(蝕)과 혜성에 관한 것이 많다. 중국, 이집트, 갈라디아 사람들이 기원전 수천 년 전부터 기록한 것을 볼 수 있다. 갈라디아 사람들이 마침내 식이 6585일 만에 규칙적으로 반복된다는 사실을 인식하고 '사로스 주기'를 정하기까지 얼마나 긴 세월이 흘러갔을까!

아리스토텔레스가 알렉산더 대왕의 수종인들에게 갈라디아인들의 고대 천문 관측 기록들을 찾아오라고 부탁하였다는 이야기도 동양 천문학의 기원이 매우 오래된 것을 나타내고 있다. 이 결과, 알렉산드리아에서 그때로부터 2000년이나 거슬러 올라간 관측 기록들을 세긴 점토판들을 그리스로 옮겨왔다고 한다. 중국의 혜성에 관한 기록들도 비슷한 고대로 거슬러 올라가서 찾아볼 수 있다. 그리고 이집트 사람들의 『천문 연보』에는 알렉산드리아 시대 이전에 관측된 373회의 일식과 832회의 월식이 보고되어 있다.

19세기에 이르기까지 고대 천문학에 관한 지식은 그리스 사람들로부터 전승된 것에 한정되어 있었다. 천문학의 시작에 관한 좀 더 깊은 지식은 갈라디아 사람들이 그들의 천문학적 지식을 기록한 설형 문서들이 발굴되어 해독됨으로써 얻게 되었다. 그리하여 오늘날에는 바빌론 사람들이 적도와 황도, 수대를 비롯한 천계의 여러 별자리들, 그리고 유성들도 확정하고 있었다는 것과 그리스 사람들보다 훨씬 앞서서 별들(星辰)에 대한 규칙적인 관찰을 하고 있었다는 것을 의심하는 사람은 없다. 설형문자 연구로 처음으로 밝혀진 것은 '카펠라(마차부자리의 일등성)'이고 뒤이어 황도의 많은 별이 판명되었다. 기원전 12세기의 경계 비석에 볼 수 있는 수대도 매우 오래된 것이나, 서른 개에 가까운 유성과 '달의 머묾(유성숙, 월숙)'이 고찰된 것도 아주 오래된 것이다. 이것들의 사용은 바빌론에서 인도와 중국으로 퍼져 나갔거나 반대로 흘러 들어온 것으로 생각된다. 이들 사이에는 공통된 것이 너무나 많기 때문이다.

항성과 별자리에 대해서 현재까지 판명된 것은 약 200개가 기록되어 있다. 이들 가운데서도 '짐승 띠(獸帶)'의 별자리로 꼽힌 '소, 사자, 쌍 집게(雙子)' 등이 가장 중요한 것으로 나타나 있으며, 12의 짐승 띠 별자리를 황도의 12부분에 배당한 것은 그 후의 순수한 천문학적 기록에서 처음으로 볼 수 있다. 설형문자판 외에도 경계 비석과 묘비에 조각된 그림들도 이들의 천문학적 지식을 잘 나타낸 것들이 있으며, 기원전 14세기까지 거슬러 올라간 것들이 있다. 앞에서 제시한 '바빌론의 그림 경계석' 그림에는 16개의 기호가 새겨져 있다. 맨 위에는 금성, 그 밑에 초승달과 해가 있고, 그 밑 왼쪽에는 보좌에 사람(神)이 앉아 있고, 그의 머리 높이에 전갈(蝎)이 있고, 팔 높이에 촛대가 있으며, 발등 옆에 개가 있다. 이들은 별자리를 의미하는 것이 확실하다. 지역의 경계 표시에 별자리들을 새겨 넣은 것은 주목할 사항이다. 당시에 이미 별자리로 지표상의 위치를 지정했는지도 모른다.

고대 설형 문서에는 유성들의 이름이 나오고 있다. 금성을 '아스타르테(Astarte)', 화성을 '군신'이라는 식으로 특정한 신들과 결부하여 불렀다. 화성을 군신의 별이라고 한 것은 후세에 와서도 널리 행하여진 것이며, 화성의 붉은빛에서 비롯된 것으로 생각된다. 유성들이 '항성의 하늘(恒星天)'에 그리는 궤도를 규칙적으로 관측하기 시작한 것은 기원전 750년경에 와서이다. 그리고 뒤에는 다섯 개의 유성은 각각 특정한 신을 표징하게 되었고, 운명의 조종자로 생각하게 되었다. 그 이후부터 별의 관측은 점성술과 숙명론에 지배되었다.

식(蝕)과 혜성은 일찍부터 특별히 중요한 전조(前兆)로 보아왔으며, 따라서 아주 주의 깊게 조사되어 있다. 식이 일어날 때 특정한 유성의 위치에 관한 보고가 있다. 점성술의 필요에서 생긴 이와 같은 기록은 아주 오래된 것도 있다. 이와 같은 것에서 규칙적인 관측 사업으로 성장한 것은 기원전 8세기부터이며, 사르다나팔로스 치세 이후에 신바빌론과 갈라디아 제국을 거치면서 가장 번성한 시기를 나타내고 있는 것을 20세기의 여러 발견에서 알 수 있게 되었다.

사르다나팔로스의 도서관에서 나온 천문학 문서에도 '항성표와 유성, 혜성, 흐름별(流星), 식' 등에 관한 기술들이 있으나, 기록된 사실과 그에 결부한 의미로 볼 때 별로 가치 있는 것들을 찾아볼 수 없다. 그러나 기원전 700년 이후에는 천체의 운동을 가능한 한 정확히 시간적·공간적으로 파악하려는 노력이 뚜렷이 엿보인다. 각은 6분까지, 시간은 3/4분까지 정확하게 측정되어 있다. 그리고 해가 져서 들어가는 것과 달이 떠서 나오는 것의 시차는 극히 정밀하게 측정되어, 그 표는 현대의 천문학에서도 가치가 있을 정도이다. 천문학에 관한 설형문자 본문의 해독에 큰 공적을 남긴 쿠글러(Franz Theodor Kugler, 1808~1858)에 의하면 20세기 초까지 있었던 달의 운동에 관한 계산 오차를 이 기록들과 대조해 보고 발견할 수 있었다고 한다. 주기운동을 긴 세월 동안 계속적으로 관측함으로써 측정의 정확도를 얼마나 높여줄 수 있는가를 보여주는 좋은 본보기이기도 하다. 즉, 바빌론 사람들은 달이 669개월 동안에 항성천을 723도 360분을 32회전 한다고 확정하였다. 여기에서 달의 주기를 산출하면 평균 29일 12시 44분 7.5초이다. 현대의 수정된 달의 주기인 29일 12시 44분 2.9초와 비교해 보면 그 정확도에 놀라지 않을 수 없다. 달의 1일간, 즉 24시간의 평균 운동을 바빌론 사람들은 13도 10분 35초라고 측정하였다.

바빌론 사람들은 이와 같은 세심한 관측으로 유성들의 운동을 추적하였다. 그들은 이 유성들도 해와 달과 같이 신(神)으로 보아, 이 유성들이 '하늘의 육지'라고 부르는 짐승떼의 별자리들을 지나가는 운동은 지상의 인간에게 일어나는 모든 일에 대하여 결정적인 의미를 가진다고 믿고 있었다. 바빌론 천문학의 이와 같은 신화적 특징에 대하여 테오도루스(Theodorus)가 이미 기술한 다음과 같은 문절이 있다.

"갈라디아 사람들이 주장하는 바에 따르면, '세계는 본래 영구적이며 시작도 없고 끝도 있을 수 없다. 그러나 만유는 신의 섭리로 배치되어 조정되고 있다. 하늘의 모든 변화는 우연한 결과가 아니고 내적 법칙의 결과도 아니며, 신들이 정한 움직일 수 없는 제단의 결과이다.' 갈라디아 사람들은 옛날 옛적부터 별들의 관측을 해왔다. 그들 이상으로 개개의 별의 운동이나 힘을 세밀하게 연구한 자는 없다. 그래서 그들은 사람들의 미래에 대한 여러 가지 예언도 할 수 있다. 그들에게 가장 중요한 것은 '유성'이라고 불리는 다섯 개 별의 운동에 대한 연구이다. 그들은 이 별들을 '고지자'라고 부른다. 우리가 '크로노스(土星)'라고 부르는 별은 태반의 가장 중요한 예언을 관장한 별로서 '태양 별'이라고 하였으며, 나머지 네 별은 우리 천문학자와 같이 '군신, 여신, 사신, 주신'이라는 이름을 가지고 있었다. 그들이 유성을 '고지자'로 부른 것은 다른 별들은 정한 자리에서 벗어나지 않는데, 이들만은 각자 독특한 궤도로 움직여 미래를 암시하고 신의 은혜를 인간에게 알려주기 때문이다. 그들이 말하는 바에 의하면, 유성들을 주의 깊게 관찰하는 자에게는 그들의 나옴에서, 들어감에서, 그리고 색깔에서 전조가 식별된다고 한다. 전조에서 알 수 있는 것은 심한 폭풍이나 대우(大雨)나 한발이며, 때로는 혜성, 월식, 일식의 출현이며, 일반적으로 여러 민족이나 국토 또는 왕과 서민의 이익과 재해를 가져오는 모든 종류의 공중 이변이다. 유성의 궤도에는 '조언하는 신들'이라고 불리는 별들이 종속되어 있다. 이 별들의 반은 땅 위 하늘에서, 나머지 반은 땅 밑에서 지켜보고 있어서 인간 세상과 천상에 일어날 일들을 내려다보고 있다. 이들은 십 일이 지날 때마다 한 별이 위에서 밑으로 또 한 별이 밑에서 위로 사자로 보내진다. 이들 종속된 별들의 운동은 일정하여 변함이 없고 영구히 규칙적으로 순환한다. 이들 가운데 신들의 수장이 열둘 있으며, 각각 12개월의 한 달과 12지궁의 한 기호씩 배당되어 있다. 그리고 해, 달, 그리고 다섯 개 유성의 궤도가 이들을 지나간다. 해는 일 년에 그들을 한 바퀴 돌고 달은 한 달에 한 바퀴 돈다."

갈라디아의 신관들은 페르시아인이 지배하게 된 후에도 점성술의 일을 열심히 계속했다. 그들은 마치 서구 중세 수도원의 승려와 같이 그 당시의 지식을 사서(寫書)하여 보존하는 것을 임무로 하였다. 그들의 세력과 권위의 첫째 기초는 별에서 인류와 민족의 운명을 아는 것이다. 그래서 그들은 신전에 부속된 관측소를 세우고 거기에다 학교까지 부속시켰다. 그들은 관측에서 일정한 수치를 얻어 식이나 합을 계산하였다. 이와 같은 계산은 점토판에 새겨져 아직도 남아 있다. 『알마게스트』에 채록되어 있는 기원전 523년 7월 16일의 월식 계산이 그 한 예이다. 일반적인 관념에 의하면, 신들은 별들 특히 유성으로 지상의 일들을 결정하는 것으로 여겼다. 그래서 중요한 행사는 좋은 시기를 택하여 나쁜 별자리를 피할 필요가 있었다. 갈라디아 사람들에게 이와 같은 신앙을 키워 나가게 할 줄을 아는 신관 계급은 이것으로 권력과 세력을 잡고 그 부를 차지할 수 있었다.

유성에 대하여 갈라디아 사람들이 특히 주목한 것은 그들 상호의 위치, 달과 해에서의 거리, 운동 방향(순행과 역행)의 교체, 그리고 머묾(留)이었다. 고대의 천문학자들이 금성이 초저녁에 해와 함께 지는 것(금성의 헤리악 入)과 새벽에 해와 함께 떠오르는 것(헤리악 出)을 얼마나 큰 호기심을 가지고 추적하였을지 상상하는 것은 어렵지 않다. 헤리악의 출입을 관측하는 것은 유성천문학의 기초였다. 이 '유성의 주기'란 태양에서 보아서 또다시 항성의 원위치로 돌아올 때까지의 시간이다. 지구를 중심으로 한 유성의 궤적은 직접 관측할 수 있으나, 태양을 중심으로 한 궤적은 그렇지 못하다.

그러나 헤리악의 출입을 관측하면 그 유성과 태양이 합할 때부터 다시 합할 때까지의 시간, 즉 회합주기를 근사하게 측정할 수 있다. 태양과 유성이 지구상의 관측점에서 직선상에 오는 참합의 시점은 관측할 수 없다. 그러나 헤리악의 출입은 합과 상대적으로 같은 위치이며, 출입의 주기를 평균하면 측정 오차도 줄일 수 있다. 금성에 대한 이와 같은 주기 측정법은 지구의 자전은 물론이고 지구가 태양을 중심으로 공전하고 있다는 전제하에 생길 수 있다. 17세기 이전의 서구 사람들같이 유성들이 지구를 중심으로 태양과 항성의 하늘 사이를 돌고 있다고 생각했다면 구태여 관측이 곤란한 태양과의 합일점을 주기의 기준점으로 삼을 리가 없다. 관측하기 좋은 한밤중에 하나의 항성과의 합일점을 기준으로 하였을 것이다.

짐승 띠의 별자리를 지나가는 유성의 이동을 추적하는 데 목성처럼 알맞은 별은 없다. 이 별이 '히아데스(Hyades) 성단'과 '플레이아데스성단' 사이를 지날 때는 마치 하나의 천문학적인 연극을 보는 듯하여 고대의 천체 관찰자에게 깊은 인상을 새겨주었을 것이다. 목성은 12년, 토성은 30년가량을 주기로 하는 주기적인 운동을 하므로, 일찍이 이에 주목하지 않을 수 없었을 것이다. 태양과 지구로부터 멀리 떨어진 지구궤도 바깥쪽에 있는 이 두 외유성의 주기운동은 지구 중심으로 보나 태양 중심으로 보나 거의 같게 보인다. 그러나 화성, 금성, 수성은 근거리이며 지구궤도 안쪽에 있으므로 지구에서 본 그들의 궤도는 매우 복잡하다. 그러나 이들도 일정한 주기를 가진 주기운동을 하고 있다는 것을 바빌론 사람들은 인식하고 있었으며, 셀레우코스(Seleukos) 왕조 시대에는 유성들의 주기운동에 대한 추산표도 만들어져 있다. 이것에 의하면, 토성의 주기는 59년으로 약 1/2도의 오차밖에 없으며, 금성의 주기는 8년으로 확정하였다. 이 추산표로 계산한 금성의 운동은 실측치와 5분밖에 틀리지 않는 놀라운 정확도이다. 이와 같이 바빌론 사람들이 금성을 특히 중요하게 관측한 것은 그 빛이 밝아 헤리악 출입을 관측하기에 좋다는 과학적인 이유와 짐승 띠의 지배자로 여기는 미신 때문이었다.

바빌론 사람들은 달의 운동도 해의 운동과 함께 면밀히 추적했다. 얼마나 오랫동안 관측한 결과인지 알 수 없으나, 마침내 그들은 223삭망월(朔望月)의 주기, 즉 달이 해와 지구와의 상호 위치인 제자리로 돌아오는 주기를 발견하였다. 바빌론 천문학자들은 18년 11일인 이 주기를 '사로스 주기'라고 이름 지었다. 이 사로스 주기의 발견으로 그들은 식을 예언할 수 있게 되었다. 프톨레마이오스도 그의 천문학 교과서 『알마게스트』에 갈라디아 사람들이 기재한 월식 중에서 기원전 721년부터 기술하고 있다. 프톨레마이오스가 언급한 마지막 갈라디아인의 관측은 기원전 240년 전후로, 수성과 토성과의 항성에 대한 위치를 비교한 것이다. 이 시기에는 이미 갈라디아와 그리스 간에 학문의 교류와 융합이 이루어지고 있었다. 기원전 280년에 바빌론의 신관 베로소스(Berosos)가 자기 민족의 역사를 그리스어로 저술하였다. 유감스럽게도 지금은 그 책의 단편적 내용만이 타 저술에 인용되어 남아 있다. 이 책에는 천문학에 관한 많은 기사가 포함되어 있었으므로 더욱 아깝다. 그리고 오늘날 설형 문서 연구에서 입증된 『구약성서』 '창세기'의 노아 홍수와 바벨탑은 바빌론의 기록과 명백히 일치한다는 것도 이 베로소스의 책에서 알 수 있었다. 그리고 언제인지는 명백히 모르나 천문학의 가장 기초적인 기기인 해시계(gnomon, 수직 지침의 해시계)가 갈라디아로부터 그리스에 전하여졌다고 한다.

갈라디아 사람들이 기원전 7세기까지 도달한 천문학의 수준을 요약하면 다음과 같다.

각은 6분까지, 시간은 40초까지 정확하게 측정되었다. 또 태양의 운행과 4계절의 길이가 같지 않다는 것도 알고 있었다. 그리고 세차(歲差)에 대한 지식도 가지고 있었던 것으로 보인다. 한 달의 길이는 히파르코스(Hipparchos, BC 190~125?)에 필적할 만큼 정확하게 알고 있었다. 그리고 또 삼각법의 기초와 '현의 계산법'의 일종도 준비되어 있었다. 이렇게 보면 갈라디아 사람들은 알렉산드리아 사람들, 특히 히파르코스의 선구자로 볼 수 있다. 끝으로 추산표를 써서 달과 해의 운행이나 식이 생기는 것을 매우 정확하게 산정할 수 있었다. 그러나 어느 때부터 이와 같은 수준에 도달해 있었는지는 명확하지 않다. 빙클러(Hugo Winckler, 1863~1913)의 주장에 따르면 아주 고대이다. 그는 다음과 같이 주장했다.

"바빌론의 새해 첫날은 춘분에서 시작한다. 그런데 이 주야가 같은 점은 2만 6000년에 짐승 띠를 한 바퀴 돈다. 따라서 춘분점은 한 띠에 약 2000년씩 머문다. 바빌론의 천문 관측이 유구한 연대에 걸쳐 행하여진 것을 생각하면 그들이 이 춘분점의 이동을 모르고 넘겼을 리 만무하다. 증거 자료가 있는 한계에서의 초기 관측 때에 이 춘분점은 소띠(牛) 자리에 있었다. 그리고 기원전 8세기부터 춘분점의 해는 양띠(羊) 자리에 있게 되었고, 현재는 물고기(魚) 자리에 있다. 유명한 시구 '그것들은 양, 소…… 이다(Sunt aries taurus……)'에 별자리를 헤아릴 때 양띠부터 시작한 것은 이 때문이다. 그렇다면 초기 관측은 기원전 2800년 이전이 된다."

이에 대하여 쿠글러는 "바빌론에서 정밀한 천체 관측을 하게 된 것은 기원전 8세기 이후로, 바빌론 사람들이 세차를 발견하였다고 볼 수는 없다."라고 주장한다.

어찌 되었든 과학의 목적이 장차 생길 현상을 일정한 정확도로 예언할 수 있게 하는 데 있다고 생각하면, 바빌론 사람들은 천문학 분야에서 이미 그 단계에 도달해 있었다고 보아야 한다. 모든 점에서 고찰해 볼 때 히파르코스나 프톨레마이오스와 같은 사람들의 천문학적 지식은 결국 바빌론에서 이룩한 천문학의 기초 위에 세워졌으며, 15세기의 코페르니쿠스도 이들의 기초 위에 있다. 프톨레마이오스는 바빌론의 관측을 13회 인용하였는데, 모두 기원전 721년에서 229년 사이의 것이다. 그 후 바빌론의 천문학은 적어도 어떤 부분은 이집트를 거쳐 그리스에 유입되었다. 그리스 사람들은 천문학용 기기들을 비롯하여 황도의 별자리, 황도의 360도 분할, 기타 각종 지식을 받아들임에 있어서 많은 부분이 바빌론 사람들의 덕분이며, 사로스 주기나 달의 하루 평균 운동(13도 10분 36초)을 알게 된 것도 바빌론 사람에게서 배운 것이다.

6. 도량형의 시초

고대 민족들이 사용한 도량형에 대해서는 19세기 중엽에 비교도량형학의 건설자로 인정받는 뵈크(Philipp August Böckh, 1785~1867)에 의하여 상세한 연구가 되어 있다. 뵈크의 결론에 의하면, 고대 도량형 제도의 대개는 바빌론 사람들에게서 유래하였다. 그리고 발전 과정에서 이집트로부터 적지 않은 영향을 받았다고 한다. 이와 같은 견해는 근대 고고학에서 입증되었으며 근본적으로 깊게 규명되었다.

바빌론 사람들은 시간 측정 기기와 지금까지 전래한 시간 척도를 고안해 냈을 뿐만 아니라 근대 고고학에서 입증된 것과 같이 고대 도량형의 기초가 된 도량형법을 창시하였다. 길이 측정의 기본 단위인 '양 큐빗(양 팔꿈치 간의 길이)'은 근래에 발굴된 큐빗의 원기로 보이는 표준 입상에서 992.3mm임이 밝혀졌다. 이것은 초진자(秒振子)의 길이와 일치하는데, 우연한 일치로 보아 넘기기에는 너무나 신기하다. 그리스와 로마에 전래된 1큐빗은 45.6cm이고, 양 큐빗은 91.2cm인데, 이것은 『구약성서』에 나오는 에스겔 시대에 사용하던 자와 같은 길이이다. 그런데 에스겔 40장 5절에 기록된 "에스겔이 환상에서 본 자(尺)의 길이"는 그리스에 전래된 당시에 사용하던 양 큐빗에다 손바닥 폭(hand-breadth=8cm)만큼 더한 것이었다고 한다. 따라서 그 길이는 99.23cm이며, 근래에 발굴된 표준 입상의 양 팔꿈치 길이, 즉 양 큐빗과 같은 길이이다.

무게의 단위는 '머나(minh)'인데 이것은 오늘날의 킬로그램과 같으나 일정한 원칙에 따라 길이의 단위에서 도출된 것으로 보인다. 즉, 양 큐빗(992.3mm 약 1m)을 10등분한 길이의 입방체에 채워지는 물의 무게를 뜻한다. 즉, 머나는 984g이며, 약 1kg에 해당한다. 그리고 이것의 반인 '가벼운 머나(492g)'가 고대에 널리 통용되었다. 그리고 지렛대의 원리를 적용한 저울로 화물이나 의약품의 무게를 측정한 것은 고대 문화민족들이 다 알고 있었던 것이며 널리 통용되었다.

고대 바빌론의 분동

메소포타미아의 발굴에서는 이러한 저울에 사용된 많은 분동이 나왔는데, 그중에는 아주 편리하게 만들어진 것도 있다. 이집트에는 이와 같은 분동이 몇 그램 정도인 것까지 있으며, 저울(秤)질하는 그림도 많다. 그런데 이집트의 저울은 모두 양팔이 있는 천칭(天秤, Balance)이다. 그리고 천칭 장대의 상단에 평형이 되는 위치를 조절하기 위하여 수직추가 달려 있다. 이집트 사람들은 이미 상당히 예민한 정밀천칭(microbalance)을 만들고 있었다. 에버스(Georg Moritz Ebers, 1837~1898)가 발견한 '에버스의 파피루스(Papyrus Ebers)'의 약방을 보면 0.17g 무게의 분동을 쓰고 있던 것이 판명된다. 이집트 사람들은 양팔의 길이가 같지 않은 저울은 사용하지 않은 것으로 보이나, 지렛대의 원리는 알고 있었다는 것이 테베의 벽화에 나타나 있다. 양팔이 같지 않은 저울은 이탈리아의 폼페이에서 발굴되었는데, 아마도 중국에서 직접 들어온 것으로 보인다.

7. 야금, 화학 제조 공업의 시초

바빌론과 이집트 사람들이 대체로 같은 발달 단계에 도달한 것은 수학과 천문학 분야만은 아니다. 타 분야에서도 이 두 태초의 민족은 거의 같은 조건에서 생활해 왔으며, 인종도 비슷하여선지 지식과 문화의 수준이 거의 같았다. 근대의 탐구로 증명된 바로는, 바빌론과 이집트 사람들은 아주 옛날부터 철을 정련 가공하였다.

렙시우스가 지적한 것과 같이[10] 색채가 그대로 보존된 이집트 벽화에 투구가 파란색으로 칠해졌으며, 람세스 3세의 묘에는 검(劍)이 파란색으로 칠해져 있다. 이것은 철의 무기를 나타낸 것으로 보인다. 이집트의 분묘에 그려진 창은 빨간색 또는 파란색 촉이 붙어 있다. 이것은 무기 제작에 철과 더불어 청동도 쓰였다는 것을 의미한다. 그리고 석관과 오벨리스크 같은 화강암은 완전 가공을 하기 위하여 철의 단련을 알지 않으면 안 된다. 그러나 서구의 이집트 학자들은 대체로 고왕국에서는 철이 거의 사용되지 않았다고 보고 있었다. 그런데 근래에 이집트와 바빌론의 발굴에서 일찍부터 철을 사용한 증거물들이 많이 나왔다. 가장 오래된 철제품은 기원전 2900년경에 건조된 쿠푸(Khuhu) 왕의 피라미드 안에서 발견된 철제품들이다. 이런 것들은 동시대 이후의 다른 피라미드에서도 발굴되었다.

철 제련은 특정 민족의 발명이라고 할 수 없다. 환원하기 쉬운 철광만 얻어지면 어디서나 했을 것이다. 이집트뿐만 아니라 인도, 페르시아, 팔레스타인, 기타의 고대 문화권 나라들에서도 하였을 것이다. 철광은 중부와 남부 아프리카에도 있었으므로 그곳에서도 철 제련의 원시적 방법이 발견되었다고 볼 수 있다. 심지어 호텐토트(Hottentot)인들도 한 것을 볼 수 있다. 그러니 이집트 사람들이 리비아 또는 서남아시아 민족으로부터 철

---

10 렙시우스, 「이집트의 조각문에 나타난 금속」, 『베를린 과학아카데미 논문집(1871)』.

제련을 배웠는지 그들 스스로 발견하였는지는 확정할 수 없다.

이집트인의 철 제조는 용광로를 가운데 두고 마주 서서 가죽으로 만든 풀무를 한 발에 하나씩 밟고 서서 교대로 밟고 당기는 식으로 풀무질하여 정련하였다. 그리고 바빌론 사람들도 철을 정연하고 가공한 것을 그들의 설형문자 기록에서 알 수 있으며, 또한 갑옷 또는 집기 등의 출토품이 입증하고 있다.

공작석을 용해하여 구리(銅)를 얻는 것은 철광에서 철을 얻는 것보다 훨씬 수월하였을 것이다. 거기에다 고대 이집트 사람들은 동을 산출하는 광산을 가지고 있었다. 그래서 이들은 기원전 5000년경에 이미 나일 강 상류의 메로에 섬에서 대규모의 동 채굴을 하고 있었다. 그러나 아연과 주석은 이 두 문화민족도 최고 대에는 몰랐다.[11] 그러나 이들 금속의 광석 특히 이극광(異極鑛)을 섞어서 동광을 용해하면 청동이 얻어진다는 것은 알고 있었다. 이 청동으로 만든 무기, 장식, 집기 등을 사용한 것은 아주 고대로 거슬러 올라간다. 그런데 이 청동 제품에 가끔 강철 가공의 자취가 나타나 논란이 되고 있다.[12]

은과 금은 아주 옛날에 채취되어 가공되었다. 이 두 금속은 순수한 것으로 산출되며 그 빛깔과 내구성 때문에 아주 귀중한 것으로 여겼다. 이집트 사람들은 리비아에서 금을 채굴하였다. 그들은 도금술(鍍金術)도 알고 있었고, 금과 은의 합금도 만들었다. 리비아의 금 산출고는 람세스 2세 시대에 매년 수백만이라고 기록되어 있다. 이때의 잔존 문헌 중에 흥미를 끄는 것은 기원전 15세기에 파피루스에 기록한 '채굴 견적서'이다. 여기에는 하루의 채굴 계획이 아주 상세히 적혀 있다. 아마도 생산 계획서로는 가장 오래된 것이 아닌가 생각된다.

고도 멤피스 부근에서 발굴된 기원전 2500년경에 건조한 신전에서 길이 400미터의 동제 수도관이 발견되었다. 수도관은 구리를 쳐서 만든(打出, 타출) 것이며, 관(管)의 구경은 약 4센티미터이고 두께는 1밀리미터이다. 고대에 고도로 발달한 금속의 단야 기술(鍛冶技術)과 공업 수준을 나타내고 있다. 고대 민족의 금속공업과 그 단야 기술을 표징하는 것으로, 인도 델리에 있는 유명한 철 기둥을 들 수 있다. 약 2000년 전에 만들어진 이 철 기둥(鐵柱, 철주)은 무게가 11톤이나 되는 순수한 철로 만들어져 오늘날에도 녹슬

---

11 근래에 이집트 분묘에서 상당히 순수한 주석 제품이 발견되었다. 로마인은 주석을 'Plumbum candidum(백연)'이라고 불러 'Plumbum nigrum(흑연)'과 구별하였다.
12 청동을 시험해 보면 주석은 모두 또는 일부 안티몬과 치환되어 있다. 이것은 안티몬광이 동광 정련 때 섞였거나, 고대에 이미 금속 안티몬을 얻을 수 있었다는 것이다.

지 않은 상태로 남아 있다. 그 높이는 7.5미터이고 직경은 0.5미터이다. 현대에도 대규모의 제철 공장이 아니고는 만들 수 없는 것이다.

금속의 제련 가공과 함께 유리(硝子), 착색유리, 법랑(琺瑯), 도자기 등 소위 '세라믹 (ceramic)'의 제조 가공도 발달되어 있었다. 바빌론과 이집트에서는 이와 같은 산업이 발달되어 있었다. 인조 보석용의 유리나 법랑은 산화동이나 코발트 화합물들로 빨강, 파랑 등으로 착색하였으며, 이들의 연마 기술도 상당한 수준에 도달해 있었다는 것이 레이어드가 니네베 패지(貝趾)에서 렌즈 하나를 발견한 것으로 입증된다. 이 렌즈는 지금 대영 박물관에 보관되어 있으며, 그 두께는 0.2인치이며 초점거리는 4.2인치이다. 그러나 이것이 어떤 목적에 사용되었는지는 정확히 알 수 없다.[13]

유리 제조(硝子製造)의 발명은 페니키아인이 한 것으로 잘못 알고 있었으나, 사실은 이집트에서 최고(最古)의 시대부터 이미 제조되고 있었다. 원료로는 모래와 나트륨(소다, Sodium)을 썼다. 이집트 사람들은 유리구슬과 같은 유리 제품을 다량으로 수출하고 있었으며, 페니키아를 비롯한 지중해 연안의 민족들은 이집트로부터 유리의 제조와 미술적 가공법을 배웠다. 또 다른 화학 제조 기술로는 제도술(製陶術)에 법랑을 응용하였고, 염색술에 염매용(染媒用)으로 백반(明礬)을 사용하였다. 그리고 광물 염료로서 천연산의 진사(辰砂)나 산화철을 사용하였다. 그리고 연단(鉛丹), 연백(鉛白), 검정(煤)은 인공적으로 제조되었다. 이집트에서는 나트륨 호에서 천연산의 나트륨을 얻어 기름과 함께 처리하여 비누를 만드는 것을 발명하여 사용하였다.

8. 의학의 시초

의학 또한 장구한 세월에 걸쳐 발전해 왔으며, 그 시초를 밝히기가 쉽지 않다. 다만 이집트에서 발견된 파피루스나 바빌론의 설형문자 본문에서 당시의 상태를 미루어 볼 수가 있을 뿐이다. 이러한 문서 조각들에서 살펴보면, 고대의 이집트는 그야말로 건강한 지역이었으며, 그곳에서 의학이 어떻게 발달해 있었는가 하는 개략은 헤로도토스(Herodotos,

---

13 레이어드, 『니네베와 그 유물』.

BC 484~425)의 기사가 잘 말해주고 있다. 그가 기술한 것에 의하면, 그들은 의학을 여러 종류로 나누었으며, 의사들은 각각 한 종류의 질병만 취급하였다. 어떤 자들은 안과 의사이며, 다른 자들은 두뇌 의사, 또 다른 자들은 치과 의사, 그리고 또 다른 자들은 보이지 않는 질병(내과)의 의사 등으로 나누어져 있었다. 즉, 지금 우리가 시도하고 있는 전문의 제도가 이미 그 옛날에 확립되어 있었던 것이다. 그들은 질병의 치료뿐만 아니라 시체를 미라로 만드는 관습상의 필요 때문에 인체의 구조에 대한 연구를 발전시켰다. 그러나 서구의 중세 시대와 같이 종교적인 이유로 과학적 목적의 시체 해부가 저지되어 해부학의 발전에 장해가 되었던 것으로 보인다.

바빌론의 의학도 아주 먼 옛날부터 고도로 발달해 있었던 것으로 보인다. 그 증거로, 의료 요금과 외과 의사의 책임 배상에 대한 것까지 함무라비(Hammurabi) 법령에[14] 잘 나타나 있고, 다음과 같은 조문에서도 당시의 의학과 의료의 발달 정도를 엿볼 수 있다.

"백내장을 수술한 외과 의사가 그 외과 수술의 결과로 환자의 눈을 멀게 하였을 때는 그 의사의 양손을 절단한다."

이집트에도 비슷한 율법이 있었다. 그리고 『구약성서』의 율법에도 "눈에는 눈"과 같은 말이 있었다. 이러한 율법은 의사의 입장에서 보면 야만스럽다고 하겠으나, 다른 면에서 보면 당시의 외과 의술이 100퍼센트에 가까운 성공률을 보장할 만큼 고도로 발달되어 있었다는 것을 보여주며, 그러한 수술이 법령으로 규제하여야 할 만큼 보편화되어 있었다는 것을 보여주는 것이다.

고대의 의사들은 의약을 지금의 한의사와 같이 전 자연계에서 골라 썼으므로, 의학과 박물학은 처음부터 상호간에 긴밀한 자매 관계를 맺고 있었다. 출토된 파피루스의 의학 관계 문헌의 단편에는 50종 이상의 약용 식물과 동물의 장기나 분비물 및 염화 동, 천연 나트륨 등의 광물이 쓰이고 있었음을 보여준다.

그리고 치과 부문에서 고대인의 충치 치료도 의학 역사상 매우 흥미 있는 것이 있다. 바빌론 사람들은 이빨이 썩어 구멍이 생기는 것은 벌레가 파먹은 탓이라고 생각하였다.

---

14 함무라비(BC 1958~1916 통치)는 『함무라비 법전』이라고 불리는 그 당시 일반적으로 시행된 법적 원칙을 편찬했다.

그래서 그 치료법을 노래로 만들었다. 이 노래가 후세에서는 부르기만 하면 치료되는 주문으로 생각되었다. 이 주문으로 치료하는 관습은 서구에 전하여져서 중세까지 행하여졌다. 그러나 출토된 설형문자 본문은 중세의 주문과 같은 것이 아니라 다음과 같이 천지 개벽적 관념의 기도문과 치료 처방이 융합된 것이다.

신이 하늘을 만들고, 하늘은 땅을 만드니,

땅은 강을 만들었고, 강은 개울을 만들었으며,

개울은 뻘을 만드니, 뻘이 벌레를 만들었다.

벌레가 나와 해를 보고 우니, 에어 신 앞에 눈물이 떨어졌다.

먹을 것은 무엇이고, 마실 것은 무엇이나이까?

썩은 나무와 열매를 주리라.

썩은 나무와 열매는 싫소이다.

이빨 속에 집을 짓고 살게 하소서.

나는 이빨에서 피를 빨아먹고 살리다.

네 말이 무례하구나!

에어 신의 강한 손이 네놈을 치리로다. 이 벌레 놈아!

치통 때에 이 주문을 소리 내어 부를지어다.

마 잎을 갈아 나무진에 이겨,

이 주문을 세 판 부르고, 이빨 속에 채울지어다.

고대 문화 세계의 도시들은 많은 인구를 가지고 있었다. 인구가 밀집한 공동생활의 결과, 주택 위생이나 공중위생도 이미 상당한 수준으로 발달되어 있었을 것이다. 그리고 도시의 건설은 일정한 계획 하에 이루어졌다. 약 5000년 전 것으로 추산되는 한 조각도에서 도시 계획이 그려져 있는 것을 발견하였다. 상수도나 하수도 시설도 바빌론과 이집트에는 이미 있었다. 아마도 그리스 사람들은 많은 다른 것들과 함께 이런 것도 이들 민족으로부터 배웠을 것이다. 아수르 사람들은 기원전 700년경에는 곧바른 포장도로에다 보도까지 붙인 도로를 가지고 있었다.

이집트인의 의학, 식물학, 동물학의 지식의 범위에 대해서는 아무것도 확정할 수는 없다. 그러나 개별적 지식은 출토된 파피루스에 의하여 많은 것을 추정할 수 있다. 최대의 의학적 문헌은 '에버스 파피루스'이다. 이는 기원전 1500년경에 저술된 것으로 추정되며 테베에서 나왔다. 여기에는 각종 질병에 대한 처방뿐만 아니라 기도문이나 주문들이 집성되어 있다. 그리고 외과 의학에 관한 것은 '스미스(Smith) 파피루스'에 있으며 이것은 피라미드 시대의 것을 기원전 17세기에 사서(寫書)한 것이다. 원본은 전신에 대한 것으로 보이나 남아 있는 것은 두부와 흉부의 48가지 외상에 대한 진단과 처치법이다. 섬세한 관찰력을 나타낸 매우 조직적인 임상 기록이다. 그리고 미라의 조사에서 훌륭하게 치료된 골절과 기타 관찰에서 해부학적 지식을 필요로 하는 이 의학 분야의 발전 단계가 비교적 높은 수준인 것을 알 수 있다.

의약의 제조는 초기에는 의사들 자신이 하였다. 그러나 고대 알렉산드리아나 고대 로마 시대에 와서는 이미 전문적인 제약 업자가 나타난다. 약상자(藥箱)의 고안도 이집트의 아주 고대에 된 것이다. 베를린박물관의 이집트 수집품 중에 기원전 2000년의 왕비의 약바구니(藥籠)가 있다. 그 약바구니에 기입된 헌사로 보아 헌납품인 것이 확실하며, 그 안에는 마개를 한 설화 석고(雪花石膏) 용기가 있고, 그 용기 안에는 치료에 쓴 약초 뿌리가 아직도 남아 있다. 서구에서 이러한 약품이 쓰이게 된 것은 근세 이후이며, 의사에서 분리하여 전문적인 약제사가 나타난 것은 현대에 이르러서이다.

9. 박물학의 시초

고대 이집트 사람들의 동식물적 환경과의 관계를 밝힌 것은 분묘의 벽화나 시체와 함께 매장된 화장대의 장식에서 얻은 자료들이다. 에버스 파피루스에는 고대 이집트 사람들이 다산과 재생의 상징으로 좋아한 투구벌레(甲蟲)의 일종인 스카라브는 알에서, 파리는 구더기에서, 개구리는 올챙이에서 발생한다는 두세 가지 암시가 있을 뿐이다. 그러나 고왕국 제5왕조의 귀족 프타호테프의 분묘 벽화에는 동물과 식물의 모사도가 가득 있으며 잘 보존되어 있다. 이 분묘는 멤피스의 대묘지인 내구로-폴리스 안에 있으며, 사카라의 계단식 피라미드 부근에 있다.

이 묘에는 죽은 본인이 그레이하운드 수렵견과 애완용 원숭이에 둘러싸인 그림도 있다. 그리고 종들이 희생 동물을 도살하는 것, 양이나 사자와 같은 수확물을 끌고 오는 것 등의 그림이 있다. 수렵 광경은 동물 생활을 세심히 관찰한 것을 보여준다. 예를 들면, 놀라서 앞발을 웅크린 황소에게 사자가 뛰어 덤비는 그림도 있다. 그리고 포도주 제조 광경도 상세히 그려져 있다. 포도의 재배, 포도 따기, 포도 짜기 등이 그려져 있다. 공상적인 괴이 형상(怪異形象)의 묘사가 이미 없어져 있다. 특히 화장대에는 제1왕조 시대부터 실제의 동물 형태만 그려지게 되었다.

이집트나 바빌론 사람들이 말(馬)을 알게 된 것은 후세에 와서이다. 함무라비 법령집에는 소, 나귀, 양 등의 가축에 관한 조항이 많으나, 말에 관한 것은 없다. 아마도 기원전 20세기 초에 중앙아시아의 아랄 해에서 전진해 온 아리안 인종에 의하여 서남아시아와 이집트에 가져온 것 같다. 말이 도입되어 전차가 사용됨으로써 전쟁의 형태는 완전히 달라졌다. 그리고 응용식물학은 이집트나 서남아시아에 기원한 것이다. 이집트에서는 소맥이 세 품종, 대맥이 두 품종, 옥수수 등이 재배되었으며, 바르부르크(Otto Warburg, 1859~1938)의 보고[15]에 따르면, 이 외에도 마늘, 파, 아마, 파피루스, 올리브, 포도, 야자, 무화과, 참외, 참깨(조선깨), 아스파라거스, 무, 배추, 각종의 콩 등 오늘날의 농작물 대부분을 재배하고 있었다. 그리고 농기구도 오늘날의 기계화한 것 이외에는 다를 것이 별로 없다. 그리고 팔레스타인(Philistines)에서도 같은 농작물이 같은 방법으로 재배되고 있었으며 접목(接木)도 하고 있던 것이 밝혀졌다.

빅토르 헨(Victor Hayne)은 재배 식물과 가축들이 아시아로부터 유럽에 도래한 것을 그리스나 로마 저술가의 기술에서 고찰하였다. 그의 저서가 1870년에 나왔으므로 이집트학이나 아수르학의 중요한 성과들이 아직 참고되지 못했을 때다. 헨의 공적은 처음으로 문화 국토의 동물군과 식물군은 인간의 영향을 받아 근본적으로 변화하였다고 역설한 점이다. 그리고 세밀한 문헌학의 연구로 닭이 서남아시아나 유럽에 들어온 것은 비교적 늦었다고 추론하였고, 그 근거로 『구약성서』에 나오지 않으며 이집트의 벽화에 나타나지 않는다는 점을 들었다. 그는 유럽의 식물계가 인간의 영향을 받아 점차로 남방과 아시아적 특징을 띠게 되었다는 일반적인 귀결을 제시했다. 플리니우스(Plinius)는 벚꽃이 기원전 60년대에 흑해 동쪽 해안의 폰토스(Pontus)를 토벌한 로마의 장군 루쿨루스(Lucullus, BC 117~56)에 의하여 흑해 연안으로부터 이탈리아로 이식된 것을 보고하고 있다.

동식물에 관한 문헌적 근거나 모사 도를 보충한 귀중한 것은 이집트의 고대 대묘지(내

---

15 바르부르크, 「응용식물학 역사의 발달」, 『독일 식물학회 보고(1901)』, 153쪽.

구로-폴리스)에서 발굴되어 카이로박물관에 모아진 자연의 현물들이다. 이들은 '개, 악어, 물고기, 새, 쥐, 아프리카 소' 등의 많은 미라이며, 곤충은 주로 투구벌레의 일종인 스카라브(scarab)이고, 식물의 유물도 많다.

이집트인들은 식물 원료에서 의약을 제조하기 위한 여러 가지 화학적 조작을 발견하였다. 그들은 이 목적에 증류법을 응용하였으며, 이에 그들이 발명한 유리 용기를 사용한 것을 알 수 있다. 산화철, 백반 등의 무기물질도 이미 의약으로 쓰이고 있었다. 그 결과 아주 옛날부터 화학적 지식과 제약학 사이에 어느 정도 관계가 이루어져 있었다. 이리하여 이집트의 백반은 유명하게 되었으며, 디오도루스(Diodorus, BC 1세기)의 기술에 의하면, 특히 리파라에 백반 제조 공장이 세워져 막대한 수익을 얻고 있었다고 한다. 백반은 의료용뿐만 아니라 목재에 침투시켜 내화성을 준다든지 피혁 제조 등 오늘날과 같이 여러 목적에 사용되었다고 한다.

10. 동남아시아의 고대 문화

1) 인도와 중국 문화

지금까지 서구 사람들은 서남아시아와 이집트에서 이루어진 문화와 서양 과학의 기초에 대하여는 어느 정도 깊이 있게 고찰하였으나, 아직도 인도나 중국에서 이루어진 여러 문화적 요소들에 대하여는 고찰하여야 할 여지를 남겨놓고 있다. 과학 발달에 대한 인도 문화의 의의는 근세의 산스크리트(梵語)학에 의하여 겨우 바르게 조명되기 시작했으며, 중국 문화권에 대해서는 손도 대지 못하고 있는 형편이다.

인도 근세에 겨우 비교언어학이 생겨서 산스크리트 문헌을 해독하게 되자, 인도인이 그리스인, 로마인들과 한 종족이란 것을 인식하게 되었다. 따라서 이 인도 게르만(아리안) 원 민족의 고향이 어디인지는 확정할 수 없으나, 이들이 유목 민족이었으며 온대 지방에서 강대해져서 그 결과 이동하기 시작하여 원주민을 정복하고, 인더스 강 유역에 정착하여 인도 문명을 이루었다고 서구 사람들은 20세기 초까지 생각해 왔다. 그런데 1922년에서 1927년까지 했던 인더스 강변의 모헨조다로와 하랍파의 발굴에서 아리안 족이 이곳에 침입한 것보다 1000년이나 앞선 기원전 3000년경에 이곳에는 이미 고도로 발달한 문화가 있었다는 것이 밝혀졌다. 그때에 그들은 금석병용기(金石倂用期)에 있었고, 말은 없었으나 소를 비롯한 여러 가축을 키우고 있었으며, 목욕탕과 하수도 등 공공 설비가 있는 성벽 도시가 발달해 있었고, 서방의 수메르인과 같은 계열의 문화가 발달해 있었다. 그리고 이 두 문화 사이에는 밀접한 교류가 있었던 것도 수메르의 아카드 발굴에서 인더스 강 유역의 것과 꼭 같은 호신 부적(護身符籍)이 발견됨으로써 명백해졌다.

중국 그리고 중국 문화도 검정 무늬(墨色模樣)의 토기 분포에서 미루어 보면, 터키, 페르시아, 수메르 계의 서방 문화와 은나라 말엽에서 주나라 초까지의 금석병용기 문화 사이에 교류가 있었던 것이 확실하다. 그러나 구체적인 과학적 지식의 교류 내용은 알 수가 없다. 인도 문화가 발전의 제1단계를 통과하는 동안에는 지중해 연안의 여러 민족들과의 직접 접촉은 거의 없었던 것으로 보이나, 역사의 여명기에는 이미 서방과 중국의 교통이 있었던 것이 인정돼 동남아시아 문화의 완전한 고립을 믿어온 종래의 생각은 바로잡아져야 하게 되었다.

초기에는 이 양대 문화권이 상업적 목적으로 연락하게 되어 인도의 산물이 규칙적으로 교체하는 계절풍을 이용한 해운에 의하여 아라비아 만에 도달하여 유프라테스 강과 티그리스 강을 거슬러 올라갔으며 이집트의 동해안과도 활발한 교역이 이루어진 것으로 보인다. 그리고 후세에 와서는 로마의 선박이 홍해와 인도양을 거쳐 인도와 중국 문화권과 접촉하게 되었다. 상품의 교환에는 반드시 지식의 교환도 수반하며, 또한 종교의 전파와 정복 전쟁이 이들 문화의 상호 양성에 강력한 발효소 역할을 했다. 즉, 알렉산더의 원정으로 인도 접경에 그리스 계의 여러 왕국이 생겨, 이 왕국들이 지중해 여러 나라와 동남아시아 간의 물질 및 정신적 산물의 교환을 중계하는 역할을 했다. 그리하여 로마 제정 시대에는 인도와 서양 궁정 간에 사신의 왕복도 있었으며, 안토니우스 황제 때에는 로마의 사신이 중국의 후한 시대의 궁정에 온 적도 있다.

과학의 역사에서 특히 주목할 문제는 인도나 중국 사람들이 의학, 천문학, 수학 분야에서 서방의 여러 민족들에게 끼친 영향이다. 후세의 아라비아 사람들은 갈레노스뿐만 아니라 인도 사람들을 해부학과 외과학의 스승으로 여겼으며, 인도의 천연산 약재들의 약효는 널리 인정받아 타 민족에게 전수한 것도 많다. 그리고 알렉산더는 독사에 물린 것을 잘 치료하는 인도의 명의를 항상 대동했다고 한다.

2) 인도의 수학

후세에 인도의 천문학과 수학의 저술가들 중에서 '아리아 밧다'와 '불라마 굽다'를 들수 있는데, 근대의 서구 사람들이 그들의 공적을 평가할 때 그들이 기초로 한 산스크리트 문헌은 그리스의 영향을 받은 것이란 선입견으로 보았으며, 초기 산스크리트 저술의 많은 학설은 그리스에서 유래한 것으로 생각해 왔다. 그러나 근래에 밝혀진 바로는 산스크리트 문헌들은 독창적인 것이며 오히려 그리스 등에 영향을 끼쳤다고 볼 수 있다. 산스크리트 문헌 중 가장 오래된 것은 『베다(吠陀)』이다. 이 책에는 인도의 종교적·사회적 생활이 반영되어 있으며 과학의 발달도 포함하고 있다.[16]

이들의 과학은 종교와 밀접한 관계를 맺으며 발달했다. 예를 들면, 인도의 수학은 제단을 만들기 위하여 독특한 형태로 발달된 것을 볼 수 있다. "천국에 도달하고자 하는 자는 돌을 쌓아 매 모양의 제단을 쌓아 올리되 각 층은 200개로 하고 빈틈없이 쌓고, 상하 사방의 접선은 서로 엇갈려 접변의 중앙에 오도록 하라."는 것이다.

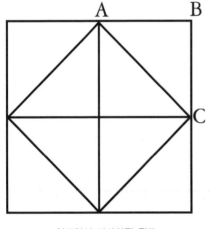

인도인의 기하학적 작도

이와 같은 조건을 만족하는 해답은 몹시 복잡하고 어려운 수학적 방법을 필요로 한다. 이와 같은 인도 제단에 관한 한 초보적인 작도로 왼쪽 그림과 같이 4개의 정방형으로 된 큰 정방형과 그 안에 작은 정방형의 4개의 대각선으로 된 정방형을 그린 것이 있다. 이 그림에서 직접적으로 '피타고라스의 정리'를 직관으로 인식할 수가 있다. 그리고 인도인들이 기원전 8세기 이전에 알고 있었던 유리 직각 세모꼴들은 그 변들의 비가 '$3:4:5$, $5:12:13$, $8:15:17$, $15:36:39$'인 것들이다. 그리고 다음과 같은, 원의 근사적인 면적을 구하기 위한 기하학적 작도법도 제시되어 있다.

---

16 베다(吠陀, '지식'이라는 뜻)는 인도 아리안 족의 성전(聖典)이며, 오래된 것은 BC 2000년경에 인도에 정착할 시대에 편찬되었다. 네 권의 베다 삼히타(본집) 외에 브라마나(범서, 제사요강), 우파니샤드(오의서) 등이 있으며, 대개 BC 1500~500년 사이에 편찬되었다. 소위 베다 시대 말경에서 BC 6세기, 즉 석존(釋尊) 시대에 이르기까지 상공업이 발전하였고, 소왕국들이 점차로 대왕국으로 통합되어 갔다. 이 시대에 실제적 관심을 반영한 베다의 지본(支本)과 부본(副本) 등이 이루어졌다. 슐봐스드라, 이룩타, 아유르베다 등이 이에 속한다.

인도인들은 고래로 산술에 있어서는 천재적인 민족이다. 실제로 수자리법과 우리가 아라비아숫자라고 잘못 부르고 있는 숫자를 발명한 것은 이 인도 사람들이다. 셴켈의 점토판에서 증명된 것과 같이 바빌론 사람들도 60진법의 수위법을 가지고 있었으나, 영은 없었다. 그러나 인도인들은 영(0)과 10진법을 쓴 오늘날의 산술을 개발하였으며, 이것이 아라비아 사람들에 의하여 서양에 전해졌다. 계산에 영을 쓴 것은 이미 브라마굽타 시대에 볼 수 있다. 분수의 기록법과 계산법은 오늘날의 것과 별로 다

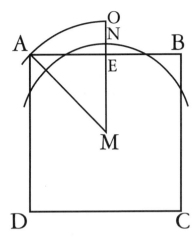

인도인의 원의 면적을 구하는 법

를 것이 없다. 다만 분자와 분모 사이의 가로로 그은 선이 없을 따름이며, 정수 부분은 분자 위에 쓰고 있다. 분수를 곱하는 것은 "분자를 곱한 것을 분모를 곱한 것으로 나누라"고 브라마굽타는 가르치고 있다. 그리고 인도의 수학 교과서에는 정비례, 반비례, 복비례 문제가 있으며, 복비례 문제는 단비례로 분해하여 풀고 있다. 인도 사람들은 영과 수위 개념으로 산술에 놀라운 진보를 했을 뿐만 아니라, 대수학에도 정·부 개념을 도입하여 큰 공적을 세웠다. 이 개념을 부채와 자산이란 말, 또는 선분 상의 전진과 후진으로 설명하고 있다. 부(-)의 표시는 숫자 위에 점을 쳤다. 방정식에서는 부(-)의 해도 인정하고 있다. 산술급수, 기하급수, 제곱수, 세제곱수 등은 그리스인들이 인도로부터 배운 것 같지는 않다. 인도에서는 이미 무리제곱근의 기호가 있어 제곱과 세제곱, 그리고 이의 역산인 제곱근과 세제곱근의 계산법에 있어서 한 차원 높은 수준에 있었다. 그들은 이미 $(a+b)^2$, $(a+b)^3$에 대한 2항 전개식을 쓰고 있었다. 그리고 제곱근과 세제곱근을 구하는 데, 주어진 수를 두 자리와 세 자리로 구분하는 오늘날의 연산법과 일치한 방법을 쓰고 있었다.

산스크리트 저술에는 기하학에 관한 것은 그다지 중요한 것이 없으나, 조합에 관한 일반 정리를 최초로 발견한 것은 인도인이란 확증을 보여준다. 이와 같은 개념은 그리스에서는 찾아볼 수 없다. 그리고 삼각법에서 본질적이며 획기적인 진보를 달성하였다. 인도인들은 중심각의 현(弦)에 대하여 반분하고 그것의 사인(正弦, sine)을 도입한 것이다. 그러나 이 획기적 진보의 충분한 의의를 인식하고 응용한 것은 아라비아 사람들이다. 최초의 인도의 사인표(正弦表)는 AD 500년경에 나타난다. 이것은 바빌론이나 알렉산드리

아 사람들과 같이 원주를 360등분하고 각 부분을 다시 60구분(分)하였으며, 전 원주는 '60×360=21,600'으로 구분하였다. 반경은 이 구분 단위로 측정하여 3438분으로 하였다. 사인(sin)은 배각의 현의 반이므로 $sin90°$는 반경과 같아서 3438분이고, $sin60°$는 2978분이며, $sin30°$는 1719분이란 아주 정확한 값을 주고 있다. 인도인들은 조합 산과 대수학을 창시한 것으로 보이며, 대수학 분야에서는 여러 가지 차원의 방정식론을 발전시켜, 아동교육 과제로 한 것을 볼 수 있다. 한 예로 시적으로 기술된 다음과 같은 대수학 교과서의 문제가 있다.

"한 무리의 꿀벌들이 있었네, 1/4은 이쪽 꽃밭에 머물고, 2/3는 저쪽 꽃밭으로 날아갔네. 홀로 남은 한 마리의 꿀벌은 양쪽 꽃향기에 이끌려 어느 쪽으로 갈까 망설이고 있다네. 예쁜 아가씨야! 꿀벌은 모두 몇 마리인지 말해 다오!"

오늘날도 이러한 수학 교육을 하면 아이들이 얼마나 재미있게 수학을 배울 수 있을까. 이 외에도 정수론 등 수학에서 인도인이 이룬 업적은 일일이 다 들 수가 없을 정도로 많다. 부르크하르트(Burkhardt)의 말을 빌려 말하면, "5세기까지의 인도인의 계산은 오늘 우리의 것과 근본적으로 다르지 않다는 것을 인정한다. 그리고 아라비아 사람들이 숫자와 계산법을 인도인에게서 배운 것은 확실하다."[17]

인도인들은 자연과학에서도 많은 개별적 지식을 가지고 있었다. 그러나 바빌론이나 이집트와 마찬가지로 자연과학을 조직화하지는 못했다. 이 일은 아마도 그리스 사람들에게 남겨주어야 할 사업인 모양이다. 물리학 분야에서는 햇빛을 모으는 렌즈나 거울을 아주 옛날부터 만들어 쓰고 있었다. 그들의 고서 『니룩 굽타(베다의 주석)』에는 투명한 돌, 유리 또는 금속 용기로 햇빛을 모으면 마른 쇠똥에 불을 붙일 수 있다고 써놓았다. 그리고 몇몇 산스크리트 문헌에 고대 인도인이 화약을 알고 있었다고 추정되는 기사가 있다. 인도와 같이 초목이 무성한 국토에서는 식물학이 발달해, 식물 지식을 기초로 한 의학이 발달하는 것은 당연한 일이다. 따라서 산스크리트 문헌에는 의약, 식료, 독물 등을 기재한 것이 많다. 가장 자주 나오는 것은 '연(蓮)'이다. 그리고 식물과 함께 금속이나 화학 제품들도 고대로부터 약으로 사용하였다.

---

17 부르크하르트, 「옛날에는 어떻게 계산하였나」, 『수학 및 자연과학지(1905)』.

그들의 자연과학과 의학에 대한 것을 가장 상세히 기술한 책은 수슈루타가 쓴 『아유르베다(수명학)』이다. 이 책은 주로 의약, 해부, 병리, 치료에 대한 학설들을 다루고 있다. 수슈루타에 의하면, 인간의 골격은 300개의 뼈로 이루어졌다고 한다. 수슈루타의 학교에서는 시체 해부를 하였으며, 흐르는 물 속에서 해체되었다고 한다. 기원전 6세기의 인도 사람들이 가지고 있었던 해부학적 지식은 놀랄 만큼 높은 수준이었다. 이들의 종교는 영혼이 떠나간 시체는 단순한 물질이며 타 동물의 먹이가 되든지 타인에게 유용 무해하게 자연으로 환원하는 것이 적선이라고 생각하였다. 타 민족들은 해부학 발달에 종교가 큰 저해 요인이 되었던 데 비하여 인도에서는 종교가 촉진 요인이 되어 놀라운 발달을 하게 된 것이다. 수슈루타는 서구 사람들이 17세기 후반에야 알게 된 당뇨병의 당뇨에 대하여 이미 알고 있었다. 그리고 수슈루타는 수은, 은, 비소, 안티몬, 연, 철, 구리 등을 의약으로 꼽고 있으며, 백반 등도 고대로부터 약품 목에 들어 있다. 수슈루타는 760종 이상의 의약에 대하여 기술하였는데, 그 대부분은 식물에서 얻은 것이다. 인도에서도 고대 바빌론 사람들과 같이 백내장 수술을 하였으며, 이것을 위하여 동공을 여는 것과 수정체를 절제하는 두 가지 수술 기구도 개발하였다.

3) 중국 문화

인도 문화는 그리스 및 아라비아 세계와 다양한 접촉을 가졌으나, 황하 유역에서 발전한 중국 문화는 일찍부터 동아시아에서 독립된 광대한 문화권을 형성하였다. 거기에다 지리적으로 서남아시아와의 사이에 큰 산맥들과 사막이 가로놓여 있으며 인종적 공통성도 없으므로 타 문화와의 접촉이 비교적 적었던 것으로 생각된다. 그러나 이미 고대에 인도양의 해상 교통을 통하여 중국의 비단(silk)이 서남아시아와 지중해 연안까지 팔려 나간 것이 확실하다. 그리고 로마 제국과 중국 제국이 정복 전쟁을 확대해 나감에 따라 이들은 카스피 해(里海, Caspian sea)를 사이에 두고 서로 접근하게 되어 육상의 무역 통로(silk road)를 통한 교역이 더욱 활발해졌다. 그리고 서남아시아에 발생한 네스토리우스(Nestorius, ?~451) 종파는 중국에까지 포교하였다는 것을 시안(西安)부에 세워진 한문과 시리아어로 새겨진 경교비(景敎碑)가 말해 주고 있다. 근래에 활발해진 동서 교역 통로(silk road) 탐사에서 동서 간 교역이 활발하였다는 것과 더욱 옛날로 거슬러 올라간 것이 밝혀지고 있다.

이와 같이 헬라 문화권의 형성 초기부터 중국 문화권과의 활발한 교역과 접촉이 있었는데도 과학기술을 비롯한 문화적인 상호 영향의 행적은 찾아보기 힘들다. 그러나 황하 유역을 문화의 발상지로 개발한 고대 중국인들은 일찍부터 수학과 천문학을 발전시켰을 것이며 황하의 치수를 위한 공학 기술을 발달시켰을 것이다. 그리고 이 지식들은 그들이 발명하고 발전시킨 한자로 기록되어 후세에 전하여지고 축적되어 중국 문화를 이룩하였고, 일찍이 목판 인쇄술을 발명하여 동아시아 전역에 전파함으로써 한자 문화권을 형성하였다고 볼 수 있다. 따라서 한자로 저술된 서적의 양은 중세 이전의 이집트, 서남아시아를 포함한 서양 문화권의 총합보다 많을 것이다.

4) 중국의 천문학

중국의 천문학이 아주 일찍 발달한 것은 그들의 고대 문헌에 혜성이나 유성의 합이 기록되어 있는 것에서 알 수 있다. 중국에서 돌아온 '예수회' 선교사가 18세기에 처음으로 유럽에 소개한 중국의 천문학 책에는 혜성의 기록이 기원전 2296년까지 거슬러 올라가 있다. 또 18세기에 난맥에 빠진 중국의 역 계산을 바로잡기 위하여 중국에 유럽의 천문학을 소개한 예수회 선교사 중의 한 사람은 중국 문헌에 BC 2461년에 행성의 합이 있었다는 기록을 발견한 것을 보고하고 있다.

그리고 일식이나 월식을 잘못 예언하였을 때 그 천문학자를 사형에 처하는 일이 가끔 있었는데, 이미 BC 2000년경에 그렇게 한 사례가 있다. 이와 같은 사실은 서구 사람들에게는 도저히 믿어지지 않았을 것이다. 그러나 BC 1100년경에는 중국 사람들이 해시계(gnomon)를 사용하였으며 이것으로 황도의 기울기를 발견하였고, 일 년의 길이를 365와 1/4일까지 측정하였으며, 식(蝕)의 규칙적 주기를 일아 마르게 예언할 수 있었다는 것은 부인할 수 없는 사실로 판명되었다. 이와 같이 판명된 자료에 근거해 보면, 중국의 천문학은 바빌론보다 앞서 있었던 것을 알 수 있다. 단편적인 기록에 따르면, 기원전 2500년경에 바빌론의 최고 수준에 이미 도달해 있었다고 여겨진다.

그리고 천문학과 상관된 수 개념과 한자 구성상 철학적 논리의 발전 과정 등을 고찰해 보면 이들의 천문학 성립 시기는 훨씬 더 거슬러 올라간 시기일 것으로 추정된다. 이렇게 보면 기원전 4000년경에 바빌론에 이주한 수메르인들은 이미 중국의 수학과 천문학적 영향을 받은 것일지도 모르겠다. 바빌론과 중국의 수학과 천문학에는 공통점이 너무나 많다. 바빌론은 가까운 이집트와는 달리 먼 중국과 같이 음력을 사용하고 발전시켰으며, 12지궁의 띠, 수의 60진법과 원의 360등분, 점성술과 역법 등을 가지고 있었다. 그러나 그들이 60진법을 사용하게 된 당위성은 없다.

중국이 60진법을 쓰게 된 데에는 그들의 상형문자인 한자를 개발하면서 보여준 관념과 논리로 보아 당위성을 찾을 수 있다. 중국 문화의 시조인 황제(黃帝, BC 4000?)는 10간(干) 12지(支)를 설정하였는데, 간(干)은 천간(天干)이며, 지(支)는 지지(地支)를 뜻한다. 즉, 모든 존재의 근원인 하나의 큰 하늘(一大＝天)을 10(十)등분한 것이 간(干)이며, 각 간은 순차를 뜻하는 갑(甲)에서 계(癸)까지의 이름을 붙었다. 그리고 지(支)는 지지(地支), 즉 땅의 방향 12지(支)를 뜻한다. 이것은 지구의 궤도인 황도(黃道, 黃＝地)를 12등분한 것이며, 지구가 한 달간씩 머무는 별자리인 12지궁(支宮)에는 쥐(子)에서 돼지(亥)까지 열두 짐승 띠(獸帶) 이름을 붙었다. 모든 것을 천지(天地)의 조화로 보아, 10간과 12지를 갑자(甲子), 을축(乙丑) 식으로 순차로 조합해 가면 60으로 순환되어 61은 다시 갑자(甲子)가 되는 60진법을 천문학상의 시공(時空) 계량에 쓰게 되어 오늘날에도 쓰고 있다.

이와 같은 관념은 낮과 밤이 반복되는 데에서 일주야(一晝夜) 일일(一日)을 인식하게 되고, 달의 삭망이 반복되는 데서 한 달(一月)을 인식하고 그 주기가 30일이라고 보아 한 달은 30일로 하였고, 사계절이 순환하는 데서 일 년(一年)을 인식하고 그 주기를 12개월로 보았다. 이와 같이 초보적인 관찰과 인식은 고대 문화권에서는 어디서나 기원전 4000년경에는 할 수 있었을 것이다. 다만 중국 문화의 특이한 점은 이 초보적 관찰에서 더 정밀한 관찰로 나아가는 대신에 보다 단순한 근원적 법칙에 합리적으로 조화시키고 다음에 그의 합리성을 전제로 한 정밀 관찰을 한다는 사고방식이다.

이집트 사람들은 이 초보적 관측에서 그들의 10진수로 한 달은 30일, 일 년은 12달, 즉 360일이란 인식에 아무런 모순을 느끼지 않으며, 모순이 나타나면 더욱 정밀한 관측을 하여 그 모순을 시정하는 식이다. 그러나 중국 사람들은 10진법 수, 즉 천수(天數)로 관측한 결과 얻어진 '30, 12, 360'과 같은 수들 간에 합리성을 찾지 않고는 만족할 수 없었다. 그래서 양의 천수 10간과 음의 월수 12지를 음양(陰陽) 법칙에 따라 순차로 조합한 간지(干支)인 60진법을 고안하였다.

이와 같이 선행한 관념적 인식의 기초 위에서 관측으로 발전한 중국의 천문학에는 중세의 서구와 같이 지구 중심적 우주관이 개입될 여지가 전혀 없었다. 이들은 '天'이라는 한자의 뜻과 같이 어디까지나 천을 하나의 통일된 큰 근원이며 중심으로 생각하였다. 그리고 지구(地)는 천의 작은 예속적 존재로서 보다 중심적인 해(太陽)를 향하여 돌고 있으며, 해를 향했을 때 낮이 되고, 등을 돌렸을 때 밤이 되는 회전(回轉)을 하며 태양을 중심으로 한 지구의 궤도인 황도(黃道)를 굴러간다고 생각했었다. 그리고 뚜렷이 보이는 달(月)은 약 30일을 주기로 하여 삭망(朔望)을 되풀이하는데, 이것은 달이 지구를 중심으로 30낮과 30밤, 즉 30 음(陰)양(陽) 동안에 한 바퀴씩 도는 데 지구와 태양과의 상호 방위에 따라 일어나는 현상으로 생각하였다. 그래서 달력(月曆)은 천수(天數)인 10간(天干)과 지수(地數)인 12지(地支)의 순차적 조합, 즉 60간지(干支)로 나타내어야만 한다고 생각하였다. 그리고 지상의 모든 현상은 이 달력에 지배된다고 생각하였다. 이와 같은 관념론적 세계관이 생겨난 시기는 천문학에 사용된 한자의 형성 시기와 같을 것이며, 추정할 수 없는 아득한 먼 옛날이라고 생각된다.

중국의 천문 관측은 이와 같은 세계관에 입각하여 지상에서 일어날 사상을 예측하기 위하여 수행되었다. 그 결과 움직이지 않아야 할 천체 중에 움직이고 있는 다섯 개의 별을 발견하여 오행(五行)이라는 관념을 추가한 세계관이 형성되었다. 오행이란 '화(火), 수(水), 목(木), 금(金), 토(土)' 다섯 개의 행성(行星)을 뜻하며 그 이름은 기본적 성질을 의미한다. 이들은 각각 하늘이 정해준 일정한 궤도를 일정한 주기에 규칙적으로 돌고 있으며, 세상만사는 일월, 음양과 더불어 이들 오행의 규칙적 조합과 조화에 따라 변천한다는 세계관을 가지게 되었으며, 천문학에서 비롯된 이 세계관은 천문학은 물론이고 수학, 물리, 의학, 공학, 건축학 등의 과학, 기술, 예술 전반과 사회, 정치, 윤리, 도덕 등을 총망라한 문화생활의 기본 원칙으로 인식되어 왔다.

그리고 이들의 학문은 모든 것이 종합된 하나의 학문이었다. 각자가 어떤 전문 분야에 전념하는 것을 막지는 않았으나, 한 사람이 이룬 연구 업적도 종합적인 하나의 학문에 대한 업적으로 평가되었다. 이는 과학적인 전문성을 약화시키는 결과를 낳아 전문적인 과학자가 배출되지 못하는 환경을 만들었다. 결과적으로 특기를 가진 장인(匠工人)만 생기게 한 것이다. 이와 같은 중국 학문의 특징은 과학의 발달을 아주 느리게 하여, 자석을 이용한 나침반이나 화약을 서구 사람들보다 천수백 년 앞서 발명하였으나 과학기술에 공헌한 것 없이 지나온 것과 같은 부정적인 면도 있으나, 한편으로는 느리나 멈추지 않고 꾸준히 발전하여, 그들의 한자가 보여주는 철학적 깊이와 같이 오늘날에도 이해하기 어려울 정도로 높은 수준까지 꾸준히 발달하게 하였다. 또 학문의 쇠퇴도 아주 느리게 하여 오늘날에도 한의학은 실용 가치가 남아 있어 동양에서는 널리 활용되고 있다.

중국의 한자에 나타난 놀라운 물리학적 개념도 있다. 물질(物質)을 뜻하는 물(物) 자는 소 우(牛) 변에 말 물(勿)인데, 우(牛)는 일의 근원인 '에너지'를 뜻하므로, 물(物)은 '에너지를 일을 말게 한 것'이란 뜻이다. 즉, 물질과 에너지는 동등한 것이며, 물질은 에너지를 일을 말게 한 상태란 것이다. 이것은 아인슈타인의 상대성 이론의 $E=mc^2$과 같은 개념이다. 물(物)이란 한자가 어느 시대에 만들어졌는지는 알 수 없으나 고대로부터 사용되어 온 것은 확실하다.

11. 고대 과학의 발상, 발전, 쇠퇴

우리는 과학의 뿌리를 찾아보려고 나일 강 유역의 이집트 문화, 유프라테스 강과 티그리스 강 유역의 메소포타미아 지역을 중심으로 한 바빌론과 아수르 문화, 인더스 강 유역의 인도 문화, 그리고 황하 유역의 중국 문화에 대하여 살펴보았다. 그 결과 서구 과학사가들은 그들의 현대 과학의 기간(基幹)인 그리스 과학은 이집트와 메소포타미아의 두 뿌리로부터 과학적 지식을 흡수하여 체계화함으로써 과학적 인식의 거목으로 자라났고, 그 인식의 나무 위에 현대 과학이 꽃피고 열매를 맺게 된 것으로 인식하게 되었다. 이와 같은 인식은 역사는 되돌아갈 수 없는 시간(비가역적 시간)과 더불어 변증법적으로 발전한다는 사관(史觀)에서 비롯된 것이다.

우리가 고대 문화와 그들의 과학기술을 살펴보며 놀라게 된 것은 그들이 고대에 이룩한 인식의 깊이, 넓이, 높이, 즉 발전 수준 또는 발전 단계가 우리가 일반적으로 예상한 것보다 훨씬 높다는 사실이다. 현대 과학이 싹트기 시작한 서구의 16세기와 비교해 볼 때 너무나 앞서 있었던 것에 놀라지 않을 수 없다. 역사는 과연 되돌아갈 수 없는 비가역적 시간 차원 안에서 변증법적 발전을 하는 것일까? 아니면 천체의 운행과 같이 흥망성쇠를 되풀이하며 시간에 따라 굴러가는 역사의 수레바퀴와 같은 숙명적 주기운동을 하는 것일까? 그것도 아니면 예수님이 말씀하신 것과 같이 진리의 씨가 뿌려진 '마음 밭에 따라 발전 또는 쇠망하는 것인가?

"더러는 길가에 떨어지매 새들이 와서 먹어버렸고, 더러는 흙이 얇은 돌밭에 떨어지매 흙이 깊지 아니하므로 곧 싹이 나오나 해가 돋은 후에 타버려서 뿌리가 없으므로 말랐고, 더러는 가시

떨기에 떨어지매 가시가 자라 기운을 막으므로 결실하지 못하였고, 더러는 좋은 땅에 떨어지매 자라 무성하여 결실하였으니 삼십 배와 육십 배와 백 배가 되었느니라."

(『신약성서』 마가복음 4 : 4~8)

필자는 논리적으로 증명할 수는 없지만 예수님의 씨 뿌리는 비유를 믿는다. 인류의 역사는 진리의 씨를 받아들이는 인간의 '마음 밭'에 따라 수십 배씩 결실하여 기하급수적으로 발전할 수도 있고, 아무리 많은 결실을 하여 많은 씨가 뿌려졌어도 그것을 이어받는 마음 밭이 좋지 못하면 결실을 하지 못하거나 결실이 기하급수로 줄어서 쇠망하게 된다고 생각된다. 그리고 그 진리의 씨는 더욱 좋은 마음 밭에 떨어져서 새로운 곳에 새로운 문화를 꽃피게 한다.

우리가 고대 문화권의 과학사에서 현대 과학의 뿌리를 찾는 것은 어쩌면 무의미한 노릇일지 모르겠다. 현대과학이 그리스 과학과 밀접한 관계가 있는 것은 사실이나 17세기에 싹튼 현대 과학이 아랍 문화권을 거쳐 유입된 그리스 과학의 뿌리에서 자라난 것으로 볼 수 없으며, 그리스의 과학도 이집트나 바빌론 과학의 뿌리에서 생겼다기보다는 그들로부터 과학의 씨앗을 받아 싹트고 자라나고 결실하게 한 그들의 마음 밭에 뿌리 박혀 있기 때문이다. 고대 문화권에서의 과학도 그들의 시대적 마음 밭이 변천함에 따라 몇 번이나 흥망성쇠를 거듭하였다. 이집트의 중왕조 과학 문화가 오히려 국력이 최고로 부강해진 신왕조보다 더 발전해 있던 모습을 보여주고 있으며, 바빌론의 천문학이 점성술로 타락하기 이전에 더욱 수준이 높았었다는 것을 보여준다. 인도의 수학도 기원전 수세기에 숫자를 발명하고 고등수학을 발전시켜 이웃 문화권에 그들의 수학을 가르쳐 주었을 때가 기원후보다 훨씬 발달돼 있었던 것을 알 수 있다.

중국의 학문은 모든 사물과 현상이 하나의 큰 하늘(天) 아래 다양한 조화(調和)로 존재한다는 관념론적 세계관 안에 모든 분야가 종합된 한 학문으로 발전해 온 것인 만큼 그들의 문헌에 나타나는 과학상의 단편적 기록에서 그들의 과학이 발전해 온 모습을 찾아보기는 매우 어렵다. 그러나 그들의 학문의 기초가 된 한자에서 그들의 철학적 개념의 깊이를 엿볼 수는 있다. 예를 들어, 물질(物質)이나 물리(物理) 등 기본적 용어에 널리 쓰이는 물(物) 자의 구성을 살펴보자. 물 자는 '소 우(牛)' 변에 '막을 물(勿)'을 붙인 것이다. 우(牛) 자의 뜻을 옥편에서 찾아보면 '소, 일의 근원, 일의 능력'으로 나와 있다. 현대어로 고치면 '에너지(energy)'를 뜻한다. 그리고 이 에너지를 더욱 정의한 물(勿) 자의 뜻은 '어미 모(母), 하지 말라 금(禁), 급변한 모양인 급모(急貌)'를 뜻한다. 따라서 물(物)은 '에너지의 어머니 또는 근원'이란 뜻이며, '일하지 말라는 에너지 상태', '급변한 에너지 모양' 등의 뜻도 내포한 것이다. 현대 물리학의 물질에 대한 관념 및 정의와 일치한다. 오늘날도 물리학을 전공하는 일부 과학자들에게만 통용되는 이와 같은 관념이 어떻게 고대에 형성되어 이 글자를 사용하는 모든 사람들에게 보편화되었을까? 실로 놀라운 일이다. 그리고 이와 같이 발달된 관념이 왜 소멸해 버려 오늘날에는 옥편에서만 찾아볼 수 있게 되었을까? 우리는 고대에서 과학의 뿌리를 찾기보다는 과학기술이 어떻게 발생하여 어떻게 발전하였으며 어떻게 쇠망하였던가를 찾아 배워야 할 것이다. 즉, 과학이 발전한 마음 밭이 어떤 것인가를 찾아야 한다는 말이다.

고대 과학 문화는 모두 큰 강 유역의 농경 사회에서 생겨났다. 그리고 수학과 천문학부터 발전하게 되었다. 큰 강가에 살게 된 사람들은 오랜 생활 경험을 통하여 대하(大河)의 물이 나타내는 위대한 자연의 힘과 사계절의 순환과 천체의 주기적 운행이 보여주는 규칙성을 감지하게 되었을 것이고, 더 나아가 이 모든 자연 현상은 어떤 합리적인 법칙에 따라 수학적으로 서로 연관되어 있다는 것을 인식하게 되었을 것이다. 이와 같은 인식에서 모든 것은 그렇게 있게 한 근원적인 뜻, 즉 신의 뜻인 진리에 따라 존재한다는 종교적 신앙이라고 할 수 있는 과학적 신념을 가지게 되었다. 그리고 그 신의 뜻인 진리를 탐구하여 그 진리에 따라 보다 좋은 생활을 영위해 보려는 의지를 가지게 되었다. 이와 같은 신념과 의지가 진리의 씨앗을 받아 과학을 싹트게 하고 뿌리를 내리게 하며 햇빛을 받아 성장하게 하여 수십 배의 결실을 맺게 하는 인간의 마음 밭이다. 이와 같은 신념과 의지로써 자연 법칙을 탐구하려는 관찰과 사색을 시작한 것이 바로 과학의 시작이라고 생각된다. 이와 같은 과학적 노력은 과학이 어느 정도 발전한 단계에서 시작된다고 생각하는 사람도 있으나, 고대 과학의 발상을 보면 생활 경험에서 얻은 단편적 지식에서 바로 과학적·종교적 사고를 하게 되는 것이 타 동물들과 달리 인간에게 주어진 천부적 특징이다.

과학기술은 어느 시대이건 과학기술에 전념하는 소수 집단에 의하여 발전되고 개발되어 보급되며 실생활에 응용하게 되었다. 그런데 이 과학기술의 발달과 개발에 전념하는 사람들이 폭넓고 다양하며 다수일 때 과학기술은 더욱 다양하고 폭넓게 발전하여 더욱 넓게 보급되며, 이것이 더욱 다양하고 폭넓은 다수의 과학 기술자를 배출하게 한다. 그러나 무엇보다도 중요한 과학기술 발전의 요인은 과학 기술자들의 진리 탐구에 대한 열의와 진리에 따라 인간 생활을 향상시키려는 의지이다. 이런 과학기술자의 마음의 바탕에 더 많은 물질적·정신적 자유를 보장해 주고 북돋아 줄 때, 과학기술은 더욱 깊이 있게 더 빠른 속도로 발전한 것을 볼 수 있다. 이집트나 바빌론의 과학이 최고에 도달하기까지 그 시대의 과학기술자인 신관들은 열성으로 진리를 탐구하여 인간 생활의 향상을 위한 예언자의 사명에 전념하였고, 그들의 신전들은 천문대, 도서관과 같은 과학기술의 연구 기관 역할과, 과학기술자를 양성하는 교육기관의 역할을 하였다.

과학기술자들의 연구 개발 활동에 있어서 외적 요인에 의하여 물질적·정신적·시간적 자유가 제한되면 과학기술의 발전은 저해되어 침체하거나 쇠퇴하게 되는 것은 사실이다. 그러나 이집트나 바빌론의 고대 과학기술이 쇠퇴하기 시작한 것은 외적 요인이 나쁜 때가 아니라 오히려 최고로 좋아졌을 때부터였다. 신관들이 발전시킨 과학기술 덕택에 나라는 부강해지고 보다 살기 좋아졌으며, 신관들은 가장 권위 있는 자가 되었고 부귀를 마음껏 누릴 수 있게 되었다. 권력과 부귀를 누리게 된 신관들의 마음은 어느 사이에 진리를 탐구하는 열정이 그들의 권위를 가식하기 위한 속임수를 고안하는 것으로 변질돼 갔고, 인간 생활을 향상시키겠다던 의지는 그들의 권력과 부귀를 향상시키려는 욕심으로 변질해 갔다. 그래서 그들은 천문학의 과학적 요소들을 사술(詐術)로 바꾸어 갔고, 기술을 마술 또는 요술로 바꾸어 갔다. 그리하여 과학기술은 쇠퇴해 갔고 뒤따라 국력도 쇠퇴해서 멸망하게 된 것을 볼 수가 있다.

제 2 장
그리스 과학의 발전

서남아시아와 이집트에서 이룩된 과학의 기초는 대부분 다른 문화 요소들과 함께 고대 세계의 가장 중요한 상업 민족인 페니키아 사람들에게 섭취되어, 이들에 의하여 지중해 연안의 타민족들에게 전해졌다. 이와 같이 동방에서 유래한 문화의 씨는 그리스 사람들의 풍요한 마음 밭에 뿌려져서 새싹을 트게 됐고, 이들은 후년에 나일 강과 유프라테스 강 유역에 발생한 문화와 직접 접촉하게 되어 문화와 과학의 뿌리를 내리게 되었다. 페니키아 사람들은 문화적 요소들뿐만 아니라 문화의 근본인 알파벳 문자까지도 그리스 사람들에게 전파하였다.

알파벳 문자는 페니키아 사람들이 그리스에 전한 것은 틀림없으나, 그리스 문헌이 전하는 것과 같이 페니키아 사람들이 처음으로 만든 것은 아니다. 알파벳은 한 음절이나 한 단어 전체를 표시하는 이집트의 상형문자에서 파생된 것으로 보이는데, 바빌론의 설형문자와도 관련된 것으로 보인다. 그리스어를 알파벳 문자로 기록한 가장 오래된 문서도 기원전 7세기 초엽 이전의 것은 없으며, 현재까지 알려진 페니키아어를 알파벳으로 기록한 가장 오래된 것도 기원전 950년경 이전의 것은 없다.

그런데 1905년에 페니키아 문자와 같은 계통이며 이집트의 상형문자에 유래한 것으로 보이는 기원전 1400년대의 시나이(Sinai)문자가 발견되었으며, 1929년에는 시리아의 '라스-삼라'에서 알파벳 식의 설형문자가 발견되었다. 이런 사실에서 미루어 보면, 알파벳은 메소포타미아에서 나와서 가나안 땅을 거쳐 이집트에 가서 살다가 나와 시나이 광야를 거쳐 가나안에 돌아온 이스라엘 사람들이 발명하였을 것으로 생각된다. 그 발명 경위가 어떻든 그리스 사람들은 페니키아 사람에 의하여 알파벳 문자가 전파됨으로써 명확히 의식한 구상물에서 추상 개념을 도출하고, 그것에 의하여 체계적으로 조직화한 과학을 이루어 나갈 과학적 기반을 조성하게 되었다.

동양의 문화 요소들이 이와 같이 서양으로 전파하는데, 페니키아 사람들뿐만 아니라 그레데(Crete) 섬과 서남아시아의 여러 민족들도 중요한 역할을 하였다. 이들 서남아시아의 여러 민족들은 수천 년간에 걸쳐 바빌론 사람들의 깊은 영향을 받아왔으며, 그 영향은 종교 방면에서 특히 크게 나타난다. 따라서 그 영향은 유대교와 더 나아가서는 기독교의 발달에까지 미쳤다고 보인다.

그리스 사람들이 신화적 전설의 어둠에서 역사의 빛 속으로 한 발짝 옮기자, 그들은 현상의 세계를 관찰에 의하여 받아들일 뿐만 아니라, 그것들의 인과관계를 이해하려는 노력을 나타내었다. 이와 같은 노력은 한편으로는 수학적 인식을 자연현상에 응용하려는 것이며, 또 한편으로는 모든 한도를 멀리 뛰어넘어 현상의 궁극적 원인을 파악하려는 시도였다. 그리고 이와 같은 자연 과학적 사고의 각성은 그리스 본토에서 시작된 것이 아니라, 이오니아(Ionia) 식민지에서 시작된 것이다. 이 이오니아 식민지는 노쇠한 아시아 문화권과 그리스의 처녀지 사이의 교량적 위치에 있었으며, 그리스 본토에서 철학과 자연과학이 시작되기 2, 3세기 전부터 이미 문예 분야에서는 전성기에 도달해 있었음을 알 수 있다.

1. 그리스 자연과학의 시작

그리스 최초의 철학과 자연과학은 이오니아에서 시작되었다. '밀레투스(Miletus)의 3인'이라 불리는 '탈레스(Thales), 아낙시만드로스(Anaximandros), 아낙시메네스(Anaxi menes)'는 신화에서 벗어나 세계를 성립시키는 기본적인 것(Arche)이 무엇인가를 찾기 시작했다. 특히 탈레스는 그리스 과학의 창시자로 손꼽히는데, 안타깝게도 그가 저술한 책은 전해지지 않는다. 아마도 그는 자기 학설을 구술로만 전수하였을 것이다. 그러나 그의 학설은 그의 생애나 발견 경위와 함께 고대 저술가들의 기사에 상세히 소개되어 있다.

탈레스는 기원전 624년경에 태어났다. 따라서 그는 솔론(Solon, BC 638?~559?)이 아테네 국가의 기초를 쌓아올리던 시대에 활동했다. 탈레스가 이집트에 가서, 당시에 수학적·천문학적 모든 지식을 키워낸 부모인 그 나라의 신관 계급과 교제한 것에 관한 기사들은 모두 일치한다. 그와 같은 기사들 가운데 이런 기록이 있다. "이집트에 갔다 온 탈레스는 우선 기하학을 헬라(그리스)에 전했다. 그는 스스로 많은 발견을 하였으나, 그 이상으로 많은 발견의 단서를 그의 제자들에게 남겼다." 또 다른 기사에는 "그는 천공을 관측하고 별들을 조사하여 밀레투스의 전 시민에게 '달이 해를 가려 해는 감추어지고 한낮에 밤이 올 것이다.'라는 예언을 공포하였다."라고 기록되어 있다.

서구 사람들의 견해에 따르면, 고대인은 식(蝕)에 대하여 '해나 달이 어떤 알 수 없는 힘에 의하여 침식된다'고 생각하였다고 본다. 그래서 바빌론 사람들이 이 현상에 대하여 바른 이해를 할 수 없었을 것이고, 이 자연적 원인을 최초로 인식한 것은 그리스인이라고 생각하며, 이와 같은 천문학적 진보를 이룬 것은 아낙사고라스(Anaxagoras)가 아니면 피타고라스(Pythagoras) 학파일 것이라고 추측하고 있다. 따라서 탈레스의 예측은 측정이나 계산에 의한 것이 아니라 단순한 주기 관측에 근거한 것이라고 보고 있다.

물론 탈레스가 배워 이해한 천문학은 단순한 주기의 일수 또는 월수였을 것이며, 그가 이집트에서 본 기원전 603년 5월 18일에 있었던 대일식(大日蝕)에서 계산하여 기원전 585년 5월 22일에 있을 일식을 예언하게 되었을 것이다. 그러나 바빌론에는 이미 수세기 동안의 식(蝕)에 관한 기록을 보존하고 있었고, 그 주기는 6585일이고 223개월(달의 朔望 수)이라고 정확하게 알고 있었으며, 이 주기를 '사로스'라고 이름 지어 달이 지구와 태양에 대하여 거의 정확하게 제자리로 돌아오는 주기라는 것을 인식하고 있었다. 그리고 이 주기가 일식을 예측하는 데는 반드시 정확하지 않다는 것도 경험하고 있었다.

이와 같은 관측이 천체와 지구의 주기운동에 대한 기본적 인식과 관념이 없이 수세기 동안 행하여졌다고 생각하는 것은 마치 갈릴레이가 아무런 역학적 인식과 관념이 없이 그의 역학적 실험을 우연히 하여 그의 역학적 원리를 발견하였다고 생각하는 것과 같다. 그리고 갓 배우기 시작한 그리스 사람들이 그 자연적 원인을 최초로 인식하였다는 것은, 뉴턴이 우연히 사과가 떨어지는 것을 보고 만유인력을 발견하였다는 것과 같은 말이다. 그리스는 다섯 개의 행성에 대한 명칭마저 바빌론의 영향을 받은 것이 나타난다. 고대 그리스의 명칭은 중국과 같이 그 별의 특성을 나타낸 이름들이었다. 예를 들면, 화성(火星)은 '불붙는 별', 목성(木星)은 '반짝이는 별' 등이었다. 그것이 기원전 4세기부터는 수성(水星)은 헤르메스(Hermes), 금성(金星)은 아프로디테(Aphrodite), 화성(火星)은 아레스(Ares), 목성(木星)은 제우스(Zeus), 토성(土星)은 크로노스(Cronos)의 별들로 불리게 되었다. 아마도 바빌론 사람들의 신에게 바치는 뜻에서 신의 이름을 붙인 선례에 따라 그들의 그리스 신들에게 바친 것 같다.[1]

그리고 최근의 추정에 의하면, 피타고라스학파들은 바빌론 학문의 초보 단계에 겨우 도달해 있었다고 판단된다. 탈레스 시대의 그리스 천문학이 얼마나 유치하였던가는 그의 학설이라고 전해진 것 중에 "대지는 하나의 원반(圓盤)이고, 그 주위에 '대양(Oceanos)'이 흐르고 있으며, 그 원반 위에 수정(水晶)으로 된 종 모양의 하늘 뚜껑(天蓋)이 있다는 것은 명백하다. 그리고 별들은 이 하늘 뚜껑 위를 걸어가서 질 때는 대양(大洋)에 잠기어 원반 둘레를 헤엄쳐 떠오르는 곳까지 가서 다시 천계 위를 걸어 올라온다."라는 구

---

1 이들 그리스 신명(神名)에 대응한 라틴 신명은 '멜크리우스, 비너스, 마르스, 큐피텔, 사돌누수'이며, 이것이 근대 서구의 유성의 명칭이다.

절에서 짐작할 수가 있다.

수학에 대한 저술을 한 그리스 사람들은 탈레스가 "이등변삼각형의 밑변의 두 각은 같다." "삼각형은 한 변과 그의 인접 각으로 결정된다."라는 것과 같은 두세 개의 중요한 기하학의 정리를 발견하였고, 이 정리를 이용하여 해안에서 배까지의 거리를 알아내었다고 기록하고 있다. 이와 같이 전승된 탈레스의 기하학 지식 중 어디까지가 그의 독창이며 어디까지가 이집트에서 받아들인 것인지 알 수 없다.

그의 수학적 응용에서 유명한 것은 그림자 측정이다. 이것은 높이 솟은 것의 높이를 측정하는 한 방법이며, 탈레스는 이것으로 당시의 그리스 사람들을 감탄시켰다고 한다. 이 방법의 요점은 한 막대기를 수직으로 세워, 그 막대기의 그림자 길이가 막대기 길이와 같게 된 시각에, 측정하려는 대상물의 그림자 길이를 측정하면 된다는 것이다.

'구노몬(그림자의 길이에 의하여 정오(正午)를 결정하는 해시계)'을 그리스 사람들에게 전한 사람은 탈레스의 수제자로 꼽히는 밀레투스의 아낙시만드로스(Anaximandros, BC 610~546)라고 한다. 그는 또한 최초의 세계지도를 작성하였다고 한다. 물론 당시의 지리적 지식이 미치는 범위 안에서의 세계이다. 그와 동향인이며 여행가인 헤카타이오스(Hekataios, BC 550~?)는 '지리(地理)'라는 새로운 학과를 발전시켜 세인의 경탄을 불러일으켰다. 헤카타이오스는 세계지도를 붙인 지리학서를 저술하였다. 그는 최초의 그리스 지리학자이며 헤로도토스(Herodotos)의 선구자로 볼 수 있다. 당시의 지도는 남아 있지 않으나, 그것은 아마도 중세 초기의 차바퀴 지도(차륜 지도)와 비슷한 것으로 대강의 방위만 나타낸 것일 것이다. 따라서 후일에 헤로도토스의 웃음거리가 된 것이다.

자연과학에 관한 연구는 이오니아인들 중에서 탈레스가 선구자였다는 것은 모든 전승된 기사가 일치한다. 아리스토텔레스도 그를 '철학적 자연 연구의 창시자'라고 부르고 있다.[2] 탈레스를 통하여 이집트와 바빌론의 과학적 지식을 전수받은 그리스 사람들은 이제 모든 현상계를 어떤 원인에서 설명하려는 시도를 불러일으켰다. 그로부터 궁극적 원인으로 설명하는 것이 철학의 안목으로 되었다. 그러나 당시의 상황에서 이와 같이 앞선 생각이 사물의 본성을 명확하게 설명할 수는 없었을 것이다. 여기서 그리스 철학의 기원에 대한 서구 사람들의 생각을 잠깐 살펴보기로 하자. 유명한 그리스 철학사가인 첼러는 그리스 철학은 독립적인 것이지 동양으로부터 유래한 것이 아니라고 주장하여, 다음과 같

---

2 아리스토텔레스, 『형이상학』 제1권, 3쪽.

이 말하고 있다.

"과학을 스스로 낳은 민족이 있다면, 그것은 그리스인 말고는 없다.[3] 그리스 사람들의 세계관을 최초로 나타낸 것은 시인들의 시에서 볼 수 있다. 기원전 8세기에 헤시오도스(Hesiodos)는 특히 유명하며 그의 서사시 「일과 나날」 중에 세계 생성 문제를 제기하였다. 그의 '세계 생성론'은 제신론에 지나지 않았으나, 당시는 아직 '세계 개벽론'과 '제신 계보론'이 신화 속에 하나로 융합되어 있었다. 그다음에 탈레스와 그의 직접 후계자들은 아직 물질의 개념 이상으로 나올 수 없었으므로, 모든 사물은 하나의 시원물질에서 발생한다는 가설에 만족하였다."

여기서 탈레스가 말하는 시원물질은 물이었다. 과연 물은 그의 성질에서 판단할 때 흙(땅)과 공기(하늘)의 중간에 있는 것으로 보인다. 그뿐만 아니라 탈레스가 가서 배운 이집트에 이미 있던 관념이며, 이집트는 나일 강의 산물이라고 생각하였다. 그리고 모든 식물은 물기 있는 땅에서 나지 않는가! 서구인에게는 이 설이 한층 더 정밀한 관찰을 할 수 있게 된 후세까지 신봉되어 와서 17세기의 뛰어난 과학자인 폰 헬몬트(Helmont)조차 이 설을 믿고 있었다. 겨우 19세기에 들어서 라부아지에(Lavoisier)와 셸레(Scheele)가 이론의 여지가 없는 실험으로 물이 흙으로 전화한다는 신념을 타도하였다.

세계를 인간과의 관계에서 설명하려는 시도는 소크라테스 이후의 그리스 철학의 특색이 되었으나, 탈레스에서 데모크리토스 시대까지는 오로지 자연 세계의 현상을 자연 속에 내재하는 원인으로 설명하려는 시도인 자연철학이었다. 이와 같은 철학적 사고의 성과로서 그들은 얼마 안 가서 자연과학은 현상 간의 법칙적 관계를 발견한다는 겸손하고도 누구나 손댈 수 있는 목적에 전념하게 되었던 것이다. 이 목적이 명확하게 세워짐에 따라 연금술이나 점성술에 나타나는 불필요한 공상이나 유해한 미신적인 요소들이 배제되어 자연철학 또는 자연과학이 점차로 과학다운 제 모습으로 되돌아가는 계기가 되었다. 그리스 사람들의 위대함과 그들의 철학의 위대한 업적은 바로 이 점에 있는 것이다.

자연과학은 바로 자연 현상 간의 법칙적 관계를 발견한다는 겸손하고도 순수한 목적을 가진 사고의 마음 밭에 싹 트고 뿌리를 내려 자라나서 수십 배의 열매를 맺는 것이다. 그리스보다 2000년 가까이 앞선 고대 문화권들도 이와 같은 사고의 마음 밭에 그들

---

3 첼러(E. Zeller), 『그리스인의 철학』 제5판 제1권, 35쪽.

의 문화를 꽃피웠고 열매도 맺었으나, 그 덕택에 그들의 삶이 풍요해지자 그들의 마음은 탐욕을 위한 공상과 부귀를 노린 사술(詐術)에서 생긴 미신으로 오염되어 그들의 문화와 과학은 쇠퇴하게 되었다. 따라서 처녀지인 그리스에 유입된 탈레스 시대의 이집트와 바빌론의 문화와 과학적 지식은 쇠망 직전의 탐욕의 공상과 사기술의 미신에 오염된 것이었을 것이다. 이것들에서 공상과 미신적 요소들을 배제하고 순수한 과학적 목적으로 되돌린 그리스인들의 이성적 노력은 그와 같은 철학을 창시한 것과 같은 공로로 평가되어 마땅할 것이다. 이오니아에 자연철학과 함께한 새로운 요소가 인간의 정신생활에 들어왔다. 여기에 비로소 각자가 꾸준한 정신 활동으로 이룩한 성과에 근거한 자기 자신의 설을 가진 과학상의 개성이 나타났다. 차후의 진정한 과학의 발전에 있어서, 이와 같은 개성의 출현은 빼놓을 수 없는 전제 조건인 것이다.

순수한 철학적 고찰 방법은 정밀 관측에 의한 과학적 연구 방법에 비하여 고유의 장단점이 있으나 이들은 상호 자각하여 과학을 발전시켜 온 것을 볼 수 있다. 고대 그리스가 발전시킨 철학관은 서구의 근세 자연과학에도 영향을 미치고 있다. 예를 들면, 물질의 다양성을 하나의 시원물질에 기착시키려는 시도 같은 것은 현대 물리학에서도 지속되고 있다. 이오니아 철학자들은 공기 또는 물과 같은 주지의 물질이 그와 같은 시원물질이라고 하였다. 그 후에 아리스토텔레스는 '공기, 물, 흙, 불'을 동일 근원의 상이한 현상 형태라고 이해하였다. 그 결과 주지의 물질들을 상호 전환시킬 수 있다고 생각하게 되었다. 중세에 비금속을 귀금속으로 전환하려는 노력이 아리스토텔레스 철학에 근거한 까닭이 바로 여기에 있는 것이다.

원소설의 근원을 찾다 보면 아구라가스의 엠페도클레스(Empedocles, BC 440?)에 도달하게 된다. 그는 시원물질은 연구적이고 자립적이며 상호 전환하지 않는다고 하였다. 이 원소는 두 가지 기동력, 즉 친화와 배척(사랑과 미움)에 의하여 혼합되어 사물이 만들어진다는 것이다. 분해는 눈에는 보이지 않으나 한 물질의 소분자가 다른 물질의 소분자에서 분리함으로 일어난다고 하였다. 엠페도클레스는 감각도 역시 이와 같이 생긴다고 하였다. 이 친화와 배척은 현대 물리학의 상호 인력과 반발력을 의미하는 것이다. 엠페도클레스는 특히 자연물에 대하여 주목할 만한 여러 가지 의견을 제시하였다.

예를 들면, 그는 피타고라스학파가 중심화(中心火)를 두고 땅이 그의 둘레를 회전한다고 한 데 대하여, 땅의 중심에는 불과 같은 유체(流體)가 있다고 가정하여 온천이나 화산은 그 열을 이것으로부터 받는다고 설명하였고, 또한 그 지중의 불이 산악(山岳)을 밀어 올렸다고 논했다. 그리고 시실리 섬에서 발견된 큰 뼈에서 선사시대에 거인족이 있었다고 추론하였다. 그는 자기 견해를 「자연에 대하여」라는 시로 기술하였으나 유감스럽게도 오늘날에는 그 일부분만 남아 있다. 그러나 그 일부분에서도 그가 식물의 본성에 대하여 고찰한 것을 알 수 있다. 그는 식물에도 영혼이 있다고 주창하였으며, 그 근거로 오늘날에는 기계론적으로 설명되는 현상인, 뜬다든지 햇빛을 향하여 가지를 뻗는 등의 의식적 움직임을 들고 있다.

그리고 식물에도 양성이 갖추어져 있다는 설은 엠페도클레스가 처음으로 주창한 것이며, 더욱 놀라운 것은 세계의 주기적 변혁에 관한 학설조차 이미 이 철학자에게서 엿볼수 있다. 따라서 우리는 고대 그리스 철학의 남아 있는 단편들에서 근세 지질학의 가장 중요한 가설의 하나인 "지구는 몇 차례 변천을 거쳤으며, 그때마다 동물과 식물들은 일단 멸종하고, 대신에 새로운 종이 나타났다."라는 학설도 이미 고대에 가설로 존재해 있었다는 것을 추정할 수 있다.[4] 이 가설의 근거가 될 사실들은 아마도 별로 없었을 것이나, 그런 만큼 그의 관찰과 추리는 예리하였다.

2. 기계론적 자연 설명

어디시나 일어나는 물질 변화를 일반 사람들은 '발생과 소멸'이라고 이해하고 있을 때에, '모든 변화는 혼합과 분해에 기인하며, 그때에 물질 자체는 생겨나지도 없어지지도 않는다'는 것을 가르친 것은 철학자였다. 그리고 또한 철학적 사유에서, '물질은 최소 미분자로 이루어지며, 혼합과 분해는 이들 미분자의 이전에 기인한다'는 관념이 생겼다. 철학적 연구에서 얻은 이 두 원리는 자연의 사유적인 파악을 지향한 연구 노력을 인도(引導)하는 북극성의 역할을 하게 되었다. 기계론적 자연 설명의 대강의 기초를 이룬 것은 엠페도클레스의 설을 기연으로 하여 원자론자로 불리는 철학자 레우키포스(Leucippos, BC 440?)와 데모크리토스(Democritos, BC 460?~370?)에 의해서다. 이들의 생각은 다음과 같

---

4 마이야, 『식물학사(1854)』 제1권, 45쪽. 첼러, 「다윈의 그리스적 선구자에 대하여」, 『벨린 왕립 과학아카데미 논집(1878)』, 115쪽.

이 요약된다.

"만유는 시초가 없고, 또한 누구에 의하여 창조된 것은 아니다. 무릇 있었던 것들, 있는 것들, 있을 것들은 모두 영원 전부터 필연적으로 있는 것이다.[5] 우주는 질적으로 균등한 미분자, 즉 원자로부터 이루어지며, 이들은 형태를 달리하고 상호의 위치를 변한다. 위치를 변하기 위하여 공간은 공허하지 않으면 안 된다. 원자는 영구적이고 멸하지 않으며, 무에서 아무것도 생길 수 없고, 아무것도 없앨 수도 없다. 모든 변화는 다만 원자의 결합과 분리에 의해 생긴다. 원자의 수, 형태, 결합 및 분리에 의하여 사물의 다양성이 생긴다. 자연의 모든 과정은 초자연적인 자의 제멋대로 하는 짓에 의존하는 것이 아니고, 인과적으로 제약되어 있어 아무것도 우연히 일어나지 않는다.[6] 원자의 운동은 처음부터 있었고, 그것에 의하여 무수한 세계의 형성이 도출되었다. 원자와 공허한 공간 이외에는 아무것도 없다."

이 원자설의 약점은 영혼적인 것도 원자만으로 구성된다는 주장이다. 당시의 미신적 사고를 타파하기 위한 강변이 엿보이며, 이들이 주장한 감각과 지각에 있어서의 물질적 작용은 어느 정도 합리성이 인정되나, 영혼적인 것도 물질적 요소만으로 이루어진다는 데모크리토스의 다음과 같은 주장은 너무 지나친 것이다.

"영혼적인 것은 한층 더 미세한 원자로 이루어지며, 이 미세한 원자는 훨씬 엉성하며 큰 물질원자에 침투하며, 대단히 잘 움직여 생명 현상을 일으킨다. 그리고 달고 짜고 매운 감각은 그 원자의 형태에 따라 일어난다. 지각이나 일반적 사물의 상호작용은 유출과 유입에 기인한다. 따라서 물체의 원자들 사이에는 공공(空孔)이 있어야 한다. 원자의 수는 무한대이며, 그 형태는 무한히 다양하다. 그러나 질적으로 원자는 상호 완전히 균등하다. 원자는 무한한 공간에서 운동하며 상호 충돌한다. 이 충돌에서 소용돌이(와동, 渦動)가 일어나서, 이 소용돌이에서 천체가 생긴다. 천체는 발생하고 소멸하며, 그 수는 같으며 무한하다."[7]

이 세계 형성설은 브루노(Giordano Bruno)의 '세계의 무한성에 관한 사변'에 시사한

---

5 플루타르코스(Plutarchos), 「스트로 마티스」 7장(딜스, 『그리스 기자 집성』, 581쪽).
6 빈델반트(Wilhelm Windelband), 『우연론(偶然論, 1870)』.
7 브리거(Brieger), 『레우키포스 및 데모크리토스의 원자의 시원 운동과 세계 발생(1884)』.

바가 컸고, 18세기의 칸트와 라플라스에 의하여 다시 살아났다.

데모크리토스는 기원전 460년경 이오니아의 식민지 아브데라(Abdera)에서 태어나서 기원전 370년경에 죽었다. 그는 "나는 나와 동시대의 모든 사람들 중에서 가장 넓은 땅을 돌아다녔으며, 가장 먼 곳까지 답사하였고, 가장 많은 나라를 구경하였으며, 가장 많은 학자와 대담하였다."라고 말하였다. 그의 말과 같이 그는 수많은 여행으로 무수한 지식을 수집하여, 무수히 많은 저술을 하였으나 유감스럽게도 남아 있는 것은 극히 적다. 그러나 그가 체계적 저작이나 개별적 논문에 있어서 인간의 지식 전반에 걸쳐 논급하려는 의도는 명백히 나타난다. 그는 천문학, 의학, 농업, 공학, 병법 등 기존 학술에 대하여 논술하였을 뿐만 아니라 동물학, 식물학, 광물학 등에 관한 최초의 논문을 발표하여 이들 분야의 창시자가 되었다. 그러나 그가 과학의 각 분야에서 특별한 진보나 발전을 이루었다고는 말할 수 없다. 따라서 그를 고대의 최고 자연과학자라고 할 수는 없다. 천문학에서는 오이노피데스(Oinopides, BC 5세기)보다 뒤떨어져 있었고, 우주의 관념에 서는 플라톤에 뒤떨어진다. 그러나 그는 아리스토텔레스 이전의 최대의 백과학자(百科學者)였다. 아리스토텔레스도 그를 칭찬하여 "그는 모든 것에 있어서의 자연적 원인을 탐구하여, 소홀히 하고 있던 많은 것을 밝혔다."라고 말하였다.

고대인의 증언에 의하면, 그의 유물론적 세계관에도 불구하고 데모크리토스는 진리와 과학에 감격을 가진 고귀하고도 천부의 자질이 풍부한 인물이었다고 한다. 그의 논거가 될 문헌의 단편이 남아 있는 것은 아주 적은 데도 불구하고, 그의 학설은 어떤 철학자의 논설보다 너 잘 알려져 있나. "그는 서사되기보다는 빈번히 인용된 철학자이다."라고 랑케(Ranke)가 말한 것은 매우 적절한 표현이다.[8] 데모크리토스는 레우키포스가 시작한 원자설의 체계를 세웠으며, 이것을 확충하고 보급하는 데 진력한 것은 특히 에피쿠로스(Epicurus, BC 341~270)였다. 그리고 로마 시대에 와서는 루크레티우스(Carus Lucretius, BC 94~55)가 「만유에 대하여(De rerum nature)」라는 교훈시 안에서 원자설을 처음으로 논술하였다. 원자론자로 불린 이 철학자들이 가장 어려웠던 점은 자연의 소산의 합목적적 성질을 목적 활동의 매개 없이 오직 필연성만으로 설명하려는 것이었다.

아리스토텔레스에 의하면, 데모크리토스도 이 자연 소산의 합목적성에 감탄하였다고 한다. 아리스토텔레스는 "자연은 다만 맹목적인 필연성만으로 움직이는가? 아니면 어떤

---

8 랑케, 『유물론사(1873)』 제2판 제1권, 11쪽.

목적을 향하여 움직이고 있는가?"라는 의문을 제기하였다. 과연 비는 곡물을 성장시키려고 내리는 것이 아니라 상승한 증기가 응결한 까닭에 내림으로, 비 때문에 곡물이 성장하는 것은 우연히 일어난 것에 지나지 않는다. 이와 같은 논리는 모든 자연 소산에 대하여 적용할 수 있지 않을까! 예를 들면, '앞니는 우연히 날카롭게 되었고 어금니는 우연히 둥글게 되었다고 생각할 수 없을까? 그렇다면 각각의 이가 우리를 위하여 하는 역할은 의도하지 않은 우연의 결과이며, 마치 수증기의 응결과 곡물의 성장이 부합하는 관계와 비슷한 것일 것이다. 그래서 마치 목적을 위하여 생긴 것 같은 결합이 부합의 결과로 생기면 그 피조물은 살아남으며, 이와 반대로 우연이 목적에 맞지 않게 된 것은 모두 멸망하였으며 지금도 멸망해 가고 있다.'와 같은 반증을 들고 나오는 사람도 있을지 모르나, "자연에 생기는 것은 어떤 것에나 목적이 있다. 자연에 있어서도 기예(技藝)에서와 같이 목적이 작용한다."라고 아리스토텔레스는 그 비목적성을 논박하고 있다.

원자론자들이 목적을 지향한 작용 없이 세계가 어떻게 생겼다고 생각하였는가는 다음과 같은 루크레티우스의 말에서 엿볼 수 있다.

"시원물질은 명석한 정신을 가지고 있어서 의도한 계획에 따라 각자의 합당한 자리에 있는 것은 아니며, 각자 어떤 운동을 하여야 한다고 결정한 것도 아님은 명백하다. 그리고 또한, 만약에 자연 스스로 창조될 것의 본을 제시하지 않았다면, 창조될 세계의 원형인, 인간이란 것의 개념 자체조차 최초에 어디에서 신들에게 주입되어 신들이 스스로 만들고자 하는 것을 인식하고 의도하였을까? 혹은 도대체 어떻게 하여 시원물질의 힘이나, 그들이 상호 배치를 바꿈으로 이루어야 할 것이 신들에게 알려졌을까? 마땅히 영원 전부터 무수한 시원물질은 충격 또는 자중(自重)에 의하여 움직여 오면서, 신속한 운동을 하게 되었고, 또한 모든 방법으로 혼합되고 상호 결합하여 무엇이든 창조될 모든 것이 항상 이루어져 왔다. 이리하여 이것들이 오늘의 이 만유 총체가 경신을 통하여 운영되고 있는 것과 같은 배치를 취하고, 그러한 과정에 도달하였다고 하여도 이상한 것은 하나도 없다."

'자연은 종종 새로운 종을 창조하나, 자기를 유지할 수 없게 되면 그 종은 다시 멸망한다.'라는 생각은 르네상스 이후 카르다노(Girolamo Cardano, 1501~1576)가 최초로 발표하였다. 그는 루크레티우스에 의하여 넓혀진 데모크리토스와 엠페도클레스의 설에 따라이 생각을 하게 되었다. 이와 같이 이미 고대에 세워진 진화론의 예상과 라마르크와 다원이 세운 과학적 형태 사이에는 연속적 관계가 있음을 알 수 있다. 특히 1715년에 나온 드-마이야(Mailla, de Moyria, 1669~1748)의 저서는 진화론적 이념의 발전에 큰 영향을 미쳐, 백년 후의 라마르크가 특히 주목하게 된 것이나, 이 드-마이야 역시 카르다노와 마찬가지로 분명히 고대로부터 전해온 관념의 시사를 받아 자기의 설을 세웠다.[9]

철학적 관점에서 기계적 세계 설명에 가치를 인정하든 또는 이미 타파된 것으로 생각 하든 간에, 이 세계 설명의 건설자들의 편견을 탈피한 철저한 사고방식만은 인정하지 않 을 수 없다. 거기에다 오늘날의 과학 연구도 질을 양으로 환원하여, 현상의 측정에서 그 해명을 구하는 데 있으므로 더욱 그렇다. 이들이 무신론자라고 비난할 수는 없다. 당시 의 그리스 신들이 모든 것을 창조한 것은 아니다. 슐체(Gottolob Ernest Schulze, 1761~ 1833)의 말과 같이, "이 방법에 의하여 비로소 자연과학이 위대한 승리를 거둔 것을 아 는 사람은 데모크리토스의 생각이 위대하다고 평가할 수 있을 것이다. 원자론은 마치 가 설의 그물과 같은 것이다. 그러나 자연 현상을 우리의 이해를 위하여 포획하는 데 우리 는 이것 이상으로 좋은 그물을 가지고 있지 않다." 이 원자설은 실로 기묘한 운명을 가 졌다. 원자설이 성립한 시대에는 큰 영향을 미치지 못하다가 2000년 후에 특히 돌턴 (John Dalton, 1766~1844)에 의하여 부활하게 되었다. 이때부터 원자설은 최대의 과학적 의의를 가지게 되었다. 실로 원자의 역학은 일체의 자연 현상의 근원에 놓여 있기 때문 이다.

3. 관념론적 세계관의 시작

고대 철학의 다음 발전은, 원자론자들이 주장하는 무의식적 필연성 대신에 아낙사고라스 (Anaxagoras, BC 500?~428?)에 의하여 목적 개념의 정립과 관철이 이루어진 것이다. 그 에 대하여 알려진 모든 것으로부터 미루어 보면, 아낙사고라스는 고대 최대의 철학자의 한 사람이다. 그는 기원전 500년경에 소아시아 이오니아의 클라조메나이(Clazomenae)에 서 태어났으며, 페르시아 전쟁 후 아테네로 옮겨서 페리클레스(Perikles, BC 495?~429)와

---

9 루이스 레벤하임, 『데모크리토스의 과학과 근세 자연과학에 대한 영향(1914)』.

친교를 맺었다. 아낙사고라스는 자기의 본분은 자연 및 생기에 대하여 사색하는 것이라고 하였으며, 이 같은 철학의 유파를 아테네에 옮겨 심어, 그 결과 아테네는 고대의 정신생활의 중심지가 되었다. 자연에 관한 그의 저작은 소크라테스의 시대에는 아주 넓게 퍼져 있었다. 그러나 지금은 그 단편만 남아 있을 따름이다. 아낙사고라스도 엠페도클레스와 마찬가지로 '일체의 생기는 혼합과 분리이며, 우주에 있어서의 물질의 분량은 증감하지 않는다.(보존법칙)'라는 생각에서 출발하고 있다. 그러나 그는 생기기 위한 필요한 기동력을, 물질에서 떠나서 자유로이 일하나 자기 스스로는 움직이지 않고 변하지 않는 지성(누수)에서 구하고 있다. 이 목적을 향하여 일하는 지성(知性)은 증명되었다고 하기보다는 오히려 그의 예상으로써 설정한 가설이었다.

플라톤(Platon, BC 427~347)과 아리스토텔레스(Aristoteles, BC 384~322)는 그를 논란하여 "그의 '누수'는 그에게는 다만 설명을 위한 'deus ex machina'의 뜻밖에 없다."라고 말하였다.[10] 아낙사고라스에 의하면, 누수는 창조적 원리로서가 아니라 통제적 원리로서 시원 상태, 즉 카오스 안에서 세계를 성립시킨다. 무(無)로부터의 창조는 동양적 관념이며, 그리스 정신에서는 받아들여지기 어려운 것이고, 그리스 철학에서는 찾아볼 수가 없다. 그래서 누수와 시원물질은 최초부터 존재하고 있었던 것으로 치고 있다. 여기에서 우리는 물질과 에너지의 불멸설이 철학적으로 싹트게 됨을 볼 수 있다. 누수는 물체에 일종의 소용돌이 운동을 일으키게 하여 동종의 것들을 서로 당겨 붙여, 오늘날과 같은 질서 있는 우주를 성립시켰다고 한다. 후세에 와서 칸트나 라플라스가 전개한 성운설(星雲說)이 말하는 것도 근본적으로는 이와 같은 개념에서 나온 것이다. 다만 근세에서는 이 표상을 지구 중심관에서 벗어나서 코페르니쿠스의 태양 중심적 지동설의 관점에서 전개한 것이 다를 따름이다.

아낙사고라스에 의하면, 이 소용돌이 운동에서 정기(에테르, ether), 공기, 물과 흙으로 나누어지게 된다. 이 후자의 원소 개개의 뭉치가 소용돌이 운동 결과 정기(精氣) 안에 있게 되면 정기는 그것에 빛날 힘을 주어, 그것이 성진(星辰)으로 빛나게 된다. 그는 천공에서 떨어져 온 운석이 이것을 증명한다고 보았다. 그는 기원전 423년에 트라키아(Thracia)의 아이고스포타모이에 낙하한 운석을 들어 이 철 뭉치는 낮에 지상으로 떨어져

---

10 누수: '이성(理性)'이란 뜻, '세계 이성'을 뜻함. deus ex machina: 그리스 연극 무대에 자주 등장하는 기계 장치로서 위에서 달리어 내려와서 비극의 운명적 갈등을 재판하는 신(일이 복잡하게 되면 현실적으로 증명하는 대신에 누수에 기착시켰다는 비난).

온 것으로 보아 아마도 태양의 부스러기일 것이며, 태양은 불같이 뜨거운 쇳덩어리로 되어 있을 것이다. 그리고 달도 또한 우리 지구와 같은 천체이며, 그곳에는 산도 있고 골짜기도 있을 것이라고 말하였는데, 이 예상이 맞았다는 것이 그 후 2000년을 지나 갈릴레이에 의하여 처음으로 입증되었다.

아낙사고라스도 역시 편견을 벗어난 많은 과학의 개척자들의 운명에서 벗어날 수는 없었다. 그는 고령에 신을 부인한 자라고 투옥되었다가 페리클레스의 알선으로 겨우 풀려났다. 기소 이유는 태양을 '작렬하는 운석'이라고 공언한 것이었다. 아테네의 민중은 뒤에 소크라테스나 아리스토텔레스에 한 것과 같이 그에게도 은혜를 배반한 보답을 하였다. 아낙사고라스에서 나온 합목적성의 개념은 플라톤의 이데아(Idea)로 발전해 갔으며, 후세에 과학의 발달 단계에 있어서 그 불충분한 것이 증명되었다고는 하나, 이 개념은 고대의 자연과학으로서는 중대한 것이며, 당시의 지식의 집대성인 아리스토텔레스 체계 건설의 본래적인 지도 이념이었다. 고대 철학은 비판적 탐구 태도보다는 오히려 시적 창작 태도로 기울어 있어서, 종종 과학 발전에 지장이 되기도 하였다. 이 사람들은 말을 사물로 취급하고, 개념을 사물 고유의 본질로 취급하는 수가 많았다. 그래서 랑케가 그의 『유물론사』에서 다음과 같이 말한 것은 일리가 있다.

"소크라테스나 플라톤이나 아리스토텔레스는 말에 의하여 자기가 자기를 속이고 있었다. 말이 있으면 그 하나하나의 실존이 있다는 것이다. 예를 들어, 정의라고 말하면 그것은 누군가를 뜻하지 않으면 안 되었다. 그렇다면 말에 대응하는 본질이 없을 수 없다."

플라톤 때 그리스 철학은 정점에 도달하였다. 그의 체계의 안목은, 그가 이데아를 생기(生起)의 원인이며 목적이라고 간파하여 정신 체계와 물질 체계를 하나의 원리에서 일원적으로 연역하였다는 데 있다. 플라톤 자신은 수학 분야에서 별로 독특한 연구를 해내지 않았으며, 자연과학에의 관심도 보잘것없는 것이었으나, 이 양 분야에 기여한 결실은 결코 적지 않다. 그중에서도 그가 아테네의 '아카데미' 창립자로서 문하의 제자들에게 준 인적 영향은 실로 큰 것이었다. 문하의 제자들 중에는 아리스토텔레스를 비롯하여 에우독소스(Eudoxos)와 헤라클레이데스(Heracleides Pontikos, BC 390~10?) 등이 있다. 플라톤 자신은 특히 피타고라스학파에 의하여 수학에 관심을 가지게 되었다. 그는 대그리스(마그나 그라이키아, 이탈리아 남방 연안 일대의 그리스 식민지의 총칭)에서 이 학파의 설에 친숙해졌다. 그리고 그는 이집트에도 갔었다.

플라톤의 저술은 모두 대화 형식으로 기술되었는데, 그의 자연에 관한 견해는 그가 저술한 대화 『티마이오스』에 잘 기술되어 있다. 이 책은 특히 신화 사상과 피타고라스학파의 가르침에 많은 영향을 받았다. 플라톤의 설에서는 거의 동시대의 데모크리토스의 설과는 달리, "세계는 영원한 옛날부터 존재한 것이 아니고, 세계에는 시작이 있고 창조자가 있다. 영원한 것은 '이데아'뿐이며, 창조자(기동적 원리)가 이 이데아를 처음에 형체를 이루지 않은 물질계의 시원적 토대(소위 '카오스'와 같은 것)에 결부시킨다. 그 결과 형성된 세계는 무한성이 아니고 다만 하나의 세계이며, 이것은 가장 완전한 형체, 즉 구형(球形)으로 된다."라고 하였다. 이와 같이 개괄적인 면뿐만 아니라 개개의 부분에 대해서도 플라톤의 견해는 기계론적 견해와는 아주 달라서, 기계적 원리로부터 설명을 탐구하는 자연과학의 기초가 될 수는 없었다.

4. 그리스 수학의 확립

최초의 철학 연구가 과학 연구에 촉진적 작용을 한 것처럼, 수학도 그랬다고 볼 수 있다. 그러나 수학적 수단과 경험적 연구 방법이 결합되었을 때만 자연과학 상의 문제 해결을 기대할 수 있다는 진리가 완전히 인식된 것은 근세에 와서이다. 수학을 잘 구사할 수 있었음에도 불구하고, 이를 바탕으로 실험을 할 능력이 없었다는 것이 고대인의 근본적 단점이었다. 이와 같이 된 이유는 여러 가지 있으나, 가장 중요한 이유는 순수한 정신 활동 쪽을 과대평가하고 물질적 사물에 종사하는 것을 과소평가한 것이다. 그리고 생산적 활동을 하는 것은 자유인의 격에 맞지 않은 것으로 생각하여 노예의 손에만 맡기었으므로 실험적 연구 방법이 발생하는 것을 심히 저해하였다.

여기에서는 수학도 철학적 성과에 대한 것과 마찬가지로, 자연과학에 영향을 미친 범위 내에서 고찰하기로 한다. 이 수학의 발전을 이집트나 바빌론의 근원적 지식을 출발점으로 한 최초의 행로에 따라 나아가 보면, 우리의 시선은 이오니아로부터 그리스 문화의 또 다른 중심인 대그리스(이탈리아 남부의 그리스 식민지)로 향하게 된다. 이오니아에서는 처음으로 수학적 고찰 방법이 일반에게 인정된 데 반하여, 대그리스에서는 피타고라스나 그의 신봉자들에 의하여 이 수학적 방법이 과대평가되고 있었던 것을 볼 수 있다. 그리고 주목할 점은 그리스 이외의 땅에서도 세계의 사유적 고찰을 일생의 사업으로 하는 사람들이 있었다는 사실이다.

그 최초의 한 사람으로 피타고라스를 들 수 있다. 그러나 그의 생애에 대하여는 거의 아무것도 알려져 있지 않으며, 그가 저술하였다는 저작도 남아 있는 것이 없다. 피타고라스의 모습은 탈레스와 같이 전설의 구름으로 싸여 있다. 피타고라스는 근대까지 오랫동안 그리스 수학의 본래의 확립자로 생각해 왔으며, 이에 반하여 탈레스나 아낙시만드로스는 천문학 문제를 풀기 위하여 보조 학과로서 수학을 참작하였다는 식으로 생각해 왔다. 그러나 오늘날에 와서는 이러한 피타고라스에 대한 판단은 대체로 낮게 평가하게 되었다.

피타고라스는 기원전 550년경에 사모스에서 태어났다. 그리고 그의 학파의 창립에 대한 보고들은 서로 달라서 일치하지 않는다. 그러나 그는 그 전에 탈레스와 마찬가지로 이집트와 아마도 바빌론에 체류한 것으로 생각된다. 그래서 그도 역시 동양 과학의 근본을 더욱 발전시키기에 좋은 조건을 갖춘 그리스 땅에 수학을 이식하였을 것이다. 피타고라스와 그 학파는 실제의 인식이 아닌 관념에 근거하여, '양과 수로 결정되는 합법칙성이 일체의 자연적 생기를 지배한다.'라는 가정에서 출발하였다. 그리고 그들은 이 사상을 과장하여 수를 현상계의 원인의 기본이라고 보았다. "피타고라스학파에서는 수학이 철학으로 되었다."라고 아리스토텔레스는 말하였다. 거기에다 그들은 정밀과학의 연구나 장려보다는 수의 신비 쪽에 마음이 쏠려 있었다. 예컨대 6은 생기, 7은 건강, 8은 우애에 관련시킨 것과 같은 것이다.

피타고라스학파의 수의 신비는 아마도 어느 정도 음향학의 연구나 화음의 본질에 대한 고찰에서 유래한 것으로 생각된다. 현(絃)의 장력(張力)을 일정하게 하고 그 길이를 반분하면, 음은 한 옥타브 높아진다. 그리고 길이가 '1:2, 2:3, 3:4, 4:5'의 비가 되게 하면 협화음(協和音)을 낸다는 사실이 알려져 왔다. 피타고라스학파는 이 현상의 근거를 수의 신비적인 본질에서 구했다. 그리고 이런 화음적 조화(和音的調和)에 관한 관념은 의학에까지 나타나게 되었다. 즉, 피타고라스학파의 영향을 받은 의학에서는 건강을 어떤 질(열, 냉, 건, 습)의 조화로 보아, 병은 이 조화의 파괴에서 일어난다고 했다.

피타고라스학파의 공적으로서 '세모꼴 각의 합 정리, 세모꼴의 합동 정리, 소위 피타고라스 정리, 황금 분할의 지식' 등이 있으며, 이것들 이외에도 입체 기하학의 최초의 지식, 특히 5종의 정다면체와 구(球)의 지식 등을 들 수 있다. 그러나 이것들의 어디까지가 그들 스스로 발견한 것이며, 어디까지가 외국으로부터 받아들인 것인지는 물론 판별할 수가 없다. 피타고라스의 기하학적 발견을 기술한 증거 자료를 고대 문헌에서 12개 정도 찾아볼 수 있다. 그러나 이들 증거 자료의 신빙성을 판단하는 데 있어서, 그중에 가장 오래된 기록도 피타고라스 이후 500년에 기술되었고, 주 자료인 『프로구로스』는 1000년이나 후에 기술되었다는 사실을 잊어서는 안 된다.

『프로구로스』는 최고대 그리스의 수학 사가인 에우데모스(Eudemos von Rhodos)의 잃어버린 두 개의 저작을 근거로 하여 기술하였으며,[11] 여기에는 피타고라스를 무리수의 발견자로 보고 있지 않으며, 정다면체의 작도(作圖)나 피타고라스의 정리의 발견도 그의 것으로 보고 있지 않다. 그리스 철학사가 첼러도 피타고라스 자신이 수학자로서 우수한 업적을 남겼다는 고래의 생각에 반대하고 있다.

고래의 연구를 종합해 보면, 수학 분야에서의 일정한 업적 가운데 피타고라스가 한 것은 거의 없다. 일반적으로 그리스인의 장점으로 꼽히는 증명의 엄밀성은 피타고라스학파에서는 거의 나타나지 않는다. 그들은 종종 귀납적 수단을 썼으나, 일반과 특별 사항을 바르게 분별할 수 없었다. 그러나 수학을 생활의 필요에서 분리하여 순수과학으로 새운 것은 아무튼 그들의 공적이다. 그리고 세모꼴 이론(삼각형론)를 완전하게 발전시킨 것도 그들이다. 후세에 유클리드(Euclide, Eucledes)가 그리스인의 수학적 지식을 총괄할 때 별로 보충할 필요가 없었다고 할 정도이다. 그리고 또한 그들은 정다각형과 5종의 정다면체를 깊이 연구하였다. 정사면체, 정육면체, 정팔면체는 이미 동양의 수학이 잘 연구한 것이나, 정십이면체와 정이십면체는 피타고라스학파들에 의하여 작도된 것으로 보인다. 피타고라스학파는 이 5종의 정다면체를 그들의 신비적 세계 설명을 시도하는 기초로 응용하였다. 즉, 세계는 정십이면체의 모양이며, 나머지 4종의 정다면체는 각각 4원소인 '화(火), 토(土), 공기(空氣), 수(水)'의 모양을 결정한다고 하였다. 그러나 정다면체는 5종 있고, 또한 5종에 국한한다는 인식에 도달한 것은 유클리드가 최초이다.

---

11 그리스인은 이미 수학의 발전에 대하여 기술하고 있다. 아리스토텔레스의 제자 에우데모스는 천문학과 수학의 역사를 저술하였으나, 그 대부분이 상실되고 근소한 단편만 남아 있다.

기하학에서와 같이 산술에 대하여도 당시에 기초가 이루어져서 뒤따라 나타난 그리스 수학의 급속한 비약을 가능케 하였다. 피타고라스학파는 소수(素數)와 서로 소(素)가 되는 수, 즉 불가약수(不可約數)의 개념을 창시하였다. 그들은 또한 동양으로부터 제곱수와 세제곱수의 개념을 받아들였으나, 이것들은 바빌론에서는 기원전 2000년대에 이미 알고 있던 것이다. 피타고라스학파는 비례론에도 손대고 있었다. 그것은 오늘날 방정식으로 푸는 많은 문제를 푸는 데 비례론이 특히 적합하였기 때문이었다.

산술 비례(a-b=c-d)와 기하 비례(a : b=c : d) 외에도, 내항이 같은 비례(a-b=b-c) 및 (a : b=b : c)도 피타고라스학파의 주목을 끌었다. 무리량(無理量)의 개념은 피타고라스학파에 의하여 정방형의 대각선과 변의 길이 사이에는 공약량(公約量)이 없다는 것이 인식된 데서 도출되었다. 무리량론을 체계적으로 설명한 것은 유클리드이다. 그는 이 설명을 확장하여 몇 개의 제곱근에 대해서 기술하였는데, 이것들은 모두 자와 컴퍼스만으로 작도할 수 있는 것들에 국한하고 있다.

그리스에서 수학의 부단한 육성은, 플라톤이나 아리스토텔레스와 같은 대학자까지도 힘쓴 만큼 200~300년 후에 아폴로니오스(Apollonios)나 아르키메데스(Archimedes)의 저술과 같은 찬란한 업적을 낳게 되었다. 특히 아르키메데스는 일찍이 수학을 많은 물리학적 문제를 처리하는 수단으로 응용하는 데 성공하였다.

그리스 수학 역사에서, 피타고라스학파와 기원전 4세기의 수학자들 사이를 이어주는 지위에 선 사람은 기원전 440년경에 활동한 키오스의 히포크라테스(Hippocrates Chios, BC 470~400)였다. 그는 한 단 더 엄밀한 증명법의 기초를 쌓아주었으며, 그리스에서 최

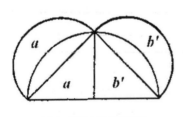

히포크라테스의 월형정리

초로 수학 교과서를 저술한 사람이다. 그리고 그의 업적 가운데 가장 유명한 것은 월형정리(月形定理, 히포크라테스의 '달')이다. 이 정리는 "반원에 내접한 이등변 직각삼각형을 주었을 때, 왼쪽 그림과 같이 그 등변 위에 반원을 그리면 초생 달 모양이 두 개 생기는데, 그 면적은 삼각형의 면적과 같다."라는 것이다. 이 월형정리는 곡선 도형의 면적을 구하는 방법(구적법)에 성공한 최초의 시도란 의미에서도 특히 주목된다.

히포크라테스는 자기의 이 정리에 의하여, 원의 면적을 구하는 방법으로 일보 전진한 것으로 믿고 있었다. 그러나 이 시도는 근세의 수학에서 원은 참으로 면적이 같은 정방

형으로 고칠 수 없다는 것이 증명된 것으로 보아 성공할 수 없는 운명이었다. 그러나 히포크라테스의 월형정리는 피타고라스의 정리를 일반화한 아주 중요한 의의가 있다. 피타고라스의 정리는 정방형에 국한된 것이나, 이 히포크라테스의 월형정리를 부가하면 '직각삼각형의 직각을 이루는 두 변 상의 상사도형(相似圖形)의 면적의 합은 사변 상의 상사도형의 면적과 같다.'라는 아주 일반적 정리의 인식이 암시되어 있다.

마치 후세의 화학에서 비금속을 귀금속으로 변화시키는 문제가 화학 발전의 추진력이 된 것과 같이, 고대 수학에서 추진력으로 작용한 세 가지 문제가 있었다. 원의 면적을 구하는 방법, 입방체의 체적을 배로 하는 방법(입방체 배적법, 델로스 문제), 그리고 임의의 각을 삼등분하는 방법(삼등분법)이다. 이 세 문제는 모두 쉽게 풀 수 있는 지극히 간단한 문제인 것처럼 보이나, 푸는 방법이 없다는 것은 제쳐놓고라도 근대의 최고의 수학자들에게도 힘에 겨운 지극히 어려운 문제인 것이다.

원의 면적을 구하는 방법(구적법)을 발견하려는 노력에 의하여 기원전 5세기의 그리스 수학은 순수과학으로서 성장하기 시작하였다. 이 문제는 이미 아낙사고라스가 손대어 일찍이 당시에 '미분누적법'을 내놓고 있었다. 이 미분누적법은 아르키메데스에 의하여 한층 발전되었으며, 근세 수학의 적분법의 전 단계로 볼 수 있는 것이다. 그들은 면적을 구하는 완전한 방법을 발견할 수 없었으므로 다음과 같은 미분누적법에 의하여 근사한 면적을 구했다.

즉, 원에 내접하는 정방형을 우선 그리고 그 변 위에 원에 내접하는 8변형, 또 그 위에 16변형, 또 그 위에 32변형, 이와 같은 방식으로 그려나가 원과 근사한 다변형을 만들고, 이것을 다시 초등 수학의 주지의 수법으로 면적이 같은 변수가 적은 다변형으로 변형해 가서 결국은 면적이 근사적으로 같은 정방형, 즉 면적을 찾아내는 것이다. 원에 접근시키려면 작도 횟수가 많아지고 따라서 작도에 따른 오차도 많아져 상당한 오차를 면할 수 없었으나 근대의 적분법과 유사한 훌륭한 수학적 방법이다.

델로스 문제도 역시 기원전 5세기에 나타났다. 이것은 델로스 사람들에게 한 입방체의 제단(祭壇)의 체적이 두 배인 것을 만들라는 신탁(神託)이 내린 데서 유래되었다고 한다. 이 문제에는 그리스의 유력한 모든 수학자들이 참여하였으며, 그중에는 키오스의 히포크라테스나 플라톤도 들어 있었다. 우선 이 문제로부터 세제곱근의 개념이 도출되었다. 주어진 입방체의 능(稜)을 a, 구하는 입방체의 능을 x라고 하면, $x^3 = 2a^3$. 따라서 $x = \sqrt[3]{2}\,a^3$이 된다. 히포크라테스는 이 식을 연속 비례 $a : x = x : y = y : 2a$에서 이미 얻고 있었다. 즉, $a:x=x:y$에서 $x^2=ay$, $x:y=y:2a$ 이므로, $y^2=2ax$. 따라서 $x^4=a^2y^2=2a^3x$, $x^3=2a^3$, $x=\sqrt[3]{2a^3}$ 이 된다.

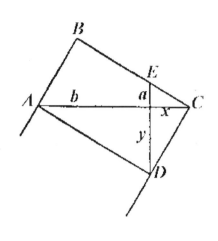

델로스 문제를 푸는 작도

그러나 제곱근에 대한 기하학적 작도가 발견되어 있었는데도 불구하고, 세제곱근에 대하여는 그 작도를 성공할 수 없었다. 이 문제는 연비례(連比例), $a:x=x:y=y:2a$에 근거한 x의 값을 구하는 작도에 성공하였을 때 비로소 해결되었다. 그리고 이 델로스 문제로 인하여 뒤따른 수학자들이 많은 수학 상의 업적을 나왔다. 그중에서도 특히 플라톤의 제자인 메나이크모스(Menaichmos, BC 350?)는 델로스 문제의 연구로부터, 종래의 직선과 원의 기하학을 넘어서 천문학이나 역학에 특히 중요성을 가진 포물선, 타원, 쌍곡선 등에 대한 곡선의 기하학에 도달하였다.

메나이크모스는 이미 히포크라테스가 알아낸 비례식, $a:x=x:y=y:b$에서 출발하여, 이 비례식에서 얻은 방정식 $x^2=ay$, $y^2=bx$가 하나의 새로운 곡선을 생기게 하는 것을 인식하게 되었다. 입방체의 체적을 배로 하는 것은 $b=2a$인 특별한 경우이다. 이 두 방정식은 모양이 같은 만큼 같은 조건을 내포하고 있다. 이것을 기하학적 의미로 바꾸어 말하면, 하나의 선분 위에 구형(矩形) ay를 그의 면적이 정방형 x^2과 같도록 옮긴다는 것(parabilin)을 뜻한다. 메나이크모스는 이와 같은 조건을 만족하는 모든 구형의 교점의 궤적이 원과 다른 하나의 곡선을 이루는 것을 알게 되었다. 이 곡선은 그 후에 선상에 구형을 '옮긴다'는 뜻에서 '파라볼래' 또는 '파라볼라(parabola)'라고 불리게 된 포물선이다.

그는 또한 입방체 체적을 배로 하는 데서 구하는 x의 값은 한 포물선과 한 쌍곡선과의 교점, 또는 두 포물선의 교점으로 주어진다는 것을 증명하였다. 그리고 이 두 곡선의 교점들을 잇는 궤적 그리기(연점 작도)와 그 기본적 성질, 그리고 쌍곡선의 접근선까지도 알고 있었던 것이 확실하다. 그러나 그는 자신이 연구하여 발견한 곡선들과 원추 곡면(圓錐曲面)과의 관계는 아직 몰랐던 것 같다. 여하튼 그는 하나의 산술식에 대응하는 궤적을 정하려는 시도에서 이 곡선들을 얻었다.

각을 삼등분하는 문제도 역시 델로스 문제와 마찬가지로 삼차 방정식과 고차 곡선을 도출케 하였다. 그리고 이 문제는 기원전 400년경에 엘리스(Elis)의 히피아스(Hippias, BC 420?)가 '원적곡선(圓積曲線)'이라고 불리는 곡선을 써서 각을 삼등분하는 데 성공하였다. 델로스 문제와 원추곡선(圓錐曲線)의 연구는, 기원전 4세기의 전반을 거쳐 오는 동안에 입체기하학의 이론에 대한 한층 더 깊은 지식을 도출케 하였다. 이 분야에서는 특히 플라톤과 그의 문하에 있던 제자들의 활동이 돋보인다. 플라톤은 이 분야의 학문이 불충분한 상태에 있는 것을 개탄하여 다음과 같이 말하였다.

"길이와 폭과 높이를 가진 모든 것의 측정에 관하여 그리스 사람들은, 모든 인간이 태어날 때부터 그렇기는 하나, 조롱당하며 부끄러워하여야 할 무지(無知)를 폭로하고 있다."

무지함을 알고 그것을 부끄러워 할 줄 아는 이들의 각성은 보다 보편적인 공적, 즉 각 명제(命題, 定理)를 순차적으로 그의 전제가 되는 명제(命題, 定理)로 되돌려서 최후에는 그 이상 전제를 필요로 하지 않는 수학의 근본이 되는 공리(公理)와 정의(定義)에 도달한다는 길로, 수학의 방법을 쇄신한 것이다. 이 공적은 플라톤에게로 돌려야만 한다. 그리고 간접증명법의 발견도 플라톤의 공적이다. 플라톤 학파가 발견한 입체기하학의 정리 중에 다음의 두 가지는 특기할 가치가 있다.

그 하나는 '모난 뿔(각추)의 체적은 같은 밑면적(저면적)과 같은 높이를 가진 모기둥(각주) 체적의 1/3과 같다."라는 정리이며, 또 하나는 "구(球)의 체적은 그 지름의 세제곱(三乘)에 비례한다."라는 정리이다.[12] 그리고 원뿔(원추)을 그의 축에 대하여 여러 각도로 끊으면, 원뿔 곡면에 생기는 원추곡선에는 원 말고도 타원, 포물선, 그리고 쌍곡선이 생긴다는 것을 발견한 것도 이때인 것으로 생각된다.[13]

---

12 이 두 정리는 플라톤의 제자인 구니도스의 에우독소스가 발견한 것이다.
13 칸돌, 『수학사』: 이 발견은 역시 플라톤 학파에 속한 아리스다이오스(기원전 320년경)에 의한 것이며, 그는 원추곡선에 관한 최초의 저작을 하였다고 한다.

5. 그리스 천문학의 시작

그리스 사람들은 이 시기에 천문학에 있어서는 철학이나 수학 분야에서와 같은 뚜렷한 성과를 올리지 못했다. 그들은 천문학의 시작을 전적으로 메소포타미아의 천문 관측에 의존하였던 것으로 보인다. 즉, 황도(黃道), 수대의 성좌(獸帶星座), 유성(遊星) 들에 대한 지식 등을 비롯하여, 12진법이나 60진법과 이에 따른 측도(測度)들은 바빌론의 영향에 직접 접촉하고 있던 이오니아의 모든 도시를 거쳐 그리스에 전해졌다.

그리스 사람들에게 큰 어려움이었던 때(時)의 계산은 처음에는 달(月)의 주기인 29일 12시간 44분을 기준으로 한 것이었다. 그리고 이것을 태양에 의한 계산과 맞도록 조정하기 위하여 처음에는 한 달을 30일로 한 12개월을 일 년으로 하였다. 그러나 이와 같은 역(曆)은 천체의 실제 운행과는 너무나 맞지 않는 것이었으므로 장기간 일반의 요구를 충족할 수는 없었다. 그래서 한 달을 교대로 29일과 30일로 쳤으나, 그 결과도 일 년이 354일로 되어, 일 년의 길이에 대단한 오차가 생기게 되었으며, 솔론 시대에 이르러 2년마다 30일인 한 달을 넣어 보았으나 일 년의 평균 길이가 369일로 되어 역시 큰 차이를 면할 수 없었다.

달의 주기와 태양년을 한층 더 잘 맞도록 달력의 계산(월력 계산)을 조정하는 시도를 한 그리스의 최초의 천문학자는 키오스의 오이노피데스(Oinopides, Chios, BC 460?)였다. 키오스의 히포크라테스도 그의 문제였다고 생각된다. 그는 730태음월을 59태양년과 같다고 하여 일 년이 365.373일이란 근사한 값에 도달하였다. 그리고 그는 이집트와 바빌론의 천문학을 그리스로 이식하는 데 커다란 공헌을 하였으며, 12궁의 수대(獸帶)를 처음으로 도입하였으며, 특히 나일의 증수는 우주적 원인에 의한 것이라고 제창한 것으로 유명하다. 그러나 그의 노력은 이집트나 바빌론의 선진 지식을 흡수하는 데 끝이고, 그러한 지식이 그리스에서 실용할 단계까지에는 미치지 못한 것으로 보인다. 그 증거로 희극 시인 아리스토파네스(Aristophanes, BC 448?~380?)는 그리스 달력(月曆)이 혼돈한 것을 비웃어, "달님은 이렇게도 의지할 수 없는가!"란 시구를 남겼다.

기원전 433년이 되어서 비로소 아테네의 수학자 메톤(Meton, BC 430?)이 이러한 혼란을 정리하는 데 성공하였다. 그는 125 큰 달(完月)과 110 작은 달(缺月, 29일)을 가진 19년의 순환기(循環期)를 도입하였다. 이로써 일 년은 365.263일(참값은 365.242일)이 되었다. 이 메톤 주기는 중국에서는 '19년 7윤법(十九年七閏法)'이라고 하여 이미 춘추 시대(기원전 6세기경)부터 사용해 오던 역법이다. 그리스는 이 시기까지 아직 시간에 대한 용어가 없었으므로 이 메톤 주기도 역시 메톤이 당시의 갈라디아 사람들로부터 도입한 것이며 중국의 역법에서 온 것으로 보인다.

그리스 사람들이 시간을 측정하기 시작한 것은 기원전 4세기 말경부터며, 구노몬으로 해 그림자의 길이를 정확하게 측정할 수 있게 됨으로써, 태양년의 근사적 결정에 도달할 수 있게 된 것은 필연적이다. 사람들은 자오선 고도(子午線高度)와 그에 따른 하루의 길이와 4계절이 365.25일을 주기로 하여 순환한다는 것을 알게 되었다. 그리고 이 인식에 첨가되어, 같은 주기 내에 어떤 항성들이 일정한 순차로 태양 주위에 나타난다는 것을 관찰하게 되었을 것이다. 이와 같은 지식을 근거로 하여, 태양이 남쪽 하늘 한가운데에 오는 시점이 일 년 동안 끊임없이 변화한다는 것은, 태양이 일 년 동안에 천구(天球) 적도(赤道)에 대하여 기운 원(圓)을 그리기 때문이라는 결론을 내릴 수 있었을 것이다.

'황도(黃道)'라고 후세에 불린 이 원의 기울기를 측정하려면 한 곳에서 자오선 고도의 최댓값과 최솟값을 측정하여 평균하여야 한다. 그리스 사람으로 이 황도의 기울기를 이 방법으로 측정한 최초의 사람은 '아낙시만드로스'라고 한다. 그러나 우리는 이보다 훨씬 앞선 기록을 가지고 있다. 예를 들면, 중국의 천문학자들은 일찍이 기원전 1100년경에 황도의 기울기는 23도 52분이라는 상당히 정확한 값을 발견해 냈다.

달(月)의 본성에 대하여 사람들은 아주 일찍부터, '달은 하늘(宙)에 떠 있어 태양으로부터 빛을 받아 빛나고 있는 구체(球體)'라는 관념에 도달해 있었다. 그리고 그의 반점에 대하여 어떤 이는 '달이 울툭불툭한 것'이라고 하였고, 아리스토텔레스는 '완전한 천체가 울툭불툭할 리는 만무하고 육지와 바다의 영상'이라고 생각하였다. 그리고 아낙사고라스는 이미 '달은 지구에 아주 가깝고 지구보다는 훨씬 작은데도 왜 지구로 낙하하지 않고 있을까?' 하는 문제를 제기하였다. 그리고 그는 달의 운동을 투석기(投石器)에 의한 운동과 비교하여, 그 급속한 회전에 의하여 생기는 힘이 낙하하려는 힘과 꼭 맞게 상쇄되는 까닭이라고 생각하였다. 너무나 정곡을 찌른 생각이다.

이 문제는 서구에서는 2000년 후에 17세기의 갈릴레이 역학과 18세기의 뉴턴 역학에서 비로소 제기되어 해명할 수 있었다. 바빌론과 이집트로부터 천문학을 배우기 시작한 지 불과 한 세기도 지나지 않은 그리스 사람들이 이와 같은 문제를 제기하고 또한 그 바른 해답을 알고 있었다는 사실은 실로 놀라운 일이 아닐 수 없다. 이와 같은 문제와 그의 해답도 그들의 선생인 바빌론이나 이집트로부터 배운 것이 아닌가 생각된다. 그렇다면 그리스 천문학의 선생인 바빌론이나 이집트의 천문학과 기원전 1100년경에 황도의 기울기를 23도 52분이라고 정확하게 측정해 낸 중국의 천문학이 가장 발달했을 때의 그 수준은 어느 정도였을까? 아마도 현대의 천문학 수준에, 아니 그 이상에 도달하지나 않았을까. 그렇게 과학이 발달했던 까닭은 무엇일까? 그와 같이 발달된 과학이 무지한 미신만 남기고 쇠퇴한 원인은 무엇일까? 생각해 볼 문제이다.

목성과 같이 큰 유성들은 항성에 대한 위치 변화로부터 쉽사리 행성이란 것을 발견할 수 있었을 것이다. 그러나 수성은 태양으로부터 평균 23도밖에 떨어지지 않으므로, 위도가 높은 곳에서는 희미(박명)한 때 눈이 아주 좋은 사람만이 겨우 볼 수 있으므로 이것을 발견하는 데는 큰 주의력이 필요하였을 것이다. 토성도 그 진행이 매우 느리므로 비교적 늦게 행성으로 인정되었을 것이다. 이와 같은 행성들의 주기를 측정하려면, 계통적이며 순서에 따른 일련의 관측이 필요하다. 바빌론과 이집트나 중국 사람들은 이와 같은 관측을 통하여 이미 그 주기를 정확히 측정한 것으로 보이며, 그리스 사람들도 목성은 12년에, 토성은 30년에 한 번 항성천을 순환한다는 인식을 가지게 되었다. 화성과 내유성(內遊星)인 수성과 금성의 주기를 측정하기는 한층 더 까다로웠을 것이다.

그러나 뒤의 두 별은 항상 태양 부근에 나타나므로, 지구 중심적 표상(表象)에서는 거의 같은 주기를 가졌다고 보았을 것이다. 이와 같이 유성들이 각각 다른 주기를 가진 이유로서, 전통적으로 인간 중심적 관념을 가진 그리스 사람들은 그들이 사는 지구는 중심에 정지해 있고 다른 천체들은 지구로부터 각기 다른 거리에서 지구를 중심으로 한 원운동을 하고 있기 때문이라고 생각하였다. 그래서 가장 큰 주기를 가진 토성은 지구로부터의 거리도 가장 먼 곳에 있고, 일 년에 12회나 회전하는 달은 중심에서 가장 가까운 천체라고 생각했다. 그래서 지구를 중심으로 하여 '달, 태양, 수성, 금성, 화성, 목성, 그리고 토성'이라는 배열에 도달하였다.

유성들의 거리의 비(比) 문제를 최초로 제기한 것은 피타고라스학파이다. 그러나 이들은 이 문제에 있어서도 오직 수의 신비 속을 헤맸다. 이들은 음향학의 연구에서 협화음을 내는 현의 길이 사이에는 간단한 비가 있다는 것을 발견하여, 천계에도 이와 같은 간단한 비를 상정할 수 있다고 믿었다. 그리고 천계도 음의 세계와 같이 협화음이 만들어진다고 생각했다. 즉, 각 유성은 급속히 운동하고 있는 천체로서의 음을 내고 있어서, 이 음들에 의한 천체의 화성(和聲), 즉 천체의 음악이 생긴다고 생각했다.

그래서 후에 플라톤도 달, 태양, 금성, 수성, 화성, 목성, 토성은 지구로부터 '1:2:3:4:8:9:27'의 비를 이루는 거리에 있다고 상정하였다. 이것은 화음에 있어서 중요한 비율에 따른 두 가지의 급수 '1, 2, 4, 8'과 '1, 3, 9, 27'의 조합이다. 지구를 중심으로 한 8개의 동심 구면(同心球面)의 가장 외측 구면에 속해 있다고 생각한 항성의 거리에 대해서는 플라톤도 아무런 언급도 하지 않았다. 이와 같은 종류의 사변은 실제의 관계가 발견된 후에는 무용지물로 보일지 모르나, 천문학의 발전이란 관점에서 보아서 반드시 무의미한 것은 아니다. 그것은 가정한 값이 맞는가를 검증하려는 시도를 고무하기 때문이다. 우리는 관측과 측정에 그들의 노력을 집중하게 된 그리스 천문학의 다음 시기에, 그들이 어떻게 이 문제의 해결에 접근해 갔나 하는 것을 보게 될 것이다.

어느 시대에도 과학 연구는 인식의 어느 단계에서 우선 가설을 생각해 낸다. 그리고 이 가설을 중심으로 하여 검증을 위하여 보다 깊은 연구가 진행되는 것이 순서이다. 후세의 17세기에 이르러 케플러가 지금 우리가 쓸 데 없는 생각이라고 버리려는 생각을 다시 들고 나와 유성이나 자연계는 어떤 간단한 비로 배열되어 있을 것이란 예상을 가지고 이 문제에 육박한 것을 볼 수 있다. 이와 같이 피타고라스학파가 제기한 이 문제는 최근세에 이르기까지, 천문학자들이 더욱 정밀도를 올려가며 해결에 힘써 온 근본 문제의 하나가 되어 있었다. 갈라디아 사람이나 이집트인은 천문 현상을 몇 세기에 걸쳐 정밀히 관측한 귀중한 기록을 남기고 있다. 그리스인들은 이들의 관측 자료에 의거하여 천문학에 관한 그들의 사변을 발전시켜 가설을 세우고, 또한 그들의 가설을 이들의 관측 자료에 비추어 검증함으로써 보다 바른 과학적 지식으로 발전시켜 나갈 수 있었다. 그리고 그리스인들의 과학적 사변의 발전 경위는 고대 바빌론이나 이집트의 경우와는 달리 비교적 상세한 기록을 오늘날에까지 남기고 있다.

오늘날의 서구의 과학 사가들은 대부분 그리스에 천문학을 전수한 갈라디아나 이집트 사람들은 십 수세기 동안 꾸준히 정밀하고도 철저한 관측만을 해와서 그 귀중한 관측 기록을 그리스인들에게 넘겨주었고, 왕성한 과학 정신으로 사상의 원인을 추구하는 데 힘써 온 그리스인들에 의하여, 오늘날의 과학의 기반이 되는 사변적 발전을 이룩하였다고 보고 있다. 그러나 필자는 이들의 생각에 동의할 수 없다. 그 이유는 어느 과학적 발전을 살펴보아도, 과학적 사변에서 발전한 개념과 그 개념을 검증하려는 관측과 실험은 마치 과학을 진보시켜 나가는 두 다리와 같이 상호 보완하며 발전해 나간 것을 볼 수 있다. 이 두 가지가 각각 독립적으로 장기간 발전한 예는 찾아볼 수 없다. 따라서 그리스에 천문학을 가르쳐준 바빌론과 이집트, 그리고 그 가르침을 중계한 갈라디아에서는 당시의 그리스보다 높은 수준의 천문학 분야의 과학적 관념 또는 이론이 발전되어 있었던 것으로 보는 것이 타당하며, 그리스의 우주관도 그리스의 전통적 관념에서 과학을 받아들일 수 있는 그들의 과학적 수준에 따라 약간의 변화는 있었을지 모르나 근본적으로는 천문의 관측 기록과 함께 바빌론과 이집트의 것이 갈라디아를 거쳐 전수된 것으로 보아야 마땅할 것이다.

여하튼 피타고라스학파가 제기한 화음 상의 신비한 수의 비를 세계의 구성과 연관시키는 문제는 특히 플라톤학파를 자극하였다. 플라톤 자신도 그의 저서 『티마이오스』에서 세계 구조의 발생과 배치의 문제를 세워 언급하고 있다. 그들은 명확히 인식된 천문학적 근거보다는 오히려 철학적인 근거에서, 피타고라스학파와 마찬가지로 지구가 만유를 지배하는 중심적 위치에 있지 않다는 쪽으로 기울었다. 이와 같은 생각은 플라톤의 문하인 폰토스의 헤라클레이데스에 의하여 한층 더 깊어져서, 태양 중심설까지 발전하였으며, 기원전 3세기에 사모스의 아리스탈코스(Aristarchos, Samos)에 의하여 완성되었다. 태양 중심적 세계관은 피타고라스학파나 플라톤학파에 의하여 시작되었는데, 이 세계관의 시작에 관한 것은 뵈크(Philip A. Boeckh)와 스키아파렐리(Giovanni V. Schiaparelli)의 연구에[14] 의하여 밝혀졌다. 이전에는 피타고라스가 신이 지구가 운동하게 했다는 것을 가르쳤다는 주장도 있었으나, 실재로 피타고라스가 고대 그리스의 초기에 일반적으로 믿고 있던 지구 중심관과는 다른 견해를 가르쳤다는 것을 증거할 만한 것이 없다.

그러나 지구 구형설은 아직 그리스 본토에 알려져 있지 않을 때부터 이미 피타고라스학파에게는 알려져서 주창되고 있었다는 것을 인정하지 않을 수 없다. 땅(地)보다 먼저 하늘(天)이 구형이라고 생각했으며, 성진(星辰)들은 그 표면에 부착되어 있는 것으로 생각되었었다. 그러나 달과 해와 유성이 성좌(星座)를 통과하고, 또 때때로 잠깐 달에 가리어지는 것을 보게 된 사람들은 여러 천체들은 지구로부터 각기 다른 거리에 있다는 사실을 인식하게 되었다.

천체들의 운동과 그들의 상호 위치를 지구와의 관계에서 설명하려는 시도는 그리스인들 중에서는 처음으로 피타고라스학파가 하기 시작하였다. 그중에는 기원전 5세기에 살

---

14 뵈크, 『피타고라스학파의 필로라오스의 설과 저작 단편(1819)』. 스키아파렐리, 『고대에 있어서의 코페르니쿠스의 선구자(1873)』.

았던 필로라오스(Philolaos, BC 5세기)도 있는데, 우리는 그의 세계관과 그 후의 발전의 기초가 된 이 설에 대한 최초의 그의 저서의 덕을 본 것이 많다. 그가 논술한 것은 단순한 공상의 산물이 결코 아니다. 스키아파렐리는 "필로라오스의 학설은 산만한 공상의 산물이 아니고, 그것은 관측의 여러 사실을 사물의 본성에 관한 예정의 원리와 일치시키려는 의도에서 생긴 것이다. 이 원리란 어디에나 따라서 우주에도 편재한다는 그 화성적 조화에 관한 피타고라스학파의 설이다."라고 말하였다. 필로라오스에 의하여 전승된 이 설은 플라톤, 헤라클레이데스, 그리고 아리스타르코스(Aristarchos)에 의하여 발전된 관념을 이해하는 데 중요하므로, 뵈크가 발표한 필로라오스의 저작 단편에 의하여 가장 오래된 이 우주론적 표상을 묘사해 보겠다. 이 우주론적 표상은 이미 고대에 태양 중심의 우주관에 도달한 것을 보여준다.

필로라오스에 의하면 다만 하나의 세계인 코스모스(宇宙)가 있고, 이것은 구형이다. 우주의 한가운데에는 중심화(中心火)가 있다. 그 주변은 한계가 없는 하늘(Olympus)이다. 이 하늘의 본성은 역시 불(火)이나, 아주 무색한 불이므로 그것을 인지할 수 없다. 하늘의 불은 태양에 의해서만 우리가 인지할 수 있는 불로 변한다. 태양 그 자체는 빛나지 않는 유리와 같은 투명한 물체이다. 하늘과 중심화 사이에는 열 가지의 신적 물체가 운동하고 있다. 그것들은 첫째 '항성 구', 다음에 '다섯 개의 유성', 그리고 '해', 그 밑에 '달', 그리고 '지구', 끝으로 중심화에 가장 가까운 곳에 있는 '대지구(對地球)'이다.

플라톤의 『티마이오스』는 지구를 중심으로 하고 있으나, 필로라오스는 여기에서 처음으로 지구가 운동한다고 말하였다. 지구와 반지구는 24시간에 중심화의 주위를 한 바퀴씩 돈다. 항성천의 매일의 선회는 이것으로 합리적인 설명이 가능하게 되었다. 그리고 대지구란 그들이 사는 지중해의 반대쪽 반구(半球)를 의미한 것으로 보인다. 즉, 그들이 사는 지구의 반구와 반대쪽 반구를 각각 독립된 구로 보아, 지구와 반지구로 보고, 지구의 자전 대신에 이 두 개의 구가 중심화 주위를 병행적 일주 운동을 한다고 보아, 항성천(恒星天)의 겉보기의 일주 운동(日週運動)을 명확하게 하였다.

중심화를 도는 매일의 운동 대신에 자신의 축을 중심으로 한 지구의 자전(自轉)을 대치하여, 반지구와 중심화의 가정을 배제한 사람은 폰토스의 헤라클레이데스(Heracleides Ponticus, BC 390~?)였다. 그리고 또 헤라클레이데스는 진일보하여, 일찍이 태양을 안쪽 유성인 수성과 금성의 운동 중심이라고 제창하였다. 이와 같은 표상은 후세에 티코(Tycho Brahe)가 지구만을 제외한 모든 유성에 확장하였다.

수성과 금성이 태양의 주위를 돈다는 상정은 이 두 유성이 태양에서 조금만 떨어져 있다는(수성은 평균 23도, 금성은 최대 47도) 관찰에 근거한 것이다. 그래서 비트루비우스(Marcus Vitruvius, BC 1세기)도 "수성과 금성은 태양의 빛을 받아 태양을 중심으로 한 궤도 위에서 운동하기 때문에, 머묾(留)과 역행(逆行)을 하게 된다."라고 말하고 있다. 플라톤도 『티마이오스』 중에서 머묾과 역행의 문제를 들어서, "신은 달을 지구를 중심으로 한 제1원주 상에, 태양을 제2원주 상에 두었다. 수성과 금성은 빠르기는 태양의 순환과 같은 운동을 하나 이 순환과는 상반된 운행을 가진 원주 상에 놓여 있기 때문에 태양과 수성과 금성은 같은 방법으로 서로 쫓기고 쫓는다."라고 말하였다. 그러나 이와 같은 애매하고도 막연한 표현으로서는 머묾이나 역행의 문제가 해결되지 않았다. 이 현상에도 더욱 실제와 부합한 이론이 에우독소스(Eudoxos)의 동심 구면의 가정에 의하여 주어졌다. 그리고 이 이론에 의하여 목성이나 토성의 운동을 지구 중심적 관점에서 파악할 수 있게 되었다.

폰토스의 헤라클레이데스의 가설은 동심 구면의 이론이 설명하지 못하고 있던 수성과 금성의 운동을 해명할 수 있었으므로, 이 헤라클레이데스의 가설이 외유성에도 확장될 수 있는지를 생각하는 것은 당연하다. 그래서 후세의 서구 사람들도 티코가 상정한 체계에 도달하였다. 이 체계에서는 달과 해는 지구를 중심으로 회전하며, 동시에 모든 유성은 해를 중심으로 그 주위를 돈다는 것인데, 이것은 지구 중심적 고착 관념에 기인한 억지 설이고, 자연적인 귀결은 태양 중심설에 도달하였을 것이다. 그리고 여타의 모든 별들은 급속한 회선 때문에 매우 뜨겁게 가열되어 빛을 내는 돌덩이라고 생각했다. 데모크리토스나 아낙사고라스의 생각도 이와 같았다. 그리고 또 다른 한편에서는, 이 별들은 하늘 뚜껑에 뚫린 구멍들이며, 거기로부터 가장 바깥쪽의 원소인 불이 새고 있다고 생각했다. 이와 같은 생각이 뒤에 항성도 본래 해나 달과 다를 바 없는 천체로 보게 되었다.

항성들이 우리로부터 여러 가지 다른 거리에 있다는 것과 같은 생각은 아직 고대의 사람들에게는 상상조차 할 수 없는 것이었다. 도리어 모든 항성이 하나의 구면(球面)에 소속되어 있다는 표상이 지배적이었다. 이에 반하여 플라톤과 헤라클레이데스는 우주는 무한하며, 별들의 하나하나와 같이 영혼을 가진다고 생각하였다.

천체에 관한 최초의 관찰과 사변을 하기 시작한 때와 같은 시기에, 우리 인간이 사는 지구의 성질에 관한 문제도 연구심을 끌기 시작하였다. 그리고 땅이 원반 모양이란 감에서 탈피하는 데 오랜 세월이 흘렀다. 호메로스(Homeros)와 헤시오도스(Hesiodos)는 그때까지도 그와 같은 감에 사로잡혀 있었다. 후자는 서쪽에 진 해가 밤 동안에 대양을 헤엄쳐서 새벽에 떠오를 동쪽으로 돌아온다고 노래하고 있다. 하늘은 그의 시에서 무거운 물체가 9 주야 걸려서 지상에 떨어질 만큼 높은 원형 뚜껑이라고 되어 있다.

그러나 지중해를 둘러싼 나라들은 땅의 한 적은 부분에 지나지 않는다는 인식은 이미 아리스토텔레스 이전에 나타나 있다. 예를 들면, 플라톤은 그의 『화이튼』에서 "땅은 크다. 우리는 지중해를 둘러싼 극히 적은 땅에 거주하고 있으며, 다른 쪽에는 다른 사람들이 같은 땅에 살고 있다."라고 말하고 있다. 이 책에는 또 "땅은 순수한 하늘의 정기 속에 떠 있으며, 떨어져서 보면 구 모양을 하고 있다."라고 말하고 있다.

6. 동물학과 식물학의 시작

수학, 철학, 천문학은 아리스토텔레스 이전의 시대에 이미 독립된 과학 부문으로서 뚜렷하게 있었으나, 식물학과 동물학은 아직 그런 정도에 미치지 못하고 있었다. 식물학은 의학이나 농업의 필요에서 연구되기 시작하였다. 최초의 식물학 저술가인 테오프라스토스(Theophrastos)는 그리스 초기의 '뿌리 캐는 사람(약용식물 채집자, resodmoi)'과 '약장수(매약 업자, farcomoi)'에 대하여 다음과 같이 말하고 있다.

"이들의 목적은 실리(實利)가 주된 것이며, 행위는 미신과 풍습이 뒤섞인 것이다. 그들은 바른 말도 하였으나, 장마당(시장)의 장돌뱅이(호매상)와 같이 과장된 허풍도 많이 떨었다."

테오프라스토스에게는 그들이 "이 뿌리는 새가 나는 위치 혹은 해의 위치를 보고 때에 맞추어 팠다."라고 선전하는 것이 바보스럽게 보였을 것이다. 그러나 그들은 지식의 제일의 근원인 경험적 기초를 만들었으며, 다음에 이것에 못지않게 중요한 제2요소인 사변(思辨)이 보태져서 경험과 결합함으로써 참다운 과학이 성장하게 되었다. 그리스와 같이 수천 가지의 다종다양한 꽃피는 식물(현화식물)을 포함한 많은 식물의 무리가 있는 곳의 목축인, 수렵인, 농민, 그리고 '뿌리 캐는 사람들'이 알고 있었던, 즉 그리스 사람의 식물 지식이나 식물의 수는 그리 적지 않았을 것이다. 우리는 그 시대의 어휘에서 미루어 알 수 있다. 예를 들면, 호메로스의 시편에는 63종의 식물이 나오며, 키오스의 히포크라테스의 저술에는 236종의 식물이 있다. 그리고 아리스토텔레스와 동시대 사람인 테오프라스토스의 저술에는 455종이나 나온다. 이들 중에서 그리스 식물군에 속하지 않는 것은 극히 적은 수이다.

식물학에 관한 기록으로서 가장 오래된 것으로는, 만물의 '뿌리설(근설, rizomada)', 소위 사원소설(四元素說)의 창시자인 엠페도클레스(Empedocles)의 저술 단편이 있다. 과학적 견지에서 보면 엠페도클레스가 식물의 본성에 대하여 말한 의견은 별로 높이 평가할수는 없다. 그는 모든 식물 중에서 땅에서 최초로 나온 것은 수목(樹木)이라고 말했다. 그리고 자신이 주창한 '자연의 범영설(汎靈說)'에 맞추어 식물은 동물과 같이 유쾌 불쾌의 감정뿐만 아니라, 통찰력과 이해까지도 가지고 있다고 생각했다. 왜냐하면 "만물은 모두 감각과 지혜를 나누어 가지고 있다는 것을 알아야 한다."라는 것이 이 철학자의 주창이다. 그는 우리가 기계적 원인으로 생각하는, 나무 가지가 떤다는 것이나 햇볕 쪽으로 뻗는다든가 큰 가지를 휘면 반발한다든가 하는 것도 식물이 가진 영혼 탓이라고 설명했다. 식물의 성(性)에 관한 설의 최초의 싹틈도 애매한 예상에 지나지 않는 것이기는 하나, 역시 엠페도클레스에게서 찾아볼 수 있다. 아리스토텔레스는 "엠페도클레스는 수목도 알을 낳는 것으로 생각해서, 알에서 일부분만이 동물이 되고 나머지는 영양분이 되는 것과 같이, 식물의 종자도 일부분만이 배(胚)와 초근(初根)이 되고 나머지는 그 영양분이 된다고 말하였다고 한다."[15]라고 기술하였다.

식물의 성질에 관한 소학설은 다른 그리스 철학자들에게도 있었다. 이것들은 엠페도클레스의 경우와 같이 짜임새 있는 윤곽을 그릴 수 없었으나, 주목할 가치가 있는 것도 있다. 예를 들면, 데모크리토스에게도 식물에 관한 저작이 있었다고 하며, 그의 문하의 한 사람은 동양에 있는 어떤 식물의 잎은 건드리면 오그라든다고 말하였다. 아마도 동양에서 볼 수 있는 함수초속(含羞草屬)의 일종을 가리킨 것일 것이다. 아낙사고라스는 해를 '식물의 아버지'라고 하였으며, 땅을 '식물의 어머니'라고 불렀다. 그리고 그는 잎이 호흡하는 것을 인지하였다고 한다.

인간은 식물에 대한 것보다는 더한층 밀접한 관계를 동물에 대하여 가지고 있다. 인간이 동물에 흥미를 가졌던 점은 그의 형태뿐만 아니라 인간에 매우 가까운 생명 현상과

---

15 아리스토텔레스, 『동물의 생식에 대하여』, 제5권 23절.

고등동물에게서 보이는 인체의 구조와 매우 유사한 내부 구조였다. 최초로 동물학적 지식을 얻은 것은 주로 가축에서였다. 전투나 희생제(犧牲祭) 때에 동물들의 해부학적 지식을 얻을 수 있었다. 그리스인의 주된 가축은 소, 말, 양, 염소, 돼지, 개 등이며, 닭, 거위, 오리, 비둘기 등도 사육하였다. 이 외의 동물계에 대한 그리스인들의 지식을 살펴보면, 유인원은 몰랐으나 원류 중의 한둘은 알고 있었던 것으로 보이며, 큰 육식동물은 알렉산더나 로마인들이 세계적 제국을 수립한 후부터 알려졌다. 예를 들면, 사자가 로마에 처음으로 끌려온 것은 기원전 200년경이며, 호랑이는 폼페이우스(Pompeius Magnus, BC 106~48)가 처음으로 로마에 끌고 왔다. 그리고 고래류 중에서는 돌고래를 알고 있었으며, 상어류, 가오리류 들도 알고 있었다. 연체동물 중에서는 오징어가 특히 유명하였으며, 이보다 하등동물에 대한 지식은 곤충의 지식을 보면 보잘것없는 것이었다.

엠페도클레스는 최초로 동물의 본질에 대한 일반적인 고찰을 한 사람 중의 하나이다. 그는 사원소설을 상설하면서 살, 피, 뼈와 같은 동물체의 구성 요소도 4원소의 혼합으로 설명하려고 시도했다. 그리고 포유동물의 척추에 대하여, 이것은 발생 도중에 각개의 추골(椎骨)로 나누어졌다고 말했다. 그를 뒤따른 철학자 중에서 특히 데모크리토스가 동물의 해부를 하였다는 기록이 있다. 데모크리토스의 견해에 관하여 아리스토텔레스가 종종 언급하고 있는데, 그중에는 명석한 통찰력을 나타낸 것이 있다. 데모크리토스와 아리스토텔레스의 대립 지점은 아리스토텔레스가 "데모크리토스는 목적에 대하여는 한마디도 없이 자연의 모든 것을 오직 필연성에 돌리고 있다."라고 기술한 것에서 이해할 수 있다. 데모크리토스는 유기체의 본질에 대한 자기의 견해를 『동물의 여러 원인에 대하여』라는 저술에서 논술하였다는데, 지금은 아깝게도 그 표제만 알려져 있다.

고대 그리스 철학자들의 사변적 경향을 생각한다면 그들에게서 진화론의 서론을 들었다고 하여 특별히 놀랄 것은 없다. 아낙시만드로스는 생물의 기원에 대한 다음과 같은 학설을 내놓았다.

"태양열에 의하여 최초에 진흙탕 속에 거품과 같은 형상이 발생하여, 그것으로부터 어류와 같은 동물이 되었다. 그중에서 어떤 것은 육지에 기어올랐다. 그 결과 생활양식이 변하고, 그에 따라 형태도 변화하였다. 이와 같이 하여 육서동물(陸棲動物)이 되었고, 마침내 그로부터 인류가 나왔다."

데모크리토스도 같은 견해를 전개하였다. 에피쿠로스도 역시 사람을 포함한 모든 동물은 흙에서 태어난 흙의 자식이며, 다만 그 발전 단계를 달리한 것뿐이라고 보았다.[16] 그리스 자연철학자들의 견해를 요약한 『만유에 대하여』를 저술한 로마인 루크레티우스(Titus Carus Lucretius)도 자연도태설의 서곡으로 볼 수 있는 '합목적성을 가지지 못한 것은 멸망한다'는 그리스의 철학자 에피쿠로스와 데모크리토스의 사상을 노래한 다음과 같은 시를 소개한다.

이 세상에서 생명을 받아 숨 쉬며 즐기는 모든 것은

태어난 그날부터 꾀나 힘셈이나 빠름으로 보호되어,

스스로 종족을 늘 지켜왔다.

우리 인간의 보호를 받아 멸망의 길을 면한 것도 있으나,

자연이 그들에게 스스로의 힘으로 생명을 이어갈

아무것도 주지 않으면, 그들은 먹이가 되며 멸망하는도다.

고대 그리스인의 이와 같은 사상은, 후세에 와서 보니 진화론과 같은 점이 너무나 많다. 하기는 다윈이 정확한 지식으로서는 아닐지라도, 고대의 진화론적 견해를 알고 있었다는 것은 그의 저술 『종(種)의 기원』에 '자신의 대상에 관련이 있는 고전적 고대의 저술가의 암시에 대하여' 말한 것으로 보아 확실하다.[17]

7. 그리스 의학의 첫걸음

인체의 질환을 치료하려는 노력도 자연과학을 세우게 한 가장 오래된 원인의 하나이다. 이 노력에 의하여 사람들은 관찰력을 예리하게 하여, 주위의 자연물에 주목하게 되었고, 그것을 응용하려는 시도를 하게 되었다. 그래서 그리스 과학 발전의 제1기를 마치고 아

---

16 다케, 『진화 사상과 그 역사(1901)』.
17 다윈, 『종의 기원』 서두에서.

리스토텔레스와 그의 학파로 옮겨가기 전에, 자연과학의 가장 중요한 응용의 하나인 의학에 대하여 잠깐 살펴보고자 한다. 거기에다 아리스토텔레스는 오래된 의사 가문 출신이며, 그의 철학과 자연과학의 체계를 세우는 데 어느 정도 의학적 관념에 따르고 있기 때문에, 다음 시대의 과학사를 이해하는 데 있어서도 중요하기 때문이다.

동양과 이집트에서 발생한 지식이나 비전이 그리스 의학에 미친 영향이 매우 크다는 것은 의심할 여지가 없다. 아니 그 이상으로 그것이 기초가 되어, 그 기초 위에 그리스 의학이 발전하였을 것이다. 그러나 이 학문의 시초에 전래된 지식과 혼합된 주술을 점차로 불식하고, 이 학문에 있어서도 역시 사실을 편견 없이 인식하기에 힘쓰는 것은 그리스인에게 남겨진 과제였다. 초기의 의사 가운데서 특히 피타고라스의 문하인인 크로톤의 알크마이온(Alkmaion, Croton, BC 500?)의 이름을 들지 않을 수 없다. 그는 발생학의 창시자이며, 해부학과 생리학에 있어서 값진 많은 관찰을 하였다.

그에 의하면 감각은 모두 뇌수의 중개로 생기며, 운동은 모두 뇌수에서 나온다. 알크마이온의 이런 의학적 학설은 피타고라스학파의 관념에 서로 대비하여 세워졌다. 그는 건강과 질병은 어떤 질의 조화적 혼합 또는 교란에서 설명된다는 설의 대표자로 볼 수 있다. 이 설은 후에 '4종 기질관(四種氣質觀)'의 기초가 되었다. 즉, 네 가지 기질도 역시 바른 조화적 혼합을 유지하여야 한다는 생각이다.

그리스의 의학에 관하여 우리가 가진 가장 중요한 문서는 『히포크라테스 전집』이다. 알렉산드리아 대도서관의 개설 이래로 이 전집 명이 나타났다. 이 『히포크라테스 전집』은 방대한 것으로 도저히 한 사람의 저작으로는 볼 수는 없으나, 또 한편으로는 위대한 히포크라테스가 과학적 의학의 창립자로서, 흩어져 있던 것들을 처음으로 집대성하여 하나의 통합된 것으로 하였다는 견해도 부정할 수는 없다.

'위대하다'라는 뜻의 '대'라는 첨언을 가진 대히포크라테스 이외에도 고대 문헌에는 같은 이름의 의사가 여섯 명이나 나타난다. 그래서 이 위대한 히포크라테스가 어떤 인물인지 해명되지 못하고 있으며, 더욱이 믿을 수 있는 그의 전기(傳記)가 없다는 것도 이상하지 않다. 히포크라테스만이 그의 이름으로 된 이 전집의 저자가 아닌 것은 그 속에 상호 모순된 견해가 많이 나오며, 각각의 저자의 토론까지도 있다는 데서 추정할 수 있다.

해부학에 대하여 살펴보면, 히포크라테스의 책들에 있는 의학 지식은 주로 동물의 연구에 기초하였다. 그러나 사람에 대해서도, 특히 골격 분야에서는 많은 관찰과 경험이 존재해 있었다. 고대인들이 가장 알기 어려운 것은 신경계의 구조와 역할이었다. 특별한 말초신경으로서, 무엇보다도 처음으로 시각 신경, 청각 신경, 삼차 신경[18]이 발견된 것이다. 그러나 아직도 신경과 건(腱)이 혼동돼 있었다. 그리고 감각과 운동은 내재적 능력으로 생각되었다. 그 원천은 '생기(pneuma)'이며, 이 생기가 뇌수에서 혈관을 통하여 신체의 모든 부분으로 흐른다고 했다.

여러 병에 대한 고대인의 미신적 사고방식에서 벗어난, 히포크라테스의 책들에 나타난 큰 진보는 정신의 장애까지도 신체의 질환의 결과라고 본 점이다. 신체의 질환은 신체를 만드는 네 가지 체액, 즉 '혈액, 점액, 황과 흑 담즙'이 균형을 흩트리게 된 때문이라고 생각했다. 그리고 자연은 치유 인자로 인정되었다. "자연은 별로 생각하지도 않는데, 언제나 수단과 방법을 찾아낸다."라고 기술되어 있다.

그리고 합리적인 예방법도 기술되어 있다. 예를 들면, 통풍(痛風)은 사치스럽고 음란한 생활 때문에 생긴다고 했으며, 절제와 근면은 위생학적으로 지극히 높이 평가되어 있다. 치료 수단으로서 음악이 이미 추장(推奬)되었다. 히포크라테스의 책들에 나타난 모든 견해의 과학적 수준이 높음을 입증하는 것으로 그 안에 다음과 같은 유명한 말이 기록되어 있다. "아는 것(知得)은 과학을 낳고, 무지(無知)는 미신을 낳는다."

그러나 의학의 능력의 한계도 어느 정도 인식되어 있어서, 최고의 의사는 자연 그 자체이라고 인정하고 있다. 이 이치에 따라, 자연 치유를 돕는 데 첫째로 노력을 기울이라고 했다. 치료에 대한 다음과 같은 히포크라테스의 명제는 유명하다.

"약재가 고치지 못하는 것은 칼이 고치고, 칼이 고치지 못하는 것은 불이 고친다. 불이 고치지 못하는 것은, 결국 고치지 말라는 것이다."

히포크라테스의 가장 유명한 저작은 그의 『격언집』이며, 그 속에는 다음의 유명한 격언이 있다. "인생은 짧고, 학예는 길다. 시기는 지나가고, 경험은 속이며, 판단은 어렵다." 히포크라테스의 책들 중에 『식양생법(食養生法)에 대하여』라는 책은 동물학에 있어서도 중요한 문헌이다. 그 책에는 식용동물 약 50가지가 고등동물부터 차례로 열거되어 있다. 맨 처음에 포유류, 그다음에 땅과 물에 사는 조류, 그리고 어류, 패류, 끝으로 갑

---

18 뇌신경 중 가장 강대한 제5 뇌신경으로, 안면과 비강 및 구강 점막 등의 지각과 저작근의 운동을 맡고 있다.

각류의 순으로 기술하고 있다. 다음 순서의 파충류와 곤충류는 식용이 아니므로 기재하지 않았다. 이와 같은 기원전 410년경의 동물 분류는 '고스파 분류'라고 명명된 것이며, 뒤에 아리스토텔레스의 동물 분류의 선구로 볼 수가 있다.

제 3 장
아리스토텔레스 시대

기원전 4세기에 들어서면서, 그리스 민족의 국가적 성쇠의 시대가 시작되었다. 그리고 예술과 철학도 이 세기에 전성기를 맞이하게 된다. 그러나 과학의 발전은 이 시기에 그리스인이 국가 생활이나 예술 활동 분야에서 만들어 낸 책들에 못지않은 영향을 후세에 미칠 중요한 시기에 바야흐로 들어서게 된다. 자연 전체를 그의 관련에서 파악하려는 인간 정신의 과학적 노력이 이때에 처음으로 충분한 의의를 가지고 나타나게 된 것이다. 이와 같은 노력은 아리스토텔레스와 그의 문하인들에 의하여 구현되었다. 설혹 이들의 관념이 오늘날의 자연과학의 원리와 일치시키기 어렵게 보일지라도, 우리는 그들의 활동의 근본에 가로놓인 정신과 그들이 고대와 중세에 대해서뿐만 아니라 근세의 자연과학의 탄생에 대해서 가진 의의를 부정할 수는 없다.

1. 아리스토텔레스

아리스토텔레스는 고대에 나타난 최고의 위인 가운데 한 사람이며, 그야말로 당시 과학적 권위의 화신(權化)이라고 일컬어질 존재다. 그는 마케도니아 궁정에서 명망이 높았던 그리스인 의사 집안 출신이며, 그의 아버지 니코마코스(Nikomachos)는 마케도니아 왕 아뮨타스의 시의(侍醫)였다. 그는 기원전 384년에 아도스 산맥에 가까운 그리스 식민지 스타게이로스(뒤에 '스타게이라'로 칭해짐)에서 출생하였다. 그의 교육은 당시의 습관에 따라 한 사람의 사부(師父)에 맡겨졌었다. 아리스토텔레스는 이 사부에 대하여, 후년에 그가 그의 제자 알렉산더 대왕으로부터 받은 것과 같은 감사하는 마음을 늘 품고 있었다. 이것 이외에는 아리스토텔레스의 소년 시절과 그의 성장 경력에 관한 상세한 보고는 찾아볼 수 없다. 그러나 그의 가계(家系)의 전통으로 보아, 의사가 되기 위한 기초 교육을 받았을 것이다. 아리스토텔레스 철학의 경험적인 특색은 무엇보다도 이 사정에 유래한 것이다.[1]

기원전 5세기까지 학문은 소수의 특정한 사람들 소유였으나, 기원전 4세기경에는 교육

---

1 슈탈, 「아리스토텔레스의 생애」, 『아리스토텔레스 연구(1830)』 상권.

받은 사람들의 전반적 공유로 되어갔다. 문헌의 양에 있어서나 방면의 다기(多岐)에 있어서도 증대해 갔으며, 이미 기원전 4세기 전반에는 어떠한 대상에 대해서도 서책이 써지지 않은 것이 없을 정도였다. 기원전 4세기 중엽에 정신 활동의 초점은 아테네였다. 이곳에서 소크라테스가 제자들을 가르쳤으며, 플라톤이 융성한 철학 학교를 건설했다. 과학에 재능이 풍부한 소년이 이곳으로 발을 돌린 것은 당연했다. 기원전 367년에 17세의 아리스토텔레스는 플라톤의 아카데미에 입학하였으며, 기원전 347년에 플라톤이 사망한 날까지 그의 가르침을 받았다. 플라톤은 아리스토텔레스의 지칠 줄 모르는 면학을 보고, 그를 '독서가'란 이름으로 불렀다고 하며, 그와 다른 제자를 비교하여 "그들에게는 박차(拍車)가 필요하나, 아리스토텔레스에게는 고삐가 필요하다."라고 말하였다고 한다. 그러니 과학사에서 그를 가장 근면한 학자로 손꼽는 것은 당연하다. 또한 아리스토텔레스의 명성이 높아지지 않을 수 없었다. 전하는 바에 의하면, 마케도니아 왕 필립포스 2세가 기원전 343년에 14세가 된 그의 아들 알렉산더(Alexander)의 교육을 아리스토텔레스에게 위임할 때, 다음과 같은 서한을 보냈다고 한다.

"나는 귀하와 같은 시대에 자식을 가지게 된 것을 신에게 감사한다. 그것은 귀하의 교육으로 내 자식이 나의 왕위를 계승함에 적합한 자가 되기를 원하기 때문이다."

이와 같이 하여, 당시 최고의 사상가는 최대의 왕자의 교육을 위임받게 되었다. 이와 같은 일은 역사상 유례가 없는 일이다. 그 교육이 행해진 것은 이 철학자가 마케도니아에 체류한 초기(기원전 343~340) 동안뿐이었으나, 그 교육 내용은 전해지지 않고 있다.

제자인 왕이 그의 사부인 아리스토텔레스에게 연봉 800달란트를[2] 제공하였다든가, 그의 박물학 채집에 한 무리의 수많은 인력을 제공하였다는 이야기가 전해지고 있다. 다소 과장된 점도 있겠으나, 아무튼 알렉산더 대왕 자신이 아리스토텔레스로부터 받은 교육의 가치를 높이 평가하고 있었다는 것은 의심할 여지가 없다. 대왕의 통치 말기에 그의 책임이 아닌 어떤 사정 때문에 문책을 받게 되어, 그는 마케도니아에 8년간 체류한 후 기원전 335년에 아테네로 돌아갔다. 이 8년간이 그에게는 수집과 준비의 시기였으며, 이미

---

2 1달란트=60Munah=60×50Sheke=3000Shekel. 30Shekel=노예 한 사람의 몸값=유다가 예수를 판 값.

이때부터 모든 과학의 백과전서를 저작할 구상을 하고 있었던 것으로 보인다.

아리스토텔레스가 성취한 것과 같은 광대한 과학 활동을 수행하는 데는 막대한 비용이 필요하다. 그가 이 비용을 마케도니아 왕의 호의적인 제공을 받아 충당하였는지, 또는 자기 자신의 재산에서 지출하였는지 확실히 알 수 없으나, 아마도 양방의 사정이 다 함께 합쳐져서 아리스토텔레스는 그리스 철학자 중에서 처음으로 대(大)문고를 소유하게 되었을 것이다. 당시에 서적을 만든다는 것은 많은 인력과 시간과 비용이 드는 일이었으며, 저술의 부수도 극히 제한되었다. 따라서 당시에 아리스토텔레스가 많은 서적을 입수하는 데 막대한 금액이 소요되었을 것이다. 한 철학자의 저작을 구입하는 데에도 그는 3달란트를 지불하였다고 한다.

아테네에서 아리스토텔레스는 체육 도장(김나지움)의 하나인 리케이온(Lykeion)에 학교를 개설하여 제자들을 가르쳤다. 그의 학파는 산책하면서 가르치는 선생의 습관을 따서 '소요학파(逍遙學派, Peripatikoi)'라고 불리었다. 그의 제자 알렉산더 대왕이 세계를 정복해 가고 있을 때, 그는 이곳에서 과학의 왕자가 된 것이다. 그의 수많은 저작들 중에 일부만 남아 있으나, 다행히도 중요한 부분이 남아 있다.

반(反)마케도니아 경향의 아테네에서의 아리스토텔레스의 입장은, 그가 타국인이며 그들이 미워하는 대왕과의 관계도 있고 하여 많은 사람들이 백안시하였으므로, 이 도시에서의 13년간의 체류는 결코 유쾌한 것은 아니었다. 기원전 323년에 갑자기 알렉산더 대왕의 사망 소식이 전해지자, 대부분의 아테네 시민은 왕의 죽음을 마케도니아의 굴레에서 해방되는 기회로 생각하여 기쁘게 받아들였고, 그에 대한 많은 질시자와 반대자들이 이 기회를 타서 아리스토텔레스에 대항하여 일어났다.

아리스토텔레스는 신의 모독자로 고소되었으나, 재판을 기다리기보다는 자기에게 적의를 품은 이 도시를 도망쳐 나가는 길을 택했다. 그것은 소크라테스의 예를 인용한 그의 말과 같이, 이 도시가 또다시 스승을 죽임으로써 철학을 능욕하지 않게 하기 위해서였다. 그의 예상과 같이 아테네의 고등법원은 그의 부재에도 불구하고 그에게 사형을 선고했다. 이 사실로 보아 그는 자기의 처지를 틀림없이 인식하고 있었던 것을 알 수가 있다. 소크라테스는 "내가 철학을 가르친 이 도시 사람들이 나를 추방함으로써 철학을 능욕하는 어리석은 짓을 하지 않게 하기 위하여 나 스스로 독배를 든다."라고 말하였으며, 아리스토텔레스는 "내가 철학을 일깨운 이 도시 시민이, 나를 죽임으로써 철학을 능욕하지 않게 나 스스로 도망한다."라고 말하였다. 그리고 후세에 갈릴레이는 "내가 사랑하는 하나님의 교회가 하나님의 진리를 드러내려는 나를 죽이는 죄를 범하지 않게 하기 위하여, 하나님께서 나에게 알게 해주신 진리를 나 스스로 부인한다."라고 말하였다.

아테네를 도망한 아리스토텔레스는 멀리 떠나지는 않았다. 그는 에우보이아에 망명하여, 마케도니아인이 다시 승리하여 그가 오랫동안 살면서 심혈을 기울였던 아테네에 되돌아갈 날을 기다렸다. 그러나 그 기대는 허사가 되고 말았다. 알렉산더 대왕이 죽은 다음해, 아직도 그리스에 이전의 제도가 부활하기 전에 그는 그의 풍요한 철학 탐구의 생애를 죽음으로 끝맺게 되었다. 그래서 이 위대한 철학자의 저작과 장서 들은 그의 친구이며 수제자인 테오프라스토스(Theophrastos, BC 371~286)의 소유가 되었다. 이 가운데는 아직 완성되지 못하였다가 후에 보완된 것들도 많았을 것이다. 그리고 이 저작들은 또다시 다른 한 문하의 제자에게 넘겨져서, 그 후 150년간 파묻혀 있다가 끝으로 수라가 아테네를 정복하였을 때 로마로 옮겨져서 그곳에서 많은 부수로 사서되어 유포되었다.

이때에 적지 않게 왜곡되고 손상되었을 것은 틀림없는 사실일 것이다. 오늘날 전해진 모든 저작은 옥타브 형에 짜 넣으면 3800면이 될 정도다. 그러나 그 가운데의 어떤 부분은 위조된 책(僞本)으로 보이는 것도 있다.[3] 아리스토텔레스의 저작 중 전혀 개필 되지 않은 것은 아마 하나도 없을 것이다. 주 저작이라고 할지라도 역시 제자들의 가필이 있었을 것으로 보인다. 문체가 통일되지 못한 것이 그러한 한 증거이다. 그리고 어떤 것은 단순한 초안이거나 발췌한 것의 나열에 지나지 않는 것도 있다. 그리고 후대의 편집자들이 가필이나 개필한 경우도 있었을 것이나, 그것을 표시한 것은 거의 없다. 그리고 또한 아리스토텔레스의 이름으로 되어 있으나, 실은 그렇게 볼 수 없는 위작이거나 그중의 일부분밖에는 그의 저술로 볼 수 없는 것들이 있다. 이런 한 예로, 아우구스투스(Augustus) 시대에 다마스쿠스의 니콜라우스(Nicolaus Damascus)가 편집한 『식물에 대하여』는, 제목은 아리스토텔레스 저작과 같으나 진짜는 없어져 버렸고, 『동물의 해부에 대하여』라는 삽도(揷圖)를 넣은 저작도 안타깝게 전해지지 못했다.

---

3 아리스토텔레스 저작집은 1473년에 로마에서 라틴어로 처음으로 인쇄 간행되었으며, 1493년에 그리스어로 출간되었다.

2. 아리스토텔레스의 철학과 자연과학

아리스토텔레스의 저작 가운데 중요한 것은 자연과학에 관한 것들이다. 이것들은 물체계의 보편적 조건이나 우주 구조에서부터 지구상에 존재하는 개개의 동식물에 대한 기술이나 해부에 이르기까지 거의 만유의 총체를 포괄하고 있다. 자연과학적 내용의 서적들 중에서 앞으로 아리스토텔레스의 학설 체계를 논술할 때 특히 문제가 되는 서적으로 『자연학(Physica)』, 『천계론(De caelo)』, 『생성과 소멸에 대하여(De generatione et corruptione)』, 『기상학(Meteorologica)』, 『생명원리론(De anima, Parva naturalia, De Partibus animalium, De incessu animalium)』, 『생성론(De generatione animalium)』, 『동물지(Historia animalium)』, 『역학의 문제』[4] 등을 들 수 있다. 그리고 아리스토텔레스의 순수한 철학서 가운데는, 과학의 어느 부문에서도 귀중한 자료로 꼽히며 후세에 『오르가논(Organon)』이라고 총칭된 책을 들 수 있다. 이 책에서 아리스토텔레스가 처음으로 형식논리학의 요점을 상세히 설명하고 있으며, 형이상학(Metaphysica), 윤리학(Ethica, Nicomachea), 정치학(Politica), 변론술(Rhetorica) 등이 논해져 있다.

자연과학에 대한 아리스토텔레스의 공적은 두 방면에서 볼 수 있다. 그 하나는 흩어져 있던 선인들의 지식을 하나하나 총괄하여 아주 많은 양의 저작 활동으로 이것들을 후세에 전한 것이다. 그리고 또 하나는, 이와 같은 지식을 비판 없이 모아서 쌓아 올리는 데 만족하지 않고, 철학적 원리에서 모든 과학의 통일 체계를 전개한다는 큰 목표를 지향한 것이다. 따라서 세계 해명에 대한 노력인 철학은, 그에게 과학의 발전을 가져오는 기점이며 거점이었다. 아리스토텔레스는 사유와 세계를 그의 대립과 상관에서 파악하고 천명하려고 하였다.

철학은 플라톤에 있어서는 아직 시적 영감에 차 있었으나, 아리스토텔레스에 와서는 자아와 그의 사유 활동과 직관 형식, 그리고 세계와 그의 개개물의 냉정한 관찰로 되었다. 그는 플라톤에서는 사물의 배후에 서 있던 이데아를 사물 안에서 지적하고 또한 목적을 그 사물 안에서 지적하려고 하였다. 플라톤에 대하여는 그가 현실을 너무나 소홀히

---

4 이 책은 아리스토텔레스의 저작이 아니라고 밝혀졌다. A. E. Taylor, 『Aristotle(1919)』, W. D. Ross, 『Aristotle(1937)』.

하고, 현실 대신에 대개는 내용이 공허한 개념의 체계를 가져왔다는 비난을 하지 않을 수 없으나, 아리스토텔레스는 현실적 인식은 오직 경험으로부터 흘러나온다는 확신에서 나아갔다. 따라서 그는 누구에게나 '우선 현상을 파악하고, 그 후에 원인을 논해야 한다.'라고 늘 훈계하였다.

그가 변증법을 훌륭하게 써먹을 수 있었고, 그것을 끝내 지켰다는 점에서, 그는 과연 소크라테스와 플라톤의 제자였다. 그러나 이 두 사람의 철학이 주로 변증법의 지반에 뿌리 내리고 있었던 것과 다르게, 아리스토텔레스는 자연과학의 관찰 방법을 변증법에 결부시키려 하였다. 이것은 그의 선생들이 하지 못하였던 것이다. "물론 이 두 요소의 결합에 완전한 균형을 가지게 할 수는 없었으나, 그래도 그는 이 결합에 의하여 그리스인 가운데서 최고의 일을 성취하였다."[5]

소크라테스와 플라톤은 우선 개념을 문제 삼아서, 종종 언어 관습이나 일반적인 의견의 관찰로만 얻은 개념의 인식을 앞세워 앞으로 해나갈 연구의 기초로 삼았으나, 아리스토텔레스는 개념적 형상 외에 기동적 원인(起動的原因)과 질료적 원인(質料的原因)을 고려했다. 그는 예리한 사색가였을 뿐 아니라, 과도한 경험주의 때문에 종종 비난을 받을 정도로 지칠 줄 모르는 관찰가였다. 자연을 설명할 때에 따라야 할 원리를 그는 총괄적으로 전개하지는 않았으나, 다수의 개별적인 소견으로서 그의 저술들 속에 산재하고 있다. 이것들을 종합해 보면, 그는 "언제나 설명에는 관찰이 앞서지 않으면 안 된다. 그리고 이론은 개개의 개별적 인식 위에 포괄적으로 세워져야 한다."라는 것을 되풀이하여 강조하고 있으며, 관찰에 관해서는 "그것이 세심하며, 포괄적이고, 무엇보다도 일체의 선입견으로부터 자유일 것이 요구되고 있다. 만약에 그것이 타인의 관찰일 경우에는 엄정한 비판을 가하지 않으면 안 된다."라고 곳곳에서 강조하고 있다.

이와 같은 아리스토텔레스의 주장은 경험주의를 주창한 프랜시스 베이컨(Francis Bacon)과 같은 근세 철학자조차도 그 이상 더 잘 전개할 수 없을 정도의 원리이다. 그러나 베이컨의 경우와 마찬가지로 그가 의도한 것이 반드시 수행되어 있다고는 말할 수 없다. 그 이유는 여러 가지 있겠으나, 첫째는 아리스토텔레스 시대에는 과학 연구에 필요한 도구가 잘 발달되어 있지 않았다. 무엇보다도 모든 분야에서 양적 관계를 정밀히 측정할 수 없었다. 아리스토텔레스는 열(熱)을 논할 때 이미 이 사실을 감지하고 있다. 그

---

5 첼러, 『그리스인의 철학』.

러나 감각기관의 불완전한 점을 계측 기기로 보완함으로써 훨씬 예민한 관찰을 할 수 있다는 막연한 예상조차 하지 못했다. 그는 감각기관에 대하여 실재하지 않는 것은 존재하지 않는다고 생각하였다.

첼러는 아리스토텔레스의 사고방식을 평가하여 다음과 같이 말하였다.

"그리스 과학은 사변으로 시작되었으며, 경험 과학은 그 후에 어느 정도의 완성에 도달하였으므로, 소크라테스나 플라톤 식의 변증법이 엄밀한 경험을 뛰어넘어 있는 것은 당연한 것이다. 아리스토텔레스도 처음에는 이 방법을 고수하고 있었을 뿐만 아니라, 이 방법을 이론적으로 실제적으로 완성시켰다고 말할 수 있다. 그러나 그에게 경험적 연구 방법이 같은 정도로 완성되어 있었다고는 기대할 수 없다. 그리고 아직 이 두 방법을 엄밀히 구별하는 것은 그에게는 문제로 되지 않았다. 이것은 경험 과학의 한층 드높은 발전에 의하여, 철학 쪽에서 말하면 인식론의 연구에 의하여 비로소 이루어진 것으로, 이것이 이루어진 것은 근세에 와서이다."

아리스토텔레스는 고찰의 전 대상을 일련의 최고 개념인 '범주(範疇, category)' 아래에 두어 하나로 종합하려고 하였다. 그 주된 것은 '실체, 양, 질, 상태, 능동, 수동'의 카테고리이다. 그는 인간을 자연 전체의 궁극적인 목적으로 보았다. 인간은 아리스토텔레스의 철학과 과학론을 채용하여, 인간 자신에 주어진 이 지위를 그 후 2000년간이나 고수해 왔다. 그리고 드디어 이 목적 개념을 기계적 인과율로 바꾸어 놓아, 인간을 자신 외의 연쇄(連鎖)에 있어서의 한 고리로 파악할 수 있게 된 것은 그로부터 2000년 후에 이루어진 것이다.

3. 아리스토텔레스의 역학

아리스토텔레스의 일반적 특색을 살펴보았으므로, 이제 개별 과학에 대한 그의 관계를 살펴보자.

수학의 중요성은 그의 저술 중에 자주 강조되고 있으나, 그의 저술 중에 본래의 수학적 논리 연구는 보이지 않는다. 그러나 그중에는 한계 개념이나 무한과 같은 까다로운 개념에 대한 주목할 만한 의견을 찾아볼 수 있다. 예컨대 다음과 같은 내용이다.

> "하나의 것이, 두 개의 상접한 부분의 각각의 한계, 즉 그 두 부분이 상접한 한계가 하나의 같은 것이 될 때는 연속(連續)이다."

그는 또한 유한 시간 내에 무한히 작은 길이의 시간 부분을 무한히 많이 가진다는 가정에 의하여, 유한 시간 내에 무한히 많은 공간 점을 통과한다는 모순을 해결했다. 그는 또 무한한 것을 현실적인 것으로 보지 않고, 실존하는 것은 임의의 크기를 가진다고 했다. 자연과학 분야에서는, 인간은 급속히 약진하고 있는 수학을 응용할 수 있게 됨으로써 최대의 성과를 올릴 수 있었다. 천문학에서의 최초의 성공적인 발전과 마찬가지로, 최초의 역학도 수학적 사고가 일정 단계에 도달한 것에 의하여 일어나게 되었다. 따라서 역학적 현상의 진행에 적용될 수 있는 여러 개념들은, 역학의 법칙을 명확히 의식하지 않은 응용 능력에 비하여 훨씬 뒤에 발전하게 된다. 즉, 무의식적 능력은 이미 태고로부터 모든 만드는 활동을 해온 가운데에 필연적으로 나타나 있었기 때문이다.

역학의 근본 문제에 대하여는, 소크라테스 이전의 그리스 철학에서 이미 연구되고 있다. 특히 사람들은 중력과 운동의 여러 문제에 눈을 돌렸다. 그리고 운동에 수반되는 마찰에 의하여 열이 발생하는 것도 알고 있었다. 아낙사고라스는 별들이 빛나는 것도 이 과정으로 설명하려고 했다. 그리고 특히 사색하게 한 일상 현상의 하나는 자유로이 낙하하는 물체의 운동이었다. 이 현상은 뒤에 뉴턴이 '만유인력'이라는 우주 법칙을 발견하게 된 출발점이기도 하다. 그러나 아리스토텔레스는 이 현상을 잘못 파악하고 있었다. 그의 전반적인 정신 경향에 비추어 볼 때, 그가 현상 자체에서가 아니고 개념적 규정에서 출발하여 그것에 머물고 만 것은 기이하게 생각된다.

그는 우선 운동을 일반적으로 고찰하여 두 가지로 나누었다. 한계가 있는 직선 운동과 한계가 없는 원운동이 그것이다. 그는 후자를 전자보다 완전한 것이라 하여, 천체의 운동이 이에 해당한다고 하였다. 그리고 직선 운동은 중심을 향하거나 중심 바깥쪽을 향하는 물체의 경향으로 설명되었으며, 그것에 의하여 '가볍기(輕力)'와 '무겁기(重力)'라는 개념을 도출하였다. 가벼운 성질을 가진 것으로 공기와 불, 무거운 성질을 가진 것으로 물과 흙, 즉 모든 액체와 고체를 들고 있다. 아리스토텔레스의 이와 같은 설명에서는 불가피하고도 필연적으로 무거운 물체는 가벼운 물체보다 빨리 낙하한다는 결론이 나오게 된다. 따라서 이 명제에서 물체는 중량에 비례하여 그만큼 빨리 떨어진다. 즉, 100킬로그램의 쇠뭉치는 1킬로그램의 나무토막보다 100배 빨리 낙하한다는 결론이 나온다. 간단한 실험만 해보았어도 이러한 결론이 틀렸다는 것을 알 수 있었을 것인데, 갈릴레이가 낙하 실험을 하기까지 천 년이 넘는 시간 동안 의문조차 없이 통용되어 왔다.

운동을 지상적인 것과 천상적인 것, 자연적인 것과 강제적인 것 등으로 구분한 것은 고대와 중세의 역학 발전을 저해한 첫 번째 장애로 볼 수 있다. 이 장애가 제거되었을 때 비로소 근세 역학의 확립이 가능하게 되었다. 고대 역학의 또 하나의 약점은 관성(慣性)의 개념에 대한 명확한 표상을 가지지 못한 것이다. 물론 이 개념이 싹튼 것으로 볼 수 있는 것이 전혀 없는 것은 아니지만, 대부분의 물리학자는 외부로부터의 힘이나 내재적인 힘인 무겁기나 가볍기가 작용하지 않으면 물체는 스스로 움직일 수 없다는 가정에 묶여 있었다. 다만 원자론자들만이 이중에 가볍기 쪽의 개념을 피하고, 물체는 모두 중력을 가진다고 생각하였다.

아리스토텔레스의 역학 이론에 대하여 조금 더 살펴보자. 그의 서술 양식은 우선 경험 사실에 대한 약간의 문제를 세우고, 다음에 거의 모든 것에 걸친 정의(定義)를 규정하여 그것에서 변증의 기술에 의하여 문제를 해결하려고 하고 있다. 후에 아르키메데스가 시도하여 큰 성과를 올린 수학적 방법에 의한 것은 극히 드물다. 그의 연구 재료가 된 것은 차바퀴, 지렛대(挺子), 선미의 키(舵), 집게, 저울(秤) 등 일상 용구이다. 문제에 대한 해답은 종종 다른 문제의 형식으로 주어졌다.

예를 들면, "왜 선미에 붙인 키는 자체가 작은데도 그렇게 큰 힘이 있나? 그 이유는 키는 바다가 무거운 큰 돌(重石)이고, 타수가 작용력에 상당하는 지렛대이기 때문일 것이다."라고 설명했다.

그는 지렛대의 경우와 같이 작은 힘으로 무거운 큰 돌을 움직일 수 있는 것에 우선 주목하였다. 그리고 그가 이 지렛대에 있어서 평형을 유지하는 돌의 무게는 그 팔의 길이에 반비례한다고 한 것은 꼭 맞다. 그는 이 법칙의 근거를 작은 돌은 받침점(支點)에서의 거리가 멀기 때문에 큰 원호(圓弧)를 그려야 한다는 점에 착안하였다.

쐐기(楔)나 짐 막대도 이 지렛대의 원리에 기착한다고 하였다. 짐 막대는 '두 사람이 하나의 막대기에 무거운 돌 G를 매달고 운반하는 경우'이며, 이 경우 '왜 G에 가까운 자가 더 많은 무게를 부담

아리스토텔레스의 짐 막대

하나?'라는 물음을 하고, 이에 답하여 '막대 AB는 이 경우 지렛대와 같이 사용되고 있다. G에 가까운 A의 운반자는 움직여지는 쪽이고 다른 쪽 B의 운반자는 움직이는 쪽이다. 그래서 후자가 돌에서 떨어지면 떨어질수록 움직이기 쉬워진다.'라고 하였다. 즉, 아리스토텔레스는 하나의 지렛대를 특별히 독립시켜 고찰하지 않았다.

아리스토텔레스의 저작 중에 '운동의 평행사변꼴(평행사변형)의 정리'를 담고 있는 중요한 장이 있다.

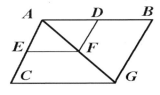

운동의 평행사변형의 정리

"어떤 것이 일정하게 정해진 비에 따라 움직여져 결과적으로 직선을 그린다고 하면, 이 직선은 주어진 비로 만들어진 직선이 만드는 평행네모꼴의 대각선이 될 것이다. 예를 들면, 운동의 비가 AB : AC의 비를 가진다고 하자. 그러면 AC는 BG 쪽으로 밀릴 것이고, AB는 CG 쪽으로 밀려 갈 것이다. 이와 같이 하여, AD가 EF에 도달하는 같은 시간에 AE는 DF에 도달한다. 그리고 이때에 운동의 비가 동일하다고 하면, 즉 AD : AE = AB : AC이면, 작은 평행네모꼴과 큰 평행네모꼴은 닮은꼴(相似)이 되며, 대각선 AF는 대각선 AG에 겹치게 된다. 따라서 대각선상에서 두 방향으로 움직여지는 물체는 필연적으로 변의 비에 따라 움직이는 것이 명백하다. 그러나 이 두 운동의 비가 각 순간에 변화한다면, 물체는 직선을 그릴 수 없고, 곡선 운동을 그리지 않으면 안 된다."

원운동은 중심을 향한 운동과 절선(切線) 방향의 운동이 합성된 것이라는 명제도 아리스토텔레스에 유래한 것이다. 그는 또 충돌의 문제도 고찰했으나, 이것은 후세에 월리스(John Wallis, 1616~1703)와 렌(C. Wren, 1632~1723), 호이겐스(Christian Huygens, 1629~1695)에 의하여 비로소 해결된 문제이다. 즉, '쐐기(楔)에 작은 충격을 가해도 큰 효과가 있는 데 반하여, 같은 쐐기에 큰 압력을 가하면 작은 효과만 나타나는 까닭은 무엇인가?' 하는 문제는 그가 처음으로 제기한 것이다.

정밀과학에서도 아리스토텔레스의 공적으로 꼽아야 할 것이 두 가지 있다. 그 하나는 그가 설명의 도해(圖解)를 처음으로 시도한 것이며, 또 하나는 취급할 양을 알파벳 문자로 나타낸 것이다.

4. 음향학과 광학

고대에 이미 정밀과학으로 취급할 수 있었던 또 하나의 분야는 음향학이었다. 이미 피타고라스학파는 같은 굵기와 세기로 당겨진 줄이 협화음을 내기 위해서는 일정한 길이의 비가 되어야 한다는 인식을 하고 있었다. 그들은 이 비가 한 옥타브에 대하여 '2 : 1'인 것도 발견했다. 이 원리는 외줄 금을 사용하여 발견하였다. 이 장치는 한 받침대 위에 한 줄(絃)을 치고, 줄 끝에 추(錘)를 달아 임의의 세기로 당겨 줄 수 있게 한 것이다. 이것은 아마도 자연법칙을 실험적 방법으로 발견하는 데 사용된 최초의 장치일 것이다.

아리스토텔레스에게서도 음향학적 현상에 관한 두세 가지 바른 표상을 찾아볼 수 있다. 아리스토텔레스는 공기를 음향 현상의 매질로 인정하여 다음과 같은 설명을 하였다.

"음을 우리의 귀에 전달하는 것은 공기의 진동에 지나지 않는다. 음은 어떤 사람들이 생각하는 것과 같이 발음체가 공기에 일정한 모양을 새기는 것이 아니라, 공기를 어떤 적당한 방법으로 운동시킴으로써 생긴다. 공기는 이때에 압축되고 인장되며, 발음체의 타격에 의하여 압축과 인장을 반복하며 나아가 음향은 사방으로 퍼지게 되는 것이다."

그는 또한 산울림도 음의 반사(反射)라고 인식하였다. 그리고 음향에 대해서 만들어진 것과 같은 관념을 아리스토텔레스는 광학의 분야에도 옮겨놓았다. 아리스토텔레스의 시대까지도 '본다'리는 현상은 일종의 접촉이며, 눈은 능동적으로 작용하여 감각의 실을 보는 물체에 뻗어 촉각으로 본다는 우스운 생각을 하고 있었다. 이것뿐만 아니라 가장 고대의 관념은 눈은 불과 같은 성질이라고 하였으며, 인도인들도 이와 같이 생각했다. 수슈루타는 눈의 수정체를 '꺼지지 않는 불'이라고 했다. 이와 같은 관념에 따라 최고의 그리스 철학자들로 이루어진 피타고라스학파는, 본다는 것은 눈에서 지각될 대상으로 흐르는 열기의 발산이라고 하였다. 아리스토텔레스는 이런 생각을 반박하며 이렇게 말하였다.

"만약에 그렇다면, 눈은 밤에도 볼 수 있을 것이다. 소리의 경우와 같이, 빛의 감각도 눈과 보는 대상과의 사이에 그 작용을 전달할 매질을 전제로 한다. 그리고 보는 힘을 가진 곳은 눈의 뒤쪽에 있기 때문에 눈의 내부는 투명하다."

그리고 그는 더 나아가서 '색(色)'에 대한 설명을 시도하였다. 그는 흰색과 검은색을 기본 색이라 하고, 모든 색은 이 두 가지의 혼합에 의하여 나타난다고 생각했다. 이런 생각은 아주 후세에까지도 나타난다. 그리고 그는 '색은 색이 있는 물체에서 나간다'는 가설을 반박하여 "우리는 모든 것이 접촉으로 감각된다고 생각해서는 안 된다. 도리어 본다는 감각은 눈과 보는 대상 사이에 있는 매체의 운동에 의하여 생긴다고 말하는 편이 좋다."라고 말하였다. 여기에 이미 17~18세기에 논쟁을 거쳐 19세기에야 해결을 본 빛의 방출설과 파동설의 논쟁이 싹터 있음을 볼 수 있다.

아리스토텔레스가 틀린 점도 있으나, 고대의 학자로서 그만큼 광학 문제에 대하여 명석한 표상을 전개한 사람은 없을 것이다. 그래서 괴테까지도 그의 색채론에서 다시 아리스토텔레스로 되돌아가서, 빛과 색에 관한 그의 의견을 설명하고 있다.[6] 그리고 레우키포스나 데모크리토스와 같은 원자론자들이 새운 광학적 표상도 그의 수준에 미치지는 못하였다. 원자론자들도 고래의 표상에서 벗어나지 못하였으나, 다만 그들은 그 관계를 뒤바꾸어 사물의 모양을 묘사한 그림인 묘사상(描寫像)이 사물에서 떠나 눈으로 흘러 들어온다고 하였다. 아리스토텔레스는 본다는 과정에 대한 매질의 의의를 인식함으로써 이들 쌍방의 생각을 타파했다. 중세에는 영혼이 외적 사물의 도움을 필요로 하지 않는다고 믿었기 때문에, 물리적 설명은 필요 없다고 생각하여, 본다는 것은 매체가 필요 없는 원격작용이라고 생각했다. 이 개념이 도리어 그 후 오랫동안 기계적 원리에서 설명할 수 없는 과정을 한마디로 설명하는 데 유용하게 사용되었다.

역학, 광학과 음향학의 문제의 탐구에는 무엇보다도 과학적 관찰과 실험이 요구되는 것인데도 불구하고, 고대의 대부분의 사람들과 마찬가지로 아리스토텔레스에게서도 이 방향에의 싹틈을 찾아볼 수 없다. 항상 선입관념이 기초가 되고, 거기에 일상적 경험이 참작된 것에서 변증법의 방법으로, 사상의 비약과 논리의 기교에 의하여 결과를 얻고 있다. 이와 같은 결과는 일반의 학문 체계에는 받아들여져도, 다만 자의의 설명에 그치고 마는 수가 많다. 그러나 이와 같이 한 사변의 결과를 아리스토텔레스는 또다시 경험에서 얻은 새로운 실례로써 확증하려고 한 것도 있다. 아마도 그 자신이 자기의 방법이 불충분한 것을 스스로 의식한 것으로 보인다. 그는 다음과 같이 말하고 있다.

---

6 색에 관한 아리스토텔레스의 저작은 근대의 연구에서 그의 것이 아니라고 생각됨.

"현상은 아직 충분히 연구되지 못하고 있다. 그러나 후일에 이것이 충분히 연구되면, 사변보다는 관찰을 믿어야 한다. 그리고 사변은 오직 현상과 일치한 결과를 줄 때만 믿어야 한다."

5. 아리스토텔레스의 천계

아리스토텔레스는 천문학 분야에서는 앞에서 말한 그의 원칙을 때로는 실행하고 있다. 물론 이 원칙은 근세의 자연과학에서 비로소 완전히 실현된 것이다. 그러나 아리스토텔레스는 그의 천문학에 관한 저작의 여러 곳에서 그가 항상 주장한 사고 양식을 나타내고 있다. 예컨대, 그는 다만 하나의 천공만이 있을 수 있다는 것과 우주에는 시작도 끝도 없다는 것을 이성적 근거에서 증명하려고 하였다. 그리고 극히 명석한 것은 지구가 구형임을 증명하는 근거의 열거이다. 그의 이 논술을 요약하면 이렇다.

"지구가 구형임은 감각기관의 지각으로부터도 증명된다. 즉, 월식 때 지구의 그림자를 나타내는 경계선은 언제나 완곡하다. 또 별이 나타나는 모양을 보면, 지구가 둥글 뿐만 아니라 그다지 크지도 않다는 것이 명백하다. 이것은 우리가 남쪽이나 북쪽으로 조금 장소를 옮기는 것만으로, 우리 머리 위에 나타나는 별들의 모양 매우 많이 달라지는 것에서 알 수 있다. 어떤 별들은 이집트에서는 볼 수 있으나 북방의 땅에서는 볼 수 없다. 그리고 북방의 땅에서는 언제나 우리 머리 위에 있는 별들이 남방의 땅에서 보면 가라앉는 것도 있다. 따라서 지구는 둥글 뿐만 아니라 그다지 크지도 않다. 만약에 그렇지 않다면, 이 정도의 장소의 이동으로 그와 같은 현상이 일어날 리가 없다. 따라서 헤라클레스의 기둥(柱) 근처의 땅은 인도의 땅과 이어져 있고, 그래서 바다는 하나란 것도 믿을 수 없는 것은 아니다. 그리고 또한 수학자들은 지구의 둘레를 약 40만 스타디온(약 7만 4000킬로미터)라고 주장하고 있다. 이것들로부터도 지구는 구형이며, 다른 별들에 비하여 크지 않다고 말할 수 있다."

지구의 구형설이 나옴으로써, 대척인(對蹠人)이 존재하지 않으면 안 된다는 관념이 생겼다. 피타고라스학파는 이미 이것을 가정하고 있었다고 한다. '대척인'을 뜻하는 원어인 'Antipode'라는 말의 창시자가 플라톤이기 때문이다. 그러나 지구의 전 범위에 사람이 살고 있다는 것은, 사실로서가 아닌 가정으로서 주창된 것에 지나지 않는다. 다음은 특기할 천문학적 현상을 아리스토텔레스 자신이 실제로 관찰한 것으로 보이므로 그대로 인용해 본다.

"우리는 반달일 때 한번 화성이 그 밑으로 지나가는 것을 보았다. 화성은 그때에 달의 어두운 반쪽 면에 가려 있다가 다시 밝은 쪽으로 나왔다. 이와 같은 일은 다른 별들에 대해서도 이미 아주 오랜 세월 동안 관측을 해온 사람들이 보고를 남기고 있다. 그들은 이집트인과 바빌론인들이다. 우리는 그들로부터 각각의 별에 대한 확증을 거친 많은 보고를 얻을 수 있다."

아리스토텔레스는 지구뿐만 아니라 천공도 구형이라고 했다. 그는 "천공은 반드시 구형이 아니면 안 된다. 구형이 우주의 본질에 합당한 자격을 가장 많이 갖춘 모양이며, 본성상 근원적인 최초의 모양이기 때문이다."라고 그의 저작 『천계에 대하여』 2권 4장에서 기술하고 있다. 그는 우주의 공간적 한계를 가정하였고, 별들은 '에텔'로 형성되었으며, 지상의 물체들이 직선 운동을 하는 것과 다르게 이것들은 원운동을 한다고 하였다.

다섯 개의 유성과 태양과 달은 이미 에우독소스가 주장한 것과 같이 각각 자기의 구면 위를 돌며, 이 구면들은 그 중심에 있는 지구 주위의 동심적인 구상각(球狀殼)이라고 생각하고, 그 구면 위에는 일곱 개의 천체가 놓여 있다. 그리고 항성들은 하나의 구면을 공유하며, 이 구면 내에서의 상호 위치는 변화하지 않는다고 하였다.

점성술적 관념은 아리스토텔레스의 책에는 나타나지 않는다. 플라톤은 별들을 신적 존재로 보는 견해를 가졌으나, 아리스토텔레스는 당시에 이미 갈라디아인들의 천문학적·점성술적 교의가 그리스인들에게 알려져 있었음에도 불구하고, 별들이 신적 존재란 견해나 점성술의 교의를 받아들이지 않았다. 플라톤의 시대에 천문학을 깊이 있게 연구한 에우독소스도 이들의 교의를 배척하였다. 점성술이 도도한 정신적 조류가 된 것은 헬레니즘 시대라고 불린 훨씬 후년의 시기이다.

유성 운동의 불균등을 설명하기 위하여 동심 구면의 이론을 제창한 에우독소스는 이미 각 유성마다 몇 개의 구면을 설정하고 있었다. 이 유성들은 항성과 함께 출몰하므로 우선 그 각각에 대한 항성의 운동에 대응하는 구면을 가정하지 않으면 안 되었다. 그리고 다음에 대원(大圓)이 황도와 일치하는 제2의 구면을 가정하지 않을 수 없었다. 즉, 그것은 유성을 그의 매일의 회전과 반대로 서에서 동으로 그 유성이 수대를 한 바퀴 도는 것과 똑같은 시간에 운동하는 구면이다. 그리고 거기에다 머묾이나 일시적인 역행을 설명하기 위한 구면들을 필요로 하였다. 달과 해에 대해서도 역시 두 개의 구면만으로는 충족될 수 없었다. 그러므로 에우독소스는 천체의 운동을 설명하기 위하여 달과 해에 각각 셋씩, 다섯 개의 유성에 각각 넷씩, 항성들에 하나, 이렇게 도합 스물일곱 개의 구면을 설정하였다. 칼리포스는 거기에 일곱 개를, 아리스토텔레스는 스물두 개를 추가하였다. 따라서 이런 기구는 매우 복잡하게 되어 결국은 이것들을 버리고 '주전원(周轉圓)의 이론'으로 바뀌게 되었다.

에우독소스의 사상을 복원해 낸 것은 스키아파렐리(Giovanni Virginio Schiaparelli, 1835~1910)의 공적이다.[7] 이 구면의 가설은 후세의 시인이나 서구 사람들이 생각한 수정과 같이 투명한 구면의 하늘 뚜껑과 같은 신비적이고 불합리한 것은 결코 아니고, 관측된 현상을 되도록 정밀하게 기술하려는 운동학상의 보조적 표상이었다. 우리가 옛날의 가설을 평가할 때, 오늘의 이론도 원래는 이와 같은 종류의 보조 표상이며 과학의 발전에 따라 새로운 표상으로 바뀌어 갈 것이란 것을 잊어서는 안 된다. 다시 생각하면, 에우독소스 자신은 그의 '동심 구면'이란 '보조 표상'으로 그런 현상을 이해하고 있었는데, 후세의 사람들이 그의 동심 구면에 현실성을 부여하여 해석한 결과 매우 우스운 것이 되고 말았던 것이다. 고대의 저술가에게서 잘 나오는 표현과 같이 "현상을 구하기 위하여" 천체 운동의 이론을 세웠다는 표현 방식에도 특징이 있다. 즉, 현상을 오성이 만족할 수 있는 운동학적 설명과 일치시킨다는 의미이다. 천상에는 원형의 운동만이 가능하다는 원칙이 고수되어 있었다면, 이 동심 구면설이나 뒤에 나온 주전원설도 모두 고대의 천문학자들이 당시 학문의 단계에서 행한 자기의 문제에 대한 훌륭한 해결 방법이다.

하늘도 땅도 구형이란 관념은 고대에 이미 구의(球儀)를 제작하게 하였다. 최초로 제작된 천구의(天球儀)의 하나인 '파르네제의 구의'는 오늘날까지 나폴리의 국립박물관에 보존되어 있다. 이것은 대리석으로 만든 구로서 '파르네제의 아틀라스상'의 어깨 위에 올려져 있다.[8] 이 천구의는 에우독소스 시대에 만든 것의 모조인 것으로 추정된다. 파르네제의 천구의에는 별자리 그림(星座圖)이 새겨져 있는데, 그 별자리의 위치로부터 추정하면 기원전 3세기에 제작된 것의 모조라고 생각된다. 후세에는 아랍인들이 그리스의 항성

---

7 스키아파렐리, 『유클리드, 칼리포스 아리스토텔레스의 동심 구면(1876)』 밀라노.
8 알렉산드로 파르네제는 바오로 3세 법왕이며, 미켈란젤로가 그를 위하여 세운 '파르네제 궁'의 수집이 뒤에 나폴리로 이관되었다.

목록을 써서 천구의의 제작에 훌륭한 성과를 올리게 된다. 그와 같은 13세기에 만든 구의는 몇 개가 오늘날까지 남아 있다. 그러나 지구의의 제작은 지리적 시야가 지구 전체로 확장되기 시작한 발견 시대에 와서 겨우 나타났다.

아리스토텔레스는 천체에서 나오는 열과 빛을 "천체 밑에 있는 공기가 천체의 운동에 의하여 불같이 뜨겁게 된다."라는 것으로 설명했다. 또 "왜냐하면 운동은 나무(木)나 금석을 불같이 뜨겁게 하기 때문이다."라고 부언하였다. 그리고 그는 지구나 천공뿐만 아니라 모든 별들도 구형이라고 하였으며, 이 별들에서 일종의 천체의 음악이 발생할 것이라는 피타고라스학파의 견해에는 동의하지 않았다. 그 이유는 엄청난 굉음은 저항력이 가장 강한 천체조차도 파괴하고 말 것이기 때문이라고 하였다. 그런데도 별이 반짝이는 것을 설명하는 대목에서는 이상하게도 그가 부정한 고래의 시각 이론에 되돌아가고 있다. 그는 이 현상을 다음과 같이 설명하였다고 기록되어 있다.

"유성은 가까워서 시선의 힘이 죽지 않음으로 조용한 빛을 가진다. 그러나 항성에 향한 시선은 거리가 길므로 울렁거려진다. 따라서 천공에 고정적으로 배치된 별들은 반짝거리지만, 유성은 그렇지 않다."

끝으로 혜성에 대하여 아리스토텔레스는 이것을 천체로 간주하지 않고, 지구의 대기 중의 산물이라고 생각하였다. 이 의견에 얼마나 큰 가치를 두었으며 또 혜성에 대한 일반의 관심이 얼마나 컸는지는, 17세기 말까지 많은 나라가 아리스토텔레스의 여러 원리와 함께 이 혜성에 대한 견해에 찬동한다는 것을 공포하는 성명을 하지 않으면 누구도 교수로 임명되지 않았다는 사실에서 명백히 알 수 있다. 아리스토텔레스에게까지 거슬러 올라간 또 하나의 교의가 있었다. 그것은 동양에서 기원한 것으로, 그 최후의 귀결로써 인간 정신의 가장 역설적인 소산을 나타내는 영구 회귀(永久回歸, 아포카다시스)의 설이다. 아리스토텔레스는 그의 저작 가운데의 몇 군데에 다음과 같은 사상을 말하였다.

"별들의 운동과 같이 지상에서 일어나는 모든 일들도 주기적 순환을 하며 진행한다."

이와 같은 것의 예로서, 바다와 육지의 영구한 교체 등을 들었다. 이같이 그 자체로는 바른 사상을, 스토아학파나 후세의 니체(Friedrich Wilhelm Nietzsche, 1844~1900)와 같은 철학자들이 과도하게 과장하여, 모든 일정한 개성을 가진 개개의 것들, 예컨대 한 촌락이나 한 사람의 소크라테스 등에 이르기까지 그와 때를 같이한 생존, 사물, 일어난 일들 일체가 모두 대 세계 주기의 경과와 함께, 영구한 연속에 있어서 회귀되어야 할 것이란 기묘한 교의를 만들어냈다.

인간 정신의 이와 같은 미행(迷行)은 만물의 생성과 소멸에 규칙적인 세력을 가진다는 별들에 대하여 초원의 상태로의 복귀가 가정되어 있다는 데서 설명된다. 이 복귀에 달하면 일체의 사상은 같은 순서로 다시 새로이 재연하게 된다는 이치이다. 그래서 사람들은 현존한 관측에 근거하여 모든 유성이 동일한 위치 관계에 복귀할 때를 계산하려고 시도하였다. 사모스의 아리스탈코스(Aristarchos Samos, BC 310~230)는 이 주기를 2484년이라고 상정하였다. 그리고 또 다른 사람은 수백만 년이라고 계산하였다. 근세의 사람인 티코 브라헤(Tycho Brahe)조차도 '안누스 문다누스(世界年)'라고 불리는 이 주기의 계산을 시도하여, 2만 5816년이라고 산출했다. 이와 같은 사상이 완전히 기각된 것은 유성의 수가 생각했던 것보다 훨씬 많다는 것이 인식된 후의 일이다.

이러한 영구 회귀설의 천문학적 기초가 된 것으로 히파르코스(Hipparchos)의 세차(歲差)의 발견을 들 수 있다. 이 세차에서도 역시 약 2만 6000년의 주기가 도출되었다. 이와 같은 영구 회기설의 교의는 천문학상의 기초가 되었을 뿐만 아니라 지구 물리학적 기초가 될 수도 있었던 것이다. 즉, 대홍수나 강렬한 화산 활동 시기가 규칙적으로 회귀한다는 가정이다. 대개의 경우 이와 같은 지상의 파국이 주기적으로 회귀하는 천문 현상에 결부되어 일어난다고 상정되었다. 홍수의 규칙적 회귀를 설명하기 위하여, 사람들은 지구에는 맥의 관(脈管)이나 째진 틈세(破裂口)가 통하고 있어서, 물을 빨아들였다 내뿜었다 하는 것으로 생각하기도 하고, 대기권의 상층에서 공기가 물로 변한다고 가정하기도 하였다. 기상학적 현상을 깊이 연구한 아리스토텔레스는 후자의 견해를 지지했다.

6. 자연지리학과 지질학의 개척

기상학에 관한 네 권의 책에 아리스토텔레스는 혜성과 유성의 출현을 지구 대기 중의 산물로 보아 포함시키고 있으며, 구름의 모양과 높이에 대한 것, 이슬, 얼음, 눈의 성립에 관한 것, 그리고 바람과 뇌우(雷雨)의 발생 등에 대하여 기재하고 설명을 하였다. 제1권에 그는 북극광(北極光)으로밖에는 생각할 수 없는 현상에 대하여 기술하고 있다. 즉, "맑은 밤에 때때로 천공의 째진(파열) 틈으로부터 진홍색의 불꽃을 뿜는 것과 같은 것이 나타나는데, 이 현상은 마치 아주 먼 곳의 화재(火災)로 인한 것 같은 인상을 준다."라고 했다. 플리니우스(Plinius)나 세네카(Seneca)의 기록에도 극광을 가리킨 것으로 생각되는 것이 두셋 있으나, 이와 같이 명확하지는 않다.

아리스토텔레스는 밀폐된 공기 때문에 지진이 일어난다고 했다. 그리고 무지개에 대하여 아주 상세히 논했다. 그는 이 현상을 오직 빛의 반사만으로 설명하려고 했다. 즉, 무지개가 생기는 현상을, "물방울은 작은 거울을 이루나 미립자라 발광체의 모양을 반영할 수는 없고, 다만 그 색만 자기 자신의 색과 섞어서 반사한다."라고 설명했다.

그는 무지개의 색으로 빨간색, 초록색, 남색의 삼원색만 인정하였고, 빨간색과 초록색 사이에는 이 두 색이 섞인 노란색이 보인다고 하였다. 무지개와 태양의 높이의 관계에 대한 설명도 하였으며, 그리스에서는 여름 정오에는 무지개가 나타날 수 없다고 하였다. 달빛에 의한 무지개는 50년 동안에 두 번만 관찰하였다고 하며, 이 현상은 만월(滿月) 때만 일어날 수 있으므로 매우 드문 일이라고 하였다. 그리고 물을 안개 모양(霧狀)으로 뿌렸을 때 생기는 인공의 무지개에 대해서도 기술하고 있다.

최초의 지질학적 관념은 이미 탈레스나 엠페도클레스에게서 엿보인다. 그리고 지구의 많은 부분을 잘 알고 있던 데모크리토스에게서 이 관념은 놀라운 높이에 도달해 있었다. 이것은 아리스토텔레스가 지질학적 과정을 설명할 때 '데모크리토스에서 유래했다'는 다음과 같은 기술에서 미루어 알 수 있다.

"지구의 한 곳이 항상 습하거나 항상 건조한 것이 아니며, 하천의 성립과 소멸에 따라 변화한다. 이와 같이 육지와 바다의 관계도 변화한다. 육지이던 곳이 바다로 되고, 현재 바다인 곳이 육지로 된다. 우리는 이것이 수기적으로 행해진다고 가정하지 않으면 안 된다. 육지의 자연적 생성은 대체로 매우 완만하여, 우리의 생애에 비하면 말할 수 없이 긴 기간에 이루어지므로, 우리는 그것을 감지할 수 없다. 예를 들면, 이집트는 점점 건조하게 된 것으로, 국토 전체가 나일 강의 충적(沖積)으로 보지 않을 수 없다. 알프스에 대해서도 같다. 옛날에 이 토지는 습하여 거주자가 거의 없었다. 그러나 오늘에는 개간이 되고 있다. 이 한정된 작은 지방에 대한 것은 육지 전체에도 적용된다. 어떤 사람은 변천하고 있는 천계 전체의 변화가 이러한 과정의 원인이라고 가정하고 있다. 또 바다는 마르고 있으므로 감퇴한다는 주장이 있다. 이 주장은 지구의 어떤 부분이 마르고 있을 때, 타 부분은 바다로 덮이고 있다는 사실을 간과하고 있기 때문이다."

이중에 바다의 물은 점차로 줄어들어 끝내 바다는 소멸한다는 가설은 데모크리토스에게서 나온 것으로, 그는 이미 아리스토텔레스 이전에 지표의 모양은 지질학적 시대의 경과에 따라 변화한다는 거대한 사상에 도달해 있었다. 그리고 지질학적 변화는 우주론적 원인에 기인한다는 것도 데모크리토스에게서 나온 것이다.

아리스토텔레스는 하늘을 불변의 존재로 생각하였으므로, 이 생각을 배척하였다. 결국 우리는 데모크리토스의 자연관이 많은 점에서 아리스토텔레스의 자연관보다 앞질러 오늘날의 견해에 접근해 있었다는 것을 알 수 있다. 오늘날은 우주적 과정이 지표의 긴 세월에 걸친 점차적 변동에 작용한다는 것은 더 이상 부정할 수 없게 되었다. 그리고 지구상의 물의 양이 부단히 감소한다는 가정도 오늘날의 지질학적 표상과 일치한다. 이 과정은 모든 물이 암석의 풍화와 기타의 변화에 사용되어 종결될 것으로 본다.

바다는 태양열로 증발하여 없어지지 않는다는 것은 데모크리토스도 명확하게 이해하고 있었다. 즉, 증발한 물이 끊임없이 비가 되어 다시 지구로 떨어진다는 것을 그는 알고 있었다. 이것은 그가 나일 강 물이 불어나는 것을 설명한 것에서 엿볼 수 있다. 데모크리토스의 물의 순환에 관한 명석한 학설을 근거로 하여, 아리스토텔레스는 다음과 같이 설명하였다고 생각된다.

"어떤 사람은 주장하기를, 하천에서 바다로 흘러 들어갈 뿐만 아니라, 바다에서 하천으로도 흘러 들어간다고 하였다."

즉, 바다의 물은 증발하여 상승해서 그곳에서 냉각되어 응결한 결과 비가 되어 지상에 떨어져서 다시 하천에 흘러 들어간다는 것이다. 이와 같이 지표가 변화한다는 대사상을 로마의 시인 오비디우스(Ovidius Naso)는 다음과 같이 노래하였다.

이리하여 이 땅도 변천을 겪는도다.
한 때의 마른땅도 저기 보이는 바다인 것을, 파도치는 저곳이 언덕이 됨을 보리라.

해변을 멀리 떠나 조개껍질을 보니, 산상에서 그 옛날의 닻을 보리라.

평지가 낙수로 계곡으로 변했으니, 저 산이 씻겨서 평지가 되리라.

그 옛날의 습지가 말라 갈라지니, 옛날의 마른땅이 습지가 되어 그곳에 물이 솟으리라.

오, 위대한 자연의 힘이여! 변화여! 시간의 흐름이여!

최초의 지질학적 사상이 성립됨에 있어서, 가장 오랜 문화민족인 이집트인의 국토가 부단한 변화 속에 있다는 징후를 나타내고 있던 사정은 큰 의의를 가지고 있다. 이집트인의 기억이나 기록은 수천 년의 긴 세월에 걸쳐 있으므로, 그들의 국토가 나일의 하류에서 끊임없이 북방으로 뻗어 나가고 있는 것을 인식하였을 것이다. 수에즈 지협의 소금호수(염호, 鹽湖)들은 바다의 잔존(殘存)이라고 생각할 수밖에 없었다. 이집트가 바다에서 서서히 융기한 것은 그 산악 지방에서 발견되는 화석들이 나타내고 있다. 관찰 사례가 적은 데도 불구하고, 그것에 기초하여 고대의 사람들이 에라토스테네스(Eratosthenes)나 아리스토텔레스 특히 데모크리토스에서 볼 수 있는 것과 같은 지질학적 과정의 명석한 이해에 도달한 것은 훌륭하다고 하여야 마땅하다. 이들 고대의 지질학의 단서는 후세의 16~17세기에 과학을 바로잡는 데 적잖게 영향을 주었다는 것을 잊어서는 안 된다. 이 영향의 깊이는 데모크리토스에 의하여 명석하게 전개된 고대의 학설 중 특히 아리스토텔레스의 중개로 근세의 지질학에 작용한 것을 명확히 지적할 수 있을 정도이다.

7. 아리스토텔레스의 4원소설

아리스토텔레스는 그의 저서 『기상학』의 끝에 네 가지 원소에 대하여 논하고 있다. 이 대상에 관한 상세한 논술은 『발생과 소멸에 대하여』란 책에 있다. 아리스토텔레스는 네 가지 원소만이 있다는 것을 사변적 방법으로 증명하고 있는데, 이 논의는 아리스토텔레스의 사고 방법을 평가하는 데 아주 적합하므로 잘 살펴보자. 그가 설명한 바로는 네 가지 기본 감각인 '한(寒), 난(暖), 건(乾), 습(濕)'이 있다. 이들 감각은 두 개씩 짝이 되어 감수된다. 수학적으로 말하면 그 같은 짝은 네 개 중 두 개씩의 조합인 여섯 개가 있는데, 그중에 두 개는 서로 모순되어 짝이 될 수 없다. 즉, '난과 한', '습과 건'은 짝이 안 된다. 따라서 대상은 네 개만 있을 수 있고, 그에 대응한 네 개의 원소만이 있다. 한과 건의 짝에 대응한 것은 흙(土), 한과 습의 짝은 물(水), 난과 습의 짝은 공기(空氣), 난과 건의 짝은 불(火)이다. 그리고 이들 4원소의 혼합에 의하여 지구에 있는 모든 물질이 생긴다.

이러한 각 원소에는 각각의 자연적 장소가 있어서 그 방향으로 운동한다. 그는 물질은 주어져 있는 것으로 전제하고, 그것은 무에서 생길 수도 없고, 증감할 수도 없으며, 그것은 다만 변화할 수 있을 따름이다. 변화는 같지 않은 것이나 대립적인 것이 상호 작용함으로써 생긴다. 이 작용은 접촉에 의하여 일어나나 접촉이라고 하여 반드시 직접 접촉하는 것만은 아니다. 도리어 중간물질의 매개에 의해 생기는 경우가 많다. 즉, 중간물질의 각 부분이 바로 옆에 운동을 전달해 간다. 궁극에 있어서 일체의 변화는 질적인 것이나 양적인 것의 구분을 불문하고 모두 운동에 기인한다. 물체는 일단 운동하면 저항 물에 부딪치지 않는 한 중지할 이유가 없다. 다시 말하면, 정지하는 것은 저항을 나타내며, 자기의 장소에 언제까지나 머물러 있다.

이런 명제 안에는 그 후 전체적으로 또는 부분적으로 진실을 입증하게 될 것의 싹틈이나 예상이 이미 나타나 있다. 물질 보존법칙(物質保存法則)의 암시와 더불어 에너지 보존 법칙의 예상도 이미 세워져 있다. 그것은 자연 중의 운동은 발생하지도 않고 소멸하지도 않는다는 표현 속에 나타나 있다.[9] 아리스토텔레스는 종종 순수한 우연에서 정곡을 찌르는 것도 잊어서는 안 된다. 공기는 두 가지의 구성 요소로 되며, 지면에 가까운 곳에서는 습하고 냉하며, 높은 곳에서는 건하고 난한 요소가 더 강하다고 말한 것이다.

아리스토텔레스에 의하면 생성에는 네 가지 원인이 있다. 생성의 근본인 질료인(causa materialis), 목적에 부합한 형상인(causa formalis), 일하는 동력인(causa effectens), 그리고 목적인(causa finalis)이다. 생물에 있어서는 질료인에다 자기 전개를 위하여 나머지 세 원인이 하나로 나타난 '애렌케이아', 즉 질료를 써서 자기 자신을 위하여 자기 자신을 실현시켜 나가는 형상이다. 말하자면 본질적 현상에의 자기실현인, '영혼'이라고 하였다. 영혼의 종별은 생물의 계층적 서열을 결정한다. 영혼의 최하단에는 식물적 영혼이 있다. 이것은 영양 섭취와 생식에 한정되어 식물 안에서 일한다. 동물적 영혼은 이것 외에 감각 능력을 가지며, 인간의 영혼은 이성이 추가된다. 그는 인간은 전 창조의 목적이며 중

---

9 아리스토텔레스, 『물리학』 제8권의 1, 『형이상학』 제12권의 6.

심이라고 보았다. 인간에 있어서는 윤리적인 감(感)이 의식으로 올라온다. 그는 영혼은 자존하는 것이 아니며, 스스로 물체적으로 되지 않고도 질료에 결부되어 있다고 보았다. 이 영혼은 질료에서 육체를 만들며, 육체를 목적에 일치하도록 작용하는 것이다.

4원소설은 히포크라테스나 플라톤 학파에게 병의 발생을 설명하는 데 알맞은 기초가 되었다. 신체는 흙, 불, 물, 공기로 이루어져 있으므로, 이 원소의 하나가 너무 많거나 너무 적거나 그들이 있어야 할 위치가 변하면 반드시 조화가 무너져서 병이 일어난다고 말하였다. 아리스토텔레스 자신도 어떤 병은 습기가 너무 많아서, 또 다른 병은 열이 너무 많아서 생긴다고 설명하고 있다. 그는 연령이 많아짐에 따라 폐 속에 흙 성분이 침체해서 불기운이 꺼져 죽는다고 생각했다. 아리스토텔레스의 원소는 오늘날의 화학 원소와 같은 것은 아니나 동시에 '이오니아 자연철학자들의 물활설(物活說)'과 비슷한 것도 아니다. 그는 물활설을 비난하여, "단 하나의 것이, 예컨대 공기가 전부란 것은 성립하지 않는다."라고 말했다. 그의 의견은 "감각적으로 지각할 수 있는 여러 물체를 이루는 하나의 실체는 있으나, 그것은 항상 대립성을 부여받고 있어서 그 대립성에서 소위 원소가 생긴다."라고 말하였다.[10]

8. 동물학의 수립

수학과 천문학은 아리스토텔레스가 나오기까지 이미 발전의 제일 단계를 거치고 방향을 명확히 설정하여 일정한 과제의 해결에 나아가고 있었으나, 이 기술적인 자연과학에 관해서는 그렇지 못했다. 물론 이 분야에서도 천문학과 같이 갈수록 늘어나는 직접적인 관찰 사항의 기초는 있었다. 그러나 연관이 없다시피 한 박물학 상의 개별 지식을 논리적으로 파악하여 체계화하는 일은 아리스토텔레스와 그의 학파에게 남겨져 있었다.

아리스토텔레스의 가장 중요한 동물학상의 저작은 『동물학(動物學)』이다. 이것은 근본적인 역작이며 고대 최대의 동물학서이다. 그 내용은 동물의 기술뿐만 아니라, 그의 구조나 기관의 기능, 그리고 발생이나 생태에까지 이르고 있다. 이제 간략한 개관으로 아

---

10 아리스토텔레스, 『생성과 소멸에 대하여』 제2권 5, 1.

리스토텔레스의 지식과 그가 대상을 취급한 방법의 실례를 살펴보자.

그는 우선 인체에 대해 기술했다. 그러나 내부 기관의 연구에는 동물을 이용하지 않으면 안 되었다. 아직 인간의 시체 해부를 시도할 수 없었기 때문이다. 따라서 그의 해부학적 지식은 아직도 빈약했다. 심장에 대해서 그는 모든 장기 중에 이것만이 혈액을 품고 있다고 말했으나, 그에게는 이 심장만이 혈액을 만드는 유일한 기관으로 생각되었다. 그는 혈액이 심장으로부터 신체 중으로 퍼진다고 하였으나, 순환이란 표상은 없다. 그리고 혈액은 사람의 몸을 가열하고, 호흡은 몸의 열을 적당히 냉각하기 위한 것으로 생각했다.

이와 같은 그의 견해가 오늘날 우리가 다 알고 있는 바른 관념으로부터 동떨어져 있다고 하여 놀랄 것은 없다. 생물체에서 행해지는 이와 같은 과정은 그 후 수십 세기 동안 가장 곤란한 문제였으며, 오늘의 우리도 이 과정에 관해서 아직 충분한 지식에 도달하지 못하였기 때문이다. 이와 같은 과정의 해명은 특히 화학과 물리학의 진보와 연관되는데, 아리스토텔레스 시대에는 이들 과학이 겨우 싹트기 시작하였다. 호흡과 동물 열의 단순한 과정조차도 대기의 조성과 역할을 알게 된 후에 비로소 바르게 해명된 것으로, 18세기 말에 현대 과학의 문턱에 들어선 때의 일이다.

아리스토텔레스가 생물의 기능과 발생의 문제를 세워, 후세에 이 문제의 연구를 촉진할 기연(機緣)을 준 공로는 실로 크다. 계란 안에서 병아리가 발생하는 것도 그가 이미 손댄 문제이다. 그러나 이로부터 한 걸음 나아간 연구는 2000년을 지난 후에야 다시 하게 되었으며, 최근에 이르러 모든 보조 수단이 완비됨에 따라 어느 정도의 결론을 얻었는데 지나지 않는다. 아리스토텔레스에게서 생물의 자연발생 사상을 엿볼 수 있다. 그러나 그는 하등동물뿐만 아니라 고등동물까지도 자연발생으로 생긴다고 한 것은 기이하다. 그러나 이것도 역시 여러 세기에 걸쳐 모색되고 여러 변천을 거쳐 최근세에 이르러서야 겨우 어느 정도의 해결을 본 문제이다. 그는 이(蝨)가 고기(肉)에서, 빈대가 동물 체액에서 생긴다고 한 것은 이해되나, 장어(鰻)의 발생에 대한 그의 기묘한 표상을 살펴보자. "장어는 알을 낳지 않는다. 그리고 이것에서 생식용의 기관을 아직 발견하지 못했다. 늪의 물과 진흙을 모두 걸러내어 버려도 빗물이 고이면 다시 그곳에 장어가 발생하는 수도 있다. 즉, 장어는 진흙(泥)에서 스스로 발생한다." 이것도 변명할 수 없는 것은 아니다. 왜냐하면 장어의 번식은 최근세까지 동물학이 밝히지 못한 암흑한 분야였다.

그러나 아리스토텔레스는 자연발생이 하등동물의 유일한 발생 방법이라고는 생각하지 않았다. 그는 곤충에 대하여 새끼도 낳으나 자연발생에 의해서도 생긴다고 분명히 말하고 있다. 자연발생은 그와 그 후의 동물학자들에게, 바른 관계를 알 수 없을 때 그 곤경을 벗어나는 구실이었다. 발생의 과정 그 자체에 대해서 아리스토텔레스는 『동물의 생식과 발생에 대하여』라는 저서에서 다음과 같은 적절한 말을 하고 있다.

"동물의 모든 부분이 한꺼번에 발생하거나, 그렇지 않으면 그물의 매듭과 같이 차례로 발생할 것이다. 그런데 후자임이 명백하다. 왜냐하면 이미 된 부분이 있는데도 다른 부분이 아직 되지 않은 것을 볼 수 있기 때문이다. 그것이 작아서 눈에 보이지 않는 것이 아니라는 것도 확실하다. 그렇게 말할 수 있는 것은, 폐장은 심장보다 훨씬 큰데도 심장보다 훨씬 뒤에 나타나기 때문이다."

아리스토텔레스의 해부학적 지식에 대하여 특기할 만한 것은, 그가 내이(內耳)의 와우상(蝸牛狀)이나, 청각기관과 구강(口腔)의 연결을 알고 있었다는 것이다. 그리고 눈의 내부에 대한 그의 기술은 다음과 같이 정확하다.

"그 안에는 일종의 액체가 들어 있어서, 이것이 시각 작용의 매체가 된다. 그 액체를 둘러싼 검은 피막이 있고, 그의 외측에 흰 피막이 있다."

뇌수(腦髓)에 대해서도 그는 두 개에 접한 강한 피막과 직접 뇌수를 싼 연한 피막을 구별하고 있다. 소화 기관의 선(腺)에 대해서도 그는 대체로 맞게 기술하고 있으며, 또 두셋의 무척추동물의 선도 알고 있다. 그리고 그는 자기의 저작에 삽도를 넣어 설명하였는데, 이것은 후세에 좋은 본이 되었다. 그러나 그는 신경과 건(腱)을 명확하게 구별할 수 없었고, 근육의 의의도 잘 몰랐다. 그는 관절의 운동을 건의 일이라고 하였고, 육(肉)은 감각을 위한 기관으로 생각했다.

현재까지 남아 있는 아리스토텔레스의 저서 중에서 기술한 동물의 형체는 약 500에 달하나, 그 모두가 오늘날의 것에 비교하여 인정받을 수 있다고 말할 수는 없다. 예를 들면, 사수류(四手類)도 여러 종류 있으나, 유인원은 그의 시대에는 아직 알려져 있지 않았을 것이다. 하등동물도 소수만 알고 있었다. 그러나 그는 자기가 알 수 있는 형태를 잘 처리하고 소화하여, 그것들을 자연에 일치하는 과학적 계통으로 분류했다. 이것이야말로 그의 가장 중요한 공적이며, 이 분류는 19세기 초에 퀴비에(Georges Baron de Cuvier)가 처음으로 근본적인 개정을 할 때까지 통용되었다. 그래서 이 최초의 훌륭한 동물의 자연 분류법을 좀 더 상세히 살펴보기로 한다.

아리스토텔레스는 전 동물계를 우선 유혈동물(有血動物)과 무혈동물로 나누었다. 물론 이때에 혈액은 반드시 붉은색이란 잘못된 가정에서 출발하였으나, 이 두 부문의 세목을 보아도 사실상 오늘의 척추동물과 무척추동물에 일치한다. 유혈동물은 태생사족류(胎生四足類), 조류(鳥類), 난생사족류(卵生四足類, 사지가 없는 뱀도 포함시켰음), 고래류(鯨類), 그리고 어류(魚類)의 다섯 종류로 분류했다. 그는 고래 종류에 대하여, 폐로 호흡하고 태생인 것을 들고 있다. 그리고 태생사족류에 대하여 그는 다음과 같이 말하였다.

"태생사족류는 대개 털이 짙게 나 있다. 그리고 사자, 개, 표범과 같이 다지(多趾)이거나 양, 산양, 사슴과 같이 발굽이 둘인 것과 말같이 하나인 것이 있다. 뿔이 있는 동물에게는 자연은 대개 두 개의 발굽을 주었다. 뿔이 있는 단일 발굽 종류는 찾아볼 수 없다. 저작 기관도 동물에 따라 다르며, 인간과는 매우 다르다. 태생사족류는 모두 이빨을 가졌고, 양악(兩顎)의 치열은 연속이거나 중간이 빠져 있다. 뿔이 있는 것은 모두 상악의 전치가 없다. 그러나 낙타와 같이 뿔이 없어도 치열은 불완전한 종류도 있다. 멧돼지와 같이 어금니가 있는 것도 있다. 그리고 사자, 표범, 개와 같이 송곳니가 있는 동물도 있다. 어금니와 뿔을 동시에 가진 동물은 없으며, 송곳니도 어금니나 뿔과 함께 있는 일은 없다."

아리스토텔레스는 여기에서 포유류(哺乳類)의 이빨과 발의 구조에 대하여 많이 보고도 하고 일반화도 하였으나, 오늘날의 목(目)이나 아목(亞目)을 세우지는 않았다. 그러나 조류는 맹금목(猛禽目), 수금목(水禽目)과 섭금목(涉禽目)으로 나누었다. 조류의 분류는 다음과 같은 설명으로 그 특징을 지적하고 있다.

"모든 동물 가운데 조류만이 사람과 같이 두 발이다. 조류는 두 손이나 앞발이 없는 대신에 두 날개가 있다. 이것은 이 동물의 특징적 기관이다. 조류는 모두 몇 개의 마디를 가진 다리가 있다. 발가락은 통례로 나누어져 있는데, 수금 종류에게는 관절이 있고 분명히 나누어진 발가락이 복으로 연결되어 있다. 그리고 하늘을 나는 조류는 모두 다 네 개의 발가락(趾)을 가지며, 그중 셋은 앞으로 향하고 있고 하나는 뒤로 향하고 있다. 그러나 어떤 것은 두 개씩 전후로 향한 발가락을 가지고 있다."

그의 분류에서 다섯 번째 부류인 어류에 대하여, 그는 '지느러미'와 '아가미'의 존재를 특징으로 들고 있다. 그는 고래 종류(鯨類)뿐만 아니라 교류(鮫類)에도 태생이 있다는 것을 알고 있었다. 그뿐 아니라 그는 근대에 와서 비로소 확증된 교류의 발생 사정도 잘 알고 있던 것이 나타난다. 즉, 그는 교류에는 난생인 것과 태생인 것이 있고, 후자 중에는 포유류와 같이 태아가 태반에 의하여 자궁에 연락되어 있는 것도 있다고 말하고 있다. 이 사실은 19세기에 처음으로 요하네스 뮐러(Johannes Müller)에 의하여 가오리(平滑鮫, Mustelus levis)에서 재발견된 것이다.

그는 무혈동물 가운데 두족류(오적류)가 가장 진보한 것으로 보고, 그것의 체제와 생태를 깊이 규명하였다. 그는 다음과 같이 기술하였다.

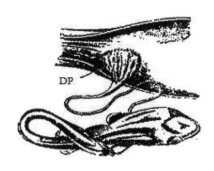

아리스토텔레스의 평활교의 태아
(DP: 자궁에 연락된 태반)

"그것들은 머리에 붙은 발과 내장을 싼 외투막과 외투막을 둘러싼 지느러미들을 가지고 있다. 발은 여덟 개이며 흡반(吸盤)이 붙어 있고, 오징어(烏賊)와 같은 종류는 이 외에 두 개의 잡는 발이 더 있어서 이것으로 먹이를 잡아서 입으로 가져가며, 놀 때는 이 팔을 닻과 같이 바위에 걸쳐서 파도에 흔들거리게 몸을 맡긴다. 어느 것이나 모두 다리는 머리에 바로 붙어 있고, 그 중앙에 두 장의 이(齒)가 붙은 입이 열려 있다. 그리고 그 위에 큰 눈이 있고, 눈과 눈 사이에 뇌수(腦髓)를 싼 연골(軟骨)질의 덩어리가 있다."

둘째로 그가 '연각류(軟殼類)'라고 이름 지은 갑각류를 두고, 셋째 부류에 곤충류를 두고 있다. 그리고 곤충류 밑에는 고유의 곤충류가 아닌 거미 종류(지주류), 다족류(多足類), 환충류(環蟲類)나 편충류(扁蟲類) 등 몸에 환상(環狀)의 이음새가 있는 모든 것을 포함시키고 있다. 그는 곤충류의 특징을 다음과 같이 기술하였다.

"모두 몸은 세 부분으로 나누어져 있으며, 머리 부분, 위(胃)와 장(腸)을 담고 있는 부분, 그리고 그 중간에 있는 타 동물의 가슴과 등에 상당한 부분으로 이루어져 있다. 그리고 곤충은 눈 이외에는 분명한 감각기관을 가지고 있지 않다. 그리고 독침을 가진 것도 많다. 독침은 꿀벌이나 노랑벌과 같이 체내에 있는 것, 전갈과 같이 체외에 있는 것도 있다. 이 전갈은 모든 곤충 중에서 오직 긴 꼬리를 가졌으며, 집게(鋏)도 가지고 있다. 어떤 곤충은 나비(蝶)나 투구벌레(갑충)와 같이 눈 위에 촉각(觸角)이 있다. 체내에는 보통 항문까지 곧바른 장(腸)이 있으나, 구부러진 것도 있다."

곤충 중에서 특히 꿀벌의 체제와 생태가 그의 관심을 끌었다. "꿀벌은 식물을 발에 묻혀 벌집으로 가져와서, 꿀을 소방(巢房) 안에 토해낸다."라고 기술하였다. 그는 벌집의 구조와 구더기, 번데기에 대해서 기술했고, 밀랍의 유래와 역할에 대한 상세한 지식도 가지고 있었다. 이 중요한 곤충에 관해서는, 17세기에 스바메르담(Jan Swammerdam, 1637~1680)이 현미경을 이용하여 근세적 자연 연구의 원칙에 따라서 훨씬 깊은 통찰을 하기까지는 아리스토텔레스에 비견할 만한 좋은 기술은 찾아볼 수가 없다.

넷째 부류로서 고동류(권패류), 조개류(이매패류) 등을 일괄하여, 그가 이름 지은 껍질 동물류(각동물류)를 두고, 그 특징으로 딱딱한 껍질이 있고, 몸은 그 껍질 안에 있으며, 부드럽고 고리마디가 없다는 것을 들고 있다. 끝으로 다섯째의 부류, 즉 해서류(海鼠類), 해성류(海星類), 해면류(海綿類)에게는 동물계와 식물계와의 매개적 지위를 주었다.

아리스토텔레스가 그의 동물학적 저작 중에 행한 많은 고찰로부터 알 수 있는 것은, 그가 목적론적 입장에서이기는 하나 이미 근세 생물학이 주창하는 적응(適應)의 사상을 가지고 있는 것이다. 이 말의 뜻은, 동물의 생태와 환경과 구조는 상호 대응한다는 것이다. 그러나 개개의 기관도 이에 못지않게 상호간과 전체 구조에 대하여 어떤 관계가 있으며, 근세 최대의 동물학자 퀴비에는 이것을 '기관의 상관'이라고 불렀다. 이 점에 있어서 아리스토텔레스의 생각이 얼마나 퀴비에나 근세 생물학과 잘 일치하는지는, 예컨대 이빨(齒)에 관한 그의 고찰을 보면 알 수 있다.

"동물에 이빨이 있는 것은 일반적으로 씹기 위한 것이나, 또 하나는 공격과 방어의 무기로서다. 이를 공방의 도구로 한 것 중에, 어떤 것은 멧돼지와 같이 송곳니(牙)를 가지고, 다른 것은 물어뜯을 수 있는 예리한 이빨을 가지고 있다. 이러한 동물의 강점은 그의 이빨에 있다. 그래서 이러한 이빨은 예리하지 않으면 안 되므로, 상하의 마찰로 둔해지지 않도록 잘 물리게 되어 있어야 한다. 그리고 예리하게 뾰쪽한 이를 가진 동물은 깊게 째진 입이 필수적이다. 즉, 그들의 무기는 무는 것인데, 입이 깊게 찢어져 있으면 그만큼 많은 이빨 강하게 물 수 있기 때문이다."

　동물의 영양에 대하여도 식물의 영양과 함께 많은 올바른 표상을 그는 만들었다. 그는 신체의 모든 성분은 섭취된 식물(食物)이 전화하여 된다고 했다(『동물학』 제1권 64). "지방, 담즙과 같은 물질을 위하여 각각 정하여진 영양물이 있는 것 같다. 이것들은 혈액 중에서 혈관 벽을 투과하여 누출해서 제자리에 가서 거기서 분리된다. 지방은 곡물 가루와 같은 달고 지방으로 변하기 쉬운 식물로부터 된다."라고 했다.

　아리스토텔레스는 정액(精液)을 혈액의 가장 중요한 분비물로 보았다. "이것은 물과 흙 외에 특히 생명을 일으키는 따뜻한 영기(靈氣, pneuma)를 함유하고 있다. 흙이 광물로 변할 수 있는 것과 같이 정액에 함유된 흙이 동물로 변한다. 강한 골격을 가진 동물은 특히 흙의 함유도가 높은 정액으로부터 생긴다."라고 말했다. 아리스토텔레스에 의하면 영혼과 육체는 하나로 통일되나, 그것은 육체가 영혼의 기관이란 뜻만의 통일인 것은 물론이다. 어떤 동물은 그의 몸을 절단하여도 그의 각각의 부분이 따로 살아간다는 사실이 이것을 뒷받침한다고 하였다.

9. 아리스토텔레스의 식물학설

그 시대의 지식의 총체를 철학자의 입장에서 수집, 검토, 체계화하려고 노력한 아리스토텔레스가 식물을 돌보지 않았을 리가 없다. 그러나 이 식물에 대하여 연구한 그의 저작 『식물의 이론』은 아깝게도 잃어버리고 말았다. 우리가 식물의 본성에 관한 아리스토텔레스의 견해에 대하여 알고 있는 것은, 그의 다른 저작 중에 산재해서 찾아볼 수 있는 단편적이기는 하나 수많은 그의 논설들이다. 그중에 특히 흥미를 느끼는 것은 그가 동물과 식물의 친척 관계를 논설하고 있는 것이다. 즉, "자연은 점차적으로 영혼이 없는 것에서 영혼이 있는 것으로 이행하고 있다. 영혼이 없는 것의 바로 다음에 식물이 온다. 식물 중에는 생명을 나누어 가진 것의 다소에 따라 상호간에 구분이 생긴다. 식물을 무생물과 비교하면 영혼이 있는 것으로 보이나, 식물을 동물과 대조하면 영혼이 없는 것으로 보인다. 그렇지만 식물에서 동물로의 이행은 연속적이다. 왜냐하면 해수에 사는 약간의 종류들은 동물인지 식물인지 판단할 수 없는 것들이 있다."라고 하였다.

아리스토텔레스는 식물과 동물의 분할 가능성에 대하여도 고찰하고 있다. 즉, "한 수에서 다른 한 수를 빼면 또 다른 한 수가 생긴다. 그런데 식물이나 많은 동물은 그것을 분할하여도 전과 변하지 않는다." 하등동물과 식물이 유기 구조의 통일성을 결여한 점에 있어서 상호 일치하는 것은 그가 바르게 지적한 것과 같다. 그 결과 유기체의 낮은 부분은 그대로 생활을 지속해서 독립된 생물로 성장할 수 있다. 그리고 양자 다 생식이 주요한 목적이며 일체의 체제가 이 목적에 집중되어 있는 것도 상호 유사하다고 했다.

식물의 영양에 대해서도 그는 사색했다. 그는 식물의 뿌리는 동물의 입과 닮은 기관이라고 불렀다. 둘 다 영양을 취하기 때문이다. 토지는 식물을 위하여 준비된 영양을 함유하여 소위 식물의 배(腹)와 같은 역할을 하나, 동물은 이 토지를 장(腸)의 내용물로서 자기의 몸 안에 가지고 있어서 거기서 영양을 섭취한다. 마치 식물의 뿌리가 하는 것과 같이 어떤 닮은 기관에서 양분을 취하지 않으면 안 되게 되어 있다고 생각된다. 그의 독창적이며 근본적인 이 바른 생각을 읽고, 동물의 체내에 뿌리에 꼭 들어맞는 '소장 털(소장융모, 小腸絨毛)'이란 현대어를 연상하지 않는 사람이 있을까? 그는 동물과 식물의 영양에 대하여 본 것과 같은 관계를 발생에 대하여 가정하고 있다. 즉, "식물이 토지로부터 영향을 받는 것과 같이 태아는 자궁에서 영향을 받는다."라고 했다.

발생의 문제에서는 식물은 종자에서 나거나 스스로 발생하는가의 어느 것이라고 가정하고 있다. 후자, 즉 자연 발생은 흙이나 식물이 섞으면 일어난다고 했다. 끝으로 성(性)의 문제에서는, 그는 식물에서는 암컷과 수컷으로 분리해 있지 않으며, 따라서 자가생식을 한다고 말한다. 이와 같은 것을 어느 정도는 동물에 대해서도 말할 수 있다고 했다. 왜냐하면 동물도 생식하려고 할 때는 둘이 하나가 되기 때문이다. 그래서 동물은 암컷과 수컷으로 나누어진 식물이라고 말할 수 있다고 했다.

이와 같이 우리는 아리스토텔레스의 저작들에 흩어져 있는 말에서, 그가 식물에 관한 사색을 깊이 하였고, 많은 가치 있는 관찰 결과와 이론을 밝혀주었다는 것을 알 수 있다. 그래서 식물학에 대한 저술도 했을 것으로 짐작된다. 거기에다 식물에 관한 조직적인 저작을 남긴 최초의 사람이, 그의 문하인 테오프라스토스이다. 이 사람은 식물학에서 아리스토텔레스가 동물학에서 가진 것과 같을 정도의 중요성을 차지하고 있다.

10. 테오프라스토스의 식물학 수립

테오프라스토스(Theophrastos, BC 371~286)의 생애에 대하여 디오게네스와 플루타르코스(Plutarchos, 46~120)의 기사가 전하고 있으나, 자세한 것은 거의 모르고 있으며 전설이나 과장에 덮여 있다. 그는 기원전 371년에 레스보스(Lesbos) 섬의 에레소스에서 태어났다. 그는 철학에 몸담았으나, 최초에는 원자론자 레우키포스에게, 다음에 플라톤에게, 그리고 최후에 아리스토텔레스에게로 갔다. 테오프라스토스(신과 같은 변설가)란 이름은 그가 웅변가이므로 세인이 부른 이름이다. 아리스토텔레스의 사후, 그의 사랑하는 제자이며 친구이기도 한 테오프라스토스는 아테네의 철학 학교의 지도를 이어받아 이것을 최고로 번영케 하였다. 그는 아테네에서 비견할 자가 없는 명성을 얻었다. 그의 평판은 외국에까지 높아져서, 이집트 왕 프톨레마이오스 1세(Ptolemaios I Soter, BC 323~285)가 그를 알렉산드리아에 초빙하려고 했다. 그리고 그가 조국에서 얼마나 존중되었는가에 대한 다음과 같은 말이 있다.

> "어떤 사람이 그가 신을 섬기는 마음이 없다고 제소했다. 그런데 사람들은 그의 고소를 받아들이지 않았을 뿐 아니라, 고소인이 도리어 고소당할 뻔했다."

테오프라스토스는 창조력은 아리스토텔레스에 미치지 못했으나, 자연과학 상의 개별적 지식의 넓이는 그를 능가했다. 그는 바른 개념을 이루는 유일한 방법으로써 다수의 개별적 사례의 관찰에 최대의 가치를 두었다. 그리고 타인의 관찰을 이용할 때는 극히 비판적 태도로 의심할 여지가 있는 것을 감추지 않았다. 그의 근면은 지칠 줄 몰랐으며, 고령이 될 때까지 쉴 줄 몰랐다. 죽음에 임해서도 그는 과학 활동을 중지하는 것을 한하여 인생의 짧음을 한탄하였다고 한다. 고대의 사가는 그의 사교적인 태도도 칭찬하고 있다.

마르크스 키케로(Marcus Tullius Cicero, BC 106~43)에 의하면, 그는 거칠게 깎은 덕성만으로부터는 지극한 행복(至福)은 생기지 않는다고 말했다고 한다. 그리고 그는 최고의 웅변가였고, 자기의 말의 충분하고도 좋은 효과를 노려 자기의 몸짓이나 표정을 일치시킬 줄 알았다고 한다. 그의 저작 수도 그의 특별한 근면을 입증하고 있다. 디오게네스(Diogenes, BC 412~323?)에 의하면 227개의 표제를 들고 있으나, 아깝게도 대부분 잃어버리고 말았다. 그것들은 수학, 천문학, 식물학, 광물학, 기타 아리스토텔레스가 세운 철학 체계의 모든 분야에 걸쳐 있었다. 그는 기원전 286년에 85세에 사망했다. 그는 그 학교에 식물원과 수업을 위한 강당을 기증하였다.

그의 식물학 상의 주요 저서인 『식물학』 9권은 다행히 완전히 전해졌다. 그러나 그의 『식물의 기원에 대하여』란 저술은 유감스럽게도 불완전하게 남았다. 이 『식물의 기원에 대하여』란 책의 '식물학'에 대한 관계는, 마치 아리스토텔레스의 '동물학'에 대한 한층 더 철학적인 동물학서 『동물의 각부에 대하여』 등과의 관계와 같다. 아리스토텔레스 이전에는 식물은 직접 식용이 되는 것 이외는 주로 의학적인 필요에서 주목되었다. 이러한 식물의 채집이나 약즙(藥汁)의 조제는 이미 기술한 것과 같이 '뿌리 캐는 사람(근굴인, 根堀人)'에 의하여 전문적으로 행해지고 있었다. 이것은 오늘날 제약가의 조상이다. 이제 과학상의 관심에서 동물계와 나란히 식물계에도 주목받게 되었다. 이미 인멸된 아리스토텔레스의 『식물의 이론』을 도외시하면, 그리스인에 알려진 식물을 그의 생활 조건이나 일반 형태학까지 넣어서 정세하게 논고한 것은 이 테오프라스토스의 책이 최초의 것이다. 이 책에 대하여 좀 더 자세히 살펴보자.

이 책을 읽고 우선 느끼게 되는 것은 정확한 기술이 결여되어 있다는 점이다. 이 정확한 기록이 식물학의 첫째 목표로서 높이 인식하게 된 것은 후세에 와서이다. 그중에는 어떤 식물에 대하여 논술하면서 그 식물에 대한 이름이 없는 것도 많다. 이것은 테오프라스토스가 독자가 잘 알고 있기 때문에 기술하지 않은 것이다. 또 다른 경우는 그가 눈에 띄는 특징만을 들고 있으므로, 그리스의 식물 군이 잘 알려진 후에도 그들의 각각이 무엇에 상당하는 것인지 확정하기 곤란할 때가 종종 있으며, 때로는 불가능할 때도 있다. 중세 말엽에 식물학이 한 단계 발전했을 때, 고대인들 특히 테오프라스토스가 기술한 모든 식물이 서유럽에서 볼 수 있는 표상이란 생각에 사로잡혀 있었다. 이와 같이 식물의 지리적 분포란 당연한 주의도 하지 않은 채, 오랫동안 쓸데없는 노고를 하고, 적은 성과밖에 얻지 못한 경험을 겪은 후에야 사람들은 식물을 가능한 한 정확하게 기술하게 되어, 최초의 근세 식물학자들의 식물서가 생겨났다. 고대인이 기술한 식물을 판정하기 어려운 것은, 문제의 나라들의 식물 군이 수천 년 동안에 이동하고, 기후의 변화와 특히 인간의 영향에 의하여 변화하였다는 사정 때문에 더욱 어렵게 되었다.

테오프라스토스 당시 그리스인에게 알려진 식물계의 범위는 아주 광대한 것이다. 그것은 이미 서남아시아나 이집트에 생육하는 식물에 대한 많은 견문을 얻고 있는데다가, 알렉산더 대왕의 정복 전쟁에 의하여 페르시아, 박트리아(Bactria), 인도 등도 알려지게 되었기 때문이다. 물론 처음에는 그리스 사람들이 정복 도상에 배운 식물들이므로, 그들이 주의한 것은 대개 이국의 시장에서 그들의 경탄을 산 것에 한정되어 있다.

알렉산더 정복 전쟁의 식물학적 성과에 대하여는 부렛줄의 연구가 새로운 빛을 주고 있다. 그리스 군대에는 학자들이 종군하고 있었다. 그들의 기재는 오늘날 같으면 참모 본부가 편찬한 '인도 정복 전쟁 기록'이라고 불릴 책의 일부이다. 이 책은 아깝게도 인멸하였으나, 그것의 일부가 테오프라스토스의 『식물학』에 발췌되었다. 테오프라스토스가 상당히 정확하게 기술하고, 동부 지중해 여러 나라의 식물 군락과 비교한 외국 식물의 형태 중에는, 특히 페르시아 만의 '맹그로브 군계'(홍수림 군계, 紅樹林 群系)를 들 수 있다. 그는 이 계에 속한 독특한 식물류를 정확하게 기술하였다. 그는 바닷가에서 높이 죽마(竹馬) 모양으로 기근(氣根)을 내리고 있는 망그로브 식물의 생태에 대하여 아주 바른 기술을 하고 있어서, 슈바인홀트(Schweinholt, 1836~1925)와 같은 근대 탐험가도 그의 기제를 그대로 확인한 정도이다. 부렛줄은 가지가 지중에 지주근을 내려서 마치 하나의 숲 같이 보이는 단선 선인장(團扇 仙人掌, Indian-hook)에 대한 테오프라스토스의 기록을 '기술의 극치'라고 평하고 있다. 가로로 뻗은 가지에서 땅속으로 내린 이 지주(支柱)는 본래 뿌리임을 테오프라스토스는 이미 인식하고 있었다. 그는 또 대나무가 갈대의 일종인 것도 알고 있었으며, 줄기에서 가운데로 찢어진 바나나의 잎을 적절하게도 새의 날개에 비하고 있다.

그리스인이 면화에 대한 깊은 지식을 얻은 것도 알렉산더의 정복 전쟁 이후라고 생각되나, 이집트는 이미 훨씬 전에 면직업이 나타나 있다. 그리스인들은 또 알렉산더 정복 전쟁에서 얻은 관찰로부터 동물만이 한다고 알았던 운동을 어떤 종의 식물도 한다는 사실을 알게 되었다. 즉, Tamarindus indica의 날개 모양의 작은 잎의 주기적 운동을 알게 되었다. 이 운동은 하나하나의 단계로 나누어 정확하게 기술되어 있어서, 식물의 잠자는 것에 관한 기록으로는 근세의 생리학적 연구가 일어나기 전까지 가장 잘 기술된 것이다. 그 테오프라스토스의 이 기술은 다음과 같다.

"이 교목은 많은 날개 모양의 작은 잎을 가지고 있다. 이것들은 야간에는 조용히 닫고 있다. 그리고 해가 뜨면 열려서, 한낮에는 완전히 열린다. 그리고 오후에는 오므라들어서, 밤에는 닫히고 만다. 이 나라에서는 이 나무가 잔다고 한다."

그리스인들이 지중해 분지 내에서 아시아의 열대 지방까지의 식물 세계를 알게 된 결과, 그들은 식물지리학의 몇 개의 기본적 사실뿐만 아니라 두셋의 중요한 식물지리학 상의 법칙도 파악하게 되었다. 따라서 이 학문의 시초를 19세기의 알렉산더 폰 훔볼트(Alexander von Humboldt)에게 돌리는 것은 적당치 않다. 식물군이 토지의 해발고에 따라 그 특징이 변한다는 것은 그리스 사람들이 이미 자기들의 고국에서 관찰한 것이었다. 그들은 자기의 나라에서 상록수를 포함한 지중해 식물군에 이어서 우선 활엽수림대, 그 위에 침엽수림대가 있고, 더 올라가면 오늘날에 고산대로 불리는 지대가 있는 것을 알고 있었다. 이와 같은 현상은 그들이 인도나 아시아 대륙에서 격리된 산악에 왔을 때 더한층 뚜렷하게 나타남을 인식하였다. 산록(山麓)에는 역시 야자수나 바나나를 포함한 열대 식물군이 무성해 있었다. 그러나 그 산을 올라감에 따라 그리스인들에게는 지중해 연안을 연상케 하는 식물이 눈에 띄기 시작하였고, 다음에 활엽수, 침엽수, 그리고 고산식물이 이어져 있는 것을 보았다. 이와 같은 식물군의 변화는 그들이 북방 지대의 식물과 남방의 것을 대조해볼 때도 인정되었다. 이 대조는 유럽뿐만 아니라 아시아에 있어서도 그들의 주목을 끌었다. 그들은 여기에서도 북방 지방인 중부 유럽의 특색으로 알려진 햇빛조차 가린 거대한 침엽수의 산림이 있는 것을 발견하였다.

테오프라스토스의 『식물학』을 읽어보면, 과학적 관심보다는 실제적인 관심 쪽이 주로 된 것을 종종 볼 수 있다. 따라서 목탄, 타르(역청, 瀝靑), 수지와 향료의 제법, 또 각종 목재의 이용법, 특히 인체에 대한 식물의 작용과 같은 기술적 문제의 기술이 대부분이다. 그러나 지리적 분포, 병, 수명, 기후의 영향, 그리고 식물의 영양에 대해서도 설명하고 있다. 이때는 식물에 대한 실험은 고사하고 관찰한 것조차 잘 기술하지 않은 시대였음으로 틀린 견해가 많이 논술되어 있는 것은 이상할 것이 없다. 예를 들면, 나무가 밀집해 나면 튼튼하게 성장하지 않고, 가늘고 길게 되는 것은 햇빛의 영향 때문이라 하지 않고 영양의 결핍으로 돌리고 있다. 식물의 병으로서는 벌레 먹은 구멍, 곡물의 엽수병(葉銹病)과 감로(甘露) 등을 기술하고 있다. 그는 이 감로를 식물의 수액의 과잉으로 설명하고 있으나 실은 해충의 분비물이다. 테오프라스토스는 지중해의 여러 나라에서는 겨울이 되면 낙엽이 지는 식물이 열대 지방에서는 그러지 않는 현상을 기후의 작용이라고 고찰하고 있다. 이것은 예를 들면, 무화과나 포도가 그렇다고 하였다.

그는 식물의 영양기관으로 뿌리뿐만이 아니라 잎도 넣고 있다. 영양의 섭취는 이 양자의 표면에서 흡수된다고 하였다. 그리고 잎의 성장과 과실의 결실 사이에는 한쪽이 진전되면 다른 한쪽이 억제된다고 올바른 지적을 했다. 식물이 한 종에서 타 종으로 변한다는 것은 종종 반복되는 오류이나 그는 이 가능성에 대하여 다음과 같이 논술했다.

"야생의 박하(薄荷)는 재배 박하가 변화한 것이며, 소맥은 대맥이 변화한 것이다."

식물의 성(性)에 대하여는 그는 다른 고대인과 마찬가지로 명석한 표상을 가지지 못했다. 그러나 그는 다발 야자(속야자, 束椰子)에 있어서 화분이 생기는 가지를 과실이 맺는 가지 위에 걸어두면 과실이 되는 것을 조장한다고 기술하고 있다.

"익기까지 과실이 떨어져 버리는 나무가 많으므로 사람들은 그 대책을 강구하고 있다. 야자의 경우에는 수꽃(웅화, 雄花)를 암꽃(자화, 雌花)에 접근시킨다는 방법을 취하고 있다. 왜냐하면 이렇게 하면 과실은 떨어지지 않고 익기 때문이다. 그러나 이것은 다음과 같은 방법으로 행한다. 수포기(웅주, 雄株)에 꽃이 피면 그의 꽃가지(불담포, 佛啖葡)를 끊어서 암꽃의 열매에 뿌린다. 이렇게 하면 과실은 충분히 오랫동안 시들어 떨어지지 않는다."

근세에 이르러 가메라리우스는 이와 같은 사실과 고대인의 관찰에서 출발하여 식물의 성(性)에 관한 설을 세웠다.

테오프라스토스는 또 식물의 가장 중요한 기관들의 형태학과 함께 그의 개념적 규정에 있어서도 공적을 남겼다. 예를 들면, 그에게서 '날개 모양의 작은 잎(우상복엽, 羽狀複葉)'이란 개념을 찾아볼 수 있으나, 그전에는 이것은 가지로 생각되어 있었다. 그러나 그는 식물의 자연적 분류를 세워 아리스토텔레스가 동물학에서 한 것과 같은 업적을 올리지는 못했다. 테오프라스토스는 교목, 관목, 뿌리 풀, 풀의 네 종류로 나누고, 각 종류에 대하여 재배종과 야생종을 들고 있다. 그래서 그는 어떤 장에 「야생의 교목에 대하여」란 표제를 붙이고 다음 장을 "이번에는 하천, 늪(소택, 沼澤), 웅덩이(류, 溜)의 식물에 대하여 기술한다."라는 말로 시작하고 있다. 그러나 그의 풀(草)의 구분에는 자연적 분류가 암시되어 있다.

끝으로 우리는 그로부터 식물의 구조와 발생에 관한 귀중한 보고를 몇 개 얻었다는 것을 특기하고 싶다. 그는 식물을 생명의 전제로서의 열과 습(濕)을 포함한 생체로 보고 있다. 따라서 그는 식물과 동물의 구조상의 닮음을 증명하려고 애썼다. 식물의 안쪽 부분으로서 껍질 층, 나무질, 수(髓)를 구별하여, 이들 부분은 섬유, 혈관, 육, 즙액으로 되어 있다고 하였다. 육(肉)은 오늘날 '육 조직' 또는 '기본 조직'이라고 부르는 것에 해당하며, 섬유는 '섬유 속'을 말한다. 그리고 또 테오프라스토스는 섬유는 규칙적으로 정돈된 것도 있으며, 화본과(禾本科) 식물이나 야자와 같은 식물에서는 육 안에 불규칙하게 산재해 있다고 했다. 식물의 발생에 대해서도 그에게서 약간의 고찰을 찾아볼 수 있다. 그는 배(胚)가 근(根)과 경(莖)을 포함한다는 것과, 종자에서 제일 처음 뿌리가 나오고 다음에 줄기(莖)가 나오나, 최초의 잎은 뒤의 잎과 달리 한층 더 단순한 형태라는 것을 지적하고 있다. 그리고 성장함에 따라 개도(開度)나 분절(分節)이 증대함을 적절히 기술하였다.

식물학이 테오프라스토스에게서 갑자기 고도로 발전된 학문으로서 나타났다고 하여도 그것은 감히 놀랄 것은 못 된다. 그에게는 의존할 수 있는 선인들이 이미 있었다는 것은 의심할 여지가 없다. 그도 부분적으로 그들에 대하여 언급하고 있다. 그 외에도 아리스토텔레스의 소요학파 중에 식물학을 연구한 사람을 두세 사람 꼽을 수 있다. 그러나 이들에 대해서는 이름과 표제 이외에는 아무것도 남아 있지 않기 때문에 여기에서 일단 끝내고 식물학에 관한 그 이상의 경위는 로마인의 과학을 살펴볼 때 재론하기로 하자.

그리스 사람은 동물의 경우와 같이 식물도 특수한 증식 방법으로서 자연발생을 생각했다. 그들은 작은 식물뿐만 아니라 때로는 큰 교목에 대해서도 그것을 인정하려고 했다. 그러나 테오프라스토스는 이미 이와 같은 견해를 의심하고 있었다. 그는 외견상 자연발생으로 보일 때도 강우, 새, 홍수, 바람 등의 매개에 의한 종자의 실포에 의한 것이라고 했다. 그는 종자에 의한 생식을 일반적인 것이라고 주장하여, 식물의 종자는 동물의 알에 비견한 것으로 양자 다 배(胚)의 최초의 양분을 자신 안에 포함한다고 말했다. 그러나 아주 작은 식물은 자연발생도 일어난다는 것을 부인하지 않았다. 도리어 물질이 습(濕)과 열(熱)의 작용으로 분해할 때 식물이나 동물이 발생할 수도 있다는 것을 상정하고 있다.

11. 광물학의 아버지, 테오프라스토스

기술적 자연과학의 셋째 부문인 광물학도 동물학과 식물학이 생긴 것과 때를 같이하여 생겼다. 이것도 역시 테오프라스토스의 저작 『광물에 대하여』에서 성숙된 모습을 볼 수 있다. 이 책은 식물학의 경우보다 더한층 실제 문제에 기울어져서, 야금 작업에 종사하는 동안에 얻어진 개개의 화학적·광물학적 지식의 수집을 주로 하고 있다. 철은 이미 멘카우라 시대부터 알려져 있었다. 그리스는 철광이 풍부함에도 불구하고 금속 철은 장식품으로만 이용되어 오다가, 이것을 단련할 줄 알게 됨으로써 무기의 제조에도 사용하게 되었다. 호메로스(Homeros, BC 800?)의 시에 나오는 금속은 대개 청동이지만, 철도 가끔 나타난다. 남부 아티카(Attica)의 라우리온 산의 은광도 상당히 일찍부터 채굴되었다. 이 광산에는 목조로 긴 세로와 가로의 갱(坑)이 설치되어 있었다. 이 광산의 풍부한 산출고는 아테네라는 작은 나라가 페르시아 대국에 대비한 군비를 갖출 수 있게 하였다. 라우리온에서 산출된 것은 은을 함유한 방연광(方鉛鑛)이며, 오늘날과 같이 배소(焙燒)한 다음에 정련하여 우선 조연(粗鉛)을 얻은 후 다시 회취법(灰吹法)에 상당한 조작을 하면, 납은 산화하여 밀타승(密陀僧)이 되고 은은 분리되었다.

테오프라스토스가 광물을 논함에 있어서, 이것들이 특히 색과 무게에 의하여 구별된다는 것을 지적하였다. 그는 바다에서 생기는 산호(珊瑚)도 광물로 쳤다. 그는 호박(琥珀)이 나무 조각(목편, 木片)을 당기는 것같이, 광석이나 쇠붙이를 당기는 광물에 대해서도 기술했다. 그는 이것을 '륜쿠리온'이라 불렀으나, 어느 광물을 지칭한 것인지 분명치 않다. 그리고 많은 광물에는 약효가 있다는 것도 인정하고 있다. 예를 들면 '가가도', 즉 타르 성분이 많은 갈탄(褐炭)의 연기를 흡입하면 간질(전간, 癲癇)의 발작을 방지할 수 있고, 공작석(孔雀石)의 분말은 눈병의 약으로 쓰인다고 하였다.

지중해 여러 나라 중에서 최초로 광산 채굴을 한 민족은 고래로부터 페니키아인을 들고 있다. 고대 유럽 중에서 광석이 가장 풍부한 나라는 스페인이며, 그들은 광대한 경영에 의하여 금속의 보고를 열었다. 그리스 문헌에서는 헤로도토스에게서 처음으로 광갱도에 대한 기사를 볼 수 있다. 호메로스에게서는 아직 조금이라도 그 같은 것을 찾아볼 수 없다.

고대의 광산업에 관하여 상세한 것을 알게 된 것은 19세기 중엽에 스페인이나 라우리온의 옛 폐광 갱을 다시 경영하게 되면서부터이다. 라우리온에는 많은 노천 작업장과 가로 갱도 외에도 약 2000개의 세로 갱도가 발견되었다. 그리고 고대인이 채굴에 사용한 기구 종류인 갱내등(坑內燈), 쇠망치(철추, 鐵鎚), 착(鑿), 쇠지렛대(철정, 鐵挺) 등이 나왔다. 세로 갱도의 깊이가 100m 이상에 달했으며, 그 이상은 갱내에 고이는 물 때문에 더 파내려 갈 수 없었을 것이다. 그리고 점토로 만든 작업장의 모형도 발굴되었다. 이들의 고고학적 발굴품들은 잔존 문헌의 결함을 보완하고도 남음이 있어서, 이것들로부터 우리는 기원전 7세기 때 아테네인들의 채광과 정련업에 대하여 적절하고도 명확한 모습을 그려볼 수 있게 되었다.

12. 아리스토텔레스 체계의 영향

지금까지 아리스토텔레스와 자연과학 방면에서 그를 뒤이은 테오프라스토스의 업적의 윤곽을 그려보았다. 이제부터 알렉산드리아 시대로 옮겨가기 전에, 아리스토텔레스의 의의에 대하여 말하려고 한다. 그의 영향은 이후에 약 2000년 동안이나 미치고 있다. 그리고 그동안의 어느 시대에도, 그 양상은 어떻든 간에 그리스의 철학과 자연과학 전반에 대한 것과 마찬가지로 아리스토텔레스에 대한 태도를 정하지 않을 수 없었으며, 그것들에 대한 평가는 판단자의 시대에 따른 입장에 따라 변해왔다. 그리고 중세의 거의 전 기간에 걸쳐 아리스토텔레스는 범할 수 없는 권위였다. 단테도 그를 "Il maestro di coloro che sanno(배움의 길에 힘쓰는 자의 스승)"이라고 불렀다.

그러나 근세에 들어서자 그에 대한 비난이 일어나게 되었다. 그것은 아리스토텔레스를 향한 비난의 화살이라고 하기보다는, 그의 권위를 빌려서 자기의 오류를 옹호하려던 중세적인 그의 신봉자와 주석자에게로 향한 것이었다. 아리스토텔레스에 대한 날카로운 대립은 그의 철학의 주축을 이룬 목적 개념을 배척하고 자연을 기계적 원리로 설명하려는 시도가 점점 철저해짐에 따라 나타났다. 따라서 그가 가장 냉엄한 판결을 받은 것은 소위 계몽 시대, 즉 프랑스 유물론과 'l'homme machine(인간 곧 기계)'의 시대였다. 이 시대는 그의 저작도 읽지 않았으면서, 그의 생각을 '쓸데없는 망상'이라고 반론하는 것이 식자의 의례처럼 되어 있었다. 그런데도 당시의 퀴비에(G. B. Cuvier, 1769~1832)만은 예외로 아리스토텔레스의 동물학 분야의 업적에 대하여 감탄하였다. 그리고 순수 유물론이 새로운 철학의 융성으로 극복되자 반동이 나타났다.

이 위대한 철인을 다시 찬양한 것은 '헤겔'이었다. 헤겔은 "아리스토텔레스는 실제로 우주의 모든 실질 속에 스며들어, 그 흐트러져 있은 것을 개념 밑에 정돈하였다."라고 말했다. 헤겔의 이 찬사를 조금 깎아내려 '하였다'를 '의도하였다'로 고치면 아리스토텔레스의 의의를 바로 이해한 것이 된다. 그는 세계 전체와 자연의 개개 분야와의 관계를 설명하는 것을 목표로 하여, 이 과제를 포괄적으로 풀려고 한 사람이다. 그러나 영국의 철학자 랜달(John Randall)과 같이 그를 근대적인 자연과학자의 척도로 평가하는 것은 동의할 수 없다.

사유적 개념에 너무 역점을 둔 감이 있으나, 여하튼 아리스토텔레스에 의하여 비로소 종교적·신비적·국민적 편견을 버리고 관찰과 경험의 성과를 종합하는 과학적 체계가 달성된 것이다. 이 보편적인 과학적 특질 중에 그의 학설의 의의와 원동력이 있다. 이것이야말로 아리스토텔레스가 모든 시대와 모든 민족에게 미친 영향력을 보증한 것이다.

아리스토텔레스의 이 일반적 의의를 제외하고도 우리는 그의 저작에서 많은 개별적 지식이 결합되어 정리된 사실을 인정하지 않을 수가 없다. 그래서 그의 『동물학』의 교정자인 알베르투스(Albertus, 1193~1280)는 고대 최대의 이 자연과학적 저작을 "많은 개별적 지식을 기초로 하여 우주의 일부로서의 전 동물적 생명을, 그 한없는 변화상을 모두 포함해서 통일적 형상으로 종합하려는 웅대한 사상에 일관하였고, 전 자연의 생기(生起)의 법칙에 이성적인 궁극 목적을 전제한 세계관이 충만한 전 동물계의 생물학"이라고 평가한 것은 너무나 적절하고도 정당한 것이다.

독립된 과목으로서 '과학사'가 탄생한 것도 아리스토텔레스의 영향력이 그 기초가 되었다. 에우데모스에게 그의 수학사를 쓰게 종용하였고, 다른 문제(門弟)들에게 의학과 자연철학(물리학)의 역사를 쓰도록 한 것도 바로 그였다. 즉, 아리스토텔레스는 이미 그 시대에 자연과학사를 시작한 것이다. 괴테가 말하기를 "과학의 역사는 과학 자체이며, 선인이 가졌던 것을 이해하지 못하면 사람은 자신이 가진 것도 이해할 수가 없다."라고 하였다. 오늘날의 과학사가인 조지 사턴(George Sarton)도 "과거의 과학 활동 가운데서 쇠퇴할 수 없는 것을 발견하는 것이 아마도 우리의 연구 중에서 가장 중요한 것이다."라고 과학사의 중요성을 강조하고 있다. 이러한 과학사의 중요성과 의의를 아리스토텔레스는 이미 그 시대에 인식하고 있었다. 그래서 그가 자연과학의 체계를 세울 수 있었다.

제 4 장
알렉산드리아 시대

우리는 앞에서 자연과학이 싹튼 시기의 대요를 살펴보았다. 그리고 이 시기에 아리스토텔레스의 포괄적이고 체계적인 연구 활동에 의하여 자연과학이 그 정점에 도달하는 것을 보았다. 최초로 이런 과학적 정신이 높아진 것을 보인 곳은, 그리스 본토가 아니라 그들보다 문화가 더 오래된 동양 문화와 밀접한 접촉을 가지고 있던 이오니아 식민지에서였다. 그러한 시기를 거친 다음에 과학의 중심이 된 곳은 그리스의 아테네와 번영을 자랑한 이탈리아의 여러 도시였다. 한쪽은 아리스토텔레스와 그의 학파에 의하여, 또 한쪽은 피타고라스학파에 의하였다. 알렉산더 대왕이 국력을 신장하여 세계를 제패하고 있을 때, 그의 사부 아리스토텔레스는 그 시대의 모든 지식을 포괄하려고 하였다. 이 위대한 정복 왕이 건설한 제국은 그의 죽음과 함께 와해되고 말았고, 그리스인들은 타 민족을 영속적으로 지배할 수는 없었다. 그러나 그의 사부가 건설한 과학의 세계는 와해되지 않았고, 과학에 있어서 그리스인의 지배는 고대를 넘어 긴 후세에까지 미쳤다. 세계의 정치적 지배는 로마의 손에 넘어갔어도, 그리스인들은 고대 여러 민족의 교사가 되어 있었다.

그리스인의 문화는 전례를 찾아볼 수 없을 정도로 뜻 깊은 수준에까지 도달했으나, 정치적 독립을 잃어버린 후부터는 이 민족의 창의력도 역시 쇠퇴해가서 옛날과 같지는 못했다. 이와 같은 쇠퇴는 예술 특히 문학 분야에서 심했고, 과학 분야에서는 그다지 심하지 않았다고 보이나, 과학에도 다른 특색이 나타났다. 즉, 그리스의 국민적·경제적 몰락과 더불어 그들의 학문은 '세계주의(cosmopolitan)'적으로 바뀌었다. 그와 동시에 그리스 학문의 중심은 아테네로부터 알렉산드리아로 옮겨졌다. 이곳은 지리적 이점과 경제적 부, 그리고 이집트 왕가의 보호에 의하여 과학의 향후의 진흥 임무를 담당하기에 아주 적합한 도시였다. 그리고 서남아시아가 그리스화한 이래, 이미 수백 년 맺어온 그리스 과학과 바빌론 과학의 관계는 더욱더 긴밀해졌다. 그리스 사람들은 바빌론의 신전에 소속된 학원에 입학하는 것을 솔직하게 명예로 생각하였다. 이와 같은 과학의 교류는 특히 셀레우코스 가와 프톨레마이오스 가의 통치하에서 왕성하였다.

기원전 323년에 알렉산더 대왕이 사망한 후 이집트의 통치는 라고스(Lagos)의 아들인 부장 프톨레마이오스(Ptolemaios Lagi)에게로 넘어가서, 기원전 30년에 이집트가 로마의 속주가 되기까지 그 일가가 왕위를 계승했다. 이 초대 왕은 많은 그리스 학자들을 자기의 궁정에 초빙하여 알렉산드리아 학술원 '무세이온'(학예신 무사이의 전당)을 창립했다. 이 학술원이야말로 그 후 수세기 동안 과학 발전의 본거지가 되었으며, 고대 과학을 후대를 위하여 보존할 사명을 지게 되었다. 이러한 학술원을 위한 외형적 설비는 프톨레마이오스 2세인 필라델포스

(Philadelphos, BC 285~246)가 완성했다. 그는 학자들의 활동을 위한 주거나 연구실이 될 장려한 건물을 축조했으며, 유명한 '알렉산드리아 도서관'도 설립했다. 그리고 왕궁 부근에 동물원을 설립하여 아프리카의 열대산 동물들을 사육했고, 그 중에는 대사(大蛇)도 있어 유명했다.

프톨레마이오스 3세(Euergetes, BC 247~222)는 아리스토텔레스와 테오프라스토스의 저작들을 그 도서관에 수장하였다. 그리하여 후에 이 알렉산드리아 학술원의 도서관에는 40만 권에 달하는 서책을 장서하게 되었다. 이 외에도 세라페이온(국가의 주신 Seraphs의 전당)에도 제2의 도서관이 있었다. 기원전 47년에 카이사르가 알렉산드리아 정복 전쟁 때 이 도서관의 장서들을 로마로 가지고 가려고 했으나, 아깝게도 대부분 소실되고 말았다. 그 후에 마르크스 안토니우스(Marcus Antonius)가 클레오파트라를 위하여 이 도서관에 페르가몬의 도서관을 병합하여 약 20만 권을 추가했다.

지금부터 기술하려는 대부분의 고대 과학자들은 알렉산드리아 학술원에 속해 있었거나, 이와 밀접한 관계를 가졌던 학자들이다. 이들의 활동에는 근본적인 것은 별로 없고, 고대에 이룩된 학문적 기초의 보존과 발전을 위한 것이었다. 따라서 그들의 일은 수학과 자연과학뿐만 아니라, 철학과 기타 순수 사유의 분야에서 가장 구체적인 문제의 연구에 이르기까지, 당시 과학의 모든 분야를 포함하고 있다. 그들의 일은 전대에 전승된 저서를 주석하는 데 그친 것도 많다. 특히 동물학과 식물학의 방면에서는 그랬다.

그러나 순수 수학과 같이 연역적 방법을 응용할 수 있는 분야에서는 전승된 것들을 한층 더 발전·성장시켰으며, 물리학의 한 부문에서는 현저한 진보를 이룩하였다. 특히 기체물리학이 그랬다. 그리고 알렉산드리아 시대의 후기에는 연금술이 시작되었고 화학의 기초가 생겼다. 알렉산드리아 학파 가운데, 수학자로서는 유클리드, 아르키메데스, 아폴로니오스, 그리고 디오판토스(Diophantos, 246?~330?)를 들 수 있고, 천문학자로서는 히파르코스와 프톨레마이오스의 활동이 특히 돋보이고, 물리학을 발달시킨 사람으로는 크테시비오스(Ktesibios, BC 2세기)와 헤론(Heron, BC 150?)이 있다.

1. 유클리드 수학 체계의 수립

유클리드

유클리드(Euclid)는 알렉산드리아 학파 초기에 활동했던 사람이다. 수학 역사에서 그의 이름을 빼놓을 수 없다. 수학은 이미 고대로부터 자연과학의 흥망과 밀접히 연관되어 온 것으로, 이것이 근세에 와서 시작된 것은 아니다. 유클리드의 생육에 관해서는 확실한 것이 거의 알려져 있지 않다. 그의 출생지나 학력에 대해서도 여러 가지 설이 있어서 일정하지 않다. 다만 그가 프톨레마이오스 시대의 초기, 즉 BC 300년경 알렉산드리아에 생존한 것은 확실하다. 그는 라고스의 아들 프톨레마이오스가 "좀 더 쉽게 수학을 배울 수 없느냐?"라고 물었을 때, "수학엔 왕도가 없다."라는 유명한 잠언을 남긴 사람이다.

오늘날에 전해진 유클리드 저작의 필두는 『사다리(Stoicheia)』라는 '기하학 원론'이다. 이것은 그의 완벽하고도 엄밀한 증명법 때문에 후세의 모범이 되었으며, 최근까지 초보적 교수의 기본으로 빈번히 사용되었다. 유클리드는 대체로 당시에 알려진 수학적 지식을 '기하학 원론' 안에 받아들여, 엄밀한 증명이 결여된 것은 그것을 보완하였다. 이 저작은 평면과 입체 기하학을 포함하고 있으며, 또한 일체의 계량의 기초로서의 수의 이론도 논급하였다. 유클리드의 『사다리』는 13권으로 되어 있으며, 각 권의 내용은 칸토어(Moritz Cantor, 1829~1920)의 『수학사 강의』 제1권에 상세히 소개되어 있다.

제1권은 직선, 세모꼴과 평행네모꼴을 취급하였고, 끝으로 피타고라스의 정리가 있다. 제2권에는 주어진 임의의 직선형과 면적이 같은 정방형을 작도하는 문제이며, 제3권은 원의 문제에 대한 것이다. 제4권은 내접과 외접 다각형과 오각형의 작도에 대한 황금분할의 응용문제이며, 제6권에서는 극대 문제의 최초의 해를 볼 수 있어 특히 흥미롭다. 즉, $x(a-x)$는 $x = a/2$일 때 최대치가 된다는 것을 증명하고 있다. 제7, 8, 9권에는 수의 이론이 나와 있다. 우선 서로 공약수가 없는 소수와 공약수를 가진 수에서 시작하고 있다. 그 발견법은 오늘날과 같이, 제수(除數)를 제수로 나누어 얻은 나머지(잉여, 剩餘)로 다시 나누는 것을 되풀이한다. 다음에는 비례와 소수를 논하고 있다. 예를 들면,

소수는 무한히 많이 있다는 것을 증명하고 있다. 그다음에 유클리드는 기하급수의 총 합 산법을 설명하고, 무리수를 논술하고 있다. 제12권에는 모난뿔(각추), 원추, 원주(圓鑄), 그리고 구(球)에 대한 것이 나온다. 그는 원주는 구형(矩形)을 한 변을 축으로 한 회전에 의하여, 그리고 원추와 구는 각기 세모꼴과 반원의 회전에 의하여 생긴다고 하였다. 그는 또한 구의 체적은 그 직경의 세제곱에 비례한다는 것을 기술하였으나, 구의 체적을 구한 것은 아르키메데스가 최초이다. 또 원주나 원추를 비스듬히 자르면 타원이 생긴다는 소견도 볼 수 있다. 끝으로 제13권에는 정다각형으로 만들 수 있는 다섯 가지 정다면체에 대하여 기술하였다. 그는 다음과 같은 말로 끝맺고 있다.

"정다면체는 다섯 개만 있다. 즉, 정사면체, 정팔면체, 정이십면체 등 바른 세모꼴로 한계 된 것과, 정사각형으로 된 정육면체(입방체)와 정오각형으로 된 정십이면체이다."[1]

유클리드가 시작한 증명 방법의 명석함과 엄격한 형식은 그 후 그리스 수학자의 고유한 특색이 되었다. 그러나 그들은 아직 대개 문제를 더한층 일반적으로 파악하는 데 대한 감각이 결여되어 있었다. 그리스 수학에서는 하나의 문제를 설정하는 데 있어서 선의 위치에 관하여 다수의 경우가 가능할 때는, 그 수만큼 문제가 세워졌다. 따라서 그리스의 가장 훌륭한 수학자까지도 하나의 문제의 모든 경우를 풀면서도, 개념의 확장에 의하여 더욱 일반적인 명제에 도달할 줄 모르고 있는 것을 자주 볼 수 있다. 이 점에 있어서 근세 수학이 그리스 수학이 할 수 없던 것을 해낸 것은, 근세에 나타난 기하학과 대수학의 결합에 의하여 수학적 문제의 일반 해법 수단을 얻었기 때문이다. 유클리드의 『사다리(階梯)』의 의의는 다음과 같은 현대 수학사가의 말에 적절히 나타나 있다.

"알렉산드리아 사람 유클리드가 기원전 300년경에 저술한 『사다리』는 오늘에도 형식과 내용에 있어서 학교 수학의 부동의 본보기인 것이다. 유클리드의 체계에 추가된 것은 근소한 것에 지나지 않는다. 돌의 기념탑보다는 자랑스럽고, 어떠한 예술품보다도 화선이 날카롭고도 순수하여, 그것은 오늘의 시대에도 유지되어 왔다. 그리스의 제자가 생각하고, 배우고, 연습하여야 했던 것을, 같은 열성으로 오늘의 근면한 생도가 학습하고 있는 것이다."[2]

---

1 후세에 케플러가 다섯 개의 정다면체를 다섯 개의 유성에 관한 천문학설에 응용함.

유클리드는 그의 시대의 수학적 지식을 하나의 체계로 이루었다. 그는 그것에 자신의 것도 많이 더했다.

2. 아르키메데스

아르키메데스

헬라 수학을 더 발전시켜서 완성하고 새로운 분야를 개척한 사람은 바로 아르키메데스(Archimedes)이다. 아르키메데스는 고대의 수학자 가운데 가장 천재적인 수학자라 할 수 있다. 그는 앞선 시대를 대표하는 아리스토텔레스보다 약 100년 뒤의 사람이다. 이 기간은 역사상으로 볼 때, 알렉산더의 정복 전쟁 이래 동양과 지중해 여러 민족 간의 접촉이 긴밀화하였고, 다른 방면으로는 로마라는 새 제국이 지중해 분지를 위시하여 뒤에는 고대 문화 세계 전체를 장악하려고 노력하던 시기이다. 예술과 과학 분야에서는 그리스 문화가 팽창하여 동양에서 이집트, 이탈리아, 서지중해의 연안까지 모든 곳에 심어져 갔다.

이것이 헬레니즘이며 이 시기를 '헬라 시대'라고 한다. 이와 같이 하여 그리스 문화와 로마의 지배권은 그 후의 수세기 동안 남유럽과 서남아시아, 그리고 북아프리카의 여러 민족들을 상당한 정도까지 하나의 국가적·정신적·상업적 공동사회로 결합하는 유대(紐帶)가 되었다. 이 공동사회야말로 기독교가 질풍과 같이 일체를 제압하고 전파될 수 있는 소지를 만든 것이다. 이 공동사회는 마치 기독교의 전파를 위하여 의도적으로 예비된 것으로 볼 수 있을 정도다. 아니 그 이상으로 '하나님께서 그의 말씀을 전파하시기 위하여 예비하신 사회'라고 기독교도들이 믿어야 마땅한 사회였다. 이 공동체를 정신적으로 지배한 헬라 문화의 '허상과 우상을 배제하고, 오직 진실만을 추구하는' 과학 정신은 진리의 말씀에 귀를 기울이게 하였고, 로마제국은 그들의 정치적 지배력, 즉 '말씀'이 가장

2 도롯후게, 『초등 수학사』 제2권 3면.

효과적으로 전파될 수 있게끔 범세계적 공동사회를 조직화하였다.

그리고 이 두 가지 지배력은 각기 다른 두 민족에게 맡겨져 있었다. 만약에 그리스 제국의 정치적 지배가 지속되었다면, 기독교는 미개한 한 식민지 구석에서 일어난 종교적 교설이나 사건으로 취급되어 세계의 이목을 끌 수 없었을지도 모르는 일이다. 그리고 그리스 문화는 퇴폐해버렸고 로마제국의 지배만 있었다면, 식민지 변방에서 일어난 한 정치적 사건으로 취급되어 버리고 말았을지도 모를 일이다. 우리 인간의 의도에 비하면 너무나 신비하고 우연한 자연발생으로 보기에는 너무나 기독교의 전파 목적에 적합한 사회였다. 과학은 이 기독교로 인하여 중세의 동면기를 거쳐 서유럽에서 부흥의 새싹을 터서 힘차게 자라나 오늘의 과학을 꽃피우게 된 것이다.

이제 본론으로 되돌아가서 아르키메데스에 의한 순수수학과 응용수학의 완성을 논하기 전에, 우리는 수학이 이때까지 발전한 개요를 간략하게 전망해 보고, 이 위대한 수학자의 생애도 대충 훑어보기로 하자.

기원전 4세기까지는 총괄적인 학설 체계의 전개를 향한 철학적인 그리스 정신의 특색이 아직도 우세하게 보존되어 있었으나, 알렉산더 대왕에 의하여 세계를 정복한 후에 이어진 시대가 되고부터는 오히려 경험적인 것과 유용한 것에의 추구 경향이 사변 철학에 대한 적당한 제한과 더불어 수학의 급격한 발달을 등장하게 했다. 그리고 이 수학에서는 상업, 무역, 측량, 기타의 실제 생활상의 촉진 외에, 이미 아르키메데스 이전의 그리스 수학을 고도로 발달시킨 순수 과학에 세 가지 문제가 있었다. 즉, 원의 면적을 구하는 법, 입방체의 체적을 배로 하는 법, 그리고 각의 삼등분이 그것이다.

원을 정방형으로 고치려는 시도는 '히포크라테스의 초생달꼴의 정리'라고 불리는 정리를 도출했다. 히포크라테스는 피타고라스의 정리를 확장하여 일반화한 이 정리를 이용하여, 두 개의 곡선으로 한정된 평면을 직선형의 평면으로 기착시킬 수 있다는 것을 증명하였다. 그리고 입방체의 체적을 배로 하는 '델로스 문제'는 주어진 입방체의 두 배의 체적을 가진 입방체의 한 변의 길이를 구하는 것이다. 즉 $x^3 = 2a^3$일 때, x를 작도법으로 구하는 문제다. 이 문제를 풀려는 노력은 만엽선(蔓葉線, sinusoid), 나선(螺線, conicoid)과 원추곡선 등의 새로운 곡선을 발견하게 하였다. 그리고 '각의 삼등분' 문제도 일정한 성질을 가지고 그 성질에 따라 작도할 수 있는 새로운 곡선을 발견하게 하였다. 그리고 이와 같은 그리스인의 수학적 지식은 전술한 바와 같이 유클리드에 의하여 총괄되어 있었다.

아르키메데스에 대하여는 신뢰할 만한 사실이 그다지 알려져 있지 않다. 그는 기원전 287년경에 시라쿠사(Syracuse)에서 태어났다. 이때는 로마와 카르타고(Carthago)가 세계 제패를 위한 대결전의 와중이라, 시실리에 동란이 끊일 줄 모르든 시대에 살고 있던 것이 된다. 아르키메데스에 관한 보고도 대개는 이 시대를 기술한 역사가 리비우스(Titus Livius), 폴리비오스(Polybios), 플루타르코스(Plutarchos) 등이 기술한 것이다. 그러나 이들의 기술은 대부분 그에 관한 일화를 수집한 것이다. 고대인은 유명한 인물, 특히 훌륭한 사상가의 생활을 일화로 장식하기를 좋아했다. 플루타르코스에 의하면, 아르키메데스는 시라쿠사의 영주 하이어론(Hieron) 2세의 근친이었다. 그의 아버지는 천문학자였으며, 그가 어릴 때부터 천문 관측을 배우게 했다고 한다. 아르키메데스는 공직을 마다하고 오직 과학에만 전념하였다. 그는 한때 이집트에도 있었다. 그곳에서는 알렉산더 대왕의 사망 후에 알렉산드리아의 학술원이 그리스 학술의 중심으로서 번영하고 있었다. 아르키메데스도 그 학술원의 한 사람으로 볼 수 있다. 이 학술원은 수세기 동안 과학의 햇불을 높이 쳐들 사명을 지니고 있었다. 따라서 이러한 알렉산드리아 학파에 대하여는 뒤에 또다시 살펴보기로 하자.

아르키메데스는 알렉산드리아에서 수학자 코논(Konon)의 문하에 속해 있었다. 그는 생애의 대부분을 보내게 된 그의 고향인 시라쿠사에 돌아온 후에도 자기의 저작을 코논에게 보내서 교열을 받았다고 하며, 또한 규칙적인 서신을 게을리하지 않았다고 전한다. 시라쿠사의 주권자에 대한 연고 때문에, 그의 역학 방면의 뛰어난 역량을 투석기와 같은 병기의 완성에 응용하였다. 고대인의 많은 기계의 발명을 아르키메데스에게 돌리고 있다. 그 가운데는 겹도르래(복활차, 複滑車), 나선 양수기(螺旋水揚器, 아르키메데스의 나사)를 들 수 있다. 후자는 오늘날 이집트에서 나일 강 유역의 관개(灌漑)에 사용하고 있다.

아르키메데스에 관한 많은 기사 중에서도, 특히 그가 그의 조국 시라쿠사를 방어하기 위하여 행한 사적에 관한 기사에 있어서는 진실과 오류를 선별하기 어렵다. 예를 들면, 햇빛 모으기 오목거울(요면경, 凹面鏡)에 대해서도, 실제로 "그가 포위군의 선박을 오목거울로 불타게 했다"는 있을 법하지 않은 말을 한 후세의 저술가들보다는 그가 그 작용을 더 잘 알고 있었다고 할 수 있다. 또 "하이론이 그에게 작은 힘으로 무거운 화물을 움직이는 방법을 구했다. 그래서 그는 도르래를 발명하여 왕의 면전에서 무거운 짐을 실은 삼단 요선(三段橈船)을 쉽게 육지로 끌어왔다."라는 말이 있다. 아마도 그는 무한 나사와 톱니바퀴를 조합한 장치를 같은 목적에 사용하였을 것이다. 아르키메데스가 조립한 일종의 유성의(遊星儀)도 큰 경탄을 불러일으켰다. 이것은 중심에 지구가 있고, 달, 해, 그리고 유성들이 그 주위를 회전하고 있게 한 기계적 장치(아마도 수력에 의한)이다. 이 제작품에 대해서는 키케로(Cicero)가 기술하고 있다. 이것은 또 중세에 만들어진 유성의, 예컨대 스트라스부르(Strassburg) 대사원의 시계의 견본이 되었다.

아르키메데스의 만연은 시라쿠사 포위 공격(공위, 攻圍)과 때를 같이하므로 보고도 좀 더 상세하다. 사가들에 의하면, 이때에 아르키메데스는 중요한 역할을 하였으나 끝에는 슬픈 최후를 맞이했다. 이때의 일도 우리에게 전해진 것은 진실과 작위를 혼합하고 있다. 시실리의 운명을 결정할 제2 포에니전쟁은 기원전 218년에 알렉산더 이래로 볼 수 없었던 한니발(Hannibal, BC 247~183) 장군의 연속적 승리로 시작되었다. 그러나 얼마 안 가서 전세는 다시 역전됐다.

그래서 한니발이 이탈리아 반도를 교묘히 전전(轉戰)하고 있는 동안 로마인은 시실리의 도시들을 차례로 함락시켜 섬 전체를 수중에 넣었다. 로마의 장군 마르셀루스(Marcus Claudius Marcellus, BC 270~208)에 대하여 가장 무서운 저항을 한 도시가 아르키메데스의 고향인 시라쿠사였다. 이 도시가 수개월간 공격에 견딜 수 있었던 것은 무엇보다도 아르키메데스의 방어 시설 덕택이었다. 효과와 명중률이 탁월한 투석기는 공격군을 위축시켰다. 그리고 해군의 공격에 대해서는 횃불을 날려 받아쳤던 것으로 생각된다. 이것을 후대의 사가들이 아르키메데스는 오목거울로 적함을 불살랐다고 말하였을 것이다.

최후로 로마 군대가 시라쿠사를 점령하였을 때, 로마 병사들은 노고와 사상에 극도로 분노하여 무서운 학살을 자행했으며, 아르키메데스도 그때 희생되었다. 마르셀루스가 그의 죽음을 몹시 애석해했다고 한 것은 사실인 듯하나, 그의 최후에 대한 여러 보고는 각각 다르다. 그중에서 가장 유명한 것은 아르키메데스가 수학 문제에 몰두해 있을 때 로마 병사 한 사람이 들어가 찔러 죽였다는 일화인데, 그가 최후의 순간에 남긴 말은 "Noli turbare circulos meos.(내 원을 흩트리지 말라.)"였다고 한다. 이 학자의 묘비에는 원주에 내접한 구가 조각되어 있다. 이것은 아르키메데스 자신이 희망한 것으로, 그가 "구의 체적은 외접한 원주의 체적의 2/3와 같다."라고 한 자신의 발견을 얼마나 높이 평가하고 있었던가를 말해주고 있다. 그를 공격한 로마의 장군 마르셀루스가 건립한 이 묘비는 그 후 황폐해져 있다가 키케로가 발견하여 이것을 망각에서 구해냈다. 키케로는 이 묘비 발견의 경위를 다음과 같이 말하였다.

"시실리의 재무 장관을 하고 있을 때, 나는 시라쿠사 사람들도 모르고 있었던 아르키메데스의 묘를 발견했다. 그 경위는 다음과 같다. 나는 묘비에 새겨진 두세 가지의 작은 시구를 기억하고 있었다. 그 시구는 묘비 상부에 원주에 내접한 구가 새겨져 있다는 것을 말한 것이다. 그런데 내가 아그리겐툼(Agrigentum)으로 가는 길 문 앞에 있는 많은 묘 가운데에 관목의 덤불 위에 머리를 조금 내민 작은 석주에 원주로 쌓인 구의 그림이 있는 것을 발견했다. 그래서 나는 따라온 시라쿠사 사람들에게, 이것은 아르키메데스의 묘비라고 말하였다. 우리는 그곳을 청소시켰다. 그랬더니 각부 정면에 새긴 글이 나타나서 아르키메데스의 묘인 것을 확인하였다. 따라서 한 이국인이 그 시민들에게 가르쳐주지 않았다면, 이 마구나 구라이키아에서 가장 뛰어났고, 한때는 그렇게도 학문이 높았던 이 도시 사람들은 자기들의 최대의 학자의 묘에 대해서는 아무것도 모르고 있었을 것이다."

키케로는 또한 이 고대 최대의 수학자에 대한 찬탄의 정을 "아르키메데스는 인간의 이성에 허락된 이상의 천재성을 지니고 있었다!"라고 표현하였다. 그리고 유명한 과학 사가인 딜스(Hermman Diels, 1848~1922)도 "다면성과 천재성에 있어서 그에 필적할 만한 사람을 근대에서 찾는다면, 아마도 가우스(Gauss) 외에는 없을 것이다."라고 말하였다.

아리스토텔레스가 그리스 과학의 기초를 세우고 나서 약 100년 후에 아르키메데스를 사로잡은 문제는, 특히 정역학(靜力學) 분야에 관한 것이었다. 그는 이 문제를 진정한 자연과학적 방법으로, 즉 실험과 수학적 유도에 기초하여 다루었고, 그래서 훌륭한 성과를 거두었다. 따라서 그의 업적은 정밀과학에 있어서의 그리스 정신의 가장 탁월한 산물이라고 말할 수 있으며, 근대 과학 정신의 시효로 볼 수가 있다. 이 위대한 업적이 주로 예술과 철학에 치중해 있던 그리스 본토가 아니고, 상업 무역이 번영하고 과학의 연구에 적합하게 오성에 어느 정도 냉정성이 나타나 있던 마구나 구라이키아에서 나타난 것은 우연이라고 생각되지 않는다.

3. 그리스 수학의 정점 – 아르키메데스와 아폴로니오스

아르키메데스의 과학적 의의는 순수수학과 정역학의 두 분야에서 찾아볼 수 있다. 전술한 구와 구에 외접한 원주의 체적과 표면적에 관한 중요한 정리 외에도, 그는 π의 계산을 포함한 『원의 측정에 대하여』라고 제명한 저작을 남겼다. 이것은 기하학의 발달에 대한 의의에서뿐만 아니라 계산술의 역사에서도 중요한 의의를 가지고 있다. 그의 이 방법은 오늘날도 초등기하학에서 가르치고 있다.

그는 "원주의 길이는 외접한 정다각형의 변의 길이보다 짧고, 내접한 정다각형의 것보다는 길다."라는 명제에서 출발하여, π의 한계치를 3.141~3.142 라고 아주 정확하게 산출했다. 이것은 내접, 외접 정96변형의 변의 길이에 해당하는 값이다. 이와 같은 방법은 '접근법(接近法)'이라고 불린 것인데, 고대 수학의 적분법이라고 할 수 있다. 이와 같은 종류의 문제에 있어서, 계산을 간략화하면서도 극한치에 접근하려는 노력에서 17세기의 적분법이 나왔다. 이러한 극한치의 문제로서, 같은 둘레의 문제(등주 문제, 等周問題), 즉 최대치 또는 최소치를 결정하는 문제는 고대에 이미 행하고 있었다. 예를 들면, 둘레의 길이가 같은(등장, 等長) 평면 중에서는 원이 최대의 면적을 가지며, 표면적이 같은(등표면적, 等表面積) 입체 중에서 구가 최대의 용적을 가진다는 것은 이미 아리스토텔레스 이전부터 알려져 있었다. 그리고 원둘레를 결정할 때에 사용한 접근법은, 고대인에 의하여 곡선도형뿐만 아니라 평면과 공간 도형에도 응용되었다. 이 방법의 근본은 측정하려는 선, 평면, 또는 공간의 크기가 그 도형에 접근하고, 계산이 쉬운 보조 도형과의 차를 점차로 적게 해가는 점에 있다. 이때에 두 개의 보조 도형, 예를 들면 원의 경우에 외접과 내접의 두 개의 다각형을 취하여, 측정할 크기의 두 한계치를 찾음으로 더욱 높은 정확성을 가지게 되었다.

아르키메데스는 이러한 방법으로 원의 면적이 직각세모꼴의 직각을 이루는 두 변 중 하나는 원의 반경과 같고 딴 변은 원의 둘레와 같은 직각세모꼴의 면적과 같다는 것을 증명하였다. 그리고 또 아르키메데스는 평면도형의 취급에 있어서 초등수학의 범위를 넘어서 더 나아가 포물선과 타원의 면적 계산을 설명하고 나선(螺線)과 같은 더욱 고차의 곡선의 성질을 연구하였다. 그는 선술한 접근법을 사용하여 포물선의 궁형절편(弓形切片)의 면적은 저변과 높이가 같은 세모꼴의 4/3가 된다는 것도 증명했다. 타원에 대해서는 장축을 직경으로 한 원과의 면적 비가 단축과 장축의 비와 같다는 것을 제시하는 등등의 많은 업적을 남겼다. 그중에서도 가장 주목할 곡선론(曲線論)은 그의 저작 『나선에 대하여』에 논술되어 있다. 그의 이름을 붙여 '아르키메데스의 나선'으로 불린 이 곡선을 그는 다음과 같이 정의하였다.

"하나의 직선을 그의 한쪽 끝을 고정하고 한 평면상에서 일정한 속도로 회전시키고, 동시에 그 선상의 한 점을 고정한 끝에서 바깥쪽으로 일정한 속도로 움직이면, 그 한 점은 나선을 그린다."

이와 같이 지정된 두 개의 운동을 결합하는 개념은 히피아스에게서 처음으로 나왔는데, 이것은 수학을 매우 풍요롭게 하였다.[3] 아르키메데스는 또 원이나 포물선에 응용한 같은 방법으로 나선의 면적을 구하는 법을 발견했다. 그리고 그는 이 곡선의 절선 문제까지도 선상의 임의의 한 점에서 어떻게 접선을 그을 수 있는가를 증명함으로써 해결할 수 있었다. 아르키메데스가 그 요점에 있어서 오늘날의 적분법과 일치한 방법을 이미 쓰고 있었다는 것은, 전술한 저작들보다는 최근에 하이베르크(Johan Ludvig Heiberg, 1854~1928)에 의하여 발견된 그의 저서 『방법론』에서 더욱 명료하게 엿볼 수 있다.[4]

그는 이 책에서 기술한 무한소분법(無限小分法)을 자신만의 사용으로 발전시킨 것으로 생각된다. 왜냐하면 당시에 무한 개념의 응용은 철학자들의 반대 때문에 수학자들에게는 금기할 것이었기 때문이다. 당시에 다룬 문제들은 접근법만이 완전한 증명으로 생각되고 있었다. 그래서 그는 지배적 경향을 고려하여 우선 역학이나 자기의 무한소분법으로 발견한 명제를 접근법으로 설명하고 있다. 한 예를 들면, 원기둥의 조각(원주체편, 圓鑄體片)에 대한 명제가 있다. 이 명제에 대하여 그는 역학적 설명과 함께 무한소분법에 의한 증명을, 다시 접근법에 의하여 증명하고 있다. 이 무한소분법에 의한 증명은 근세의 이탈리아 수학자 카발리에리(Cavalieri)가 한 것과 같이, 평면을 직선으로 입체를 평면으로 기착시킨 점이었다. 이 새로운 방법은 특히 포물선의 궁형절편의 면적에 관한 명제, 그리고 용적과 중심(重心)의 결정에 관한 약간의 명제에 대하여 설명되어 있다.

아르키메데스의 『원에 내접한 7각형에 내하여』와 『원의 접촉(切觸)에 대하여』는 아깝게도 잃어버리고 말았다. 현존하는 그의 저작 중에서 특히 중요한 것은 『구와 원기둥에 대하여』이다. 이 안에는 구의 표면적은 그의 대원의 4배와 같다($S = 4\Pi r^2$)는 것이 증명

---

3 에리스의 히피아스는 기원전 420년경에 생존했다. 자기가 발견한 원추곡선을 회전운동과 추진운동의 결합으로 생긴다고 정의했다. 이 곡선을 써서 원의 구적법을 구하려 하였고, 일반적으로 성공할 것을 기대했다.

4 하이베르크가 1906년 이스탄불에 보존된 파린프세스트(중세의 승려들이 고대의 양피지 문헌의 글을 썼어버리고 다시 사용한 것. 사영으로 원문을 부활할 수 있다.) 중에서 발견하여 『헤르메스(1907)』 235쪽 이하에 발표했다.

되어 있으며, 또한 구를 자른 조각의 표면적도 계산되어 있다. 그리고 끝으로 구의 대원을 밑면으로 하고 구의 직경을 높이로 한 원기둥, 즉 구에 외접한 원기둥의 체적은 구의 체적과 3 : 2의 비로 된다는 것이 증명되어 있다. 그리고 그는 표면적의 비도 같다고 하였다. 이것을 나타낸 도형은 그의 묘비에 새겨졌을 뿐 아니라 시라쿠사의 화폐에도 나타나 있었을 정도로 그 의의가 매우 큰 것이다.

끝으로 아르키메데스는 구의 연구에서 한 걸음 더 나아가서 원뿔곡선의 회전에 의하여 생기는 회전체, 즉 아원추체(亞圓錐體, 회전포물, 쌍곡선체)와 아구체(亞球體)의 연구에까지 도달했다. 이때도 그는 접근법을 응용하여 체적을 구하려는 입체를 같은 두께의 원반으로 나누어 그들의 총화를 취했다. 이 총화치는 원반의 두께를 얇게 할수록 구하는 체적에 접근하는 한계치를 나타내게 된다.

원추곡선에 대해서는 유클리드도 이미 기술한 바 있다. 그러나 이 분야의 확립에 있어서 알렉산드리아의 수학자 중에서 가장 큰 공적을 새운 사람은 아폴로니오스(Apollonios)이다. 그는 아르키메데스와 에라토스테네스와 동시대의 사람이며, 그의 저작은 BC 240~200년 사이에 많이 이루어졌다. 그러나 현존하는 것은 『원추곡선』이라는 저작뿐인데, 이것은 매우 중요한 것이다. 아폴로니오스는 이 저작 안에서 타원, 포물선, 쌍곡선 등은 원뿔면을 평면으로 자를 때 그 원뿔면 위에 만들어진다는 것을 명확히 증명하였다. 그리고 쌍곡선의 발에 무한히 접근하면서도 교차하지 않는 접근선이란 어려운 문제도 개척하였다.

아폴로니오스의 저작 『원추곡선』 전 8권은 당시의 사람들뿐만 아이라 후대의 사람들에게도 큰 감탄을 불러일으킨 것이다. 물론 이 속에는 약간의 아쉬운 점도 있다. 그래서 유클리드나 아르키메데스가 저술하였으나 지금은 잃어버린 "선행 저작에 그가 너무나 많이 의존하였다"는 비난도 있으나 그것은 부당하다고 생각된다. 왜냐하면 아폴로니오스의 근본적인 혁신은 그가 선인들과 같이 직원추(直圓錐)에 국한하지 않고, 사원추(斜圓錐)에 있어서도 모든 원추곡선을 얻을 수 있다는 것을 증명한 것에도 그의 독창성이 나타나 있다. 그는 또 원추곡선에 대하여 오늘날에 와서 곡선 방정식에서 도출되는 모든 성질의 대부분을 증명한 최초의 사람이기도 하다.

그의 저작의 내용은 대개 다음과 같다. 우선 "원추란 한 원의 면 밖에 있는 한 정점을 통하는 직선이 그 원주에 따라 움직일 때 그 선이 만드는 면이다."라고 정의하였으며, '이 정점을 포함한 모든 절단면은 세모꼴을 이룬다. 그리고 그 절단면 안에 원의 중심과 원추의 정점을 잇는 직선이 포함될 때, 그 절단면이 만드는 세모꼴은 축을 포함한다는 의미에서 축세모꼴이라고 한다. 다음에 이것들과는 다른 새 절단면을 취하면, 그의 방향에 따라 원추면 위에 여러 가지 원추곡선이 생긴다. 여기에서 공동지름(공액경, 共扼徑)과 원추곡선의 임의의 한 점과의 접선, 그리고 쌍곡선의 접근선에 대한 고찰이 시작된다.'라는 견해를 밝히고 있다. 그리고 오늘날 원추곡선의 초점이라고 불리는 점에 대해서도 상세히 다루어지고 있다. "법선(法線)과 그의 접촉점에 있어서의 두 개의 초점선과의 각은 서로 같다."라는 중요한 정리와 "그 초점선(초선, 焦線)의 합 또는 차는 일정하다."라는 정리도 증명되어 있다. 따라서 그의 저작에는 원추곡선에 관한 대부분의 기본 정리가 포함되어 있다.

주지하는 바와 같은 일반적으로 쓰이는 실에 의한 타원의 작도법은 "초선의 합은 장축과 같다$(r + r' = 2a)$."라는 명제에 근거한 것이다. 그러나 이 작도법은 아폴로니오스에게서는 찾아볼 수 없고, 먼 후세에 비로소 나타났다.

쌍곡선에 관해서는 아폴로니오스 이전에는 이 곡선이 두 개의 분기로 된 것을 모르고 다만 하나의 분기에 대하여 연구되었다. 그도 제2의 분기를 별도의 이름으로 부르고 있다. 쌍곡선의 면적을 구하는 방법은 고대 수학자는 성공하지 못했다. 그것은 17세기에 근세 고등수학의 중심을 이룬 새 방법이 발견된 후에 비로소 달성한 것이다. 이 저작의 정점은 원추곡선에 관하여 나타나는 최대치와 최소치를 다룬 제5권이다. 그중에서도 같은 평면상의 임의의 한 점에서 한 원추곡선에 그을 수 있는 가장 긴 선과 가장 짧은 선에 관한 연구는 특히 뛰어나다.

무한히 작게 나누는(무한소분, 無限小分) 사상은 이미 기술한 것과 같이 유클리드나 아르키메데스에게서도 찾아볼 수 있으나, 고대인은 이것을 일반적 방법으로까지 확장할 수는 없었다. 그러나 고대 수학은 아르키메데스와 아폴로니오스에 이르러, 17세기에 겨우 일반적인 응용을 보게 된 해석적인 미적분법을 일반화하는 직전 단계까지 도달하였다고는 말할 수 있다. 그리고 원추곡선론은 천문학과 역학의 그 후의 발전에 대한 중요한 기초가 되었다. 그리고 삼각법도 그랬다. 삼각법은 천문학상의 필요에서 생겨나서 후기의 알렉산드리아 학파에 의하여 확립되었다.

아르키메데스의 저서 중 이전에 가장 많이 읽혔으며, 오늘날에도 주목할 가치가 있는 『모래 계산(pusanmidis)』을 살펴보자. 이 저서에서 다룬 문제를 이해하기 위하여 우선 그리스 사람들은 오늘날의 기수법에 해당하는 것을 가지고 있지 않았다는 것을 염두에 두어야 한다. 그들은 그때에 수를 문자로 기록하였다. 그래서 당시에는 후세에 아랍인을 통하여 인도로부터 배운 수자리의 원리(수위원리, 數位原理)조차 모르고 있었으며, 영의 기호도 없었으므로, 큰 수를 다루기에 매우 불편한 상태였다. 그럼에도 불구하고 그리스 고대인이 산술에 이토록 진보하여 있었다는 것은 실로 놀라운 일이다.

아르키메데스는 기하급수 1, 1/4, 1/16, 1/64……의 총화를 4/3라고 바른 답을 내고 있다. 그는 이것을 포물선의 궁형절편의 계산에 쓰고 있다. 그는 또 어려운 제곱근의 계산도 해냈다. 그의 저서 『모래 계산』에서는 아무리 큰 양도 모두 수로 나타낼 수 있다는 것을 증명하였다. 아르키메데스는 아리스탈코스의 항성 구면(恒星球面)의 측정을 기초로 하여, 일정한 크기의 모래알을 세계 안에 얼마나 채울 수 있는가를 계산하였다. 그 당시의 천문학자들이 사용한 '세계'라는 말은 '지구의 한가운데를 중심으로 하고, 지구의 한가운데와 태양의 한가운데를 잇는 직선을 반경으로 한 구(球)'를 뜻하였다. 그런데 아르키메데스가 기술한 것에 의하면, 사모스의 아리스탈코스는 그의 저서 『천문학자들에 반대하여』에서 세계는 전술한 구보다 몇 배나 더 큰 것임을 증명하려고 했으며, 항성은 태양과 함께 움직이지 않으며, 지구는 태양을 궤도의 중심으로 하여 원주를 그리며 회전한다는 가정에 도달했다고 한다. 아르키메데스는 "항성 구의 직경은 전술한 세계의 직경에 대하여, 세계의 직경이 지구의 직경에 대한 것과 같은 비를 이룬다."라고 가정했다. 그리고 그는 이 아리스탈코스의 항성 구면과 같은 크기의 모래 구를 가정할 때 그 안의 모래알의 양을 측정하는 것보다 훨씬 더 큰 수를 들 수 있다고 주장하였다. 그리고 지구의 용량, 지구와 태양의 크기의 비, 태양의 겉보기의 직경을 측정한 값에서 지구와 태양의 거리를 지구 반경의 1만 배라고 산출하고, 항성 구면의 반경은 지구와 태양 간의 거리의 1만 배, 즉 지구 반경의 1억 배가 되며, 이 항성 구면 내에 채울 수 있는 모래알의 수는 10^{63}, 즉 '1000대시리온'이라는 것까지 계산하였다.

4. 아르키메데스의 역학

고대에는 대수학자가 많았다. 아르키메데스 외에도 유클리드와 아폴로니오스만 보더라도 그것을 알 수 있다. 그러나 역학 분야에서는 아르키메데스에 필적할 만한 업적을 올린 사람이 없으며, 근세기에 이르기까지도 마찬가지이다. 그는 역학을 개척한 개조의 첫머리에 있다고 하여야 할 것이다. 지렛대, 중심, 그리고 유체 정역학에서의 여러 명제는 아르키메데스에게서 비로소 명석한 표현을 얻게 된 것을 볼 수 있다. 지렛대(정자, 挺子)의 법칙을 아르키메데스는 다음과 같이 기술하였다.

(ㄱ) 서로 같은 중량이 같지 않게 떨어진 점에 작용할 때, 평형(平衡)을 이룰 수 없으며, 멀리 떨어진 쪽이 내려간다.

(ㄴ) 같지 않은 중량이 같은 거리의 점에 작용할 때, 평형은 없으며 무거운 쪽이 내려간다.

(ㄷ) 같지 않는 중량이 같지 않는 거리의 점에 작용하여 평형을 이룰 때, 무거운 쪽이 적게 떨어져 있다.

(ㄹ) 같지 않는 중량이 작용점의 거리가 반비례할 때, 평형을 이룬다.

이 마지막 명제에 관하여 아르키메데스는 "내가 서 있을 수 있는 발판만 준다면, 나는 지구도 움직일 수 있다."라고 말하였다. 그는 또 그의 저작 『평판의 평형에 대하여』 제2부에 중심의 문제를 포물선의 궁형절편에까지 확장하고 있다. 그리고 『뜬 물체(浮體)에 대하여』라는 저서에는 액체의 기본적 성질, 즉 그의 미소분자를 쉽게 밀어 움직일 수 있는 것과 압력을 전달한다는 것에서 일련의 명제를 도출하였다. 그 중요한 요점을 들면 다음과 같다.

(ㄱ) 서로 통한 액체 전체의 표면은 구면을 이루며, 그의 중심은 지구의 중심과 일치한다.

(ㄴ) 용적이 같을 때 액체와 무게가 같은 고체를 그 액체에 담그면 꼭 액체 표면에 나타나지 않을 만큼 잠긴다.

(ㄷ) 액체보다 가벼운 고체를 액체에 담그면 잠긴 부분과 꼭 같은 용적의 액체의 무게는 그 고체의 무게와 꼭 같은 만큼 잠긴다.

(ㄹ) 액체보다 가벼운 물체를 액체 안에 담그면 그 물체의 용적과 같은 액체의 무게에서 물체의 무게를 뺀 만큼의 힘으로 떠오른다.

(ㅁ) 용적이 같을 때 액체보다 무거운 고체를 그 액체 안에 담그면 끝까지 가라앉는다. 그리고 이 가라앉은 물체의 액체 속에서의 무게는 그 물체의 용량과 꼭 같은 액체의 무게만큼 가벼워진다.

이 마지막 법칙은 소위 아르키메데스의 원리로서, 유체역학에 대하여 마치 지렛대의 법칙이 강체역학(剛體力學)에 대하여 가지는 것과 같은 기본적 의의를 가진다. 로마의 건축가이며 저술가인 비트루비우스(Marcus Vitruvius)가 전하는 바에 의하면, 아르키메데스는 어떤 특별한 동기에서 그의 이름이 붙은 이 유체 정역학적 원리를 발견하게 되었다고 다음과 같이 기술했다.

"히에론 왕이 금의 무게를 달아주고 왕관을 만들게 하였다. 그런데 금의 일부를 횡령하고 그 속에 은을 대신 넣었다는 밀고가 있어서, 아르키메데스에게 그 사기의 검증을 의뢰했다. 그는 이 문제에 몰두하고 있을 때 마침 욕탕에 들어가게 되었다. 욕조에 가득한 물 속에 들어갔을 때, 그는 욕조에 잠긴 신체의 용적과 똑같은 용적의 물이 넘쳐 나오는 데 착안하였다. 그래서 이 현상의 근본 문제를 깨닫게 되자, 환희에 벅차 벌거벗은 알몸으로 뛰쳐나오며 '발견했다! 발견했다!(haureca! haureca!)'라고 외치며 자기 집으로 뛰어갔다.

그래서 아르키메데스는 이 발견에 근거하여, 왕관과 같은 무게의 금과 은의 두 개의 덩어리를 만들어, 어떤 용기에 물을 가득 채운 다음에 은을 그 안에 넣어서 은의 용적만큼 물이 넘쳐 나오게 한 다음, 그것을 다시 가득 채우는 데 필요한 물의 용적, 즉 은의 용적을 측정하고, 같은 방법으로 금의 용적을 측정하였으며, 같은 무게의 금관의 용적도 측정하였다. 이것으로부터 왕관에 은이 혼합된 것과 혼합한 양을 산출하여, 왕관을 부수지 않고 횡령 사실을 명백히 입증하였다."

그의 『뜬 물체에 대하여』를 더 읽어보면, 아르키메데스는 결구(缺球)나 포물선 회전체와 같은 뜬 물체의 안정에 대하여 연구하고 있는데, 이것은 역학의 발전보다는 자기의 수학적 기량을 나타내는 데 목적이 있었던 것으로 보인다.

아르키메데스는 중심의 결정에 대해서도 연구하였다. 예를 들면, 두 개의 중선(中線)이 교차하는 점이 세모꼴의 중심인 것을 알고 있었다. 일반적으로 아르키메데스의 수학적 수단은 그가 연구한 역학 문제보다 훨씬 앞서 있었는데, 근세에 와서는 때로는 이 관계가 거꾸로 인정될 정도로 역학에서의 기여도가 크다. 따라서 18세기 초에 라이프니츠(G. W. Leibnitz)가 "아르키메데스의 저술을 통독한 자는 근세 과학자의 발견을 보아도 별로 놀라울 것이 없을 것이다."라고 말한 것이다.

5. 광학과 음향학의 진보

수학의 큰 진보에 의하여 조성된 것 중에는 특히 물리학, 천문학, 그리고 수리지리학이 있다. 음향과 빛에 관한 최초의 견해에 대해서는 피타고라스학파와 아리스토텔레스에서 이미 살펴보았다. 그리고 알렉산드리아 학파는 특히 이와 같은 지식을 총괄하는 방향으로 그들의 노력을 기울였다. 그래서 광학도 최초로 총괄적으로 완성한 것은 이들의 덕택이라고 보이며, 특히 유클리드에 의하여 이루어졌다고 볼 수 있다. 그의 두 저서 『광학(光學)』과 『반사 광학(反射光學)』에서 빛은 직진한다는 명제와 반사 법칙을 기초로 하여 형태의 겉보기의 크기, 빛의 반사, 기타의 광학 현상 등의 설명에 기하학을 응용하려는 최초의 시도를 하고 있다.

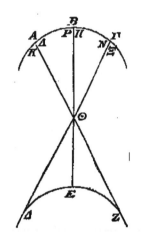

유클리드의 오목거울 설명

특히 흥미로운 것은 "오목거울(요면경, 凹面鏡)을 태양에 향하게 하면 오목거울 곡면의 중심에 있어서 발화한다."라는 명제이다. 점화된다는 그의 주장은 틀린 것이기는 하나, 그는 이것을 기하학적으로 증명하려고 시도하여 오른쪽의 그림과 같은 작도에 대하여 다음과 같이 설명하고 있다.

"태양 면(DEF)에서 나와서 오목거울(ABC)의 중심 O를 통과한 광선은 모두 반사되어 중심 O에 모이게 된다. 태양열은 이 중심에 모여서 그곳에 있는 물체에 점화되게 한다."

태양 광선은 모두 평행으로 오목거울에 입사된다고 생각하였더라면 아주 정확히 맞는 말이 될 뻔하였다. 유클리드의 이 오류를 아폴로니오스는 알고 있었다고 생각된다.[5] 유클리드는 볼록거울과 오목거울에서의 반사를 다음과 같이 설명하였다.

"광선이 그것들에 부닥치면 평면거울의 경우와 같이 입사각과 같은 각으로 반사한다."

---

5 비데만, 『고대와 중세의 실험에 대하여』.

그리고 빛의 굴절에 관한 유명한 실험의 하나도 유클리드는 이미 하고 있었다. 이에 대해 그는 이렇게 기술했다.

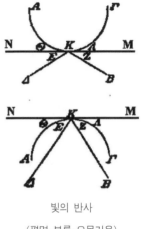

빛의 반사
(평면·볼록·오목거울)

"용기의 바닥에 물체를 두고, 그 물체가 보이지 않게 될 때까지 용기를 떨어뜨려 놓는다. 그리고 나서 이 용기에 물을 부어 넣으면, 그 물체가 다시 보이게 된다."

유클리드의 기하학이 소수의 공리로 기착시킬 수 있는 몇 가지 기본 정리에서 출발한 것과 같이, 그의 광학도 8개의 기본 경험에서 출발하여 그것에서 기하학적 작도를 써서 여러 명제를 도출해 내고 있다. 유클리드가 근거로 한 기본 사실 가운데 정곡을 찌른 가장 중요한 것들은 다음과 같다.

광선은 직선이다. 즉, 광선은 직진한다. 그리고 광선으로 에워싼 도형은 원뿔을 이루며, 그 원뿔의 정점은 눈에 있고, 그의 밑면은 보는 대상의 경계에 합치한다. 그래서 큰 각도로 보이는 대상은 작은 각도로 보이는 대상보다 크게 영사된다. 다시 말하면, 대상의 겉보기의 크기는 시각에 따른다.

그의 『반사 광학』도 일정한 경험 명제(모두 7개)에서 출발하여, 그것들로부터 약 30개의 정리가 유도되어 있다. 이러한 유클리드의 광학적 저술은 많이 손상된 모양으로 현대에까지 전하여졌다는 것은 의심할 여지가 없다. 그래서 많은 결함과 오류가 있었음에도, 광학에서 일대 발전을 이룩한 17세기의 케플러 때까지는 이 유클리드의 광학이 일반적으로 사용되어 왔다.

음향학의 문제도 알렉산드리아에서 본격적으로 연구되었다. 피타고라스학파는 협화음과 불협화음의 현상을 잘 조화된 것과 그렇지 못한 것으로 받아들인 데 그쳤으나, 유클리드에 이르러 처음으로 이 현상의 물리학적 원인을 설명하려는 시도를 하게 되었다. 그에 의하면, "협화음은 음이 서로 화합됨에 반하여, 불협화음은 음이 서로 화합되지 않기 때문에 귀에 거슬리게 들린다."라고 하였다. 이것에서 알 수 있는 것과 같이 유클리드는 어렴풋이나마 후세에 이룩된 완전한 설명의 곁에까지 와 있었던 것을 알 수 있다.

6. 과학적 지리학

문화 전체의 진전, 정치적 전개, 다른 여러 과학의 진전들과 밀접히 관련되어, 지리학은 이 시대에 근세의 초기까지는 넘을 수 없었던 높은 수준까지 도달하였다. 알렉산드리아 시대에는 무엇보다도 교통기관과 보도기관이 구비되어 있어서, 당시의 학자들이 장도의 여행이나 광범위한 조사를 하기 쉽게 되어 있었다. 알렉산더 정복 전쟁에 의하여 과학적 지리학 앞에 동방 아시아의 지견이 펼쳐지게 되었다. 이 정복 전쟁으로 수집된 경험에서 식물지리학의 초보가 생겨났다는 것은 이미 이야기한 바와 같다. 아프리카는 프톨레마이오스 왕조 시대 이래 이집트 방면으로부터 더욱더 깊이 개척되어 갔다. 북방으로는 거의 북극 가까이까지 지리학적 시야가 펼쳐지게 되었다.

북구 여러 나라는, 특히 알렉산더 대왕과 당시 그리스 식민지였던 마르세유 사람인 피테아스(Pytheas, BC ?~310)에 의해서 알려지게 되었다. 피테아스는 브리타니아(Britannia)의 북단까지 탐사 여행을 하였으며, 아이슬란드까지도 간 것 같다. 그가 전설적인 섬 '두래'[6]에 대해서 기술하고 있는데, 그가 지칭한 이 섬은 괴테의 『파우스트』에도 인용되었다. 혹자는 이 섬을 '스칸디나비아 반도'라고 하며, 혹자는 '아이슬란드'라고도 한다. 여하튼 그는 이것과 관련하여, 먼 북방에서는 하지 무렵에 태양이 지지 않는다는 현상을 보고하였다. 따라서 고대인의 지리학적 시야가 남반구에서 북극권까지 미치고 있었음을 알 수 있다. 이와 같은 탐험 여행을 피테아스와 같이 물리학적·천문학적 지식을 가진 사람이 했을 때는 특히 귀중한 기록으로 남겼을 것이나, 그러한 기록을 담고 있을 피테아스의 저작 『대양에 대하여』는 아깝게도 남아 있지 않다. 그가 얻은 성과 가운데 일부분이 타 저술가에 의해 인용된 단편으로 알려져 있을 뿐이다.

알렉산더의 정복 전쟁이나 피테아스와 같은 사람들의 탐험 여행에 의하여 수확된 풍부한 자료들은, 아리스토텔레스의 문하인 디카이아르코스(Dikaiarchos, BC 350?~290?)나 반세기 후에 활약한 에라토스테네스(Eratosthenes, BC 275~194)에 의하여 가장 포괄적으로 편집되었다. 디카이아르코스는 고대인에 알려진 세계의 넓이, 즉 리비아의 메로에에서

---

6 슈다트라, 『신고전적 고대학 연보』는 '스칸디나비아'라고 봄. 패쉴, 『지리학사』는 '아이슬란드'나 '슈트란트 제도'라고 봄. 이 두래 섬은 괴테의 『파우스트』 중에 「옛날 두래에 왕이 있어」라는 노래로 널리 알려진, 지구의 최북단에 있는 나라로, 전설이나 낙망이 이 섬에 결부되었다.

북극권에 이르는 넓이를 4만 스타디온평방(Attica Stadion＝177.6m, 4천 Attica Stadion＝7000km)이라고 계산하였고, 지브롤터(Gibraltar) 해협을 끼고 있는 산 헤라클레스의 기둥에서 갠지스 강 하구까지의 거리를 6만 스타디온(1만km)이라고 추산했다. 그리고 그에 의하면 헤라클레스의 기둥, 메시나(Messina) 해협, 펠로폰네소스(Peloponnesos) 반도, 소아시아의 남쪽 해안과 인도 등은 같은 위도 선상에 있으며, 이 선은 지구상에 사람이 사는 부분인 소위 '거주 지역(居住地域, Oigumene)'을 둘로 나누고 있다고 말하였다. 이 지역들은 실제로 상당히 떨어진 위도 선상에 있기 때문에, 이 선의 설정에서 그가 범한 방위 측정상의 오차는 당시로서도 매우 적었다고 할 수는 없다. 그러나 위도의 개념을 이미 가졌다는 것은 높이 평가할 만하다.

단순한 견적에서 벗어난 높이의 측정을 처음으로 시작한 것도 디카이아르코스이다. 고대인은 처음에 산악의 높이에 대하여 과장된 관념을 가지고 있었다. 아리스토텔레스는 코카서스(Caucasus) 산맥의 높이에 대하여, "산기슭에서는 해가 졌어도, 정상에서는 네 시간이나 더 햇빛을 받아 빛나고 있다."라고 말하였다. 그리고 로마 시대의 플리니우스는 알프스산맥의 높이를 실제의 10배나 되게 견적하였다. 만약에 플리니우스가 디카이아르코스나 그 후에 에라토스테네스가 측정한 값에 대하여 좀 더 주의를 기울였다면, 이와 같은 과장은 피할 수 있었을 것이다. 왜냐하면 디카이아르코스는 이미 페리온산의 높이를 1620m, 아크로코린토스(Akro-Korinthos)의 높이를 575m라고 거의 정확한 측정을 하였기 때문이다. 그리고 일반적인 결론으로서 이와 같은 값은 지구의 직경에 비하면 눈에 띄지 않을 정도이다. 이 점을 생각하면 이들의 측정이 매우 정밀하였다고 할 수 있다.

디카이아르코스가 수리지리학의 개조라고 불리는 것도 무리한 것은 아니다. 그러나 이 명예로운 칭호는 그보다 반세기 후에 나타난 에라토스테네스(Eratosthenes, BC 275~194)에게 더욱 적합한 것이다.

에라토스테네스는 기원전 275년에 키레네에서 태어났다. 프톨레마이오스 3세는 그를 알렉산드리아로 초빙하여 아폴로니오스의 후임으로 알렉산드리아 대도서관의 관장으로 삼았다. 그는 노년에 이르러 실명하여 기원전 194년경에 사망하였다고 한다. 에라토스테네스의 주요 저작은 지리학에 관한 최초의 과학적 저술인 『지리학』인데, 오늘날에는 『스트라본』에 인용된 단편으로부터 그 내용의 일부를 알 수 있다. 이 『지리학』은 세 권으로 되어 있으며, 1권은 물리지리학, 2권은 수리지리학, 3권은 여러 나라의 지지학(地誌學, Geographia)을 담고 있다. 그는 또 천문학에서도 뛰어난 업적을 이루었다. 그리고 수학에서는 입방체 체적을 배로 하는 방법인 '델로스의 문제'를 논한 서한도 있으며, 소수를 구하는 규칙을 논한 『Cribrum Eratosthenis』도 그의 저작에서 유래한 것이다.

기원전 220년에 그는 알렉산드리아에 둥근 바퀴 모양의 천구의(天球儀)인 '알미라(윤구의, 輪球儀)를 설치하여, 이것으로 남북 회귀선의 벌어짐을 원주의 11/83, 즉 47.7도라고 측정하였다. 그는 지구가 구형임을 알게 되자 그 구의 크기를 측정하려는 생각을 하게 되었고, 이 측량을 위한 바른 방법을 세워 그것으로 당시의 수단으로서는 매우 근사적으로 올바른 결과를 얻을 수 있는 측정법을 발견한 큰 공적을 세웠다.[7]

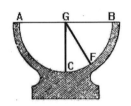

고대인의 태양 고도 측정기

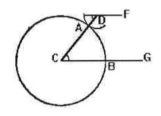

에라토스테네스의 지구 측정

당시에 여행의 범위가 확대되어, 유명한 항성이 그리는 일주(日週)원은 지평면에 대하여 어디서나 똑같은 기울기를 갖지는 않는다는 것을 고대인도 알게 되었다. 에라토스테네스는 태양이 하지 때 이집트 남쪽 시에네에서는 정오에 하늘 꼭대기를 지나가므로 구노몬의 그림자가 없으나, 알렉산드리아에서는 같은 날 하늘 꼭대기보다 남쪽을 통과하므로 구노몬의 그림자가 있다는 것을 알았다. 그래서 그는 하지 정오에 위의 첫 번째 그림과 같은 사발 모양의 주형의(舟形儀)를 써서 알렉산드리아에서의 태양의 고도를 측정해서 지구의 둘레를 산출하였다. 위의 두 번째 그림과 같이 시에네(B점)에서의 태양의 고도는 0도이며, 알렉산드리아(A점)에서의 태양 고도는 지구면 상의 원호(圓弧) AB와 같다. 그는 이 사실에 근거하여 지구 둘레의 측정 문제를 해결하기 위하여, 엄밀히 말하면 올바르다고 할 수 없으나, 당시의 측정 정확도에 비하면 바른 결과를 얻을 수 있는 합당한 두 가지 전제에서 출발하였다.

우선 첫 번째 전제는 '지구는 완전한 구형'이라는 가정이며, 두 번째는 '전기한 두 도시가 동일한 자오선 위에 있다'는 가정이었다. 실제의 지구는 완전한 구형이 아니며, 두 도시를 통과하는 자오선은 약간의 차가 있다. 그러나 두 도시 간의 거리의 견적치 5000스

---

7 귄터, 「에라토스테네스의 지구 측정」, 『독일 지리학 통계평론』 제3권.

타디온에 비하면 무시할 수 있는 오차이다. 그런데 그의 측정치는 지구 원둘레의 1/50, 즉 7도 12분이었고, 시에네에서 알렉산드리아까지의 거리는 5000스타디온으로 보았다. 그래서 지구의 둘레는 50×5000=25만 스타디온=4만 5000km였다. 오늘날에 측정한 참값이 4만km임을 생각할 때, 그 옛날에 놀라운 측정을 해낸 셈이다. 이에 견줄 만한 것으로는 후술할 아리스타르코스의 측정이 있을 따름이다.

에라토스테네스는 디카이아르코스와 같이 지구 표면에 수직으로 솟아오른 산의 높이를 측정함으로써, 지구 표면의 측량에서 또 하나의 문제를 해결하려고 시도했다. 그는 디카이아르코스가 한 것과 같이 삼각법을 써서 최고 10스타디온까지의 산악의 높이를 아주 정확하게 측정할 수 있었다. 그리고 지구의 둘레 측정에서도 디카이아르코스와 원리적으로는 같은 방법으로 측정하였으나, 디카이아르코스는 측정 기준이 될 두 지점 간의 거리를 견적으로 개략적으로 상정한 값을 사용하였는 데 반하여, 에라토스테네스는 삼각법에 의한 측량에서 얻은 실측치를 기준으로 하여 정확도를 높였다.

7. 태양 중심설의 시작

이미 알렉산드리아 학파의 제1기에서 천문학은 사변에서 이미 관측으로 전향함으로써 과학으로서의 성장을 나타내고 있다. 특히 기원전 3세기에 나타난 알렉산드리아의 에라토스테네스와 디카이아르코스가 노력한 저작과 알렉산드리아 학파와 밀접한 관계를 가진 사모스의 아리스타르코스의 저작에서 이것을 엿볼 수 있다. 특히 아리스타르코스는 관측에 기초한 과학적인 천문학을 세우는 데 공헌했을 뿐만 아니라, 태양 중심설을 매우 명석하게 전개한 공적이 크다. 대지가 세계의 중심에 정지해 있다는 것에 대하여 피타고라스학파가 처음으로 의혹을 품게 되었다. 이 학파의 필로라오스는 땅이 하루에 중심화(中心火) 주위를 한 바퀴씩 돈다는 설을 주장하였다. 그래서 천체의 일주운동은 단순히 '겉보기운동'이라는 것이 명백히 밝혀져 있었던 것이 된다.

그리고 이 중심화를 지구의 중심으로 치면, 이미 코페르니쿠스 설의 중요한 한 요소인 '지구의 자전'이라는 것을 상정하고 있었던 것이 된다. 변증법적 발전이라는 역사관에 젖어 있는 서구 사람들은 고대에 이미 근세의 코페르니쿠스를 앞질러 이와 같은 관념이 생겨 있었던 것을 기이하게 생각하나, 중국의 천문학은 시초부터 태양을 중심으로 하여 지구가 태양을 바라보는 낮과 등을 돌리는 밤을 이루는 자전운동을 하면서 저 천계에 있는 지구의 길인 황도를 따라 굴러 돌아간다는 상정, 즉 지구의 자전과 공전 운동을 상정하고 천문학적 관측을 해온 것을 생각하면, 고대의 알렉산드리아에 이와 같은 태양 중심적 관념이 생겨 있었던 것은 너무나 당연한 것이다.

코페르니쿠스의 태양 중심설의 핵심인 '지구와 기타 유성들은 태양을 중심으로 하여 회전하고 있다'는 것도, 오늘날 그 개발의 발자취를 고대 그리스에 거슬러 올라가서 더듬어 볼 수 있다. 이 설의 출발점이 된 것은 금성과 수성의 관찰이었다. 이들 두 행성에 대한 관찰에서, 이들 두 천체는 태양의 주위를 회전하고 있다고 전술한 폰토스의 헤라클레이데스의 설이 도출되었다. 그보다 이전에 이미 이집트인으로부터 유래한 이 설을 코페르니쿠스는 확실히 알고 있었다고 자술하고 있다. 여기에서 올바른 세계관을 쉽게 파악하기 위하여 태양을 기타 유성들의 궤도의 중심에 두기만 하면 되었다.

오늘날 대부분 명확히 알 수 없는 피타고라스학파의 사변을 도외시하면, 태양 중심적 세계관을 매우 명석하게 표현한 첫 사람으로 아리스타르코스를 들 수 있다. 그를 이 학설의 정립으로 인도한 것은, 태양은 지구나 달보다는 훨씬 크다는 신념이라고 말하고 있다. 아리스타르코스는 역학 법칙의 지식에서가 아니고 소위 감에서, 거대한 천체가 그것에 비하면 극히 작은 알맹이밖에 되지 않는 작은 한 천체의 주위를 돌아간다고 하는 것은 우습다고 생각했다. 코페르니쿠스는 이 이유 외에도 세계를 비추는 광명인 태양은 역시 세계의 중심에 있지 않으면 안 된다는 이유를 첨가했다.[8]

그리스 천문학의 제1기 말, 즉 아리스토텔레스에 이르는 시기까지는 사변이 전체를 덮고 있었다. 그런데 다행히도 알렉산드리아 학파와 그 주위에서 냉정한 감각을 가지고 천문 현상을 연구하는 사람들이 나타났다. 그래서 천문학은 결함 많은 관찰에 따른 철학적 교리로부터 측정 방법으로 옮겨져서, 엄밀한 의미에서의 과학의 단계로 올라가게 되었다. 그리스인 가운데서 최초로 이 방향으로 발을 내디딘 사람으로 알렉산드리아의 에라토스테네스와 디카이아르코스, 그리고 특히 전기한 사모스의 아리스타르코스를 들 수 있다. 이 사람들의 연구 활동으로 두 가지 문제가 다루어졌다. 이 문제는 이때 이래로 인간의 정신을 사로잡아 왔으며, 더욱더 높은 정밀도로 그 해결의 길로 꾸준히 나아간 항

---

8 코페르니쿠스, 『천체의 회전에 대하여』 제1권, 10쪽.

성천(恒星天)의 '위치기술학(位置記述學, Topography)', 즉 될 수 있는 한 많은 별들의 정확한 위치에 대한 정밀한 측정과 지구와 유성계에 대한 각종 특정치들의 산출이며, 첫째로 태양과 달까지의 거리를 산출하는 것이다. 이 일에서, 이집트인과 갈라디아인들이 장기간에 걸친 풍부한 관측 자료를 축적하여, 알렉산드리아의 천문학자들에게 얼마나 많은 준비를 해주었는가는 이미 살펴본 바와 같다.

기원전 300년경에 에라토스테네스와 디카이아르코스는 이런 관측에 알미라를 사용하였는데, 이것은 눈금을 새긴 바퀴를 조합하여 한 바퀴는 천구 적도면에 일치시키고, 또 하나는 전자와 직교하여 천축(天軸) 둘레를 회전하게 된 것이다. 이들은 개개의 별의 위치를 결정하기 위하여 이 장치를 사용하여 위도, 즉 적도로부터의 호 거리를 수분의 일 도까지 측정하고, 동시에 춘분점을 기점으로 한 별의 경도(經度)를 측정하였다.

그들이 만든 항성목록은 오늘날에는 약간의 별의 측정치밖에는 잃어버리고 없으나, 이것은 170년 후에 히파르코스가 주야 등분점의 전진(세차, 歲差)을 발견할 가능성을 준 것이다. 그리고 디카이아르코스는 천문 관측에 시간 표시를 사용하였다. 하루를 12등분한 시간이 알렉산더 대왕 이전에 그리스 사람들에게 사용되었다는 증거는 없다.[9] 그 이전의 실제 생활에는 자기들의 그림자 길이를 표준으로 하여, 하루 중 그림자의 길이가 6척 또는 8척일 때 만나자는 식으로 약속하였다.

유성계의 크기의 비를 최초로 연구한 것은 아리스타르코스(Aristarkhos, BC 270~?)이다. 그는 의심할 여지가 없는 당시 최고의 천문학자였다. 그러나 그의 생애에 대한 상세한 내용은 알려져 있지 않다. 아리스타르코스는 기원전 270년경에 사모스에 태어났다. 그의 저작 가운데 오늘까지 전해지는 것은, 달과 해의 크기와 거리를 다룬 논문의 여러 조각들뿐이다. 이 두 천체의 지구로부터의 거리의 비를 아리스타르코스는 약 1 : 19(실제의 비는 약 1 : 400)라고 하였다.

그는 다음과 같은 고찰에서 이와 같은 결과를 얻었다. 왼쪽 그림과 같이, 지구상의 한 점에서 보아서 달이 태양으로부터 정확히 반만 비치는 것을 보았을 때, 이점 E는 달과 해의 중심 (M, S)와 직각세모꼴을 이루

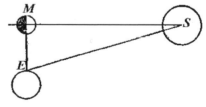

아리스타르코스의 달과 태양의 거리 측정 방법

---

9 빌횡거, 『고대의 시간 표시(1888)』, 74쪽.

고, 달의 거리는 그의 직각 변 EM에 해당하며, 태양의 거리는 사변 ES에 해당한다. 그런데 각 MES에 대한 그의 측정치는 87도(실제는 89도 50분)를 얻었다. 여기서 구하는 비 EM : ES의 한계치를 복잡한 방법으로 1 : 18~20이라고 구했다. 이것은 결국 지상의 E점에서 달과 해를 본 시각의 코사인과 같다. 그는 또한 측정 결과에서 천체의 용적의 비를 계산하였다. 그는 달은 지구의 약 1/25(바른 값은 1/48), 태양은 지구의 9만 배(바른 값은 130만 배)라고 산출하였다.[10] 아리스타르코스가 이 문제를 풀려고 한 방법은 이론적으로는 바른 것이다. 그러나 실제의 값과 너무나 동떨어진 결과를 얻게 된 이유로서 여러 가지를 사정해 볼 수가 있다.

그중의 하나는 당시에는 이와 같은 측정에 나타나는 것과 같은 아주 미소한 각을 측정할 수가 없었다는 것이다. 그리고 또 하나는 달의 밝은 부분과 어두운 부분을 명확히 식별하기 어렵다는 것이다. 그러나 아리스타르코스보다 훨씬 앞선 고대에 이루어진 정밀한 측정에 비하면 너무 오차가 크다. 그 측정 오차는 그렇다 치더라도 그는 고대가 그에게 바친 칭찬을 받기에는 충분하다. 아리스타르코스가 코페르니쿠스보다 1800년이나 앞서 태양 중심설을 명확히 발표한 것은 아르키메데스의 다음과 같은 기술에서도 분명히 알 수 있다.

"아리스타르코스는 항성은 태양과 함께 부동이나 지구는 태양을 궤도의 중심으로 하여 원주를 그리며 회전한다는 가설에 도달하였다."[11]

코페르니쿠스의 선구자로서 피타고라스학파의 니케타스(Niketas, BC 4세기)도 들지 않을 수 없다. 코페르니쿠스 자신은 그로부터 지구 중심적 입장을 버려야 한다는 시사(示唆)를 받았다고 말하고 있다. 니케타스의 설은 키케로의 단구(短句)에서 엿볼 수 있다. 코페르니쿠스도 이 단구에서 시사를 받았다고 한다. 시라쿠사의 니케타스는 테오프라스토스가 말한 바에 의하면 이와 같이 생각하였다.[12]

---

10 아리스타르코스, 『태양 및 달의 크기와 거리에 대하여』 정리 15~18.
11 아르키메데스, 『모래 계산』(다네만, 『대과학자의 저술초』 13면).
12 키케로, 『아카데미가』. 니케타스가 어느 때 사람인지는 확실하지 않으나 필로라오스보다 조금 후에 나타났을 것이다. 그가 주장한 지구의 자전과 공전설은 아리스타르코스 100년 후에 시리아의 셀레우코스(Seleukos)라는 유력한 지지자를 얻었다. 그는 우주의 무한성을 주장하고, 간만조(干滿潮)를 달의 위치 관계로 설명하였다.

"하늘 전체는 정지해 있고, 지구 이외에는 우주 안에서 움직이고 있는 것은 아무것도 없다. 지구는 축 둘레를 전속력으로 회전하며 굴러가기 때문에, 지구에서 보면 지구에 고정돼 있는 것은 모두 정지하여 있고 천이 움직이는 것같이 보이게 된다."

이것은 확실히 고대에 일찍부터 계통적은 아니나, 천(天)의 매일의 겉보기의 회전을 지구의 회전에서 설명하려는 시도가 있었던 것의 명확한 증거이다. 코페르니쿠스는 또한 플루타르코스로부터 시사된 점도 있다. 플루타르코스는 『철학자의 소설에 대하여』라는 그의 저술 중에 필로라오스와 폰토스의 헤라클레이데스의 천문학설을 기술하고 또 다른 곳에는 아리스타르코스의 견해에 대하여 논하였다. 결국 이 시대의 천문학은 코페르니쿠스 시대보다는 훨씬 앞서 있었던 것을 알 수 있다.

8. 측정적 천문학

천문학은 알렉산드리아 시대의 기원 전기 동안에 히파르코스에 의하여 최대의 진보를 하였다. 그의 과학적 활동은 기원전 160년에서 125년 동안에 행해졌다. 그리고 그의 생애에 대해서는 거의 알려진 것이 없다. 그는 로도스(Rhodes)에 살았으나, 아마도 그전에 이집트에 체재하였을 것이다.[13] 히파르코스는 특히 삼각법적 수단으로서 '현(弦)'의 표를 만들어 천문학자의 일을 용이하게 하였다. 이 표는 원주의 중심각에 대응하는 현의 값을 반경(半徑)의 분수로 나타낸 것이다. 계산은 120도, 90도, 72도, 60도, 36도의 각의 현을 출발점으로 하여 대단히 번거로운 방법으로 행해졌다. 이들의 현은 정 3, 4, 5, 6, 10각형의 변으로써 용이하게 반경의 분수로 나타낼 수 있었다. 그다음에 피타고라스의 정리와 그의 보조 정리에 의하여, 반원 호의 현, 호의 합과 차의 현을 산출하였고, 이같이 하여 수많은 호에 대응한 현을 배치한 표를 얻었다. 최초의 이 표는 결함이 많았으나 이 결함들이 차차로 삽입되어서 메워져갔다.

---

13 히파르코스에 대해서는 파울리의 『고전적 고대학 사전』 제8권, 1666~1681면 참조. 히파르코스의 저작 표제와 단편이 몇 개 전하고 있다. 원문대로 남아 있는 것은 그다지 중요하지 않은 저작 『아라도스와 유클리드의 천문학 주석』뿐이다.

그리하여 프톨레마이오스(Ptolemaios Klaudios, 121~151)에 의하여 처음으로 반도씩 나아간 모든 각의 현이 충분히 정밀하게 산출되었다. 그의 표는 1500년간 천문학을 풍미한 프톨레마이오스의 『알마게스트(Almagest)』의 중요한 부분을 이루고 있는 것으로, 기나긴 세월 동안 오늘날의 삼각함수표에 대신한 편리를 천문학자들에게 주었다. 프톨레마이오스는 반경을 60등분하고, 그것을 다시 추가로 60등분하였다. 그리고 각에 대한 현은 60분 반경으로 표기하였다. 이와 같이 하면 반경과 현의 절대량은 무시하게 되어 정상비(定常比)를 얻게 된다. 그는 때로는 현 대신에 반현을 쓰기도 하였다. 이 수단의 전면적 적용은 결국 사인함수(정현함수, 正弦函數)의 도입이 되는 것이며, 이것은 인도인에 맡겨진 것이다. 삼각법은 고대인에 있어서는 직각세모꼴의 산정에 국한되어 있었다. 삼각함수를 90도에서 180도의 각에 확장하는 것은 사각세모꼴의 삼각법도 개척한 아랍인에 의하여 처음으로 행해졌다. 고대의 천문학자들은 사각세모꼴이 나오면 이것을 그들이 계산할 수 있는 직각세모꼴로 분해하여 계산하였다.

알렉산드리아 시대에 이룩한 수학의 진보에서 후세에까지도 최대의 이익을 받은 것은 천문학이다. 이것으로 이제 천문학의 조직적 측정과 관찰을 할 시기가 시작되었다. 그리고 비록 그 성과가 참 세계관의 일반적 인식에는 미달하였다고는 하나, 정밀 측정에 의해서만 인식할 수 있는 수많은 현상이 명확하게 이해되게 되었다. 이에 대하여 특히 히파르코스의 공적을 꼽을 수 있다. 그는 마치 아리스토텔레스가 동물학에 있어서, 아르키메데스가 역학에 있어서 가지는 것과 같은 의의를 천문학에 대하여 가지고 있다. 천문학의 최초의 발전 단계에 있어서는 하늘에 어떤 도형을 그려서, 그것에 의하여 중요한 항성의 위치를 정하였다. 이와 같은 성좌 중에는 저울자리(천평좌, 天枰座)와 같이 외견상의 유사성에서 이름이 지어졌다. 이제야말로 알렉산드리아 학파의 번영기에 때맞추어 중요한 항성들의 각도 측정에 의하여 정밀한 위치 결정이 시도되었다.

사람들은 황도(黃道)가 천구의 적도와 만나는 점인 춘분점과 추분점을 기준으로 하여 항성의 위치를 정하고, 많은 별들에 대하여 적도로부터의 거리를 수분의 일도까지 측정하였다. 에라토스테네스와 디카이아르코스가 제작한 항성목록은 약 150개 별의 측정 표를 담고 있었는데, 기원전 134년에 갑자기 1등급의 새로운 별이 출현한 드문 사건이[14] 있었을 때 히파르코스도 이 목록을 가지고 있었으므로 거기에 기재되어 있지 않다는 것

---

14 이 신성의 출현은 중국의 기록에도 있으며, 갈좌(蝎座)에 출현하였다.

을 확인할 수 있었다. 아리스토텔레스가 불변적 존재의 장소라고 한 항성계에 이와 같은 돌발적 변화가 나타났을 때, 천문학자들의 마음에는 천계의 정밀한 '위치도'를 만들어 후세의 학자들이 언제나 대조해 볼 수 있게 하려는 소망이 일어났다. 이와 같은 이유에서 이 사건이 일어난 후부터 수년에 걸쳐 히파르코스는 약 1000개의 별의 위치를 측정하여 기록하였다.

히파르코스는 이것으로 최초의 목적을 달성했을 뿐만 아니라 더 나아가서 춘분점과 추분점은 그 위치를 서서히 변화한다는 중요한 발견을 하게 되었다. 수대 중에 가장 저명한 별의 하나인 처녀좌의 '스피커' 별은 추분점에서 6도 떨어져 있는데, 170년 전에 측정한 것은 8도였다는 것을 알게 되었다. 이에 반하여 다른 항성들은 모두 불변의 위치에 있었다. 히파르코스는 자신의 측정과 선인들의 측정에서 이 주야 등분점의 전진을 적어도 100년에 1도씩, 1년에 36초씩(실제로는 50초씩) 옮긴다고 추산하였다. 이것이 후세에 '세차(歲差)'라고 불리게 되었다.[15]

히파르코스가 세차를 논한 저술은 『알마게스트』에 인용된 것 이외는 유감스럽게도 모두 인멸되고 말았다. 타너리(Paul Tannery)에 의하면, 히파르코스가 발견한 세차의 값은 100년에 1도 23분 25초이다. 이와 같은 세차의 발견에 따라 2만 6000년을 주기로 한 플라톤 년의 관념이 세워져서, 이것이 영구회기설(永久回歸說)에 결부되었다. 이 설의 암시는 플라톤에게서 찾아볼 수 있으며, 그 후 키케로나 세네카나 기타의 고대 저술가에게서도 나온다. 자연이 규칙적으로 회기하는 유전 중에 있다는 관념은 시인할 만한 점도 적지 않다. 그러나 교부들은 기독교적 세계관의 표상에 맞지 않다는 이유로 부정적 입장을 취했다. 그러나 아랍인들 간에 다시 영구회귀설의 신봉자가 나타나게 되었으며, 이것이 근대에 와서 다시 거론하게 된다.

지구가 태양에 가까워진 근일점(近日点)에서는 멀어진 원일점(遠日点)에서 보다 더욱 빠르게 운동한다는 것도 히파르코스에 의하여 관측되었다. 그러나 그는 이 운동을 케플러와 같이 지구의 타원 궤도에 기인한 것으로 생각하지 못하고, 외견과 같이 태양에 옮겨서 생각하였다. 고대에서는 천체는 등속으로 원주운동을 한다는 아리스토텔레스의 전제를 고집하고 있었기 때문에, 히파르코스는 이 관측 사실을 이심원(離心圓)를 써서 설

---

15 이 현상은 지축이 약 2만 6000년간에 원추면을 그린다는 것으로 설명된다. 그 결과 지구의 적도의 투영으로 표시되는 천구 적도도 같은 주기로 위치를 변화한다. 이 과정을 '세차(歲差)' 또는 '주야평분점의 전진'이라고 부른다.

명하게 되었다. 즉, 그는 태양의 연주운동의 원 궤도의 중심을 지구에서 조금 떨어진 곳에 두고 생각하였다. 태양의 외견상의 운동을 한 단 더 정밀하게 연구한 히파르코스는 일 년의 길이, 즉 태양의 중심점이 춘분점을 지나서부터 다시 같은 점을 지날 때까지의 시간이 종래에 생각한 365일 1/4일보다 약간 짧다는 것도 발견했다.[16] 천구 상을 진행하는 것과 같이 보이는 달과 유성의 운동에 대한 한 단 더 정확한 측정도 히파르코스가 시도하였다. 그러나 이 문제의 해결에 도달한 것은 약 300년 후의 프톨레마이오스였다. 그의 천문학적 공적에 대해서는 후에 논하기로 하자.

피타고라스학파의 수의 신비에 자극되어 제기되었고, 아리스타르코스에 의하여 이미 취급된 천체의 거리와 크기를 측정하는 문제를 히파르코스도 다루었다. 이 문제의 해결을 위하여 그는 시차(視差) 개념을 도입했다. 이것은 거리를 측정하려는 별에서 지구의 반경을 본 각도이다. 히파르코스의 측정에 의하여 달의 거리는 지구 반경의 59배로 제법 진가에 가깝게 산출됐다.[17] 태양의 거리와 크기에 대한 히파르코스의 값은 실제와 많이 틀렸다. 고대 천문학의 중요한 학설들은 게미노스(Geminos)에 의하여 총괄되었다. 게미노스는 기원전 70년경에 로마에 살고 있었다. 그의 저서 『천문학 교과서』는 1590년에 'Elementa astronomiae'라는 표제로 간행되었다. 이것은 깊은 천문학적 지식을 나타내고 있으며, 일체의 전래적 미신에서 벗어나서 철저한 과학적 사고로서 천문 현상을 취급한 것이다.

게미노스는 일반으로 행해졌던 학설에 내포되어 있던 미신적 요소나 관측으로 뒷받침되지 않은, 관념에 근거한 설에 대하여 단호한 반대 입장을 취하고 있다. 예를 들면, 그는 여름의 더위는 '시리우스(낭성, 狼星)' 때문이 아니고, 태양의 위치에 기인한다고 주장하고 있다. 그리고 또 게미노스는 항성이 모두 하나의 구면에 있지는 않다고 하였다. 그것들과 지구까지의 거리가 각각 대단히 다르나 우리가 그것을 분별할 수단을 가지고 있지 않을 따름이라고 하였다. 이와 같은 게미노스의 저작은 후세에 대한 고대 천문학의 귀중한 근본 자료가 되었다.

---

16 히파르코스는 회귀년의 길이를 365일 5시간 55분(실제는 365일 5시간 48분 51초)으로 정함.
17 달의 중심과 지구의 중심 간의 평균 거리는 지구 적도 반경의 60.27배, 38만 4400km이다.

9. 과학적 지도학

전술한 천문학의 진보는 지리학에 더욱더 과학적인 특색을 주게 되었다. 이것은 천문학적 위치 측정이 지리학에 이용되기 시작함으로써 이루어졌다. 최초의 지도는 단순한 '여행도'였다. 즉, 지도는 여행자들에 의하여 전해진 도정과 방향을 기초로 하여 만들어졌다. 에라토스테네스는 그의 저작 『지리학』 중에서, 한 장소와 한 지방에 있어서의 오늘날의 위도와 일치하는 하늘의 극의 고도를 기재하는 데 그쳤으나, 히파르코스는 지리학적 경도와 위도에 의하여 위치를 결정하기 시작하였다.

어느 한 곳의 위도를 찾기 위해서는 주야등분(晝夜等分) 때의 정오에 태양의 고도를 구하여 90도에서 빼면 된다. 이것을 위하여 구노몬이 사용되었다. 이 측정은 1~2초의 각도 내의 정밀도로 행해졌다. 이때에 고대의 천문학자들은 16초의 오차를 범했으나, 이 값은 꼭 태양의 반경에 상당한다. 이 오차의 원인은 태양고도의 참값은 태양 중심 O와 구노몬 정점 B를 잇는 직선이 수평면과 만나는 C점의 각 BCA라야 하나, 구노몬의 그림자에 의하여 측정된

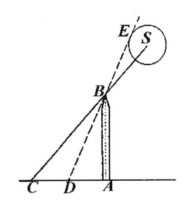

구노몬에 의한 위도 측정

값은 구노몬의 정점 B를 통과하는 태양 원주의 접선과 수평면이 만나는 D점의 각 BDA가 되기 때문이다.

히파르코스는 적도를 360도로 나누고, 기준자오선으로 로도스 섬을 통과하는 자오선을 택했는데, 이것은 그가 주로 이곳에서 관측을 하였기 때문이다. 위도는 위도와 하늘의 극의 고도 간의 관계를 알면 간단히 결정할 수 있으나, 경도의 결정에는 여러 가지 난점이 있었다. 이 난점은 뉴턴의 시대에 이르러서도 좀처럼 해결되지를 않다가 '경도계(Clinometer)'가 완성된 후에야 겨우 해결되었다. 히파르코스도 일종의 '경도계'을 고안하였다. 이것은 어떤 천문 현상의 개시, 예컨대 월식의 개시는 지구의 어느 곳에서나 같은 순간에 볼 수 있다는 전제하에, 각 지방의 개시 시점을 측정하여 그들의 지방시의 차이에서 경도의 차이를 계산하는 방법이다.

히파르코스는 제도법으로써 천공의 묘사에는 평사도법(平射圖法)을 사용하였고, 토지

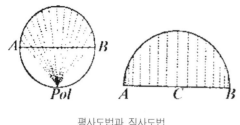
평사도법과 직사도법

의 묘사에는 직사도법(直射圖法)을 사용하였다. 전자는 눈과 묘사할 곡면 사이에 하나의 평면을 두어, 곡면상의 점과 눈을 잇는 직선이 모두 평면을 통과한다. 따라서 곡면상의 점들이 평면상에 투영된 결과는 마치 곡면(예컨대, 천공의 반구)을 보는 것과 같은 인상이 평면상에 묘사된 것을 보는 것이 된다. 이에 대하여 직사도법은 묘사될 곡면상의 각 점에서 투영면에 수선을 내린 것이다. 그래서 이 평면상의 도형은 곡면을 무한히 먼 곳에서 본 것과 같은 인상을 준다.

10. 기체와 액체 물리학의 개척

천문학과 지리학이 거대한 발달을 이룩하고, 2세기에는 또다시 알렉산드리아 학사원의 프톨레마이오스에 의하여 제2의 번영을 경험한 데 반하여, 과학적 역학은 아르키메데스에 의하여 전도가 유망한 단서가 열린 후, 수학이 제공하는 연역적 방법을 응용하는 데 매우 적합한 학문임에도 불구하고, 정체되어 있던 것을 볼 수 있다. 입체형의 중심(重心) 결정 외에는 이론 역학에 있어서는 거의 본질적인 진보는 찾아볼 수 없다. 입방체의 중심 결정은 알렉산드리아의 파포스(Pappos, 3세기)에 유래한다. 그는 기원후 3세기에 생존하고 있었으므로 훨씬 후기에 속한 사람이다. 파포스는 아르키메데스를 본받아 회전체의 연구를 하여, 후에 '굴딘의 정리'로 유명해진 중요한 일반 정리에 도달하였다. 즉, 파포스는 회전체의 체적은 회전하는 평면형의 면적과 그것의 중심이 그리는 원주 길이를 곱하여 계산된다는 것을 발견했다. 이 정리는 십 수세기의 경과와 더불어 잊혀 있다가 굴딘(1577~1643)에 의하여 새로이 발견되었다. 오늘날 그의 이름을 붙여 '굴딘의 정리'라고 부르는 것도 이 때문이다.

알렉산드리아 시대에서는 이론 역학의 개발보다는 실제 역학 쪽에 더 많은 노력을 기울였다. 예를 들면, 물시계에 지침을 달았다든가 소화 펌프를 발명했다는 것 등이다. 이 소화 펌프는 18세기에 발견된 로마제국 시대의 현물에서 판단하면, 고대에 이미 오늘날의 것과 대체로 일치하는 기구(機構)로 되어 있었다. 그리고 당시에도 이미 기체나 증기의 성질에 대한 상당한 지식을 가지고 있었던 것을 알 수 있다.

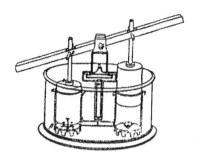

헤론의 소화 펌프

이 분야에서는 특히 알렉산드리아의 헤론(Heron, BC 150?)의 공적이 크다. 그의 이름은 오늘날에도 우리의 물리 실험 장치의 수집에서 빠지지 않는 유명한 '헤론의 구'로 기억되고 있다. 헤론의 활동 시기는 아마도 기원 전후 1세기라고 생각된다. 이 '헤론의 문제'에 대한 상세한 내용은 『헤론의 저작 전집』[18] 중에 나와 있다. 그의 공적은 고대의 물리학자들의 기사에 나오는 수많은 발명들을 일괄하여, 16세기부터 시작된 본격적인 물리학의 발전에 많은 영향을 미쳤다는 점이라고 볼 수 있다. 헤론 자신의 발명에 대해서는 그의 저작에도 거의 기술되어 있지 않다. 그의 저작『기체장치(氣體裝置, pneumatica)』는 공기나 증기의 팽창 성질에 관한 연구를 기술한 최초의 현존서이다. 헤론이 이 분야를 연구할 때 이미 많은 선구자들이 있었다는 것은 그의 저술 가운데 다음과 같은 기술에서 엿볼 수 있다.

"공기와 물의 장치에 대한 연구는 고래로부터 철학자나 수학자에 의하여 높이 평가되어 왔다. 따라서 이에 관하여 옛날부터 알려져 온 것들을 적당히 정리하여 기술할 필요가 있다."

헤론의 선구자 중 우리에게 알려진 최초의 한 사람은 기원전 140년경(일설은 BC 250년경)에 활동한 알렉산드리아의 크테시비오스(Ktesibios, BC 2세기)이다. 그리고 이보다 더 앞선 사람으로 비잔틴의 필론(Philon, BC 3세기)이 있다. 필론의 저서 중에는 이미 '헤론의 구'에 대한 기술이 나와 있다. 따라서 원래는 '필론의 구'라고 말해야 옳을 것이다. 온도 검출기도 이미 필론에게서 찾아볼 수 있다.

필론의 『기체장치』와 헤론의 『역학』은 적은 단편으로만 알려져 오다가, 19세기 말에 그리스어 원본을 아랍어로 번역한 완전한 책이 발견되었다. 즉, 1894년에는 헤론의 『역

---

18 알렉산드리아의 헤론의 현존 저작 전집: 1권 『기체장치와 자동장치(압력장치와 자동장치 무대)』, 2권 『헤론의 역학과 반사광학』, 3권 『헤론의 측량법과 조준의(照準儀)』.

학』이, 1897년에는 필론의 『기체장치』가 소개되었다. 헤론의 전 저작을 출판하는 것은 순수 및 응용 물리학의 역사에서뿐만 아니라 수학의 역사에 있어서도 큰 의의를 가진다. 헤론의 『자동장치』라는 저서는 고대의 무대장치에 대하여 많은 것을 해명해 주고 있어서, 예술사에서도 중요한 것이다.

헤론의 증기 터빈

헤론은 『기체장치』 중에, 가열한 공기나 증기에 의하여 움직여지는 많은 장치들을 기술하였다. 이들의 장치는 어느 정도까지는 물리학적 완구에 지나지 않으나, 그래도 후세의 발명에 자극을 준 것도 많다. 그중에서도 유출하는 물이 수차나 반동 터빈에 작용하는 것과 같이 증기로 물체를 회전시키게 한 장치 등은 특히 주목할 만하다. 이 헤론의 기계는 우선 하나의 솥이 있고 그 솥에서 두 개의 수직관이 나와 있으며, 그 사이에서 회전할 수 있게 된 중공의 구가 있고, 그 구에는 두 개의 분출구가 붙어 있어서 솥에서 생긴 수증기가 두 개의 관을 통하여 속이 빈 구 내로 들어가서 두 개의 분출구로부터 절선 방향으로 배출하게 되어, 이것으로 구가 회전하게 되어 있다.

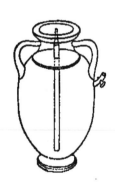

헤론의 구(球)

그리고 헤론은 그의 이름으로 불리는 구에 대하여 다음과 같이 기술하고 있다.

"물그릇 위쪽에 히니의 수직관(垂直管)을 납땜한다. 이 관은 거의 물그릇 밑바닥까지 내려가게 하고 위쪽은 좁게 한다. 옆 입구로부터 물그릇에 물을 주입한 다음, 수직관 위쪽을 손가락으로 막고 옆 입구로부터 숨을 불어넣고 옆 입구를 닫은 후에 수직관 위의 손가락을 떼면, 취입(吹入)된 공기의 압력에 의하여 수직관으로부터 물이 솟아 나오게 된다."

끝으로 '헤론의 샘'에 대하여 알아보자. 헤론은 이 장치에 대하여 다음과 같이 설명하였다.

"샘의 주둥이가 수면과 같은 높이일 때는 물이 가득 차 있어도 흘러나오지 않는다. 이것은 저울과 같이 물이 AB 쪽에서는 올라가려고 하고, BC 쪽에서는 내려가려고 하는 힘이 평형되기 때문이다. 그러나 외측에 있는 '샘 주둥이'의 위치 C가 수면의 위치 D보다 낮으면, BC 부분의 물은 BD 부분의 물보다 무거우므로 그만큼 잡아당겨서 물이 흘러내리게 된다.(샘의 꼭대기 점을 B, 물그릇 안쪽 주둥이를 A, 바깥쪽 주둥이를 C, 수면을 D라고 함.)"

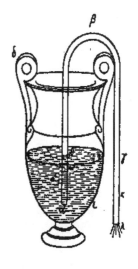

헤론의 사이폰

공기의 본성에 관해서 헤론은 이렇게 말했다.

"공기는 미소 분자로 이루어져 있으며 마치 모래알과 같이 공허한 곳에 가득 확산해 있다. 특히 이미 공기가 차 있는 구 안에 공기를 더 넣을 수 있는 것은 이와 같은 사실을 증명한다. 즉, 새로운 공기의 미소 분자가 비어 있는 곳에 들어가기 때문이다. 공기가 주어진 공간을 빈틈없이 채우고 있다고 가정하면, 구는 새로이 들어온 공기로 인하여 파열하고 말 것이다."

이에 덧붙여 "아무것도 없는 공허한 빈틈이 없다면, 빛이고 열이고 간에 물이나 기타의 유체를 투과할 수는 없다. 왜냐하면 유체에는 빈 구멍이 없으므로, 광선이 물을 밀어내고 통과한다고 하면 용기에 가득한 물은 넘쳐 나와야 할 것이다."라고도 했다.

따라서 헤론의 생각은 모든 물체는 작은 미소 분자와 틈새를 이루는 공허한 공간으로 이루어져 있다는 것이다. 이에 반해서 연속적인 진공은 외부 힘의 작용을 가하지 않고는 이루어질 수 없다. 공기가 물체인 것을 헤론은 빈 용기를 거꾸로 수중에 침입할 때의 현상으로 증명하였다. 그는 또 공기는 마른 해면과 같이 압축하였다가도 놓으면 다시 팽창하므로 공기는 본래 장력이 있다고 하였다.

이와 같은 지식을 이용하여 얼마나 놀라운 재주를 부렸던가를 헤론이 기술한 공기의 팽창과 압축을 응용한 자동 장치에서 엿볼 수 있다. 이것은 신전의 제단에 불을 때면 공기가 팽창하여 제단 밑에 감추어져

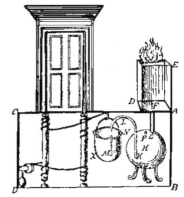

헤론의 신전 문 개폐 자동 장치

있는 밀폐된 구 용기 내의 물이 신전 문의 회전축에 감겨진 줄에 매달린 물받이 그릇으로 밀려나오게 된다. 물받이 그릇의 무게가 증가하여 평형추의 무게보다 무겁게 되면, 매단 줄을 당겨 내려 신전의 문을 열게 한다. 그리고 제단의 불을 꺼서 공기가 냉각하면, 물받이 그릇의 물은 구 용기로 빨려 들어가서 물받이의 무게는 가벼워져서 반대쪽의 추가 내려가면서 신전의 문을 닫게 한다.

물오르간

헤론의 또 다른 『기체 장치』에 대한 기술에서나 고고학적 발굴에서도 고대 후기에는 이미 건반이 붙은 오르간이 있어서, 오늘날의 오르간이나 피아노와 같이 사용되고 있었다는 것이 증명된다. 이 오르간은 수력에 의하여 연주되는 장치이다. 수력으로 공기 펌프를 움직여서 통풍 상자 안의 공기를 압축하여 연주되게 한 것으로, '물오르간' 또는 '휴도라울스'라고 불린 것이다. 점토로 제작한 이 물오르간이 금세기 초에 카르타고에서 발견되었다. 이것은 공기 압축 장치 외에 세 줄의 오르간 파이프와 한 줄의 건반을 갖추고 있다.

헤론은 또 소화 펌프에 대하여도 기술하고 있다. 이것은 그의 기술에 따르면, 오늘날에도 사용되고 있는 두 사람이 젓는 수동 소화 펌프와 꼭 같은 구조를 가진 청동 제품이다. 큰 수조 안에 설치한 두 개의 청동제 원통 실린더와 그 안에 상하 교대로 움직이는 피스톤, 그리고 실린디 밑에 설치한 수조와 출구 사이의 밸브들과 그들의 피스톤과의 연동 기구 등으로 이루어져 있다. 이 장치는 오늘날의 소화 펌프와 구조, 기구, 작동 원리 모두 꼭 같으며, 다만 공기실이 없는 것이 다를 뿐이다.

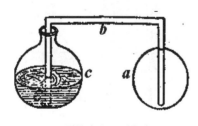

필론의 온도 검출기

헤론의 『기체 장치』에 기술된 수많은 실험 가운데 일부분은 필론에게서 나온 것이다. 이들 실험의 두세 개는 근본적인 의의를 가진 것이므로 여기에 소개한다. 그 하나는 필론이 열에 의한 공기의 팽창을 이용하여 만든 온도 검출기이다. 이것은 납으로 만든 밀폐된 구형 용기에 두 번 구부린 관의 한쪽 끝을 넣고 밀폐하며, 관의 다른 한쪽은 물을 담은 용기의 물 속에 넣어둔다. 그리고 연구(鉛球)에 햇빛을 쪼이면, 연구 안의 공기가 팽창하여 관을 통하여 물 속으로 흘러 나간다. 그리고 이 연구를 냉각하면 연구 속의 공기가 수축하므로 물이 연구 쪽으로 빨려간다. 이러므로 연구의 온도를 검출할 수 있게 한 장치다.

또 다른 하나는 '필론의 흡인(吸引) 촛불'이다. 물그릇에 물을 담고, 그 한가운데에 촛불을 세워두고, 주둥이가 긴 유리병을 거꾸로 하여 촛불을 덮어 병 입구가 물에 잠기게 하면, 물그릇의 물이 빨려 올라가는 것을 볼 수 있다. "이것은 덮어둔 유리병 안의 공기가 촛불의 열로 발산하기 때문이며, 발산한 공기의 양만큼 물이 빨려 올라간다."라고 필론은 설명하였다. 촛불이 타면서 공기의 일정량이 소실되는 사실을 이 고대의 물리학자는 모르고 있었다. 그러나 18세기에 셸레(Scheele, 1742~1786)를 비롯한 여러 과학자가, 공기는 두 가지의 다른 기체가 혼합되어 있는 것을 증명하기 위해 행한 실험을 고대인이 이미 하였다고 볼 수 있다.

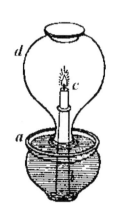

필론의 흡인 촛불

11. 역학의 진보

헤론은 강체역학(剛體力學)에 관해서도 저술했다. 이것은 오랫동안 잃어버리고 만 것으로 생각해왔으나, 그 후에 나온 알렉산드리아의 파포스(기원전 300년경)에 의하여 발췌된 단편만은 전해졌다. 파포스에 의하면, 헤론은 이 책에서 다섯 가지의 능력, 즉 '지렛대, 바퀴 축, 쐐기, 나사, 연동 도르래'에 대하여 논했다고 한다. 일례를 들면, 연동 도르래에 대하여 다음과 같이 기술하고 있다.

"우리가 무거운 돌을 들어 올리려면, 그것을 매단 줄을 돌의 무게와 같은 힘으로 당기지 않으면 안 된다. 그러나 지금 줄의 한쪽 끝을 고정시키고, 다른 쪽을 돌에 고착한 도르래에 걸어 당기면, 한층 쉽게 움직일 수 있다. 그리고 또다시 고정 개소에 또 다른 도르래를 설치하여 줄을 그것에 걸고 당기면 더한층 쉽게 된다. 그러나 우리가 하나하나의 도르래를 각각 고정 개소에 설치하는 대신에 하나의 축에 여러 개의 도르래를 가진 것을 상자 속에 넣고, 그 상자를 하나

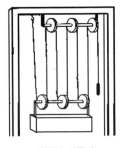
헤론의 기중기

의 줄로 고정 개소에 걸어둔다. 그리고 돌에 붙일 도르래들도 같은 방법으로 상자 속에 넣고, 하나의 줄로 그 상자를 돌에 걸어 붙인다. 이리하여 도르래의 수가 많아지면 그만큼 쉽게 돌을 들어 올릴 수 있게 된다."

또 다른 부분에서 헤론은 톱니바퀴 장치로 5의 힘으로 1000의 무거운 돌을 들어 올리는 문제를 해결하였다. 그뿐만 아니라 이와 같은 연동장치에 의하여 오늘날의 택시-미터의 원리도 이미 헤론이 발견하였다. 즉, 톱니바퀴의 연동에 의하여 차륜의 회전수를 나타내게 한 것으로, 간 길의 거리를 그 길을 굴러간 차륜의 회전수에서 스타디온으로 나타나게 한 것이다. 이와 같은 내용을 담고 있는 헤론의 『역학』은 아랍어 사본을 프랑스어로 번역한 것이 출판되었다.

헤론은 이 다섯 가지 단일 기계의 기술과 이론을 주었을 뿐만 아니라, 중심(重心)의 결정에 대해서도 상론하였다. 예를 들면, 그는 세모꼴의 중심이 삼중선(三中線)의 교점, 즉 각 중선을 2 : 1의 비로 나눈 점이라고 하였다. 불규칙 사변형의 중심을 찾기 위해서는 대각선으로 두 개의 세모꼴로 나누어 양자의 중심을 연결한 다음, 이 연결선을 양 세모꼴의 무게에 반비례하도록 나누는 방법을 취했다.

헤론은 지렛대나 연활차에 있어서의 힘의 행정과 중석의 행정의 비, 또는 힘의 증가에 대응한 중석을 일정한 높이까지 들어 올리는 데 요구되는 시간의 비를 연구하여, 오늘날 우리가 역학의 황금 법칙이라고 부르는 '에너지 보존법칙'에 도달했다. 그는 이 법칙을 다음과 같이 말하고 있다.

"시간의 비는 움직이는 힘에 반비례한다. 또는 일한 길이의 비는 힘에 반비례한다."

그런데 헤론은 나사와 쐐기에 대하여는 그다지 분명한 이론을 제시하지 못했다. 여기에서는 작용하는 힘과 중석의 무게에 대한 비를 주지 못했다. 이것은 그가 쐐기나 나사를 사면(斜面)에 기착시키는 것을 착안하지 못하고, 지렛대의 작용으로 설명하려는 무익한 노력을 하였기 때문이다. 사면은 아직 그에게는 단일 기계로 꼽히지 않았으며, 그것의 작용도 올바르게 인식되지 못했다.

12. 측량술의 과학적 기초

측량술을 완성하려는 헤론의 노력도 특별히 고찰할 가치가 있다. 헤론은 『조준의(照準儀, 디오프트라)에 대하여』라는 책을 저술하였다. '조준의'는 오늘의 '경위의(經緯儀)'의 원형이라고 생각하여야 할 측정 기계이다. 이 기계의 재현도는 다음 그림과 같다.

중요 부분을 설명하면, 대가(臺架) 위에 평판 AB와 톱니바퀴 ab가 있다. 이 톱니바퀴 ab는 평판 위에 설치한 '아르키메데스의 나사(무한나사)' cd에 의하여 움직여지며, 그 위에 있는 장치 전체가 수직 축의 둘레를 회전할 수 있게 되어 있다. 그리고 톱니바퀴 ab에 고정된 평판 CD 위에는 두 번째 '아르키메데스의 나사'가 있다. 이것은 수직으로 세워진 반원형 톱니바퀴의 매개로, 조준기(조준정규, 照準定規)를 설치한 맨 위의 평판 EF을 수평축의 둘레에 회전하는 역할을 한다. 이 평판은 반원형 톱니바퀴 위에 직접 고착된 것은 아니고, 그의 직각 연장선에 부착한 것이다. 쌍방의 '아르키메데스의 나사'로 수평축 둘레에 회전시켜 가면, 이 대원판은 수직으로까지 될 수 있다. 이와 같이 이 장치를 사용하여 어떠한 수평각이나 어떠한 고도각(高度角)도 측정할 수 있어서, 측량술의 문제를 해결하는 데 큰 도움이 되었다. 그

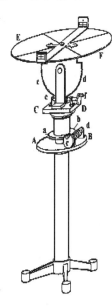

헤론의 각 측정기

리고 이 디오프트라의 조절은 수준기(水準器)와 추선(錐線)으로 하였고, 조준기는 아주 작은 각도도 정밀하게 읽을 수 있게 상당한 거리를 가지게 한 것이다.

헤론이 그의 저서에서, 적용하여야 할 측량 방법이나 계산 방법을 지시하고 설명한 문제는 수많으나, 그중에서 약간 소개해 본다. 가장 중요한 문제는 임의의 경계를 가진 전야의 측량이다. 헤론은 그것을 다음과 같이 처리하였다. 최초에 우선 경계 속에 들어갈 큰 구형(矩形)에 푯말을 박는다. 그리고 경계 상의 많은 점에서 이 대구형의 대응변까지의 거리를 측정한다. 이 방법으로 측량하려는 전야의 구형 외측에 있는 부분을 될 수 있는 한 바른 모양에 가까운 작은 조각으로 분할하면 그들의 면적은 쉽게 근사적으로 측량할 수 있다.

헤론이 여기서 사용한 것은 직각좌표이다. 그리고 경계선 상의 점에서 구형의 변에 될

수 있는 한 많은 수선을 그어서 측정하면 얼마든지 정확한 경계선의 지적도를 얻을 수 있다. 그리고 또 헤론은 강을 건너지 않고 강폭을 구하는 방법을 제시하였다. 그리고 이 책의 다른 장에서는 전야의 둘레의 몇 개의 말뚝만 남기고 경계표지가 없어졌을 때, 지적도를 사용하여 다시 경계선 말뚝을 박는 문제를 해결하고 있다. 또 어떤 장에서는 세 변을 아는 세모꼴의 면적을 구하는 공식을 제시하였다.

면적 $S=[\{(a+b+c)/2\}.\{(a+b-c)/2\}.\{(a+c-b)/2\}.\{(b+c-a)/2\}]^{1/2}$

헤론이 이 공식을 스스로 발견하였는지 타인의 것을 따온 것인지는 알 수 없다. 그리고 '디오프트라'의 완성에 대한 그의 기여가 얼마나 큰 것인지도 분명하지 않다. 여하튼 이집트에서는 측량술이 헤론보다 수천 년 전부터 매우 발달해 있던 것은 확실하다. 그러나 그들의 규칙들은 어떤 부분은 전혀 불완전한 것이었으므로, 사람에 따라서는 헤론이 선인들의 연구를 기초로 하여 수많은 수정을 한 공용의 측량술 요령서를 만든 것이라고 생각한다. 그리고 다음에 이것이 로마인의 지침서로 사용되었다. 로마인에게는 그 민족의 실제적인 특징에서도 추정되는 것과 같이 측량술이 매우 발달해 있었다. 예를 들면, 대수도의 구축도 높이 측량의 기술이 로마인에게 숙지되어 있지 않았다면 불가능한 것이다. 이 높이의 측량에도 역시 디오프트라가 활용되었다.

헤론의 『디오프트라에 대하여(Peri dioptras)』라는 저서의 그리스(헬라)어 본문은 이미 1858년 이래 알려져 있었던 반면에, 6세기 이래 인멸해버린 헤론의 『측량법(Metrika)』은 1896년에 비로소 '알 시에네'에 의하여 발견되었다. 헤론의 『디오프트라에 대하여』는 가장 중요한 측량술의 수단과 기술, 그리고 예제들을 주고 있으나, 헤론의 『측량법』은 평면의 분할과 계산의 지침을 담고 있다. 헤론이 해결해준 문제에는 높이의 측량 이외에도 한 쪽에서 다른 쪽을 볼 수 없는 두 점 간의 직선 위에 말뚝을 치는 문제가 있다. 이 문제는 이미 고대에 있어서도 다루어졌으며, 예를 들어 산에 터널을 팔 때와 같은 실제적인 필요가 있었다. 고대의 기사들에도 이미 상당한 길이의 터널을 구축한 것이 나타나 있는데, 1884년 사모스 섬의 카스트로 산을 관통하는 길이 약 1000m의 터널이 청소됨으로써 사실인 것이 증명되었다. 헤론이 어떤 방법으로 양단의 굴착구(開鑿口)를 주고 산을 관통하는 문제를 어떻게 해결하였나를 오른쪽 그림에서 볼 수 있다. 이것에서 알 수 있는 것과 같이, 이때에도 역시 그는 직각좌표를 사용하였다. 헤론은 그 설명을 "터널을 이와 같은 방법으로 양쪽에서 파 들어가면 양쪽은 반드시 만나게 될 것이다."라는 말로 끝맺고 있다.

카스트로 산의 터널은 독일 탐험대에 의하여 재발견되었다. 이 터널은 산 건너 쪽에 있는 수원의 물을 도시로 끌어오는 목적이었다. 헤로도토스가 경탄한 이 건설은, 사모스의 영주 피타고라스가 고향인 이 섬을 떠난 폴리크라테스 시대(Polycrates, BC 532~522)에 이루어졌다. 이것은 근대적인 폭약 등은 사용하지 않고 공사하여야 했다는 점을 감안할 때 경탄할 만한 것이다.

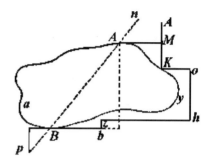

헤론의 터널 문제

고대인의 터널 건설의 또 다른 실례는 오늘날에도 남아 있는 알바노호의 방수로이다. 이 방수로는 길이가 1200m나 되며, 갱도의 폭은 1.5m이고, 높이는 2~3m이다. 대규모의 토목공사로써 그리스 역사에 나타나 있는 것을 들면, 알렉산더 대왕 치하 때의 보이오티아(Boiotia) 호의 간척 사업의 일환으로 수행된 것이었다. 그리고 또 헤론에게서 광산 채굴 때 지하에서 어떻게 방향을 정하는가에 대한 설명을 찾아볼 수 있다. 특히 근세 광물학과 광산학을 창립한 16세기의 아그리콜라(Georg Agricola) 시대 이래 이것으로부터 광구 측량술이 발전하였다.

헤론의 저서를 보면 그의 시대의 구체적인 측량과 계산법, 그리고 당시에 사용된 도량(度量)에 대하여 가장 잘 알 수 있다. 그러나 상업상의 계산법에 대해서는 유감스럽게도 이에 비길 만한 전승이 없다. 그러나 헤론은 이미 고대 이집트에서 행해진 '배분과 회사 계산'도 알고 있었던 것을 알 수 있다. 예를 들면, 헤론의 '수도관 문제'는 유명하다. 이것은 각개의 수도관으로 용기에 물을 채우는 데 필요한 시간을 알고 있을 때, 그들의 수 개를 동시에 사용하면 어느 정도의 시간에 채울 수 있는가를 계산하는 문제이다. 헤론은 또 『반사광학(反射光學)』이라는 책을 저술하였다. 이것을 보면, 고대에 이미 '자연은 불필요한 작용을 하지 않는다.(낭비가 없다)'라는 의견이 있었던 것을 알 수 있다. 이 원리에 따라서 헤론은 빛이 직진한다는 것을 설명하였다. 그리고 입사광선과 반사광선이 통과하는 경로는 입사각과 반사각이 같을 때 최소가 된다는 것을 증명하는 것도 이 관념에서 나온 것이다.

13. 박물학과 의학

프톨레마이오스 제2권과 유클리드와 헤론의 저서들을 살펴보면, 그들이 취급한 분야에서 어디까지가 그들이 창조한 독창적이며 새로운 것이고, 어디까지가 선인들로부터 받아들인 것인지 결정하기가 매우 어렵다. 그러나 본서와 같은 과학사의 총체적 서술에는 선취권의 문제까지 일일이 고려할 필요는 조금도 없다. 이러한 종류의 문제는 개별적인 과학사의 연구 대상으로 남겨두기로 한다. 이것은 본서의 차후의 서술에서도 마찬가지이다. 우리 목적에 비추어볼 때, 그 당시의 지식의 상태를 규명하여 그것의 논리적 관련과 촉진 또는 제약적 원인을 제시하는 것이 훨씬 더 중요한 일이기 때문이다. 이런 의미에서 우리가 앞에서 들었던 세 사람의 알렉산드리아 학자들에 대하여 상세히 살펴보았던 것은 의의가 있는 일이다.

천문학, 수학, 그리고 물리학의 일부분은 알렉산드리아 학자들에 의하여 크게 연구가 촉진되었으나, 박물학 같은 기술적 자연과학에 대한 그들의 관심은 그다지 크지 못했다. 아마도 이것은 알렉산드리아 학자들의 주석학적 경향에 원인이 있다고 여겨진다. 그들의 주된 임무는 선인들의 여러 가지 저서들을 비교 대조하여 해설을 하고, 결함을 보완하는 것이었다. 그래서 플리니우스도 그들의 일을 "학교에 나가서 강의를 받는 편이 산야를 걸어 다니며 매일매일 새로운 식물을 찾는 것보다 쾌적한 것으로 여겼다."라고 말하고 있다. 그리고 식물학은 독립된 학문은 아니었다. 알렉산드리아 학파에서는 다만 의학의 일부분인 약물학으로 존속한 것에 지나지 않는다. 이런 사정에서 이 시대의 지리학자가 식물계에 주의를 돌린 것은 식물학의 발전에 중요한 의의를 가진다. 특히 후기 알렉산드리아 학파의 지리학자 가운데 일인자인 스트라본(Strabon, BC 1세기)이 식물학을 다룬 것은 의의가 크다. 그 자신은 식물학자는 아니었으나, 그는 식물계와 동물계도 자기의 연구 대상에 넣어야 한다고 주창하였다. 스트라본이 나온 후부터는 일반 지리학에 있어서도 식물학의 중요성은 끊임없이 인정되어 왔다.

알렉산드리아 학파는 식물학보다는 해부학을 더 많이 연구했다. 해부학에서는 첫째로 헤로필로스(Herophilos, BC 3세기)와 에라시스트라토스(Erasistratos, BC 3세기)를 들지 않을 수 없다. 고대 최고의 의사 가운데 한 사람인 헤로필로스로부터 눈에 관한 최초의 상세한 연구가 전해지고 있다. 그리고 에라시스트라토스 쪽은 혈액이 통하는 정맥과 당시의 견해에 따른 '생기(pneuma)'로 채워진 동맥을 구분했다. 그리고 한 걸음 더 나아가서 혈액의 순환을 인식하는 데까지 도달했다. 다만 동맥이 '생기'를 가지고 있다는 오해 때문에 완전한 성공을 할 수 없었던 것뿐이다. 그러나 한편에서는 놀랍게도 심장을 혈관의 출발점, 뇌를 신경의 출처라고 인식하였다. 특히 건(腱)과 신경이 구별되었으며, 신경은 감각의 기관이고 근육은 운동의 도구로 인정되어, 해부학은 확고한 기반 위에 세워질 수 있게 되었다. 물론 알렉산드리아 학파는 수단에 있어서 그다지 제한을 받지 않았으며, 인간에 대한 생체 해부를 시도하는 것조차 감히 사양하지 않았다.

제 5 장

로마인의 자연과학

그리스 본토나 이탈리아 남부의 그리스 식민지 마구나 구라이키아보다 훨씬 뒤늦게 중부 이탈리아에 정신문화가 발달하기 시작하였다. 아페닌(Apennin) 반도의 이 부분의 주요 주민은 선사시대의 그리스인이나 켈트(Celt)인과 동계 민족인데, 이들이 알프스 산맥을 넘어 침입해 왔다. 그들은 그곳에서 우선 에트루스그(Etrusc)인과 접경하였다. 이 에트루스그 민족의 유래는 확실하지 않으나 아리안(Aryan)계는 아니다. 헤로도토스는 소아시아의 리디아(Lydia)에서 왔다고 하며, 사실로 고대의 리디아인과 언어나 예술상의 연유가 인정된다. 남이탈리아에 있던 그리스 식민 도시의 영향이 중부 이탈리아의 여러 민족에게 들어간 것은 훨씬 후세의 일이다. 그것은 이들 여러 민족이 로마를 동맹 주로 하여 국가적 통일을 겨우 거친 기원전 3세기 이후의 일이다.

기원을 거슬러 올라간 수백 년간 알렉산드리아의 평온한 환경이 보장된 무세이온 안에서, 학자들이 세계의 인식에 노력하고 있는 동안, 중부 이탈리아에서 일어선 로마인은 무력으로 세계를 정복하기 시작하였다. 이집트가 로마의 속주가 된 것은 BC 30년이며, 그리스는 그보다 100년이나 앞서 이미 로마에 정복돼 있었다. 그래서 이집트에 있어서도 훨씬 전부터 로마의 영향이 점점 강하게 침입해 옴으로써, 정치적 변혁도 서서히 일어났다. 따라서 이 변혁은 학문에 있어서, 그 후에 야기된 야만 유목 회교도의 난입과 같은 심각한 악영향을 미치지는 않았다. 즉, 로마인은 동방에 자기들의 정신적 특색을 부여한 그리스를 정치적으로 정복하는 것과 함께, 그리스적 학문 문화의 내용을 섭취해갔기 때문이다. 그들은 정치적으로 그리스인의 주인이 됐으나 문화적으로는 학생이 된 것이다. 그들은 또 셈인이나 이집트인의 풍부한 문헌적 창조도 받아들일 수 있었다.[1] 그러나 로마인은 예술이나 과학의 분야에서는 거장이 될 수는 없다. 그보다는 기술의 개빌이 그들의 재능과 필요에 적힙하였다. 그들의 호화로운 사업의 유적들이 이것을 증명하고 있다. 기술 분야에 있어서 그들은 의심할 여지없이 그리스인을 능가하고 있었으나, 기술의 과학적 기초인 역학 분야에서 로마인에 의한 본질적인 진보를 찾아볼 수는 없다. 세계의 정치적 중심이 된 후인 로마의 제정 시대에 있어서도 알렉산드리아와 나란히 과학의 중심으로 되어갔으나, 그래도 과학사에 있어서는 로마 시대를 구획하기까지에는 이르지 못했다. 로마의 영토가 된 알렉산드리아에서는 새로운 대약진이 기원 후의 수세기를 충만하게 하였으나, 로마인은 그리스 학예의 기초를 습득하는 것 이상으로는 나아갈 수가 없었다.

---

1 린도나, 『민족 이동 이후의 세계사』 제1권, 26면.

헬레니즘이 제2 포에니전쟁(BC 218~201)경부터 로마의 정신생활에 침투하기 시작하였을 때, 로마의 문헌에는 아직 어떤 의의가 있는 창조는 나타나지 않고 있었다. 과학적인 것에 관한 문헌들도 이때까지는 하나도 찾아볼 수 없을 정도이다. 다만 법률의 기초, 연대기의 기재, 제사, 그리고 실제 생활의 좁은 필요에 관한 것이 있을 따름이다. 그리스인과의 접촉은 처음에 남이탈리아와 후에는 그리스 본토와 이루어짐으로써, 로마인의 문학에 지대한 영향을 미치게 되었다. 로마와 그리스의 문화 접촉은 통상에 의하여 시작되었다. 그러나 한층 더 깊은 침투를 한 것은 그 후에 군사적 충돌을 통해서이다. 로마 군대는 그리스 식민지나 헬라 본토에 진출하여, 그리스인의 예술과 학문이 로마로 진입하는 길을 열게 되었다. 이와 같은 대변혁은 기원전 3세기에 있었던 타렌툼(Tarentum)전쟁(BC 282~272)과 제1 포에니전쟁(BC 264~241)을 계기로 하여 시작되었다.

기원전 200년경 마케도니아에 진입한 전쟁에서 로마가 결정적 승리를 한때부터 20~30년 후에는, 한때 그의 판도나 의의에 있어서 로마제국에 필적할 만하였던 마케도니아제국은 아이미리우스 파울루스에 의한 피트나전쟁(BC 168)에서 멸망당했다. 그 결과 고귀한 그리스인 가계의 수많은 인질들이 로마로 들어왔고, 가장 귀중한 전리품인 마케도니아 왕의 장서도 얻었다. 그래서 로마에는 그리스 학예의 애호가 '서클'이 생겨서 부단히 확대되어 나갔다. 그들은 로마에 온 웅변학자나 철학자의 강연을 감격을 가지고 경청했다. 이와 같은 정신적 친목 안에서, 현실적인 로마의 권력과 그리스적인 정신생활을 결합한 하나의 국가 형상이 부각됨으로써, 종래의 좁은 국민적 제약에서 해방된 세계시민주의(cosmopolitanism)를 실현시키려는 노력이 점점 명료하게 나타나게 되었다.

이런 추세에 대항한 사람들도 있었으나, 이 조류를 저지할 수는 없었다. 그 같은 사람 중에 특히 마르쿠스 카토(Marcus Cato, BC 234~149)를 들 수 있다. 그의 그리스적인 교양과 정신생활에 대한 불만은, 그가 원로원 회의 때마다 카르타고(Carthago)의 괴멸을 절규한 증오에 비할 만큼 큰 것이었다. 이러한 입장에서 카토의 『사전(Origines)』이 생겨났다. 이 저서는 일종의 백과전서 풍의 것이며, 고래의 로마 문학이, 신기하다고 높이 평가되고 있는 그리스 문학에 결코 뒤떨어지지 않는다는 것을 나타내려는 것이다. 카토의 『사전』은 다만 그의 단편이 두셋 남아 있을 뿐이나, 이에 반하여 그의 『농업에 대하여』는 오늘까지 전해진 라틴어 산문 중에는 가장 오래된 저작이다. 이것은 후에 상세히 논술할 플리니우스의 『박물학(博物學)』의 가장 중요한 근본 자료의 하나가 되었다.

그리스인의 '개체 중에서 보편적 이념을 찾는' 과학의 지배적 경향에서, 그 후의 로마인은 외계의 경험적이고 무비판적인 관찰로 옮겨가서, 도리어 키케로(Marcus Cicero, BC 106~43)가 종종 말한 것과 같은 저조한 것으로 떨어지고 말았다. 키케로는 이에 대해 "자연과학은 아무도 알 수 없는 것이거나, 아니면 아무도 알 필요가 없는 것을 연구하는 학문이다."라고 하였다. 왜, 무엇 때문에 로마인이 그리스인에 의하여 시작된 사업을 계속하였고, 여러 과학이 수립된 후에 이어받았는데도 더 높은 완성을 이루지 못했을까?

이에 대하여 여러 가지 추측이 논의되어 왔다. 어떤 사람은 이 현상의 원인을 경험적 연구 방법의 결여에 있다고 한다. 그러나 우리가 이미 본 것같이 경험적 방법의 단서는 알렉산드리아 시대의 융성기에는 확실히 존재하였다. 또 다른 사람들은 로마인은 그리스인의 선택된 후계자라고는 하나, 처음에는 세계를 정복하고, 다음에는 그것을 지배할 임무 때문에 과학적 문제를 다룰 시간적 여유나 사회적 분위기가 없었다고 말한다. 그리고 근세에 많이 출현한 것과 같은 과학 연구의 도구가 없었던 것도, 과학이 수립되었으면서도 초기에는 본질적인 진보가 없었던 이유라고 생각할 수 있다.

문명과 정신생활의 발전에 있어 앞서 기술한 것이나 그에 유사한 현상을 가져온 여러 가지 영향은 긴 연대를 지난 희미한 매체를 통해 바라보는 우리에게는 이미 확실하게 인식될 수는 없다. 다만 전술한 원인의 단하나 또는 두셋이 작용한 것이 아니고 수많은 사정들이 복합적으로 작용한 것은 확실하다. 여하튼 가까운 여러 민족들이 반드시 같다고는 볼 수 없는 자연적 소질이나 정치적·종교적 관계의 영향이 이때에는 첫째의 결정적 요소가 되었을 것이다. 키케로는 다음과 같이 기술하였다.

"로마인의 정신적 소질은 순수과학과는 아주 다른 분야로 향해 있었다. 그리고 로마가 세계적 제국이 되었을 때도, 그리스의 수학자는 순수기하학의 분야에서 빛나는 업적을 이루었는데, 로마인은 계산법과 측량술을 실습하는데 그쳤다."[2]

---

2 키케로, 『토우스크라눔 장담론』 제1권의 2의 5.

1. 로마인의 측량술과 천문학

로마인의 측량술은 적어도 로마와 함께 옛날부터 있던 것으로 생각해왔다. 그것은 처음에는 신관들에 의하여 신전 소속의 토지를 구획하는 데 응용되었다. 제정 시대에 들어서며 측량술은 크게 진보하였다. 측량에 종사하려는 자는 학교를 마치고 시험에 합격하지 않으면 안 되었다. 로마인들은 측량술의 처음 지식을 에트루스그인(Etruscan)으로부터 배웠다고 생각된다. 측량 기계로서 그들은 두 개의 자가 직교한 직각십자(直角十字)를 사용하였다. 이 기계의 묘사도의 하나가 어떤 로마의 측량 기사의 묘에서 발견되었다. 이 자의 끝에는 추가 달려 있었다. 고대 이탈리아인은 일찍이 이 측량 기계, 즉 수레와 측량대(測量竿)를 사용하여 한쪽 강가에서 강을 건너지 않고 강폭을 측량할 수가 있었다. 이런 측량을 위하여 일정한 기호도 사용하였다. 로마인이 사용한 전술한 직각 측량기는 근세의 발굴에서 발견되었다.

그림의 오른쪽은 리메스의 학술 조사 때에 발견된 한 견본이며, 왼쪽은 그것의 재현도이다.[3] 로마인의 이 측량기는 헤론의 '디오프트라'에 비교하면 훨씬 뒤떨어진 것이다. 로마인은 이것을 남북 선의 확정과 직각의 말뚝 치기에 사용하였다. 높이를 측정하는 자로서는 수관으로 된 일종의 수평기인 '고로바데스'를 사용하였다. 특히 수레를 사용하게 되자, 이주한 곳의 밭에 직교하는 길을 여러 개 만들어서 분할할 필요가 생기게 된 시기였다. 그래서 카이사르(Caesar)의 시대에 수학의 약진이 이루어졌다. 카이사르 자신도 수학 방면에 저서를 남기고 있을 만큼 로마의 수학 문헌이 나타난 것도 이 때이다. 플리니우스도 카이사르의 저술 『별들의 세계에 대하여』라는 책을 그의 『박물학』 18권에 몇 번이나 근본 자료로 이용하고 있다.

카이사르(Gaius Julius Caesar, BC 100~44)는 응용수학 분야에서 두 가지 큰 과제를 수

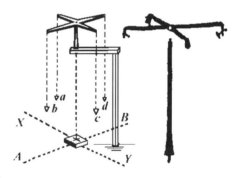

로마인의 측량 기계와 재현도

---

3 두 그림은 『신고전적 고대학 연보(1904)』 13권에 의함.

행하였다. 그는 로마의 역법(曆法)이 대단히 혼란해 있던 것을 개정하여 율리우스(Julius) 역을 만들었고, 또한 로마제국 전 영토의 측량을 완성하려고 기획했다. 기원전 46년까지 로마에서는 태음년으로 계산하였고, 엉터리 윤달을 삽입하여 사계절에 맞추려고 했다. 그런 가운데 오차는 점차로 커져서 카이사르 시대에는 춘분의 날짜가 실제의 춘분날보다 85일이나 앞서게 되어 겨울 한가운데에 오게 되었다. 기원전 47년 이집트 정복 전쟁에서 돌아온 후, 카이사르는 알렉산드리아 천문학자들의 협력을 얻어서 역법을 제정하였다. 그리고 '카노보스 법령'에 의하여 이미 우리가 본 것과 같은 시간 계산을 도입하였다.

즉, 그것에 의하여 일 년은 365일이 되고, 매 4년마다 2월 24일, 즉 dies sextus ante Kalendas Martias(三月 朔日의 6일 전날) 앞에 하루가 bisextus(겹친 6일)로 삽입되었다. 로마에서는 날을 1일부터 계산하지 않고, '목성의 날의 며칠 전'이라고 헤아렸다. 이때에 '며칠 전'은 목성의 날도 넣어서 헤아린 것이다. 따라서 annus bisextilis(겹친 6일의 해)가 윤년(閏年)의 명칭으로 되었다. 카이사르가 기획한 로마제국의 전 영토의 측량도 아마 알렉산드리아 학자들의 시사에 의한 것으로 생각된다. 속주의 임대, 군대의 출정, 전함과 상선의 확장 등은 이 사업을 급무로 여기게 하였을 것이다. 그런데 카이사르는 도중에 자객의 손에 죽음으로써 이 실현은 아우구스투스(Augustus, 로마제국 초대 황제 Gaius Octavianus)의 손에 맡겨졌다.

그래서 아우구스투스의 사위인 군인 정치가 아그리파(Marcus Vipsanius Agrippa, BC 61~12)가 관장한 측량은 약 30년 걸려서 기원전 20년에 완료하였다. 이것은 이탈리아, 그리스, 이집트에 관해서는 상당히 높은 정밀도를 가지고 있었으나, 기타의 토지는 '넓이 측정인(dimensor)'이라고 불렸던 사람들에 의하여 걸음걸이로 측정된 것에 지나지 않았다. 그 성과는 방대한 지도가 되어, 이것을 위하여 특별히 세워진 주랑(柱廊)에 두고 일반에게 '세계에 대하여 세계를 관람하게' 하였다.

근세에 와서 아그리파의 이름을 붙인 이 지도는, 정밀한 측정에 기초하여 제작된 것인지에 대한 의문이 제기되었다. 그러나 이 지도가 어떤 가치를 가지는지 결정되지 않아도, 아그리파의 이 기획은 후세의 'orbis terrarum(世界)'를 담은 세계지도의 견본이 된 것만은 의심할 수 없다. 이와 같은 지도 중에 분명히 전략적 목적에 사용된 것으로 생각되는 하나의 견본이 오늘날에 남아 있다.

그것은 '포이팅거의 판도'라고 불리는 전 로마제국의 군용도로를 기입한 것인데, 지금 비엔나에 소장되어 있다. 지도 전체는 11매의 양피지 두루마리이며, 길이는 7m, 폭이

0.3m 정도의 것이다. 동서 방향으로 이상하게 구부러진 곳은 형식이 높이인 데 기인한 것이다. 즉, 이 지도의 제작에는 분명히 지도학적 입장이 실용적인 행로의 편리한 개관을 얻으려는 입장에 밀려들어가 버렸다. 행로를 구형(鉤形)으로 끊음으로써 숙박 역을 표시하고 있다. 그리고 역 간의 거리들은 숫자로 표기되어 있다. 대개는 로마의 1리, 즉 천 보(mille passuum, 1482m)가 사용되고 있다.

로마인이 천문학상의 문제에 손을 대기 시작한 것은 비교적 뒤의 일이며, 대개는 실제적 이유에서이다. 갈라디아인이 해시계를 사용한 것은 이미 기원전 750년경부터이나, 해시계가 로마인에게 소개된 것은 겨우 기원전 3세기 중엽이며, 물시계가 소개된 것은 그로부터 한 세기나 뒤떨어져서이다.

2. 공학(기술가 역학)의 배양

수학이나 천문학에서와 마찬가지로 역학에서도, 로마인은 그것 자체를 위해서라기보다는 그의 실제적 이용을 위하여 육성했다. 그래서 '공학' 또는 '기술가 역학'이라고 불리기에 합당한 분야가 성장하여, 로마인에게서 높은 발전을 보게 된다.[4] 로마인의 공학을 잘 나타낸 것에 『건축에 대하여(De architectura)』라는 비트루비우스의 저서가 있다. 마르크스 비트루비우스 폴리오(Marcus Vitruvius Pollio, BC 1세기)는 특히 군사 기계의 제작에 종사했는데, 아우구스투스가 그를 건축 장관에 임명했다.

이제 그의 저서 내용을 간단히 살펴보아서, 당시의 공학 지식 상태를 알아보는 기초로 삼고자 한다. 1권에서 비트루비우스는 "기술가에게는 다면적인 과학적 수업이 필요하다." 라는 말로 시작하고 있다. "기술가는 수학에 숙달할 뿐만 아니라, 법률이나 의학의 기초에도 통달해 있지 않으면 안 된다. 왜냐하면 적당하고 건강에 좋은 건축 용지를 선택하려면 법률과 의학이 문제가 되기 때문이다." 이론과 실제와의 관계에 대해서도 비트루비우스의 말은 아주 적합하다. "과학을 잊고 다만 기계에 대한 숙련만을 쫓는 자는 언제나 자기의 일에 의하여 권위 있는 것을 이룩할 수는 없을 것이다. 이에 반하여, 다만 과학

---

4 맬겔, 『고대에 있어서의 공학기술(1903)』.

에만 심취한 자는 그림자를 쫓는 것과 같다. 이론과 실제를 근본적으로 파악한 사람만이 자기 앞에 놓인 목표를 달성할 수 있게 충분히 준비된 사람이다." 이 훈계의 말은 오늘날의 과학 기술자에게도 타당성을 가지고 있다.

2권에서는 재료에 대하여 논하였는데, 석회의 소성(燒成)과 수성화를 기재하고 있다. 석회와 석고(시멘트), 그리고 치수공사에 사용한 화산재에 대해서도 기록했다. 그다음의 여러 권에는 가옥, 신전, 목욕탕 등의 건축에 관한 기사가 나와 있다. 벽화에 대하여 기술한 7권에는 적당한 회화용 재료로써 진사(辰砂), 녹청(綠靑), 황토(黃土)를 들고 있다. 8권에는 우물과 수도의 건설을 다루고 있으며, 염원이나 석유원, 또 바빌론에 가까운 천연 아스팔트호(그 지방의 건축용 접착 재료를 공급한)에 대해서도 기술하고 있다. 9권에서는 특히 물리학이나 천문학에 관한 문제를 논술하고, 10권에서는 펌프, 급수 기계, 소화 펌프, 기중기, 기타의 기계류를 다루고 있다.

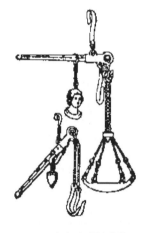

로마의 대저울(간칭)

실용 물리 기계 중에는 오늘날에도 '로마 칭(秤)'이라고 부르는 '막대기 저울(간칭, 竿秤)'이 있다. 이것은 아마도 중국과의 무역에서 유래한 것으로 보이며, 서구 사람들에게 전승된 것과 같이 로마인이 독자적으로 발명하여 관용해온 것으로 보기에는 중국에서 고래로 관용해온 것과 너무나 흡사하다. 왼쪽 그림은 폼페이에서 발견된 두 가지 저울을 그린 것이다. 이것들은 대부분의 폼페이 발굴물들과 함께 나폴리의 국립박물관에 소장되어 있다. 로마 칭의 발견은 적어도 기원전 3세기에 거슬러 올라간다. 그리고 저울에 사용된 분동들은 종종 예술적인 가공을 하여, 석류(石榴)의 모양이나 상업의 신(商神) 메르쿠리우스(Mercurius)의 흉상 등의 모양이다.

건축술과 공학(교량 가설, 선박 건조, 수도 건설, 군용도로, 군용 공사) 분야에서 로마인의 업적은 어느 것이나 순수한 직업 기능공의 영역을 넘어선 것이다. 이들의 업적은 과학적이고 실제적인 교육을 받은 건축가나 기술자의 존재를 전제로 하고 있다. 철학, 수사학, 법률학, 그리고 의학은 각각 전문학교가 있었으나, 기술가의 학교는 없었다. 그러나 기술 부문에 종사하려는 자는 젊었을 때 전문가의 제자로 들어갔다. 공학 습득의 예비로써 필요한 지식은 수학, 광학, 천문학, 역사, 그리고 법률이었다. 제정 시대에 로마에서는 수사학이나 의학 등의 교사들 이외에 역학과 건축학을 교수하는 교사들이 있었다. 봉급이나 교육 시설은 국가에서 부담하였다. 그리고 국가는 자기의 자식에게 공학을 습득시키려는 부친에게는 조세를 면제하기까지 하였다. 같은 은전이 자기의 부문에서 두각을 나타낸 기술가들에게도 주어졌다. 기술가의 의의가 얼마나 높이 인정되었던가는 콘스탄티누스 황제(Constantinus I, Gaius Flavius Valerius, 274~337)가 어떤 총독에게 보낸 편지 구절에서도 알 수 있다.

"나는 가능한 한 많은 기술가를 필요로 하고 있다. 그 부족을 보고하고 있으므로, 18세 전후의 보통교육에 필요한 학문을 수업한 자들이 이 학습을 받게 하라. 그들의 부모들은 조세를 면해주고, 학생들에게는 충분한 급여를 제공하라."

이와 같이 하여 역학은 실제적인 응용을 문제로 하는 한 알렉산드리아 시대와 로마 통치 시대에 이미 많은 결실을 맺었다. 그러나 과학적 분야로서의 역학은 고대의 대개의 저술가들이 역학상의 문제에 대하여 얼마나 불완전한 표상을 품고 있었나를 표시한 예는 수없이 많다. 예를 들면, 플리니우스는 소위 배를 멈추게 하는 상어(Echeneis remora : 머리 위에 흡반을 가지고 있어서, 그것으로 배나 기타 대상에 부착하는 지중해산 상어의 일종)에 대하여 다음과 같은 이야기를 하고 있다.

"폭풍이 치고 파도가 미쳐 날뛸 때, 이 작은 생물은 태연한 얼굴을 하고, 닻으로도 정지시킬 수 없는 배를 그의 힘으로 정지시킨다. 그리고 자연력에 이겨 배의 돌진을 저지하는 자신의 작용은, 정면에서 저항하는 것이 아니라 다만 부착하는 것으로만 한다."

지극히 간단한 역학적 개념에 관한 것조차도 이같이 불명확하게 일반적으로 인식되고 있었으므로 아르키메데스에 의한 역학의 화려한 진보가 있었던 후 긴 세월이 흘렀는데도, 플리니우스와 같은 저술가조차 아무런 모순을 느끼지 않고 이러한 이야기를 들고 나온 것이다. 이것으로 미루어볼 때, 아르키메데스는 그를 뒤이은 수세기 간의 물리학적 사고에 아주 적은 영향밖에 미칠 수 없었다는 것을 알 수 있다. 그의 저작의 완전한 이해와 그의 업적을 기초로 하여 그것을 발전시킬 능력은 2000년간에 약간의 예외를 빼면 그림자조차 사라져버렸다고 생각된다. 이렇게 생각하면 4000년 전에 화려하게 꽃피웠던 이집트, 바빌론, 인도, 그리고 중국의 과학과 문화도 오늘날까지 극히 적은 단편적인 지식 이외에는 그림자조차 없이 사라져 버렸는지도 모르겠다.

3. 로마 제정 시대의 문학

한 민족의 문학은 항상 그 민족의 특질이나 외국의 영향뿐만 아니라, 정치적 발전 양식에도 크게 관계된다. 그러한 의존성은 정신생활이 국민적 굴레의 영향을 덜 받게 된, 그리고 개성의 자유가 크게 증진된 현대보다는 고대가 훨씬 더 크다. 아테네나 알렉산드리아와 기타 과학의 중심지에서 볼 수 있는 것과 같이, 제정 시대의 로마에서도 국가의 원수가 예술이나 과학에 대하여 취한 태도는 이들 분야의 발전에 큰 의의를 가지고 있었다. 황제 권력을 확립한 아우구스투스부터 이미 문학에 대한 흥미와 이해를 가지고 있었다. 즉, 그 자신이 시인이며 동시에 산문 저술가로서 붓을 들기도 하였다. 문학은 그것이 의존하고 있는 국가권력에 봉사할 수 있으나, 방법이 틀리면 국가권력에 배치하여 다소간 그것을 위태롭게도 한다는 것을 아우구스투스는 잘 알고 있었다.

아우구스투스 시대의 로마 문학의 풍부한 전개에 뒤이어, 어두운 그림자를 가진 티베리우스(Tiberius)나 광란 상태에 빠졌던 칼리구라(Caligula)의 통치하에 불행한 수십 년이 도래했다. 당시에 모든 계급 위에 덮여 있던 중압의 마비 작용은 정신적 창조에도 영향을 미쳤다. 이 중압은 네로(Ncro, 37~68)의 사후에 베스파시아누스(Vespasianus, 9~79)가 온화한 군주로서 제위에 즉위한 69년에 벗겨졌다. 그를 뒤이은 아들 티투스(Titus)가 즉위하였으나 아깝게도 재위한 것은 2~3년에 불과하였다.

플리니우스는 이 두 황제, 그중에서 특히 티투스와 깊은 관계에 있었다. 티투스는 플리니우스가 죽은 79년에 즉위하였으나, 즉위하기 전 베스파시아누스의 생시 때부터 국민생활과 함께 과학 방면에도 크게 진력하고 있었다. 베스파시아누스는 무엇보다도 군인이었으나, 티투스는 그의 시대의 과학에 크게 친숙해 있었다. 플리니우스에 의하면, 그는 혜성의 출현에 대한 시를 썼다고도 한다. 플리니우스의 『박물학』은 학문에 대하여 그와 같은 좋은 조건이 갖추어져 있었던 이 플리니우스 가(家) 출신의 황제 시대에 나온 것이다. 그것은 로마인의 자연과학적 지식의 가장 포괄적인 기념비이며, 플리니우스의 성실한 기재가 없었더라면 잃어버리고 말았을지도 모를 많은 사항을 담고 있다. 그것은 서언에서 추정할 수 있는 것과 같이, 기원 77년 또는 78년에 완결되었다.

1) 플리니우스의 박물학

플리니우스(Gaius Plinius Secundus, 23~79)는 23년에 밀라노의 북방 코모에서 태어났다. 그와 동명이며 저술가로 유명한 그의 조카와 구별하여 마욜(大)을 첨언하여 부르고, 그의 조카는 미뇰(小)을 첨언하여 부른다. 플리니우스는 일찍부터 로마로 나가서 폼포니우스-멜라(Pomponius Mela)를 자기의 이상적 본으로 삼았다. 멜라는 국가의 중임을 완수하면서도 동시에 문학과 지리학적 창조에 큰 업적을 나타낸 인물이다. 플리니우스도 그의 이 점을 본받았다.

플리니우스도 멜라와 같이 군사령관이었다. 베스파시아누스 황제는 종종 그를 고문으로 국정에 참여시켰다. 소장 시기에는 게르마니아에서 군에 복무하였다. 그가 고관이 되고는 언제나 직무에 시달렸으나, 그래도 그는 당시의 지식을 한 책에 집대성하려고 했다. 티투스 황제에 바친 글 가운데, 그는 자기의 기획에 대하여 다음과 같이 말하였다.

"제가 가고자 하는 길은 아직도 밟아 보지 못한 길입니다. 우리 중에도, 그리스인 중에도 혼자 힘으로 자연 전체를 다루려고 기획한 자는 없었습니다. 저의 기획이 성공하지 못할지라도, 그것을 향하여 노력하였다는 것은 위대하고도 아름다운 것입니다."

그의 저서 『박물학(Naturalis historia)』은 아마도 77년경에는 완결한 것 같다. 이 저서의 완결 후 곧 돌연한 일로 활동을 단절하였기 때문에, 그 발행은 그의 조카 '플리니우스 세군도스 미뇰'[5]에 의하여 행해졌다. 그는 분명히 이 책에 거의 가필을 하지 않았다. 그는 이 책을 "자연 그것보다 못하지 않을 정도로 다채로운 박학의 서"라고 불렀다.[6]

플리니우스의 비극적인 최후는 유명하다. 그는 79년에 나폴리 부근에서 근무하고 있을

---

5 소(小)플리니우스는 대(大)플리니우스의 누님의 아들인데, 그의 아버지 가이기리우스가 죽은 후 그의 양자가 되었다. 로마인의 이름은 보통 세 가지로 되며, 개인명, 씨족명, 가명 순에다 첨명이 있는 자는 첨명을 붙인다. 소플리니우스는 세군도스 가(家)의 양자가 되었기 때문에 가명이 두 개가 되어, 그의 본래 이름은 '가우스 플리니우스 가이기리우스 세군도스 (미뇰)'이다.
6 소플리니우스, 『서간집(書簡集)』 제3권의 5.

때, 갑자기 그 무서운 베수비우스(Vesuvius) 화산의 대분화가 일어나서 헤르쿠라네움과 폼페이의 도시가 괴멸하였다. 대담한 로마인다운 그는 의무감과 연구욕에서, 용감하게 파멸의 땅으로 급행하였다. 그래서 카스텔라마레에 상륙하였을 때, 미처 날뛰는 자연력의 희생이 되고 말았다. 그의 최후의 모습은 소(小)플리니우스가 역사가 타키투스(Tacitus)에게 보낸 편지에 기록되어 있다. 그 한 구절을 개재하였다.

"다행히 큰일을 해내고서 훌륭한 책을 저술한 나의 숙부의 죽음에 대하여 기술합니다. 이상한 운명에서 숙부는 번영의 땅이 멸망할 때에 그곳에서 죽었습니다. 그러나 그에 대한 기억은 영원히 살아 있을 것입니다. ……

나의 숙부는 해군 제독으로서 함대와 함께 미세눔에 정박하고 있었습니다. 8월 28일에 누군가가 못 보았던 이상한 모양의 구름이 보인다고 보고해 왔습니다. 그것은 파라솔 소나무(松) 같은 모양이며 둥치(幹)는 하늘에 미쳤고 가지는 삿갓같이 퍼져 있었습니다. 숙부는 무슨 일인가를 규명하는 자연 연구가의 열성으로, 한 척의 배에 출항 준비를 명하였습니다. 그런데 아직 출항도 하기 전에 베수비우스 산록에서 구원을 바라는 편지를 받았습니다. 그래서 함대 전부가 출동하지 않으면 안 되게 되었습니다. 나의 숙부는 사령 함상에 서서 용감하게 위험을 향한 항진을 명하면서, 갑판에서 이 무서운 일의 경과를 관찰하였고, 동시에 자기의 관찰을 필기자가 받아쓰게 하였습니다. 재해지에 가까워짐에 따라 선상에 떨어지는 화산재는 점점 많아지고, 더욱더 뜨거워졌고, 경석과 용암도 섞여 있었습니다. 그리하여 일동은 스타비아이에 상륙한 것입니다. 그동안에 밤이 왔습니다. 베수비우스에서는 화염이 치솟고, 동시에 지진이 일어나서, 플리니우스와 종자들이 있던 집이 흔들리기 시작하였습니다. 그래서 각지는 돌의 비를 막기 위하여 머리에 이불을 동여매고 옥외로 나갔습니다. 그리고 모두들 유황의 연기와 불가루를 피하려고 헤매고 있을 때, 플리니우스는 갑자기 힘이 빠져 넘어졌습니다. 숙부의 두 사람의 노예가 도와서 일단 일으켰으나, 다음 순간에는 죽어 넘어졌습니다."

소플리니우스는 숙부의 위인과 일하는 태도에 대하여 말하고 있다.[7] 이 점에 있어서 그의 특색은 믿을 수 없을 만큼 근면했다. 그는 조금밖에 자지 않았으며, 식사도 조금밖에 먹지 않았고, 조상의 풍습에 따라 극히 간소한 생활을 하였다고 한다. 그리고 여행할

---

7 소플리니우스, 『서간집』 제3장의 5.

200

때도 쉬지 않고 연구하였고, 그래서 언제나 필기자를 대동하였다고 한다. 플리니우스의 다산적인 문필 활동은 기이할 정도였다. 『박물학』 외에도 그는 여러 개의 저서를 남겼다. 그것들은 없어지거나 다른 책에 인용된 단편이 남아 있을 뿐이다. 이러한 플리니우스는 게르마니아에 출정하고 있던 동안에도 로마인이 게르마니아의 땅에서 수행한 전쟁에 대하여 저술한 책이 하나 있다.

2) 플리니우스의 근본 자료

플리니우스는 2000여 종의 서책에서 『박물학』의 자료를 뽑았다. 그의 업적은 그의 직무의 여가에 따라서 그 자신이 말한 것같이 특히 야간을 자기의 저술에 할당할 수밖에 없었던 것을 생각하면 그만큼 크게 평가되어야 한다. 플리니우스가 없었더라면, 우리는 많은 저서에 대한 지식을 모르고 지났을 것이다. 그 반면에 플리니우스는 독립한 연구가나 사상가의 영역에 도달하지 못한 점도 지적하여야 하겠다. 그는 분명히 바르게 이해하지 못한 것조차 많이 기술하고 있다. 그는 바른 것과 틀린 것을 종종 혼돈하고 있다. 그의 지식은 자연으로부터가 아니라 서책에서 얻은 인상을 준다. 이것은 산책조차 시간의 낭비로 여긴 사람에게는 감히 잘못되었다고 할 수는 없다.

플리니우스가 스스로 참조했다고 말한 근본 자료의 목록에는 146인의 로마 저술가와 327인의 외국 저술가가 포함되어 있다. 이중에서 그들의 저서가 완전히 인멸해서 플리니우스가 증거인으로 들고 있지 않았다면 이름조차 전하여지지 않았을 사람들이 많이 있다. 플리니우스가 참고한 로마 저술가 중에서 특히 마르쿠스 테렌티우스 바로(Marcus Terentius Varro, BC 116~27)를 들 수 있다. 그는 여러 학과 전부를 백과사전으로 편찬했다. 그의 저서는 중세에 빈번히 나오는 『자유 학과 7과』에 관한 저작들의 모범이 되었다. 카토와 같이 바로도 전통 지식을 집성하여 그리스 문학의 유입에 대항하여 그것들의 독립성과 진가를 발휘시키고자 하였다. 플리니우스가 인용한 바로의 저서 중에서는 특히 『농업에 대하여』(전 3권)를 들 수 있다.

바로는 그 안에 경작, 목축, 양봉, 어류, 수렵에 대해서 서술하였다. 바로는 카토의 저작에 의존하고는 있으나, 여러 곳에서 풍부한 경험과 포괄적인 지식에 기초하여 한층 더 확실한 판단을 전개하고 있다. 특히 흥미로운 것은 세균설의 예상으로 볼 수 있는 한 절이 있다. 즉, 바로는 늪 부근에 너무나 미소해서 우리 눈으로는 볼 수 없는 생물이 발생하여 그들이 입이나 코로 인체에 침입하여 중병을 일으킨다는 상상을 세웠다.[8] 이런 식의 오늘날 우리의 생각과 상통하는 관념은 고전학 방면에서 종종 과대하게 평가된다. 바로의 견해는 근세 세균설의 확립에는 확실히 아무런 관계도 없었다. 그것은 마치 에피쿠로스(Epicouros, BC 341~270)의 견해가 라마르크나 다윈의 진화설을 불러일으키지는 않았다는 것과 같다. 그러나 그럼에도 불구하고 과학의 발전상에 그 예가 적지 않은 예언적 시사란 것이 인간의 정신의 역사상 주목받을 수 있는 권리가 있는 것이며, 그 가치를 부정할 수는 없다. 다만 그의 의의를 과대시하여 근세의 확실한 연구 성과와 동일시할 수는 없다.

플리니우스의 의학에 관한 근본 자료를 제공한 의학 저술가 중에서 히포크라테스, 에라시스트라토스, 기타 많은 사람 이외에 특히 켈수스(Aulus Cornelius Celsus, BC 35~AD 45)를 들 수 있다. 바로나 그보다 훨씬 이전의 카토와 같이 켈수스도 그의 시대의 지식을 백과사전으로 집성하려고 시도하였다. 그것은 『학과(諸學科, Logos Alethes)』라는 표제를 가진 것이었으나, 그 안의 의학에 관한 부분만이 남아 있다. 의학의 영역에서 켈수스는 자신이 의사는 아니었으나, 경험에 입각한 자기의 견해를 전개하려고 하였다.

켈수스는 그리스어의 근본 자료로서 히포크라테스의 저작 외에 주로 알렉산드리아 학파의 저서를 이용하였다. 이들의 저서가 갈레노스(Galenos)의 저작과 나란히 켈수스의 의학서도 일류의 지위를 점한다. 이것은 명확하고 꾸민 데가 없는 문장으로 우선 생리를, 다음에 병리를, 그리고 최후에 약재와 외과 수술에 의한 치료법을 기술하고 있다.[9] 그중에 켈수스는 봉합법(結紮法)에 대해서도 기술하였다. 수렴적(收斂的)으로 작용하는 지혈제(止血劑)는 아주 고대로부터 사용되어 왔으나, 봉합법은 히포크라테스의 저작에도 아직 나와 있지 않다. 지혈제라면 이미 호메로스에 나와 있다.

켈수스보다 조금 전 시대에 속한 사람은 아스클레피아데스(Asklepiades, BC 1세기)이다. 그는 그리스의 의사이며 비티니아(Bithynia)의 플사에서 태어나서, 기원전 1세기 초엽에 로마에서 생활하였다. 아스클레피아데스는 처음 로마에서 웅변술 교사로 일하다가 후에 의사가 되어 크게 인정받았다. 특히 그는 기관지 절개술의 발명자로 지목된다. 생물은 무수한 작은 몸체로부터 구성된다는 그의 설은 근세의 세포설을 연상케 한다. 그의 설에 의하면, 이들 작은 몸체는 항상 운동과 변화 중에 있으며, 그 운동 방법과 성질에 따라

---

8 바로, 『농업에 대하여』 1권의 12의 2.
9 켈수스, 『의학의 근본 문제에 대하여』.

인간은 건강이나 병의 조건에 결부된다고 하였다. 서사시 『아에네이스(Aeneis)』로 유명한 베르길리우스(Publius Vergilius Maro, BC 70~19)가 저술하였다는 몇 권의 책도 플리니우스가 참고서로 들고 있다. 그것은 베르길리우스가 『농업의 노래(Georgica)』라는 이름으로 저작한 시편이며, 농촌의 영농 생활을 서술하고 칭찬한 것인데, 주로 경작과 과수 재배, 목축과 양봉에 대하여 기술하고 있다. 그리고 특히 이 시인은 꿀벌의 생활을 눈으로 보는 것과 같이 매력 있게 서술하였다.

플리니우스가 근본 자료로 든 수많은 외국 저술가 가운데서 특기할 만한 몇 사람만 들어보면, '탈레스, 아리스토텔레스, 테오프라스토스, 데모크리토스, 히파르코스, 헤로필로스, 유클리드, 피테아스, 주바(Juba II, BC 50~AD 23)' 등이다. 주바는 부왕이 카이사르에게 폐한 후 인질로 누미디아로부터 로마로 보내졌다. 거기서 그는 학문에만 전념하였다. 플루타르코스나 기타의 저술가들도 자주 주바에 의지하였으나, 그의 저작은 단편들만 남아 있다. 플리니우스가 이용한 근본 자료에 관한 문제는 과학사상 풍부한 문헌을 나왔다. 특히 플리니우스의 아리스토텔레스, 카토와 바로에 대한 관계는 깊이 연구 검토되어 있다.[10] 특히 플리니우스와 그리스 문헌 간의 중계를 한 저술가는 주바이다. 주바는 아리스토텔레스나 테오프라스토스를 연구하여, 플리니우스를 위해서는 바로가 로마 문헌에 관해서 가졌던 것과 같은 의의를 그리스 문헌에 관해서 가지고 있었다.

플리니우스의 『박물학』에는 구성상의 통일이 결여되어 있으나, 일반적인 것에서 개별의 것으로 옮겨가는 배열을 보지 못하면 안 된다. 플리니우스는 그의 서술을 우주와 공중, 그리고 넓은 의미의 지상에 보이는 현상의 기술부터 시작하고 있다. 그다음에 지리학과 인류학의 중요 사항이 온다. 그다음에 동물이 취급되며, 이것은 포유류에서 시작하여 곤충류에서 끝난다. 그다음에 식물, 그리고 식물계에서 얻어지는 의약과 그의 효용을 기술한 여러 권이며, 마지막에 오는 권에는 금속과 그것의 미술적 목적에의 응용을 상세히 기술하고, 많은 훌륭한 미술 작품을 열거하고 있다.

플리니우스가 참고한 지리학자 중에서 특히 클라우디우스 황제(Claudius, 41~54)와 동시대의 멜라(Pomponius Mela, 1세기)를 들 수 있다. 그의 『지지학(地誌學, De situ orbis, 3 vol.)』은 43년경에 나왔다. 이것은 현존하는 최고(最古)의 로마 지지학서이다.[11] 멜라

---

10 몬타니, 『플리니우스의 박물학의 동물의 권에 관한 문제(1884)』.
11 타 사본의 근본 원사본은 바티칸 궁에 소장되어 있다. 필립 편의 발췌가 『포크드낸다 근본자료총서』 11권, 31권에 나와 있다.

는 해안을 따라가며 여러 나라의 지리를 기록하였으나, 플리니우스가 자신의 저서의 제일 처음에 기술한 수학적 지리학에 대해서는 멜라의 저서에는 아무런 기술도 없다.

3) 플리니우스의 박물학

이제는 플리니우스 자신의 저술을 살펴보자. 그는 『박물학』(전 37권)에 전술한 무수히 많은 근본 자료에 산재한 당시의 지식을 수집하여 골라 나누어서 기재하려고 기획하였다. 그는 이 기획을 극명하게 수행함으로써 훌륭한 공적을 세웠다. 물론 그의 채록은 가끔 무비판적이며, 때로는 자료를 잘 소화하지 못한 감도 있다. 일례를 들면, 그는 아프리카의 토인에 관한 아주 황당무계한 소문을 기재하고 있다. "토인의 한 종족은 머리 부분이 없고, 입이나 눈이 가슴에 달려 있다." 저술을 일관한 근본 사상은, 자연은 인간을 위하여 만물을 창조한 것으로 보는 생각이다. 그래서 기재된 자연물은 거의 다 자연물 그 자체로서가 아니고, 특별히 인간과의 관계에서 관찰되고 있다. 인간 자체에 대해서도 그는 그의 특징을 잘 나타내어 다음과 같이 기술하였다.

"다른 동물은 스스로의 본질이 구비하고 있는 것을 직감으로 안다. 인간만이 교도하지 않으면 아무것도 안 된다. 인간만이 야심이나 의욕을 알고, 죽어서 묻힐 묘에서부터 사후의 미래의 일까지 걱정한다. 어떤 생물도 걱정 때문에 정신을 잃는 일은 없다. 격앙이 그렇게도 격해질 수도 없다. 타의 동물은 모두 그들의 동류와 평화롭게 산다. 사자도 해수도, 그렇게 난폭한데도 자기들끼리 싸우지는 않는다. 그러나 인간만은 확실히, 인간에 대해 최대의 해를 주는 것은 인간 자신이다." (제7권의 1)

그리고 플리니우스가 때로는 스스로 대상 자체에 접하여 그것을 알고 독자적인 견해를 창출한 것도 『박물학』의 여러 곳에서 찾아볼 수 있다. 그가 기술한 많은 사물은 제정 시대의 다채로운 생활에서 싫든 좋든 자연히 그의 눈에 띄게 되었을 것이다. 그가 기록한 많은 동물들도 호기심의 만족을 위하여, 연기장을 위하여, 또는 식탁을 위하여 고대 세계의 가장 먼 벽지에서 세계의 수도 로마로 가져온 것이다. 식물들도 같다. 플리니우스는 어떤 로마의 학자가 식물의 효용을 연구하기 위하여 설립한 식물원에 대해서도 기술하고 있다. 그 사람의 지도로 플리니우스는 많은 약용식물을 알게 되었다.

지구의 구형설과 함께 인류는 종래에 생각한 것보다는 훨씬 넓게 분포해 있으며, 대척인(對蹠人)조차 존재하지 않으면 안 된다는 의견이 나오게 되었다. 플리니우스는 이렇게 말했다.

"과학과 민중의 견해는 극단으로 모순이다. 과학에 의하면 지구는 둥글고, 둘레에 사람들이 살고 있어서, 서로들 발바닥을 맞대고 서 있어서 모두가 머리 위에 하늘을 바라보게 된다. 그런데 세인은 속견에 따라 질문하기를 그렇다면 왜 대척인은 떨어지지 않느냐고 한다. 그렇게 말하는 사람들은 왜 우리들은 떨어지지 않는가를 전혀 이상하게 생각하지 않거나, 그 같은 반문을 예기하지 않는 것 같다. 그러한 민중이 가장 싫어하는 것은 물도 또한 둥글게 되는 것을 믿지 않을 수 없다는 것이다. 한 방울의 물이 언제나 구슬 모양을 하고 있는 것을 생각한다면, 이같이 명백한 것이 없는데도!"(제2권의 65)

플리니우스는 최장 주간이 알렉산드리아에서는 14시간, 이탈리아에서는 15시간, 브리타니아에서는 17시간이란 사실에서, 극(極)에 가까운 지방은 여름철에는 낮이 24시간이고, 동지 경에는 반대로 밤이 그만큼 길 것이라고 결론 내렸다(제2권, 75). 그리고 플리니우스는 지구 표면의 완곡(彎曲)을 증명하는 데, "처음에는 배의 돛이 해상에 나타나고, 잠시 후에 겨우 선체가 해상에 보이게 되는 현상"도 들고 있다. 로마가 세계를 통치하던 시대에 지구의 구형설은 지식 계급의 공유재산이 되었으나, 태양의 유성에 대한 관계의 바른 이해도 이미 많은 부류의 사람들이 가지고 있었다. 따라서 그리스인들 간에 싹튼 태양 중심설은 후의 저술가들에게도 보아 넘겨질 수는 없었다. 그러므로 코페르니쿠스는 자기의 설을 직접 고대로부터 전승된 것에 근거하여 수립할 수 있었다.[12] 우리는 달이나 항성의 지상사상에 대한 명백한 영향을 인정하지 않으나, 로마인은 플리니우스의 『박물학』에서와 같이 그러한 것을 인정하고 있었다. 예를 들면 다음과 같은 기사가 있다.

"시리우스(狼星)가 떠오를 때는, 이 별의 지상에 대한 영향은 매우 넓은 범위에 미쳐서 그 작용을 모르는 사람은 없다. 이 별이 뜰 때 바다는 거품을 일으키고, 술 창고의 포도주는 흔들리며, 늪은 부글부글 끓는다."(제2권의 40)

---

12 코페르니쿠스, 『천체의 회전에 대하여』, 6면. 코페르니쿠스는 키케로나 플루타르코스 중에서 '태양 중심설이 고대에 신봉자를 가지고 있었다'는 것을 읽었다고 말하였다.

달이 조석(潮汐)에 중요한 역할을 가진 것은 잘 알려져 있었으나 사람들은 이 현상에 전혀 다른 신비적인 설명을 하여, 달은 '부푸는 별'이기 때문에 모든 것은 달이 가까워지면 부푼다고 했다. 플리니우스도 주장하기를 "만월이 가까워지면 패류(貝類)는 커진다." 라고 하였다. 그뿐 아니라 "인체 중의 혈액도 이 천체의 빛에 따라 증감한다."(제2권의 99)라고 하였다. 플리니우스는 말하기를, "실제로, 해수의 조석은 그 원인이 해와 달에게만 있기 때문에, 결코 전일과 같은 시간에는 일어나지 않는다. 조석은 매일 다른 곳에서 떠오르는 이 욕심쟁이 천체에게 시중들기 때문이며, 만월 때의 만조는 가장 심하다. 천계에서 일어나는 모든 현상의 작용은 상당한 시간이 지난 후에야 지상에 도달하므로, 만조도 역시 달이 자오선을 벗어나서 하향하기 시작하여 두 시간이나 지난 후에야 일어난다. 열린 큰 해면은 좁게 한정된 공간보다도 멀게까지 미치는 천체의 힘에 심하게 감응한다. 그래서 호소(湖沼)나 하천에서는 조석 운동은 일어나지 않는다."(제2권의 97)라고 했다.

플리니우스는 천문학자가 이름을 붙인 별의 수는 약 1600에 달한다고 했다(제11권의 3). 그리고 다음과 같이 말했다.

"그것들은 우주를 둘러싼 불(火)로 되었으며, 모든 공간에 침투하여 생기를 주는 불에 가장 가까운 공기에 의하여 우주에 떠 있게 된다. 땅은 공기에 받쳐져서, 제4의 원소인 물과 함께 공간에 정지한다. 땅과 하늘의 뚜껑(天蓋) 사이에는 달, 해와 다섯 유성이 있다. 이 후자가 유성(遊星, Planet)이라고 불리는 것은 그들의 운동 때문일 것이다. 이들의 별 이상으로 어슬렁거리지 않는 것은 없는데도 말이다."

이것이 대체로 고대인이 가졌던 세계관이다. 이 표상 중에는 이미 그 이전 시대의 사람들이나 신관들에 의하여 믿게 된 의인적(擬人的) 신(神)을 넣을 여지는 없었다. 그래서 고대에 있어서도 모든 정신적 발달의 결과는 역시 지식과 신앙이 극복할 수 없는 갈등을 나왔다. 그러나 종교적 신앙은 항상 지식의 진보에 따르려고 하였다. 그래서 과학의 발달은 고대의 다신적 종교가 새로운 유일신적 종교 개념으로 변화할 준비를 하게 되었다. 지금 얻은 이와 같은 세계상 안에는 전 시대의 다수의 신들이 들어갈 여지가 없어지고 만다. 그래서 플리니우스가 말한 것같이 세계 자신이 신으로 인정되지 않으면 안 되었다. 사람이 신이라고 말할 때는 다만 그것을 자연이라고 이해할 수 있을 때뿐이라는 플리니우스의 견해는, 그의 범신론적 견지에 대응하고 있다.

그러나 세계는 하나의 전체라는 생각에서, 세계는 신(神) 자신이 아니고 유일신의 발현이라는 신앙에는 다만 한 발짝만 떨어져 있을 뿐이다. 그리고 이런 신앙은 지금 우리가 다루는 시대에 있어서 일신교의 확립으로 인도하게 되었다. 고대에 여러 신들에 대한 신앙은 교양 있는 사람들에게는 이미 극복되어 있었으므로 신, 즉 자연과 인간 사이에는 내면적 관계가 상실되어 있었다. 거기에서 채워지지 않는 무엇이 생겨서 비관, 염세의 풍조가 발생하여 이것이 당시 기독교가 전파되기에 적절한 온상을 준비하였다. 실제로 플리니우스도 생존의 불완전함에 대한 유일한 위안으로써, 인간은 언제나 이 생존을 자기 의지로 끊을 수 있다는 것을 들고 있다.

기술적 자연과학에 있어서 플리니우스는 아리스토텔레스나 테오프라스토스보다 한 발짝 후퇴한 것을 나타낸다. 아리스토텔레스가 우스개로 돌린 옛날 저술가의 동물학상의 보고를, 플리니우스는 아무런 고려 없이 다시 들고 있다. 동물학과 식물학의 계통적인 구성은 그에게는 문제 밖이었다. 식물학에서는 그는 테오프라스토스보다 훨씬 퇴보해 있다. 즉, 그는 식물을 분류하는데 순수한 유용성의 견지에서 약용 식물, 향료 등으로 구분을 하고 있기 때문이다. 이에 반해서 아리스토텔레스가 '무혈류'라고 부른 동물에 대해서는 올바른 견해를 가지고 있다. "곤충류가 혈액을 가지지 않았다는 것은 나도 인정하나, 그것은 혈액에 대신할 일종의 생명액을 가지고 있다. 그들에게는 이것이 혈액이다." 라고 그는 말하였다.

그의 식물에 관한 몇 권의 책은 수목(樹木)에서 시작하고 있다. 이것은 그가 수목을 식물적 유기체의 최고의 단계로 생각하였기 때문은 아니고, 그것이 제일 먼저 인간의 가장 단순한 필요를 충족시키기 때문이다. 우선 그는 제12, 13권에 특히 기술할 가치가 있는 외국산 수목을 그의 지리적 순서에 따라 기술하였다. 그다음에 그는 포도, 올리브, 그리고 과수(果樹)를 다루고 있다. 한 권은 관상용 식물과 꿀벌이 찾는 식물을 취급하였다. 후자는 다시 그가 추천하는 것과 꿀벌에 해로운 것으로 나누었다.

약용식물은 가장 상세히 다루어졌다. 플리니우스는 여기에 가장 보잘것없는 풀도, 대개의 경우 아직 나타나 있지 않으나, 그의 특유의 약효를 가지고 있을 것이란 사상에 일관해 있다. 여기서도 그렇지만『박물학』의 다른 개소를 보아도, 그것을 일관한 것은 '자연은 일체의 물건을 사람을 위하여 만들었다'는 사상이다. 즉, 유용성의 원리가 그 서술을 지배하고 있다. 따라서 서술은 가끔 무미건조해지고, 단순히 사물을 나열한 데 그친 경우도 적지 않다. 그러나 간간이 수사학적 고조를 나타낸 부분도 있다. 특히 플리니우스가 그의 스토아적 세계관을 흘리고 있을 때나 또는 선하고 아름다운 옛날의 찬미자로 나타날 때는 그렇다.

플리니우스의 식물 지식의 첫째 자료원은 테오프라스토스이다. 그는 테오프라스토스로부터 인도의 식물계의 기술을 따왔다. 그러나 별로 깊은 판단이나 이해도 없이 다루었기 때문에 정세함과 정확함을 대개 잃어버려서, 이 부분도 타의 다종다양한 기술에 비해서 생채를 잃고 있다. 자기 자신의 관찰은 전술한 플리니우스의 생활 태도로 미루어 보아 거의 행하지 않았다고 생각된다.

플리니우스는 가끔 자기의 저작에서 경험을 말하고 있는 것도 있는데, 대개는 그가 다른 사람으로부터 들은 보고라고 생각된다. 플리니우스의 저술에 나오는 식물의 수는 실로 막대한 것이며, 거의 1천여 종에 미치고 있고, 디오스코리데스(Pedanios Dioskorides, 1세기)가 밝힌 것의 약 두 배에 달한다. 이것은 플리니우스의 백과사전적 원칙에서 온 것이나, 린네가 지구 전체의 식물의 수는 약 1만 종으로 견적한 것을 생각하면 이것도 고려할 가치가 있다.

플리니우스의 『박물학』이 후세에 미친 영향과 그것이 받은 평가에 대해서도 약간 말해 두자. 실제 이 책은 기원후 르네상스 시대에 이르기까지의 전 세기에 걸쳐서 극히 적은 서적만이 가질 수 있던 의의를 가지고 있었다. 그것은 자연과학과 기타 많은 사병에 관한 모든 지식의 가장 중요한 원천이었다. 이 영향은 마침내 사람들이 자기 자신의 관찰이나 연구를 권위나 전적(典籍)의 지식보다 높이 평가하여야 한다는 것을 알고, 그것에 의하여 자연과학의 재건설의 기초를 만들기 시작하기까지 긴 세월 동안 지속되었다.

고대의 학문의 뿌리는 이 재건설에 적지 않게 가치 있는 재료를 제공하였을 뿐만 아니라, 그의 불충분함에 의하여 그것을 더욱 깊이 발전시키려는 자극도 주었는데, 이 일은 고대의 저작을 판정할 때 종종 망각되고 있다. 그래서 각 사람의 입장에 따른 판단은 매우 구구하고 서로 모순된다. 플리니우스에 대해서도, 테오프라스토스나 아리스토텔레스나 기타 많은 사람들에 못지않게 이것은 적용된다. 사람들은 언제는 그들을 높이 칭찬하고, 또 어떤 때는 경시하나, 그들을 정당히 평가하는 자는 드물다.

퀴비에(Georges Cuvier, 1769~1832)나 뷔퐁(Georges Buffon) 같은 근세의 대과학자도 플리니우스에 대한 칭찬을 마다하지 않았다. 뷔퐁은 그의 대저 『박물학』의 머리말에 플리니우스의 말을 인용하였으며, 그에 대하여 다음과 같이 말하였다.

"그의 저작은 동물과 식물과 광물뿐만 아니라 지리학과 천문학, 의학, 상업, 그리고 예술의 발달 등 일체의 과학을 포함한다. 플리니우스가 모든 영역에 정통해 있던 것은 경탄할 만하다. 사상의 고상함과 표현의 아름다움은, 그의 깊은 학식과 잘 융합되어 있다."

알렉산더 폰 훔볼트는 그의 저서 『우주』의 제2권에 물리적 세계관의 역사를 기술하였는데, 플리니우스에 대한 찬양의 말을 하고 있다. 그는 『박물학』을 "고대에 있어서 타에 비길 만한 것이 없는 세계 서술의 웅대한 기획이며, 그 저서에는 각종 결함이 있는데도 불구하고, 그 저자의 염두에는 단 하나의 큰 형상이 펼쳐졌다."라고 말하였다.

우리는 이것에 더하여, 플리니우스는 그의 시대를 위하여 훔볼트가 그의 저서 『우주』 안에서 기도한 것과 같은 시도를 하였다고 말하고 싶어진다. 그리고 플리니우스는 자기의 저작을 '백과전서(encyclopaedia)'라고 부르고 있는데, 우리는 이 표제로 쓴 말이 고대이래로 그 뜻이 변천해 온 것을 염두에 두지 않으면 안 된다. 원래는 '학문의 전반을 모두 포함한 것'이란 뜻이었으나, 오늘날에는 일종의 '참고 사전'이라고 해석되고 있다.[13]

19세기의 역사적 서술을 보면(아마도 그 저자는 『박물학』을 조금도 읽지 않았다고 생각되나), 왕왕 플리니우스를 '백과사전'적 다작가이며, 정신이 없는 수집가로 몰고 있다. 이것에 의하여 그들 자신은 19세기의 중엽 경에 고대와 고대 저술가(특히 자연과학 방면)에 대하여 유행한 부정적 판단에 맹종한 과오를 범한 것이다. 오늘에는 이것에 반하여 역사적 발전에 관한 더욱 본질적인 평가가 나오고 있으므로, 어떤 자가 플리니우스나 아리스토텔레스를 근대적 과학자의 척도로 평가하려는 자가 있으면, 일반적인 반대에 직면하게 될 것이다.

올바른 척도로 판단하려면 우리는 그들을 낳은 시대에서 그들을 이해하도록 힘쓰고, 그들의 저작을 그 시대 또는 그 전후의 시대의 그것과 비교하지 않으면 안 된다. 그렇게 하려면, 여기서는 우선 중세의 기독교와 아라비아의 문헌에 눈을 돌려야 한다. 그리고 플리니우스의 『박물학』을 그와 같은 종류의 저서나 콘라트(Konrad von Megenberg)가 저술한 『자연의 책(Buch der Natur)』과 비교하면, 이 로마인의 저작은 전혀 다른 빛으로 나타날 것이며, 그중에서도 올바른 빛으로 나타날 것이다. 전 중세에 걸쳐 플리니우스의 『박물학』은 대단히 존중되었던 만큼, 그 시대부터는 대단히 많은 사본(200가지가 넘는)이

---

13 훔볼트, 『우주(Cosmos, 1847)』 제2권, 230면.

우리에게 전해져 있다. 물론 그중의 오래된 것은, 어느 것이나 완전한 것은 없다. 그리고 어떤 것은 단편에 지나지 않는 것도 많다. 그리고 조금 후대의 사본은 모두 하나의 원형, 즉 고대의 표준적 사본에 근거한 것임이 인정된다.

4. 해부학과 의학의 진보

동물이나 식물의 연구에 대해서는 로마인도 알렉산드리아 학파의 경우와 마찬가지로 무엇보다도 우선 의학적·농업적 입장이 대세를 지배하였다. 인체의 구조나 기능을 탐구하는 것을 이제까지 저지하였던 고려가 그친 것은 중요한 것이었다.

아리스토텔레스의 해부학적 지식은 우리가 본 바와 같이 인체에 관한 한 근소한 것이었으나, 그 후 곧 동맥과 정맥이 구별되었다. 또 그들의 분기는 서로 평행해서 밀접하게 뻗어 있는 것도 인정되었다. 그러나 시체를 해부하면 동맥은 비게 되므로, 사람들은 그것을 생체에서는 공기를 통하는 역할을 가진 것으로 생각했다. 아직도 이러한 많은 오인을 범하고 있기는 하나, 혈액의 운동이란 표상(혈액순환의 진상은 하비(William Harvey)가 17세기에 처음으로 발견하였다.)에 도달한 것은 로마의 의사인 갈레노스(Galenos, 129~199)이다.[14]

갈레노스는 소아시아의 페르가몬에 태어났다. 그는 그리스에서 교육을 받아 로마에 와서 의술을 떨쳤으며(164~201), 그곳에서 해부학의 강의도 하였다. 그리고 해부학에 대해서는 동물의 해부학적 연구에 근거한 귀중한 저작을 남기고 있다. 갈레노스는 해부학과 생리학을 의학의 기초로 인식하여 일찍이 생리학에서의 문제를 실험적 방법으로 해결하려는 시도를 하였다. 그는 특히 혈액의 운동을 논술하고 있는데, 그것을 오늘의 술어로 표현하면 다음과 같다.

"정맥을 통하여 혈액은 심장의 오른쪽 부분에 도달한다. 심장의 열의 매개로 아직 사용할 수 있

---

14 갈레노스는 기원전 최대의 해부학자 에라시스트라토스(BC 280?)에 입각했다. 에라시스트라토스는 뇌수의 구조도 연구하였다고 한다. 그와 동시대의 헤로필로스는 눈의 정확한 기술을 제공하였다.

는 부분과 사용할 수 없는 부분으로 분리된다. 후자는 폐동맥을 통하여 폐장으로 보내져서 호흡할 때 배제되고, 그와 동시에 폐장은 대기로부터 '생기(生氣, pneuma)'를 흡입한다. '생기'는 폐정맥을 통하여 좌심장에 들어와서, 여기서(우심장에서) 심장의 칸막이(隔壁)를 투과하여 들어오는 혈액과 결합하여, 다음에 대동맥을 거쳐서 신체의 모든 부분에 도달하고, 최후에 다시 정맥으로 돌아온다."

따라서 혈액의 대순환의 관념을 갈레노스는 이미 가지고 있었으나, 이 대순환의 과정에 혈액의 전량이 폐장을 순환한다는 것은 끝내 모르고 말았다. 화학 과정의 지식이 진보하여 비로소 가능하게 된 공기 중의 산소의 역할의 올바른 파악은 물론 볼 수 없으며, 갈레노스는 신비적인 '생기'의 가정을 취했다. 생기는 공기 그 자체는 아니며, 그 안에 내재한 생명을 일으키는 근본이라고 생각되었다.

해부학이 로마 통치 시대에 이룩한 진보에 대해서는 후년에 처음으로 소개된 갈레노스의 저작 『해부학 상설』이 가장 좋은 교시를 우리에게 준다. 이 책은 고대의 것으로 현존한 유일의 정밀한 해부학 책이란 점에서도 특별히 주목을 할 가치가 있다. 이것은 뇌수와 거기에서 쌍으로 파생한 제 신경의 해부학부터 시작한다. 다음에 눈, 혀, 입술에 대한 기술이 나온다. 그리고 운동은 근육과의 관계에서 설명된다. 갈레노스의 설명에 의하면, 이 근육은 수축하기도 하고 이완하기도 한다.

갈레노스는 생체의 해부학적 실험을 한 최초의 사람이며, 매우 중요한 생리학적 성과를 올렸다. 예를 들면, 그의 책 가운데에는 설인두(舌咽頭) 신경, 시신경과 청신경의 절단에 의하여 야기되는 작용이 기술되어 있다. 특히 흥미로운 것은 설인두 신경에 관한 실험이다. 갈레노스의 기술에 의하면, 혀의 양측에는 각각 두 가닥의 신경이 있다. 그 한쪽을 절단하면 혀 전체의 수의 운동이 상실되나 그 신경의 한 가닥만을 절단하면 혀의 반쪽만 불수가 된다. 제2의 신경대는 근육과 결합하지 않고 혀의 표피에 분포하여 지각을 전한다. "이 신경은 뇌에서 미각을 가지고 내려온다."라고 기술되어 있다. 갈레노스의 상안검거근(上眼瞼擧筋)의 기술이나, 특히 후두(喉頭)의 신경과 근육의 해부학적 연구는 특필할 가치가 있다. 그는 후자의 연구에서 특히 음성 형성의 본질을 확정지으려고 노력하였다.

갈레노스의 한 책은 정맥과 동맥을 다루고 있으며, 또 다른 책은 생식기관을 다루고 있다. 그리고 막에 쌓인 태아나 태반에 대해서도 기술되어 있다. '의학의 발전'이라는 입장에서 보아 갈레노스와 같이 그리스 의학의 전체를 포괄적 체계로 서술한 사람이 나왔다는 것은 큰 의의를 가진다. 그러나 순수과학의 입장에서 우리의 최고의 흥미를 끄는 것은 갈레노스의 연구 방법과 방향이다. 그 이유는 그가 산 동물에 대해 행한 연구를 통하여 처음으로 대규모로 유기체 기능의 규명에 착수하였기 때문이다. 따라서 갈레노스는 실험생리학의 시조라고 불려서 마땅하다.

이미 고대에 얼마나 의학이 기계 제작자에 의하여 촉진되었나 하는 것은 오늘날 남아 있는 고대의 의료 기구가 말해주고 있다. 더욱 첨언하고 싶은 것은 갈레노스는 그보다 수세기 이전의 히포크라테스 저작의 저자들과 같이 의학의 위생법적, 식이요법 방면에 큰 의의를 인정하고 있다. 갈레노스는 공기와 식물의 효과에 관한 의견을 상론하였고, 또한 수면이나 각성, 안정, 운동, 그리고 마음의 상태도 의학적 입장에서 평가했다. 그의 이 예방의학적 방향을 중세에서 뒤따른 것은 살레르노의 의학교의 학파였다.

갈레노스가 근육, 건, 신경의 본질에 대하여 대체로 올바른 이해에 도달함으로써 의학은 비로소 과학의 단계로 높여졌다. 인체의 해부학적 구조에 대해서 획득된 지식에서 이익을 얻은 것은 특히 외과학이었다. 이에 반하여 동물학과 식물학은 아리스토텔레스나 테오프라스토스가 다룬 것에 비하여 과학성에 뒤떨어져 있으며, 아직도 다만 의학상의 필요에서 연구된 것에 지나지 않는다. 이러한 상태에서 플리니우스의 저작 연대보다 조금 전에 디오스코리데스의 『약물에 대하여』가 생겼다. 그 안에는 약 600종의 식물이 기술되었는데, 그 기술이 피상적이어서 그들의 종을 확실히 판정하는 것은 대개의 경우 곤란하다.

디오스코리데스의 여러 개작들을 보면, 중세의 모든 자연과학적 저술가에게 나타나는 하나의 특징은 사물 그 자체보다 말에 매우 큰 의의를 두고 있는 것을 알 수 있다. 명칭을 정확히 전하는 것, 동의어나 민간적·비법적 호칭을 될 수 있는 대로 빠뜨리지 않는 것이 그것의 개작에 있어서 제1위를 차지하고 있다. 실제로 식물의 호명과 그에 관련된 문법과 동의어의 상세한 고찰을 주요 대상으로 한 저술가도 있다. 그런데 디오스코리데스는 자기의 목적에 필요한 범위만 고려하였다. 그는 선인들이 대부분 행하고 있던 식물의 알파벳순 배열을 물리치고, 자기에게 자연으로 보이는 부류에 따라 분류 정돈하였다. 물론 이때에 많은 오류도 범하고 있으며, 그가 스스로 발견한 것과 인용한 선인의 것을 구별하지도 않은 결점도 있다.

디오스코리데스의 저서는 전 중세를 통하고, 그 이후까지도 큰 의의를 가졌다. 마이어는 그의 『식물학사』에 "디오스코리데스의 『약물학』은 후세에 있어서 린네의 『자연의 분류』가 가진 것과 같은 의미를 그 시대에 대하여 가지고 있었다. 다만 린네의 저작에 있어서는 사람들이 그 위에 더 건설을 계속하는 것을 게을리하지 않았는 데 반하여, 디오스코리데스의 저작에 있어서는 그 위에 베개를 베고 낮잠을 즐겼다는 차이가 있을 뿐이다.(제2권 94면)"라고 기술하였다. 여하튼 디오스코리데스는 중세에 대하여 이 분야의 움직일 수 없는 권위로 되었을 뿐만 아니라, 16세기 초의 근세 식물학의 확립자들도 역시 그에게 의존한 바가 크다. 이에 있어서 그들은 디오스코리데스가 기술한 식물을 재발견하려는 노력을 중심으로 하였기 때문에, 그것에 의하여 자연에의 사랑이 새롭게 일어났다. 그리스인은 식물학 분야에서도 이론가임을 나타내고 있으나, 로마인은 유용한 것에 흥미를 가지는 성향에서 오히려 응용식물학을 장려했다. 그러한 자극을 그들은 카르타고인으로부터 받았다. 카르타고에는 기원전 6세기, 따라서 그리스의 농사 저술가보다도 훨씬 전에 마고(Mago, BC 520?)의 농업에 관한 저작이 이미 나와 있었다. 이 저작은 후에 로마의 원로원의 명에 따라 라틴어로 번역되었다. 이 분야에 있어서 카르타고인이 가졌던 의의는 아마도 페니키아 문화에 관계가 있던 것이 원인일 것이다. 식물학에 대한 로마인의 흥미는 그들이 특히 원예(園藝)를 애호한 것에 의하여 촉진되었다. 그래서 그들 사이에는 온실 묘상(溫室苗床)까지도 고안되었다. 이것은 어린 식물을 한기로부터 보호하며, 햇빛은 운모판(雲母板)을 통하여 받게 되어 있다. 하드리아누스 황제가 티브르(오늘의 티볼리)의 별장에 설립한 원예원은 유명하다. 그리고 지중해의 암석이 중첩한 해변가에 세워진 로마 대관들의 별장도 호화로운 원예 장식을 하였다. 그러나 로마의 원예밭은 많은 기교를 가하는 경향이 있었으므로, 호라티우스(Horatius Flaccus, BC 65~8)와 같이 자연으로 돌아가라는 설도 나왔다. 농업에 관한 가장 좋은 저작 가운데 하나는 카토(Marcus Porcius Cato, BC 234~149)가 저술한 것이다. 그는 로마인을 간소함과 소박함으로 되돌리기 위한 노력으로 유명해진 로마의 국세 조사 감독관 카토 켄소리우스(Cato Censorius)이다. 이 『농업론(De agricultura)』은 농경의 예찬에서 시작하여 과수 재배, 곡물 경작, 기타의 유용 식물의 재배에 대한 지도를 담고 있다. 우리는 이미 이 책이 플리니우스가 이용한 근본 자료의 하나임을 알았다.

5. 의학 보조, 식물학

해부학자와 의사로서 위대한 명성을 얻은 갈레노스가 식물학을 연구한 것도 역시 의학의
입장에서다. 갈레노스는 그리스, 소아시아, 이집트, 팔레스타인에의 여행에서 약효가 있
다고 인정되는 모든 식물을 그의 자생지에서 관찰하고 채집하는 데 노력하였다. 약용식
물에 얼마나 큰 가치를 두었나 하는 것은 당시의 역대 로마 황제가 크레타(Crete) 섬에
약용식물 채집인을 고용하고 있던 것에서도 알 수 있다. 이 섬의 약초는 특히 높이 평가
되었기 때문이다. 그러나 갈레노스는 이러한 생각을 타파하고, 이탈리아에도 같은 효력
이 있는 약초가 자생한다고 주장하였다. 많은 고고학적 발굴에 의하여 현재에는 고대에
취급된 식물 자체를 알게 되었다. 이집트의 미이라 관에서 나온 것은 이미 기술하였으
나, 폼페이의 발굴에서 나온 식물 유물도 들겠다. 이것은 나폴리의 국립박물관에 보관되
어 있는데, 어떤 것은 그것의 종(種)이 판별될 정도로 양호하게 보존되어 있다. 고대인
은 특별한 흥미를 유독 식물의 연구에 기울이고 있다. 그 흥미는 때로는 왕도 사로잡았
다. 플루타르코스가 말한 바에 의하면, 페르가몬(Pergamon)의 국왕 아탈로스(Attalos Ⅲ,
BC 171~133)도 히요스, 해레볼스(모낭과, 毛囊科), 독인삼, 오두(烏頭) 등의 식물을 재
배하여, 그 즙액을 조사하고 수집하기 위하여 특별한 연구를 하였다. 페르가몬은 한동안
알렉산드리아와 학문의 진흥을 경쟁하고 있었다.

6. 로마인의 자연관

로마인의 자연관을 살펴보기 위해서는 이상에서 기술한 플리니우스 외에도 로마인의 저
술가 중에서 자연과학에 대한 저작을 한 루크레티우스와 세네카를 들지 않을 수 없다.

1) 루크레티우스

루크레티우스(Lucretius Carus, BC 97~55)는 에피쿠로스(Epicouros, BC 341~270)에 기
초한 그의 자연관을 교훈시의 형태로 전개하였다. 그것은 자연관에 있어서 주목할 만한

많은 것을 담고 있다. 이러한 교훈시를 담은 『만물의 본성에 대하여(De Rerum Natura)』는 아우구스투스 시대 이전의 문학 소산 중에서 가장 높은 평가를 받고 있는 것이다. 그 형식과 내용은 그리스를 본받고 있는데, 이것의 원천으로는 루크레티우스 자신이 "천혜가 풍성한 시실리(Sicily)의 빛나는 보물"이라고 찬양한 엠페도클레스와 특히 에피쿠로스를 들고 있다. "해가 별빛을 누르는 것같이, 타의 여러 철인들을 누르고 찬연히 빛나는 에피쿠로스의 저술에서 나는 나의 교훈시 안에 현재 우리가 보는 바와 같은 황금의 말을 빌려왔다."라고 한다.

한 시인으로서 기계적 세계관을 시의 형태로 전개하는 것은 결코 쉬운 일은 아니었을 것이다. 그런 만큼 루크레티우스가 그 일을 완성하여 알렉산드리아 학사원의 월계관을 획득한 위용은 더욱더 우리의 찬탄을 받을 만하다. 그의 시작 중에 우리를 반하게 하는 것은 비유의 아름다움이나 강대한 자연현상의 생채 넘치는 서술에만 그치지 않는다. 특히 일체의 제신 숭배나 미신을 배제한 인생관의 천재성이 우리를 사로잡는다. 자연 사상에 관한 그의 파악에 대하여 여기에서는 두세 가지만 지적하는 데 그칠 수밖에 없다. 루크레티우스는 데모크리토스나 에피쿠로스의 설을 받아들여 다음과 같은 말을 하였다.

"만약 신들이 원할지라도, 무에서는 아무것도 생기지 않는다. 자연은 다만 한 물건을 항상 타로부터 만들고 있을 따름이다. 만물은 무한하며, 미세한 미소 분자로 되어 있다. 그렇지 않다면, 늘 사용하고 있는 금속제 물품이 차차 따라서 가늘게 되는 것과 같은 것은 전혀 설명할 수 없다. 공간이 절대적으로 충실해 있다면 운동은 불가능하므로, 미소 분자는 밀착하여 가득 차 있지는 않고 각각 텅 빈 틈새로 구분되어 있다고 가정하지 않으면 안 된다. 그리고 또 만물은 무게를 가지고 있다. 진공 안에서는 불꽃도 무게가 있을 것이다. 불꽃이 올라가는 것은 그것이 본래 무게를 가짐에도 불구하고 공기의 움직임으로 마치 무거운 목재가 물 안에서 떠오르는 것과 같이 위로 올라간다."

루크레티우스는 소리와 빛, 그리고 열도 물질의 방출로 보았다. 특히 주목할 것은 에피쿠로스의 원자설에서 차용한 그의 '모사상설(模寫像說)'이다. 그에 의하면, 우리가 사물을 인지하는 것은 그 사물의 표면에서 엷은 가죽이 떨어져 나와서 공중을 거쳐 눈에 전달되기 때문이라고 하였다. 그리고 자력의 현상도 역시 미세한 분자가 자석으로부터 방출된다는 가설로 설명하였다. 번갯불도 또한 매끄러운 미소 분자로 이루어진다고 생각

했다. 그리고 특히 그의 시 가운데 다음의 몇 줄에서는 물질과 힘의 '보존 법칙'을 읽어
낼 수 있다.

> 왜냐하면, 물질은 증가하지도 않으며 괴멸해서 감소하지도 않는다.
> 그리고 또한 현재에 시원물질 안에 있는 운동은 태초부터 거기에 있었으며,
> 장래에도 역시 거기에 있을 것이다.
> 왜냐하면, 시원물질의 모든 부분이 숨어 없어질 곳은 없으며,
> 또한 만물과 그의 운동을 변화시킬 새로운 힘이 갑자기 나타날 곳도 없기 때문이다.
>
> ─『만물의 본성에 대하여』, 제2권.

루크레티우스는 감각과 물질 관계에 대해 "왜냐하면, 인간 원자는 울거나 웃을 수는
없을 것이다."라고 말했다. 이 점에서 그는 데모크리토스의 극단적 유물론을 탈피하고 있
다. 그는 또한 지구의 물리학적 대상에 대하여 주목할 생각을 논술하였다. 예를 들면,
바다가 항상 변하지 않고 유지되는 것을 물의 순환의 결과라고 설명했다. 이 가정에 의
하면, 물은 바다로부터 지하를 통하여 산으로 역행하여 거기서 염분이 여과되어 수원에
들어간다는 것이다.[15] 그리고 또 "지진이 일어나는 것은 지구에 빈 공동이나 수로나 작은
못들과 갈라진 암석 등이 가득 있기 때문이다. 그래서 공동의 곳이 함몰하여 진동이 일
어나면 이것을 사람들은 지진이라고 말한다."라고 그의 저술에 기술했다.

2) 세네카

루크레티우스의 저서 못지않게 주목할 만한 것으로, 로마의 시인이며 철학자인 세네카
(Lucius Annaeus Seneca, BC 5~65)의 『자연의 연구』가 있다. 세네카는 65년에 사망했는
데, 그는 "시각(視覺)은 속이는 감각"이라고 말했다. 그 이유는 노가 물속에 들어가면 꺾
여 보이기 때문이다. 그리고 그는 무지개를 '태양의 영상(映像)'이라고 생각했다. 이와
관련해서 그는 "어떤 거울은 대상을 놀랄 만큼 크게 확대해서 보이게 하는 성질을 가졌
다는 것을 생각해 보라."라고 말한다. 세네카는 또 고대인이 프리즘을 알고, 스펙트럼을
관찰한 것을 암시한 곳이 있다. 세네카는 "지금 몇 개의 능(稜)이 있는 유리 조각을 만

---

15 이에 반하여 비트루비우스는, 수원은 빗방울이 지하에 침투해서 공급된다고 하였다.

들어서 이것에 햇볕을 쬐면 무지개 색을 볼 수 있다."고 하였다. 그리고 그는 물을 채운 유리구가 그 뒤에 있는 것을 확대해서 보이게 하는 성질을 기술했다(제1권 6).

로마인이 연마한 유리의 광학적 성질을 알고 있었던 것은 플리니우스의 기사에서도 증명된다고 한다. 그 기사에는 "네로는 한층 더 명확히 보기 위하여 에메랄드를 사용하였는데, 이 보석은 볼록면(철면, 凸面)이어서 시선을 모으는 데 적합하였다."라고 기술되어 있다. 또 폼페이의 발굴에서도 렌즈 형으로 연마한 유리가 발견되었는데, 이것은 햇빛을 모으는 데 사용된 것으로 추정된다. 니네베의 발굴에서도 역시 같은 목적에 사용된 것으로 생각되는 수정의 오목(凹) 렌즈가 발견되었다.

세네카는 음을 공기가 압축하기 때문에 일어난다고 생각했다. 그의 이 생각은, 모든 것을 방출이라고 해석한 루크레티우스와는 달리 음을 공기의 진동으로 생각한 비트루비우스(Vitruvius)와 일치한다. 비트루비우스는 이 진동이 돌을 물 가운데에 던졌을 때에 동그라미 파도(파륜)가 생기는 것과 같이 생긴다고 하였다. 그의 저서 『자연의 연구』 제3권에는 '회귀(Apocatasis)'의 암시가 엿보인다. 이것에 의하면, 모든 유성이 게자리에 들어가서 일직선상에 겹치면 지구는 불타며, 이것에 반하여 같은 별의 위상이 염소자리에서 나타나면 전면적 홍수가 일어난다는 것이다.[16]

세네카의 수준 높은 자연관은 그가 혜성에 대하여 기술한 것에 잘 나타나 있다(『자연의 연구』 제7권 22, 23). 그의 말에 의하면, 당시 사람들은 혜성이 응축된 공기에서 생긴다고 생각하고 있었으나, 그는 혜성에도 순환 운동이 갖추어져 있는 데서, 이것들을 '자연의 영원한 제작품'이라고 생각했다.

지질학적 현상에 대한 논술에도 그의 천부적 관찰 재능과 통찰력이 잘 나타나 있다. 지진은 일부는 지구 내부의 공동 개소의 함몰에 기인하고, 일부는 그곳에 고인 가스의 폭발에 기인한다고 하였으며, 화산은 지표와 불덩이 같은 유동체가 지구 내부에서 결합을 이루는 것이라고 하였다. 세네카가 기록한 화산 중에는 베수비우스는 없으나 스트라본(Strabon, BC 63~AD 19)은 그 부근에 보이는 화산재 때문에 이것을 사화산(死火山)이라고 생각했다. 물의 용해와 침식 작용이나 지층의 형성에 관한 세네카의 몇 가지 의견은 근세 지질학의 견해와 일치하는 '건전한 판단을 나타내고 있다'고 할 수 있다.

비트루비우스도 그의 저서 『건축에 대하여(De Architectura)』에서, '베수비우스 산의 부

---

16 베로소스, 『바빌론사』의 기사이다.

근은 지구의 내부가 불덩이 상태에 있음이 틀림없다'는 견해를 논술했다. 그는 바야이에
서는 지중으로부터 뜨거운 증기가 새어 나오고 있다는 사실에서 이러한 결론을 지었다.
비트루비우스는 또 전설에 따라 지구 내부의 불덩이 때문에 옛날에 베수비우스에서 분화
가 일어났다는 것을 기술하고, 폼페이 부근의 경석들도 그 화산 분화에 유래한 것이며,
열 때문에 탄 암석에서 변화하여 된 것이라고 기술하고 있다. 비트루비우스는 또한 초
(酢)가 계란 껍질을 녹이는 것과 같은 원리로, 화산재에 함유한 산(酸) 때문에 방광결석
(膀胱結石)을 녹일 수 있는 광천(鑛泉)이 있는 것도 기술하고 있다.

7. 화학적 지식과 응용

로마인의 광물학적·화학적 지식에 대해서는 플리니우스로부터 많은 정보를 얻을 수 있
다. 그는 유리에 대해서 정확히 기술하였다. 모래, 소다(나트륨), 그리고 조개껍질에 의
한 제조법을 기술하였고(제36권의 64), 유리나 수정의 구, 또는 물을 채운 구형의 유리그
릇에 햇볕을 쬐어 열을 발생시키는 광학적 효과도 알고 있었다(제36권의 66, 67). 로마인
은 그뿐 아니라 유리로 둘러싼 온실을 만들어 계절에 구애받지 않고 필요한 채소를 얻는
방법을 강구하였다. 즉, 식물 재배를 위한 온실을 만들어 실용하고 있었다.

　유리로 만든 거울에 대해서도 플리니우스의 기록에 나와 있다. 그리고 근세에는 그 실
물이 발굴되기도 했다. 이 고대 거울의 뒷면을 바르는 데 순수한 납이나 은 같은 금속을
사용하였다. 이러한 유리 거울의 제조법은 현대와 조금도 다를 바가 없으며, 따라서 그
성능도 다르지 않았을 것이다. 19세기까지 서구 사람들은 로마 사람들이 청동 거울을 사
용한 것으로 알았고, 따라서 사도 바울의 서신에 나오는 '거울을 보는 것과 같다'는 비유
는 '거울을 보는 것과 같이 희미하다'는 뜻으로 해석하였다. 그리고 지금도 그렇게 해석
하고 있다. 사도 바울 시대의 거울이 지금의 것과 같은 것이라면 이 해석은 잘못된 것이
다. 그가 '거울을 보는 것과 같다'고 말한 뜻은 더욱 본질적인 것을 뜻한 것으로, '거울을
보는 것과 같이 실체가 아닌, 영상(映像)을 본다'는 뜻으로 해석된다.

　플리니우스는 또한 가장 중요한 색소와 그 응용에 대해서 기술하고 있다. 그는 양모를
염색하는 데 사용된 빨간 색소와 인도 남(藍)도 언급하였다. 그러나 인도에서 어떻게 남

(藍)이 만들어지는가에 대한 내용은 나와 있지 않다. 플리니우스에 의하면, 염색술에 가장 발달해 있던 것은 이집트인이다. 이집트인은 염색하기 전에 옷감을 특수한 염색 촉매액으로 처리한다고 그는 말하였다. 플리니우스는 이미 비누도 알고 있었다. 갈라디아인이나 게르마니아인은 지방과 식물의 재를 함께 삶아서 비누를 만든다고 그는 말하였다. 아마도 잿물(회즙, 灰汁)에 석회를 섞어서 가성(苛性)으로 하였다고 생각된다.

로마 통치 시대의 화학적 지식에 관하여는 75년경에 나온 디오스코리데스의 약물학 책에서 여러 가지를 살펴볼 수 있다. 그는 솥에 녹슬지 않게 주석을 입히는 것도 기술하고 있다. 그리고 어떤 금속에 초를 뿌리면 가스를 발생하는 것도 고대로부터 알려져 있었다. 플리니우스는 이것을 기술하고는 "초는 불보다 강하다. 초는 불에 견디는 암석도 침식(浸蝕)하므로!"[17]라고 말하였다.

---

17 한니발이 암석을 분쇄해 놓고 거기에 초를 쳐서 용해했다는 유명한 이야기나 이것과 비슷한 이야기들은, 리프먼의 말에 의하면, 초는 극단으로 냉(冷)하며, 이것에 극단으로 뜨거운 불의 작열이 합하여 전혀 예상외의 작용을 나타낸다는 미신적인 관념에서 생긴 것이라고 한다.

제 6 장
고대 과학의 종말

로마의 세계 통치 시대는 알렉산드리아 학술원이 다시 번영한 시대이다. 기원전 47년에 이 학술원 부속의 대도서관의 태반은 파멸되고 말았으나, 그 보충으로 펠가몬 도서관의 수많은 책들이 알렉산드리아로 유입되었다. 알렉산드리아의 세라페이온(Serapeion)에는 규모가 조금 작은 제2의 도서관이 있었다. 이 도서관은 4세기 말엽에 기독교도의 반란 때 파괴되고 말았다. 그러나 알렉산드리아는 4세기를 넘어서도 장기간 동방 세계의 가장 저명한 대학 도시로 지속해 왔다.[1]

1. 프톨레마이오스의 세계설

프톨레마이오스

기원후에 활동한 알렉산드리아 학자들 중에서 가장 빛나는 이름은 바로 프톨레마이오스(Ptolemaios Klaudios, 121~151)이다. 우선 그가 천문학과 지리학의 발전에 기여한 공적을 살펴보자.

프톨레마이오스는 2세기에 알렉산드리아에 살았다. 그는 수학자, 천문학자, 물리학자, 그리고 지리학자로서 최대의 공적을 세웠다. 그는 아마도 이집트 상부의 프톨레마이오스에서 태어났다고 생각된다. 이 외에 그의 생애에 관한 것은 거의 알려져 있지 않다. 프톨레마이오스는 많은 저서를 저술하였는데, 그 일부는 그리스어 원문으로 전해졌고, 일부는 아랍어 또는 라틴어로 전해졌다. 그중에 가장 중요한 저서를 꼽으라고 하면 『지리학(Geographike hyphegesis)』, 『천문학 대전(Almagest)』, 그리고 『광학(Optik)』이라 할 수 있다. 아리스타르코스의 세계설은 그야말로 멋진 착상이었으나, 태양 중심적 견해만으로는 천계에서 일어나는 현상을 기술하는 데 보다 정확한 근

---

1 알렉산드리아의 대도서관과 그곳에 모아두었던 장서 40만 권은 277년(273년?)에 최초로 파괴되었다. (리출, 『프톨레마이오스 왕조 초기의 알렉산드리아 도서관(1838)』, 「제4, 5세기에 있어서의 알렉산드리아 대학」, 『신고전적 고대학 연보(1909)』, 438쪽)

거를 줄 수는 없었다. 따라서 그 학설은 고대에서 일반적인 세력을 가질 수 없었다. 그리고 그 학설에 적용될 역학적 개념 또한 결여되어 있었다.

그래서 프톨레마이오스는, 후세에 코페르니쿠스나 갈릴레이에 대하여 제기되어 끝내 갈릴레이에 의하여 타파된 이의, 즉 지구가 지축을 중심으로 회전한다면 수직으로 던져 올린 물체는 비스듬히 떨어지지 않으면 안 된다는 이의를 주창했다. 그리고 천체는 신적이고 영원하므로 천체의 운동은 항상 원형으로 행해진다는 아리스토텔레스의 명제는, 전 고대에서 그러했던 것같이 프톨레마이오스에게도 부동의 진리였다. 물론 유성, 해, 달은 항성천을 빠르게 혹은 느리게 운동하는 것같이 보이며, 유성은 때로 멈추기도 하고 순행도 하고 역행도 하는 것같이 보였지만.

프톨레마이오스는 태양의 연주운동이 불규칙한 점에 주목했다. 즉, 태양은 동기의 반년에 추분점에서 춘분점에 도달하는 데 178일과 18시간이 소요되는데, 춘분점에서 추분점까지는 186일과 11시간이 걸린다는 사실이다. '제1의 불합(不合)'이라고 불리는 이 불규칙은 오늘날 우리가 아는 것과 같이 모든 천체가 원형이 아닌 타원형의 운동을 하는 결과이다. 제2의 불합은 유성의 경우에만 나타나는 것이며, 이것은 우리가 관측을 하는 지구 자체가 또한 태양의 주위를 운동하고 있는 데서 일어난다. 유성의 겉보기의 멈춤(留)이나 역행(逆行)이 생기는 것도 이 때문이다. 또 달의 운동에 '출차(出差)'라는 불합이 나타나는 것도 프톨레마이오스는 인지하고 있었다. 오늘날 이 출차는, 달의 운동이 태양에서 받는 교란으로 귀착시키고 있다. 이것은 달의 운동의 불규칙 중에서 가장 심한 것으로 1도 이상의 값에 달한다.

플라톤은 관측된 겉보기의 불규칙한 운동을 항상 규칙적인 운동으로 환원시키는 것을 천문학의 가장 중요한 문제로 삼았다. 그 이유는 "천체가 항상 규칙적인 운동에서 벗어날 원인은 존재하지 않기 때문이다."라고 했다. 플라톤이 세운 이 문제의 해결을 시도한 최초의 사람은 그의 문하인 에우독소스였다. 그는 이 문제에 동심 구면(同心球面)의 이론을 적용하였다. 그래서 제2의 불합을 법칙적으로 규정된 운동 현상으로 설명하는 데 성공했다. 에우독소스에 의하면, 각 유성은 각기 하나의 회전하는 구면상에 고착되어 있으며, 이 구면의 극도 역시 하나의 축의 둘레를 회전하는 제2구면 중에 있다. 그래서 이러한 구면의 속도와 그 축의 위치를 실제의 현상에 될 수 있는 대로 합치하게 선정하면 된다. 이 목적을 위하여 달과 해에는 세 개씩, 각 유성에는 네 개씩의 구면을 가정하지 않으면 안 되었다. 이 방법으로 가장 잘 맞는 것은, 먼 곳에 있는 유성인 토성과 목성의 운동을 하나의 규칙에 집어넣는 것이었다. 그리고 가장 어려운 것은 화성의 경우였다. 이 화성은 후에 티코와 케플러가 끈질긴 노력을 거듭하여 유성 운동의 참다운 경과를 발견한 원인이 된 별이다. 이 동심 천구 이론과 현상을 더욱더 합치시키기 위하여, 후에는 이 구면의 수가 더욱더 불어나고 말았다.

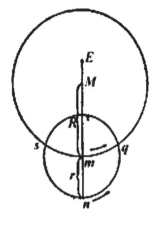

주전원설의 설명

히파르코스와 프톨레마이오스는 이와는 다른 길로 나아갔다. 이 두 사람은 제1의 불합을 해결하기 위하여 이심원(離心圓)을 적용하였고, 제2의 불합을 극복하기 위하여 주전원(周轉圓)을 적용하였다. 히파르코스는 태양이 연주(年週) 궤도에서 최대 속도와 최소 속도를 가지는 현상에 대해, "지구는 중심에서 벗어난 곳에 있으며, 태양은 지구 주위를 이심원을 그리며 늘 같은 운동을 한다."라고 설명하였다. 그래서 현상의 경과에 적합한 이심율(離心率)의 크기를 쉽게 선정할 수 있었다. 그러나 이 이심원의 가설은 유성 운동은 고사하고 달의 운동조차 설명할 수가 없었다. 그래서 프톨레마이오스는 수학자 아폴로니오스가 이미 주장하고 있던 생각을 받아들여서, 두 개 또는 그 이상의 원운동을 추가한 주전원설을 내놓았다. E를 지구라고 하고, 그 주위의 반경이 R이고 중심이 M인 이심원을 그린다. 그러나 이 원주 상을 유성이 돌고 있는 것이 아니고, 또 하나의 원의 중심이 돌고 있으며, 문제의 유성은 이 후자의 원주를 등속으로 돈다는 것이다. 이 원수를 '수전원', 이 이론을 '수전원설'이라 한다.

천체를 지구에서 보면, 그 천체의 주전원 상의 운동이 이심원과 같은 방향일 때는 반대가 되는 때보다 빨라지는 것은 명백하다. 그래서 등속운동을 가정함으로써 플라톤의 요구를 만족함과 동시에, 겉보기의 멈춤이나 역행이 생기는 이유가 명백해진다. 문제는 다만 이심원의 반경 R에 대한 주전원의 반경 r과 이심 거리 ME의 비, 그리고 이심원 M과 주전원 m을 도는 주기를 적당히 택하여, 현상의 경과가 이 가설적 운동에 의하여 만족되고, 이들의 현상이 가정된 관계에서 산출될 수 있게 하는 것뿐이다. 그런 다음에 산출한 결과가 계산에 따라 행한 새 관측과 일치하지 않으면, 또 다른 중심이 주전원 상을 도는 또 하나의 주전원을 도입하였다. 이러한 원운동의 결합에 의하면, 임의의 궤도상을 일정한 법칙에 따라 경과하는 모든 운동을 표시할 수 있다.

프톨레마이오스는 이 주전원설을 달의 운동을 설명하는 데 적용하였다. 지구에서 달까지의 거리에는 상당한 변화가 있는 것을, 달의 겉보기의 직경이 31과 1/3초에서 35와 1/3초 사이를 변하고 있다는 사실에서 그도 알고 있었다. 따라서 아리스토텔레스가 "눈에서 같은 거리에 있는 같은 원반이 달을 덮을 때와 덮지 못할 때가 있다."라고 한 것은 정당하였다. 이러한 달의 운행의 부문을 설명하기 위하여 프톨레마이오스는 이 천체가 대궤도를 한 바퀴 돌아서 같은 지점에 돌아오는 시간인 약 27일 13시간을 하나의 주전원을 그리는 것과 꼭 같다고 가정하였다. 이 주전원의 중심은 황도에 대한 달의 궤도의 기울기에 일치한 경사를 가진 원주를 그리며 지구 주위를 순환하는 것으로 하였다. 그 주기는 달이 '교점', 즉 황도와 달의 궤도의 교점에 돌아오기까지의 시간(교점 월: 약 27일 5시간)으로 하였다. 이리하여 프톨레마이오스는 계산과 관측을, 적어도 당시의 천문학 단계에서는 거의 일치시키는 데 성공했다.

프톨레마이오스는 유성 운동에 대해서도 주전원과 이심원을 사용하여 같은 목적에 도달하려는 시도를 했다. 주전원설이 다만 보조적 가설로서 취급되는 한에서는 그것에 이의를 제기할 것은 없다. 우리는 오늘날에도 자연사의 기술에 많은 가상적 기구를 쓰고 있다. 그런데 이러한 가상 기구를 현상의 진정한 기본으로 보아버리게 되면, 그것은 인식의 진보에 위험한 것이 된다. 자기 유체나 전기 유체의 가정에서도 알 수 있는 것과 같이, 자기적·전기적 과정의 초보적 기술은 그것에 따라 하고 있으나, 물리학자는 누구도 그것을 실제의 존재로 믿고 있지는 않다. 그런데 이러한 가설이 복잡해짐에 따라 그 응용은 더욱더 곤란하게 된다. 그래서 주전원설은 오랫동안 지배를 계속했으나, 일찍이 사멸의 종자를 내포하고 있었다. 실제로 주전원설의 지배력은 코페르니쿠스에게까지도 미치고 있었다. 그는 태양을 그가 말한 것같이, 그 주위를 돌고 있는 여러 별들의 한가운데에 있는 왕좌에 놓았으나, 유성의 원형 운동의 개념에 집착하고 있었던 까닭에 주전원을 보조적 구성으로써 쓰지 않을 수 없었다. 즉, 태양 중심설의 채용에 의하여 지구를 운동의 중심으로 한 견해가 버려졌을 때, 소위 제2의 불합은 제거되었다. 그러나 제1의 불합은 그렇게 될 수는 없었다. 이 불합은 천체가 원이 아니고 타원을 그리는 데서 일어나기 때문이다. 코페르니쿠스는 원형 운동 이외의 운동 가능성에 대해서는 조금도 생각이 미치지 못하였으므로 제1의 불합 설명에 주전원설을 사용하는 수밖에 도리가 없었던 것이다.

프톨레마이오스는 그 시대의 천문학적·삼각법적 지식을 크게 발전시켜서, 이것을 하나의 『천문학 대전』으로 집대성하였다. 이것은 아랍인에 의하여 'Almagest'로 불렸고, 전 중세에 걸쳐 천문학에서의 복음서가 되었다. 이 책에서 전해진 유성표를 개량하려는 요구는 이미 중세에 나타났다. 그래서 1250년경 카스틸리아의 왕 알폰소(Alfonso)는 몇 사람의 학자를 모아서 새로운 천문표, 소위 '알폰소 표'를 만들게 하였다. 이것은 프톨레마이오스의 것에 대하여 근본적인 한 진보를 나타내고 있다. 그러나 주전원설은 더욱더 복잡해졌음에도 불구하고, 끝내 동요되지는 않았다. 그 복잡함 때문에 알폰소가 "신이 세계 창조를 할 때 나에게 자문을 구했더라면 세계는 좀 더 간단한 것이 되었을 것인데!"라고 탄식했을 정도이다.

『천문학 대전(Almagest)』에는 당시 천문학의 입장에서는 만족하게 여겼던 전술한 주전원설 외에도, 초기의 알렉산드리아 천문학자나 히파르코스에 의하여 이미 착수된 항성의 위치 결정에 대한 계속 사업도 찾아볼 수 있다. 프톨레마이오스가 제작한 항성목록에는 1022개의 별이 포함되었으며, 그것들은 각각 그리스인이 채용하고 있었던 성좌 내에 있어서의 위치와 경도와 위도에 의하여 결정되어 있다. 히파르코스에 의하여 발견되었고, 그 크기는 약 100년에 대하여 1도라고 한 세차의 연구도 다시 프톨레마이오스에 의하여 다루어졌다. 즉, 히파르코스는 초기의 알렉산드리아 학자들의 부정확한 관측을 토대로 할 수밖에 없었으므로, 이 현상의 확증은 매우 중요한 문제였다.

프톨레마이오스의 천문학적 공적을 끝맺기 전에 그의 『천문학 대전』 안에서 알렉산드리아의 천문학이 도달한 수준을 추측함에 적절한 두세 가지를 기술해 둔다.

지구는 구형이다. 그것은 하늘 한가운데 있으며, 하늘의 공간에 비하면 다만 하나의 점으로 볼 수 있다. 지구는 고정해 있어서 움직이지 않으나, 모든 별들은 원 궤도를 그리며 운동한다.

이것이 그의 저작 첫머리에 나오는 명제들이다. 1년의 길이는 365일 5시간 55분이라고 기록되었으며, 지구의 반경으로 재면, 달의 반경은 0.29, 태양의 반경은 5.5로 되어 있다. 지구에서의 거리는, 달은 지구 반경의 59배, 태양은 1210배라고 기술되어 있다. (모두 히파르코스의 값을 재확인하는 데 그침)

프톨레마이오스에 의하면, 별들이 지구에서 멀어진 순서는 다음과 같다. 달 다음에 수성, 그다음에 금성, 그리고 태양이 오며, 그다음으로 화성, 목성, 그리고 토성의 순서로 되어 있다. 이 일곱 개의 유성 다음에 항성들이 있다. 유성의 수는 18세기에 허셜(F. W.

Herschel)이 천왕성을 발견하기까지는 일곱 개였다. 그리고 그 이름을 붙인 세계설의 기술 외에도, 이 책에는 천문학의 가장 중요한 보조 과목인 평면과 구면의 삼각법에 대한 근본적인 설명이 포함되어 있다.

2. 천문학의 보조 과학

프톨레마이오스가 천문학에서 남긴 업적은 천문학의 가장 중요한 보조 과학인 수학과 측량학이 크게 진보한 것에 의하여 가능하게 된 것이다. 수학 방면에서 가장 중요한 예비 공작을 한 것은 천문학자인 알렉산드리아의 메넬라오스(Menelaos, ?~100?)이다. 그의 별자리 관측에 대해서는 『천문학 대전』에서도 볼 수 있다. 메넬라오스는 현(弦)의 계산에 관한 책을 썼는데, 전해지지는 않는다. 또 하나의 저작은 『구면학(球面學)』이라고 불리는 것으로, 구면 삼각법의 기초를 전개한 책이다. 이것은 번역으로 알려져 있을 따름이다. 메넬라오스는 이미 어떤 구면 세모꼴이라도 세 각의 합은 두 직각보다 크다는 명제를 세우고 있다. 그리고 같은 구면 세모꼴의 등변은 등각과 상대하며, 이때에 큰 변은 큰 각과 상대하는 것을 증명하고 있다. 구면 세모꼴의 합동에 관한 가장 중요한 정리나 오늘날 '메넬라오스의 정리'라고 불리는 평면과 구면 세모꼴에서의 절선(截線)에 관한 정리, 즉 '세모꼴의 세 변을 하나의 직선으로 끊을 때, 6개 선분을 하나 건너서 취한 2조의 3개 선분의 곱은 서로 같다'는 정리도 이 책에 나와 있다. 프톨레마이오스는 히파르코스나 메넬라오스가 평면 및 구면 삼각법의 분야에서 착수한 것을 완성하였다. 그는 천문학상의 응용을 고려하여 이 과학에 하나의 형식을 주었는데, 그 형식은 그의 천문학설과 함께 그 후 천년 이상에 걸쳐 행해졌다.

프톨레마이오스는 그의 선인들에 의하여 측량학에서 이룩한 발전을 수학의 진보에 못지않게 이용할 줄 알았다. 천문학의 초기에 천구에 있어서의 거리는 달의 폭으로 잰 것으로 보이는데, 이때에 알렉산드리아 학파의 사람들은 두 가지의 각 측정기를 사용하였다. 그 하나는 직선의 눈금이고, 또 하나는 원의 눈금을 응용한 것이다.

프톨레마이오스가 『천문학 대전』에 기재한 시차 자(시차정규, 視差定規)는 '프톨레마이오스의 자'라고 불리는 첫째 종류에 속한 것이다. 이것은 수직으로 세워서 회전할 수 있게 장치한 막대기이다. 이 막대기 상단에 같은 길이의 별을 겨눌 조준공이 붙은 막대기가 회전할 수 있게 부착되어 있으며, 이 막대기는 조준 자(조준정규, 照準定規)의 홈을 따라 상하로 움직이게 되어 있다. 고도를 측정하려면 조준 자의 위치를 딴 자의 눈금에서 읽을 수 있으므로 현의 표에 의하여 각도를 알 수 있게 되어 있다.

프톨레마이오스도 에라토스테네스나 디카이아르코스를 본받아 눈금이 있는 원륜(알미라)를 조합한 것도 사용하였다. 에라토스테네스는 기원전 220년에 알렉산드리아에 대단히 큰 알미라를 설치하고, 이것에 의하여 회귀선의 거리를 원주의 11/83이라고 결정했다. 프톨레마이오스가 사용한 알미라는 동 또는 청동제의 원륜이며, 360도로 눈금이 그어져 있다. 이것을 기둥 위에 수직으로 세워 자오선에 맞추어 둔다. 이 원륜 안쪽에 또 하나의 회전 바퀴가 끼어 있으며, 이것에는 직경적으로 상대한 돌출표가 달려 있다. 예컨대, 태양의 자오선 고도를 측정하려면, 안쪽 바퀴를 돌려서 한쪽 돌출표의 그림자가 다른 쪽 돌출표 위에 떨어지게 한다. 알미라 구는 두 개의 바퀴를 서로 직각으로 고정한 것으로, 하나는 자오선 평면상에, 다른 하나는 하늘 적도의 평면상에 놓였다. 그리고 자오선 바퀴의 안쪽에 셋째 바퀴가 회전할 수 있게 설치되었고, 그 회전축은 지축과 일치한다. 그리고 셋째 바퀴 안에는 넷째 바퀴가 또 하나 있어서, 이것과 동심적으로 움직일 수 있게 되어 있다. 그리고 그것에는 조준공이 있어서 별을 바라볼 수 있고, 눈금에 의하여 위도나 시각을 읽을 수 있다. 즉, 이 기계는 천구 상에 인지되는 권이나 원운동을 소형으로 묘사하려는 생각이 토대가 되어 있다.

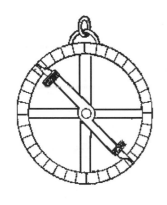

각의 측정에는 천문 바퀴, 즉 '아스트롤라븀'도 사용된 것으로 보인다. 이것은 두 개의 서로 따라 움직이는 동심 바퀴로 되어 있으며, 각각에 한 쌍의 조준공이 붙어 있다. 수평각을 측정할 때는 이 바퀴를 옆으로 하며, 고도를 측정할 때는 이것을 수직으로 달아서 사용하였다. 이러한 알미라 외에도 프톨레마이오스는 갈라디아 천문학자를 본받아 자오선 면에 설치된 석조 벽의 상안의(象眼儀)도 사용하였다.

간단한 아스트롤라븀

우리가 알고 있는 것과 같이 이미 초기의 천문 관측에서도 학자들은 반드시 기계 제작자의 기능을 갖추어야 했다. 따라서 천문학의 발전은 측정 기계의 부단한 발달 및 정밀도의 향상과 함께했다. 알렉산드리아 학파의 사람들이 사용한 알미라의 제작은 이미 우수한 기능을 필요로 하는 것이었다. 어떤 정밀기계 학자의 의견은 "오늘날도 숙련공이 선반을 사용하지 않고는 이러한 측정 기계에 의한 소박한 관측에 대해서조차 충분한 정밀도를 주는 것은 도저히 기대할 수 없다."라고 했다.

천문학에서 공간 측정과 함께 매우 중요한 시간 결정은, 갈라디아 사람들과 같이 물시계에 의하였다. 기원전 5세기에는 이미 사람들이 그림자의 길이에 의하여 낮 시간을 추측하는 데 만족하지 않고, 물시계(크레프슈도라)를 만들었다. 기원전 4세기에는 이미 자명종 장치를 갖춘 것도 생겼다. 이러한 응용을 가지고 있는 시계는 기원전 2세기에 활약한 알렉산드리아의 크테시비오스(Ktesibios)에 의하여 완성의 경지에 도달했다. 그는 소화 펌프, 물오르건 등의 발명자로도 유명한 사람이며, 그 사업은 헤론에게 계승되었다.[2] 크테시비오스는 그의 시계에 있어서 물이 흘러 떨어지는 주둥이를 불변으로 유지하기 위하여, 그 주둥이를 보통의 금속이 아닌 금 또는 보석으로 제작하였다. 그리고 같은 시간에 항상 같은 양의 물이 흘러 떨어지게 하기 위하여, 방수 기의 수위를 일정하게 유지하는 것도 고안하였다. 그리고 그중에는 흘러내린 물에 의하여 물체가 밀어 올려져서, 그 운동이 톱니바퀴 지침에 전달되게 한 장치도 있다.

3. 디오판토스의 대수학

그리스에서는 우리가 말하는 산술, 즉 아르키메데스가 그의 숙련과 능숙함을 나타낸 것과 같은 계산술은 '로기스티케'라고 불려 비천한 것으로 여겨졌으며, 이에 반하여 피타고라스가 발전시킨 것과 같은 수의 성질에 관한 철학적 고찰은 '아리스메티케'(수의 학문)'라고 불려 존중되었다. 이와 같은 귀족주의를 선도한 것은 플라톤이었다. 그런데 그리스에서는 수의 논리도 결국은 직관적이며 연역적인 기하 도형(幾何圖形)에 의하여 탐구되었다. 그 좋은 예를 유클리드의 『사다리(階梯)』에서 볼 수 있다. 그러나 로마의 세계 지배 시대에는 풍향이 일변한다. 기하학은 더 이상 연구할 것이 없는 것같이 쇠퇴하고 만다.

---

2 크테시비오스의 생존 연대에 대해서는 프톨레마이오스 2세(BC 250) 때와 7세(BC 140) 때라는 두 가지 설이 있다.

그리스 수학의 최후의 저녁노을은 산술(수론)로 물들여졌다. 기원전 100년경에 니코마코스(Nikomachos Gerasa)가 당시에 매우 평판이 높았던 『산술 입문(Arithmetike eisagore)』을 저술했다. 이 책은 후에 보에티우스(Boethius, 480~524)가 라틴어로 번역하였다. 그는 전혀 기하학적 방법에 의하지 않고 귀납적으로, 다시 말해서 실제 계산에 의하여 법칙을 세웠다. 세제곱 수는 홀수를 차례로 합한 합계로 나타냈다. 즉, $2^3=3+5$, $3^3=7+9+11$, $4^3=13+15+17+19$ …… 이런 식으로 나타낸 것도 그의 그 같은 법칙의 하나이다. 이것을 기하학적 방법으로 일반적인 연역 증명을 하는 것은 불가능하다. 디오판토스는 그리스 과학이 나타낸 최후의 빛이었다. 고대의 대수학자의 최후의 한 사람으로 들 수 있는 알렉산드리아의 디오판토스는 산술에 관한 한 권의 책을 저술하였는데, 그 절반은 현재에 남아 있다. 그 책은 『산술(算術, arithmetica)』이며, 전 사람들이 아직 밟지 못한 분야를 개척하였다.

디오판토스 이전에는 계산은 대개 문구만으로 설명됐고, 고대 이집트인은 수종의 술어를 반복했다. 그런데 그는 미지수를 '구하는 수(arithomos)'라고 불러, 주어진 조건에 따라서 방정식을 세워 그것을 기하학에 의하지 않고 계산적으로 풀었다. 다만 그에게는 음수 개념이 없었으므로, 음수 근이 나오는 방정식은 해가 없다고 했다. 2차와 그 이상의 방정식도 하나의 근(根)을 내는 데 만족했다. 방정식의 수보다 미지수가 많아 해가 부정인 부정방정식도 세워, 어떤 제한을 두어 확정되거나 적어도 부정의 도를 작게 했다. 부정방정식의 정수해를 구하는 문제를 오늘날 '디오판토스 방정식'이라고 부르고 있는데, 그는 정수해에만 제한되어 있던 것은 아니고 분수근도 구했다. 그러나 주어진 부정방정식의 조건을 만족할 정수 내지는 유리수를 구한대서, 정수론에도 귀중한 기여를 했다. 근세 정수론의 개척자 펠머도 디오판토스로부터 시사를 받았다.

디오판토스는 각종 계산을 일반적으로 법칙화하려고 했다. 유클리드도 우리가 말하는 공식에 해당한 규칙을 기하학적으로 세우고 있으나, 디오판토스는 기하 도형에서 떠나서 자유로이 계산 규칙을 세웠다. 부수에 부수를 곱하면 양수가 되며, 부수에 양수를 곱하면 부수가 된다는 규칙 등은 차의 곱셈 $(x-2)(x-5)$를 구하는 데 필요했다. 그래서 대수 계산에의 길이 준비되었으나, 계산이 참으로 일반화되어 문자 계산이 생긴 것은 1300년이나 지나서다. 계산은 일반화되어도 방정식을 일반적으로 푸는 것은 디오판토스에게서는 찾아볼 수 없다. 부정식에서는 더욱더 그렇고, 정 2차방정식에서도 몇 개의 경우로 나누어서 개별적으로 설명되고 있다. 그것은 그가 부수(負數)를 이해하지 못하였기 때문이다. 2차방정식을 하나의 공식으로 푼 것은 부수의 지식을 가진 인도인이었다. 인도인은 무리근도 인식하였고, 2차식의 근이 한 짝이란 것도 알고 있었다. 아랍인은 부수를 받아들이지 않았으므로, 2차식도 개별적으로 구분했다.

디오판토스가 과학 발전에서 차지하는 지위는 아주 독특하다. 무엇보다 그의 업적은 그 이전에 행해진 것과는 아주 다른 것이며, 어떠한 매개도 없이 홀연히 나타났다. 이 산술학자의 저서에는 고전적 기하학자의 저술에서는 볼 수 없는 전혀 다른 공기가 움직이고 있다. 그리고 이전에는 이렇다 할 준비 단계나 선행자도 찾아볼 수 없을 뿐만 아니라, 그 후에 천 년간도 넘게 그가 착수한 것을 계승할 수학자도 나타나지 않았다. 겨우 근세 초에 와서야 사람들이 디오판토스가 한 일을 고찰하게 되었고, 그리고 기하학적·물리학적 양과 관계 지워진 일반적인 수를 중심으로 한 고등수학을 이루어 나갔다.

디오판토스는 3세기에 생존한 것 같다. 따라서 그의 저서 『산술(Arithmetica)』은 프톨레마이오스의 저서들보다 뒤에 나온 것이며, 고대 천문학의 발전에는 영향을 미치지 않았다. 그의 저서의 표제 'Arithmetica'는 습관상 '산술(算術)'이라고 번역하고, 고등수학에서는 '수론' 또는 '정수론'이라고 번역하나, 디오판토스 자신은 '미지수론'을 의미하고 있음이 그의 저술 내용에 분명히 나타나 있다. 즉, '대수방정식론'을 뜻하고 있다. 이 분야의 단서가 이미 이집트에 있었다는 것을 제1장 '이집트인의 수학'에서 말한 바 있다. 인도인들도 이 분야를 특히 '미지수 계산법'이라고 불렀고, '기지수 계산법'과 구별하고 있다. 9세기에 아랍의 유명한 대수학자 알-호와라즈미(Muhammad ibn-Musa al-Howarasmi)가 산술에 관한 저술을 하였는데, 그 표제를 번역자가 저자의 이름을 따서 『알-자불(알-지부라)』이라고 했는데, 이 책은 방정식을 푸는 절차를 기술하고 있는데서 '알-자불(알-지부라)'이란 말은 '미지수를 가진 방정식을 푸는 절차'란 뜻으로 사용됐다. 그 후로는 대수방정식론이 일반에게 'Algebra'로 불리게 되었고, 방정식 계산에서 발달한 문자 계산, 즉 대수 계산에도 그 이름이 확대되었다. 따라서 'Algebra'는 습관적으로 '대수학'이라고 번역하나, 본래는 '방정식론'이라는 의미이며, 독일에서는 보통교육에서도 오직 이 의미로 사용하고 있다. 이에 대하여 대수학이 뜻하는 문자식의 기본 연산은 'Algebra'라고 하지 않고 'Arithmetik'이라고 부른다.

4. 지리학의 진보

히파르코스처럼 프톨레마이오스도 지리학의 발전에 큰 공적을 세웠다. 그가 140년경에 저술한 『지리학 교과서』는 『천문학 대전』과 함께 중세 말경까지 확고한 지배적 지위를 유지하고 있었다. 프톨레마이오스는 이 두 저서에 의하여, 모든 시대에 대한 위대한 교사이었다. 즉, 근세가 천문학과 지리학의 분야에서 이룩한 여러 가지 대발견이 이 두 저서와 연관되어 있기 때문이다. 『천문학 대전』만큼 『지리학 교과서』도 놀랄 만큼 풍부한 사실을 포함하고 있다. 여기에는 당시에 알려진 세계의 5000에 가까운 지점들이 경위도와 함께 열거되어 있다. 도읍뿐만 아니라 하천, 산악, 기타 저명한 장소들이 망라된 것이다. 그리고 위도의 조사는 매우 정확하여 프톨레마이오스의 표시에 따라 그은 지도는 자오선 방향으로는 아주 적은 오차밖에 없다. 프톨레마이오스 자신도 장소의 측정과 지도의 제작에 직접 손대고 있다. 그러나 『지리학 교과서』의 고대 사본에 붙어 있는 지도(유럽 10개, 아프리카 5개, 아시아 12개)는 틀림없이 고대의 교과서에 의하였을 것이나, 6세기에 그려진 것이다. 카를 리터(Karl Ritter)가 말한 것같이 "그것들은 근세의 모든 지도의 기초가 되었다. 그것들이 없었더라면, 오늘날의 지도는 도저히 현재와 같은 완성의 경지에 도달할 수 없었을 것이다."[3]

고대인이 행한 경도 측정은 이미 기술하였다. 그 방법으로는 매우 불완전한 결과밖에 얻을 수 없었다. 거기에다 고대에도 영도 자오선의 위치가 변경되었다. 예를 들어, 프톨레마이오스는 로도스 섬을 지나는 지오선에서 측정하지 않고, 계산의 시발점을 서쪽 끝에 있는 극락도(極樂島, 카나리아 군도)에 두었다. 이 방법은 측정하려는 지방에 대하여 동경과 서경의 구별을 하지 않아도 좋다는 장점이 있었다. 어떤 지표의 범위를 지도로 그리려면 지표의 만곡을 무시할 수는 없었다. 그래서 구면의 각 부를 평면으로 묘사하는 어떤 방법을 취하지 않을 수 없었다. 프톨레마이오스는 이 문제를 해결하기 위하여 지도학의 차후의 발전의 기초가 된 하나의 투영법을 제안했다.

프톨레마이오스의 선인인 마리노스는 위도권과 경도권을 다 같이 직선으로 표하고, 더욱이 후자도 평행으로 표했다. 따라서 경도는 지구의 북방 지방에 대해서는 너무나 과대

---

3 카를 리터, 『지리학과 발견의 역사(1861)』.

하게 된다. 프톨레마이오스는 자기의 투영법에 의하여 이것을 피하려고 시도했다. 프톨레마이오스는 이것에 대하여 다음과 같이 설명하고 있다.

"자오선을 직선으로 나타내고, 위도선을 동일한 중심에서 그은 원 부분으로 나타내는 것은 올바르다. 이것은 북극의 바로 위에서 본다는 개념이다. 구면과의 근사적인 닮은 별을 가지게 하기 위해서는 자오선을 거기에서 직선으로 끌지 않으면 안 될 것이다. 이것은 자오선이 항상 위도권에 수직이 되게 하고, 그리고 공통의 극에서 만나게 하면 된다."

천문학의 빛나는 진보로 지리학의 수리적 부분이 크게 촉진된 동안에 자연지리학 방면도 제자리걸음만 하고 있지는 않았다. 이 점에 큰 영향을 미친 것은 로마의 정복 전쟁에 의한 시계의 확대이며, 이 조건에 따라 일어난, 전 세계를 인류 공동의 주가로 보게 가르친 '세계주의'적 경향이었다. 특히 이러한 경향은 스트라본에게서 살필 수 있다. 그의 저서 『지리학』에 대하여 훔볼트는 "이것이야말로 다채로움과 장대함에 있어서 고대의 모든 지리학서를 능가하는 것이다."라고 말했다.

스트라본은 오늘날의 지질학자들 견해와 마찬가지로, 도서나 전 대륙이 화산의 힘에 의하여 융기된 것이라고 생각했다. 그는 『지리학』 제1권의 3에 "작은 섬들뿐만 아니라 큰 섬들과 심지어 대륙까지도 밀어 올려진 것으로 생각해도 좋다."라고 기술했다. 시실리 섬에 대해서는 "이탈리아에서 끊겨 떨어진 조각으로 보기보다는 애도나의 분화에 의하여 해저에서 솟아오른 것으로 생각하고 싶다."라고 말했다. 그러나 스트라본은 시실리 섬이 지진에 의하여 이탈리아에서 끊겨 떨어졌을 가능성에 대해서도 논했다. 도서가 화산의 힘으로 생긴다는 증명으로, 그는 기원전 196년에 다도해의 데라(오늘의 산도린) 섬 부근에 분화 때문에 주위가 12스타디온인 섬이 생긴 사실을 들고 있다. 그리고 시실리 섬과 마찬가지로 카폴리 섬이나 기타의 연안 섬들도 옛날에 본토의 일부로 보았으나, 데라 섬 부근의 새 섬들과 같이 바다 한가운데에 있는 도서는 화산의 힘으로 형성되었다고 하였다. 그리고 화산은 지구의 '안전변(安全辨)'이라는 견해도 처음으로 스트라본에게서 찾아볼 수 있다. 즉, 섬 부근에 있는 여러 화산이나 애도나 산의 활동이 심한 시기에는 시실리 섬의 지진이 적었다는 것을 인정하려고 했다.

화석(化石)에 대해서도 스트라본은 바른 설명을 하고 있다. 예를 들면, 그는 기제의 피라미드의 재료인 석회석이 렌즈형의 화폐석(貨幣石)인 것을 기술하고, 건립자의 식물

(食物) 찌꺼기가 굳어진 것이라는 의견에 반대하고 있다. 그는 이미 에라토스테네스도 바다에서 수천 스타디온 떨어진 곳에서 소라나 조개를 찾아볼 수 있다고 기술한 것을 들어, 우리는 대륙의 대부분이 한때는 바닷물에 덮여 있었다는 것을 인정하지 않으면 안 된다고 하였다. 그리고 수에즈 지협의 소금 호수들은 이 지협이 옛날에 바다로 덮여 있었다는 증거로 볼 수 있다고 했다. 또한 해저는 육지의 표면과 같이 기복(起伏)이 있고, 따라서 바다의 깊이는 각각 다르다고도 하였다. 역사 시대에 일어난 해안선의 특이한 변동의 증명으로써 스트라본은 포구의 남쪽에 있는 옛날의 한 해변 도시가 지금은 해안에서 90스타디온이나 떨어져 있다고 기술하고 있다. 이 해안은 주지하는 것과 같이 그 당시보다 더욱더 바다 쪽으로 밀려 나가 있다. 그래서 스트라본 당시에는 해변 도시였던 라벤나가 오늘날에는 해안으로부터 7km나 떨어져 있다.

스트라본은 또 물의 침식작용, 조석의 원인, 높이 올라감에 따라 온도가 낮아지는 것에 대한 올바른 관념을 가지고 있었다. 그리고 또 그는 유럽, 아시아, 아프리카 등의 대륙 외에도 또 다른 대륙이 있을 것을 예상하여 "대서양을 횡단하여 뻗고 있는 같은 온대(溫帶)에 우리가 살고 있는 세계와는 다른 별도의 또 하나의, 어쩌면 더 많은 세계가 있을 것이란 생각을 해볼 만하다."라고 하였다. 그런데도 콜럼버스는 서쪽으로 항로를 잡으면 직접 아시아 대륙의 동해안에 도달할 것이라는 관념에 사로잡혀 있었다.

로마인도 고대의 말기에는 자연지리학 분야에서 상당히 명확한 관념에 도달해 있었다. 예를 들면, 비트루비우스는 대체로 올바른 수원 형성(水源形成)의 이론과 그에 입각한 수원의 발견법을 세웠다. 그리고 세네카는 물 때문에 지표에 생긴 변화를 멋지게 기술하였고, 또 대조(大潮)가 일어나는 것은 달 외에도 태양의 작용도 가해진 탓이라고『자연의 연구』제3권에 기술하였다.

기원전의 마지막 세기에 지지학상의 지식은 적지 않았다. 개개의 토지에 대한 지식은 스트라본의『지리학』이 알맞게 프톨레마이오스의 것을 보완하고 있다. 스트라본은 유럽의 토지를, 프톨레마이오스는 아시아의 토지를 더 많이 연구하였다. 그러나 게르마니아의 북부와 동부에 대해서만은 프톨레마이오스의 보고가 내용이 풍부하다. 랑케가 말한 것처럼, 프톨레마이오스는 "라인과 도나우(Donau)의 피안의 제국을 기술함으로써 하나의 새로운 세계를 펼쳐 보였다." 그는 또 카스피(Caspian) 해가 대양에 흘러든다는 오인을 타파하여, 이 바다는 어느 쪽으로도 열리지 않았다고 지적하였다. 프톨레마이오스의 해설은 특히 페니키아인의 지리학 지식과 대상 무역에서 알려진 보고를 기초로 하고 있다.

그리고 알렉산더의 정복 전쟁, 로마 통치권의 대 신장, 거기에다 당시의 지리학자들이 군대나 총독이나 사신들을 따라 행한 여행은 매우 많은 재료를 제공하고 있었다. 그래서 인도에 대해서는 프톨레마이오스 시대의 사람들이 16세기 말의 메르카토르(Mercator)의 시대에 비하여 훨씬 더 많은 것을 알고 있었다.

헤로도토스의 기사에 이집트의 네고 왕은 기원전 600년경에 페니키아의 항해자들에게 명하여 홍해에서 아프리카를 돌아 지브롤터(Gibraltar) 해협을 통하여 이집트로 회항케 했는데, 이렇게 하는 데 3년이 걸렸다고 한다. 헤로도토스의 이 기사는 신빙성이 없는 것으로 취급되었으나, 고대에 적도를 넘은 자가 있었다는 것만은 의심의 여지가 없다. 이 항해자는 "리비아를 돌아서 서쪽으로 진행할 때, 태양이 정오에는 오른쪽(북)에 보였다." 라고 했다. 헤로도토스는 이것을 기술하면서 "자기에게는 믿어지지 않으나, 이러한 것을 믿을 수 있는 사람들이 아마도 있었을 것이다."라고 말하였다. 헤로도토스의 이 말은 그 같은 항해가 실제로 행해졌다는 증거로 인정된다.

프톨레마이오스가 그의 『지리학』 전 8권을 편집할 때 특히 자료의 원천이 된 것은 티레(Tyre)의 마리노스(Marinos, 2세기)의 여행 기록이었다. 페니키아의 항구들은 그곳을 중심으로 발전한 무역 덕에 페니키아의 배들이 방문한 모든 나라와 섬, 그리고 해양에 관해 광범위한 지식이 축적되어 있었다. 이것들을 이용하여 마리노스는 하나의 지도를 제작하였는데, 이 지도는 '티레 세계지도'라는 이름으로 알렉산드리아의 도서관에 소장되어 있었다. 마리노스가 사용한 경위도선은 직교 직선이었다. 이것은 '평면도법'이라고도 말할 수 있으며, 당시에 잘 알려진 지역인 위도 30~40도에 대해서는 장방형의 그물로 되나, 위도의 한가운데인 적도에서는 그것이 정방형의 그물이 될 것이다. 티레의 마리노스는 이 평면지도에 의하여 수리지리학의 개조가 되었다. 그는 동경 36도인 로도스 섬을 지나는 자오선과 위도선이 만드는 십자(十字)를 기준으로 하여 서로 직교하는 직선의 그물을 구성하였다.

프톨레마이오스는 마리노스의 성과를 특히 근거로 하였고, 그에 대하여 "이 사람은 선인들의 누구도 미치지 못할 정도로 고금의 많은 보고를 집성하였으며, 수많은 여행기나 저술을 참작하였다."라고 말했다. 따라서 프톨레마이오스가 아시아 여러 나라에 대하여 열거한 것도, 로마인 학자가 우리에게 전한 것에 비하면 훨씬 더 풍부하다. 예를 들면, 프톨레마이오스는 다푸로바네(세이론 섬)의 많은 도읍, 하천, 산악을 들고 있으나, 플리니우스는 거의 말하지 않았다. 프톨레마이오스는 순다 열도도 알고 있다. 그가 서부 인도를 잘 알고 있는 것은, 39개소에 대하여 그들의 위치뿐만 아니라 정밀한 측정에 의하여 하지의 낮의 길이도 들고 있을 정도이다. 그가 열거한 인도의 하천과 산악은 16세기까지 유럽인은 모르고 있었다. 프톨레마이오스가 이용한 페니키아인의 지리학 지식은 결코 해양이나 해안의 범위 안에 한정된 것이 아니고, 대륙의 내부에까지 미치고 있다. 그뿐 아니라 유프라테스에서 빅토리아를 넘어, 중국에까지 이르는 높은 산맥을 넘어가는 육로조차도 기술되어 있다.

5. 물리학의 진보

우리는 천문학과 그에 따라 번영한 지리학이 기원후 몇 세기에 이룩한 진보를 가장 중요한 과학적 성과로서 이 시기의 벽두에 기술하였다. 이번에는 그렇게 뚜렷하지 않은 자연학과 자연 기술에 대해서 간단한 해설을 하고자 한다. 역학은 기원전에 아르키메데스와 헤론 때에 정점에 도달하였다. 지금 여기에 기술하려는 시기의 대표적인 학자는 알렉산드리아의 파포스이다.

파포스는 3세기 말의 사람으로, 수학의 발전에도 공헌했다. 그의 저작 가운데 8권으로 된 『수학 논집(數學論集)』은 오늘날 여섯 권이 전해진다. 특히 그 가운데 마지막 권은 '중심론(重心論)'이나 '사면론(斜面論)'과 같이 기하학에 기초한 역학론을 포함하고 있다. 그것은 또한 주어진 무거운 돌을 직경의 비가 일정한 몇 개의 톱니바퀴를 써서 주어진 힘으로 움직이는 문제를 취급하고 있다. 제7권에는 '굴딘의 법칙'이라는 이름으로 17세기에 처음으로 재발견되어 일반에게 알려진 중요한 정리를 담고 있다. 즉, 회전체의 체적은 회전면과 그 중심이 통과한 길의 길이의 적과 동등하다는 정리이다. 그리고 또 파포스에게서는 이전의 저술가에게서는 볼 수 없을 만큼 광범하게, 일반적인 수의 표시에 문자가 사용되어 있는 것을 특기하여야 하겠다. 즉, 문자 계산의 초보는 이미 파포스에게서 찾아볼 수 있다.

알렉산드리아 학파의 제1 개화기에 광학과 음향학이 촉진된 것은 이미 기술하였다. 그런데 광학이 제2 개화기에 매우 촉진되었다는 것은 주목할 가치가 있다. 그리고 이것이 지금까지 우리가 천문학과 지리학의 분야에서 뚜렷한 공적을 인정한 그 프톨레마이오스

에 의하여 행해졌다. 즉, 고대에는 물리 현상의 귀
납적인 취급이 거의 행해지지 않았는데, 프톨레마이
오스에 의하여 그것에 대한 주목할 만한 단서가 발
견된 것이다. 그것은 빛의 굴절에 관한 문제였다.
빛은 동일 물질 안에서는 직선으로 전파하나, 하나
의 물질에서 밀도가 다른 제2의 물질로 옮겨갈 때
는 기울게 된다. 빛이 양 물질의 접촉면에 입사하는
기울기가 크면 클수록 굴절도 커진다는 것은, 가장
초기의 관찰에서도 보아 넘겨 질 수 없었다. 귀납적

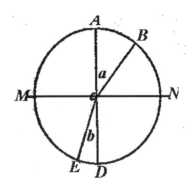

프톨레마이오스의 굴절각 측정

방법에의 첫걸음은 이 현상을 측정적으로 연구하는 것, 즉 일련의 투사각에 대한 굴절각
의 크기를 실험으로 결정하는 것이라야 한다. 이것이 바로 프톨레마이오스에 의하여 행
하여졌다. 이 목적을 위하여 만든 기계를 써서 그는 10도, 20도, 30도 등등의 투사각에
대한 각각의 굴절각을 측정하였다. 그의 장치는 눈금을 한 원반을 써서, 이것이 꼭 중심
C까지 물에 잠기게 한 것이다. 지금 한 줄의 광선(BC)을 수면(MN)상에 나온 원반의 눈
금 B를 통하여 중심 C에 들어가게 하면 광선이 이 점에서 물 안으로 들어갈 때 굴절이
일어난다. 굴절 광선(CD)은 수중을 진행하여, D점에서 원반 둘레와 만나게 된다. 그래
서 원반 둘레 위의 눈금을 읽을 수 있다. 이러한 방법에 의하여 프톨레마이오스가 측정
한 값은 아래 표와 같다.

투사각	굴절각	(바른 값)
10도	8도	(7도 29분)
20도	15도 30분	(14도 51분)
30도	22도 30분	(22도 00분)
40도	29도	(28도 49분)
50도	50도	(47도 36분)
60도	40도 30분	(40도 30분)
70도	45도 50분	(44도 48분)
80도	50도	(47도 36분)

이 측정에서 빛이 공중에서 수중으로 들어갈 때의 굴절률은 1.31이 된다. 오늘날의 정
밀 측정 결과인 1.33에 비교해 볼 때 매우 바른 값이다. 이것은 프톨레마이오스가 정밀

과학의 가장 중요한 요청의 하나인 측정의 정밀성을 지킨 것을 증명하고 있다. 프톨레마이오스는 그의 성과를 천문 현상의 설명에도 응용하여, 빛이 대기권을 통과할 때도 굴절한다는 것을 추론했다. 이 굴절은 하늘 꼭대기에서 지평으로 기욺에 따라 점차로 커지는 것으로 '기차(氣差)'라고 불린다. 그는 별의 극거리가 출몰 시에는 자오선 상을 경과할 때보다는 적게 보이는 것에서, 대기권에서 굴절한다는 사실을 인정할 수 있다고 말했다.

측정에 뒤따른 귀납적 방법의 제2단계는 주어진 양과 구하는 양 간의 합법칙적 관계를 발견하는 것이다. 프톨레마이오스는 물리학 분야에서도 역시 이 단계에 도달하려고 하였다. 그는 구한 관계를 수학식에 귀착시킬 수는 없었으나, 그래도 굴절의 원리를 빛이 소(疎)한 매질(媒質)에서 밀(密)한 매질로 옮길 때 투사 수선(投射垂線) 쪽으로 굴절한다고 올바르게 표현하고 있다. 그리고 또 그는 두 가지 물질마다 투사각과 굴절각 사이에 항상 일정한 비가 성립하는 굴절률도 알고 있는 것으로 생각된다. 굴절의 문제는 여기까지 발전하고는 그 후 오랫동안 정지 상태에 있었다. 특히 광학 분야에서 눈부신 활동을 한 아랍인도 이 문제를 연구하였으나, 프톨레마이오스 이상으로 나아갈 수 없었다. 케플러도 이것에 손대서 후술할 방법으로 굴절을 측정하여 임계각의 개념을 도출했으나, 이 문제는 스넬(Willebrord Snell)에 의하여 17세기에 처음으로 해결됐다. 굴절의 법칙을 발견한 그에 대해서는 후에 다시 기술하기로 한다.

이상에서 특히 프톨레마이오스에 의하여 천문학, 지리학, 그리고 물리학 분야에서 이룩한 진보를 살펴보았으므로, 다음에는 자연과학의 기타 분야에서 고대인이 로마 통치의 알렉산드리아 시대에 가지고 있던 지식의 개략을 기술해 본다.

이 시기에 역학과 광학, 그리고 음향학은 그 기초를 이룬 데 반하여, 열(熱)과 자기(磁氣)와 전기(電氣) 분야에서는 약간의 소재적인 관찰과 모색적인 설명 이상으로는 나아가지 못하였다. 자석(磁石)과 그것이 철을 흡인하는 성질은 그리스의 아주 먼 옛날부터 알려져 있었다. 그리고 물체를 움직이는 힘을 '영혼(靈魂)'이라고 하였기 때문에, 자석은 동물이나 식물과 마찬가지로 영혼을 가졌다고 믿어져 있었다. 자석이 타 물질을 투과하여 작용하는 성질도 착안하지 못한 것은 아니다.

루크레티우스도 그의 저서 『만유에 대하여』 중에 자기 현상(磁氣現像)에 대하여 "자석을 놋쇠 접시 밑에 가져가면 그 접시 안의 철 부스러기가 춤추며 일어나는 것을 나는 보았다. 그리고 또 자기를 띤 철 고리를 서로 물리지 않고, 다만 접촉만 하여도 쇠사슬이 만들어진다. 이것에 대해서는 플라톤도 이미 알고 있었던 것이나, 알지 못하는 사람이 보면 깜짝 놀랄 것이다."라고 아주 재미있게 설명하고 있다. 거기에 더하여 그는 자기 현상의 해석조차도 시도하고 있다. 즉, "많은 물체에서 보는 바와 같이 자석에서도 미분자가 방출하여 그것이 주위의 공기를 밀어내며, 그 결과 철의 물질 원소가 급히 그 공허에 뛰어들어 이러한 일이 발생한다."라고 설명하였다. 그러나 자석에는 두 개의 극이 있고, 양극 사이에 중성 대가 있다는 것을 고대인은 몰랐던 것 같다. 그리고 자석의 방향 지시 기능도 그들은 몰랐으나 중국인은 기원전에 이미 알고 실용하고 있었다.

마찰 전기(摩擦電氣)의 기본 현상은 고대 모든 민족이 무역으로 호박(琥珀)을 손에 넣은 때부터는 알게 되었을 것이다. 호박은 마찰에 의하여 가볍고 작은 물체를 흡인하는 것이 심하기 때문이다. 플리니우스도 이 현상을 다음과 같이 기술하였다.

"호박은 손가락의 마찰로 몸의 열을 받으면, 마른나무 잎이나 곡물의 겨나 아마(亞麻)의 껍질(皮)을 마치 자석이 철을 빨아들이는 것과 같이 빨아 당긴다."(『박물학』 제37권 12)

고대인은 호박을 'electron'이라고 불렀다. 이 말에서 호박에 대하여 관찰된 특성에 대하여 후세에 'electricity(電氣)'라는 이름이 생겼다. 고대인은 다른 물질에 대해서도 때때로 전기와 같은 특성을 인정한 것 같으나, 이 특성과 우레(우뢰)와의 관계에는 생각이 미치지 못한 것 같다. 철학자들은 물론 자연 종교의 관념에 사로잡힌 민중들같이 번개나 우레를 제우스가 던진 것이며 소리 지른 것이라고는 생각하지 않았으나, 그래도 현상의 바른 해석에 이르기까지에는 전도가 요원했다. 예를 들면, 아낙시만드로스는 번개를 구름 안에 압축된 공기가 갑자기 음향을 내며 돌출한다고 생각했다.

플리니우스는 번개와 뇌성(雷鳴)에 대하여 다음과 같이 기술하고 있다.

"밑으로 압박된 구름 안의 상당히 큰 공동에서 바람이 돌출하는 것이 회오리바람이고, 바람이 구름 안에서 돌출하는 순간에 발화하는 것이 번다. 번개와 뇌성은 동시에 일어나는데도, 뇌성보다 먼저 번개를 보게 되는 것은 이상할 것이 없다. 그것은 빛이 소리보다 빠르게 전달되기 때문이다. 번개와 뇌성이 동시에 일어난다는 것이 자연의 질서이다."(『박물학』 제2권 50~55)

많은 문서나 고대의 금박을 입힌 신전의 꼭대기나 동을 입힌 장대 등의 설비에서, 고대인이 이미 피뢰침(避雷針)을 사용하였다는 추측을 할 수는 있다. 그러나 현존하는 자료에는 프랭클린(Benjamin Franklin) 이전에 피뢰침이 의식적으로 사용되었다는 것을 뒷받침할 설명을 찾아볼 수 없다.

'에르모 불꽃'이라고 불리는 무성방전(無聲放電)도 고대인에게 잘 알려져 있었다. 플리니우스는 이 현상을 다음과 같이 기술하고 있다.

"이 별 모양의 불꽃은 수상에서도 육상에서도 나타난다. 나는 병사들이 야간 보초 근무를 할 때 성벽 밖에 있는 병사의 창끝에 이 별 모양의 빛이 나타나는 것을 직접 목격했다. 배의 돛대 끝이나 기타 부분에서도 이런 모양의 별들이 생기나, 이것은 귀에도 들리는 특유한 음을 동반하며, 새와 같이 몇 번이고 장소를 바꾼다."(『박물학』 제2권 37)

동물전기(動物電氣)의 현상도 고대인에게 잘 알려져 있었다. 그러나 그에 대한 설명은 역시 못했다. 그것은 당연한 것이며 공중전기 현상이 마찰전기의 법칙에서 해명된 것이 겨우 18세기의 일이고, 동물전기의 법칙이 이해되기 시작한 것은 겨우 최근세에 이르러 기동전기(起動電氣)가 발견된 후부터이다. 2세기의 그리스 저자의 어떤 저서에는 다음과 같이 기술되어 있다.

"어떤 새우는 무서운 독을 자유로이 발산한다. 이 새우는 타고날 때부터 약하고 우둔하므로, 기는 것밖에 할 수 없는 것같이 보이나, 그것은 어느 쪽에서도 그것에 접촉하는 자가 있으면, 곧 힘을 빨리고 피를 굳게 하여 손발을 시들게 하는 조직을 가지고 있다."

플리니우스는 일찍이 여기에 아주 독특한 과정이 숨어 있는 데 착안하여 다음과 같이 말했다.

"이 새우는 멀리서 창으로 건드린 것만으로 어떠한 강한 팔도 시들게 한다. 이것은 보이지 않는 힘이 그것에 있다는 것을 알 수 있다."(『박물학』 제32권의 1, 2)

인체도 창과 같이 이 특이한 작용을 전달할 수 있다는 것은 근대의 발견이나, 다른 고대 저술가는 이 새우가 들어 있는 용기의 물을 손이나 발에 부으면 안면에 경련이 일어나는 것을 기술하고 있다. 의학은 이 주목할 현상을 이용하는 것을 게을리하지 않았다.

갈레노스를 보면, 두통이 있는 사람에게 이 새우를 산 채로 접근시키면 진통 수단이 된다는 것을 알았다고 기록하고 있다. 아비켄나(Avicenna)도 갈레노스의 저작을 아랍어로 개작한 가운데 이 일을 다시 논설하고 있다.

6. 화학의 시작

물리학의 일부 분야는 고대에 이미 과학적인 것으로 취급되었으나, 화학은 그렇지 못했다. 화학의 경우, 현상의 본질에 대한 고찰의 대부분은 의도적인 실험에 근거해야만 이루어지나, 고대에서는 그와 같은 연구 방향으로 향하지 못하고 있었다. 우리가 화학의 시작에 대하여 말할 수 있는 것은 의학이나 공업(유리, 도기, 염색, 양조, 야금 등), 특히 야금(冶金)공업에 의하여 차차로 얼마간의 화학 변화가, 그것도 상호간의 관련이나 타 현상 군과의 관계 등은 발견되지 않은 채 알려져 간 것뿐이다. 물질 변화에 대한 설명, 예를 들면 원자론자의 설은 오로지 철학론 상의 가치뿐이고, 그것들을 검증할 수단은 아직 주어져 있지 않았다.

이와 같은 화학의 연구를 더 나아가게 하는 데 가장 큰 영향을 준 것은 감각기관에 대하여 '화(火), 토(土), 공기(空氣), 물(水)'의 4종의 현상 형태로써 나타나는 오직 하나의 근원(시원물질)에 세계를 환원시킨 학설일 것이다. 고대의 말기에 나타난 비금속을 귀금속으로 변하게 하려는 시도도 이 설에 대응한 것이며, 이것이야말로 중세 전체에 걸쳐 화학이 목표로 삼은 문제이다.

금속의 지식과 응용은 고대에도 상당히 광범한 것이었다. 예를 들어, 납은 이미 고대로마 시대에 수도관으로 이용되었다. 이 납은 철과 마찬가지로 그대로 산출되는 것은 드물며, 방연광(方鉛鑛)에서 추출되었다. 석(錫)과 아연은 순수한 상태가 아니고, 다만 청동과 놋쇠(진유, 眞鍮) 같은 합금의 성분으로 알려져 있었다. 이 합금을 얻으려면 동의 광석을 정연할 때 그 안에 주석 또는 아연을 함유한 이극광(異極鑛)을 첨가했다. 그리고 진사(辰砂)를 철과 함께 가열하여 수은을 얻는 것도 고대인은 잘 알고 있었다.

단순한 산화에 의하지 않은 화학제품의 제법은 무기산(無機酸)이 없이는 거의 불가능하다. 그런데 고대인은 무기산의 제조는 몰랐던 것 같으며, 그들이 알고 있던 유일한 산

(酸)은 유기산(有機酸)인 초산(醋酸)뿐이었다.

대리석이나 석회석을 불태우면 새로운 물질이 되며, 이것을 물과 화합시키면 우수한 건축 재료가 얻어진다는 사실은 많이 응용되었다. 로마 시대의 후기에는 시멘트의 이용도 볼 수 있다. 이것이 없었다면 수많은 큰 건축 공사는 실현하지 못하였을지도 모르겠다. 생석회에 의하여 '소다(나트륨)'를 가성화(苛性化)하는 것도 이미 고대로부터 알려져 있었다. 이것에 반하여 가스 같은 물질의 화학적 성질은 어둠에 쌓인 채였다. 발효를 할 때나 여러 곳의 도시에서 호흡에 적합하지 않은 가스가 발산하는 것은 인정되고 있었으나, 이 공기가 본래의 공기와는 다른 가스체인 것은 아무도 생각지 못하고 있었다.

물질 변화의 연구에 대하여 커다란 충격을 불러일으킨 것은, 적당히 조작하면 비금속에서 귀금속을 얻을 수 있다는 사상이었다. 이런 경향은 플라톤과 아리스토텔레스의 논설 중에서 약간의 이론적 근거를 찾아볼 수 있다. 연금술의 문제는 이미 기원후 최초 기의 몇 세기 동안에 이집트의 알렉산드리아 학파의 학자들 간에 인정되었다. 이 문제는 그에 앞선 기나긴 시기 동안에 금속과 그의 정연 및 합금에 대하여 순수하게 경험적으로 얻은 적잖은 지식에 근거하고 있다. 그리고 그 후의 시기에 대해 보아도, 연금술의 역사는 야금학(冶金學)의 역사와 대체로 일치하고 있다.

렙시우스에 의하면, 이집트는 금석문(金石文) 중에 특히 귀중한 8종의 광물을 구별하였는데, 그중에는 '금, 호박금(琥珀金, Electron. 이집트에서는 'Asem')이라고 불린 금과 은의 합금, 은, 그리고 청금석(靑金石, 라피스 라줄)'이 있다.

초기의 연금 가(家)에게는 납이 큰 역할을 하였다. 조연(粗鉛)을 통해 은을 분리할 수 있었기 때문에 납은 타 금속의 제조에 특히 적합하다고 믿어졌다. 주석은 고대 이집트인의 청동 속에 함유되어 있으나, 순수한 주석은 아마도 그들이 몰랐던 것 같다. 수은은 그 특이한 성질로 인하여 연금 가 사이에 가장 큰 역할을 가지고 있었으나, 이 수은도 고대의 이집트인에게는 알려져 있지 않았을 것이다. 그것은 그리스인과 로마인들 사이에 처음으로 사용되었다. 플리니우스는 그것을 '영구 액체, 즉 일체의 독(Liquor aeternus, venenum rerum omnium)'이라고 불렀다.

기나긴 기간을 통하여 화학, 특히 야금학 상의 개별 지식이 집적된 후에 기원 초부터 비천한 물질을 귀금속으로 바꾸는 것을 목적으로 한 연금술이라 불리는 특정한 방향이 나타났다. 이것을 기술한 가장 오래된 저술이 이집트에서 기원후 3세기에 이루어졌다. 그것을 보면 연금술은 점성술과 제휴한 것을 알 수 있다. 금에 태양이, 은에 달이, 기타의 금속에 유성들이 대응되어 있는 것도 이런 사정을 나타낸다.

요컨대, 비금속을 함께 용해하면 금이나 은과 비슷한 합금을 얻을 수 있다는 것, 적당히 처리하면 조연에서 은을, 아말감에서 금을 실제로 분리할 수 있다는 것 등의 관찰에서, 비금속을 귀금속으로 바꿀 수 있다는 가정이 생겨났다. 화학 과정에 대한 이해의 부족에서, 사람들은 상기한 모든 과정을 실제의 물질의 전환이라고 생각했다. 그리고 정연 작업의 개량에 의하여 축출 양이 증대되므로, 적당한 처리법을 강구하면 원재료를 모두 귀금속으로 전화할 수 있으리라고 생각한 것은 당연한 것이었다. 물질 변화의 연구가 이 점의 노력에 지배된 시기를 우리는 '연금술의 시대'라고 부른다.

연금술의 최초의 성행은 이미 알렉산드리아인에게서 볼 수 있다. 로마 통치하의 이집트 학자나 서남아시아의 네스토리우스파(派)로부터, 아랍인에게 이 문제를 연구할 자극이 전해진 것은 의심의 여지가 없다. 'Chemie' 또는 'Chemistry(화학)'라는 말 그 자체가 이것을 나타내고 있다. 이 말은 이집트의 고대 명칭과 같다. 플루타르코스의 기술에 의하면, 이곳 주민은 국토가 검다는 뜻으로 'Chemi'라고 불렀다고 한다.

마술을 '흑색 기술(black art)'이라고 부르는 것도 어쩌면 여기에 유래한 것일지도 모르겠다. 그러나 이런 어원설은 근대의 언어학적 연구에 의하여 의심스럽게 되었다. 오늘날에는 'Chemie'라는 말이 4세기의 연금술 저술가 조시모스(Zosimos)가 최초의 화학서 저자라고 한 'Chemes'에서 유래한 것이라는 의견에 기울고 있다. 그리고 또 하나의 의견은, '주조(鑄造)'를 뜻하는 그리스어 'Chyma'가 어원이라는 것이다. 여하튼 그리스어로 'Chemeia' 또는 'Chymeia'라는 말이 생겨서 아랍인에게 전하여져 아랍어의 관사 'al'이 첨가되어 'Alchemie(연금술)'라는 말이 되었다.

화학 과정의 연구에 종사한 알렉산드리아의 학자나 이들을 뒤이은 아랍인들도 그들의 관념은 플라톤이나 아리스토텔레스가 물질의 본성에 대하여 발전시킨 이론에 지배되어 있었다. 그러나 연금술이 일어날 실제적 기초가 된 것에는 금속의 정연 외에도 귀금속의 가공에 의한 장식품의 제조가 있다. 이 산업에는 옛날부터 귀금속 대신에 값싼 것을 써서 구매자를 속이려는 시도가 성행하고 있었다. 그래서 금이나 은에 다른 금속을 섞거나 금속이나 합금의 표면을 착색하여 금이나 은같이 보이게 하였다. 그러한 수단의 하나로써 비소와 유황의 화합물이 사용되었다. 이것은 오늘에도 광물학에서 '금의 색소'란 뜻에서 '아우리피그멘트'라는 이름을 가지고 있다.

수은은 소아시아에서 알려졌고, 카르타고인에 의한 스페인에서의 광산 채굴에서도 알려졌는데, 이것도 역시 기원 초보다 훨씬 이전부터 합금의 제조나 표면 변화에 사용되었다. 이와 같은 작업에 곧이어 각종의 관념과 사변이 결부되었는데, 이와 같은 실지 작업의 일체를 화학이라고 부른다면, 화학의 시초는 고대의 먼 옛날로 거슬러 올라갈 수 있다. 금속을 표면적으로 변화시키는 물질이 알려짐에 따라 마음대로 변화를 일으키는 만능 약품에 대한 탐구가 자연히 일어났다.

그래서 '철학자의 돌'이라는 설이 생겨, 그것이 발견되지 않았는데도 후대에 갈수록 여러 가지 새로운 작용, 특히 병을 고치고 수명을 연장하는 작용 등이 부가되었다. 이러한 변화를 위하여 특히 중요한 역할을 한 것은 수은이다. 이 진기한 금속이 발견되었을 때의 놀라움과 그것이 불러일으킨 공상들은 짐작하고도 남음이 있다. 사람들이 수은에 어떠한 만능적 의의를 부여했는지는 다음과 같은 4세기의 한 편지 구절에 잘 나타나 있다.

"내가 줄곧 배우고자 한 그것을 나에게 가르쳐주소서! 그것은 당신도 아시는 것, 금속 변화의 일입니다. 실제 수은은 모든 방법으로 물체의 외견을 취합니다. 그것은 모든 물체를 표백하고, 그의 정(精)을 빨아내며, 끓이면 그것들과 작용하여 자기 것으로 하고 맙니다. 그것은 일체의 액체의 원리를 자기 안에 갖추고 있어서, 그 같은 것에 대하여 아주 적합합니다. 금속 변화가 일어나면, 모든 색의 변화가 나타납니다. 그것이 부동의 근저이나, 색은 고유의 기초를 가지고 있지 않기 때문입니다. 수은은 자기 자신의 근저를 잃음으로써 변화시킬 힘이 있는 것, 즉 금속의 몸에 처리를 가함으로 변화할 수 있는 어떤 것이 됩니다."

헬레니즘 시대의 저술가는 연금술의 개조로서 '헤르메스 트리메기스토스(Hermes Trimegistos, 삼중으로 최고인 헤르메스)'를 들고 있다. 그는 아주 신비적인 인물로서, 실제로 이집트의 중요한 신들 중에서도 토토와 동일시된 인물이다. 토토는 지혜와 말의 신이며, 그리스의 '헤르메스(라틴어로 Mercurius)'에 해당하며, 트리메기스토스는 토토라는 첨언을 고대 후기에 그리스어 화하여 부른 것이다. 독일어의 '헤르메티슈 쿤도스(연금술)', '헤르메티슈 휄셀스(밀폐)', '헤르메티슈 부흐(헤르메스, 聖典)'와 같은 말은 오늘날에도 그를 연상하게 한다. 그리고 2만을 넘는 많은 서적들도 헤르메스의 저작으로 되어 있다. 그중에 가장 저명한 것은 『태양, 즉 금의 제조(De opetatione solis)』라고 제목을 붙인 것으로, 중세에 매우 존중되었다. 이 서적의 신비적 내용에 대해서는 다음의 한 절에서 짐작할 수 있다.

"만물이 하나에서 된 것같이, 만물은 또한 그 하나의 것에서 생겨났다. 이것의 아버지는 태양이며, 어머니는 달이다. 바람은 이것을 배었으며, 그의 양육자는 땅이다. 그대가 불의 것에서 흙의 것을, 밀봉한 부분에서 기(氣)의 부분을 분리하면, 그대는 전 세계 중에서 가장 칭찬받을 것을 손에 넣게 된다."

연금술에 관한 자료로서 매우 조금만 남아 있으나 가장 확실성이 있는 조각들은 조시모스라는 알렉산드리아 저술가의 것이다. 조시모스는 이집트의 파노폴리스에서 태어났으며, 300년경에 활동했다. 조시모스가 연금술의 발전에 크게 영향을 준 것은 의심의 여지가 없다. 그는 광대한 저작 안에 선인들의 지식이나 자신의 경험을 총괄하였다. 그러나 그 대부분은 신비적인 말로 쓰인 매우 이해하기 어려운 지도서로 되어 있다. 조시모스에 의하면, 이 지도서는 이집트에서 이루어졌다고 한다.

그것은 신관 계급이 점유하고 있었으며, 가장 엄중히 비밀로 되어 있었다. 연금술에 입문하려는 자는 일련의 정신적 예비 조건을 갖추지 않으면 안 되었다. 그들은 순수한 지조를 가지고, 사리사욕을 떠나 있어야만 했다. 거기에다 그들은 혼의 밑바닥에서부터 자기의 대상에 몰두할 수 있어야만 했다. 인식을 향하여 노력하는 자만이 목적을 달성하며, 학식이 없거나 불순한 의향을 가진 자는 들어갈 수 없었다. 그 위에 또한 조건은 '바른 때와 적합한 순간'을 선택하는 것이었다. 그것을 불러오게 하는 것은 주문(呪文), 주술, 기도뿐만 아니라 유성의 움직임도 필요하다고 했다. 조시모스의 이 저작은 시리아 어의 사본에 의하여 단편적으로 알려져 있으나, 그것에는 노(爐)나 증류 장치(蒸溜裝置) 등과 같은 연금사가 사용한 기구에 관한 많은 기제가 있다. 이들의 장치는 1세기의 유태의 여자 연금사 마리아에 유래한 것이라고 한다.

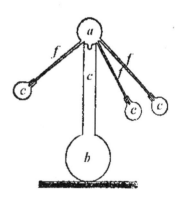

조시모스가 기재한 증류 장치

유성의 영향에 관해서 조시모스는 특히 헤르메스 트리메기스토스를 근거로 하여, 가장 작용이 강한 천체는 수성이라고 하였다. 그것은 지구의 원추 상 모양의 음영은 꼭 그것까지 미치고 있기 때문이라고 그는 말하였다. 조시모스는 또한 "수은과 유황을 가열하면 화합하여 고운 모래(辰砂)가 되며, 이것은 처음에 흑색의 물질이며, 승화(昇華)에 의하여 비로써 적색이 된다."라는 것도 기재하고 있다. 그리고 "이 고운 모래에 어떤 물질을 가하여 밀폐 용기 내에서 가열하면, 고운 모래에서 수은이 '은의 물(銀水)' 또는 '신의 물(神水)'로서 증발한다. 이것은 무서운 독성이 있는 공기이며, 뜨거울 동안에는 포착할 수 없으나, 냉각하면 '신속한 활약'을 잃고 용기 뚜껑에 물방울 모양으로 부착한다."라고 기재하였다.

이런 '신성한 일'의 성공에 대한 유성의 영향에 대하여, 조시모스가 헤르메스를 기초로 하여 발전시킨 설은 5세기에 와서 신플라톤학파의 올림피오드로스(Olympiōdōro)에 의하여 조직화되었다. 그는 7종의 금속 하나하나를, 고대인이 신성한 수로 알고 있던 7개의 유성에 배당하였다. 그에 의하면 금은 태양에, 은은 달에, 동은 금성에, 철은 화성에, 주석은 목성에, 수은은 수성에, 아연은 토성에 각각 해당한다. 천체와 그에 해당하는 금속에는 같은 부호가 주어졌다. 이 연금술과 점성술과의 신비적 관계는 후에 아랍인에 의하여 즐겨 탐구되었다.

이집트의 고고학적 탐구에 의하여 화학적 조작이 행해진 장소, 소위 최초의 연금술 시대의 실험실 또는 이들의 장소에서 사용된 기구들을 발굴하여 입증하려는 노력이 있었다. 그러나 지금까지의 결과는 미미하다. 베르틀로(Berthelot)는 마스페로(Maspero)의 기사에 따라 한 장소를 기술하고 있다. 그것은 묘(墓)실에 인접한 것으로, 모든 특징에서 판단할 때 6세기의 실험실로 사용된 곳이다. 그 벽은 연기로 그을려 있고, 바닥에서는 청동의 노(爐), 청동, 설화석고(雪花石膏), 기타의 광석으로 된 각종 기구가 발견되었다. 현재 남아 있는 연금술의 기원을 해명하는 데 중요한 문헌으로, 특히 거짓으로 데모크리토스의 이름으로 된 저작과 이집트의 테베에서 발견된 두 개의 파피루스 문서를 들 수 있다.

가짜 데모크리토스의 저작은 아마도 기원전 200년경에 이집트에서 처음으로 저술되었을 것이다. 그리고 거기에는 당시의 화학적·기술적 지식의 일체가 포괄되었으나, 아직도 연금술의 지식은 포함되어 있지 않다. 이 원자료에 유래한 개작 중에서 특히 1세기 말엽에 되었다고 여겨지는 『데모크리토스의 자연학과 신비학』이란 표제의 광대한 책을 들 수 있다. 이것이 오늘까지 전해진 부분은, 개작(杜撰)이며 원형을 전하지 않고 있다는 것을 지적할 수 있다. 가짜 데모크리토스의 설은 근세에 와서는 16세기에 처음으로 상세히 알려졌다. 현존의 단편 중에서 「자연학과 신비학」은 특히 '금, 은, 진주, 보석과 펄프라(紫)'에 대하여 기술한 것을 알 수 있다. 한 예를 들면 그 내용에 대한 개념을 얻을 수 있을 것이다.

　"수은을 '마그네시아'의 모체(연 또는 아연으로 추정됨)로 굳게 하여, 이 흰 흙을 구리 위에 던져라. 그리고 그 위에 노란 은(호박, electron)을 던져라. 그러면 금을 얻는다. 자연은 자연을 정복한다." 이에 유래한 데모크리토스의 가짜 격언인 "자연은 타의 자연을 향락하며, 자연은 타의 자연을 범하고, 자연은 타의 자연을 정복한다."라는 말은 모든 세기를 통하여 연금술의 표어로 되었다.

　테베에서 발굴된 파피루스 출토품은 연금술의 전사에 대하여 전혀 새로운 빛을 주었다. 이것은 1828년에 어떤 묘를 개봉했을 때 발견된 것이다. 그것은 많은 다른 파피루스 서책과 함께 유럽에 가져갔으나, 20세기 초에 처음으로 주의를 하게 된 것이다. 레이던 (Leiden)에 있는 문서는 1885년에 공개

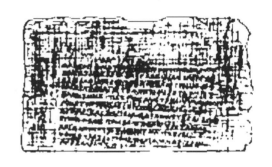

스톡홀름 파피루스의 일부

되었고, 스톡홀름의 것은 1913년에 공개되었다. 이 두 파피루스는 3세기에 유래한 것으로, 주로 귀금속의 모조나 자색과 대청(Isatis tinctoria, 고대의 목람木藍)에 의한 염색, 그리고 보석이나 진주에 관한 지침서를 포함하고 있다. 예를 들면, 스톡홀름의 파피루스에는 진주가 광택을 잃었을 때 되살리는 방법이 나와 있다. 그리고 운모(雲母)나 기타 값싼 재료에서 진주를 만드는 지침도 있고, 그것은 '진짜보다 더 좋다'는 허풍도 떨고 있다. 그리고 합금의 제조에 관한 지침도 있고, 이 지침에 따라 제조한 것은 전문가조차 제품의 속성에 속는다고 칭찬하고 있다. 이 스톡홀름 파피루스의 첫째 면은 표제와 같이 '은의 제법'에 관한 것인데, 그 그리스어 본문을 번역해 보면 다음과 같다.

　"키프로스(Kypros) 동(銅)을 가공하여 편리한 모양으로 만든 것을, 염색용의 초와 명반(明礬)을 담은 그릇에 3일간 담가둬라. 그다음에 키오스 토(土)와 카파도키아(Cappadocia) 염(鹽)과 명반 판을 6드라크마씩 섞은 것을 1므나(100드라크마)의 동과 함께 녹여라. 잘 녹으면 멋진 것이 될 것이다. 이것에 20드라크마 이내의 좋은 진정한 은을 가하면 그 합금은 소멸하지 않고 보존될 것이다."

대개 합금의 출발점은 동(銅)이며, 이것에 비소, 납 또는 주석을 섞으면 흰색의 화합물이 되는데, 이것이 은이다. 이 과정을 '레우고시스'라고 부르고 있다. 동의 표면을 금으로 바꾸는 데는 수은(금 아말감)을 사용한다(소부 도금, 燒附鍍金). 중세에서 다시 보게 된 금박(金箔)을 달걀의 흰자위와 배합하여 그 즙으로 사본을 만드는 지침도 이중에서 찾아볼 수 있다.

스톡홀름 파피루스에 나와 있는 색소와 염색술에 대한 상세한 설명으로 미루어볼 때, 고대에 이미 이 방면의 화학적 기술 수준이 높았음을 알 수 있다. 양모를 염색하려면 우선 사본 초근, 석회수, 또는 나트륨 용액을 가하여 빨고 끓여서 청순하게 한다. 다음에 이 양모를 염매액(染媒液)에 담그는데, 그것에는 주로 명반을 함유한 광물이 쓰인다. 색소는 타 재료와 마찬가지로 사용 전에 잘 검토해야 한다. 검토의 요점은 외관, 연마(研磨) 정도, 용매에 대한 것 등이다. 그렇게 한 다음에 이제 색소를 녹여 일정한 색조를 내고, 염색의 단계에 들어간다는 것이다.

염색되는 것은 주로 양모이며, 색소는 시리아 연지(scarlet), 홍당무, 초록 풀, 자색 풀이다. '인도 쪽'(indigo)을 포함한 대청(大靑)은 청색 염색에 쓰였다. 대청과 연지를 섞으면 자색을 모의(模擬)할 수 있다. 이 항은 "그대는 보게 될 것이다. 자색의 모의라고 말할 수 없게 아름답게 되는 것을!"이라는 말로 끝맺고 있다.

레이던과 스톡홀름 파피루스의 저자가 곳곳에서 들고 있는 몇 사람의 선인 중에는 전술한 가짜 데모크리토스를 기원전 200년경에 처음으로 저술한 '폴로스'라는 사람의 이름도 보인다. 화학이 시작되어 근세에 이르기까지 그것의 발달을 규제한 두 가지 영향을 일찍부터 인정할 수기 있다.

제1은 발견된 사실이나 고안된 조작 방법을 비밀로 하는 것이고, 제2는 이 부문과 마술이나 신비학과 결합한 것이었다.

이것은 화학 과정을 수수께끼이며 불가사의한 성격을 가지고 있게 하여서, 오랜 연구 후에야 비로소 과학적으로 포착하게 되었다는 사실에서 설명된다. 거기에다 이 부문은 옛날부터 사리와 사욕, 미신과 사기가 큰 역할을 해온 분야이었다. 이미 고대로부터 위조화폐 제조의 목적에 금이나 은을 닮은 합금을 사용한 예를 볼 수 있다.

제법을 비밀로 해두는 것은 스톡홀름 파피루스 안에서도 나타나 있으며, 훨씬 후인 10세기의 염색술 『Mappae clavicula』에는 비밀을 지킨다는 서약을 벽두에 기술하고 있다. 화학자는 비밀을 지킴으로써 자기의 지식뿐만 아니라 무엇보다도 자기 자신을 지키려고 하였다. 왜냐하면 교회나 위정자나 특히 미신적인 민중의 박해가 그들을 두렵게 하였기 때문이다. 화학이 르네상스 시대 이래 이 족쇄에서 해방되어, 현대에는 과학기술 부문의 중요한 지위를 차지하기까지의 경위에 대해서는 뒤에 다시 살펴보기로 하자.

7. 고대에서 중세로의 과도

알렉산드리아 학파의 제2의 융성기와 그에 뒤따른 시대의 자연과학에 대한 주석 중심적인 활동으로, 고대의 과학이 이룩한 발전은 끝맺게 되었다. 주석적인 활동 경향은 이미 파포스에게서 볼 수 있다. 플라톤, 아리스토텔레스, 피타고라스, 그리고 아르키메데스, 유클리드, 아폴로니오스 등에 대한 후세의 유명한 주석가들은 모두 철학사에서 신플라톤 학파로 불리는 계통에 속해 있었다. 이 학파는 고대 그리스 학술의 최후의 전통을 대표하는 학파이며, 3세기에 알렉산드리아의 플로티노스(Plotinos, 205~269)에 의하여 확립되었다. 그리고 후에는 시리아와 아테네도 이 학파의 중심이 되었다.

아폴로니오스와 디오판토스의 주석을 쓴 것으로 유명한 여류 주석가인 히파티아(Hypatia)도 이 학파에 속한다. 그녀가 415년에 기독교의 폭도에게 참살된 이후, 명맥을 이어오던 알렉산드리아의 학술이 쇠망하게 된다. 알렉산드리아 학파가 쇠망한 후에도 아테네 학파만은 명맥을 유지하여, 5세기에는 플라톤의 『티마이오스(Timaios)』와 기타의 주석을 한 프로클로스(Proklos, 410~485)가 나와 기독교에 대항하여 이교 학문의 만년을 장식하였다. 그리고 뒤따라서 에우도기오스가 아르키메데스와 아폴로니오스에 대한 주석을 하였다. 또 심플리키오스(Simplikios)는 아리스토텔레스의 『물리학』, 『천계에 대하여』, 『영혼에 대하여』 등에 주석을 달았다.

이들은 그리스 학술의 최후의 사람이 되었다. 그것은 529년에 동로마제국의 황제 유스티니아누스(Justinianus)가 이교 박해를 철저히 하여, 플라톤의 전통을 이어온 아테네의 아카데미를 폐쇄하고, 그 재산을 몰수하여 이교 철학의 수업을 금지시켜서 아테네 학원의 초석이었던 다마스키오스(Damaskios)와 그의 문하인 심플리키오스 등이 페르시아의 궁정으로 도망가서 고대적인 그리스 학술의 맥이 끊겼기 때문이다.

그러나 이 학원 폐쇄 이전부터 고대 학술은 그리스 교회가 이단으로 취급한 여러 교파의 기독교도에 의하여 헬레니즘 세계로부터 점차로 지방화하는 경향에 있던 시리아로 이식 번역되고 있었다. 이것이 후에 회교도의 아랍인들에게 인계된 것이다. 그리고 또한 동로마제국의 기독교도도 결정적인 승리를 거둔 후에는 다시 고대 학술에 대한 관심을 되살리게 되었고, 이것이 후에 서구 르네상스의 고전 연구에 적잖은 의미를 가져오게 된다. 그런데 서구의 역사가들은 대개 다음과 같은 견해를 가지고 있으며, 대부분의 과학사도 그렇게 기술하고 있다.

"서방 라틴 세계는 이때부터 정지의 시대, 아니 이미 가진 많은 소유를 상실해가는 기나긴 시대로 들어간다. 이것은 세계사에서 중세(中世)라 불리는 암흑 시기에 대체로 해당한다. 이 동안에도 특히 시리아인이나 아랍인에게서 볼 수 있는 것과 같이 이곳저곳에서 분투한 자취도 더러 있기는 하나, 이런 예외를 빼면 겨우 13세기가 되어서야 과학의 부흥을 찾아볼 수 있는 징후가 점차로 짙어져간다."

과연 그랬던가? 게르만 통치를 수립한 이래 13세기까지의 서방 라틴 세계에서는 고대 과학을 인수할 수준에 미치지 못했던 것으로 보인다. 그들은 다행히 기독교로 교화되는 과정에서 정신 활동의 기초를 쌓아가서 13세기에는 고대의 저술에 눈을 돌릴 수 있는 정도까지 발전했다고 볼 수 있다. 그리고 모든 분야에서 고대의 문헌을 연구하기 시작하여, 15~16세기에는 이탈리아와 인접 여러 나라에 예술의 번영을 보게 되었고, 끝으로 지리적 시계가 지구 전체로 확대되고, 일반 문화가 어느 수준까지 높아진 후에야 비로소 우리는 근세의 정신생활에 깊은 각인을 찍은 17세기의 새로운 자연과학의 부흥을 보게 된다. 그리고 전혀 새로운 서구 과학의 비약은 현대의 모든 문화와 매우 밀접하게 연결되어 있어서, 이들의 과학이 또다시 쇠망하게 된다면 그것은 현대 문화의 종말을 의미하게 된다는 것을 인식하게 되었다.

서구 사람들은 고대의 과학과 문화가 몰락한 후에, 천 년 가까운 동안에 인간 정신이 거의 정지 상태에 빠져 있었던 원인을 여러 가지로 탐색하였다. 그리고 대개는 기독교 교회와 교리가 자유로운 정신 활동을 방해하여 중세의 암흑시대를 낳게 하였기 때문이라고 한다. 그것은 그들이 중세의 암흑에서 벗어난 이래로 바로잡게 된 궤도 위로, 보다 깊은 인식과 보다 높은 개화를 향하여 진보하고 있다는 감정에 지배되어 있기 때문이다. 이 감정에 확실성을 부여한 중요한 근거의 하나는, 근세의 과학이 놀라운 기술을 낳았다는 것, 즉 공업 생산이 아직 과학적 원리로 행해지지 않은 수공업의 단계에 머물고 있던 고대에서는 볼 수 없던 강대한 생산기술을 낳았다는 것이다. 그래서 현대에는 인간이 실험적인 방법으로 발전시킨 과학기술이 자연력을 지배할 수 있게 되었고, 과학은 고대의 경우보다 훨씬 더 긴밀하게 모든 문화와 융합하게 되었다고 생각한다. 그래서 고대의 과학적 업적을 과소평가하는 사람도 적지 않다.

그러나 우리는, 고대에는 준비 공작이 조금도 없었으며 모든 것을 최초의 기초부터 만들어 나가지 않으면 안 되었다는 사실을 잊어서는 안 된다. 그리고 고대인은 자연과학 방면보다는 수학이나 철학이나 시문 방면에서 이룬 것이 더 많았다는 것을 인정해야 하고, 그렇다고 해서 그들을 비난할 수는 없다. 그들의 관찰은 감각기관 만으로 도달할 수 있는 범위를 넘을 수 없었다. 특별한 보조 수단을 빌려서 예민하지 않은 단순한 표면적인 관찰에 근거한 사색에 그치거나, 귀납적인 연구 방법이 결여되어 있어서 많은 미로에 빠졌던 것은 당연하다고 하겠다.

다만 아랍인들은 예외였으며, 그들 중에는 유명한 실험학자도 있었다. 이들의 영향으로 중세 말기에 "다만 사변하는 것만으로는 아무것도 안 된다. 그리고 사실만이 아니라 그 근거가 탐구되어야 한다."라는 자각이 일반적으로 일어났을 때 여기에 비로소 근대적인 의미의 과학적인 연구가 발생하였다.

그리고 또 고대에는 과학적 연구에 일관된 방법이 아직 없었다는 것도 생각하지 않으면 안 된다. 과학적 연구의 본질은, 고대에도 이미 많은 사람들이 행한 것과 같이, 경험에서 출발한다는 것만으로는 미진한 것이다. 그것은 연구자가 경험 세계의 연구에서 얻은 자기의 관념을 끊임없이 그리고 될 수 있는 대로 완전하게 사실에 적합한가를 검증하려는 노력이 뒤따라야 하는 것이다. 고대인들에게도 이런 모든 관념이 없었던 것은 아니다. 그러나 관념을 끊임없이 현상과 비교하여 기존 관념을 교정해 가며 더욱 적합한 새로운 관념을 귀납적으로 만들어 내고, 재래의 관념이 쓸모없을 때는 깨끗이 버리고 과감하게 새로운 관념으로 바꾸는 것, 이것들이야말로 자연과학의 본질이라는 인식이 결여되어 있었다. 실제로 어떤 선입관 때문에 하나의 관념에 집착한 것이야말로 진보에 대한 최대의 장애가 되었다.

이상에서 기술한 고대인의 결함은 너무나도 심각한 정치적·종교적 변혁을 초래한 하나의 원인이 되었다. 그 변혁은 수백 년에 걸친 분해와 쇠퇴에 의하여 이미 준비되어 왔다고 할 수 있다. 변혁의 결과로 나타난 것 가운데 하나는 게르만족의 침공에 의하여 일어난 로마제국의 멸망이다. 또 하나는 기독교와 이슬람교가 이교(異教)적인 미신과 다신교의 무력함이 가져온 무관심주의를 극복하는 개혁이었다. 이중에 기독교는 오히려 내면적으로 그러나 영속적으로 작용한 데 반하여, 이슬람교는 불과 검을 교화의 열광과[4] 결합시켜 직접적으로 세계의 광대한 부분의 운명에 개입하였다. 이러한 변혁과 함께 일반 문화사와 과학사의 중세 시대가 시작된다. 다음 장에서 이에 대해서 상세히 살펴보자.

---

4 이 교화의 열광은 오직 미신적인 이교에 대한 것이며, 기독교, 유대교, 조로아스터교의 교도들에게는 향하지 않았다.

제 7 장
아랍 시대

테오도리쿠스(Theodoricus, 456~526)의 시대에 보였던 것과 같은 고대 과학 연구의 새로운 움직임은 서양의 고유 지반 위에는 더 이상 나타나지 않았고, 이제까지 아무런 역할도 수행하지 않았던 동양 민족에게서 출발하게 되었다. 이것은 과학의 발전사에서 볼 수 있는 것 가운데 가장 특이하고도 뚜렷한 현상의 하나이며, 우리는 이것에 대하여 좀 더 상세히 관찰할 필요가 있다. 서양 여러 민족에게는 기독교가 침투한 데 반하여, 동양 전체를 휩쓴 것은 이슬람교였다. 이슬람교는 불과 칼로 포교하여, 아랍인의 세계 제국 건설과 병행해갔다. 아랍인들도 처음에는 기존 학문을 배척하였다.

광신적 흥분에 맹목이 된 교주 우마르(Umar ibunul-Khattab, ?~644)는 알렉산드리아를 정복한 아랍군의 장군 아므르(Amr ibnu'l-As)에게, 그 도시의 장서들을 절멸할 것을 다음과 같이 명령했다고 한다. "그들의 서적이 '코란'과 같은 것을 포함하고 있으면 무용한 것이고, 다른 것을 포함하고 있으면 해로운 것이니, 그것들을 소각해 버려라!"

다른 보고에 의하면, 이 말은 페르시아 정복 때 했다고 한다. 이 말과 같이 역사상의 인물이 했다는 말은, 대개 본인이 하였다는 것을 증명할 수는 없으나 그렇게 믿어져왔다. 갈릴레이가 한 "그러나 역시 지구는 돌고 있다."라는 말과 같이, 그 말이 그 인물이나 시대나 시대적 사조를 잘 나타내고 있기 때문이다.

아랍인의 등장 초기에, 그들의 파괴적 격정으로 소장 도서가 받은 손실이 얼마나 컸는지는 알 수 없으나, 이런 손실은 알렉산드리아에서는 그보다 훨씬 이전인 율리우스 카이사르의 공격 때부터 이미 시작되었다. 그리고 클레오파트라 여왕 때, 펠가몬 도서관을 손에 넣어 비로소 이것이 메워졌다. 세라페이온의 파괴는 테오도시우스 황제(Theodosius I, 346~395) 때에 일어났으나, 새로운 도서관을 설립할 만큼은 구출되었다. 이에 뒤따른 아랍인들도 알렉산드리아 정복 때 당시에 아직도 남아 소장돼 있던 문헌에 대하여 그다지 온당한 취급을 하지 않았을 것으로 보이나, 그들이 저지른 만행에 관한 보고들은 지나치게 과장된 것이 틀림없다. 일반적으로 이슬람 신도들은 기독교도들보다는 관용적이었기 때문이다. 기독교가 피정복자에게 개종을 강요하여, 기독교 이외의 종교를 용인하지 않은 데 반하여 이슬람교는 개종보다는 통치에 더욱 마음을 쏟았다. 이들의 통치하에서는 기독교도들도 신앙의 자유를 허락 받았을 뿐만 아니라, 자기들의 교회나 수도원까지도 가지고 있었다. 이슬람교는 그들이 정복한 민족에게 각자 고유의 풍속을 허용하였고, 정복된 도시들도 정신생활과 물질적 번영의 중심지로서 각자의 의의를 가지고 있었다. 이와는 달리 서양 쪽은 게르만족의 야만성 때문에 촌락적이고 자연·경제적인 생활 형태로 퇴보하게 됐으나, 동양의 기존 문화는 이슬람교에 의하여 그다지 심한 피해는 받지 않았다.

중세의 동양 문화를 아랍 문화라고도 부르나, 이것은 그의 특질에서 보다는 아랍인의 언어가 일반적으로 사용된 사정에 기인한다. 오늘날 과학기술의 발달로 눈부신 문명사회를 이룩한 서구 사람들은 그들의 과학기술의 원천인 고대 과학이 그때까지 뚜렷한 업적도 남기지 않았고 오늘날까지도 보잘것없는 유목민인 아랍인들에게로 넘어갔다가 그들에게로 전하여진데 대하여 납득할 수 없다. 그래서 그 원인을 기독교가 서구 사회를 기존 문화권에서 단절시킨 데 있었다고 하며 애석해한다. 이것은 기독교가 전파되지 않았다면 아무런 정신 기반도 없었던 게르만인과 고대의 동양 문화권의 후예인 당시의 아랍인과의 문화적 정신 기반의 차이를 인식 못한 생각이다.

아랍인은 그들이 정복한 여러 민족이 가지고 있던 문화적 요소를 모아들이고 선택할 줄 알았다. 그들은 622년에 모하메드(Mohammed)가 헤지라에 등장하면서부터 8세기 초에 이르는 짧은 기간 동안에 시리아, 팔레스타인, 이집트, 페르시아, 북아프리카, 스페인을 정복한 후에는 그들 여러 나라의 문화적 요소를 자기들 안으로 받아들였고, 그것들을 후에 서양의 여러 나라에 전하게 되었다. 이러한 기반 위에 성공적인 발전을 이루는 것은 기독교로 교화된 서양의 여러 국민들에게 남겨진 일이었으며, 아랍인의 역할은 이러한 중계로 그쳤다. 아랍 문헌의 공적은, 그리스 과학의 주요 부분을 보존하고 중세의 암흑을 넘어 근세 초에 그것들을 서구인들에게 가져다준 데 있다.

고대 문화의 몰락 후에, 과학은 시리아나 페르시아의 기독교나 유대교의 학교에서 배양되고 있었다. 아랍인이 이들 나라를 정복하였을 때, 그곳에서는 풍부한 정신생활이 영위되고 있는 것을 보았다. 그러나 아마도 정복 초기에는 그 나라의 오랜 문헌들도 부분적인 파괴를 당했을 것이다. 그러나 과학 방면에 흥미가 일기 시작하자 자진해서 그리스의 원전을 찾게 되었다. 예를 들면, 후술할 교주 알-마문(al-Mamun)이 그랬다. 번역과 더불어 주석도 행해졌다. 예를 들면, 아비켄나의 이븐-시나(Ibn-Sina, 980~1037)는 아리스토텔레스의 모든 저작을 20권으로 주석하였다. 이 저서들은 아깝게도 잃어버리고 말았으나, 아리스토텔레스의 동물학서 주석은 라틴어로 번역되어 남아 있다. 그래서 그리스 과학은 모든 박해에도 불구하고, 동양에서는 귀중하고 조각들이 많이 남아 있었다. 그것들을 보존하는 데 공이 큰 것은, 아랍인의 정복 전쟁 시대에 시리아나 페르시아에 퍼져 있던 기독교의 한 분파인 네스토리우스 교파였다. 아랍인들은 이들을 통해서 점성술이나 연금술의 저작들을 시리아어로 번역한 것을 알게 되었고, 아랍인이 그리스나 시리아 문헌을 습득하는 것에 뒤이어서 독자적인 연금술 문헌을 낳게 된 것은, 아바스 조(Abbas, 750~1258) 때이다. 아랍인이 연금술에 관심을 가진 것은 과학적 흥미에서가 아니고 이득에 대한 유혹에서였다.

알렉산더 대왕 시대부터 많은 그리스인이 시리아와 페르시아의 대도시에 정주하여, 자기들의 지식이나 국어를 서남아시아에 전파하였다. 그리고 뒤이어 유태적인 요소가 이 땅에서 그리스 풍조와 접합하게 되었다. 이 양자의 결합은 기원 초부터 기독교의 전파에 의하여 더욱 긴밀해졌다. 즉, 유대인들의 고국 팔레스타인은 알렉산더 대왕에 의해 정복되어, 기원전 323년에 대왕의 사망으로 제국이 붕괴된 후에도 이집트의 프톨레마이오스 왕가, 다음에 시리아의 셀레우코스 왕가에 영유되었다가, 독립했으나 결국 기원전 63년에 로마제국에 영유됐다. 유대인은 본국에 있어서, 또한 알렉산드리아와 안디옥을 비롯한 발전해 가는 국외 이주지(diaspola)에 있어서 그리스 문화에 접촉하여 더욱더 헬레니즘화되어 모국어조차 잊어버리게 되어서, 기원전 3세기부터 기원전 1세기경에는『구약성서』의 그리스어 번역도 생겼다. 이러한 유대인의 헬레니즘화는 동시에 헬레니즘 세계에서의 유태교의 전파도 되었다. 이것이 그 후에 기독교가 동방 세계에 전파될 기반이 되었다.

기독교는 2세기 중에 그리스어 영역을 넘어서 시리아 영역으로 퍼져갔다. 메소포타미아의 북쪽 변두리 에데사는 기독교적 시리아 문화의 중심지였다. 이 시리아 교회는 로마 국경을 넘어 동진하여, 사산 조의 신페르시아 제국(226년 건국)에 들어가서 4세기 초에는 페르시아 국교가 되었고, 여전히 고유의 시리아어를 유지한 채 6세기에는 인도에, 그리고 8세기에는 중국에까지 들어갔다(서안부(西安府)의 경교비, 781년).

네스토리우스는 시리아에서 태어나서 안디옥에서 교육을 받았고, 콘스탄티노플의 주교가 되었다(428~431). 그는 마리아를 '하나님 예수의 어머니'라고 부르는 데 반대하였고, 예수 그리스도의 신인 양성을 예리하게 구별했기 때문에 교회의 반대를 받았다. 특히 알렉산드리아의 사교인 쿠리로스의 격심한 비난을 받아서, 431년 황제 테오도시우스 2세에 의하여 개최된 에베소 종교 회의에서 이단 선고를 받아 국외로 추방됐고, 이집트에서 사망한 것 같다. 그런데 시리아 교회에는 항상 그리스 교회에 대립하는 국민적 감정이 있어서, 네스토리우스의 설을 지지하는 교파가 생겨서 동부 시리아에서 세력을 확장하였으며, 에데사의 학교가 그 중심이었다.

이 신학 논쟁은 주교 네스토리우스의 설을 따르는 시리아의 기독교도와 알렉산드리아 및 콘스탄티노폴리스의 교회와의 대립을 불러일으켰다. 그 결과 네스토리우스 교파와 시리아의 학교에서 일하던 학자들은 489년에 동로마제국의 그리스인 황제의 심한 박해를 받아 도망하여 페르시아의 기독교 교단, 특히 메소포타미아 지방의 단체에 들어갔다. 그 영향으로 페르시아 국교는 네스토리우스 교파가 되었고, 거기서 5세기 중에 과학의 새로운 배양지를 구축하였다. 그 예로는 니시비스의 학교와 이미 6세기에는 높이 번영하였고, 특히 의학을 중심으로 하였으므로 히포크라테스 아카데미로 불렸던 '존디사폴'의 학원을 들 수 있다. 이 같은 일로 네스토리우스 교파는 고대 세계의 동서 간의 중계자가 되었다. 인도에서 일어난 학문도 역시 이 페르시아에 들어와서 후에 아랍인들에게 전해졌고, 그 후에 아랍인에 의해 유럽에 전해졌기 때문이다.

이국에 정주하면 어디서나 그곳 국민의 교사가 되는 그리스인 특유의 경향은, 그것으로 새로운 자극을 받았다. 그래서 학교는 기독교적으로 되었으나 세속적인 과학의 배양과 보급에는 그리스 정신이 충실히 보존되었다. 이 기독교적 시리아 문화의 중심지인 에데사에는 학교뿐만 아니고 대도서관도 있었다. 5세기경부터 아리스토텔레스의 저서나 의학, 수학, 천문학에 관한 그리스어 저서들이 시리아어로 번역되었다. 시리아인은 그리스인의 직접적인 제자로 볼 수 있으나, 과학의 발전에 주목할 만한 독창적 발전은 이루지 못한 것 같다. 그들의 주된 공적은 고대인의 지식이나 관념을 아랍인에게 중계한 것이다.

메소포타미아에 만들어진 네스토리우스 교파의 학교들은 5세기에서 11세기까지 번영했다. 여기에서 연금술을 포함한 고대 과학의 기초가 아랍인에게 전파되었으며, 그것이 아랍인을 통해 스페인과 기타 유럽 각국으로 다시 전파되었다. 그리고 여기에서 행해진 화학 과정의 연구에서 메소포타미아의 시리아인 학자들은 소위 '그리스의 불'이라는 것을 발명하게 되었을 것이다. 이것은 7세기 말부터 성을 공격할 때나 해전에서 사용되었다. 이 '그리스의 불'은 678년에[1] 한 시리아인에 의하여 콘스탄디노폴리스에 수입되었다. 이것은 아마도 휘발성의 석유, 아스팔트, 생석회의 혼합으로 된 것이라고 추측된다. 이 생석회의 작용으로, 그 혼합체는 물을 만나면 발화하였다. 점화약, 화전(火箭) 등에 초석(硝石)을 이용하게 된 것은 훨씬 후세의 일이다. 화학 문제를 취급한 시리아어의 사본 가운데 일부는 오늘까지 남아 있어서, 그 내용이 베르틀로에 의하여 소개되었다. 그 가운데는 여러 가지 금속, 7종의 토기, 호신부가 되는 12종의 돌과 유리의 착색에 사용되는 몇 개의 광물에 대한 내용이 들어 있다. 마법의 힘을 가진다는 호신부에는 자수정(술에 취했을 때)과 호박(황달에) 등이 있다. 또 하나의

---

1 아랍군에 의한 전후 2회의 콘스탄티노플 공위(668~675년과 716~718년)에 주로 이 불의 위력이 이 성을 구했다고 한다. 따라서 678년은 이것과 모순됨.

시리아어 사본은 가장 오래된 조직적 화학 저서로 볼 수 있는 것으로, 각 편에는 '동, 수은, 납, 철 등의 제법'이라는 표제가 붙어 있다. 시리아 연금술은 주로 그리스어 원전을 번역한 것에 바탕을 둔다. 여기에 열거된 것을 보면, 각각의 금속 명칭에 일정한 유성의 이름과 일정한 신의 이름이 첨가되어 있다.

이제 후술의 편의를 위하여, 우리의 관찰을 네스토리우스파에서 아랍인으로 되돌리기 전에 아랍인의 간략한 연대기를 기술해 둔다.

모하메드(Mohammed, ?~632)와 초대 칼리프(교주) 아부 바클(Abu Bakr, 632~634)이 전 아랍을 통일한 후에 우마르(Umar ibnul-Khttab, 634~644)가 동로마제국으로부터 시리아와 예루살렘과 이집트를 빼앗고, 나아가서 페르시아제국도 멸망시켰다. 그 후 교주의 지위는 우마야(Ummaya) 가에서 세습하게 되었다. 이 다마스쿠스(Damascus)의 우마야 조(661~750) 때 콘스탄티노폴리스를 공격했으나 성공하지 못하고 진로를 바꾸어 북아프리카를 취했다. 그리고 더 나아가서 스페인에 들어가서 711년에 서고트(西Goth) 왕국을 멸하고, 피레네산맥을 넘어 진군하려다가 732년 포아디에 전투에서 프랑크 왕국의 카를 말데르에게 패했다. 동쪽으로는 중앙아시아의 터키와 인도의 펀자브 지방까지 나아갔다. 그러나 뒤이어 일어난 내란으로 교주의 지위는 아바스 가에 넘어갔고(750~1258, 몽고에 멸함), 우마야 가의 생존자는 스페인으로 도망가서 코르도바(Cordova)를 수도로 하여 독립하였다(756~1031). 그 후 스페인은 내란과 분열로 기독교국에 잠식되어 남쪽으로 밀려가서, 1498년의 그라나다 함락과 함께 회교의 스페인 지배는 끝났다. 그리고 10세기에 북아프리카는 파티마(Fatima, 909~1171) 가문 밑에서 909년 독립하고 후에 이집트를 취하여 972년에는 카이로를 수도로 하였고, 나아가서 시리아도 취했으나 1171년에 사라틴에 멸망당했다.

아바스 조 알-만수르(al-Mansur, 754~775) 때에 수도 바그다드가 건설되어 동방 문화의 일대 중심이 되었다. 교주 알-만수르가 바그다드에 동양의 빛나는 모든 것을 옥좌 주위에 모을 때, 네스토리우스파도 타의 그리스 학자들과 함께 그 궁정에 영입되어 그들이 가진 지식의 재산을 아랍어로 번역하는 것을 위임받았다. 회교국의 권력자는 처음에는 획득물의 의의를 이해해서라기보다는 일종의 수집욕에서 그렇게 한 것으로 보인다. 예를 들면, 카를 대제의 시대에 나온 아바스 가의 교주 하루누-알-라시드(Harunu-al-Rashid, 786~809)에 대해서 "그가 그리스 황제에게 그 나라의 철학적 저작의 전부를 소망하였다."라는 이야기가 전해져 있다. 아랍인이 이러한 저작들에 대해 취한 태도도 처음에는 권위에 대한 맹목적인 숭배였다. 종교와 생활상에 『코란』이 그러한 것처럼, 기존의 특히 그리스의 과학 교과서는 그들에게는 과학 공부의 절대적인 규범이었다. 그들의 태도의 이러한 특징에서는 본질적이며 독창적인 진보는 기대할 수 없으나, 그들의 고전에 대한 과대평가와 권위의식은 결과적으로 그들의 문헌들이 기존의 정신적 재산의 보존에 공헌하게 되는 다행을 가져왔다. 아랍 문헌의 세계사적 의의는, 고유한 사상의 발전보다는 이와 같이 하여 보존하고 전수한 점에 있다.

서적에 대한 수집욕은 아랍 문화가 번영한 나라들에서는 일반적인 것이었다. 그래서 바그다드에는 100개 이상의 서적 상점이 있었다고 하며, 많은 사람이 적잖은 사설 도서관을 가지고 있었다고 한다. 그뿐 아니라 서양에서는 과학의 부흥에 따라, 17세기 이후에 겨우 나타난 학자 단체도 생겼다. 중류 사회도 여러 도시에서 학문의 수업을 받으려고 애썼으며, 학교가 학문의 보급을 기도하였다. 제정 시대의 로마에는 30개 정도의 공공 도서관이 있었으나, 바그다드에는 훨씬 더 많았다. 회교 학교에 근무하는 교사들은 국가에서 봉급을 받았다. 그들의 강의는 대개 서적에 기초하였고, 대부분 신학과 법학에 관한 것이었으나, 그래도 수업은 새 제도와 형식에 따라 교시성이 풍부한 문답 형식을 취하고 있었다. 따라서 교육은 높은 단계에 있었다. 그 이상의 수업 방법으로서는 연구의 편력이 행해졌다. 이러한 연구 편력은 동시에 우수한 지리학서를 낳는 기반이 되었다. 지리학서의 저자들은, 돌아다닌 나라의 지리학적 사정뿐만 아니라 그곳의 기후학적 사정에서부터 산물까지를 정직한 눈으로 관찰하여 정확하게 기재하고 있다. 그뿐 아니라 중세 초기의 마인츠, 풀다 등 독일 도시의 상태에 대한 해명도 그들의 아랍어의 보고에서 얻을 수 있게 하였다. 기계 방면에 대한 아랍인의 흥미도 결코 적은 것은 아니었다. 한 예를 들면, 카를 대제의 건축관인 아인하드(Einhard, 770~840)는 "하루누-알-라시드가 카를 대제의 제관식에 보낸 선물의 하나는 금속 구가 놋쇠 사발 안에 떨어지며 시각을 알려주는, 지침이 붙은 물시계였다."라고 적고 있다. 아랍인들 간에는 정밀 기계학이 고도로 발달해 있어서, 그들은 각종의 물시계 제작에 '마치 만들어 낸 이야기와 같은 놀라운 재능을 발휘하였다'고 한다.

하루누의 아들인 알-아민(al-Amin, 809~813)과 그의 아들이인 알-마문(al-Mamun, 813-833)의 과학에 대한 애호도 하루누에 못지않게 컸다. 그는 바그다드에 천문대를 설립하고, 그 제국의 수많은 도시에 학교와 도서관을 건립하였다. 이미 하루누는 서적의 번역관을 임명하고 있었는데, 알-마문도 이러한 목적의 공립 학원을 설치하고 각종 국어를 해독하는 다수의 학자를 그곳에 모았다. 시리아, 아르메니아, 이집트에 특사를 파견하여 그곳의 서적을 사 모으기도 했다. 그리고 특히 아리스토텔레스와 갈레노스의 모든 저작들이 번역되었다. 유클리드와 프톨레마이오스와 히포크라테스도 알려졌다. 페르시아어나 인도어의 번역도 열심

히 하였다. 알-마문은 비잔틴 황제와의 전쟁에서 이긴 후, 그에게 그의 제국 안에 있는 도
서관의 모든 저작을 아랍어로 번역하기 위하여 한 부씩 인도할 조건을 부과하였다. 그중에는
상기한 프톨레마이오스의 『천문학 대전』도 있어서, 후에 『Almagest』라고 불리게 되었다.

1. 아랍인의 지리학, 삼각법, 천문학

아랍인들이 고대인에 대하여 수용적인 태도만을 취하고 있지 않았다는 증거는 여러 방면
에 나타나 있다. 알-마문의 치세 때에, 지구의 크기를 결정하기 위해 위도의 길이를 다
시 측정하려고 했던 것이 그 한 예이다. 그리스인이 고안한 방법을 그대로 답습한 것이
아니라는 말이다. 이러한 시도가 에라토스테네스보다 근본적으로 진보한 점은 기준 거리
를 하룻길로 한 것이 아니고, 자오선 방향에 측량 줄자를 써서 측량했다는 것이다.

  그 결과 1도의 길이가 56 또는 56+2/3아랍마일(1아랍마일=2km이므로, 112km 또는
113km)로 나왔다. 따라서 지구의 360도 둘레는 40,300km 또는 40,700km로 산출되었
다. 이것은 현재의 측정치인 적도 주위(赤道周圍) 40,076.60km 및 자오선 주위(子午線
周圍) 약 40,009.15km와 매우 가까운 값이다. 알-비루니(Ahmad al-Biruni)[2]는 상기한
측정에 쓰인 방법을 다음과 같이 상세히 기술하고 있다.

  "평원에 한 점을 취하여 그 위도를 측정하라. 다음에 자오선을 긋고, 그에 따라 북극성 쪽으로
  걸어가라. 그 경로를 스타디온(팔꿈치 길이) 척도로 측정하고, 그곳 제2 지점의 위도를 측정
  하라. 이 두 지점 간의 거리를 파라상(페르시아 마일)으로 나타낸 것을 두 지점의 위도 차로
  나눈 값을 360배 하면, 지구의 둘레가 파라상으로 주어진다."

  알-비루니가 지구의 둘레를 측정하는 데 응용한 제2의 방법은 더욱 흥미롭다. 그것은

---

2 알-비루니(973~1048)는 수학자, 천문학자, 지리학자였다. 그는 특히 인도의 과학을 아랍 세계
  에 전한 중계자이다.

바다 부근의 높은 산에 올라가서 일몰을 관측하여 부각(俯角)을 측정한 다음, 이 부각과 산의 높이에서 삼각법 계산에 의하여 지구의 반경을 산출하는 것이다. 알-비루니는 실제로 이런 측정을 하였다. 그는 인도에서 해발 652스타디온 높이의 산에 올라가서, 산꼭대기에서의 수평선과 거기서 수평선을 바라본 시선과의 각을 아스트롤라븀으로 측정하여 34분을 얻었다. 이 각과 산의 높이에서 지구의 반지름과 1도의 길이가 계산되었다. 그 결과 지구의 둘레는 약 41,550km였다. 이런 측정은 알-마문의 명령

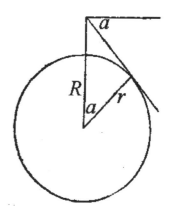

알 비루니의 지구 둘레 측정

으로 홍해 부근에서도 행하였다. 그리고 황도의 기울기도 아주 정밀하게 측정하였으며, 그 당시 23도 35분을 얻었다. 오늘날의 기울기 값은 23도 27분이므로, 그 변화는 100년에 약 48초가 되는 셈이다.

아랍인의 천문학은 알-마문의 치하에 생존한 알-파르가니(al-Farghani, ?~9세기)가 총괄적으로 보완 편찬을 하였다. 멜란히톤이 레기오몬타누스(Regiomontanus, J. Muller, 1436~1476)의 유고 중에서 골라 1537년에 『알-파르가니 천문학 교과서』란 표제로 출판한 저작은 『알마게스트』에 근거한 것이나, 알-파르가니가 선인들의 방법을 개선하려고 노력한 천문학자였다는 것이 잘 나타나 있다. 그리고 그는 당시 사용된 천문학 측정 기계들에 대해서도 기술했다. 그는 알-마문이 설립한 천문대에서 관측을 했으며, 관측할 때 여러 번 교주 알-마문의 비호를 받았다.

알-파르가니의 천문학은 그보다 1세기 후에 나타난 알-바타니(al-Battani, Albatenius, 858~929)에 의하여 훨씬 발전하였다. 알-바타니는 왕족으로 태어나서 천문학뿐만 아니라 삼각함수의 도입에도 큰 공을 세웠다. 그의 관측은 880년에서 910년 사이에 한 것이며, 아랍인에게 가장 정밀한 것으로 여겨졌다. 알-바타니는 프톨레마이오스의 많은 수치들을 점검하여 바로 고쳤다. 그가 저술한 『별들의 운동에 대하여』는 레기오몬타누스가 증보하여 1537년에 라틴어로 번역되어 출판되었다. 이 저서에서 현(弦)의 반분의 반경에 대한 비를 취하여, 이것을 '사인(sin)'이라 고한 표언(表言)은, 타 국민의 수학적 문헌에도 옮겨 넣어지게 되었다. 『Almagest』에서와 같이 모든 현을 쓰는 데서 오는 계산상의 불편은 이것으로 제거되었다. 그리고 또 알-바타니는 삼각법에 관한 정리들을 보다 더 계산에

편리한 공식으로 만들어 냈다.

즉, $\sin\alpha/\cos\alpha=D$에서 $\sin\alpha=D/(1+D^2)^{1/2}$ 가 계산되고, 그다음에 α를 sin표(정현표, 正弦表)에 의하여 찾을 수 있게 하였다. 분수 $\cos\alpha/\sin\alpha$도 계산의 기초가 되었다.

즉, α；태양의 고도, h；그림자의 높이, L；그림자의 길이라고 하면,

$L/h=\cos\alpha/\sin\alpha$ 또는 $L=h\times\cot\alpha$가 된다.

알-바타니는 이 공식에 따라 높이(h=12)가 일정할 때, 여러 각도 α에 대한 L의 길이를 계산하였다. 그는 이 방법으로 모든 각의 여절(cotangent, 餘切) 값을 주는 작은 표를 만들었다. 삼각법은 천문학과의 관계에서뿐만 아니라 그 자체로도 아랍인이 즐겨 연구한 부문인 것 같다. 알-바타니가 정절함수(tangent)를 발견한 것은, 그가 막대기 h를 벽 AB에 수평으로 붙이고, 그림자의 길이 L의 막대기의 길이 h에 대한 비 L/h를 써서 각 α를 결정하려고 했을 때, 필연적으로 발견하게 된 것이다. 정절(tangent)이 세모꼴의 계산에 매우 적합하다는 것은 알-바타니에 뒤따라 곧 인식되었다. 아랍인의 삼각법은 1250년경의 『절선 도형(截線圖形)에 대하여』라는 저작에서 정점에 도달한다. 그 안에는 직각세모꼴과, 사인정리(정현정리, $a:b:c=\sin\alpha:\sin\beta:\sin\gamma$)에서 출발하여 사각세모꼴이 다루어져 있다. 구면사각세모꼴의 삼각법도 이 책 안에 대체로 설명되어 있다. 삼각법의 더 한층의 발전, 그중에서도 특히 중요한 구면사각세모꼴의 코사인정리(여현정리, 餘弦定理)의 공식화는 그로부터 200년 후 서양에 과학이 부흥하였을 때, 레기오몬타누스에 의하여 처음으로 이루어진다.

우리는 전에 알렉산드리아의 기계학자가 천문 측정 기계, 특히 아스트롤라븀의 제작에서 보여준 높은 기술 수준을 알고 있다. 이 기술에서, 아랍인의 실제적 천문학은 헬라의 것에 비하여 감히 더 낮다고는 말할 수 없을지 모르나 결코 손색이 없는 것이었다. 아랍인은 측정 기계로서 바퀴형의 아스트롤라븀과 함께 4분의나 반원의, 또는 사인이나 정시(正矢, 장반경과 임의의 각을 이룬 반경 끝에서 장반경에 내린 수선의 발과, 그 장반경의 끝과의 거리의 반경에 대한 비)와 같은 삼각함수를 나타내는 시차 자나 시차 측정기를 사용하였다. 이 삼각함수의 천문학에의 도입은 알-바타니와 결부된다. 그는 880년에서 910년까지 관측을 하여 표를 제작하였고, 다마스쿠스와 바그다드에서의 아랍 천문학자의 천문 관측에 근거하여 프톨레마이오스의 표를 개정도 하였다.

아랍 과학은 문헌에서처럼 단명한 것이 결코 아니었다. 1세기 후에는 다시 훌륭한 천문학자 알리-이븐-유누스(Ali ibn Yunus, ?~1009?)가 나왔다. 그는 카이로에서 파티마 조

(Fatima, 909~1171)의 교주 알-하킴(al-Hakim)의 명령에 의하여 태양, 달, 그리고 유성들의 운동에 관한 귀중한 자료인 '하킴 표'를 제작하였다. 또 아랍에는 천문학자를 위한 막대한 출연금으로 세워진 천문대도 있었다. 그리고 항성목록에 근거해서 은 또는 구리로 만든 멋진 천구의도 있었다. 그중 두세 개는 오늘날까지 남아 있다. 각도 측정을 더한층 정밀하게 하기 위하여, 각도의 눈금을 크게 하는 기계 제작도 시도되었다. 예를 들면, 바그다드에 설립된 6분의는 58피트의 반경을 가지며, 초까지 표시되어 있다. 이 6분의를 써서 992년에 황도의 경사가 측정되었다. 그리고 또 벽의 4분의를 만들어, 남중(南中)을 측정하기 위한 기계를 자오선에 고정하는 방법도, 아랍인에게서 찾아볼 수 있다. 더욱이 그들은 수평원에 두 개의 4분의를 회전할 수 있게 설치한 기계도 사용하였다. 이 기계는 후에 티코 브라헤의 방위 4분의에 해당하는 것으로, 이것에 의하여 두 개의 별의 방위각과 고도를 동시에 측정할 수 있었다. 아랍인의 이 '회전 4분의'와 티코의 '방위 측정기'는 오늘의 '경위의' 구성의 기초가 되었다.

천문학, 수학, 기하학적 기초 위에 선 광학, 그리고 신비적 관념에 쌓인 화학, 이것들이 아랍인이 특히 애호한 부문들이었다. 따라서 그들은 이들 부문에서, 특히 기원에서는 아니나 최초의 발달에 있어서 아랍의 학문이라고 볼 수 있는 화학에 뛰어난 업적을 나타냈다. 따라서 이들 부문에서 아랍인의 활약을 부문별로 상술하겠다.

2. 나침반과 화약의 역사

아랍인이 개발한 수학을 살펴보기 전에 특기해두고 싶은 것은, 서구 사람들에게 지대한 영향을 미치게 된 나침반과 화약이 동아시아에서 발명되어 아랍인을 거쳐 중세 말에 서구 사람들에게 알려진 사실에 대해서이다. 나침반에 관한 기록은 기원전 4세기의 중국 기록에서 처음으로 찾아볼 수가 있다. 거기에는 자석을 '지남석(指南石, 남쪽을 가리키는 철광석)'이라고 기록하고 있다. 그리고 2세기의 중국 문헌에는 "바늘 끝을 자석으로 문질러 자화(磁化)하면 그것은 남쪽을 가리키나 정확하게는 다소 동쪽으로 기운다. 이 기울기는 원주의 약 1/24(15도)이다."라고 적고 있다. 이것은 중국인이 이미 2세기에 '지자기(地磁氣) 편각 현상(偏角現象)'을 알고 있었다는 것을 말해준다. 따라서 나침반이 아말파의 뱃사람 조야에 의하여 1302년에 발명되었다거나 유럽에 소개되었다고 하는 것은 과학의 역사에 나오는 많은 전설 가운데 하나에 지나지 않는다.

유럽에서는 자침의 사용이 조야가 살았던 14세기 훨씬 전에 알려져 있었다. 예를 들면, 프랑스 고어로 기록된 13세기 초의 어떤 책에는 "뱃사람이 달도 별도 보이지 않을 때는 자침에 의하여 방향을 정한다."라고 적혀 있다. 그리고 1180년경에 나온 저작에도 "철침을 자석에 가깝게 하면, 북쪽을 가리키는 힘을 얻는다. 이것은 뱃사람에게 매우 소중한 사항이다."라고 기록되어 있다. 조야는 아마도 이 자침을 방위패(方位牌)와 결부시켜서 한층 더 편리하게 만든 공을 세웠을 것이다. 나침반은 유럽에서 독립적으로 발명된 것이 아니라 아랍인에 의하여 동아시아로부터 들여왔을 것이다.

자침을 장치하는 방법이 실용화된 경로도 흥미롭다. 최초에는 바늘을 물 위에 띄웠다. 1232년에 저술된 『돌의 지식에 관한 상인 보전(商人寶典)』을 보면 "캄캄한 밤에 선장이 방위를 정하는데, 별을 볼 수 없을 때는 그릇에 물을 채워서 바람을 받지 않는 실내에 둔다. 그리고 바늘을 지푸라기에 꽂아서 십자형을 만들어 그릇의 물 위에 띄운다."라고 했다. 다음 개량은 자석을 바늘 위에 올려두는 것이었다. 자석과 방위패를 결합하여 가지고 다닐 수 있게 한 것은 14세기에 와서이다. 서구에서 나침반을 완성한 것은 16세기인데, 카르다노가 서로 수직인 회전축을 가진 장치를 고안하여 '나침반'이라고 했다.

화약도 중국에서 유럽보다 훨씬 이전의 먼 옛날에 이미 알려져 있었다. 화약에 대한 유럽 문헌 가운데 가장 오래된 기록은, 현재 파리에 보존되어 있는 마르크스 그라이구스의 「수고(手稿)」이다.[3] 이 기사에 의하면, 우선 유황, 수지 또는 숯, 초석(硝石)을 갈아서 섞고, 이 혼합물을 긴 관에 채운 다음에 이것에 점화하면, 이 관은 공중으로 날아오르거나 혹은 천둥과 같은 소리를 내며 작렬(炸裂)한다고 하였다. 이때 수지 1, 유황 1, 초석 6의 비율로 분말을 기름에 게서 굳게 한 것을 관에 채운다. 다른 방법은 유황 1, 보리수 또는 버드나무의 숯 2, 초석 6의 비율로 가루를 만들어 이것을 일종의 로켓에 채워서 '나르는 불'을 만드는 데 사용하였다. 이러한 화전(火箭)은 적의 배를 불태우는 데에 사용되었다. 중국에서는 기원전의 춘추전국 시대의 여러 기록에 이러한 화전을 사용하는 것이 상식인 것으로 기술되어 있다.

---

3 말크스, 그라이구스('그리스인 말크스'라는 뜻). 『리벨 이그뉴(불의 책)』. 펠트로, 『중세의 화학(불어)』 제1권, 108쪽.

3. 아랍인의 대수학과 산술

아랍인은 수학의 연구 자료를, 기하학에 뛰어난 그리스인의 저작과 계산의 재능에 뛰어난 인도인으로부터 받았다. 현존한 자료들로 볼 때, 아랍인은 인도인으로부터 수위 원리에 의한 기수법을 받아들였다고 생각된다. 우리가 오늘날에도 이것을 '아라비아숫자'라고 부르는 것은, 아랍인이 이것을 서양의 여러 나라에 전하였기 때문이다. 대수학의 기원 또한 인도였다고 해도, 역시 그것을 발전시키고 서양 여러 나라에 전한 아랍인의 공로는 무시할 수 없다.

아랍인은 그리스인과 인도인의 저작들을 알게 됨으로써 수학의 연구에 나아가게 되었다. 프톨레마이오스, 유클리드, 아폴로니오스, 헤론, 그리고 디오판토스 등은 수많은 아랍어 역본에 의하여 보급되었다. 이 일에 시리아의 네스토리우스파 영향 하에 세워진 기독교적·그리스적 학교들이 어떠한 역할을 하였는가는 이미 기술하였다. 그러나 아랍인들이 인도의 선진 수학을 받아들여서 서양에 보급함으로써 서구 근대 수학의 어머니가 되었다.

8세기에 인도인 브라마굽타(Brahmagupta, 598~660)의 서책에서 발췌한 것들이 바그다드에 전해졌다. 이것이 820년경, 알-화리즈미(Muhammad ibn-Musa al-Khwarizmi)[4]에 의하여 개작되었다.

이븐-무사 알-화리즈미는 가장 고명한 아랍 수학자로 알-마문의 치하에 살고 있었다. 그는 인도 저술의 편찬뿐만 아니라 프톨레마이오스 표의 개정이나 진술한 아랍의 1도 길이 측정에도 관계하였다. 그리고 그는 계산술과 대수학에 관한 교과서 『적분과 방정식의 계산법 개요(Mukhtasar min hisba al-jabr wa'l muqabala)』를 지었다. 이 책을 번역한 사람은 그의 이름을 따서 '알고리즘(Algorithm)'이란 명칭을 만들었는데, 이것이 오늘날에도 사용되고 있다.

이븐-무사는 인도의 교과서에 따라 숫자에 자릿값을 매겼다. 더하기에서 9 이상이 되면, 10의 배수를 한 자리 위로 보내고, 그 자리에는 10의 나머지 수만 적는다. 그리고

---

4 아랍 인명에서 '벤, 이븐'은 아들을 뜻하고, '아불, 아브'는 아비를 뜻한다. 그리고 '알'은 탁명 앞에 붙인다. '모하메드-이븐-무사'는 '무사의 아들 모하메드'란 뜻이다. 알-화리즈미는 탁명으로, 중앙아시아의 화리즈미 태생이란 뜻이다.

"나머지가 없으면, 그 자리가 비지 않게 0을 쓴다. 이것은 수자리의 혼돈을 없애기 위한 것이다." 이와 같은 알고리즘에 의한 계산 능력이 없었다면 근대 수학의 발전은 있을 수 없었고, 따라서 수학의 기초 위에 세워진 근대 이후의 과학기술의 발전도 이룰 수 없었을 것이다. 이 점에서 숫자와 함께 이러한 계산법을 개발한 인도인의 수학적 재능을 찬양하지 않을 수 없으며, 이것을 보급한 아랍인의 노고에 대하여 감사하지 않을 수 없다.

이븐-무사의 『대수학(Algebra)』이라는 책의 원래 제목은 'al-jabr wa'l-muqabala'인데, 'al-jabr'는 '보충한다'는 뜻이며, 방정식의 해결을 나타낸 말이다. 즉, 하나의 방정식에서 부의 항을 없애기 위하여 양쪽에 같은 양의 값을 더한다는 것이다. 그러나 루스가는 말하기를, "아랍 대수학의 근본에 대하여 여러 가지 상호 모순된 의견이 있으므로, 본문과 번역을 엄밀히 비교해볼 필요가 있다. 이븐-무사의 대수학은 오늘날 통용되는 의미와는 다르다. 그의 책은 수많은 범례에 기준하여 응용 계산법을 가르치는 이상의 목적을 가지고 있지 않다. 그리고 그가 어디에서 그 자료들을 얻었는지에 대하여 아무런 암시조차 없다."라고 한다.

'al-jabr wa'l-muqabala'라는 제목도 수학적 의미의 명석한 관념을 주기에는 부족하다. 칸토어는 '회복'과 '대치'라고 말했으며, 이에 대해 루스가는 '보충'과 '균등화'라고 말한다. 여하튼 이 책은 과학적 목적보다는 실용을 대상으로 한 것 같다. 이것은 이븐-무사가 이 책의 서두에 적은 다음의 말에서 짐작할 수 있다.

"알라의 신이며 교도의 주님이신 알-마문께서 나타내신 과학에의 애호와 학자에 대한 주님의 호의는, 나에게 '보충과 간략'에 의하여 계산이 간단한 책을 쓸 용기를 주었다. 여기에서 나는 가장 쉬운 것과 인간이 분배, 유산 상속, 상업, 토지 측정 등에 가장 자주 쓰는 것에 범위를 한정한다."

이븐-무사는 방정식을 여섯 가지로 나누고 "상기한 방법에 의하여 타의 어떠한 방정식도 이 여섯 가지의 표준 형식의 하나로 고칠 수 있다."라고 기술하였다. 이것들을 현재의 방식으로 적어보면 다음과 같다.

$$bx = c, \ ax^2 = c, \ x^2 + bx = c, \ x^2 + c = bx, \ ax^2 = bx$$

$x = (b/2) \pm (b/2)^2 - c^{1/2}$이며 $c > (b/2)^2$일 때는 $x^2 + c = bx$에 대한 해를 풀 수 없다고 하였다.

비례의 문제도 인도의 교과서에 따라 이 책에서 다루고 있다. 이것은 아랍 수학뿐만 아니라 서양 수학의 발달에도 매우 중요한 것이다.

4. 아랍 과학의 전파

아랍인은 스페인을 공략한 후에 코르도바에도 교주를 세웠다. 그 이후 코르도바의 상업과 생산업이 번영하였고, 호화로운 건조물이 세워졌다. 새로운 식물, 특히 조야자(棗椰子)가 전파되기도 했다. 그러면서 스페인에서는 서양 기독교와 아랍 과학과의 접촉이 이루어졌으며, 이곳으로부터 기독교 제국의 과학 연구에 대한 부활이 싹트게 되었다.

기독교 제국은 9, 10세기경에 아랍어 번역서를 통해, 또 아비켄나(Avicenna)나 아베로에스(Averroes)와 같은 아랍 학자의 주석을 통해 그리스 저작들을 배웠다. 아비켄나(이것은 라틴 이름이고, 아랍 이름은 '이븐-시나'이다.)는 980년에서 1038년까지 페르시아에서 살았던 사람이며, 중앙아시아의 보하라에서 나서 하마단(옛날의 엑바다나)에서 죽었다. 그는 교주의 시의(侍醫)로서 특히 의학에 종사하였다. 그는 당시 의학 방면의 지식을 종합하여 『카논(의학 정전)』이라는 대저서를 썼다. 이 책은 1493년에 처음으로 베네치아에서 라틴어 역으로 인쇄되었다. 그리고 철학자로서 그는 알-파라브(al-Farabi) 유파를 따랐다. 알-파라브(라틴 이름은 Alfarabius)는 중앙아시아의 팔라비에 태어나서 바그다드에서 연구하였고, 950년에 사망했다. 그는 제 과학의 백과사전적 해설을 저술하였다. 이것은 아랍어와 라틴어 역으로 『제 과학(諸科學)에 대하여』라는 표제로 현존해 있다.

아베로에스(Averroes, ibn Rdsud, 1126~1198)는 코르도바 사람이며, 특히 아랍과 기독교적 중세에 아리스토텔레스의 저작을 중개하였다. 그는 아리스토텔레스를 매우 존경하였으며, "아리스토텔레스의 탄생으로 세계는 비로소 완전하게 되었다."라고 논술하고 있다. 그러나 아베로에스가 철학 연구에 있어서 일정한 독립적 입장을 가진 것도 부인할 수는 없다. 그의 전체적 자연관은, 말하자면 근대적 특질을 띠고 있다. 그는 "신과 물질은 영원한 것이며, 동양 기독교적 신비학의 애호 관념인 '무에서의 창조'는 사유할 수 없다. 정신적인 것이 물질을 움직이고, 그 형상을 규정하는 것이다. 인간의 영혼도 우리의 존재에 대한 형상을 규정하는 힘에 지나지 않는다."라고 했다. 교회가 이런 설을 이단이라고 비난한 것은 당연한 일이었다. 그리고 아베로에스의 이 자연관이 아리스토텔레스의 물리설과 관계되어 있어서, 한때 이 철학자의 물리학서를 금지함으로써 그의 자연관을 극복하려는 시도가 있었던 것도 수긍할 수 있다. 아베로에스는 아랍 쪽에서도 이단으로 몰려 코르도바에서 쫓겨났고, 결국 모로코에서 죽었다.

서방 아랍 교주의 통치하에서 학술은 고도로 번영하였고, 900년경 코르도바에는 수십만 권의 장서를 소장한 도서관이 딸린 대학이 생겼다. 아랍에서 스페인으로 들어가서 높은 문화를 이룩한 마올인의 지배하에, 상업으로 부유하게 되어 번영을 이룩한 다른 곳들(그라나다, 도래도, 사마란카)에도 같은 시설이 생겼다. 서유럽의 모든 지방에서 지식욕에 불타는 사람들이 이곳으로 찾아왔다. 그들의 고국에는 이에 비길 만한 시설이 없었기 때문이다. 아랍인이 남이탈리아에 근거지를 만든 후에 고매한 독일 황제 프리드리히 2세(Friedrich Ⅱ)는 아랍 학문을 보호하였다. 아랍인은 9세기 중에 점차로 동로마의 세력을 격파하여 시실리 섬을 점령하였다. 이 섬은 1100년경에 노르만족에게 정복되었고, 거기에 이탈리아가 합쳐져서 시실리 왕국이 되었다. 제5차 십자군의 프리드리히 2세가 13세기 전반에 이곳의 왕위에 올라 본국을 버리고 이 섬의 북쪽 연안 파렐모에 궁정을 이루어 당시 학예의 중심이 되게 하였다. 그는 지식욕에 불타는 아랍적 교양을 쌓은 회의적 철인 군주였다.

그의 후원으로 『알마게스트』가 아랍 사본에 기초하여 라틴어로 번역되었다. 자연과학에 대해서도 이 황제는 아랍어 근본 자료에 기초하였으나, 스스로 관찰하는 것에도 큰 흥미를 쏟았다. 그리하여 『매사냥에 관한』이라는 책을 썼다. 그는 이 책의 여러 곳에 동물학적 관찰을 해부학적으로 설명하려고 했다. 이 책은 조류의 골격에 대한 훌륭한 기재와 내장의 해부학을 담고 있고, 날개의 역학적 조건이나 조류의 이동 등도 논하고 있다. 그의 보호에 의하여 살레르노의 학교는 다시 일시적으로 번영하게 되었다. 그의 저작에 나타난 조류의 해부학적 연구의 기초 학습을 이 황제는 아마도 살레르노 의학교의 학자들로부터 받은 것 같다. 이 의학교로부터 해부학에 중점을 둔 의학이 전 이탈리아로 퍼져 나갔다. 그는 또 인체의 해부를 허락한 최초의 군주이기도 하다. 프리드리히 2세는 오직 인체의 해부에 의해서만 의학의 발달을 기대할 수 있다는 확신에 차 있었기 때문이다.

5. 아랍인의 광학과 역학

앞에서 기술한 것과 같이, 수학이나 천문학과 나란히 기하학에 기초한 광학은 아랍인에 의하여 특별히 배양되었다. 일부는 수집되고, 일부는 새로 획득된 이 분야의 지식들은 11세기에 생존한 물리학자 알하젠(Alhazen, 965~1038)의 저서에 가장 완전한 모양으로 남아 있다. 알하젠은 '알-하산(al-Hasan)'의 라틴어 이름이다. 그는 티그리스 하반의 바스라(Basra)에 태어나 참의가 된 후, 카이로의 교주에게 초빙되어 활동하다가, 실책이 있어서 세상을 등지고 책 베끼는 일로 입에 풀칠을 하다가 1020년에 사망했다고 한다.

아랍인의 광학에 대해서는 마이야 호프가 그의 연속 보고 「아랍인의 광학」(『안과 광학 잡지』 제8권, 1920)에 최신의 견해를 발표했다. 그것에 의하면, 8세기 이래 아랍어로 된 문헌의 저자들 가운데 아랍인은 아주 근소하며, 대다수는 페르시아인, 시리아인, 이집트인, 메소포타미아인이고, 아랍 교도뿐만 아니라 기독교도와 유대교도도 있었다. 아랍인 최대의 광학서인 알하젠의 『광학 보전(光學寶典)』은 13세기부터 서양에 알려졌다. 그러나 여러 원본 번역에 기초한 아랍 광학의 정밀한 연구는 최근세에 비로소 이루어졌다. 안과광학은 히르슈베르그(Hirschberg)에 의하여, 물리학적 방면은 비데만(G. Wiedemann)에 의하여 행하여졌다. 알하젠의 『광학』 아랍어 원문은 발견되지 않았고, 라틴어 역본은 13세기에 된 것으로 추정된다.

이 저작은 당시에 명성을 떨친 만큼, 당시의 지식에 대한 개념을 얻기 위하여 그 내용을 살펴볼 가치가 있다. 알하젠은 우선 시각기관에 대해 기술하였다. 눈의 구조는 이미 알렉산드리아 학자들도 논하였으나, 알하젠의 기록이야말로 해부학적 기술이라고 할 만한 최초의 것이다. 오늘날에도 사용되는 눈의 주요

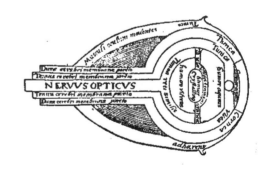

알하젠의 눈 그림

부분 이름인, '수정체(Humor viteus), 각막(角膜, Cornea), 망막(網膜, Retina)' 등은 이 광학서에서 유래한 라틴 역명이다. 수정체와 망막이 상(像)을 만드는 관계를 인식한 것은 물론 후세의 일이지만, 리스나의 판본에 전제된 눈의 구조도는 광학적으로나 해부학적으

로 아주 훌륭한 것이다. 제2권에는 눈이 변별하는 물체의 22가지 성질, 즉 '빛, 색, 거리, 형태, 크기, 수, 운동, 정지, 투명 등'이 고찰되어 있다. 알하젠의 상정에 의하면, 빛은 전파하는 데 시간을 요한다. 제3권에는 눈의 착각에 대해서도 고찰하고 있다.

반사와 굴절은 이 책이 주로 다룬 문제인데, 이와 관련해서는 그리스인보다 진일보한 내용을 담고 있다. 상을 만들기 위하여 평면경뿐만 아니라 구, 원주, 원추의 오목거울과 볼록거울도 사용하고 있다. 그리고 상의 위치와 크기가 결정되어 있다. 알하젠은 실험한 모든 거울에 대하여 반사 법칙이 입증되는 것을 발견하였다. 그는 유클리드까지도 곡면의 중심에 두었던 초점의 참위치를 인식하였다. 그리고 모든 광선이 동일점에 수렴하는 것은 아니라는 사실도 알고 있었다고 짐작된다. 그는 '햇빛 받기 구(球)'로 측정을 했는데, 유리 또는 비슷한 물질로 만든 매끈한 투명 구에 빛을 쪼이면 빛은 항상 직경의 1/4 떨어진 곳에 모인다는 결과를 얻었다. 초점에서 나간 빛이 평행으로 반사하는 회전 포물선면의 성질도 기술되어 있다. 그리고 제7권에는 투명 물질로 만든 결구(缺球)가 대상을 확대하여 보여주는 것도 지적하고 있다.

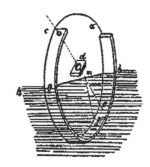

알하젠의 굴절 실험

프톨레마이오스는 "모든 입사각에 일정한 굴절각이 대응하고 있는" 것을 발견했으나, 알하젠은 거기에다 "입사와 굴절 광선은 입사점의 수직선과 함께 한 평면상에 있다"는 인식을 첨가했다. 그리고 입사각과 굴절각의 비가 일정하다는 종래의 가정은 다만 작은 값에만 적용된다는 것도 인식했다. 그래서 그는 빛의 굴절 실험에 프톨레마이오스가 사용한 것을 개량한 장치를 사용하였다. 이것은 눈금이 새겨진 원반 둘레에 좁은 테를 달고, 구멍 A를 뚫고, 그 구멍을 지나는 반경 선상의 중심 가까운 곳에 구멍 B를 달아서, 이 장치의 중심점 C까지 액체 중에 잠기게 하면, 한 줄의 빛이 두 개의 구멍 A와 B를 통하여 들어가서 원반의 중심점에서 액체와 만나 굴절하게 된다. 그래서 원반 둘레에 새겨진 눈금으로 입사각과 굴절각을 읽을 수 있게 한 것이다.

알하젠은 반사와 굴절의 이론에 의하여 두세 가지의 중요한 천문 현상을 설명하였다. 그 하나는 '박명(薄明)'의 설명이다. 박명은 해가 지평선 밑으로 19도 이내에 있는 동안만 계속된다는 사실은, 알하젠이 지구 대기권의 높이를 측정할 단서를 주었다. 그는 다음과 같이 기술하였다.

M을 태양에서 지구 표면 B에 접해서 오는 태양광선 SM을 반사할 수 있는 대기층의 가장 바깥층(최고점)이라 하고, A를 관측자의 위치, C를 지구의 중심이라고 할 때, 태양광선 SM과 지평선이 이루는 각 HMS는 19도이다. 그런데 반사법칙에 의하여 $\angle$BMC=$\angle$AMC이므로, 각 AMC의 값은 (180-19)/2=80.5도이다. 따라서 직각삼각형 ACM의 사변 CM=r/sin80.5도에서 지구의 반경 r을 빼면 구하는 대기층의 높이를 얻는다.

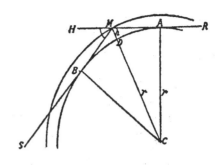

알하젠의 대기권 높이 측정

알하젠이 산출한 값은 5만 2000보(약 5~6마일)이며, 오늘날 산출된 값은 약 10마일이다. 이런 오차는 위로 올라갈수록 대기 농도가 변하는 데 따른 굴절 현상을 고려하지 않았기 때문이다. 알하젠도 이 대기 굴절 현상 자체는 알고 있었다. 이것은 프톨레마이오스도 알고 '기차(氣差)'라고 부르고 있었다. 다만 그들은 이를 대기 중의 수증기 농도의 변화 때문이라고 착각하고 있었다. 알하젠은 『광학 보전』 외에도, 투명성과 빛의 본성에 대한 논문을 남겼다. 그것은 다음과 같은 말로 시작되어 있다.

"빛이 '무엇인가'를 논하는 것은 자연과학의 영역이다. 그러나 '어떻게', 즉 빛의 방사를 논하는 것은 빛이 직선으로 전파하기 때문에 수학을 필요로 한다. 빛이 투과하는 투명체에 대해서도 같은 말을 할 수 있다. 물체의 투명성이 '무엇인가'를 논하는 것은 자연과학의 영역이나 '어떻게', 즉 물체 내의 빛의 전파를 논하는 것은 수학의 영역이다."

이 논문에 논술한 투명도에 관한 생각도 흥미롭다. 그는 투명도에는 한계가 없다고 생각하였다. 알하젠은 특히 유리 결구체의 확대 능력을 지적하였다. 아마도 이런 지적이 안경(眼鏡)의 제작을 유도한 것 같다. 알하젠은 고대의 광학자에 근거하였으나, 우리가 살펴본 최후의 최대의 과학자 프톨레마이오스도 능가하고 있다. 종래의 사학은 그를 과소평가하였으나, 그의 저서 가운데 많은 부분에 나타난 그의 공적과 독립성은 새로운 연구에 의하여 그 진가를 인정받게 되었다.

아랍인은 광학과 함께 역학도 배양하였다. 그래서 그들에게서 비중의 정밀 측정도 찾아볼 수가 있다. 12세기에 된 한 비중표에는 다음과 같이 기록되어 있다.

비중표(比重表)

물질	금	수은	동	연	해수	혈액
비중 값	19.05	13.56	8.66	11.23	1.041	1.033
바른 값	19.26	13.59	8.85	11.35	1.027	1.045

이 측정은 저울과 측량된 대상 물체의 배수량을 알 수 있게 된 용기를 사용한 것이다. 액체에 대해서는 이미 후기 알렉산드리아 학자들이 사용한 '띄움 저울(浮秤)'을 사용하였다. 무게의 측정도 대단히 정밀하여, 전량이 2kg 이상인 것도 0.06g의 오차 범위로 측정할 수 있었다.

6. 아랍 시대의 화학

아랍인은 화학의 발달에도 많은 공적을 남겼다. 물론 그들 이전에도 이미 일찍부터 야금이나 공업 활동을 통하여 일련의 물질 변화는 알려져 있었다. 의심할 여지가 없이 아랍인은 화학 연구도 최초의 자극을, 이미 많은 경험을 축적해 있던 나라들(시리아, 메소포타미아, 이집트)로부터 받았다. 그러나 후기의 알렉산드리아 학파나 아랍인에게서는 물질 변화의 연구가 순수한 과학적 흥미에서는 기대할 수 없는 강한 의욕, 즉 일상의 유용성이라는 복적에서 추구된 것을 엿볼 수 있다. 동양에서 유래한 수많은 화학적 지식은 아랍인에 의하여 스페인에 들어가게 되었고, 그곳으로부터 서양에 전파되어 뿌리를 내리기에 적합한 지반을 찾게 되었다. 그 결과 13세기 이래 연금술은 프랑스, 독일, 영국에서 융성을 보게 되었다. 금속의 작용이나 처리에 관한 적잖은 지식은 서양 사회를 고대로부터 중세로 올려놓았다. 그렇다고 아랍인의 역할을 너무 과대평가해서도 안 된다. 예를 들어, 카르루 대제 때의 저서인 『Compositiones ad tingenda』(모자이크나 피혁의 염색, 도금, 납땜 등에 관한 지침서)의 사본이 남아 있고, 10세기의 사본 중에 염색에 관한 내용을 다룬 『Mappae clavicula(채색의 열쇠)』도 알려져 있는데, 이 책들에 아랍의 행적은 조금도 찾아볼 수 없다. 이것들과 같은 중세의 서양 책에 담겨진 지침들은 대부분 그리스 연금사의 것을 그대로 베낀 것이 많다. 『채색의 열쇠』에 있는 지침은, 요사이 알려진 고대의 화학 문서(레이던과 스톡홀름의 파피루스)와 한 글자도 틀리지 않는다. 따라서 연금술은 거의 아랍인의 창조라고 한 종전의 견해는 맞지 않다. 그러나 연금술에 대한 아랍인의 공적을 경시해서도 안 된다. 그들은 고대로부터 전해진 이 과학을 보존하고 전파했을 뿐만 아니라, 그것을 발전시켜 본질적으로 영역을 넓혔기 때문이다.

이미 8, 9세기에 연금술에 관한 아랍어 문헌이 상당한 양에 도달해 있다. 그리고 그보다 조금 후에, 이미 기술한 아랍학자 알-파라브와 아비켄나가 그들의 저작에서 연금술에 대 기술하고 있다. 이후의 연금사들은 아비켄나를 권위자의 한 사람으로 존경하였다. 그는 금과 은은 달과 해의 영향으로 인한 땅의 증발기에서 생겼으며, 인간이 인공적으로 모방할 수 없는 특수한 성질을 모두 갖추었다고 주장하였다. 그러나 점성술적 교의에 대해서 아비켄나는 회의적 입장을 취했다. 아랍인의 개별적인 화학적 지식들은 975년경에 아브-만술이 저술한 『약물학 근본칙(藥物學根本則)』에서 많은 것을 알 수 있다. 아브-만술은 골절에 대한 기브스 붕대의 응용도 기술하였는데, 이것이 서양에서는 19세기에야 행해졌다. 그리고 장미수(薔薇水)를 증류하는 것과 같은 방법으로 해수를 증류하여 음료수를 얻는 것도 기술하고 있다.

비소(砒素)의 유황 화합물인 개관석(鷄冠石)과 웅황(雄黃)은 이미 고대에 구별된 것이지만, 아브-만술의 책은 백비(白砒, 무수아비산)에 관한 최초의 보고를 기재하였다. 그리고 비화물(砒化物)은 승화성(昇華性)이 있고 유독하나 치료 효과도 있다고 하였다. 수은에 대해서도 같은 지적을 하여, 고약(膏藥)으로 하여 독충에 대한 치료에 쓸 수 있다고 하였다. 그러나 무기산(無機酸)에 대해서는 언급이 없다. 아마도 그 시대에는 아직 무기산이 만들어지지 않은 것 같다. 초산(硝酸)과 왕수(王水)가 중세 문헌에 나타난 것은 13세기 이후이다. 초석이 아랍인에 의하여 '중국염(中國鹽)'이라는 이름으로 서양에 전해진 것은 1200년경이며, 중국이 초석을 폭약의 조제에 사용한 것은 어느 때인지 모르는 먼 옛날부터이나, 아마도 기원후의 일일 것이다.

아랍인에 의하여 감자가 인도로부터 서양 여러 나라에 보급되었다. 감자는 알렉산더 정복 전쟁을 통하여 이미 알려져 있었으나, 고형의 사탕 제법은 기원후 수백 년이 지난 후에 비로소 발명되었다. 그래서 이것은 아메리카 발견 후 산토도밍고에 이식되었다. 우리는 중요한 유기화합물의 하나를 공급하는 이 식물의 전파가 역사적 사건의 진행과 밀접히 결부된 것을 볼 수 있다. 기술적으로도 과학적으로도 중요성을 가졌고, 동시에 유해한 결과도 뒤따른 포도주의 '취하는 요소'을 증류하여 분리하는 것을 발견하였다. 이것은 아랍의 화학자나 의사가 발견한 것으로 생각되나, 근래에는 서양에서 발견했다고도 한다. 이 '알코올'은 인류에게 화도 미쳤으나 약용으로 매우 긴요하게 사용되었다. 특히 중세 유럽을 몇 차례 덮친 대역병(페스트)에 대한 예방약으로 사용되었다.

오랫동안 연금술 시대 최고의 아랍 저술가로 꼽힌 사람은 8세기 후반의 게베르(Geber: Abu Musa Jabir b. Haiyan at-Tusi, 8세기)이다. 그는 라틴어 번역으로 오늘까지 전해진 여러 연금술 저술의 저자로 꼽히고 있다. 그중에 특히 『연금소 완성 대전(鍊金素完成大全)』이라는 주저는 오늘까지 남아 있는 것으로, 13세기 이래 유럽에 알려졌다. 그는 종종 자기의 종교적 입장이 회교도인 것을 들어, 거짓말쟁이나 사기꾼의 혐의에 대비하고 있다. 그는 이미 알렉산드리아의 연금사에게서 볼 수 있는 것과 같이 금속을 생물에 비유하고 있다. 그에게서 또 만물은 외견으로 볼 수 있는 속성 외에도 비밀한(occultus) 속성이 있다는 설을 엿볼 수 있다. 그는 말하기를 "납은 외면적으로 한(寒)하고 건(乾)하나, 내면적으로는 열(熱)하고 습(濕)하다. 금은 외면적으로 열하고 습하나, 내면적으로 한하고 건하다."라고 했다. 10세기 초 바그다드 의사이며 화학자인 라제스(Rhazes)도 이것을 본받아 "동은 그 감추어진 속성은 은이므로 동에서 붉은 빛을 분리하면 그 감추어진 본성인 은으로 환원할 수 있다."라고 하였다.

게베르의 문서 중에는 가짜 게베르 문서가 있는 것으로 보고 있다. 그 근거는 고대에는 초산밖에 없었는데, 여기에는 초산, 유산(硫酸), 왕수 등이 알려져 있기 때문이다. 그 진위는 어찌 됐든, 이제야 이들은 무기산의 지식을 기초로 하여 그때까지 주로 불로 녹이는(용융) 조작의 화학이 행해졌으나, 습식 처리에 의한 화학을 발달시켰다. 그래서 이들은 은과 기타의 금속을 초산에 용해해서, 초산은과 기타 고대인이 몰랐던 수은염과 같은 염류를 얻게 되었다. 그리고 이들은 염의 정제에 증류를 비롯한 결정법인 승화와 여과 등을 응용하였다. 금속의 화학적 처리에 대해서도 상기한 책의 저자들은 고대보다 훨씬 나은 지식을 가지고 있어서, 금속에서 일련의 산화물을 만들었다. 그래서 이들에게서 산화수은의 제법에 관한 최초의 보고를 찾아볼 수 있다. 이것은 그 후의 화학 발달에 최대의 역할을 하게 된 것이다. 그리고 산화물뿐만 아니라 유화물(硫化物)의 제조법도 알고 있었으며, 만들어진 유화물이 사용한 금속보다 무거운 것도 발견하였다.

경금속의 화합물에 대한 지식도 이 시기에 일보 전진했다. 탄산칼륨(potassiu)은 주석을 태워 만들고, 나트륨은 해초를 태워 나온 재로 제조하였다. 또 이들 두 가지의 염(鹽)의 용액에 석회를 가해서 알칼리성으로 한 알칼리성 칼륨 용액과 알칼리성 나트륨 용액을 만들어, 이것으로 유황을 용해하였다. 그리고 이 유황이 용해된 알칼리성 용액에 산을 가하면, 다시 유황유(硫黄乳)로 유황이 유리(遊離)하는 것도 알고 응용하였다.

$$Na_2CO_3+Ca(OH)_2=2NaOH+CaCO_3$$

$$6K_2O_2H_3+12S=K_2S_2O_3+2K_2S_5+3H_2O$$

$$K_2S_2O_3+2HCl=2KCl+SO_2+S+H_2O$$

$$K_2S_5+2HCl=2KCl+H_2S+4S$$

개별적인 화학적 지식을 하나의 이론 하에 개괄하는 것도 시도되었다. 그러나 당시에는 아직도 일반적으로 화학적 과정에 대한 이해가 부족하였으므로, 이 이론이 진리는 아니다. 예를 들면, 금속을 수은(mercury)과 유황(sulfa)의 혼합물로 생각한 것이다. 유황은 금속에 가연성과 색을 준다고 생각했다. 그리고 수은은 용융성(熔融性), 광택, 전연성(展延性)을 주는 근본 성분으로 생각했다. 그러나 연금사가 말하는 유황과 수은은 보통의 유황과 수은을 뜻한 것은 아니다. 그들이 뜻하는 유황과 수은의 원소는 마치 석탄에 대한 탄소의 관계와 같은 것이었다. 그리고 귀금속에 있어서는 수은이 우세하다고 생각했다. 따라서 이 상상적 성분의 비를 바꾸면 금속을 서로 변환할 수 있다고 하였다. 예를 들면, 동은 금과 은의 중간에 있는 것이므로 쉽게 어느 쪽으로도 변할 수 있으리라고 했다. 동을 이극광(아연의 광석)과 함께 가열하면 금에 가까운 것이 되며, 비석(砒石)과 함께 녹이면 은에 가까운 것이 된다. 이 방법에서 일어난 적색이 황색과 배색으로 변하는 것을 타 금속으로의 전위의 단서라고 그들은 생각하였다. 여기에서 한 걸음 나아가서, 그들은 금속 변화를 완전히 달성할 수 있는 하나의 물질을 우선 만들어 내기 위하여 모든 실험을 반복하였다. 그들은 이 가설적 물질을 '현인(賢人)의 돌'이라고 불렀다.

기독교적 서양의 후기 연금사들은 이것에 여러 가지 불가사의한 작용을 부가했다. 이들도 후기의 아랍 연금사들도 근본에 있어서는 상술한 것과 같은 관념에 사로잡혀 아무런 발전도 할 수 없었다. 이 시기 이후의 경과에 있어서도 이렇다 할 화학의 진보는 찾아볼 수 없다. 도리어 연금술과 점성술이라는 두 개의 사이비 과학이 신비적 요소의 침윤과 더불어 융합의 도를 깊게 해갔다. 가짜 게베르 문서 안에 있는 지식은 13세기 말경에 '긴 발전의 성과로서 완전한 형태로' 우리 앞에 나타났으나, 이 지식이 어디에서 일어나 왔는지는 오늘도 화학사의 암흑으로 남아 있다.

7. 박물학과 의학의 배양

이제 아랍인이 고대의 박물학을 보존한 공적을 살펴보자. 이 시대에 동물학과 식물학 분야에서는 중요한 진보는 이루지 못했다. 그것은 특히 아랍인이 해부학적 연구를 싫어하였기 때문이다. 그래서 인체 해부 방면에서는 그들이 아리스토텔레스나 갈레노스의 범위를 벗어나지 못했다. 그러나 동물계나 식물계의 연구는, 고대의 후기와 같이 주로 의약의 많은 종류를 배워서 그것을 될 수 있는 대로 많이 늘리려는 노력을 하였다. 그리고 같은 입장에서 아랍인들은 광물계에도 흥미를 기울였다.

아랍인의 광물학에 대한 지식과 관념은 13세기에 저술된 알-가즈위니(Zakariya Ibn Muhammad al-Qazwini)의 『만물학(萬物學)』에서 대강을 살펴볼 수 있다. 이 책에 의하면, 투명한 광물은 액체에서 생기며 기타의 광물은 물과 흙의 혼합에서 생긴다. 공기가 응결해서 물이 되는 것과 같이 물도 또한 돌이 된다. "물이 공기의 형태로 될 수가 있다면, 그것은 물의 형태를 벗어나서 흙의 형태로도 될 수가 있어야만 한다."라고 알-가즈위니는 주상하고 있다. 개별석인 설명의 저음에는 "광물의 모든 성질이 아니고, 다만 불가사의한 성질만 기술하겠다."라는 단서를 두고 있다. 이 불가사의한 성질이란 특히 치료와 마법의 작용을 가리키고 있다. 예를 들면, 방연광(方鉛鑛)에 대하여 "아리스토텔레스가 라사대, 이것은 많은 광산 갱도에서 채취되는 잘 알려진 광석이다. 그것은 연을 포함한 광석이며 분말 안약으로, 눈에 효능이 있다. 즉, 눈을 아름답게 하고 눈물이 나오는 것을 멈추게 한다."라고 기술하고 있다. 수정의 성질에 대해서는 "수정은 유리의 일종이며, 다만 수정이 더 경(硬)하다. 왕후는 수정 그릇을 쓰는데, 그것으로 마시면 건강에 좋다는 신념에서이다."라고 기술하고 있다. 수은을 장시간 가열해서 붉은색의 산화수은을 만드는 것도 알고 있었다. 그래서 천연의 고운 모래는 흙 속에서 수은과 유황이 화합하여 생기는 데 대해서, 이것은 인공의 고운 모래라고 하였다. 명반의 성질에 대해서는, 출혈을 멈추게 한다는 사실과 함께 "염색사가 옷을 염색할 때, 그것을 우선 명반에 담근다. 그렇게 하면 색이 결코 빠지지 않는다."라고 기술하였다. 자수정에는 독특한 마력이 인정되어 있어서, "이것을 불 속에 넣으면 그 불을 끄는 돌이다. 이것을 혓바닥 밑에 넣고 그 위로 술을 마시면 술기운이 머리로 올라가지 않아서 술에 취하지 않는다."라고 기술하였다. 이런 미신적인 것과는 달리 다이아몬드에 의한 착공(鑿孔)에 대해서 기술한 것은 재미있다. 직공은 다이아몬드 쪼가리를 송곳 끝에 붙여서 딱딱한 돌에 구멍을 뚫는다. 또 의사는 적당히 붙인 다이아몬드를 요도 속에 삽입하여 결석을 파쇄하는 데 사용하였다. 그리고 자석에 대해서는 다음과 같이 보고되었다.

"인도양에 자석으로 된 섬이 있다. 배가 그 부근에 가까이 가면, 그 배에 쇠로 된 부분이 있으면 새와 같이 날아서 그 자석에 끌려간다."

알-가즈위니의 『만물학』은 아랍인의 동물학에 대한 지식과 관념을 살펴볼 근거도 된다. 이 분야에서는 대체로 고대와 근세의 중계자에 지나지 않는다. 독립적인 업적이나 새로운 관념은 현존 아랍의 동물학 문헌에서는 거의 찾아볼 수 없다. 그러나 개개의 점을 추려내면 적절한 소견이 없지는 않다. 예를 들면, 알-가즈위니는 "모든 동물은 그의 체제에 맞는 기관을 가지며, 그 운동에 적합한 관절을 가지고 있고, 피부는 그 동물의 보호에 필요하게 만들어져 있다."라고 말하였다. 그리고 동물의 종류에 관한 개개의 지식은 아랍인에 의하여 뚜렷하게 넓혀졌다. 그것은 그들의 탐구 여행이 중국, 남아시아, 동아프리카, 끝으로는 수마트라, 자바까지 미친 결과이다. 중세 시대에 서양에 나타난 동물학서와 마찬가지로, 아랍인의 만물학 책에도 동물 이야기가 대부분을 차지하고 있다. 섬이라고 생각해서 배를 부쳤더니 고래였더라는 식의 이야기가, 아랍인의 것에는 고래가 큰 거북으로 나타나 있다. 아랍인이 한 동물학의 수정과 함께 그들이 한 아리스토텔레스나 갈레노스의 저서의 번역도 들지 않을 수 없다. 11세기 초의 이븐-시나(아비켄나)는 아리스토텔레스의 전 저작 20권의 해설을 썼다고 한다. 그중에 『동물학』의 주석은 라틴어역으로 남아 있다. 아베로에스(Averroes)도 아비켄나와 마찬가지로 중세의 철학에 큰 의의를 가지고 있는데, 그도 또한 아리스토텔레스의 박물학에 관한 저서들의 주석을 썼다.

순수한 식물학서는 테오프라스토스가 저술했으며, 그 후 그리스 저술가들 몇몇이 식물학 관련 저술을 해왔으나 아랍인들에게는 거의 나타나지 않는다. 그들은 식물학을 오직 실용적 목적에서 약학, 농학 또는 원예로써 추구하였다. 그리고 아직 명칭의 나열이나 닮은 말 대조의 영역을 벗어나지 못하여, 점차로 불어가는 문헌학적 지식의 잡동사니를 끌고 다녔다. 그렇다고 해서 그들의 고대 과학의 보존 노력과 개별적 지식의 축적 노고를 경시할 수는 없다. 그들은 그리스계의 저서 중에서 특히 디오스코리데스의 것을 아랍어로 번역하고 주석하였다. 그리고 나아가서 식물에 관한 일반적 고찰을 시도한 아비켄나도 있다. 그는 영혼의 상태를 삼단계로 구분하였다. 즉, '식물 영혼, 동물 영혼, 인간 영혼'이 그것이다. 그리고 식물 영혼에는 영양력(營養力)과 생장력(生長力)과 번식력(蕃殖力)을 인정하였다. 농업에 관한 아랍 문헌 중에는 이븐-아라왐의 저서를 들 수 있다. 이것의 완전한 사본이 몇 개 현존해 있다. 이것은 12세기에 스페인에서 된 것이며, 토양, 시비(施肥), 관개(灌漑)와 양수(養樹), 곡물 재배, 그리고 원예가 기술되어 있다. 양수에 대해서는 가장 상세하며, 몇 개의 개량종을 만드는 방법이 기술되어 있는데, 어떤 부분은 삽도도 넣어 설명하고 있다. 그리고 수목의 연령을 논한 장도 있다.

식물과 그의 분포에 관해서는, 아랍인의 풍부한 지리학 문헌에서도 많은 보고들을 찾아볼 수 있다. 14세기에는 마르크 폴로의 것과 견줄 만한 이븐-바투타의 여행기가 빛난다. 그는 지중해 여러 나라들뿐만 아니라 인도나 중국에까지 발자취를 남기고 있다. 그가 방문한 나라들의 많은 식물을 기술하고, 그것들의 이용법도 조사하고 있다. 그러나 그 같은 지식을 자유로운 자연에서가 아니고 주로 시장의 점포에서 모아 온 것이므로 이 책의 식물학에 관한 부분은 지리학 부분보다 그 의의가 떨어진다.

끝으로 아랍인들은 화학과 식물학에 관련하여 의학도 열심히 조성한 것을 기록해 두고 싶다. 그들의 의학은 그리스인(갈레노스)과 인도인으로부터 전승된 지식에서 출발하였으며, 그들이 새로이 이룩한 분야는 특히 '제약학(製藥學)'이었다. 이것은 8세기에 화학과 밀접히 관련하여 아랍의 여러 나라에서 처음으로 독립적인 과학으로 나타난 학문이다. 간호법, 병원, 약물학의 방면에서도 아랍인에 의한 독창적인 것이 많다. 그러나 해부의 지식에 있어서는 그들의 법령에 시체 해부를 금하고 있었으므로 오직 갈레노스에 의지할 따름이었다. 그런데도 그들이 외과학 분야에서 진보를 할 수 있었던 것은 인도 덕택이었다. 이븐-시나에 의한 갈레노스의 저서의 개수(改修)는 1000년경에 『의학 정전(醫學正典, 캐논)』이라는 책으로 세상에 나타났다. 이 책은 후에 파라켈수스(Paracelsus, 1493~1541)가 불태워 버리기까지 중세의 기본 문전이 되었다. 아랍인은 안과학 분야에서도 공적을 세웠다. 물론 그들은 그리스인이 만들어 준 기초에 의지한 것이나, 그래도 의학의 이 부문에서는 '자기의 것을 더하여' 그것을 '자기의 설계에 따라' 만들어 내었다.

278

8. 아랍 문화의 종말

아랍 시대의 과학에 대한 고찰을 끝맺으면서 아랍 문화가 종말을 맞게 된 경위를 간략하게 기술해 두고 싶다. 아랍 문화는 기독교적 서양에 그 자극적 영향을 미치고 나서는 급속한 몰락의 길로 흘러갔다. 따지고 보면 아랍의 문화와 과학은 교파 분쟁으로 시리아 등지에 피신한 기독교도들로부터 전수받은 것이며, 그것을 보존하고 그 기초 위에 인도로부터 새로운 수학 지식을 도입하여 발전시켰다가, 그것을 기독교국에 다시 돌려주고는 몰락의 길을 걷게 되었다. 바그다드의 강대한 교주권은 몇 개의 소제국으로 분해되었다가 그것들도 13세기에 밀어닥친 몽고족의 분류(奔流)에 휩싸여 멸망하고 말았다. 동양은 오늘날에 이르기까지도 이 무서운 타격에서 회복되지 못하고 있다. 스페인에서 마올인의 지배도 같은 운명을 그렸다. 거기서도 이슬람교의 여러 소국으로 분립했다가, 북으로부터 밀고 온 기독교의 세력에 굴복하게 되었다. 그 결과 번영의 극치를 이루었던 반도에는 황폐의 저주가 내렸다. 초대의 기독교도들이 등장하면서 기존 문화에 대한 청소를 단행할 때와 같은 과학 재산에 대한 파괴가 이곳에서 일어났다. 카스틸라(Castilla)의 여왕과 아라곤(Aragon)의 왕이 결혼함으로써 양국이 합방하여 1479년에 스페인 왕국을 세운 후 그라나다를 함락하였을 때, 수십만 권의 장서를 가진 그곳의 대도서 관들이 쓸모없게 되고 말았다. 이것은 돌이킬 수 없는 큰 손실이었다. 거기에는 무수히 많은 고대 저술가의 아랍어 역본이 보존되어 있었다. 아랍 문화가 몽고족 때문에 멸망한 후에도 아랍의 학문은 시리아나 이집트에 피난처를 찾을 수 있었다. 그러나 아랍 문학은 그때 이래로 하나의 통합체로서 존재하지 않았고, 다만 각 나라들에 부분적으로 산재해 온 데 지나지 않는다. 천문학은 회교 사원의 소위 문지기로 떨어지고, 자연과학은 마술 놀이로 타락하고 말았다. 그리고 최후에는 시리아와 이집트도 오스만 터키의 손에 떨어졌다. 그러나 다행히도 오스만튀르크족은 무반성하게 열광한 몽고족과는 달리 그들이 통치하던 전성기에는 정신적인 부의 조성에도 게을리하지 않았다. 콘스탄티노플(Constantinople, 현재의 이스탄불)을 정복한 모하메드는 상당히 깊게 과학의 연구에 힘썼다. 그러나 당시의 동양은 이미 정신적 생활의 지도를 서양 지역 특히 이탈리아에게 양도해 가고 있었다.

아랍 문화를 정지시킨 것은 이 같은 타국에 의한 정복만은 아니었다. 그것보다는 오히려 모든 동양계의 고대 문화처럼 아랍 문화도 또한 지속적으로 새로운 것을 자신 안에서 산출할 내적인 힘이 없었기 때문이다. 따라서 중세 말에 서구에서 아랍 문화를 이어받을 새로운 세력의 태동과 함께 동양은 일반적으로 정신적 발전에 있어서 지도적 역할의 수행을 중단하는 사태에 도달하였다. 이때부터 이 정신적인 지도는 민족 이동 이래로 이탈리아, 독일, 영국, 프랑스 등 지역에 정착한 게르만계의 새롭고도 젊음에 넘치는 국민을 가진 서양의 기독교국들의 손에 넘어가게 되었다.

제 8 장
중세 초의 서구 과학

로마는 5세기 초까지 한 사람의 적도 성벽 안에 발을 들여놓지 못했다. 거리에서 유혈의 싸움이 벌어진 적은 있었어도, 파괴와 약탈을 당한 적은 한 번도 없었다. 그런 곳에 처음으로 410년에 알라리쿠스(Alaricus)가 인솔한 서고트족이 침입하였다. "그것이 당시의 사람들에게 준 인상은 참으로 충격적이었다. 로마 세계는 거인의 고통에 견디다 못해 경련하였다." 이 최초의 파괴에 뒤따라 또 다른 무서운 약탈이 이어졌다. 이런 일은 로마 한 도시뿐만 아니라 정신적·예술적 타 중심지들에서도 일어났다. 이러한 사정 때문에 강대한 로마 세계 제국의 멸망은 불가피했다.

역사가는 뚜렷한 어떤 사건을 기준으로 하여 시대를 구분하기 좋아하여, 민족 이동이 개시된 375년 또는 서로마제국이 멸망하고 이탈리아에 최초로 게르만 통치가 수립된 476년을 중세의 시작으로 삼는다. 과학사에서도 같은 방법으로 시대를 구분할 획기적인 사건을 구하면, 아테네의 철학 학원을 폐쇄한 529년, 또는 아랍인이 알렉산드리아를 정복한 642년을 들 수 있다. 그러나 이 과학의 정신 활동 영역에서는 사건은 침묵 안에서 일어나므로, 세계사의 파국에 영향을 받아도 조용한 내적 변화의 특색은 잃지 않는다는 것을 잊어서는 안 된다. 그래서 과학사에서의 어떤 시기를 어떤 외적 사건으로 특기하는 것은 무의미한 것이기도 하나, 일반 역사와 보조를 맞추어 중세를 5세기부터로 치자.

1. 중세 초 – 과학의 쇠망

게르만 여러 민족에 의한 로마 세계 제국의 괴멸은 일반 문화와 과학의 발전에 심각한 타격을 주었다. 대개의 도시들은 파괴되고 말았다. 그리스나 이탈리아에서 번영했던 도시 생활은, 예술이나 과학에 대한 치밀한 정신력을 발전시킬 수 있는 것이었는데, 그것이 파괴됨으로써 다시 촌락적이며 정신상의 추구에 등을 돌린 생활양식으로 되돌아가고 말았다. 도시뿐만 아니라 지중해 여러 나라는, 새로운 침입 민족의 무리가 많이 추가되었는데도 오히려 인구는 전반적으로 감소하였다. 많은 사람이 죽었기 때문이다. 이러한 인명 피해뿐만 아니라 수 세기 동안 축적된 예술이나 과학의 재산 손실도 헤아릴 수 없을 정도였다.

1) 교회와 과학

중세의 기독교 교회와 과학의 관계는 매우 중요한 의의를 가진다. 그래서 이에 대한 역사적 사실이나 고전의 일부를 근거로 한 서구 과학 사가들의 일반적 견해를 우선 살펴보기로 하자.

알렉산드리아 제2의 융성기의 정신은 600년경에 이미 없어지고 말았다. 알렉산드리아의 학자들은 벌써 고대의 재산을 지킬 줄 몰랐고, 그 대부분은 이미 멸망해버렸다. 한쪽에서는 정신적 퇴폐가 또 다른 쪽에서는 현세와 그 지식에 등을 돌린 기독교가 생활에 침투한 이래로, 게르만적 요소의 종국적 성리에 훨씬 앞서서 이미 로마에서도 과학은 이전과 같이 배양되지 않았다. 그리고 로마와 알렉산드리아는 과학의 중심이 아니라 기독 교회의 본거지가 되었다.

교회는 그의 본래의 목적에서 고대적 요소를 극복하고 새로운 요소로 바꾸려는 노력이기는 하나, 성서의 잘못된 해석에서 고대의 과학조차 배척하게 되었다. 신에 대한 영혼의 관계만이 인식되어야 하며, 그것만이 인식할 가치가 있다고 생각됐기 때문이다. 그리고 오성적인 이해는 무력한 것으로 여겨졌으며, 신의 은총만이 인류를 비출 수 있다고 생각하였다. 카르타고 태생의 테르툴리아누스(Tertullianus, 160~222)는 "과학 연구는 복음이 있은 다음에는 더 이상 필요 없다."라고 말하였고, 에우세비오스(Eusebios, 283~371)는 당시의 과학에 대하여 다음과 같이 말하였다.

"그들이 탐색하는 사물에 대한 무지에서가 아니고, 그들의 무익한 노력에 대한 멸시에서 우리는 그들의 대상을 중시하지 않고, 우리의 정신을 더욱 훌륭한 문제로 돌리려는 것이다."

그런데 실제로 초기의 기독교 교부들은 이교 철학자들의 주장조차도 자기들의 의견을 옹호하고 기독교를 전파하는 데 이용하였다. 예를 들면, 소크라테스의 주장이 그렇게 이용됐다. 이 철인은 "인간의 정신과 그 내면적 상태만이 사색할 가치가 있는 유일한 대상이다."라고 설한 것이다. 초기의 기독교 신학자들은 참으로 분노의 감정으로 레우키포스나 데모크리토스나 에피쿠로스가 시도한 기계적 자연 설명을 공격하였다. 아우구스티누스(Augustinus, 354~480)조차 "데모크리토스의 이름은 들리지 않은 것이 훨씬 좋을 뻔했다."라고 말했다고 한다. 원자론자들은 '맹목(盲目)인 불쌍한 사람'이라고 불리었다.

특히, 알렉산드리아의 사교(247~264)와 교리 학교장을 지낸 디오니시우스(Dionysius,

190~265)가 그의 저술 『자연에 대하여』에서 그들을 맹렬히 논박하였다.[1] 그가 원자론자들의 설에 대하여 논술한 것은, 그의 논쟁적인 경향에도 불구하고 이 그리스 철학의 중요한 문제에 관한 값진 근본 자료가 되었다. 디오니시우스는 특히 세계의 합목적성을 강조하여, 세계가 인간의 눈에 예술 작품으로 보이는 것에서, 신을 예술가이며 창조자로 봄으로써 원자론자를 논파하려 했다. 그는 "옷이나 집조차 결코 스스로 되는 것은 아니며, 순서에 따른 작업이 필요하지 않나! 그런데도 하늘과 땅으로 이루어진 대가옥인 우주의 질서 자체가 혼돈에서 이루어졌다고 말하는가!"라고 주장했다. 그리고 별에 대하여 언급하기를 "그러나 그 가없은 자들이 인정하지 않으려 해도 그것들을 만들고 자기의 말씀으로 그들의 궤도로 인도한 것은 바로 올바른 사람들이 생각하는 것과 같이 역시 위대한 하나님이시다."라고 했다. 또 인체의 구조나 그의 기능, 더욱이 정신 활동 등은 더욱 더 원자설과 맞지 않는다고 논설하였는데, "철학자는 자기의 이성을 이성이 없는 원자로부터 받아올 수는 없지 않는가!"라고 말하고 있다.

디오니시우스가 기계적 자연관에 대해 격앙한 신학자의 입장에서 과학적 설명이 없는 논거로 싸운 것에 반하여, 락탄티우스(Lactantius, 3~4세기)는 원자설에 대하여 다음과 같은 물리학적·철학적 반박을 했다.

"그러면 그 미립자는 도대체 어디에서 왔다는 말인가? 아직 아무도 보지도 못했고 만지지도 못했다면 그의 존재는 어떻게 증명될 수 있는가? 그러나 가령 원자의 현존을 인정한다고 해도, 이들 경쾌하고 원활한 미분자는 어떠한 연결도 나타낼 수 없고 고정적인 물체를 이룰 수는 없지 않는가! 이러한 곤란을 없애기 위하여 원자에게 뿔이나 갈고리를 주려고 하면, 그것은 이미 원자, 즉 불가분인 것이 아니게 된다. 왜냐하면 그 같은 돌기물은 떼어낼 수 있을 것이기 때문이다."

교회는 대체로 현상의 합법칙성을 밝히려는 노력은 물론 현상을 단순히 추적하는 노력조차도 배척하였다. 그리고 교회가 취한 이러한 입장은 과학의 발전에 약간의 타협을 보았을 뿐이고, 긴 시기에 걸쳐 교회 안에 유지되어 과학의 발전을 저해하였다.

---

1 이 저작의 주요 부분의 단편은 에우세비오스의 저술 중에 보존되어 전해졌다.

"기독교의 교의의 힘이 진전됨에 따라 원인적 설명 방법에 대한 이해는 상실해 가서, 기적이 모든 것을 해결하였다. 따라서 설명을 찾는 노력이 필요 없게 되었다."[2]

교부들이 자연과학적인 설명과 관찰 방법에 대해서 취한 이러한 태도는 그들의 저작이 근세까지 유지한 권위에 의하여 그 후의 과학 발전에 악영향을 미쳤다. 그것은 종종 민중의 열광을 부추겨 의견의 논쟁만으로는 결코 납득할 수 없는 민중이 과학뿐만 아니라 그 기념물이나 축적물까지도 정벌케 했다. 그래서 알렉산드리아에서는 아랍인의 점령보다 훨씬 앞서 기독교 장로들에 조종된 민중이 세라페이온의 귀중한 도서관에 불을 질렀다. 그리고 3세기에 이미 한 장로는 알렉산드리아 학사원의 학자들을 추방하였다.

4세기 중엽에 이교의 부활을 시도한 폐교 황제 율리아누스(Flavius Claudius Julianus, 332~363) 때에 그들은 귀환할 수 있었다. 그러나 4세기 말엽의 테오도시우스(Theodosius, 346~395) 황제 때에 또다시 박해를 받기 시작하였다. 장로 테오피로스가 황제로부터 세라페이온을 파괴할 허가를 받은 것이 바로 이때였다. 새로운 신앙의 첫 신도들은 세속적 과학에 대한 것과 같이, 고대로부터 전승된 의학에 대해서도 몰이해였다. 병은 기도만으로 이겨내려고 하거나 또는 신의 벌로 생각하여 신의 뜻에 따라 그것을 받아들이려 했고, 그것을 교묘히 치료하는 것은 악마의 짓이라고 하였다.

지구의 구형설조차 수백 년 전부터 가져왔으며, 그것만이 지리학상의 위치 결정을 가능케 한 설인데도, 락탄티우스와 같은 교부들은 그것을 단죄함으로써 중세에서는 망실하고 말았거나 적어도 신비적인 표상으로 덮여 숨겨졌다. 그래서 "지구는 산 모양이며, 그 주위를 해가 하루에 한 바퀴씩 돈다."라는 유치한 의견에 마주치게 됐다.

아우구스티누스조차도 지구의 반대쪽에 있는 대척인(對蹠人)의 실제에 반대하였다고 전한다. 그 이유는 그러한 종족이 성서에 아담의 자손 중에 올라 있지 않기 때문이라고 한다. 9세기 초엽의 라바누스-마우루스(Hrabanus Maurus, 780~856)는 지구는 차륜 형이며, 대양에 둘러싸여 있다고 했다. 알렉산드리아 학파의 천문학자와 비교하면 얼마나 퇴보된 유치한 생각인가! 중세 초기 학자들의 세계관은 마치 기원전 8세기의 헤시오도스보다 유치한 입장으로 되돌아간 것 같다. 지구에 어쨌든 구형을 주게 된 것은 겨우 8세기 후부터이다.

---

2 라뷔츠, 『원자관의 역사』 제1권, 29쪽, 중세의 원자관에 대한 기술.

그러나 교부들이 잘한 일도 있다. 그것은 그들이 로마 제정기에 천문학을 흐리게 하고 있던 점성술적 교의를 배척한 것이다. 하지만 과학적 신념에서가 아니라, 인간이나 민족의 운명을 별에 의해서 알려고 하는 것은 신을 모독하는 것이라고 생각하였기 때문이다.

이상에 기술한 것은 게르만의 후예인 서구사가들의 '중세 초의 기독교 교회와 과학의 관계'에 대한 견해를 종합한 것이다. 이상에 기술한 내용 중에 그들이 인용한 역사적 사건이나 자료들은 틀림없고 믿을 만한 것이라고 보자. 그렇다고 해도 그들이 가진 '진보 또는 진화 사상'과 그들이 근대 과학을 이루었다는 '우월감'에 기인한 편견에서 생긴 해석상의 오류는 지적하지 않을 수가 없다. 그들은 "비기독교권인 아랍에서는 그런대로 고대 과학이 보존되어 왔는데, 기독교권에서는 초기 교회와 교부들이 '과학에 대한 무지와 몰이해'로 고대 과학의 귀중한 유산들을 파괴하고 과학을 배척하였기 때문에 과학의 발전을 1000년 이상이나 후퇴시키고 말았다."라고 주장하고 있다.

이것은 당시의 서구 기독교권의 게르만족이 아랍 문화권과 동등한 문화 수준과 정신 활동 기반을 가졌다는 터무니없는 전제와 그릇된 인식에서 나올 수 있는 주장이다. 그리고 이것은 로마제국을 멸망케 한 도덕과 윤리의 타락, 그리고 고대 과학이 내포한 미신 등의 내적 요인과 민족 이동에 따른 전화와 역병으로 파괴된 사회적·경제적·정치적 요인들을 무시하고 교회가 수행한 몇 가지 사례에 대한 너무나 일면적인 시각에서 본 편견이다. 올바른 역사적 평가는 모든 내외적 요인과 상황을 종합하여 전체적 시각에서 보아야 한다. 이에 대한 상세한 논의는 뒤로 미루기로 하고, 우선 민족 이동에 의한 로마제국의 멸망에 따라 게르만 통치가 수립된 당시의 상황과 이로 인해 생긴 게르만주의와 과학의 관계를 살펴보기로 하자.

2) 게르만주의와 과학

무서운 힘이 반문화적으로 날뛰었다. 이 힘이란 고대 세계의 폐허 위를 풍미한 '게르만주의'였다. 그것을 이룩한 것은, 고대적 문화와 접촉하게 되어 처음으로 역사의 빛 속에 등장한 여러 야만 종족들이다. 그들에게는 남유럽의 여러 문화 국민들뿐만 아니라, 그들의 정신적 소산까지도 처음에는 적의 세력으로 보았다. 동고트족은 민족 이동의 긴 혼란을 거친 후 처음으로 이탈리아에서 질서를 회복한 종족이다. 이 고트족에 대하여, 6세기에 유스티니아누스 황제에 사관하여 벨리사리우스(Belisarius, 505~565) 장군을 따라 다니며 외정기를 저술한 사가 프로코피우스(Procopius, 490~565)의 저술 중에 고트족의 야만성을 간명하게 표현한 다음과 같은 문구가 있다.

"고트족은 교사의 매를 무서워할 자는 검이나 창에 서슴지 않고 대항하는 것도 할 수가 없는 쓸모가 없는 자들이란 생각을 가지고 있었다."

이같이 창검에 의한 살육만을 아는 야만적 지배하에 과학의 발전은 고사하고라도, 어떠한 정신적 활동조차 할 수 있는 여지가 있었겠는가! 이제 이 정신적 활동조차 허용하지 않는 게르만주의가 육체적 혹독함과 정신적 야만성으로 고대 서양을 점령하였고, 곧 뒤이어 동양에서는 이슬람교가 같은 경향으로 일어선 것을 생각하면, 고대에 건설된 과학이 중세의 정신생활 속에 들어갈 여지는 없었던 것을 이해할 수 있을 것이다. 도리어 이러한 상황에서도 과학이 완전히 멸망하지 않고 폐허의 재 속에 파묻힌 채 꺼지지 않고 타 오다가 13세기부터 다시 불타오르게 된 그 강인성에 놀랄 따름이다.

오늘날 게르만족의 후예인 서구 사람의 과학자와 사가들은 중세에 과학이 쇠망한 원인의 하나로 앞에서 기술한 것 같은 기독교의 초기 교회의 영향을 들고 나오며, 특히 19세기에는 이것이 서구인들의 보편적인 인식으로 되었다. 앞으로만 흐르는 시간의 흐름 속에서 인류의 역사는 변증법적 발전 또는 진보를 한다는 관념에 사로잡혀 있고, 정(+)에 대한 부(-)적 존재를 인식할 줄 모르는 서구 사람들에게는, 기독교의 초기 교회가 고대 과학을 단절시키지 않았다면 그들이 현재 이룩한 이 과학기술의 발전이 천 년 이상 앞당겨졌을 것이라고 안타까워한다. 그러나 기원 초의 로마제국 세계는 이미 정신적으로 퇴폐해 있었고, 과학기술도 점성술이나 연금술과 같이 미신이나 사기술로 기울고 있었다. 거기에 민족 이동으로 야만족들이 침공하여 게르만주의가 지배하는 사회가 생겼다. 이들은 고대 과학을 이어받을 정신적 기초는 전혀 없었다.

이러한 정신적 퇴폐와 공백 상태가 다행하게도 새롭게 일어난 기독교를 급속히 전파하고 강력한 교회를 이루게 하였다고 볼 수가 있다. 만약에 기독교 교회가 정신적 공백 상태에 있던 서구 사회를 기존의 퇴폐한 정신과 미신과 사기술로 흘러간 철학과 과학으로부터 단절하지 않았다면, 그리고 기나긴 중세 기간에 기독교적 정신 기반을 양육하지 않았다면 어떻게 되었을까? 오늘날에 꽃피운 과학기술의 새싹이 중세 말 서구에서 싹틀 수 있었을까? 아마도 잘했어야 르네상스 시대의 중동 지역보다 훨씬 뒤떨어진 상태에 머물고 있었거나 아니면 쇠퇴해서 더욱 미개한 상태로 되었을 것이다.

고대에 세워진 토대를 더욱 발전시키는 것을 방해한 것은 상술한 게르만주의만은 아니었다. 이것에 비할 수 없을 만큼 무서운 사건들이 고대 세계 위에 쏟아져서, 남구는 폐허화하여 어떤 의미에서는 예술과 과학의 전제 조건인 물질적 번영을 완전히 멸망시키고 말았다. 동로마제국은 어느 정도 버티고 있었으나, 서방 세계는 게르만 여러 종족의 노리갯감이 되었다. 서고트족의 약탈이 계속되었고, 반달족이 침입하여 그들이 진군한 곳마다 도처에 폐허의 자취만 남겨졌다. 연대기 작가 프로코피우스는 당시의 상황을 이렇게 기술하고 있다.

"그들은 손에 닿치는 대로 파괴했다. 페스트도 이렇게 황폐하게 할 수는 없었을 것이다. 살아남은 자가 죽은 자의 살을 뜯어먹는 무서운 기아가 미쳐 날뛰었다. 당시의 사가는, '그들은 포로를 성벽 면전에서 참살하여, 그 시체가 썩는 냄새에 못 견디어 성과 요새를 개도(開渡)하게끔 강요했다.'라고 말할 정도였다."

반달족이 로마를 약탈한 것과 거의 같은 때에 상부 이탈리아는 흉노족에 의하여 약탈당했다. 그들은 샤론 부근의 전투(451년)에서, 최후의 로마인이라고 불리는 서로마제국의 대장군 아에티우스(Aetius, 390~454)에게 패하여 진로를 돌려 남하했다. 이러한 살육적 전쟁 가운데 역병까지 덮쳤다. 이 때문에 유럽인들은 전반적으로 쇠약해졌고, 그것이 페스트의 유행을 준비하였을 것이다. 이 참화가 처음으로 로마제국에서 맹위를 떨친 것은 2세기 중엽 마르크스 아우렐리우스(Marcus Aurelius, 121~180) 황제 때의 필치아 전쟁의 결과이다. 이는 근세의 역병보다 훨씬 많은 희생을 치르게 했다. 상기한 프로코피우스가 남긴 기록에 의하면, 그때의 역병은 약 50년에 걸쳐 전 로마제국을 황폐케 했으며, 죽은 사람들이 많아서 포노나 곡물이 밭에서 썩어갔다고 한다.

3) 수도원과 동고트 왕국

중세 초기를 특정 지으며 과학적 정신의 쇠퇴를 수긍케 하는 혼란과 황폐 속에서 점차로 안정된 상태가 나타났다. 로마는 5세기 중에 교회 측 주권을 획득하여 고대와는 다른 의미에서 다시 서양의 존경을 모으는 중심이 되었고, 로마의 언어가 세계어가 되었다.

누르시아의 베네딕투스(Benedictus, Nursia, 480~543)는 6세기 초에 서유럽에 수도원 생활을 창시하였다. 종교적 의무를 지키기 위하여 세속에서 은퇴하려는 사상은 동양에서 유래한 것이며, 동양의 이교에서는 일직부터 하고 있었다. 이 사상은, 새 종교의 계율과 생의 요구나 난문(難問)을 일치시킬 수 없었던 초대의 기독교도를 특히 강하게 붙들었다. 그래서 기독교가 전파된 후 얼마 지나지 않아서 수천을 넘는 사람이 시리아나 이집트의 변방으로 은퇴한 것을 볼 수 있다.

여기에 일정한 계율에 따른 수도사 생활이 생겨난 것이다. 그것은 당시로서는 이유가 있는 현상이었고, 또한 정신문화의 유지에도 좋은 일이었으며, 정신적 기반을 조성하는 데 큰 역할을 하게 되었다. 일찍이 4세기 중엽에는 특히 카이사레아(Caesarea)의 사교(司敎), 바실리우스(Basilius, 330~379)에 의하여 수도사 생활은 소아시아와 발칸반도로 넓혀졌다. 그것은 곧 서로마제국에도 도입되었으며, 이 땅에서 종교 생활의 이런 형식을 굳히게 한 것은 바로 성 아우구스티누스였다.

베네딕투스는 수도사 생활에 들어가서 아무런 규율도 없이 유랑하는 군중을 처음으로 공동생활과 질서 있는 행동으로 인도하였다. 그는 학문에 정진하는 것을 자기 교단의 주된 의무 가운데 하나로 했다. 린드너(Theodor Lindner, 1843~1919)는 그의 저서 『민족이동 이후의 세계사』(제1권, 350쪽)에 이 베네딕투스 수도원의 공적을 "우리는 고대적 라틴 문서뿐만 아니라 고대 게르만 문서도 오늘까지 전해진 모든 것, 적어도 대부분을 수도원에서 얻었다. 수도원은 고대로 되돌아갈 통로를 열어 주었다."라고 기술했다.

철학 이외의 고대 문서의 연구를 교회의 주권자들은 혐오의 눈으로 보았다. 예를 들면, 1200년경에 수도사가 자연과학 서적을 읽는 것을 죄악이라고 하여 금지한 금령도 있다.[3] 그러나 전체적으로 보면, 수도 교단의 활동은 고대 저술의 보존과 고대 교양의 전파로 향해 있었다. 따라서 베네딕투스 파가 "우리의 일체의 복지는 학교에서"라는 표어를 내건 것은 지당하다. 이것이 서구 과학이 싹틀 정신적 토대를 만들었고, 근세 초에 과학의 새싹을 움트게 한 주요한 요인의 하나로 볼 수 있다.

이탈리아의 정치적 생활 방면도, 수세기 동안 미쳐 날뛰던 격랑이 드디어 조용해지고 발전을 향해 나아가게 되었다. 6세기 전반을 통하여 동고트족이 이 땅을 지배하게 됐다. 게르만적 요소와 로마적 요소와의 융합을 기도한 그들의 대왕 테오도리쿠스(Theodoricus, 473~526) 밑에서, 이 국토에서는 잠깐의 융성조차 보였다. 과학적 정신은 되살아나고, 학교는 번영하였고, 학자들은 또다시 존경을 받게 되었다. 이 시기에 특별히 기술할 가

---

3 1209년에 파리 종교회의에서 포고되었다.

치가 있는 사람은 카시오도루스(F. M. Cassiodorus)와 보이티우스(Boethius, 480~524) 두 사람이다.

카시오도루스는 487년경에 남부 이탈리아에 태어나서 테오도리쿠스 대왕의 비서관 겸 고문이 되었다. 동고트족이 동로마제국의 군대에 패한 후로는 수도원에 은둔하였다. 그와 529년에 나폴리에 가까운 카시노 산에 수도원을 설립한 누르시아의 베네딕투스에 의하여, 그때까지의 명상 대신에 왕성한 활동이 수도사의 최고 원칙으로 세워졌다. 그래서 수도원이 소유하고 있던 모든 저서들은 부지런히 아름다운 서체로 양피지에 사서 되었고, 많은 무가치한 것들과 함께 아주 가치 있는 것들도 후세에 남겨지게 되었다. 카시오도루스 자신도 서적의 사서를 가장 유익한 일로써 수도사들에게 권장하였다. 그의 최후의 저서는 그가 93세 때 저술하였다. 그는 12권의 『잡기록(서한집)』과 '자유인의 학술'이라는 소위 7자유과(문법, 수사학, 변증론, 산술, 음악, 기하학, 천문학)의 백과전서인 『자유학술의 제 학과에 대하여』를 남겼다.

그의 저작 목적은 이들 학과목의 상세한 서술을 해주는 것보다는, 그리스와 라틴 저작가들을 열거하여 초보 학자들에게 그들과 같은 연구를 권장하는 데 있었다. 중세에 널리 행하여진 이런 종류의 자유과 전서(自由科全書)는 기원전 1세기의 바로(Marcus Terentius Varro)에서 출발하고 있다. 그는 9학과를 백과전서 식으로 다루었다. 즉, 상기한 7과 외에 '의학'과 '건축학'도 넣고 있었다.

과학사에 반드시 기술하여야 할 또 한 사람은, 카시오도루스의 동료이며 오랜 로마의 문벌에서 나온 보이티우스이다. 그는 자기의 고향에서 최고의 관직을 역임한 후에 테오도리쿠스 대왕의 미움을 사서 오랜 유수(幽囚)의 몸이 되었다가 참수형에 처해졌다. 그의 가장 유명한 저서이며 많은 나라에서 번역된 『철학의 위안에 대하여』는 옥중에서 저술된 것이다. 보이티우스는 그리스 저술을 라틴어로 번역하고 그 주석을 만들어, 또다시 이들을 연구할 길을 열어 주었다. 카시오도루스는 동고트족의 역사도 남겼는데, 그 안에 테오도리쿠스가 보이티우스에게 보낸 편지의 한 구절도 후세에 전하였다. 이것은 수취인이나 왕을 다 같이 명예롭게 한 것이다.

"귀하의 번역에 의하여 프톨레마이오스의 천문학도, 유클리드의 기하학도 라틴어로 읽을 수 있다. 신의 문제를 규명한 플라톤도, 논리학자 아리스토텔레스도 로마의 말로 논해져 있다. 역학자 아르키메데스까지도 귀하는 라틴어로 고쳤다. 그리스가 아무리 많고 좋은 과학이나 예술을 낳았다 하더라도, 로마는 귀하의 중계로 그것들을 자국의 말로 받아들일 수 있게 되었다."

보이티우스가 좋아한 것은 음악과 음향학이었다. 그는 외줄 거문고나 피리를 사용하여 수많은 실험을 했을 뿐 아니라 음악에 관한 저술도 하였는데, 그중에 많은 명확한 견해를 발전시켰다. 이 책으로 고대와 중세 초기의 음악을 어느 정도 이해할 수 있기 때문에 더한층 중요하게 되었다. 그리고 역사적 기록에 의하면, 고트족 가운데도 교육을 받은 사람들은 천문학과 물리학에 깊은 흥미를 기울였다고 한다. 이탈리아의 지반이 키운 이 희망에 넘친 젊은 나무는, 아직 꽃피우기도 전에 아깝게도 파괴되고 말았다. 동고트 왕국은 그것이 일어날 때와 같은 난폭함으로, 동로마 황제 유스티니아누스가 도전해온 무서운 전쟁에 의하여 555년에 소탕되고 말았다. 그리고 10년 후에, 황폐한 이탈리아는 란고바르드족의 수중에 들어갔다. 이 란고바르드 민족이 774년 카를 황제에게 정복되기까지 지배한 2세기 동안, 이탈리아는 동고트 시대와 같은 번영은 볼 수 없었으나 비교적 평온한 가운데 게르만적 요소와 로마적 요소가 점차적으로 융합해갔으며, 이것에 의하여 다음에 올 더욱 높은 문화에 대한 예비 조건이 만들어져갔다.

카시오도루스나 보이티우스와 함께 이 시대에서는 세비야의 사교 이시도르(Isidor da Sevilla, 560~636)에 대해서도 기술하지 않으면 안 된다. 그는 560년경에 카르타헤나에서 출생했으며, 636년에 사망했다. 그는 『물(物)의 유래(Origines)』라고 표제를 붙인 20권의 책을 편찬하였는데, 이것은 카시오도루스나 마르티아누스-카펠라(Martianus Capella, 5세기)가 시도한 것과 같은 일종의 백과전서이며, 자유과로서 3과(문법, 수사학, 변증법)와 4과(산술, 음악, 기하학, 천문학)뿐만 아니라 의학, 박물학, 지리학 등도 포함되어 있다. 이 저작은 카시오도루스나 마르티아누스-카펠라의 백과전서를 몰아내고, 플리니우스나 아리스토텔레스와 나란히 중세 말까지, 이후의 모든 서책의 가장 중요한 지식원이 되었다. 이것은 일명 '어원고(語原考)'라고 불렸고, 그 이름과 같이 모든 대상에 대하여 우선 그 어원을 설하고 있으며, 그중에는 어원의 설명으로 끝난 것도 많다. 그러나 이러한 어원 설명은 대체로 매우 독단적이며 무가치하다.

이상에 열거한 사람들은 기존의 것을 불리거나 발전시킨 것은 아니고, 플리니우스와 마찬가지로 문헌적 수집가로서 일하였다. 그러나 그들은 이런 일로 전 중세에 대하여 지식과 과학적 관심을 일으키는 데 공헌하였다. 그들은 학교교육의 보급과 개선을 기도함으로써 학문의 연구를 광범하게 넓히는 노력을 하였다. 이것에 대해서는 카시오도루스나 라바누스-마우루스뿐만 아니라 세비야의 이시도르의 공적도 인정하여야 한다.

수도원이 학술 연구의 중심이 된 것과 같이 이 수도원에서는, 특히 처음으로 문화가 열리기 시작한 게르만 여러 나라에서는 의학이 부흥하게 되었다. 수도사는 자신이 사용하기 위해서뿐만 아니라 주위의 주민을 위하여 의약을 조제했다. 약용식물은 수도원의 돌담으로 둘러쳐진 특별한 밭에서 재배되었다. 성 카렌 수도원의 약초원에 관한 상세한 보고가 전해져 있는데, 이 약초원은 이미 9세기에 근방의 마을들에 약을 공급하고 있었다. 이러한 목적을 위하여 성 카렌 수도원에서 재배되고 있던 수많은 식물 중에는 '살비아', '헨루다', '박하' 등이 있다. 고대에는 보통 의사가 조제했는데, 게르만 문화권 안에서는 독립된 약국이 중세 후기에 나타났다.

2. 서구 중세의 의의

가장 높은 사물에 대해서 얻을 수 있는 가장 적은 지식은, 보다 낮은 사물에 대한 가장 확실한 지식보다도 더욱 '열망할 가치가 있는 것이다. - 토마스 아퀴나스(Thomas Aquinas)[4]
중세가 과학적으로 불모였다고 하는 것은, 아기를 밴 여자도 밴 아기를 낳기까지는 '돌 개집'이라고 하는 것과 같은 어리석은 짓이다. - 조지 사턴(George Sarton)[5]

1) 과학사에서 중세의 위치
과학이 발전해 온 전 과정을 볼 때, 그것을 두 개의 큰 시기로 구분할 수 있다. 하나는 고대의 여러 민족이 이룩한 기초에서 발전하여 그 후 그리스인과 함께 힘차게 전진한

---

4 Thomas Aquinas(122~1274): 성인 d'Aquino 백작 집안에 태어난 이탈리아의 신학자이자 철학자. 몬테-카시노와 나폴리에서 교육을 받고 1244년 도미니코 회에 가입하여 1245~1259년까지 주로 파리에서 활동하다가, 로마 산타-사비나 수도원에서 연구했고, 1269~1272년에는 파리 도미니크회 신학교 학장이 되었다.
5 George A. L. Sarton(1884~1956): 20세기 전반의 가장 저명한 벨기에 태생의 미국 과학 사가. 제1차 세계대전 중에 영국을 거쳐서 1915년 미국에 망명하여 1915~1916년 조지워싱턴 대학 과학사 강사, 1916년에 하버드 대학 강사, 1940년 이래 교수로 재직했고, 1928년에 '국제 과학사 학회'를 창립했다.

헬레니즘과 아랍이 그리스의 유산을 보존하고 전달해간 시기까지이다. 그리고 또 하나는 15~16세기에 근세 유럽의 과학이 깨어나서부터 시작하여 눈부시게 발전하여 과학의 광채와 더불어 그 위험으로 덮여버린 현대까지이다. 이 두 개의 주요 기간 사이에 '중세', 특히 11세기에서 14세기까지가 끼여 있다. 사실 중세야말로 발전의 결절점이며, 회전점으로 볼 수 있다.

본래 어느 시대를 중세라고 불러도 그것 나름의 근거가 있다. 어느 시대를 들어보아도 앞 시대와 뒤 시대의 중간이며 이전과 이후의 중앙에 있으므로, 역사적으로는 세 가지 관점에서 고찰할 수 있다. 첫째는 그 이전에 된 것의 유산과 계속으로서이고, 둘째는 '모든 시대의 중심'적 중앙을 차지하는 시대로서이다. 어느 시대이건 당시의 사람은 그 시대를 중심으로 생각할 것이다. 즉, 그 시대에는 고유의 가치, 신에의 무매개성(無媒介性, 랑케의 말)이란 점에서도 '중심'이란 입장에서 보게 된다. 셋째는 새로운 것의 전 단계로서, 준비와 잠복의 시대로서이다. 새로운 것은 각 시대 안에서 이미 새로운 길을 개척하기 시작하여 후세에 영향을 미치기 시작할 것이다. 그런데 일반적으로 민족이동의 시작부터 15세기 말까지를 '중세'라고 말한다. 이 시대를 중세라고 부르는 근거나 의미는 사가에 따라 각양각색인 바 그 논란은 피하자. 그 대신에 과학사에서 이 시대의 위치는 어디며, 특히 '중세'라고 불러도 좋은가, 그렇다면 왜 그런가를 문제로 삼자.

이 시기를 발전의 정점이란 의미로 '모든 시대의 중앙'이라고 이해하려면, 이 시대만큼 그 이름에 맞지 않는 것도 없을 것이다. 그래도 과학상의 지식과 진보에 서구의 중세가 가져다준, 즉 과학적 수확인 지식의 대하 속에 중세의 기여에 주목한다면, 중세의 업적을 무시할 수만은 없을 것이나, 그 이전이나 이후의 강력함에 비하면 어떻게 보아도 보잘것없다. 그러나 이 중세란 이름을 과학이 발전해온 모든 행정의 도중에 있는 관문의 시대, 교차점의 시대, 관절이란 의미로 이해한다면 이같이 적합한 시대도 없을 것이다.

일반적으로, 특히 19세기와 20세기 전반의 역사가 중에는 이 시대를 '암흑의 시대'이며, 상대적으로 중요하지 않다고 말해 치우는 수가 많다. 기껏해야 많은 분야에서 이룩된 과학적 수확은 나뭇잎 사이로 스며든 햇빛과 같은 것으로 본다. 이것은 터무니없는 생각이다. 우리는 이 시대가 차지한 중심적 지위와 중요한 기능을 이해하지 않으면 안 된다. 이 중세는 대강 11세기까지의 제1기와 12세기에서 14세기까지의 제2기로 나누어 볼 수가 있는데, 제1기에서는 새로운 문화의 기반이 수세기에 걸쳐서 기독교 교회에 의하여 이루어져 왔다. 그리고 제2기에는 지중해 세계에 보존되어 있던 과학적 전통이 아랍의 본줄기에서 그리고 다른 여러 지류에서 이 젊고도 새로운 문화 구역으로 흘러들어와서 이들이 과학에 눈뜨게 하였다.

제2기만 적어도 300년이라는 장대한 시간의 흐름의 간격을 두고 있다. 문제는 착잡하고 거대하다. 그래서 일반적이며 정신사적인 배경을 일일이 밝히기는 어렵다. 그러나 발전을 결정한 여러 힘이 풀 수 없을 만큼 다양하게 뒤섞여 있기는 하나, 그것들 안에서 과학의 진로에 특히 중요한 몇 가닥은 뽑아낼 수 있으며, 그렇게 하지 않으면 안 된다. 그렇게 함으로써 서구의 발전을 결정지은 통일성과 다양성을 내포해 온 기본적인 여러 힘의 전부를 맞날 수 있다. 즉, 유럽의 서부와 북부에 있던 젊은 여러 민족들, 로마의 조직력, 고대로부터의 정신적 전통, 그리고 특히 기독교가 그러한 것이다. 역사의 변증법적 발전 도식으로서, 상호로 작용하는 이들의 힘 가운데 과학의 발전을 오직 촉진하는 정(正)과 저지하는 반(反)으로 판단할 수 있는 것은 하나도 없다. 도리어 이것들은 과학의 발전에 대해서는 양극적인 이중 관계 또는 상호 관계에 있다. 그러나 과학의 발전에 더욱 저해한 쪽이 큰 요소와 보호 촉진한 쪽이 보다 많은 두 가지 요소에 대해서 살펴보기로 하자.

2) 저해한 힘

우리의 목적에서 보면 중세도 두 개의 주요 시기로 명확히 구별된다. 제1기는 중세 초에서 11세기까지이다. 이 시기의 유럽은, 특히 같은 시기에 아랍 세계에서 성취된 발전 상태에 비교하면 너무나 뒤떨어져 있었고, 이렇다 할 과학적인 활동은 하나도 찾아볼 수가 없다. 물론 신학이나 철학적인 지식은 중요한 예외이기는 하나, 이렇게 정신 활동이 부진했던 원인은 여러 가지로 찾아볼 수가 있다.

서로마제국은 여러 가지 이유에서 쇠망하였다. 켈트나 게르만과 같은 야만 종족이 바깥으로부터 침공한 것도 있으나, 이것은 이유의 일부에 지나지 않는다. 침공을 받고 수 세기가 지난 후 결국은 민족이동의 진통을 겪은 후에, 정치적 진공 중에 어느 정도 견고한 새로운 질서가 만들어졌다. 그러나 이 상태에 도달한 서프랑크 왕국의 칼로린 조(Calolingiens, 8~10세기)까지도 중부와 서부 유럽, 특히 서구는 사회적·과학적 발전 상태에서 보면 아직 처녀지라고 말할 수 있었다. 당시 로마 영토 내의 주민들은 대부분 야만인이었고, 그들은 로마의 질서나 풍습에 접한 적이 없었다. 이 민족들은 비교적 인구밀도가 적었고 미개하였다. 지중해의 고대 문명과 비교해도 훨씬 뒤떨어진 지역이었다.

그들이 토지를 갈고, 확고한 농경 사회 조직에 도달하기까지는 아직도 수세기가 필요하였다. 이 수세기 간에 주민 대다수의 힘은 그들의 실생활의 문제만으로도 사실상 벅찼다. 문명의 오래된 중심지와 겨우 개화하기 시작한 이들 나라와는 '문화의 낙차'가 너무나 컸다. 거기에다 부도 없었고, 따라서 정신 활동을 할 여가조차 없었으며, 고차 문명의 심장이라고 할 도회지도 없었다. 문화의 나무에 늦게 피는 과학이란 꽃의 계절은 아직 오지 않았다. 그리고 소수의 지식인층이 품고 있던 정신적인 힘도, 전혀 다른 목표로 향해야만 했다. 로마에서 그들에게 전해진 종교는 동양에서 기원한 것이며, 피안의 왕국에 눈을 돌리라고 가르쳤다. 바울 사도나 초기 교부들은 이교의 철학이나 과학을 멸시했다. 바울 사도는 "지혜 있는 자(이 세상의 賢者)가 어디 있나! 선비(유대의 律法學者)가 어디 있나! 이 세대에 변사(修辭學者)가 어디 있나! 하나님께서 이 세상의 지혜를 미련케 하신 것이 아니냐!(고린도전서 2 : 20)"라고 성경에 기록하였고, 초기의 교부 테르툴리아누스도 다음과 같이 부르짖었다.

"멈추어라 영혼이여, 그리고 그대를 입증하라! 그러나 나는 학사에서 교육받은 자, 도서실에서 교양을 얻었거나 아티카 풍의 학원이나 회당에서 교육된 자로서 그대들을 부르고 있는 것은 아니다."

교부들은 초기에 이와 같이 이교 철학을 거부하였으나, 길게 끌지 않은 것은 물론이다. 기독교가 발전하기 시작한 처음 몇 세기 동안에도 이미 기독교적 관념의 세계에 그리스 철학이나 이교 철학, 특히 플라톤과 신플라톤주의 철학이 침투히여 밀접히 융합하기 시작하였다. 중세의 신학과 철학의 모든 활동은 초기에 교부들이 기독교 교의의 기초를 다지기 시작하여 아우구스티누스와 초기의 스콜라 학자를 거쳐서 장대한 정점에 도달하였다. 이 정점이란 중세가 전 세계에 영향을 미친 교의 체계(敎義體系), 즉 토마스 아퀴나스(Thomas Aquinas)가 세운 것과 같은 교의 체계였다. 그리고 이와 같은 교의 체계 확립 과정이 중세의 모든 역사였고, 이와 같은 일보다 더 긴요한 것이 없었으며, 다른 일을 할 여력도 없는 상태였다. 여하튼 모든 것이 종교 밑에 있었다. 이 장 첫머리에 인용한 토마스 아퀴나스의 말이 이러한 사정을 잘 나타내고 있다.

스콜라철학의 정신도 목적이나 방법에 있어서 경험적 과학의 육성에 적합한 것은 아니었다. 스콜라철학의 목표는 진리를 새로이 탐구하는 것이 아니다. 진리는 계시에 근거한 신앙의 진리 안에 처음부터 주어져 있다. 철학적 사색의 목적은 이 진리를 이성에 의하여, 이성이 미칠 수 있는 한도까지 인지하고 이해하고 설명하는 것과 이 진리를 일관된 합리적인 체계로 만드는 것이었다. 그리고 때로는 계시와 이성 간에 일어나는 모순을 조정하는 것에만 두었다. 그리고 이런 일만도 그들의 힘에 벅찼다.

스콜라철학의 사고 방법도 과학이 의미하는 경험에 근거하지는 않았다. 무엇보다도 존중된 것은 우선 반론의 여지가 없는 권위, 즉 성서의 문구나 교부의 설교였다. 어떤 명제를 증명하거나 그것을 사람들에게 설득할 때, 성서나 교의 중에 논거가 있는 것을 입증해 보이는 것이었다. 이들의 권위 자체 간에 모순이 있을 때에 한해서, 서로 대립하는 여러 문제를 뒷받침하고 있는 여러 가지 권위를 통합하거나 대치할 문제가 일어났다. 특히 스콜라 철학자 아벨라르(Pierre Abelard, 1079~1142)는 능숙한 솜씨로 '예와 아니오(sic et non)의 방법', 즉 변증법을 구사해서 이런 문제를 세밀하게 종횡으로 다루었다. 스콜라철학의 이런 태도에도 내적 필연성이 있었던 것을 이해하지 않으면 안 된다. 계승되어 온 대량의 것을 우선 받아들일 기반을 조성하여 받아들여 소화하고, 나아가서 점차로 그것들의 주인이 되어가야만 했다. 고대인의 장대한 지식과 깊은 통찰들은 당시의 서구인들에게는 너무나 무겁고도 힘든 짐이었다. 더욱이 그 안에는 골라서 버려야 할 것도 섞여 있었다. 따라서 그들은 우선 성서를 읽고 교부의 설교를 들어서 진리를 인식하는 것부터 배워나가야 했다. 누구나 스스로 연구하기를 원하는 사람도, 아니 그런 사람일수록 선인이 인식했거나 생각한 것을 우선 힘써서 배워야 되지 않나!

고대의 지식 중에 중세에서 섭취되고 소화된 것은 철학이었고, 그 가운데서도 특히 플라톤적 관념의 세계에 한정되어 있었다. 플라톤적 세계관은 그 근본 내용에서 볼 때, 경험적 과학이 싹트는 데 알맞은 것은 아니었다. 그리고 일반으로 이해된 의미의 신플라톤주의도 그랬다. 과학적 사상의 근원인 아리스토텔레스나 무세이온의 위대한 교사들에게나 유럽은 이것들에 접할 길이 없었고, 접해보았자 배울 기초가 되어 있지 않았다.

무엇보다도 과학의 발전을 저해한 가장 큰 원인은 무지에서 생긴 미신이 퍼져 있었던 것이다. 이때의 미신들은 우리가 상상하기조차 어려울 정도로 심했고 다양했으며, 넓게 퍼져 있었다. 신화, 전설, 괴담, 연기(緣起), 악령, 점성술 등이 맹신된 정도는 말도 안 될 정도였다. 가장 상층 계급의 사람들도 이것을 믿었다. 심지어 기독교 수도사들 중에도 있었다. 예를 들면, 프랑스 풀다뉴 반도에 있는 렌누의 어떤 수도사는 그의 저서 중에 광물에 대하여, "기원을 할 때 사파이어를 손에 쥐고 있으면 기원이 이루어지기 쉽다."라고 기술한 것이 남아 있다. 그들의 관념에는 악마나 악령의 대군이 사람을 둘러싸고 있다고 생각했다. 태고로부터 전해온 이교에서의 전설이 성서와 혼합되어 있다. '요정, 요괴, 주유신(侏儒神), 거신(巨神), 흡혈귀, 악마 등이 돌아다니다가 사람에게 달라붙는다'고 생각했으며, '육체를 떠난 혼과 영이 여기저기에 우글거리고 있다'고 생각했다. 마녀에 대한 신앙은 세상에 넘치고 있었다. 가톨릭교회도 이 신앙에 빠져들었고, 후에는 신교의 교회조차도 그렇게 되었다. 요술이나 마법을 써서 대자연에 작용하면 그것을 지배할 수 있다고 믿었다.

농업은 발달하지 않아 굶주림에 허덕였고, 관심은 저세상을 바라본 종교에 있었고, 스콜라적 사상은 권위에 손발이 채워져 있었고, 미신이 말할 수 없을 정도로 창궐하고 있었다. 과학사에서 이 중세 제1기가 가진 암흑한 성격을 이해하려면, 이런 것들의 전부를 고려하지 않으면 안 된다. 그런데도 덮어놓고 "교회에 의하여 자유로운 정신생활이 억압된 것이 주요 요인이다."라고 유물론자는 물론이고 서구인 과학 사가들도 말하고 있으나, 그것은 너무나 국부적 고찰에서 생긴 편견이다. 상기한 상황을 총체적으로 고찰하면, 이런 상황에서 어떻게 과학이 싹틀 수 있었으며 오늘날과 같은 발전을 이룰 수 있었는가 하는 것이 더욱 큰 의문으로 제기된다. 이러한 상황에서 어떻게 기독교가 전파되어 갔는지 알 수가 없다. 그리고 문화적으로 완전히 야만이고 정신적 백지상태에 있던 서구 민족들이 교화되어 고대의 문화나 과학을 받아들일 수 있는 기반을 조성하게 된 것이 더욱 놀랍다. 교회에 의하여 과학 활동이 억압된 것보다는 도리어 기독교나 교회가 과학의 발전에 기여한 보호와 촉진의 역할이 훨씬 더 컸지 않았을까!

3) 보호와 촉진의 힘

12세기가 되면서 중세의 정신적 발전에 놀라운 전환을 볼 수 있게 된다. 역사에서는 이와 같은 전환도 여러 가지 원인이 서로 얽혀서 생긴다. 일반적으로 보면, 경제적·사회적인 여러 관계가 변화한 것을 가장 먼저 들 수 있다. 그리고 과학에서 결정적인 충격이 된 것은 아랍과 접촉하여 그들을 통하여 그리스의 자료를 알게 된 것이었다. 많은 영향을 미치게 된 이 과정을 고찰하기에 앞서 역시 정신생활과 과학적 관심을 활기차게 작용한 일련의 내적 힘도 생각하지 않으면 안 된다. 이들의 힘은 12세기가 되어 처음으로 등장한 것은 아니고 이미 훨씬 이전부터 부분적으로는 기독교가 발전하기 시작할 때부터 작용하고 있었다. 아랍에서 이식된 과학의 싹을 눈을 벌려 보아야 할 거목으로 육성할 땅은 이런 힘에 의해 일구어지고 있었다.

로마의 법률 제도

가장 처음 기술해야 할 것은 로마의 법률 제도가 미친 영향이다. 로마의 정복자 정신과 통솔력은 서유럽과 중부 유럽의 대부분을 고대 지중해 문명의 기풍에 따르게 하고 말았다. 그리고 로마는 로마의 말을 하게 했다. 이것이 후에는 모든 유럽 국어를 형성하는 요소가 되었다. 야만인이 자기들의 말을 전폐하고, 로마의 라틴어를 그대로 이어받기도 했다. 로마는 사회제도의 기초를 가져다주었다. 고차 문명의 식림지인 도시도 생기게 했다. 19세기 말의 독일의 로마 역사가 몸젠(Theodor Mommsen, 1817~1903)이 카이사르의 사업을 평가한 말은 로마의 역사적 업적을 잘 표현한 것이므로 여기에 인용한다.

"지나간 그리스와 이탈리아의 영화에서, 보다 새로운 세계사의 더욱 자랑스러운 구조에로 하나의 다리를 놓은 것이다. 서유럽이 로마적이며, 게르만 유럽은 고전적인 것이다. 테미스토클레스(Themistokles, BC 528~462)나 스키피오(Scipio, BC 3세기)라는 이름이 우리 귀에는 인도의 마우리 왕조의 마가다 왕 아쇼카나 고대 아수르 왕 살마나살과 다르게 들리게 한 것, 호메로스(Homeros)나 소포클레스(Sophokles)는 베다(인도의 바라문교 聖典)나 가리다사(5세기의 인도 詩人)와 달리, 다만 문학의 수집가를 끌어당길 뿐만 아니라, 독자의 정원 안에서 우리 앞에 자랑스럽게 꽃피고 있게 한 것. 이것이 카이사르가 한 업적이다. 그리고 동방에 있던 위대한 선구자들의 창조물이 중세의 해일로 쓸려가고 분쇄되었을 때에도, 카이사르가 세운 이 건물은 인류의 종교나 국가가 변천하고 문화의 중심조차 옮겨간 수천 년간 무너지지 않고 견뎌냈다. 그야말로 영원이라는 이름을 걸머지고 높이 솟아 있다."

로마는 그 후의 서구 민족들에게 로마의 제도와 법을 가져다주었다. 젊은 각 민족은 로마법에 의하여 처음으로 법에 기초한 영원한 질서의 움직이지 않는 표상을 얻게 되었다. 특히 후기에 만민법(isu gentium)의 모양을 갖춘 것이 미친 영향은 컸는데, 이것은 로마 황제 시대의 스토아철학의 인도주의적이며 세계시민적인 이상을 받아 제정된 것이다. 이행기의 혼란 속에서도 이 이상은 새로운 민족의 의식에서 사라지지 않았고, 적어도 잠재의식에는 남아 있었다. 특히 그렇게 된 이유는 이 법이 생활 규율이나 수속 규칙을 단순히 모은 것이 아니라, 총결산된 하나의 전체로서 완성되고 완결된 모습이었고,

그 안의 개개의 것들이 있어야 할 곳에 있었기 때문이다. 이 작용은 더욱 지속됐다.

6세기에는 유스티니아누스 법전이 만들어졌는데, 이것은 특히 큰 영향을 미쳤다. 세속적 법률뿐만 아니라 기독교 교회의 교회법 안에서도 그 작용이 살아 있었다. 물론 이 유스티니아누스의 입법은 먼 비잔틴에서 행해진 것이다. 이 제국은 문화에서는 사실상 활동이 없었고 불모로 그쳤으나, 법 위에 세워진 법칙을 수호한 정적인 권위에 있어서는 뚜렷한 전례를 주었다. 이 먼 제국이 다만 존재한 것만도 하나의 범례로 되어 있었다. 비잔틴과의 접촉은 밀접하지 않았다. 그래서 한쪽으로는 이 제국이나 법률이 높은 이상으로 숭앙되었고, 또 한편으로는 동로마제국의 경직된 전통이 서쪽 민족들에게 직접적 영향을 주지 않게 된 이점이 있었다.

이런 점에 있어서 이탈리아는 특수한 입장에 있다. 이 땅에서는 야만인의 침입에도 불구하고 로마의 전통이 무너지지 않고 지켜져 왔다. 그뿐만 아니라 이탈리아는 동로마제국의 장군 나르세스(Narses, 478~573)와 벨리사리우스(Belisarius, 505~565)가 고트족을 격파한 후에 다시 동로마제국의 강한 영향 하에 들어가게 되었다. 이 나라가 근대 초까지 문화 활동의 태반의 분야에서 지도적 지위를 지켜온 이유의 하나는 바로 이것이며, 십자군 시대에 아랍 세계와 특히 밀접하게 접촉한 것과 그것이 계기가 되어 경제적 번영을 이룬 것도 또 다른 이유이다.

로마의 법적 질서에 내재한 보편적 질서란 이 이상이 과학의 전개에 큰 의의를 가진 것은 명백하다. 사물의 보편적 질서라는 이상은 과학적 사상을 품게 하는 전제조건의 하나이며, 이러한 사실은 그리스 과학을 고찰할 때에도 나타난 것이다.

종교와 교회

종교와 교회의 역할에 대하여 다시 고찰해 보자. 정신세계에서는 교회는 대단히 큰 보호의 힘이었다. 일반적으로 중세 초기의 전체를 통하여 제법 높게 보존되었고, 고전적 전통을 잃지 않고 있던 것은 모두 교회의 비호 하에 살아 있던 것들이다. 교양이 있는 계층은 성직자뿐이었다. 주민의 넓은 층에 지식과 교양이 전해간 최초의 통로가 된 것은 교회가 설립한 학교 제도였다. 유럽의 어느 민족이나 교양이 있는 사람들은 모두 라틴어로 소통하고 있었는데, 이 라틴어를 보존하고 상용하고 있던 것은 교회였다. 후에 중세의 학자는 라틴어만 사용하게 되었을 정도이다. 중세의 중요한 연구자나 사상가는 모두가 다 성직자이며, 특히 수도사들이었다.

오래된 수고(手稿)는 수도원에 보존되어 필사되었다. 서구적 수도 제도의 창설자 베네딕투스는 529년에 몬데-카시노에 수도원을 세웠다. 이 수도원은 경외할 만한 것이며, 오늘날까지 이어져 오고 있는데, 이 베네딕투스는 실제적인 노동과 근면한 정신 활동을 회칙으로 삼았다. 유럽의 사회 활동이나 정신 활동도 땅에 떨어진 이 시기에 새롭게 일어서기 위한 기초가 여기에서 쌓아올려져 갔다. 수도원은 이후 몇 세기 동안 유럽 전역에 퍼졌는데, 이것은 종교 활동을 키우는 곳일 뿐만 아니라 실천적이며 유용한 각종 활동을 싹틔우는 곳도 되었다.

수도원은 농업과 수공업의 중심지가 되었으며, 때로는 상업의 중심지도 되었다. 센트-카렌과 같은 수도원은 9세기에 교회 외에도 몇 개의 학교를 가졌고, 각종의 공작장과 물방앗간, 농가, 창고, 병원이나 목욕장까지도 가지고 있었다. 서방의 수도사들은 베네딕투스에 발단하여 공동체 속에 하나의 종합된 실제적인 노동 봉사를 하게 되었다. 이것은 동방의 기독교 수도사들의 이상에 반한 것이나, 과학의 발전에 있어서 의의 깊은 것이다. 지식 계층이 일반인들이 이미 알고 있는 사실이나 수공업 기술과 직접 접촉하게 되었다. 이 같은 접촉은 그리스인들에게는 체면을 잃는 것으로 생각되어 허용될 수 없던 것이다.

중세 후기에 도미니코(Dominico)와 프란체스코(Francesco) 수도회의 양대 수도원단이 모든 분야의 철학과 과학에 나섰다. 둘 다 13세기에 창립된 것이다. 일류학자는 거의 다 이 두 교단에서 나왔다. 토마스 아퀴나스와 알베르투스 마그누스(Albertus Magnus)는 도미니코 교단원이었다. 프란체스코 회원 가운데 사람만 들면, 영국 태생의 스콜라 학자인 알렉신디(Alexander of Hales, 1180~1245), 로저 베이컨(Roger Bacon, 1214~1294), 그리고 이탈리아의 스콜라 신학자 보나벤투라(Bonaventura, 1221~1274) 등이다.

이들 수도사들이 만든 스콜라철학을 보면, 그들의 기본 태도는 개론적이며 권위에만 주목하려 했다. 이러한 태도는 경험적 과학에 유해한 것이나, 당시의 서구 문화 수준에서는 부득이한 것으로 생각되며, 근대의 서구 과학은 스콜라철학 없이는 생각할 수 없다. 왜냐하면 이 철학은 질서 있는 은밀한 사유를 하게끔 서구 정신을 수세기간 훈련하였다. 즉, 스콜라철학은 서구 여러 민족의 정신에 장기적인 시야를 가진 은밀한 논리적 교육을 시행하였다. 다음은 이들에 대한 화이트헤드(Alfred North Whitehead, 1861~1947)의 평가이다.

"그러나 최대의 기여를 하고 있는 것은 무엇보다도 다음과 같은 점이다. 즉, 각 사상은 그것에 선행한 것과 완전히 일의적인 방법으로 결부될 수 있으며, 그러므로 보편적 원리의 예증을 주고 있다는 지울 수 없는 신념이다. 이 신념이 없으면 과학의 활동도 없어지고 만다. 발견할 수 있는 비밀이 존재한다는 것은 직관적인 확신이며 이것이 연구의 원동력이다. 이것은 중세가 하나님의 합리성을 믿고 양보하지 않은 데서 왔다. 그 하나님은 '여호와'의 인격적인 힘과 그리스 철인의 이성을 갖춘 분으로 이해됐다. 나는 누가 언명한 사상을 가리키는 것이 아니라, 그 시대의 일반적이며 무의식적인 경향을 말하는 것이다. 아시아적 종교는 신을 제멋대로인 것 또는 비인격적인 것으로 본다. 어떤 현상은 전제군주의 결단과 같은 제멋대로의 결단에서 생길 수도 있다. 그런데 '근세의 과학적 사상이 전개되기에 앞서, 과학의 가능성에 대한 신념은 이미 싹터 있었는데, 이 신념은 중세의 신학으로부터 모르는 사이에 점차로 생겨난 유도물'이라고 나는 감히 말한다."

이 합리성은 우선 사상의 영역에 쏟아졌다. 신학과 철학의 분야에서는 수명이 다할 때까지 살아남았다. 그래서 근대 과학이 성립되기 위해서는 이 합리성이 자연이나 외적 생활의 현실 면으로 돌려지기만 하면 되었다. 물론 이 스콜라적 합리성이 완전하게 끝맺은 것은 플라톤 정신 대신에 아리스토텔레스의 정신이 넓게 퍼져간 시대가 되고 나서이다. 이 아리스토텔레스의 사상이 퍼진 발단이 된 것은 그의 저작이 잘 알려져 온 것인데, 최초에는 아랍 세계가 이것을 중계했다. 서구에서 그리스 사상 특히 아리스토텔레스의 사상이 새로운 흐름으로 생긴 것은 어떤 점에서는 중세 정신사의 중심 사건이다. 이제 그 계기를 만든 아랍 세계와의 접촉을 살펴볼 차례이다.

4) 아랍 세계와의 접촉, 번역 시대

중세란 이름을 이행의 시대, 즉 발전의 전환점이란 의미로 사용할 때 과학사에서 12세기는 특히 그 이름에 합당하다. 유럽 정신과 아랍의 지식이 접촉한 것은 주로 이 12세기의 일이며, 그 영향은 실로 컸다. 11세기까지만 해도 서구의 전반적 문화나 과학 상태는 아랍 세계의 문화가 도달한 전반적 수준이나 과학의 상태에 비교해 보면 너무나 뒤떨어져 있었다. 이러한 수준의 차이를 미국의 과학사가 조지 사턴(George Sarton, 1884~1956)은 다음과 같이 말하였다.

"당시에 아랍인 중에 열렬한 우생학 신도가 있었다면, 구원하기 어려운 열등성으로 인하여 모든 기독교도를 단종해 버리라고 제창하였을 것이다."

당시의 서구 기독교권은 이웃 사람의 고도의 정신문화에 도저히 동화되기 어려운 정도로 미개하였던 것이다. 그런데 12세기가 되자, 물꼬를 튼 것과 같이 이러한 낙차가 갑자기 메워지기 시작하였다. 외부에서 보면 번역의 홍수와 같은 양상이었다. 줄이어 차차로 나타나는 번역의 파도를 쫓아가면, 이것만으로도 중세 서구의 정신사 전체를 고찰하고 정리할 수가 있을 것이다. 이렇게 되려면 반드시 다음 세 가지 전제조건이 필요하다.

첫째는 두 개의 다른 언어 영역 간의 수준의 차이, 문화의 낙차가 생겨 있을 것. 둘째는 수준이 낮은 쪽도 사회적으로나 정신적으로 어느 정도까지는 발전되어 있어서, 높은 쪽에 축적된 지식을 받아들이려는 요구가 생길 정도에 와 있지 않으면 안 된다. 즉, 받아들일 기초가 되어 있어야만 한다. 이것이 이전의 유럽에는 성립되지 못했다. 셋째의 전제로서, 말하자면 점화의 불꽃인 양 영역 간의 접촉이 없으면 안 된다. 이러한 접촉이 아랍과 유럽의 기독교 여러 나라들 간에 여러 곳에서 거의 동시에 일어났다. 그 같은 곳으로는 십자군에 의하여 시야 속에 들어오게 된 아랍의 동부 시실리 등도 있었으나, 특히 중요한 곳은 무아인의 스페인, 그중에서도 특히 토레도 지역이었다. 무아인의 지배가 무너진 후에 이 도시에 있던 막대한 서적이 기독교 측 학자들 손에 들어오게 됐다. 어떤 기독교의 대사교(라이문트 1세, 1126~1151)는 번역자단을 임명했는데, 그 번역자단 안에는 개종한 유대인도 있었다. 그런데 아랍어에 능통한 이들이 번역에 송사하여 아랍의 유명한 학자들인 아비켄나, 알-파라비, 알-가잘리(al-Ghazali), 알-화리즈미(al-Khwarizmi) 등의 제1급 저작들이 라틴어로 번역됐다. 그리고 1100년경에 영국의 스콜라 학자 아텔라드(Athelard of Bath)는 유클리드의 아랍어 역본을 번역하였고, 프랑스의 성직자 페트루스 베네라빌리스(Petrus Venerabilis, 1091~1156)는 『코란』을 번역했다.

이 시대 최대의 번역자이며 전 시대를 통하여 가장 훌륭한 학자의 한 사람은 스페인의 동양학자 크레모나의 게라르도(Gerardo de Cremona, ?~1187)이다. 그는 말로 들어온 프톨레마이오스의 『천문학 대전(Almagest)』을 자기 눈으로 보고 싶다는 일념에 토레도에 갔다. 1160년에 토레도에 도착한 그는 이 땅에 축적된 지식의 풍부함에 압도되어, 여생을 바쳐 이 보물을 유럽의 라틴어 민족들에게도 유용하게 활용되게 할 것을 결심했다. 그는 아랍어와 아랍 문학을 배워 각 지식 분야에서 최상이며 가장 중요한 것을 골라서 번역하기 시작하였다. 그래서 죽기까지 70~80편의 과학서를 번역해냈다. 그중에는 원저 불명의 것도 많다. 이 사업은 한 개인의 힘으로는 할 수 없을 만큼 큰 것이므로 조수나 제자, 그리고 지방인들이 거들어서 된 것으로 생각된다. 번역된 저작 가운데는 아리스토 텔레스의 것들, 수학자 유클리드, 아르키메데스, 아폴로니오스의 것들 외에도 천문학, 물 리학, 그리고 의학의 가장 중요한 저작들이 있다.

이와는 별도로 시실리 섬은 서방과 아랍 세계와의 접촉점이었다. 이 땅에서 처음으로 번역을 시작한 것은 노르만인의 지배자 프리드리히 2세(Friedrich Ⅱ, 1194~1250)이며, 그 는 이 일을 대규모로 시작하였다. 그의 궁정에는 아리스토텔레스의 동물학서를 번역한 영국의 동양학자 미첼 스코트(Michael Scott, ?~1236)가 일하고 있었다.

이와 같은 때에 가까운 남이탈리아에서도 번역가들이 활동하고 있었다. 스페인, 이탈 리아, 프랑스, 부란들, 잉글랜드 인들이 모두 이 번역의 일에 가담하였고, 당연히 이 일 의 주도적 역할은 유대인이 하게 되었다. 유대인들은 아랍 세계에 산재해 있었으며, 스 페인에도 많이 살고 있었고, 유럽의 기독교국에도 이주해 있었다. 그래서 특히 유대학자 들이 아랍어 책을 번역하는 일을 주도하게 되었다. 그들은 처음에는 아랍어를 라틴어로 번역하는 일을 하였으나, 유럽에 살고 있던 유대인들이 아랍어의 지식을 잃어버리게 되 자, 그들은 그것을 히브리어로 번역하였다가 다시 라틴어로 번역했다. 번역 과정은 교차 하기도 하고 얽히기도 하였다. 아랍어에서 라틴어로 번역되기도 하고, 아랍어에서 히브 리어로 번역하여, 히브리어에서 라틴어로도 번역되었다.

그리고 유럽의 각 국어가 충분히 발달하여 라틴어를 밀어내기 시작하자 이들의 각국 어로의 번역도 시작되어서 새로운 다양한 흐름이 생겼다. 그러나 그리스 원문에서의 직 접 번역이 전부터 이미 시작되어 있어서, 이것이 가장 중요한 역할을 하게 되었다. 그리 스의 유산은 처음에는 아랍인에 의하여 주목의 무대 위에 올려놓아졌으나, 후에는 당연 히 직접 그의 원천에 눈을 돌리게 되었다. 이렇게 되기까지 이전에는 그리스의 저작이 유럽의 독자에게까지 오는데 놀랄 만큼 멀리 돌아야 하는 길밖에는 열려 있지 않는 경우 가 많았다. 그리스인이 저술한 책이 우선 그리스어로부터 아랍어로 번역되었고, 그것의 일부는 직접으로 일부분은 히브리어를 거쳐서 라틴어에 귀결하였다. 그리고 라틴어로부 터 유럽의 각 국어로 번역되었다.

그리스어에서 직접 번역된 것들도 역시 대부분은 12세기에 행해졌다. 이 일의 정점이 며 결산이 되었던 것은 뫼르베크의 기욤(Guillaume de Moerbeke, 1215~1286?)의 일이다.

그는 부란들의 도미니코 회원이었으며, 1286년경까지 살았다. 여러 교황의 참회청문승(懺悔聽聞僧)이었고, 후에 고린도의 대사교가 된 사람이다. 그는 히포크라테스와 갈레노스, 아르키메데스와 헤론, 그리고 특히 아리스토텔레스를 그리스어의 원전에서 라틴어로 번역하였다. 이 이후부터 라틴어 세계는 아랍인에 의하여 번역되지 않은 저작들도 이용할 수 있게 되었다. 아리스토텔레스의 정치학도 그런 책의 하나이나, 이것은 유럽의 정치사상과 사회철학 사상에 새로운 한 시기를 구획하는 계기가 된 책이다.

기욤이 아리스토텔레스의 번역에 손대게 된 것은 그의 위대한 벗인 토마스 아퀴나스의 요청에 따른 것이다. 그리고 이 번역은 토마스 아퀴나스 자신의 철학 저작의 기초가 되었다. 그리고 13세기 말 경에는 그리스 원전의 번역이 완결되었으며, 특히 아리스토텔레스에 관해서는 이제야 서구가 그의 전모를 파악할 수 있게 되었다. 지식의 주권이 서구 민족의 손에 양도된 이 세계사적 순간을 조지 사턴은 다음과 같이 표현하였다.

"인류의 최고의 희망과 가장 고귀한 사상을 실은 역마차는 이제 말을 바꾸기 위하여 마차 역에 정거하였다. 종전의 회교도 마부도 갈려서 새 마부가 마차를 인계받았다. 새 말들은 기다리며 발버둥치고 있다. 석별의 잔을 들고 '안녕히' 한다. 마차는 그대로나 말과 마부는 교체되어 간다. 승객들도 한 사람 한 사람씩 바뀌어 간다. 그러나 마차는 되돌아갈 수는 없다. 앞으로 앞으로만 달려간다. 이 마차는 그리스인, 로마인, 여러 민족들, 그리고 최후에 아랍인, 이제야 유대인과 서구의 기독교도에 의하여 부려지고 있다."

- George Sarton, 『From Rabbi ben Ezra to Roger Bacon』 8권, 109쪽.

여러 문화는 그 깊숙한 곳의 본질에 있어서는 확실히 서로 융합될 수 없는 요소도 있다. 그러나 개개의 영역 간에는 서로 결실을 주고받으며, 자기의 수확을 유산으로 타 생활권에 양도할 수도 있다. 서구의 중세 지식 분야에 이와 같은 일이 일어났다. 12세기에 들어서자 서구 과학이 발전해 갈 기초가 잡아졌다. 이 기초는 그리스의 헬레니즘과 라틴의 기독교란 초석으로 된 것이다. 아랍의 과학은 자기의 유산을 양도하기를 끝내자 곧 정체하기 시작하여 끝내는 쇠망하였다. 아랍을 뺀 인류 문화의 꽃이 핀 네 권역, 즉 서구 기독교권, 인도권, 동아시아권, 그리고 아메리카권은 오래도록 별다른 깊은 교류 없이 병존해갔다. 그리스의 헬레니즘과 라틴의 기독교를 초석으로 한 서방세계의 마음밭에 아랍을 통하여 고대에 결실한 지식의 유산이 뿌려지자, 그곳에서는 모든 지식 분야에 새로운 생명이 싹트기 시작했다. 아랍으로부터 수태해서 태어난 가장 중요한 두 개의 문화적 작용은 유럽에 대학이 생긴 것과 아리스토텔레스를 향한 자세를 지켜온 스콜라철학이 중세 정신 활동의 정점에 도달한 것이었다.

5) 대학의 개화

고대의 아테네에는 플라톤과 아리스토텔레스가 개설한 자랑스러운 두 개의 학교가 있었다. 헬레니즘 시대에는 알렉산드리아가 무세이온을 갖추어서 정신 활동과 과학 활동의 새로운 중심지가 되었다. 아랍 세계에서는 바그다드와 카이로에 '현자(賢者)의 집'이란 것이 있어서 학문의 중심지가 되었다. 이러한 시설들은 모두 규모나 의의에 있어서 오늘날의 대학과 동등한 것이었으며, 연구와 교육 양쪽을 다 같이 담당하는 기관이 대부분이었다는 점에서도 그러했다.

서구에서는 12세기 말까지 이것들에 비견할 만한 것이 없었다. 고차적인 교양은 오직 성직 계급의 전담이었으며, 고등교육을 받을 수 있는 곳도 후진 승려들이 훈련을 받는 곳에 국한되어 있었다. 그 같은 신학적인 고등교육의 기관은 대개 수도원이나 대사원 또는 사교 관할구의 주요 도시와 같은 종교적 중심지의 무릎 밑에 만들어져 있었다. 그리고 교과는 신학에 국한되어 있었다. 사르트르, 요크, 캔터베리 등 특히 우수한 수도원에서는 어느 정도까지 고전의 전통을 장려한 곳도 있다. 독일에서는 쾰른이 신학 연구의 중심지가 되어 있었다.

초등의 학교 제도를 수중에 쥐고 있던 것도 대부분은 역시 성직자였다. 수도(修道, schola exterior)를 연 수도원도 많았다. 도시는 점차로 경제적으로 부유하게 됨에 따라 일반인을 생도로 한 세속적 학교도 생겼다. 처음에는 교회의 반대를 무릅쓰고 이런 학교가 개설된 적도 많았다. 이런 학교가 가장 빨리 나타난 것은 이탈리아에서였다. 그리고 곧 플랑드르(Flandre)나 한자동맹에 가맹한 여러 도시에도 만들어지게 되었다. 교과 과목은 초보적 기초에만 머물지 않을 때도 있었다. 그때 가르친 것은 소위 삼과(Trivium; 문법, 수사학, 논리학)와 사과(Quadrivium; 산술, 기하, 음악, 천문학)였다.

아랍을 거쳐 그리스의 지식이 흘러 들어오자 서구의 정신 활동은 전체적으로 높아져 갔다. 대학이 갑자기 생긴 것이 이것을 잘 나타내고 있다. 대학은 12세기 말에야 겨우 생겼다. 그중에 가장 오래된 여러 대학의 정확한 개설 시기는 잘 알 수 없다. 그것들은 개설된 것이 아니라 전부터 있었던 학교가 대학으로 성장된 것이다. 볼로냐(Bologna) 대학은 1888년에 창립 800년을 맞았다. 유명한 법학자 이르네리우스(Irnerius, 1056~1130)가 볼로냐에서 법률 강의를 시작한 것이 1088년이었다. 12세기에는 볼로냐의 법학학교와 나란히 의학학교와 자유학예의 학교도 열렸다. 1215년에는 이 세 학교의 학생 전부가 모여서 알프스 양쪽의 학생들이 두 개의 단체로 결집했다. 이 두 단체는 'universitas'라고 불리었다. 원래 수백 년간 단체라고 부를 만한 것은 무엇이든 이 이름을 사용하여 왔던 것인데, 이때부터 그 어의가 점점 좁아져서 결국은 오늘날의 대학이란 의미가 된 것이다. 파비아 대학도 1925년에 창립 1100주년을 축가했다. 이것도 처음 수세기 동안은 본래의 종합대학이었던 것은 아니고 법학 학교만 있었고, 이 점에서 볼로냐와 같다. 수세기가 지나면서 이 학교가 점차로 'studium generale'로 생성해갔다. 당시의 대학은 그렇게 불렸으나, 이 '일반적 연구'란 이름은 오늘에 또다시 영예를 만회하고 있다.

이 두 대학 외에도 프랑스에는 파리와 몽펠리에, 잉글랜드에는 옥스퍼드가 유럽에서 가장 오래된 대학으로 꼽힌다. 특히 중세의 수세기에 걸쳐서 파리 대학은 타의 어느 대학보다도 한층 더 빛났다. 13세기가 되면서 대학은 속출했다. 13세기에 창립된 대학을 들어보면, 전반기에는 파도바, 나폴리, 옥스퍼드에서 분가한 케임브리지, 그리고 스페인의 살라망카 등이 있고, 북이탈리아에는 파도바 외에 조금 후에 몇 개의 대학이 생겼는데, 이것들은 모두 볼로냐의 자매교였다. 후반기에는 리스본 대학(후에 코인프라로 옮겨서 현존)과 세비야 대학이 있다. 그리고 이 시대에 프랑스의 성직자 소르본의 로베르(Robert de Sorbon, 1201~1274)가 그의 이름을 딴 학교를 파리에 열었다. 이 소르본 대학은 1254년에 창립되어 1792년까지 신학 단과대학으로 있다가, 점차로 과가 늘어나서 1808년 이래 파리 대학의 문학부와 이학부(理學部)가 된 대화이다.

다음에 14세기에 개설된 특히 중요한 대학으로서 로마 대학과 이탈리아의 아비뇽-페루지 대학이 있다. 그리고 1348년에는 독일에 처음으로 프라하 대학이 개설되었다. 이때까지는 독일 청년들은 파리나 북이탈리아의 대학에 갈 수밖에 없었으며, 대거 유학을 했다. 또 14세기에 독일어 권내에 개설된 대학들은 1365년 비엔나, 1379년 엘플트, 1385년 하이델베르크 등이 있다. 15세기에도 대학의 개설은 줄지 않고 늘어났다.

6) 중세의 인식 이상

이들 대학이 만들어 내고 그 위에 자신들이 서 있던 인식 이상은 근대의 것과는 근본적으로 달랐다. 이것들을 가장 순수하고 완전하게 반영하고 있는 것은 중세의 신학자나 철학자가 저술한 두툼한 '대전(大全)'이다. 이 같은 저작이나 그것에 기술되고 변호되어 있는 철학 체계는 당시의 모든 지식에 걸쳐 있으며, 따라서 개개의 과학에도 걸쳐 있다. 그러나 이것들은 의도나 본질에서 보면 그러한 개개의 과학에 속한 것이 아니고 신학과 철학에 속해 있다. 그래서 이것들에 대한 평가를 하는 것은 본서의 범위를 벗어난 것이기는 하나 당시의 모든 인식이 지향한 목적을 파악하지 않고는 개개의 지식 분야에서 중세가 이룩한 업적을 이해할 수 없으며 바른 평가도 할 수 없다. 따라서 중세 사상을 대표하며 중세 철학의 최고봉에 도달하였다고 보이는 토마스 아퀴나스(Thomas Aquinas, 1225~1274)의 다음과 같은 논술만은 음미해 보고 넘어가기로 하자.

"인간의 최고의 지극한 행복(至福, 하늘나라)이 '보배(財寶)'라고 불리는 외적 재물에 있지 않고, 육체의 우위에도 있지 않으며, 혼의 감수적(感受的) 부분의 우위에 있는 것도 아니고, 도덕적 덕성의 실현을 인식하는 데 있는 것도 아니며, 더욱이 행동에 관한 정신적 특징, 즉 교묘함이나 현명함에 있는 것도 아니라면, 인간 최후의 지극한 행복은 진리를 관상(觀想)하는 데 있다. 이 활동만이 인간에게 고유한 것이며, 타의 어떤 생물도 가지지 못한 것이기 때문이다."

"그리고 이것은 타의 어떤 것도 최종 목표로 하지 않는다. 그것은 진리를 관상하는 것은 그 자체를 위하여 탐구되기 때문이다. 이 활동에 있어서는 인간도 더욱 고차적 존재와 닮아 있다. 왜냐하면 인간의 활동 중에 이것만이 하나님과 천사와의 사이에 있는 것이기 때문이다. 이 활동을 통하여 인간은 그 같은 고차적인 존재에 가까워진다. 즉, 인간은 그것들의 존재를 어떻게든 인식한다. 또 인간은 이 활동을 스스로 할 수 있다. 인간은 이 활동을 위하여 외적 사물의 도움을 최소한으로밖에는 필요로 하지 않기 때문이다."

"그리고 또 타의 모든 인간적 활동이 이것을 목표로 하고 있는 것도 명백하다. 관상을 완전히 행하는 데는 육체에 결함이 없는 것이 필요하며, 또 한쪽으로는 생활에 필요한 모든 제작물도 도움이 된다. 더욱이 정욕의 번뇌에 거치적거리지 않을 것도 필요한데, 사람은 도덕적인 재덕과 현명으로 이것에 도달한다. 이와 마찬가지로 또한 외부로부터의 교란에 대해서도 평정할 필요가 있다. 시민 생활의 모든 규율이 이 역할을 한다. 이와 같이 바르게 고찰하면, 분명히 인간의 모든 활동과 직분이 진리를 관상하는 데 도움이 된다."[6]

---

6 토마스 아퀴나스, 『반이교도 대전(Summa (de vertate cathoricae fidei) contra gentile, 1259~1264)』, 제3부 제37장, 201~202쪽.

상기한 토마스 아퀴나스의 말에서 인식의 정열이 넘쳐흐른다. 이 정열이 중세 후기 전체를 움직이고 있었다. 이것이 현대의 연구자들을 밤낮 실험실이나 문헌에 달라붙게 하는 정열보다도 박력이 적다고 하겠는가! 오히려 더욱 장대하며, 더욱 근원적인 힘과 깊이를 가졌다고 보인다. 그러나 지향한 목표는 다르다. 중세가 이해한 진리는 처음부터 주어져 있으며 변하지 않는 것이다. 진리는 태초부터 하나님 안에 있다. 이 같은 인식에 있어서는 인식 욕에 목마른 정열조차도 모두 무엇인가 깊은 안식의 경향을 나타낸다. 근대의 과학적 사고가 휴식이 없고 불안한 것과는 정반대이다. 후자는 새로운 것이나 예상 밖의 것에 대하여 항상 받아들일 체제를 갖추고 있고 교정의 여지를 남겨두고 있다. 이 같은 태도야말로 근대의 특징이다. 그 인식은 진리의 직관이며, 진리는 하나님 안에 있다. 즉, '하나님이 진리이시다.'라는 기독교 신앙에 기초한 것이다. 중세의 인식은 위로 안으로 눈을 돌리고 있다. "하나님과 영혼을 인식하고자 나는 갈구한다."라고 아우구스티누스는 말했다. 근대와 같이 밑으로 밖으로 눈을 돌리지는 않았다. 이와 같은 철학 체계의 장대한 구조나 그 당시에 하늘 높이 솟아 있던 고딕 양식의 웅장한 사원의 구조 안에도 위를 향한 정열적인 충동이 반영되어 있다.

중세의 모든 정신 활동은 기독교를 배우는 일이었다. 중세의 신학과 철학의 전 역사는 초기의 교부들을 대표하는 아우구스티누스가 세운 기독교 교의를 기초로 하여 그것을 배우고 이해하려는 스콜라 학자들을 거쳐 토마스 아퀴나스에 이르기까지 장대한 기독교 교의 체계(教義體系)를 세우는 과정이었다. 그리고 중세의 인식 사상은 시공 차원을 초월한 영원불변하신 창조주 하나님의 진리를 믿는 데 기초하였으며, 그 양상과 특징을 한마디로 말하면 '일원성과 보편성'이다. 중세에는 '개별'과 '특수'보다는 '일반'과 '보편'이 존중된 것도 이것에서 나왔다. 중세 사회의 구조 전부에 이 일원성과 보편성에 대한 존중의 정신이 스며들어 있다. 국가에도 교회에도 자신에도 동료 관계에도 대학에도. 그래서 스콜라 철학자는 '일반과 보편'이란 개념에 대해서 논쟁하였다. '일반'과 '개별'의 어느 쪽이 고유하게 '실제적'인가 하는 것이 쟁점이었다. 이 논쟁을 한 정열적인 힘도, 쓸데없는 힘의 낭비로만 볼 것이 아니라 상기한 것에서 이해되어야 한다.

그리고 그리스 과학과 아리스토텔레스의 철학이 흘러 들어오자, 이것들을 포괄한 인식 구조의 통일성을 지키려는 대규모적인 일련의 시도가 시작되었다. 세속적 지식과 종교적 지식, 철학과 신학, 지식과 신앙을 모두 내포한 포괄적인 통일성에 끼워 맞추려는 장대한 시도였다. 토마스 아퀴나스가 한 일은 그중에서도 가장 대규모적이며 장대한 것이었다. 토마스 아퀴나스는 '이중진리(二重眞理)설'로 '신앙을 위하여 지식을 배척하는 신비파'와 싸웠다. 이 이중진리설에 의하면, 이성의 진리와 신앙의 진리는 마치 다른 것과 같은 차이를 가질 때도 있다. 그렇다고 "이성의 자연적인 가르침이 진리가 아닐 수는 없다"고 토마스 아퀴나스는 맞섰다. 그리고 또한 "신앙은 초이성적이나 반이성적일 수는 없다"고 말했다. 이것이야말로 '지성의 협동(unitas intellectus)'이다.

아리스토텔레스 철학은 이러한 시도의 여러 가지 단계에 있어서 채용되었으나, 그것이 한 단계 위에 있는 통일된 테두리 안에 갇혀 있어서 이상한 긴장을 자아내게 한 것은 주목할 문제이다. 1210년에 파리의 교구장 회의는 아리스토텔레스의 자연과학적 저작에 대한 연구는 금했다. 그런데 1215년 파리에서 아리스토텔레스 논리학의 연구는 당당히 지정을 받았으나, 형이상학과 자연철학의 저서는 금해졌다. 1231년에 교황령은 이것을 해금하였으나, 처음에는 검열을 받아야 했다. 그리고 13세기 중에는 파리에서 알베르투스가 아리스토텔레스의 철학을 가르쳤다. 그의 제자인 토마스 아퀴나스는 20년 뒤에 자기의 체계 안에 아리스토텔레스를 남김없이 흡수했다. 토마스 아퀴나스가 이 체계를 설한 곳도 역시 파리인데, 그가 전향하지 않으면 안 될 이유가 두 가지 생겼다. 아랍의 철학은 아리스토텔레스에 기초한 것인데, 이때에 아베로에스주의란 모양으로 기독교국의 대학에 범람해 있어서, 이것에 대하여 기독교 측이 공박을 하지 않을 수 없었다. 그리고 아리스토텔레스의 있는 그대로의 현실주의는 생성해가는 유럽 여러 민족이 더욱더 진실을 갈구함에 따라 자연주의적인 영향을 주는 역할을 했다. 이 갈구는 채워지지 않고는 지나갈 수 없는 것이었다.

그런데 권위에 대한 중세의 생각은 그대로 있어서, 아리스토텔레스의 저작에도 영향을 주어 아리스토텔레스가 세계를 지배하는 시대가 시작되었다. 그가 설한 것은 마치 성전과 같은 가치를 가지게 되었다. 자연과학이나 철학에 대한 논쟁에 있어서도 아리스토텔레스만 끌어넣어 맞추면 그만이었다. 마치 교회의 권위를 인용하여 신학의 논쟁을 결정짓는 것과 같은 식이었다. 이 상태는 길게 지속되었다. 그러나 결국에는 아리스토텔레스의 무기가 자기 자신에게로 되돌려지고 말았다. 즉, 유럽인도 서적만을 찾는 것을 그치고, 아리스토텔레스가 가르친 방법으로 현실 자체에 눈을 돌리기 시작하였다. 그러나 이 때에는 중세적인 인식 이상의 지배도 이미 수명을 다하고 있었다.

중세의 사상은 모든 것 안에 하나님의 창조를 보려고 하였고, 모든 사물에 각자의 분담을 부여하려고 노력했다. 거기에서 또 하나의 특징이 생겨났다. 이것은 지극히 당연한 것이나 과학적 사고의 훈련을 거쳐 온 오늘의 독자에게는 독특한 것, 이상한 것, 적어도 비과학적인 것으로 보일 것이다. 이 중세의 특징은, 적어도 모든 사물이 하나의 세계 전체 안에서 각자의 '목적'을 가지고 있다고 하여, 이 목적이 고찰되고 추구된 것이다. 창조된 삼라만상의 모든 구조 안에서, 각각의 사물은 어떤 기능과 의미를 가졌는가를 해명하는 것이 시도되었다.

"근대 과학자는 시계를 산산이 분해해놓고, 톱니바퀴가 어떻게 조합되어 있는가를 보고 시계를 이해할 것이다. 토마스 아퀴나스라면 시간은 무엇이며 시계가 왜 시간을 지시하는가를 이해하려고 할 것이다. 이 두 가지의 지식은 어느 것도 본질적인 것임은 명백하다. 어떻게 움직이는가를 모르면 시계를 만들 생각은 결코 하지 않을 것이다. 또는 시계가 이미 만들어진 후에도 이것을 사용할 수는 없을 것이다……."

"중세의 사상가가 만물을 연구한 것은, 하나님께서 완전성에의 사랑으로 세계를 왜 어떻게 움직이고 있는가를 발견하기 위해서다. 근대의 물리학자는 어떻게 하면 되는가 하는 방법에 대해서, 인류에게 신의 지식을 주려고 한다. 그러나 무엇을 하는 것이 좋은가에 대해서는 주목하지 않았다. 요컨대, 현대의 과학은 물리학(자연철학)이나, 이에 대해서 중세의 과학은 그것보다 힘이 없으나 동시에 보다 중요한 무엇을 찾는 윤리학이었다. 윤리학만으로는 인류는 선을 사랑할 수는 있어도 결코 발견할 수는 없다. 그리고 물리학만을 가지고 있으면, 그가 전 세계를 획득할 수 있다 해도 그 영혼은 길을 잃고 헤맬 것이다."[7]

근대 과학의 특징은, 적어도 스콜라적 과학과 대비한 자연과학의 특징은 목적을 묻는 것을 포기하고 '어떻게'를 묻는 것, 즉 기능적인 방법을 묻는 것에 전념하게 된 점이다. 이런 물음은 사물을 지배하고 장래를 예측하려는 목적을 가지고 있으나 중세의 근원적 목적과는 전혀 다른 것이다. 중세가 구하여 마지않던 이 목적에 대한 물음을 포기한 순간이 근대 과학이 탄생한 때이다. 근대 과학이 세계를 흔들 만큼 성과를 올린 비결은 바로 이 목적에 대한 물음의 포기에 있다. 그러나 이와 같은 근대 과학의 일면성 안에 불안과 위험성도 숨어 있다.

---

7 랜달(1899년생, 미국 철학자), 『근대정신의 형성(The Making of the Modern Spirit, 1940)』, 제2판, 99~100쪽.

제 9 장
서구 중세의 과학

서구에서는 동양이나 그 후의 아랍권과는 달리 민족의 대이동으로 고대 과학은 완전히 말소되었고, 게르만 통치권이 수립된 후에도, 이 야만적인 서구인을 가르친 초기의 교부들은 오직 기독교로 교화하는 데 힘써, 고대 과학에는 눈도 돌리지 못하게 하였고, 게르만계의 여러 민족들도 교부들이 가르쳐 준 교의를 배우는 데 전념하였다. 그래서 서구의 기독교권의 중세는 12세기까지는 과학적인 정신 활동에서는 마치 '암흑시대'와 같아 보였다. 그러나 중세 말에 아랍권에 보존된 고대 과학의 지식에 접촉하게 되자 앞으로 세계를 영도할 근대 과학이 움트기 시작하는 것을 보게 된다.

1. 수학과 천문학

1) 서구 수학의 탄생 – 피사의 레오나르도와 요르단누스

12세기까지 유럽에서는 수학의 지식과 능력이 일반적으로 대단히 낮은 상태였다. 10세기에 수학 문제에 대한 편지가 교환된 것이 지금까지 남아 있는데, 계산에 대해서는 조금의 솜씨를 보여 주고 있으나, 기하학은 고대의 피타고라스학파의 수준보다 낮은 상태다. 경제 관계는 아직 자연경제라 계산 능력을 거의 요구하지 않아서, 오늘날의 어린 학생들도 알아야 할 수의 개념조차 발달해 있지 않았다. 계산술은 초보적이며 나눗셈이 한도였다. 상인들은 주판(Abac)을 사용하였다.

아랍인은 8세기 이래 인도 기수법을 사용해왔으나 서구에는 아직 알려져 있지 않았는데, 피사의 레오나르도 피보나치(Leonard Fibonacci)가 1202년에 출판한 그의 저서 『계산법(Liber aboci, 1202)』에 이 새로운 체계를 처음으로 명확하게 남김없이 기술하였다. 그는 피사에서 출생하여 피사의 피보나치(Fibonacci) 또는 레오나르도(Leonard)로 불리었다. 레오나르도는 아버지가 상인이라 알제에서 살았던 덕택에 이곳에서 자라나며 아랍인 교사로부터 이 새로운 방식을 배웠다. 그는 동양(오리엔트)을 여행하며 아랍인의 저작을 연구하여 그리스의 수학자에 대해서 알게 되었고, 유클리드, 아르키메데스, 헤론, 그리고 디오판토스의 저술에 정통하게 되었다. 이 레오나르도의 책은 '주판의 책(Liber abaci)'이란 제명이 붙어 있으나 이것은 역설적이다. 이 책이 주장한 것은 새로운 기수법과 계산법이며, 이것은 주판을 물러나게 한 것이기 때문이다.

이후에 예전의 방법을 고집하는 주판가(Abazist)와 새로운 방법의 제창자인 산술가(Algorithmiker) 간에 경쟁하게 되었고, 이 경쟁은 오래 계속되었다. 레오나르도의 책이 나오고 한 세기가 지난 후에도 피렌체에서는 이 새로운 숫자의 사용을 금했다. 그러나 화폐경제가 발달하고, 어음이나 수표에 의한 현금 없이 거래하는 것이 성행하여 은행 제도나 이자 계산의 완비가 요망되고, 특히 항해가 성행하게 되자 새로운 방법이 아니고는 충족될 수 없는 요구가 생겨났다. 그래서 하는 수 없이 처음으로 아랍 숫자를 채용한 것은 이탈리아였다. 이탈리아는 새로운 경제 방식의 선두를 달리고 있었기 때문이다.

레오나르도의 이 책이 나온 때를 유럽 수학의 탄생으로 보아도 좋다. 이 책의 내용은 아랍 숫자의 소개에 그치지 않았다. 그는 창조적인 수학자였으며, 특히 방정식의 처리에 대해서는 스스로 터득한 지식으로 이 분야를 풍요하게 하였다. 프리드리히 2세가 1225년에 파레루모에서 개최한 '계산 경기대회'는 유명하다. 그는 이 기회에 어려운 3차 방정식을 놀랄 만하게 정밀하게 풀었다. 그는 또 수열(數列)의 이론에도 손을 댔다. 그 이름은 소위 '토끼 문제'에서 발전한 수열도 있다. 한 쌍의 토끼에서 출발하여 매월 한 쌍씩 새끼를 낳고, 새로 난 것은 2개월째부터 자기 새끼를 낳는다고 하자. 수열은 1, 2, 3, 5, 8, 13, 21, 34, 55, 89······ 가 된다. 이 각 항은 선행한 두 항의 합이 되어 있다. 레오나르도는 이 책 외에도 『기하학의 실재(Proctica geometrica)』라는 제2의 주저를 저술했다.

2) 니콜라우스

레오나르도와 동시대의 호적수는 요르단누스 네모라리우스(Jordanus Nemorarius, ?~1236)이다. 그에게서는 아랍의 영향을 찾아볼 수 없다. 그 대신 그는 오레스메의 니콜라우스(Nicolaus)를 선두로 하여 서구 수학의 주요 주제를 형성해 갈 사상을 최초의 전조로서 발견한 것이다. 13세기에서 14세기에 걸쳐 수학 문제를 다루는 학자의 수는 꾸준히 늘어났다. 그중에서도 프랑스인 오레스메의 니콜라우스(Nicolaus Oresmius, 1320?~1382)가 아주 걸출했다. 그는 1320년경 간(Gand) 근교에서 태어나 파리에서 수학했다. 황태자, 즉 후에 '현명왕'이라고 불린 샤를 5세(Charles V, 1337~1380)의 설교사와 교사가 되어 파리와 노르망디의 고향에서 번갈아 봉사했다. 그리고 끝으로 리쥬의 사교(司敎)가 되었으며, 1382년에 사망했다.

니콜라우스는 다방면의 학자로서 여러 전문 분야의 역사에 이름을 남긴 사람이다. 그는 수학, 천문학과 점성술, 그리고 물리학에 대한 저술을 하였고, 아리스토텔레스의 주해를 했으며, 화폐 이론에 대해서도 저술하였다. 그의 저술『화폐의 기원, 본성, 법과 변혁에 대하여(De origine, natura, jure et mutationibus monetarum)』는 유럽에서 국가 경제를 다룬 것으로는 가장 오래되고 유명한 저술이다. 다만 경제문제를 다룬 것은 13세기의 대집성에서도 이미 언급되어 있으나, 국가 경제를 전문으로 다룬 것은 이것이 처음이다.

니콜라우스의 이 수고(手稿)는 1863년에 독일인 빌헬름 로셔(Wilhelm Roscher)에 의하여 재발견되었다. 니콜라우스는 그 이전의 연구자들의 화폐에 대한 견해를 잘 알고, 그것을 활용하여 체계적으로 종합했다. 그리고 그것에 일련의 독창적인 생각을 첨가했다. 예를 들면, 통화의 안정성, 양화(良貨)의 특질 같은 것이다. 이 책은 실제 문제를 해결하는 데서 비롯된 것이다. 즉, 당시의 통화가 불안하였던 것과 경제의 곤란을 경험하여 이에 대한 실제적 시책을 수립하기 위한 목적에서 저술되었다.

니콜라우스는 처음에는 이것을 라틴어로 저술하고, 후에 자신이 프랑스어로 번역하였다. 그래서 그는 라틴어가 아닌 자기의 모국어로 저술한 최초의 사람이며, 이것은 매우 중요한 의의를 가진다. 과학적 사고를 정세하게 표현하는 데 프랑스어는 아직 적합하지 않은 곤란이 있었으나, 그는 수많은 새로운 표현을 만들어 내어 이 곤란을 극복하였고, 과학에 사용할 프랑스 어휘의 기초를 수립하였다.

수학 분야에서는 니콜라우스가 저술한 네 가지의 저작이 잘 알려져 있다.『비례의 계산(Algorismus proportionum)』이라는 책은, 분수 지수를 도입한 것으로 중요하다. 그러나 더욱 흥미를 끄는 것은『식(式)의 폭(幅)에 관한 논리』이다. 이것은 그가 처음으로 저술한 수학책인데, 그 안에는 서구 수학의 중심 개념인 함수와 그 도시법(圖示法)이 다루어져 있다. 여기서 '식'이란 것은 여러 종류의 현상을 일괄한 어휘이다. '모든 현상은 변화된다.'라는 생각에서 니콜라우스는 "변화를 기하학적 도형의 고찰로 귀착시켜서 그것을 인식하자."라고 제안한다. 여기에는 대단한 의의를 가진 두 가지 생각이, 싹튼 모양으로 포함되어 있다. 그 하나는 수학적인 고찰 방법을 자연 현상에 미치게 한 것이고, 둘째는 어떤 현상이 변화할 때 그 경과를 도시할 수 있다는 생각이다. 이때에 '길이'와 '폭'이란 표현은 직각 좌표의 가로와 세로의 의미로 사용되고 있다.

예를 들면, 체온의 변화를 시간을 '길이'로 하고 온도를 '폭'으로 하여 도시하면 체온 곡선이 되는데, 이것으로 체온 변화가 잘 이해되고 표시된다는 것이다. 니콜라우스는 여러 형식의 이런 곡선을 고찰하고, 기술할 때의 용어를 만들어 냈다. 그는 폭이 영이 되

314

는 점과 정점에 도달하는 점이 있다는 것을 인식하고 있었다. 이것은 훨씬 후에 세워진 함수의 극대와 극소설을 상기하게 한다. 이런 것들을 전체로 종합해 보면, 물론 그가 루네 데카르트가 창시한 해석기하학을 그보다 앞서 다루었다고는 볼 수 없다고 하더라도, 적어도 그 같은 미래를 예상하였다고 말할 수는 있다.

유럽은 아랍 과학의 영향을 받아 수학과 기타의 지식 분야가 활기를 띠게 되었다. 그런데도 중세 천문학에 대하여는 내세울 만한 것은 별로 없다. 중세 유럽의 천문학은 '그리스=아랍'의 천문학 지식을 구석구석까지 모두 채용하고는 있었으나, 본질적으로는 더 나아간 것이 아무것도 없기 때문이다. 물론 전부가 예외 없이 아랍인이 계승한 프톨레마이오스의 체계를 아무런 비판 없이 그대로 받아들인 것은 아니다. 정신계의 선두에 선 사람들은 프톨레마이오스 체계의 불충분한 것도 인정하여 비판도 했다. 시론이나 가설이란 형식으로 코페르니쿠스 체계로의 혁명의 방향을 지향한 사상도 움트고 있었다. 니콜라우스나 로저 베이컨은 이러한 비판가의 한 사람이다. 베이컨은 력(曆)에 대한 중요한 두 개의 저작을 하였다. 이것들은 과거의 각 시대나 각 민족의 '력 제도(曆制)'에 대해서도 훌륭하게 기술하였고, 율리우스력(曆)의 개정도 권하고 있다.

어떤 점에서 니콜라우스는 당시의 누구보다도 훨씬 뛰어난 견식을 가지고 있었다. 그는 전 중세를 통하여 그 이상 없는 인기를 차지하고 있던 점성술과 싸웠다. 그의 제자인 오레스메의 샤를까지도 주로 점성술을 지지했던 상황 하에서 말이다. 그는 『점성술사에의 반론(Traktat gegen die Astrologen)』을 저술했다. 거기에 '점성술의 지식은, 모두 무의미하며 유해하다'고 논술하고 있다. 니콜라우스 이전에도 점성술을 반박한 저서는 있었으며, 니콜라우스도 그 논지를 잘 이해하고 있었다. 그리고 그는 명쾌한 이성을 가지고 당시의 천문학의 지식에 정통해 있어서, 자신의 이론도 부가했다. 그도 하늘의 어떤 과정이 지상의 과정에 일반적인 영향을 미칠 수는 있다고 인정했으나, 개개의 과정이나 개개의 인간에게 특수한 영향을 미친다는 것은, 예를 들어 누구의 병이 천공 현상의 영향을 받는다는 생각은(중세의 서구 의학에는 많은 점성술적인 생각이 침투해 있었다.) 결단코 인정하지 않았다. 한 세기가 지난 후에 이탈리아의 인문철학자 미란돌라(Pico della Mirandola, 1463~1494)는 니콜라우스의 투쟁을 다시 들어 더욱 발전시켰다. 이때 피코는 같은 편견의 압도적인 힘과 또다시 싸워야만 했다.

2. 물리학과 화학

1) 요르단누스

수학 분야에서 서구 수학을 탄생시킨 것이 피사의 레오나르도라면, 물리학에서 같은 역할을 한 것은 요르단누스이다. 요르단누스 네모라리우스(Jordanus Nemorarius)는 베스도파리아에서 12세기에 출생한 독일인이다. 그는 도미니코 회의 수장이었다. 보배의 뱅상(Vincent Beauvais)이나 알베르투스 마그누스(Albertus Magnus)가 이 회에 가담한 것은 요르단누스의 활동에 의해서다. 요르단누스는 파리와 볼로냐에서 가르쳤다. 그의 이름은 그가 처음으로 세운 명제 '요르단누스의 공리'와 결부된다. 이 명제는, "일정한 무게를 일정한 높이로 들어 올리는 힘은, X배 큰 무게를 X배 낮게 들어 올린다"는 것이다. 요르단누스가 저술했다고 단정할 수 있는 저서가 둘 있으며, 위의 명제는 그 안에 기술돼 있다. 이 두 저서는 정역학과 동역학의 문제를 다루고 있다. 그리고 아랍인이 그리스인에게서 유산으로 받아 보존만 하고 더 이상 발전시키지 못하고 있던 분야도 다루고 있다.

2) 페르그리누스

자석의 인력은 고대로부터 알려져 있었다. 중국인은 회전할 수 있게 설치한 자침이 항상 남북을 지시하는 것을 옛날부터 알고 있었다. 그러나 항해의 보조물로써 자침에 대해서 기술한 것은 중세에서도 11세기 이후에야 겨우 볼 수 있다. 처음에는 마법이나 악마의 짓이라고 하는 사람도 많았으나, 12세기에야 점차로 유럽에 퍼지기 시작하였다. 지중해 이외의 북방의 항해자들도 일찍부터 자석을 알고 있었던 것이 근년에 판명되었다.

피갈디 출신 프랑스인으로 십자군에 가담한 페트루스 페르그리누스(Petrus Pergrinus, 순례를 뜻함)는 1269년에 『자석에 관한 서신(Epistola de magnete)』을 저술했다. 그는 이 안에 자석의 현상을 기술하였는데, 유럽에서 자석에 대한 기술을 한 것은 이것이 최초이다. 이 저작은 이론부와 실제부로 나누어져 있다. 제1부 이론부는, 자석이란 것을 어떻게 아니? 극을 어떻게 발견하나? 자석은 어떻게 작용하나?(흡인과 반발), 쇳조각을 어떻게 자화(磁化)하나? 하는 물음에 답하고 있으며, 지자기의 관념도 여기에 처음으로 나타나 있다. 제2부 실제부에는 세 가지의 작은 상치와 두 종류의 나침반이 기술되어 있으며, 그 외에 자석으로 만든 일종의 영구기관(永久機關)이 기술되어 있다.

페트루스의 이 소저는 자연과학사에 하나의 이정표적 의의를 가지고 있다. 그것은 자석에 관한 당시의 지식을 정돈하여 종합하였기 때문은 아니며, 또한 페트루스의 독창적인 식견이 부가되었기 때문도 아니다. 무엇보다도 그가 이런 지견에 도달한 방법, 즉 실험 때문이다. 이 방법은 제1부에 기술되어 있다. 페트루스는 "자연 연구자에게는 일반적 지식이 필요하나, 그것과 함께 손재주가 있어서 수공을 잘할 필요가 있다. 이것이 있으면 연구자는 이 돌을 다룰 때 단시간에 잘못을 정정할 수 있다. 그러나 자연이나 수학에 대한 지식을 가지고 있어도 손놀림이 세심치 못하면 아마도 이러한 연구는 불가능할 것이다."라고 논술하고 있다. '손놀림'이란 과학사가 이때까지 들어보지 못한 새로운 울림이다! 페트루스는 로저 베이컨을 수제자로 가졌다.

3) 로저 베이컨

로저 베이컨(Roger Bacon, 1214~1294)은 옥스퍼드에서 파리에서, 그리고 아마도 이탈리아에서 '철학, 법률학, 의학, 그리고 신학' 등 당시의 모든 지식을 습득하여 소화하였다고 보인다. 당시의 학자들이 저작이나 토론에서 논쟁하고 있던 대부분이 그에게는 다만 말싸움에 지나지 않는 무익하고 쓸모없으며 기초가 위태로운 것으로 생각되었다. 그는 1214년 잉글랜드에서 출생하였고, 그의 나이 37세인 1251년에는 옥스퍼드의 교직에 취임했다. 그리고 그는 그의 독자적 길로 나아갔다. 그는 그때에는 이미 이탈리아에서 그리스어를 완전하게 배운 것 같으며, 『구약성서』를 원어로 읽는 것을 유대인에게서 배우면서 히브리어에도 통달했다. 타고난 재능을 십분 발휘하여, 그는 고대인의 책들을 원어로 읽고 자신이 실험 장치를 조립하여 실험도 했다. 이러한 수년간에 그는 일련의 소저들을 저술했다. 자신의 연구 성과인 '오목거울'을 기술한 것도 그중의 하나이다.

그의 주저인 『주 저작(Scriptum principale)』은 모두 네 권으로 되어 있으며, 모든 과학을 다루려고 했다. 즉 문법, 논리학, 광학, 점성술, 연금술, 의학, 형이상학과 도덕 들이다. 이 일을 하고 있는 중에 교황 클레멘스 4세(Clemens Ⅳ, 1265/1268)의 편지가 왔다. 이 교황은 프랑스의 날본누 대사교로 있을 때에, 베이컨과 친교가 있던 사람이다. 교황은 베이컨이 속해 있는 프란시스코회의 금령이 내릴지도 모를 이 저서의 사본을 한 부은밀히 보내주기를 요구하고 있었다. 이것이 1265년의 일이었다.

기독교의 최고 군주를 자기편으로 할 수 있는 절호의 기회였으며, 그가 자기의 원대한 기획을 도와줄 수 있을 것 같았다. 그런데 그의 본래의 시안이었던 주저를 완성하기에는 너무나 시간이 길게 걸려야 했다. 그래서 그 대신에 1267년에 『대 저작(Opus maius)』이라는 제목의 저서를 급하게 완성했다. 거기에 광학에 대한 특별 논문도 첨가했다. 그리고 수준 높은 독자도 『대 저작』의 방대함에 통독하기를 주저할 것을 염려하여 『소 저작(Opus minus)』이란 요약서도 저술하여, 1268년에 이 두 책을 교황에게 보냈다. 그리고 뒤이어 『제3저작(Opus tertium)』이라는 자기의 사상을 요약한 것을 보냈다.

클레멘스 4세는 그해 11월에 사망하였으므로, 베이컨이 보낸 저작을 받았는지도 의심스럽다. 여하튼 베이컨에게는 클레멘스 4세나 그의 후계자에게서 답장이 오지 않았다. 기대한 교황의 지지는 고사하고 이로 인하여 베이컨은 자신이 속한 프란시스코회의 상부층과 사이만 나빠졌다. 그가 상부층을 배제하고 교황과 직접 교제한 것이 화근이 되었다. 그 후에 베이컨은 『철학 연구의 요약(Compendium studii philosophica)』을 저술했는데, 이것으로 프란시스코회의 상부층과의 불화는 극도에 달하고 말았다. 이 저서 안에 그는 당시 철학 사상을 격렬히 비판했다. 거기에다 그는 교회의 내외나 종교 단체까지도 거리낌 없이 논란했다. 그 싸움은 무지한 대군중에 대항하여 혼자 분투하는 모양이었다.

그러나 그는 과감하게도 부언하기를 "그리고 나는 누구 한 사람도 내가 말한 예에서 제외하지는 않는다."라고 말했다. 그는 1278년에 재판에 회부되어 투옥되었다. 그 첫째 원인이 무엇인가는 분명치 않다. 상기한 공격 때문인지, 당시의 사람들은 보지 못했던 실험을 한 것이 마술이나 마법의 혐의를 받았는지, 그의 견해가 이단이라고 비난받았는지, 교단의 정치적 음모인지, 또는 결국은 이러한 모든 것이 합쳐진 것인지도 모른다. 교회 연보에서 계산하면 베이컨은 15년간 투옥됐다가 석방된 지 얼마 되지 않은 1292년에 사망했다.

베이컨의 과학적 견해를 알기 위해서는 남겨진 그의 저서 중에서도 『대 저작』이 가장 중요하다. 이 책은 7부로 나누어졌는데, 어느 부분도 어떤 대상 또는 전문 분야도 베이컨이 가졌던 생각의 윤곽 이상으로는 나아가지 않았다.

제1장 서장(序章)은 '오류의 원인'이 연구되어 있다. 그는 "그러한 원인은 습관의 궤도에 박혀 타성과 고집에 빠지는 것, 무지한 대중을 상대로 허영과 인기를 일삼는 것에 있다. 그러나 더욱더 중대한 것은 권위에 맹종하여, 예를 들면 아리스토텔레스를 덮어놓고 주어다 맞추는 점이다(스콜라 학자의 태도를 빗댄 것임). 아리스토텔레스의 저작이라 할지라도 틀림의 근원이며 진보의 족쇄인 한에는 하나도 남김없이 태워버리는 편이 좋을 것이다. 다만 성서와 교회의 권위는 예외로 하는 것이다."라고 기술하였다.

제2장의 '철학과 신학'도 이러한 그의 생각을 보증하고 있다. 이 장에서 베이컨은 성서를 믿는 기독교도는 교회의 충실한 자식으로 살아 있어야만 한다고 강조하고 있다.

제3장은 '언어의 연구'를 들고 있다. 베이컨은 번역한 성서가 부정확하고 불충분하기 짝이 없는 것을 상세히 제시하고 "신학자가 이러한 번역밖에는 성서를 모른다면, 어떻게 성서를 바로 이해하고 설명할 수가 있겠는가! 즉각 언어학자의 위원회를 구성하여 과학적으로 올바른 번역을 새로이 하도록 명령해주시기 바란다."라고 그는 교황에게 간청하고 있다. "그리스어나 아랍어나 히브리어의 저작에 대해서도 마찬가지이다. 원전에 손댈 수 없이 어떻게 그것을 바르게 이해할 수 있겠는가? 여기서도 역시 최초의 원전까지 거슬러 올라가지 않으면 안 된다!"라고 주장하였고, 이에 대한 그의 계획을 제출하였을 뿐만 아니라 자신이 직접 손댔다. 그는 라틴 여러 나라의 기독교도들이 원전을 읽을 수 있게 하기 위하여 최초의 히브리어 문전과 그리스어 문전(사전)을 만들었다.

제4장은 천문학, 음악, 지리학과 함께 수학의 연구를 다루고 있다. 언어의 연구 다음에는 '수학'이 필요하다는 그의 생각은 미래를 아주 잘 맞추고 있다. "과학은 실험을 연구 수단으로 하지 않으면 안 된다. 그리고 과학이 자연에 대한 명제를 수학적 형식으로 표현할 수 있게 되었을 때 비로소 과학은 완전하게 될 것이다. 성공으로 통하는 길은 이것 하나뿐이다."라고 베이컨은 인식하고 힘주어 주장하고 있다. 물론 베이컨에게 이것은 아직 예감이며 요청에 지나지 않았다. 그 자신의 수학 지식은 별로 뛰어나지도 않았고, 수학 자체를 그가 진보시킨 것도 없다.

제5장은 '안경의 과학에 대해서', 즉 '광학'에 대해서이다. 여기에는 더욱 독자적 견식을 포함하고 있다. 그는 아랍의 학자 알하젠(Alhazen, Ibnu'l-Haitham, 965~1038)이나 알-킨디(al-Kindi, Abu Yusuf, ?~880)의 저서를 알고 있었을 뿐만 아니라, 그 자신도 한평생 거울이나 렌즈를 사용한 실험을 하고 있었다. 그리고 그는 일련의 광학의 법칙을 논술하고 있다. 베이컨의 선생인 그로스테스트(Robert Grosseteste, Great-head, 1175~1253)는 '무지개'에 대한 논문을 썼는데, 그 안에는 이미 다음과 같은 생각이 명확히 나타나 있다. "시선이 일정한 모양을 한 수 개의 렌즈를 통과하게 하면, 이것으로 먼 곳의 대상을 가깝게 보거나 작은 것을 크게 볼 수 있을 것이다." 그 후 광학 연구는 급속히 발전하였다. 이러한 발전의 결과 특히 '안경'이 발명되었다. 베이컨도 이 문제를 다음과 같이 기술하고 있다.

"우리는 투명한 물체를 일정한 모양으로 하여, 자기 얼굴과 보는 대상 사이에 일정한 관계가 되도록 배치하면, 마음대로 광선의 방향을 굴절시키고 굽힐 수가 있다. 또 마음먹은 각도로 물체를 가깝게도 멀게도 볼 수 있다. 이리하여 우리는 믿을 수 없을 만큼 먼 곳에서 가장 작은 문자를 읽거나, 먼지나 모래알을 셀 수 있을 것이다. - 그래서 또 우리는 태양과 달과 별을 겉보기에 잡아 내리는 것과 같은 많은 일을, 진리를 알지 못하는 사람들의 혼이 견딜 수 없을 정도로 할 수 있게 될 것이다."
                                                    - 로저 베이컨, 『대 저작』, 제5장 4.

'빛의 본성'에 대하여 베이컨은 진상에 아주 가까운 관념을 가지고 있었다. 그는 빛의 방사는 '운동의 전달'이며 일정한 시간이 걸린다고 생각했다. 19세기 말에 남유럽의 어떤 옛날 성에서 암호문서가 발견되었는데 그것에 의하면 베이컨은 망원경이나 현미경의 원리를 언급하였고, 자신이 그 장치를 조립하여 사용했으며 그때 정자(精子)도 발견하였다고 한다. 이것은 잘 믿어지지 않는 것이나 아무튼 상당한 광학 지식이 있었던 것으로 보인다.

제6장은 '실험적 과학'에 대해서 기술하고 있다. 이것도 역시 개별적인 지식보다는 원리와 계획에 대한 예언적 통찰이 기술되어 있다. 베이컨은 "현상의 기초에 가로놓인 법칙에 대한 진리를 알고자 하는 자는 실험에 호소하지 않으면 안 된다!"라는 말을 하고 있다. '법칙의 발견에는 실험을! 그 정식화에는 수학!'이라는 실로 놀라운 관념이다. 그가 말한 '실험(experimentum)'의 개념은 아직 중세에서 사용되고 있던 넓은 의미, 즉 '경험'의 의미로 쓰이기도 하였다. 그러나 다른 곳에서는 근대의 개념과 동일하다. 인식한 법칙을 실제로 적용하여 일반적으로 이용한다는 사고방식도 예언적이며 바로 근대적이다. "실험과학 중의 상당히 넓은 부분은……" 하고 그는 기술하기를 "놀랄 만큼 유용한 장치, 예를 들면 '하늘을 나는 기계(비행기)', 견인하는 동물 없이도 무척 빠른 속도로 타고 다닐 수 있는 '기계차', 또는 배 젓는 사람 없이 빠르게 항해할 수 있는 '기계선' 등의 제작에 기여한다."라고 하였다.

또 다른 곳에는 '침몰할 우려 없이 바다나 강 속을 가는 잠수 기계(잠수함)'이나 '화약'에 대해서 말하고 있다.

"국가의 적에 대한 중요한 기술이 발견되어 있다. 이것은 칼을 쓰는 것도 아니고, 기타 실질적인 접촉을 필요로 하는 어떤 무기도 사용하지 않고 대항하는 모든 것을 멸할 수 있다."

『제3서(Opus tertium)』중에 특기할 것은, 초석(硝石)과 가루탄(분탄)과 유황을 일정 비율로 섞어서 폭약을 만드는 지침이 기술되어 있다. 그렇다고 베이컨 자신이 화약을 발명했다고는 할 수 없다. 13세기에는 이미 화약을 알고 있던 사람이 적게나마 있었다고 생각된다. 베이컨은 그에 대한 무기로서의 중대한 의의를 인식한 것이다. 실제로 전쟁에 화약이 사용된 것은 그의 다음 세대부터이다.

제7장(『대 저작』의 종장)에는 "이상에서 취급한 과학은 모두 실천적인 일면을 가지나, 타면에 사변적이기도 하다. 그 본질에 있어서 철두철미하게 실천적인 과학은 오직 하나 '도덕철학'뿐이다. 왜냐하면 그것은 인간의 행위나 덕과 악덕이나 행과 불행을 다루기 때문이다. 그러므로 도덕에 대한 이 과학은 타의 모든 철학(과학) 분야의 여왕이다. 사물에 대해서 무엇을 아는 것보다 더욱 중요한 것은 좋고 바른 생활을 아는 것이다. 이 기초는 오직 종교 안에서만 찾을 수 있다."라고 기술하였다. 그리고 기독교의 신앙과 교회에 충성한다는 명세로 끝맺고 있다.

착상한 점이나 예측한 점에 있어서도 로저 베이컨은 당시의 사람들보다 100년 정도, 부분적으로는 500년 정도나 앞서 있었다. 그렇다고 당시의 프란시스코회나 옥스퍼드의 내부에도 이미 과학적 전통이 움트고 있던 것을 불문에 붙이는 것은 잘못이다. 베이컨은 프란시스코회의 일원이며, 옥스퍼드는 그의 생활 터전이었기 때문이다. 베이컨은 이 전통을 발판으로 하여 일어선 것이다. 베이컨 자신도 그의 선생 그로스테스트나 선인들의 많은 혜택에 항상 감사하고 있었다.

베이컨 자신이 『대 저작』서두에 언명한 것같이 "인간이 모르는 것 또는 잘못을 범하고 있는 것은, 인간이 이미 알고 있는 것보다 무한히 많다." 따라서 그도 흠잡으려면 얼마든지 있다. 자기가 요청한 것을 자기는 항상 준수하였다고는 볼 수 없다. 예를 들면, 그는 아리스토텔레스의 권위에 반대했으나 여러 가지 아리스토텔레스를 인용했다. 그도 플리니우스나 보이티우스의 기담에 있는 온갖 잡담과 유치한 이야기를 곧이듣고 인용하였다. 그는 점성술은 괴기한 지엽적 면도 있으나 바른 핵심은 그러한 잘못에서 구별된다고 믿고, 그가 '진정한 점성술'이라고 들고 나온 것도 역시 지금에서 보면 과거의 잘못에서 벗어나지 못했다. 그도 타인과 마찬가지로 그 시대의 잘못에서 완전히 벗어날 수는 없었다. 그렇다고 그의 평가를 깎아내려서는 안 된다. 도리어 그가 다른 사람들보다 어떤 점에서 뛰어났는가를 평점으로 삼아야 한다. 그것은 무엇보다도 첫째로, 올바르고 성과를 약속한 '자연과학의 방법'을 인정하였다는 점이다. 즉. '실험과 수학의 의의'를 인정하고 있는 점이다. 그는 시대에 앞서 일보 나아갔는데, 그 일보가 바른 방향이며 적절한 방법이었다. 베이컨은 과학 분야뿐만 아니라 문화 전반에 대하여 올바른 방향을 제시하였다. 그는 "신앙의 바른 포교 수단은 힘이 아니고 설득이라야 한다."라고 십자군에 반대했다. 감히 관용을 설하고, 뿌리 깊은 편견에서 돌아서서 유대인을 위한 변명도 논술했다. 이런 점에도 베이컨의 독자적인 판단이 나타나 있다. 그리고 선의를 인식한 바른 생활을 하는 것이 과학적 지식보다 중요시되기를 그는 절망하였다. 이 소원은 현대에도 살아 있다. 아니 현대야말로 그렇게 원해야 할 때이다.

4) 화학

중세에 대해서도 그 이전과 마찬가지로 아직도 과학적인 화학이 생겼다고 말할 수는 없다. 그러나 과학적 화학을 향하여 중요한 몇 발짝은 내디뎠다고는 말할 수 있다. 여기에 두 가지 요소가 작용하고 있다. 첫째는 연금술의 신앙과 활동이 유포된 것, 둘째는 다양한 상업 분야의 기술이 개량된 것이다.

아랍인이 저술한 연금술 저서들은 번역되어 순식간에 전 유럽에 퍼졌다. 그 후에 바로 서구인의 저자도 닮은 저작을 하게 되었다. 그리고 신용을 얻기 위하여 아랍 기원의 책인 것처럼 체제를 모방하는 수도 많았다. 궁정에 연금술사를 초빙하는 왕후도 많았다. 교회는 연금술은 '악마의 짓'이라고 반대 입장을 취했으나, 연금술 사상이 교회 안에까지 퍼져 들어오는 것을 막을 수가 없었다. 연금술의 사상에 몰두하거나 그것의 실현을 지향한 실험이 이곳저곳에서 시작된 결과, 과학 정신에 큰 해독과 함께 여러 가지 물질과 그것의 처리법에 대한 지식이 널리 퍼졌다. 그리고 새로운 발견도 생겨났다.

12세기에 들어서서 유럽에는 새로운 물질이 알려지게 되었는데, 그 일부는 상술한 발견에서 또 일부는 산업의 생산 과정이 개량된 점에서 이루어졌다. 그리고 또 일부는 아시아 국가들에서 수입된 지식에 의한 것이다. 이미 베이컨에 대한 설명에서 기술한 화약도 그러한 물질의 하나다. 화약은 중국으로부터 들어왔다고 생각되나 증명할 수는 없으며, 콘스탄티누스 아프리카누스(Constantinus Africanus, 1020~1087?)가 발견하였다는 것은 더욱 불확실하다. 미술 부흥의 초석이 된 유화구(油繪具)도 이 시대에 새로이 알려진 물질의 하나인데, 그 조제법은 1270년경에 기술된 책 안에 있다. 알코올의 증류에 대한 최초의 언급은 이보다 한 세기나 앞서 있다. 도자기는 중국에서 온 것이 분명하다. 유리(硝子)의 제법은 고대에 이미 알려져 있었으나, 13세기에 특히 베네치아에서 고도로 발전되었다. 오늘날 엄청난 고가로 호가되는 베니스의 유리그릇도 이 시대에 만들어진 것이다.

3. 생물학

1) 생물학 일반, 박물학과 동물 우화

경작이나 수렵에 필요한 것이라든지 그에 따라 필연적으로 알려지게 된 것에 한해서는 중세의 서구 주민들도 유럽 원산의 동식물을 잘 알고 있었을 것이다. 실제로 오늘의 대도시 생활에 비할 수 없을 만큼 농업적 사회였기 때문에 농경 지식의 발달은 당연하다고 하겠다. 농업을 육성하는 데 베네딕트파의 승려들이 특히 큰 기여를 했다. 농업용의 교과서는 일부는 로마, 일부는 아랍에 기초하여 이미 일찍부터 유럽의 여러 나라 말로 저술된 것이 있었다. 그리고 플리니우스와 같은 고대 저자의 저술을 번역한 아랍 저서의 영향을 받아 과학적인 박물학에도 눈뜨게 되었다. 그래서 집성된 지식은 차례로 학자들로부터 일반에도 전해졌다. 그러나 일반인의 지식 정도는 전 중세를 통하여 변하지 않아서, 먼 나라의 동식물에 관해서는 실로 황당무계하며, 거짓에 찬 관념이 풍미하고 있었다. 그 이유의 하나는 자신들이 직접 견문할 가능성이 거의 없었다는 것이고, 또 다른 이유는 원 문헌 자체가 엉터리 관념들을 내포하고 있었기 때문이다. 2~3세기경 알렉산드리아에 『피시오로그스(박물학자)』라는 저작이 큰 영향을 미치고 있었다. 이것이 수 개국어로 번역되어서 넓게 퍼졌다.

그 내용은 기독교 도덕에 기초한 동물 우화이다. 중세의 '동물의 책', 즉 '동물 우화(Bestiarien)'는 대부분 『피시오로그스』를 근거로 한 것인데, 이것들은 지식의 보급보다는 기독교의 교화 역할을 목적으로 한 것이다. 그러나 독자들은 그것을 그대로 곧이들었다. 그러한 동물 우화를 들면 한이 없다. 실례로서 잉글랜드의 바르솔로뮤(Barthlomaus)가 저술한 『동물의 성질에 대해서(De propre-tatibus rerum)』에서 몇 가지 인용해 보기로 한다.

"사튜르(牛羊神)는 인간과 닮았다. 이마에는 굽은 코(曲鼻)가 있고, 발은 염소와 닮았다. 성
안토니우스(251~356년경, 이집트 태생의 성직자)는 광야에서 이것을 보았다고 한다. 이 기묘

한 동물에는 여러 종이 있는데, '쮜크로프스(외눈)'라 불리는 것도 있다. 눈이 하나뿐이며 이마 한가운데에 붙어 있어서 이 이름이 붙었다. 그리고 머리도 목도 없어서, 어깨에 눈이 붙은 것도 있다. '스기탸'에는 귀가 매우 큰 것이 있는데, 귀를 펼쳐 머리를 전부 쌀 수 있는 것도 있다. 그리고 에티오피아에는 또 다른 것도 있는데, 그것은 발이 하나뿐이며, 그 폭이 매우 넓어서 강한 햇빛을 받으면 지면에 드러누워 발로 햇빛을 가린다. 에티오피아의 어떤 지방에서는 다음과 같이 코끼리 사냥을 한다. 즉, 두 처녀가 발가벗고 머리를 풀고 광야에 나가는데, 한 처녀는 칼을 또 한 처녀는 단지를 가지고 간다. 그리고 이 처녀들은 노래를 부르기 시작한다. 이 동물은 노래 듣기를 좋아해서 그녀들에게 다가와서 그녀들의 가슴을 핥으며 노래에 취해서 곧 잠들게 된다. 이때에 한 처녀는 칼로 코끼리의 목과 옆구리를 찌르고, 또 한 처녀는 그 피를 단지에 받는다. 이 지방 사람들은 이 피로 옷을 염색한다."

'개미지옥'에 대해서 『피시오로그스』에는 다음과 같은 우스운 기술을 하고 있다.

"개미와 사자에서 한 동물이 태어났는데, 이것이 '개미+라이온(Ameisenlowe)=개미지옥'이라고 불린다. 이 동물은 나자 곧 죽는다. 먹이를 얻지 못하여, 아니 얻을 능력이 없어서 굶어 죽게 된다. 이것이 사실인 것은 성서가 증명하고 있다. 말씀에 '개미지옥은 먹이에 굶주려 죽을 지어다.'라고 하였다. 그 이유는 '개미지옥'은 두 개의 본성을 가진다. 그가 고기를 먹으려면 반드시 곡식을 좋아하는 개미의 본성이 고기를 거부하며, 곡식을 먹으려면 사자의 본성이 반대한다. 그래서 그는 고기도 알곡도 먹지 못하고 굶어 죽는다. 두 개의 주, 하나님과 악마에 따르고자 하는 자는 이런 꼴이 된다. 하나님은 그들에게 성결하라고 가르치시고, 악마는 방종하라고 속삭인다."

말씀의 교훈이 화제에 결부된 점은 주목할 점이다. 이와 같이 모든 사색이 강력한 교회의 권위나 성경 적인 원전에 묶여 꼼짝달싹 못하며, 덮어놓고 원전을 광의 또는 우화적으로 해석하여 무엇에나 이것을 방패로 삼은 시대가 정신사에 있었다. 고대 '헬레니즘=유태적 철학'도 그 한 예이다. 동양의 철학도 또 다른 한 예이다. 서구 중세의 사고도 그 한 예이나, 원전의 이와 같은 유치한 해석에는 아연실색할 따름이다. 서구 중세의 일반적 사고가 이와 같이 유치하고도 우스웠던 것은, 그들이 강력한 교회의 권위에 묶여 자유로운 사색을 할 수 없었던 것에 기인한 것이 아니라, 당시의 교회가 이들을 기독교로 교화하는 데 이와 같이 유치한 우화적 해석으로 가르치지 않으면 안 되었고, 또한 그것이 그들에게 강력한 권위로 받아들여질 만큼 당시 서구의 일반적 사고가 유치하였다는 것을 반증하고 있다.

중세 말기의 단테의 『신곡』은 당시의 생각과 감정을 가장 위대하게 가장 순수하게 구현한 문학이나, 단테도 성경 원전의 자구를 해석하는 데 네 가지 방법으로 구분하고 있다. 첫째는 문자의 뜻을 따르는(축자적) 방법이며, 둘째는 우화적 방법으로 아름다운 문구 뒤에 감추어져 있는 우화의 뜻을 구하는 것이며, 셋째는 도덕적 해석이며, 넷째는 비의적(秘義的) 해석, 즉 '어의를 초월한' 것이다. 이것을 해명하기 위하여 단테 자신이 다음과 같은 예를 들고 있다.

"이스라엘이 이집트에서 나오며 야곱의 집이 방언 다른 민족에게서 나올 때에 유태는 여호와의 성소가 되고 이스라엘은 그의 영토가 되었다."(시편 114편, 1~2절)라는 말씀에서, 먼저 문자적인 뜻을 고려하여 우리가 알 수 있는 것은 '이스라엘 자손들이 모세의 시대에 이집트에서 탈출한 것'이다. 우화적 의미에서 이 구절은 '그리스도에 의하여 우리가 구원된다'는 것을 가르치며, 교훈적 의미에서는 '우리 영혼이 죄의 고뇌와 불행에서 은총의 상태로 변화한 것'을 말한다. 비의적인 의미에서는 '성스러운 영혼이 이 퇴폐에 예속된 상태에서 영원한 궁극적 행복(하늘나라)의 자유로 탈출한 것'이다.

중세의 과학자들은 차츰 통속적인 관념에서 탈피하여 독자적인 관찰을 하게 되었고, 관찰된 사실을 그대로 기술하게 되었다. 그중에서도 주목할 것은 수녀 빙엔의 힐데가르트(Hildegard von Bingen, 1098~1179)이다. 그녀의 경우, 식물에 대한 흥미는 고대의 아랍인의 경우와 같이 의약으로 식물을 응용하는 문제와 결부되어 있었다. 힐데가르트는 로마 의술과 독일의 민간 의술에 정통해 있었다. 그녀는 자기가 기재한 식물에 독일어 이름을 붙였다. 이것이 아마도 서구적 생물학의 움틈으로 볼 수 있다.

2) 프리드리히 2세

생물학 분야에서 가장 유명한 두 저자는, 중세의 정신사 일반을 통하여도 가장 중요한 인물로 손꼽히는 프리드리히 2세(Friedrich Ⅱ) 황제와 알베르투스(Albertus Magnus)이다. 호헨슈타우펜(Hohenstaufen) 가문의 위대한 황제 프리드리히 2세(1194~1250)의 궁정은 시실리 섬에 있었는데, 이곳에서 동과 서로부터 온 인종과 민족과 언어와 전승이 모여서 서로 교합했다. 황제 자신도 그리스어와 아랍어를 포함하여 9개 국어로 말할 수 있었다. 그는 문학이나 재기 넘치는 회화를 사랑했고, 아랍 문학을 알았고, 자신이 그리스나 아랍의 많은 과학서를 라틴어로 번역도 했다. 그는 지칠 줄 모르는 지식욕을 가졌고, 정신적으로도 높게 탁월한 독립적이고 독보적인 사람이었고, 철학과 모든 부문의 과학을 자신이 몸소 배웠고 또한 장려한 사람이다.

그는 계산 경기대회도 개최하였고, 피사의 레오나르도 피보나치가 이 경기에서 승리한 것도 전술했다. 이 황제는 회교도의 학자에게 질문을 보내 회답을 구한 적이 있는데, 그 질문에 나타난 그의 지식의 풍부함에 학자들은 놀랐다고 한다. 그는 의학 연구를 장려했으며, 자신도 상당한 의학 지식을 가지고 있었다. 자신의 사후에도 과학이 육성될 발판을 마련해놓기 위하여, 그는 1224년에 나폴리 대학을 설립했다. 이것이 최초의 국립대학이며, 교회의 손에 의하지 않은 최초의 대학 설립이었다.

'세계의 경이(stupor mundi)'라고 불린 프리드리히 황제는 그의 정치술과 지배술로 인하여 믿을 수 없을 만큼 찬미되었다. 그는 처음으로 근세적인 중앙집권 국가를 만들었다. 이것은 그의 외교 수단의 성과였다. 교황으로부터 파문되었을 때도 그는 십자군을 일으켜 아랍의 언어, 문학, 과학을 알고 있던 덕택에 회교도 영주를 자기편으로 하여 예루살렘에 무혈 입성하였다. 프리드리히는 그의 지식과 정신이 탁월하므로 많은 사람들이 좋아한 반면에, 미워하는 사람도 많았다. 그 미움도 전혀 근거 없는 것이 아니라, 그가 '불신앙적인' 사라센인들과 교제하기를 좋아하였고, 기독교의 많은 설에 대하여 회의적 입장을 취하고 있었기 때문이다. 그러나 'Tribus impostoribus(모세, 예수, 모하메드를 지칭한 세계사 3대 사기꾼)'라는 문구를 그가 만들었다고 하나, 이것은 전혀 근거가 없는 이야기이다.

프리드리히는 동물을 특히 편애했다. 그는 동물원을 두었으나 이것은 교화만의 목적이 아니고 그의 호기심에서이기도 하다. 그는 사자, 곰, 표범이나 원숭이 같은 진기한 동물단을 길동무로 하는 것을 좋아했다. 그는 각종 동물의 사육법을 연구시켰으며, 진기한 새들도 모았다. 그는 또한 대수렵가였다. 그는 교미나 보육의 시기를 세밀히 관찰하여, 금렵기를 제정한 수렵법을 포고했다. 그는 특히 매사냥을 좋아했고, 『새를 이용한 사냥 기술에 대하여(De arte venandi cum abibus)』라는 책도 저술했다.

그는 과학 일반을 장려했으나 그 업적 못지않게 이 책은 과학사에서 그의 이름을 빛내고 있다. 프리드리히는 이 저서를 위하여 아랍의 자료들을 섭렵했고, 아랍인의 상담역을 통해서도 지식을 모았다. 그리고 그러한 모든 지식이 이 저작 중에 자신의 관찰과 체험에서 얻은 결과와 통일되어 있다. 이 저작에는 수렵 방법뿐만 아니라 새의 해부학이 상세히 기술되어 있으며, 새의 비행이나 철새의 도해(渡海)에 대한 관찰도 기술하고 있다. 이 저서에는 수백의 정성들인 정확한 도해(圖解)도 포함되어 있다. 황제 자신이 그린 것인지도 모르겠다. 이러한 업적에서 『수렵(狩獵)의 기술』에 견줄 만한 것이 중세에는 없었다.

3) 알베르투스

알베르투스(Albertus Magnus, 1193~1280)는 도나우 지방의 귀족 가문 출신이다. 그는 '마그누스(大)'와 '만유 박사(萬有博士, Doctor universalis)'라는 첨언을 가지고 과학사에 등장한다. 그는 파도바에서 10년간 철학과 자연과학, 의학을 배웠다. 그 후 요르단누스를 따라 도미니코 교단에 들어가, 볼로냐에서 신학을 배웠다. 그리고 그는 도미니코 교단이 쾰른에 설립한 대학과 교육기관에서 신학과 철학을 가르쳤고, 때로는 그의 강좌를 약간씩 허락한 파리의 대학에서도 교편을 잡았다. 이때에 그의 위대한 문하생인 토마스 아퀴나스가 그에게 배웠다. 이 두 사람은 토마스 아퀴나스가 죽을 때까지 친교를 맺었다. 그 후에 그는 2년간 레겐스부르크의 사교를 봉직한 후에 파리에서 사망했다.

그는 철학 분야에서 아리스토텔레스의 저작 전부와 아랍의 아리스토텔레스 주석가의 저작을 처음으로 소화할 수 있었던 서구 사람이다. 그는 완결한 체계를 하나도 남기지는 못했으나, 그의 제자 토마스 아퀴나스가 위대한 체계를 세울 토대를 마련해 주었다. 여기서 고찰할 것은 알베르투스의 과학적 저작만이지만, 이것들도 태반은 아리스토텔레스의 자연과학서를 주석한 것이다. 아리스토텔레스 저작의 전 범위를 처음으로 하나로 종합하여 전망할 수 있게 했다. 그는 많은 점에서 아리스토텔레스를 그대로 받아들여 '아리스토텔레스의 원숭이'라는 욕을 받을 만큼 아리스토텔레스를 신봉하고 있었다.

그러나 전반적으로는 알베르투스는 과학적인 여러 점에서 결코 권위에 맹종한 것은 아니다. 도리어 그는 '실험만이 확증한다(experimentum solum certificat)'라는 유명한 문구를 그의 저서에 남기고 있다. 물론 이 '실험'이란 말뜻은 오늘날에 말하는 '실험'이란 뜻이기보다는, 로저 베이컨이 말한 것과 같은 '체험'에 가까운 뜻일 것이다. 그러나 그는 근대적 의미의 과학적 실험도 하고 있었다. 그는 생물학에서 그의 실험을 충분히 활용하고 있다. 그는 도미니코 교단을 위하여 일하였고, 많은 곳의 교육제도를 정비하지 않으면 안 되었다. 그는 도미니코 교단의 규칙에 따라 항상 도보여행을 했다.

그래서 그는 알프스에서 바다까지 전 독일을 걸어 다니며 동식물을 관찰하고, 작업장과 광산을 방문하여 화석이나 지질의 단층이나 바다 생명을 연구했다. 그의 저술 『식물에 대하여(De vegetabilibus)』는 식물학에 대한 주요한 저서이다. 테오프라스토스 이래 학자들은 모두 의학에의 응용이나 농업의 실제적 요구에 응하여 식물을 고찰했다. 그러나 알베르투스는 식물을 과학적으로 고찰하기 시작했다. 즉, 식물학 자체를 목적으로 하여 고찰했다. 그는 수많은 식물을 기재하고, 해부학과 생리학을 연구하여 분류를 시도했다.

『동물에 대해서(De animalibus)』는 그의 동물학의 주저이다. 모두 26권 중에 19권은 아리스토텔레스의 주석이나, 나머지는 사실상 알베르투스 자신의 관찰과 지식을 기술한 것으로 볼 수 있다. 그중에도 4권에는 개개의 동물의 종도 기재되어 있다. 이 가운데는 그가 처음으로 기재한 것도 많다. 독일산의 포유류와 조류는 거의 모두 망라되어 있다. 그는 또 아리스토텔레스 이래 처음으로 곤충을 연구했다.

알베르투스는 풍부한 자신의 체험에 근거하여 저술한 부분에서 『피시오로그스』를 비웃고 있다. 그때까지는 여러 가지 미신적인 설이 완고하게 지속되어 있었다. 예를 들면, 불사조는 자신을 불태워 버린다든지, 해구는 스스로 거세한다든지, '펠리컨'새는 자기의 피로 새끼를 양육한다든지 하는 것이다. 그는 이러한 우스운 이야기들을 퇴치하였다. 그는 '개미지옥'에 대하여 다음과 같이 기술하고 있다.

"먼저 밀해 두는데, 이 동물은 많은 사람들이 말하는 것과 같은 '개미'는 아니다. 이것은 '거머리'에 닮았고, 모래에 반원뿔 모양의 구덩이를 파고 그 안에 숨어 있다. 먹이를 찾아 나선 개미가 이 구멍을 지나가면 '개미지옥'은 이것을 잡아 삼킨다. 우리는 흔히 이것을 관찰할 수 있다."

이와 같은 단순한 기재를 가지고 중요한 과학적 업적으로 삼는 것을 이상하게 생각할지 모르나, 있는 그대로 관찰하고 과정을 정확히 기재하는 능력을 인류가 획득한 것은 근래의 일이며, 오늘날도 그렇게 할 수 없는 사람이 인류의 대다수란 사실이다. 그런데 알베르투스는 이것을 개척한 사람이다. 그는 점성술을 믿었고, 연금술도 부분적으로나마 믿고 있었다. 그렇기는 하나 그의 저작의 풍부함과 철학과 신학에 대한 의의는, 그를 자연과학자로서 중세 최대의 한 사람으로 꼽게 한다.

328

4) 콘라트

도미니코 교단의 수도사인 토마스(Thomas de Cantelupe, 1201~1263)가 저술한『사물의 본성(De natura rerum)』은 오랫동안 알베르투스의 저작으로 오인되어 왔다. 메겐베르크의 콘라트(Konrad von Megenberg, 1309~1374)는 이 책을 본떠『자연의 책(Buch der Natur)』이라는 최초의 독일어 자연과학서를 저술했다. 콘라트는 슈바인푸르트 지방 출신이며, 엘플트와 파리에서 수학하였고, 파리와 빈에서 가르쳤다. 그는 후반생을 레겐스부르크에서 성직자로 지냈으며, 그의 저작의 대부분은 이 시기에 저술된 것이다.

『자연의 책』은 중세에 가장 많이 읽힌 책의 하나이다. 이 책의 많은 사본이 유포되었고, 인쇄술이 발명된 후로는 수많은 판이 인쇄돼 나왔다. 그중에는 아름다운 목판 삽화를 붙인 것도 있다. 이 책은 다음과 같은 8부로 되어 있다.

1. 인간과 그의 일반적 본성에 대하여
2. 하늘과 7개의 혹성에 대하여
3. 동물 일반에 대하여
4. 나무들에 대하여
5. 풀에 대하여
6. 보석에 대하여
7. 금속에 대하여
8. 전지(剪枝)에 대하여

이 외에도 콘라트의 저서에는 역시 독일어로 저술된『독일의 영계』가 있다. 콘라트는 역사가이기도 했다. 또한『논란서(論難書)』를 저술하여 교황권과 제왕권의 확립에 개입하여 교회를 옹호하기도 했다.

4. 지리학

1) 순례와 십자군

중세 세계의 길에도 바다에도, 순례하는 사람들이 큰 무리를 이루고 있었다. 그들은 종교적 열정에 불탄 사람들이기도 하고, 또는 여행을 좋아하거나 모험심에 끌린 사람들이거나 세속적인 동기에서 나온 사람들이기도 하였다. 각 지방에는 신령하다는 장소가 무수히 많았다. 샤르토르나 아시지 같은 먼 곳의 신자를 불러들인 곳도 있었다. 로마에는 모든 기독교국으로부터 모여 온 순례의 흐름이 끊이지 않았다. 알프스 산맥이나 피레네 산맥의 길가에는 병원까지 열려 있었다.

그러나 가장 사람들을 끄는 목적지는 주님의 묘소가 있는 성지 예루살렘이었다. 그런데 이교도가 팔레스타인을 점령하여 성지 순례를 할 수 없게 되자, 기독교도들은 교황의 지도로 십자군을 일으켰다. 십자군은 1096년에서 1260년까지 2세기에 걸쳐 계속되었다. 교회의 조직은 광대하였고, 교단은 먼 영지에까지 퍼져 있어서, 여행할 기회는 더욱 많아졌다. 교회의 간부나 교단의 승려들은 늘 각국을 돌아다녔다. 특히 알베르투스는 넓게 다녀서 '집신 승정(僧正)'이라고 불리었다. 독일의 교단은 유럽 북동부에 사절을 보냈고, 이민도 하였다.

이와 같은 모든 여행에서 수천 명의 사람들이 이국의 토지나 민족과 접촉하게 되었다. 이와 같은 여행 덕택에 서구인들은 차차 각국의 위치, 넓이, 특징에 대해서 적절한 관념을 가지게 되었으며 정확하게 알게 되었다. 그래도 본질적으로는 아랍의 지리학자가 안 것 이상으로 지리적 시야가 넓혀진 것은 아니다. 그런데 오리엔트(동양)와의 교역이나 노르만인의 여행은 시야를 근본적으로 확대했다.

2) 노르만인 최초의 아메리카 발견

고국에서 살기 어려웠던 노르만인은 해외로 건너가지 않을 수 없었다. 그들은 작은 용선(龍船, 중세 북구의 해적이 사용한 용머리의 배)을 타고, 항해용의 장비는 아무것도 없이 북방의 바다를 횡단했다. 오타르는 북 기슭을 돌아서 고라 반도(핀란드의 농북, 북극해에 면함)에 도달했다. 영국의 알프레드 대왕(Alfred the Great, 재위 871~897)은 오타르의 보고에서 배워서, 자기들도 발견 여행을 하게 했다.

8세기에 한 승려가 처음으로 발자취를 남긴 아이슬란드에는 900년경에 노르만인이 이주해 왔다. 이 땅은 문화의 중심지가 되어서 더욱 먼 곳을 목표로 한 발견의 출발점이 되었다. 아이슬란드에서 추방된 에릭 레드(赤人 Erik, 950? 생존)는 그린란드로 건너가 이곳에 식민할 단서를 마련했다. 이 식민지는 15세기까지 계속되었다. 에릭의 아들 레이프는 노르웨이에서 고향인 그린란드로 돌아가는 도중에 남쪽 해안에 따라 미지의 땅에 들어갔다. 그는 이곳을 '빈랜드'라고 이름 지었다. 거기에 야생의 포도(빈)가 성장해 있는 것을 발견하였기 때문이다.

이리하여 1000년경 북아메리카 해안에 처음으로 유럽인이 발을 들여놓았다. 그 후 토르핀 카를세프니라는 인물에 지휘된 탐험대가 라브라도르(Labrador)와 뉴펀들랜드(New Foundland) 등 현재의 캐나다 동해안 지역에 도달하여, 더욱 남쪽에 있는, 아마도 오늘의 뉴펀들랜드 섬(New Foundland I.)에 정주하려고 하였다. 그러나 그들은 오래 머물 수 없었다. 그래서 서구가 처음으로 시도한 신세계 진출은 실패로 끝났다. 그리고 류리크(Ryurik, ?~879)를 모신 스웨덴의 노르만인들은 863년에 노브고로드(Novgorod)를, 뒤에는 키에프(Kiev)를 수도로 하여 러시아제국을 세웠다.

3) 제노바와 베네치아인의 발견 – 마르코 폴로

독일의 한자동맹의 상인들은 노브고로드, 발트해 상의 고틀란드 섬(Gottland I.)의 비스비, 스웨덴 서남단의 말뫼와 레베르(현재의 다린)부터 런던이나 부란들의 각 도시에 걸쳐 북방의 교역을 지배하고 있었다. 그리고 남쪽에서는 이탈리아의 해안 도시들, 특히 제노바와 베네치아가 힘과 부를 잡게 되었다.

이탈리아의 항해자가 카나리아 제도(Canaria Is.)에 도달했다. 물론 이 제도는 고대로부터 알려져 있었으나, 딴사람들은 아프리카를 도는 항해를 시도하였기 때문에 별다른 성과는 없었다. 그러나 교역의 주된 방향은 십자군의 영향을 받아서 동쪽으로 근동으로 더욱더 이것을 넘어 먼 아시아로 향했다. 한 무리의 대담한 사람들은 먼 아시아 깊숙이 파고들었다. 그들의 여행 목적은 종교 사절이나 외교 또는 장사였다. 사도 요한의 전설이 있어서 그를 찾는 여행이 특수한 역할을 했다. 그 전설에 의하면, 사도 요한은 내륙 아시아에 몸을 숨기고, 그곳에서 이교도에 둘러싸였으나 아직도 행복한 기독교국을 통치하고 있다는 것이다. 연금술사가 '현자의 돌'을 구하여 그것은 얻을 수 없었으나, 타의 유용한 물질을 많이 발견한 것같이 중세의 탐험 여행가도 사도 요한을 찾는 헛된 길에서 많은 신천지를 발견하여 개발했다.

프란체스코회의 수도사 카르피니(Giovanni de Piano Carpini, 1182?~1252)는 1245년에 당시의 교황 인노켄티우스 4세(Innocentius IV)의 명에 따라 카라코룸에 있던 몽골 왕의 궁정에 갔다. 그는 15개월간 온갖 재난을 당하면서 여행했다. 이 여행에 대한 그의 보고는 지리적 문서 가운데 고전의 하나이다. 수년 지나서 또 다른 프란체스코 회원 얀 반 로이스브루크(Jan van Ruysbroeck, 1293-1381, 플랑드르의 신비 사상가)는 이런 고난의 여행을 다시 했다. 이 여행에 의하여 카스피 해가 내해인 것을 인정하게 되었고, 돈과 불가 강의 수원과 흐름길도 알게 되었다. 제3의 프란체스코 회원 코르비노(Giovanni da Monte

Corvino, 1247~1328)는 페르시아와 인도를 넘어서 중국까지 가서 그곳에 살고 있던 네스토리우스파의 기독교도를 다시 교회로 인도하려 했다. 그가 쓴 서한체의 여행 기사 중에는 현존하는 것도 있다.

중세의 아시아 여행자로서 가장 유명한 사람은 베네치아 상인 폴로 일가이다. 니콜로(Niccolo)와 마페오(Maffeo) 두 형제는 1260년경 콘스탄티노플에서 부하라에 가서, 거기서 다타르의 공사라는 임무를 띠고 쿠빌라이 칸(Khubilai Khan)의 궁정까지 여행했다. 쿠빌라이 칸은 정복자 칭기즈칸의 손자이며, 중국 초대의 몽골인 왕이다. 쿠빌라이 칸은 그들과 친숙해졌고, 그들을 중국의 사절로 임명하여 고국의 교황에게 돌려보냈다.

1271년에 그들은 두 번째 여행에 나섰으며, 그때 17세의 조카 마르코 폴로(Marco Polo)가 동행했다. 그들은 페르시아를 통과하고 고도 4000m의 파미르고원을 넘어서 3년 반의 여행 끝에 다행히도 다시 칸의 궁정에 도달했다. 연장의 두 형제는 교역을 했으나, 젊은 조카 마르코는 특히 군주의 마음에 들었다. 그래서 마르코는 행정직이나 외교 사명을 위임받았으며, 이 광대한 제국의 상당한 부분을 견문할 수 있었다.

세 사람의 폴로는 17년간이나 중국에 머문 후에 항로로 귀향했다. 귀향길은 말라카, 자와, 수마트라, 세일론에서 페르시아 만에 들어가 콘스탄티노플을 거쳐서 귀향했다. 갈 때의 3년을 합하면 25년 만에 다시 고향인 베네치아에 돌아온 것이다. 중국이라는 대제국, 그 장대한 도시들, 수백만이 넘는 헤아릴 수 없이 많은 주민들의 풍습에 대해서 마르코 폴로는 보고했으나 아무도 믿지 않았다. 수세기 후에도 '거짓말쟁이'라는 뜻에서 '마르코 미리오니'라는 별명이 붙었고, 베네치아의 사육제에도 유명한 가장 인물로 나오게 되었다.

마르코는 귀국 후 얼마 안 되어 해전의 틈바구니에서 제노바의 포로가 되었다. 1년간 옥살이하면서 그는, 같은 감옥에 갇힌 한 사람에게 유명한 기록 『동방견문록』을 구술했다. 이것은 발견사에서 가장 중요한 문서의 하나이며, 오늘날에도 널리 애독되고 있다. 그는 처음으로 전 아시아를 지나서 태평양까지 도달한 여행을 하였다. 그는 유럽인에게는 처음으로 일본을 보고하였고, 샴, 비르마, 자와, 수마트라와 기타 많은 나라의 일을 기술하였으며, 아비니시아와 마다가스카르에 대해서도 말했다. 중국 세계에 대한 기술은 매우 구체적이고 정확하였다. 괴테는 『동서 시집』 중에서 마르코 폴로의 보고에 깊은 찬사를 바쳤다.

이와 같이 본격적인 발견의 시대가 시작되기 이전에도, 북구까지의 전 유럽과 아시아의 대부분과 아프리카 북부는 서구인의 시야에 이미 들어와 있었다. 그런데도 대척인(對蹠人)의 문제, 즉 지구 뒤쪽에도 사람이 살고 있다는 것을 믿지 않았다. 특히 교부 아우구스티누스도 '대척인'의 존재를 부인했다고 전해지고 있는데, 이는 그가 말뜻을 잘못 이해하였다고 생각된다. 여하튼 알베르투스나 로저 베이컨 같은 몇 사람의 대담한 사상가만이 일반의 견해에 반대하는 입장에 있었다.

4) 지도

새로 발견된 토지는 지도에 적어놓아야 하는데, 이것이 발견가의 대담한 활동에 발맞추지 못한 것은 당연하다. 그래도 항해나 무역이 확대됨에 따라 전보다 더욱 좋은 지도나 해도가 요구되게 되었다. 최초의 바른 지도, 즉 실제로 사용할 수 있는 지도는 13세기경 지중해 지방에서 만들어진 소위 '포르톨라니(portolani)'이다. 이것이 항해에 실제로 사용하게 됨으로써 잘못 기입된 것은 곧 생명이나 재산의 피해를 초래하거나 또는 정정되거나 할 수밖에 없었다. 이리하여 이 포르톨라니는 매우 정확한 것이 되었다. 같은 때에 수도사 직의 서재학자가 만든 '세계지도' 같은 것은 이것에 비하면 도식적이며 고론적이고 바보스럽게 보이는 것이다.

로저 베이컨도 지도를 만들어서 전 세계 각지의 소재를 정확하게 수록한 목록을 만들게 하라는 권고와 함께 교황에게 보냈다. 그러나 이 지도는 유감스럽게도 잃어버리고 말았다. 로저는 그 안에, 서쪽으로 향하여 인도까지 '풍향이 좋으면 수일 만에' 도달할 수 있는 항로를 발견할 가능성이 있다고 했다. 콜럼버스는 이것을 알고 믿었던 것이다.

5. 의학

엄밀한 의미에서 의학의 역사는 의학적 지식의 발전을 다룬 것이다. 의학사는 본래 이 한도 안에서만 과학사에 속한다. 그러나 넓은 의미에서는 의료술의 발전도 의학사에 포함시킨다. 오늘날에는 의료술도 과학적 기초 위에서 적용되나 결코 전자와 같은 것은 아니다. 그러나 의료 제도의 역사, 문화사 가운데 흥미 있는 한 부분인 '병(病)의 역사', 그리고 사회사의 일부인 '공중위생의 상태' 등은 의학사에 포괄된다. 의학 전문인만을 독자로 삼지 않는 본서는, 순수한 의학적인 전문 지식보다는 넓은 의미의 의학사를 기술하고 자 한다.

중세의 의학은 어떻게 보아도 과학적이라고 할 수 없다. 그것은 민속 의학이었다. 약 초를 다루는 부인이나, 틀림없는 진단과 처방을 알고 있는 현명한 여자나, 모든 종류의 돌팔이 의사가 의술을 펼치고 있었다. 수도사들도 가담해 있었다. 약재들은 이유 없이 복잡하게 혼합되어 사용되었다. 동식물성 재료는 모두가 약의 용도로 쓰일 수 있었다.

당시에 교양 있는 사람은 성직자와 수도사와 수녀뿐이었으나, 그들도 이러한 의학적 지식을 보존하고 수집하는 데 중요한 역할을 했다. 수도원의 정원에는 약초가 재배되었 고 수도사와 수녀들도 주민의 의료 활동에 나섰다. 그리고 후에는 교회가 성직자는 의술 을 펼 수 없게 몇 번이나 금지시켜서, 의술은 차차로 세속의 손으로 옮겨갔다. 그러나 병원의 정비와 경영면에서는 여전히 수도회나 사원이 지배적 역할을 해왔다.

1) 살레르노의 의학 학교

이탈리아에서 의학이 과학적인 색채를 띠기 시작한 것은 아랍의 영향을 받기 시작하고 서이다. 서유럽에서 오랫동안 지도적인 의사의 지위에 있던 것은 유대인이었다. 그들은 아랍인의 의학 지식을 비교적 잘 알고 있었기 때문이다. 12세기에는 남이탈리아에 있는 살레르노의 의학교가 지도적 지위를 담당하게 되었다. 여기서는 의학의 전 분야가 행해 졌으나, 그중 외과학이 가장 성했다. 이 학교의 일인자라 할 수 있는 루제로(Rugiero, 1180?)는 '유럽 외과학의 아버지'이다. 현존하는 유럽 의학의 유작 중에 가장 오래된 것 가운데 하나인 『보건 지도서(Regimen sanitatis)』가 이 학교에서 나왔다. 이 책 안에서 권 한 약의 종류는 별로 쓸모없는 것이나, 이와는 달리 생활 규칙은 간결하면서도 적절한 것이 많다. 그러한 규칙의 한 예로, 잉글랜드의 어느 왕에게 보낸 아래의 권고를 들 수 있다.

"머리에서 근심을, 심장에서 노기를 멀리하고, 과음하지 말며, 가볍게 먹고, 일찍 일어나라. 자 연스러운 요구가 압박할 때 그것을 너무 억제하지 말라. 왜냐하면 그것은 위험을 내포하기 때 문이다. 그리고 세 사람의 의사에 따르되, 먼저 '휴식의 의사'에게, 그리고 '명랑 박사'와 '섭생 박사'에게!"

오늘날에도 유효한 말이 아닌가! 이 학교는 프리드리히 2세의 원조를 받았다. 그는 이 학교의 성적 증명서를 제시할 수 있는 자만 의사 개업을 할 수 있게 하는 훈령을 내렸다. 이 면허를 얻는 데는 3년간의 예비적 일반 면학에다 두 가지 시험을 포함해 5년 동안 의학을 공부한 다음에 1년간의 임상 양성 기간을 거쳐야 했다. 프리드리히의 이 훈령은 유럽에서 의술 제도를 국가적으로 가장 일찍이 규제한 한 예이며, 오늘날도 의사의 양성 기간이 길다는 불평이 있는데, 그 옛날에 9년간의 양성 기간을 규정한 것은 놀랍다. 살레르노와 프리드리히가 창립하여 이 학교의 유산을 계승하게 된 나폴리 대학은 의술 지식을 이탈리아 전국에 전파하였고, 이탈리아로부터 타국들에 전파되었다. 그 결과 14세기에는 일련의 중요한 프랑스 의사들이 나타났다. 법률가를 위한 의학 백과서를 남긴 앙리(Henry, ?~1320?)도 그중 한 사람이다. 그러나 전체로서는 수세기 동안 더 이탈리아가 지도적 지위를 유지하고 있었다.

아르노

13세기 의학에서 가장 걸출한 인물 가운데 한 사람은, 아라곤 왕과 교황 보니파티우스 8세(Bonifatius Ⅷ, 1294/1303)의 시의(侍醫)였던 스페인 사람 비르누브의 아르노(Arnaud de Villeneuve, 1235~1312)이다. 그가 저술하였다는 책은 100권을 넘으며, 의학적 주제에 관한 것은 그 일부에 지나지 않는다. 그는 연금술사며 점성술가이고, 외교관이며 사회개혁가이기도 했다. 그는 또 아랍어의 의학서를 번역하였고, 로저 베이컨과 마찬가지로, 실험의 가치와 자연과학의 의의를 인식하고 있었다. 그는 교육에, 자연과학에 중점을 두게 하려고 투쟁하였다. 그래서 종교재판에 회부되기도 했다.

해부학 - 몬디노

외과와 이것과 밀접히 관련하여 해부학도 태반은 이탈리아에서 진보하였다. 볼로냐에서 의학을 가르친 몬디노(Mondino de Luzzi, 1275~1326)는 '해부학의 혁신자'로 불린다. 그의 주저는 『Anatomia mundini(몬디노, 해부학)』이라는 제명을 가졌다. 이 책은 근세 초까지 해부학의 기준 도서로 되어 있었다. 몬디노는 1315년에 두 부인의 시체를 해부했다. 공개로 교육 목적으로 인체 해부를 한 것은 유럽에서는 이것이 처음이다. 법의학적 목적에서, 즉 범행의 혐의가 있을 때 사인을 확인하기 위한 해부는 이전에도 하였다. 이 몬디노의 해부 이후에 공개 해부가 서서히 퍼져갔다. 그럼에도 불구하고 고대의 저자가 범하고 있던 수많은 해부학상의 잘못은 고쳐지지 않고 지속되었다. 그들 고대 저자의 권위의 족쇄는 아주 천천히 풀려갔다.

2) 유행병과 공중위생

중세사는 몇 번이나 되풀이해서 닥쳐온 기근과 유행병의 연속이다. 기근과 유행병이 기록되지 않은 세기는 하나도 없다. 역병의 종류도 여러 가지이며, 콜레라나 티푸스도 나타났다. 특히 기묘한 형은 소위 무도병(舞蹈病)이며, 이것은 치유를 위하여 성자 화이트에게 빈다는 뜻에서 '화이트 무도(舞蹈)'로도 불렸다. 룩셈부르크에 있는 유명한 에히델나하의 무도 행렬은 이 병이 돌발해서 생긴 것이 틀림없다.

유럽 민족의 기억에 가장 강하게 새겨진 것은 1348년의 흑사병(페스트)이다. 유럽에서 최초로 이것이 유행한 나라는 이탈리아였다. 여기서부터 서서히 다른 나라에 퍼져갔다. 이 병의 유행을 면한 곳도 있었으나 다른 곳은 지독하게 당했다. 죽은 희생자는 전 유럽에 2500만 명이나 되었다고 한다. 보카치오는 『데카메론』의 서장에, 이 병이 유행한 생생한 모습을 다음과 같이 기술하였다.

"세기의 중엽에 유행병이 동과 서의 제국을 휩쓸어서 여러 민족에게 큰 해를 주었고, 이 세대의 대부분을 일소해 버려 문명 활동의 중심지들은 대부분 사라졌다. 농업은 인원 부족으로 폐하고, 도시는 황폐하고, 궁전은 자갈에 묻혔다. 동쪽에도 서쪽과 같은 일이 일어났다. 마치 자연의 목소리가 회개와 굴복을 호령하고, 세계가 순식간에 이에 굴종한 것과 같았다."

이 수년간의 '페스트'와 그 후 계속된 여파는 인류사에서 가장 중대한 파국의 하나였다. 미신에 사로잡혀 불안에 떤 사람들은 그 역병을 별의 영향이라든가, 유대인이 샘에 독을 넣었다든가 하는 여러 가지 탓으로 돌렸다. 과학적인 의학에 의하여 그 병이 전염성이란 것은 확인되었으나 전염하는 방법은 몰랐다. 그러나 만약에 이 방법을 알고 있었다 해도, 당시의 공중위생 상태로는 철저한 예방과 방역을 할 수 없었을 것이다. 축성식설계로 밀집한 건물 양식은 그림으로 보기에는 좋았으나, 생활하는 데에나 건강에 좋지는 않았다. 가로는 좁고 더러웠다. 전염을 방지하는 최상의 수단인 격리는 실행할 수 없었다. 부랑자를 가두고 민중의 축제를 금해보아도 종교적인 행렬은 끊이지 않았다. 역병시대의 산물인 '채찍질 교도'가 떼를 지어 국토를 걸어 다녔다.

역병의 결과로 공중위생을 개선하려는 계획적 조치가 여러 곳에서 취해졌다. 처음에는 벽으로 둘러싸인 내륙의 도시보다 외침을 막기 어려운 해도(海都)에서 이러한 대책이 취해지기 시작했다. 베네치아 총독 안드레아 단드로는 처음으로 공중위생의 관리를 하게 하였다. 베네치아, 라구사, 마르세유 등의 항구는 역병의 방위를 위하여 새로운 입국자나 의심스러운 자에게는 30~40일간의 검역 기간을 부과했다. 오늘날 많은 나라가 이주자에 대하여 같은 규정을 정하고 있다. 그러나 유행병의 본성과 그 전염법은 수세기 동안이나 모르고 지냈다.

6. 정신과학

1) 기독교적 역사관

근대의 역사의식을 싹트게 한 근원이 된 중세의 역사관은 기독교적 역사관이다. 역사는 무엇보다도 우선 구원의 역사이다. 역사는 창세기에 기록된 세계의 창조와 묵시록에 예언된 최후의 심판 사이에 가로놓인 거대한 '드라마'인 것이다.

기독교적 입장에서 본 역사의 해석은 그 이후의 모든 사관의 기초를 이루었으나, 그 가운데 가장 대규모이며 심원한 해석은 4세기의 교부 아우구스티누스가 준 것이다. 아우구스티누스는 그의 저서 『하나님의 나라(Civitas Dei)』에서 선악(善惡)의 두 개 왕국의 싸움, 하나님의 자식과 배신자와의 싸움을 그리고 세계사는 이 싸움에서 된 것이라고 말했다. 세계는 영원히 존속하고 만물은 윤회한다는 고대의 사상에 그는 반대하면서 "왜냐하면 그리스도께서는 단 한 번 죽으셨기 때문이다."라고 말했다. 기독교적 견해에서 보면, 결정적 과정은 이와 같이 단 한 번만 생기며 되풀이하지 않으므로, 전체로서의 역사란 것이 독자적 의의를 가지며, 결코 지울 수 없다는 것도 이해된다.

그래서 우리는 다음과 같은 것을 믿지 않으면 안 된다. 즉, "하나님의 예지에 따라 인류 가운데는 말하자면 두 개의 집단, 두 개의 나라가 만들어져 나가고 있다. 처음도 끝도 없는 영원한 하나님의 진실 안에 감추어진 공의로운 신판에 의하여 인간들은 한쪽은 벌 받을 악마들의 편에 또 한쪽은 상 받을 교우들 편으로 향하게 된 것이다."[8] 양대 왕국의 싸움은 최후의 심판의 나팔 소리와 함께 주님이 강림하시고, 모든 세대의 사람들이 무덤에서 일어나고, 그때까지 섞여 있던 양대 왕국이 영원히 구원된 자의 나라와 저주받은 자의 나라로 나누어질 그날까지, 모든 시대를 통하여 계속되는 것이다.

중세의 기독교도에게는 영원의 왕국에 비하면 이 세상은 아주 적은 비중밖에 없으며, 임시로 머무는 한탄의 뜬세상에 지나지 않았다. 역사를 이와 같이 하나님의 구원의 역사로 보는 입장에 서게 되면, 이 세상의 모든 사건도 역시 하나님의 은총과 악에 대한 유혹과 시련의 장소이며, 영겁의 개개인의 운명을 채 쳐서 나누는 선별 기간이었다. 그 판정을 좌우하시기는 하나 변하지 않는 하나님의 뜻에 따라가는 역사의 흐름이었다!

이와 같은 표상은 역사라는 드라마에 독특한 앙양과 긴박감을 주었다. 동양에서 전래된 윤회사상과도 다르고, 그 이전의 모든 문화와도, 기독교적이 아닌 모든 문화와도 다른 독특한 윤곽을 뚜렷하게 나타내는 새로운 시대의식은 이와 같이 하여 이루어졌다.

2) 교회사와 연대기

기독교 교회사의 발단은 카이사레아의 사교 에우세비오스(Eusebios, 263~339)의 대작이다. 에우세비오스는 학자적인 알렉산드리아의 전통에 뿌리 내려 있었다. 그의 저작은 넓은 자료를 근거로 하여 그것들을 비판적으로 활용하였고, 기독교적 이론을 비기독교적인 측면에서도 보완하였으므로 방법론적으로 주목할 높은 수준에 있다.

에우세비오스는 역사 고찰의 교훈적인 성격과 미래에 대한 가치를 강조했다. 아담과 하와가 타락한 후부터 그리스도가 나시기까지의 시기는, 그 이후의 시대의 전사이며 예비기로 보고 있다. 기독교의 역사는 사도들로 시작되어, 초기의 수세기는 여러 이단을 물리치고 로마제국 내의 압박도 견디어 콘스탄티누스(Constantinus I, 274~337)가 승리하여 국가와 기독교가 화해하게 될 때까지 수미일관한 발전으로 묘사되어 있다. 그는 하나님의 나라인 교회의 역사를 세속적 역사보다 중하게 보았다. 영혼의 평화와 진리를 구하는 싸움을 서술하는 것은 영웅의 사적이나 민족 활동에서 거둔 승리를 기술하는 것보다 높고 아름다운 과제로 생각했다. 또한 에우세비오스는 『연대기』도 기술했다. 이것은 325년까지의 세계사를 표로 정리한 것이며, 고대 연대학에서 귀중한 자료이다.

에우세비오스보다 2세기 정도 뒤에 일명 소포로니우스 에우세비오스인 히에로니무스

---

8 그의 『고백』 11권에 기술된 '시간론'을 바로 이해하지 못하면 오해될 소지가 있으며, 여러 가지로 곡해되어 오기도 했다.

(Hieronymus, Sophronius Eusebius, 350~419)가 활동했다. 그가 그린 교회사의 구상은 에우세비오스와는 근본적으로 다른 방향을 향했다. 교회가 세속적 권력과 손잡은 것을 그는 발전의 정점으로 보지 않고 몰락의 시작이라고 하였다. 과연 교회는 부와 세속적 영향력을 얻었다. 그러나 그만큼 내적 힘과 순결성은 잃어버린 셈이다.

초기의 이 교회사는 그 후의 유럽 역사가 전개되어 가는 데 큰 의의를 가진다. 근대 유럽의 사상을 지배하는 관념, 즉 전개(진화)라는 관념의 뿌리의 하나는 이미 이 속에 있었다. 교회사 분야를 보면, 전통주의의 흐름은 에우세비오스를 출발점으로 하고 있다. 이에 대해 일련의 개혁자나 분파도나 신비가들은 히에로니무스로부터 시작되었다. 이들은 모두 세속화한 교회에서는 본래의 종교적 활동은 잃어갈 뿐이라고 믿었다. 더욱 후의 세속적 역사 사상에 대해 보아도, 진보의 신념은 에우세비오스까지 거슬러 올라갈 수 있는 데 반해 생활의 타락이나 문화의 퇴폐와 같은 것에 대해서는 루소(Rousseau)부터 스펭글러(Spengler)까지에 걸쳐 여러 가지 비관적 견해가 있으나, 이것들은 모두 히에로니무스까지 발자취를 더듬어갈 수 있다.

에우세비오스와 히에로니무스가 기초를 만든 교회사 기술의 전통은 중세에 인계되었다. 서구에서 교회사를 가장 초기에 쓴 사람은 베네딕트파의 수도사 파울루스-디아코누스(Paulus Diaconus, 720~797)였다. 그는 이탈리아 출신이며, 780년경에 몬데 카시노의 수도원에 들어가서 364년에서 553까지의 『로마 역사(Historia Romana)』와 『론바르디아 역사(Historia gentis Sangobqrdorum, 6 vol.)』를 저술하였고, 그 수도원에서 797년경에 사망하였다고 한다.

세속적 역사 기술은 처음에는 교회사에 포함되어 있었으나, 곧 여기서 떨어져 나와서 발전해갔다. 그러나 독립한 후에도 중세 동안은 세속적 역사가 기독교적 역사관의 테두리를 벗어날 수는 없었다. 그러한 가장 초기의 한 예는, 샤를(Charles) 대제를 다룬 동프랑크의 역사가 아인하르트(Einhard, 770~840)의 저작이다. 12세기에는 프레이징의 오토(Otto von Freising, 1115~1158)의 저작이 돋보인다. 그중에 가장 중요한 것은 『두 나라의 역사(Chronicon sive historia de duabus civitatibus)』와 『프리드리히 1세 황제의 사적(Gesta Friderici I imperatoris)』이며, 후자는 미완성이다. 중세 후기가 되면 모든 종류의 역사, 특히 연대기가 더욱더 대량으로 나온다. 이들 저작도 전기한 기본적 견해의 테두리 안에 머물고 있으며, 방법도 유사하다.

3) 번역, 문법, 백과전서가

이미 8세기 초에 스콜라철학의 선구자이며 선각자인 존사(尊師) 베다(Beda, 673~735)는 잉글랜드에서 박학의 이름을 떨치고 있었다. 그래서 수십 년 후에는 이 잉글랜드에서 알쿠인(Alcuin, 735~804)이 카를대제의 궁정에 가서 도서관과 학교를 설립하고 지도하여 프랑크인에게 처음으로 고등교육을 하였다. 알쿠인의 문하로서 훌다의 수도원장이었고 마인츠의 대사교였던 라바누스-마우루스(Hrabanus Maurus, 780~856)는 '독일의 최초의 교사(Primus Germaniae praeceptor)'라는 존칭으로 불렸다. 그의 저서 『우주에 대하여(De universolibri 22 vol.)』를 보면, 마우루스는 이미 그리스어나 히브리어를 어느 정도 알고 있었던 것 같다. 그는 최초의 라틴어(그리스어) 사전을 저작했다.

중세에는 실로 각양각색의 백과 저작이 나타났다. 이것들은 중세 학문의 정점이다. 그 저자들을 다 들면, 중세의 대신학자와 대철학자의 이름이 다 들어갈 것이다. 대전(大全), 특히 토마스 아퀴나스(Thomas Aquinas, 1225~1274)의 『신학 대전(Summa theologica, 1266~1267)』은 신학뿐만 아니라 생활과 지식 전 분야를 다루고 있다. 도미니코회 회원인 보배의 뱅상(Vincent de Beauvais, 1200~1264)이 저술한 『백과사전(Speculum maius)』은 이런 점에서 특히 들 만하다. 이것은 80권, 수천 장으로 되었고, 자연과학·교리·역사의 3부로 나누어져 있다. 역사 부분은 1250년까지의 세계를 담고 있다. 후에 제4부로 도덕이 추가되었다.

로저 베이컨은 본래 백과적인 정신을 가졌던 것이 확실하며, 그의 이름으로 백과사전을 남겼다. 아마도 그의 문하의 누군가가 편집한 것으로 보인다. 이 저작은 『철학 내전(Summa philosophiae)』으로 불리며 17권으로 되었는데, 이집트인, 갈라디아인, 아랍인과 기독교도로부터 철학이 생겼다는 기술로 시작하고 있다. 번역은 아랍어와 그리스어와 히브리어에서 라틴어로 하였으나, 유럽의 각국의 언어가 성숙함에 따라 라틴어로부터 유럽 각국의 언어로 번역되었다. 이와 같은 번역의 흐름에 따라 언어학에의 관심이 고양될 수밖에 없었다. 로저 베이컨은 고대 언어의 근본적 연구를 요구한 점에서 이러한 발전에 매우 큰 역할을 했다. 그는 스스로 최초의 그리스어 문법서를 저술하였고, 언어의 계통 관계를 조사하여 벌써 비교언어학을 착상하고 있었다.

4) 인문주의의 기원 - 단테

단테(Dante Alighieri, 1265~1321)는 중세의 사상과 감정을 충분하고도 훌륭하게 그의 불멸의 명작에 표현했다. 어떤 시대도 이만큼 그 시대에 적합한 문인(文人)을 찾아낸 예는 없다. 『신곡(神曲, Divina commedia)』(단테 자신은 'Commedia'라고 제명한 것을 후에 'Divina'를 첨가함)과 기타의 단테 작품은 중세의 전 활동 분야에 걸쳐 지식이나 견해를 반영한 충실한 거울이다. 그뿐 아니라 말의 발달과 역사의식에도 크나큰 영향을 준 것이며, 이 점에서도 과학사에 올려야만 한다.

프랑스나 스페인같이 이탈리아에도 이미 단테 이전에 자국어로 쓴 문학은 있었다. 그러나 이탈리아 말이 처음으로 충분한 풍요함을 가지고 듣기 좋은 감미로움을 주게 된 것은 바로 단테 덕택이다. 단테는 도스카나 지방의 방언으로 말하고 쓰곤 했다. 그래서 단테의 작품이 계기가 되어 이탈리아 말이 이 방언을 기초로 하여 통일되어 가는 움직임이 생겼다.

단테는 겔휘(黑黨)당과 기베린(白黨)당의 당파 싸움에 휘말려서, 그가 속해 있던 백당이 패한 후 만년의 20년간은 추방된 신세가 되었다. 그는 『신곡』보다 앞서 역사를 이탈리아어로 썼으나, 과학과 정치의 저작은 라틴어를 사용했다. 「방언의 웅변(De vulgari eloquentia)」이라는 라틴어 논문은 이탈리아어나 그 방언들을 문제로 다루고 있으며, 통일된 문장어의 필요성을 주장하고 있다.

단테는 본래의 의미에서의 역사서는 쓰지 않았다. 그러나 그의 문학은 과거의 상황과 인물을 아주 철저하게 여러 가지로 그려 보였다. 이것이 역사에의 관심을 높이는 도화선이 되어서, 아랍 문학의 영향을 받으며 성장하고 있던 고대에의 관심과 겹쳤다. 단테 자신도 당시의 철학 사상이나 과학 사상을 제법 잘 알고 있었고, 아랍의 사상에도 통해 있었다. 적어도 아랍 문학에는 『신곡』 원형이 있다. 유럽 정신과 고대 정신이 깊게 결실 많은 만남을 이루려는 입구에 단테가 서 있었다. 이 만남은 14세기에 시작되었다. 그것이 '인문주의(人文主義, Humanism)'라는 것이다.

페트라르카

인문주의가 실질적으로 활동하기 시작한 것은 단테와 동향 사람인 피렌체의 프란체스코 페트라르카(Francesco Petrarca, 1304~1374) 때부터라고 말할 수 있다. 페트라르카의 운명은 여러 점에서 단테와 몹시 닮았다. 단테는 베아트리체에의 사랑에서였고, 페트라르카도 라우라와의 만남에서 결정적이며 생애를 통하여 지워지지 않는 영감을 받았다. 그리고 페트라르카도 단테와 같이 추방된 신세로 그의 생을 마쳤다. 페트라르카도 단테에 따라 이탈리아어를 창조하고 그것의 통일을 이룬 사람 중의 하나이다. 그러나 페트라르카의 작품 중 이탈리아어로 저작한 것은 아주 적고 대부분은 라틴어로 쓰였다. 그는 그 당시보다도 고대 라틴의 문학과 예술을 사랑했다. 그는 키케로와 로마의 첫째 시인 베르길리우스(Vergilius Maro Publius, BC 70~19)를 가장 높이 평가하였고, 그때까지 알려지지 않았던 키케로의 수고를 발견하였다.

페트라르카는 자연을 사랑하였으며, 여행을 좋아했고, 자기를 관조하는 내성적 경향이었으며, 스콜라철학과 중세 전체를 아주 싫어했다. 이런 점에서 한 사람의 인물로 보나 문학가로 보나, 그는 최초의 근대인이라고 말할 수 있다. 고대 라틴의 과학적 연구는 그와 함께 시작되었다. 페트라르카와 나란히 이탈리아 북서부의 도시 알렉산드리아의 벤쵸(?~1335)도 과학적 인문주의의 개조에 해당하는 한 사람으로 꼽힌다. 그는 이탈리아를 고고학적으로 탐사하기 시작했다.

보카치오, 콜루치오

페트라르카는 그리스 수고를 소장하면서도, 그리스어를 읽지 못했다. '호메로스에 대해서는 벙어리'였다. 동시대의 사람 보카치오(Giovanni Boccaaccio, 1313~1375)는 파리 태생이나, 교육은 피렌체에서 받았으며, 페트라르카와도 친하여 그에게 배워서 역시 고대를 사랑하게 된 인문주의자의 한 사람이다. 후세의 사람은 보카치오라고 하면 무엇보다도 먼저 『열흘 이야기(Decameron)』라는 소설집의 작자로 알고 있다. 그러나 과학사에 그의 이름을 든 것은, 그가 그리스 시문을 원문으로 읽기 위하여 그리스어를 연구한 최초의 서구인이기 때문이다. 언어학적 뒷받침이 충분하다고 할 수는 없으나 적어도 그는 이것으로 서구가 호메로스로 통하는 길을 열었으며, 인문주의의 기초를 닦게 되었다.

페트라르카나 보카치오와 동맹한 또 한 사람은 살루타노 콜루치오(Salutano Coluccio, 1331~1406)이다. 원전 비판과 그 원칙을 고전에 적용하는 방도를 발전시킨 것은 그의 덕택이었다. 그는 「전제정치에 대하여(De Tyranno)」라는 논문을 썼다. 그리고 법률과 의학의 어느 쪽이 우선 하나에 대해서 참고로 할 만한 논술을 하였으며, 이 점에서 법률학사에도 중요한 자리에 있다. 이제 중세의 과학 중 끝으로 법률학 분야를 살펴보자.

5) 법률학

중세 법률의 발전은 개관할 수 없을 만큼 다면적이다. 그러나 그것을 아는 것은 당시와 그 후의 유럽 역사를 이해하는 열쇠가 된다. 게르만 여러 민족은 각각 독자적인 법률의 전통을 이어받아 왔다. 이들 민족이 문자를 가지지 못한 시대의 것은 일부밖에 알 수 없다. 게르만계의 각 종족, 그중에도 고트인과 프랑크인과 발트인은 로마제국과 접촉한 직후 자기들 독자적 법률에 로마법을 가미하게 되었다.

잉글랜드에서는 유럽 대륙과는 별개의 발전이 이루어졌다. 대륙 가운데 로마법의 채용이 늦은 곳, 특히 독일에서는 토대가 흔들리는 사태가 되었으나, 잉글랜드에서는 중세 후기의 몇 세기 동안에 법률이 발전해갈 기초가 이루어졌다. 그리고 그 기초는 흔들림 없이 현대까지 있다. 이런 이정표로 유명한 것이 1215년의 『대헌장(Magna Carta)』이다. 이것은 근대적 의미에서는 그다지 민주적이라고 말할 수 없고, 도리어 교회와 귀족의 권리를 확인하는 것이 목표이다. 그런데도 『대헌장』은 가장 중요한 첫걸음이었다. 그것은 오늘날 서구 문화권의 가장 귀중한 재산인 '자유의 법'으로의 첫걸음이었다.

독일 법률의 발전 양상을 여실히 말해주는 것은 작센(Sachsen)의 레프고의 아이케(Eike von Repkow)가 1235년 완성한 『작센의 거울(Sachsenspiegel)』이며, 이것을 기본으로 하여 만든 『스타우펜의 거울(Staufenspiegen)』과 『독일의 거울(Deutchespiegel)』이다.

교회는 성서를 기초로 하여 교부들의 가르침과 종교회의의 결정을 반영하고, 로마법의 법문을 특히 유스티니아누스(Justinianus) 법전에서 많이 채택하여 수정하고, 거기에다 야만 민족의 법률 전통도 가미하여 독자적 법률을 세우고 발전시켜서 인상적인 구조 체계를 이루었다. 12세기 중엽에 로마의 교회 법학자인 수도사 그라티아누스(Gratianus, ?~1158)가 그의 저서에서 이 '교회 법률'의 대부분에 뚜렷한 형태를 주었다. 이것은 그 후에 『그라티아니 법령집(Decretum Gratiani)』이라는 이름이 붙었다. 13세기와 14세기의 각 교황이 이것을 보완해갔다. 그래서 교회법의 결정판이 된 것은 16세기의 『교회법 정전(Corpus iuris canonici)』이다. 교회법이 생기자, 황제(로마)의 세계법과 나란히 제2의 교황(교회)의 세계법이 함께 보편적으로 통용되어 큰 의의를 가지게 되었다. 그래서 '양 법의 박사(Doctor iuris utriusque)'라는 칭호가 있는데, 이 칭호 속에서 법률이 이원성을 가지게 된 것이 오늘날까지도 반영되고 있는 셈이다. 법률 과학에서 가장 중요하며 그 후의 발전에도 가장 알찬 사건은, 고대 로마의 전통과 직접 결합되어 있던 이탈리아의 법률 과학이 꽃핀 것이다.

볼로냐의 법률 학교와 주해자들

볼로냐의 법률 학교는 이탈리아의 대학의 원류로서 이미 기술한 바 있다. 이 학교는 이미 11세기에 이르네리우스(Irnerius, 1050~1130) 밑에서 첫 정점에 도달했다. 그에 의하여 볼로냐는 법률 연구에 관하여는 유럽 전체의 수도가 되었다. 그리고 14세기까지 그 지위를 지키고 있었다. 이르네리우스의 주저는 『유스티니아누스 법전의 주석』이다. 교회법의 대법학자 그라티아누스도 그의 문하였다. 이들이 한 주석은 '주해(註解)'라고도 불렸다. 12~13세기의 볼로냐 학파가 '주해자들'이라고 불리는 것은 여기에 연유한다. 12~13세기에는 많은 대법률가들이 연달아 나타난다. 여기서 그 이름들을 다 들지는 않겠다. 그러나 이 학파의 말기를 대표하는 최대의 법률가 악코르소(Accorso, 1185~1260)만은 들어보자. 이 악코르소의 주저인 소위 『표준 주해(Glossa ordinaria)』는 오랫동안 법률의 기준 저작으로 되어 있었다.

말할 것도 없이 주해자의 일은, 고대의 유스티니아누스 법전을 단순히 재탕하거나 주해하는 것만은 아니었다. 물론 이 주해가 그들의 가장 중요한 사업이기는 하다. 그들은 법전 전체를 통하여 널려 있는 유형을 찾아내어, 이 법전 전체의 개념을 이해하고, 그 정신을 다시 소생케 하였다. 그러나 그들은 그것에만 그치지 않았다. 생활의 요구가 이미 바뀌어 있어서, 그들은 이 법률을 그 요구에 적응시키는 것도 시작하고 있었다. 이들 요구는 정치·경제·사회가 발전한 결과 생긴 것들이다. 로마법은 점차로 세속적 권력과 경제적으로 강하게 된 도시가 교황권이나 교회와 싸울 때, 가장 중요한 무기의 하나가 된 것이다.

바르톨로와 발두스

주해자들의 뒤를 이은 신학파의 법률가들을, 뒤를 이었다는 데서 '주해자들 이후의 사람들(Postglossatoren)'이라고 부른다. 그러나 이렇게 부르는 것은 이 새로운 학파의 중요성으로 볼 때 공정하다고 할 수는 없다. 그래서 근년에는 '주석 평가자들'이라고 불린다. 그들은 14세기에 법률학의 주도권을 또다시 이탈리아의 손에 쥐게 하였다.

이 학파의 개조는 사소페라토의 바르톨로(Bartolo de Sassoferrato, 1314~1357)이다. 그는 '악코르소의 재림'이라고 불리었다. 그가 가르친 페루지 대학은 그로 인하여 볼로냐의 호적수가 되었다. 바르톨로의 일은 당시의 법률 과학의 전 분야에 걸쳐 있었다. 그것들도 역시 겉보기는 법전의 주석 평가 모양을 하고 있었다. 그러나 실은 본래의 주해는 악코르소의 저작까지로 끝맺었고, 바르톨로가 한 일은, 이 로마법을 실제로 시행되고 있던 도시나 교회의 법률에 적용시키는 것이었다. 그래서 바르톨로의 주석 평가는 또한 중부 유럽에서는 공법의 기초가 되었다. 그리고 유스티니아누스의 법규보다 그의 평가적 주석이 더욱 높이 평가되었다. 그것은 이미 근대화된 형식을 가지고 있으므로 그렇게도 빨리 채용될 수 있었다. 바르톨로의 설은 17세기까지 유럽의 법률 과학을 지배하였다.

바르톨로의 문하 발두스(Baldus de Ubaldis, 1327?~1400)는 그의 일을 이어받았다. 발두스는 페루지 외에도 볼로냐, 피사, 피렌체와 파비아에서도 가르쳤다. 그는 다면적인 교양을 가졌으며, 재판관, 외교관, 행정 전문가, 교황의 법률고문과 성공한 상인의 경험을 가졌고, 법률 과학의 전 분야에 통달해 있었다. 그는 일급 재판관으로, 유가증권이나 국제 사법 등, 경제가 발전함에 따라 새로이 생겨난 법률 분야를 쌓아 올렸다.

레냐노

공사(公私)의 국제법은 또한 볼로냐 출신인 지오반니 더 레냐노(Giovanni de Legnano, ?~1383)에 의해서도 본격적으로 추진되었다. 아랍의 신학자나 법률가는 이미 오래전부터 행하여 왔으나, 기독교권에서 전쟁을 법률적으로 다룬 것은 그의 주저가 처음이다. 법적 의미에서 전쟁이란 무엇인가? 전쟁은 어떤 종류로 구분되나? 바른 전쟁이 있는가? 누가 전쟁을 포고할 수 있나? 전리품이나 포로를 어떻게 다루어야 하나? 스스로 항복해 온 적은 어떻게 하나?

지오반니는 사적 논쟁이나 고집뿐만 아니고 인류의 내부에 생긴 정신적인 상극도 포함하고 있다. 그는 아리스토텔레스나 성서를 비롯하여 법전, 종족의 법률, 교회법에서 당시의 법률가에 이르기까지 쓸 만한 것은 모두 인용하여 이러한 문제를 논했다. 그의 책은 국제법학의 하나의 초석이 되었다.

제 10 장
대부흥의 정신

이제는 구원도 번영도 정신 활동을 완전히 새롭게 하는 데에만 있다.

– 프랜시스 베이컨(Francis Bacon)

이제 위대한 변혁의 시대에 발을 들여놓아 보자. 이 변혁으로 유럽은 새로운 양상, 즉 우리와 친근한 '근대적' 양상을 띠기 시작했다. 이 혁명은 오늘날까지 작용해오고 있다. 그러나 오늘날에는 또 하나의 더욱 깊게 작용하는 혁명이 이것에 간섭하여 교체되고 있다. 그 원인이나 양상은 실로 다면적이므로, 이론만의 좁은 소견에 빠지지 않으려면 단 하나의 정식에 끼워 맞춘다든가 전부를 단 하나의 원인에 귀착시킬 수는 없는 것이다. 따라서 어느 때부터 이 시대가 시작되었는가를 따지는 것은 그다지 의미가 없다. 어디에 주목하는가에 따라 이 시대의 시작은 여러 가지로 볼 수 있다. 아메리카의 발견, 인쇄술의 발견, 터키인의 콘스탄티노플 점령, 레오나르도 다빈치의 탄생, 루터의 종교개혁 때부터, 이탈리아에 인문주의와 르네상스의 징후가 보이기 시작한 때부터, 철학에서 유명론(唯名論)이 승리한 때부터, 코페르니쿠스부터, 초기 자본주의적 경제의 시작 때부터, 또는 기타의 때부터로 볼 수 있다.

여하튼 우리는 새로운 것을 15세기 중엽에는 명확히 인정할 수 있게 되었고, 16세기에 성숙되었다고 말할 수 있다. 과학사에서 이 시기는 완전히 새로운 시대의 서곡이다. 지식과 탐구의 어떤 분야에서도 어깨를 나란히 하여 새로운 활동이 생겨났고, 이후의 수세기 동안에 폭넓게 실행으로 옮겨져 성숙해 갈 제목들이 대부분 이때 갖추어졌다. 이 시대의 과학적 활동과 발견은 그 후의 과학 발전 전체에 추진력과 방향을 주었다.

그러나 역시 우리는 두 마리의 토끼를 쫓는 것과 같은 어려움에 부딪히고 있다. 각종의 활동 영역에서 행해신 변혁들이 전부 합쳐서 이 혁명을 형성하고 새 시대를 이끌어내고 있는데, 이것들을 대충 훑어보아도 몇 쪽에 그릴 수는 없다. 그렇다고 아무런 준비 없이 바로 과학적 활동이나 진보를 기술할 수도 없다. 이와 같은 활동이나 진보의 동인이나 의의를 이해하려면, 틀림없이 과학이라고 단언할 수 있는 좁은 영역을 벗어난 사항과의 관련을 구하지 않으면 안 되기 때문이다. 그야말로 산 넘어 산이다. 이 진퇴양난의 난관을 헤쳐 나가려면, 우선 이 변혁의 정신적 배경을 대략 훑어보고, 이 개혁을 주도한 당시 위인들의 말을 들어보는 수밖에 도리가 없다.

변혁의 이 시대에는, 모든 국면의 일반적인 특징으로 세 가지 사실을 인정할 수 있다. 첫째로 모든 활동 분야에서 기존의 통일 관계가 폭파되어 가는 것이다. 둘째로 이 폭파는 낡은 한계를 돌파하고, 낡은 질서를 파괴하고, 낡은 이상을 밀어내고, 미래를 짊어질 새로운 힘들을 모든 면에서 해방하여, 한편으로는 손실인 것을 다른 쪽에서는 획득이 되게 해나간다. 셋째로 이 변혁을 추진하고 방향을 조종하는 모든 힘들이 연극 무대에 내려와서 문제를 해결해주는 기계 장치의 신(deus ex machina)과 같이 외부에서 온 것이 아니라, 과거 시대의 태내에 잉태되어 있던 것이 거기서 탄생하여 나온다.

이 세 가지가 한 조가 된 변혁의 과정은, 정치의 추이나 생활의 경제적 기반과 사회 형태를 보아도 알 수 있다. 전 세계에 걸친 하나의 제국이란 이상은 지배력을 잃고 만다. 이 이상은 일시적으로 불완전하게 실현된 것에 지나지 않았으나 이념으로서는 매우 강력하였던 것이다. 그런데 이제 무대에 나타나는 것은 젊은 민족국가, 또는 민족에 따라 연방제의 국가권력 형태이다. 이것들은 어느 것이나 중세적인 제국의 태내에 잉태해 있던 것이며, 이제 그것이 성장하여 모양을 갖추어 온 것이다.

그리고 또 황제의 대권이란 의미가 아니고 하나님으로부터 주어진 '양날이 선 검', 즉 교회의 힘과 세속적인 힘의 이상적인 결합이라는 심원한 의미의 제국의 이상도 몰락하고 만다. 국가는 세속화하고, 교회는 이 세상에서 분리되고 만다. 젊은 민족과 국가가 일어나는 것과 발맞추어, 각국의 언어도 번성한다. 이제 라틴어의 군림도 끝나게 된다.

여러 가지 역병이나 전쟁에도 불구하고 인구는 계속해서 증가하고, 도시는 강력해진다. 특히 국내 상업이나 오리엔트 무역으로 부(富)는 축적되어 간다. 최초로 생산 업체와 대규모의 공장이 생겨난다. 화폐경제와 무역경제가 발달한다. 이와 같은 것들이 중세적 사회질서와 경제질서를 폭파하는 힘이 되었다. 이 힘들도 외부에서가 아니라 내부에서 온 것이다. 십자군과 지리적 발견은 외부로부터 새로운 충격을 주었으나, 이것들도 역시 내부에서 생긴 새로운 경제적 힘이 나타낸 것이며, 그것의 성과였다. 발견 여행은 완전히 그렇고, 십자군도 적어도 부분적으로는 그랬다.

1. 종교와 철학

종교 개혁가들이 나타나면서 서구의 가톨릭적 통일은 무너졌다. 개인의 신앙과 개인의 윤리에 중점을 둔 신교(Protestant)적 신앙의 큰 파도가 닥쳐오기 시작했다. 그리고 이에 대한 반작용으로 가톨릭교도 자기반성을 하여 내적으로 강화했다. 각종의 종교개혁 운동의 동기 안에는 참으로 종교적인 항의(protest)뿐만 아니라 국민적 항의나 경제 운동과 사회 운동도 섞여 있었다. 그리고 종교개혁은 그의 발전 도상에서도 이와 같은 여러 힘과 새로이 결합되어 갔다.

칼뱅주의의 나라들도 그랬다. 이들 나라에서는 이러한 결합이 모태가 되어서 그로부터 시민사회의 새로운 활동 정신이 매우 인상적인 형태로 성장해 간 것이다. 두말할 것 없이 중세의 여러 가지 반교황 운동이나 반교회 운동 안에도, 신비(神秘)교 안에도 종교개혁의 선구자는 많이 있었다. 교회의 힘과 세속적 힘이 여기에서 분리하고 만 것에 대응하여, 정신적 영역도 신앙과 지식이 분리하였다. 이미 13세기 말에서 14세기 초에 걸쳐서 후기 스콜라철학의 활동도 이런 분리를 촉진했다. 특히 '던스스코터스(John Duns Scotus, 1266?~1308)'의 활동은 그러한 작용을 나타냈다.

토마스 아퀴나스는 세속적 영지(英知)와 신학을 완전히 통일하려고 하여, 이 통일을 달성하였다. 그런데 던스스코터스는 이것을 포기하고 있다. 토마스는 신학의 진리와 철학의 진리를 분리할 수 있다는 것을 인정하지 않았다. 그런데 던스스코터스는 이것을 인정하고 있다. 던스스코터스는 철학을 교회의 지배로부터 해방하려고 한 것이 아니며, 더욱이 철학과 종교를 대결시키려는 의도는 없었다. 그러나 그의 설에는 이미 양자 간의 틈새가 나타나 있다. 그는 양자를 결국 분리하는 준비를 한 셈이다. 정치나 경제나 사회 방면에서는 중세의 보편적인 권력에 대하여 분립적인 힘들이 이겨 나갔고, 이에 대응하여 철학에서는 중세의 '보편 신념 실재론(실념론)'에 대해서 유명론(唯名論, nominalism)이 승리했다. 이 승리는 사회적 혁명의 결과라거나 단순한 사상적 반영이라고 볼 수는 없다. 신념 실념론과 유명론이라는 두 입장의 투쟁은 이미 오래전부터 스콜라철학의 주요한 주제의 하나였다. 초기의 스콜라철학 안에서 이미 이 투쟁이 생겨 있었고, 그 당시까지의 것은 아벨라르(Abelard, 1079~1142)가 정리하여, 스콜라철학이 가장 번성한 때에는 '보편론'이 대세였다. 던스스코터스의 제자인 윌리엄(William of Wykeham, 1290~1349)은 후기 스콜라철학에서 유명론을 다시 승리하게 하였다.

주지하는 것과 같이 그는 일반과 개별의 어느 쪽이 우선하는가, 어느 쪽이 더욱 고차적인 실재성을 가지는가 하는 것을 문제로 하였다. 이미 던스스코터스도 어떤 사물의 '여기 그리고 지금'. 즉 사물의 일회성과 특유성(特有性)에 대한 어떤 형이상학적 중요성을 주고 있었다. 그런데 윌리엄은 "개별적 사물이 유일한 실재이며, 보편적인 것은 다만 명칭(nomina) 또는 사물을 나타내는 기호 이상의 것은 아니다."라고 주장했다. 윌리엄의 경우는, 지식과 신앙의 구별이 던스스코터스보다 훨씬 더 나아가서 완전한 것이 되어 있다. 그는 토마스와는 반대로 신앙의 진리는 초이성적일 뿐만 아니라 반이성적이라고 하면서 "부조리하므로 나는 믿는다(credo quia absurdum)."라고 했다. 교회의 충성한 아들인 윌리엄에게는 신앙이 아리스토텔레스적인 영지에 의하여 불유쾌한 구속을 받지 않게 신앙을 후자로부터 해방하는 것이 문제였다. 그런데 이 활동은 동시에 철학과 세속적 과학을 신앙의 지배로부터 해방하는 것이기도 하였다. 이렇게 해방되자 그것들은 자력으로 더욱더 발전할 수 있었다. 유명론의 승리는 근대 과학을 성립시키는 데 가장 중요한 전제조건의 하나이다. 아리스토텔레스가 잘 연구됨에 따라, 그의 이교적인 세속적 지식이 기독교의 가르침과 일치할 수 없다는 생각이 더욱더 생겼다. 그래서 신학의 대들보로서의 그의 역할은 끝나가고 있었다. 철학에서는 그 후에도, 특히 이탈리아에서는, 중요한 아리스토텔레스학파가 존속했다. 그러나 르네상스 철학에서 더욱 뚜렷한 사건은 플라톤이 재발견되어서 플라톤 정신이 소생한 것이다.

이 일을 처음으로 시작한 것은 비잔틴의 플라톤 학자인 게오르기오스 게미스토스 플레톤(Georgios Gemistos Plethon, 1355~1550)과 이탈리아의 인문주의 철학자인 마르실리오 피치노(Marsillio Ficino, 1433~1499)였다. 피치노는 플라톤의 저서를 처음으로 정신과 말이 플라톤에 합당하게 번역하였다. 신플라톤주의의 근거는 코시모 메디치(Cosimo de Medici, 1389~1464)가 게미스토스 플레톤의 제의를 받아들여서 피렌체에 설립한 '플라톤 학원'이었다. 르네상스가 가진 청정한 젊은 활기와 미(美)에의 갈망은, 메마른 아리스토텔레스보다는 플라톤 철학을 더욱 좋아하게 되었다.

이 새로운 철학의 대주제는 이제 '신과 영혼'이 아니고 '인간과 우주'이다. '인간은 권위의 부속품이 아니고 독립된 정신적 개체로서, 스스로 있는 그대로를 인식하는' 것이다. 근대적 의미의 개인적 인간이 탄생한 것은 르네상스 시기의 대예술, 특히 대화가의 자화상에 명백하게 나타나 있다. 19세기의 스위스 미술사가 부르크하르트(Jacob Burckhardt)는 이탈리아의 르네상스 예술에 대한 그의 불후의 명저인 『이탈리아 르네상스의 문화(Die Kultur der Renaissance in Italien)』에 다음과 같은 문구로 그 특징을 나타내고 있다.

"이 시기의 철학도 그 같은 일이 행해졌다. 인간이 자기를 하나의 독자적인 것이며 전체적인 것으로 인식하였다. 인간이, 전 우주를 자기 안에 가진 세계의 중심인 소우주(microcosmos)로 나타난다. 미란돌라(Giovanni Pico della Mirandola, 1463~1494)의 '인간의 존엄'에 관한 다음의 연설은 이 시대적 사조에 대한 불멸의 증언이다."

"거룩하신 창조주는 마지막에 이렇게 결정하셨다. 이 인간에게는 더 이상 확정된 아무 것도 줄 수 없게 되었으나, 그 대신 개개의 생물에게 따로따로 준 것을 모두 합하여 주자고 하셨다. 그래서 신은 인간을, 자기와 닮아서 모든 것을 한 몸에 갖추게 만드시고, 그를 세계의 한가운데에 두고 그에게 말씀하셨다. '오! 아담아 나는 너에게 일정한 자리나 일정한 모양이나 일정한 과제를 주지 않았고, 네가 원하는 자리와 모양과 과제를 가지거나 점유할 수 있게 하였다. 나는 딴 모든 생물의 본성을 일정한 법칙에 따르게 하였으나, 너는 그 같은 좁은 곳에 가두어두지 않았다. 나는 너의 의지를 너 자신의 손에 맡겼다. 그 의지에 따라 자기의 일은 자기가 결정하는 것이 좋다. 나는 너를 세계의 한가운데 두었다. 이곳에서는 세계 중의 모든 것을 쉽게 바라볼 수가 있을 것이다. 나는 너를 천상적인 것, 지상적인 것, 죽을 것, 죽지 않을 것의 어느 틀에도 맞추지 않았다. 그야말로 자유롭고 명예로운 건설자와 조형자로서, 좋을 대로 자기의 모양을 이루어 나갈 수 있게 하였다. 너는 타락하여 발밑에 기는 짐승같이 될 수도 있고, 너자신의 대오(大悟)에 의하여 하늘에 계시는 하나님과 닮은 존재로까지 높아질 수도 있다.' 오! 하나님의 완전한 방임이여! 오! 완전하고 찬양받을 인간의 운명이여!"

2. 르네상스와 종교개혁

철학에서 눈을 돌려 더욱 넓고도 깊은 일반 사조를 바라보자. 르네상스(재탄생)라는 시대의 양상이나 이름은 여기서 나온 것이기 때문이다. 그 같은 정신적 조류와 근대 과학의 형성과는 어떤 관계에 있을까? 이 점에 대한 일반적 견해는 다음과 같다.

"종교개혁은 각 개인이 확고한 신앙을 가지고, 양심의 소리에 따른다는 원칙을 중심으로 밀고 나갔다. 이것은 정신의 자유와 함께 과학을 위하여도 진로를 열어주었다. 르네상스와 인문주의는 세속적 자유와 세속적 기쁨을 노래하여, 인간의 눈앞에 있는 '이 세상'을 보는 눈을 열어놓았다. 이것이 또한 근대 과학의 시대를 선도하는 역할도 하게 되었다."

그러나 진상은 이와 같은 견해를 허용하는 것은 아니며, 실재의 일들은 그렇게 단순하지는 않다. 흑백을 대립적으로 쪼개는 것과 같은 오류에 빠지지 않게 다음과 같은 점에도 눈을 돌리지 않으면 안 된다. 즉, 관계들은 얽혀 있으며, 전술한 두 가지 운동은 과학의 발전에 이로운 면도 있는 반면에 해로운 역할도 하였다는 것이다.

우선 관용과 정신의 자유에 대해서인데, 종교 개혁자들이 이것을 요청한 적은 없으며, 이것은 그들 활동의 부산물에 지나지 않았다. 루터나 칼뱅(Jean Calvin, 1509~1964)도, 그리고 이들 개혁자 사후의 루터 전통파나 칼뱅 전통파도 신앙을 달리하는 것을 관용의 눈으로 보라고 설하지는 않았다. 그러나 개혁의 결과 피비린내 나는 논쟁이 계속되었고, 결국에는 어느 파도 완전한 승리를 거둘 수는 없었다. 그래서 중세와는 반대로 많은 나라에 종교적 소수파가 생기게 되었다. 이들 소수파는 국가권력을 쥐고 있지 못하므로, 관용에 의지할 수밖에 도리가 없었다. 그래서 그들은 관용의 대변자가 되고 사도가 되어 점차로 이것을 실현해 나갔다.

세속적인 연구나 과학의 자유, 이것도 결코 처음부터 종교개혁이 바란 것은 아니다. 루터는 성서 해석의 자유를 요구했다. 세속적인 연구 같은 것은 그에게 중요한 문제가 아니었다. 그는 대학에 파고든 이교적이며 아리스토텔레스적인 정신을 가진 자를 맹렬히 욕했다. 지식이 아니고 신앙이야말로 루터에게 중요한 문제이며, 이성은 '악마의 창부'로 여겨졌다. 그러던 루터가 1524년에 『독일의 모든 도시 참사 회원에게 - 기독교적 학교를 설립하여 지지할 것(An die Ratsherren aller Stadte deutschen Landes, dath sie christliche Schulen aufrichten und erhalten sollen)』이라는 저술을 하여, 그 안에 학교 제도와 교육 제도의 개량과 개혁을 간절한 말로 요구하고 있다.

"고등의 학파는 쇠하고 말았다. 이것은 심각하고도 중대한 일이다. 그리스도와 세계는 젊은이를 돕고 충언을 주는 것을 마음속 깊이 간직하고 계시기 때문이다. 만약에 나에게 자식이 있거나 그렇게 된다면, 그들은 언어나 역사를 나에게서 배울 뿐만 아니라 노래도 불러야 하며, 음악이나 수학도 배워야 할 것이다. 실제로 옛날 그리스 사람이 그들의 자식을 키울 때 한 이런 일은 공허한 아이들의 장난에 불과한 것이었던가? 이 사람들조차 이렇게 하여 모든 면에 유능하게 될 수가 있었다. 우리는 불행하게도 너무나 오랫동안 암흑 속에 파묻혀 있었다. 우리는 너무나 긴 동안 독일의 짐승이었다. 싸우거나 먹거나 마시는 것밖에는 할 수 없는 짐승이었다. 하나님께서 그의 피조물의 감사의 염원을 보시도록 지금이야말로 다시 이성을 쓰도록 합시다."

신교에서 시작된 교육 개혁은 최초에 루터가 가졌던 강력한 신념을 거의 잃어버리게 하고 말았다. 루터는 아리스토텔레스의 죄를 주장하였고, 스콜라 학자에게도 아리스토텔레스는 이미 퇴색하여 버렸다. 그런데 교육가이며 '독일의 교사(Praeceptor Germanioe)'라고 불리는 멜란히톤(Philipp Melanchthon, 1497~1560)은 이 아리스토텔레스를 감히 교육의 기초로 택했다. 그리고 그는 이 기초를 인문주의 정신으로 채웠다. 그러나 우선 주의해야 할 점은, 이 교육 개혁의 덕택에 교육에 참여할 사람들의 범위가 매우 넓어진 것이다. 종교개혁은 인문주의와는 반대로 대중운동이었으므로 대부분의 신교국도 큰 힘을 쏟아서 대중이 적어도 간단한 교육을 받아서 성서를 읽을 수 있게 노력하였다. 이 같은 노력은 루터주의 나라와 칼뱅주의 나라에서도 행해졌다. 그러나 이것 외에도 상급학교나 더 고등한 학교도 설립되었다. 제네바나 독일 북부나 동부의 여러 대학이 이에 속한다.

르네상스의 정신적·과학적 측면으로서의 인문주의도 종교개혁도, 이 둘이 정신적 발전상에 한 역할을 고찰할 때, 일련의 공통점이 떠오른다. 둘 다 스콜라철학의 권위에 반대하였고, 중세의 모든 세계에 반대하였다. 그런데 둘 다 새로운 권위를 덮어놓고 받아들여서 옛 권위에 대신하게 하였다. 즉, 종교개혁에서는 성서를, 인문주의에서는 고대의 저술을 새로운 권위로 모셨다. 그래서 둘 다 어느 쪽도 중세의 미신을 타파할 돌파구를 조금이라도 열어주지는 못했다. 연금술은 살아남았고, 이단자나 마녀를 불태워 죽이는 짓은 신교의 세력 범위 내에서도 르네상스의 이탈리아에서도 변함없이 성행했다. 인문주의도 종교개혁도 인류의 주의를 오랫동안 자연이나 자연과학에서 벗어나서 한쪽은 종교로 또 다른 쪽은 문학으로 쏠리게 하였을 뿐이다.

이와 같이 되돌아보면, 근대 과학은 단순히 종교개혁이나 르네상스의 산물이거나 둘이 합한 것의 산물이라고 생각할 수는 없게 된다. 도리어 우리의 눈에 근대 과학은 자주적인 '제3세력'으로 보이게 된다. 르네상스와 종교개혁의 양자에서 어떤 면에서는 직접으로도 추진되었으나, 대부분은 간접으로 추진된 하나의 세력이며, 때로는 이 양자로부터 싸움을 걸렸고 오해되기도 하였고 저해되기도 하면서, 적은 소수파의 두뇌 안에서 독자적인 길을 개척해 간 세력으로 보인다. 더욱이 이 세 가지 힘 중에서도 그 후의 유럽이나 전 세계의 양상을 가장 강력하게 변화시킨 것이 어느 것인가는 명백하다. 이같이 조용히, 대다수와는 떨어져서 시작된 근대 과학의 사상, 적어도 자연과학적 사상이 르네상스나 종교개혁보다는 훨씬 강하게 더욱 변혁적으로 작용했던 것이다.

앞에서 '적어도 자연과학적 사상'이라는 단서를 붙였다. 이것에서 새삼 서럽게 우리가 항상 자연과학에만 주목해 온 것을 의식하게 된다. 틀림없이 자연과학에서 인문주의는 극히 한정된 의의밖에 가지지 못한다. 유럽이 자연과학적 흥미에 눈뜨기 시작한 것은 12~13세기의 일이며, 특히 그리스나 아랍의 과학에 통하게 되어 이것에서 감명을 받았기 때문이다. 르네상스 당시에 필요했던 것은 인문주의가 한 것과 같이 고대를 새삼 서럽게 깊이 연구하는 것은 아니었다. 도리어 지금 그 같은 짓을 하는 것은 과학의 발전을 저지할 수도 있었다. 고대 저작의 문자적 의미에 구애되지 않고 올바로 서기 위해서는 의지하고 있던 지팡이를 던져버리고, 자기의 발로 서고, 자기의 눈으로 자연을 바라보는 것이 필요했던 것이며, 실제로 얼마 지나지 않아서 그 같은 움직임이 생겼다.

그러나 오늘날 정신과학이라고 불리는 것이나, 오늘날도 쓰이는 것과 같은 서구적인 교양 개념을 문제로 할 때는 반대로 르네상스 때의 이탈리아나 독일에서 활동한 인문주의자들이 결정적인 의의를 가지게 된다. 고대의 '소생' 또는 '재탄생'에 의하여, 고대학이나 고문헌학이나 예술사 등 전혀 새로운 과학이 성립하였다. 과학의 전개는 정신적인 것과 사회적인 발전 전체가 대회전점이나 전기에 왔을 때 결정적인 충격을 준다는 것은 자연과학보다도 정신과학에 대하여 더욱 강조할 수가 있다. 자연과학은 전체로 볼 때, 적어도 대상 영역의 성격상 어느 정도 일정하다고 생각된다. 자연과학에도 인기의 성쇠는 있다. 문제를 세우는 방법도 변전한다. 그럼에도 불구하고 어느 정도 정상적으로 전진을 계속할 수는 있다. 이에 반해서 정신과학은 궁극적으로 추구한 핵심에 있어서, 한 번만 돌아오는 결정된 역사적 상황이나 전기의 산물인 것이다. 근대의 국민경제학이나 사회학이 산업화와 고도 자본주의의 태동기에 성립한 것만 보아도 알 수가 있다. 같은 이유로 역사과학이나 언어과학에도 인문주의 정신의 상표가 지금까지 벗겨지지 않고 남아 있는 것이다. (이것 외에도 뒤에 새겨진 표가 몇 개 더 붙어 있기는 하나)

정치나 경제나 사회 방면에서 중세를 처음으로 극복하기 시작한 것은 이탈리아였다. 그리고 고전적 전통의 부활이 로마인의 모국이었던 이 나라에서는 가장 가까이 느껴졌고, 눈뜨기 시작한 국민적 자부심이 이것에 의하여 더욱 부추겨졌다. 그래서 처음으로 이 같은 과학의 깃발을 내세운 것은 이탈리아의 인문주의자였다. 이 이탈리아의 관심이 퇴조하기 시작하자, 타국 특히 독일의 인문주의자가 그 뒤를 이어받았다.

유럽의 교육 이념은 상급 학교의 교과목을 보아도 알 수 있는 것과 같이, 오늘날까지 인문주의(Humanism)의 정신을 기조로 하고 있다. 그리스와 라틴어 수업이 있는 문과 고등학교를 둘러싸고 오늘날도 행해지고 있는 논쟁은, 자연과학의 우선을 표방하는 새로운 교육 이념이 인문주의를 기반으로 한 구교육 이념을 공격하는 데에도 여실히 나타내고 있다.

3. 인쇄와 서책

나침반이나 화약 무기의 출현에 대해서는 이미 기술하였다. 나침반은 지리적 발견을 가능케 했다. 그리고 화약 무기가 나타나서 군사적 주력은 중세적인 기사들로부터 비천한 신분의 인민으로 된 고용 보병과 시민 출신의 포병대의 손에 넘어가서, 경제적 요인과 함께 사회적 중심도 이동하여 국가권력을 강화하게 되었다.

그러나 정신생활에서 더욱 의의가 컸던 것은 인쇄술의 발명이었다. 인쇄술의 발명은 지식욕에 눈떠서 서책을 갈망하게 되었던 바로 그때에 이루어졌다. 요하네스 구텐베르크 (Johannes Gutenberg, 1397~1468)가 1450년경에 마인츠에서 활자를 사용하여 책을 인쇄하는 기술을 발견한 것이다. 그의 가장 유명한 조력자는 독일의 인쇄업자인 요한 푸스트 (Johann Fust, ?~1466)와 페타 세파(1425~1502)였다. 이 새로운 기술은 몹시 기다리던 욕구를 채워주는 것이었으므로, 매우 빠른 속도로 퍼져나갔다. 1460년대에는 이탈리아에서 최초의 인쇄기가 만들어졌고, 1470년에는 파리에서 그리고 곧 런던에서, 1480년대에는 스톡홀름과 콘스탄티노플에서, 그리고 얼마 지나지 않아서 스페인과 포르투갈에서 만들어졌다. 중세 유럽에서 손으로 힘겹게 필사된 책들이 천을 단위로 셀 수 있는 것이라면, 1500년경에 유럽에는 이미 수백만 권의 인쇄된 책들이 있었다.

책의 수도 불어났고 값도 싸졌다. 책값은 이전의 1/8 이하로 내려갔다. 이것에 의하여 매우 넓은 층의 사람들이 기록된 말에 친숙하게 될 수가 있었다. 교육받은 사람의 수는 몇 배로 늘어났다. 어떤 사상을 발표하면 그것이 곧 수천 배의 반향을 불러일으켰다. 인쇄술의 발명이 없었다면 새로운 정치사상이나 종교적·철학적 관념이나 지리나 과학에서의 발견들이 퍼져나간 그 빠른 속도는 아마도 상상조차 할 수 없었을 것이다. 더 말할 것 없이 문화 발전의 척도는 바로 이 인쇄술, 즉 현대적 용어로 말하면 '정보 유통 수단'에 달려 있다. 우리의 조상은 이 인쇄술에서, 목판 인쇄는 서구보다 목판 인쇄는 1000년 이상이나 앞서 있었고, 금속활자 인쇄도 구텐베르크보다 200년이나 앞서 있었다는 것을 생각하면, 오늘날 과학기술에서 서구보다 뒤떨어진 현실은 안타깝기 짝이 없다.

개개의 과학 분야에 들어가기 전에, 당시의 위인 두 사람의 저작에 대해 살펴보면 새 시대의 정신을 더욱 잘 그려내서 과학 사상이 어떤 모양을 하고 어떤 방향으로 향하기 시작하였는가를 더욱 잘 알게 될 것이다. 이 장에서는 1450년부터 1600년 직후에 걸친 이행기를 다루는데, 이 두 위인 중의 한 사람은 이 시기의 발단에 서 있다. 아니, 그의 일생과 활동을 새 시대의 시작으로 보는 사람도 많다. 또 한 사람은 이 시기의 끝에 서 있다. 첫 사람은 과학의 한 분야에 속하게 하기에는 너무나 전반적이다. 과학의 권위자라고 말할 수밖에 없다. 둘째 사람은 개개의 지식을 많이 가졌기보다는 이것들을 틀에 넣어 목표를 제시한 사람이다.

4. 레오나르도 다빈치 – 새 정신의 구현

레오나르도 디빈치

시대가 나아감에 따라 후세 사람들은 레오나르도 다빈치(Leonard da Vinci, 1452~1519)의 업적에 대하여 더욱더 많은 측면을 발견하게 되었다. 그래서 어느 측면에서의 의의도 더욱더 커져서, 어디까지 커질지 예감조차 할 수도 없는 거대한 것이 될 것 같다. 레오나르도의 많은 면 가운데 예술가로서의 면은 잘 알려져 왔으나, 사상가로서나 과학기술의 연구자와 발명가로서의 레오나르도는 덜 알려져 있다가 20세기에 와서야 그것도 알려지기 시작했다. 이것은 그의 예술적인 면에 못지않게 중요하나 아주 조금밖에는 알려져 있지 않다. 그가 이 분야에서 이룩한 업적을 이해하려면 그의 몇 가지 두드러진 경력을 살펴보고, 인물의 특징을 염두에 둘 필요가 있다.

1) 레오나르도의 생애와 인품
레오나르도는 1452년에 피렌체와 피사 사이의 고원지대에 있는 작은 마을 빈치에서 태어났다. 그는 태어나자 어머니를 잃고 아버지 집에서 자랐다. 그의 아버지는 그 후에 네 번 결혼했다. 처음 두 번은 자식이 없었고, 세 번째 결혼에서 레오나르도가 24세 때 처음으로 이복동생이 났으며, 그 후에 10명이나 더 태어났다. 레오나르도는 정신적으로 고독하게 자랐다. 그는 생모를 몰랐고, 네 사람의 계모는 무의미했다. 동생들은 나이 차이가 너무 커서 친할 수가 없었다. 레오나르도는 18세에 조각가 안드레아 델 베로키오 (Andrea del Verrocchio, 1435~1488)의 제자로 들어갔다. 거기서 그의 예술적 천재성이 숙달되었고, 건축술이나 공학 기술에 대한 대망도 생겼다. 그 소망을 이룰 기회는 고향인 피렌체가 아니고 밀라노의 로도비코 스포르차(Lodovico Sforza, 1451~1508)의 궁정에서 얻었다. 레오나르도는 여기서 사관하여 건축과 군사 기술자로서, 또 건축가, 화가, 조각가, 그리고 화려한 축제의 준비 역으로 활동하였다. 밀라노 시대는 그의 천부적인 재능이 가장 행운의 꽃을 피운 때다. 그는 여기서 자기의 걸작 여러 점을 만들었다. 스포르차가 망한 후에 레오나르도에게는 고향다운 곳이 없었다. 피렌체에 돌아가서 살며 일하게 되었으나 그에게 고향다운 기분을 주지는 않았다. 미켈란젤로(Michelangelo)의 출현이 더욱 그렇게 하였다. 그는 한때 체사레 보르자(Cesare Borgia, 1475~1507)에게 군사 기술자로 사관하였다. 그 후 2년 정도 교황의 궁정에서 지냈다. 만년이 되어서 그는 비로소 안주할 곳을 찾았다. 볼로냐에서 알게 된 프랑스 왕 프랑수아 1세(Francois I, 1494~1547)가 보아 주에 있는 작은 성을 그에게 제공했다. 여기서 그는 최후의 3년을 보냈고, 1519년 한평생과 같이 정신적으로 고독하게 죽었다. 그가 묻힌 작은 사원이 1808년 불타 버려, 그의 유골은 찾을 수도 없게 되었다.

2) 새 정신의 구현

다재다능한 점에서는, 동시대의 이탈리아 사람 누구도 비교할 만한 인물이 있었다. 제네바 태생의 레온 바티스타 알베르티(Leon Battista Alberti, 1404~1472)도 다재다능했다. 알베르티는 엔지니어, 체육인, 음악가, 작곡가로도 날렸으며, 법률과 교회법을 연구하였고, 뒤에는 물리학이나 수학을 비롯한 기예와 학술에 능통하여 놀라운 발견을 하였다. 그리고 저작가로서도 이탈리아어와 라틴어로 수많은 작품을 저술하였다. 그러나 재능을 남김없이 갈고닦은 점에서는 레오나르도에 비견할 사람이 없다.

그는 젊어서부터 지칠 줄 모르는 지식욕에 차 있었다. 평생 동안 보는 것의 모든 것, 사람도 동식물도 물도 구름도 육지나 바다도 도구나 기계도 그 배후에 있는 원인과 법칙을 탐구하지 않고는 배길 수 없을 만큼 호기심이 강했다. 그는 무수한 사상과 문제를 동시에 다루고 있다. 그가 저작을 하든 무엇을 만들든, 이만하면 결정적이며 완성되었다고 본 적은 거의 없었던 것 같다.

레오나르도가 생각했거나 한 일들을 전부 훑어보는 것은 당시의 예술과 과학과 기술의 완전한 백과전서를 논술하는 것과 같을 정도로 넓고도 큰 일이다. 그리고 그렇게 해보았자 그의 사상의 넓은 범위와 풍부함에 대하여 약간의 어지러운 관념을 얻는 데 지나지 않을 것이다. 레오나르도는 전례가 없을 정도로 많은 것을 만들었고 생각하였을 뿐만 아니라, 이것들을 전혀 새로운 방법으로 했다는 것을 지적하는 것이 더욱 중요하다고 생각된다. 그렇다면 그 새로움은 어디에 있는가?

우선 소극적인 면에서 그의 활동의 특징을 파악할 필요가 있다. 그는 재래의 궤도, 즉 스콜라적인 과학이나 철학의 궤도에 따라가지는 않았다. 그가 받은 교육이나 성장 과정을 통해 볼 때 그렇게 할 수가 없었다. 그리고 그의 기질도 그것을 원하지 않았다. 다행히 이 사실이 앞의 사정과 동조한 것이다. 그가 젊었을 때 받은 교육은 약간의 겉핥기에 그칠 수밖에 없었으며, 특히 문학은 배우지도 못했다. 메데치 가(家)의 피렌체에서 고대의 언어나 플라톤 철학을 소생시킨 문예가나 인문학자의 서클에도 끼지 않았다. 변설의 재간이나 표현의 화려함과 경쾌함에서, 그는 이 같은 사람들의 상대가 될 수가 없었다. 그들과 왜 교재하지 않았는가에 대해서 레오나르도는 "나는 교양을 가지지 못하고 자란 비난을 예방한 것이다. 그리고 고대의 저작을 알거나 인용하는 것이 문제가 아니라, 고대 저자들의 교사였던 자연을 알지 않으면 안 된다."라고 강조했다. 그리고 그들을 경멸하여 "논설에 고대의 권위를 인용하는 자는 '정신'이 아니고 '기억'에 의존하고 있다."[1]라고 했다. 그리고 이들과 자신을 명확히 대조시켜서 다음과 같이 말하고 있다.

"나는 그들과 달리 그 같은 저자들을 인용할 수 없을지도 모르겠다. 그러나 읽어야 할 훨씬 위대하고도 귀중한 것은, 그들의 교사의 교사인 '경험'인 것이다. 그 사람들은 자기 자신의 노고는 하지 않고 타인의 노고를 입고 겉치레를 하여 뽐내며 다니고 있다. 그런데도 나에 대해서는 나 자신의 것을 인정하려고 하지 않는다. 그리고 그들은 나를 발명가라고 경멸한다면, 나는 발명

---

1 레오나르도 다빈치, 『아틀란티스 수고(Codex atlanticus)』 76쪽. 책 이름은 수집가 레오니가 자기가 모은 레오나르도의 수고(手稿)의 방대함을 상징하여 그것을 'Codice Atlantico'라 부른 데서 생겼다. 이하 레오나르도의 인용은 모두 이것에 의한 것이다.

가가 아니고 남의 저서를 나팔 불고 다니는 그들을 몇 배나 더 비난할 수가 있을 것이다."

레오나르도가 얼마나 자신이 책상 위의 학문과 무연하며 국외자로 느끼고 있었는지는 다음의 감동적인 문구에서도 알 수 있다.

"나보다 그렇게 이전에 난 사람들이 유용하고도 필요한 대상을 남김없이 다 다루고 말아서, 그다지 쓸모 있고 만족할 만한 제목을 아무것도 취할 수가 없다는 것을 알 때는, 나도 가난하여 가장 뒤늦게 연말의 시장에 나온 사람 꼴이 될 것이다. 즉, 그것밖에는 없으므로 남들이 돌아보고 별로 가치가 없다고 남겨둔 잡동사니를 긁어모을 것이다. 나는 이 보잘것없는 반품들을, 모든 고객에게 팔고 남은 것들을 약한 나귀 등에 싣고, 이것을 끌고 도회지가 아닌 한촌에 팔고 다니면서, 주는 물건에 상응한 보수를 받게 될 것이다."

레오나르도는 그릇된 교육을 받지 않고, 선입견 없이, 자연이라는 책 앞에 눈을 부릅뜨고 서 있었다. 이것이 어떤 눈이었는지 알아보자.

해부학과 생리학

여기에 처음으로 해부학이라는 분야를 예로 들겠는데, 곧 알게 되겠지만 타 분야와 마찬가지로 여기서도 독자적인 것이 나타난다. 해부학은 고래로 조형 예술가의 일과 밀접히 연계되어 있으며, 이것은 당연한 것이었다. 그때까지의 예술가들이 해온 해부학, 즉 오직 신체의 윤곽과 표면 근육에 대한 연구였던 해부학에서 그는 만족할 수가 없었다. 그 밑에는 무엇이 있고, 인체의 내부는 어떻게 조립되어서 어떻게 있는가? 레오나르도가 남긴 수백 개의 해부 스케치는 긴 지식의 역사에서 가장 아름답고 위대한 작품 가운데 하나이다. 이것이 어떻게 어떤 어려움을 바탕으로 이루어졌는가 하는 사정을 가장 잘 전해주는 것은 레오나르도 자신의 말이다.

"그 같은 스케치를 보기보다는 직접 해부해 보는 것이 좋다고 당신이 말할 때, 만약에 그 같은 스케치에 나타낸 것을 전부 단 하나의 인체에서 관찰할 수가 있다면, 당신의 말이 옳다. 그런데 하나의 인체에서는 당신의 모든 이해력으로도 극히 소수의 혈관밖에는 볼 수 없으며, 전부를 보는 것은 아마도 엄두조차 낼 수 없을 것이다. 이와 같은 혈관에 대해서 진실하고 완전한 지식을 얻고자 나는 10여 인체를 여분은 남김없이 버리고 살이란 살은 전부 제해가며 해부했다. 그래서 이들 혈관이, 모세관에서 보이지 않을 정도의 출혈이 있는 것 말고는, 피도 묻히지 않고 전부의 모양을 나타내게 한 것이다. 시체는 그렇게 오랫동안 보존되지 않으므로, 남김없이 조사하기 위해서는 다음에서 다음으로 대단히 많은 시체를 다루어야 했다. 나는 또 그 차이를 보기 위하여 이 같은 일을 두 차례 반복했다. 그래서 만약에 당신이 이 같은 일에 애착을 가져도, 아마 당신의 위가 구역질이 나서 못하게 할 것이다. 이 방해를 받지 않는다 해도, 아마 그같이 사지가 찢기고, 껍질이 벗겨진 무서운 시체와 밤을 지내야 하는 무서움이 당신을 방해할 것이다. 이것도 방해하지 않는다 해도, 이 같은 묘사에 필요한 기초가 당신에게 있을까! 그러한 기초가 있다고 해도, 원근 화법이 갖추어져야만 하며, 그것을 갖추고 있어도 당신은 기하학적 증명법이나 근육의 힘과 내구력을 산출하는 방법을 모르지 않는가? 그리고 아마도 당신은 인내가 모자라서 근면하다고 말할 수 없을 것이다. 내가 이러한 모든 것을 갖추고 있는가 아닌가에 대해서는 내가 편찬한 120책의 서적이 가부를 판정할 것이다."

레오나르도는 이 같은 그의 연구를 정리하여 하나의 포괄적인 저작을 할 셈이었다. 이 책의 구상에 대해서 그는 다음과 같이 말하고 있다.

"이 저술은 인간의 수태로부터 시작하여야 한다. 그리고 자궁의 모양이 어떤가? 그 안에 태아가 어떻게 머무는가? 이 태아가 어느 단계에서 거기에 머물게 되는가? 어떻게 살아 있으며 양분을 섭취하고 있는가? 등을 기술하지 않으면 안 된다. 그리고 이 태아의 성장이나 발육의 한 단계와 다음 단계 사이에는 어떤 틈이 있는가? 모체로부터 왜 밀려 나오는가? 어머니의 배에서 그래야 할 때 이전에 나오고 마는 일이 종종 있는 까닭은 무엇인가? 하는 것도 기술하여야 한다. 다음에 아기가 태어난 후에는 어느 부분이 더 빨리 성장하는가를 기술하고, 또 생후 1년간의 신장도 조사할 것이다. 다음에는 성인이 된 남녀의 신장, 소질, 색조, 인상 등 여러 가지 성질을 기술할 것이다. 그리고 인체가 혈관, 신경, 근육과 뼈로 구성된 모양을 기술할 것이다. 이것을 나의 책의 끝맺음으로 하고자 한다."

"이것 이외에도 4편으로 나누어서, 인간에게 일반적으로 볼 수 있는 네 가지 경우를 그리려고 한다. 즉, 각종의 웃음을 따르게 하는 기쁨을 그리고, 그 원인을 설명하겠다. 각종의 울음과 그 원인. 죽이고, 도망하고, 성내고, 거칠고, 대담하고 할 때의 각종의 몸짓이나 기타의 부수 사병을 가지는 싸움, 그리고 밀고, 당기고, 운반하고, 들어올리고, 받치고 하는 육체의 일을 그리겠다. 그리고 또 자세와 운동을 그리고, 다음에 눈과 귀의 역할과 작용을 나타내는 투시도도 그리겠다. 그리고 음악에 대해서 논하겠다. 또한 기타의 감각도 기술하겠다. 인간의 이런 기계적인 형태를 나는 그림으로 나타내려고 한다. 그 가운데 처음 세 장은 골격 모양이 될 것이다. 한 장은 전면에서이며, 이것은 각 부위의 높이와 뼈의 형태를 나타내며, 둘째 것은 측면에서 본 것으로, 전체의 깊이와 각 부분과 그 위치의 깊이를 나타낼 것이다. 셋째의 그림은 등의 뼈를 나타낼 것이다. 그다음에 우리는 같은 생각에서 3매의 그림을 더하여, 뼈의 절단면을 그릴 것이다. 이들 그림에서는 뼈의 두께와 공동을 보게 될 것이다. 이 외에도 뼈 전체와 신경을 그린 그림을 3매 더 만들어서, 신경이 경부(頸部)에서 출발해서 사지(四肢)로 분기해 가는 것을 나타낼 것이다. 또 뼈와 혈관의 분기하는 부분의 그림을 3매 더 그린다. 그리고 또, 자궁에서 가슴까지 뻗어 있는 월경의 혈관을 나타내기 위하여, 예쁘게 포즈를 취한 여자의 그림을 3매 더 그린다."

레오나르도의 계획은 오늘날 전문 학과로서 말하는 해부학보다는 훨씬 넓은 것이었다. 그는 기관의 병상, 예컨대 노화의 징후도 연구했다. 또 비교해부학도 했다. 그는 "여기에 곰, 원숭이 기타의 동물의 발을, 인간의 발과 어떻게 다른가에 주목하여 그리고, 어떤 새의 발도 첨가한다."라고 말했다. 그는 표정이나 인체의 운동에 예술적인 주목을 기울인 결과, 생리학의 문제, 예를 들면 시각의 생리학에 도달하였다. 생리학에 관한 저서의 초안에는 다음과 같은 목차가 기록되어 있다.

호흡의 기초
위중(胃中)의 식물(食物)이 내려가는 기초
하품의 기초
내장의 배출의 기초
재채기의 기초
내장에 의한 모든 배출물의 운동의 기초
심장 운동의 기초
5체(五體)의 마비의 기초
구토의 기초
사지의 감각 상실의 기초

가려움의 기초

욕과 타의 육체 요구의 기초

기침의 기초

인체의 자연적 전 작용의 기초

마셔 내리는 기초

방뇨의 기초

레오나르도는 건축가와 기술자로서 실제의 활동에 관여함으로써, 타의 지식 영역에도 발을 들여놓게 되었다. 운하 하나를 만들 때도 노출된 지층을 보면 곧 많은 의문에 사로잡혔다. 이러한 지층이 어떻게 해서 되었는가? 도대체 산과 계곡은 어떻게 생겼는가? 지표는 죽 같은 광경을 하고 있었나? 무엇이 그 모양을 바꾸었는가? 그 같은 변용의 증거는 어디에 있는가? 왜 바닷물은 짠가? 이매패(二枚貝)나 권패(卷貝)의 화석이 어떻게 해서 높은 산꼭대기에 왔나? 성서에 기록된 대홍수로 밀려 올려졌을까? 그 같은 홍수는 한 번인가 여러 번인가? 성서의 대홍수는 지상을 남김없이 덮었나? 레오나르도는 지질학적인 문제를 세워서 이것을 냉정하고도 과학적으로 답하려고 시도한 최초의 사람이었다. 레오나르도를 과학의 개조라고 말해도 과언이 아닐 정도다.

공학 기술과 발명

기술자 또는 발명가로서의 레오나르도가 얼마나 우수했는지를 밝히는 데는 몇 가지만 예로 들어도 충분하다. 레오나르도는 수력학에 대해서 당시 최고의 기술가였다. 그는 대운하의 건설을 지도하였고, 그것을 위하여 많은 도구와 기계를 발명했다. 수문, 수도, 수차도 건설했다. 그의 스케치 여러 곳에 여러 가지 종류의 수력 기계에 대한 착상이 그려져 있다. 레오나르도는 건축술에서 예술가적인 조형 활동을 했을 뿐만 아니라, 이것과 병행해서 기술적 측면도 깊이 이해하고 있었다. 그는 둥근 천장, 교량, 계단의 구조를 연구하였다. 그는 집 전체를 그대로 딴 곳으로 옮기기 위한 장치의 기초도를 그렸다. 그는 도시 건설을 위한 기초도도 그렸다. 그 도시의 가로(街路)는 몇 층으로 겹쳐 있고, 운하계도 근대 풍이다. 전쟁 기술에 대해서 레오나르도가 고안하였거나 일부를 실제로 건설도 한 성(城)이나 병기를 전부 든다면 그것만으로도 몇 쪽이 될 것이다. 진지에는 지하도를 파는 것, 휴대용의 다리, 화염 방사기, 탱크, 독가스 등. 그의 기록에는 이 같은 것이 수없이 많다. 특히 '잠수함'도 있으며, 이것에 대하여 그는 다음과 같이 기술하고 있다.

"먹지 않고 있을 수 있는 한 수중에 머물 수 있는 나의 술(術)을, 내가 기술하지 않는 이유는, 나는 인간의 악한 본성 때문에 이것을 공개하거나 설명하지를 않는다. 왜냐하면 그들은 이것을 해저에서 살인에 전용할 것이기 때문이다. 즉, 그들은 이것을 이용하여 배 밑바닥에 구멍을 뚫어서 승무원 전원과 함께 배를 침몰시키려 할 것이다."

일반적인 도구 기술과 기계 기술에 대해서도 레오나르도는 천부의 재능을 남김없이 나타내고 있다. 그가 고안한 것을 전부 들자면 끝이 없다. 지렛대, 힘의 전달 구상, 절단기, 기계톱, 유리 연마기, 열과 빛을 사용하는 구상, 배의 추진 등. 그중에서도 가장 유명한 것은 레오나르도가 비행 문제를 다룬 것이다. 그가 다룬 비행 문제의 내용에 대해서도 그 자신의 기술을 인용해 본다.

"새에 관한 논문을 4권으로 나눈다. 그중의 제1권에는 날갯짓으로 새가 비행하는 것에 대하여 기술하고, 제2권에는 날갯짓을 하지 않고 비행하는 것과 바람에 타서 날고 비행하는 것에 대하여 기술하며, 제3권에는 새, 박쥐, 물고기, 동물, 곤충 등의 비행 일반에 대해서 기술하고, 그리고 마지막 권에는 도구에 의한 (기계적인) 비행에 대하여 기술한다."

레오나르도는 한평생 이들의 문제를 염두에 두고 있었다. 그는 비행의 과학적 기초를, 발동기가 발명되지 않은 당시로는 아마도 인간이 연구할 수 있는 한도까지 연구해 냈다. 비행은 그의 가장 대담한 꿈의 하나였다. 그는 다음과 같이 예언하였다.

"이 위대한 새가 거대한 백조(피렌체에 가까운 언덕의 이름)의 등에서 날아가서, 우주는 놀라움에 휩싸이고, 모든 저술은 그의 평판으로 차게 되며, 그가 태어난 곳은 영원한 영광으로 빛나게 될 것이다."

레오나르도의 과학 정신
레오나르도는 어릴 때부터 기계를 좋아했고, 손재주가 뛰어났으며, 비상한 체력을 갖추고 있었다. 그러나 자연 연구자 레오나르도를 이 같은 세공장인(細工匠人)적 관점으로만 보는 것은 큰 잘못이다. 그는 철학적이고 과학적인 진리 탐구도 손재주 일이나 기술적인 것과 함께 한 몸에 통일되어 있었으며, 이것이야말로 그의 특출한 점이다. 이러한 점 때문에 그는 완전한 모양으로 과학사에 나타나게 된 것이다. 말할 것도 없이 그에게 진리의 시금석은 항상 실험이었다. 그의 말을 인용하면 다음과 같다.

"실험은 결코 틀리지 않으며, 다만 우리의 판단이 틀릴 뿐이다. 그래서 나는 처음에 더 전진하기에 앞서 몇 가지 시도를 할 것이다. 그 이유는, 나의 의도는 우선 처음에 실험을 해보는 것이며, 그다음에는 그 실험이 왜 그렇게 되는가 하는 이유를 붙여 (이론적으로) 제시하는 것이기 때문이다. 이것이야말로 연구자가 어떠한 방법으로 자연의 작용을 처리하지 않으면 안 되는가 하는 참다운 규정이다. 더욱이 자연이 원인(이론)에서 시작하여 실험으로 끝난다고 해도, 우리는 역의 순서를 따르지 않으면 안 된다. 즉, 상술한 것과 같이 실험으로 시작해서, 이것에 의하여 원인을 찾는 것이다."

실험을 기초로 한다. 그러나 실험에서 한 발 더 나아가서 일반적 원인과 법칙을 찾지 않으면 안 된다. 자연의 법칙은 부술 수 없다. "자연은 그 법칙을 부수지 않는다."[2] 법칙은 수학적으로만 파악된다. 그래서 "수학자가 아닌 사람은 나의 본줄기를 파악한 것과 같은 읽기를 해서는 안 되는 셈이다."[3]

실험과 수학적 고찰법을 결합한 것은 근대 자연과학이 성과의 문을 연 열쇠인데, 이것을 레오나르도는 이미 발견했다. 이 점에서 그는 프랜시스 베이컨보다 앞서 있었다.

"수학의 최고 확실성을 욕하는 것은 혼란을 꾀하는 자이며, 궤변적인 학문의 항변이 결코 침묵을 명할 수는 없다. 이런 학문에서 배울 것이란 영원한 고함 소리에 지나지 않는다."

'자연의 책은 수학의 기호로 쓰여 있다'는 케플러와 갈릴레이가 신봉한 명제는 레오나르도에 대해서도 같다고 말할 수 있다. "비례는 수나 양 안에서만 볼 수가 있는 것이 아

---

2 마리 헤르츠펠트, 역편, 『사상가, 과학자, 시인 레오나르도 다빈치(1906)』 증보 2판, 12쪽.
3 상동, 3쪽

니라 음이나 무게나 시간이나 위치나 이것저것의 가능한 힘(가능성, Potential) 안에서도 항상 있는 것이다."라는 그의 기본적 인식은, 레오나르도가 획득한 무수히 많은 개별적 지식보다 더욱더 중요하다고 말해도 좋을 것이다. 그것들은 대부분 직관적으로 얻었다. 위대한 인식은 항상 직관적으로 얻는다. 그래서 운만 좋으면 소발에 쥐잡기 식으로 누구나 맞출 수 있는 바른 명제라고 칠지도 모르겠다. 그러나 계속해서 쏜 것이 언제나 명중한다면 행운 이상의 무엇인가 있을 것이다. 즉, 거의 투시적이라고 말할 수 있는 천부의 재능과 올바른 방법이 통일하여 비로소 그같이 될 수가 있다. 레오나르도의 경우, 어느 면을 들어도 이 같은 적중한 명제를 찾을 수가 있다. 임의로 몇 가지 예를 골라보자.

- 만유인력: 무거운 물체는 모두 그 중심이 보다 가벼운 요소의 중심이 되도록 하려고 한다.
- 낙하운동이 등가속도(等加速度)인 것: 낙하하는 중량물(重量物)은 어느 순간에도 그 전의 순간보다 큰 정도의 전진운동을 하고, 꼭 같게 그때까지의 운동보다 큰 정도의 속도를 획득한다.
- 유명한 최소작용의 원리: 자연적인 활동은 모두 자연에 의하여 가능한 한 짧은 활동 방법과 시간을 가지고 행한다.
- 망원경의 예언: 달을 크게 보기 위하여 눈에 댈 안경을 만들어라.
- 천문학의 일대 명제: 태양은 움직이지 않는다(이것은 딴 '메모' 중에 특별히 큰 글자로 써져 있다).
- 영구운동(永久運動)과 영구기관이 불가능하다는 것: 오, 쉬지 않는 운동의 연구자여! 그대들은 같은 단계에서 제자리걸음을 하며 얼마나 많은 헛된 계획을 만들어 냈는가! 너희는 황금 만들기를 바라는 자들의 동패가 되라!

레오나르도의 모양을 완성하려면, 더욱 많은 것을 살펴보아야 할 것이다. 즉, 문제의 제기, 암시, 시도, 명제 등을 그리고 또 그것들을 찾은 계시적인 환상과 그의 명상적 예언이나 동물적 우화와 같은 전혀 다른 것도 살펴보아야 한다. 그러나 이것들은 우리의 주제 밖이다. 여기서 문제가 되는 것은 레오나르도가 어떻게 과학에 대한 새로운 것을 선각하였는가 하는 것뿐만 아니라, 그것을 구체화하여 실천했나를 제시하는 것이다. 이러한 새로운 것이야말로 과학의 개선 행진의 선도 역할로 등장하는 것이다.

과연 레오나르도는 새로운 과학 정신의 개척자이다. 그러나 여기에는 하나의 중대한 단서가 필요하다. 즉, 당시는 물론이고 그 후 오랫동안 레오나르도의 연구와 사상은 과학의 발전에 뚜렷한 작용을 미치지 못했다는 단서이다. 이것을 어떻게 설명할 것인가? 여러 가지 이유가 얽혀서 서로 작용했다. 그가 계획하고 생각했던 많은 것들이 시대에 너무 앞서 있었으므로, 비록 그것들이 세상에 알려졌다 해도 역시 거의 이해되지 못하여 취급되지 않았을 것이다. 그런데 아예 세상에 알려지지도 않았다. 그것들은 그의 스케치와 일지 안에 정리되지 않은 채 읽기 힘들게 뒤집어진 문자로 쓰여(그는 왼손잡이였다.) 사방에 흩어져 숨어서 잠자고 있었다. 아마도 레오나르도는 너무 바빴고, 수천의 문제와 흥미가 그의 뇌 속에서 오가고 있어서 부분적인 발견에 손대서 완성시켜 일반인들에게 맞도록 기술할 수가 없었던 것 같다. 그리고 그는 많은 점에서 남자답게 대담하고 겁내지 않았으나, 완성품을 공중 앞에 자랑할 특별한 용기나 끈질김이 없었는지도 모르겠다. 이것을 다만 그가 문학적인 소양이 없었던 탓으로만 돌릴 수가 있겠는가. 아니면 원인은 더욱 깊은 곳에 있지 않을까? 그의 정신의 세상과의 너무나 큰 격리와 고독, 끝내 완전히 자기를 펴 보이지 않는 내성적인 폐쇄 때문이 아닐까? 머리에 서리 내린 그의 자화상을 보거나 그가 써놓은 다음의 문구를 읽을 때, 희미하게나마 그 고독이 어떠한 것이었는지를 느끼게 된다. "감성이 가장 많은 곳에 가장 큰 고통이 있다!"

5. 프랜시스 베이컨 − 새 길의 고지자

1) 인물과 저작

"나의 야심은 과학의 영역에서는 정치의 영역에서 제한되는 정도로 무제한하다."

31세의 베이컨이 관직의 알선을 부탁하는 청원서에 쓴 말이다. 그가 한 이 말은 과학에 대해서만은 옳았다. 그러나 정치의 분야에서도 그는 위세나 권력이나 부를 획득하려는 야심을 불태웠으며, 그것은 과학에서 이제까지 없던 일을 해내려는 무제한이라고 말한 노력과 적어도 같을 정도로 거대한 야심이었다. 1561년에 명문가에 태어난 베이컨(Francis Bacon, 1561~1626)은 처음에는 별로 주목받지 않는 수년을 지낸 후, 엘리자베스 왕조의 영국에서 최고의 지위에 올라갔다.

그의 급격한 승진이나 좋지 못한 급전직하의 실각 이야기는 흥밋거리가 되었고 많은 화제를 남겼으나, 여기서는 그런 이야기는 늘어놓을 가치가 없다. 그러나 과학사에서 베이컨의 야심이 성취되어 후세에 남긴 것은 큰 의의를 가진 것으로, 충분히 살펴볼 가치가 있다. 이 과학 분야에서 그가 노린 것은 바로 '대부흥(Instauratio magna)'이었다. 이 대부흥(大復興)은 미완성에 그친 그의 주저의 제명(題名)이며, 본서 제10장의 표제에도 이것을 골라 붙였다. 이것은 인류의 지식과 전체로서의 과학과 여러 부문의 과학 모두의 부흥을 뜻한다. 그가 당초에 저작하려던 '대부흥'은 베이컨 자신이 말한 것같이 다음과 같은 6개 부분으로 이루어질 계획이었다.

제1. 여러 과학의 구분에 대해서

제2. 새로운 도구에 대해서, 또는 자연을 설명하기 위한 수단에 대해서

제3. 만유의 여러 현상에 대해서, 철학의 토대로서의 관찰적인 자연 기술에 대해서

제4. 지식의 여러 단계에 대해서

제5. 선행자들에 대해서, 제2철학에서 빌려온 여러 명제

제6. 제2철학에 대해서, 또는 실천적 과학에 대해서

베이컨이 1620년에 이 계획을 공표하였을 때, 그가 완성한 모양으로 제공할 수 있었던 것은 위의 6개 부분 중 제2 부분뿐이었는데, 새로운 도구(Organum)를 뜻하는 제명 '신 오르가논(Novum Organon)'이 그것이다. 아리스토텔레스의 『오르가논(윤리학)』을 감히 대체할 셈으로 그렇게 이름을 붙였다. 그리고 제1 부분은 3년 뒤에 '제 과학의 가치와 증대에 대해서'라는 제명으로 나타났다. 그 이외의 부분은 끝내 완성되지 못했다. 그가 세운 계획을 충족한다는 것은 그 혼자로서는 도저히 미칠 수 없는 일이었다. 아니 누구도 혼자 힘으로는 할 수 없는 거대한 일이었다. 더욱이 국무(國務)에 바빴던 그가 이만큼 많은 것을 완성한 것도 찬탄을 보내기에 충분하다. 이것에 대해서 그는 겸손하게 표현하고 있으나, 자만도 없지 않는 투로 다음과 같이 말하고 있다.

"또한 나 자신의 실례는 어느 정도 희망을 주는 것이다. 이것은 내가 유용해서이지 나를 자만하기 위한 것은 아니다. 자신을 잃은 사람은 나를 보라! 나란 인물은 당대에 누구보다도 국사를 산더미같이 짊어지고 있었으며, 거기다 또 건강도 좋지 않아서 많은 시간을 잃어야만 했고, 그리고 또 이 '새 과학의 연구'에 있어서는 선구자의 전례나 발자취조차 하나도 없어서 누구와도

상담할 수도 없었다. 그런데도 불구하고 나는 바른 길을 강한 인내로 찾아 구했다. 그리고 나는 정신을 사물에 따르게 함으로써, 이것을 어느 정도나마 전진시켰다고 믿고 있다."[4]

베이컨의 초기 저술에는 과학적 제목을 다룬 것은 거의 없고 대부분이 정치나 도덕을 다루고 있다. 모든 시대에 걸쳐 문필가로서의 명성을 빛나게 한 『수필집』도 이때에 쓴 것이다. 그러나 여기서는 이와 같은 초기의 그의 다른 저작들이나 빛나는 『수필집』 등에 대한 이야기는 직접적으로 과학의 발전과 상관이 적으므로 그만두고, '대부흥'의 저작 계획 중에 완성하지 못한 후기의 저술들은 제쳐놓고, 다만 그가 새로운 과학의 길의 고지자로서 남긴 과학의 길잡이로 가장 빛나는 주저인 『신 오르가논』에 대해서만 살펴보자.

2) 신 오르가논

베이컨 자신은 이 저작에 대하여 "자연을 해명하고 지성을 더욱 바르게 사용하는 술(術)이 쓰여 있으며, 본격적인 논문 형태로 하지 않고 요점만 요약하여 개개의 명제로 한 것"[5]이라고 말했다. 이 책은 어느 정도 재래의 방식에 대한 반론의 성격을 띠고 있어서, 틀린 것을 지적하거나 방해를 반박하는 것이 대개의 내용이다. 그러나 어떤 면에서는 건설적이며, 새롭고 바른 인식 방법을 가르쳐주는 것도 있다.

베이컨은 재래의 그리스 이후의 과학을 전부 도마에 올려놓고 난도질을 하고 있다. 그는 그리스 사람들은 존경받아야 한다고 주장하고 있다. 그러나 그리스 사람들을 구분하여, 고대 그리스의 사상가들을 사변철학 이후의 그리스 철학자들보다 높이 평가하고 있다. 그러나 기본적으로는 그리스 사람들이 취한 길은 전혀 부적당하다고 보고 있다.

"우리는 여러 과학을 대부분 그리스 사람들로부터 이어받았으며, 로마나 아랍 사람들이나 후세의 사람들이 보탠 것은 많지 않고 중요하지도 않다. …… 그리스 사람들의 현명함은 의논을 일삼는 교수의 현명함이지 진리의 탐구에는 가장 반대되는 종류의 것이다. …… 그래서 나는 여기에 그리스 사람에 대하여 이집트의 한 승려가 내린 예언과 같은 판정을 인용해 둔다. 그가 말하기를 '…… 그들은 항상 아이로 있어서, 오래된 지식도 지식의 오래됨도 알지는 못했다.'라

---

4 프랜시스 베이컨, 『신 오르가논(Novum Organum)』 제1부, 113장. 인용 문구나 문장은 모두 이 책 제1부에서 인용한 것임.
5 위와 같음.

고 했다. 확실히 그들은 말을 지껄이는 것을 좋아하는 점에서 어린아이들과 닮아 있다. ……
그들의 현명함은 말에 있어서 다산(多産)이고, 일에 있어서는 불모(不毛)이다. …… 근년의 과
학은 그리스 사람이 시작한 잘못된 길을 더욱 돌진해 왔다. 그 때문에 2500년간 과학이 발전하
여 가져다준 실질적인 기여는 얼마 되지 않는다. 저 그리스 사람의 철학이나 그것이 그 후에
특수과학으로 발전해 간 때부터 이렇게 긴 세월이 흘러갔는데도, 인류의 생활 상태를 윤택케
하거나 개선하는 것에 관계된 시도는 거의 하나도 가져다준 것이 없다."

이것에는 여러 원인이 있다. 여러 과학이 이 기간 중에 연속적으로 발전해 온 것이 아
니고, 실로 짧은 세 시기 동안에 개화한 것에 지나지 않는다. 이 세 시기는 그리스 사람의
시기, 로마 사람의 시기, 그리고 최근의 르네상스 기이다. 이것들의 중간에는 스콜라철
학도 포함해서 변변한 것이 없다. 그리고 이 개화기가 한창일 때도 모든 과학의 위대한
어머니인 자연과학에는 너무나 관심을 기울이지 않았다. 그러나 특히 "과학을 이렇게 조
금밖에 진보시킬 수 없었던 것은 또 다른 중요하고도 큰 원인이 있다. 즉, 목표 그 자체
가 틀렸고 확립되어 있지 않았는데, 바르게 전진할 리가 없다는 점이다. 그런데 과학의
진정한 바른 목표는 새로운 발견이나 수단으로 인류의 생활을 풍요롭게 하는 것이다."

그때까지 이러한 목표가 안중에 없었다. 설사 있었다 해도, 당시에 걷고 있던 길은 이
목표에 도달하기에 적절치 못한 길이었다. 바른길을 걸어가기 위해서는 두 가지가 필요
하다. 첫째로 거짓된 환영이나 잘못된 개념을 정신에서 일소하여, 어렵더라도 진리가 들
어올 수 있게 하는 것이다. 그는 이 거짓 환영을, 유명한 '우상(이드라)의 설'에서 들고
있다. 그는 네 가지 '우상'을 구별하고 있다.

제1은 '종족의 우상'이며, 이것은 인간의 본성에 근원한 것이다.
제2는 '동굴의 우상'이며, 이것은 개인의 고유하고도 특수한 본성에 원인이 있다.
제3은 '시장의 우상'이며, 인류가 언어로 접촉하고 교제해 옴에 따라 생겼다.
제4는 '극장의 우상'이며, 이것은 타고난 것이 아니고 잘못된 이론이나 체계에서 온 것인데, 고
래로 인류의 사상이 이런 잘못에 익숙해져서 그 안에서 돌아다녔다.

둘째로, 과학 연구의 바른 방법을 새울 필요가 있다고 강조하고 있다. 이것이 『신 오
르가논』 사상의 핵심이다. 근본적으로 진리의 탐구에는 두 가지 길을 생각할 수 있다.

"한쪽의 길을 나아가면, 사람은 감각이나 개별적 사물에서 곧바로 가장 일반적인 명제로 뛰어넘어 가고 만다. (목하 이 같은 길을 걷고 있다.) 머릿속에서 성급한 일반화나 예견을 하거나 납득을 하는 것은 해악이 되며, 특히 스콜라철학이 이런 해악이다. 다른 길은 감각적인 것에서 개별의 명제를 도출하고, 쉬지 않는 보조로 점차로 높이 올라가서 최후에 비로소 일반적인 것에 도달하는 것이다. 이것이 참다운 길인데, 아직 다져지지 않은 길이다. 즉, 최초에는 '감각적인 것'에서 출발하여야 한다. 왜냐하면 가장 좋은 논증은 경험이기 때문이다. 단 이 경험(체험)은 그 자체의 테두리 안에서 만족하고 있는 것을 말한다. 왜냐하면 닮아 있는 것같이 생각되는 다른 것까지도 이 사실적인 경험을 확장하면 거짓이 되고 말 것이기 때문이다."

경험을 멸시하는 것은 발판이나 기초도 없는 공간에 건축하는 것과 같다고 한다면, 반면에 이성에 인도되지 않은 단순한 경험은 암흑 속에서 더듬어 찾아다니는 것과 같다. 이성과 경험이 공동으로 작용하는 것이야말로 올바른 방법이다. "손만으로도, 제멋대로 풀어놓은 정신만으로도 대단한 일을 할 수가 없다." 정신과 손의 공동 작업을 베이컨은 다음과 같은 적절한 비유로 설명하고 있다.

"과학을 쌓아온 사람들은 경험가나 독단가였다. 전자는 개미같이 다만 모았다가는 소비한다. 그러나 이성에서 시작하는 후자는, 거미와 같이 자기 자신으로부터 거미줄을 빼낸다. 그런데 꿀벌이 하는 짓은 이 둘의 중간에 있다. 꿀벌은 정원이나 들판의 꽃에서 액즙을 빼내나, 이것을 자기 자신의 힘으로 처리하여 소화한다. 철학도 이와 같이 하여야 한다. 그것은 영혼의 힘만을 유일하고 절대적인 것같이 의지하는 것이 아니며, 주로 이것에만 의지하는 것도 아니고, 자연학이나 역학의 실험에서 제공되는 소재를 그대로 기억 속에 넣어두지 않고 정신 속에서 변화시키고 가공하는 것이다. 그래서 아직 한 번도 행해진 적은 없으나 양 능력, 즉 실험과 사색이 밀접히 결합되는 것에 최상의 희망을 걸 수가 있다."

사색의 힘과 실험의 힘이 다음과 같이 공동 작업을 하는 것이 옳다고 주장한다.

"바른 방향을 잡은 경험이 우선 불을 켜고, 그 빛으로 길을 밝힌다. 이것은 성급한 손 만짐 식의 경험이 아니라, 조직적이며 포괄적인 경험에서부터 시작한다. 이러한 경험에 근거하여 설(說)을 도출하고, 그래서 확정된 설과 새로운 실험(경험)을 결합한다."

귀납이란 경험에서 출발하여 항상 경험으로 발밑을 확인하며 나아가는 지식의 전진이며, 과학의 방법에서는 항상 이 귀납이 표어가 된다. 이와 같이 모든 지식이 따라야만 하는 위대한 목표는 실제적인 효용과 인류의 진보라는 것이다. 기존의 것을 인식한다는 것만으로는 문제가 안 된다. 자연에 대한 인간의 지배를 확립한다는 목표 아래, 전혀 새로운 수단을 새우고 발견하여, 이것으로 인류 생활을 풍요롭게 하는 것이 문제이다.

"현존하는 제 과학은 이미 발견된 사물의 종합에 지나지 않으며, 새로운 것을 발견하기 위한 수단은 아니고, 새로운 활동을 이끌어주는 것도 될 수가 없다."

그래서 베이컨은 그 후의 저작 중에 장래의 연구를 위한 지도 목표를 세운다는 의미에서, 어떤 발견을 하여야 하나 하는 것의 일람표를 만들어서 제시하고 있다. 여기에 그는 아주 후에 나타날 사물에 대하여, 예언적인 선견지명을 보여주고 있다. 자연을 지배하기 위해서는 항상 우선 자연의 법칙을 알지 않으면 안 된다는 것이다.

"지식과 힘이 인간이란 곳에 하나로 독립되어 있다. 왜냐하면 원인을 모르면 일한 것은 실패로 끝나기 때문이다."
"자연을 정복하려면, 그것에 복종할 수밖에 없다"

3) 비판과 평가

베이컨 때의 과학이 어떤 발전 단계에 있었는지를 모르고 그의 저술을 읽으면, 자연과학에 커다란 영향을 미친 이 새 방법의 원조가 베이컨뿐인 것 같은 인상을 받게 된다. 실제로 베이컨 자신도 제임스 1세에게 바친 헌사 가운데에, "나의 저작은 한 정신의 탄생이기보다는 한 시대의 탄생"이라고 주장하고 있다. 그런데도 베이컨은 같은 나라 사람인 길버트 또는 케플러나 갈릴레이와 같은 사람들에게 너무나 주의하지 않았다. 이 사람들은 베이컨의 요청을 계획에 짜 넣었을 정도를 넘어서 이미 실행하고 있었으므로 실로 의외의 일이다. 그리고 또 베이컨은 이들의 업적을 바르게 이해조차 하지 않았으며, 그에 상응한 경의를 표하지 않았고, 평가도 하지 못했다고 볼 수밖에 없다. 그러지 않았다면 『신 오르가논』 가운데 다음과 같은 주장을 할 리가 없다.

"자석의 본성, 바다의 간만(干滿), 천체의 여러 관계, 기타를 다루는 데 있어서 오늘날까지 극히 적은 성공밖에는 거두지 못했다."

베이컨의 업적을 어느 정도 깎아내려야 할 사항이 몇 개 있다. 우선 그는 당시에 과학 분야에서 나타나고 있던 움직임과 업적에 대해서 거의 이해하지 못했을 뿐 아니라, 대립하고 있었다. 그리고 또 베이컨 자신은 실제의 연구에 손대자마자 자신이 전제한 원칙을 제쳐버리고, 자신이 공격한 잘못에 스스로 빠져들었다. 그래서 실제로 베이컨은 자연과학의 영역에서 이렇다 할 발견을 하나도 못 했다.

그러면 베이컨은 새 길을 스스로 전진한 선구자가 아니고, 순수한 입안자로 볼 것인가? 그렇다 해도 그가 주장한 방법에 대해서 역시 할 말이 있다. 베이컨의 방법은 갈릴레이나 그의 후계자를 성공으로 인도한 방법과 일치하는 것은 아니다. 본질적으로 다른 점은 베이컨이 수학의 역할을 인정하지 못한 점이다. 그는 수학자가 아니었다. 그런데 케플러나 갈릴레이의 성공의 열쇠는 바로 자연의 실재에 수학을 적용한 것이다.

끝으로 베이컨은 과학에서 섬광과도 같은 창조적인 영감의 본질이나 힘을 인정하지 못했다. 베이컨이 이해하고 문제로 삼은 귀납법이란, 사실을 주워 모아 목록을 만드는 것을 웃돌지 못했다. 번개와 같이 종종 경험을 훨씬 앞서서 닥쳐오는 창조적인 착상은 큰 의의를 가지는 것인데, 그는 이것을 정신과학에서조차 너무나 낮게 평가했다.

괴테는 한 편지 안에 다음과 같이 쓰고 있다.

"베이컨은 경험의 오물로 채우기 위하여 궤변의 오물을 마구간에서 일소하는 헤라클레스와 같이 생각된다."

이상과 같은 평가절하는 피하기 어렵다. 그런데도 베이컨은 근대 과학의 정신적인 아버지이다. 어떤 의미에서는 상술한 그의 결함이 도리어 그의 강점이기도 하다. 베이컨 자신은 빈약한 실험가였으며, 사실상 발견가는 아니었다. 이것은 그를 본래의 과학자가 아니고, 과학의 철학자가 되게 했다. 그는 입안가로서, 레오나르도의 수고 속에 숨어 잠자던 것, 갈릴레이와 기타의 실천가들이 실천은 했으나 프로그램으로서 언명하지 않은 것, 또는 한 번도 명확하게 의식하지 못한 것을 통일된 이론적 방법으로 논술할 수가 있었다.

그리고 그는 이것을 뛰어난 문필의 힘과 빛나는 문체로 논술하여, 그의 저작의 영향은 비할 수 없이 큰 것이었다. 후세에서도 볼테르와 같은 사람이, 사실상 아무것도 새로운 것을 말한 것은 없는데도 유례없이 재치 있고 적합한 말로 자기의 뜻을 동시대의 사람들의 머릿속에 불어넣었다고 했다. 베이컨도 또한, 시대의 정신을 말로 꾸린 것에 지나지 않으나, 이것을 매우 명확하게 인상에 남도록 하였기에 근대 자연과학의 정신을 특징지을 때에 베이컨의 정신이라고 말할 수가 있다고 했다.

베이컨은 새로운 방법은 불완전하게 보았으나, 그의 목표만은 명확히 보았다. 경험에서 획득된 지식을 실천적인 자연 지배에 적용하여 인간 사회의 개조에 적용한다는 것이 그 목표이다.

프랜시스 베이컨은 많은 사람들의 어깨에 기대고 있다. 특히 위대한 동명인 로저 베이컨에 기대고 있다. 프랜시스 자신도 일부는 그렇다고 인식하고 있으나, 스스로는 인정하고 있지 않는 부분도 있다. 프랜시스는 자연과학자라기보다는 사상가에 속한다. 그러나 그의 작품은 자연과학이 나아갈 새로운 길의 기점에 서 있는 도표로서 솟아 있으며, 자연과학의 길잡이로서의 그의 공적은 인정하지 않을 수가 없다. 자신의 이 역할을 그 자신도 잘 알고 있었다. 그는 자신의 역할에 대하여 다음과 같은 말을 하였다.

"나는 재판관의 직무가 아니고 길 안내인의 직무를 떠맡고 있다."

제 11 장
근대 과학의 시작

대부흥과 변혁의 시대에 들어서서 이 시대를 주도한 자연과학에 대하여 살펴보자. 가장 뚜렷하고도 구체적이며, 인간의 정신 활동에서 가장 의의 있는 변혁이 자연과학 분야에 나타났다. 그 하나는 주로 천문학 분야에서 종래의 권위와 아리스토텔레스의 세계 체계를 뒤엎고, 새로운 세계 체계를 세우게 된 것이다. 그리고 또 하나는 지리에서 발견의 시대가 열린 것이다. 이와 같은 자연과학의 대부흥과 변혁은 근대 과학의 시발이자 기초로 볼 수 있다. 전 장에서는 이와 같은 과학의 대부흥과 변혁의 정신적 배경을 살펴보았다. 이 장에서는 천문학에서의 새로운 세계 체계의 수립과 지리학에서의 발견 시대를 중심으로 한 자연과학의 부흥과 변혁의 내용과 그와 관련된 과학적 배경을 살펴보기로 한다.

1. 근대 수학의 시작

16세기에 유럽의 수학을 본질적으로 한 발 더 전진시켜서 고대가 도달한 수준을 넘어서 앞서 나가게 한 사람들은 대발견자나 천문학자에 비해 잘 알려져 있지 않다. 그러나 그들이 이룩한 업적은 기본적 의의를 가지므로 여기서 다루어 볼 필요가 있다. 그런데 그들이 개척한 새로운 수학은 매우 높은 수준으로 발전되어 있어서 일반인에게 깊이 있게 설명하기는 매우 힘들다.

'지수(指數)'와 '대수(對數)'라는 개념을 싹트게 한 미하엘 스티펠(Michael Stifel, 1487~1567)과 산술가인 아담 리제(Adam Riese, 1492~1559) 같은 독일인, 그리고 대수학(代數學)의 선구자 니콜라우스(Nicolaus, 1445?~1500?) 같은 프랑스인도 새로운 수학의 형성에 참여했다. 그러나 지도적인 역할을 한 것은 이탈리아인이었다.

1) 타르탈리아와 카르다노

이들은 동시대의 사람이며 경쟁자였다. 타르탈리아(Niccolo Tartaglia, 1499~1557)의 본명은 니콜라 폰타나(Nicola Fontana)이며, 말을 더듬는다고 '타르탈리아(Tartaglia)'라고 불리었다. 그는 베네치아의 수학 교수였으며, 탄환의 탄도(彈道)학에 대한 중요한 저작을 했다. 한편, 카르다노(Girolamo Cardano, 1501~1576)는 의사이며 이탈리아의 여러 대학에서 의학 교수로 봉직했다. 그는 또한 점성술가이며 수학자이기도 했다. 그는 방랑벽이 있어서 여러 면에서 동시대의 스위스 의사 파라켈수스(Philippus Aureolus Paracelsus, 1493 ~1541)와 좋은 한 쌍을 이루었다.

이들 두 사람은 다 같이 삼차방정식의 일반해를 발견했다. 둘 중에 누가 먼저 더 많이 공헌했나 하는 선취권 싸움이 일어나서, 결국은 수학을 무기로 한 결투를 벌이게 되었으나 판정은 나지 않았다. 그 후의 연구에서도 어느 쪽에 선취권이 있나 하는 것이 오랫동안 문제가 되어왔으나, 양쪽 다 일부씩 기여했음을 확인했을 따름이다. 주지하는 바와 같이 삼차방정식은, 미지수 x가 세제곱 x^3의 모양으로 나타나 있는 방정식이다. 네제곱 모양의 미지수 x^4를 가진 사차방정식의 해는 그 후 곧 카르다노의 문하인 볼로냐 대학의 교수 페라리(1522~1565)가 구했다.

후세에 이러한 해의 발견 자체보다도 더욱 중요했던 것은, 방정식을 풀 때 쓰인 '대입(代入)'이라는 방법이었다. '대입'이란 대수적(代數的)인 한 표현이며, 다르게 표현하면 치환(置換)하는 것을 의미한다. 예를 들면, x^3과 x^6이 있는 육차방정식을 x^3 대신에 미지수 u로 치환한다. 그러면 u와 u^2이 있는 보통의 이차방정식이 되므로, 이 방정식을 풀 수 있게 된다. 삼차방정식을 풀 때도 이와 같은 방법을 쓴다.

삼차방정식의 일반형은 $x^3+ax^2+bx+c=0$이다. 여기에 $x=(y-a/3)$을 대입하면, 제곱항이 없어진다. 해를 구하기 위해서는 복잡한 두 가지 대입을 더 해야 한다.

이와 같은 치환은 고차방정식을 푸는 열쇠이며, 비유하자면 깊은 웅덩이를 건너는 다리와 같은 것인데, 이 다리만으로는 그 웅덩이가 밑바닥까지 이해할 수는 없다. '왜 이러한 대입을 해도 좋은가? 결과에 도달하기 위해서는 왜 그런 특수한 대입을 해야만 하는가?' 이와 같은 일반적 문제에 답하기 위해서는 더욱 긴 세월을 기다려야만 했다.

카르다노의 저서는 소위 허수(虛數)를 처음으로 논했다는 점에서도 중요하다. 허수는 (-1) 제곱근 $(-1)^{1/2}$을 포함한 양(量)이다. 카르다노가 이것에 부닥치게 된 것은 방정식을 풀 때 이것이 자주 나타나기 때문이다. 이 (-1)의 제곱근은 (-1)에서는 도출할 수는 없으며, 도시할 수도 없다. 그런데도 일반인에게는 무의미한 것으로 보일 이 허수가 후에 중요한 독자적인 수학적 활동 영역이 되었다. 오늘날에는 이 허수가 파동이론과 같은 응용수학에도 매우 필요하게 되었다.

2) 비에트

프랑수아 비에트(François Viète, 1540~1603)는 법률가이며 관리였다. 따라서 수학에는 아마추어에 불과했다. 그러나 그는 수학에서 큰 공적을 세웠다. 이와 같은 예는 다른 대수학자에서도 볼 수 있다. 비에트의 본격적인 업적은 대수 분야에 있다. 그의 대표적인 저작 『해석술 입문(In artem analyticum isagoge)』은 1591년에 세상에 나왔다. 비에트는 대수 계산이 입고 있던 말의 옷을 벗겨버리고, 처음으로 순수한 기호로 갈아입혔다. 그의 기호는 물론 오늘날 통용되는 것과는 다르나, 원리에 있어서는 상통하는 것이다. 예를 들면, 우리가 오늘날 소문자로 쓰는 것을 비에트는 12 알파벳 문자의 대문자로 썼고, 미지수는 모음, 기지수는 자음을 할당했다. 즉, 오늘날의 x는 A, x^2은 A quadratus를 약해 Aq, x^3은 A cubus를 약하여 Ac, x^4은 A biquadratus를 약하여 Aqq로 썼다.

당시에 십진법의 분수 자체는 이미 잘 알려져 있었으나 그 표기법은 매우 복잡하였다. 비에트는 이것에 대하여 오늘날 사용되는 것과 같은 표기법을 주었다. 당시에는 π의 값 3.1416을 3(0)1(1)4(2)1(3)6(4)로 표기하다가 후에는 간단하게 $31^{\mathrm{I}}4^{\mathrm{II}}1^{\mathrm{III}}6^{\mathrm{IV}}$로 표기했다. 그것을 비에트는 오늘날과 같이 다만 3.1416으로 표기했다. 즉, 수자리(수위)의 원칙을 소수점 이하의 소수 자리에도 일관성 있게 적용했다.

그리고 그는 또 분수의 기호, 근의 기호, 각종의 괄호와 그가 처음으로 만든 것은 아니지만 (+)와 (-) 기호를 적절히 사용하여 길게 썼던 수학의 표현을 우리가 말하는 순수한 수식(數式)으로 쓰는 데 처음으로 성공했다. 이 기법으로 그는 후세의 사람들이 '대수학의 아버지'로 부를 만큼 귀중한 수학적인 수단을 후세에 남겼다.

그 후 얼마 지나지 않아서 영국의 수학자, 천문학자, 측량가이며, 갈릴레이와 거의 동시에 목성의 위성을 발견한 것으로 유명한 토마스 해리엇(Thomas Harriot, 1560~1621)이 비에트의 대문자를 소문자로 바꾸고, 부동 기호도 창안하여 현행의 대수기법(代數記法)의 기초를 세웠다.

3) 네이피어와 뷔르기

16세기 말에서 17세기 초까지의 수학사에서 최대의 사건은 '대수(對數)의 발견'이다. 그 후 얼마 지나지 않아서 뉴턴과 라이프니츠가 미분법(微分法)을 발견했을 때와 마찬가지로 대수의 발견도 두 사람이 거의 동시에 그리고 상호간에 완전히 독립적으로 발견했다. 한 사람은 스위스 사람 요스트 뷔르기(Jost Burgi, 1552~1632)이며, 다른 한 사람은 스코틀랜드 사람 존 네이피어(John Napier, 1550~1617)인데, 이들은 아마추어 수학 애호가에 지나지 않았으면서, 'Logarithmus'라는 용어를 그리스 말의 'logos'와 'arithmos'에서 만들어냈다.

대수 계산의 핵심적 사고방식은 전술한 것과 같이 고대의 아르키메데스에게서 이미 나타나 있었다. 이 사고방식의 골자는 $a^m \times a^n$을 가장 손쉽게 계산하는 것은 단순히 지수(指數)를 보태면 된다는 것이다. 즉, $a^m \times a^n = a^{m+n}$으로 하면 된다는 것이다. 이 같은 지식에서 한 발짝만 더 나아가면, 수를 나타낼 때 우선 일정한 원칙으로는 임의의 근(根)을 두고 그 지수의 크기를 계산해 낸다는 생각에 도달하게 된다. 이렇게 하면 곱셈과 나눗셈을 단순한 더하기(가산)와 빼기(감산)로 바꿀 수가 있다.

위의 두 사람의 발견자가 나아간 길은 이것과는 조금 다르게, 이것보다 더욱 경험적인 길이었다. 그들은 산술급수와 기하급수의 비교에서 출발했다. 아니 '수열'이라고 말하는 것이 더욱 맞을 것이다. 급수는 항과 항이 연산기호로 연결된 것을 뜻하는데, 그들은 임의의 항까지의 수열의 합을 순차로 생각한 것이기 때문이다.

예를 들면, 아래와 같이 수열을 나란히 써 놓고 보면,

n ; 　0　　1　　2　　3　　4　　5　　6　　7　　8 ······

2^n ; 　1　　2　　4　　8　　16　　32　　64　　128　　256 ······

다음과 같은 것을 알 수 있다. 즉, 4×64를 풀기 위해서는 직접 곱셈을 하는 것 이외에도 두 수의 곱셈을 $2^2 \times 2^6 = 2^8$로 생각하여 8항 밑의 수 256이라는 답을 얻는다. 물론 이와 같은 방법은 수열 안에 나와 있는 수에 대해서만 할 수 있다. 예로 든 것은 2^n이나, 수열의 각 항의 간격을 극히 적게 하면 임의의 어떤 수도 찾을 수가 있게 되어서, 이 방법을 임의의 어떤 계산에도 응용할 수가 있게 되었다. 뷔르기는 『산술-기하급수표(Arithmetische und geometrische Progresstabula, 1620)』를 완성하여 이런 계산에 응용할 수 있게 하였다. 네이피어는 십진법의 기수인 10을 대수의 근으로 하면 유리하다는 것을 인지하였다. 그의 친구인 영국의 수학자이며 천문학자이고 옥스퍼드 대학의 천문학 교수인 헨리 브릭스(Henry Bricks, 1556~1631)는 그에게서 이러한 자극을 받아서 10을 근으로 한 일반 대수표를 계산해 냈다. 브릭스는 근대 수학자와 천문학자에게 가장 중요한 이기의 하나를 만들어 준 셈이다. 이 대수표가 없었다면 천문학의 막대한 계산은 너무나 시간이 걸려서 실행할 수가 없었을 것이다.

2. 천문학 - 새로운 우주

중세 후기의 많은 사상가는 고대로부터 전래한 세계 체계에 불만을 품고, 새로운 세계 체계를 향한 탐구의 길을 걷기 시작하였다. 이러한 대표적인 인물인 오레스메의 니콜라우스(Nicolaus, Oresmius, 1323~1382)와 로저 베이컨에 대해서는 앞의 장에서 이미 기술하였다.

1) 쿠사누스, 푸르바흐, 레기오몬타누스

근대 과학으로의 이행 시대의 사람으로는 모젤 하반의 쿠에스(Kues)에서 태어난 독일인 니콜라우스 쿠사누스(Nicolaus Cusanus, Nicolaus Krebs, 1401~1464)가 그들과 어깨를 나란히 하고 있다. 이 인물의 성격과 일은 중세에서 근대로 들어서는 문턱에 서 있다. 그의 주된 의의는 철학 분야에 있으므로 여기에서는 약하기로 하겠다. 그는 천문학 분야에서도 일했으나, 이것은 부업적인 것이었다. 그러나 그의 수고 안에는 "지구가 정지해 있을 리는 없으며, 다른 별들과 같이 움직이고 있다."라는 귀중한 생각이 논술되어 있다. 이와 같이 새로운 세계관으로 전환할 소지는 되어 있었다. 그러나 만약에 하늘의 여러 현상을 직접 세심하게 관찰하는 일에 또다시 주의를 집중시키지 않았다면, 오랜 전통으로 확고하게 세워진 기존의 세계 건축을 뒤엎고 새로운 세계를 세울 수 없었을 것이다.

천문 관측의 활동을 되살아나게 한 것은 비엔나에서 교수를 한 독일인 푸르바흐(Georg Purbach, 1423~1461)와 그의 제자인 요한 뮐러(Johann Müller, 1436~1476)의 공헌이었다. 뮐러는 쾨니히스베르크(Königsberg) 출신이라서, 이 지명을 직역한 라틴 이름 '레기오몬타누스(Regiomontanus)'라고 불렸다. 푸르바흐는 프톨레마이오스의 『알마게스트』를 연구하여 그것에 따라서 혹성의 운동을 새로이 기록하였고, 또 성도(星圖)를 확정하기 시작했다. 이 두 사람은 그리스어를 배워서 프톨레마이오스를 원어로 읽기 위하여 함께 이탈리아로 갔다. 이 두 학자와 뮐러의 사후에 뉘른베르크(Nürnberg)에서 1504년까지 관측을 계속한 베른하르트 발터는 하나의 기초를 구축하였으며, 코페르니쿠스가 이 기초를 이용할 수가 있었다. 베른하르트 발터(Bernhard Walther, 1430~1504)는 자택의 지붕 위에 설치한 관측소에서 관측하였는데, 독일 화가 알브레히트 뒤러(Albrecht Dürer, 1471~1528)가 그의 유명한 그림 〈멜랑콜리아(우수)〉에 그린 것은 아마도 이 광경일 것이다.

2) 코페르니쿠스

코페르니쿠스

코페르니쿠스(Nikolaus Kopernikus)는 1473년에 독일의 토룬(Torun)에서 태어났다. 그는 크라카우(Krakow) 대학에서 의학을 수학한 후에 볼로냐와 페라라, 파도바 등의 이탈리아의 여러 대학에서 신학, 수학, 천문학, 법률학, 의학을 공부했다. 그는 30세의 고개를 넘기기까지(1504년) 공부를 계속하여 여러 분야에서 얻을 수 있었던 지식은 모두 몸에 갖추었다.

그는 천문학 분야에서 프톨레마이오스의 체계를 알게 되었다. 뉘른베르크의 천문학자들은 필요에 따라서 그 체계를 변경하고 있었는데, 코페르니쿠스는 이것도 배워서 알게 되었다. 즉, 그들은 원과 주전원의 체계에 새로운 원을 추가하여 이 체계를 더욱 복잡하게 하고 말았다. 그러나 먼 옛날에도 프톨레마이오스와는 다른 세계관을 가진 사상가는 적지 않았으며, 코페르니쿠스도 그런 시사(示唆)를 고대의 저서 속에서 이것저것 발견하고 있었다. 코페르니쿠스는 자기 체계를 세우게 된 최초의 자극이 그런 시사에 의한 것임을 명백히 말하고 있다.

"이같이 하여 나는, 천구의 운동을 어떻게 이해하여야 하나 하는 이론에 대해서, 고래의 수학적인 설을 오랫동안 검토한 끝에 이와 같은 불확실한 점을 알게 되었고, 다른 면에서는 자기 영역의 가장 사소한 사물에도 그렇게 철저한 연구를 한 철학자들도, 창조주 하나님이 다름 아닌 우리를 위하여 만드신 이 전 세계의 운동에 대해서는 어느 이론이 더욱 타당한가 하는 점에서조차 의견의 일치를 보지 못하고 있는 사태를 한탄하게 되었습니다. 그래서 나는 천체의 운동을 공식적인 수학자가 생각하고 있는 것과 다른 착상을 한 사람은 없었는지를 확인하려고, 내가 입수할 수 있는 모든 철학자들의 저술을 연구하기로 했습니다. 그 결과 나는 키케로의 저술 중에 니케타스(필로라오스의 제자)가 지구가 움직이는 것을 긍정한 것을 확실히 찾아보았습니다. 그 후에 나는 플루타르코스의 책 안에도 이와 같은 견해를 가진 자가 몇 사람 더 있는 것을 알았습니다. 이것들이 자극이 되어서, 이제는 나 자신이 지구 운동의 가능성을 검토하기 시작했습니다. 나에게는 이 견해가 비상식적인 것으로 생각되었으나, 하늘의 현상을 설명하기 위해서 임의의 원운동을 가정하는 자유가 선인들에게 주어져 있는 것을 알고 있었으므로, 지구가 운동한다고 가정하면 천체의 운동에 대해서 더욱 확고한 표현을 찾을 수 있는가를 연구하는 것은 나에게도 허락된 것으로 믿었던 것입니다. 그래서 지구에 대해서 이 책 안에 논술한 것과 같은 운동을 가정하고, 상세하고 긴 관측 끝에 드디어 나는 다음과 같은 결론에 도달했습니다. 즉, 딴 혹성의 운동을 지구의 주행(周行)에 의한 것으로 보고, 각 별들의 운행을 이것에 근거하여 계산하면, 그 결과 관측되는 것과 같은 운동을 나타낼 수가 있을 뿐만 아니라, 각별들의 질서와 크기, 별들의 모든 궤도, 그리고 천공 그 자체조차 어느 한 부분에도 딴 부분이나 나머지 전 세계에 혼란을 일으키지 않고는 변할 수가 없는 관련이 있다는 것입니다."

이 글은 코페르니쿠스의 『천구의 회전에 대하여(De revolutionibus orbium coelestium)』를 교황 파울 3세에게 보낸 서문에서 인용한 것이다. 이 저작은 코페르니쿠스가 죽은 1543년에 세상에 나타났다. 이 책 전체에 흐르고 있는 기본 관념은 아주 간단한 다음과 같은 것이다.

① 태양은 세계의 중심에 있고, 그 위치는 변하지 않는다.
② 항성은 구형의 항성 구 위에 놓여 있다. 항성 구는 지구의 크기에 비해 무한히 크다. 이것들도 역시 운동하지 않는다.
③ 여러 혹성과 혹성의 하나인 지구는 구형의 궤도를 그리며 태양의 둘레를 돈다.
④ 지구는 24시간에 지축을 중심으로 한 회선을 한다.
⑤ 달은 구형 궤도를 그리며 지구 둘레를 돈다.

그런데 코페르니쿠스가 이것에 입힌 옷은 그 본줄기가 간명한 만큼이나 복잡하게 얽혀 있다. 그렇게 된 데는 몇 가지 이유가 있다. 그중 가장 중요한 이유는, 천체의 궤도는 구형이 틀림없다는 관념에서 코페르니쿠스도 벗어나지 못한 데 있다. '원형 궤도'라는 틀린 관념 때문에, 눈앞에 나타난 관측 데이터와 그의 간명한 이론을 꼭 맞게 일치시킬 수가 없었다. 그래서 코페르니쿠스도 역시 도피처를 고래로부터 전승된 보조원에 구하지 않을 수가 없었다. 그래서 그도 이 보조적 주전원을 상정하게 되었는데, 그 수량을 이전의 80개에서 34개로 줄인 점은 자랑할 만하다. 그러나 그의 책은 근본적인 변경을 주장하지 않고, 고대의 체계를 수량적으로 간단하게 하는 수학 문제를 다룬 것같이 보이게 되었다.

그리고 또 이 책은 코페르니쿠스가 처음에 저술한 것과 같은 체제로 인쇄되지 않았다. 그래서 이 저술의 혁명적 성격이 충분히 표면에 나타나지 않았다. 최후에 인쇄할 때 정리를 한 것은 코페르니쿠스 자신이 아니고, 루터파의 승려 안드레아스 오시안더(Andreas Osiander, 1498~1552)였다. 이미 그때까지 코페르니쿠스의 주장은 알려져 있어서, 루터파의 성직자들 특히 루터와 멜란히톤의 심한 기피를 당하고 있었다. 이른 기세에 눌려서 오시안더는 코페르니쿠스의 원래 서문을 다른 것으로 바꾸고 말았다. 바뀐 서문에는, 코페르니쿠스의 설은 본래 새로운 세계 체계가 아니고 수학적인 가설에 지나지 않다고 되어 있다.

그리고 또 코페르니쿠스는 여기저기에 고대의 선구자들에 대해서 언급했는데도, 상기한 사정으로 이것들을 삭제해 버려서, 그에게 불성실하다는 비난을 씌우게 되었다. 끝으로, 이 주저보다 앞서서 두 개의 저서가 나와서 코페르니쿠스의 생각을 널리 알려지게 했는데, 그것들과 이 주저의 내용이 서로 맞지 않아서 코페르니쿠스의 주장이 다소 애매해지고 말았다. 코페르니쿠스는 프라우엔부르크 대성당의 참사 회원으로 활동을 시작한 이래 30년 이상이나 이 주저를 집필해 왔다. 그리고 그 구상의 큰 줄기는 초기에 이미 확립해 놓고 있었다. 그래서 그 구상을 『요령(Commentariolus)』이라는 소저에 요약하였고, 이것을 친구들과 교회의 높은 자리에 있는 사람들에게 보냈다. 그래서 그의 생각의 대강은 이미 세상에 알려져 있었다.

비텐베르크의 젊은 수학자이며 천문학자인 레티쿠스(Rheticus, 1514~1576)는 1539년에 프라우엔부르크로 코페르니쿠스를 방문하여 그의 초안 처음의 수부를 알게 되어서, 그후에 새로운 체계에 대한 『제1보고(Narratio prima)』를 세상에 내놓았다. 코페르니쿠스는 관측을 1541년까지 계속했으므로, 주저 속에는 명백히 그것으로 인정되지 않았으나, 상기한 두 책에는 쓰지 않았던 관측도 일부 인용되어 있다.

익숙한 것은 고집이 된다는 정신적 타성에서 오는 당연한 이유 말고도, 전기한 애매함으로 이 저작은 바르게 채용되거나 이해되기 어렵게 되고 말았다. 이 책은 확실히 빨리 보급됐으나, 코페르니쿠스의 새로운 체계는 고래의 체계와 나란히 꼽힐 뿐이었다. 그래서 신교국이나 가톨릭 국가에서도 이것을 금한다는 움직임은 생기지 않았다.

코페르니쿠스의 다른 활동은 이 천문학서의 그늘에 숨겨지고 말았다. 그러나 그의 활동은 그의 천문학적 연구가 포괄적인 만큼이나 다면적이었다. 그는 관제인(管財人)이었으며 외교관이기도 했다. 시문을 썼고 그림도 그렸다. 그리고 병자도 치료했고, 기계 장치도 조립했다. 그는 화폐제도의 문제에 대해서도 연구하여 폴란드 당국에 조언도 하였고, 재정에 대한 중요한 논문도 썼다. 그는 매우 다방면에 업적을 남기고 있다.

코페르니쿠스의 체계에는, 항성천이 고정된 부동의 천구라는 것을 논외로 하고라도 다음과 같은 세 가지 큰 결점이 있다.

첫째, 관측의 기초가 매우 불충분했다. 코페르니쿠스 자신도 관측자로서는 별로 뛰어나지 못했으며, 타인의 관측 결과를 이용하는 데 있어서도 비판 없이 좋고 나쁜 관측을 가리지 않고 채용했다.

둘째, 코페르니쿠스는 원운동을 고집하였으므로 오류에 빠져서 이론과 경험을 일치시키는 길을 스스로 막아버리고, 보조적인 주전원에 도피구를 구하지 않을 수 없었다.

셋째, 코페르니쿠스는 자기의 체계를 본질적으로 실상의 관측에 대조하여 입증했기보다는 수학적인 가설로 제시했다. 그뿐만 아니라 이 체계는 실제와 틀리고, 그 틀림을 범하면서까지 수미일관하게 수학적으로 구하려고 했다.

코페르니쿠스에 뒤이은 일세기 동안에 천문학은 이 결점을 극복하는 중요한 발전을 하여 새로운 세계관을 세웠다. 그것은 사실상 세 사람의 업적이었다. 티코 브라헤는 정확한 관측을 하여 기초를 마들었다. 케플러는 원형궤도라는 관념을 버리고, 타원궤도로부터 혹성의 운동 법칙을 발견했다. 갈릴레이는 망원경의 도움으로 새 이론에 대한 움직일 수 없는 증명을 하여, 이 새로운 세계관의 최후적 승리를 확고히 했다.

3) 브루노

조르다노 브루노(Giordano Bruno, 1548~1600)는 아직 별의 무한한 세계가 인간의 눈앞에 펼쳐지지 않은 1548년, 이탈리아에서 태어났다. 그는 도미니코파의 수도승으로, 예언자적 영감과 직관력, 그리고 천부적 통찰력과 명석으로 새 우주를 꿰뚫어 보았다. 그는 만유는 무한하다는 신념을 선언했다. 왜냐하면 이것만이 무한한 하나님의 창조로서 합당하기 때문이라고 했다. 그에게는 지구는 물론이고 태양조차도 세계의 중심이 아니었다. 세계는 무수히 많고, 그것들은 각자의 태양을 가지고 있다고 설했다. 실로 놀라운 우주관이며, 수세기 후의 오늘날에야 알게 된 우주관과 같다. 이와 같이 수세기나 시대에 앞선 세계관이 당시에 받아들여질 리가 만무했다. 그는 이 설로 인하여 이단 심문을 받게 되었고, 아깝게도 1600년 로마에서 분형(焚刑)에 처해져 순교하고 말았다.

4) 그레고리우스의 역제 개정

카이사르 율리우스의 역(曆)은 4년마다 하루의 윤일(閏日)을 보태서 1년의 길이를 365와 1/4일로 했다. 1년의 정확한 길이는 365일 5시간 48분 46초이므로, 수세기를 지나오는 중에 오차가 쌓이고 쌓여서, 1582년에는 10일이 틀려졌다. 그래서 춘분이 3월 21일이 아니고 11일에 왔다. 새로운 역제 개정의 첫째 목적은 이 오차를 바로잡는 것이었다. 그래서 1582년 11월 5일을 11월 15일로 하였다. 그리고 앞으로의 오차를 없애기 위하여 교황 그레고리우스 8세(Gregorius Ⅷ)는 "백년마다의 윤년 중에 400으로 나누어지는 해만 윤년으로 남겨두고, 나머지는 윤년으로 하지 않는다."라는 역제 개정을 공포했다. 즉, 1600년과 2000년만 윤년으로 남겨두고, 기타 1700, 1800, 1900년 등은 4년마다의 윤년에서 제외하게 됐다. 이 역제 개정에 의하면, 이 역을 채용한 지 3200년 후에 하루의 오차가 생기게 된다.

이 새로운 역은 처음에 가톨릭의 세력 범위 안에서만 실행되었다. 신교국들은 1700년경부터 채용하게 되었다. 따라서 이 중간 시기의 사료를 비교할 때 이것을 잊어서는 안 된다. 러시아는 훨씬 더 늦게, 1918년 소련 정권이 확립되고서야 그레고리우스력을 사용하게 됐다. 이 역제 개정에서 한 가지 아쉬운 일은, 예수님이 탄생하신 동짓날을 1월 1일 기준으로 삼지 않고, 관습에 따라 춘분날인 3월 21일을 기준으로 삼은 점이다. 물론 이때에는 코페르니쿠스설이나 케플러의 '세계의 조화'가 공포되지 않았고, 따라서 새로운 세계관도 인식하지 못하였으나, 교황으로서 예수님의 탄생일을 기원 원단으로 생각할 법도 한데 말이다. 지구의 타원궤도를 그의 두 중심점을 연결한 직선으로 나눈 점인 동지점을 1월 1일 0시로 하고, 하지점을 7월 1일 12시로 하는 기준이 가장 자연적이다.

5) 티코 브라헤

덴마크 사람 티코 브라헤(Tycho Brahe, 1546~1601)는 코펜하겐에서 수학한 후에 라이프치히, 비텐베르크, 로스토크, 바젤 등의 독일 대학에서 수학했다. 헤센 영주의 권유를 받아 덴마크 왕 프리드리히 2세는 벤(Hven) 섬을 티코에게 제공했다. 여기에 티코는 우라니보르크(Uraniborg) 천문대를 설립하였고, 이 천문대는 약 20년간(1576~1597) 그의 활동 무대가 되었다. 프리드리히 2세가 죽은 후에 그의 모국에서는 그에게 만족한 원조를 할 사람이 없었다. 그런데 때마침 독일의 황제(신성 로마제국 황제 Rudolf Ⅱ)가 그를 프라하로 초빙했다. 그러나 그는 이곳에서 얼마 있지 않아서 죽었다.

티코 브라헤는 많은 점에서 코페르니쿠스와 아주 대조적이다. 티코는 혁명가도 아니고, 특출한 이론가도 아니었다. 그러나 정확하고 끈기 있는 관측자였다. 관측에 있어서, 그의 장치들을 고려할 때 그에 필적할 사람은 없다. 그가 생각한 세계 체계에 대해서는 여기서 기술하지 않겠다. 그 체계는 코페르니쿠스로부터의 퇴보를 의미하며, 영향도 오래 지속하지 못했기 때문이다. 그 대신 그가 천문 과학에 준 가장 중요한 기여에 주목을 집중하자. 그것은 바로 면밀한 관측이다.

티코는 천문학의 관측기 '구류'를 개량하였고, 관측 방법도 개량했다. 예를 들면, 같은 관측을 되풀이했을 때, 다른 관측치가 나오면 그것들의 평균치를 취하여 우연적인 오차를 최소화하는 기법을 처음으로 사용했다. 이렇게 하여 티코는 천문학의 많은 정수(定數)들을 가장 정밀하게 결정했다. 그가 혹성의 위치에 대하여 수행한 관측과 정밀한 결정의 기록은 케플러의 일의 기초가 되었다. 특기할 것은, 티코는 새로운 별의 출현을 관측한 최초의 천문학자라는 것이다. 더욱 정확히 말하면, 출현이 아니고 눈에 보이게 된 것을 관측했다는 것이다. 오늘의 생각에서 보면, 그때에 문제가 된 것은 소위 '신성(新星)'이었을 가능성이 크다. 티코는 이것에 대해서 다음과 같이 보고했다.

"작년(1572년) 11월 11일 저녁 해질 무렵에, 통례대로 밝은 하늘의 별들을 주시하고 있는데, 딴 별들보다는 눈에 띄게 나의 머리 위에서 빛나는 새로운 닞신 별이 보였다. 나는 아이일 때부터 모든 별의 모양을 숙지하고 있었는데, 이 이전에 그곳에 그와 같이 밝은 별이 있은 적이 없다는 확신이 있었으므로, 이것을 매우 수상하게 생각하여 나의 관측을 의심해 볼 정도였다. 그러나 딴 사람들도 같은 장소에 별이 보였다는 것을 확인하였을 때, 나는 더 이상 의심할 수가 없었다. 의심의 여지가 없는 이 기적은, 세계의 창조 이래 자연계에 생긴 최대의 기적이거나 또는 성서에 기록된 요시아의 기도에 응한 태양의 역행과 같은 기적, 또는 십자가형 때의 일식에 비할 수 있는 기적이었다. 왜냐하면 하늘의 정기의 영역에서는 생성이나 소멸이거나 변화되지 않으며, 천과 천체는 커지거나 작아지지 않으며, 수나 크기나 밝기 등 어떠한 변화도 받지 않고 모든 세월에 항상 동일하며, 모든 점에서 닮은 것으로 머문다는 것은, 모든 철학자의 일치한 견해이고, 사실이 이것을 증명하기 때문이다."

항구성이 영원불변하다는 고대의 관념이 뿌리 깊게 내려 있었음을 알 수 있다. 따라서 티코는 관측한 현상을 기적이라고 밖에는 해석할 수 없었다. 그래도 그는 자기 감각의 증언을 믿었다. 티코는 또 혜성도 다루었다. 혜성은 지구의 대기권 내에 있다고 그때 까지 믿어져왔는데, 그렇지 않고 유성이 움직이고 있는 곳과 같은 먼 공간에 있다는 것을 그는 지적하였다. 1557년에 나타난 혜성에 대해서 그는 다음과 같이 기록했다.

"그런데 나는 이것의 정체를 파악하려고 무척 애를 썼다. 거기에는 혜성의 위치나 특성에 대한 지식이 모두 숨겨져 있기 때문이다. 그래서 나는 다음과 같은 것을, 필요한 기구를 써서 몇 번이고 관측 확인하고, 삼각법을 써서 발견했다. 즉, 이 혜성은 우리로부터 아주 먼 곳에 있다는 것, 그것의 최대 시차는 15초보다 클 수 없다는 것. 이것에서 결론지을 수 있는 것으로, 이 혜성은 지구에서 적어도 지구 반경의 230배 이상 먼 곳에 있다는 것이다. 따라서 이 혜성은 저 달과 화성이 태양의 주위에 그리는 달의 궤도와 화성의 궤도와의 중간에서 생성한 것이다. 그래서 하늘에서는 아무것도 새로운 것이 생성할 수 없으며, 모든 혜성은 공기의 상층부에 있다는 아리스토텔레스의 철학은 이 경우에 맞지 않다."[1]

3. 케플러

케플러(Johannes Kepler, 1571~1630)는 뷔르템베르크의 바일에서 신교도의 가정에 태어났다. 24세에 처녀작 『우주의 신비(Mysterium Cosmographicum)』를 출간했는데, 이 책에는 그 자신의 견해를 논술했을 뿐만 아니라, 코페르니쿠스의 설도 상세히 기술하고 그 근거도 들고 있다. 이 책을 보고 티코 브라헤는 케플러에게 주목하게 되었고, 그를 자기의 조수로 프라하에 초빙하게 되었다. 이것이 인연이 되어서 케플러는 티코의 관측 기록을 기초로 하여 천문학에서 불멸의 공적을 세우게 되는데, 그의 업적을 이해하기 위하여 우선 그의 경력을 살펴보자.

---

1 티코 브라헤, 『1557년의 혜성에 대하여(De cometa anni, 1577)』, 294~295.

1) 케플러의 생애와 시대적 배경

케플러

그는 어려서부터 전 생애를 통하여 끊이지 않은 액운의 속에 살았다. 그의 생애가 우리에게 가르쳐 주는 것은 문화사의 특이한 한 장이다. 케플러는 병약한 몸 때문에 몇 번이나 병고에 시달렸다. 집에서는 부모의 부부 싸움이 끊이지 않았고, 아버지는 군대에 입대했다가 돌아와서 어떤 보증을 맡아 얼마 되지 않는 재산조차 날려버리고, 다시 군대에 입대하여 터키와의 전투에서 전사하고 말았다. 기쁨을 모르는 소년 시절을 보내고, 신체가 약해서 마울브론의 수도원 학교에 보내졌고, 그 다음에 튀빙겐 대학에 입학했다.

케플러는 수학과 천문학의 연구에 대한 자극을 이 대학의 교수 미하엘 매스틀린 (Michael Mästlin, 1550~1631)으로부터 받았다. 매스틀린은 수학과 천문학 강좌를 맡고 있었는데, 그는 코페르니쿠스의 신봉자였으며, 그 사상을 제자인 케플러뿐만 아니라 갈릴레이에게도 불어넣었다고 한다. 그는 달의 '회색 빛'을 태양 광선이 달 표면에 반사되는 것으로 설명했다.

매스틀린 교수와 케플러 사이의 친밀한 관계는 발전해갔다. 케플러는 천문학에 대한 흥미가 높아지자, 당시에 세력이 좋은 신학으로부터 멀어져 갔다. 신학은 모든 자유 활동을 지지하였고, 케플러의 진실한 신앙심에 받아들일 수 없는 교의 체계를 고집하는 정통 신앙으로 굳어져 있었기 때문이다. 그리고 케플러가 코페르니쿠스의 설을 신봉하게 되자, 성직에 적합하지 않는 자로 인정되고 말았다. 그러나 다행히 매스틀린 교수의 추천으로, 그는 23세에 오스트리아의 그라지 주립 신교김나지움의 교직을 얻었다. 여기서 그는 수학과 수사학 강의를 하는 것 외에도 점성술의 예언 역서를 써야만 했다. 이 순수한 과학자가 얼마나 우울한 기분으로 이 일을 했을까! 그는 당시의 오스트리아 정황에서 농민의 폭동과 전란을 예감하여 그의 첫 예언 역서에 써 놓았는데, 운 좋게 적중하여 명성이 높아졌다. 그러나 그는 친구에게 보낸 편지에 "창녀인 점성술의 딸이 밥벌이를 하지 않는다면, 어머니인 천문학은 굶어 죽어야 할 지경이다."라고 토로했다.

케플러의 시대에는 오늘날 우리가 말하는 대학에서의 교수의 자유와 같은 윤리적 기반이 없었기 때문에 과학의 자유로운 개발이 어려웠다. 교수의 자유는 정밀 연구가 논리적으로 통합된 구체적인 성과에 의하여, 권위를 인용한 논쟁을 불식한 정도만큼 조금씩 발전할 수 있었다. 그래서 '공자 왈' 식의 말 대신에, 진리를 고하는 새로운 말, 즉 '자연이 자신에게 준 의문에 해답을 주는 말'이 나타난 것은 정밀과학의 덕택이다.

이 시대에는 매스틀린 교수도 신교파의 튀빙겐 대학의 평의원회에 의하여, 천문학을 자기의 신념에 반하여 프톨레마이오스의 설에 따라 교수하였고, 그레고리 신력(新曆)의 반대 문을 쓰도록 강요받았다. 교수직을 잃지 않으려면, 따를 수밖에 도리가 없었다. 그래서 그는 신력의 사소한 두세 가지 결점을 비난하여 곤경을 면했다. 케플러가 그의 최초의 천문학 저작인 『우주의 신비』를 매스틀린에게 보내서 튀빙겐에서 인쇄하여 출판해 주기를 의뢰했을 때, 매스틀린은 새로운 곤혹에 빠졌다. 평의원회는 이 책의 기초가 되고 있는 지구의 운동설이 성서의 위신을 손상할 우려가 있다고 이의를 제기했다. 이 소식을 들은 케플러가 매스틀린에게 보낸 서신에 "선생님, 어떻게 하면 좋을까요? 저는 우리가 피타고라스학파를 본받아서 서로 발견한 것을 우리끼리만 서로 알리는 것이 좋다고 생각합니다. 저 때문에 선생님에게 적을 만들고 싶지 않습니다."라고 썼다. 이 곤경은 극복되어서 그 저서는 1595년에 출간되었다. 그리고 이 젊은 저자는 그것을 당시 최대의 천문학자인 티코와 갈릴레이에게 보내서 그 후 그들과 계속 교제를 하게 되었다.

케플러는 "결혼은 독일인 학자의 예의에 속한다."라고 하여 1597년에 부유한 상인의 딸인 바버라 뮐러와 결혼하여 행복한 가정을 이루었다. 그러나 당시에 이미 종교개혁에 대한 반동의 폭풍이 다가오고 있었다. 1596년 여름, 성년이 된 황태자 페르디난트 2세(Ferdinand Ⅱ)는 이탈리아에 있었다. 이때의 상황을 케플러는 은사 매스틀린에게 보낸 편지에 "우리는 대공의 이탈리아로부터의 귀국을 전율로서 기다리고 있습니다."라고 쓰고 있다. 무서워하던 것은 오고야 말았다. 1598년 9월 28일 아침에, 목사와 교사는 저녁까지 그라츠(Graz)에서 물러나고, 8일 이내에 국외로 나가라는 포고가 나와서, 케플러도 헝가리로 도망했다. 그러나 그만은 그의 재능을 높이 평가한 '제수이트'파의 간선으로 한 달 후에 귀국이 허용됐다. 그는 전향하기를 권유받았으나, 의연하게 신앙을 시키며 자기 서재를 조용한 고도로 삼아 연구에만 열중했다. 그러나 이러한 생활조차 허용되지 않게 되었다. 1599년 8월에 그가 매스틀린에게 보낸 편지에 "설사 살려 놓아준다고 해도, 이 이상 그라츠에 더 머물 수 없습니다. 행여나 튀빙겐에 교수 자리가 없습니까?"라고 호소하였다. 그러나 교수회의 케플러에 대한 심증은 아직도 나빠서 거절되고 말았다.

그런데 거절의 답신을 받기도 전에 당시에 왕실 수학자가 된 티코의 조수로 취임하게 되었다. 그래서 티코의 정밀한 관측 자료를 마음껏 활용할 수가 있게 되어서, 그의 불구의 법칙을 발견하게 되었다. 훗날 그가 회고하기를 "내가 도착해 보니 마침 화성이 연구되어 있었던 것도 하나님의 배려였다고 생각한다. 천문학의 비밀에 도달하기 위해서는 어찌 되었든 이 별의 운동에 의지하지 않을 수가 없다. 그렇지 않으면 우리는 언제까지나 무지한 채로 머물러 있어야만 한다."라고 했다. 왜냐하면 화성은 옛날부터 유성 가운데서 궤도가 원에서 가장 많이 벗어나서 해석이 가장 곤란한 반면, 주기가 2년 미만으로서 다른 외유성에 비하여 관측이 가장 편리하였기 때문이다.

티코는 16년간 화성을 관측하였고, 그것은 이 유성의 전 궤도에 걸쳐진 것이며, 2~3초의 오차밖에 없는 정밀하고도 정확한 것이었다. 이 위대한 관측자 티코는 1601년 12월 24일에 사망하였고, 그의 후임으로 케플러가 임명됐다. 케플러는 황제부 궁중수학가의 직함을 받았고, 연봉 500굴덴을 국고에서 지급받게 되었다. 이 승진을 질투한 티코의 사위 텡그나겔이 여러 가지로 케플러의 연구를 방해하여 실각시키기 위해서 1602년에 티코의 천문 관측 기기와 관측 기록을 봉인하게 했다. 그대로 두었다면 케플러는 천문학에서 공적을 이룰 수 없었을 것이다. 그러나 다행히도 궁중의 고관들이 이것을 풀어주어서 티코의 유품과 기록은 케플러에게 인도되었다. 그 후 케플러는 황제에게 때때로 연구 성과와 계획을 설명하게 되었고, 광학과 화성 운동의 연구를 약속하여 광학은 1604년에, 화성의 운동은 1609년에 발표하였다.

루돌프 황제(Rudolf Ⅱ, 1576/1612) 재위 중에는 봉급만은 매월 지급되고 있었으나, 그가 1612년 1월에 사망하자 케플러의 생계는 매우 나빠져서, 1612년 5월부터 린츠(Linz)에서 수학을 가르치고 측량도 감독하는 일을 하게 되었다. 이와 같은 역경 속에서도 그는 학구에 대한 큰 목적을 저버리지는 않았다. 그리고 케플러의 생애 중에서 가장 끔직한 사건은 1620년 8월, 그의 어머니에 대한 '마녀재판'이었다. 이것은 당시의 시대적 상황과 사법 상태를 증언하는 것이며, 케플러의 성격을 가장 잘 나타내는 것이므로 특기한다.

위대한 천문학자의 어머니는 슈바벤의 작은 마을에 살고 있었는데, 이웃의 한 여자가 병에 걸린 것을 케플러 어머니의 마법 때문이라고 소문을 냈다. 이 지구의 법관은, 이 사건을 마녀재판으로 조작하려고 했다. 피고가 마녀로 분형(焚刑)에 처해진 친척 밑에서 교육받았다는 사정에서이다. 어머니를 고문과 분형에서 구해낸 것은 오직 린츠에서 달려

온 아들 요하네스 케플러 한 사람이었다. 케플러와 친했던 변호사들도 이 가엾고 박해받는 부인을 변호할 용기를 가지지 못했고, 다른 자식들조차 숨어버리고 말았다. 그녀는 무죄방면이 됐으나, 받았던 학대 때문에 곧 세상을 떠나고(1622년) 말았다. 인간의 위대함을 나타낸 여러 모습 중에서, 케플러의 이것보다 더 큰 감탄을 주는 것이 있을까! 어머니를 구하기 위해서 일신의 안전을 돌보지 않고, 그는 중세적 재판의 적폐와 과감히 싸웠다. 그리고 이것으로 야기된 장년의 격동 속에서, 그는 천체의 운행을 규정하는 법칙을 밝혀냈다.

2) 케플러의 행성 구면

케플러의 처녀작 『우주의 신비』는 그의 튀빙겐 대학 시절의 저작이며, 1596년 그의 나이 24세에 은사 매스틀린 교수의 주선으로 출간된 것이다. 후일에 그가 당시의 자신을 회고하여 다음과 같이 말했다.

> "기하학과 천문학 분야에 나오는 것을 나는 쉽게 이해할 수가 있었다. 나는 뷔르템부르크 공이 지급하는 학비에 의존하고 있었다. 나의 학문의 진보는 나의 저서 『우주의 신비』에 나타나 있다."

이 처녀작에서뿐만 아니라 줄곧 그의 관심의 초점이 된 것은 행성들 각각의 간격과 속도 간의 간단한 산술적 또는 기하학적 관계를 입증하는 것이었다. 케플러가 그의 과학적 활동을 시작할 당시는 피타고라스나 플라톤 식의 수나 양에 기초를 둔 신비적인 사변이 자연과학에 뿌리 내려 있었다. 그래서 그도 하나님이 창조하신 우주는 어떤 수적 완전한 조화를 이루고 있다고 믿었다. 그리고 당시에 알려진 행성의 수는 6개로, '수성, 금성, 지구, 화성, 목성 그리고 토성'이었다.

케플러는 이 수에 대한 근거를 구형이라고 생각한 각각의 행성 구면 사이에 삽입된 다섯 가지밖에 없는 정다면체에서 구해야 한다고 믿었다. 그는 이 '우주의 신비'를 발견한 것을 몹시 자랑스럽게 생각하여, "나는 작센(Sachsen 국, 선제후국)을 주어도, 이 발견의 영예와는 바꾸지 않을 생각이다."라고 말했을 정도다. 이 『우주의 신비』에 대한 그의 설명을 들어보자.

케플러의 행성계

"태양을 중심으로 한 지구궤도는 다른 모든 것들의 척도가 되는 구면을 준다. 이 구면에 외접하는 정십이면체를 그려라. 이것에 외접하는 구면이 화성의 궤도이다. 화성의 궤도 구면에 외접하는 정사면체를 그려라. 그 정사면체에 외접하는 구면이 목성의 궤도를 포함할 것이다. 이 목성의 궤도 구면에 외접하는 정육면체를 그려라. 이 정육면체에 외접하는 구면이 토성의 궤도를 포함한다. 그리고 지구의 궤도 구면에 내접하는 정이십면체를 그려라. 이것에 내접하는 구면이 금성의 궤도를 가진다. 이 금성의 궤도 구면에 내접하는 정팔면체를 그리면, 그것에 내접하는 구면이 수성의 궤도를 가진다."

즉, 케플러는 다섯 개밖에 없는 정다면체에 내접 또는 외접하는 여섯 개의 구면을 태양계의 기초로 삼았다. 이 여섯 개의 구면의 반경은 코페르니쿠스가 제시한 유성 간의 거리 비와 거의 일치하였다. 코페르니쿠스 설의 신봉자인 그로서는 이것이 우주의 신비라고 믿고 자랑할 만했다.

그러나 코페르니쿠스가 산출한 값은 그 후에 밝혀진 바른 값과 큰 차가 있고, 유성의 궤도가 원형이라는 가정이 틀렸다는 것이 그 후 수년간의 케플러 자신의 각고의 연구 결과에 의해 밝혀졌다. 따라서 『우주의 신비』는 하나의 시도에 지나지 않는다. 그러나 그 같은 시도의 정당한 권리를 부정할 수는 없다. 기본적 의의를 가진 진보는 대개 새로운 이념의 정립과 그것에 기준하여 모든 사실 재료가 이 이념의 틀 속에 적합한가를 검증하는 것이기 때문이다. 그리고 무엇보다도 케플러가 자연과학자로서 위대한 점은 자신이 세운 설이 관측 사실과 맞지 않았을 때에, 자기의 설을 고집하지 않고 바른 것을 찾는 진실성이다.

3) 케플러의 법칙

케플러는 전술한 그의 처녀작 『우주의 신비』가 인연이 되어서 티코의 조수로서 프라하에 갔고, 그곳에서 그때까지의 천문학 역사상 가장 좋은 관측 자료를 손에 넣게 되었다. 그는 이 자료를 정밀히 검토하여 코페르니쿠스 체계와의 일치 여부를 확인하기 시작했다. 그것은 완전히 일치하는 것같이 보였으나, 화성에 대해서는 잘 맞지 않았다. 그 차이는 각도로 8초나 있었다. 이것은 티코의 관측 기준으로 볼 때 너무나 큰 차이였다. 코페르니쿠스는 수분의 큰 차이도 대충 보아 넘겼으나, 케플러의 당면 과제는 8초 차이의 원인을 규명하는 것이었다. 그 결과 케플러는 누구도 의심한 적이 없고 공리로 인정해 온 천체의 원형 궤도를 처음으로 포기했다(아랍 천문학자들은 11세기에 이미 제창했다.). 케플러는 1609년 그의 저서 『신천문학(Astronomia nova)』에서 원궤도 대신에 타원궤도를 채용함으로써 이론과 관측을 보기 좋게 일치시켰다. 그리하여 행성 운동에 대한 '케플러의 제1법칙과 제2법칙'을 세웠다.

제1법칙은 "행성은 타원궤도를 그리며 태양 주위를 돌고, 태양은 타원의 두 개의 초점 중의 한쪽에 있다."라는 것이다. 제2법칙은 "태양과 혹성을 잇는 동경은 동일 시간에 동일 면적을 덮는다."라는 것이다. 즉, 혹성의 운동 속도는 일정불변이 아니라 태양에서 먼 점에서보다 가까운 점에서 더 빨라진다는 것이다. 이 두 법칙은 우선 화성의 운동에서 입증되었고, 9년 후에 모든 혹성과 달의 운동에서도 적용된다는 것을 입증하였다.

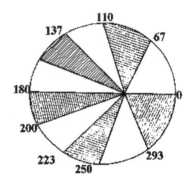

케플러의 제2법칙: 태양과 행성을 잇는 동경은 동일 시간에 동일 면적을 덮는다.

그리고 1년 후에는 『세계의 조화(Harmonicus mundi, 1619)』에 제3법칙을 발표했다. 이것은 "혹성의 공전주기의 제곱은 태양에서 그 혹성까지의 거리의 세제곱에 비례한다."라는 것이다. 케플러의 이 세 가지 법칙은 간단명료하고도 정확한 것이므로, 변경 없이 오늘날까지도 적용되고 있다. 이 단순함과 조화야말로 그가 하나님이 창조하신 이 우주의 법칙은 단순하고도 완전한 조화라고 믿고 찾던 바로 그 목표였다. 『세계의 조화』의 서문 가운데 일부를 인용해 보자.

"25년 전에 내가 아직 하늘의 궤도 사이에 낀 5개의 정다면체를 발견하지 못했을 때에 가정한 것, 이 책의 표제를 '세계의 조화(Harmonicus mundi)'라고 붙일 때에 마음속에 약속했던 것, 16년 전에 발표한 저서에서 연구 목표로 내건 것, 나의 생애의 가장 꽃다운 부분을 천문학 연구에 바치게 하고, 티코 브라헤를 찾아가서 프라하에 영주하게 한 것이 바로 이것이다. 나는 나의 영감에 불을 켜고 무한한 갈망으로 생명과 정신력을 새롭게 한 것과, 두 사람의 황제와 고국 오스트리아의 국회가 관대하게도 한스 하반에서 나에게 여분의 자재를 주게끔 배려해 주신 하나님의 도움에 의하여 나의 천문학적 과제를 남김없이 규명하여 이것을 공개하게 되었다."

이 서문의 끝맺음에는 다음과 같은 유명한 문구가 있다.

"이제, 최초의 여명에서부터 18개월, 밝은 한낮이 돼서부터 3개월 후에, 그리고 더없을 경탄할 광경에 한낮의 햇살이 쏟아진 지 불과 수일 후에, 나는 더 주저할 것이 없다. 그렇다. 나는 성스러운 심경에 몸을 맡긴다. 나는 죽을 자들에게는 눈을 돌리지 않고, 다음과 같이 공언한다. 나는 이집트인의 황금의 그릇을 탈취했다고! 그대가 나를 용서한다면, 나는 기쁘다. 그대가 노하여도, 나는 견딘다. 여하튼 나는 주사위를 던졌다. 나는 현재를 위하여, 또는 후세를 위하여 이 책을 쓴다. 어느 쪽이 되든 나에게는 같다. 이 책은 100년간 독자를 기다려야 할지도 모르나, 하나님도 6000년간 예언자를 기다렸었다."

천체의 궤도가 원형이라고 믿어지고 있는 한, '왜 원인가?' 하는 의문의 동기는 존재하지 않았다. 원은 바로 그와 같은 운동의 '자연적인' 형상이라고 믿었기 때문이다. 그러나 궤도가 타원형이라고 인정되자, 왜 하필 타원이 되는가 하는 의문이 제기되지 않을 수 없다. 케플러는 오랫동안 이 문제와 씨름했다. 그러나 케플러에게는 바른 답에 도달할 길이 막혀 있었다. 왜냐하면 그가 아리스토텔레스의 역학에서 나오는 근본 원칙을 고집하고 있었기 때문이나. 물체의 운동을 지속시키기 위해서는 끊임없는 구동력을 가할 필요가 있다는 것이다. 그는 이 구동력을 '발동 활력(anima matrix)'이라고 불렀고, 이것은 태양에서 온다고 했다. 그러나 어떻게 해서 주행 운동(周行運動)을 하게 되는가?

물론 케플러는 자력에 대해서 잘 알고 있었으므로, 이 생각을 빌려서 만유인력의 관념에 한 발짝만 더 가면 되는 곳까지 갔다. 그는 발동 활력의 작용은 거리의 제곱에 반비례한다는 문제까지 세웠다. 그러나 이 힘이 외부로부터 오는 것이 아니라 질량 자체가 가진 본성에서 질량 간에 작용하는 '만유인력'이라는 올바른 관계를 인식하여 정식화하지는 못했다. 이것을 처음으로 인식하여 정식화하는 데 성공한 것은 뉴턴이다.

4. 갈릴레이 – 근대 과학의 기초 확립

갈릴레이

갈릴레오 갈릴레이(Galileo Galilei, 1564~1642)는 근대 과학을 창시하였을 뿐만 아니라, 근대 과학적 정신과 방법으로 근대 과학의 기초를 확립하였다. 그는 '근대 과학의 아버지'라고 불리기에 합당하다. 실험과 수학적 인식으로 역학을 비롯한 물리학의 기초를 이룩하였고, 망원경에 의한 관찰로 재래의 지구 중심적 우주관을 완전히 타파하고 코페르니쿠스에 유래한 새로운 우주관을 확립하였다. 케플러와 같은 시대에 살고 있었으나, 그가 천문학의 발전에 관여하기 시작한 것은, 역학의 기초적인 일을 마친 후 장년이 되어서부터이다. 그래서 그의 업적으로서 물리학 분야를 먼저 기술하는 것이 순서이겠으나, 앞 내용과 관련하여 그의 천문학에서의 업적을 먼저 살펴보기로 한다.

1) 새로운 우주관의 확립

그가 천문학에 손대기 시작한 동기를 준 것은 자신이 조립한 망원경이었다. 1609년에 갈릴레이는 네덜란드 사람(안경 제조업자 한스 리퍼세이)이 망원경을 조립했다는 소문을 들었다. 망원경을 발명한 명예를 한스에게 주기에는 의문의 여지가 있다. 전술한 것과 같이 로러 베이컨도 이미 망원경에 대하여 기술하고 있다. 몇 사람이 동시에 발명했는지도 모르나, 여하튼 네덜란드의 렌즈 연마공이 처음으로 제작한 것 같다.

갈릴레이는 1610년에 출간한 그의 저서 『별나라의 사자(Siderius Nuncius, 星界의 使者)』의 서문에 다음과 같이 기술했다.

"어떤 네덜란드 사람이 망원경을 제작하였고, 그것을 쓰면 먼 곳의 대상이 바로 곁에 있는 것같이 뚜렷하게 보인다는 소문을 10개월 전에 들었다. 실로 놀라운 이 발명이 가져온 성과도 이미 소문나 있었다. 이것을 믿는 사람도 있고, 반대로 부정하는 사람들도 있었다. 수일 후에 파리의 프랑스 귀족 '자크 파도엘'도 이 소문을 확인하는 서신을 보내왔다. 그래서 나는 그와 같은 도구를 발명하기 위한 바른길을 알고자 모든 노력을 기울였다. 광선의 굴절에 관한 설에서 출발하여, 나는 곧 제작 계획을 세울 수 있었다."

"우선 나는 한 자루의 연관(鉛管)을 만들어서, 한쪽 끝에는 볼록(平凸), 또 한쪽에는 오목(平凹) 렌즈를 부착했다. 그리고 후자의 렌즈에 눈을 가까이 하니, 대상은 확대되어 가까이 보였다. 가깝기는 3배고 확대는 9배였다. 그 후 나는 더욱 좋은 망원경을 완성했다. 이것은 60배 이상의 확대를 나타냈다. 이 같은 노고와 비용을 불문에 붙인 노력 끝에, 대상이 거의 1000배로 확대되어 보일 정도로 우수한 망원경을 만드는 데 성공했다. 이때의 거리는 보통의 시산 거리보다 30배 이상 단축되어 보였다. 육상이나 해상을 관측할 때 유리한 점은 헤아릴 것까지 없을 것이다. 나는 이것으로 지상의 관측이 아니라 하늘의 관측을 하기 시작하였다. 우선 달을 관측했는데, 달은 매우 가깝게, 지구의 직경 정도 떨어져 있는 것같이 보였다. 다음에 나는 몇 번이고, 믿을 수 없을 정도로 만족하게, 항성과 혹성을 관측했다. 항성들은 뚜렷하게 보이므로, 나는 그것들의 상호간의 거리를 결정할 수단을 생각해내서, 그것을 확인한 것이다. 그와 같은 관측을 하려면, 첫째로 대상을 밝고 선명하게 나타낼 수 있는 아주 정밀한 망원경을 만들 필요가 있다. 적어도 400배로 확대할 수 있어야 한다. 그렇게 하면 대상은 20배 가깝게 보일 것이다. 이와 같이 하지 않으면, 내가 천계를 관찰하여 이하에 기재한 모든 것을 보려고 해도 허사일 것이다. 이제 나는 과거 2개월간에 행한 관측에 대해서 보고하려고 하는데, 이것은 매우 의의가 있는 관측이므로, 나는 진리를 사랑하는 인사를 모두 이 탐구에 초대하는 것이다."

이 새로운 발견은 다른 천문학자들의 흥미도 끌게 된 것인데, 갈릴레이는 이 망원경의 근본적인 개량을 발명했던 것이다. 그러나 그보다 유명한 것은 그가 행한 관측이다. 우선 그는 망원경을 달로 돌려, 처음으로 달의 표면을 상세히 관찰했다.

"몇 번이나 관측을 되풀이해서, 다음과 같은 결론을 얻었다. 즉, 달의 표면은 많은 철학자들이 달과 기타의 천체에 대해서 가정하고 있는 것과 같이, 완전히 매끄럽고 균일한 것이 아니며, 가장 정확한 원(구)으로 되어 있지도 않다. 그와는 반대로 균일하지 않으며, 거칠고 울퉁불퉁하며, 여기에는 산이 저기에는 계곡이 있는 지구와 조금도 다르지 않다는 것이다. 이와 같이 결론을 내린 논거가 된 현상은 다음과 같은 것이다. 새 달이 4~5일 지나면 밝은 부분과 어두운 부분의 경계선이 이미 균일하고 매끈한 것이 아니고, 불규칙이며 평활하지 않은 울퉁불툭한 선으로 특징 지워진다. …… 몇 개의 빛나는 돌출부가 빛과 그림자의 경계선을 넘어서 어두운 부분에 들어가 있거나, 그 반대이다."

이것은 전혀 새롭고 기이한 것이었다. 그때까지 천체는 이상적인 완전한 구형이라고 믿어온 것이다. 갈릴레이는 망원경을 별들에게 돌렸을 때 '믿을 수 없을 만큼 많은 별들'을 보았고, 그때의 심정을 다음과 같이 기술했다.

"나는 너무나 놀라서 정신을 잃고 …… 그리고 이와 같이 위대한 경이(驚異)를 나에게 발견시키려고 뜻하신 하나님에게 무한한 감사를 드립니다."

오리온자리의 혁대와 검 부분은 그때까지 9개의 별을 헤아릴 수 있었다. 그런데 80개의 별이 보였다. 다른 성좌에서도 마찬가지로 종래보다 6~10배의 별들을 볼 수가 있었다. 은하도 생각하지 못할 만큼 많은 수의 별들과 별의 집단이 모여서 이루어져 있다는 것이 명백하게 밝혀졌다. 갈릴레이는 행성도 관찰하여, 목성에 4개의 달(위성)을 발견했다. 이 달들은 목성이 태양의 주위를 도는 것과 같이 목성의 주위를 돌고 있었다. 화성에서는 달의 나이와 같이 주기적으로 변하는 나이(齡)를 발견했다. 이것은 행성들도 자신이 빛을 내는 것이 아니라 태양에서 빛을 받고 있다는 것을 증명한다. 그는 토성의 바퀴(輪)도 보았으나, 그 외관에 대한 바른 해석은 하지 못했다.

갈릴레이는 태양을 바라보고 흑점을 발견했다. 그가 흑점을 최초로 발견한 것은 아니다. 독일의 천문학자 요하네스 파브리치우스(Johannes Fabricius, 1585~1615)와 예수회의 사제 크리스토프 샤이너(Christoph Scheiner, 1575~1650)가 조금 앞서 흑점을 관찰하여 상세히 기록하였고, 흑점이 태양 표면 위를 떠돌아 다녀서 반대쪽에서 다시 나타나기도 한다는 것을 인정하고 있었다. 이것은 태양의 자전을 증명하는 것으로 생각되었다. 지구는 변천하며 불완전하고, 천계는 완전하며 영원하다고 아리스토텔레스는 양자를 구별하고 있었으나, 이상과 같은 새로운 발견에 의하여 이 구별은 설득력을 잃고 말았다. 그리고 별의 수는 고대인이 생각한 것보다 몇백 배나 많다는 것을 알았는데, 이것만으로도 고대의 모든 설을 불신하게 하는 데 충분했다.

끝으로 특기할 것은, 이러한 새로운 발견으로 코페르니쿠스적인 세계관에 알맞은 증거가 많이 쌓인 것이다. 달(위성)을 거느린 목성은 태양계의 일종의 모형 역할을 했다. 그리고 화성의 모양이 주기적으로 변하는 나이(齡)는 코페르니쿠스 설에 의하지 않고는 설명될 수가 없었다. 갈릴레이는 이전부터 코페르니쿠스 설에 찬성하고 있었다. 그리고 새로운 관측에서 얻은 결과는 코페르니쿠스 설에 유리하였다. 그래서 그는 이 결과를 공표하려고 했다. 그런데 그가 당한 반대의 세력은 폭풍과도 같았다. 고집 센 반대자들은 망원경을 들여다보려고도 하지 않았다. 자기들이 하늘로부터 하사받은 생각에 반하는 것을 보게 되면 곤란하다고 생각했다.

"목성의 위성을 피렌체의 교수들에게 보여주려고 했을 때, 그들은 위성이고 망원경이고 보려고 하지 않았습니다. 이 사람들은 진리는 자연 안에서가 아니고, 원문 조회 가운데서 찾아보아야 한다고 믿고 있는 것입니다."

처음에 이 같은 적의가 교회로부터 나온 것은 아니다. 전기한 예수회의 샤이너 같은 성직자도 새로운 천문학의 연구에 참가하였다. 후에 교황이 된 당시의 추기경 우르바누스 8세(Urbanus Ⅷ)도 갈릴레이의 연구에 관심을 쏟고 있었다. 그러나 갈릴레이의 적들은 차차로 교묘하게 교회를 자기들에게 편들게 했다. 1616년에 갈릴레이의 지동설에 대한 이단 심문위원회는 다음과 같은 판결을 내렸다.

"태양이 세계의 중심에 있고 정지해 있다는 주장은 거짓이며, 부조리하고, 이단이며, 성서에 반한다. 지구가 세계의 중심이 아니고, 운동하고 자전한다는 수장은, 철학적으로 거짓이고 부조리하며, 신학적으로는 적어도 틀린 것이다."

갈릴레이는 결코 이 의견(지동설)을 변호하는 것 같은 짓을 삼가며, 이에 대한 저술을 하지 말도록 경고를 받았다. 동시에 코페르니쿠스의 저작은 검열이 필할 때까지 금서가 되었다. 검열을 필한 출판은 4년이나 늦게 나왔다. 이 판에서 코페르니쿠스 설은 단순한 수학적 가설로 제출돼 있으며, 이 점이 근본적인 변경이었다. 이때에 갈릴레이는 파도바의 교편을 사임하고 그의 좁은 의미의 조국인 피렌체에 돌아가서 마음껏 연구 활동에 전심할 수 있었다. 그가 가르친 태자가 군주로 즉위하였고, 이 군주는 선생에 대한 감사의 표시로 그를 초빙하였으며, 그의 연구 활동을 자국의 자랑으로 여겼다.

이단 심문회와 최초의 충돌을 한 지 7년이 지나 우르바누스 8세가 교황이 된 후에,

갈릴레이는 새 저서 『황금 측량자(Il saggiatore, 1623)』를 출간하였고, 그것을 교황에게 바쳤다. 이것에 대해서는 아무 일도 없었다. 교황은 갈릴레이에게 연구의 자유를 주는 듯 보였다. 그리고 9년 후에 갈릴레이는 『두 세계에 대한 대화(Dialogo dei due massimi sistemi del mondo, 1632. Dialogo로 통칭)』를 공표했다. 이것이 또다시 분쟁의 불씨가 되었으며, 이 투쟁은 극한에까지 다다랐다. 이 저술은 코페르니쿠스 설의 지지자 살비아치와 반대자 신프리치오, 그리고 중립적인 청취자인 시민 자그레도. 이렇게 세 가상 인물의 대화로 꾸며졌다.

이 대화는 결국, 천동설을 주장하는 신프리치오가 이기는 것으로 되어 있으나, 이 의론을 이해하려고 하지 않아서 객관적으로 웃음거리가 될 정도로 바보 같은 인물로 등장한다. 이 책은 교회의 인쇄 허가를 받았으나, '코페르니쿠스 설을 오직 가설로만 제시하고, 반대자의 대립적 입장에 유리한 논거를 몇 가지 두라'는 조건부였다. 그런데 갈릴레이는 이 조건을 지키지 않았다. 거기에다 적들은 교황을 설득하여 신프리치오라는 인물로 조롱받고 있는 사람은 다름 아닌 교황 자신이라는 생각을 하게 했다. 그래서 갈릴레이는 다시 소환되었고, 이번에는 한때 구금까지 당했다.

그는 참회복을 입고 무릎을 꿇고, 그의 이단적인 의견을 취소하고, 금후 영원히 교회의 설에 승복할 것을 서약하게 되었다. 이 취소를 할 때, 갈릴레이는 유명한 문구 "그래도 그것은 움직이고 있다(Eppur si muove)."를 말했다고 전한다. 그 증거 자료는 없으나 대개의 경우와 마찬가지로 실제로 말하지 않았다고 해도, 이 말이 당시의 정황을 간명 적절하게 나타내고 있다. 당시에 케플러는 『세계의 조화(Harmonicus mundi, 1619)』를 이미 세상에 내놓았고, 그 안에 그의 제3법칙까지 발표하여, 태양 중심적 세계를 과학적으로 확립해 놓았다. 갈릴레이는 케플러가 그의 처녀작을 보내온 후로 그와 서신 상의 교재를 해왔다. 그는 케플러의 처녀작을 받고 다음과 같은 감사의 회신을 했다.

"진리의 탐구에 있어서, 이같이 위대한 동맹자를 찾게 된 나의 행복을 찬양합니다. 진리를 향하여 돌진하여 뒤집힌 철학의 사변 방법을 내던질 용의가 있는 사람을 거의 찾아볼 수 없었던 것은 매우 비통한 것이었습니다. 그러나 지금은 우리 시대의 슬픈 상태를 비탄할 것이 아니라, 귀하를 위하여 귀하의 당당한 연구의 성공을 기도 드려야 하겠습니다. 나는 다년간 코페르니쿠스 설을 신봉했으므로, 더욱더 그것을 희망합니다. 그 설은 나에게, 일반으로 통용되는 견해로서는 전혀 이해할 수 없는 많은 현상의 원인을 해명해주었습니다. 나는 이 일반의 견해를 논파하기 위한 많은 근거를 수집했습니다. 그러나 나는 그것들을 세상에 제시할 용기가 없습니다. 참으로 귀하와 같은 사람이 많이 있었다면, 나도 감히 그것을 공표하였을 것입니다. 그러나 사실은 그에 반하므로, 나는 그렇게 하는 것을 망설이고 있습니다."

- 『갈릴레이 저작집』 알밸 판, 제6권, 11~12.

갈릴레이가 이와 같이 조심스러운 데는 충분한 이유가 있었다. 그가 이 편지를 쓴 다음해(1600년)에 코페르니쿠스 설의 열렬한 옹호자인 브루노가 로마의 이단 심문소에 인도된 후에 화형에 처해졌기 때문이다. 갈릴레이가 불씨가 된 새로운 막은, 자연과학이라는 새로운 세력과 교회의 대립을 오래 지속하게 했으며, 그로 인해 교회의 명망은 대단히 손상되었다. 그러나 갈릴레이의 의도는 결코 교회와의 마찰을 야기하려는 것이 아니었다. 그가 친구에게 보낸 편지에 다음과 같이 기술하고 있다.

"우리가 새로운 것을 내놓는 것은, 사람들의 정신을 혼란하게 하기 위한 것이 아니라 계몽하기 위해서이며, 과학을 파괴하기 위한 것이 아니고 진실 위에 기초를 두게 하기 위해서입니다. 그러나 우리의 적수는 자기가 반박할 수 없으면 위선적인 종교적 열심을 방패삼아서 성서를 자기의 의도대로 해석하여 자기들의 의도에 맞지 않는 것은 허위라고 부르며, 이단으로 몰려고 합니다. 성서를 오직 자의로만 고집하는 자는 성서에 하나님의 눈과 손과 노여움에 대해서 말씀하신 것에, 모순을 지적하지 않으면 안 되게 될 것입니다. 그러나 그런 것이 인민의 이해에 응하기 위한 것이라면, 예를 들어서 자연과학의 분야에서와 같이 민중의 인지와는 매우 동떨어져 있고, 영혼의 구원에는 직접 아무 관계가 없는 대상에 대해서는 더욱더 참작되어야만 할 것입니다."

"이 방면에서는 성서의 권위에서 출발할 것이 아니라, 지각과 증명으로 시작하여야 할 것입니다. 성서는 많은 것을 비유로 말씀하고 있으므로, 지각과 증명에 의하여 명백히 이해하여야 할 것을, 어느 쪽의 의미로도 볼 수 있는 성서 안의 한 개소에 의하여 의심해서는 안 됩니다. 무엇보다도 사람은 사실을 확인해야 합니다. 성서도 사실에 어긋나지 않습니다. 그렇지 않으면 하나님은 자기 자신에 모순 될 것입니다. 성서는 그 당시의 인민이 사물을 본 대로 말씀하고 계십니다. 만약에 성서가 지구의 운동을, 태양의 정지를 인정하는 식으로 기술되었다면, 그것은 민중의 이해를 혼란에 빠트렸을 것입니다. 그렇다면 성서의 어디에서 새로운 설을 죄라고 정하고 있습니까? 만약에 이 일을 반대로 해서 증명된 사실에 따라서 성서의 의미를 해석하는 대신에 자연을 강제하고, 실험을 부정하고, 증명을 물리치면, 그것이야말로 성서의 위신을 위태롭게 하는 것입니다."

"과학 자체의 금지는, 실은 성서에 반한 것입니다. 성서는 여러 곳에서 하나님의 영광과 위대하심이 그가 하신 일을 통하여 신기하게 빛나고 있음을 지적하셨고, 특히 하늘에 펼쳐진 두루마리(책)에서 읽으라고 가르치고 있습니다. 그리고 이 두루마리에 쓰인 숭고한 사상을 읽는 것은 단순히 별들의 빛남에 황홀해서 감탄하는 것으로 끝나는 것으로 생각되지 않습니다. 거기에는 가장 예리한 정신을 가진 무수히 많은 사람들이 수천 년의 탐구와 작업과 연구로도 모두 구명해낼 수가 없고, 연구와 발견의 기쁨을 영원히 간직할 만큼 심원한 비밀과 숭고한 개념이 있습니다."

갈릴레이는 하늘에 펼쳐진 두루마리를 읽고, 하나님의 영광을 나타내기를 열렬히 원하였고, 교회를 반대하기보다는 열렬히 사랑하는 것으로 교회의 잘못된 성서 해석을 반박하고 있다. 그는 비겁해서 자기주장을 굽힌 것이 아니라, 사랑하는 교회가 자기를 처형하는 범죄를 저지르지 않게 하기 위하여 자기의 주장을 굽혔다. 마치 아리스토텔레스가 자기가 과학을 가르쳐준 아테네 시민이 그의 은사를 처형하는 우를 범하지 않도록 하기 위해 도망한 것같이, 소크라테스가 자기가 철학을 깨우쳐준 시민이 자기를 추방함으로써 철학을 모독하지 않게 스스로 독배를 든 것과 같이, 갈릴레이도 자기가 밝힌 진실을 스스로 부인한 것이다. 그러나 갈릴레이의 이단 심문이 불씨가 되어서 자연과학이라는 새로운 세력이 불붙게 되었고, 교회도 자성하지 않을 수 없게 되었다.

그는 무엇보다도 새로운 우주관을 확립하였다.

2) 갈릴레이 시대의 물리학

수학과 천문학보다 뒤늦게 물리학이 눈뜨게 되어 새로운 기풍을 이루게 된다. 코페르니쿠스가 새로운 세계 체계를 생각해 내고, 대발견자들이 사해(四海)를 두루 다니고 있을 때, 물리학은 아직 잠잠해 있었다. 16세기 말에서 17세기에 걸쳐서, 겨우 근대 물리학의 문턱에 선 세 사람의 활동을 볼 수가 있다. 즉, 영국인 한 사람과 네덜란드인 한 사람, 그리고 역학을 중심으로 근대 물리학의 기초를 확립한 이탈리아인 갈릴레이이다.

영국인 윌리엄 길버트(William Gilbert, 1540~1603)는 1600년에 『자석, 자성체와 큰 자석인 지구에 대하여(De magnete magneticisque corporibus et de magno magnete tellure)』를

발표했다. 그는 이 발표에 다음과 같이 기술했다.

"자철광을 연마하여 구(球)로 만든다. 그리고 지구의 극에 대응하는 극을 찾아내기 위하여 이 구 위에 바늘 또는 작은 철사 토막 하나를 올려놓는다. 바늘 끝은 중점을 중심으로 하여 돌다가 선다. 이때에 백묵으로 바늘이 정지해서 붙어 있는 곳에 바늘 방향을 표시한다. 이런 일을 그 구의 여러 곳에서 하면, 이와 같이 기표한 선들은 이 소지구(Tellure, 이 구상자석에 붙인 명칭) 위에 자오선과 같은 원을 그리며, 분명히 이 돌의 극에서 합친다."

길버트는 물론 자화(磁化)에 의한 인공 자석도 알고 있었다. 그는 중세 말의 페트루스 페르그리누스(Petrus Pergrinus)보다 본질적인 두 가지 중요한 진보를 했다. 첫째는 연구 방법이 순수하게 실험적이라는 것이다. 로저 베이컨이 요청한 대로, 그리고 동시대의 프랜시스 베이컨이 주창한 연구 방법을 실천하고 있다. 그뿐만 아니라, 고대의 권위에 구애되거나 중세적인 편견에 사로잡히지 않았다. 둘째는 전기(電氣)에 대한 일련의 실험을 기술하고 있다는 것이다. 자석의 연구는 지리적인 발견의 시대에 큰 실용적 의의를 가진 것이었다. 그러나 그가 발견한 전기 현상에서 어떠한 실용법을 찾을 수는 없다.

네덜란드 군사 기술자 시몬 스테빈(Simon Stevin, Stevinus, 1548~1620)은 길버트와 동시대의 사람이며, 길버트가 자석에 대한 저작을 발표하기 전에 이미 그것에 대한 연구를 발표했다. 물체가 무게에 따른 다른 속도로 낙하한다는 설은 아리스토텔레스 이래로 유시되어 왔다. 이 설을 1586년에 처음으로 실험으로 반증한 것은 갈릴레이가 아니고 스테빈이다.

스테빈은 갈릴레이가 동역학(動力學)을 창설한 것같이, 근대 정역학(靜力學)을 창설했으며, 유체정역학(流體靜力學)도 수립했다. 그가 처음으로 발견한 가장 중요한 법칙의 하나는, '힘의 평행사변형'이다. 자연에서는 몇 개의 힘이 동시에 한 물체에 작용하는 것이 통례이다. 우리가 이것저것의 물체를 취급할 때, 이것들에 기계적인 힘을 작용시킬 때, 이 힘들 이외에도 적어도 중력이 있고, 물체가 움직여가는 매체가 물이건 공기이건 어떤 것이건, 그것의 저항이 있다.

동일 물체에 동시에 몇 개의 힘이 작용할 때의 결과를 어떻게 수학적으로 결정할 수 있을까? 두 개의 힘이 다른 방향에서 하나의 물체에 작용해도, 그 결과는 다만 하나의 힘이 그 물체에 작용한 것과 같다. 이 합성력(合成力)을 그림에서 구하려면, 두 개의 힘의 각각의 방향으로 직선을 그리고, 두 선분의 길이를 각각의 힘의 크기에 대응하게 한다. 그리고 이 두 직선을 두 변으로 한 평행사변형을 만들면, 그 대각선이 합성력의 방향과 크기를 나타내게 된다는 것이다.

스테빈은 이것 외에도 몇 가지 정역학의 법칙을 세웠다. 사면(斜面)에 관한 법칙이나 지렛대, 도르래, 기타의 단일 기계에 대한 힘의 진로와 크기의 관계를 나타내는 법칙 등이 그것이다(가상변위의 원리). 그리고 스테빈은 액체 내부의 압력 관계도 연구하였는데, 이 연구는 유체정역학의 기초가 되었다.

3) 갈릴레이 - 근대 물리학의 기초 확립

본서의 체제를 일관성 있게 하기 위하여, 갈릴레이의 천문학에서의 업적과 코페르니쿠스 체계를 위한 그의 투쟁은 이미 앞에서 기술하였다. 이제 그가 물리학에 기여한 활동 전체를 좀 더 상세히 고찰하기 위하여, 인류의 지식사에서 가장 중요한 인물로서의 그의 생애와 특성을 살펴보아야 하겠다.

갈릴레이의 생애

갈릴레오 갈릴레이는 1564년 피사에서 찌부러진 귀족의 아들로 태어났다. 그의 아버지는 수학과 음악을 가르치는 교사였다. 갈릴레이의 활동 전체에 쓰며 있는 정신은 아버지가 심어준 것으로 생각된다. 그의 아버지 빈센치오 갈릴레이는 1581년에 출간한 음악이론서 안에 다음과 같이 기술하였다.

"나의 생각에는, 어떤 주장을 증거하기 위하여 다만 권위의 힘을 늘어놓고, 자기의 다른 의논을 세우지 않는 자는 무분별하다고 비판받아야 타당하다. 내가 희망하는 것은, 쟁점을 거리낌 없이 내놓고, 어떤 비굴한 것에 구애되지 않고 토의하는 것이다. 참으로 바르게 진실을 구하는 사람이라면 누구나 이래야만 한다." [2]

갈릴레이가 면학하기 시작한 곳은 피사였다. 처음에는 의학을 공부했으나, 곧 수학과

---

2 프리드리히 요돌(1849~1914, 독일 철학자), 『근세철학사(Geschichte der neuen Philosophie, 1924)』, 130쪽.

자연과학으로 전향하였다. 그래서 25세에 벌써 자력으로 시작한 강의 덕분에 매우 유명해졌으며, 대학의 수학 교수로 초빙될 정도였다. 그는 어떠한 권위에도 굴하지 않았고, 반대자에게는 용서 없이 마음껏 조소를 퍼부었다. 그래서 그는 곧 인기를 잃게 되었으며, 2년 후에는 피사를 떠나 베네치아의 파도바 대학에서 수학 교수를 하게 되었다. 그의 명성은 국경을 넘어 마치 초원의 불길과 같이 유럽 전역에 퍼졌다. 젊은 케플러가 그에게 처녀작을 보낸 때가 바로 이때이며, 이에 대한 갈릴레이의 답장은 이미 앞에서 소개했다.

갈릴레이의 이후 경력은 이미 살펴보았으므로, 여기서는 그의 가장 중요한 저작을 들어보자. 『나침반에 대하여(파도바, 1606)』, 『별의 사자(베네치아, 1610)』, 『태양의 흑점에 대하여(1613)』, 『황금 측량자(로마, 1623)』, 『두 세계에 대한 대화(피렌체, 1623)』, 『두 개의 새 과학의 수학적 증명』, 『데스클시('신과학 대화' 또는 '역학 대화')(레이던, 1638)』, 『역학에 대하여(라벤나, 1649)』 등이 있으며, 이 이외의 소작들도 많다. 이것들은 그의 전집을 출판할 때 처음으로 알려졌다. 가장 완전한 전집판은 21권으로 된 '이탈리아 국정판 (Edizione Nazionale)'이다.

4) 낙하의 법칙

갈릴레이는 과학적 역학의 개조로 꼽히고 있다. 그 후의 물리학 발전은 이 역학을 기초로 하고 있으며, 근대 자연과학은 이 물리학을 기초로 하고 있다. 따라서 그는 근대 물리학과 자연과학의 개조라고 할 수 있다. 그의 업적이 이와 같이 매우 위대하나, 이 분야에 선구자가 없었던 것은 아니다. 14세기에 파리에서 활동한 윌리엄(William of Occam) 철학에 공명한 일련의 학자들이 물체의 운동과 낙하에 대하여 한 연구는 중요한 정지 작업을 해주었다. 프랑스의 스콜라학자이며 파리 대학 학장이었던 장 뷔리당(Jean Buridan, 1300~1358)은 타성의 개념을 정식화하여 낙하를 등가속도 운동으로 설명하고 있다. 독일의 철학자, 자연과학자이며 비엔나 대학 초대 학장이었던 플벨트(1316~1390)도 낙하의 법칙을 세우려고 했다. 그리고 니콜라우스는 등가속도 운동을 수학적으로 해명하려고 했다.

이들의 활동과 그 일을 이어받아 완성한 갈릴레이의 활동 사이에 2세기나 흘러간 것을 볼 때, 얼마나 오랫동안 인심이 자연과학에서 떨어져서 고대 문헌에 매달려 있었던가를 알 수 있다. 물론 16세기에는 경제나 기술도 자연과학의 새로운 기초 위에 서게 되었으며, 그것이 피수인 상태에 도달해 있었고, 14세기에는 아직 그런 상태에 이르지 못했다는 점은 있다. 항해가 성행하고 천문학이 진보함에 따라 기술적 발전을 보게 되었으나, 이 발전을 완수하기 위해서는 새로운 수학과 물리학이란 무기가 필요했다. 화기의 등장과 함께 전투 기술이나 축성술에도 문제가 생겼다. 탄도학을 응용수학 분야의 문제로 들고 나온 것은 타르탈리아 한 사람만은 아니었다. 이때에 갈릴레이는 새로운 정신으로 말했다.

"나의 기획은 매우 옛날부터 있었던 문제에 대해서 매우 새로운 과학을 열자는 것이다. 자연에서 운동보다 오래된 것은 아마도 없을 것이다. 철학자들이 이것에 관해서 쓴 책의 수는 적지 않으며, 그 범위도 좁지 않다. 그런데도 내가 실험에 의하여 운동의 특성을 몇 가지 새로이 발견했다. 이것들은 알아둘 가치가 있으며, 지금까지 관찰된 적도 없고 실증된 적도 없었다. 표면만의 관찰은 이제까지 몇 번 한 적이 있다. 예를 들면, 무거운 낙하체의 자유 운동이 끊임없이 가속되어 간다는 것에 대한 것이다. 그러나 이 가속이 '어느 정도'인가에 대해서는 지금까지 말해진 적이 없다. 즉, 정지 상태에서 낙하하는 물체가 각각 같은 시간에 경과하는 거리는 1로 시작하는 홀수와 비례관계에 있으나, 이것을 설명한 사람은 내가 아는 한 지금까지 한 사람도 없다. 던져진 물체나 탄환이 일종의 곡선을 그린다는 것은 관찰되어 있다. 그러나 이 길이 포물선(parabola)인 사실을 지적한 사람은 없었다. 그러나 나는, 이 사실이나 이것에 못지않게 가치 있는 적지 않은 다른 사실을 증명할 수 있었다. 거기에다 더욱 중요한 것으로 생각되는 것은 이러한 일이 광대하고도 우수한 과학을 위하여 새로운 길과 수단을 열어주는 것이다. 나의 일은 그 첫발에 지나지 않으며, 나보다 더욱 예리한 정신을 가진 사람이 이 영역의 속 깊이 파고들 것이다."[3]

운동에 대한 새로운 과학인 이 '동역학'을 확립하기 위하여, 갈릴레이는 우선 당시에 편만했던 아리스토텔레스의 두 편견을 불식하여야만 했다. 그 하나는, 물체는 각자의 무게에 응한 속도로 떨어진다는 견해이다. 또 하나의 편견은, 물체의 운동을 지속시키기 위해서는 끊임없는 힘의 공급이 필요하다는 생각이다.

첫째 편견은, 전술한 것과 같이 스테빈이 이미 실험으로 이것을 반증하였으나 불식할

---

3 갈릴레이, 『신과학 대화(Discorci)』 서문.

수는 없었다. 그런데 갈릴레이도 같은 실험을 하여 이 편견을 불식했다. 전하는 바에 의하면, 고향인 피사의 유명한 사탑(斜塔)에서 실험을 했다고 한다.

둘째 편견에 대해서 갈릴레이는 이것 대신에 다음의 명제를 세웠다. "물체는 마찰이나 기타의 방해를 받지 않으면, 한번 주어진 운동은 보지(保持)한다." 물론 이 명제를 엄밀히 실험으로 증명할 수는 없다. 필요한 실험 조건을 만들어 낼 수 없기 때문이다. 그러나 그는 방해를 제거하면 그만큼 운동은 오래 지속한다는 것을 실험으로 제시했다.

물체는 무게가 달라도 같은 빠르기로 낙하하며, 또한 같은 가속도로 낙하한다는 것을 갈릴레이는 이미 알고 있었다. 그러나 '얼마'의 빠르기로 낙하하는가? 낙하 실험의 낙하 시간은 아주 짧아서, 이것을 측정할 장치가 당시에는 없었다. 그래서 갈릴레이는 자유낙하가 아닌 사면을 굴러 내리는 구(球)의 운동에서 조사하는 방법으로 실험했다.

"길이 10m, 폭 50cm, 두께 10cm인 나무판에, 폭이 3cm인 홈을 새로 방향으로 가운데에 파고 아주 매끄럽게 한 다음에, 단단하고 매끄러운 금속 구를 그 홈에 따라 굴려 내렸다. 이 나무판의 한쪽 끝을 수평보다 1~2m 높게 한 사면의 홈에 따라 금속 구를 굴려서, 그것이 끝까지 굴러 내려가는 데 소요된 시간을 측정하였다. 우리는 같은 측정을 몇 번이나 되풀이하여 오차를 최소로 하여, 한 맥박의 1/10 이하가 되도록 했다. 다음에 같은 구가 홈의 길이의 1/4을 굴러 내려가는 시간을 측정하였는데, 전번의 반이 되는 것을 확인하였다. 다음에 여러 가지 길이에 대해서도 검토하였다."

"이와 같은 실험의 시간 측정은 다음과 같이 했다. 물을 가득 채운 물통을 높은 곳에 걸어두고 밑바닥의 작은 구멍으로 물이 흘러내리게 하여, 측정하려는 시간 동안 흘러내린 물을 작은 물그릇에 받아서 그 수량의 무게를 정밀한 저울로 측정했다. 이 물의 무게의 차나 비율은 시간의 차나 비율과 꼭 같다. 그리고 우리는 이 실험을 몇 번이나 되풀이해도 차이가 없을 정도로 정밀하게 하였다."

갈릴레이는 이와 같은 실험으로 '낙하의 법칙'을 알아냄으로써, 발사된 포탄의 궤도를 계산할 수가 있게 됐다. 그는 포탄이 절벽에서 바다를 향하여 수평으로 발사된 경우를 상정했다. 이때 포탄은 수평으로 직진해가는 한편, 중력도 작용하게 된다. 공기의 저항을 무시하면 포탄은 어느 일정 시간에도 같은 수평거리를 나가며, 동시에 밑으로 향한 속도는 균일하게 증가해간다. 그 결과 포탄은 포물선을 그리게 된다. 갈릴레이는 공기의 저항을 알고 있었으나, 그것을 계산할 수는 없었다. 이미 고대의 수학자가 만들어놓은 원추곡선 이론이 케플러의 혹성 궤도뿐만 아니라, 이 갈릴레이의 탄도에도 응용되었다.

5) 기타의 물리학적 활동

갈릴레이는 유체역학에서도 아리스토텔레스학파의 틀린 가정을 또 하나 바로잡았다. 아리스토텔레스학파는 "물체가 물에 뜨는 것은 그 형태에 달렸다."라고 주장했다. 갈릴레이는 물을 채운 그릇에 구슬을 가라앉혀 놓고 물에 소금을 타서 액의 비중을 높이면, 구슬이 바닥으로부터 떠올라서 표면에까지 올라오게 되는 것을 보였다. 따라서 부력은 주위의 액의 비중으로 결정되며, 물체의 형태에 의한 것이 아님을 증명했다.

갈릴레이는 만년에, 대양을 항해 중인 선박의 위치를 결정하는 문제를 다루었다. 대양 항해가 시작된 시대인 만큼 이 과제는 매우 절실한 것이었다. 오늘날 가장 간단하게 경도를 결정하려면 정확한 표준시계가 필요하다. 당시는 그런 시계가 없었으므로, 갈릴레이는 목성의 위성 운동과 식(蝕)을 시계 대신에 사용할 것을 제안하였다. 그래서 이 목성의 위성 운동과 식에 관한 표를 선박에 비치하게 되었다. 망원경에 대해서는 이미 기술한 바와 같이, 갈릴레이가 발견한 것은 아니나, 그는 우수한 망원경을 처음으로 조립했다. 그는 이 외에도 또한 유체정역학적 저울과 온도계도 발명했다. 갈릴레이의 온도계는 가열된 공기가 팽창하는 것을 이용한 것이다.

갈릴레이는 이와 같이 항상 정밀한 측정을 마음에 두고 있었으므로, 정밀한 시간 측정 문제를 다루지 않을 수 없었다. 전술한 낙하 연구에서는 물시계를 사용하였고, 이것 외에는 자기의 맥박밖에는 없었다. 모래시계나 조잡한 기계 시계도 있었으나, 이것들은 너무나 부정확하였다. 그가 처음으로 진자시계(振子時計)를 연구할 때도 자기의 맥박을 이용했다. 그리고 대사원의 천장에 매달아 둔 큰 등이 바람에 의해 왔다 갔다 하는 것을 보고 진자시계를 연구하게 되었다고 한다. 그 후 그는 실험실에서 실험을 하여 진자의 진동주기는 진자의 무게나 진폭에 관계없이 다만 진자의 길이에만 관계하는 것을 확인했다. 즉, 진자의 주기를 시간의 척도로 하면 외부의 간섭을 받지 않는 매우 정확한 시간 측정을 할 수 있다. 그래서 그는 진자시계를 만들려고 온갖 계획을 세웠다. 그가 착안한 원리는 바른 것이었으나, 실제로 작동하는 시계는 만들지 못했다.

6) 갈릴레이의 업적 평가

갈릴레이는 천문학과 물리학 분야에 많은 업적을 남겼고, 근대 자연과학의 개조라고 불린다. 이와 같은 평가는 개개의 업적보다는 그가 인식하고 실천한 자연과학의 연구 방법에 대한 평가이다. 그의 연구 방법에 대한 인식과 실천에는 세 가지 특징이 있다.

첫째는 수학의 역할에 대한 그의 인식과 활용이다. 그는 수학의 중요성에 대하여 다음과 같이 역설했다.

"나는 나의 전집(全集)에 대문짝만 하게 다음 사항을 새겨두고 싶다. '자연과학에 대한 판단에 수학이 얼마나 효용이 있는가! 그리고 플라톤의 현명한 원리에도 말한 것같이, 기하학적 인도 없이 올바른 철학을 하는 것이 얼마나 어려운가!' 본서의 무수한 예에서 이를 이해하게 될 것이다. 자연에 수학을 적용하여 성과를 올릴 수 있는 것은 당연하다. 수학은 자연 자체 구조의 기초에 놓여 있기 때문이다. 철학은 항상 우리 눈앞에 펼쳐져 있는 위대한 책인 자연에 쓰여 있다. 그러나 이 책을 엮은 말과 기호를 우선 배우지 않고는 이것을 이해할 수 없다. 이 말은 숫자이고, 기호는 세모꼴, 원, 기타의 기하 도형들이다."[4]

케플러도 "물질이 있는 곳에는 어디나 기하학이 있다."라고 말했다. 그도 갈릴레이와 같은 통찰을 한 것이다.

둘째로 특기할 특징은 실험의 역할이다. 더 말할 것 없이 "실험이 진리의 시금석이다."라는 것이 그의 주장이다. 그러나 갈릴레이는 '순수한 경험가' 또는 '오로지 실험가'라고 할 수는 없다. 도리어 갈릴레이는 실험의 귀납과 수학적 연역의 독자적인 결합으로 많은 결실을 보았고, 이것이야말로 그의 연구 방법이 특별히 우수한 점이다.

셋째의 특징은 한발 더 깊이 들어가서 고찰할 필요가 있다. 우선 갈릴레이가 자연에 대하여 문제를 세울 때 어떤 점이 특수했는가를 살펴보자. 이것은 결국 그의 연구가 구하는 궁극적 목적과 인식 이상이 무엇인가 하는 물음에 도달하기 때문이다. 하나님이 창조하신 만물 안에나 그 배후에는 보다 고차적인 목적이 있다. 이것을 구하자는 것이 중세의 탐구였다. 그런데 갈릴레이에게서는 이미 그와 같은 것을 볼 수 없다. 영원히 완전한 천계와 제행무상(諸行無常)한 지상과의 위계(位階)의 차는 망원경에 처음으로 눈을

---

4 갈릴레이, 『전집(Opere)』, 국정판 제8권 613쪽, 제4권 171쪽.

돌리자 없어지고 말았다. '천체의 운동은 완전한 운동인 원'이라는 개념이나 혹성에 대한 완전수도 더 이상 존재하지 않는다. 목적과 본질의 탐구, 즉 '왜(Why)와 무엇(What)'을 탐구하는 대신에 갈릴레이는 '어떻게(How)와 얼마나'를 문제로 삼았다. 특히 '얼마나(數量)'를 문제로 하였다. 이 문제는 질(質)이 아니고 양(量)에 관한 것이었다. 케플러도 같은 생각에서 "인간의 정신은 양적 관계를 파악하는 데 가장 적합하게 만들어졌다."라고 말했다. 갈릴레이가 자연 속에서 발견한 수학은 측정 가능한 것, 양적인 것에 대한 가르침이다.

"하나님의 의도는 감히 억측할 것이 아니며, 그렇게 할 수도 없다. 그러나 자연을 관측하거나 하나님의 일이 어떤 방법으로 진행되는가를 인식하는 것은 마땅히 해야 하며, 가능한 것이다. 우리는 자기가 관찰하는 것을 측정하고, 기록하고, 거기서 수학적 결론을 도출하여, 수학적 형식으로 일반 법칙을 획득해야 하며, 그것은 가능한 것이다."

문제를 세우는 데 있어서의 이러한 차이는 중세의 자연 지식과 근대적 자연 지식을 구분하는 점이 된다. 이와 같은 변경은 갈릴레이 한 사람만이 한 것은 아니나, 그가 가장 눈부시게 실행으로 옮겼다. 이 방향 전환은 무한한 승리를 의미하게 된다. 이것이 정밀 자연과학을 확고한 기초 위에 세우게 했으며, 여기서 눈부신 성과가 속속 나오게 되었다. 그러나 문제를 '어떻게(How)'에만 국한시키는 것은 중대한 하나의 단념을 내포하고 있다. 이 단념이 물질문명이 극도로 발달한 오늘날에 문제가 되고 있다. 갈릴레이의 연구 배후에는 이와 같은 동인이 지리 잡고 있다. 그 자신이 방법적 견해로서 명언한 면도 있으나, 일부는 그 자신이 충분히 의식하지 않은 배경이 되었다. 갈릴레이는 과학에 있어서 행동하는 당사자였다. 그는 무엇보다도 첫째로 응용수학가이며 실용 기하학자였지, 이론가나 체계가는 아니었다. 갈릴레이의 자연사상 개개의 원리 가운데는, 이론적으로 꾸려내기보다는 자명한 가정으로 하여 명언하지 않고 전제된 것이 적지 않다.

갈릴레이는 정지하고 있는 물체는 힘이 작용하지 않는 한 정지 상태로 있고, 운동하고 있는 물체는 새로운 힘이 작용하지 않는 한 운동 상태를 유지한다는 관성 법칙(慣性法則)을 잘 알고 있었을 뿐만 아니라 실제로 이용하고 있으면서도, 이 관성 법칙을 의문의 여지가 없을 정도로 명확하게 일반화한 적이 없다는 것은 주목할 만하다. 그래서 갈릴레이는 이 법칙의 발견자로 볼 수 있으나, 이것을 처음으로 정식화한 것은 데카르트와 뉴턴을 비롯한 다른 사람들이다. 갈릴레이는 운동론에서 순간 속도, 순간 가속도 등의 개념을 다루고 있다. 이것은 본래 무한소(無限小)의 크기를 전제로 한 추상적인 작업이다. 즉, 물체가 어떤 순간에 가지고 있는 속도나 가속도를 결정한다는 것은, 이미 하나의 극한화(極限化) 조작이기 때문이다. 이 점에서 볼 때, 갈릴레이는 미분 계산의 선구자 또는 개조로 볼 수 있다. 그러나 여기서도 자신이 이것을 자각했었는지는 의심스럽다.

갈릴레이가 물리학을 통해서 바라본 세계는 중세의 인류가 바라보고 있던 세계와는 다르다. 그가 본 세계의 모습은 근세 이후 더욱더 짙게 물들어가고 있는 자연과학적 세계상의 색조를 띠기 시작했다. 즉, 세계는 역학적으로 보였다. 역학만이 지렛대, 도르래, 사면 등을 문제로 하고 있는 것은 아니며, 자연 그 자체가 그와 같은 것으로 되어 있고, 자연이 하는 일도 근본을 따지면 같은 법칙에서 온다고 보았다. 매우 역설적으로 들리겠으나, 무한히 다종다양한 목적이나 행동이나 인물을 싹트게 한 온상은, 모든 것을 하나의 통일로 묶어둔 중세의 세계상 속에 있었고, 이 통일이 분쇄되자마자 세계는 도리어 하나의 근원적인 법칙으로 통제되는 모습을 띠게 됐다. 오늘날에는 이 목표에 가까워졌으나, 당시의 자연과학적 세계상은 이 목표를 향해 움직이기 시작한 것이다. 갈릴레이는 이탈리아가 장기간에 걸쳐서 과학계에 배출한 위인 가운데 최고의 과학자이다. 그는 근대 과학의 아버지가 되었는데, 그것은 그가 이룩한 발견 때문이 아니라 그가 자연과학적 문제 제기 방식에 기여한 방향 전환 때문이었다.

제 12 장
발견 시대

유럽에서 근동을 넘어서 전 아시아를 통하여 극동까지 미치는 무역 길은 13세기 이래 이미 열려 있었다. 십자군은 종교적인 동시에 상업적 사업이었다. 이탈리아 항구의 선주와 상인은 십자군 참가자를 수송하는 것뿐만 아니라 이교도와의 교역으로 많은 돈을 벌 수 있었다. 신장된 경제력과 새로운 세계에 눈뜨게 된 유럽 민족의 활동욕은, 더욱 새롭고 넓은 범위까지 밀고 나가게 되었다. 이런 유럽 민족의 발견 정신이 과학의 대부흥을 가져온 한 요인이 되었고, 이 시대의 특징이 되었다. 이 장에서는 유럽 사람들의 발견 의욕의 직접적 소산인 지리적 발견을 우선 살펴보고, 11장에서 기술하지 못한 생물학과 의학, 그리고 정신과학의 발전을 살펴보기로 하자.

1. 발견 시대의 지리학

스페인 사람들과 포르투갈 사람들은 이탈리아 도시들의 부를 부러운 눈으로 바라보고만 있지 않았다. 이탈리아인에게 무역길을 독점당하지 않고, 동방의 풍요한 나라들로 가는 길을 발견하면 이탈리아의 중매(仲買)에만 의지하지 않아도 된다는 생각이 생겨났다. 당시의 유럽에서는 대량의 열대산 향료와 조미료에 대한 수요가 있었고, 이것들은 거래량이 많을 뿐 아니라 이익도 컸다. 그런데 터키의 세력이 강해지자 근동의 무역 통로가 위협을 받기 시작했다. 그러다가 1453년에 디기인이 콘스턴디노플을 점령하고부터 이 무역 통로는 닫히고 말았다. 베네치아인은 이 길을 다시 열기 위하여 10년간이나 전쟁을 했으나, 터키인들이 이집트를 손에 넣어버리자 베네치아의 지난날의 영화는 사라지고 말았다. 그래서 새로운 무역 통로의 발견이 더욱 절실해졌다. 그러나 이와 같은 사건 이전에도 신발견의 대파는 일기 시작했다. 그 선두에 선 것은 포르투갈 사람들이었다.

1) 항해왕 엔리케

포르투갈의 항해왕 엔리케(Henrique, Henry the Navigator, 1394~1460)가 신발견의 선두에 섰다. 그는 아프리카 탐험에 눈을 돌렸다. 이것은 경제적 동기도 있었으나, 회교 세력을 남쪽으로부터 포위하여 닫힌 문고리를 풀어보자는 원대한 전략도 있었다. 이 원대한 전략의 완수에도, 인도로 가는 항로를 여는 데도 아프리카의 모양을 알지 않으면 안 되었다. 그러나 이 육지가 어디까지 남쪽으로 뻗어 있는지조차 알 수가 없었다.

엔리케는 과학적인 항해학교와 천문대를 우선 설립했다. 그의 발견 활동은 매우 원대한 계획에 따라 진행이 되었다. 예정 진로의 기본도가 미리 그려졌다. 그것은 아프리카 서안을 따라 남으로 이어지는 것이었다. 마데이라 제도(Madeira Is.)와 아조레스 제도(Azores Is.)는 이미 알려져 있었기 때문이다. 1415년에 카나리아 제도(Canaria Is.)의 대안에 있으며, 공포의 대상으로 도저히 정복할 수 없다고 생각해왔던 케이프-눈(Cap-Nun)을 돌아서 항해했다. 그리고 30년 후에는 케이프-베르(Cap-Vert)까지 배가 갔다. 즉, 아프리카의 서쪽 끝까지 갔다. 이 위도 근처에 식물이 울창하게 자라 있고, 사람도 살고 있는 것을 확인하고 놀랐다. 양 회귀선 사이에 있는 열대지방은 일광이 너무 강해서 '작렬하는 대지'밖에는 존재하지 않는 것으로 믿고 있었다. 그런데 "적도에는 무수히 많은 흑인이 살고 있고, 믿지 못할 높이까지 나무가 무성해 있다."라고 보고하고, 이어서 다음과 같이 보고하고 있다.

"이와 같은 것들을 남김없이 조사한 결과, 나는 프톨레마이오스 각하에게는 실례인 줄 알면서 감히 말하지 않을 수 없다. 그는 세계의 구획에 대해서는 좋은 것을 많이 말하고 있으나, 이 점에 있어서는 지독하게 잘못 생각하고 있었다."

1450년대에는 포르투갈 선박이 처음으로 세네갈(Senegal R.) 강을 거슬러 올라가서, 과감하게도 암흑의 대륙 깊숙이 한 발 들여놓았다. 이 엔리케 왕의 사후 포르투갈인의 열광은 한때 사라졌으나, 행적도 없이 사라진 것은 아니었다. 거상 고메스(Gomes)는 해안을 따라 매년 500km 씩 탐험해 나간다는 조건으로 기니(Guinea) 해안의 무역을 독점했고, 적도를 넘었다. 그러나 엔리케만큼 시야가 넓은 후계자가 포르투갈에는 없었다.

2) 콜럼버스

제노바 사람 크리스토포루스 콜럼버스(Christophorus Columbus, 1446~1506)는 젊을 때부터 배타기를 좋아하는 항해가였다. 그가 세계 일주를 위하여 서쪽으로 인도로 가는 항해를 하겠다는 생각에 언제부터 집착했는가는 알 수 없다. 그러나 이와 같은 생각은 당시 여러 사람에게서 찾아볼 수 있다. 말고 포로나 로저 베이컨도 이것을 검토했고, 특히 의사이며 천문학자인 피렌체의 토스카넬리(Toscanelli, 1397~1482)는 포르투갈 왕 마누엘 1세(Manuel I)에게 보낸 편지에, 서쪽으로 항해하면 인도에 도달할 수 있다는 것을 상세히 기술하고 그 근거까지도 제시하고 있다.

콜럼버스는 포르투갈로 건너가서 돈 많은 귀부인과 결혼하여 항해왕 엔리케 시대의 여행기와 각종 지도와 지리학서를 연구할 기회를 얻었다. 그의 계획은 이때에 성숙한 것으로 보인다. 해류에 의하여 서쪽으로부터 아조레스 제도에 분명히 사람이 가공한 물품들이나 목재가 흘러 왔다. 이것이 그의 계획을 더욱 강하게 부추겼다. 그 외에도 대해의 건너편 나라에 대한 각종 의견과 소문도 있었다. 그 일부는 성서의 기사에서 나온 것도 있었다. 1483년에 콜럼버스는 자기의 계획을 포르투갈의 조앙 2세(João II)에게 제출했으나, 왕은 이것을 기각하고 말았다. 콜럼버스는 처음에 그의 모국 포르투갈을 위하여 그의 계획을 실행하려고 했다. 그러나 포르투갈에는 이미 엔리케 시대와 같은 발견에 대한 열정과 넓은 안목은 사라지고 없었다. 그래서 그는 스페인으로 건너가서 카스탈리아(Castilla)의 여왕 이사벨 1세(Isabel I)의 흥미를 불러일으켰다. 그러나 그 기획을 승인받는 데 장기간이 걸릴 것 같았다. 콜럼버스는 참지 못하고 프랑스로 건너가서 설득하고 있는 동안에, 스페인 궁정의 승인을 얻어서 필요한 여비를 마련했다. 그는 이때에 자기에 대한 신분과 보수에 관해서 전례가 없는 조건을 제시했으나 그것도 수락되었다.

콜럼버스가 1492년 8월 3일에 파루(Faro)항을 출발할 때는 겨우 세 척의 범선이 전부였다. 그중에 가장 큰 산타마리아(Santa Maria)호도 약 240톤이며, 다른 두 척은 140톤과 100톤 정도의 것이었다. 겁먹은 선원들의 지항에도 불구하고 콜럼버스는 서쪽으로 항해를 계속했다. 그래서 출항한 지 2개월이 넘은 10월 초순에야, 새를 보고 가까운 것을 알게 되었고, 새들을 따라 서남쪽으로 방향을 돌리고 말았다. 만약에 이 일이 없었다면, 그는 플로리나 해안에 도달하여 북아메리카에 상륙했을 것이다. 그랬다면 세계사가 달라졌을 것이다. 10월 12일 콜럼버스는 오늘날의 바하마 제도(Bahamas Is.)의 서쪽 끝 산살바도르(San Salvador) 섬에 상륙했다. 그는 여기서 쿠바와 하이티(Haiti, Hispaniola I.)에 도달하여 그곳에 처음으로 식민지 산토도밍고(Santo Domingo)를 개척했다.

콜럼버스는 모두 4회의 항해를 했다. 첫 번째는 스페인에 금의환향하여 명예를 떨쳤고, 반년 후에는 당당한 17척의 대선대(大船隊)를 이끌고 두 번째의 항해(1493~1496)에 나섰다. 이 항해에서는 소-앤틸리스 제도(Lesser Antilles Is.)와 자메이카(Jamaica) 섬을 발견했다. 세 번째(1498~1500) 항해에서는 트리니다드 토바고(Trinidad Tobago)를 발견했고, 오리노코 강 하구에서 남미 대륙에 도달했다. 이 강의 수량이 거대한 것에서 그 속에 대륙이 있다는 것을 추측할 만한데, 콜럼버스는 아깝게도 그것을 인식하지 못했다.

이 여행에서는 콜럼버스는 쇠사슬에 묶여 돌아왔다. 새로운 식민지에서 토인에게 지독한 탄압을 하여 폭동이 일어나고 말았다. 조정에서 파견된 상석 판사는 콜럼버스를 파면하고 죄수로서 고국에 송환한 것이다. 그러나 그는 고국에 돌아와서 석방되고, 명예도 회복되었다. 마지막 네 번째의 여행에서 온두라스(Honduras)가 발견되었으나, 난선하고 말아서, 그 후 1년간은 자메이카 섬의 어느 곳에 체류했다.

콜럼버스는 아시아의 일부를 발견한 것으로 확신했다. '서인도'라는 이름이나 아메리카 토착민에 붙인 '인디언'이라는 이름은 오늘날까지 그의 잘못된 생각을 증명하고 있다. 콜럼버스는 죽기까지 이 잘못된 생각을 버리지 않았다. 그것은 지구의 크기를 너무나 작게 보아서, 서방 아시아까지의 거리를 너무 가깝게 본 것이 원인이다. 콜럼버스가 아시아까지의 바른 거리를 알고 있었다면, 그는 이와 같은 계획을 포기하고 말았을지도 모른다. 그의 인격에는 강철과 같은 에너지와 목적의식이 명예욕, 금전욕, 그리고 신비적인 종교적 충동과 함께 공존해 있었기 때문이다.

3) 아메리카 발견

콜럼버스가 살아 있을 때, 통찰력이 뛰어난 사람들은 새로 발견된 지역이 새 세계의 일부일 것이라고 생각했다. 콜럼버스는 만년에 별로 빛을 보지 못했는데, 그 원인은 그가 자기의 주장을 굽히지 않았기 때문이다. 그래서 콜럼버스가 발견한 이 신세계에는 그의 이름이 붙지 않았다. 피렌체의 지리학자 아메리고 베스푸치(Amerigo Vespucci, 1451~1512)는 포르투갈인과 함께 몇 차례 남미를 여행했다. 그의 여행기와 업적에 의하여 그 자신과 함께 신세계도 매우 유명해졌다. 독일의 인문학자인 마르틴 발트제뮐러(Martin Waldseemüller, 1475~1521)가 1507년에 아메리고의 업적을 찬양하여, 이 신세계를 '아메리카'라고 부를 것을 제안했다.

그 후 아메리카 정복 과정 가운데 가장 중요한 몇 가지만 기술하겠다. 남아메리카 개발의 첫발은 포르투갈 사람 페드로 알바레스 카브랄(Alvarez Cabral, 1460~1526)이 1500년에 브라질을 발견함으로써 시작되었다. 바스쿠 다 가마(Vasco da Gama, 1469~1524)는 아프리카를 돌아서 항해하는 데 대성공을 거두었고, 이것을 되풀이하기 위하여 다시 출발하였다. 아프리카 서쪽 끝을 마음껏 멀게 돌려고 했는데, 조류에 흘러서 서쪽으로 빗

나가 브라질 해안에 다다랐다. 그래서 콜럼버스와 같이 목표한 것이 아닌 다른 발견을 하게 되었다. 교황 알렉산더 6세(Alexander VI)는 1497년에 붓으로 한 줄을 그어서, 이 새 세계를 스페인령과 포르투갈령으로 분할하고 말았다. 그 경계선은 서경 40도에 그어졌다. 그래서 브라질은 포르투갈의 세력권에 들어갔고, 이 거대한 대륙의 나머지 부분은 주로 스페인의 손에 들어가 개발되었다. 1515년에 라플라타 강(La Plata R.) 하구에 도착한 것을 하나의 단락으로 보아도 좋다.

스페인 사람들은 라플라타 지역으로부터 아르헨티나, 우루과이, 파라과이를 탐험하여 식민하기 시작했다. 서쪽에서는 스페인의 유명한 탐험가 프란시스코 피사로(Francisco Pizarro, 1478~1541)가 1532년에 오늘의 페루에서 번영하고 있던 잉카(Inca)제국을 정복했다. 독일도 등장하여 막간극을 벌였다. 아우크스부르크(Augsburg)의 상인 베르사 일가가 베네수엘라에 발판을 얻으려고 나섰으나 1555년에 단념하고 말았다.

중앙아메리카에서는 이전에 콜럼버스의 여행에 동반한 몇 사람의 발견가가 동해안을 밝혀내고 있었다. 스페인의 발보아(Vasco Nunez de Balboa, 1475~1517)는 1513년에 카리브 해 서쪽으로 나아가서, 오늘의 파나마운하 근처에서 태평양 연안에 도달했다. 1519년에는 스페인 사람 코르테스(Hernán Cortés, 1485-1548)가 조금 전에 막 알려진 유카탄 반도(Yucatán Pen.)와 아직 알려지지 않았던 멕시코 오지를 정복하기 시작했다. 번영하고 있던 아스테카(Azteca) 대제국이 불과 1, 2년 동안에 수백 명의 모험가에 의해서 정복되고 말았다. 이것은 인류의 역사 가운데 가장 특기할 뚜렷한 한 장이며, 그 수법은 기독교 유럽으로서 가장 수치스러운 것이었다. 이 코르테스는 1535년에 캘리포니아반도도 발견했다.

북아메리카에 눈독을 들인 것은 영국인과 프랑스 사람들이었다. 1497년에 이탈리아 사람 카보토(Giovanni Caboto, 1425~1498)가 래브라도(Labrador) 근처의 북아메리카 해안을 목격했다. 이것은 용감한 노르만인 이후 처음이었다. 카보토는 후에 영국에 사관하여 '존 카보트(Jhone Cabott)'라고 개명했다. 1524년에는 베라자노라는 이탈리아 사람이 프랑스에 사관하여, 오늘의 북캐롤라이나(North Carolina) 해안에 도달했다. 그리고 10년 후에 카르티에(Jacques Cartier, 1494~1557)는 세인트로렌스 강(Saint Lawrence R.)을 거슬러 올라가 내륙 깊숙이 들어갔다. 프랑스가 캐나다 식민에 손대기 시작한 것이다. 그러나 그 성과를 거둔 것은 다음 세기가 되고 나서이다.

아메리카 대륙의 북부를 활발하게 탐험한 이유는 북쪽 바다를 통해 대서양으로부터 태평양으로 빠져나가는 북서 항로를 발견하기 위해서였다. 카보토도 이 목적을 달성하려고 했다. 이 문제는 19세기가 되어서여 겨우 해결되었다. 그러나 그때까지 재삼 시도하여 북으로 파고든 사람이 있다. 영국의 항해가 허드슨(Henry Hudson, 1550~1611)은 오늘의 허드슨 만(灣)을 1610년경 탐험했다. 그리고 배핀(William Baffin, 1584~1622)은 북위 78 도까지 도달했다. 스코틀랜드 탐험가 매켄지(Mackenzie)는 그의 이름을 딴 매켄지 강을 타고 내려가서, 북캐나다의 많은 부분을 18세기 말에 탐험했다.

북아메리카의 남부에서는 스페인 사람들이 멕시코에 있는 식민지를 출발하여 원정을 시도했다. 코로나도(Francisco Vasquez de Coronado, 1510~1544)는 처음으로 콜로라도 협곡 그랜드캐니언(Grand Canyon)을 발견하고, 대초원 지대를 통과하여, 리오그란데 강 (Rio Grande R.) 협곡까지 도달하였다. 소토(Hernando de Soto, 1500~1542)는 플로리다 에 상륙하였고, '하해(河海)의 아버지'라는 미시시피 강까지 탐험의 발을 들여놓았다. 오늘날 미합중국의 서부 대부분은 아직 미지의 땅으로 남아 있다가, 19세기가 되고서야 겨우 북아메리카 대륙의 횡단에 성공했다.

4) 동인도로의 항해

포르투갈은 15세기 말의 20년간 주앙 2세(João II) 치하에서, 아프리카를 돌아서 동인 도에 가는 항로를 발견하는 데 열중했다. 처음으로 파견된 탐험대는 기니 만(灣)에서 남 하하여 1482년에 콩고를 발견하고, 오늘의 남서아프리카의 앙골라(Angola) 지방 남위 15 도까지 도달했다. 뉘른베르크 태생의 독일인 베하임(Martin Behaim)은 과학 고문으로 이 탐험에 동행했다. 그는 포르투갈에 사관하여 명성을 높였으며, 고향을 방문했을 때에 그 곳에서 지구의(地球儀)를 만들었다. 이것은 오늘까지 남아 있는데, 아직 아메리카 대륙 이 발견되기 전이라서, 이 지구의를 보면 아시아 대륙이 지구를 말굽 형으로 둘러싸 있고, 서양과의 사이에는 대서양과 태평양을 합한 세계해(海)가 가로놓여 있다. 그리고 아 프리카가 남쪽으로 뾰족하게 되어 있는 것은 탐험에서 확인된 것으로 보인다.

디아스(Bartolomeo Diaz, 1450~1500)는 1486년에 그때까지 모르고 남아 있던 아프리카 서안의 나머지 부분을 밝혔다. 그의 배는 폭풍에 밀려서 희망봉(喜望峰)을 우회하고 말 았다. 여기서 디아스는 바라던 바를 손에 넣기 시작하였는데, 선원들의 반대로 하는 수 없이 뱃머리를 돌리고 말았다. 이 곳(갑)은 그때까지 '폭풍의 곶(Cabo Tortmentoso)'이라고 불렸으나, 그가 귀국한 후에 주앙 2세가 '희망봉(Cabo da Boa Esperanca, Cape of

Good Hope)'이라고 개명하였다. 이 길을 통해 실제로 인도에 도달할 희망이 생겼기 때문이다. 포르투갈의 시인 카몽이스(Camões, 1524~1580)는 서사시 「우스 루자아다스(1572)」에 이 곳의 정령이 선원에게 말하는 형식으로 이 발견을 다음과 같이 찬송했다.

나는 이 산기슭의 수호신이로다.

'폭풍의 산기슭'이라 사람들은 부르나, 세상에는 알려지지 않은 이 산기슭!

그 옛날 프톨레마이오스나 폼포니우스도 나를 본 적은 없고,

스트라본, 플리니우스가 나그네 지팡이를 짚은 적도 없다.

맨 끝에 있는 나라 아프리카의 남쪽 끝을 가리키는,

나는 이 산기슭 관문의 수호장이로다!

사람 눈에 더럽혀 짐을 모르는 이 산기슭은 나의 것!

감히 찾아온 그대들은 어디로 가려는가!

이 발견 후 10년이 지나서야 겨우 희망이 이루어졌다. 이 10년간 포르투갈의 또 한 사람 페드로(Pedro de Covilhao, 1450~1545)는 홍해를 빠져서 인도양에 들어가서 서인도에 도달했다. 그는 여기서부터 아프리카 동쪽 해안에 가서 해안을 따라 남하하여 잠베지(Zambezi R.) 하구 앞까지 갔다. 그래서 그의 뒤를 이어받을 바스쿠 다 가마의 사업 준비는 되어 있었다. 바스쿠 다 가마는 1497년에 기네아만을 훨씬 서쪽으로 굽어 우회하여 나아갔다. 그는 희망봉 끝에서 얼마 떨어지지 않은 북쪽에 도달했을 때 폭풍을 만났으나, 4일간의 항해 끝에 이것을 무릅쓰고 훌륭하게 이 '희망곶'을 돌았고, 그 후 동쪽 해안에 몇 번 기항하며 북상하여 지금의 케냐의 몸바사(Mombasa)까지 왔다. 여기서부터는 아랍인의 안내로 서인도의 캘리컷(Calicut)에 도착했다. 출발 후 2년 만에 바스쿠 다 가마는 같은 길로 귀국했다. 그리하여 그들의 위대한 목표는 마침내 이루어졌다.

5) 마젤란의 세계 일주

경험이 쌓임에 따라 북아메리카 북부에서 아르헨티나까지 해안선이 끊어진 곳 없이 이어져 있어서, 하나의 큰 대륙인 것을 알게 되었는데도, 대서양에서 태평양으로 빠져나가는 항로를 발견할 수 있다는 확신은 좀처럼 없어지지 않았다. 콜럼버스와 베스푸치도 이 생각을 표명하고 있다. 멕시코의 정복자 코르테스도 이 생각에 사로잡혀 있었다. 코르테

스는 완력이 강한 대정복자였을 뿐만 아니라, 군사나 정치면에도 넓은 시야를 가지고 있어서, 양 대양을 운하로 연결할 계획을 일찍이 가지고 있었다. 그러나 이 계획이 실현된 것은 파나마 운하가 건설되고 나서이다.

이와 같이 아메리카를 넘는 것은, 그때까지의 경험으로는 매우 어려운 일이었다. 북서 항로의 탐사도 결실 없이 끝났다. 그런데도 1519년에 마가라엔슈(Fernão De Magalhães, 1480~1521)는 5척의 배와 256명의 승무원으로 구성된 소선대로 동에서 서로 세계 일주의 길을 출발했다. 마가라엔슈는 포르투갈 사람이었으나, 고국이 그의 계획을 원조해주지 않아서 스페인에 사관하고 있었으며, 이름도 '마젤란(Magellan)'으로 개명했다. 그는 카나리아 제도 중 가장 큰 테네리페 섬(Tenerife I.)과 케이프베르데 섬(Cape Verde I.) 등을 지나, 거의 남쪽으로 대서양을 횡단하여, 남아메리카의 동안을 따라 더욱 남하해 갔다. 겨울은 육지에서 지내고, 반란을 일으키는 부하를 제압하며, 남쪽으로 계속 내려갔다. 1520년 가을에 대륙 본토와 푸에고 제도(Fuego Is.) 사이의 해협에 들어갔다. 이것이 그의 이름을 딴 '마젤란 해협(Estrecho de Magallanes)'이다. 오늘날도 두려워하는 이 수로를 38일 걸려서 통과한 것은, 전 시대의 항해를 통하여 최대의 업적이다. 여기서부터 태평양을 횡단하는 4개월간의 항해가 계속됐다. 이 대양을 태평양으로 명명한 것도 마젤란이다. 그가 운 좋게 폭풍을 만나지 않아서 붙인 이름이다. 그도 다른 사람들과 같이 지구의 크기를 너무나 작게 견적했다. 그가 가야 할 노정의 길이를 바로 알고 있었다면, 용기를 내지 못했을지도 모른다. 이 진군도 끝에 가서는 식량 부족과 물 부족에 빠졌다. 쥐나 대팻밥이나 가죽까지도 먹었다. 괴혈병으로 죽는 사람도 많았다. 1522년 3월에 마리아나 제도(Mariana Is.)에 도착하였고, 그 후 곧 필리핀에 가서 유식하였다. 마젤란은 필리핀의 마스바테 섬(Masbate I.)에서 토인과 싸우다가 전사하고 말았다. 남은 사람들은 후안 세바스티안 델 카노(Juan Sebastian del Cano, ?~1526)를 지휘자로 모시고 항해를 계속하여, 몰루카 제도(Moluccas Is.)에 도착했다. 카노는 여기서부터 단 한 척 남은 배로 인도양을 횡단하여 운 좋게 '희망봉'을 돌아서 만 3년 가까운 항해 끝에, 1522년 9월에 귀국했다. 마젤란의 이 항해는 발견가들의 사업 가운데 최대의 것으로 보아야 할 것이다. 이 항해는 또 지구가 둥글다는 것을 결정적으로 증명했다.

6) 아시아의 개막

16세기 초에 포르투갈인이 인도를 계획적으로 정복하기 시작했다. 인도의 총독이 된

알부케르크(Afonso de Albuquerque, 1453~1515)는 피비린내 나는 전투로 고아(Goa)를 점령하고, 이 땅에 포르투갈 세력의 최초의 중심지를 세웠다. 그리고 최후까지 인도에 남아 있었던 식민지가 바로 '고아'였다. 그는 말라카와 강 입구의 요새 호르무즈(Hormuz, 현재의 반다르아바스 근방 페르시아 만 기슭의 고대 도시)를 정복하여 수비를 견고히 했다. 그러고는 실론 섬(Ceylon I.)도 점령했다. 포르투갈은 아시아 무역의 여왕으로 군림했고, 리스본은 당시 최대의 집산지였다. 포르투갈령은 희망봉에서 중국의 남해안까지 미치고 있었다. 포르투갈 배들은 서강(西江)을 올라가서 광동까지 갔다. 또 다른 배는 대만에도 갔다. 1542년에는 포르투갈인이 일본에 상륙했다. 그 후 얼마 지나지 않아서 포르투갈 제국은 붕괴되었고, 네덜란드가 포르투갈 세력을 찢어놓고 말았는데, 이 사건은 발견의 역사에서 큰 의의가 없다.

한편, 스페인 사람들은 멕시코를 근거로 하여 태평양의 많은 섬을 확보하였다. '필리핀'이라는 이름도 펠리페 2세(Felipe II)에서 연유한 것이다. 이와 함께 항상 태평양을 횡단 하며 연락을 취할 필요가 생겼다. 필리핀에 처음으로 기독교를 전도한 스페인의 아우구스티누스회 선교사 우르다네타(Andrés de Urdaneta, 1498~1568)는 이 연락 항로를 발견했다. 그는 필리핀에서 우선 북쪽으로 일본의 위도까지 항해하여 거기에 항상 불고 있는 서풍을 이용한 것이다. 이래서 그는 처음으로 태평양을 서에서 동으로 횡단하였다.

아시아 북부는 유럽인에게 중세까지 암흑에 쌓여 있었다. 통상 관계는 노브고로드(Novgorod)를 넘어서 러시아 내륙까지 미쳐 있어서 그 근방까지는 알고 있었으나, 그 이상 동쪽에는 도달하지 못했다. 4대양을 넘어서 새로운 나라들이 발견되고 있을 때, 우랄과 시베리아도 주목되었다. 루터의 적으로 알려진 독일의 신학자 요하네스 에크(Johannes Eck, 1486~1543)는 지리학 책을 써서, 그 안에 동쪽 나라들에 대하여 기술했다. 이것은 학자로서는 처음에 속한다. 그는 외교관으로 러시아에 있었던 독일인 지기스문트 폰 헤르바슈타인(Sigismund von Herbashtein)의 여행기를 기초로 했다. 영국의 상인 여행가 젠킨슨(Anthony Jenkinson, ?~1611)은 카스피 해 지방을 탐사했다.

아메리카를 도는 북서 항로 탐사와 병행해서 대서양으로부터 북극 방면과 시베리아를 돌아서 태평양에 나가는 동북 항로도 탐험되었다. 영국의 한 상사는 1553년에 탐험대를 조직하였는데, 그중 한 척이 백해(白海)까지 들어가서 아르한겔스크(Arkhangelsk)에 도달했다. 그리고 조금 늦게 다른 영국인은 북극해에 있는 노바야제믈랴(Novaya Zemlya) 섬을 발견했다. 네덜란드와 덴마크는 영국이 기획한 탐험을 뒤이어 동시베리아 해에 있는 섬들을 발견했다. 1594년 바렌츠(Willem Barents, 1550~1597)가 지휘한 네덜란드 탐험대도, 그때까지의 다른 탐험대와 마찬가지로 얼음의 방해 때문에 벨리 섬(Bely I.) 근처에서 되돌아와야 했다. 바렌츠 해는 그의 이름을 딴 것이다. 이 탐험에서 오비 강(Ob R.)과 예니세이 강(Yenisey R.)이 알려졌다. 완전한 북동 횡단은 1878~1879에 스웨덴의 지리학자 노르덴셸드(Nils Adolf Erik Nordenskiöld, 1832~1901)에 의해 처음으로 성공했다.

러시아는 육로를 통해 시베리아를 개척해갔다. 러시아는 1580년에 동쪽으로 뻗어나가기 시작했다. 1580년에 코사크(Cossack) 기병대장 예르마크(Timofeevich Ermak, ?~1585)는 우랄산맥(Ural Mts.)을 넘어서 동쪽으로 가로놓인 서시베리아의 한국을 정복했다. 러시아는 수십 년 동안에 얼음의 바다(氷海)로 흘러내리는 콜리마 강(Kolyma R.)까지 진출하였고, 1639년에는 러시아 병사가 태평양을 바라보게 되었다. 시베리아의 도시 토볼스크(Tobolsk), 옴스크(Omsk), 이르쿠츠크(Irkutsk)가 잇따라 설립되어 곧 번창해졌다. 그 후 아무루 강(Amur R.) 지방과 캄차카(Kamchatka) 반도가 점령되었고, 같은 해에 남쪽의 키르기스(Kirgiz) 초원도 점령되었다. 그래서 1700년에는 북아시아 전체가 러시아의 지배하에 들어갔다. 이것은 식민(植民) 사상 가장 장대하고도 중대한 사건의 하나이다. 16세기와 17세기를 지나면서 이와 같이 지표의 개략적인 윤곽이 모두 유럽 사람에게 알려지게 되었다. 그래서 세계지도 상에 넓은 공백으로 남아 탐사의 목표가 되는 것은 아프리카 오지, 북아메리카의 서부, 남아메리카의 원시림, 내륙 아시아와 극지방뿐이었다.

7) 발견의 결과

지중해와 그 주변의 여러 나라가 그때까지 세계 정치와 세계 무역에 점하고 있던 지위는 이와 같은 발견에 의하여 약화되어, 경제의 중심과 문화와 정신 활동의 중심까지도 대서양에 면한 유럽의 변두리 국가(외연 국가)들로 옮겨졌다. 그리고 신발견은 강대한 해군력을 팽창시켰고, 세계 무역을 가능케 하였으며, 아메리카의 토착 문화를 잔인하게 근절해 버리고, 신세계에서 대량의 귀금속을 약탈해 오거나 식민지 무역을 하여 유럽의 경제 제도를 변혁했으며, 유럽의 제국주의를 선도하였고, 유럽 민족과 기독교를 지표의 대부분에 확산시켰다.

이러한 발견이 유럽의 정신적 발전에 어떤 내적 영향을 주었을까는, 전기한 외적 영향과 같이 쉽사리 개괄할 수는 없다. 다만 이것도 전자에 못지않게 혁명적이었다. 가장 중요하지는 않다 해도 가장 쉽게 착안되는 것은, 과학적 지리학과 박물학에 준 기여이다.

이들 학문이 전례가 없을 정도로 풍부하게 된 것은 당연하였다. 과학적 열매를 거둔 것은 다음 세대의 무수히 많은 학자였다. 기독교의 전도자들도 지식을 넓히는 데 중요한 역할을 했다. 정복이 시작된 이래, 발견과 식민의 전 기간에 걸쳐 전도자는 항상 전사나 상인과 함께 나아갔다. 때로는 그들보다 앞서 나가기도 했다.

지리적 발견이 유럽 민족의 일반 사상과 감정에 미친 변화는, 과학사의 입장에서 보면 간접적인 영향이기는 하나 중요한 것이었다. 그 변화가 근대 유럽의 과학을 낳은 새 정신을 형성하는 데 결정적 기여를 하였기 때문이다. 지리적 발견의 이와 같은 영향은 소극적으로 작용했으나 중요한 것이 있다. 즉, 여러 가지 문제를 내포한 채 닫혀 있던 중세의 정신계가 말짱 일반의 의식에서 밀려나고 말았다. 눈앞에 새 세계가 펼쳐졌다. 미지의 왕국이 획득의 손을 기다리고 있었다. 이와 같은 위업을 해낸 인류가 위대하게 보였다. 이처럼 격변의 진정한 동기는 르네상스나 종교개혁에 있은 것은 아니었다.

에라스뮈스(Desiderius Erasmus, 1465~1536)도 루터(Martin Luther)도 신세계에는 흥미가 없었다. 이 두 사람은 많은 점에서 도리어 깊이 중세에 뿌리 내려 있었다. 오랫동안 교회는 지구 뒤쪽에 사람이 있다는 의견은 불손한 것이라고 하였다. 그런 사람은 아담의 자손이 아니며, 그리스도에 의하여 구원받을 수도 없는데, 그런 것이 있을 리 만무하다. 그러나 이제, 진상은 명백해졌다. 기독교 교회는 들어보지도 못한 무수히 많은 민족이 세계의 어느 곳에나 살고 있다는 것을 알게 되었다.

이민족이나 이질 문화와의 접촉은 역사상 반드시 변혁적으로 작용한 것이 상례이다. 이 발견 시대에도 서구와 다른 문화가 접촉한 것이다. 그런데 이 접촉 초기에는 유럽에게 심각하고도 결실 많은 작용이 없었다. 그러나 중앙아메리카나 남아메리카에서는 토착의 고차 문화가 잔인하게도 또한 어이없게도 파괴되고 말았다. 북아메리카에서는 원주민의 문화 발전이 유럽에 비하여 훨씬 뒤떨어져 있어서, 그와 같은 접촉이 결실할 가망은 처음부터 없었다. 그러나 오래된 동방 문화는 많은 점에서 우수하였는데, 이것에 대해서도 유럽 사람은 처음에 별로 반응을 보이지 않고, 다만 약탈 본능과 유치한 경탄만 나타내었다. 이와 같은 반응은 고대의 야만인도 한 것이다.

유럽인은 동양 문화의 정신적 가치, 또는 예술적 창조에 대해서 맹인이어서, 그것을 경멸했다. 그뿐만 아니라 명백한 인도조차 짓밟고 말았다. 아랍인에게서 그렇게도 열심히 배우고, 로마나 그리스인 앞에 그렇게도 겸손했던 유럽인이, 이때에는 아무것도 더 배울 것이 없다고 믿고 있었다. 이러한 상태는 계몽 시대까지 계속되었다. 적어도 얼마

간의 현명한 정신을 가진 사람이 유럽적 자국 중심주의에서 탈피할 때까지 그랬다. 특히 라이프니츠나 볼테르는 그런 명찰한 좋은 예이다. 일반 대중의 의식에서는, 세계 정국의 중심이 유럽 이외의 여러 나라로 옮아간 지금에서야 겨우 그와 같은 자국 중심주의 그늘이 벗겨져 가고 있는 것같이 보인다. 그런데도 지리적 발견이 가져다준 지식에 의하여 일반의 의식이 변화한 것은, 역시 근대의 과학적 정신을 성립시킨 원인의 하나가 되었다. 사람은 새롭거나 의외의 사실을 끊임없이 받아들이는 데 익숙해져 갔다. 먼 곳의 것까지 더욱 광범위하게 연관시키며 생각하는 것을 배웠다. 공상의 힘이 전례가 없을 정도로 커졌다. 자신과 실행력에도, 지식욕과 발견의 의욕에도 큰 반응이 있었다. 유럽인은 타인으로부터 배울 기회는 놓쳤으나 자기의 정신을 새로운 활동에 대비하게 된 것이다.

8) 메르카토르의 지도법

발견에 의하여 재래의 지리적 세계상의 불충분함이 명백해졌기 때문에, 그 결과 지도법의 혁명이 생기지 않을 수 없었다. 이 분야에서 새 시대를 헤쳐 나간 것은 독일인 게르하르트 크레머(Gerhard Kremer, 1512~1594)였다. 그는 16세기의 가장 걸출한 지도 화가였다. 나중에 이름을 라틴 풍인 '메르카토르(Mercator)'로 바꾸었다. 그는 스헤르토헨보스(s-Hertogenbosch)에서 아피아누스에게 배웠고, 뤼벤(Lübben)에서 철학과 수학을 수학한 후, 1534년 그곳에 지리학 연구소를 세워 플랑드르(Flandern, Flandre) 지방을 측량하여 지도를 만들었고, 프톨레마이오스 클라우디우스의 방법에 따라 세계지도도 만들었다(1537~1540). 그리고 1541년부터 카를 5세의 명을 받아 지구의와 천구의를 만들었다. 1554년에는 축척 1 : 4,360,000의 유럽 대지도를 간행하여, 이것에 의하여 당시 제일의 기재 지리학자로 명성을 군혔다.

메르카토르는 50세 이후 뒤스부르크(Duisburg)에서 살았고, 1569년에는 항해자용 지도를 출판했다. 그의 이름을 딴 '메르카토르 투영법'은 이 지도에 그가 처음으로 사용한 것이다. 말할 것도 없이 구면(球面)을 평면상에 풀어서 옮길 수는 없으므로, 길이, 면적, 각도에 다 같이 충실한 지도를 평면상에 그릴 수는 없다. 여러 가지 투영법을 사용하여 이 이상에 접근하려고 해도, 상기한 조건 중에 하나는 무시할 수밖에 도리가 없다.

가장 중요한 투영법은 세 가지 있다. 구와 한 점에서 접하는 평면에 투영하는 방위각 도법과 원추 도법, 그리고 외접 원통에 투영하는 원통 도법이다. 그리고 이들 세 가지 방법에는 각각 여러 가지 편법이 있다. 원통 도법 가운데 메르카토르가 사용한 것이 가장 중요하다. 오늘날에는 지도의 목적에 따라서 도법을 골라 쓰고 있다. 메르카토르 도법은 적도 근처 지역에 대해서 가장 적합하다. 메르카토르가 그 후에 저술한 주된 저작은 1578~1584년의 『지도집(Tabulae geographicae)』과 그가 죽은 후에 그의 아들이 완성하여 1595년 뒤스부르크에서 출간한 『아틀라스』가 있다. 이것은 '아틀라스(地神)'에서 연유한 말로, 오늘날에는 '지도(地圖)'를 뜻하는 말로 쓰인다.

2. 생물학과 의학

1) 식물학과 동물학

이 시대에 생물학이 이룩한 가장 중요한 발전은 식물학이나 동물학의 분야가 아니고, 인간의 생물학에서 볼 수 있다. 16세기가 되면서 생물학을 볼 때, 아리스토텔레스나 기타의 고대 저자, 특히 플리니우스의 색안경을 통하여 보던 것이 점차로 사라지고, 동식물을 자기의 눈으로 보기 시작했다. 이것이 이 시기의 동식물학의 특징이다. 그래서 동물 우화집 같은 도덕적 교훈의 혼합물은 동물학에서 사라져갔다. 그러나 또 한편으로, 생물학은 본질적으로 아직 다만 수집과 기재하는 것 이상으로 나아가지 못했다. 물론 수집과 기재 분야에서는 대사업이 이루어졌으나, 생물체가 가진 기능적 연관은 아직 이해되지 못하고 있었다. 이 시대의 대규모 식물 표본실은 아주 훌륭해서, 전례가 없을 정도로 정확한 것이었다. 이와 같은 식물 표본실을 만든 한 사람으로, 독일인 레온하르트 훅스(Leonhart Fuchs, 1501~1566)가 유명하다. 그러나 표본실은 서유럽의 모든 나라에 설립되었다. 식물표본가 중에는 단순한 표본 수집 이상의 일을 한 사람도 있다. 즉, 식물을 분류하기 시작한 것이다. 독일인 발레리우스 코르두스(Valerius Cordus, 1515~1544)나 스위스의 보앵 형제 잔과 가스파루 보앵(Gaspard Bauhin, 1560~1624)이 그랬다. 보앵의 포괄적 식물 목록은 위대한 린네의 선구자라고 할 만했다. 식물의 뿌리, 줄기, 잎, 꽃, 과실, 종자가 각각 기재되었고, 속(屬)과 종(種)에 따른 일종의 두 이름 붙이기(이명법)가 채용되어 있다.

동물학자에 비하면 식물학자는 재료를 넓게 수집하기 쉬운 이점이 있다. 피사, 파도바, 레이던에는 이미 식물원이 개설되어 있었다. 그런데 동물의 관찰은 이것보다 어려웠다. 특히 외국의 동물은 여행자의 신뢰성 없는 보고에 의존하는 것이 상례였다. 그래서 동물 전서는 식물 표본실과 같은 정확성에서 뒤떨어질 수밖에 없었다. 그러나 첫째로 들어야 할 것은 스위스인 게스너(Konrad Gesner, 1516~1565)의 『동물지(動物誌, Historia animalium)』이다. 게스너는 타 분야에서도 우수했다. 이 분야에서 이와 같은 집성서보다 정확했던 것은, 당시에 나타난 최초의 동물학적 '모노그래프'이며, 주로 물고기(魚)와 새(鳥)에 관한 것이었다. 당시의 식물표본가들은 대부분 의사였으며, 게스너도 의사였다. 생물체가 어떤 구조로 되어 있는가 하는 것은, 다음 세기에 현미경에 의하여 해명되기 시작한 것이다.

2) 의학의 발전

의학도 고대의 지식을 동화하고 나서는 여하튼 고대나 아랍의 대권위에 매달려 있어서, 이것이 진보를 방해한 점에서는 타 과학과 다를 바 없었다. 14세기와 15세기는 갈레노스주의와 아랍주의에서 탈피하려는 시도가 충만하였다. 이 일에 공헌한 사람은 실로 많다. 페트라르카도 그중 한 사람이다. 이 장에서는 이러한 인습과 싸운 사람들의 이름을 다 들지 못하므로, 의학사를 아는 사람은 누구나 부족함을 느낄 것이나, 의학의 발전 가운데 특히 눈에 띄는 전환기를 가져다준 몇 사람에 한정해서 살펴본다.

파라켈수스

옛것을 인도했을 뿐만 아니라 새로운 길을 지시한 사람으로, 16세기의 파라켈수스(Paracelsus)를 들지 않을 수 없다. 1493년 스위스 아인지델른에서 의업에 종사하고 있던 슈바벤의 귀족 호엔하임(Wilhelm Bombastus von Hohenheim)에게 아들이 났다. 그는 아들의 이름을 그리스의 식물학자 테오프라스토스를 따서 테오파라스투스(Theophrastus)라고 했다. 그 아들은 후에 '파라켈수스'라고 자칭했는데, 이것은 그의 성 '폰 호엔하임'의 그리스어 뜻을 라틴 풍으로 개칭한 것이며, 역사상에는 이 이름만이 통용되었다(von = para, Hohen = celsus, von Hohen = Paracelsus). 그는 아버지의 의업을 도우면서 이 산골의 동식물과 광물에 대해서 아버지로부터 배웠다. 그 후 이 젊은 파라켈수스는 바젤 대학에서 의학을 배웠다. 그 후의 생활은 실로 파란만장한 것이었다. 국외로 독일, 이탈리아를 거쳐서 로마까지, 프랑스와 스페인을 거쳐 리스본까지, 또 영국, 스웨덴, 러시아, 폴란드, 루마니아 산지 지방, 헝가리, 슬로바키아 등으로 유랑의 여행을 계속했다. 1527년 이후는 바젤에 잠깐 머물면서 많은 청중 앞에서 강의를 한 적도 있다. 그는 여기서 적대시 당해서 프랑스의 콜마르(Colmar)로 갔다가, 후에 비엔나와 구라아겐폴트로 가서 1541년 48세에 사망했다.

파라켈수스는 이례적으로 관심이 넓었으며, 저작도 다방면에 걸쳐 있다. 예컨대, 그의 저작 중에는 『대점성술(Astrologia magna)』과 종교서도 있다. 그가 의학에서 세운 불멸의 업적은, 인습을 말짱히 던져버리고 참교사인 자연에 돌아온 것이다. 그가 행한 의학 강의의 예비 강연을 들어보자.

"오늘날 안심하고 의업에 종사하는 의사는 극히 소수에 지나지 않는다. …… 그래서 의학의 최초의 면목을 다시 찾을 필요가 있다. 의학에서 미개인의 잔재를 씻어내려고 한 사람이 몇 있었다. 나도 가장 중대한 잘못을 의학에서 일소하려고 한다. 나는 고대인의 가르침을 쉽사리 신봉해오지 않았다. 사물의 본성을 자기 자신이 관찰하여 획득한 것, 오랜 실천과 경험에 의하여 확정된 것을 나는 신봉해왔다. 오늘날 너무나 소심하여 마치 아부론 신전의 무녀 퓨디아의 세 발 의자에서 나온 신탁인 양, 히포크라테스, 갈레노스, 아비켄나, 기타의 말에 매달려서, 환자에게 가장 해로운 잘못에 빠져든 의사가 대부분인 것을 모르는 사람은 없다. 과연 이와 같은 교사의 지도를 받으면, 매우 우아한 박사가 되겠지만 결코 참다운 의사가 될 수는 없다. 의사에게는 지위나 능변이나 화술이나 책을 많이 알고 있다는 것이 문제가 아니라, 자연의 사물과 자연의 비밀을 더욱 깊게 아는 것이 문제이며, 이것이 기타의 모든 것을 보상한다."

"나의 교수법을 간략하게 소개하면, 자신이 저술한 실재와 이론 의학 책을 설명하게 될 것이다. 나는 이 책들을 타인들과 같이 히포크라테스나 갈레노스나 기타에서 모아서 쓴 것이 아니고, 사물의 최고의 교사인 경험과 면학에 의하여 도달한 것이다. 또 내가 어떤 것을 입증하려고 할 때는 실험과 숙고가 권위를 대신할 것이다. …… 의술을 혁신하고자 하는 나의 시도를 경청해 주시면 감사하겠습니다."

더욱이 이 강의를 독일어로 한 사실은 신기한 일이며 주목할 만하다. 그는 신념이 강하고 전투적 성격이어서, 루터와 닮은 점이 많았다. 그래서 그는 '의학의 루터(Lutherus medicorum)'라고 불리었다. 그리고 루터와 함께 독일어를 키운 위대한 양부모 중의 한 사람이기도 하다. 파라켈수스에게는 자신도 인정한 위대한 선생이 셋 있었다. 첫째 선생은 자연 그 자체였다. 그는 다년간의 나그넷길에서, "어디서나 근면하게, 끊임없는 물음과 탐구를 했다." 그는 이름도 없이 경험을 쌓아온 부인의 민속 의학에서 찾아낸 교훈도 멸시하지 않았다. 그는 남독일의 탕치(湯治)장을 방문하여 연구했다. 대자연의 동물·식물·광물에 대해서는 당시의 누구보다도 잘 알고 있었다. 둘째 선생은 신시대의 철학과 종교의 조류였다. 그는 이것을 받아들였고, 이것이 그의 구석구석까지 침투해 있었다. 그에게 사람은 소우주이며, 만물을 창조한 하나님과 닮은 존재였다.

"만약에 사람의 참된 본질을 인식하고 그것을 남김없이 생각해낸다면, 사람은 매우 경탄할 만하게 창조되고 조립된 것을 알 수 있다. 특히 천지 만상 모두가 사람 안에도 내포된 것을 명확히 알아두어야 한다. 사람 안에서도 일을 나타내고 있는 것은, 하늘의 여러 가지 힘이기 때문이다. 하늘에 있는 것이 사람 안에도 있다. 하늘이란 사람 이외의 무엇인가? 하늘이 우리에게 유익하게 한다면, 그것은 우리 안에서라야 한다. 그래서 우리는 하나님께 기도한다. …… 하나님이 우리 안에 계신다면, 우리가 하나님께 드리는 기도는 하나님이 계신 하늘, 즉 우리 인간에게 보내진다. 그래서 의사는 환자를 어떻게 처치할까에 대해서 충분히 고려하지 않으면 안 된다. 그들은 가장 고귀하고 위대하며, 가장 많은 문제를 내포한 대상을 앞에 두고 있기 때문이다. 의사가 세계, 원소, 천지 등을 모른다고 한다면, 도대체 어떻게 사람, 즉 이 모든 것, 천지에 존재하는 모든 것, 아니 천과 지와 기와 물, 즉 근원적 존재 자체인 것을 인식할 수가 있겠나! 만물의 창조주가 두 자연계인 대우주와 소우주인 인간과 그것의 의술, 그리고 끝으로 의사도 창조하셨다. 그들이 이 창조를 배우고, 억측과 환상에 빠지지 않고 참교사인 하나님의 창조에 대해서 배우게 하려는 목적으로, 창조주는 그를 창조하신 것이다."[1]

셋째 교사는 히포크라테스이다. 파라켈수스는 고대인 모두에게 유죄 판결을 내렸으나, 히포크라테스만은 예외라고 명언하였고, 그의 공적을 높이 평가하고 있다. 그가 의술 도덕을 고귀하게 이해하고 있었던 점도 히포크라테스와 비슷하다. 다음은 의술 도덕에 대한 그의 주장이다.

"의사는 가식하는 자, 노예, 형리(刑吏), 거짓말쟁이, 경솔한 자는 안 되며, 참다운 남자라야

---

1 파라켈수스, 『파라미룸 서(Opus paramirum)』 제4권. 슈미트 하우저, 『정신계의 투쟁(1933)』, 77쪽.

한다. 환자는 주야로 자기 의사에게 의지하고, 매일 만나고, 병상에 대한 일체의 감이나 사고를 적절히 처치 받으려고 한다는 것을 명심하지 않으면 안 된다."

파라켈수스가 쓴 개개의 의학서 가운데 특히 『일반 외과학』을 들어야 하겠다. 이 책은 종양이나 화농(化膿)의 처치에 많은 개량을 가져다주었고, 몇 번이나 증판되었다. 최후 판은 1536년에 나왔다. 그리고 매독(梅毒)의 연구서도 있다. 당시의 매독 치료법은 그의 눈으로 볼 때 틀린 것이 많아서, 그는 몇 개의 반론을 써서 그 잘못을 공격했다. 매독은 지리적 발견 시대 이래 아메리카에서 저지른 범죄에 대한 보복의 하나로, 유럽에 급속히 유행한 병이다. 파라켈수스는 매독의 증상이 여러 가지로 나타나는 것을 매우 잘 인지했다. 전문가의 판정도 19세기에 겨우 이것을 재확인한 정도다. 정신병을 다룬 저서도 있다. 여기서도 파라켈수스는 시대에 훨씬 앞서 있었다. 그리고 물리, 화학, 천문학이나 윤리학에 있어서, 과학적 발전의 일반적 기초를 다룬 것도 있다. 그리고 특히 약물학에 대한 저서도 있다. 알프스의 약초에 대해서는 이미 아버지로부터 배워서 잘 알고 있었다. 광물의 기초 지식도 '선광술'을 알고 있었던 아버지로부터 배웠으나, 그것 외에도 파라켈수스 자신이 연금술의 작업장이나 용광로에서 일하며 얻은 지식도 있다. 그래서 그는 철, 동, 수은, 안티몬 등의 금속을 내복약으로 조제하여 처음으로 사용함으로써 의화학(醫化學, Iatrochemistry)의 개조가 되었다. 건강한 생물체나 병든 생물체 안에서 일어나는 화학 과정, 예를 들어서 배출이나 경화 등을 그는 일찍이 통찰하기 시작했다. 그는 생명 과정과 무기적 과정의 구별을 인정하고 있었다.

파라켈수스도 루터와 같이 많은 점에서 중세에 깊이 뿌리 내려 있었고, 중세와 근대 사이의 문턱에 서서 눈은 미래에 쏠리고 있었다. 그는 근대 의술과 자연과학의 기초를 세운 사람 중의 하나이며, 파우스트적인 인물이었다. 그는 실제로 후세에 파우스트의 모델이 된 사람이다. 그를 따른 제자의 수는 무수히 많았으나, 그의 저작이 직접 미친 효과는 그 당시에는 미미했다. 이것은 그의 저서가 탄압받았고, 그의 설이 매우 혁명적이었기 때문이다. 하지만 서서히 이해되고 채용되었다. 파라켈수스 자신도 이것을 잘 알고 있었다. 투쟁과 적시가 빗발치는 가운데를 몸소 헤쳐 나온 그는, 자기의 시대에 대해서는 회의적이었으나 장래의 세대에 희망을 걸고 있었다. 그래서 이렇게 말했다. "아마도, 지금 싹 트고 있는 새싹은 시절이 되면 파랗게 무성할 것이다!"

긴 안목에서 보면, 그의 영향은 끊임없이 커왔다. 17세기에는 그의 저작의 신판이 많이 나타났다. 그의 이름을 장식하여 '파라켈수스 저서'라고 명명한 저서도 출판되었다. 오늘날까지 파라켈수스의 저작은 500판이 넘는다. 파라켈수스의 활동 가운데 후세에 가장 큰 영향을 미친 것은 경험이나 실험에 있어서도, 교육에 있어서도, 그가 자연을 선생으로 삼게 한 것이다. 그는 선인들의 저작들에 매달리는 대신에 제자들과 함께 자연 속에 나아갔고, 특히 직접 병자의 머리맡에 찾아갔다. 그리고 히포크라테스 정신을 다시 흥하게 한 것이다. 즉, 파라켈수스 이래 히포크라테스는 다시 선생님으로 받들게 되었고, 의학도 타 과학과 같이 고대 저서의 문자가 아닌 그 정신을 신봉하게 된 것이다.

베살리우스

레오나르도의 해부학적 연구나 도해가 당시의 과학계 일반에 널리 알려져 있었다면, 근대 해부학의 역사는 확실히 그로부터 쓰이게 되었을 것이다. 그런데 그렇지 못했으므로 그 명예는 안드레아스 베살리우스(Andreas Vesalius, 1505~1564)의 것이 되었다. 그는 브뤼셀에서 태어나서 파리와 레이던에서 의학을 배웠다. 일찍이 학생 시절부터 매우 뛰어나서, 동창생의 부탁으로 해부를 집도한 적이 있다. 그는 파도바에서 학업을 계속하여 23세에 이미 외과 교수가 되었다.

그의 문제작 『인체의 구조에 대해서(De humani corporis fabria libri septum)』 전 7권이 출판되기까지 파도바에 있었다. 이 책은 1543년 스위스의 바젤에서 출간되었다. 이탈리아에서는 심한 반대를 일으킬 것을 걱정해서였다. 그 후 그는 카를 5세의 시의로서 새로운 활동을 시작했다. 물론 스페인에서는 종교재판의 압력이 매우 강했으므로, 마음대로 자유로이 해부학을 계속할 수는 없었다. 그러나 1555년에 그의 주저의 개정 제2판을 낼 수 있었다. 고전으로 전해진 것은 이 제2판이다.

베살리우스는 파도바에서 처음에는 갈레노스의 해부학을 가르쳤다. 그리고 1539년경에 전 세계의 해부학자들이 하고 있는 눈가리개를 벗겨버리고, 인체 전부의 해부학을 스스로 연구하여 기재하기 시작했다. 그는 갈레노스의 기사가 원숭이에 대해서는 대부분 바르나, 인간에는 적용되지 않는 것을 인지했다. 그래서 베살리우스는 훌륭한 삽입도로 장식된 저서를 4년이 걸려서 완성했다. 그 안에 그가 기술한 것이야말로 근본적으로 올바른 전면적인 인체해부학으로서 최초의 것이다. 물론 눈과 같은 몇 가지 점에서는 아직도 틀린 것과 애매한 것이 남아 있기는 하나, 다른 것들은, 특히 뇌의 어려운 해부 같은 것은 실로 모범적이다. 결국 베살리우스도 동시대의 사람들이 타 과학에 대해서 한 것과 같은 것을 해부학에 대해서 해냈다. 그는 자신이 관찰하여 인지한 사실을 기술했다. 베살리우스의 저서는 곧 유명해져서 각국어로 번역되었다. 예를 들면, 독일어 간략판은 1575년에 출간됐다. 적당히 요약된 이 판의 표제를 인용해 본다.

"해부학"

본서는 인체의 전 체구(體軀)의 구분(區分)과 분할(分割)을 간단 명확하게 기술함. / 석학 '안드레아스 베살리우스'의 저서에서 딴 것임. / 독일의 모든 외과의의 편의를 위하여 / 이 사랑할 해부술의 애호자를 위하여 독일어로 번역함. / 노련한 야콥 배우만에 의하여 취리히에서 새로이 인쇄됨. / 교묘하고 아름다운 그림 부록이 있음. / 본서가 나타나 모든 자연에 있어서의 하나님의 형언할 수 없는 기적을 / 즐겁게 / 수월하게 / 알려준다.

베살리우스가 해부학에서 행한 활동은 주로 이탈리아에서 중요한 계승자가 나타났다. 그러나 이에 반하여 의학의 타 분야나 해부학과 밀접히 관계된 외과학에서조차 그의 영향력이 너무나 적었다는 것은 놀라운 사실이다.

파레

화기의 보급에 따라 총상이 외과학의 큰 문제가 되었다. 이와 같은 상처는 끓는 기름이나 빨갛게 단 쇠로 지져서 청결케 하는 것이 상례였다. 그 상처에 독이 있다고 믿었기 때문이다. 파라셀수스를 위시한 몇 사람의 의사가 이것에 반대했는데도 불구하고, 이 관례는 전혀 개선되지 않았다. 1545년에 프랑스의 젊은 이발사(외과의)가 프랑수아 1세(1494~1547, 재위 1515/1547)의 출정에 참가했다. 격렬한 전투 후에 그는 관례대로 전원의 총탄 상처를 처치할 수 없었다. 지져서 청결케 할 기름이 부족했기 때문이었다. 그래서 그는 일부의 부상자는 이 처치를 하지 않고 내버려둘 수밖에 없었다. 그러나 이들 부상자가 처치한 다른 부상자보다 잘 쾌유돼 있는 것을 보았다. 그는 즉시 이 관찰의 의의를 인식하고, 이 기회를 놓치지 않고 부상자 처치법의 개량에 착수하였다. 그 후 지져서 청결케 하는 법은 사라지게 되었다. 이것이 앙브루아즈 파레(Ambroise Paré, 1517~1590)의 빛나는 이력의 첫걸음이다.

그는 일개 이발사에서 궁정 부속 외과의 및 유명한 '성 고모 외과학회' 회원과 시립 병원의 외과 과장까지 지냈다. 그는 외상과 골절의 치료법 전체를 더욱 개혁했다. 특히 그는 사지절단법(四肢切斷法)도 개량했다. 즉, 의약이나 소작(燒灼)에 의하지 않고 혈관을 봉합하여 지혈한 것이다. 외과학은 14, 15세기에도 어느 정도 진보를 했지만, 전체로 보아 13세기의 이탈리아 수준을 넘지 못했다. 그런데 여기에 근대 의학의 아버지로 손꼽히는 파레가 나와서 새로운 바람을 불어넣었다. 파레는 조산술도 개량했다. 그는 이것을 산파(産婆)의 손에서 외과의의 손으로 넘겨준 사람이다.

산크토리우스

라틴 식으로 '산크토리우스(Sanctorius)'라고 불리는 산토리오 산토로(Santorio Santoro, 1561~1636)는 파도바와 베네치아에서 교수를 하였다. 그의 생존 연대의 반 이상은 이미 17세기에 들어와 있다. 그의 주된 활동 분야인 생리학도 17세기에 들어와서 최대의 진보를 했다. 그런데 산토리오를 이 장에서 다루는 것은 그럴 만한 충분한 이유가 있다. 그는 실험이라는 새로운 과학적 방법을 의학에 도입한 동기를 가져다준 사람 중의 중요한 한 사람이기 때문이다. 그는 특히 물질대사를 문제로 삼았다. 그가 창안한 장치들 가운데는 맥박계와 온도계가 있다. 온도계의 발명은 갈릴레이보다도 먼저 하였다. 30년간 그가 한 실험 가운데 특히 유명한 것이 하나 있다. 산크토리우스는 저울대에 매단 의자에 자신이 앉아서, 땀의 발산에 의한 체중의 감소가 다른 배출에 의한 것보다 크다는 것을 실증했다. 산크토리우스로 인하여 물리학적 방법과 이론이 의학에 흘러 들어오기 시작하였고, 17세기에는 더욱 활발해졌다. 산크토리우스의 방법은 아주 근대적이나, 그가 발표한 결과는 대부분 아직도 갈레노스나 아비센나의 주석 형식에 머물고 있었다.

3. 정신과학

과학의 대부흥의 시대, 근대 과학으로의 변혁의 시대에 자연과학의 발전과 밀접히 관련된 정신과학 분야도 살펴보아야 한다. 이 대부흥과 대개혁을 주도한 자연과학의 발전은 이 시대의 정신과학과 밀접한 상호 관련성을 가지고 있기 때문이다. 특히 인문주의와 종교, 철학, 그리고 종교개혁은 이 대부흥과 변혁의 정신적 기초를 조성한 요건이기도 하기 때문에 전 장의 '대부흥의 정신'에서 상술했다. 그래서 여기서는 인문주의의 발전과 파급, 그리고 이에 따른 역사관의 변혁과 법률에 대해서 살펴보자.

1) 이탈리아의 인문주의

크리솔로라스, 브루니, 플레톤

"나는 당시 민법을 공부하고 있었으나, 학문적 연구에의 사랑에 불타서 변론법이나 수사술에는 마음이 쏠리지 않았다. 크리솔로라스가 왔을 때, 나의 마음은 찢어졌다. 그것은 법률에 등을 돌리는 것은 수치라고 생각한 한편, 그리스 문학을 공부하기 위하여 이와 같이 좋은 기회를 놓칠수는 없었기 때문이다. 나는 몇 번이나 젊은 혈기에서 이와 같이 독백했다. '너는 호메로스, 플라톤, 데모스테네스(Demosthenes, BC 384~322)와 같이 빛나고 있는 사항의 원천이 된 문학가, 철학자, 담론가를 이 눈으로 보고, 그들과 말하고, 그들의 놀라운 가르침을 받을 기회가 있는데, 너는 그것을 단념하겠는가? 이 신성한 기회를 놓치겠는가? 700년 이래 이탈리아에는 그리스 학문에 통한 사람이 없었다. 그리고 모든 지식은 그리스에 유래한다는 것을 잘 알고 있으면서! 민법 박사는 흔해빠졌다. 그러나 그리스에 대해서는 이 한 사람, 오직 한 사람의 박사가 없어지면 다른 누구에게서 너는 배우겠는가!' 이와 같은 이유에서 나는 결국 크리솔로라스에게 귀의했다. 그리고 낮에 주워 모은 것을 밤에 꿈속에서조차 추구할 정도로 열심히 공부했다."

이것은 아레초(Arezzo)의 레오나르도 브루니(Leonardi Bruni Aretino, 1369~1444)가 한 고백이다. 이런 고백에서 보카치오 다음 세대의 이탈리아인이 인문주의적 연구에 얼마나 활기와 열성을 기울였는지를 알 수 있다. 브루니는 이와 같이 열심히 획득한 지식을 활용해서 다수의 그리스 저작, 특히 플라톤과 아리스토텔레스의 저작을 그리스어로부터 번역했다. 이 고백에서 말한 선생은 마누엘 크리솔로라스(Manuel Chrysoloras, 1350~1415)이다. 그는 1396년에 이탈리아에 와서, 피렌체에서 그리스어 교사를 했다. 그의 동향인도 같은 시기에 이탈리아에 와서 같은 활동을 하였다.

1453년에 터키인이 콘스탄티노플(Constantinople, Istanbul)을 점령하여 그리스 학자들이 이탈리아에 흘러들어 와서 그리스 연구를 다시 일으키는 데 충격을 주었으나, 이 이전에도 이와 같은 움직임이 시작되었던 것을 알 수 있다. 게오르기오스 게미스토스 플레톤(Georgios Gemistos Plethon)도 플라톤을 매우 존경했다. 그의 이름 '플레톤'도 '플라톤'

을 흉내 낸 것이다. 그도 이미 1438년 이전에 이탈리아에 와 있었다. 그는 메디치 가 시대의 피렌체에 새로운 '플라톤 아카데미'를 세우자고 주장한 사람이다.

브라촐리니, 비온드, 실비우스

15세기 이탈리아 인문주의자의 수는 너무 많아서 다 들 수 없다. 중요한 몇 사람만 골라 살펴보자.

피렌체의 브라촐리니(Poggio Bracciolini, 1380~1459)는 당시에 고대를 다시 자기들의 정신 재산으로 받아들이자는 연구나 활동에는 빠짐없이 참가했다. 그는 매우 열심히 고대 저자의 수고(手稿)를 필사하였고, 후에는 자신도 그런 것을 저술하게 되었다. 그는 라틴 저자의 책을 모아서 당당한 장서를 가지고 있었다. 아직 발견되지 않은 수고를 구하여 독일과 프랑스 구석구석을 돌아다니며 여러 가지를 발견했다. 그 안에는 특히 '성 가루 수도원' 문고(文庫)도 있다. 그는 또 이탈리아를 편력(遍歷)하며 고대의 비문, 흉상, 화폐 등을 수집했다.

비온드(Fravio Biond, 1392~1463)는 고대의 저서를 통하여 고대에 정통해 있어서, 이탈리아 행각 길에, 특히 로마의 폐허에서 흩어져 있는 멸망한 세계의 유적을 재발견해서 점차로 그 세계의 조감도를 그려낼 정도였다. 그는 자기의 발견을 두 개의 저술『이탈리아 도해(Italia illustrata)』와 『로마 복원(Roma instaurata)』에 기술했다.

인문학자의 활동에 활발한 관심을 기울였던 교황도 많았다. 그들은 주로 로마에서 시작한 발굴을 원조했다. 교황 피우스 2세(Pius Ⅱ, 재위 1458~1464)인 에네아 실비오 피콜로미니(Enea Silvio Piccolomini, Silvius, 1405~1464)는 훌륭한 교양을 기진 인문학자였다. 그는 만년에 가마를 타고 다니면서 로마의 가도나 수도 등의 유적을 찾아보았다. 그는 그리스인과 로마인의 시문과 철학을 찬미했다.

발라와 피치노

나폴리와 피렌체에서 웅변술의 교수를 한 발라(Lorenzo Valla, Laurentius, 1407~1457)는 이탈리아 인문학자 중에서도 특히 독자적이며, 비판 정신에 뛰어났다. 그가 그리스어에서 번역한 것 가운데 첫째로 꼽힐 것은, 역사가 헤로도토스와 투키디데스의 저서이다. 그의 역사 연구도 역시 독자적이고 비판적이라고 할 수 있다. 그는 일련의 역사적 오류나 만들어낸 이야기를 지적하였다. 그리고 그는 라틴 문체의 순정성(純正性)을 주장했다. 중세의 라틴어는 로마의 고전 문체에서 벗어나고 있었다. 그런데 그는 이것을 배척하여, 『라틴어의 우아함과 아름다움에 대해서(De elegantis latinae linguae, 1435~1444)』라는 저술 안에 옛날의 순정성을 재현할 것을 요구했다.

피치노(Marsilio Ficino, 1433~1499)도 발라와 나란히 들 만하다. 그의 저서에서도 15세기를 통한 인문주의적 교화가 깊이와 함께 과학적 정확성을 증진해온 모습을 엿볼 수 있다. 사실상 플라톤 철학과 신플라톤주의를 재흥한 것은 그였다. 그는 플라톤의 저작을 번역했는데, 이것은 전례가 없는 원 저작에 충실한 번역이었다.

2) 알프스 이북의 인문주의

인문주의는 이탈리아에서는 16세기 동안 계속됐다. 그러는 중에 인문주의는 알프스 이북의 나라들에도 퍼져갔다. 영국, 프랑스, 스페인, 네덜란드, 그리고 독일은 위대한 인문학자를 낳았다. 에스티엔(Robert Estienne, 1503~1559)은 『라틴어 보전(寶典, Thesaurus linguae Latinae)』을 저작했다. 이것은 16세기 동안 가장 포괄적인 라틴어 사전이었다. 그의 아들 앙리 에스티엔(Henri Estienne, 1531~1598)은 『그리스어 보전(Thesaurus linguae Graecae)』을 펴냈다. 이것은 더욱 오랫동안, 현대에 이르기까지 어떤 것과도 바꿀 수 없는 귀중한 것으로 여겨져 왔다.

영국의 인문학자 가운데는 토마스 무어(Thomas Moore, Mourus, 1478~1535)가 있었다. 그는 무엇보다도 『유토피아(Utopia)』로 유명하다. 『유토피아』는 사회주의 국가 제도의 이상형을 그린 것이다.

독일과 네덜란드의 인문학자는 분명히 다른 색을 띠고 있었다. 이러한 색조를 띠게 된 전통은 국민적 기질에 의한 것이기도 하나, 또한 북녘의 사회적 조건에 적지 않은 영향을 받았다. 고대로 기울어진 것은 여기서도 이탈리아에 못지않았다. 독일의 인문학자는 이탈리아의 인문학자와는 달리, 직접 고대 로마인에 연결되는 계보를 자랑할 수는 없었다. 그러나 외형적으로는 역시 이름을 라틴식 또는 그리스식으로 개명하여 고대에의 존경을 표했다. 슈바르제드는 멜란히톤, 크레메르는 메르카토르, 바우어는 아그리콜라로 직역한 이름을 썼다. 그러나 이 흐름은 북국에서는 다른 성격을 띠고 있다. 그들은 정열적이고 예술가적인 성격이 비교적 적은 반면, 더욱 세밀하였고 예술과 미보다는 지식과 교육에 관심을 기울였다.

독일의 인문주의자 콘라트 첼티스(Konrad Celtis, 1459~1508), 네덜란드의 고전학자 루돌프 아그리콜라(Rodolphus Agricola, 1443~1485), 독일의 인문주의 시인이며 루터의 지지자 울리히 폰 후텐(Ulrich von Hutten, 1488~1523) 등, 이 시대의 유명한 인문학자는 많다. 그러나 과학사에서 중요한 이 세 사람에 대해서 살펴보기로 한다.

이들은 모두 고대의 예술, 문학, 과학에 관여하여 인간에 대한 새로운 형식의 이상을 획득했다는 점에서 길을 같이하고 있다. 이 이상은 어떤 고귀한 의미로는 '인간적(人間的)'인 것이며, 따라서 인간주의적(人間主義的) 문학 또는 문화란 뜻에서 '인문적(人文的)'이라고 불린 것이다. 이러한 인문주의 아래서 독일의 정신주의가 높아져간 곳은, 새로운 대학이 계속해서 개설된 것에 반영되어 있다. 1472년 잉골슈타트(Ingolstadt), 1473년 도리이루(독일의 서부), 1477년 마인츠(Mainz), 1502년 비텐베르크, 1506년 프랑크푸르트, 1527년 마르부르크(Marburg), 1544년 쾨니히스베르크(Königsberg) 등에 계속해서 대학이 개설되었다.

로이힐린

이들 대학의 하나인 잉골슈타트 대학에 독일 인문학자 중의 제일인자인 요한 로이힐린(Johann Reuchlin, 1455~1522)이 있었다. 그는 이탈리아의 중요한 인문학자 밑에서 배웠고, 독일에서는 '고전 연구의 개척자'가 되었다. 그는 라틴어와 그리스어에 정통해 있었다. 그는 또 히브리어도 가르쳤고, 독일에서 히브리어 연구를 처음으로 개시한 사람이기도 하다. 그래서 그를 '3개 국어의 사람(Vir Trilinguis)'이라고 경칭한다. 로이힐린은 종교 개혁에 반대했다. 대부분의 인문학자는 교회가 전통과 단절하지 않고 내적으로 개혁되기를 바랐다. 그런데도 그는 이단으로 고소됐다. 그를 변호한 독일의 인문주의자 루비아누스(Crotus Rubianus, 1480~1539), 게르벨(Nikolaus Gerbel, 1485~1560)과 후텐은 공동으로 『풍자 서신집(Epistolae obscurorum virorum)』을 출간했다. 이 책은 한눈에 알 수 있는 가명으로 로이힐린의 적들을 빗대서, 그들이 보기 싫은 '중놈의 라틴어(수도사가 쓰는 파격적인 라틴어)'로 서한을 쓴 것으로 하여, 승려들의 무식과 계율의 허술함을 비판했다.

에라스뮈스

인문학자의 본성, 그들의 위대함과 약점, 그리고 그 비극성을 배우는 데는 최대의 대표자로 로테르담의 에라스뮈스(Desiderius Erasmus)와 그의 저작 이상은 없다. 그는 후텐의 민족애와는 반대로 세계주의자였다. 그는 1466년에 네덜란드의 로테르담에서 태어났

다. 그는 로테르담 동북에 있는 '성 구레도리우스 수도원'에서 아우구스티누스파의 수도
사가 되었고, 1492년에 사제로 임명됐다. 그러나 그 후 특별 면제를 받아 법의를 착용하
지 않아도 됐다. 그는 간프레의 사교 비서가 되기 위하여 수도원을 떠나, 1495~1499년
동안 파리에서 수학했다. 그리고 호의를 가진 친구가 그를 잉글랜드로 초빙해 주었다.
이곳에서 그는 지도적 인물, 특히 토마스 무어(Thomas Moore)와 친교를 맺었다. 두 번
째의 영국 체재 때, 여행에 동반하여 이탈리아를 여행할 기회를 잡았다. 1521년에는 바
젤에 정주했다. 이미 그때까지 그의 저작 태반이 바젤에서 인쇄돼 있었다. 그는 바젤을
떠나려고 했지만, 그곳에서 1536년에 사망했다.

에라스뮈스는 유럽이라는 정신적 국토의 시민으로 느끼고 있었고, 어느 한 나라의 시
민으로는 생각하지 않았다. 그는 『바보 신 예찬(Encomium Moriae, 1509)』과 기타의 많은
소책자를 저술하여, 중세적 정신의 편협함, 성직자가 규율을 이탈하는 것, 스콜라적 학
문의 불모, 종교의 맹신, 교조의 속박 등을 밝히고 이것들과 싸웠다. 이 점에 있어서는
그도 시대의 전열에 가담해서 활동하였고, 일반의 공명도 얻었다. 그러나 이에 대해 그
자신이 주창한 이상은 대중의 관심을 끌기에는 적합하지 못했다. 그는 도회인다운 섬세
한 세계인이었고, 종교개혁과 같은 근본적 격동에 대해서 일부는 회의적으로 일부는 바
르게 이해하지 않고, 그것과 대립했다. 당시에 서로 싸우고 있던 몇 개의 전열은 어느
것도 그를 자기들 편으로 치지 않았다. 가톨릭교회는 재삼 그에게 자기들 편을 들기를
권유했다. 이에 응낙하면 주교도 될 수가 있었으나 그는 꼬임에 빠지지 않았다. 다른 면
에서도 그는, 처음에는 종교개혁에 동조하고 있었으나 점차로 루터와 날카롭게 대립하게
되었다. 후에 이것이 표면에 나타나서 두 사람 사이에 '의지의 자유'에 관한 유명한 논쟁
이 벌어졌다.

에라스뮈스는 '의지 자유론(De libero arbitrio)'을 주장하였고, 루터는 '의지 노예론(De
servo arbitrio)'을 주장하였다. 에라스뮈스가 구하여 마지않은 것은, 르네상스가 기독교화
되고 기독교가 인문화 된 종교 형태이며, 교조에 묶이지 않고 윤리 면을 중시하는 단순
한 종교성이었다. 에라스뮈스의 사고방식은 후의 18세기에 있어서의 계몽주의에 대비해
도 좋은 것이었다. 에라스뮈스는 계몽주의자들의 길을 닦아주었다. 그런데 이러한 그의
주장이 승리하기 위해서는 힘이 성장하고 있던 자연과학과 동맹을 맺어야 했는데, 그는
루터와 마찬가지로 자연과학의 의의를 인정하지 않았다. 에라스뮈스의 과학 활동의 중점
은 출판 활동이었다. 그 대부분은 번역과 주석이며, 1516년에는 주석이 붙은 『신약성서』

를 간행했다. 그가 후세에 남긴 것 가운데 가장 가치 높은 것은 아마도 3000통에 달하는 그의 서한일 것이다. 에라스뮈스는 이미 보급돼 있던 본래의 인문주의를 매듭지은 사람이라고 할 수 있다. 오늘날에는 확고한 발판 위에 서게 된 고전문헌학이나 고대학도 그의 유산을 이어받았다.

16세기에 이들 과학에서 눈에 띄는 또 한 사람은 스칼리제르(Joseph Scaliger, 1540~1609)이다. 스칼리제르는 프랑스 태생이나, 그의 혈통은 분명히 옛날 벨로나의 왕후 스키라가(家)에서 왔다. 그는 칼뱅주의에 편승해 제네바와 레이든에서 교수로 활동했다. 그의 업적 가운데 가장 중요한 것 가운데 하나는, 1606년에 세상에 나온 『연대 보전(Thesaurus temoortum)』 안에서 에우세비오스의 연대기를 재구성한 것이다.

멜란히톤

끝맺는 사람으로, 루터의 친구며 '멜란히톤(Melanchton)'이라고 자칭한 슈바르제르(Philipp Schwarzert, 1497~1560)를 든다. 그는 '독일의 교사(Praeceptor Germaniae)'라고 불리었다. 틀림없이 그는 학교 교사였으나, 매우 위대한 교사였다. 그의 영향은 독일 전역에 미쳤다. 그는 루터의 활동을 인문주의 운동과 통일하여, 독일의 교양과 교육의 방향을 설정했다. 그러나 그는 루터와는 성격이 달라서, 루터를 자신이 이해할 수 있는 만큼 받아들여서 이 통일을 했다. 그가 저술한 문법책은 2세기 이상이나 사용되었고, 그리스어와 라틴어 교육의 기초가 되었다. 그는 역사야말로 중심이 되어야 한다고 했으며, 역사를 연구하기 위한 지침서를 출판하였고, 역사에 대한 규칙적인 강의를 처음으로 열었다. 그래서 독일 대학이 처음으로 역사과학에 친숙하게 됐다. 다른 인문학자들과 마찬가지로, 멜란히톤이 문제로 삼은 것은 결코 지식 나부랭이를 파는 교수가 아니고, 전인적인 인간을 형성하는 참다운 교양이었다.

루터가 교회에 대한 탄핵문 강령을 내건 지 1년 후인 1518년에, 만 22세도 못 된 멜란히톤이 비텐베르크 대학의 고전문헌 교수직에 취임할 때 연설한, 인문주의에 불타고 있는 그의 강연을 들어보자.

"요약하면, 스코틀랜드 사람이 프랑스를 거쳐, 아직 미개했던 우리의 선조에게 가져다준 학문을 다시 일으킴에 있어서 문제는 무엇인가를 말하고 싶다. 그것이 유해한가 무해한가는 제군 자신이 판단해 주기 바란다. 나의 강연의 주안점은 놀라운 과학을 담은 그리스어와 라틴어에 대한 제군의 애호심을 부추기는 것이다. 라틴어를 알기 위해서는 그리스어를 알아야 하고, 사물의 해골 모양을 쫓는 것이 아니라면, 그리스어의 지식은 꼭 필요하다. 이 여비를 마련하고, 제군은 철학에 육박하기를 바란다. 내 생각에는 이와 같은 것을 갖추지 못한 자는 신학이나 법률학에 있어서, 교회나 법정에 있어서, 두각을 나타낼 수가 없기 때문이다. 가장 좋은 것에서 가장 좋을 것을 찾고, 자연을 알고, 또 제군의 품성을 형성하기 위하여 이것을 활용해주기 바란다. 아리스토텔레스의 윤리학이 없었고, 플라톤의 국가론이 없었고, 시문가들의 시문이 없었다고 한다면 어떻겠는가! 베르길리우스와 호라티우스가 라틴 사람에 대한 것처럼, 호메로스는 그리스 사람에 대하여 모든 치유의 원천이었다."

"그러나 무엇보다도 우선 역사를 배워야 한다. 역사의 지식 없이는 공사의 생활도 없다. 국가나 가사도 건전하게 관리할 수는 없다. 우리의 시민 생활에 역사가 없기보다는, 이 지구가 태양 없이, 즉 생활 원리 없이 지나는 것이 수월할지도 모른다. 그리고 끝으로 성스러운 사물의 과학, 즉 신학인데, 아시는 것과 같이 이것은 매우 큰 문제이다. 내적 투철과 주의 깊은 논술 책이 어느 연구보다도 이 신학에 필요하다. 그런데 신학의 일부분은 히브리적이며, 일부분은 그리스적이다. 고대 라틴인(로마인)은 이 두 줄기의 물을 마셔왔기 때문이다. 신학자들과 '바보극'을 벌이지 않기 위해서 외국어를 배우는 것은 꼭 필요하다."

"지금이야말로 젊은 제군은 학문을 다시 일으키는 것이 얼마나 중요하며, 이것이 인류의 정신을 키우는 데 얼마나 기여하는가를 이해했을 것이다. 나는 제군의 과업이 무익하게 끝나지 않도록 전력을 바치겠다. 처음부터 나는 문법의 어려움을 최상의 문장가의 독서물로 부드럽게 하려고 한다. 오른손에 규칙, 왼손에 실례를 들고, 제군은 이들 문상가가 우리의 내적 인산성에 대하여 무엇을 말하고 있는가를 배우도록 하라. 그러면 제군은 전기의 면학을 당당히 완결할 것이다. 우리는 한 손에 호메로스를, 그리고 한 손에는 디도(Titus)에게 보낸 바울의 서간을 들고!"

3) 역사 기술

정신운동으로서의 인문주의는 역사적 감각을 눈에 띄게 성장시켰다. 인문주의자의 일 자체가 그 본질에 있어서는 지난 시대에 대한 애착에 넘친 것이기는 했다. 물론 이렇게 고조된 역사 감각의 관심은 다만 한 시대, 즉 고대에만 쏠린 것이며, 보편적 역사관과는 거리가 먼 것이었다. 그리고 고대 중에서도 특히 플라톤과 키케로의 시대에 집중돼 있었다. 전 장의 '인문주의' 절에서 든 인문학자들이 역사에 대해서 가진 관심은 압도적으로 철학적·문학적 색채를 띠고 있다. 그들의 경우에는, 역사 고찰은 거의 문학의 부수로 본

감이 있다. 그들의 기술은 매우 수사적이고 비과학적인 양상을 띠고 있다. 물론 인문주의가 고전에 관심을 두고, 발견 활동과 출판 활동에 노력한 덕택에 역사를 사료에 따라 취급하는 전제 조건이 처음으로 정돈되기는 하였다. 이 점에서 가장 중요한 것은 이탈리아, 독일, 프랑스의 세 나라이다. 다음에 이 세 나라에서 본래의 역사적 관심을 비교적 강하게 나타낸 사람들에 대해서 살펴보자.

이탈리아 - 마키아벨리, 구이치아르디니

피렌체 사람 니콜로 마키아벨리(Niccolo Machiavelli, 1469~1527)는 서유럽의 역사 사상가로서 가장 영향력이 컸던 사람이다. 그의 저작을 인문주의적 역사 사상의 정점으로 보는 견해가 있으나, 이것은 자칫하면 잘못을 초래하기 쉽다. 그가 쓴 것을 조금만 읽어보아도 다음과 같은 느낌을 가질 것이다.

그는 당시의 인문학자와는 전혀 다른 공기, 즉 더욱 예리하고 노골적이며, 모든 점에서 더욱 근대적인 분위기를 호흡하고 있었다는 것을 알 수 있다. 교양적인 측면에서도 마키아벨리는 원래의 인문학자들에 낄 수 없다. 그는 대학의 식자라고 할 정도는 아니며, 그리스어도 못했다. 그러나 그의 문체가 박력을 가졌고, 그가 거리낌 없는 독창적인 생각을 할 수 있었던 것은 적어도 일부는 그의 교양이 이와 같이 공백 상태였던 덕택이었다. 그는 책과 씨름만 하지 않고, 외교관의 눈과 세계인의 눈으로 세계와 인간을 응시했다. 그를 이해하는 데는 그의 인물됨뿐만 아니라, 무엇보다도 그의 고국 이탈리아가 당시에 어떤 정치적 상황에 있었는가에 주의하지 않으면 안 된다.

마키아벨리는 젊어서 고향 피렌체 공화국의 '10인 위원회' 서기가 되었다. 그는 이와 같이 일찍이 첫발부터 이탈리아 여러 도시국가 간의 외교와 군사적인 흥정에 휩싸여 들었다. 그는 피렌체의 명을 받아 체사레 보르자(Cesare Borgia)를 방문했다. 그래서 그는 비도(非道)하고도 영향력이 컸던 이 사람의 정치를 직접 보고 배울 수 있었다. 그가 받은 보르자의 인상은 매우 강력해서, 평생토록 그의 정치가와 지배자의 이상적 인물이 되고 말았다. 마키아벨리는 피렌체에 돌아와서 로마인과 불자의 수법을 본받아, 국민에서 징병하여 군대를 만들 계획을 시작했다. 이 계획은 실현돼서, 그는 이와 관련된 관청의 서기가 되었다. 후에 그는 외교적 사명을 띠고 독일에도 갔다.

그의 정치 목적이 실패로 그친 후, 마키아벨리는 수인(囚人)의 신세가 되었다가, 다시 추방되었다. 이래서 한가하게 된 그는 책을 쓰게 되었는데, 그의 눈은 여전히 주위의 정치적 현실에 주목하고 있었다. 열렬한 이탈리아의 애국자 마키아벨리에게는 이 현실이 너무나 우울한 것이었다. 그는 조국이 강력한 통일국가가 되는 것을 열망했는데, 그 조국은 산산조각의 소국가로 해체돼서, 전쟁과 살인과 권모술수를 다해서 서로 싸우고 있었다. 그는 교황령도 이탈리아 통일에 결정적인 방해로 보아 이것과도 싸웠다. 마키아벨리는 근본적으로 공화국 형태가 최상인 것으로 생각했다. 그러나 이와 같은 상태에서는 덕의심(德義心)이나 시민의 자유에 구애되지 않고 용서를 모르는 강력한 전제군주가 아니고서는 이탈리아가 바라는 목적은 도저히 달성할 수 없다고 생각했다.

마키아벨리의 주된 저작에는 일반적으로 '담론(Discorsi)'이라고 불리는 『티투스 리비우스의 최초의 10권에 관한 담론』이 있고, 이것은 그의 사후인 1531년에 출간되었다. 이것은 로마 사가 리비우스의 주석 체제로 돼 있으나, 실은 그의 독자적 저작이다. 그리고 전술에 관한 저서 『전술론(Arte della guerra)』과 모두 여덟 권으로 된 『피렌체 사(Istoric Fiorentine)』, 그리고 끝으로 피렌체 사의 부산물로 볼 수 있는 가장 유명한 저작인 『군주론(Ill Principe)』이 있다. 이 『군주론』은 1513년에 저작하여 1532년에 인쇄되었다. 이 저술에 나타난 마키아벨리의 사관(史觀)에 새롭고도 눈에 띄는 점은 무엇인가? 어떤 면에서 보면, 역사에 대한 그의 견해는 자연에 대한 견해와 확실히 닮아 있다. 사물의 피안에 있는 것, 현상의 초월적 의미나 목적을 탐색하지 않는 점이다. 실로 노골적으로 자연과학자의 눈, 동물학자의 눈이라고도 할 수 있는 눈으로 그는 역사의 현상을 보고 있다. 사물을 공간과 시간 안에서 인식하는 것과 그것들의 인과관계를 구하는 것은 역사에 있어서도 가능하며 의미가 있을 뿐만 아니라, 역사를 볼 때 신조나 이념을 받들고 그 뒤를 따르는 짓은 위조(僞造)에 빠질 수밖에 없다고 말한다.

"나는 나를 이해해 줄 사람에게 쓰이도록 기술하려고 하므로, 환영(幻影)보다는 사물의 있는 대로의 모습에 호소하는 것이 옳다고 생각한다. 실정을 한 번도 보거나 들은 적이 없는 공화국이나 공동국의 일을 상세히 그려 보인 사람은 많다. 현실과 이상은 큰 격리가 있으므로, 이상을 위하여 현실을 버리는 자는 자기의 유지보다는 파멸을 획득하려고 노력하고 있는 셈이다. 그래서 나는 왕후에 대한 환상적인 이야기를 집어치우고, 사실을 말하기로 한다."[2]

---

2 마키아벨리, 『군주론』, 제15장.

이와 같이 바라볼 때, 역사는 어떻게 보일까?

"세계의 경과를 숙고해보면, 세계는 항상 변하지 않는다는 것을 나는 볼 수가 있다. 언제나 선(善)이 있으면 이와 같을 정도로 악(惡)도 존재했으나, 양자는 나라에 따라서 여러 가지 모양으로 변전해갔다. 그래서 역사를 보면, 고대의 여러 제국도 도의(道義)의 쇠망에 의하여 번영하였다가도 망한 것을 알 수 있다. 그러나 세계는 변화하지 않았다."[3]

역사는 영원한 순환이다. 기복이 있어도 거기에 작용하는 힘들은 항상 같은 것이다. 그리고 인간도 영원히 같은 그대로 있다! 형이상학적 사변을 일삼지 않고, 소위 역사의 통계적 체험에서만 보면, 인간은 물체가 역학적 힘에 의하여 공간을 움직여가는 것같이, 자기의 정념에 의하여 움직이고 있다고 할 수 있다. 모든 정념을 근본적으로 환원하면 두 종류가 된다. 욕망과 공포가 그것이다. 인간은 이 둘에 따라 행동하는 것이다. 그래서 인간은 영구히 서로 싸운다.

"인간은 항상 싸우고 있다. 필요에 의해서는 싸우지 않아도 될 때, 그들은 야심 때문에 싸운다. 야심은 인간 마음속 깊이 뿌리 내리고 있어서, 사람이 어느 정도 영달하여도 이것을 불식할 수는 결코 없을 정도다. 왜 그런가 하면, 자연은 인간을 모든 것에 대하여 야심을 불태우게 만들었으나, 모든 것을 획득할 수 있게 만들어 주지 않았기 때문이다. 그래서 손에 가지려는 욕망 쪽이 그것을 충족할 실력보다 크기 때문에, 현재 손에 가진 것으로는 부족하며, 주어진 할당으로는 만족할 수 없게 된다. 인간의 운명의 변전 무상함은 이러한 것에서 온다. 이것이 적대시와 전쟁을 불러서, 여기서 멸망과 반역이 생긴다. 정념을 억제하는 데는 그와 같을 정도로 강한 반대의 힘으로 누르는 수밖에 없으며, 또한 정념을 굴복시키는 데는 그보다 강한 힘에 의할 수밖에 없다."라고 한 스피노자의 설을 마키아벨리는 이미 기술하고 있다. 이와 같이 강한 힘은 어디에 있는가? "사건의 행적을 수동적으로 각인 받아가는 소재에 지나지 않는 대중 안에는 이와 같이 강한 힘은 결코 있을 수 없다. 위대하고 걸출한 개인만이 이 강함을 가질 수 있다. 운명이 어떤 위대한 것을 실현하려고 할 때는, 기회를 인지할 수 있는 정신을 가진 인물, 그리고 그 기회를 포착할 힘과 용기를 가진 인물에게 백 날개(白羽)의 화살을 세우는 법이다(기

---

3 마키아벨리, 『담론(Discorci)』 제2권 서장.

회를 준다)."

　힘과 용기, 이것이 마키아벨리가 '덕(德, Virtu, 장점)'이라고 부른 것이다. 이 말은 착각으로 '덕성(德性, Tugend)'으로 번역되고 있다. 그가 말한 덕은, 기껏해야 '프리드리히 니체'가 의미한 덕이다. 물론 강자라 할지라도 운명에 대해서는 어쩔 도리가 없다. 마키아벨리는 그가 '운(運, Fortuna)'이란 말로 표현한 운명에 대해서, "운명은 확실히 인간을 유리하게도 하고 불리하게도 할 수 있다. 그러나 인간을 조지(阻止)하거나, 강제하지는 못한다. 이 '운명의 여신(Fortuna)'은 맹목적인 힘이다. 이 여신은 제멋대로여서, 무엇을 할지 알 수 없는 여자와 같다. 그래서 사람은 어떤 사정 아래서도 단념해서는 안 된다. 갑자기 어느 방향으로 풍향이 바뀔지 알 수 없기 때문이다. 대체로 신중하기보다는 대담하게 행동에 옮기는 것이 좋다. 운도 여자의 마음과 같아서, 젊고 부지런히 손 내미는 자에 따른다. 특히 결정적인 순간에 손을 내미는 호흡을 터득한 자에게 쏠린다. 왜냐하면 시간의 호의라고 말할 수 있는 기회가 모든 것을 지배하기 때문이다."라고 말했다.

　마키아벨리의 사관은 실용주의로 시종일관하고 있다. 실제의 정치 활동에 써먹으려는 것이 유일한 안목이다. 그리고 실제로 써먹을 수 있는 것을 인간은 역사에서 배울 수 있다는 것이다. 실로 인간 그 자체나 이간을 구동하는 힘도, 모든 때와 장소를 통하여 같기 때문이다.

　"따라서 과거를 주의 깊게 조사하는 자는, 각국에서 장차 어떤 일이 일어날 것인가를 쉽게 예견할 수 있고, 고지(故知)에 따를 수가 있다. 그리고 또 만약에, 적용된 대책이 이제까지 하나도 찾아볼 수가 없어도, 사건익 유사성에 근거해서 새로운 방법을 생각해낼 수가 있다."[4]

　이것들의 전부에서 결론지으면, 인간의 실천 활동은 어떤 의의를 가지게 될 것인가? 도대체 선악이나 도덕적 기준을 위한 여지는 어디에 남게 될 것인가? 마키아벨리의 답은 매우 간단하다. 정치에 그 같은 여지는 없다는 것이다. 정치와 역사에는 다만 결과만이 지배한다. 목적은 수단을 성화한다. 정치 행동은 성과를 달성하면 바르고 찬양할 가치가 있다. 그렇지 못하면 틀린 것이며, 그 외의 기준은 존재하지 않는다. 그 외의 기준은 일반적으로 하나도 없을까? 도덕적인 세계란 것도 있으며, 거기에서는 행동이 성과에 의하

---

4 마키아벨리, 『담론(史論)』 제1권.

여 평가되는 것이 아니고, 사랑과 진리의 이상에 봉사하고 있는가 아닌가에 따라 평가된다는 것을 마키아벨리도 충분히 알고 있다. 그의 의견의 개략은, 그 세계에 머물고 있을 때는 각 사람의 자유이다. 그러나 사람이 일단 정치에 투신하면, 그는 별종의 법칙에 규율을 당한다. 정치의 세계에서는, 자기 자신이 아니고 타인을 복종케 하는 것이 문제가 된다는 것이다.

마키아벨리의 이와 같은 사관에 대해서 간단하게 평가와 비판을 해보자. 그가 부도덕한 설교를 했다고 비난하는 것은 의미가 없다. 그는 설교 같은 것을 하고 있지는 않다. 그는 현실을 제시한 것에 지나지 않는다. "내가 이 현실을 만든 것은 아니며, 있는 그대로의 현실을 발견한 데 지나지 않는다. 나는 다만 있는 그대로의 현실을 제시할 용기를 가졌고, 사물을 바른 이름으로 부른 것뿐이다."라고 그는 그 비난을 반박할 것이다. 마키아벨리에 반론하기 위해서는 역사의 가르침에 의하면, 인간은 그가 주장하고 있는 것과는 다르게 행동하고 있다는 것을 증명해 보이는 것이 전제 조건으로 필요할 것이다.

마키아벨리에게는 위대한 점이 있으나, 그것이 동시에 그의 일면성이 되고 있다. 그는 철두철미한 정치가이다. 그의 눈에는 역사가 정치사로밖에는 보이지 않았다. 그러나 역사에는 다른 영역도 분명히 있다. 정치와 함께 짜여 있으나, 결코 정치에 흡수돼 버릴 수 없는 영역도 있다. 그것은 넓은 의미의 문화사 전반의 영역이다. 이 입장에서 보면, 인간의 행동에 대해서 내려야 할 판정은 분명히 정치와는 아주 별종의 것이 된다. 그런데 이 영역은 마키아벨리의 안중에는 없었다. 그에게는 종교도 정치의 대상이며 도구에 지나지 않는다. 그가 로마인을 편드는 것도, 로마인이 기독교보다는 정치 쪽의 일에 힘을 쏟았기 때문이다. 그는 철두철미하게 정치에 일관된 정치사가라는 점에서 첫째로 꼽히는 사람이며, 정치의 과학적 관찰 방법의 기초를 세운 사람이기도 하다. 역사가 가르쳐준 바에 의하면, 새로운 것이 처음으로 주목되거나 옛것이 새롭게 충분히 명확하게 다시 보이게 될 때는, 우선 그것만이 전면에 밀려 나와 다른 것으로부터 분리되어서 아주 극단적인 모습으로 되는 것이 상례이다. 후세에 국민경제가 열릴 때도 그랬으며, 처음에는 '경제적 인간(homo economicus)'이라는 것에만 이목을 집중시키고 말았다. 이와 같이 마키아벨리도 '정치적 인간(homo politicus)'의 독무대였다. 거기에다 그는 열중적이었다는 것을 염두에 두어야 한다. 하나의 실제적 목적만을 추구하여 그것을 위해서는 선과 악이나, 도덕적·인간적·정신적 가치나 자유도, 법칙이나 관례까지도, 일체의 것을 짓밟고도 개의치 않았다. 그런 만큼 더욱더 하나에 편중하는 방향으로 깊이 빠졌다.

상술한 이 실제적 목적은, 그의 경우 이탈리아를 강대한 민족국가로 만드는 것이었다. 이러한 입장은 유럽의 현실 가운데 이미 잠재해 있던 것이 마키아벨리에 이르러 처음으로 순수한 노골적인 모양으로 드러난 것이다. 종교적인 것과 기타의 속박을 끊어버리고, 자기들의 안녕을 위하여 자주적인 근대국가를 세우자는 움직임이 그것이다. 마키아벨리는 다음과 같이 주창하였다.

"인민의 안녕이야말로 최고의 법률인 것이다. 국가의 성쇠가 걸린 때는 '정인가 부정인가, 고귀한가 비열한가, 인간적인가 비인간적인가'와 같은 논의를 하여 적절한 결정에 영향을 미치는 것을 허용할 수는 없다. 타의 어떤 것을 제쳐놓고라도 국가의 존립을 확고히 하는 수법이야말로 수행되어야만 한다. 이 목적을 달성한다면 어떤 전쟁도 정당한 것이다. 그리고 국가도 인간적인 모든 사물과 마찬가지로 늘 생성 유전하는 운명이므로, 멈추는 것은 이미 되돌릴 수 없는 내리막길을 의미한다. 그래서 발전인가 쇠망인가의 둘 중 하나를 선택할 수밖에 없다. 이와 같이 국가와 국시는 절대적이며 최고의 가치를 가지게 된다."

흥해가는 민족국가들은 마키아벨리의 이와 같은 가르침에 동화하여, 근대까지 이것을 받들었다. 이와 같은 사상을 가진 이탈리아의 역사가에는 마키아벨리 외에도 그의 후배인 프란체스코 구이치아르디니(Francesco Guicciardini, 1483~1540)가 있다. 그는 피렌체의 법률가이며 외교관이었다. 그리고 후에는 교황령의 부총독과 군사령관이 되었다. 그는 기술 역사가로서는 마키아벨리와 어깨를 나란히 할 정도이며, 『피렌체 사』와 『이달리아 사』를 저술했다. 그러나 역사 사상가로서는 마키아벨리에 미치지 못했다.

독일

16세기 독일의 역사 기술 분야에서는 이탈리아나 프랑스와 같은 유명한 인물은 없었다. 『독일 도설(Germania illustrata)』을 저술한 콘라트 첼티스와 독일 고대 저작과 자료를 수집한 콘라트 포이팅거(Konrad Peutinger, 1465~1547)와 같은 인문학자에 대해서는 이미 기술하였다. 이 외에도 요한 필리피(Johann Philippi, Sleidanus, 1507~1556)를 들 수 있다. 그는 아이펠 지방의 슐라이덴에서 태어났으므로 '스라이다누스'라고 불린 법률가이며 외교관이었다. 이 인물의 역사 기술도 마키아벨리만큼 급소를 찌르지는 않았으나, 역시 정치사적이었다. 그는 슈말칼덴(Schmalkalden) 동맹[5]의 역사가로서, 1515년에서 1556년까지의 『종교개혁사』를 저술했다. 그의 저작에는 마키아벨리와 같은 활기와 폭이 없다. 개개의 사건을 들어서 역사의 경과를 어이없게도 조문 식으로 기술한 것도 많다. 그러나 사료에 충실한 점에서, 도리어 오래도록 불가결한 것이 되었다.

독일의 신교는 이 시대에 또 다른 중요한 역사서를 낳았다. 1559년에서 1574년에 걸쳐서 출판된 『마그데부르크 백인집(百人集)』이 그것이다. 이것은 사료에 해설을 달고, 관련된 종교 비판도 가한 포괄적 집성이다. 이 저작은 '참다운 역사적 연구의 최초의 기록문서'라고 불리기도 하였다. 그리고 가톨릭 쪽에서는 이탈리아 가톨릭교회의 사가인 추기경 바로니우스(Baronius, Caesareus, 1538~1607)가 『교회 연감(Annales ecclesiastici, 1588~1607)』을 저술하여 맞섰다.

프랑스 - 코민, 보댕

이 시대에 프랑스에서 유명했던 역사가는 코민(Philippe de Commines, 1445~1509)과 국법학자 장 보댕(Jean Bodin, 1530~1596)이었다. 코민은 외교관이었으며, 샤를 왕의 신임을 받아 『회상록(Memoires)』 안에서 15세기 후반의 프랑스 역사를 기술했다. 보댕은 역사 인식의 바른 방법에 대한 저서인 『역사 인식의 간이한 방법(Methodus ad tacilem historiarum cognitionem, 1566)』을 저술했다. 그는 마키아벨리와는 달리 '성서'를 항상 가장 확실한 인식 원으로 삼았다. 그는 역사적 인식의 확실성에 대하여, 다음 '네 가지 역사'를 항상 병기하고 있다.

불확실하고 혼란한 인간의 역사
확실한 자연사
제재의 구체성에 구애받지 않고 더욱 확실한 수학적 역사
가장 확실하고도 그 본성상 불변인 하나님의 역사 [6]

보댕은 사료를 비판적으로 판정하는 것을 특히 요청하였다. 물론 그 자신은 자기가 부과한 이 요청에 충분히 잘 응했다고는 말할 수 없다. 이 요청이 본격적으로 이루어지기

---

5 독일의 신교 제후와 도시가 황제 카를 5세의 정책에 대항해서 신교도의 공동 이해를 지키기 위하여 1530년 중부 독일의 슈말칼덴에서 결성한 동맹.
6 장 보댕, 『간이 역사 인식 방법(Methodus ad facilem historiarum cognitionem)』, 81쪽.

시작한 것은 다음 세기에서이다. 따라서 이 점은 다만 제창함에 지나지 않는 것으로 볼 수 있다. 이것보다도 더욱 중요한 것은 보댕의 국가 이론이다. 당시의 종교적 논쟁에서, 보댕단은 가톨릭과 신교 어느 편과도 대립하여 국가권력의 편을 들었다. 그는 소위 '정치가' 파에 속했다. 이 정치가 파는 강력한 국가를 원했고, 1589년에 부르봉(Bourbon) 조가 성립함으로써 승리하게 되었다. 이 싸움에 이론적 무기를 제공한 것이 보댕이며, 그는 1576년에 출간된 그의 저서『국가론』에 그것을 논술했다. 이것은 마키아벨리의『군주론』과 나란히 정치 문제를 처음으로 과학적으로 취급한 논문의 하나이다. 보댕은 국가는 '절대군주제'라야 한다고 주장하였다. 국가는 최고 권력을 가지며, 법에 의하여 제약되지 않는다. 강력한 국가에 가장 적합한 국가형태는 군주정체이다. 군주는 전쟁이나 강화를 선언할 수 있고, 관리를 임명할 수 있으며, 세금을 부과할 수 있다. 군주는 특히 모든 구속법을 발포(發布)한다. 군주는 법률을 초월하며 절대적이다. 물론 군주도 하나님의 법에는 따른다. 그러나 개개의 사례에 대해서 무엇이 하나님의 법인가를 결정하는 것은 군주 자신이므로, 이것이 군주에게 장애가 되지는 않는다. 보댕은 이와 같은 절대주의의 법 이론을 주었고, 이것이 오랫동안 유럽 제국을 지배하는 경향이 되었다. 부르봉가가 17세기에 대프랑스 제국을 건설할 때 채용한 것도 보댕이 권한 것과 같은 군주제였다. 물론 18세기가 되면서 시대가 변함에 따라 이와 같은 독재군주권은 프랑스 제국에서 사라져 갔다.

4) 법률학 - 로마법의 계승

중세의 볼로냐 법률학교 주서자(註釋者)들과 그들의 후계자(Postglossatoren)들은 로마법을 다시 꽃피게 하였고, 이것이 시류에 적합하여서 로마법은 이탈리아로부터 유럽 제국에 퍼져 나갔다. 이 영향은 제법 일찍, 13세기에는 이미 잉글랜드, 프랑스, 스페인에서 나타난다. 이들 나라는 로마법을 부분적으로 채용하는 데도 서서히 한정된 범위로 채용하였으므로, 법의 식민지화 정도까지는 되지 않았다. 그런데 독일은 다른 발전 경과를 따랐다. 여기서는 전제 조건이 달라 있었다. 독일제국은 실제로 로마제국의 계속으로 받아들였다. 로마법은 로마제국의 일부분이다. 그래서 독일에서는 로마법이 타국의 경우같이 수입한다는 감을 가지게 하지 않았다. 로마법을 인계받은 독일의 학자들도 남의 것을 들여왔다는 감정을 가지고 있지 않은 것 같다. 프리드리히 왕과 같은 독일 황제는 일찍부터 볼로냐의 법률가를 고문으로 초빙하고 있었다. 그러나 본격적으로 이어받은 것은 훨씬 늦게 1450년에서 1550년에 걸쳐서 처음으로 행해졌다. 그런데 일단 이어받은 후에는 이웃 나라들보다 훨씬 철저하였다.

　이와 같은 경과를 이해하기 위해서는 전술한 것과 같이 독일제국을 로마제국과 동일시한 것 외에도 몇 개의 이유를 들지 않을 수 없다. 그 하나는, 독일의 재판 기구가 해체와 개조를 한 것이다. 그리고 또 하나는, 이 시대에 일반적이었던 인문주의 풍조이다. 계수 과정(繼受過程)도 이러한 배경에 비추어 보아야 한다. 인문주의는 고대 로마를 배우라고 호소하였고, 이 움직임이 로마법에까지 미치게 되었다. 독일의 경우에는 거기에다 또 다른 이유도 있었다. 독일의 법률가들은 대부분 이탈리아의 대학에서 수학하여, 로마법의 자료나 관념을 지니고 있었던 것이다. 거기에다 모국 독일의 법률이 분열돼 있었고, 자신 있는 독일 법률가의 입장이 없었으며, 독일의 법률을 육성할 만한 법률 과학도 없었다. 독일제국이 미력하였으므로, 통일된 독일법이 아니라 특수한 법률이 산적해 있었다. 이것들과 대비해보면, 개념적으로 잘 짜인 로마법이 우수하게 보였던 것이다.

　16세기 이후 독일에서는 로마법의 교양을 쌓은 법률학자가 배심석(陪審席)을 차지하게 되었다. 새로운 발전의 핵이 된 제국 고등법원에도 로마법 박사들이 처음에는 반수 정도였으나, 곧 전부를 차지하게 되었다. 그러나 로마법이 특수법을 쫓아내지는 못했다. 로마법은 일반적인 '보통법'으로서 빈자리를 채웠을 뿐이다. 여기에 지방적 특수법도 추가되었다. 이런 경우에 규정상 상치점이 있으면 지역법이 우선하였다(지방법은 보통법을 파한다.).

　로마법 채용은 독일 민족과 국가의 운명에 중대한 영향을 미칠 전기가 되었다. 몇 세기 동안이나 법률학자들은 각자의 입장이 독일법과 로마법의 어느 편인가에 따라서, 이 채용이 유효한 것인가 무용한 것인가를 논쟁했다. 그러나 여하튼 다음과 같이 확실히 말할 수 있다. 당시의 사정으로 보아 채용을 피할 수는 없었다. 그러나 이 채용은 독일인이 수백 년 동안 지켜온 가치를 버리게 하였다. 이와 같이 로마법을 이어받은 과정은 법률 과학사보다는 법률사와 일반 사회사에 속한다. 그러나 법률 과학사에서도, 이것은 중세에서 근대로의 전환기에 있었던 기본적 사건이다. 이 이어받음은 근본적으로는 고대의 로마법을 그대로 이어받은 것이 아니고, 13세기와 14세기의 이탈리아의 과학적 법률가가 만든 법률을 받아들인 것이다. 본서에서 이것을 다룬 것은 법률 과학의 향후 발전을 이해하는 데 필요할 뿐만 아니라, 자연과학의 있는 그대로의 정황과 향후의 발전 과정을 이해하는 데 필요하기 때문이다.

제 13 장
보편수학

"진리로 가는 바른길을 구하는 자는 수론(數論)이나 기하학의 논증과 같을 정도로 확실함을 가질 수 없는 대상은 취하지 말아야 한다. 이것을 더욱 주의 깊게 생각해 보면, 질서나 양에 관하여 연구되는 모든 것은 수학에 귀착되어야 하며, 이 양을 그중에서 찾아야 할 대상은 수, 도형, 천체, 음(音) 또는 기타의 대상도 좋다는 것을 결국 알게 된다. 즉, 질서나 양에 지배되고 있으므로, 특별한 재료에 의지하지 않고도 문제를 모두 해명하는 하나의 일반적 과학이 있음이 틀림없다. 이것을 새로운 말이 아니고, 예로부터 익숙한 말을 써서, '보편수학 (Mathesis universalis)'이라고 불러도 좋을 것이다." - 르네 데카르트(René Descartes)

보편수학의 사상은 데카르트 한 사람의 생각이 아니라 17세기를 특징짓고 주도한 사상이다. 17세기의 과학 발전 과정을 이해하기 위하여 우선 이 새로운 인식 이상과 인식 문제를 살펴보고, 이 보편수학의 사상을 일반화하여 17세기를 주도하게 한 데카르트의 해석기하학에 대하여 살펴보기로 하자.

1. 새로운 인식 이상

16세기와 17세기 초의 자연 연구자들, 특히 갈릴레이는 이 새로운 이상과 이에 대응하는 새로운 인식 방법의 화신이라고 할 만하다. 그것은 그가 이 이상을 받들고 이 방법을 적용하고 있었기 때문이다. 그러나 이 이상과 방법을 명문화하거나 체계화하는 것이 그의 첫째 소원은 아니었다. 그도 때로는 이와 같은 일을 하였으나, 그 일반화는 한정된 정도에 지나지 않았다.

프랜시스 베이컨도 근대 과학의 이상을 정식화했다고 무조건 주장할 권리는 없다. 이것에 대해서는 『신 오르가논』의 평가에서 이미 기술한 것과 같이, 갈릴레이와 기타 자연 연구자들의 일을 베이컨이 어떤 눈으로 보았나 하는 점에서도 알 수 있다. 과연 베이컨은 귀납법을 가르쳤다. 새로운 이 방법의 하나의 소재인 경험과 실험을 신뢰할 것을 앞세웠다. 그러나 중요한 소재인 수학의 중요성을 인식하지 못했다. 그런데 16~17세기 사람들은 바로 이 수학을 실험보다 중요하게 생각하고 있었다고 볼 수가 있다. 다음과 같은 갈릴레이의 말을 들어보자.

"무지야말로 내가 지금까지 배운 가운데 최상의 교사였다. 그것은 나의 추론이 진실인 것을 반대자에게 실증하여 보여주기 위한 입장에서, 그것을 일련의 실험에 의하여 증명하도록 강요했기 때문이다. 나 자신을 만족시키기 위해서는 많은 실험을 하는 것이 불가결하다고 느낀 적은 없었는데도 말이다."

갈릴레이의 이 말에서, 실험은 본래 진리를 발견하기 위한 것이기보다는 나타내 보이고 증명하는 데 필요한 것이라는 그의 확신을 읽을 수 있다. 이와 같은 생각이라면, 바른 방법만 알고 있으면 실험은 하지 않아도 자연의 여러 법칙을 발견할 수 있다는 것이 된다. 이것은 새로운 인식 이상의 뚜렷한 특징이다. '자연을 수학적으로 해석하지 않으면 안 된다는 확신'을 연구자들이 실험에 의하여 처음으로 배우게 되었거나 강요당한 것은 아니다. 신앙과도 같은 이 확신은 이미 실험을 하는 전제 조건이 되어 있었다. 사물의 수학적 해석에서 어떤 결론이 나오는가를 제시하면서, 이 새로운 인식 이상을 체계적으로 정식화하여 자각을 종용한 최대의 공헌자로 누구보다도 먼저 르네 데카르트(René Descartes, 1596~1650)를 꼽아야 한다. 이러한 데카르트의 생애를 상세히 더듬어 보는 것도 매우 흥미로운 것이나, 여기서는 두세 가지만 적어둔다.

데카르트

그는 라플레슈(La Flèch)의 예수회 학원에서 가장 훌륭한 과학 교육을 받았다. 그는 특히 젊어서부터 "기초가 확실하고 명석하다는 이유에서 수학을 진중이 여겼으며, 이와 같이 확고부동한 기초 위에 아직 장대한 어떤 것도 세워지지 않은"[1] 것을 이상하게 생각했다. 그리고 젊었을 때는 수학 외의 다른 분야에는 관심조차도 없었다고 한다. 그가 어느 정도 나이가 들고 나서는, 세상이라는 위대한 책에서 배우기로 하였다. "그래서 청년기의 후반을 여행으로 보냈고, 궁정과 군대를 배워 알게 되었고, 여러

---

1 데카르트, 『방법 서설(Discours de la méthode)』. 이하 데카르트에 관한 인용문은 본서에서 인용한 것임.

가지 기질과 환경의 사람들과 사귀었다." 수년간 유럽을 돌아다녔고, 이곳저곳의 군대에 봉직한 후, 그는 철저하게 자기 자신의 내부를 성찰하게 되었다. 그런 다음에 그는 네덜란드에 돌아왔다. 그는 이 나라를 찬양하여 말하기를 "이 나라는 장기간의 전쟁 후에도 질서가 완전히 확립되어서, 이 나라의 상비군은 평화의 과실을 더욱 확실하게 맛보이는 역할밖에는 없었다."고 했다. 네덜란드는 17세기에는 자유사상가의 고향이었다. 그래서 프랑스와 함께 이 나라는 이 세기 말까지 수십 년간 정신계의 지도국이었으며, 영국의 정신이 유럽의 주도권을 인계할 때까지 그 자리를 유지했다.

데카르트가 고독한 가운데서 특히 깊게 사색한 문제는, 확실한 인식 방법을 구하는 것이었다. '철학에서는 수세기나 최상의 두뇌들이 전력을 기울였으나, 모든 것이 모순 덩어리며 확실한 것은 하나도 없지 않나! 왜 이렇게 되었을까? 어떻게 보아도 혁신적 방법으로 새로 시작할 필요가 있다!'라고 생각했다. 데카르트는 실생활의 경험과 많은 사색을 쌓은 후에, 자신이 편견으로부터 어느 정도 벗어났다고 생각된 때에, 이 새로운 길을 선입관 없이 찾아가기로 결심했다. 윤리학의 많은 규칙을 지키는 것보다 실제로 지킬 수 있는 원칙을 지키는 것이 더욱 유익하다고 생각했다. 그래서 그는 자신에게 다음과 같은 규칙을 부과했다.

첫째, 그 자체로서 판명하게 인식되지 않은 어떤 것도 진실로 치지 않을 것. 즉, 속단과 편견을 주의 깊게 피할 것. 또 나 자신의 정신으로 의심할 여지가 조금도 없을 정도로 명백하다고 생각될 정도의 인식 이외는 자기의 판단에 포함시키지 말 것.

둘째, 검토하려는 각 난점을 다수의 부분으로 나눌 것. 가능한 한 간명하며, 문제 해결에 바람직할 만큼 다수로 나눌 것.

셋째, 사유를 바르게 순차 지을 것. 즉, 가장 단순하고 가장 파악하기 쉬운 대상에서 시작하여, 서서히 단계적으로 더욱 복잡한 것을 거쳐서 가장 복잡한 것의 인식에 도달할 것. 그리고 최후에, 어디에도 빠진 것이 없다고 확신될 만큼 완전히 사례들을 빠짐없이 들고, 포괄적으로 재검토할 것.

본서에서는 데카르트가 이러한 원칙에서 출발하여 나아간 길을 남김없이 더듬어 볼 수는 없다. 다만 그의 이 새로운 인식 이상과 방법을 포괄적으로 나타내는 사항만 골라서 기술하겠다. 그는 모든 것을 의심하여도, 바로 의심한다는 행위가 있는 이상, 이 사고를 하고 있는 정신이 존재한다는 것은 무조건 확실하다고 말할 수 있다고 통찰했다. "내가 사색함으로 나는 존재한다(Cogito ergo sum)." 그리고 또, 완전한 존재인 하나님이 존재한다는 것이 확실한 것은 직접적으로 명확하다고 했다. 그는 더 이상 없는 '명백하고 판명하며 확실하다'고 인정하려고 원하는 모든 것에 대해서, 일단 이와 같은 기준을 세울 수 있었다.

데카르트의 철학 사상이 수학에서 얼마나 많은 것을 배웠는가 하는 것은 다음의 그의 말에서 명백히 알 수가 있다.

"기하학자들은 가장 곤란한 증명을 해내기 위하여 매우 단순하고 쉬운 논거의 긴 연쇄를 상용한다. 이것에서 나는 다음과 같이 깨달았다. 인간이 인식할 수 있는 한의 대상은 모두 하나도 남김없이 이와 같은 방법으로 연쇄시킬 수 있다는 것을! 그리고 진(眞)이 아닌 것을 진으로 착각하는 일 없이, 또 하나를 타에서 도출하는 데 필요한 규칙을 항상 지킨다면, 무엇이든 도달할 수 없을 만큼 멀리 떨어져 있을 리가 없으며, 발견할 수 없을 만큼 속 깊이 숨겨져 있을 리가 없다."

이와 같은 '수학의 확실한 방법'이야말로 모든 인식의 문을 여는 열쇠인 것이다. 데카르트가 재삼 주장하고 있는 것같이 "이 방법은 특수한 사병(事柄)에만 적용되는 것이 아이므로, 다른 여러 과학에 적용했을 경우에도 대수학에서 쓴 것과 같은 성과를 올릴 가망이 있다."라고 생각했다. "수학의 문제나 수학의 문제와 비슷하게 할 수 있는 다른 여러 가지 문제를 다룰 때, 이 방법을 어떻게 적용하는가"에 대해서도 논술하고 있다. "그래서 우리는 이러한 문제들에서 충분히 확실하지 않다는 것을 알게 된 다른 여러 과학의 원리를 남김없이 떠내 버렸다." 결국, 데카르트는 수학의 경우와 마찬가지로 명백하게 확정된 소수의 원리나 공리에서 모든 것을 연역해 낼 과학을 이상으로 한 셈이다. 데카르트가 실험의 가치를 인정하지 않았다고는 말할 수 없으나, 그가 이와 같은 방향으로 달려간 것은 무조건적인 명석과 확실을 열망했기 때문이다.

데카르트의 위대한 후계자인 네덜란드의 철학자 스피노자(Spinoza, 1632~1677)도 수학적 인식이라 할 이 이상에 강한 영향을 받았다. 스피노자의 사상의 세계가 어떠하였는가를 한번 훑어보기만 하여도 그것을 알 수 있다. 그의 저작인 『기하학적 방법에 준한 윤리학(Ethica ordine geometrico demonstrata)』에서도 윤리학을 '기하학적 방법에 준하여' 전개하려고 하였고, 인간의 행위나 정념을 '직선, 평면, 입체'를 다루는 것과 같은 방법으로 다루려고 했다. 그에게는 타의 모든 것과 같이 영혼 자체도 명백한 수학적 세계 질서의 일부이며, 하나님은 이 질서 자체이다. 이 점에서 스피노자는 데카르트 이상으로 철저했다. 이 시대의 또 다른 탁월한 사상가로 라이프니츠를 들 수 있는데, 그는 최대의 수학자이기도 했으며, 역시 보편수학(전 우주의 수학) 사상에 일관해 있었다.

이와 같이 하여 수학의 명확함과 지울 수 없는 확실함은 전 과학의 모범이 되었는데, 데카르트 자신도 이 과학에 획기적인 공적을 남겼다. 본래의 자연과학에서는 그도 그의 시대도 새로운 이 과학의 건설을 구석구석까지 준공할 이기를 가지지는 못했다. 데카르트가 미리 설계도를 그려놓은 이 건축을 완전한 것으로 하는 것은 뉴턴, 보일, 호이겐스 등이 할 일로 남아 있었다. 이들은 모두 데카르트의 다음 세대에 속하여, 이 세기의 후반에 활약하였다.

이들에 대해서 살펴보기 전에, 데카르트의 사상이 미친 영향 두세 가지를 좀 더 생각해보자. 생명의 과학에도 이와 같은 영향이 미치지 않을 리가 없었다. 데카르트는 생물체도 자기의 기계론적 세계상에 끌어넣었기 때문이다. 정신적 과학에도 이와 같은 영향이 생겼다. 당시에 이와 같은 과학은 매력적인 이 인식 이상을 가지지 못했고, 또 확실하며 성과를 약속해주는 수법을 가지지 못했으므로, 역시 이 새 이상을 채용하기 시작한 것이다.

데카르트에 의하면, '사유(思惟)와 연장(延長, 퍼짐)'이라는 이중의 실체가 존재하는 것이 된다. 그리고 그는 이 둘 사이에 어떤 관계가 있는가를 성하는 난해한 문제를 후세에 남겼다. 예를 들면, 인간의 육체와 정신(영혼)의 관계 같은 문제도 포함한다. 인간 안에서는 이 두 가지가 어떤 형태로든 결합해 있는 것이 확실하기 때문이다. 데카르트의 후계자들도 모두 이 문제에 부딪혀서 그들 나름의 해결을 하고 있다. 19세기의 철학 사상이 이 관계를 데카르트와는 다르게 하였고, 20세기에는 더욱더 달라졌다고는 하나, 여하튼 보통 사람이 가진 '실재(實在)'의 개념을 오늘날까지 결정지어 준 것은 이 '근대 철학의 아버지'이다. 이와 같은 것은 모두 철학사에 속한다. 그러나 데카르트의 문제 제기의 일면, 즉 인식의 문제에 대한 '데카르트식 이원론'이 어떤 효용을 나타냈는가는 실증과학과도 직접 관련돼 있다.

근대적 모습을 가진 인식 문제를 바르게 보면, 실증과학 측에서도 첫째로 꼽아야 할 가장 중요한 의미를 가진 문제로 제기돼 있다. 철학과 개별 과학의 상호작용이 여기에서 특히 명백히 보인다. 그래서 철학사에 접촉하지 않고 과학사를 이해할 수는 없다. 그래서 우리는 실증과학에 한정된 논술을 한다고 하면서, 재삼 철학에 속한 것을 다루지 않을 수가 없다. 그러나 과학사 없이는 철학적 인식론의 발전을 이해할 수 없다고 지적하는 것도 마찬가지로 중요하다. 인간 인식이 내포한 문제성이 로크(John Locke, 1632~1704)에서 버클리(George Berkeley, 1685~1753)와 흄(David Hume, 1711~1776)을 거쳐서 칸트에 이르는 17~18세기의 사상가를 움직이고 있었으나, 이것은 이들의 눈으로 보아온 과학의 발전에서 생긴 것이었다. 과학의 성장뿐만 아니라 그의 영향도 어느 정도 보려고 하면, 좀 더 인식 문제의 개요를 더듬어 보아야 한다.

2. 새로운 인식 문제

어떤 자연물도 두 가지 판이한 쪽에서 문제로 삼을 수 있다. 한쪽은 왜 거기에 있는가 하는 문제이며, 또 한쪽은 그것은 무엇으로 돼 있으며, 어떻게 돼 있고, 어떤 법칙에 따라 행동하는가 하는 것이다. 예를 들어서 눈을 생각할 때, 첫째 물음에 대한 답은 눈은 보기 위해 있다거나, 신체의 일부분이며, 식물을 발견하거나, 적을 인지하거나 하여 이 생물체가 공간 내에서 취하여야 할 태도를 결정하기 위한 것이다. 둘째 물음에 대한 답은 눈은 이러이러한 모양을 한 것이며, 그것은 세포로 구성돼 있고, 그 소재는 이러이러한 유기물이며, 빛이 들어오면 이러이러한 반응이 눈 안에서 일어난다는 것이다.

중세의 사상에서는 첫째 물음이 우위를 차지하고 있었다. 이것은 비교적 평온한 기분이 되는 폐쇄적 우주관을 가능케 한다. 태양은 인류를 비추기 위하여 창조되었다. 식물은 인류를 먹이기 위하여 창조되었다. 인류는 지상에서 생을 받아 하나님의 뜻에 봉사하기 위하여 창조되었다. 이와 같은 견해는 믿고 평온해지는 이점이 있는 반면에 큰 결점도 있다. 즉, 우리가 사물을 지배하려고 할 때는 이와 같은 견해가 우리가 하려는 것에 조금도 도움을 주지 않는다.

케플러나 갈릴레이는 문제의 중점을 첫째 물음으로부터 둘째 물음으로 옮겼다. 그렇다고 그들이 감성이나 존재에 대한 물음을 부인하거나 또는 하지 않았다는 것이 아니라, 이와 같은 문제가 자연과학에는 속하지 않는다고 선언한 것이다. '삼라만상이 하나님의 손에 의하여 일정한 목적을 가지고 창조되었다는 것을 아는 것도 좋으나, 하나님이 어떻게 창조하셨는가를 알고 싶지 않은가?'라고 반문하고 있다. 예를 들면, 17세기 과학의 선구자 보일(Robert Boyle, 1627~1691)은 다음과 같이 말하고 있다.

"내가 시계를 보고 설명을 구하면, 우선 이것은 시계를 제작하는 장인이 만든 것이며, 시각을 나타내는 기계라고 말해준다. 그것은 틀림이 없다. 그러나 내가 이것으로 안심하고 말아서 용수철, 톱니바퀴, 진자(振子), 지침 등이 각각 어떻게 만들어져서 어떻게 상호작용 하는가를 알고자 하지 않는다면, 나는 지나치게 겸손한 것이 아니겠는가!"

그래서 이와 같은 것을 알기 위해서는 둘째 길로 나아가서, 완전히 정밀한 물음, 즉 수량적인 물음을 하지 않으면 안 된다. 케플러는 "인간의 정신은 양적인 여러 관계를 파악하는 데 가장 적합하다."라고 했다. 그러나 인간의 정신에 이와 같은 자질이 있다는 것만으로는 아무것도 안 된다. 양적인 물음을 한 이상, 물론 수량적인 답을 구해야만 한다. 그래서 수학을 자연에 적용하지 않으면 안 된다는 이치이다. 이것은 가능한가? 그 답은 '가능하다!'이다. 왜냐하면 자연 그 자체가 이와 같은 답을 허용하게끔 만들어져 있기 때문이다. 이것은 데카르트가 그의 철학 체계 내에 도입한 근본적 확신이다. 즉, "자연은 수학적 법칙에 따른다."라는 것이다. 하나님 자신이 자연을 그와 같은 법칙에 따르게 창조하신 것이다. 그래서 양적인 과학을 자연에 적용하여야만 하며, 자연이 올바른 답을 주는 것을 확인하여야 한다. 실험이 우선 이것을 보증한다. 자연의 지배에 관한 성과도 이것을 보증하고 있다. 이제야 '자연의 깊숙한 속'에 파고들 바른길을 인류가 발견한 것이다. 그래서 결국 인류는 자연의 본래 모습을 파악할 수 있게 되었다. 랜달(J. Herman Randall)은 다음과 같이 기술하였다.

"그러나 여기서 우리는, 사상사에서 가장 힘겹고도 곤란한 '역리'에 부딪히게 된다. 사실과 법칙의 거대한 신대륙을 획득하기 위하여 과학의 여러 전문 분야의 연구자들이 쓴 개념과 방법이 최종적으로 이론상 어떤 심판을 받을지 몰라도, 인류가 자연환경을 더욱 잘 처리하여 지배하게 한 점에서 확실히 압도적 성공을 거두었다. 그런데 이 방법이야말로 생각 깊은 사람들에게 다음과 같은 의문을 가지게 강요한다. '이 과학적 지식은 왜 하나의 지식이 될 수 있나? 이 지식이 기술한다는 그 세계에 대하여, 이 지식은 어떤 실제적인 관계를 가지는가?' 하는 것이다."

이 문제는 어떻게 생겼는가? 데카르트는 공간 세계 안에 근본적 개념으로 허용되는 것은 연장(퍼짐)과 운동뿐이라고 하여 대담하게도 "나에게 연장과 운동을 주면, 나는 만물을 만들어내 보이겠다."라고 말했다. 우리가 어떤 자연적 대상을 볼 때, 이 대상이 공간 내에서 연장을 가지며 운동하는 것을 확실히 인식한다. 그러나 이것들 외의 것도 인식한다. 예를 들면, 어떤 색인가, 어느 정도 더운가, 어떤 맛과 냄새가 나는가 등이다. 데카르트가 한 것같이 과학을 양적으로 계측할 수 있는 것에 한정하면, 감정이나 가치는 모두 과학에 속하지 않게 될 뿐만 아니라, 색, 온도, 냄새, 맛과 같은 것들은 과학에서 취급할 문제가 아니게 된다. 같은 의미에서 이미 갈릴레이도 열에 대해서 다음과 같이 말했다.

"여기서 나는 특히 열(熱)에 대하여 고찰해 보고 싶다. 열을 뜨겁다고 지각되는 물체 중에 실제로 우연히 있는(accidens, 偶有性) 자극 또는 질(質)이라고 생각하는 한, 열에 관한 일반적 개념은 진실과는 동떨어진 것이 아닌가 하고 나는 진심으로 생각한다. 한 조각의 물건이나 유형물을 인식할 때에는 '이런저런 모양이며, 딴것보다 작거나 크며, 어느 곳에서 어느 시간에 보이는 것이며, 움직이거나 또는 정지하고 있고, 타 물체와 접촉 또는 접촉하지 않고 있는, 한 개 또는 복수다.'라는 식의 파악 방식이 되지 않을 수 없을 것이다. 그리고 어떻게 상상해 보아도, 이 물체를 상술한 조건, 형태, 크기, 존재 상태 등에서 떼어낼 수는 없다."

"그런데 어떤 대상이 흰가 빨간가 하는 색깔, 쓴가 단가 하는 맛, 소리의 고저와 강약과 음색, 냄새 등이 좋은가 나쁜가 하는 경우에는 이 대상도 역시 상술한 조건을 수반하는 것으로 볼 필요가 없다는 것을 알 수 있다. 감각이 그 조건에서 대상을 파악하지 않는 한, 이성도 상상력도 그것만으로는 아마도 대상에 도달하지는 못할 것이다. 그래서 나는 다음과 같은 가정을 도출하게 됐다. 즉 맛, 냄새, 색깔 등은 이것을 담고 있는 것같이 보이는 대상물(객체) 쪽에서 보면 다만 명칭만이며, 지각하는 실체(인간, 생물체)만이 그것들이 담겨 있는 곳이고, 지각하는 존재가 어디로 가버리면, 이들의 여러 성질도 모두 어디로 가버리든지 소멸해 버린다."[2]

이것은 "색과 맛 등은 '오직 의견(주체의 감)'에 지나지 않으며, 실재하는 것은 원자와 공허할 뿐이다."라고 주장한 데모크리토스의 옛 견해가 되살아난 셈이다. 이와 같은 특성

---

2 갈릴레이, 『황금 측량자(Il Saggiatore, 1842)』 피렌체 판, 333~334쪽.

이 실재하는 사물 속에 없다면, 도대체 어디에 있다는 말인가? 말할 것도 없이 데카르트가 둘째의 실체라고 연장(펴짐)과 나란히 가정한 '사유(思惟)' 속에 있다고 한다. 그래서 자연과학자도 포함하여 누구나 일상 그 안에서 맴돌고 있는 직관의 세계와 물리학의 수학적 우주 사이에는 깊은 골이 생기기 시작했다. 이 골은 자연과학이 진전됨에 따라 더욱더 깊어져서 오늘의 물리학에서는 직관에 의지할 여지는 전혀 없어지고 말았다. 그러나 골은 이것 하나만은 아니었다. 데카르트는 인간의 정신은 하나님에 의하여 공간 내의 모든 것을 규율하고 있는 공리(公理)나 법칙을 비약적으로 선험적으로 인식할 수 있게 만들어져 있다고 믿을 수 있었다. 그리고 스피노자는 사유와 연장은 동일한 것의 양면에 지나지 않다고 단언했다. 그러나 어느 단언도 길게 유지되지는 않았다.

감각이 일상적으로 지각하고 있는 이 세계의 모습과 물리적 과학이 그리는 또 하나의 모습이 왜 이렇게 동떨어져 있어도 좋은가? 하는 물음이 나오지 않을 수 없게 되었고, 사실로 곧 나왔었다. 후자가 참모습이며, 실제적 모습이라는 확신을 주는 것은 본래 무엇이었나? 이 과학의 확실성은 어디에서 온 것인가? 참으로 그렇게 확실한 것인가? 데카르트의 의문보다 더욱 근원적인 의문에서 출발하지 않으면 안 되지 않나? 그보다 훨씬 비판적인 인물이 우선 인간의 오성(悟性)이 참인식을 할 능력을 검증하지 않으면 안 되지 않나?

인간의 인식 능력을 검증하려고 한 존 로크의 저작인 『인간의 오성에 대한 시론(An Essay Concerning Human Understanding)』은 이 문제를 해명하려는 일련의 기도였으며, 그 제명이 이 특성을 잘 나타내고 있다. 수학이나 그 위에 세워질 모든 것도 일정한 근본저 가정 또는 공리에서 출발한 것이며, 그 앞의 것들은 전부 여기서 도출돼 간다. 그렇다면 이 근본 가정 자체는 어디에서 오는 것인가? 이것들은 인간에게 날 때부터 갖추어져 있는 것인가? 결코 그렇지 않고, 인간의 의식 중에 있는 것은 모두 바깥으로부터 들어온 것이란 것을 제시하는 것이 로크의 논증 목표였다.

'선천적 관념'이라는 것은 없다. 인간의 정신은 처음에는 한 조각 백지(tabula rasa)와 같은 것이다. 모든 것이 경험을 통하여 처음으로 들어온다. 그런데 경험이 들어올 수 있는 유일한 통로는 지각의 입구인 감각이다. 이리하여 이제 감각적 경험으로 중점이 옮겨 간다. 그러나 이것으로도 문제가 풀리는 것은 아니다. 문제는 도리어 더욱 분규하고 말았다. 그렇다면 과학의 확실성은 어떻게 되는가? 우리가 감각 인상에서 출발하여 정신 안에 쌓아 올린 체계는 실제 세계와 어떤 관련을 가지는가? 양자를 잇는 다리는 어디에 있는가?

철학으로 깊이 파고드는 것은 이것으로 끝내야 하겠다. 로크의 후계자 버클리나 데이비드 흄도 이 문제와 더 씨름을 하였다. 이때에, 전기한 골은 더욱 깊어져 가는 것으로 보였다. 그 반면에 수학적 자연과학만은 뉴턴이나 동시대 사람들의 활동 중에서, 내디딘 길을 나아가 많은 열매를 맺어서 영원히 흔들리지 않을 것 같은 기초 위에 집을 지었다. 끝으로 이마누엘 칸트(Immanuel Kant, 1724~1804)가 한쪽으로는 흄의 논증, 다른 쪽으로는 뉴턴의 세계에서 인상을 받아서 해결을 찾았다. 이것은 오래도록 최종 결정과 같이 보였으며, 오늘날도 그렇게 생각하고 있는 사람이 많다. 그러나 이에 대해서는 더 이상 추구하지 않겠다. 여기서는 다만, 근대의 인식 문제가 16~17세기의 새로운 수학적 자연과학의 부수물에서 성장해 온 모습을 보이려는 데 지나지 않는다. 17세기의 전반기에는 과학적 활동의 중심이 역학 분야에 놓여 있었다. 이 시기의 사람들은 고체, 액체와 기타 물체의 작용을 지배하는 여러 법칙을 확정한 후, 처음으로 모든 현상을 한층 더 나아가 규명하기 위한 기초를 마련했다. 그리고 다음 시대에는 일체의 자연현상을 기계적으로 설명하기 시작하였다. 이러한 일에 있어서 가장 중요한 업적은 뉴턴에 의한 천체역학의 확립이었다.

갈릴레이는 케플러에게 보낸 편지에서 다음과 같은 염려를 이미 말하고 있다. 즉, 17세기를 특징짓는 과학적 비약 뒤에는 어쩌면 정체의 시대가 뒤따르지 않을까 하는 걱정이다. 왜냐하면 그리스 학술의 융성기 뒤에는 많은 세기에 걸친 정체가 계속된 전례가 있었기 때문이다. 그러나 갈릴레이의 이와 같은 걱정은 기우에 지나지 않았다.

과학은 개화한 인류 전체의 공유재산이 되었고, 이미 어떤 한 국민의 운명과 결부된 것은 아니었다. 이탈리아에서 과학에 대한 반동적 경향이 과학의 발전을 저해하였을 때, 과학은 우선 처음에는 주로 영국과 네덜란드와 프랑스에서 전개되어 갔다. 자연과학은 수학의 진보, 특히 해석기하학과 미적분의 확립에 의하여 발전하기 좋은 조건을 얻었다. 오늘날과 같이 너무 과도하게 분업화되고 전문화된 과학에는 위험도 없지 않으나, 당시에는 아직 그럴 정도는 아니었다. 그래서 우리는 저명한 철학자이며 수학자인 데카르트와 라이프니츠가 자연과학 문제도 열심히 연구한 것을 볼 수 있다.

3. 과학 아카데미의 창설

근세 철학은 일체의 전승된 여러 권위적인 관념을 타파하고, 스스로 세운 문제를 전제 없는 입장에서 독창적으로 탐구하려는 노력으로 고취된 것을 엿볼 수 있다. 이러한 노력은 자연과학 분야에 대해서도 매우 효과적인 것이 증명되었다. 이것에 대하여 영속적인 영향을 준 것은 특히 영국의 철학자 존 로크였다. 그의 인식 능력에 관한 근본적 연구는 근세의 '실재론(實在論)'을 불러일으켰다. 자연과학에의 응용이란 점으로 보아서 수학이 얼마나 높이 평가되었던가는 주목할 만하다. 수학과 수리물리학은 스콜라학적 속박에서 해방된 철학과 함께 모든 학문의 총괄 개념으로, 아니 그 이상으로 평가되어, 말하자면 하나의 복음이 되었다.

그것들은 궁정(宮廷)적인 교양의 일부로까지 되었다. 귀부인들은 이전과 같이 시인이나 영창자가 아니고, 철학자나 수학자를 자기 주위에 모았을 정도다. 르네상스 시대에 고전적 고대에 대한 감격이 그랬던 것과 같이, 17세기에는 정밀 자연과학과 그것과 정신을 같이하는 철학에 대하여, 그에 못지 않는 감격이 되어, 과거 수세기의 종교 생활에 대한 대용물로까지 되었다. 그래서 17세기의 특징을 '보편수학'이라고 보아 이 장의 제명으로 삼은 것이다. 이와 같은 사상과 경향이 열매를 맺어서 북부 유럽 여러 나라에 과학 아카데미를 설립하는 반가운 현상을 낳았다.

이탈리아의 피렌체에는 1470년에 이미 '플라톤 학회(Academia Platonica)'가 설립되어 그 후 50년간 존속하였다. 1498년에는 로마에도 '고전 연구 학회(Academia Antiqkria)'가 설립되어서, 주로 역사와 고고학 분야에서 활동하였다. 그리고 다른 도시에도 아카데미가 설립되었는데, 그중에는 수명이 매우 짧은 것도 있었으나, 활발하게 운영되었던 아카데미로는 1550년에 설립된 자연의 비밀을 탐구하는 '나폴리 아카데미', 1603년에 로마에 설립된 '통찰자들의 학회(Academia de Rincei)', 1657년에 피렌체에 생긴 '실험 학회 (Academia del ciment)' 등이 있다. 이런 아카데미 중 특히 피렌체의 '실험 학회'는 갈릴레이의 후계자 토리첼리(Evangelista Torricelli, 1608~1647)를 중심으로 모여, 실험을 중심으로 한 연구에 의하여 17세기 과학의 기초를 이루었다. 유럽의 북부 여러 나라에서도 이 학회를 본받아 과학아카데미를 설립하게 되었고, 윤택한 자금과 군주의 은혜로 장려돼서 발전하였고, 차후의 과학 발전에 큰 공헌을 하게 되었다. 라이프니츠는 이와 같은 과학

협회의 가장 근본적 이익에 대해서 다음과 같이 말하였다.

"개개의 학자들은 쉽게 독단에 빠지게 되나, 그들이 모여진 과학 협회 안에서는 개인의 독단적 견해가 서로 논쟁됨으로써 일찍이 타파되게 된다. 그리고 또, 서로 상대를 승복시키려는 소원은 회원들 간에 관찰과 계산의 결과 이외의 것을 가정하지 않는 데 대한 의견의 일치를 환기시키게 된다."

이와 같은 정신의 조장에 있어서 특히 현저한 기여를 한 것은 1662년 영국에 설립된 '왕립협회(Royal Society)'와 루이 14세 치하의 1663년에 창립된 파리의 '과학아카데미(Academi de science)'였다. 그리고 18세기에는 특히 프리드리히와 라이프니츠에 의하여 창립된 '프로이센 아카데미'가 중요한 역할을 하게 되었다. 이들 아카데미의 역사는 과학 발전에 위대한 업적을 남긴 개개 과학자의 생애와 사상 발전 경력 이상으로, 과학의 전문화를 지향한 유럽의 사회 상태와 정치 형성에 대한 의존성에 있어서 더욱 잘 나타내고 있다. 따라서 우리는 근세 과학사에 나타난 이러한 현상에 대해서 주의 깊게 살펴보아야 한다.

이러한 아카데미 설립 시대에 예수파의 마린 메르센(Marin Mersenne, 1588~1648)은 광범한 문신을 통하여 개개 학자 간의 경험과 사상의 교환을 기함으로써 특별한 공헌을 하게 되었다. 메르센의 왕복 서한들은 현재 파리의 국립도서관에 소장돼 있는데, 이것은 과학사에 있어서 귀중한 자료가 되었다. 메르센과 같은 뜻으로 독일에서 활동한 사람 가운데 같은 예수파의 신부 가스팔 쇼트가 있다. 전기한 아카데미의 창설로 이들의 역할도 아카데미의 서기관들에게 인계되었다.

영국의 '로열 소사이어티(Royal Society)'의 탄생에 관해서 그 발기인의 한 사람은 다음과 같은 귀중한 기록을 남겨놓았다.

"그 최초의 토대가 여문 것은 런던에서 늦어도 1645년이었다고 나는 생각한다. 이즈음에 나 자신도 다른 사람들과 함께 매주 회합을 가졌다. 이 회합에서는 논의가 다른 길로 벗어나는 것을 피하는 것과 또 다른 이유 때문에 하나님과 국정과 시사 제목 등에 관한 논의를 금하였고, 논제는 오로지 물리학, 해부학, 기하학, 천문학, 항해학, 역학과 자연 실험과 같은 순수 이학적 탐구와 관계된 것으로 한정하였다."

"우리는 거기서 혈액의 순환, 정맥의 변막(辨膜), 코페르니쿠스 설, 혜성과 신성의 본성, 망원경의 개량과 이를 위한 유리의 연마, 공기의 측량, 진공의 가능 또는 불가능과 자연의 진공 혐기성(眞空嫌忌性), 수은에 의한 기압에 대한 토리첼리의 실험, 물체의 낙하와 가속도, 그리고 그와 같은 성질 등을 논하였다."

이들이 논의한 것들 중에는, 당시에는 새로운 발견에 속하는 것도 있고, 일반에게 알려지지 않았던 것도 있으며, 현재와 같이 이해되지도 못했던 귀중하고도 새로운 것이 많았다.

"처음에는 이 회합이 런던 치프사이드의 어떤 저택에서 열렸다. 보일도 가장 젊은 회원으로 1년 후에 이 협회에 가입했다. 보일은 이 순수한 이학회(순리학회)를 '보이지 않는 대학(Invisible Collage)'이라고 불렀다. 그러나 얼마 후에는 일부 회원을 잃게 되었다. 공화정치 초기의 최초 법령 가운데 하나가 모든 대학의 숙청을 목적으로 한 것이었기 때문이다. 어떤 교수는 파면되고, 그 대신에 새 사람이 임명되었다. 몇몇 사람은 옥스퍼드를 떠나서 런던에 가야만 했다. 그러나 다행히도 한 유력한 회원이 '와턴 칼리지'의 학장이 되었기 때문에 이 '보이지 않는 대학'의 지부가 옥스퍼드에도 설립되었다. 그리고 저명한 과학자이며 건축가인 렌(Sir Christopher Wren, 1632~1723)도 이 모임에 출석하게 되었다. 그 후에 렌이 런던의 '그레샴 칼리지'의 천문학 교수가 되고부터는, 회원들이 매주 한 번씩 있었던 그의 강의를 듣기 위하여 옥스퍼드로부터 런던으로 동상 나가게 되었다. 런던과 옥스퍼드 지부는 간간이 중단되기도 하였으나 왕성복고까지 존속했다. 왕정복고 후 1660년 11월 28일에 렌의 강의가 있은 후, '그레샴 칼리지'에서 중요한 회합이 열렸다. '수리물리학적 실험과학'의 진보를 위한 '칼리지'의 설립이 토론되고 회칙이 기초되었다. 이때에 협회를 더욱 견고한 기초 위에 세우기 위하여, 법인 조직 청원서를 찰스 2세에게 보냈다. 이것이 1662년에 인가되었다. '매주 실험적 과학의 진보에 관한 단합과 의논을 위하여 모인' 이 민간 협회는 '왕립협회'로 승격하여, 국왕이 설립자임을 선언하게 되었다."[3]

이 발기인이 말한 것과 같이 자연과학적 문제를 토론하는 가운데에 국가의 참상에 대

---

3 쉘드, 『로열 소사이어티의 역사』.

한 구원의 길을 구하기 위하여 설립된 이 '왕립협회'의 역사는 과학사의 가장 중요한 한 장이 되고 있다. 일체의 부차적 목적을 떠난 과학 연구소를 설립하여 그것에 모든 자력을 쏟아부은 사상은, 영국에서는 프랜시스 베이컨에서 비롯한다. 그의 이 사상은 『뉴 아틀란티스(New Atlantis)』에 발표되었는데, '솔로몬의 집'이라고 불렀다. 그래서 왕 찰스 2세도 이 계획을 받아들였다. 보일이나 렌이 이 협회의 설립자였고, 왕은 이것에 특별한 보호를 약속하고, 법인권과 '왕립협회(Royal Society)'라는 명칭을 부여하였다.

이 협회의 목적은 이미 베이컨이 요망한 것과 같이 여러 학문의 체계를 세우는 데 있었다. 그래서 우선 모든 사실에 대한 여하한 이론에도 구애되지 않고, 순수한 경험적 탐구를 하여야 한다는 것이 인식되었다. 따라서 영국의 자연과학 방면은 '실험 학회'가 회원들을 고취하여 중요한 열매를 맺은 것과 같은 정신을 가지고 있었던 셈이 된다. 중점은 강연이 아니고, 실험과 증명을 하는 데 있었다. 새로운 법칙이나 사실의 발견자는 회원들 앞에서 그 실험과 증명을 되풀이하여 보여주어야 했다. 그래서 스위프트는 '왕립협회'가 창립된 지 50년 후에 쓴 『걸리버 여행기』 안에 학식 있는 교수들이 오이에서 햇빛을 추출하여 그것을 후에 사용하기 위하여 통조림을 만드는 데 정신을 팔고 있거나, 어떤 자는 얼음에서 화약을 만들려고 하고, 어떤 자는 지붕부터 짓기 시작하여 맨 끝에 토대를 다지는 집짓기를 시도하는 자들의 모임인 아카데미를 그려서 암암리에 왕립협회를 풍자하고 있다.

처음에는 이 회원들 중에 의학을 논의하는 의사들이 우세했다. 처음 수년간은 특히 하비의 혈액순환설을 검토하여, 이 설에 대한 수많은 지주를 가져다준 것도 이 때문이다. 보일은 이 협회에서 호흡에 관한 실험을 하였고, 다른 과학자들은 생물의 해부에 착수했다. 요컨대 감각의 직접적 증언이 결정적 의의를 가졌다. 그리고 이것에 의하여 수많은 오류에 빠진 견해와 미신이 제거되었다.

이 동안에도 협회는 회원 상호간의 접촉에만 머물러 있지 않았고, 저명한 외국 학자들과도 연락을 취했다. 그래서 이 일에 필요한 광범한 서신 연락을, 이 협회의 서기관으로 있던 하인리히 올덴부르크(Heinrich Oldenburg)라는 한 독일인이 관장하였다. 올덴부르크는 1626년 브레멘에서 나서, 그 생도(生都)의 영사(領事)로 영국에 왔다가, 그 지위에서 해임된 후 어떤 젊은 공작의 가정교사가 되어 옥스퍼드로 갔다. 그는 여기서 '왕립협회'의 회원들과 친숙해졌다. 그리고 그의 어학 지식이 인정을 받아, 그들로부터 서기관의 역을 위임받았다. 레이우엔훅(Leeuwenhock)과 말피기(Malpighi) 등 많은 학자가 자기의 발견에 대한 최초의 보고서를 왕립협회에 보내왔다. 그것은 이 협회가 외국인의 과학적 연구에도 아낌없이 원조해 주었기 때문이다. 예를 들면, 말피기의 누에에 관한 대논저를 인쇄하고 동판도 쪽을 넣는 비용을 협회가 부담하였다.

왕립협회는 '이학보고(理學報告, Philosophical Transaction)'라는 제명을 가진 간행물을 1665년부터 발간하기 시작했고, 그것에 개재된 보고와 논문들은 그 후 3~4세기에 수행된 과학 발전의 가장 중요한 원천이 되었다. 이것은 '이학 집집(理學輯集, Philosophical Collection)'이라는 이름으로 서기관 올덴부르크 한 사람 힘으로 발행되다가 제47권(1713년)부터 협회가 발행을 인수했다.

왕립협회의 창립 이래 천문학이 흥미의 중심이 되었다. 이것은 찰스 2세가 항해술에의 응용을 위한 천문학에 대하여 심심한 관심을 가지고 특별히 조장하였기 때문이다. 왕과 왕실 천문학자가 회원이었던 이 협회가 협력하여, 1675년에 '그리니치 천문대'를 설립하였다. 17세기 중엽까지 과학자들이 몰두한 과제 중에는 역학 문제, 즉 운동의 이론을 몇 개의 공리 위에 세워진 상호 관련된 체계를 만드는 문제가 최선두에 있었다. 왕립협회의 공적은 특히 그 시대의 과학적 과제를 인식하여 끊임없이 그 해결을 자극한 점에 있었다. 그리고 또 이 문제를 포괄적으로 해결한 천재가 그 회원 중에서 출현한 특별한 행운을 가졌다. 왕립협회의 가장 위대한 회원인 이 천재는 바로 뉴턴이었다. 즉, 그가 근세 자연과학의 2대 근간인 케플러의 천문학과 갈릴레이의 역학을 상호 결합하여 계속적 발전을 이룬 것이다.

프랑스에는 1635년에 리슐리외(Armand Jean du Plessis, Duc de Richelieu)가 설립한 '아카데미 프랑스'가 있었는데, 이것은 프랑스어 교육을 위한 사숙(私塾)이었다. 1666년에 처음으로 영국의 왕립협회와 같이 프랑스에서도 루이 14세 때에 콜베르(Jean Baptiste Colbert, 1619~1683)에 의하여 '왕립 과학아카데미(Academi Royal de Science)'가 파리에 설립되었다. 이 과학아카데미도 역시 회칙도 없이 자유로이 집합한 약간의 과학자들의 요구에 의하여 생겨났다. 그들은 과학아카데미의 설립에 앞서 수십 년간 이미 기술한 메르센 주위에 모였던 한 무리의 사람들이었다. 파리의 과학아카데미는 17세기 중에 이미 영국의 왕립협회와 견줄 만한 조직으로 발전하였고, 정기적인 간행물을 발간하였다. 학술상의 정기간행물로 가장 오래된 것은 사로가 1665년에 창간한 『학자 잡지』이며, 여기에는 국내뿐만 아니라 국외 학자들의 매우 중요한 연구들도 발표되었다.

프랑스혁명 동안에 파리 과학아카데미는 1793년 일단 폐쇄되었다가 1795년에 다시 개설되었다. 그 최종적 조직은 혁명 시대가 끝난 후 1816년에 정돈되었다. 이것은 규약에 의하여 65명의 회원을 가지며, 11개 부문, 즉 수학, 역학, 천문학, 지리학, 물리학, 화학, 광물학, 식물학, 농학, 해부학을 포함한 동물학, 의학 부문으로 나누어져 있다.

런던의 왕립협회와 파리의 과학아카데미를 본받아 다수의 연구 기관이 우후죽순처럼 각국에 생겨났다. 그중에 중요한 것을 들면, 1700년에 베를린, 1725년에 페테르부르크, 1739년에 스톡홀름, 1759년에 뮌헨 등이다. 뮌헨아카데미는 과학사 분야에 세운 공적이 크기 때문에 특별히 주목할 만하다. 이 뮌헨아카데미는 19세기 후반부터『독일의 과학 역사』를 분과별로 편찬하기 시작하여, 게르하르트의 수학사, 볼빌(Emil Wohlwill)의 천문학사, 괴를란트(Albert Görland)의 물리학사, 카루스(J. V. Carus)의 동물학사, 작스(Julius von Sachs)의 식물학사, 코벨(Kobell)의 광물학사, 그리고 히르슈(August Hirsch)의 의학사 등 중요한 과학사 저서를 간행하였다.

독일의 17세기 과학적 업적은 영국의 대과학자 뉴턴보다는 못하나, 다방면의 활동에 있어서는 그를 능가하는 지도자 라이프니츠가 있었다. 르네상스, 종교개혁, 그리고 정밀 과학에서 솟아난 힘은 누구보다도 뚜렷하게 이 사람 안에 나타나 있다. 그리고 17세기 전반에 과학의 혁신에 대한 노력을 실현한 점에서, 요하임 융기우스(Joachim Jungius, 1587~1657)를 그 선구자로 꼽아야 한다. 그는 자유로운 연구에 몸 바친 모든 힘을 촉진하여 공동적 활동으로 인도하려는 노력에 있어서도 라이프니츠의 선구자로 보아야 한다.

융기우스는 1587년 뤼베크(Lübeck)에 태어났다. 그는 의학에 몸 바쳐 이탈리아에 2~3년간 머물렀는데, 그곳에서 체살피노(Andrea Cesalpino, 1519~1603)의 식물학적 연구를 알게 되었고, 또 이탈리아에 융성하고 있던 근세 자연과학 정신을 주입받았다. 독일에 돌아와서 그는 스콜라철학에 대한 투쟁을 시작하였고, 그와 같은 정신을 가진 사람을 자기 주위에 모으려고 애썼다. 이와 같은 노력 끝에 융기우스는 1622년 로스토크(Rostock)에 '수학의 촉진과 자연의 구명'을 중요한 사명으로 표방한 최초의 독일 학회를 설립하였다. 이 학회의 목적은 '진리를 이성과 경험에 의하여 구명하고, 모든 과학을 궤변에서 해방하여 여러 가지 발명으로 증식하는 것'이었다.

1652년에는 '황제 레오폴드 아카데미(Kaiserich Leopol dinisch Academi)'가 설립되었다. 이 학회는 1672년 이래 주로 박물학에 관한 논문을 간행하였는데, 독일의 과학 발전에는 그 자랑스러운 이름에 걸맞은 성과를 거두지는 못했다. 그것은 이 학회의 소재지가 자주 바뀐 탓이기도 하다. 왜냐하면 회원들이 국내에 산재해 있어서 회원 간의 빈번한 접촉과 사상의 교환을 이루기 어려웠기 때문이다. 그리고 또 독일의 각 나라들(프로이센, 바이에른)의 수도(베를린, 뮌헨)에 개별적 아카데미를 설립한 것도 '황제 레오폴드 아카데미'가 지향한 전 독일적 아카데미가 강화될 수 없었던 이유였다. 융기우스와 '황제 레오폴드 아카데미'의 창설자들이 소규모이기는 하나 실현한 사상은 라이프니츠가 장기간 파리에 체재 중, 국가에서 아낌없이 장려된 과학 연구자들의 대협회가 매우 유익하다는 것을 알았을 때에 그 안에서 다시 살아나게 되었다. 라이프니츠는 독일에도 같은 기관을 설립하기 위하여 자기의 모든 열의와 변설을 받쳤다. 이것은 1672년의 '제안서'와 그에 뒤따른 몇 개의 초안으로 나타났다. 라이프니츠가 그 안에서 설명한 원리를 요약하면 다음과 같다.

"한층 더 깊게 자연 안에 돌입하기 위해서는 일체의 힘이 상호 결합되어야 한다. 여기서 우선 첫째로, 연구의 목표와 방향을 주기 위하여, 쉽게 해결된 문제와 어려운 미해결 문제를 개관하기 쉽게 정리할 필요가 있다. 이와 같은 진흥에서 기대되는 모든 성과는 교양과 생활상에 결실할 수 있게 일반 사람들도 손이 닿게 하여야 한다. 따라서 창립되어야 할 아카데미는 그 발표를 독일어로 하여야만 한다."

라이프니츠는 이 기회에 기성의 일면적 고전 교육의 가치와 문법학적·언어학적 교육의 과대평가에 대해서 예리하고도 적절한 판단을 내리고 있다. 그는 다음과 같이 주장하였다.

"우리는 우리나라의 청소년들에게 우선 여러 언어의 정복이라는 헤라클레스적인 다난한 작업을 수행하라고 강요하여, 정신의 예민함을 자주 무디게 갈아버리고, 라틴어 지식이 없는 것을 모두 무식하다고 판정하여 오도하고 있다."

일반적 교육 수단으로 고대어를 폐기하면, 고대어 연구가 쇠퇴할 것이란 걱정을 라이프니츠는 매우 정당한 근거에 의하여 반박하고 있다. 즉, "어떤 일이 있어도 신학자는 그리스어를, 법률가는 라틴어를 모르게 되지는 않을 것이며, 역사가는 근본 문헌을 읽는 것을 저지당하지는 않을 것이다."라고!

이 제안서가 가져다준 자극은 그만큼의 결과를 나타내지 않았다. 그래서 라이프니츠는 과연 하나의 프랑스는 존재하나, 하나의 독일은 존재하지 않는다는 것을 통감하였다. 그러나 그는 자기의 목적을 버리지 않았고, 그 실현이 곧 독일의 과학이 타 국민의 것을 능가하리라는 기대를 하였다. 설사 독일제국의 규모로는 실현되지 않는다 해도, 허술하게 결합된 제국을 구성하고 있는 개별 국가의 하나에서는 실현될 수도 있다고 생각했다. 그래서 그는 이 문제를 위하여 독일에서 가장 강대한 국가이며, 발전하고 있는 브란덴부르크 프로이센에 착안했다. 그리고 외적 사정도 그를 도왔다.

브란덴부르크 선제후(選帝候) 프리드리히 3세는 하노버의 공주 조피 샬롯데와 결혼했다. 이 공주는 파리에서 돌아와서 하노버 궁정에 출사하고 있던 라이프니츠의 열렬한 제자였다. 이 선제후의 새 부인과 선생이었던 그와의 관계는 빈번한 서신 연락으로 계속되었다. 그리고 그 서신 연락의 주요 제목은, 독일도 지금이야말로 베를린에 프랑스의 과학아카데미에 비견할 기관을 창설하려는 라이프니츠의 기획이었다. 그는 서한에서 특히 다음과 같이 지적하고 있다.

"프로이센은 실재적 기예 분야에서 힘을 얻어야 한다. 왜냐하면 여러 국민 간의 투쟁과 경쟁에 있어서, 가장 문명화되었고 가장 공업이 융성한 국민이 승리하게 될 것이기 때문이다. 그런데 과학아카데미야말로, 프로이센의 지도하에 신교국 독일을, 농업과 공업의 과학 발전과 응용에 의하여, 내부적 평화적 힘을 증대해 줄 오직 하나의 수단이다."

오랜 인내와 고심 끝에 드디어 라이프니츠는 베를린에서 그의 제안을 관철할 수 있었다. 1700년 3월 19일에 선제후는 과학아카데미를 설립할 것을 명하였다. 따라서 라이프니츠가 그의 '제안서'에 설한 제안을 실행에 옮기는 데 4분의 1세기나 걸린 셈이다. 라이프니츠는 베를린에 초빙되어 아카데미장에 임명되었다. 그런데 이에 배당된 비용은 라이프니츠가 기획한 바에는 미치지 못했다. 아카데미가 설립되고 10년 남짓 지나서 왕위에 오른 프리드리히 빌헬름 1세(Friedrich Wilhelm I, 1713/1740)의 성질에는 학문적 시설을 장려하는 데 맞지 않았다. 이 왕은 프로이센이 타 방면에서는 매우 많은 것을 이루게 한 왕이나, 아카데미와 그 설비들은 이해하지 않고 그것들을 조소하기조차 하였다. 이 왕이 관심을 가지고 장려한 단 하나의 과학 분야는 화학이었다. 화학은 그의 치세 하의 프로이센에서, 슈타르(George Schtare)와 포트 같은 두세 사람의 뛰어난 대표자를 가지고 있었다.

프리드리히 빌헬름 1세 하에 보였던 모든 사정은 그의 위대한 아들의 즉위로, 그와 함께 '과학과 예술이 옥좌에 감으로' 일변하게 되었다. 즉, 대왕 프리드리히 2세(1740/1786)는 이미 태자 때부터 과학아카데미를 갱생하려는 계획을 가지고 있었다. 또 그가 왕위에 오르면 아카데미에 초빙하여 프로이센과 결부시킬 적당한 학자를 물색하고 있었다. 그는 우선 모페르튀(Maupertuis, 1698~1759)와 볼프(Christian Wolff, 1679~1754)를 주목하고 있었다. 모페르튀는 당시에 천문학과 수리물리학의 탁월한 대표자로 인정받고 있었다. 그리고 볼프는 철학자로 신망을 모으고 있었다.

프리드리히는 뉴턴과 라이프니츠를 대신할 사람으로 이 두 사람을 초빙하려고 했다. 그런데 볼프는 베를린으로 초빙하는 것을 거절하였다. 그는 프로이센에서 과거에 지독한 고난을 받은 적이 있었다. 그가 할레(Halle)에서 철학 강좌를 담당하고 있었을 때에, 그의 동료가 그를 무신론자로 고발하여 교수형을 당할 뻔했는데, 48시간 내에 국외로 도피하는 데 성공하여 겨우 그 악형을 면한 적이 있었다. 볼프의 철학에 대한 공적은 대체로 라이프니츠의 철학을 더욱 발전시켜서 보급한 데에 있다. 그는 라이프니츠가 준 시사에 따라 독일어를 사용했는데, 이것이야말로 하나의 획기적 공적으로 볼 수 있다. 라이프니츠는 독일어 사용을 시사하였으면서, 자신은 대부분 라틴어나 프랑스어로 저술하였다. 그런데 볼프는 강의와 저작을 독일어로 하였고, 오늘날의 독일어 철학 용어는 대부분 그가 처음으로 사용한 것이다. 그는 후에 프리드리히 대왕에 의하여, 할레의 철학 교수로 복직하였다.

모페르튀는 대왕의 초빙을 받아들여 1742년에 아카데미 회장이 되었다. 그가 회장으로 취임하기 1년 전에 위대한 오일러도 아카데미에 초빙돼 있었다. 프리드리히 대왕 시대의 처음 20~30년간은 프로이센 아카데미로서는 가장 뜻 깊은 시기였다. 모페르튀는 우수한 학자들을 정회원 또는 재외회원(在外會員)으로 아카데미와 결연하게 할 수 있었다. 프로이센 아카데미는 그 당시 광신주의 또는 절대 전제주의에 의하여 타국에 추방된 학자들의 피난처가 되었으며, 교회의 비관용 주의에 대한 도피성으로 되어 있었다. 회원 중에는 앞에서 든 사람들 외에도 라그랑주(Lagrange), 람베르트(J. H. Lambert, 1728~1777), 그리고 마르그라프(Marggraf) 등 유명한 사람들이 있다. 그들의 업적은 다음 기회에 기술하기로 한다.

이와 같은 아카데미가 그 목적을 달성하기 위하여 사용한 수단 중에는 현상 문제가 수위를 차지하고 있었다. 그 해답은 가장 우수한 여러 세력들이 참가하여 열렬한 경쟁을 하는 데서 구해졌다. 프로이센 아카데미의 역사 기술자가 표현한 것과 같이, 이것에 의하여 모든 과학이 해마다 한 단씩 높아져갔다. 사람들은 그 아카데미의 정신과 능력을 반영하는 현상 문제의 주제를, 상금 금액에 못지않은 긴장을 가지고 받아들였다.

아카데미에서 발행하는 정기간행물 외에도, 거기에 실린 보고와 논문들을 가치 있게 보충하고 알기 쉽게 해설한 정기간행물이 나타나게 되었다. 그중에 특히 권위 있고 유명한 것으로 『학자들의 보고(Acta Eruditorum)』를 들 수 있다. 이것은 1682년부터 라이프니츠가 발행한 것인데, 많은 수학적·물리학적 논문이 포함되어 있으며, 모든 지식 분야의 논문들이 실려 있다. 라이프니츠나 치른하우젠(Ehrenfried Walther Tschirnhausen, 1651~1708)과 같은 많은 중요한 인물이 그 기고가에 속해 있다. 마지막 권은 1776년에 나왔다. 자연과학의 각 전문 분야의 개별적 잡지가 생겨남에 따라, 『학자들의 보고』는 가치를 잃게 되어 1776년에 폐간되었다.

18세기에 행해진 각처의 아카데미 회원이 서로 문제를 제출하는 습관에 의하여 과학은 촉진되기도 하였는데, 이때에 국민적 질시에 의해 소란한 논쟁이 벌어지는 예도 드물지 않았다. 그것은 특히 독일인과 영국인 사이에 벌어졌다. 이와 같은 논쟁은 왕왕 매우 불쾌한 것이었으나, 대국적으로 보면 그것도 과학을 손상하지는 않고 촉진하는 결과가 되었다. 여하튼 17세기에 유럽의 각국 각지에 생겨난 이 과학아카데미는 근대 자연과학을 승리의 가도로 달려가게 한 가장 중요한 기구였으며, 과학을 육성한 요람이었다.

4. 데카르트의 해석기하학

이 절에서 다룰 해석기하학과 다음 절에서 다룰 무한소 계산, 즉 미분법의 발견은 17세기 수학이 이룬 가장 중요한 두 가지 사건이며, 전 과학사를 통해서도 가장 중요한 것으로 꼽는다. 이들의 발견으로 수학의 추상화는 정점에 도달하게 되는데, 이 새로운 발견의 내용을 몇 절의 글로 일반인에게 알기 쉽게 설명할 수는 없다. 우리는 학교에서 미분계산의 대강을 배웠으나, 실생활과 별로 관계가 없는 수식들을 수년 후에는 말끔히 잊어버리게 된다. 여기서는 가장 중요한 인물들을 들어서 그들이 한 수학의 이 새로운 발견이 어떤 문제와 관계가 되었고, 어떤 방향으로 해결해 갔으며, 어떤 성과를 올렸는가를 알아보고자 한다.

1) 페르마의 수론과 확률론

데카르트의 해석기하학 발견에 주목하기 전에, 동시대의 동국 사람인 피에르 페르마(Pierre Fermat, 1601~1665)에 대하여 살펴보자. 페르마는 본직이 법률가이며, 여가에 수학을 다루었다. 페르마의 저서가 그가 죽은 후에 공표되고 보니, 그도 데카르트와는 별도로 해석기하학의 기초를 발견한 것이 명백해졌다. 그러나 데카르트가 먼저 공표하고 있었으므로 명예는 전부 데카르트에게만 돌아갔다. 페르마의 업적 가운데 가장 잘 알려진 것은 수론(數論) 분야의 것이다.

"n이 3보다 클 때, 등식 $x^n + y^n = z^n$을 만족하는 자연수 x, y z는 존재하지 않는다."라는 페르마의 명제는 '페르마의 문제'라는 이름으로 알려져 있다. 주지하는 것과 같이, $n=2$이면, $3^2+4^2=5^2$, $12^2+5^2=13^2$과 같은 자연수의 해가 몇 개나 있다. 그러나 그들의 합이 역시 세제곱 수가 되는 두 개의 세제곱 수는 있을 수 없으며, 이것은 4차 이상의 차수 전부에 대해서도 마찬가지라는 것이 그의 주장이다. 이 명제는 바른 것같이 보여서, 수학자들은 몇 세기 동안이나 이것을 일반적으로 증명하려고 노력했다. 이 문제에 상당한 상금이 걸려 있어서 더욱 이 문제를 해결하려는 노력을 부추겼으나 아직 해결하지 못했고, 물론 오늘날에는 그 상금이 하락하고 말았다. n이 100차 이상에 대해서도 개별적 증명은 계속 발견돼 왔으나, 일반적 증명은 아직 못하고 있다.

2) 데자르그와 파스칼의 사영기하학

위대한 종교사상가인 파스칼(Blaise Pascal, 1623~1662)은 동국 사람인 페르마와 함께 확률 계산의 기초를 만들었다. 파스칼은 이것 이외에도 데자르그(Gerard Desargues, 1593~1662)와 공동으로 수학의 또 다른 분야인 사영기하학(射影幾何學)의 설립에 공헌했다. 이 공헌에 대해서는 데자르그의 이름을 먼저 들어야 할 것이다. 사영기하학의 기본 사상은 연장자인 데자르그로부터 온 것이기 때문이다. 데자르그는 리옹의 건축가이며 엔지니어였다. 그가 수학적 사상에 몰두하게 된 것은 아마도 건축가로 활동하고 있었기 때문에 투시법의 문제를 해결해야 했기 때문일 것이다. 몇 세기 전부터 이 투시법의 여러 현상은, 일부는 광학 분야에서 논해졌고, 일부는 회화나 기타 예술을 위하여 학자나 예술가에 의하여 논해지고 있었다. 투시법의 문제는 데자르그의 두뇌 속에서 어느 정도까지 수학화된 것이며, 이 점에서 데자르그도 이 '수학의 세기'의 참다운 아들이었다. 그는 새로운 중요한 두 발짝을 내딛었다.

개개의 원추곡선의 특성들은 고래로부터 계속 연구돼 왔다. 모든 원추곡선은 원과 원호(圓弧)의 사영(射影)으로 볼 수 있다는 점에서 데자르그는 출발했다. 그는 이때에 원추곡선 전부에 공통된 일련의 특성을 발견했다. 이것이 그가 이룩한 첫 발짝이다. 그리고 둘째 발짝은 기하학에 '무한원점(無限遠點)'을 도입한 것이다. 이와 같은 점을 가정하면, 평행선과 교차하는 두 직선 사이를 연결 지을 수가 있다. 즉, 두 개의 평행 직선은 무한원점에서 교차한다고 볼 수 있기 때문이다. 이와 같은 방법으로 말하면, 원통도 무한원점에 정점을 가진 원뿔로 생각할 수 있다. 데자르그는 자기의 이러한 사상을 '원뿔이 평면과 교차할 때의 여러 현상에 관한 보고의 제일 초안'이라고 제명한 저술 중에 기술했다. 그는 장난기에서인지, 아무도 쉽사리 알 수 없게 하기 위해서인지, 아니면 다른 이유에서인지는 알 수 없으나, 아무튼 이 저술을 매우 알기 힘든 수식이나 돌린 말로 분식하고 있다. 그래서 그 안에 감추어진 중대한 핵심을 뚫어볼 수 있는 사람은 몇 사람 되지 않았다. 그런데 16세의 천재 소년인 파스칼은 데자르그의 이 저서를 한번 보자 바로 알아냈고, 이 생각의 중요성을 인식하여 좀 더 깊이 추구할 결심을 했다.

데자르그의 초안은 그 후 완전히 잊어버릴 운명에 빠져 있었다. 센(Seine) 강가의 헌책 행상의 판매대에서 우연히 이 귀중한 저서가 다시 발견된 것은 19세기가 되고서였다. 그리고 이 초안과 관련된 파스칼의 사상이 인정받기에는 아직 시기상조였다. 그 의의가 인정된 것도 역시 19세기가 되고서였다.

3) 데카르트의 해석기하학

데카르트는 그의 유명한 철학적 저작인 『방법 서설』과 함께 세 개의 과학 논문을 발표했다. 그 제명은 '굴절광학', '기계현상론', '기하학'이다. 여기서 특히 흥미를 끄는 것은 기하학이며, 이 논문에는 해석기하학의 근본 사상이 포함돼 있다. 데카르트의 철학적 저작은 매우 명석한데, 이 '기하학'은 그렇게 알기 쉽게 하려고 노력하지 않았다. "이것쯤이야 나도 이미 알고 있었다는 식으로 쉽게 생각해 버리면 곤란하기 때문이다."라고 데카르트는 그 이유를 부언하고 있다. 그리고 또 그는 이 새로운 방법에서 어떤 결론을 생각해 낼 수 있나, 어떤 문제에 적용할 수 있나 하는 것을 남김없이 기술하려고 하지 않았다. 그 후의 작업을 확실하게 진전시킬 도구를 제공하는 것으로 만족한 것이다.

데카르트 자신은 이것보다 훨씬 광범위한 것을 하고자 했으며, 이 문제 이외의 계획과 관심을 가지고 있었다. 또 그는 후세에 발견할 것을 남겨두며, "우리의 손자가 내가 여기서 논술한 것에 대해서 배울 뿐만 아니라, 발견의 기쁨도 나누어 가지기 위해서 고의로 다루지 않고 남겨둔 것에 대하여 감사할 수 있게 되기를 나는 바란다."라고 했다.

이 '해석기하학'의 본질적 요점은 무엇인가? 그것은 '기하학의 대수화(代數化)'이다. 해석기하학은 기하학과 대수학 사이에 다리를 놓아 이 둘이 하나의 통일된 수학이 되게 한 것이다. 평면도형이건 입체도형이건, 어떻게 하면 기하학의 명제를 계산에서 발견하고 증명할 수 있나 하는 것을 가르친 것이다. 데카르트 자신은 오늘날 사용되고 있는 직각 좌표계를 거의 쓰지 않았다. 그러나 그는 이 방법의 본질을 명확히 밝힌 점에서 더할 수 없는 공헌을 하였다.

데카르트가 『기하학』 중에서 기술한 '새 방법'과 페르마의 '궤적론'을 대강 소개한다. 종이 위에 직교(直交)하는 두 개의 직선 축을 그리고 교점에서 같은 간격으로 구분하자. 즉, 방안지(方眼紙)에 두 개의 직교하는 축을 그리고, 수평선을 X축 수직선을 Y축이라 부른다. 그러면 이 종이 위에 그려진 임의의 직선 또는 곡선 상의 모든 점은 기준계(基準系)로 택한 두 직선에 대하여 완전히 일의적(一意的) 관계를 줄 수 있으며, 이 관계를 하나의 방정식으로 쓸 수 있다. "기하학적으로 그릴 수 있는 모든 점 사이에, 또 직선의 모든 점 사이에, 하나이며 오직 하나인 방정식에 의하여 완전히 표시되는 관계가 반드시 성립하지 않으면 안 된다."라는 것이다.

예로서, $y=(1/2)x-1$이라는 방정식을 들어보자. 미지수 x에 부의 무한대에서 정의 무한대까지의 일련의 수치를 주고, 각 수치에 대한 y의 값을 계산해 보자. 그리고 좌표계 상에 X축에 따라 x의 각 값을 취하고, 그에 대응하는 y의 각 값을 거기에서 수직으로, 즉 Y축에 평행으로 취한다. 이 결과 얻어진 무한히 많은 점들은 하나의 직선을 그리며, -1 점에서 Y축과 만나고, +2 점에서 X축과 만나게 된다. 이와 같이 어떤 직선에 대해서도, x와 y가 1차항만으로 나타난 1차방정식이 하나씩 소속해 있다.

그리고 2차방정식, 즉 x 또는 y 또는 둘 다 2차항으로 들어 있는 방정식에는 모두 하나의 원 또는 원뿔곡선이 속해 있다. 원은 가장 단순한 원뿔곡선이며, $x^2+y^2=a^2$이라는 방정식이 된다. 이것을 가장 쉽게 인지하기 위해서는 데카르트의 다음과 같은 지시에 따르면 된다. "풀어야 할 문제를 우선 당장은 해결된 것으로 보고, 미지의 것, 기타의 것을 불문하고 모든 선에 대한 관계식을 세워본다." 예를 들면, 종이 위에 원을 그리고, 그 중심에서 직교하는 직교축을 끈다. 그리고 원주 위의 임의의 점과 중심을 연결하고, 또 이 점에서 두 축에 수선을 내린다. 이렇게 하여 세 개의 직선을 얻게 되는데, 그것들은 원주 상에 택한 점의 좌표 x와 y, 그리고 원의 반경 a의 길이와 같다. 여기서 "우선은 기지, 미지를 불문하고, 이 세 개의 직선 간의 관계식을 찾아내라."라고 한다. 이 경우는 x, y와 a는 직각삼각형을 이루는 것이 명백하다. 이것은 피타고라스의 정리에 의하여, $x^2+y^2=a^2$이 된다. 이것은 이미 원의 방정식이다. 이 방정식은 원주 상의 모든 점에 맞으며, 기타의 점에는 맞지 않는다.

이와 같은 생각 방식을 평면에서 공간으로 미치게 할 수 있다. 다만 X, Y 양 축에 수직인 제3의 축 Z를 추가하면 된다. 평면의 경우는 두 개의 미지수의 선형(1차)방정식은 하나의 직선을, 이보다 고차의 방정식은 곡선을 생기게 한다. 마찬가지로 공간에서는 세 개의 미지수를 가진 선형방정식은 평면을, 더 고차의 방정식은 2차의 면 또는 곡면을 생기게 한다. 여기서 이미 예감할 수 있듯이, 수학이 반드시 3차원까지에 국한될 이유가 없다. 원리적으로는 4차원 이상으로 나아갈 수 있다.

이와 같이 하여, 기하 도형을 대수식으로 완전하게 일반적으로 정의하는 가능성을 얻었다. 예를 들어, 원에 대하여 생각할 수 있는 모든 기하학적 정의를 대수식으로 나타내면 상기한 원의 방정식이 된다. 이 방정식은 원의 성질을 모두 주는 완전한 일반적 정의인 것이 확실하다. 대수방정식과 기하 도형 사이는, 언뜻 보기에 매우 동떨어져 있는 것 같이 보이나, 이 양자 간에는 항상 명백한 하나의 관계가 성립하고 있다. 도형은 기하학의 규칙에 따라 작도적으로 취급할 수 있으며, 방정식은 다른 모든 수식과 마찬가지로 산술이나 대수학의 규칙에 따라서 계산할 수 있다. 그런데 이 양자 사이에는 항상 근본적 관계가 성립하지 않으면 안 된다. 데카르트는 이 발견으로 비할 수 없는 이기를 수학자의 손에 넘겨주었다. 개개의 명제를 발견하는 것이 아니고, 소망하는 각 명제에 도달하는 열쇠를 찾는다는 이상에 그는 가까워진 것이다.

"데카르트 이전에는 누구도, 특히 고대인조차도, 이와 같은 마법의 열쇠를 가져보지 못했다고 데카르트는 단언하고 있는데, 이 자만도 할 만한 것이었다. 이렇게 말할 수 있는 것은, 그렇지 않았다면 이것에 대하여 그와 같이 많은 큰 책을 쓰는 노고를 싫어했을 것이기 때문이다. 그들의 책 중에 정리(定理)의 안배 방식만 보아도, 그들은 그 정리들을 남김없이 주는 참 방법을 가지고 있지 않았기 때문에, 자기들이 가끔 찾아낸 것만 진열한 것임을 알 수 있다."

"모든 선, 면, 입체들을 순차로 차수를 높여가는 방정식과 관련시킬 수 있으며, 그러한 도형의 특성이 수백 개 있다고 해도, 단 하나의 방정식으로 나타낼 수 있으며, 이러한 방정식에서 그러한 도형을 도출할 수도 있다면, 개개의 선이나 기하 도형이나 그것들의 특성을 하나하나씩 힘들게 규명해 가는 것은 얼마나 바람직하지 않는 돌림길인가!"

"데카르트의 해석기하학은 한 방법을 수학에 주었다. 그 방법은, 그때까지 수학에 알려진 적이 없을 정도로 힘과 보편성을 가진 것이며, 재래의 것 전부에게 폐지와 극복을 선언한 방법이고, 함수 개념의 도움을 받아, 공간과 시간의 개념에 관계된 모든 과학을 개혁하고 재생시키게 된 방법이다."

– 에밀 부트루(Emile Boutroux)

제 14 장
뉴턴의 자연철학

우리는 과학사에서 가장 위대한 과학자인 뉴턴(Isaac Newton, 1642~1727)의 모습을 떠올릴 문화사적·자연철학적 배경을 살펴보았으므로, 이제 그의 생애와 사업과 과학적 업적과 의의에 대해서 살펴보기로 하자.

1. 뉴턴의 생애와 업적

뉴턴

철학 사가들이 철학의 최고봉인 이마누엘 칸트의 생애를 기술하려고 할 때 다소 당혹감을 느끼게 된다. 칸트의 사상과 저작에 대해서는 얼마든지 많은 것을 쓸 수 있으나, 그의 전기를 쓰려고 하면 실로 어이없게 되고 만다. "그는 내내 쾨니히스베르크에 살았고, 시간을 정하여 규칙적인 기거를 하였으며, 일생 결혼하지 않았다." 이것으로 본질적인 점은 다 기술한 셈이기 때문이다. 과학사에서 최고의 인물이라고 누구나 인정하는 위대한 과학자 뉴턴에 대해서도 마찬가지이다.

　뉴턴에게는 일이 전부였다. 그는 칸트 이상으로 생활의 대부분을 일에 바쳤다. 칸트는 그래도 사람들과 사귀었고, 나재한 쇄남가이며 남론가로서 인기노 있었다. 또한 그는 문학과 음악과 낮잠을 즐겼다. 그런데 뉴턴은 오직 일에만 전념했다. 여성과의 사랑에 빠진 적도 없다. 예술과 음악도 그에게는 무연이었다. 입는 것도 먹는 것도 개의치 않았다. 많은 위대한 연구자에게 따랐던 비극적 투쟁의 자취도 뉴턴에게서는 찾아볼 수가 없다. 세상으로부터 인정받기 위하여 오랜 고투를 하지도 않았다. 25세의 젊은 나이에 이미 교수가 되었다. 물질적인 고생도 그에게는 없었다. 그의 생애에는 파란만장이라는 것이 없었다. 그러나 그의 업적과 연계하여 그의 생애를 기술하려면 한이 없다. 그의 자연철학상의 주요 업적은 별도로 다루기로 하고, 여기서는 그의 업적을 이해하는 데 도움이 될 그의 생애를 기술해 본다.

뉴턴은 그레고리력으로는 1643년 3월 1일, 당시 영국에서 사용되었던 율리우스력으로는 1642년(갈릴레이가 사망한 해) 12월 25일에 링컨서 그랜덤(Grantham, Lincoln-shire)시에 가까운 울스소프(Woolsthorpe)라는 농촌의 농가에서 태어났다. 아버지는 뉴턴이 나기 전에 사망하였고, 그는 의부 밑에서 자라 그랜덤의 왕립학교에 다녔다. 그는 남보다 더 열심히 공부한 것도 아니고, 눈에 띌 만한 짓도 하지 않았다. 그러나 작은 일에도 집착하는 성격이었고, 기계로 된 장난감을 손질하고 조립하는 것과 같은 꼼꼼한 일을 좋아했다. 14세에 의부가 죽자 학교를 그만두고 농사일을 해야 했으나, 그는 고향에서 농사일 하기를 싫어했다. 그래서 어머니는 큰아버지의 권유와 보조로 그를 학교에 다니게 하였고, 19세에 케임브리지 대학 트리니티 칼리지(Trinity College, Cambridge U.)에 입학하여 공부하게 하였다.

그는 대학 생활에서 처음으로 수학과 자연과학의 세계에 눈뜨게 되었다. 이들 학과의 성적도 매우 뛰어났다. 그는 이 시기에 고대인의 수학서, 특히 유클리드의 기하학을 공부하였고, 근세의 저명한 저술가의 저작들도 통독하였다. 케플러의 『굴절광학』과 천문학 서들, 데카르트의 『기하학』과 수학서들, 그리고 미적분을 싹트게 한 월리스(John Wallis)의 산술서와 기타의 저서를 통독했다. 그는 탁월한 정신의 소유자만이 할 수 있는 사유의 자립성을 가지고 타인의 저작들을 접한 것이다. 1665년은 케임브리지에 페스트가 유행해서, 고향으로 돌아오게 되었다. 고향 전원의 고요함 속에서 어떠한 외적 자극이나 동기 없이 그의 천재성이 돌발적으로 눈뜨게 되었다. 반백이 된 뉴턴이 그의 회상록에서 청춘 시절을 회상한 말을 들어보자.

"1665년 초경에, 수열의 근사치를 구하는 방법과 어떤 2항식의 어떤 계승의 것도 이와 같은 종류의 수열로 환원하기 위한 일반 규칙인 이항정리를 나는 찾아냈다. 동년 5월에 나는 그레고리(James Gregory, 1638~1675)와 율리우스의 접선 문제에 대한 해결 방법을 발견했고, 11월에는 '미분 계산법'을 발견했다. 그리고 다음 해 1월에는 색의 이론을 얻었고, 5월에는 '역 미분 계산법'에 나아갔다. 그리고 동년에 중력은 달에도 미친다는 것을 생각하게 되어서, 혹성의 규칙적인 순환주기에 대한 케플러의 법칙에서, 혹성을 궤도에 보지하는 힘은 혹성이 돌고 있는 중심점에서의 거리와 반비례 관계임이 틀림없다고 추론하였다. 이때 나는, 달을 그의 궤도에 보지하는 데 필요한 힘을 지표의 중력과 비교하여, 양자가 잘 합치하는 것을 발견했다. 이와 같은 모든 발견은 1665년과 1666년의 페스트가 유행한 해에 이루었다. 이와 같이 나는 당시에 나의 발견 시대의 최초의 개화 시기에 있었으며, 그 이후의 어느 시기보다도 더욱더 수학과 철학에 전념하고 있었다."

1666년에 뉴턴은 불과 24세였다. 이때에 그는 그의 전 생애 동안 다룬 중요한 문제들을 하나도 남김없이 제출하였고, 그 대강은 이미 풀었던 것이다. 그 후 그의 생애는 이와 같이 제출해 놓은 문제들을 끝까지 구명하는 것이었다. 그가 제출한 문제들을 크게 보면 다음의 세 가지이다.

첫째는 '무한소 계산'이고, 둘째는 '색의 이론(색이론)'이고, 셋째는 '중력 이론'과 이것을 '행성 운행에 적용' 하는 문제이다. 특히 셋째 문제에서 그가 발견한 '만유인력의 법칙'은 암흑 속에서 헤매던 인류의 과학 세계에 빛을 비춰준 획기적 사건이었다.

이 문제 해결의 실마리가 된 것은, 지구상의 중력과 지구에서 달에 미치는 힘의 동일성을 증명하려는 착상이었다. 그러나 그 당시는 이것을 입증할 계산의 근거가 될 지구의 크기에 대한 정밀한 측정치가 없었다. 그래서 이 사상은 피카르(Jean Piccard, 1620~1682)의 위도 측정이 발표된 16년 후에야 바르게 설명할 수가 있었다고 생각하는 사람도 많은데, 반드시 옳다고 할 수는 없다. 그 자신이 말한 것과 같이, 페스트를 피하여 고향에 돌아가 있던 1665년에서 1666년 사이에 그는 지구의 중력이 거리의 제곱에 반비례하여 달에 도달한다고 상정하여, 달을 그의 궤도에 유지하는 힘과 지구 표면의 중력을 비교하였으며, 이미 그때에 만족할 만한 결과를 얻은 것으로 보인다. 그 발표가 그의 위대한 저서 『자연철학의 원리(Naturalis philosophiae PRINCIPIA mathematica)』가 완성되기까지 약 20년이나 늦어진 이유는 다른 데 있었다고 보는 것이 타당하다고 생각된다. 그리고 그가 사과가 떨어지는 것을 보고 암시를 받았다는 것을 보통의 전설에 지나지 않는 것으로 생각하던 것도, 홀(Asaph Holl, 1829~1907)이 1893년 런던에서 출판한 『뉴턴의 '프린키피아'에 대한 연구』에서 이것이 무근한 것이 아님을 증명하고 있다.

뉴턴은 케임브리지에 귀교하자 곧 트리니티 칼리지 특별 연구원으로 선택되었고, 1667년에 그의 마지막 학위인 석사 학위(Master of Art)를 받았다. 그리고 1669년에는 궤적(Locus) 강좌를 담당하는 교수가 되었다. 이것은 전임자 배로(Isaac Barrow, 1630~1677)가, 그 자리는 뉴턴에게 더욱 적합하다고 양보해 주었기 때문이다. 전술한 것과 같이, 영국은 1645년 이래 런던에 과학자들의 비공식 학회가 이루어져 있었다. 그들은 대부분

보수파였는데, 청교도혁명의 내란 동안은 숨어서 회합하지 않으면 안 됐다. 그래서 이 학회를 '눈에 보이지 않는 학회(Invisible College)'라고도 지칭했다. 잠시 동안은 런던을 떠나서 옥스퍼드에서 회합을 가졌다가, 1660년 왕정복고가 된 후 런던으로 돌아왔다. 1662년에 이 학회는 왕의 윤허를 받아 '자연 지식의 진보를 위한 왕립협회(Royal Society for Promoting Natural Knowledge)'가 되었고, 1662년부터 유명한 『이학 보고(理學報告, Philosophical Transactions)』를 발간했다. 찰스 2세는 이 학회를 적극적으로 후원했다. 뉴턴이 이룩한 위대한 업적을 세상에 알려서 비약적 과학 발전의 초석이 되게 한 것도, 뉴턴 시대의 영국이 철학과 자연과학에서 완전한 주도권을 가지게 된 것도 이 학회의 활동에 의한 것이다. 회원 중에는 후크, 보일, 기타 후술할 저명한 과학자들이 많았고, 그중에 뉴턴도 들어있다.

뉴턴은 케임브리지에서 20년간 살았다. 물론 그도 일찍부터 그가 주목해 온 문제만을 다룬 것은 아니다. 그와 같은 문제와 함께 신학의 문제도 다루었다. 그는 만년에 신학 논문, 예를 들면 '다니엘 서'나 '요한 계시록'의 해석들도 1713년경에 발표하였다. 그 외에도 어떤 보고에 의하면, 그는 많은 시간을 연금술 연구에 쓴 것으로 보인다. 수년간을 매년 봄과 가을에는 연구실에 틀어박혀서 연구만 했다. 아마도 화학적 연구, 즉 연금술에 열중해 있었던 것으로 추측되는데, 그 결과는 누구에게도 말한 적이 없고, 그것에 대한 발표도 하지 않았다. 화학 분야에서 뉴턴은 별다른 성과를 올리지 못한 것 같다. 그래서 일부는 이와 같이 다른 길에 들어갔기 때문에, 또 일부는 당시의 많은 학자와 같이 자기 공적을 공표하여 자랑하는 것을 싫어하였기 때문에, 뉴턴의 중력 이론은 문제가 처음으로 인지되어서부터 완전한 결말이 나기까지 20년 이상이나 질질 끌었다고 생각된다.

1699년에 뉴턴은 런던에 있는 국립 조폐국 장관에 임명됐다. 당시 영국의 화폐제도는 확고한 기초가 없었으므로, 이 직은 매우 어려운 중책이었다. 뉴턴은 이 과제를 과학적으로 철저하게 해결하여 큰 성과를 올렸다. 뉴턴도 코페르니쿠스가 한 것같이 화폐 문제에 손을 대지 않을 수 없었다. 물품의 양과 유통 화폐량의 관계나, 화폐제도의 기타 법칙도 뉴턴은 규명해 냈다. 그러나 그의 창조적 과학 활동은 이것으로 끝나게 되었다. 이 이후 발표한 것은 새로운 것이기보다는 이전에 얻은 지식을 기술한 것에 지나지 않는다. 그러한 저술 중에서도 1704년에 발표한 『광학(Opticks)』은 매우 중요하다. 이 책에 부수하여 이항정리나 미분법을 발표했다. 그리고 뉴턴은 1703년부터 왕립협회 회장으로 지내다가 1727년 3월 21일에 만인의 존경을 받으며 세상을 떠났다.

2. 뉴턴 시대의 수학

1) 무한소 해석의 준비 단계

무한 계산의 중심 문제는 여러 각도로 접근할 수 있다. 그 하나는 물리학, 더 정확히 말하면 역학으로부터 가는 길이다. 역학은 시간과 함께 변동하는 양을 다루지 않으면 안 되기 때문이다. 등속도 운동이면, 수학적으로 비교적 간단한 수단으로 처리할 수 있다. 그런데 진동자의 진동이나 현(弦)의 진동과 같이 속도가 변동하면, 어려운 문제가 된다. 이와 같은 문제 중에는 갈릴레이와 다른 사람들이 이미 푼 것도 있다. 그러나 일반적으로 푸는 방법은 없었다. 운동론의 상황은 바로 이 일반적으로 푸는 방법을 필요로 하고 있었다.

이것과는 별도로 곡선 이론 중에서 소위 접선 문제에 나타나는 길도 있다. 곡선의 각 점에 그어진 접선은 점마다 방향이 다르다. 곡선의 방정식이 주어졌을 때 각 점에서의 접선 방향을 계산할 수 있는 일반식, 즉 방향의 법칙이라고 하는 것이 존재하는가? 그리고 역으로, 이러한 법칙을 알고 있을 때 원 곡선의 방정식을 도출할 수 있을까? 처음 것은 정규의 접선 문제이며, 다음 것은 전자를 뒤집은 역의 접선 문제이다. 이 문제는 데카르트가 만들어 낸 해석기하학에서 필연적으로 생겨 나오는 것이다. 실제로 데카르트 자신도 이미 이 문제에 부딪혀서 그 의의를 인정하고 있다. 곡선의 임의의 각 점에 이 곡선과 직교하는 직선, 즉 접선에의 수선을 긋기 위한 일반적 방법을 전개하는 문제를 그는 "내가 아는 가장 일반적이며 가장 유용한 문제일 뿐만 아니라, 내가 기하학에 있어서 언제나 알고자 했던 문제"라고 말했다.

무한소 계산에 통하는 제3의 문제 영역은 곡선과 관련된 평면이나 입체의 면적이나 체적을 구하는 문제였다. 즉, 곡선으로 둘러싸인 면적을 계산하는 문제와 곡면으로 둘러싸인 입체의 체적을 계산하는 문제이다.

1673년에 라이프니츠가 제2의 문제(접선)와 제3의 문제(구적)의 직접적 관련을 인정한 것은 수학사의 위업 가운데 하나이다. 그러나 이 최후의 해결을 위한 기초 준비를 한 사람들에게 주목해 보자. 역사의 경과가 나타내는 바로는 이 사람들이 이와 같은 두 가지 길 어느 쪽에서도, 그리고 그 외의 방향에서도 문제의 핵심에 더욱더 접근해 간 것이다. 이미 기술한 것과 같이, 고대인도 이미 곡선이나 곡면으로 둘러싸인 면적이나 체적을 구하는 문제에 손대고 있었다. 특히 아르키메데스는 그의 저술 중에 일찍이 깊이 있는 논의를 하고 있다. 그는 미분 적분법과 원리적으로 같은 '무한소 분법'을 이미 기술하였다. 16세기에 그와 파포스가 한 일이 널리 알려지게 되었고, 이 문제가 다시 다루어지게 되었다. 입체의 체적을 구하는 문제를 취급한 사람 중에는 케플러도 있는데, 그가 이 문제를 다루게 된 동기가 매우 흥미로우므로 대강 살펴보고 넘어가자.

케플러의 구적(求積) 문제

케플러는 1612년에 도나우 강변의 린츠에 머물고 있었다. 이 해에 포도가 대풍년이었다. 그는 맛난 포도주를 제법 많이 사들였는데, 이때에 상인이 포도주 통 주둥이에서 밑바닥까지 자를 찔러 넣어서 통의 용적을 구하는 광경에 주목하게 되었다. 이것이 동기가 되어 케플러는 술통 모양을 한 회전체의 체적을 나타내는 정확한 수식을 찾는 문제를 세워서 이삼 일 후에 풀고 말았다. 그러나 이 문제는 그의 머리에서 떠나지 않고, 다음의 두 가지 일에서 그는 이 문제를 발전시켜 나갔다. 그 하나는 가능한 한 작은 표면으로, 그래서 가능한 한 가장 적은 재료를 써서, 가능한 한 가장 많은 술을 담을 수 있는 술통 모양의 수식을 발견하는 과제였다. 즉, '극대 문제'라고 불린 문제이다. 이 문제의 해답은 말할 것도 없이 '구형(球形)'이라고 얻었다. 또 다른 일은 술통과 닮은 모양을 한 여러 가지 회전 입체들인 사과형, 올리브형, 레몬형 등에까지 체적 계산법을 확대해 나간 것이었다. 그러고 나서 3년 후에 『술통의 신 입체 측정법(Nova Stereometria Doliorum Vinariorum)』이라는 저술을 세상에 내놓았는데, 이 저서 안에는 상기한 것과 같은 입체의 체적을 구하는 방법이 92가지이나 포함돼 있다. 케플러의 체적을 구하는 방법은 수학에도 매우 유익한 공헌을 하였다. 케플러는 천문학뿐만 아니라 수학에도 매우 우수한 재능을 보였으며, 그가 발견한 천문학도 그의 수학적 기초 위에 세워졌다.

카발리에리의 구적에서의 수열

이탈리아의 예수회 수도승인 카발리에리(Francesco Bonaventura Cavalieri, 1598~1647)가 면적을 구하는 문제에 깊이 파고들었다. 그는 원리적으로는 라이프니츠의 생각과 매우 흡사한 고찰을 진행시켜 나갔다. 곡선으로 한정된 면의 '면적을 구하는 법(quadrieren)'에는, 이미 그 말이 뜻하는 것과 같이 그 면을 정방형(Quadrat) 또는 정방형의 합으로 바꾸는 데 지나지 않는다고 했다. 면적을 구할 면을 점으로 볼 수 있을 정도로 미소한 정방형이 무한히 많이 합쳐진 것으로 생각했다. 이렇게 가정할 수 있는 면은 그러한 점의 띠, 즉 선이 무한히 많이 평행으로 늘어서서 된 것으로 볼 수 있다.

이와 같은 방식으로 이등변 직각세모꼴을 고찰해 보자. 이 세모꼴은 상술한 것과 같이 한쪽 변에 수직한 점의 띠로 구성된 것으로 생각하면, 한쪽 끝의 띠의 길이는 한 점이고, 다음은 두 점, 세 점······ 이렇게 하여, 띠의 총수를 n이라고 하면, 이 세모꼴의 면적 S=1+2+3+ ······ +n이라는 수열로 주어진다. 그런데 이와 같은 수열의 모든 항의 합계, 즉 면적은 S=$(1/2)n^2$+$(1/2)n$인 것을 카발리에리는 알고 있었다.

그리고 n은 무한에 가까운 큰 수이므로, 제1항에 비하여 제2항은 무시할 수 있어서, 이 삼각형의 면적은 $(1/2)n^2$이 된다. 이것은 명백히 올바르고 오늘의 공식과 일치한다.

월리스의 이항 문제

카발리에리의 이와 같은 수열 방식은 당연히 곡선에 대해서도 적용하는 것을 생각하게 된다. 그리고 면이 곡선으로 둘러싸인 경우도 이와 같은 수열로 만드는 것이 문제로 된다. 영국의 존 월리스(John Wallis, 1616~1703)가 이 점에 있어서 아주 중요한 일보를 전진시켰다. 예를 들어서, 곡선이 $y=x^m$인 경우, 이 곡선으로 둘러싸인 면적을 계산하는 식을 발견했다. 포물선 $y=x^2$도 그중의 하나이다. 이와 같은 경우는 y를 쉽게 x의 수열로 전개할 수가 있으며, 그 수열의 합산도 구할 수 있다. 그리고 그 수열의 합산에다 x를 곱하면 그 곡선으로 둘러싸인 면적을 구하게 된다. 그래서 월리스는 $y=x^m$인 곡선으로 둘러싸인 면적 S=$x^{m+1}/m+1$이라는 부분적인 일반해를 구했다. 그러나 다른 곡선의 경우는 해결할 수 없었다. 원도 그러한 경우이다.

원의 방정식은 $x^2+y^2=a^2$인데, 다시 쓰면 $y=(a^2-x^2)^{1/2}$, a=1인 단위원에 대해서는 $y=(1-x^2)^{1/2}$가 된다.

이것을 수열로 전개하는 것이 문제이다. 이 과제를 좀 더 일반화하여 근본적으로 고찰해 보면, 상기 식 중의 $(1-x^2)$과 같이 + 또는 −로 연결된 두 개 항의 식, 즉 2항식의 임의의 지수 제곱을 수열로 전개하는 방법을 지시하는 일반식이 존재하는가 하는 문제가 된다. 월리스는 이 2항 문제를 제기하였을 뿐이고 그 해답을 찾을 수는 없었다.

2) 이항정리와 미적분법

월리스의 이 문제를 알자마자, 뉴턴은 금세 그것을 푸는 방법을 발견했다. 그는 소위

'이항정리'를 발견했다. 이 정리에 의하면, 그와 같은 2항식의 제곱은 지수가 정(+)이든 부(−)이든, 정수이든 분수이든 간에 일정한 형식의 수열로 전개할 수 있다. 전기한 월리스의 문제는 이것으로 완전한 답이 얻어진 셈이다. 뉴턴이 이 정리를 찾은 것은 1665년이었다. 그는 이것을 40년 가까이 공표하지 않고 있다가 1704년에야 그의 저서 『광학』을 보완하는 가운데, 이 중요한 정리를 처음으로 밝혔다.

뉴턴은 이것과 관계된 더욱 중요한 것을 발견하고 있었으나, 이것도 역시 오랫동안 공표하지 않고 있었다. 그의 증언에 의하면, 그는 미분법과 적분법을 각각 1665년과 1666년에 발견했다고 한다. 그러나 그것이 발표된 것은 1704년이며, 그것도 완전하지 못한 모양이었다. 이 동안에 라이프니츠도 같은 발견을 하여, 뉴턴보다 빨리 공표하고 말았다. 이 사건을 둘러싸고, 과학사에서 가장 중요한 것의 선취권 싸움이 격렬하게 벌어졌다.

오늘날에는 의심할 여지없이 '뉴턴이 10년 가까이 먼저 발견했으나, 라이프니츠도 1675년에 독립적으로 발견하여 1684년에 뉴턴보다 20년이나 먼저 공포한 것'이 명백해졌다. 두 사람의 발견은 원리적으로 일치하나, 발견한 경위와 그 계산법의 표현 방식은 각각 다르다. 뉴턴의 생애와 공적의 평가는 물리학에서 더욱 깊게 다루어야 하므로, 이 미적분 문제는 라이프니츠를 중심으로 소개하겠다. 특히 라이프니츠가 제안한 미분, 적분 기호가 오늘날까지 더 보편적으로 사용된 점에서도 이것이 정당하다고 생각된다.

3. 뉴턴의 광학적 업적

근대 이전의 광학에 대해서 이제까지 기술한 것은 오직 수학적 광학인 소위 '기하광학'에 속한다. 이것은 빛의 직진, 반사, 굴절을 규율하는 수학적 법칙을 연구하는 것이었다. 17세기에는 이것과 병행해서 '물리광학'도 나타났다. 이 물리광학의 중심 제복이 된 것은 '빛의 전달 속도'와 '색의 본성', 그리고 '빛 자체의 본성'이라는 세 가지 문제였다. 첫째 문제인 '빛의 전달 속도'에 대해서 가장 중요한 업적을 세운 사람으로 덴마크인 올라우스 뢰머(Olaus Roemer, 1644~1710)를 꼽을 수 있다. '색채론(色彩論)'에 대해서는 뉴턴의 업적이 누구보다도 돋보인다. '빛의 이론'에 대해서는 네덜란드 사람 호이겐스(Christian Huygens, 1629~1695)의 업적이 기초가 되었다. 그리고 '생리 광학', 즉 눈으로 보는 과정의 이론을 키워낸 것은 위대한 천문학자 케플러였다.

1) 뉴턴 시대의 광학

케플러의 생리광학

여기서 다시 새로운 각도에서 케플러의 업적을 살펴보아야 하겠다. 고대에는 유클리드와 같이 '눈에서 방사선이 나와서 대상에 접촉하는 것이 광선이다.'라는 생각을 해왔다. 이것에 대해서 알하젠은 "광선은 빛나는 대상으로부터 눈에 들어간다."라는 올바른 설을 세웠다. 케플러는 알하젠의 설에 찬동하였고, 이 설을 더욱 발전시켜서 『굴절광학』 안에 다음과 같이 설명했다.

"눈에 들어오는 빛은 눈의 렌즈에 의하여 망막에 상(像)을 맺고, 이 상을 맺은 빛이 망막을 자극하여 화학적 변화를 일으킴으로써 시각을 이룬다."

케플러가 이 망막에 일어나는 화학 변화의 정체는 몰랐다 하여도, 시각 과정의 본줄기는 바르게 예견했다고 볼 수 있다. 그리고 그는 근시나 원시도 눈의 렌즈에 기인한 것으로 바르게 설명했고, 입체적으로 볼 수 있는 이유를 두 개의 눈이 작용하기 때문이라고 바르게 설명했다.

스넬과 데카르트

고대인은 빛의 '굴절 법칙'을 근사적으로 알고 있었다. 그런데 네덜란드 사람인 스넬(Willebrord Snell, 1591~1626)이 이것을 정확하게 정식화했다. 그러나 이것을 1637년에 처음으로 발표한 것은 데카르트였다. 데카르트가 스넬과는 독립적으로 이 발견을 하였는지에 대해서는 이론의 여지가 있으나, 아마도 스넬이 데카르트에게 알려준 것으로 생각된다.

데카르트는 '전 우주 공간은 빈틈없이 특수한 물질인 극미립자로 채워져 있다'고 생각했다. 이 사상에 대해서는 다음에 우주 형성론과 관련된 그의 '소용돌이 이론(와동 이론)'에서 기술하기로 하고, 여기서는 데카르트가 이 전제에서 출발하여 광학의 전 체계를 쌓아 올리고 색의 성립도 설명했다는 것을 지적해 두겠다. 이러한 그의 체계에는 근본적으로 틀린 것이 포함돼 있기 때문에 가볍게 넘어가자. 즉, 데카르트는 빛이 무한히 빠른 속도로 진행한다고 믿었고, 또한 눈에서 방사선이 나온다는 고대의 설에 되돌아가 있었다.

뢰머의 광속도 측정

갈릴레이가 발견한 목성의 위성은, 한 바퀴 돌 때마다 태양의 반대쪽 공간에 목성이 만들고 있는 원추형의 그림자 속에 들어가게 된다. 이 위성의 식(蝕)은 쉽게 잘 관찰되는데, 위성의 운행이 균일하다면 이 식도 규칙적으로 일어나므로, 갈릴레이는 이것을 일종의 시계로 이용하여 항해 중인 선박의 위치를 결정하는 데 응용하려고 생각했다. 그래서 후계자인 카시니(Giovanni Cassini)는 이 식의 시각표를 만들었다.

1676년에 덴마크의 젊은 천문학자 뢰머는 이 카시니의 표를 재검토함과 아울러 이 식을 좀 더 정밀하게 관찰했다. 그래서 그가 찾아낸 바에 의하면, 이 식의 평균 주기는 확실히 계산한 시간과 일치했다. 그러나 식이 일어나는 시각은 예상한 시각보다 실제로는 이르거나 늦어지는 경우가 많았다. 최대 차이는 8분이나 되었다. 그리고 또 지구가 공전 궤도 상에서 목성과 가장 가까워졌을 때는 식이 계산한 것보다 반드시 일찍 시작되며, 반대로 지구가 그와 반대에 있을 때는 계산보다 늦어졌다. 여기서 쉽게 착상할 수 있는 가정인데, 이 차이는 위성의 운행이 불규칙한 데 기인한 것이 아니라 빛도 원거리를 갈 때 그만한 시간이 걸린다고 가정하면 충분히 설명된다.

지구의 궤도 직경은 어느 정도 정확히 알고 있었으므로, 빛이 이것을 가로질러 가는 데 걸리는 시간으로 이 직경을 나누면 빛의 속도를 구하게 되는 셈이다. 그에 요하는 시간은 이른 시간과 늦어진 시간을 합한 16분이다. 뢰머는 이 방법으로 빛의 속도가 매초 30만 킬로미터 약간 넘는다는 것을 알아냈다. 오늘날 우리가 알고 있는 값과 매우 가깝다. 이와 같이 하여 다음과 같이 단정할 수 있게 되었다. 빛이 공간을 진행하는 속도는 매우 크나 무한대는 아니다. 엠페도클레스가 고대에 이미 이 설을 주창한 것은 2장에서 기술했다.

갈릴레이도 이것을 믿고 있었다. 그러나 이것을 입증하려고 한 그의 시도는 성공하지 못하고 말았다. 갈릴레이는 두 장의 거울을 두 언덕 꼭대기에 마주 보게 설치하고, 그 사이를 왔다 갔다 하는 빛의 속도를 측정하려고 했다. 그러나 두 거울 사이의 거리가 너무 짧았고, 그가 측정할 수 있는 시간이 너무 조잡하여 실패하고 말았다. 19세기 와서 매우 정교한 장치와 측정법을 쓸 수 있게 되기 전까지는 광속도를 측정하기가 어려웠다.

그리말디의 파동설

'빛의 본질 문제'에 대하여 처음으로 결정적인 전진을 가져온 사람은 예수회의 수도사인 이탈리아 사람 프란체스코 그리말디(Francesco Grimaldi, 1618~1663)였다. 그는 일련의 광학 실험을 하여 빛과 색에 대한 저서 『Physiche Matesis(1665)』에 그것을 기술하였다. 이 책은 그가 죽은 후 1665년에 출간됐다.

그 실험의 하나는 다음과 같은 것이다. 불투명한 것으로 만든 세 장의 판을 조금씩 떨어지게 평행으로 놓는다. 위의 두 장에는 각각 작은 구멍을 뚫고, 밑의 한 장은 그대로 둔다. 위의 두 장의 구멍이 수직으로 겹치도록 놓고, 그 위로부터 수직으로 두 구멍을 통하여 밑의 판에 빛을 비춘다. 빛이 직진한다면 구멍 밑의 판에 둘레가 명확한 둥근 빛의 무늬가 생겨야 하며, 그 외에는 암흑이어야 한다. 그런데 웬일인가! 빛의 무늬 둘레는 명확하지 않고, 도리어 경계가 애매하며, 밝은 반점을 둘러싸고 무지개 색의 띠가 생겼다. 그뿐만 아니라 밝은 띠와 검은 띠가 규칙적으로 교대로 나란히 생겨 있었다. 즉, 빛의 회절 현상이 나타나 있는 것을 보았다.

그리말디는 더 나아가서 뱀처럼 줄였다 늘였다 할 수 있는 암상자인 '사복 상자(蛇腹箱子)'와 평행선을 여러 개 새긴 금속판의 회절격자(回折格子)를 써서 실험했다. 이 실험과 그 전의 실험에서 빛의 회절에 대한 많은 관측 자료를 얻을 수 있었다. 이 관측 자료를 만족하게 설명하려면 레오나르도 다빈치가 주창한 것과 같이 빛을 파동과 관계 지을 수밖에 없었다. 그리말디는 여하튼 파동으로 설명할 수 있다고 생각했으나, 자신이 명석한 실명을 할 수는 없었다. 후에 로버트 훅(Robert Hooke, 1635~1703)이 그리말디보다 좀 더 파동설에 가까이 갔다. 그리고 후술할 호이겐스에 의하여 파동설은 완성되었다.

2) 뉴턴의 색채론

뉴턴의 과학적 활동 가운데 처음에 오는 것은 광학 연구이다. "1666년에 나는 이미 색채론을 갖추어 놓고 있었다."라고 그가 만년에 전술한 『회상록』에 기술하고 있다. 그는 학창 시절에 케플러의 『굴절광학』을 이미 독파했다. 그러나 교수직에 취임하기까지는 자신이 직접 광학 실험에 손을 댄 적은 없었다. 뉴턴이 광학 실험에 손을 댄 것은 그가 연말 시장에서 작은 프리즘을 산 것이 시발점이 된 것이다. 이러한 프리즘은 고운 색을 내므로, 이미 이전부터 장난감으로 제조되어 팔리고 있었다. 그래서 프리즘에 의하여 분광 현상이 일어나는 것을 아는 사람은 많았다. 그러나 이것을 계획적으로 연구한 사람은 오직 뉴턴뿐이었다. 뉴턴의 첫째 번 실험은 매우 단순한 것이었다. 그러나 그것은 단도직입적으로 빛의 본질에 육박하는 실험이었다. 뉴턴은 방의 창틀에 작은 구멍을 뚫고, 이것을 통하여 암흑한 실내에 태양 광선이 들어오게 했다. 그는 이 광선을 프리즘을 통하여 칸막이에 비추었다.

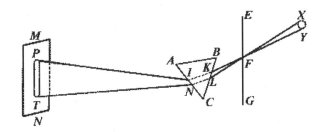

프리즘에 의한 빛의 분해

여기서 그는 세 가지를 착안했다. 첫째는 광선의 도중에 프리즘을 삽입하면 빛 무늬 전체의 위치가 이동하는 것이고, 둘째는 빛 무늬의 모양과 외견이 변하며, 원형의 빛 무늬 대신에 한 가닥의 띠가 되며, 그 길이와 폭은 약 5:1이 된다는 것이다. 그리고 셋째는 이 띠가 흰색이 아니고 무지개 색의 줄무늬 띠로 보인다는 것이다.

이때에 적색의 끝이 프리즘을 삽입하기 전의 원 빛 무늬의 위치에 가장 가깝고, 자색의 끝이 가장 멀게 있다는 것을 알았다. 그래서 햇빛의 백색은 7종의 색이 합성된 것이라는 사실이 이것으로 증명되었다. 프리즘을 통하여 각각의 색이 분리되는 것은 분명히 각 색의 빛이 각기 다른 정도로 굴절하며, 적색이 가장 약하게 자색이 가장 강하게 굴절하기 때문이다. 뉴턴은 둘째 번 실험으로 이것을 확증했다. 뉴턴은 첫째 프리즘 바로 뒤에 둘째 프리즘을 반대로 삽입했다. 빛이 둘째 프리즘을 통과하면 일곱 색으로 분리되었던 광선은 다시 합하여 백색으로 되돌아간다. 그리고 프리즘의 위치를 여러 가지로 바꾸어 실험해 보아도 항상 같은 일곱 색이 같은 순서로 나타났다.

따라서 태양의 백색광은 이 일곱 색을 기본 성분으로 하고 있으며, 이 이상 분해되지 않는다는 것이 확증된 셈이다. 뉴턴은 1672년에 이와 같은 자기의 연구에 대하여 처음으로 보고했다. 실험해 보면 누구나 알 수 있었음에도 불구하고 뉴턴의 결과는 심한 공격을 받았고, 이와 같은 논쟁은 뉴턴이 그 후의 발표를 망설이게 만들었다. 어쨌든 뉴턴이 색을 문제로 삼은 것은 망원경의 제작과 같은 실용적인 측면에서 색의 문제로부터 해방될 길을 찾기 위해서였다.

3) 뉴턴에 의한 실용 광학의 진보

뉴턴은 천문 관측을 할 때, 망원경의 시야에 생기는 색 수차(收差)에 의한 무지개 색의 빛 바퀴에 대해 고민했다. '이 방해가 나타나지 않는 망원경을 만들 수는 없을까?' 뉴턴은 상술한 자기의 실험에서 그와 같은 현상이 생기는 이유는 잘 알 수 있었다. 그러나 갈릴레이 이래로 렌즈만 조합한 망원경을 쓰는 이상, 이것을 피할 길은 찾지 못했다. 그래서 뉴턴은 렌즈 대신에 한 장의 곡면 경을 설치한 '반사망원경'을 발명했다. 이 반사망원경이 아니더라도 두 가지 다른 유리를 쓰면 렌즈만으로도 색 수차를 소거한 망원경을 조립할 수가 있다는 것은 훨씬 후에 알려졌다. 갈릴레이의 경우와 마찬가지로 뉴턴의 경우도, 당시 사람들은 망원경의 개량에 대한 그의 공적으로 인하여 그에게 주목하게 되었다. 이 망원경의 개량에서, 유리 렌즈의 두 가지 성질이 장애가 된다는 것은 이미 일반적으로 인식하고 있었다.

그 장애 중의 하나는 평행으로 입사하는 빛이 정밀하게 한 점에 수렴하지 않는 것이며, 또 하나는 맺어진 상의 둘레에 색 띠가 나타나는 것이었다. 이 두 가지 현상은 '구면 수차(球面收差)'와 '색 수차(色收差)'라는 이름으로 알려져 있었다. 이 '색 수차'는 오목거울(요면경)로 맺어지는 상에는 나타나지 않으므로, 이미 많은 사람이 논설만 하고 있었던 반사망원경의 이념을 뉴턴이 실현한 것이었다. 망원경 끝에 있는 구면 오목거울로 맺어지는 상을 그 옆에 비스듬히 놓인 평면거울(평면경)에 의하여 옆으로 반사시켜서 망원경 통 벽에 설치한 렌즈를 통하여 들여다볼 수 있게 한 것이다.

1668년에 처음으로 뉴턴이 제작한 반사망원경은 길이가 5인치밖에 되지 않았다. 그러나 그것으로도 목성의 위성과 금성의 굽음(영휴)을 인식할 수 있었다. 수년 후 1671년에 뉴턴은 대형 반사망원경을 제작하여 왕립협회에 보냈다. 이것이 협회의 찬탄을 받았고, 궁정에도 감탄을 불러일으켰다. 이 망원경은 오늘날까지도 협회 도서관에 보존돼 있고, 다음과 같이 명기돼 있다.

"아이작 뉴턴 경에 의하여 발명되고, 손수 제작됨. 1671년"

1669부터 케임브리지의 수학 교수로 있던 그는, 이 천재적 발명의 공적으로 왕립협회의 회원으로 추천됐다.

4) 뉴턴의 입자설

뉴턴은 색을 문제 삼은 이상, 빛의 본성에 대한 문제에도 손대지 않을 수 없었다. 뉴턴이 이 문제에 대하여 입자설의 입장에서 설명했다는 선입견이 널리 퍼졌고, 현재도 그렇게 믿고 있다. 이 '입자설(粒子說)'이란, 현대 물리학에서 말하는 '광자설(光子說)'과는 조금 다른 개념이며, '빛은 공간 중을 직진 운동하는 미립자로 돼 있다'는 설이다. 사람들은 이 설이 파동설에 대립하는 것이며, 따라서 광학의 진보를 방해하는 것이라고 생각했다. 이것은 매우 곡해된 생각이며, 뉴턴에 대한 바른 평가가 아니다. 당시에 입자설과 파동설의 두 가지 설이 있어서 서로 논쟁하고 있었던 것은 사실이나, 뉴턴은 처음부터 두 설의 논쟁에 대하여 어느 설에도 편들지 않았다. 그는 항상 자기의 실험 결과를 바탕으로 했다. 빛의 본성을 어떻게 생각하든, 그는 자기의 결과를 바르다고 주장한 것이다. 알려진 모든 현상을 빠짐없이 설명하는 데는, 어느 설도 충분치 못하다는 것이 뉴턴의 의견이었다. 뉴턴은 자기의 저작 『광학』의 끝맺음에 이에 관한 논의를 기술하였으나, 자기 자신은 어느 쪽에도 편들 의사가 없음을 밝히기 위하여, 이 이론을 '설문'의 체제로 하였다.

뉴턴은 입자설과 파동설의 혼합물을 기술했다고 보는 것이 가장 맞는 것으로 생각된다. 그의 주장에 따르면, 빛은 작은 입자로 된 것이며, 이 입자 자체가 파동은 아니나 에테르 주위에 파동을 일으키는 것으로 생각하여야 한다는 것이다. 여기서 가정한 '에테르'는 그 후의 물리학 이론에 큰 역할을 할 운명이었다. 뉴턴에 의하면, 에테르는 가장 미소한 입자로 된 것으로, 공기보다는 훨씬 희박하나 더욱 탄력성이 풍부한 것이라고 한다. 그리고 에테르는 균일한 질이 아니고, 약간 활발치 않는 주성분과 각종의 미묘한 '에테르의 정'이 합쳐서 된 것이라고 한다. 이 '에테르 이론'은 어딘가 명석치 못하고, 단장의 급소를 피하는 것에 지나지 않는 가설이었다.

광학의 발전 경과를 살펴보면, 주지한 것과 같이 뉴턴 이후 오랫동안 뉴턴의 권위를 믿고 완고히 입자설에 매달린 물리학자도 적지 않았으나, 파동설만이 일방적인 개가를 올렸다. 그러나 파동설만으로는 풀리지 않아서, 20세기의 물리학에서는 결국 입자설과 파동설의 혼합설 같은 상태가 되었다. 이와 같이 볼 때, 양자의 결합을 염두에 두었던 뉴턴이 올바른 길로 나아갔다고 결론지을 수 있을 것 같다. 그러나 이 생각도 정당한 평가는 아니다. 왜냐하면 이와 같이 물리학에 새로운 동향을 일으킨 동기가 된 여러 현상은 뉴턴 시대에는 알려져 있지 않았기 때문이다. 실제로 당시에 알고 있던 광학 현상은 파동설만으로도 충분히 설명할 수 있는 것이었다. 그래서 뉴턴이 아니고 호이겐스와 그의 후계자들이 당시에는 올바른 길로 나아갔다고 평가하는 것이 타당하다고 생각된다.

따라서 '빛의 본질'에 관해서는 호이겐스의 파동설이 더 공적이 있다고 보아 별도로 기술하겠다.

4. 만유인력 법칙의 발견

이미 코페르니쿠스가 혹성은 태양의 주위를 돌고 있다는 것을 제시하였고, 케플러는 혹성의 궤도가 타원이라는 것을 인정하여 천체 운행의 법칙을 밝혀주고 있었다. 그러나 어떤 힘이 혹성이나 달을 회전시키는가? 그리고 왜 다름 아닌 타원 궤도 상을 도는가? 이런 문제는 케플러가 밝힐 수 없었다. 이 문제에 대한 뉴턴의 해답을 보기 전에 우선 그당시 프랑스에서 널리 인정받고 있던 데카르트의 소용돌이설(와류설)에 대하여 살펴보기로 하자.

1) 데카르트의 소용돌이설
'공간 중에 퍼짐(연장)을 갖지 않는 물질이 존재한다고 생각할 수는 없다'고 데카르트는 확신하고 있었다. 이것을 뒤집어 말하면, 모든 공간은 모두 물질로 채워져 있지 않으면 안 된다는 것이다. 이 생각을 끝까지 밀고 나가면, 감각기관에 지각되는 물질 말고도 감각할 수 없는 다른 종류의 물질을 가정하지 않으면 안 된다. 데카르트는 이러한 원초적 물질을 가정하고, 이것은 극히 미소한 입자로 돼 있다고 생각했다. 그는 천체 운동에 대해서도 이와 같은 가정 하에 이론을 전개하였는데, 그것을 요약하면 다음과 같다.

"이러한 미소 물질은 천공 전체에 차 있고, 일종의 소용돌이 상태로 태양 주위를 회전하고 있다. 모양을 갖춘 유형의 것, 즉 행성은 나무 조각이 물의 소용돌이 안에 말려 들어가듯이 이거대한 소용돌이 안에 말려 들어가 있다. 또 물 안에 움직이는 고체는 주위의 물에 역으로 소용돌이 운동을 일어나게 하며, 자기 뒤에 일종의 소용돌이를 남기며 진행하는데, 이와 마찬가지로 혹성 주위에도 원초 물질에 의한 거대한 소용돌이가 생긴다. 물의 소용돌이 운동은 그 한가운데가 가장 빠르다. 그래서 우주도 그와 같을 것이다. 즉, 태양에 가까운 행성일수록 바깥쪽것보다 주기가 짧은 것이다."

그러나 이러한 개념적 설명보다 상세한 점에서는 이 이론은 케플러가 발견한 혹성 운동의 양적 법칙과 잘 맞지 않았다. 뉴턴과 기타의 사람들이 이러한 불일치를 증명했는데도 불구하고, 특히 유럽 대륙에서는 18세기 중엽까지 이 소용돌이 이론이 직관적이며 이해하기 쉬워서 세간에 널리 퍼져 있었다.

소용돌이설에 대해서 여기서 기술하는 이유는, 이 설의 영향이 매우 컸기 때문이다. 그리고 또 하나의 이유는, 이것이 여하튼 천공 중의 운동도 지상의 운동과 같은 법칙으로 규율하려는 시도였기 때문이다. 이 이론에 의하면, 지구의 영향 범위 내에 있는 물체들도 지구가 일으킨 소용돌이의 힘에 의하여 지구 중심으로 빨려 당겨진다고 생각할 수가 있다. 그래서 반드시 가정하여야만 하는 인력에 대한 설명으로도 볼 수가 있다. 이 데카르트의 설은 뉴턴의 천체역학으로 대치되었다. 이 천체역학은, 그의 중력 이론과 함께 고찰하면 그의 통일적 업적이 선명하게 나타나므로 다음에서 중력 이론과 함께 뉴턴의 역학을 살펴보기로 한다.

2) 뉴턴의 만유인력 법칙 발견

당시 사람들의 여러 가지 보고에 의하면, 뉴턴이 만유인력에 대한 실마리를 얻은 것은 나무에서 사과가 떨어지는 것을 본 이후였다고 한다. 물체가 지상으로 떨어지는 것은 지구가 물체를 지상으로 당기기 때문이며, 태양이 이와 같은 힘으로 당기고 있기 때문에 행성은 공간 안으로 곧바로 날아가 버리지 않고, 태양 주위를 돌게 되는 것은 아닌가? 사과를 당기는 지구의 인력은, 하늘 멀리까지 작용하여 달도 궤도에 머물게 하고 있지는 않을까? 뉴턴은 이 문제를 풀기 위하여 곧바로 계산에 착수했다. 이 계산에는 다음과 같은 사항을 알아야 했다. ① 지구에서 달까지의 거리, ② 달의 공전주기(①, ②에서 달의 속도가 구해짐), ③ 지상의 낙하 속도.

뉴턴은 이러한 계산에서 곧, 달은 매초 지구로 당겨지는 만큼 궤도의 접선 방향의 직선 운동이 지구 쪽으로 꺾어지는 것을 알았다. 즉, 달의 궤도는 달이 늘 지구 쪽으로 조금씩 떨어져 오기 때문에 생긴다는 것이다. 그리고 이와 같은 인력의 작용은 거리의 제곱에 반비례한다는 매우 중요한 것을 뉴턴은 인지했다. 이와 같은 전제하에 계산을 진행해 보니, 뉴턴 자신의 말과 같이 '제법 잘 맞는' 결과에 도달했다. 그러나 결점이 전혀 없을 정도로 완전한 것은 아니었다. 뉴턴이 계산 자료로 사용한 달의 궤도 값이 정확하지 못하였기 때문이다. 뉴턴은 이 문제를 완결하지 않고 제쳐놓아 10년간이나 다시 손대지 않았다. 그래서 뉴턴이 발견한 '만유인력 법칙'은 뒤늦게 세상에 알려지게 되었다.

3) 보렐리와 훅의 만유인력

뉴턴이 이 문제를 처음으로 깊이 생각한 것과 거의 같은 때에, 다른 두 학자도 만유인력에 대해서 기술하고 있다. 한 사람은 생리학사에도 이름을 남기고 있는 이탈리아의 수학 교수 보렐리(Giovanni Alfonso Borelli, 1608~1679)이다. 그는 1666년에 발간한 그의 저서에서 다음과 같이 기술했다.

"천체가 원운동을 하는 것은, 태양이 혹성에 미치는 힘이 태양에서 멀어지려는 혹성 고유의 운동과 꼭 같은 세기로 혹성을 당기기 때문이라고 생각된다."

또 한 사람은 영국인 로버트 훅(Robert Hooke, 1635~1703)이며, 그는 당시에 왕립협회의 서기였다. 그 역시 1666년에 발표한 논문 중에 같은 주제를 기술하였다. 그리고 1674년에, 뉴턴이 여전히 친목을 지키고 있을 때, 후크는 두 번째 논문을 써서 그의 생각을 더욱 발전시켰다. 후크는 혹성의 운동을 다음의 세 가지 원칙으로 설명하려고 했다. ① 만유인력이 지배하고 있다. ② 물체는 타의 힘으로 굽혀지지 않는 한 직진을 계속한다. ③ 인력은 멀어질수록 감소해 간다. 단 어떤 관계로 감소하는가? '거리의 제곱에 반비례하는 법칙'에 대해서 후크는 아무것도 기술하지 않았다. 1679년에 훅이 뉴턴에게 보낸 편지로, 뉴턴이 다시 이 논쟁에 휩쓸리게 된 때에 문제가 된 것이 바로 이 점이었다. 중력은 거리의 제곱에 반비례하는가? 또 실제로 그렇다고 칠 경우, 혹성의 궤도가 타원이 돼야 한다는 것을 계산할 수 있나? 뉴턴은 이 답을 이미 구해놓고 있었다. 그때까지 그는 이전의 계산에 사용한 자료의 수치를 개정하여, 만족할 만한 결과를 얻고 있었던 것이다. 그러나 뉴턴이 다시 훅과 천문학자 할리의 질문을 받아서 그의 계산 결과를 왕립협회에 발표하기 위하여 정리할 결심을 한 것은 5년이나 더 지난 1684년이었다. 이때부터 뉴턴은 이것을 쓰는 데 전심하여 1687년에 '프린키피아(Principia)'라고 불리게 된 『자연철학의 수학적 원리(Naturalis philosophiae principia mathematica)』를 세상에 공표했다.

5. 프린키피아

뉴턴과 여러 사람들이 '인력의 문제'를 차차 정리해 온 모습은 뉴턴의 생애와 함께 이미 기술하였으므로, '프린키피아'라고 통칭되는 뉴턴의 유명한 주저 『자연철학의 수학적 원리』를 고찰할 준비가 된 셈이다. 여기서는 이 주저의 두세 부분을 따서 고찰해 본다. 이 책의 처음 2부는 일반 명제를 제출하였고, 제3부에서는 이들의 명제를 우주계에 적용하고 있다.

뉴턴이 이 저서를 저술한 목적은 그 저서의 이름에 명시돼 있고, 또 독자에 대한 서언 (序言)의 첫 단락에도 밝혀져 있다.

"근대의 사람들은 실체적 형상이나 비밀의 속성에 대한 고대의 논설을 버리고 만 후, 자연의 여러 현상을 수학적 법칙으로 환원하기 시작했다."

즉, 고대의 논설을 벗어난 새로운 자연철학의 수학적 원리를 제시하려는 것이다. 뉴턴은 이와 같이 완결한 하나의 체계를 세우려고 했으므로, 그의 이전에 이미 알려진 명제들도 이용할 수 있는 한 전부 자기의 기술에 포함시키고 있다. 예를 들면, 제1부의 첫머리에 제시한 '운동의 기본 3법칙'도 그렇다. 세 개 중 처음 두 개는 뉴턴 자신이 발견한 것이 아니며, 다만 그는 이것들을 정밀하게 수학적으로 정식화한 데 지나지 않다.

제1법칙. 어떤 물체도 그 상태가 변하게 작용하는 힘에 의하여 강요되지 않는 한 정지(靜止) 또는 등속 직선 운동의 상태를 지속한다. (주해: 던져진 물체는 공기의 저항으로 정지돼 가며, 중력으로 그 방향이 기울게 되지 않는 한, 본래의 운동을 지속한다. 그러나 혹성이나 혜성과 같이 보다 저항이 적은 매질 중에 있는 대형의 물체는 보다 긴 시간 동안 진행 운동과 회전 운동을 지속한다.)

제2법칙. 운동(량)의 변화는 기동력의 작용에 비례하고, 이 힘이 작용하는 같은 직선 방향으로 행한다. (이것의 주해와 보완 안에, '평행사변형의 정리'가 나온다.)

제3법칙. 작용은 항상 반작용과 같다. 또는 두 개의 물체에 작용하는 힘은 항상 서로 크기가 같고, 방향이 반대이다. (주해: 상대의 물체를 밀거나 당기는 물체는 모두 전자에 의한 것과 같은 세기로 밀리거나 당긴다. 손끝으로 돌을 밀면 손끝은 돌로부터 같은 세기로 밀린다. 줄에 단 돌을 말이 당기면, 돌도 같은 세기로 말을 역으로 당긴다.)

제3부 '우주계에 대해서'는 다음과 같은 '자연 연구 상의 여러 규칙'으로 시작된다.

제1규칙. 자연의 사물을 설명하는 원인으로는, 진실하며 그 현상을 설명하는 데 충분한 것 이상(이외)의 것을 넣지 말 것.

제2규칙. 그러므로 같은 작용은 될 수 있는 한 동일한 원인으로 귀착시켜야 한다.

제3규칙. 강하게도 약하게도 할 수 없으며, 또 연구할 수 있는 한 모든 물체가 가진 것과 같은 성질은 모든 물체에 공통된 특성으로 보아야 한다. (이 규칙을 뉴턴은 다음과 같이 설명하고 있다. "물체의 모든 특성은 결국 실험으로 명백하게 된다. 그래서 연구에 있어서 언제나 부합되고, 감하거나 없앨 수가 없는 것과 같은 것은 어느 것이나, 모든 물체의 보편적 성질로 보아야 한다." 여기서 뉴턴은 실질적으로 다음과 같은 제4규칙을 제시하고 있다.)

제4규칙. 실험과학에서 현상으로부터 귀납하여 얻어진 법칙은 어떠한 반대 가설이 있어도 더욱 정확도가 증가하거나 예외로 볼 수 있는 타 현상이 나타나지 않는 이상, 정확하게 진실 또는 매우 근사적인 진실로 보아야 한다."

'중력(重力)'에 관한 추론은 다음과 같다.

"그런데 지구의 주위에 있는 모든 물체가 각각의 물질의 질량에 비례하여 지구로 당기며, 달은 지구 쪽으로 그의 질량에 비례하여 당기고, 또 역으로 우리 바다는 달 쪽으로 당기고, 또한 실험과 천문 관측에 의하면, 모든 혹성과 혜성은 태양을 향하여 상호 당긴다는 것이 이미 인정된 이상, 이 규칙(제3규칙)에 의하면, 모든 물체는 서로 당긴다고 주장하지 않으면 안 된다."

여기에 '만유인력의 원리'가 명확히 언급돼 있다. 그리고 당시의 '수학적 인식 이상'이 뉴턴의 온몸에 철저하게 배어 있었다. 위에서 말한 중력의 추론과 관련하여 그가 했던 "자연의 다른 여러 현상도 같은 방법에 의하여 수학적 원리에서 도출될 수 있으면 얼마나 좋을까!"라는 말에 이 이상이 역력히 나타나 있다.

뉴턴이 만유인력의 원리를 여러 현상에 어떻게 적용하였는가 하는 방법은 주해나 논증을 보태지 않고도 그가 제시한 다음의 여러 정리를 보면 명확히 알 수 있다. 이것은 제3부 제1장 '세계 계의 여러 원인에 대하여'의 첫머리에 있다.

제1정리: 목성의 달(위성)을 직선운동에서 늘 기울게 하여, 그의 궤도 내에 보지하고 있는 힘은 목성의 중심으로 향해 있고, 또 이 점에서 위성까지의 거리의 제곱에 반비례한다.

제2정리: 혹성을 직선운동을 늘 기울게 하여, 그들의 궤도 내에 보지하는 힘은 태양을 향해 있고, 또 태양 중심에서 혹성들까지의 거리의 제곱에 반비례한다.

제3정리: 달을 그의 궤도 내에 보지하는 힘은 지구의 중심을 향하고, 때때의 달의 위치에서 지구까지의 거리의 제곱에 반비례한다.

제4정리: 달은 지구를 향해 당기고 있다. 달은 인력에 의하여 직선운동에서 늘 기울어져서 그의 궤도 내에 보지된다.

제6정리: 목성의 위성은 목성에, 토성의 위성은 토성에, 혹성은 태양에 당기며, 이 인력으로 직선운동에서 늘 기울게 되어, 곡선 궤도상에 보지된다.

제8정리: 모든 물체는 개개의 혹성으로 향하여 당기며, 그들 물체의 각 혹성에 대한 무게는 혹성의 중심에서 같은 거리에서는 각 물체가 포함하고 있는 물질의 양(질량)에 비례한다.

제9정리: 중력이란 모든 물체가 가진 것이며, 각 물체가 함유한 물질의 양(질량)에 비례한다.

뒤따르는 몇 개의 정리에 케플러의 법칙이 체계에 들어 있고, 그리고 천체의 궤도와 축이 일일이 계산돼 간다.

제24정리에서는 지상의 여러 지점에서의 물체가 나타내는 무게가 취급돼 있다. 이 항에는 리쉐, 할리 기타의 사람들이 지구상의 여러 위도 지점에서 진자를 써서 행한 연구가 이용돼 있다. 그들의 연구 결과는 어느 것이나 극에 가까운 곳보다 적도에 가까이 갈수록 지구의 인력(중력)은 약해지는 것을 나타내고 있다. 그래서 지구는 정확한 구형을 하고 있는 것이 아니라, 극 쪽이 찌부러진 모양을 하고 있는 셈이다. 뉴턴은 이러한 사실에서 다음과 같이 결론짓고 있다.

"지구는 적도가 극보다는 17마일 정도 더 높다(지표가 지구 중심에서 더 멀다.)."

제28정리에서는 조석 작용이 태양과 달의 중력 작용으로 취급돼 있다.

이상이 『프린키피아』에 기술된 중요한 요점들이다.

6. 평가와 비판

그때까지 자연과학에서 뉴턴의 저술『프린키피아』만큼 장대한 구축물을 쌓아 올린 적은 없었다. 갈릴레이가 사망한 지 한 세대가 지나기 전에 이미 갈릴레이의 업적을 넘어선 거대한 한 발짝을 내디딘 것이다. 관측 사실에서 갈릴레이가 귀납하여 결론지운 것과 케플러의 성과가 통합돼서 완결한 체계를 이룬 것이다. 이 체계에서는 지면에 떨어지는 돌덩이나 천공의 별도 같은 법칙에 따른다. 이것으로 머나 먼 우주의 비밀을 지상의 연구를 통하여 찾아낼 길이 열린 것이다. 생명을 제외한 대자연의 대부분에 대한 법칙이 찾아졌다. 나머지 부분에 대해서도 같은 방법으로 법칙을 찾아낼 가망이 생겼다. 뒤이은 두 세기 간의 물리학은 뉴턴이 설립한 이 기초 위에 더욱더 탄탄해져 갔다.

그래서 그의 업적을 '전 세계가 역학의 법칙에 따르는 단 하나의 기계라는 것을 알게 한 것'이라고도 한다. 그런데 미분법은 뉴턴에 의하여 처음으로 쓰이게 된 도구이다. 후에 증명된 바로는 뉴턴이 이 계산법의 도움으로『프린키피아』의 성과에 도달한 것이며, 뉴턴은 그 후에 일반인들도 알 수 있게 자기의 추론이나 증명을 고대 기하학의 말로 표현하였다. 뉴턴의 가장 큰 공적은 '만물은 한 하나님의 같은 법칙에 따른다는 믿음'을 심어주어, '극대한 우주나 극소한 입자의 신비도 우리가 볼 수 있는 것에 대한 연구를 통하여 찾을 수 있다는 소망'을 준 것이다. 그리고 성경에 기록된 예수님의 가르침과 같은 '예, 예, 아니, 아니'만의 말인 수학에 의하여 그의 위대한 성과를 증명함으로써, '수학적 인식 이상'을 실제로 심어준 것이다.

뉴턴의 방법이 성공한 이면에는 본질적인 물음을 제한했기에 도리어 가능하였다는 역설적인 면도 강하다. 이것은『프린키피아』의 첫머리에 세워놓은 출발점의 정의를 살펴보면 바로 알 수 있다. 우선 처음에 '질량의 개념'이 정의돼 있는데, "물질의 양은 그 '밀도'와 '체적'으로 측정된다."라고 하였다. 즉, 물체의 체적과 밀도를 곱하면 질량을 얻는다는 것이다. 그러면 '밀도'는 무엇인가? 이에 대한 답은, "밀도란 물체의 질량을 그의 체적으로 나눈 것이다."라는 것밖에 없다. 뉴턴의 명제가 참으로 의미하는 것은 어떤 물체에도 각자의 질량이라고 불릴 일정한 양이 있다는 가정에 지나지 않는다.

다른 전제들도 비슷하다. 그것들은 출발점이 되는 가정과 공리이며, 증명할 필요가 없다고 뉴턴은 생각했을 것이다. 유클리드도 자신의 공리를 그렇게 생각했다. 그런데 그 후에 점차로 인식된 바에 의하면, 이들의 공리도 결코 움직일 수 없는 근본적 진리는 아니고, 실은 매우 함축성이 있으나 파고들면 필연적이고 피할 수 없는 것은 아닌 가정인 것이다.

물리학에서도 뉴턴보다 훨씬 후인 현대에 와서 같은 것이 인정되었다. 즉, 뉴턴의 공리도 그 자체로서 자명한 것은 아니다. 전체의 토대가 된 근본 개념인 공간, 시간, 위치와 운동에 대해서는 특히 그렇게 말할 수가 있다. 뉴턴은 절대시간과 상대시간을 다음과 같이 구별하고 있었다.

"절대적 참 수학적 시간은 그 자체로, 또한 그의 본성에서 균일하게, 또한 어떤 외적 대상과도 관계없이 흘러간다. 그래서 이것은 '지속'이라고도 불린다. 상대적인, 겉보기의, 보통 시간은 정확하거나 불규칙하거나 간에 '지속'이라고 감지되는 외적인 하나의 척도이며, 보통은 시간, 일, 월, 년 등과 같이 참 시간의 대용으로 쓰인다."

그는 공간에 대해서도 같은 구별을 설정했다.

"절대공간은 그의 본성에서, 외적 대상과 관계없이, 항상 동일하고, 움직이지 않고 있다. 상대공간은 전자의 한 척도 또는 움직일 수 있는 부분이며, 우리의 감각은 다른 물체에 대한 위치에서 그 특징을 파악한다. 그래서 상대공간은 보통 부동의 공간과 혼동된다. 예를 들어, 지하 부분, 대기의 부분, 천공의 부분 등이 지구에 대한 위치에서 결정되는 것과 같이!"

위치에 대해서도 같다.

"위치란 어떤 물체가 점하는 공간의 일부며, 그 공간의 상황에 따라서 절대적인가 상대적인가의 어느 것이다."

끝으로 운동에 대해서도 뉴턴은, 절대운동은 절대공간 안에서만 인지할 수 있다고 생각했다.

"절대운동이란 어떤 물체가 한 절대 위치에서 다른 절대 위치로 옮겨가는 것이다. 상대운동은 한 상대 위치에서 다른 상대 위치로 옮겨가는 것이다. 예를 들어, 지상에 배가 한 척 있고, 지구의 이 부분은 동쪽으로 10010의 속도로 움직인다고 하자. 배는 바람을 타고 서쪽으로 10의 속도로 달려간다. 그리고 한 사람은 그 배 안에서 동쪽으로 1단위의 속도로 걸어간다고 하자. 그러면 이 사람은 절대적으로는 부동의 공간을 동쪽으로 10001의 속도로 움직이고, 상대적으로는 지구상을 서쪽으로 9단위 속도로 움직이고 있다."

그런데 지구는 태양 주위를 움직이고, 태양은 은하계 안에서 움직이고, 은하계는 또 전 우주 안에서 무서운 속도로 움직이고 있다고 한다면, 도대체 '절대공간'을 어디서 찾아보면 좋은가, 하는 것이 문제인 것이다. 전 우주는 아직 뉴턴에게는 알려져 있지 않았다. 세계 공간의 어딘가에 실제로 거대한 질량이 정지해 있어서, 다른 모든 운동은 이 절대 정지의 질량을 기준으로 측정된다고 그는 생각했다. 절대 정지한 이 질량은 물론 사람에게는 보이지 않는다. 그래서 뉴턴은 다음과 같이 말했다.

"개개의 물체의 참 운동을 인지하여, 겉보기의 운동과 식별하는 것은 일반적으로 매우 어렵다. 물체가 참으로 움직이고 있는 것은 부동의 공간 내에서인데, 이 부동의 공간 어느 부분도 인식할 수가 없기 때문이다."

뉴턴은 이미 절대공간을 인식할 수 없다는 것을 알고 있었다. 그럼에도 불구하고 뉴턴은 자기의 근본 가성을 고수하고 있었다. 아니 그럴 수밖에 없었을 것이다. 그 후 20세기 초까지의 물리학계 전체가 그랬고, 또한 그렇게 하는 것이 편리했다.

7. 뉴턴의 세계관

뉴턴에 대한 기술을 끝맺기 전에 한 가지 부언해 두고 싶은 것이 있다. 이상과 같은 그의 자연과학적 업적에 대한 기술만 읽으면, 그가 마치 기계론에만 기운 유물론자로 오인될 소지가 있다. 그러나 뉴턴의 세계관이 결코 유물론은 아니었다. 세계가 오직 자연법칙의 작용에 의하여 혼돈 속에서 생겨났다고 생각하는 것은, 그의 눈에는 전혀 철학적이 아닌 것으로 보였다. 예를 들면, "유성계에 있어서의 경탄할 만한 모든 법칙성은 결코 맹목적 지배에서 생긴 것일 수는 없기 때문에, 일정한 배려와 계획과 의지에 상응한 것이다."라고 그는 말하고 있다.

그런데 우리가 다음에 살펴보게 될 18세기는 이 점에 있어서는 뉴턴에 찬동하지 않았다. 그리고 칸트나 라플라스와 같은 사람이 나와서 유성계의 구성을 순역학적(기계적)으로 작용하는 원인에 귀착시키려고 시도했다. 뉴턴의 목적론적 입장을 암시하는 이러한 고찰을 제쳐두고라도, 그의 우주에 대한 견해는 이원론적이었다. 그는 어떤 정신적 실체가 모든 물체 내에 침투하여 그것들 안에 포함돼 있다고 생각했다. "이 정신적 실체의 힘에 의하여 물체의 미분자는 서로 당기고 있다. 그러나 또 그것들은 이 힘에 의하여 매우 먼 거리에 대해서도 작용을 미친다."라고 그는 말하였다.[4] 그가 생각한 바로는, 이 정신적 힘의 진동에 의하여 뇌수(腦髓)의 활동과 이 기관의 신경이나 근육에 대한 작용도 설명된다는 것이다. 이 외에도 뉴턴은 『프린키피아』의 총괄적 주 안에서 신의 본질에 관한 고찰을 시도하여, "신은 우주령과 같은 것이 아니고, 만물의 창조주로서 세계를 지배하고 있다."라고 주창하고 있다.

이 설로 인하여 뉴턴설은, 특히 프랑스와 독일에 있어서 아주 서서히 조금씩밖에는 받아들여지지 않았다. 그것은 당시의 천문학자들과 그들 이상으로 물리학자들이 너무나 강하게 데카르트의 소용돌이설에 사로잡혀 있었기 때문이었다. 데카르트는 근세 철학의 개조로서 최대의 존경을 받고 있었고, 그의 빛의 굴절 법칙의 공식화와 무지개의 이론, 그리고 특히 해석기하학의 확립에 대한 공적은 크게 인정받을 만한 가치가 있었다. 그러나 그의 소용돌이설은 유성이 "회전하는 '에테르'의 흐름('에테르'의 와류)" 속에 떠 있으며, 그 중심에 태양이 있다는 틀린 생각을 하고 있었다. 인력과 같은 힘의 원격 작용은 데카르트 물리학의 신봉자들에게는 생각조차 할 수가 없는 것이었다. 뉴턴파와 데카르트파의 이와 같은 대립을 볼테르가 다음과 같이 야유한 적이 있다.

"프랑스 사람이 런던에 와보면 지독한 상이를 발견하게 된다. 파리에서는 우주가 모두 물질로 충만해 있는 것을 보았는데, 런던에서는 보이지 않는 힘이 그 역할을 하고 있다. 그들이 살던 프랑스에서는 조석(潮汐)을 일으키는 것이 달의 압력이었는데, 영국에서는 해수가 달 쪽으로

---

4 뉴턴, 『프린키피아』 제3권의 총괄적 주.

중력으로 당겨져서 일어나며, 모든 것이 인력으로 이루어진다."

뉴턴의 저술에서는 인력의 원격 작용을 매개가 없는 직접적인 것으로 생각하였는지, 또는 매개에 의한 간접적인 것으로 생각하고 있었는지 분명하지 않다. 처음에 뉴턴은 별들의 운동은 기계적(역학적) 여러 원리에서 설명되어야 한다는 가정에 기울어 있었다. 그러나 후에는 인력의 원인을 현상에서 도출하는 것은 불가능하다고 생각했기 때문에 이 생각을 바꾸었다. 1713년의『프린키피아』제2판 서문에, "중력은 기계적으로 설명할 수가 없는 가장 단순한 원인(causa simplicissima)"이라고 하였다. 그러나 이 서문은 뉴턴의 친구인 케임브리지 대학 천문학 교수 로저 코츠(Roger Cotes)가 기초한 것이기 때문에, 그 안에 기술된 견해가 그대로 뉴턴의 견해라고 볼 수는 없다. 뉴턴이 결코 물질적 작용 원인을 완전히 배척하지 않았다는 것이 그가 논술한 다음과 같은 소견에 나타나 있다.

"인력은 물질이 본래 가지고 있는 속성이며, 하나의 물체가 멀리 떨어진 곳으로부터 아무런 매개도 없이 완전히 공허한 공간을 통하여 타 물체에 작용을 미친다는 것은, 나에게는 매우 부조리한 것으로 보인다. 나는 철학적 사고 능력을 가진 누구도 이와 같은 부조리에 빠지리라고는 상상할 수 없다."

그래서 여하간 매개를 통하여 작용한다는 가정은 19세기에 처음으로 패러데이(Micheal Faraday)에 의해서 생겨난 것은 아니고, 이미 18세기에도 유명한 대표자들을 가지고 있었다. 케플러도 뉴턴보다 훨씬 이전에 원격 작용의 가능성에 반대하여 빛과 같이 공간에 퍼지고 모든 물체를 관통하는 중력을 성립시키기 위하여 일종의 '방사에너지'를 가정하였다. 위대한 독일의 철학자 라이프니츠는 그 중간적 입장을 취했다. 그리고 호이겐스는 도저히 뉴턴의 역학 관념에 동의할 수 없었다. 그래서 그는 데카르트에 기초하여 중력을 기계적으로 설명하려고 노력했다. 그러나 그가 중력에 대한 뉴턴의 법칙을 부인한 것은 아니었다. 그는 자기의 의견을 1690년에 빛에 관한 논술의 부록으로 전개하였는데, 이에 대해서는 다음 장에서 살펴보기로 한다. 여하튼 뉴턴의 중력 이론은 점차로 일반의 승인을 획득해 갔다. 특히 데카르트 설을 고집하던 프랑스에서도 볼테르와 모페르튀이에 의하여 처음으로 이 새로운 설에 대한 길이 열리게 되었다. 중력 법칙은 과연 옳다고 승인되었으나, 그것에 비례한 열성으로 원격 작용의 힘, 즉 뉴턴의 구심력의 가정에 반대하여 소용돌이 설을 적당히 수정하여 이것으로 우주 현상을 설명하려고 시도했었다. 그러나 100년 후에 뉴턴이 대체적인 골격을 새운 이 학설을 모든 세부에 이르기까지 완성한 것은 다름 아닌 프랑스 인이었으며, 그중에서도 위대한 천문학자 라플라스였다.

『프린키피아』가 출판된 시기에도 뉴턴은 역시 케임브리지 수학 강좌를 맞고 있었는데, 보수가 적어 필요한 것을 충족시켜 주지 못했다. 거기에다 그의 귀중한 기록의 일부분이 소실되고 마는 불행도 겹쳤다. 뉴턴은 이 사건으로 미쳐버릴 정도로 상심하였다고 한다. 이런 와중에 다행히 왕립 조폐국장에 임명돼서 사정은 일변했다. 그 후는 노령에 이르기까지 수많은 명예를 받아, 때로는 런던에 때로는 근교의 별장에 거주하였으나 결국 결석병으로 1727년 3월 31일 일생을 끝맺었다. 뉴턴은 그의 빛나는 과학적 업적에도 불구하고 매우 검소하고도 겸손한 학자였다. 그는 자신에 대하여 다음과 같이 말했다.

"내 자신이 세상에 어떻게 비쳐지는지 나는 알 수 없다. 그러나 나 자신의 눈에는 내가 진리의 대해(大海)가 규명되지 않은 채 펼쳐져 있는 그 바닷가에서 뛰놀며, 때로는 반들반들한 조약돌이나 아름다운 조개껍데기를 발견하고는 좋아서 어쩔 줄 모르는 어린아이와 같이 생각된다."

뉴턴은 역사상 가장 위대한 과학적 업적을 남겼고, 그 업적에 걸맞은 영예로운 장송을 받았다. 그는 영국의 위대한 사람들이 잠자고 있는 웨스트민스터 사원의 묘소에, 왕실에서 서거한 사람들에게만 바쳐지는 예우로 장례되었다. 그의 유해 위에 있는 비석에는 라틴어로 다음과 같은 추도문이 새겨져 있다.

바로 여기에 아이작 뉴턴 경이 잠자는도다.

경은 하나님이 하심을 닮은 정신의 힘으로,

그 수학적 방법의 도움을 빌려,

처음으로 행성의 운동과 형태,

그리고 혜성의 궤도와 해양의 조석을 밝혔다.

그 누구도 종전에는 예상조차 못했던,

빛의 본성과 그것에서 생기는 색의 특이성을,

경이 규명하였다.

경은 자연과 고대와 성서에 대한

근면하고, 명철하며, 충실한 해석자였으며,

그 철학에 전능하신 창조주의 능력을 펼쳐 보여,

복음서에 요구하신 순종을, 경은 그 생애로 나타내었다.

저 성의 사람들은, 이러한 인류의 자랑이,

그들과 함께 있는 것을 기뻐할지어다.

- 1642년 12월 25일생, 1727년 3월 20일 사망

제 15 장

17세기의 과학

17세기는 실로 과학 분야에 위대한 인물들이 속출하여 풍성한 결실을 한 세기였다. 이 결실들은 다량하다기보다는 과학 발전에 중대한 의의를 가졌다는 점에서 풍성하다고 하겠다.

13장에서 이미 살펴본 것과 같이, 근대 철학의 개조라고 꼽히는 데카르트가 당 세기의 인식 이상인 보편수학 이념을 정립하였고, 해석기하학을 개발하여 그 이념을 실천할 수단도 함께 제공했다. 그리고 제14장에서 기술한 것과 같이, 과학사에서 최대의 위인으로 손꼽히는 뉴턴은 수학 분야에서 이항정리와 미적분법을 개발하고, 광학 분야에서 색 이론을 정립하고, 역학 분야에서 만유인력의 법칙을 발견하여 우주계의 신비를 밝힘으로써, 암흑 속에서 헤매던 당시의 과학 세계에 빛을 비춰주었다. 그럼으로써 앞으로의 과학을 올바른 길로 나아가게 하였다.

17세기에는 이 외에도 뉴턴과 나란히 미적분법을 발견했고, 논리 계산에 입각한 계산기를 발명했으며, 독일에 처음으로 과학아카데미를 설립한 '독일 과학의 아버지'인 라이프니츠가 있다. 그리고 뉴턴의 빛의 입자설에 맞서서 파동설을 정립한 호이겐스도 있다. 또한 과학적 화학을 처음으로 시작하였고, 기체에 대한 그의 법칙(보일의 법칙)을 내놓은 영국의 화학자 보일이 있다. 이 장에서는 이들을 중심으로 하여 17세기가 이룩한 자연과학적 업적을 살펴보기로 한다.

1. 라이프니츠의 미적분법

1) 라이프니츠의 생애

미분법에 들어가기 전에 이 위인의 사람됨과 그의 활동 전체를 살펴보자. 그는 자연과학 분야에 국한해서는 뉴턴에 미치지 못하나, 다방면의 과학적 활동으로는 뉴턴을 능가하는 위대한 철학자며 수학자며 자연과학자였다. 이 모든 분야에 미친 그의 의의를 적은 지면에 모두 기술하기는 어렵다. 그래서 중요한 것들만 대강 살펴보기로 한다.

빌헬름 라이프니츠(Gottfried Wilhelm Leibniz)는 1646년 6월 21일 라이프치히에서 태어났다. 이때 그의 아버지는 그곳 대학의 도덕철학 교수로 있었다. 당시는 '30년 전쟁'이 끝나기 2년 전이었고, 독일은 황폐해 있었으며, 이 나라의 정신 활동은 거의 정지된 상태였다. 이러한 시기에 태어난 천재적인 조숙아 라이프니츠는 아동 시절에 독학으로 라틴어를 습득했을 뿐만 아니라, 그의 아버지의 장서들을 자유로이 읽을 수 있었다. 그래서 고대의 저술가, 특히 아리스토텔레스를 알게 되었다. 그는 스콜라철학과 관련된 저술을 읽고 데카르트의 저서를 연구하여 목적론적 세계로부터 인과성 원리의 체득으로 변화한 경험을 했다. 그의 회상록에 의하면, 그는 15세의 소년 때에 길을 소요하며 스콜라철학적 세계관에 머물 것인가 아니면 기계론적 세계관으로 나아갈 것인가에 대하여 숙고하였

라이프니츠

다고 한다. 그러다 "결국 기계론적 세계관이 이겨서, 나는 수학을 배우기로 결심하였다." 라고 적도 있다. 라이프니츠는 15세에 고향에 있는 라이프치히 대학에 입학하여 법학을 전공했고, 모든 과정을 마쳤다. 그러나 대학에서는 그가 너무 어리다며 학위를 주려고 하지 않았다. 그래서 그는 알트도르프 대학에 가서 법률학, 신학, 철학을 배웠고, 1666년 20세에 학위를 받았다. 거기서는 그의 탁월한 지식과 변론을 인정하여 바로 교수로 임명했다. 그러나 그는 사절하고 뉘른베르크로 가서 연금술 협회의 조수로 일했다.

그 후 그는 뉘른베르크를 떠나 마인츠 선제후의 외교 사절이 돼서, 1672년 파리에 파견되었다. 4년간의 파리 체재 중 그가 제안한 외교 목적은 달성하지 못했으나, 그는 매우 의미 있는 시간을 보냈다. 데카르트의 저서를 통독하고, 스피노자의 저술을 읽고, 호이겐스와 알게 되었고, 수학에 정통하게 되었다. 그는 이때에 본격적으로 수학적인 천재성을 드러내게 되었다. 그는 뉘른베르크에 있을 때 이미 계산기를 발명하였는데, 이곳에서 1675년 미적분법을 발견한 것이다.

지식의 전 분야를 통찰하고, 그것에 정통한 유럽인은 아마도 라이프니츠가 마지막일 것이다. 그는 전 분야에 뛰어났다. 그의 철학 사상은 편지나 비교적 짧고 논란 조의 논문에 단편적으로만 쓰여 있고, 총괄적인 저작으로 정돈되지는 않았다. 이것이 그의 사상이 보급되고, 영향을 미치게 하는 것을 매우 저해하고 말았다. 그런데도 불구하고 그가 가장 유명한 것은 철학자로서이다. 그러나 그는 역사가와 법률가로서도 매우 중요하다. 신학의 분야에서는 당시에 신구 각파를 다시 화해시키려는 움직임이 활발하였는데, 그는 그 지도자 격이었다. 그리고 언어학자로서는 비교언어학의 의의를 일찍이 인정하고 있었

다. 그는 『지구의 자연사(Naturgeschichte der Erde)』라는 책을 저술했다.

라이프니츠는 모든 면에서 과학의 진흥에 힘썼다. 1700년에 프로이센의 과학 아카데미를 발족하게 한 그의 업적은 앞 절에서 이미 기술하였다. 그는 드레스덴, 비엔나, 상트페테르부르크(지금의 레닌그라드)에도 같은 아카데미를 설립할 것을 제안하였다. 그리고 라이프니츠는 1682년에 유럽 최초의 과학 잡지 『학자의 보고(Acta Erunditorum)』를 사비로 창간하였다. 1684년에 이 잡지에 「극소와 극대를 구하는 새 방법(Nova methodus pro maximis et minimis)」이라는 논문을 실었다. 그리고 1686년에 이것을 보완한 「심원한 기하학(Geometria recondita)」이라는 논문을 발표했다. 라이프니츠가 수학에 기여한 가장 중요한 두 가지가 이 두 개의 논문에 담겨 있다. 전자는 미분법, 후자는 적분법이다.

라이프니츠는 1676년에 파리를 떠나 런던을 거쳐서 독일에 귀국했다. 이후는 요한 프리드리히 폰 브라운슈바이크 후(候)의 고문과 장서관이 돼서 하노버에서 살았다. 범위가 넓은 여행을 빼면, 그는 죽을 때까지 여기서 계속 산 것이다. 죽기 조금 전에 후(候)의 미움을 사서 망명하지 않으면 안 되게 되었으나, 죽음이 망명을 면하게 해주었다. 이 위대한 철학자 라이프니츠는 1716년 11월 14일 하노버에서 사망하였다. 그의 저승길을 송별해 준 사람은 오직 그의 비서 한 사람뿐이었다고 한다. 그의 장송에 대한 기사에 "우리는 조국을 빛나게 한 그를, 그에 합당하게 장사하지는 못했을망정, 마치 길가에 횡사한 거지를 장송하듯 했다."라고 기술하고 있다. 한 사람의 성직자조차도 그의 관을 송별하지 않았다. 이에 반해서 10년 후에 사망한 영국의 뉴턴은 왕과 같은 예우로 장례하였다. 왕실과 모든 귀족까지도 상복을 입고 그를 장송하였다고 한다. 이와 같은 대조는 뜻있는 독일인이 후세를 위한 훈계로 삼고 있다. 파리의 아카데미에서조차 기념제를 개최하여 라이프니츠에 대한 경의를 표하였다고 하는데, 베를린의 아카데미 사람들은 창설자이며 최대의 회원인 그의 죽음에 대하여 아무런 배려도 하지 않았던 것이다.

2) 라이프니츠의 미적분법

이 절에서 다룰 미적분법 발견의 역사는 이 논문이 발표된 날로부터 9년 정도 거슬러 올라간다. 지금 남아 있는 라이프니츠의 기록에 의하면, 그는 1675년 10월 파리에 있을 때 이미 결정적인 인식에 도달해 있었다고 한다. 그는 이 발견을 좀 더 충분히 완성된 모양으로 갖추어서 널리 과학계에 제시하고 싶었다. 그런데 1675년부터 교제해 온 치른하우젠이 미분에 관한 일련의 논문을 잡지에 싣고 말았다. 이것은 라이프니츠의 생각을 불완전하게, 일부는 틀리게, 라이프니츠의 이름도 들지 않고 인용하여 그의 이름을 더럽힌 것이었다.

그래서 라이프니츠도 미분법에 관한 자기의 많은 업적 중에서 한 편을 골라서 출간하게 되었다. 그러나 가장 명석하고 좋은 한 편이 골라진 것은 아니다. 이 논문을 보면, 뉴턴과는 출발점이 다르며, 표현법도 더 잘 되어 있다. 뉴턴은 역학 문제에서, 더 정확히 말하면 운동론에서 출발하였다. 어떤 양 x는 시간에 따라 변한다고 하자. 이때에 이 양은 변화하는 양, 또는 유량(fluent)이다. 그러면 이 변화의 정도, 즉 유분(流分)을 수학적으로 정밀하게 파악하는 것이 문제가 된다. 이런 변화율을 뉴턴은 $x(')$로 표시했다. 연속적인 이 변화는 '무한소'의 변화로 이루어지며, 시간도 '무한히 짧은' 각 순간이 된다고 뉴턴은 생각했다. 이 점에 관한 한 라이프니츠의 생각은 더욱 일반적이었다. 그는 변화가 반드시 시간에 따라 일어나지 않으면 안 된다고 생각하지 않았다. 그리고 표시법도 그의 천재성을 잘 나타내고 있다. 그는 미분을 differenz의 d를 앞에 붙여서 dx라고 표기했다. 적분도 뉴턴은 $x(,)$로 기록한 데 반하여, 라이프니츠는 Summa의 S 자를 길게 한 오늘날의 적분 기호 $\int$를 앞에 붙였다. 이 표기법은 계산의 본질을 명쾌하게 인상 깊게 나타내서 혼란할 염려가 없다.

내용에 깊이 들어간 평가를 원하는 독자는 이와 같은 수박 겉핥기 식의 평가에 불만을 느낄 것이나, 여기서 일반 독자에게 깊이 있는 평가를 하는 것은 불가능하다. 미적분법의 사고 순서 전반에 걸친 문제는, 그 증명에 들어가려면 당장 부닥치게 되는 매우 어려운 문제들이 있다. 특히 인식론적 문제들은 수학 전 분야 중에서도 가장 까다로운 문제이며, 오늘날도 완전히 결말이 날 정도로는 정리되지 못한 것이다. 그렇다면 적어도 뉴턴이나 라이프니츠가 그 결과에 도달하게 된 사고의 줄기만이라도 더듬어 볼 수는 없나? 이것도 역시 또 다른 어려움이 있다. 즉, 두 사람의 사고 진행 방식이나 증명의 대부분은 오늘의 일반적 판정 기준으로 볼 때 논리적 빈틈이 너무나 많다. 논리학의 입문 정도에서도 그대로 보아 넘길 수 없을 정도다. 실제로 이 계산법의 더욱 깊은 내용이나 연속성, 극한치, 미분 등의 개념에 대하여 명석하고 난색이 없는 설이, 무조건 최종적이라고 말할 수 있을 정도는 아니지만 대강이라도 전개된 것은 겨우 19세기가 되고서이다. 이는 코시(Augustin Louis Cauchy, 1789~1857)와 기타의 사람들이 처음으로 해낸 것이다.

그렇다면 뉴턴이나 라이프니츠가 틀린 증명에도 불구하고 바른 결과에 도달한 이유는 무엇인가? 18세기에 이 계산법을 더욱 발전시키고 각 방면에 응용한 후계자들도 바른 결과에 도달해 있는데, 그 이유는 무엇인가?

　그것은, '수학 또는 과학사 일반에 이와 같은 진행을 보이는 것은 그렇게 진기하거나 우연한 것은 아니다.'라고 답변할 수밖에 없다. 엄밀한 논리적 증명이 결여된 경우에도, 본능이나 직관에 의해 바른 것을 파악한 예는 적지 않다. 오늘의 과학도 역시, 궁극적 기초가 구명되었다고 보기에는 너무나 거리가 먼 개념을 응용하여 성과를 올리고 있는 것이다.

　미적분 계산의 발견도, 허술한 방법으로 해서 위태로운 발판 위에 세워졌다고 말할 수 있다. 그래도 역시 이 발견은 수학뿐만 아니라 정밀 자연과학 전반에까지, 그때까지 가졌던 어떠한 도구보다 더욱 유력한 이기를 주었다. 바둑으로 말하자면, 정석을 두는 방법을 알게 한 것이다. 시간이나 공간 안에서 연속적으로 흘러가는 현상을 파악하기 위한 수학적 수단이 마침내 인류의 손에 들어온 것이다. 수학에서 생각하지도 못한 정밀 자연과학의 신대륙을 바라볼 수 있게 됐다.

　근대 자연과학이 성과를 올리고, 근대 기술 분야에 응용돼 간 것은 실험이라는 갈릴레이의 방법과 뉴턴과 라이프니츠의 무한소 수학이 결합된 덕택이다. 이 결합은 다음 한 세기 동안에, 그 이전의 수천 년간을 합친 것보다 큰 결실과 더욱 깊은 통찰을 자연과학에 선사했다. 근대 자연과학 중에 가장 중요하다고 말할 수 있는 방정식은 거의 다 미분 방정식의 형식을 하고 있는데, 이것은 그들의 고등 계산법에서 발전해 온 것이다. 그다음의 몇 세대 간의 수학자들은 이 방법 일변도였다. 이와 같은 풍조는 자연과학에서 매우 유익한 것이었으나, 순수수학 분야에서는 걸림돌이 되기도 했다. 사실상 수학 분야는 훨씬 후에까지 다른 분야는 취급하지 않아서 발전을 계속할 수가 없었던 것이다. 라이프니츠 자신도 이 자랑할 만한 새로운 방법인 미적분법에 대해 다음과 같이 말하였다.

"조금도 공상의 힘을 쓰지 않고도 진리를 인식하는 것을 가르쳐주고, 베타나 데카르트가 아폴로니오스보다 좋은 장점을 준 것같이, 아르키메데스보다 우수한 장점을 주는 것이다."

19세기의 어떤 비평가도 똑같은 의견을 다음과 같이 말하고 있다.

"이제는 범인도 아르키메데스가 당혹한 곤란을 쉽게 극복할 수 있게 되었다. 아르키메데스와 같이 석판 위에 모래를 깔고 그림을 그릴 필요도 없이!"

오스발트 슈펭글러(Oswald Spengler, 1880~1936)는 『서구의 몰락(The Dawn of the West)』이라는 저서 중에 "매력은 있으나 의심하는 사람도 많은 명제를 세웠다. '무한의 수학'이 창조됨과 함께, 동적이며 무한을 구하려는 파우스트적 문화 정신이 수학 안에 자기를 적절히 표현한 것이다."라고 평하고 있다.

미적분법에 대해서는 심원하고 비판적인 논의를 불러일으킬 무수히 많은 문제가 있다. 끝으로 그중의 하나를 들어보자.

"공간과 시간 내에 '연속하여 흐르는 현상의 흐름'을 수학적으로 다루는 수법을 이 새로운 방법은 가르쳐 준다고 한다. 이 경우에 이 흐름은 실제로 연속한 것임을 가정하고 있다. 이것은 확실한 것인가? 자연의 변이는 과연 비약하지는 않고 연속적인 것인가?"

이와 같은 의문이 이미 18세기에 나왔다. 물리학 특히 양자론이 근래 발전함에 따라, 이 의문의 불길에 새로운 기름을 부었다. 만약에 에너지가 양자론과 같이 불연속적일 뿐만 아니라 시간이나 공간도 불연속적이며 최소의 양자로 이루어졌다면 어떻게 될 것인가? 이 경우에 미적분법은 압도적 성공을 거두고 있는데도 불구하고, 결국은 유용하나 진실하지 않은 가설이 되고 만다. 그렇게 되면 무한히 작은 양을 써서 계산하는 대신에, 매우 작으나 무한히 작지는 않고, 더 이상 작아질 수 없는 양을 써서 계산하지 않으면 안 될 것이다.

3) 라이프니츠의 논리 계산

라이프니츠가 수학에 준 가장 중요한 기여는 미적분법(고등 산술)이라고 상술했는데, 그 의의를 생각하면 이 이상의 중요한 기여는 있을 수 없을 것이다. 그런데 이 위대한 인물은, 적어도 미적분법과 같을 정도로 의의가 깊고, 보다 더 중요한 업적으로 평가되는 또 다른 발견, 즉 논리 계산법에 기초한 '계산기(computer)'를 만들었다.

1666년에 20세의 라이프니츠는 '학생 냄새가 나는 시도'라고 자백한 논문 「결합법(De arte combinatoria)」을 쓰고, 그 안에 '보편적 특성의 결정' 가능성에 대하여 고찰하고 있다. 이것은 일종의 보편수학으로 볼 수 있는 사고의 산술인 논리 계산이며, 수학적 산술과 마찬가지로 적당한 기호로 나타내고, 확실한 규칙에 따라 처리되게 한 것이다. 이와 같은 종류의 산술은 사고를 인도해 줄 뿐만 아니라, 사실에 대해서 틀린 것만 없다면 실제로 사고가 오인을 범하지 않게 해준다.

그리고 이와 같은 생각에서 보면 당연한 계산기를 라이프니츠는 처음으로 고안한 사람 중의 하나이다. 최초의 자동 계산기 발명은 1642년 파스칼이 하였고, 뒤따라 라이프니츠가 파스칼의 것보다 계산 속도가 빨라서, 보탬 셈을 빨리 되풀이하여 곱셈을 할 수 있는 계산기를 1671년에 설계하여 1694년에 시제품을 만들었다. 그리고 1710년에 발표한 논문 「산술기론(Descriptio machinae arithmeticae)」에 이 계산기에 대해서 기술했다. 라이프니츠의 계산기는 당시는 기계공작 정밀도의 부족으로 불충분한 제작밖에 할 수 없었으나, 19세기에 와서 공작 정밀도가 향상됨에 따라 실용화되었다.

1679년에 라이프니츠는 이 '논리 계산'에 대한 자기의 착상을, 그의 선생이며 친구였던 호이겐스에게 털어놓았다. 그러나 아깝게도 라이프니츠는 별로 의미도 없고 적절치도 못한 예를 골라서 이 문제를 설명했다. 그래서인지 또는 두 사람 사이에 어떤 오해가 있었는지, 여하튼 호이겐스는 라이프니츠의 귀중한 착상을 어이없게 물리쳐 버렸고, 혹평하기까지 했다. 그래도 라이프니츠는 자기의 이 착상을 버리지 않고, 그 후 수십 년간 '여가의 일부'를 이 문제에 쏟았다. 그래서 그는 오늘날 '기호논리학'이라고 불리는 학문의 기초를 쌓았다.

라이프니츠는 여기서도 초보 단계에 머물고 있었던 것이 틀림없다. 그러나 미래를 향한 바른 방향을 내디딜 때 가장 어려운 것은 첫 발짝이다. 미적분법의 밑바닥까지 완전히 이해해 낸다는 어려운 문제는 뉴턴도 라이프니츠도 해결할 수 없었으나, 이것이 19세기에 라이프니츠를 원조로 한 '수학적 논리학'이란 방법의 도움을 받아서 해결을 보게 된 것은 역설적이라고 할 만하다. 이러한 의미에서 벨도 다음과 같이 평가하고 있다.

"현대 수학의 입장에서 볼 때, 라이프니츠의 최대의 공적은 그의 미적분법의 발견보다는 그의 '사고의 계산법'의 발견에 있다."

19세기까지 200년 가까이 라이프니츠의 이 천재적 사상은 파묻혀서 잠자고 있었다. 라이프니츠의 유산은 지금까지도 다 써버린 것은 아니다. 그의 착상을 전자적으로 실현한 '전자계산기(Computer)'가 20세기 후반을 놀라운 세계로 혁신하였다. 그리고 이 전자계산기 안에 다른 어떤 놀라운 것이 감추어져 있는지는 아직도 다 알아낼 수 없다.

2. 호이겐스 시대의 천문학과 광학

뉴턴 시대의 과학자 중에서 뉴턴에 맞설 만한 사람이라고 하면, 네덜란드 사람인 호이겐스(Christian Huygens)를 꼽을 수 있을 것이다. 뉴턴도 그를 '순무스 후게니우스(비할 데 없는 호이겐스)'라고 불렀다.

호이겐스 역시 갈릴레이의 토대 위에서 출발하였다. 그리고 그의 활동은 뉴턴이 개척한 것과 같은 부문, 즉 광학과 역학과 천문학 부문에 걸쳐 있다. 그리고 이 두 과학자 간의 견해 차이에서 야기된 문제들은 그것을 천명하는 과정에서 과학계 전체에 큰 진보를 가져오게 하였다. 특히 그가 빛의 본질에 관하여 뉴턴의 입자설에 맞서서 정립한 '빛의 파동설'은 20세기 초까지 양론에 대한 쟁론을 일으키게 하였고, 이것이 기초과학 분야 발전을 촉진해 왔다.

1) 호이겐스의 계측천문학

갈릴레이나 그 당시의 사람들은 간단한 망원경을 써서 천문을 관측하고 있었다. 이것을 발단으로 하여 오늘날까지 망원경과 천문학은 끊임없는 연쇄적 발전을 계속해 오고 있다. 망원경이 개량될 때마다 새로운 영역, 새로운 신비가 열려왔다. 태양계에 대해서는 17세기에 특히 토성의 둘레 바퀴 위성(주륜 위성)이 바르게 이해되었다. 이미 갈릴레이는 토성에 두 개의 위성이 있는 것을 발견했다. 처음에는 이들도 달과 같이 구형의 천체라고 생각했다. 그런데 관측을 계속하는 중에 위성으로 보이는 이것들이 특수한 모양을 하고 있다는 것을 알게 되었으나, 이것에 대해 아무도 올바른 설명을 할 수 없었다.

호이겐스

크리스천 호이겐스(Christian Huygens, 1629~1695)는 토성의 바퀴 위성에 대하여 1655년에 처음으로 올바른 설명을 하였다. 호이겐스가 자신이 조립한 개량된 망원경으로 관측하여 처음으로 다음과 같이 올바르게 설명했다.

"나 자신, 하늘의 이 경이(驚異)를 바라보기를 매우 간절히 바라고 있었다. 손에 가진 것은 흔히 있는 5~6피트 망원경뿐이므로, 나는 되도록 세심하게 열심히 렌즈 연마술을 배우기 시작했다. 나의 손으로 직접 하게 된 것을 나는 후회하지 않는다. 여러 가지 곤란을 헤치고 나는 끝내 렌즈를 만들어 냈고, 이 렌즈를 써서 성능이 좋은 망원경을 만들어 내서 다음과 같은 기술을 할 동기를 얻게 된 것이다. 내가 만든 이 망원경으로 토성을 보았을 때, 대부분의 선인들이 이제까지 보았다고 믿어온 것과는 다른 광경을 볼 수 있었다. 토성 바로 곁에 모여 있는 부속물이 나에게는 두 개의 흑성같이 보이지 않고 전혀 다르게 보였다. 그리고 또 한쪽에 이 부속물과는 별개로 진짜 흑성, 즉 달도 보였다. 이 달은 토성 주위에서 제법 떨어져 있어서 16일에 한 바퀴씩 돌고 있다고 생각되었다."

위의 기술 중에 '전혀 다르게 보였다'는 것은 하나의 바퀴가 토성을 둘러싸고 있다는 것이다. 이 바퀴는 엷고, 토성의 본체와 접촉된 곳은 없으며, 황도면에 대해서 약간 기울어 있었다. 토성의 직경에 대한 이 바퀴의 직경 크기의 비는 호이겐스의 관측치 계산에 의하면 4 : 9였다. 이 토성의 바퀴는 우주 내에서 처음으로 발견된 구형이 아닌 천체이다. 이와 같은 혁명적인 주장을 하는 이상 좀 더 변명해 둘 필요가 있다고 생각하여 호이겐스는 자기의 관측 결과에 대하여 다음과 같은 변론을 추가하고 있다.

"그래서 나는 우선 이 기회를 이용하여 다음과 같이 생각하고 있는 사람들에게 답하지 않으면 안 된다고 믿는다. 즉, 구형이라고 믿어 의심치 않던 천체를 구형이 아닌, 이제까지 보지 못한 모양을 하고 있다고 내가 단언할 뿐만 아니라, 이것은 고형이고 불변의 천체라고 내가 생각하는 데 내해서, 그것이 어떤 결합이나 사설로 묶여져 있지도 않는데 토성 주위에 걸려 있고, 항상 같은 거리로 떨어진 채 토성과 함께 매우 급속히 전진한다고 생각하는 것은 매우 새롭고 이상하다고 생각하는 사람에게 말하고 싶다."
"이와 같이 생각하는 사람은 다음과 같은 점을 고려하지 않으면 안 된다. 나의 생각은 천공에 눈으로 볼 수 없는 주전원(周轉圓)을 천문학자가 생각해 낸 것과는 다르다. 내가 여기에 이와 같은 가설을 세운 것은 장난기에서도 아니고, 단순한 발견 욕에서도 아니며, 나의 눈에 그러한 바퀴가 명확히 보였기 때문이다. 우리는 눈으로 보고 사물을 판단하여야 한다. 덮어놓고 고래의 관념에 사로잡혀 천체는 그와 같은 모양을 해서는 안 된다는 도리는 없다."

카시니
지오반니 카시니(Giovanni Cassini, 1625~1712)는 그 후 얼마 지나지 않아서 이 바퀴가 두 개의 부분으로 된 것을 발견하였고, 호이겐스가 발견한 토성의 제1 위성 말고도 5개의 위성을 더 찾아냈다. 파리에서 활동하고 있던 카시니는 17세기 천문학에서 뛰어난 지위를 차지하고 있었다. 그는 자기의 계획에 따라 태양계 전체의 크기를 처음으로 제법 정확하게 계산할 수 있었다. 그리고 화성까지의 거리와 지구 궤도의 직경도 결정했다. 이와 같은 지식은 더욱 먼 별들을 관측할 때 꼭 필요한 기초 자료가 되는 것이다. 이와 같은 천문학 작업에는 매우 작은 각(角)을 측정해야 하는데, 새로운 기기를 써서 잘 측정할 수 있게 되었다. 17세기 중엽에 수 개소에서 동시에 발명된 '마이크로미터(미측척)'도 그러한 기구의 하나이다. 그리고 망원경의 눈에 접한 렌즈에 한 가닥의 가는 실을 쳐서 어떤 별의 빛이 그 실로 꼭 가려지는 위치에 망원경을 맞추고, 다음에 실이 가장 가까운 별을 가릴 때까지 망원경을 돌리면, 전 위치와의 사이의 각을 읽을 수 있게 한 것이다. 이러한 계측기의 도움으로 17세기의 관측 천문학은 한 단계 도약한 발전을 이룰 수 있었다.

2) 뢰머의 광속도 측정

갈릴레이가 발견한 목성의 위성은 한 바퀴 돌 때마다 태양의 반대 측 공간에 목성이 만들고 있는 원추형의 그림자 속에 들어가게 된다. 이 위성의 식(蝕)은 잘 관찰되는데, 위성의 운행이 균일하다면 이 식도 규칙적으로 일어나므로, 갈릴레이는 이것을 일종의 시계로 이용하여 항해 중인 선박의 위치를 결정하는 데 응용하려고 생각했다. 그래서 카시니는 이 목성 위성의 식이 일어나는 시각표를 만들어 놓았다.

덴마크의 천문학자인 올라우스 뢰머(Olaus Roemer, 1644~1710)는 1676년에 이 시각표를 재검토함과 아울러 식을 좀 더 정밀하게 관찰했다. 그래서 그가 찾아낸 바에 의하면, 식의 평균 주기는 확실히 계산한 시간과 일치하였다. 그러나 식이 일어나는 시각은 예상한 시각보다 실제는 이르거나 늦어지는 경우가 많았다. 최대의 차이는 8분이었다. 그리고 또 지구가 공전궤도 상에서 목성에 가장 가까워졌을 때는, 식이 계산한 것보다 반드시 일찍 시작되며, 반대로 지구가 그와 반대 점에 있을 때는 계산보다 늦춰졌다. 여기서 쉽게 착상할 수 있는 가정으로서, "이 차이는 위성의 운행이 불규칙한 데 기인한 것이 아니라, 빛도 원거리를 가는 데 그만한 시간이 걸린다."라는 것이다. 이렇게 가정하면 충분히 설명된다. 지구의 궤도 직경은 어느 정도 정확히 알고 있었으므로, 빛이 이것을 가로질러 가는 데 필요한 시간으로 이 직경을 나누면 빛의 속도를 구하게 되는 셈이다. 지

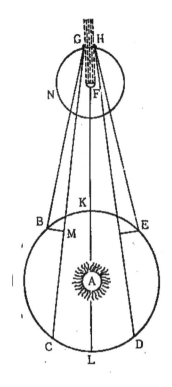

뢰머의 광속 결정
A: 태양, F: 목성, BCDE: 지구 궤도,
GN: 목성 위성 궤도

구 궤도의 직경을 가로질러 가는 데 필요한 시간은, 식의 일찍 일어나는 시간과 늦게 일어나는 시간의 최대 시간을 합한 16분이다. 뢰머는 이 방법으로 빛의 속도를 구하여, 그 속도가 매초 30만 킬로미터를 약간 넘는다고 했다. 오늘날 주지하고 있는 값과 매우 가까운 값이다.

이것으로 다음과 같이 단정할 수 있게 되었다. 빛이 공간을 진행하는 속도는 매우 빠르나, 무한대는 아니다. 이와 같은 개념은 엠페도클레스가 고대에 이미 주창하였고, 갈릴레이도 이것을 믿고 있었다. 그러나 이것을 입증하려고 한 그들의 시도는 성공하지 못하고 말았다. 갈릴레이는 두 장의 거울을 두 언덕 꼭대기에 마주 보게 설치하고, 그 사이를 왔다가 갔다가 하는 빛의 속도를 직접 측정하려고 시도했다. 그러나 두 거울 사이의 거리가 너무 짧았고, 그가 측정할 수 있는 시간이 너무 조잡하여 실패하고 말았다. 19세기가 돼서 매우 정교한 장치와 측정법이 쓰일 수 있게 되기까지는, 지상의 척도로 광속도를 측정할 수 없었다.

3) 호이겐스의 파동설

17세기의 자연과학자 중에, 천부의 다면성과 독창성에 있어서 뉴턴에 견줄 수 있는 사람은 네덜란드 사람인 크리스천 호이겐스(Christian Huygens, 1629~1695)뿐이다. 그의 주된 활동 분야는 뉴턴과 꼭 일치한다. 그도 중요한 수학자였다. 실제로 그는 라이프니츠 수학의 깊은 뜻을 인도했고, 그와 활발한 사상의 교환도 했다. 호이겐스는 천문학에서도 본질적인 기여를 했는데, 이것은 '천문학' 절에서 이미 기술한 것과 같다. 그리고 그가 물리학에서 주로 공헌한 분야도 뉴턴과 마찬가지로 역학과 광학 분야였다. 호이겐스는 1678년 파리의 과학아카데미에 제출한 그의 논문 「빛에 대한 논술(Traite de la lumiere)」에서 빛의 이론을 정립했다. 이 논문은 1690년에 책으로 발간됐다. 호이겐스도 뉴턴과 같이 미소하고 융통성이 있으며, 전 공간을 균일하게 채운 매질로서 '에테르'를 자기 사고의 기초로 삼았다. 그러나 그는 빛이 미립자라는 선입견에 사로잡히지 않고, 모든 빛의 현상을 다음과 같이 설명했다. 즉, 빛나는 물체는 이 매질(에테르) 중에 파동을 일으키고, 이 파동의 진동이 모든 방향으로 퍼진다고 했다.

호이겐스가 입자설에 반대한 한 가지 점은 다음과 같은 것이다. 즉, 빛은 서로 흩어지게 하지 않고 교차할 수 있다는 것이다. 미립자의 흐름이 부닥친다고 하면, 적어도 입자의 일부분은 서로 반발하고, 반발된 입자는 빛의 행로에 차단돼서 밑으로 떨어져야 하지 않나! 그런데 그런 것은 하나도 관측되지 않는다. 호이겐스는, 파동 이론에 의하면 빛의 교차뿐만 아니라 알려진 모든 관측 결과도 더욱 잘 설명된다는 것을 개개의 경우에 대해서 제시하였다. 예를 들어서 그는, 그리말디의 실험에서 빛 무늬의 테 둘레가 명확한 그림자를 생기게 하지 않는 이유도 이 이론으로 설명할 수 있었다. 그리고 방해석(方解石)에

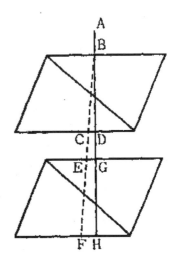

호이겐스가 발견한 복굴절

의한 복굴절도 설명할 수 있었다. '복굴절'이란 1669년에 덴마크 사람인 에라스무스 바르톨리누스(Erasmus Bartholinus, 1625~1698)가 발견한 현상이다.

음파는 세로의 파동이다. 공기의 미립자는 음이 전달되는 방향에 따라서 앞뒤로 진동한다. 그리고 물의 파동은 가로의 파동이며, 물의 미립자는 상하로 진동한다. 즉, 물의 파동이 전달되는 방향과 수직으로 진동한다. 그러면 빛의 파동은 어떤 것인가? 호이겐스는 빛도 음파와 같은 세로의 파동이라고 설명했다. 물론 빛의 파동은 음파와는 달리 진공 중을 전파하므로, 빛의 진동을 전하는 '에테르'를 가정하였다. 이 점에 관해서는 빛은 가로의 파동이라고 가정한 훅이 옳았다. 훅과 호이겐스의 바른 통찰이 결합된 것은 아직도 훨씬 미래의 일이었다. 18세기 대부분의 학자들에 대해서, 호이겐스의 빛나는 이 파동설은 그에 상응한 영향을 미칠 수가 없었다. 위대한 뉴턴이 입자설을 지지한다고 믿었기 때문이다. 그러나 이것은 상술한 것과 같이 잘못이었으며, 겨우 1800년을 전후하여 토머스 영(Thomas Young)과 프레넬(Augustin Fresnel)이 파동설을 더욱 완전히 발전시켜서 승리로 이끌었다.

호이겐스 제2의 주저는 1673년에 나온 『진동자 시계(Horologium oscillatorium)』이다.

표제를 보면 시계에 대한 것같이 보이나, 시계를 다룬 것은 반도 못 되며, 나머지는 역학에 관한 새로운 지식을 기술하고 있다. 그는 진동과 원운동에 대하여 연구하였다. 원운동에 대해서는 원심력, 물체의 회전속도, 궤도 원의 직경, 물체의 질량 등의 상호 관계를 찾아냈다. 그리고 진동운동에 대해서는 진동자(振動子)의 길이와 진동주기와의 올바른 관계를 찾아냈다.

호이겐스는 진동자 시계를 만들 때 이와 같은 지식을 활용했다. 그는 이 시계를 1657년에 발명하여 1658년에 특허를 얻었고, 상술한 책에 기술했다. 해시계, 모래시계, 물시계 등은 옛날부터 사용해 왔으나, 어느 정도의 시간이 지나면 정지하고 마는 결점이 있었다. 이 경우 다시 손을 대서 작동하게 해야 한다. 해시계의 경우는 다음 날까지 기다려야 한다. 이와 같이 하면, 시간 측정은 난조에 빠지게 되고 만다. 갈릴레이는 일찍이 진동자를 시간 측정에 이용하면 좋다는 것을 착안하고 있었다. 그러나 실제로 진동자 시계를 조립하지는 못했다. 그것은 진동하고 있는 진동자에게 조금씩 에너지를 공급하여 마찰이나 공기저항으로 진동자가 점차로 서버리는 것을 방지하는 것이 문제였다. 그런데 이 에너지를 매단 추의 인력으로 준다고 해도, 진동자의 일정한 주기 진동에 영향을 미쳐서는 안 된다. 즉, 실제로는 결국 진동자가 에너지 공급 시점을 스스로 결정하지 않으면 안 된다. 호이겐스는 바로 이 점을 해결하는 데 성공한 것이다. 그 방식은 오늘날의 전기 기술 용어로 '피드백(feedback)'이라고 불리는 것이다.

3. 물리학과 화학

1) 기체물리학

기체를 인지하거나 분리하거나 다루는 것이 특히 어려운 문제라는 것은 주지의 사실이다. 그래서 기체에 대한 과학적 연구가 매우 뒤늦게 시작되었다. 기체는 감촉으로 파악하기 힘들고, 무게도 없는 것 같고, 눈에도 보이지 않으나, 일단 폭풍으로 불어닥치면 비상한 힘을 발휘하는 진기한 성질을 가진다. 그리고 또, 공기는 생물의 호흡과 확실히 관계가 있다. 그래서 고대의 관념에는 공기는 영혼과 같고, 신적인 것과 거의 같다고 생각돼서 '프네우마(pneuma)'라고 불렸다.

고대인이 '기(氣, pneuma)'나 '정(精, spiritus)'이라고 할 때는 안개(霧)나 아지랑이(霞)도 이 개념에 포함돼 있다. 따라서 이 말이 내포한 뜻을 잃지 않고 그대로 번역할 말이 없다. 생리학에서는 혈액 중에 운반되는 '생명의 정'이라고 믿어졌으며, 이 신비적인 '무엇'은 유동적인 모양으로 포획하거나 어느 정도 농축도 된다고 믿어졌다. 우리가 쓰는 말 가운데 '주정(酒精)'이라고 하는 말에는 '정(精, spiritus)'이란 뜻이 남아 있다.

근세에 처음으로 기체 연구에 손을 댄 사람 중의 하나이며, '기체(Gas)'라는 말을 새로이 만든 사람은 네덜란드 태생의 요한 반 헬몬트(Johann van Helmont)였다. 그에 대해서는 이미 전 장에서도 기술한 적이 있다. 그가 기체를 지칭하여 '가스'라고 한 것은 아마도 '정령(精靈, Geist)'과 어휘가 비슷하고, 또한 '카오스'와 연관시켜서 골랐을 것으로 생각된다.

이 분야에서 정밀한 정량적(定量的) 연구를 시작한 것은 역시 갈릴레이였다. 공기가 '무게를 가진다'는 것, 즉 물질적인 물체란 것을 갈릴레이는 실험으로 제시했다. 이 증명은 매우 유명하다. 갈릴레이는 정밀한 저울을 써서, 공기를 압축해 채운 빈 플라스크를 저울로 달았다. 이때에 그는 모래알을 추가하여 가능한 한 정밀한 평형을 잡았다. 그리고 다음에, 압축된 공기를 빼내고 보니 플라스크가 가벼워졌다. 그래서 모래알을 추가하여 다시 평형을 잡았다. 이 실험은 『두 가지 새 과학에 대한 대화』 중에 기술돼 있는데, 그는 플라스크에서 빠져나간 공기의 무게는 추가한 모래알의 무게와 같다고 분명히 기술하고 있다. 그래서 그는 공기가 무게를 가진다는 것을 증명했다. 그렇다면 '대기 중의 공기는, 같은 체적의 물이나 기타 무거운 물질의 무게에 비교한 비중(比重)이 어느 정도일까?' 하는 물음이 나오는데, 갈릴레이는 이것을 알아내는 실험도 했다.

'자연 상태'의 공기만 담은 용기에서 공기가 새나가지 않게 주둥이를 밑으로 하여 물속에 밀어 넣어서 물이 들어가게 한다. 그러면 용기 안의 공기는 물이 들어간 체적만큼 압축된다. 이것을 저울로 단다. 다음에 용기 주둥이가 위로 오게 바로 놓아서, 압축된 공기가 나가게 한 다음에 다시 무게를 단다. 그러면 물의 체적만큼 압축되었던 공기의 무게만큼 가벼워진다. 즉, 용기 안의 물의 무게에 대한 이 가벼워진 무게의 비는, 같은 체적의 물의 무게에 대한 자연 상태(대기압)의 공기 무게의 비인 '공기의 비중'이 된다.

그러나 갈릴레이가 미처 풀지 못한 문제가 남아 있었다. 토스카나 대공은 깊이 40피트의 샘을 파서 고대로부터 잘 알려진 펌프로 물을 퍼 올리려고 했다. 그런데 생각지도 못한 일이 생겼다. 물은 지하 36피트 정도 이상으로는 올라오지 않았다. 그래서 갈릴레이에게 문의하였으나, 그도 알 수가 없었다. 이 문제는 뒤에 그의 후계자에 의하여 풀리게 되었다.

토리첼리

갈릴레이의 제자이자 연구의 후계자인 토리첼리(Evangelista Torricelli, 1608~1647)는 이 문제를 풀게 되었다. 토리첼리는 그 원인을 깨닫고, 이 명제를 실증하려고 다음과 같은 장치를 만들어서 실험한 것을 기술하고 있다.

토리첼리의
기압계

"이것을 만드는 데 매우 힘들었으나, 나는 두텁고 아주 긴 유리관을 만들어서 한쪽 끝을 봉하고, 그 안에 수은을 채우고, 입구 끝을 엄지손가락으로 막은 다음, 그 끝을 아래로 하여 수은이 담긴 접시에 담그고, 손가락을 뗐다. 그랬더니 관내의 수은은 내려오다 일정한 높이에서 머물고 더 이상 내려오지 않았다. 관내의 수은주의 높이는 접시의 수은 면보다 약 75cm 높았다."

이 실험으로 두 가지 사실이 증명됐다. 하나는 '진공(眞空)'이 있을 수 있다는 것이다. 아리스토텔레스 이래로 '자연은 진공을 겁낸다(horror vacui)'든가 진공이 되는 것을 싫어한다고 믿어왔다. 그런데 토리첼리의 관에서는 수은 상부에 공기가 절대로 들어가지 않았으므로 그러한 진공이 된 것이다. 둘째로 명백해진 것은 수은주와 균형을 이루고 있는 것은 대기의 압력이란 사실이다. 토리첼리가 수은을 선택한 것은 무겁고 증기를 내지 않기 때문이었다. 물을 사용하면 상응한 수주의 높이가 매우 높아진다는 것도 실증할 수가 있었는데, 40피트까지는 못 된다. 그래서 상술한 펌프가 물을 퍼 올리지 못한 것도 설명되었다.

갈릴레이의 제자 토리첼리와 비비아니(Vincenzo Viviani)의 주위에는 같은 연구에 불타는 사람들이 모이게 되었다. 그래서 피렌체에는 자연을 실험 방법으로 연구하는 것을 사명으로 한 학회가 생겼다. 이것이 그 유명한 '실험 아카데미(Academia del Ciment)'이다. 이 아카데미의 회원으로는 역학을 생리학 분야에 확대한 해부학자 보렐리와 산악 연구로 근세 지질학을 창시한 덴마크 태생의 스테노(Nicolaus Steno), 자연발생에 관한 실험으로 유명한 레디(Francesco Redi), 갈릴레이의 천문학적 연구를 계승했으며 후에 파리에 신설

된 천문대 소장이 된 도미니코 카시니(Domenico Cassini) 등이 있었다.

과학사에 자주 나오는 이들은 1657년에서 1667년까지의 기간에 공동으로 많은 기초적, 특히 물리학상의 문제들을 오직 실험에만 전념하여 수행했다. 물론 여기에는 실험에만 편중한 편견도 있고, 결코 단순한 실험가만이 아닌 갈릴레이의 정신에서 이탈한 점도 있었다. 그러나 이들의 시도는 당시에 확실한 실험적 기초가 결여돼 있던 것을 감안하면, 매우 의의가 깊은 큰 공적을 새웠다고 보아야 하겠다. 이 '아카데미아 델 지멘트'는 불과 상기한 10년밖에 존속하지 못했다. 피렌체에 등장한 교권 정치적 조류가 이들을 해산시키고 만 것이다. 그러나 그 회원들이 달성한 성과는 『아카데미아 델 지멘트'에서 행한 자연적 실험의 시도』에 담아 1667년 피렌체에서 발간하여 일반에게 공포되었고, 그 영향은 지대한 것이었다. 이 책은 실험물리학의 발전에 큰 의의를 가졌으므로, 그 내용을 대강 살펴보자.

이 책은 중요한 측정 기기의 기술과 사용법의 설명으로 시작하고 있다. 그것으로 온도계, 습도계, 비중계, 그리고 시간 측정을 위한 진동자 등을 들고 있다. 그리고 내용이 가장 많은 장은, '공기의 자연적 압력에 대한 실험'이라는 제목이 붙은 장이다. 여기에는 전술한 기압계의 기술을 비롯한 진공 내에서 행한 많은 실험이 기술돼 있다. 그리고 어떤 장에는 냉한제(寒劑)의 제법과 작용이 다루어졌고, 또 다른 장에는 열복사에 관한 최초의 실험이 포함돼 있다. 그리고 다른 장들에는 열에 의한 고체의 팽창, 물의 압축성, 소리와 빛의 전파 속도, 자기와 전기, 그리고 포물선 운동이 다루어져 있다.

즉, 이 아카데미 회원들은 물리학의 전 분야를 그들의 실험 범위에 넣었다. 그리고 그 성과는 대체로 역학 분야에서 가치 있는 개명(開明)을 많이 얻었으나, 이에 바하여 자기와 전기 분야에서는 아주 적었다. 이들 피렌체 물리학자들의 공적 중에도 가장 중요한 것은 상술한 토리첼리에 의한 대기 압력의 측정이었다. 그러나 대기 압력에 대한 토리첼리의 주장은 많은 반대에 부딪혔다.

파스칼

블레이즈 파스칼(Blaise Pascal, 1623~1662)만이 이에 못지않은 유명한 실험을 하여 토리첼리가 옳다는 것을 뒷받침했다. 파스칼은 "수은주가 대기의 압력으로 지탱된다면, 대기 압력이 변하면 수은주의 높이도 변할 것이다. 그리고 대기 압력은 높은 곳일수록 작아질 것이다."라고 생각했다.

그래서 그는 그가 살고 있던 루앙의 교회 탑 밑에서와 꼭대기에서 토리첼리의 실험을 반복해 보았다. 그러나 이때에 인정된 차는 너무나 작아서 자기의 생각을 입증하기에는 불충분하다고 그는 생각했다. 그래서 그는 산지에 살고 있는 의형 페리에게 부탁하여, 산꼭대기에서와 밑바닥에서 같은 실험을 했다. 그는 산 밑과 산꼭대기에 각각 한 대씩 실험 장치를 설치하고 두 사람에게 지키고 있게 한 다음에, 또 다른 한 대를 짊어지고 산꼭대기에 올라갔다. 산을 올라감에 따라 수은주는 내려가서 산꼭대기에서는 수 센티미터에 달하는 명백한 차가 나타났다. 그리고 산을 내려옴에 따라 그 수은주 높이는 올라가서, 맨 밑에 설치한 것과 그곳에서 같은 높이가 되었다. 이것으로 대기 압력의 본성이 명백해졌다.

게리케

마그데부르크(Magdeburg)의 시장 게리케(Otto von Guericke, 1602~1686)도 토리첼리나 파스칼의 실험과는 별도로 유명한 일련의 실험을 했다. 게리케의 출발점은 천문학적인 문제였다. 실제로 수년간 행성의 운행은 큰 논제가 돼왔다. 게리케는 '행성은 진공 속에서 움직이고 있음이 틀림없다.'라고 생각했다. 만약에 그렇지 않다면, 주위의 공기저항 때문에 점차로 정지하고 말아야 할 것이다.

게리케는 갈릴레이와 같은 과학적 정신을 가진 사람이었다. 실험에 의하여 이 문제를 더욱 규명하려고 마음먹었다. 그는 우선 물을 채운 용기에서, 공기가 새어 들어가지 않게 하고 물 펌프로 물을 퍼내서 진공을 만들어 보려고 했다. 그런데 물을 어느 정도 퍼내니 공기가 굉장한 힘으로 큰 소리를 내며 새어 들어가고 말았다.

그래서 그는 이중으로 보강된 구리 용기를 사용하여 다시 시도해 보았다. 이때는 힘센 두 남자가 펌프를 저었는데, 어느 정도 견디는 것 같았으나 끝내는 이 용기도 굉장한 소리를 내며 짜부라지고 말았다. 세 번째 실험은 어느 정도 성공했다. 이때는 물 펌프를 개량한 공기 펌프로 물이 없는 용기에서 직접 공기를 빨아냈다. 여기서 게리케가 공기 펌프를 발명하게 되었다.

그리고 대기 압력의 위력을 입증하는 실험으로 가장 유명한 그의 '마그데부르크의 반구(半球)'가 있다. 국회에서 공개한 이 실험은 반경 약 50cm의 반구 두 개를 합쳐놓고, 그 안의 공기를 빼내면, 이 반구를 떨어지게 하는 데 무려 여덟 마리씩의 말이 양쪽에서 당겨야 했다.

보일

로버트 보일(Robert Boyle, 1627~1691)은 과학적인 화학을 처음으로 시작한 사람으로, 다음 절에서 다시 나오게 되는 영국인 화학자이다. 그는 화학 분야에서뿐만 아니라, 기체물리학에서도 중요한 법칙을 발견했다. 그와 그의 조수인 훅은 게리케가 발명한 공기 펌프를 사용하여 공기에 대한 실험을 더욱 깊게 진행해 갔다. 그들은 공기의 무게나 탄성에 대한 연구까지도 해나갔다. 그 결과 매우 중요하고도 의의 깊은 법칙을 발견하게 되었다.

"기체가 점유하는 체적은 온도가 일정하면 가해진 압력에 반비례한다."라는 법칙이다. 이 법칙은 기체의 체적과 온도와 압력 간의 상호 관계를 명확하게 나타낸 것으로, 차후의 기체화학과 물리학, 그리고 열역학 발전의 기초가 되었다. 이 법칙은 1676년에 프랑스 사람 마리오트(Edme Mariotte, 1620~1684)에 의해서도 발견되었다. 그래서 영국을 중심으로 하는 나라들은 이 법칙을 '보일의 법칙'이라고 부르고 있고, 유럽 대륙에서는 역시 이 법칙을 정립한 프랑스인 마리오트의 이름으로 부르고 있다.

이 법칙은 기체가 일정한 온도에서는 압력을 두 배로 하면 체적이 반으로 준다는 것인데, 본질적으로는 어떤 제한된 범위 내에서만 적용되는 법칙이다. 이론적으로 말하여, 압력을 무한히 올려가면 체적이 영이 되어야 하기 때문이다. 즉, 공간을 점유하지 않는 물질의 실체가 존재한다는 모순에 빠지게 된다.

2) 물질의 구조

고대에 레우키포스와 데모크리토스는 '원자설(原子說)'을 전개하였고, 에피쿠로스와 루크레티우스는 멋들어지게 이 설을 변호했었다. 그런데 중세 동안에는 이 설을 문제 삼지 않고 넘어가 버렸다. '물체의 불변한 질'이라는 아리스토텔레스에 근원한 가정에 쏠려 있었기 때문이다. 그런데 17세기가 되자 원자설은 또다시 다루어지게 되었다. 이 설은 수학적으로 자연을 설명하려는 시대적 요구에 적합한 것이기 때문이다.

이 설의 재발견자로 꼽을 수 있는 사람은 프랑스의 가상디(Pierre Gassendi, 1592~1655)이다. 그는 철학 분야에서는 동시대 사람인 데카르트의 호적수였다. 그러나 자연현상을 수학적으로 설명할 수 있다고 생각한 점은 데카르트와 같았다. 그리고 "모든 물질은 원자로 되어 있고, 원자 이외에는 진공밖에 없다."라고 데모크리토스와 같은 의견을 주장했다. 원자는 어느 것이나 같은 소재로 되어 있고, 아주 야물어서 부서지지 않는 모래알과 같은 것이나, 다만 다른 점은 훨씬 더 작다는 것이다. 원자는 그 크기나 모양으로 서로 구별된다. 가상디는 '고체, 액체, 기체'라는 세 가지 응집 상태에 대하여 원자 관념에 입각한 원리로서 올바른 추측을 하였다. 그러나 그 외의 점에서는 그는 틀리고 있었다.

이와 같은 원자설에 쏠리게 된 사람은 가상디 한 사람만은 아니었다. 도리어 이 장에 나온 자연의 대연구자들 태반이 그랬다. 프랜시스 베이컨도 그래서, 열을 원자의 운동에 귀착시켰다. 갈릴레이도 그랬고, 데카르트도 어떤 의미에서는 그랬다. 특히 보일과 뉴턴은 더욱더 그랬다. 특히 뉴턴의 경우는 『프린키피아』의 서언 중에 다음과 같은 견해를 기술했다.

"그 이외의 자연의 현상도(즉, 『프린키피아』에서 다루지 않은 여러 현상도) 같은 방법에 따라 (즉, 『프린키피아』 중에 혹성과 혜성, 그리고 달과 바다의 운동을 인력에서 도출한 방법으로) 수학적 원리에서 도출하면 좋을 것을! 많은 여러 가지 동기에서, 나는 이들의 현상이 어느 것이나 일정한 여러 힘에 의존할 수 있는 것이라고 추측하게 되었다. 물체의 소립자는 이 같은 모든 힘에 의하여, 또는 미지의 원인에 의하여 서로 잡아당겨서 정규의 물체로 응집하거나, 또는 서로 반발하여 반대 방향으로 흩어져 간다."

이 같은 말은 말뿐이라고 할지라도, 가상디가 주장하고 있는 고대의 원자설보다는 반발 더 나아간 것이다. 그것은 뉴턴이 소립사 간에 작용하는 여러 가지 힘에 내하여 언급하였기 때문이다. 이것은 꼭 같은 의미로 보일에게도 해당된다. 보일은 "자연 현상은 '이것이 저것에 부닥치는 것과 같은 물질 입자의 위치 운동'에서 생긴다."라고 말했다. 여기서 특히 강조해 두고 싶은 것은, 상기한 인물들의 머릿속에 있던 것은, 모든 현상을 원자와 그것의 운동에서 생기거나 그것에 작용을 미치는 힘에 귀착시키는 하나의 이론을 구성하는 이상이었다. 그러나 이 이상에 도달하기 위해서는 아직도 먼 길이 남아 있었고, 겨우 18세기 말에 와서야 실제로 이 이상에 가까워지게 되었다.

3) 과학적 화학의 첫걸음 - 보일

지금까지 기회 있는 대로 오늘날 화학이라고 불리는 분야에서 수세기 동안 점차로 축적된 지식에 대하여 기술해 왔다. 그러나 화제가 된 것은 적은 단면에 불과하며, 더욱 상세히 살펴보면, 근세가 시작되기까지 이미 다량의 지식이 이 분야에 축적되었고, 어디에나 산재해 있었다는 사실을 알 수 있다.

그 지식의 양은 막대해서, 어느 정도 정선한 화학의 개별사를 편찬해 보아도 지면의 15~25퍼센트를 17세기 이전에 할당해야 할 것이다. 그러나 오늘날의 화학과 그 응용 범위가 넓은 것을 고려하고, 세계의 모든 공업지대에 있는 수천수만이 넘는 화학 공장이나 거기에서 만들어지는 물질이 헤아릴 수 없을 정도로 다종다양하다는 것을 생각하고, 거기에서 사용되는 과정과 수단들, 그리고 그것들의 기초가 되는 지식의 막대함을 생각하면, 17세기의 화학은 사실상 인간이 아직 밟지 못한 신대륙과 같은 것이었다. 그리고 오늘날도 아직 탐험되지 못한 처녀지가 얼마나 많이 남았는지조차도 우리는 알 수 없다. 그러나 오늘날 미개지를 정복하려고 출정하는 화학자에게는 정복에 필요한 장치와 기술이라는 강력한 무기가 있다. 그리고 잘 훈련만 되어 있으면, 적어도 어느 쪽으로 진군할지를 알고 있다. 그뿐만 아니라 그들의 머릿속에는 아직 검증되지는 않았으나 개략적인 지도가 들어 있다.

17세기 초에는 이와 같은 종류의 것이 아무것도 없었다. 이제 겨우 생기기 시작한 화학이라는 과학에 행동 예정표를 주고, 후세에 사실로 많은 열매를 맺을 전진 가능한 방향을 가르쳐 준 것은 로버트 보일의 공적이었다고 볼 수 있다.

로버트 보일(Robert Boyle, 1627~1691)은 왕립협회의 지도자 가운데 한 사람이었는데, 그에 대해서는 이제까지 몇 번 기술했다. 그는 자식 많기로 유명한 코크 백작의 아들로 태어났다. 그는 신동이라 불렸고, 어릴 때 라틴어와 프랑스어를 놀이 삼아 습득하여 완전하게 구사했으며, 8세에 이튼 학교에 입학하였고, 14세에 피렌체에 가서 갈릴레이의 업적을 연구하였다. 그리고 17세부터 한평생을 과학에 헌신할 것을 결심했다고 한다. 보일은 1661년에 『회의적 화학자(The Sceptical Chymist)』라는 저서를 세상에 내놓았다. 이것은 갈릴레이가 했던 것처럼 대화 형식으로 저술한 책인데, 책 제목을 '회의적 화학자'라고 한 것은, 그가 그때까지 화학 분야에서 연구되어 온 것들을 매우 불신하는 눈으로 보았기 때문이다. 이 저서에서 보일은 다음과 같이 강력하게 주장하고 있다.

"화학자는 이제까지 높은 관점을 결여한 좁은 원리에 의하여 인도되어 왔다. 과제는 의약의 조제나 금속의 추출과 변성에 있다고 그들은 보았다. 나는 화학을 전혀 다른 관점에서 다루려고 한다. 의사나 화학자가 아니고, 자연철학자가 하는 것같이 하려고 한다. 나는 본서 안에 화학적 철학의 윤곽을 그려놓았다. 나는 자신의 연구와 관찰에 의하여 이것을 완성하기를 바라고 있다. 인류가 참다운 과학의 진보를 자기의 이해 문제보다 더 많이 관심을 가진다면, 다음의 것을 증명하는 것은 그렇게 어려운 일이 아닐 것이다. 즉, 인류가 모든 힘을 다하여 실험을 하고, 관찰을 집성하며, 관련된 현상이 이미 실증하고 있지 않는 한 헛된 이론을 세우지 않음으로써, 세계에 대하여 최대의 기여를 할 수 있다는 것이다."

보일의 이 저서에도 갈릴레이의 『대화』와 마찬가지로 세 사람의 인물이 등장한다. 한 사람은 아리스토텔레스에 편들어 '불(火), 물(水), 기(氣), 흙(土)'의 사원질설(四原質說)을 신봉하고, 둘째 사람은 파라켈수스나 연금술을 지지하고, 셋째 사람은 소위 '회의가(懷疑家)'이다. 이 회의가는 다른 두 사람의 생각 방식이나 논거를 모조리 뒤집어 놓고 만다. 보일을 대변하는 이 회의가는, 이 대자연이 옛날부터 말해 온 '시원질(原質)' 등으로 되어 있지 않다는 것을 하나하나 실험을 인용하여 제시해 가는데, 더 이상 추가할 필요가 없을 정도이다. 그리고 더욱 중요한 것은 "사원소(四元素 또는 四原質)의 존재를 뒷받침할 실험이 하나도 없었으므로 이 설이 옳다고 생각할 수 없다."라는 결론이다.

"완전히 균일한 질이(均質) 아니고, 다른 수종의 것으로 분해하고 마는 물질을 원소라고 부를 수는 없다. 어떻게 해도 그 이상 분해될 수 없는 가장 단일하고 완전히 균일한 물질만이 원소인 것이다."라고 말한다. 이 보일의 말은 원소에 대한 정의로서 매우 정확하고도 적절한 것이다. 보일은 '원소가 몇 종류 있고, 그것은 이것들이다.'라는 것은 기술하지 않았다. 그는 이상과 같이 정의한 원소를 찾으라고 하였고, 그것을 실험으로 찾으라고 호령한 것이다. 그 이후의 화학은 실로 느린 걸음이었으나, 이 명령에 따라 나아가서, 18세기가 되자 보일의 계획은 실행으로 옮겨지기 시작했다. 그래서 현대와 같은 화려한 화학의 결실을 냇게 되었다.

보일은 또한 이상과 같은 화학에 대한 근본적 방향 제시 외에도 그 자신이 두세 가지 중요한 성과를 올리고 있다. 공기 펌프를 사용한 실험에서 보일과 혹이 확인한 바로는, 펌프로 공기를 대부분 빼낸 용기 안에서는 어떤 동물도 살아 있을 수가 없었다. 그리고 그 안에서는 어떤 것도 연소될 수가 없었다. 이와 같은 공기는 동물의 호흡과 물질의 연소에 없어서는 안 된다는 것을 확인한 것이다. 그리고 이 두 가지 과정에서 소요되는 것은 공기 중의 일정 성분이라는 것도 그는 발견했다. 그렇다면 공기는 호흡이나 연소에 필요한 '활성(活性)' 성분과 기타의 성분의 혼합물이라는 말이 된다. 영국의 법률가이며 화학자인 존 메이어(1643~1679)도 이것과 비슷한 연구를 하여 같은 결론을 얻었고, 1674년에 그것을 발표했다.

보일은 또 공기 중에서 산소만을 사실상 분리하였는데, 그는 그런 줄 모르고 지나치고 말았던 것 같다. 여하튼 그는 이와 같이 하여 당시에 이미 연소나 호흡을 올바로 설명할 수 있는 일보 직전까지 와 있었다. 그런데 연소와 호흡에 대한 올바른 해석은 한 세기 후에야 이루어졌다. 이것은 주로 '연소설(燃素說)'의 잘못에 의한 것이다. 이 연소설에 대해서는 다음 장에서 화학을 고찰할 때에 다루기로 한다.

4. 생물학과 현미경

17세기 생물학에서 가장 중요한 성과는 생물학 이외의 분야에 의하여 이루어졌다. 즉, '현미경의 발견'이 그것이다. 과학사에서 '가장 위대한', '가장 중요한' 등의 최상급 표현은 될 수 있으면 절제해야 한다. 그러나 이 현미경의 발견이 과학의 발전에 미친 영향과 공헌은 실로 막대한 것이었다. 하나의 관측 장치로서 과학의 발전에 이것만큼 큰 공헌과 영향을 미친 것은 유례가 없다고 하겠다. 따라서 이 현미경의 발견만은 망원경의 발견과 함께 가장 위대하고도 중요한 발견이라고 최상급 표현을 하여도 좋을 것 같다. 이 현미경의 발견은 새로운 시대의 도래를 의미하고 있었다. 오늘날까지 수세기에 걸쳐서 현미경에 본질적인 개량이 되었을 때마다, 과학의 새로운 획기적 발전이 몇 차례 시작되곤 했다. 그리하여 드디어 오늘날에는 '전자현미경'에까지 도달한 것이다.

현미경도 망원경과 함께 로저 베이컨에 의하여 적어도 관념적으로는 예견되었던 것이다. 그러나 실용성 있는 현미경의 발명은 1590년 설도 있으나, 고증할 수 있는 판단에 의하면 1620년경으로 볼 수 있다. 망원경 때도 그랬으나, 이 현미경의 경우도 발명의 명예를 요구할 만한 사람은 한 사람이 아니라 여러 사람이다. 그중에서도 특히 네덜란드인 고리네리우스 드레벨과, 유리 연마공이었던 한스와 자가리아스의 두 얀센이 그렇다 하겠다. 그리고 갈릴레이도 현미경에 대한 생각을 가지고 있었다는 것은 확실하다. 다만 그가 망원경을 조립했던 것처럼, 그것을 조립하지는 않았다.

1) 훅의 세포 발견

현미경이 생체 물질의 연구에 대하여 가진 의의를 처음으로 기술한 사람은 로버트 훅 (Robert Hooke, 1635~1703)이었다. 1665년 왕립협회에서 간행한 그의 저서 『현미경도(顯微鏡圖, Micrographia)』에는 다음과 같이 기술되어 있다.

"감각에 관해서 장래에 일어날 것은, 도구에 의하여, 즉 천연 기관에 인공 기관이 첨가되어 감각의 불충분함을 보완하게 되는 것이다. 근년에 광학 렌즈의 발명에 의하여 여러 감각 중의 하나에 대해서 그와 같은 것이 생겼다. 즉, 현미경에 의하여 모든 종류의 유용한 지식이 풍성하게 획득되어 왔다. 현미경의 도움으로 생물체 구조의 미세한 점, 각 부분의 구조, 그 소재의 다양한 구성, 내부 운동의 기구나 방법, 기타 사물의 모든 가능한 존재 방식을 더욱 넓게 발견하는 것이 가능하게 된 것이다."

훅은 이 저서에 여러 가지 관찰과 발견을 기술하고 있다. 그 에서 특히 생물학 분야에서 관심을 끄는 것은 동식물의 구조를 연구하는 데 현미경을 이용한 것이다. 훅이 처음으로 생체 물질의 '작은 방(Cell)' 구조에 대해 설명과 함께 그림을 기재한 것이 바로 이 책이다. 그는 세포를 발견했을 뿐만 아니라, '세포(Cell)'라는 말도 처음으로 만들어 오늘날까지 쓰게 하였다. 훅은 여러 가지 연구를 하였고, 그의 이름으로 불리는 유명한 '탄성(彈性)의 법칙'도 발견했다. 이 현미경에 의한 연구는 그 연구들 중 일부분에 지나지 않는다. 그러나 전 생애를 현미경에 의한 연구에 바친 사람들도 있다.

2) 레이우엔훅의 세균과 단세포생물 발견

그런 인물 중 한 사람은 네덜란드인 레이우엔훅(Anton van Leeuwenhoek, 1632~1723)이다. 그는 과학적 교양을 갖춘 사람이라고 할 수는 없었다. 그는 델프트에서 살며 조그마하게 장사를 하고 있었던 것 같다. 현미경을 들여다보는 것이 그의 취미였으며, 정열의 전부이기도 했다. 그는 이렇다 할 목적이 있어서 현미경을 들여다본 것은 아니었다. 또 과학이라고 말할 만한 방법을 가진 것도 아니었다. 마음에 들고 흥미만 나면, 무엇이든 대상을 가리지 않고 손수 만든 현미경으로 들여다보았다.

사실은 목적이나 방법을 생각해 봤자 아무 소용이 없었을 것이다. 그가 연구해야 할 대상에 대한 어떤 과학 문헌이 있지도 않았으며, 본보기가 될 만한 것도 없었다. 그가 그의 눈으로 바라보고, 직접 현미경을 들여다보며 새로이 발견한 신천지는 아무도 본 적이 없는 완전한 처녀지였다. 이 처녀지를 헤쳐나간 인물 중에 레이우엔훅만큼 많은 것을 바라보고 찾아낸 사람은 흔하지 않다. 그는 처음으로 '세균'을 발견했으므로, 세균학자의 개조라고 할 만하다. 그리고 또 더러운 못의 물 한 방울을 그의 현미경으로 들여다보았을 때, 그는 이 한 방울의 물 속에 아주 작은 생명들이 충만한 것을 보았다. 여러 가지 색과 크기를 가진 기상천외한 모양을 한 동물들이 우글거렸다. 생각조차 하지 못한 신세계였다. 레이우엔훅은 '원생동물(原生動物, 단세포생물)'도 발견한 것이다.

3) 스바메르담의 곤충 해부와 발생론

레에우엔훅과 같은 나라 사람이며 직업이 의사이고 레이던(Leiden)에서 태어난 스바메르담(Jan Swammerdam, 1637~1680)도 현미경을 사용한 연구에 그의 생애를 바쳤다. 그러나 그는 레이우엔훅과는 달리 '곤충'이라는 단 하나의 대상에 모든 힘을 기울였다. 그래서 그는 현미경 밑에서 해부의 묘기를 부릴 수도 있었다. 그는 이 기술에 의하여 일련의 미소한 동물들을 연구하여, 그 복잡한 해부 구조를 명백히 밝혔다. 그리고 이러한 자기의 관찰을 『자연의 성서(自然의 聖書, Bibilia Naturae)』에 기록하여 1738년에 첫 판을 내놓았다. 이 책에는 자필의 훌륭한 삽도가 붙어 있다. 그리고 이 책의 1758년에 출판된 영어판 제2부 71쪽에는 '종의 기원'과 관련된 중요한 다음과 같은 기술이 실려 있다.

"가장 미소한 동물도, 어떤 때나 어떤 곳에도, 최대의 동물의 내장과 같을 정도로 위대한 창조주의 질서와 계획과 미와 영지를 우리에게 보여준다. 왜냐하면 뇌, 신경, 근육, 심장, 위, 등과 같은 내장들과 생식과 기타의 목적들을 위한 여러 부분의 대체적 상태가, 아무리 작은 어떤 동물도 대형동물의 것과 닮아 있기 때문이다. 그래서 '동물들이 무수히 많은 종과 족으로 나누어져 있고, 체구의 모양이나 사지뿐만 아니라 체제나 구조나 생활 방법에서도 서로 다른 데도 불구하고, 하나님은 처음에 하나의 동물을 만드신 것'이라고 어떤 의미에서는 단언할 수 있을 것이다."

이 분야에서는 그 후 100년 이상이나 이와 같은 스바메르담의 업적을 능가할 만한 일은 없었다. 그러나 그 자신은 쉴 틈도 없는 과로로 43세의 젊은 나이에 죽고 말았다. 태고로부터 계속되어 온 두 가지 편견이 스바메르담의 손으로 결정적으로 뒤집히게 되었다. 첫째는 다음에 나올 하비도 품었던 생각인데, '곤충은 외견상 큰 동물과 비슷한 형태를 갖추고 있기는 하나, 속에는 모양이 정돈된 기관과 같은 것은 없고, 미분화한 유기물질이 채워져 있을 뿐이다.'라는 것이다. 둘째는 '이와 같은 작은 생물들은 생명이 없는 물질이 부패(腐廢)하여 생긴다.'라는 의견이다.

전술한 레이우엔훅도 이와 같은 고래의 설에는 반대하였고, 또 다른 한 사람인 이탈리아의 생물학자 프란체스코 레디(Francesco Redi, 1626~1698)도 이 고래의 설에 반대했다. 레디는 피렌체의 의사이며, 당시에 알려진 시인이기도 하다. 그는 고기 안에 '구더기'가 생기는 것은 '파리'가 접근할 수 있을 경우에만 한정되며, '파리'를 접근시키지 않으면 '구더기'가 생기지 않는다는 것을 실험으로 증명했다. 그러나 이와 같이 명백한 레디나 스바메르담의 발견도 생물이 무생물에서 '자연발생' 한다는 고래의 설을 종식시키기에는 충분하지 않았다. 왜냐하면 체내 기생생물의 생활이 매우 복잡하여, 이것이 걸림돌이 되었기 때문이다. 19세기가 되어서야 겨우, 파스퇴르(Louis Pasteur)와 코흐(Robert Koch)가 자연발생이 불가능하다는 것을 명백히 설명할 수 있었다.

4) 말피기의 조직학

레디와 같은 이탈리아 사람인 마르첼로 말피기(Marcello Malpighi, 1628~1694)는, 의사이며 왕립협회 서기였던 영국인 그루(Nehemiah Grew, 1641~1712)와 함께 조직학의 개조로 꼽힌다. 이 두 사람 중 그루는 오직 식물에만 전념했으나, 말피기는 식물뿐만 아니라 동물도 연구했다. 말피기는 적혈구를 발견하였고, 피부의 각층(角層)도 발견했다. 그는 동식물의 배(胚)나 분비선(分泌腺)의 구조를 연구하였다. 그리고 '번데기'의 해부학과 생리학, 그리고 생활도 연구하였다. 이와 같은 생물학 상의 조직학에 대한 연구는 생물학 분야뿐만 아니라 의학의 발전에도 큰 공헌을 하게 된다.

5. 의학

일반 생물학은 의학적 과학, 특히 인체의 해부학과 생리학에 깊이 관련되어 있으므로, 앞에서 언급했던 사람들이 현미경을 사용하여 발견한 것은 대부분 의학에도 매우 큰 의의를 가진다. 말피기 자신도 현미경에 의한 발견으로 의학에 기여한 바가 매우 크다고 하겠다. 그리고 역으로, 인체생리학의 진보들은, 특히 후술할 하비의 혈액순환에 대한 발견은 생물학의 발전에도 새로운 하나의 획을 긋게 하였다.

1) 기계론적 의학

데카르트는 수학적이고 역학적인 인식 이상을 정식화하였다. 그래서 우리도 이것을 17세기를 표상하는 깃발로 내걸었다. 이런 현상은 의학에도 인정된다. 데카르트의 사상, 그리고 이것으로 융성해진 물리학과 화학에 인도되어, 의학에서도 생물체의 기능을 기계로서 이해하고, 물리나 화학의 법칙에서 도출하려고 했다. 이런 노력은 '의료물리학(Iatro-physics)'과 '의료화학(Iatro-chemistry)'이라는 두 개의 학파를 생기게 하였다. 전자는 오직 물리학적 사고를 의학에 차용하였다. 산크토리우스(Santorio Sanctorius, 1561~1636)는 이 학파의 대표자 또는 선각자의 한 사람으로 꼽히고 있다. 그의 삶이나 그의 물질대사에 관한 실험은 이미 전 장에서 기술하였다. 후자의 학파는 화학 쪽에 눈을 돌리고 있었다. 이 학파의 기초를 세운 사람은 레이던의 교수인 실비우스(Franciscus Sylvius, Franz de le Boe, 1614~1672)였다. 의술에 화학적 견해를 도입한 것은 실비우스가 처음은 아니다. 그러나 대학에 화학 연구실을 개설한 것은 그가 처음이었다. 그는 철두철미하게 화학적 견해에 일관하여, 하나의 의학 체계를 세웠다.

이상의 두 학파의 의의는 당시에 한정된 것이므로, 여기서는 상세한 기술을 하지 않겠다. 그들의 근본 사상은 바르다고 해도, 당시의 화학은 물론 물리학적 기기도 조잡한 것이었으므로, 생물체 내의 미묘한 과정을 알아내는 데 성공할 수 없었다.

2) 하비의 혈액순환 발견

윌리엄 하비(William Harvey, 1576~1657)는 상술한 두 학파의 어느 쪽에도 들지 않았으나 '혈액순환'이라는 획기적인 발견에 성공했다. 이 발견은 생리학을 처음으로 데카르트가 미리 예비한 수학적 원리라는 궤도에 올려놓은 것이다. 영국 태생의 하비는 파도바에서 유학한 후 귀국하여, 런던에서 해부학과 외과학의 교수가 되었고, 두 왕의 시의(侍醫)도 하였다.

레오나르도 다빈치와 세르베투스(Michael Servetus, Miguel Serveto, 1511~1553)도 '혈액순환' 발견 일보 직전까지 와 있었다. 세르베투스는 스페인의 의사이다. 제네바에서 이단자로 처형되었는데, 1553년에 출간한 저서 『기독교의 부흥(Christianismi restitutio)』에서 폐순환에 대해 언급했다. 그러나 하비의 시대까지는 혈관 중의 혈액 운동에 대해서, 옛 갈레노스의 틀린 생각이 판치고 있었다. 갈레노스는 혈관 중의 혈액 박동을 혈액이 끊임없이 율동적으로 왕복하는 것이라고 설명하였고, 정맥의 피와 동맥의 피가 보기에도 다른 것은 동맥의 피가 '생기(生氣)'를 가졌기 때문이라고 했다. 또 혈액은 미소한 구멍을 통하여 우심실에서 좌심실로 가서, 이 생기가 다시 충전된다고 했다.

하비는 그의 선생이었던 파브리키우스(Fabricius ab Aquapendente, 1537~1619)로부터 이 설이 틀렸다는 첫 증거를 얻었을 것이다. 정맥의 혈액은 한쪽으로만 통한다는 것을 파브리키우스는 이미 발견하고 있었다. 하비는 영국에 귀국하여 15년간 혈액의 운동에 대한 연구에 매달렸다. 그는 살아 있는 많은 동물을 써서 심장의 움직임을 연구했다. 하비는 특히 양적 검토를 했다.

"우리가 다만 구설을 농하고, 아무런 근거 없는 것을 그럴싸하게 주장하며, 확실한 이유도 없이 새로운 설을 제창한다고 세인들로부터 비판받지 않기 위하여, 다음의 세 가지 명제를 제기한다. 이것으로 나의 소견이 진리란 것을 의심의 여지없이 명백하게 이해하게 될 것이다. 첫째는, 혈액은 섭취한 식물로서는 도저히 보충될 수 없을 만큼 다량이고, 심장의 고동에 의하여 정맥으로부터 끊임없이 동맥으로 보내지며, 짧은 시간에 그 전량이 통과하는 것이다. 둘째는, 혈액은 끊임없이 각 사지나 신체 각부의 동맥으로 보내지고 있는데, 그 양은 영양에 충분할 정도 이상으로 또는 저류 양 전체로서 공급할 수 있는 것보다 수십 배 많다는 것이다. 셋째로, 정맥이 이 혈액을 심장으로 되돌려 보내고 있다는 것이다. 이것들이 확증되므로, 내 생각에는, 혈액은 심장에서 사지로, 사지에서 심장으로 돌아와 다시 밀려 나가서 흘러 돌아오는 '순환 운동'을 한다는 것이 명백하다."

이상은 하비의 저작인 『동물의 심장과 혈액의 운동에 관한 해부학적 연구(Exercitatio de motu cordis et sanguinis in animalibus, 1628)』에서 인용한 것이다. 이 책에는 혈액순환 과정이 정확하고 적절하게 기술되어 있다. 그러나 혈액이 모세혈관을 통해 동맥에서 정맥으로 옮아가는 연결은 빠져 있다. 그 후에 말피기가 현미경의 도움으로 이 틈새를 메워주었다.

530

3) 시드넘의 임상 의술

물리학적·화학적 견해가 '의료물리학'이나 '의료화학'과 같은 형태로 의학에 들어온 것은 과학적인 의학이 발전된 형태라고 할 수 있으나, 당시 이 분야의 지식 정도에서 생각해 보면, 의술 상에 일종의 위험을 내포하게도 되었다. 이런 의학 체계에서 전개된 임상 치료법은 너무나 단순한 도식적인 것이 되고 말아서, 실제의 진료 상에 위험을 내포하게 되었을 뿐만 아니라, 각인의 병을 인지하여 그것을 고친다는 의술의 주안점이 상실될 위험도 있었다. 임상 의사들은 이 위험에 대항했다. 특히 영국 의사 토머스 시드넘도 그들 중의 한 사람이었다.

시드넘

토머스 시드넘(Thomas Sydenham, 1624~1689)은 한평생을 의사로 지냈다. 그는 의학의 진로에 매우 큰 영향을 주었으나, 그 대부분은 실천 활동에 의한 것이며, 그가 저술한 약간의 저작 때문은 아니다. 그는 각 병의 병상을 각각 시기마다 인지하는 것을 특히 중요시하여, 병상을 시기에 따라서 구분했다. 그는 토사제(吐瀉劑)나 발한제(發汗劑) 등 비교적 간단한 약재를 써서 병자의 육체가 병 기운에 대항한 자연적 방호 활동을 돕는 데 주력했다. 그는 고열이 치유를 도울 경우가 많다는 것을 인정하고 있었다. "의사는 자연의 보조자가 되라"는 히포크라테스의 격언을 다시 살려서 존중되게 했다.

여기서 17세기의 의사 신분이 어떻게 변천해 갔나를 살펴보고 넘어가자.

의사 중에서 가장 높은 지위에 있던 이들은, 대학에서 정규의 의학을 수학한 후에 대학으로부터 의시 면허를 받은 '순수 의사(medici puri)'인데, 이들은 매우 존경받았다. 그들은 특별한 복장을 하고, 매우 존대하게 행동하여 존경을 빛냈다. 물론 사례금을 받는 짓은 품위를 손상시킨다고 보았다. 그들의 주된 일은 진단을 하는 것과 약을 처방하는 것이었다.

외과는 특히 외과 의사에게 맡겨져 있었는데, 외과 의사들도 '순수 의사'보다는 낮은 지위에 있었으나 역시 존경을 받았다. 그리고 조산하는 일은 오직 산파만이 하는 일이었으나, 외과 의사도 이 분야에 들어갈 입구를 열기 시작하고 있었다. 그리고 이발 의사(理髮醫師)는 외과 의사보다 한 단 떨어진 지위에 있어서, 빨고 닦는 일이나 자르고 꿰매는 일과 같은 '하급의 외과술'을 담당하고 있었다. 이와 같은 의사의 세 계급은 훈련을 받은 의술자였으나, 이들 외에도 다수의 돌팔이 의술자가 있어서, 대부분 각자 일정한 병을 전문으로 하고 있었다. 그들은 각지를 돌아다니며 요도의 결석을 제거하거나, 백내장을 깎아내는 것과 같은 일들을 직업으로 하였다.

대학에서의 의학 강의는 아직도 태반이 예전 상태를 벗어나지 못하고 있었다. 갈레노스와 아비센나가 여전히 권위를 떨치고 있었다. 그러나 이미 파라켈수스는 학습자에게 임상 훈련을 하는 것을 권장하였고, 또 실행도 하고 있었으며, 이것이 점차로 실비우스의 영향을 받아서 채용되었고, 정기적인 임상 강의의 체제도 점차로 갖추어져 갔다. 그래서 실비우스가 근무하고 있던 레이던 대학이 이 세기의 의학을 주도하고 지도하는 입장에 서게 되었다.

6. 지리학

1) 발견

이제까지 새로운 땅의 발견사를 어느 정도 일정한 보조로 뒤쫓으려고 노력했다. 그래서 결국, 전 장에서는 대발견의 시대에 들어가서 인류가 지표 전면에 대한 대국적 윤곽을 처음으로 파악하기까지에 이른 것을 보았다. 이와 같이 외곽은 정돈되었으나, 남겨진 공백이 그 후에 어떻게 채워져 갔는지를 일일이 추적하는 것은 불가능하다. 따라서 17세기 이후는 특기할 만한 국면만을 중점적으로 살펴보기로 한다.

17세기의 중점은 소문으로 들었던 남쪽 나라를 탐방하는 것이었다. 프톨레마이오스 이래 누구나 꿈꾸어 왔던 것이다. 남쪽 대륙은 남극을 둘러싸고 퍼져 있을 뿐만 아니라, 온대나 열대까지 연결되어 있다는 것이다. 베스푸치도 그렇게 믿었다. 마가랴엔슈는 이 대륙의 북단을 따라 나아가서, 파다그니아와 화도(火島) 사이의 해협을 횡단했다고 믿어져 왔다.

최초로 이 문제를 해명하려고 나선 것은 스페인 사람이며, 이 움직임은 이미 16세기에 시작되었다. 이에 따라 1545년에는 뉴기니(New Guinea)가 발견되었다. 그리고 이 세기의 후반에는 태평양에서 몇 개의 섬들이 더 발견되었다. 1605년에는 패드로 페르난데스 드 키뇨스와 루이스 브레스 드 도레스가 하나의 새 육지에 도착했다. 그들도 이것을 남쪽 대륙의 일부로 생각하여, '성령의 남국(Australia del Espiritu Santu)'이라고 이름 지었다. 이리하여 '오스트레일리아(Austrailia)'라는 이름이 처음으로 지도에 실리게 되었다. 그러나 그들이 상륙한 땅은 사실상 '뉴헤브리디스(New Hebrides) 제도'였던 것이다.

1602년에 네덜란드가 동인도 회사를 설립함으로써, 네덜란드인이 지도적 역할을 하게 되었다. 그 결과, 남쪽 대륙이라는 신앙이 점차로 다시 살아나지 않을 수 없었다. 1616년에 네덜란드의 두 사람이 남쪽 끝의 모서리를 눈으로 보고, '케이프 혼(Cape Horn)'이라고 명명하였다. 이미 그 이전에도 영국의 드레이크(Sir Françis Drake, 1545~1596) 제독은 두 번째의 세계 일주를 해내고, 대서양과 태평양은 아메리카 대륙의 남단에서 남쪽으로 넓게 합류해 있는 것을 확인하고 있었다. 그런데 네덜란드인 타스만(Abel Janszoon Tasman, 1603~1659)은 동인도 총독의 명을 받아, 1642년 이후 가장 중요한 몇 가지 발견을 했다. 그는 어떤 섬에 상륙했는데, 후에 그의 이름을 따서 '타스마니아(Tasmania)'라고 명명되었다. 그는 이것이 섬인 줄 몰랐으나, 남쪽 대륙이 있다고 해도 사람들이 믿어 온 것같이 북쪽까지 연속된 것은 아니라는 것을 명백히 했다. 타스만은 더욱 여행을 계속해서 뉴질랜드(New Zealand)에 도착했으나, 이번에도 이것이 섬인 줄 몰랐다. 그는 이것이야말로 남쪽 대륙의 일부라고 생각했다. 이것 외에도 타스만은 뉴기니 주변과 오스트레일리아의 북해안과 서해안의 일부를 탐사했다. 오스트레일리아의 진상이 처음으로 명백해진 것은 18세기에 들어서고 나서이다.

2) 지리학 이론

지도학자들은 지리적 발견의 성과를 종횡으로 활용했다. 그중에서도 전 장에 기술한 메르카토르가 특히 뛰어났다. 그러나 이것과 나란히 이미 16세기 이래로 서유럽 지리학의 이론적 기초를 세우기 시작한 사람들이 있었다. 이제야 지리학은 낯선 나라에 대한 진담 기문(珍談奇聞)에서 벗어난 것이다. 이러한 사람들은 소위 '세계학자'였다. 1524년에 『세계학(Cosmographia)』을 저술한 아피아누스(Apianus)와 1544년에 『우주의 세계학 (Cosmographia universalis)』이라는 저작을 내놓은 문스터(Sebastian Munster, 1489~1552)가 가장 고명하다. 아피아누스는 수학과 측량이 지리학의 전부였고, 이에 반하여 문스터는 중점을 국토나 주민의 기제에 두고 있었다. 즉, 이때에 이미 '수리지리학(지도학)'과 '정치 지리학'의 분리가 이루어진 셈이다.

클루버(Philipp Cluver, 1580~1622)는 17세기에 걸친 시기에 등장한 독일의 지리학자이며 고고학자이다. 그는 유럽 대부분을 여행했으며, 그의 저서 중『고대의 이탈리아(Italia antiqua)』는 역사지리학의 시초가 되었으며, 『세계 지리학 서론(Introductio in universam geographiam)』은 100년간에 걸쳐 표준적인 일반 지리학 교과서로 쓰였다.

발렌(Bernhard Wallen, 1622~1650)도 같은 독일인 의학 박사였는데, 28세로 아깝게 세상을 떠났으나, 죽던 해에 그의 저서 『일반지리학(Geographia generalis)』을 세상에 내놓았다. 이것은 물리학적 지리학의 기초를 세운 것인데, 뉴턴이 그 가치를 인정하여 1672년에 다시 들고 나오기까지 이 책은 거의 버려져 있었다. 이 걸작은 이론적인 질서와 간결하고 정확한 용어의 전형이다. 발렌은 지구를 전체로 다룬 일반지리학과 개개의 국토를 다룬 개별지리학을 구분하였고, 일반지리학도 '절대적, 상대적, 그리고 비교적'의 세 부분으로 다시 구분하였다. '절대적' 부분에서는 지구의 형, 측도, 실질(Substanz)이나, 육지와 바다의 배분, 하천, 산림, 사막, 대기 등이 다루어져 있다. '상대적' 부분에서는 경위도나 기후대에 대하여 다루어져 있다. '비교적' 부분에서는 이 제목에서 미루어 포함되리라고 예상되는 사항을 모조리 들고 있지는 않다. 이 부분은 각지의 지세나 그와 같은 종류의 이야기이다. 그의 지리학 중에는 인간에 관계된 국면은 거의 돌보지 않았다.

제 16 장
자연과 이성

"오 만물의 여왕 자연이여! 그리고 숭배 받을 그의 딸 덕과 이성과 진리여! 그대들이야말로 영원히 우리의 유일한 신이며, 향연과 기도는 그대들에게만 바쳐질 지어다! 오 자연이여 우리에게 제시하소서! 오직 그대에 의하여 주어질 이렇게도 동경할 만한 축복을 받기 위하여, 우리 인간이 하여야 할 것이 무엇인가를 가르치소서! 이성이여, 그대야말로 생명의 좁은 길을 더듬어 가는 우리 인간의 위태로운 발길을 인도하소서! 당신의 횃불만이 진리이므로, 그 좁은 길을 비춰주소서!"

- 디트리히 폰 홀백(Dietrich von Holback)

"계몽이란 인류가 스스로 빠져든 미성년에서 탈출하는 것이다. 미성년이란, 다른 사람의 인도 없이는 자기의 분별에 따르는 능력이 없는 것을 말한다. 그것은 분별이 없어서가 아니고, 타자에 인도되지 않고 스스로 행할 결단과 용기가 없기 때문이라면, 이것이야말로 자업자득의 미성년인 것이다. 감히 현자답게 되라! 용기를 내서 자기 자신의 분별에 따라라! 이것이 계몽의 표어이다."

- 칸트

17세기 과학의 특징을 '보편수학적 인식'이라고 한다면, 18세기 과학의 특징은 '자연과 이성에 기초한 과학 정신'이라고 말할 수 있다. 18세기 과학 자체를 살펴보기 전에 이러한 과학 정신의 발전 과정을 우선 살펴보자. 데카르트가 주창한 수학적 인식 이상은 그의 논설에 의하였다기보다는 위대한 자연과학자 뉴턴과 케플러 등의 실천적 성과에 의하여 자연과학 모든 분야에 커다란 영향을 미쳤다. 정신과학 제반에도 이 인식 이상에 입각한 '인간에 대한 과학'이라는 이상이 17세기에 생겨서, 역사 기술에도 확실한 자료에 근거한 비판적 사관이 생겼고, 법학에도 자연법이란 개념이 생겼다. 이와 같은 17세기의 정신과학 상의 발전은 당시의 자연과학적 발전과 상호 관련하여, 18세기의 특징으로 볼 수 있는 '자연과 이성'이라는 혁신적 과학 정신을 낳았다.

1. 정신과학적 배경

1) '인간 과학'이라는 이상

데카르트의 '인식 이상'이나 방법에는 수학에 모범을 구하려는 자세가 있었다. 이러한 이상과 방법은 결코 수학 상의 전문 분야 문제에 국한되지 않았다. 데카르트 자신도 그렇게 생각하지 않았고, 이와 같은 생각의 영향도 수학이라는 하나의 전문 분야에만 한정되지는 않았다. 그뿐만 아니라 정신과학에 대한 그 의의는 정밀한 자연과학에 대한 의의에 못지 않았다. 아니 도리어 더 크다고 말할 수 있다. 여기에는 다음과 같은 몇 가지 이유가 있다.

데카르트의 사상에는 그늘진 부분도 있었다. 약간 일면적이며 추상적·연역적 성격이 그랬다. 그러나 기하학적 이상에 독려되면서 새로운 천문학과 물리학의 빛나는 건축물을 축조한 사람들이, 하나에서 열까지 모두 이 이상에 기울고 있지는 않았으므로, 이 그늘에 의하여 현실에 가까운 면까지 흐리게 할 정도는 아니었다.

자연과학자들은 무엇보다도 실험가이기도 했으므로, 이 잘못에 빠지지 않을 수 있었다. 이 실험은 지나치게 일면적인 연역적 순서를 늘 교정하는 작용을 했다. 특히 뉴턴에 대해서는 다음과 같이 말할 수 있다. "그는 말하자면 순수 수학자인 데카르트와 순수 실험가인 훅과의 중간에 서서, 양 극단을 거의 이상적으로 연결하는 비결을 알고 있었다." 그러나 정신과학의 경우에는 이와 같은 교정이 자연과학과 같은 양식으로 행해지면서 활용된 것은 아니다. 정신과학은 이때까지 늘 자연과학의 이념과 방법을 기꺼이 받아들였다. 후에 19세기의 정신과학도 생물학에서 유래한 진화 사상을 덮어놓고 받아들인 것이다. 그리고 실제로 이 사상은 정신과학에 선악을 불문하고 많은 열매를 맺게도 했다.

17~18세기도 이와 같은 예에서 벗어나지 않는다. 이 세기에, 정신과학은 수학적·역학적 인식 이상에 힘입었던 것이다. 어느 경우고 이념 그 자체는 실제로 전문 과학에서가 아니고 철학에서 온 것인데도 말이다!

정신과학 분야에서는 실험적 방법이 자연과학 분야보다 훨씬 이용하기 어렵고, 또한 그것을 널리 적용할 수도 없으므로, 이 방법에 의한 교정을 할 수가 없다. 그런데도 정신과학은 수학적 이상에서 자연과학보다 더욱더 이 이상의 마력에 사로잡히고 말았다. 그리고 영원불변의 확실한 몇 가지 정리에서 출발하여 완결한 체계를 세울 수 있다고 믿었다. 이것은 근본적으로는 중세의 스콜라적 이념이었으며, 다만 아리스토텔레스의 논리학 대신에 유클리드기하학이 등장한 것에 지나지 않았다. 현실의 세계를 당시에는 오늘날 생각하는 것과 같은 복잡한 것으로는 도저히 생각할 수 없었기 때문이다.

그러나 또 다른 점에서 보면, 수학적인 과학 이념은 정신과학에 대하여 뚜렷한 의의를 가졌다고 주장할 수도 있다. 즉, 이 이념에서 '인간에 대한 과학'이라는 표현과 개념이 사실상 처음으로 생겨난 것이다. 이 인간에 대한 과학은 힘에 있어서도 일반성에 있어서도 물리학에 뒤지지 않는 것이었다. 그러나 그렇게 되기 위해서는 두 가지 전제 조건을 필요로 했다. 첫째로, 인간의 육체적 측면뿐만 아니라 인간의 전부가 자연의 한 분기이며 자연법칙에 따른다는 지식. 더욱 정확히 말하면, 그와 같은 확신이 널리 보급되어 있어야 한다. 둘째는, 육체적 측면에 대해서는 데카르트가 이미 세워놓은 것과 같은 '기하학적' 방법을 인간과 인간 고유의 세계를 포함한 전 자연 영역에 확장하여 적용할 수 있어야 했다. 이와 같은 '인간에 대한 과학'의 이념이 생긴 것은 17세기였으나, 그것이 더욱 넓게 전개된 것은 18세기가 되어서이다. 이 노력은 두 가지 방향에서 행해졌다. 하나는 인간성 자체에 대한 과학이고, 또 하나는 인류의 정신 활동과 사회 활동의 전 분야, 즉 종교, 정치, 경제, 사회, 도덕에 대한 하나의 과학 또는 몇 개의 과학에서 행해졌다. 뉴턴에 의한 영국 정신의 지도적 지위는 이들의 새로운 정신적 제반 과학에도 영향을 미치고 있었다. 이 새로운 가능성을 처음으로 인정하고 공언한 두 사람은 영국인 '홉스'와 '로크'였다 다음에 기술할 이 두 사람에 대한 평가는, 이런 면에서 본 그들의 의의를 특히 강조하고자 한다. 즉, 그들의 활동 전체에 눈을 돌린다든지, 인식론이나 정치 이론의 발전에 있어서 그들이 차지한 위치를 문제로 하는 것은 아니다.

홉스

토머스 홉스(Thomas Hobbes, 1588~1679)는 스페인의 무적함대 '아르마다(Armada)'가 잉글랜드를 위협하고 있던 1588년에 태어나, 11년간의 유배형에 처해지기도 한 파란 많은 생애를 보내고 1679년에 91세로 생을 마쳤다. 그는 철학사에서 가장 강하고 영향이 컸던 사상가 가운데 한 사람이다. 인간은 그 정신생활을 포함해도 역시 '자연 질서의 한 분기'라는 인식이 홉스에게서 실로 생생히 나타나 있다. 역학적·수학적 자연 해석 방법을 철학과 과학의 전 분야에 일관하여 적용하려고 기도한 최초의 사람이 바로 홉스였다. 그는 데카르트를 알고 있었고, 갈릴레이의 일을 찬탄하고 있었다. 그의 목적은 문자 그대로의 의미인 '사회물리학'이었다. 그는 다음과 같이 언명했다.

"출발점은 각 개인과 그의 사상이라야만 한다. 그것은 자신을 관찰하고 내성하는 것이 가장 손쉽고 빠르기 때문이다. 항상 자기 자신을 살펴보고, 자신이 어떤 방법으로 어떤 근거에서 생각하고, 결론짓고, 느끼고, 겁내고 하는가를 검토하고 있어야 한다. 이것에서 타인이 같은 처지에 있을 때, 어떻게 생각하고 느끼는가를 알고 읽어낼 수가 있다."

홉스의 이 명제에는 17~18세기의 사회과학 기초의 구석구석까지 침투되어 있던 가장 강력한 전제가 암시되어 있다. 즉, 인간은 평등하다는 확신이다. 이 확신으로부터 사회적·정치적 변명의 냄새를 맡는 것은 어렵지 않다. 즉, 제3계급의 요구를 철학적으로 정당화한 것이다. 17세기에 잉글랜드에서 처음으로 이 제3계급이 평등한 권리를 쟁취하였고, 그 후 이어서 사회의 지도적 지위까지를 쟁취한 것이다.

홉스가 주장하는 것과 같은 자기관찰의 결과, 인간의 정신 중에 연출되는 모든 것의 근원으로 무엇이 발견될 것인가? 그것은 '감각'인 것이다. 인간의 정신 안에 있는 것은 하나도 남김없이 감각을 통하여 들어온 것이다. 이것은 데카르트의 사고방식과 완전히 궤를 같이하고 있다. 공간적 세계에는 물질적 물체와 그의 운동만이 유일한 실재(實在)이다. 그리고 이 실재가 인간의 정신에 작용하는 유일한 길은 감각기관과의 물리적 접촉뿐이다. 그런데 개념은 모두 이와 같은 감각 지각으로부터 유래한 것이라 하여도, 다음의 한 발짝은 정신 중에 이들 개념을 질서 있게 결부시키고 있는 법칙을 찾아내는 것이 문제이다.

그것들은 최초에 감각에 찍힌 대로의 질서를 가지고, 역학적·기계적 법칙에 따라 결합되어 있다. '사과'라는 생각이 곧 '사과나무'라는 생각을 불러일으킨다면, 이것은 과거의 감각 체험 중에 양자가 직접 바로 옆에 있었기 때문이다. 물체가 응집에 의하여 서로 결합되어 있는 것과 같이 감각도 서로 결부된다. 이와 같은 관념연합(연상)의 법칙도 다의 자연법칙과 같이 역학적으로 파악할 수 있다. 사유란 의식 안에 있는 상(像)이 이와 같은 방법으로 규율돼서 연합해 가는 것이다. 말의 본질은 이들의 상에 이름을 주는 데 있다. 철학적 용어로 말하면, 홉스의 설은 감각론적이며 유명론(唯名論)적이라고 말할 수 있다. 그의 설 전체가 합리적 심리학의 기초가 된 것이다. 인간의 정신에 관하여는, 그 후 약 200년간 이 기본 관념이 지배해 왔다. 이것이 데카르트와 뉴턴의 자연 해석에 꼭 맞게 대응한다는 것은 누구의 눈에도 명백하다.

홉스는 인간의 본성 일반에 대해서, 나아가서 정치 이론이나 사회 이론에 대해서도 결론을 도출하고 있다. 이것들은 매우 중요한 것이기는 하나, 본서의 성격상 전부를 훑어볼 수는 없으며, 정치철학이나 사회철학 발전의 자취를 일일이 상세히 추적할 수도 없다. 국가에 관해서는 국가의 지상 권력을 변호한 점에서, 홉스는 마키아벨리나 보댕 쪽에 서 있었다. 보댕과 같이 홉스도 고국을 무대로 한 파괴적인 종교전쟁을 체험했고, 보댕과 같이 국가 쪽에 서서 절대 왕권을 변호하였다.

18세기의 여러 가지 설 가운데 가장 중요한 역할을 하게 된 '사회계약'의 이념이 처음으로 나타난 것은 홉스에서이다. 이 생각의 근원은 로마법이나 중세의 사상에도 이미 존재해 있었다. 그 후 로마제국과 로마법이 발전해 감에 따라, 처음에는 민중의 손에 확고히 쥐어졌던 권력이 그대로 전부 황제에게 양도되고 말았는데, 이 과정도 계약 이념의 한 모델로 주어졌다. 중세 때 로마법 사상이 받아들여지자 국가가 가진 입법권과 행정권은 통치당할 쪽에서 그것을 국가에 처음부터 양도한 데 근거한다는 사상이 서유럽에도 밀어닥쳤다. 이 사상은 양쪽에 날을 가진 검이었다. 이것은 국가권력을 뒷받침할 수도 있다. 그 반대로 최초에 민중이 권력을 쥐고 있었다는 점에 중심을 옮기면, 곧바로 혁명을 부추기는 작용도 한다. 홉스는 이 생각을 전자의 의미로 사용했으나, 18세기에는 오직 후자의 의미로 사용되었다.

홉스는 인간의 본성을 평가했다. 그의 사회계약 사상이 가진 형태도 이 평가를 토대로 한 것이다. 그것은 마키아벨리에 의한 평가와 같은 것이다. 18세기에 한창 성행한 '자연 상태의 인간'이라는 개념이 홉스에게는 이미 나타나 있다. 인간은 하나의 육식 짐승이며, 욕정에 지배되고, 늘 힘과 소유를 구하여 굶주려 있고, 자연 상태에 있는 사회에서는 위에서 통치하는 권력이 없으면 '만인이 만인에 대한 투쟁(bellum omnium contra omnes)'이 인류를 지배할 것이다. 파괴적인 원시적 충동을 속박하는 지고 권력, 즉 일면에서는 각 개인을 지켜주나 다른 면에서는 제약하는 권력을 확립하지 않으면, 사회적 공동생활은 되지 않는다고 이성은 일류에게 설득한다. 그래서 국가가 성립된다. 이 국가에서 각 개인은 자결권을 하나의 것에 양도하고 말았으며, 그 후부터는 이 하나의 것이 공통의 의지를 구현하고 수행하게 되는 것이다. 단 각인 모두가 동등하게 양도한다는 조건부로 양도한 것이다.

이와 같은 홉스의 근본 사상은 절대군주제의 국가 형태와 결부된 것은 결코 아니라는 것을 알 수 있다. 일반의 공통 의지를 대표하는 것이 의회라도 무방한 것이다. 실제로 홉스의 후계자들은 그렇게 변경했다. 현실의 정치 발전에 있어서도, 또 홉스의 이론에 있어서도 본질적인 것은 군주제가 아니고 절대적인 국가였다. 홉스의 이와 같은 사상은 『거대한 배(Leviathan, 1651)』와 세 권으로 된 주저 『철학 강요(Elementa philosophiae, Vol.3, 1642~1658)』에 수록돼 있다.

로크의 계몽 이념

18세기에는 '계몽'이라는 이념이 유럽을 지배하고 변혁할 운명에 있었다. 존 로크(John Locke, 1632~1704)는 이 통례적 이념의 아버지로 꼽힌다. 앞에서 홉스의 사상에 친근해 졌으므로, 로크에 대해서는 간결하게 기술해도 좋을 것이다. 왜냐하면 로크는 '계몽의 아버지'라고 하는 것이 마땅하나, 사실상 홉스의 사상을 고찰하여 그것을 보급한 것에 지나지 않기 때문이다. 물론 이와 같은 평가는 지금 고찰하고 있는 일면에 다한 것이다. 즉, 로크도 홉스와 마찬가지로 인간의 본성과 인류 사회에 대한 합리적 과학이라는 이념으로 일관했다는 면만을 문제로 한 말이다. 18세기 계몽주의 역사가 보는 "로크는 수학자가 아니었으나 어떤 수학자보다 더욱 조직적이고 엄밀했으며, 기하학이 없어도 '기하학적 정신'을 가질 수 있다는 것을 실증한 사람이었다."라고 했다.

로크에게는 홉스에게서 찾아볼 수 없는 특유의 의의도 있다. 즉, 인식론에서 경험주의의 대표자였다는 것, 입헌제를 내건 정치 이론가였다는 점, 합리적 견해를 주창하여 종교의 근거를 마련하고 지키기 위하여 투쟁했다는 것 등이 그러한 로크의 특유한 면이다. 그리고 관용을 창도한 의의도 이것들에 못지않게 크다. 이것들의 의의가 매우 크므로, 로크와 뉴턴을 '18세기의 가장 중요한 두 교사'라고 부를 만하다. 18세기에 로크의 사상이 더욱 전개되어 가는 모습은 다음 장에서 다시 기술하기로 한다.

17세기와 18세기의 경계적인 면에서 뉴턴과 로크에게서는 두 가지 입장이 엿보인다. 한쪽은, 뉴턴이 코페르니쿠스나 케플러나 갈릴레이가 도입한 자연과학의 새로운 탄생을 완결하였고, 로크가 17세기 영국 정치 제도를 둘러싼 투쟁이 남긴 문제를, 뒤쫓아 정당화한 정치 이론을 완결하였다. 다른 쪽은, 뉴턴은 자연에 관한 강력한 과학의 예언자로서, 로크는 인간적 자연(人性)에 관한 새로운 과학의 예언자로서 미래를 가리킨 것이다.

이 미래의 문제에 대해서는 17세기에 홉스와 로크가 처음으로 프로그램을 만들어 냈으나 18세기에 가서야 실행으로 옮겨졌다. 17세기의 정신과학 활동은 아직 이 계획을 실현할 단계에 도달하지 못했었다.

2) 역사 기술

프랑스

17세기 역사 기술의 두드러진 특징은 자료를 정확히 처리하여 활용하려는 노력이었다. 17세기의 역사 기술이 그 후의 역사과학에 헤아릴 수 없을 만큼 많은 기여를 한 것도 바로 이 점이다. 프랑스에는 방대한 자료집을 편집한 뒤세느(André Duchesne, 1584~1640) 가 있었고, 거기에다 베네딕트회의 한 파로 성 마우루스가 창시한 성모르 수도회의 수도 사들도 이 점에 독자적 지위를 점하고 있었다. 그들은 예술적으로 표현하려는 데서 생기는 역사의 위조에 반대했다. 그들은 세심하게 현학적 충실도로 고문서를 차례로 발굴하고, 원전을 정확히 확인하여 방대한 사전식 자료집을 편집하기 시작했다. 이 모르 수도회 회원 중에서 가장 유명한 사람은 장 마비용(Dom Jean Mabillon, 1632~1707)이다. 그는 우선 아홉 권으로 된 교단사 자료를 편집한 다음, 자기 교단의 역사를 저술했다. 그가 저술해 내놓은 『고문서학(古文書學, De re diplomatica, 1681; Acta sanctorum ordinis S. Benedicti, 9 vol.)』은 '고문서학'이라는 중요한 보조 과학의 기초를 쌓았다.

다른 또 하나의 대집성이 역시 교회 측에서 나왔다. 『성인전(聖人傳, Acta sanctorum, 1643)』이 그것인데, 이것은 전설이나 전기적 이야기를 연대순으로 집성한 것이다. 예수회원들이 편집하였는데, 그들은 'Bollandest'라고 불렀다. 이것은 편집자의 한 사람인 장 볼란드(Jean Bolland, 1596~1665)의 이름을 딴 것이며, 이 『성인전』의 편집에서 볼란드의 역할이 얼마나 컸는지를 말해 주고 있다. 이 사람들의 소저에는 현학적이기는 하나 매우 중요한 것이 있다. 그런데 프랑스의 신학자 보쉬에(Jacques Bénigne Bossuet, 1627~1704) 의 저작 『세계사론(Discours sur l'histoire universelle, 1681)』은 이것과는 대조적이다. 이 저서는 역사를 단순히 기술하기보다는 해석하고 있다. 그뿐만 아니라 대부분의 학자가 역사를 종교적으로 해석하지 않게 되어 간 계몽 시대에 그는 아우구스티누스의 기독교적 역사철학을 다시 들고 나온 것이 주목할 만하다.

라이프니츠와 무라토리

역사가로서 라이프니츠의 업적은 후세에야 비로소 평가가 되었다. 라이프니츠가 24년을 들여 저술한 그의 주저인 『브라운슈바이크 역사(Geschichte Braunschweiqs)』는 기고한 지 150년이나 지난 1843년에야 출판되었다. 그가 저술한 역사서도 그의 철학과 같은 운명이었다. 즉, 일부는 발표되었으나 나머지는 논문집 안에서 잠자고 있어야 했다. 20세기가 되고서도 라이프니츠가 쓴 역사철학 논문이 새로이 발견되고 있다. 이러한 라이프니츠의 저작을 총망라하여 정당하게 평가할 시기가 이제야 겨우 도래한 것 같다.

이와 같은 사정도 있고, 라이프니츠의 역사관에 나타나고 있는 사상과 경향이 다면적이기도 하여 그 특징을 한마디로 종합하기는 곤란하다. 그러나 어떻든 그는 실제의 정치에 있어서도, 지리학이나 민속학이나 언어학에 있어서도, 그렇게 많은 것을 인식하고 있었고, 지구의 창조사에까지 생각이 미쳐 있었으므로, 그때까지 유례를 볼 수 없을 정도로 세계사적 인식을 가지고 있었다. 계몽주의의 비역사성을 논란하는 의견에 대해서, 라이프니츠 자신이 가장 강한 반증의 하나가 되고 있다.

라이프니츠는 사물을 집성(集成)하는 데 자연적 기쁨을 가졌었다. 그는 기록이나 고문서를 발굴하고 색인하여 전집(詮索)하는 데 지칠 줄 몰랐으며, 자료의 한마디나 일획에도 충실한 것이 가장 가치 있다고 했다. 그리고 역사적 고문서는 정정하지 않고 발견한 그대로 인쇄하지 않으면 안 된다고 처음으로 강하게 주장한 사람이다. 방법상의 엄밀한 원칙을 세운 점에서는 라이프니츠도 같은 세기의 프랑스 사가와 비견할 수 있다. 그런데 자료를 상호간 깊게 연관시켜서 비판적 평가를 정돈한 점에서는 라이프니츠 쪽이 우수하다. 18세기에서 19세기로 들어오기까지 독일의 역사 기술은 방법상 라이프니츠가 이미 가져다준 것 이외에 본질적으로 새로운 것은 하나도 보태지 못했다.

라이프니츠에 대비되는 사람은 무라토리(Lodovico Antonio Muratori, 1672~1750)이다. 그는 이탈리아 중세에 대한 연구에 있어서나 역사 편찬에 있어서 가장 많은 것을 가져다준 저술가의 한 사람이었다. 무라토리의 활동 시기는 실질적으로 18세기에 속한다. 그러나 여기에서 그에 대하여 기술하는 이유는, 그 자신도 역사의 자료집을 편찬했는데, 그것 외에도 17세기 프랑스인이 수집한 자료 중에 거의 평가되지 않았던 매우 귀중한 소저작들을 편집하고 있기 때문이다. 18세기가 되면서 새로운 유형의 역사가가 각광을 받게 되었다. 빛나는 문필가, 과감하게 역사의 일반화를 해치운 사람들, 일반의 의식에 대하여 상술한 것과 같은 세밀한 저작보다는 훨씬 강한 영향을 민중에게 미친 사람들이었다. 그러나 자료, 기록, 고문서, 비명(碑銘) 등과 같은 무기가 없었고, 편람(便覽)이나 사전도 없었고, 원전에 쉽게 접근할 단서도 없었다면, 아무리 애써 봤자 역사에 아무런 결실도 맺지 못하고 말았을 것이라는 것도 생각해 보지 않으면 안 된다.

3) 법학

자연법의 이념

16세기부터 18세기까지의 독일과 유럽의 법률 과학에 있어서는, '자연(自然)한 법 (Natural Low)'이라는 생각이 결정적인 이념이었다. 이것은 16세기에 형성돼서 17세기에는 충분한 높이에 도달하였고, 18세기에는 당시의 전 법률 사상이 이 생각으로 지배된 것이다. 이 과정은 과학에 있어서도, 정치생활이나 사회생활에 있어서도 다 같이 중요한 것인데, 그 역사적 배경을 구할 때는 두 가지 문제로 구별하지 않으면 안 된다. 그 하나는, '자연한 법'이라는 이념의 훨씬 옛날로 거슬러 올라간 근원에 대한 문제이고, 또 하나는, 이 이념을 16세기와 17세기에 와서 전면에 나타나게 한 배경과 이 시대가 이 이념에 새겨 넣은 독자적 특색에 대한 문제이다.

이 이념 자체는 이미 알아본 것과 같이 그리스에서 기원한 것이다. 그러나 세계사에 영향을 미치는 모양으로 처음 내놓은 것은 로마인이었다. 로마의 시민법(ius civile)은 로마 시민만을 대상으로 하였다. 그러면 로마의 통치하에 있으나 자기 자신의 법전이나 관습법을 가지고 있던 많은 민족들에 대하여 어떠한 법률을 적용하면 좋다는 말인가? 스토어철학 상의 교의는, 자연을 통일된 합리적 질서가 있는 하나의 과정으로 보아 모든 인간은 근본적으로 평등하다고 선언하고 있었다. 로마의 지배자나 법률가도 이것과 길을 같이하여, 서로 상용(相容)되지 않는 개별법을 초월한 저 건너에, 일반적이며 기초적인 원리를 구하여 찾아낸 것이다. 자연의 법칙이 자연을 지배하는 것과 같이, 이 원리는 인류의 생활을 지배하고 또한 지배하여야 한다는 이념적인 것이다. 이와 같은 이념에서 나오게 된 로마의 만민법(萬民法, ius gentium)은 기본 성격상 일종의 자연법(Naturrecht)으로 되었다.

또 한쪽, 중세 기독교 교회의 법률론 안에는 자연법의 각인이 강하게 찍혀 있었다. 이 자연법적 사상인 제2의 흐름은 12세기 이래 로마법이 채용된 것과는 관계가 없었던 것이며, 교부(敎父)들과 가장 번성한 시기의 스콜라 학자들이 관여한 하나의 자율적인 강력한 운동이었다. 이들의 두 흐름은 일부분은 서로 결실하게 하며 보완하였고, 또 다른 일부분은 서로 대립하고 다양하게 얽히고설켰다.

다음에 16세기 이래 자연법이 다시 승리의 진군을 시작한 배경을 조사하기 위해서는, 당시의 사회나 정신계의 상태를 해부해 보지 않으면 안 된다. 가장 중요한 배경의 하나는 중세의 보편적 질서가 해체되고, 각 국가가 자국의 이해를 빼고는 일체의 속박에서 해방된 것이었다. 주권 국가들도 어느 정도까지는 속박할 수 있는 어떤 법 원리나 질서 원리가 발견되지 않고서는, 마키아벨리가 예시한 것같이 국제적 무정부 상태에 빠질 수밖에 없었다. 이런 상황에서는 자연법이야말로 그와 같은 질서 원리를 제공하는 가장 적합한 것이었다.

그리고 법률 과학의 입장에서 보면, 자연법의 이론은 보통의 로마 법학에 대항한 흐름으로도 볼 수 있다. 법률의 운용은 자칫하면 만민법과 같이 생기를 잃은 것이 되기 쉬운데, 자연법 이론은 이것을 비판하기 위한 좋은 무기가 되었다. 이것을 통하여 국가 이론, 형법, 상법, 토지 소유법, 기타 법과 법률 과학의 모든 분야의 사상 중에 신선한 자유의 바람을 불어넣고 있었던 것이다.

정신사의 면에서 보면, 철학이나 자연과학의 수학적 인식과 자연법 이론은 밀접하게 본질적 연관을 가진다는 점을 특히 주목해야 한다. 자연법은 법률학 분야에서의 '기하학적 방법(mos geometricus)'인 것이다. 그렇다고 해서 법률 과학이 의식적으로 이 이념을 모범으로 하려고 애썼다고 해석하는 것은 옳지 않다. 그런 주장은 곧바로 물리쳐진다. 왜냐하면 자연법사상이 성하게 된 시기는 일부는 데카르트와 동시대이며, 일부는 그 이전에 시작된 것이기 때문이다. 도리어 자연법이라는 학문 중에서 새로운 정신의 특징적 각인을 찾아보아야 한다. 철학이나 자연과학에 있어서 이 새로운 정신을 창도한 가장 유명한 인물로서 데카르트를 들었다. 고조해 가는 이 이성 시대의 특색이 법사상에 반영된 형태가 자연법인 것이다.

17세기의 주된 사상가는 빠짐없이 어떤 방법으로든 자연법을 개척하고 옹호한 사람들이다. 이하에 소개할 몇 사람 이외의 사람들도, 소개되지 않았다고 해서 중요성이 떨어지는 것은 아니다. 예를 들면, 보댕, 홉스, 라이프니츠 등은 자연법의 발전에도 중요한 지위를 차지하고 있으나, 그들에 대해서는 이미 다른 문제와 관련하여 언급하였으므로 빼고, 여기서는 활동의 중심이 법률 분야이므로 다른 곳에서는 언급되지 않았던 사람들 중에서 몇 사람을 들어서 기술하기로 한다.

올덴도르프와 알트하우스

'서구 자연법의 최초의 교사'라고 불리는 사람이 있다. 바로 독일인 요한 올덴도르프 (Johann Oldendorp, 1480~1567)이다. 그가 활동한 시대는 16세기 전반이다. 그의 저작은 특히 근대 자연법의 발전이 흐로티위스(Hugo Grotius, 1583~1625)와 함께 17세기에 겨우 시작된 것이 아니라, 이보다 한 세기 전에 시작된 것을 증명하고 있다. 그리고 또, 한마 디로 자연법이라고 해도 얼마나 다양한 색조와 해석을 가질 수 있나 하는 것을 제시하고 있다. 올덴도르프의 경우 자연법은 아리스토텔레스에 그 모범을 구하고 있으나, 동시에 루터적인 신교적 동기에 일관해 있다. 그는 옛날의 하부 작센 지방 방언으로 「무엇이 공 명정대한가(Wat byllich unn recht is, 1529)」라는 논문을 써서, 그 안에 일찍이 엄밀한 성 문법을 '공정(公正)'으로 뒷받침하라고 다음과 같이 요구하고 있다.

"법률은 문자대로 확고히 지켜져야만 한다. 그러나 공정성이 그와 같이 융통성 없는 것을 부드 럽게 하거나 변경한다. 법률은 쓰인 법칙인 반면에, 무엇이 가장 주님인 하나님의 뜻에 합당 하며, 공익과 이웃에게 유용한가를 고려할 때, '공정'이야말로 법칙의 확실한 수준기(水準器)이 며 보완하고 수정하는 기준인 것이다. 따라서 성문법이나 세속적 통치의 모든 관습과 조치도 모두 '공정성' 앞에는 한 발짝 양보하고, 거기에 따르지 않으면 안 된다."

그리고 이 '공정'이란 것은 '자연법' 그 자체라는 것을 함축한 그의 다음과 같은 말도 쓰여 있다.

"또한 공정은 인간의 힘으로 좌우되는 것이 아니며, 한정받지 않고 존재하며, 불변불역(不變不 易)한 것이다. 하나님이 이것을 제군의 이성에 써넣었으며, 짜 넣은 것이다."

1539년에 쓴 저작 『자연법, 만민법과 민법 서설(Elementaria introductio iuris naturae, gentium et civilis)』 중에 올덴도르프는 자기의 생각을 더욱 전개하여 체계적으로 정돈하 였다. 올덴도르프보다는 반세기 이상 늦었으나, 흐로티위스보다는 앞서서 독일인 요한 알트하우스(Johann Althaus, 1557~1638)가 자연법에 대한 일설을 논술했다. 그는 '알토쥬 스'라는 라틴 이름으로 잘 알려진 사람이다. 칼뱅파였으며, 한때는 네덜란드에 또 한 시 기는 엠덴 시의 법률 고문으로 살았다. 그는 독일에서 정치학을 과학적으로 가르친 최초의 사람이다.

알트하우스는 만년에 포괄적인 법체계를 저술하였다. 그러나 그가 유명해진 것은 1603년에 출간한 저서인 『조직정치학(Politica methodice digesta atgue exemplis sacris et profanis illustrata)』에 의해서다. 그는 이 책에서 정치학을 합리적 사실 과학으로 하는 기초를 세웠고, 정치학 분야와 윤리학이나 법학과의 사이에 경계를 설정하려고 했다. 이 저술의 근본 사상의 하나는 '국민의 주권'이라는 것이다. 알트하우스도 다른 사람들과 마찬가지로 국가의 지상권을 설하고 있다. 그러나 그는 특히 네덜란드의 정치 체제 발전에 영향을 받아, 이 권력을 한 사람의 인물, 즉 제왕에게 귀속시키려는 사람들, 즉 마키아벨리나 특히 보댕에 반대하였다. 예를 들면, 그는 이 책의 헌사(獻辭) 가운데 다음과 같이 중요한 말을 하고 있다.

"최고의 권력은 항상 국민의 소유물이다. 한 개인은 결코 자기 마음대로 할 수 없다."

그는 뒤이어 이 원칙을 더욱 전개해 가서 주장하기를, "권력은 국민으로부터 분리할 수 없다."라고 하였다. 보댕은 제왕권이 국민에 의해서도 법에 의해서도 속박되지 않는다고 설했다. 그러나 알트하우스는 이 설에 동의하지 않았다. 국가의 최고 권력자는 무제한하지도 영원하지도 않다. 이 권력이 법률을 개의치 않는다면, 그것은 폭정(참주정치)이라고 할 수밖에 없다. 최고 권력을 가진 자는 자연법과 공정을 원칙으로 하는 하나님의 명령에 직결되어 있으며, 동시에 그는 성문화된 대부분의 법문에 따라야 한다. 왜냐하면 자연법이나 하나님의 법과 일치하지 않는 법문은 법률이라고 할 가치가 없기 때문이다.

알트하우스는 미래에 앞서서 정치 사상이나 국법 사상이 나아갈 길을 제시하였다. 상술한 것은 그의 일례에 지나지 않으며, 이것 이외에도 사회나 국가가 단체적으로나 연방적으로 구성된다는 사상을 논술하고 있다. 그 후 왕후의 절대주의가 승리하자 이에 반대한 알트하우스의 설은 억눌려 버렸고, 20세기에 가까이 와서(1883년에) 게리케가 다시 이 설을 내놓기까지는 거의 잊혀 있었다.

흐로티위스

옛날 법학자 중에서 오늘날 법률가들에게도 이름이 알려진 사람은 매우 드문데, 흐로티위스는 그런 드문 사람 가운데 하나이다. 흐로티위스의 가족은 프랑스에서 이주해 왔다. 그는 신동이었으며, 12세에 대학에 입학하였고, 15세에는 이미 백과전서를 저술하였다. 그는 레이던(Leyden)에서 법학 박사 학위를 받고 변호사가 되었다. 그리고 한편으로는 인문주의적 활동도 하여 고대의 작품을 출판하고, 라틴어 희곡을 세 개나 썼다. 그리고 1603년 20세에 당시의 네덜란드 의회인 각주회의 사료관에 임명됐다.

1604년에 쓴 흐로티위스의 원고가 1868년에야 발견되어서 『포획법론(捕獲法論, Deiure praedae)』이라는 제명으로 발표되었다. 당시 21세였던 흐로티위스는 이미 1625년에 나온 그의 주저의 근본 사상을 이 책에 기술했다. 이 저작의 동기가 된 것은 그의 변호사 업무였다. 그는 당시에 네덜란드의 동인도회사의 변호사였다. 이 회사의 한 선장이 믈라카 해협에서 스페인 선박을 나포하여 산더미 같은 전리품을 탈취했다. 이것이 법적으로 허용되는가? 네덜란드 자국에서조차 이 문제는 물의를 일으켰는데, 흐로티위스는 이것을 긍정하고 나섰다. 흐로티위스는 선장을 변호하여 "극동의 바다를 자국의 영해라고 하는 포르투갈의 주장은 받아들일 수 없다. 해양은 자유이다!"라고 주장하였다. 이것이 동기가 돼서 흐로티위스는 전투 행위 일반의 합법성 문제를 다루게 되었다. 해양의 자유 문제는 그 후 네덜란드와 영국이 대항했을 때도 다시 도마에 올랐다. 흐로티위스는 이것과 관련하여 『자유 해론(自由海論, Mare liberum, 1609)』을 저술했다.

흐로티위스는 30세에 이미 로테르담 시의 연금을 받는 신분이 되었으며, 정치 무대에 나타나서 영국으로 가는 사절단의 한 사람이 되었다. 그는 이전부터 종교적 관용 이념을 높이 평가하고 있었는데, 영국에서는 이것이 이미 실천으로 뒷받침되고 있는 것을 그의 눈으로 직접 보고는 종교적 관대성을 보증하기 위한 법률을 기초했다. 1618년에 반 칼뱅주의자 모리츠(Moritz, Orange, 1567~1625)가 위트레흐트(Utrecht)를 점령한 후에, 흐로티위스는 재산 몰수와 종신 금고의 판결을 받았다. 그가 주창한 '종교적 관용' 때문에 그는 혹독한 종교적 형벌을 받게 된 것이다.

수인(囚人)이 된 흐로티위스는 젊은 날 그렇게도 열중했던 고전에 다시 손을 대서, 그리스 저작가의 고전을 번역하기도 했다. 그의 처는 자원하여 요새 안에서 남편과 함께 수인 생활을 하고 있었다. 그 처는 마침내 남편을 탈출시킬 묘안을 생각해 냈다. 감시병은 흐로티위스가 읽은 책과 신상품들을 옥에서 송환할 때에 긴 상자를 사용했는데, 이 속에 흐로티위스 자신이 숨어들어서 옥에서 탈출한 것이다. 그래서 '미장이'로 변장한 그는 안트베르펜(Antwerpen)을 통해 프랑스로 망명했다. 루이 13세는 그를 후하게 대우하였다.

흐로티위스의 가장 중요한 주저『전쟁과 평화의 법에 대하여(De iure belli ac pacis)』는 그가 늘 몸에 지니고 다닌 1604년의 초고를 기초로 하여, 이 망명 생활 중에 완성한 것이다. 이 책은 1625년 프랑크푸르트의 큰 시장에 내놓았다. 세계문학의 걸작에도 흔히 있는 것과 같이, 이 책도 저자의 돈벌이에는 조금도 도움이 되지 않았으나, 그 대신에 불멸의 명성을 가져다주었다. 그러나 그의 고국에 있던 적들은 이 명성을 듣고 못마땅한 찌푸린 얼굴을 하고 있었다. 흐로티위스는 결국 스웨덴에 사관하여 파리 주재 스웨덴 대사가 되었다. 그 후 스웨덴 본국에도 갔으나, 거기서 살 마음이 내키지 않았다. 그는 귀로에 발트 해를 통과할 때, 배가 단치히(Danzig) 근처의 해안에서 좌초하고 말았다. 그래서 로스토크(Rostock)로 가는 도중에 그는 세상을 떠나고 말았다.

흐로티위스의 주저를 좀 더 상세히 고찰하기 전에, 신학자와 역사가로서의 그의 의의를 생각해 보아야 하겠다. 그는 엄격한 문헌 고증 입장에서 성서를 주해(註解)했는데, 이것이 과학적 성서 비판의 하나의 시초가 되었다. 1627년에 그는『기독교의 진리에 대하여(De veritate religionis Christianae)』라는 책을 저술했는데, 이 책은 모든 종파의 대립을 초월하여 기독교 전체를 하나로 생각했으며, 교의(도그마)에는 거의 호소하지 않고 감정적 경건으로 일관되어 있다. 기독교에 대한 그의 입장은 에라스무스에 가깝다. 역사 쪽에서 그의 대표작으로 꼽히는『네덜란드 연보』는 그가 끊임없이 계속해서 편집하고 보증한 것이며, 그의 사후인 1657년에 처음으로 세상에 나왔다.

흐로티위스의 전제는 아리스토텔레스와 마찬가지로, 인간은 이성을 갖춘 사회적 동물이라는 것이다. "인간이 인간인 까닭은 집단생활에 있다고 해도, 일정한 명령이나 금령이 없으면 질서 있는 공동생활을 영위할 수 없다는 것을 가르쳐 주는 것은 '이성(理性)'이다. 성문화된 모든 법률 제도 위에 더욱 깊고 일반적인 보편적 원리가 있다. 이 원리의 정수(에센스)가 자연법인 것이다. 하나님은 인류에게 이성을 주셨다. 그래서 하나님은 인류에게 자연법의 사상을 심어놓고 계신 셈이다. 따라서 이 이성의 힘으로 인류가 바르게 서로 결합하는 것이야말로 하나님의 뜻이다."라고 그는 주장하고 있다.

그에 의하면 하나님은 확실히 자연법을 창조하신 것이다. 그리고 이 이성적이며 자연적인 법은 일단 창조된 이상 하나님조차도 변경하지 않는 상태에 있으며, 한발 더 나아가서 '만약에 하나님이 계시지 않다고 해도' 이 법은 역시 바른 것이다. 이것은 주목할 발언이다. 이 모험적 표현법 이면에는, 흐로티위스의 사상 밑바닥에 흐르고 있는 간절한 소망을 엿볼 수 있다. 즉, 그는 종교나 종파의 싸움과는 무연한 질서의 기반을 구하고

자 한 것이다.

이와 같은 자연법의 원칙을 개인 관계뿐만 아니라 국가 간의 관계에도 적용한 점에 흐로티위스의 의의가 있다. 중세의 통일적인 교회나 국가는 무엇을 해야 하나를 결정할 수가 있었다. 그런데 이것들이 몰락하고 말았을 때, 유럽의 열강은 마키아벨리의 원칙을 받들고 '전체 대 전체'의 전쟁을 할 것인가, 또는 일정한 의무를 부가한 원칙, 말하자면 적어도 이것만은 지키자는 규칙을 스스로 지키는가 하는 것을 선택해야만 했다. 흐로티위스는 후자의 원칙을 자연법에서 도출한 것이다. '국가들도 사회를 이루고 있다. 이 사회를 존속시키려면, 인간 개인의 공동사회와 마찬가지로 일반인의 의무를 정한 규칙이 없이는 안 된다.' 이 원칙이 되고 있는 것이 '국제법(만민법, ius gentium)', 즉 여러 국가 간의 법률인 것이다. 국제법으로 전쟁을 없앨 수는 없다고 해도, 적어도 이것을 문명의 궤도 위에 올려놓을 수는 있다. 적대시하는 국가 간에도 인류 공통의 규율은 역시 남아 있다는 것을 잘 생각하자고 국제법은 국민과 정부에 가르치고 있다. 전쟁도 이 규율을 완전히 절단해 버리지 않는 방법으로 행해져야 한다. 전쟁이 끝나면 반드시 화해라는 문제가 있으므로, 전쟁은 화해의 여지를 항상 남겨두는 방법으로 행해지지 않으면 안 된다. 어떤 국가도 모든 시대를 통해 국제법에서 쫓겨날 수도 없으며 쫓아낼 수도 없을 것이다.

흐로티위스는 각국의 국제적 관행을 잘 알고 있었다. 그가 이것에서 배운 바는, 움직일 수 없다고 이성이 제시하고 있는 것과 같은 여러 원칙 외에도 자연법에 그다지 깊게 뿌리 내리지 못한 규칙들도 있다는 것이다. 이러한 규칙의 연유는, 지도적 국가의 관행이 실제로 그랬다는 것뿐이다. 즉, 국제법은 두 면으로 되어 있다. 우선 이성에 근거한 엄정한 법규가 그 일면이고, 국가가 활동할 때 반드시 지킨다고 할 수 있는 원칙을 어느 정도 정리하여 성문화한 것이 다른 일면이라고 말할 수 있다. 흐로티위스는 성격적으로도 덮어놓고 체계화하기보다는 실례를 수집하는 형이었으므로, 현실의 경우에는 이 양면이 분리할 수 없을 정도로 서로 교류한다는 것을 잘 알고 있었다.

법학사를 알고 있는 사람은 다 알다시피, 흐로티위스가 논술한 것은 따지고 보면 그 이전에도 누군가가 말하고 있었던 것이다. 그런데도 흐로티위스는 자연법 설의 가장 주요한 대표자이며, 근대 국제법의 본래의 창시자로 본다. 그것은 그가 시야가 넓어서 역사, 신학, 법학, 그리고 현실 정치에도 영향을 미치고 있었기 때문이며, 특히 그의 저작이 미친 영향이 컸기 때문이다.

550

콘링, 푸펜도르프, 토마지우스

헬름슈테트(Helmstedt) 대학의 박물학과 의학 교수였고, 뒤에는 정치학 교수도 한 콘링(Hermann Conring, 1606~1681)은 주로 독일의 법학 발전에 중요한 업적을 남겼다. 그는 『독일법의 기원에 대하여(De origine iuris germanici, 1643)』를 저술하여, 로마법 일변도에 빠져 있던 당시의 경향을 물리치고, 눈을 다시 모국 독일법으로 돌리게 하여 독일 법학의 과학적 기초를 마련했다.

콘링보다 더 유명한 사람은 푸펜도르프(Samuel von Pufendorf, 1632~1694)이다. 그는 17세기 독일에서 과학적 자연법을 제창한 사람들을 대표하는 가장 중요한 인물이다. 그는 1677년부터 스웨덴의 궁정 역사가(왕실사 편수관)로서 스톡홀름에서 활약했다. 이곳에서 그는 기록에 근거한 정확한 스웨덴 역사를 편찬했다. 그가 독일어로 저술한 오직 한 권뿐인 책 『유럽의 가장 우수한 제국들과 국가들의 역사 서설(Einleitung zur Historie der vornehmsten Reichen und Staaten in Europa)』도 여기서 저술했다. 후에 대선 제후(大選帝侯) 프리드리히 빌헬름은 그를 브란덴부르크의 궁정 사료관(宮廷史料官)으로 베를린에 초빙했다. 프로이센의 위대한 힘이 미치게 된 것이다.

푸펜도르프도 법률 연구를 시작하기 전에 일단 루터의 전통 신학을 배웠으나, 이 신학과 항상 대립했다. 그것은 그가 자연법을 신학 사상과는 완전히 분리하여, 인간의 공동생활에 관한 순수한 세속적 기초과학으로 확립하려고 했기 때문이다. 그가 스웨덴에 불려가기 이전에 아직 하이델베르크 대학에서 독일 최초의 국제법 교수로 있었을 때 저술한 『자연법과 국제법에 대하여(De Iure naturae et gentium, 1672)』에 이미 이러한 사상이 엿보인다. 이 책을 읽어보면, 그가 통상적인 체계가가 아닌 것을 잘 알 수 있다. 그는 데카르트의 『기하학적 방법』을 법률 이론에 본격적으로 도입하기 시작했다. 그리고 일 년 후에는 이 저작을 일반인을 위해 간략하게 발췌한 것을 내놓았다. 이 책에서 그는, 자연법에 근거하면 인간이나 시민이 어떤 사회적 의무를 지게 되는가를 간명하게 논술하고 있다. 인간이라는 생물은 자기 유지와 자기 보전에 마음을 쏟고 있으나, 이 인간도 혼자서는 아무것도 할 수가 없으므로 사회적 협력을 해야 한다. 이와 같은 인간은, 자연적인 이성의 원칙에 따라 타인과 결합되지 않으면 안 된다는 것도 다음과 같이 간명하게 주창하고 있다.

"인류 사회의 올바른 일원으로서 어떻게 행동해야 하는가를 인간에게 가르쳐주는 사회생활의 근본 법칙을 '자연법'이라고 한다. 자연법의 주된 규칙은 다음과 같다. 각자는 가능한 한 사회를 잘 받들고, 전체에 봉사하지 않으면 안 된다는 것이다. 누구나 어떤 목적에 도달하려고 생각하는 자는 목적을 수행하는 데 불가결한 수단을 구하지 않을 수 없으므로, 사회를 강화하고 추진하는 모든 것은 자연법이 명하는 것이며, 사회를 어지럽게 하거나 파괴하는 모든 것은 금해져 있다고 할 수 있다. 다른 모든 명제는, 우리의 자연한 이성의 빛이 비춰주는 대로 따르며, 이 주된 규칙에 짜여 들어가며, 그 하위에 놓이는 것이다."

푸펜도르프가 미친 영향은 실로 광대한 것이었다. 그의 수많은 문하들은 근대의 독일 법학을 발전시키는 데 지대한 공헌을 하였다. 그중에서도 한층 뛰어나서 주목을 끌게 된 사람으로 크리스천 토마지우스(Christian Thomasius, 1655~1728)가 있다. 그는 독일 계몽기 때 철학자의 한 사람으로, 고문(拷問)과 마녀의 화형(火刑)에 대담하게 반대했으며, 독일어를 위해 분투한 것으로도 잘 알려져 있다.

2. 자연과 이성

1) 자연

18세기 사상의 표어로서 '자연과 이성'을 들고 나오는 깃은 하나도 새로운 것은 아니다. 그러나 이 개념이 애매한 여러 가지 의미를 가지는 것을 생각하면, 18세기가 이 말을 어떤 의미로 이해하고 있었는지 좀 더 상세히 보지 않으면 안 될 것이다. '자연(自然)'이라는 개념이 현대인에게는 여러 가지 뜻으로 들리기 때문에 더욱 주의할 필요가 있다. 현대인의 생활 감정은 로만주의, 관념론 철학, 역사학파, 생의 철학 등 모두가 19세기에 형성된 사상의 영향을 받고 있으므로, 18세기 사상은 이와 같은 개념에 대해 현대와는 다른 의미를 가지고 있었다. 예를 들어, 오늘날 '돌은 자연물이다.'라고 말할 때, '자연'이라는 개념의 첫째 의미는 '살아 있지 않은 것, 또는 인간 외의 것의 세계'라는 뜻이 되는데, 18세기에는 이와 같은 현대식 이해를 허용하지 않았다. 18세기의 자연 개념의 특징은 생물뿐만 아니라 인간까지도 육체와 정신의 양면을 포괄한 점이다.

"인간은 자연의 창조물이다. 인간은 자연에 뿌리박고, 그 법칙으로 규율되며, 그것을 면할 수 없으며, 사상 속에서조차 자연으로부터 빠져나갈 수 없다. 인간의 정신이 가시적 세계의 경계를 넘어서 도망하려고 해도 그것은 무리이며, 그는 반드시 이 세계로 되돌려질 수밖에 없다는 것을 알게 된다. 자연에 의하여 만들어진 자연에 의하여 결정되는 존재로서의 위대한 전체, 자신도 그 일부로서 영향 하에 두고 있는 이 전체 이상의 것은 아무것도 없다. 만물을 포괄하는 이 범위 너머에는 아무것도 존재하지 않으며, 존재할 수도 없다. 그래서 인간은 자기가 살고 있는 집인 이 세계 외의 존재를 구한다거나, 자연이 거부하는 행복을 주기를 바란다는 것은 하지 않는 편이 좋다. 도리어 이 자연과 자연의 법칙을 배워서 아는 것이 좋으며, 자연의 내적 힘이나 자연이 표명하고 있는 불멸의 형태를 관찰하는 편이 좋다. 그렇게 해서, 무엇도 배제할 수 없는 이 법칙에 평정하게 규율되며 관찰한 것을 자기 자신의 행복으로 돌려야 한다."

위의 문장도, 이 장의 첫머리에 내건 문장과 함께 1770년 파리에서 출판된 『자연의 체계(Systeme de la nature)』라는 책에서 인용한 것이다. 이 책의 저자는 '미라보'라는 가명을 쓴 독일 남작 홀바흐(Paul Heinrich Dietrich von Holbach, 1723~1789)였다. 홀바흐는 위의 말에서 볼 수 있는 것과 같이 극단적인 유물론자였다. 그리고 그 때문에 매우 급진적 계몽사상의 대표자이기도 하다. 다음 말에서 그 일면을 엿볼 수 있다.

"이 세계는 물질과 운동 이외의 아무것도 아니며, 무한하고 끊어질 수 없는 인과의 사설이다. 자연은 각종 물질과 각양으로 형성된 특유한 운동을 하는 개체들의 총괄인 것이다."

그와 같은 급진적인 계몽 사상가가 아닌 사람들도 인간을 자연의 한 분지이며 자연 질서의 한 분기로 보아, '자연 상태'나 '자연적 질서' 또는 이와 동류의 말을 할 때는 반드시 이 전제에 따라 쓰고 있었다고 말할 수 있다. 우리는 자주 자연과 역사를 대치하는데, 이것도 18세기의 사상에서는 찾아볼 수 없다. 역사적 세계와 자연의 근본적 차이가 충분히 명확하게 의식된 것은 19세기가 되고서이다. 끝으로 18세기에 '자연'은 비합리나 무질서라는 잡음을 내지 않았다는 것을 지적해 두고 싶다. 자연은 질서 있는 전 우주, 그리고 또 이성적으로 질서 세워진 전 우주의 정수 그 자체였던 것이다.

2) 자연적인 것과 이성적인 것의 동일성

이 같은 자연 개념은 뉴턴의 세계 체계가 강하게 영향을 준 것이 틀림없다. 자연은 단순하나 숭고한 법칙에 의해 규율되며, 비할 데 없는 조화를 나타내는 질서의 세계라는 것이다. 뉴턴은 이 생각을 인류에게 심어준 개척자이다. "자연과 자연의 법칙은 깊은 암흑에 싸여 있었는데, 하나님께서 '빛이 있으라 하시매 빛이 있은' 것같이, 뉴턴을 보내서 모든 것을 밝게 하셨다."라고 영국 시인 알렉산더 호프(Alexander Hope, 1688~1744)는 노래했다. 자연에 나타난 이 합리적 질서나 합법칙성이라는 인상이 근원이 돼서, 질서 있는 것이나 이성적인 것을 '자연적인 것'과 동일시하게 되었다. 여기서 역으로, 사회의 영역에서도 '이성적'으로 보이는 것은 '자연적'이라고 부르게 되었다. 헤겔의 말도, 자연적인 것은 모두 이성적이며, 이성적인 것은 모두 자연적이라는 것이다.

뉴턴의 세계 구조에 보이는 자연의 질서는 범할 수 없는 보편타당성을 가지고, 엄밀하게 일률적인 것이었으므로, 사회적 고찰을 하지 않고도 자연적·이성적 개념은 다음과 같은 배가 음을 울리게 하였다. 즉, 인류의 여러 제도의 표면에 보이는 다양성에 대해서 일반적인 것, 일률적인 것, 보편적으로 존재하는 것이라는 배가 음이었다. 이와 같이 생각하면, 가장 보편적이고 합리적인 법, 어느 시대나 누구에게도 동등하게 불변으로 적용될 법률을 '자연법(自然法)'이라 이름한 것도 이해될 것이다.

단순하며 보편적으로 존재하는 것은, 모든 다양함에 우선하여 존재하는 원초적이며 건전한 것, 또는 원시적인 것에 가깝거나 동등하다고 생각되었다. 많이 쓰이게 된 '자연 상태(自然狀態)'라는 개념도 이와 같은 본래의 내용과 매력을 주어온 것이다. '자연인(미개인)'의 생활이 널리 관심의 대상이 되었고, 그들은 '자연 상태'에 가장 가깝게 남아 있다고 믿어졌다. 특히 아메리카 인디언에게 주목이 집중되었다.

18세기 기행문학은 이 같은 종류의 자연 민족 또는 자연인의 이야기로 메워졌다. 예를 들어서 훅이 남쪽 바다에서 발견한 사실이 불러일으킨 관심의 정도도 이와 같은 소지를 배경으로 하면 비로소 잘 이해하게 된다. 소설에는 먼 나라의 이런 개인이 등장하여 인공적 기성 사회질서를 비판하는 역을 연출했다. 몽테스키외(Montesquieu)는 「페르시아 인의 편지」 안에서 이것을 했다. 그리고 볼테르는 이러한 일을 위하여 일부러 시리우스의 주민조차도 초대한 것이다.

3) 종교, 도덕, 사회 비판

위에서 기술한 자연적·이성적 사상은 마치 추상적인 것이라고 생각된다. 그러나 당시의 정신적·사회적 환경을 고려하여 이 사상을 보면, 그와 같은 인상은 곧바로 사라지고 만다. 즉, 제3계급인 부르주아 계급이 해방과 평등의 권리와 사회의 주도적 지위를 구하여 단호한 투쟁으로 나선 역사적 단면에 있어서는, 이 사상이 이상한 폭발력을 내포하고 있었음이 틀림없었다는 것을 알게 된다. 그리고 이 사상이 재래의 모든 것에 대하여 필적할 것이 없는 예리한 비판의 무기가 될 수 있었고, 또 실제로 그랬다는 것을 짐작할 수 있을 것이다.

지금까지 개관해 온 것과 같은 의미의 자연과 이성은, 신흥 사회 세력의 정신적 무기였다. 이것은 사회의 요구에서 생겼고, 사회적 투쟁 안에서 활용과 정당화를 찾아간 것이다. 한쪽에는 고귀하며 이성적이고 통일된 자연 질서, 다른 쪽에는 수천의 전통, 제도, 풍속, 관습, 관념, 신앙, 지배 형태로 분단된 맥락이 없는 인류의 세계. 이 둘을 단순히 비교만 해도 기존의 것을 변혁하라는 목소리가 일어나지 않을 수 없다. '이성은 인류의 세계에 있어서도 역시 단순하며 범할 수 없는 법칙을 찾으라고 명하고 있지 않나! 세계가 이 법칙에 따라 운영되게끔 배려하고 있지 않나! 거역할 수 없는 이성의 부름에 거역하는 기존의 것이 왜 타당하다고 하는가! 자연의 원리와 이성의 원리를 받들고, 새로운 세계를 창조하자!' 이 계몽을 칸트가 『계몽이란 무엇인가에 대한 회답(Beantwortung der Frage: Was ist Aufklarung?, 1784)』에 다음과 같이 정의하고 있다.

"계몽(啓蒙)이란, 인류가 스스로 빠져든 미성년에서 벗어나는 것이다. 용기를 내서 자기 자신의 이성에 따라라! 무기력함과 비겁함이야말로 미성년에 빠져든 원인이다. 자연은 독립하였다고 말하고 있는데도, 이와 같이 많은 사람이 안일하게 한평생을 미성년으로 있는 것이다. 이런 사람에게는 '계몽'이 필요하다. 이 계몽을 위해서는 다만 자유(自由)만 있으면 된다. 일거수일투족에 자신의 분별(分別, 悟性)을 공공연하게 사용할 자유 말이나!"

18세기 사상가는 모두 이 자유를 요구했다. 그들은 결정적으로 이것을 획득한 놀라운 성과를 올렸다. 놀랍다고 하는 것에는 이중의 의미가 있다. 하나는 그들이 이것으로 가져온 변혁이나 해방된 힘의 거대함이 놀랍다는 것이고, 또 하나는 프랑스의 위대한 계몽가들 가운데 진짜 혁명이 시작될 때까지 살아 있던 사람이 거의 없었는데, 자기들이 무엇을 가져왔는지, 획득한 자유를 미래의 인류가 어떻게 활용하게 될지를 알게 되었을 때 매우 놀랄 것이라는 점이다.

이하의 기술에서 이 사상을 상세히 논할 생각은 없다. 그리고 정치사에 깊이 들어가거나 계몽 정신을 비판할 생각도 없다. 다만 이 계몽사상이 종교나 윤리학에 어떤 영향을 미쳤는가를 간략하게 전망하고, 당시의 과학적 이념과 과학 육성에 대한 간략한 결론을 기술하고자 할 따름이다.

4) 종교에서의 합리주의

종교에서 합리주의는 두 가지 모양으로 나타나 있다. 즉, 기독교적 전통을 이성의 빛으로 비추어 보고는 용서 없이 비판하는 부정적인 것과, 자연적·이성적 종교를 추구하는 긍정적인 것이다. 이미 기술한 에라스뮈스의 의도도 따지고 보면 여기에 있었다. 그러나 그 당시에는 이 사상을 실천에 옮기는 데는 아직 과학과의 동맹이 결여되어 있었다고 앞에서 논술했다. 그 시기가 이제야 도래한 것이다. 인간의 존엄에 관한 인문주의의 이상과, 철학이나 과학 안에서 발전해 온 이성의 기준이 이제야 손을 서로 맞잡고 활동하여, 처음으로 근본적인 기독교 비판의 소리를 올린 것이다.

재래의 종교 교설 중에, 이성의 화살 앞에 서서 거꾸러지지 않을 것이 있겠는가? 이미 17세기에도 합리적 기초 위에 자연적 종교를 세우려는 시도가 잉글랜드에서는 있었다. 18세기가 되고서 프랑스를 선두로 하여 유럽 각국을 정복한 이 사상이 잉글랜드에서는 이미 17세기에 전개되어 있었다. 선두에 나서서 주창한 사람은 영국의 군인 외교관인 하버드 남작(Edward, 1st Baron Harvard of Cherbury, 1583~1648)이었다. 그리고 앞의 장에서 나온 존 로크도 『기독교의 합리성(Reasonableness of Christianity, 1695)』을 저술하여 이 노력을 주도했던 사람이나. 이와 같은 운동의 큰 줄기들 고찰해 보년, 이러한 운동으로 조성된 조류는 세 갈래의 파로 나누어진다.

첫째 파는 보수적 사상가들이다. 그들은 계시(啓示)를 들고 나와서 자연적 종교와 나란히 두었다. 하지만 그들도 시류에 편승해, 자연적 종교를 부인하지는 않았다.

둘째 파는 이신론파(理神論派)이다. 그들의 견해에 의하면, 자연적·이성적 종교와 나란히 계시를 끄집어낼 필요는 없다. 이신론의 투사 가운데 한 사람인 볼테르는 "자연 종교의 내용은 전 인류에 공통된 도덕 원리이다. 이것 이상의 것은 필요하지 않을 뿐만 아니라, 도리어 해악이 된다."라고 했다. 이신론자는 모든 기적 신앙에 부정적 비판을 가했다. 그들은 사실에 기초한 기독교 비판을 시작했다.

셋째 파는 앞의 두 파보다 더욱 급진적이었다. 그들은 처음에 프랑스에서 나타났다. 이 나라에서는 교회가 왕권이나 귀족과 결탁해 있었으므로, 반대파도 갈 데로 갈 수밖에 없었다. 이 파는 이미 틀이 마련되어 있었으나 잠자고 있었는데, 합리적 비판이라는 무기를 손에 들게 되자 자연 종교의 원리나 신학 그 자체까지도 공격하기 시작했다. 그들은 종교나 신학을 분쇄하고, 유물론적인 무신론 쪽으로 달려갔다. 홀바흐는 이 그룹에 속한 한 사람이다.

이와 같은 행로의 종점에 이마누엘 칸트가 서 있었다. 그는 다른 국면에서와 마찬가지로 이 경우에도 완결자인 동시에 새로운 길을 준비한 사람이었다. 칸트의 저서 『순수 이성 비판(Kritik der reinen Vernunft, 1781)』에서 볼 수 있는 합리신학 비판은 이들의 논쟁에 최후의 일격을 가한 것이다. 그의 논증은 종교상의 합리주의에 인도되게 하였다. 또 다른 면에서, 칸트는 일찍부터 독일에서 행해지고 있던 경건파(敬虔派)의 영향을 강하게 받고 있었다. 이 경건파는 이상과 같은 합리주의에는 반대하였고, 전혀 다른 근거인 '감정의 경건'에 기초하여 종교를 새롭게 재건하기 시작하고 있었다. 이러한 경건주의에 강한 영향을 받은 칸트는, 이성의 지배 범위에는 한계가 있으며, 그 한계 밖에서는 이성도 타당성을 잃고 만다는 것을 제시하였다.

칸트는 이런 한계를 지음으로써 가상적 지식을 타파하고 새로운 '신앙의 여지'를 열어 놓은 것이다. 칸트의 종교관을 가장 명확히 나타낸 것으로, 그의 저서 『순수 이성 내의 종교(Die Religion innerhalb der blossen Vernunft, 1793)』가 있다.

5) 윤리적 합리주의

본서에서 18세기의 도덕관을 문제로 삼는 것은 종교의 발전을 다룬 것과 같은 이유에서다. 즉, 이것이 새로운 과학 정신의 탄생과 함께 생겼기 때문이며, 역으로는 또 19세기나 20세기의 일반적인 정신 면에서의 발전과 과학의 성격을 다 함께 서로 형성해 왔기 때문이다.

자연의 위대한 합리적 질서 안에는 자연적인 도덕률도 포함된다는 것이 계몽 사상가들의 전반적인 확신이었다. 즉, 이와 같은 도덕률도 뉴턴의 자연법칙과 같을 정도로 자연적이며 정밀한 것이라고 생각했다. 따라서 계시를 문제로 삼는 종교와는 아무런 연고도 없게 된 것은 말할 것도 없다. 이 경우에도 스피노자나 로크 같은 17세기의 위대한 사상가들이 선도적인 역할을 했다. 그래서 재래의 종교를 규율한 것과 같은 척도가 윤리에도 적용되었다. 즉, 이성적이거나 합리적인 질서에 바탕을 둔 사회를 세우는 데 유효한가 아닌가 하는 척도였다. 그러나 그 결과는 달랐다. 계시로 주어진 종교의 명제들은 합리주의적인 비판의 불길에 태워 없앴으나, 기독교적 윤리 원칙은 이 시련을 견뎌냈다.

인류애와 정의, 이 두 가지는 예언자나 기적이나 계시를 비웃는 사람들의 눈에도 매우 단순하고 근원적이며, 자연의 법이나 이성의 법에도 합당하고 전 인류에게 타당한 것으로 보였으므로, 그들도 이것을 침범할 수는 없었다. 이와는 반대로 기독교의 금욕주의는 심한 공격을 받았고, 수도원이나 성직자의 독신 생활은 '부자연(不自然)'스럽다고 비난받았다. 자세히 살펴보면, 18세기의 지도적 도덕철학자들은 윤리학을 인류의 특수한 도덕 감각, 개인적 이해, 동정, 공감, 또는 순수한 사회적 효용 등 각인각색의 여러 가지 원리 위에 세우고 있었다.

영국의 정치가인 쿠퍼(Anthony Ashley Cooper, 3rd Earl of Shaftesbury, 1671~1713), 흄 (David Hume, 1711~1776), 국가 경제학자인 아담 스미스(Adam Smith, 1721~1790), 그리고 19세기에 발을 들여놓은 벤담(Jeremy Bentham, 1748~1832) 등이 그러한 대표적 사람들이다. 그들의 원리는 각인각색이었으나, 주된 실천 이념과 이상은 다 같았다.

그와 같은 이상의 하나는 '인간성(Humanity)'이었다. 이성의 가르침에 따르면, 인간은 모두 평등한 권리를 가지고 태어났다. 누구에게나 자유, 행복, 타인의 존중을 구할 권리 가 있다. 공허한 개념으로서가 아니라 생생한 내용을 가지며, 선택의 여지가 없는 이념 으로서의 인간성. 이것이야말로 18세기의 위대한 사상 가운데 하나였다. 노예제도가 도 전을 당하여 끝내 폐지될 수 있었던 것도 이 인간성 정신이 가져다준 성과이다. 이 경우 에는, 이웃 사랑을 한마음으로 받드는 기독교도와 급진적 계몽주의자들이 협력하였다.

식민지에서의 비도덕적 착취에 처음으로 저항이 일어난 것도, 정신병자나 범죄자를 인 간으로 취급하는 움직임이 처음으로 일어난 것도 이 정신에 비롯하였다. 종교적 관용의 이념 또한 이 정신에서 성장하였다. 무엇이든 자기의 이성에 비추어 거짓이라고 생각되 는 것을 믿으라고 강제할 수 없다는 것도 이성이 가르친다. 이 합리성의 주장이, 네덜란 드나 영국의 신교도 간에는 이미 실천으로 옮겨지고 있던 종교적 관용과 합류하였다. 프 리드리히 대왕 치하의 프로이센은 실천을 통하여 종교적 관용 문제를 진지하게 다룬 최 초의 국가였는데, 이 대왕 자신도 지도적 계몽 사상가로 꼽히는 사람이었고, 외국의 많 은 학자를 적극적으로 보호해 주기도 했다.

'계몽된 인간성'이라는 이 정신으로 국제간의 경계나 편견도 넘어설 수 있게 되었다. 독일에서 계몽주의나 기타 전술한 모든 이념을 대표한 가장 유력한 인물들인 레싱 (Gottdhold Ephraim Lessing, 1729~1781)이나 볼테르나 괴테도 그 예이며, 이것을 사람들에게 설하고 자신도 모범을 보였다. 사회나 역사가 합리적으로 고찰됨에 따라, 전투는 야만적이며 이성에 반한다는 것이 인정되어서, 평화주의와 영구 평화의 이념이 생겨났다. 예를 들면, 칸트도 그의 논문 「영구 평화를 위하여(Zum ewigen Frieden, 1795)」에 오늘날까지 예를 볼 수 없을 정도로 일관성과 현실감 있게 이것을 설하고 있다.

오늘의 우리는 많은 점에서 18세기의 철학 이념과 과학적 인식을 훨씬 넘어서 있을지도 모르겠다. 그러나 18세기가 낳은 윤리적 이상은 아직 잃어버리지 않고 있다. 그 실현은 어느 때보다도 오늘이야말로 눈앞의 과제인 것이다. 이 이상은 과학 사상이 지금까지 열매를 맺어 온 것 중에 가장 향기 높은 과실의 하나인 것이다.

6) 합리주의에 대항한 것

18세기는 이성이 승리의 행진을 한 시대이다. 그러나 합리주의만을 이 시대의 특징적 경향으로 강조하고, 합리주의와 나란히 나아가며 그것에 대항하기도 하고 손잡기도 하며 전개되어 간 여러 세력을 무시한다면, 과학사적 고찰로서는 절름발이가 되고 말 것이다. 이와 같은 여러 가지 힘도 포함해서 고찰해야만 비로소 18세기 과학의 위대함과 풍부함이 명백해지고, 또한 올바르게 이해할 수가 있게 된다.

18세기는 실험적 방법의 길을 쉬지 않고 올라가서 이 방법을 완성하였고, 존재와 지식의 새로운 분야에 이것을 적용해 갔다. 이 발전의 노선은 중세 후기의 선구적 사상가들이나 레오나르도 다빈치나 갈릴레이가 기초를 닦은 후에 시작된 것이다. 뉴턴이 성과를 거둔 것은, 한쪽에서는 합리적·수학적 추리를 하고, 다른 쪽에서는 경험과 실험이 명시하는 그대로의 자연의 현실에 한 발씩 신중히 내디뎌 가서, 그 양면을 확고히 결합한 덕택이다. 뉴턴은 현상의 관찰에서가 아니면 일반 정리나 원리를 연역해서는 안 된다고 하였다. 현상에서 도출될 수 없는 것은 무엇이든 '가설'이라 불린다고 언명했다. 형이상학적이건 형이하학적이건, '비밀의 속성'에 속한 것이건, 기계론적 것이건, 어느 것이라 하여도 가설에는 실험과학이 주어야 할 자리가 없다. 가설에는 귀납적 논의를 반박할 능력이 없다. 뉴턴은 『프린키피아』 제3부, '자연 탐구를 위한 제4규칙'에서 다음과 같이 말하였다.

"실험물리학에서는 현상으로부터 귀납에 의하여 도출된 명제는 반대 조건이 없을 경우에는 그 명제에 더 큰 엄밀성을 주거나 예외로 할 타 현상이 나타나지 않는 한 정확한 것으로 보거나 진리에 매우 가까운 것으로 보아야 한다."

화학은 18세기에 처음으로 중요한 성과가 있었다. 로버트 보일은 이 분야에도 실험적 방법을 적용하라고 요청하고 있었으나, 이것이 본격적으로 도입된 것이다. 생물학은 가장 초보적인 단계라 실험적이라고 볼 수 있는 연구를 찾아볼 수 없었으나, 사실에 관심이 집중된 덕에 그것의 불가결한 전 단계가 시작되었다. 즉, 생물이 정확하게 기재되어 분류되고, 화석의 호사가적 연구도 행해졌다.

그런데 실험적 방법의 개선 행진만을 보고 말하는 것은 너무나 시야가 좁다. 이것은 더욱 광범위한 정신운동의 한 국면에 지나지 않는 것이며, 그 운동은 감각주의, 경험론, 끝으로 실증주의와 다양한 특색으로 파악될 수 있는 것이기 때문이다. 철학에서 이 경험론으로의 전향을 가장 잘 나타낸 사람은 스코틀랜드 사람인 데이비드 흄이다. 연역적 추론으로는 자연의 실제 움직임을 결코 파악할 수가 없다고 그는 주장했다. 그는 관찰과 실험을 통해야만 사실을 확인할 수 있다는 데서 한발 더 나아가서, '이성' 그 자체조차 완전히 경험에서 출발한다고 하였다.

18세기의 사사분기까지 합리주의 경향과 경험주의 경향은 병립하여 있었다. 양자에게 각자의 지분을 주고 한계를 설정한 것은 이마누엘 칸트이며, 1781년에 출간한『순수 이성 비판』에서 이 일을 해냈다.

이상은 자연과학에 대해서 말할 수 있는 것이다. 경험과 실험을 기본으로 하는 입장이 자연과학에 제공돼서 일면적인 합리주의에서 오는 위험을 보완하고 수정하는 데 쓰인 것과 같이, 정신과학도 그러한 보완 수단을 필요로 하고 있었다. 그러나 정신과학의 특성상 이 보완과 수정은 약간 색깔이 다른 것이었다. 즉, 역사 감각이 그것이었다. 19세기에 18세기의 계몽주의가 그 비역사적 성격을 비난받게 된 것은 주지의 사실이다. 그리고 18세기가 다음 세기보다는 역사성에 깊고 넓게 눈뜨지 못했다는 것으로 널리 알려져 있다. 그러나 계몽주의의 정신적 활동을 좀 더 주의 깊게 조사해 보면, 그렇게 가볍게 비난하는 것은 정당하지 않다는 것을 알 수 있다. 이것에 대해서 독일의 철학자 빌헬름 딜타이(Wilhelm Dilthy, 1833~1891)의 『18세기와 역사적 세계(Das 18 Jahrhundert und die gaschichtliche Welt)』와 카시러(Ernst Cassirer, 1874~1945)의 『계몽철학(Die Philosophie der

Aufklarung, 1932)』은 중요한 논술을 하고 있다. 18세기에는 훌륭한 역사 감각을 가지고 역사적 고찰에 신천지와 신차원을 연 사상가가 배출되었다. 이들의 업적을 계승함으로써 19세기의 역사적 고찰과 역사적 자각은 독자적 높이까지 도달할 수가 있었던 것이라고 주장하고 있다.

지상의 생물 진화를 여러 가지 시기에 절단해 보면, 시대에 따라서 전혀 다른 형태의 생물이 모습을 나타내는 것을 알 수 있다. 마찬가지로 정신사에 있어서도, 지층이 퇴적해 간다. 어느 시대나 그랬던 것과 같이, 18세기도 역시 하나의 과도기다. 이러한 의미에서는 '중세'인 것이다. 이 세기는 17세기가 준비한 이성의 개선 행렬을 완결한 것이다. 그리고 또 19세기에 생물과학에 나타난 진화 사상과 정신과학에 나타난 변증법적 발전이라는 역사관의 기초를 닦은 것이다. 이런 면에서 보면, 18세기는 그 전후의 시대보다 우수했다고도 볼 수 있다. 과학의 이용과 능력에 대하여 일반적으로 전폭적 신뢰를 하고 있었다. 과학이야말로 인류 최고의 성과이며, 가장 귀중한 재산이고, 세계를 변혁하여 참다운 '이성의 시대'를 이루는 사명을 짊어지고 있으며, 그 능력도 있다는 확신이 지식층 간에 이때처럼 완전하게 조성된 예는 전무후무한 것이라고 말할 수 있다. 이상에서 살펴본 이 시대의 사조를 요약하면, 이성과 자연을 믿었고, 양자의 동일성을 믿음으로써 사실의 세계를 상대하는 자세를 갖추었고, 계몽과 과학의 희망찬 사명을 신봉하였다.

이와 같은 생각들이 장차 어떠한 결과를 초래할지는 예상조차 하지 못한 채, 덮어놓고 자연과학적 수단과 능력을 맹신하는 시대적 미신을 연출하였다. 자연과학과 같이 실험에 의한 계량적 인식 수단이 적용될 수가 없는 정신과학 분야도 덮어놓고 자연과학적 연구 수단을 모방하게 되었고 그 능력을 맹신하게 되었다. 이러한 모든 경향을 대표하는 것으로, 디드로와 그의 협력자가 편찬한 『대백과전서(大百科全書)』보다 현저한 예는 없을 것이다.

7) 대백과전서

과학이 진보하면 할수록 개별적 연구에 의하여 그 지식은 더욱더 밝혀지게 되며, 전문적 논문으로 정착하게 된다. 그런데 이와 같은 과학의 진보를 문제 삼을 때, 사실의 지식이 불어 나간다는 관점에서 일단 벗어나서 발전 전체의 줄기와 일반의 의식에 미친 작용과 인류의 사회생활에 준 영향에 착안한다면, 18세기에 이룩된 대백과전서는 매우 독자적 지위를 차지한다. 당시의 일류 학자들이 함께 집필하여 인류 지식의 현상(現狀)을 전 분야에 걸쳐서 빠짐없이 기술하려는 것이었다. 이와 같은 백과전서의 저작은 18세기 이전에는 한 번도 없었다. 그리고 이와 같은 종류의 사업이 이렇게 큰 영향을 미친 예도 없었다. 이와 같은 큰 사업을 기획하게 된 근원을 찾아 거슬러 올라가면, 라이프니츠를 만나게 된다. 달랑베르도 그로부터 충격을 받은 것이 명백하다. 이 백과전서의 본으로 생각되는 것은 프랑스의 회의주의자이며 계몽철학의 개조 중 하나인 베일(Pierre Bayle, 1647~1706)의 『역사적 비판적 사전(Dictionnaire historique et critique, 1728)』과 영국인 체임버스(Ephraim Chambers, 1680~1740)의 『백과사전(Cyclopaedia, 1728)』이다. 프랑스의 출판업자 르-브르통(Le Breton)은 체임버스의 책을 프랑스어로 출판하려고 했으나 잘 되지 않았다. 그 대신에 디드로에게 그와 비슷한 새 저서를 완성해 줄 것을 의뢰했다.

디드로(Denis Diderot, 1713~1784)는 당시 젊은 무명의 저술가였다. 그는 이 기획에 20년간의 노력을 바쳤다. 이 기획은 그의 손에 의하여 대사업으로 성장해 갔다. 그런데도 디드로는 희곡이나 소설, 재기 넘치는 예술론, 인류에 대한 일련의 철학적 저작까지 저술하였다. 레싱도 그의 예술론에 의지한 바 크다. 디드로의 이와 같은 저작에서 그가 일관되게 유물론으로 향해 간 발자취를 엿볼 수 있다. 그러나 여기서는 그가 백과전서에 관계한 면만 들어보겠다.

디드로는 이 사업에 가장 이름 높은 저술가나 학자의 협력을 확보할 수 있었다. 볼테르, 루소(루소는 음악론에 대해서 기고했다.), 홀바흐, 몽테스키외, 케네(Francois Quesnay, 1694~1774), 그리고 특히 달랑베르(Jean Le Rond D'Alembert, 1717~1783)의 협력을 얻었다. 달랑베르는 수학과 물리학의 저작 외에도 일련의 철학 논문도 저술하였다. 그의 기본적 입장을 가장 명확하게 나타낸 것은 백과전서에 기고한 「서설(Discours preliminaire)」인데, 그는 자연과학 관계의 논문 외에 이 서설을 기고한 것이다. 1751년에 이 대사업은 다음과 같은 명문으로 등장하게 되었다.

"백과전서, 또는 계통적으로 배열한 과학의 여러 기예(技藝)와 산업의 사전, 일류의 저술가들에 의함. 디드로(과학과 문예의 왕립 프로이센 아카데미 회원) 씨의 편집과 간행. 수학 부문은 프랑스와 프로이센의 과학아카데미 및 런던 왕립협회 회원 달랑베르 씨에 의함."

최초의 두 권이 나오자, 특히 교회 측에서 맹렬하게 반대했다. 그 결과 백과전서는 압수되었으나, 사업이 완전히 금지가 된 것은 아니었다. 사업을 위태롭게 하지 않기 위하여 2권에서 6권까지는 조심에 조심을 더하여 편집하였다. 볼테르는 이에 이의를 제기하였으나, 달랑베르는 반대로 다음과 같이 지시했다.

"우리는 종교와 형이상학에 대하여 서툰 논고를 싣고 말았다. 그러나 신학의 검열관이나 출판 허가의 일도 있으니, 더욱 교묘히 써주실 것을 귀하에 바라고 싶다. 그 대신에, 그다지 눈에 띄지 않는 논문이 햇빛을 보게 되면, 이것으로 만사가 메워지는 셈이 된다. 후세의 어느 날에 우리가 생각하고 있던 것과 우리가 말한 것을 아마도 구별해 줄 것이다. 즉, 검열도 생각해서 사람들 눈에 띄기 쉬운 정면적 신학상의 논문은 될 수 있는 한 무난하게 쓸 것. 종교에 대한 공격이라고 이름 붙이면 사형조차도 예비되어 있지 않은가! 단 요점은 잘 알 수 없는 곳에 감추어 두기 바란다."

다음의 7권은 매우 강한 분격을 일으켰으므로, 타고난 성격이 투쟁적이 아닌 달랑베르는 편집에서 손을 떼고 말았다. 볼테르도 계획 중단을 주장했다. 그러나 디드로와 새로운 협력자 루이 드 조쿠르는 쉬지 않고 일을 진행해 나갔다. 1765년에 그들은 아직 발간하지 못한 열 권을 동시에 발간했다. 그리고 1775년부터 1777까지 그림(도판)이 붙은 열한 권과 다섯 권의 보충 권이 나왔고, 1780년에는 두 권으로 된 색인이 나왔다. 그래서 30년간의 노고 끝에 완성한 저작은 모두 35권이나 되었다.

이 전서의 규모를 생각하면 놀라울 정도로 보급되었다. 이것이 디드로에게 불후의 명성을 가져다주기는 하였으나, 이 일이 조금도 돈벌이가 되지는 않았다. 그는 곤경에 처해져서, 만약에 러시아의 예카테리나 여왕(Ekaterina II Alekseevna, 1729~17966)의 도움이 없었다면 그의 장서까지 팔아야 했을 것이다.

프리드리히 대왕과 같이 예카테리나 여왕도 이 저작을 높이 평가하고 있었다. 그녀는 디드로의 장서를 그의 생존 중에는 그가 관리한다는 조건으로 15,000루블에 사들여 주었나. 그리고 여왕은 니드로를 자기 장서의 사서관이라는 명목으로 연봉 1,000루블씩 50년분을 선불해 주었다. 그래서 디드로는 경제적 파산을 면할 수 있었다. 그런데 한편 출판업자인 브르통은 검열과 경제적 손해를 막기 위하여, 원고를 자기 마음대로 변서하거나 골자를 뺌으로써 디드로에게 준 타격이 너무나 컸다.

이 저작의 성격과 목표를 알아보기 위하여 달랑베르의 '서설'을 좀 더 상세히 고찰해 보자. 이 서설은 저자의 성격과 입장을 잘 나타낸 것으로, 투쟁적인 주창보다는 이 백과전서의 구분 방법과 목표를 실질적으로 잘 설명한 것이다.

"이미 착수하여 완성하기를 바라고 있는 이 사업에는 이중의 목적이 있다. 백과전서로서의 목적은 인간의 모든 지식의 질서와 관련을 가능한 한 해명하는 것이며, 과학기술 산업의 합리적 사전(dictionnaire raisonne)으로서는 자유 기술, 역학적 기술 어느 것에 속하든 각 학과나 기술의 기초가 되는 일반 원리와 그들의 범위나 내용을 규정하고 있는 가장 본질적인 특수성을 포괄하여야 한다는 것이다."

이 서설에서 말한 '합리적 사전'이라는 표현은 합리적 방법으로 편찬된 백과사전이라는 뜻이 담긴 말인데, 이 '합리적'이라는 번역어는 프랑스어 원문의 'raisonne'이라는 특수한 의미를 내포한 단어에 들어맞지 않는다. 이것은 18세기의 '이성'의 뜻이 담긴 것이다. 이 서설에서 지적한 두 가지 목적 외에도, 이 사업에는 또 다른 중요한 목적도 있었다. 인류의 지식이나 능력의 단순한 목록이 되지 않게, 무엇보다도 우선 이 지식의 내적 통일이나 그의 발전 경향을 제시하는 것이 아니면 안 된다는 것이다. 이러한 점에서 이 사업은, 결과적으로 사회나 종교 안에 있는 인습적인 것을 비판하는 무기가 되었으며, 인간 생활의 이성적이며 자유로운 신질서를 쟁취할 공격용 무기의 창고로 생각되었던 것이다.

실제 활동이나 실천적 목표가 중요시된 것은, 이 전서에 '산업'이 포함되어 있는 것으로 나타나 있다. 이 태도는 프랜시스 베이컨의 정신과 통하는 것이다. 달랑베르가 높이 평가하였고, 디드로가 사실상 처음으로 발견한 이 사상가는 이 지작의 정신적 선조인 셈이다. 디드로는 과거의 여러 가지 지적 질곡(知的桎梏)을 불식하였다. 이를 위하여 그는 민간의 작업 현장에 가서 며칠씩 지내며, 현장에서 사용되고 있는 비법을 찾아내서 그림이 붙은 열한 권의 책에 남아서 그것을 낭시의 사람들에게 제시한 것이다. 이와 같은 일은 철학적 문헌에는 아주 새로운 것이었다. 부르주아 시대와 산업혁명의 정신이 모습을 나타내고 있다. 존 로크가 달랑베르에게 얼마나 위대한 교사였나 하는 것도 이 서설에 논술한 달랑베르의 철학 논의를 보면 알 수 있다.

"우리의 감각 지각(感覺知覺)의 존재만큼 논쟁의 여지없이 확실한 것은 없다. 이것이 우리의 전 지식의 근원인 것을 입증하는 것은, 그것이 그렇다는 것을 제시하면 충분하다. 왜냐하면 좋은 철학은 얼마나 교묘하든 가설에만 의존한 추측의 판단보다는 사실 또는 이미 승인된 진리에 근거한 추측과 판단에 항상 우선권을 주기 때문이다. 우리는 순수한 정신적 관념을 날 때부터 가지고 있었다고 왜 생각하는가! 그것을 형성하는 우리의 감각 지각에 대해서 숙고해 보면 될 것을! 이하의 상론은 우리 관념이 그 외의 기원 같은 것은 하나도 가지고 있지 않다는 것을 제시할 것이다."

여기서는 이 사상이 그 후 어떻게 상론돼 가는가를 추적할 생각은 없으나, 다만 다음의 점은 확인해 두고 싶다. 즉, 달랑베르는 과학적 인식에 대해서도 결론을 내려놓았고, 이것에 의하여 그를 '근대 실증주의의 아버지'라고 빌헬름 딜타이가 부르게 되었다는 것이다. 그가 실증주의라는 표현을 쓴 적도 없는데 말이다. 여기서 말하는 실증주의란, '증명할 수 있는 것(das Positive)', 즉 주어진 것, 사실적인 것, 경험적인 것에 고집하여 거기에 멈추는 것이며, 다른 한편으로는 그 속에 감추어져 있는 존재는 실재하지 않거나 적어도 인정할 수 없다고 하는 철학적·과학적 사고 방향을 말한다. 달랑베르는 다음과 같이 말하였는데, 이것은 마치 닥쳐오는 혁명이라는 분화(噴火)의 땅울림이며, 전조인 것같이 들린다.

"자연이 어떤 사람들에게 우월을 준 것은, 의심할 여지없이 이것을 써서 약자를 보호하려는 것이었는데, 이상과 같이 이 우월은 역으로 약자를 압박하기 위한 도구가 되고 말았다. 그러나 압박이 강하면 강할수록, 이 같은 압박을 받아도 좋다는 도리는 없다고 바른 감정에 의하여 속삭임을 받는 사람들은 더욱더 견딜 수 없게 된다. 부정이나 불의란 관념이나 그것에 따른 도덕적 선악의 관념은 이 감정에서 발생한 것이다. 그런데 가장 야만적 민족조차 포함한 인간 안에 울리고 있는 자연의 부르짖음이 그 기원을 인정시키고 있는데도, 실로 많은 철학자는 이 기원을 찾아 헤매 온 것이다. 그리고 또 우리의 속 깊이 있는 최고(最古)의 법률의 근원인 자연법도 상기한 감정에 유래하고 있는 것이다."

이 말에서, 권리의 평등이란 혁명 이념과 자연법의 중시와 사회 혁신을 둘러싼 투쟁에 있어서 폭약이 될 이성이라는 것을 명확히 읽을 수 있다. 서설의 2부는 우리의 관심을 끈다. '과학과 제 기술이 현재의 상태에 도달하기까지의 여러 단계'가 개관되어 있어서 과학사의 일종의 조감도라 할 수 있기 때문이다. 달랑베르는 그리스와 중세를 간략하게 회고한 후 르네상스에 의한 과학의 재탄생부터 집필해 가고 있다. 그리고 계몽사상가로서, 그는 중세에 대해서는 실로 적은 평가만 하고 있다.

학자가 아니라도 알 수 있는 명석한 말로 호소하고 있는 이 서설은, 하나의 문학적 걸작이다. 프랑스에서는 매우 높게 평가되어서, 19세기에는 상급 학교의 고학년용 교과서가 될 정도였다. 그리고 백과전서 전체도 프랑스나 근린 제국에, 아무리 크게 평가해도 좋을 정도로 큰 영향을 주었다. 1774년에는 이미 4개 국어로 번역되어 있었다. 이 백과전서야말로 계몽 시대 제일의 사전이라고 해도 좋으며, 새로운 시대정신을 남김없이 반영한 거울이었다. 이 백과전서는 전문 지식을 넓히기도 했으나, 그보다도 유럽의 전 지식인에게 국가나 사회나 종교도 이성의 척도로 측정된다는 확신을 넓혔다. 볼테르나 루소의 저작과 나란히 이 백과전서도 프랑스혁명의 정신적 기초를 이루는 데 기여했다.

8) 미터법의 제정

전통은 무시하고 재래의 것은 남김없이 청산해 버리고 만들어진 '백지(tubula rasa)' 상태에서 순합리적으로 개정하려는 혁명적 노력이 좋지 못한 영향을 현저하게 미친 분야도 몇 개 있었다. 그러나 어떤 분야에서는, 특히 과학에서는 은혜로웠다고 할 수밖에 없는 영향도 생겼다. 즉 '도량형(계량)' 분야가 그렇다. 혁명기의 프랑스는 천문학자 가브리엘 무통(Gabriel Mouton, 1618~1694)의 제안을 받아들여서 미터법을 만들었다. 무통은 1670년에 경도의 1분(分)을 세계 공통의 척도로 할 것을 제창하였다. 그리고 같은 시기에 초진자(秒振子)의 길이를 길이의 단위로 제안한 호이겐스의 생각도 받아들여서 국민의회 의장이었던 탈레이랑 페리고르(Talleyrand-Perigord, 1757~1838)가 제정한 것이다. 물론 이들의 제안은 과학아카데미에 의하여 재삼 검토·수정되었다.

결국 길이 측정의 기본단위는 지구 자오선의 4천만분의 1로 정해져서, '미터(metron =量)'라고 명명되었다. 길이 이외의 다른 단위도 모두 미터에서 10진법에 따라 도출된다. 면적과 체적은 말할 것도 없고, 무게의 기본단위도 길이 측정 체계에서 도출되었다. 즉, 순수한 물이 최대 밀도 상태(4℃)일 때, 1리터(1/10미터입방)의 무게를 1킬로그램(kg)이라고 하였다. 그리고 후에 미터원기와 이에 대응하는 킬로그램원기를 백금과 이리듐의 합금으로 만들었다.

이 새로운 계량 체계는 1791년부터 1799년에 걸쳐 완성되었다. 그래서 대부분의 문화국은 19세기 초 10년간에 이 체계를 의무적으로 도입하였다. 그리고 1875년에는 19개국이 '국제 미터 조약'을 체결하였다. 그리고 현재의 표준 미터 결정은 지구 자오선의 제약에서 벗어나서 금속제의 미터원기만을 기준으로 하고 있으며, 표준 질량도 미터의 제약에서 벗어나, 금속제 킬로그램원기의 질량만을 기준으로 하고 있다.

이 미터법을 법률로 채용하는 것을 많은 과학 분야에서 요구하고 있으나, 앵글로색슨의 나라들에서는 아직 그 결정이 시행되지 못하고 있다. 그것은 이들 나라의 도량형법은 10진법이 아니라서, 그것을 위한 계산이 매우 까다로운 탓이다. 그러나 이들 나라도 적어도 자연과학만은 미터법에 근거한 CGS계를 일관하여 사용하고 있다. 이 체계는 '센티미터(centimeter, cm)'와 '그램(gram, g)'과 '초(sec, s)'를 기본으로 한 것이다. 이 세 단위에서 다른 단위도 도출된다. 예를 들면, 속도는 초당 진행하는 cm, 즉 cm/sec로 측정된다. 후에 전기(電氣)나 자기(磁氣)의 측정 단위도 이 CGS계에서 얻어진다.

제 17 장

18세기의 기초과학

우리는 전장에서 18세기를 주도한 과학 정신을 총괄적으로 개관하여 그 특징을 '자연과 이성'이라고 보았고, 그 주도 정신의 과학적 배경과 자연과 이성에 근거한 '계몽사상'의 내용을 훑어보았다. 그리고 이 '자연과 이성'에 입각한 계몽 활동의 중요한 산물인 '대백과전서'와 '미터' 도량형법의 출현에 대하여 살펴보았다.

그런데 18세기의 자연과학은 이와 같은 주도적 과학 정신에 의하여 발전되었다기보다는, 17세기 이래의 자연과학의 눈부신 성과가 이와 같은 과학 정신을 사회 전반적인 주도 사상으로 조성하였던 것이다. 물론 18세기의 자연과학 자체도 상술한 과학 정신에 입각하여 발전되었다. 그리고 특히 이 시기에 과학기술에 의하여 세상을 일변하게 한 산업혁명의 기초가 된 '에너지'의 연구가 서서히 관심의 초점으로 등장하게 되었다.

그리고 지질학 등 새로운 과학 분야가 과학적 체계를 갖춘 모습으로 개척되었고, 생물학과 의학, 그리고 정신과학 분야까지도 과학적 방법으로 탐구하게 되었다. 이 장에서는 이와 같은 18세기의 과학 정신을 주도한 기초과학으로서, 수학과 역학을 함께 살펴본 다음에 천문학과 전기학의 기초를 살펴보고, 끝으로 화학의 발전에 대하여 살펴보기로 한다. 그리고 18세기의 과학사에 특기하여야 할 증기기관의 발명과 실용으로 개막된 '에너지'의 연구에 관해서는 별도로 상세히 살펴보기로 하자.

1. 수학과 역학

여기서 수학과 역학을 함께 다루는 것은 타당하다고 생각된다. 실제의 응용을 무시한 순수한 이론역학은 응용수학의 한 분과에 지나지 않기 때문이다. 이론역학은 물체의 운동과 그것을 규정하는 힘들, 그리고 정지 물체에서의 힘의 균형 등을 고찰하는 것이다. 그런데 수학과 역학 두 가지 과학을 다름 아닌 이 18세기에서 함께 기술하는 데는 또 다른 이유가 있다.

'고등수학'이라고 하면 보통 미적분부터 시작한다. 17세기에 미적분이 발견된 이래, 수학의 발전이 역사적으로 보다 고차적 영역으로 진입한 것은 당연한 것이었다. 그래서 종래의 순수수학만을 따로 떼어서 그것의 진보를 서술하는 것은 이미 할 수 없게 되었으며, 도리어 역학에 있어서의 수학의 응용으로 이해하는 편이 편리하게 되었다. 실제로 18세기의 대수학자들은 모두 역학을 근본적으로 발전시킨 사람들이기도 하다. 그리고 또 다른 이유는, 17세기에 비하여 18세기의 물리학에는 새로운 문제 영역이 전면에 나타난 것이다.

뉴턴 시대에 과학의 제일선에 선 것은 역학과 광학이었으나, 18세기에 와서는 에너지 또는 적어도 수종의 에너지 형태를 물리학적으로 고찰하는 문제가 날로 중대성을 더해 왔다. 그리고 이 에너지 문제는 수학적 방법으로 다루어야만 하기 때문이다. 18세기의 과학을 다루는 데 있어서, 이 에너지라는 물리학 분야는 별도로 주의 깊게 다루기로 하고, 이 장에서는 매우 중요한 인물을 열거하여 그들의 활동 방향을 시사하는 데 그치기로 한다.

1) 베르누이 가(家)

근대 수학사에서 '베르누이(Bernoulli) 가' 하면, 음악사에서 '바흐(Bach) 가'와 같은 의의를 가진다. 베르누이 가는 한 가계(家系)에서 3대에 걸쳐서 일류의 천재 수학자를 8명이나 배출하여 천재적인 수학적 유전자가 대물림될 수 있다는 한 예가 되었다. 베르누이 가는 원래 네덜란드의 안트베르펜 출신이었으나, 종교적인 박해를 받아 16세기에 프랑크푸르트로 이주하였다가, 그의 손자가 1622년에 스위스 바젤 시의 시민권을 받아 그 시민이 되었다. 무엇과도 바꿀 수 없는 귀중한 사람들이 신앙으로 인하여 모국을 떠나버리고 마는 일이 정신사에 자주 나타나고 있다.

이 베르누이 가는 바젤 대학의 수학 교수직을 일세기 이상이나 지켜왔고, 18세기의 스위스를 프랑스와 나란히 수학의 주도국으로 만들었다. 베르누이 일족 가운데 유명한 사람들은 수학을 전공한 사람들이며, 야곱 베르누이(Jacob Bernoulli, 1654~1705)와 그의 동생 요한(Johann, 1667~1748)과 요한의 아들 다니엘(Daniel, 1700~1782) 세 사람이다. 그리고 야곱의 조카 니콜라우스(니콜라), 요한의 아들이며 다니엘의 형제인 니콜라우스와 요한, 이 요한의 아들(첫 요한의 손자)인 요한과 야곱 5명도 천재적 수학자이며, 이들은 수학에서뿐만 아니라 물리학을 비롯한 다른 과학 분야에도 이름을 남기고 있다.

베르누이 가의 가장 중요한 활동 방향도 18세기의 다른 수학자들이 수학의 주요 과제로 삼은 분야에 있었다. 베르누이 일족은 라이프니츠가 기초를 세운 미적분을 보급하여 유럽 대륙에 이 미적분법을 군림시킬 소지를 마련했다. 그래서 이 수학 분야에서는 유럽 대륙 쪽이 영국보다 우위에 서게 하였다. 그것은 라이프니츠의 미적분법이 뉴턴의 방법보다 이 새로운 방법의 본질을 더욱 명쾌하게 부각시켰고 교묘히 처리한 데도 기인하나, 주로 베르누이 일족의 업적에 의한 것이다.

베르누이 일가는 이 새로운 계산법을 물리학의 수많은 문제에 적용하였다. 다니엘 베르누이가 유체를 처음으로 수학적으로 다룬 것도 그 한 예이다. 그리고 이 일족은 변미분법(변분법)의 성립과 확률론의 흥성에도 기여하였다. 변미분법에는 요한의 공적이 주가되며, 확률론에서는 1713년에 출판한 야곱의 『추측론(Ars coniecturandi)』이 기여한 바가 크다.

2) 18세기의 응용수학

오일러(Leonhard Euler, 1707~1783)는 18세기의 일류 수학자 가운데 프랑스 사람이 아닌 오직 한 사람이었다. 그는 바젤 태생으로 베르누이의 문하였다. 과학사 상의 위인 가운데 일면적인 전문가로 소개된 사람은 많지 않다. 오일러 역시 매우 다방면에서 뛰어난 활동을 하였다. 오일러가 수학 이외에 연구한 것으로 신학, 의학, 동방 언어 등이 있다. 처음에는 페테르부르크에서 활약하고 있었는데, 1741년에 프리드리히 대왕이 그를 베를린으로 초청하였다.

이곳에서 그는 25년을 보냈고, 1766년에 다시 러시아로 돌아갔다. 그는 1769년에 실명하게 되었고, 1777년에는 화재로 그의 기록들이 남김없이 불타 버렸다. 그러나 이러한 비운에 굴하지 않고 죽을 때까지 그칠 줄 모르는 창조력으로 연구를 계속했다. 오일러의 주요 업적도 베르누이 일족에서 기술한 문제 영역 내외의 것이었다. 해석학에는 함수론이나 기타와 나란히 미적분학도 포함되는데, 이 수학 분야에서 오일러는 두 개의 유명한 저서를 저술하여 당시의 전 지식을 엄밀하게 논리적으로 조직화하였다. 그리고 역학에서는 강성체(강체)의 운동 방정식을 정식화하였다. 그는 이것을 매우 일반적 형식으로 해냈다. 예를 들면, 팽이, 골프공의 운동, 천체역학에서는 지축(地軸)의 세차(歲差)나 섭동(攝動, 지축의 세차 이외의 주기적 변동)이나 달의 운동에도 응용했다. 그는 또 같은 일을 유체의 운동에도 적용했다. 오일러는 변미분법(변분법)을 창설한 사람이다. 그리고 그는 「물리학과 철학에 대한 독일 공주(公主)에의 서한(Las letters aune princesse d'Allemagne sur quelques sujets de physique et de philosophie, 1770)」이라는 논문을 썼는데, 이것은 과학적 문제를 누구나 알 수 있게 기술한 모범적 사례이다. 그래서 오늘날도 과학 문제의 해설에 오일러의 기술 방식을 본뜨는 수가 많다.

달랑베르에 대해서는 백과전서의 공동 편집자로서 이미 기술하였다. 여기서는 그의 저작 『역학 이론(Traite de Dynamique)』을 소개해 보겠다. 강성체의 운동에 관한 미분방정식에는 오늘날도 달랑베르의 이름이 붙어 있다. 미분방정식이란, 함수와 그것의 미분과의 사이의 방정식인데, 이 미분방정식은 18세기에 창시되어 발전하였다. 그는 다음 절에 기술될 소위 삼천체 문제(삼체 문제)와 해석학, 그리고 수론을 진보시켰다.

라그랑주(Joseph Louius Lagrange, 1736~1813)는 트리오에 태어났다. 프랑스에서 이민한 한 가족의 자손으로 태어난 것이다. 17세경에 수학의 흥미에 눈뜨게 된 그는 2년간 이렇다 할 지도도 받지 않고 독학으로 공부한 결과, 그 시대의 수학 지식을 모두 흡수하고 말았으며, 당시에 미해결로 남아 있던 변미분법의 문제도 풀 수 있게 되었다. 이것은 그의 천재성을 증명하는 것이다. 그는 당시의 수학에 관한 모든 문헌을 단기간에 소화할 수도 있다는 것을 보여주고 있다.

조숙한 천재인 라그랑주는 19세에 이미 토리노 군사학교의 수학 교수가 되었으며, 25세경에는 그의 연구가 인정받아서 유럽 일류의 수학자로 손꼽히게 되었다. 그가 30세 때, 프리드리히 대왕은 페테르부르크로 돌아가 버린 오일러 대신에 그를 프로이센 과학 아카데미의 수학 부장으로 베를린에 초빙하였다. 그 후 라그랑주는 프리드리히 대왕이 사망하기까지 20년간 베를린에 머물며 연구를 계속했고, 프리드리히 대왕이 사망한 이후의 여생은 파리에서 보냈으며, 혁명 시대에도 변함없는 존경을 받았다.

그리고 1790년대에는 '도량형법 개정위원회'의 위원장으로 활약하였고, 순수수학이나 응용수학을 불문하고 수학 분야의 모든 문제 중에 그에 의하여 새로운 국면이 열리게 되지 않은 것이 없었다고 말할 수 있을 정도였다. 그의 수학 발전상의 공헌은 실로 지대한 것이다. 그는 변미분법에 근대적 형태를 주었고, 해석함수론을 개척하였고, 미분방정식론도 건설하였으며, 이들의 방정식을 매우 일반적 형태로 하는 연구도 하여 자연과학의 수학적 인식에 기여한 바도 크다.

역학에서는 라그랑주가 1788년에 저술한 『해석역학(Mecanlque analytique)』이 현대까지 하나의 기초가 되어 있다. 이 저서에는 라그랑주의 명석한 수학적 표현 기술이 잘 나타나 있다. 특히 개념적인 가설로 통용되어 온 '최소 작용의 원리'도 수학적으로 증명되어 있다. 이것은 프랑스의 물리학자인 모페르튀이(Pierre Louis Moreau de Maupertuis, 1698~1754)나 기타의 물리학자들이 가설의 형식으로 이미 설정해 놓은 것인데, 라그랑주에 의하여 수학적으로 증명된 원리가 되었다.

3) 라플라스의 확률론

아브라함 드 무아브르(Abraham de Moivre, 1667~1754)를 여기서 기술하는 것은 그의 주된 연구 분야의 하나인 확률론이 라플라스와 공통되기 때문이다. 그는 프랑스 사람이 었으나, 소년 시대에 신교도라는 이유로 모국을 떠나 영국에 가서 살게 되었고, 그곳에서 뉴턴을 알게 되면서 왕립협회 회원이 되었다. 그리고 확률론을 비롯한 응용수학의 발전에 공헌하였다.

라플라스(Pierre Simon Laplace, 1749~1827)는 노르망디에 살던 한 비천한 행상인의 자식으로 태어나서 자랐다. 그가 20세일 때 달랑베르의 주선으로 파리의 육군학교에 취직하였다. 파리에 있을 때 그는, 로베스피에르(Robespierre, 1758~1794)의 공포정치, 오집정관 내각(五執政官內閣) 통치, 그리고 보나파르트(Bonaparte, Napoleon)의 봉기와 몰락을 거쳐, 부르봉 왕조의 부흥에 이르기까지, 혁명의 전 시대를 직접 보고 겪었다. 각 파가 성하고 쇠하는 와중에서, 그는 요령 좋게 항상 고관으로 지냈다. 그는 혁명의 지지자인가 했더니, 나폴레옹에게 붙어서 내무대신에 임명되었다가 얼마 후에는 현실적이 아니라고 쫓겨났고, 마지막에는 부르봉 왕조의 일파가 돼서 왕으로부터 후작(侯爵) 작위를 받았다.

라플라스는 타고난 수학자였다. 자연의 문제를 수학으로 푸는 것이 그의 생활 원리였다. 그가 "이와 같이 우아하게 말할 수 있는 언어는 또 없다."라고 주창한 지신의 해석적 방법을 적용한 첫째 주요 분야는 역학, 특히 천체역학이었다. 이것은 다음의 천문학 편에서 보기로 하고, 여기서는 확률론에 대해서 살펴보자.

그는 확률론의 기초를 세우는 일도 했다. 1812년에 저술한 『해석적 확률론(Theorie Analytique des Probabilites)』은 이 수학 분야의 고전적 저작으로 꼽힌다. 그리고 2년 후에 간행된 『개연성의 철학적 고찰(Essai philosophique sur les probabilitis)』에는 라플라스의 '마(魔)'에 관한 유명한 구절이 있다. 뉴턴에서 라플라스에 이르기까지 고전역학(뉴턴역학)은 누구도 막지 못할 승리의 길을 진군하였다. 이것은 그 수학적 원리의 도움이 있었으므로, 그때까지 정밀히 관찰할 수 있었던 자연의 대부분을(천체 운동도 포함해서) 기술하거나 계산할 수가 있었다. 그리고 아직 파악되지 못한 자연현상도 같은 수학적 원리를 써서 정복하는 것이 근본적으로 가능하다는 신념을 뉴턴은 일찍이 표명하였는데, 라플라스도 같은 신념에 차 있었다. 완전히 역학으로 변화된 라플라스의 우주 체계는, 우주란 질량점(질점)들과 그 사이에 작용하는 힘과의 거대한 체계로 생각되었다. 만약에 이 체계가 구석구석까지 인지된다면, 역학의 미분방정식을 써서 우주의 전 과정을 계산으로 정할 수도 있을 것이다. 이것이 라플라스가 내건 이념이었다.

"이제 우리는 현재의 우주 상태가 과거 상태의 결과이며, 앞으로 올 것의 원인이라고 볼 수 있게 되었다. 자연을 움직이고 있는 모든 힘이나 주어진 어떤 순간에 자연의 모든 부분이 취하고 있는 각양의 상황을 숙지한 지성은, 그것이 그것들의 자료를 해석할 수 있을 만큼 포괄적이라고 하면, 가장 큰 물체인 천체뿐만 아니라 가장 작은 원자도 포함해서 모든 것의 운동을 같은 하나의 식으로 종합하고 말 것이다. 이 지성에는 애매한 것이 하나도 없을 것이다. 미래도 과거도 그 지성의 눈앞에 뚜렷하게 나타날 것이다."

"인간의 정신은 천문학에 준 완전성 안에 이와 같은 지성을 희미하게나마 그려 보이고 있다. 역학과 기하학으로 인간의 정신이 행한 발견이나 만유인력의 발견으로 우주 체계의 과거와 미래의 상태를 동일한 해석적 표식 안에 파악한다는 생각도 잠꼬대로 취급할 수는 없게 되었다. 진리를 구하는 인간 정신의 모든 노력은 위에서 생각한 것과 같은 지성으로 접근하라고 부르고 있다. 그러나 인간 정신은 이 지성에 영원히 도달하지는 못할 것 같다."

이 문장의 끝에서 읽을 수 있는 것과 같이 라플라스는 자신이 인간으로는 도달할 수 없는 이상(理想)을 그리고 있다는 것을 명확히 인식하고 있었다. 그러나 이것은 따지고 보면 결국 라플라스의 '마(魔)'의 무한한 지성과 인간의 유한한 지성과의 사이에 있는 정도의 차이인 것이다. 이것은 위의 문장 전체에서도 엿볼 수 있다. 이 이상에 도달할 수 없는 것은 실제상의 문제이지 원리상의 문제는 아니라는 견해이다. 그러나 현대 물리학이 밝힌 바에 의하면, 이와 같은 이상은 라플라스가 말한 것과는 전혀 다른 의미에서 인간이 도달할 수 없는 것이다. 따라서 그가 생각한 것과 같은 의미의 우주 단면은 끊어 보일 수 없는 것이다. 왜냐하면 '최소 부분, 즉 소립자'의 위치와 운동량을 동시에 결정할 수 없기 때문이다. 닐 보어의 상보성 원리나 하이젠베르크의 불확정성 원리에 따르면, 이 우주는 어떤 순간에 있어서 일정한 운동량을 줄 수 있는 물질적 질량점으로 되어 있지는 않다.

2. 천문학

뉴턴은 『프린키피아』 서언에서 "본서를 완성하는 데 핼리의 도움을 받았다."라고 감사의 뜻을 표하고 있다. 뉴턴의 이 저서는 핼리가 뉴턴에게 보낸 질문이 집필의 동기가 되었으며, 핼리는 교정의 수고뿐만 아니라 출판비도 마련해 주었다. 이 절에서는 핼리가 천문학에 기여한 몇 가지 공적을 살펴보자.

에드몬드 핼리(Edmond Halley, 1656~1742)는 뉴턴보다 그렇게 젊지도 않았고, 그의 생애와 활동은 17세기와 18세기에 반씩 걸쳐 있다. 그래서 새로운 세기의 천문학에 대한 고찰을 그로부터 시작해도 좋을 것이다. 핼리는 어릴 때부터 천문학에 열중해 있었다. 그리고 20세에는 남쪽 하늘을 관측하기 위하여 세인트헬레나를 여행했다. 그는 이 섬에서 무려 351개의 별을 기록했고, 뉴턴이 『프린키피아』에 언급한 진동자(진자)의 연구도 하였다. 그리고 영국에 돌아온 후에 뉴턴과 친해졌다.

핼리가 한 일 가운데 가장 유명한 것은 혜성(彗星)에 관한 것이다. 케플러 이래 혹성이 타원궤도를 그린다는 것은 주지돼 있었으나, 이러한 혹성의 궤도 타원은 원과 많이 다른 것은 아니었다. 핼리는 '천체는 이심율(離心率)이 매우 큰 타원을 그리며 운행할 수 있을까?' 하는 의문을 가지고 있었는데, 1682년에 나타난 혜성이 그 해답의 실마리를 주게 되었다.

"이때까지 나는 혜성의 궤도를 정확히 포물선이라고 생각해 왔다. 이 가정에 의하면, 혜성은 인력에 의하여 무한히 먼 공간으로부터 태양으로 당겨져서 떨어져 나오는 것이며, 이 낙하 동안에 매우 큰 속도가 되므로 또다시 먼 우주 끝으로 날아가고 말 정도가 된다. 그렇다면 혜성은 늘 위로만 날아가서 다시는 태양 근처로 돌아올 수 없게 된다. 그러나 혜성은 가끔 나타나며, 쌍곡선 운동을 나타내거나 태양으로 낙하할 때 도달할 수 있는 속도보다 빠른 운동을 나타내는 것은 하나도 없었으므로, 혜성은 포물선 운동을 한다고 보기보다는 매우 납작한 타원 궤도로 태양 주위를 운행하며, 매우 긴 주기로 돌아올 가능성이 높다. 1456년 여름에도 혜성이 관측되었고, 이것이 지구와 달 사이를 지나 사라져 간 것도 이 추측을 뒷받침해 준다고 나는 생각하고 있다."

"누구도 이것을 관측한 사람은 없으나, 그 주기와 통과 양식에서 나는 이 같은 추론을 하는 것이다. 그래서 혜성의 역사를 찾아보니, 같은 주기로 1305년에도 혜성이 나타나 동쪽 하늘을 빙 돌아간 것을 나는 발견했다. 이것은 1456년보다 두 주기 151년 전의 것으로 생각된다. 그리고 3주기 후 1682년에 발견된 이 혜성은 1주기 후인 1758년에 다시 돌아올 것을 가정하여도 좋다고 생각한다. 그리고 만약에 이것이 규칙적으로 돌아온다면, 다른 혜성도 마찬가지로 돌아온다는 것을 의심할 근거는 없다."

핼리의 이 보고에 기술된 주기 75년의 혜성은 그가 처음으로 발견한 공적을 기념하여 '핼리혜성'이라고 이름이 지어졌다. 핼리의 활동은 이것 외에도, 지자기(地磁氣)나 생명보험론(확률론) 등 천문학과 동떨어진 분야에도 미치고 있다. 그리고 그는 혹성과 달의 운동의 불규칙성을 발견하였고, 금성이 태양 면을 통과할 때 태양 시차를 정밀하게 결정하는 방법을 발견하기도 했으며, 아폴로니오스의 저서를 아랍어로 번역해 내기도 했다. 그는 이것을 위하여 특별히 아랍어를 배웠다. 핼리는 항성의 고유 운동도 발견했는데, 이것은 실로 많은 결실을 가져다준 발견이었다. 핼리는 2000년 전에 기록된 히파르코스의 별표(星表)를 당시의 하늘에 보이는 별들의 위치와 비교해 보았고, 양자 간에 차이가 있는 것을 발견했다. 이 원인은 별의 고유 운동에 있다고 그는 추론하였다. 당시에 하늘의 별을 빠짐없이 목록과 성도에 기재하려는 기도가 시작되었는데, 핼리의 이 관측도 그 동기가 되었다. 핼리와 같은 영국 사람인 플램스티드(John Flamsteed, 1646~1719)가 만든 '항성표(Historia coelestis Britannica, 1712)'는 특히 기본적이며 포괄적인 것이었다. 이때부터 항성계의 비밀을 서서히 벗겨 나가는 발견이 일어나기 시작했는데, 핼리의 관측도 그 단서의 하나가 되었다.

브래들리(James Bradley, 1692~1762)도 다음에 기술할 허셜과 나란히 18세기의 위대한 관측자이며 왕립협회 회원이었는데, 특히 항성에 관심을 쏟고 있었다. 천문학에서는 이전부터 "항성은 너무나 먼 곳에 있기 때문에 태양 주위를 도는 지구의 운동이 지구를 기준으로 본 항성의 위치에 영향을 미치지 못할 것이다. 즉, 항성은 인정될 만큼의 시차를 나타내지 않을 것이다."라고 생각되어 왔다. 코페르니쿠스도 이 전제에 서 있었다. 티코 브라헤는 그가 사용한 관측 장치가 미개한 장치인 만큼, 항성의 연주시차 같은 것은 물론 발견할 수가 없었다. 오늘날에서야 알게 된 것인데, 그가 100배나 더 정교한 기기를 사용했더라도 연주시차를 확인할 수는 없었을 것이다.

17~18세기에 망원경이 개량되고 나서 최초로 인지된 것은, 몇 개의 별 위치가 약간

변화하는 것이었다. 이것보다 앞서 1669~1770년 사이에 프랑스의 피카르(Jean Picard, 1620~1682)는 북극성의 주기적 변화에 주목하고 있다. 그 변화는 작다고 무시할 정도는 아니고, 거의 40초에 가까운 것이다. 앞에서 기술한 플램스티드는 이 변화를 확증한 것이다. '이 편차야말로 문제의 연주시차인가? 아니면 도대체 무엇인가?' 이 의문에 답하려고 한 것이 브래들리의 연구 목적이었다.

결과부터 말하면, 브래들리도 연주시차는 측정할 수 없었다. 그 후 100년 정도 지나 더욱 우수한 기기를 써서 겨우 측정할 수 있었다. 그러나 브래들리는 연주시차가 어떤 별도 1초를 넘지 않는다는 사실을 확증하였다. 이와 같이 하여 항성까지의 거리에 대해서 대략의 추측은 할 수 있었다. 브래들리는 그 후 용자리의 감마성을 특히 상세히 관찰하여, 이 별은 지구에서 태양까지 거리의 적어도 40만 배 이상 떨어져 있다는 결론을 내렸다. 그리고 북극성의 연간 변화에 뒤따라, 다름 아닌 이 용자리의 감마성에 있어서 큰 연간 변화가 있다는 것을 발견하였다. 1726년 3월에 이 별은 남쪽으로 20초 위치에 왔다. 그리고 5월에는 제자리로 돌아갔다가, 그 후는 북쪽으로 향해서 방랑하기 시작하여, 9월에는 4월보다 40초 북쪽에 위치하였다. 브래들리는 다른 곳에서도 그의 새로운 기기로 관측을 계속했다. 그리고 그는 다른 많은 별에 대해서도 이와 닮은 현상을 발견하였다. 그는 처음에는 어떻게 설명해야 좋을지 몰랐다. 이 현상의 시간적 이행에서 생각하여 연주시차와 관련을 짓는 것은 논외였다. 지축의 흔들림 탓으로도 할 수 없었다. 이것도 아니고 저것도 아니라고 가설을 세워서는 버리지 않을 수 없었다.

"결국 나는 지금까지 기술한 모든 일체의 현상이 빛의 전진 속도와 궤도를 운행하는 지구의 연관 운동에서 온다고 생각하게 되었다. 왜냐하면 만약에 빛의 진행에 시간이 걸린다면 눈이 정지해 있거나 대상과 눈을 잇는 선에서 벗어난 어떤 방향으로 움직이고 있거나에 따라서 정지하고 있는 대상의 겉보기 위치는 달라지리라는 것과, 그리고 눈이 여러 방향으로 움직이면 대상의 겉보기 위치도 달라지리라는 것을 나는 깨달았기 때문이다."[1]

브래들리는 여기서, 그 후 '빛의 행차(광행차)'라고 불린 현상을 발견한 것이다. 그는 이 현상을 다음과 같이 설명하였다.

---

1 브래들리, 『이학 보고(Philosophical Transaactions, 1729)』 35권, 207쪽 '핼리에의 통신'.

"지구상에서는 물체가 보이는 그 위치에 이 물체가 존재한다는 것은 당연한 것으로 생각된다. 그런데 우주 공간의 멀기나 속도에 있어서 이것은 맞지 않는다. 먼 별에서 빛이 지상에 도달할 동안에 별은 상당히 움직여 가고 있다. 거기에다 지상의 관측자도 움직이고 있다. 매초 30km 의 속도를 가진 이 운동과, 그것의 1만 배나 큰 광속도가 조합되면 거기에서 생기는 차(빛의 행차)는 모든 별이 제 위치로부터 20초에 달하는 변위(變位)를 한 것같이 보이게 한다."

뉴턴이 사과가 떨어지는 것을 보고 만유인력을 깨달은 것과 같이, 브래들리는 이와 같은 흔한 관찰에서 현상의 해명을 착안하였다고 한다. 그는 템스 강에서 작은 배를 타고 가며 돛대 끝에 단 깃발의 위치가 바람의 방향뿐만 아니라 배 자체의 운동에 따라서도 변하는 것을 목격하였다. 바람이 잔잔한 날에 배를 달리면 깃발은 뒤쪽으로 흘러갈 것이며, 배가 정지하면 바람 방향으로 흘러 나부낄 것이다. 배가 움직이고 있을 때는 바람과 배의 양쪽으로부터 영향을 받아 깃발의 흐름 방향이 결정된다. 그 방향은 바람의 방향과 배의 운동 방향과 양자의 속도 비에 의하여 결정된다. 이와 같이 하여 브래들리는 빛이 유한한 속도로 공간을 진행한다는 것을 가정하였다. 사실은 뢰머도 이미 이 가정을 세워서 광속도를 정확히 산정했었다.

그러나 이 광속도의 개념을 과학계에 처음으로 확신시킨 것은 브래들리였다고 할 수 있다. 같은 관측을 통해 브래들리는 또 다른 중요한 발견도 하였다. 그도 처음에는 지축이 주기적으로 흔들린다는 가정, 즉 섭동(攝動)은 자기의 관측 결과를 설명하는 데 소용이 없다고 생각했다. 그러나 그 후에 더욱 정밀하게 다시 계산해 본 결과, 빛의 행차만으로는 관측을 완전히 설명할 수 없었고, 지축의 진동도 고려해야 된다는 것을 알게 되었다.

지구의 축은 2만 6000년마다 한 바퀴씩 원을 그린다는 것은 고대에 히파르코스가 이미 발견한 '세차'이며, 이것으로 인하여 주야 등분점이 빨라진다. 그런데 이것 외에도 19년을 주기로 하는 작은 변동, 즉 섭동이 행해진다는 것을 브래들리가 발견한 것이다. 이 두 가지가 합해서 생기는 지축의 운동은, 조금씩 흔들리며 도는 하나의 팽이의 운동과 같은 것이 된다. 이 세차와 섭동과 빛의 행차는 어떤 천문 관측에 있어서도 보완하고 수정하는 데 고려하지 않으면 안 되는 사항인 것이다. 브래들리는 1747년에 이것에 대한 논문을 왕립협회에 제출하였고, 그 논문에 항성의 고유 운동도 언급하였는데, 그도 핼리와 같은 결과에 도달하였다.

"이와 같이 실제로 몇 개의 별이 상호 위치를 바꾸어 온 것을 알았다. 이것은 우리 태양계에 있어서의 어떠한 운동과도 무관한 것으로 생각되며, 항성 자체의 어떤 운동에만 관계 지을 수 있다는 것을 알았다. 이것에 대해서는 '아르크투루스'성(Arcturus)이 확실한 증거를 준다. 그것은 티코 브라헤나 플램스티드가 결정한 위치와 현재의 방향을 비교해 보면, 그 차가 그들의 관측의 불확실에서 추정되는 것보다 훨씬 크다는 것을 알 수 있기 때문이다. 눈에 보이는 수많은 별들 가운데, 다른 것들도 이와 같은 사례가 있다고 생각한다고 해서 바보스럽다고는 말할 수 없다."

별의 겉보기의 위치를 결정하는 요인은 많으며, 그중 하나에 대해서 어느 정도 바른 파악을 하는데도 수 세대에 걸친 연구를 필요로 하는데, 브래들리는 용하게도 잘 알아낸 것이다.

허셜

코페르니쿠스에서 뉴턴에 이르기까지 천문학에서의 최대 수확은 태양계에서의 참다운 관계를 인식한 것인데, 18세기 최대의 사건은 이러한 시야를 원거리의 항성계까지 확대하여 탐구하게 된 것이다. 천문학 사상 최대의 위인 가운데 한 사람인 허셜(Sir William Herschel, 1738~1822)도 이 방향에 결정적인 한 발짝을 내디딘 사람이었다.

허셜은 하노버에서 태어났다. 그의 아버지는 음악가였으며, 궁정 음악대에 속해 있었다. 아들인 그도 아버지와 같은 직업을 가졌다. 1714년부터 영국을 통치해 온 하노버 왕가가 음악대를 영국에 두기로 하였을 때, 젊은 허셜도 아버지와 동행하여 영국에 왔다.

그는 영국에서는 곧 독립하여, 영국 남서부의 온천지인 버스에 가서 오르간 연주자가 되었다. 이 오르간 연주자는 그의 직업과는 아무런 관련도 없는 수학, 광학, 언어학과 천문학 등을 매일 밤 열심히 공부하였고, 특히 천문학을 공부하는 중에 책에 쓰인 천공의 경이를 직접 자기 눈으로 보고파서 못 견디게 되었다. 그런데 그는 적당히 조립된 기성 망원경으로는 만족할 수 없었다. 그래서 뉴턴이 발명한 것과 같은 반사망원경을 직접 만들기 시작하였다. 이 일에는 뒤에 영국으로 건너온 그의 형과 누이동생 캐롤라인(Caroline Sucretia H. 1750~1848)도 협력했는데, 특히 그녀의 협조는 헌신적이었다.

그녀는 가사를 돌보았고, 허셜이 밥벌이로 계속해 온 연주에도 가담하였다. 그리고 허셜이 매일 밤 하게 된 천체관측까지도 열심이 거들었다. 허셜은 지칠 줄 모르는 연구가였다. 옥외에 설치한 망원경 앞에 몇 시간이나 앉아서 지냈다. 누이동생도 옆에서 관측 결과를 기록했다. 식사할 여가가 없을 때도 자주 있어서, 그가 거울이나 렌즈를 갈고 있을 때는 캐롤라인이 밥을 먹여 주었다. 이와 같은 생활을 허셜은 84세에 죽기까지 계속했다. 그의 누이동생 캐롤라인은 98세까지 살았는데, 허셜의 연구 성과는 대부분은 이 누이의 끊임없는 헌신 덕택이었다.

허셜은 처음 만든 망원경으로도 만족할 수 없어서, 끊임없이 망원경을 개량하였다. 그러는 가운데 망원경의 제작가로도 유명해져서 제작 주문도 받게 되었다. 허셜의 기획은 엄청나게 원대한 것이었다. 별의 세계 전부를 계통적으로 관측하여 기록하는 것이었다. 차례로 별을 관측하여 기재하고 위치를 결정하는 조작을 한평생 네 번이나 되풀이한 것이다.

허셜은 1774년부터 관측을 시작하여 1780년에는 두 개의 처녀 논문을 왕립협회에 제출하였다. 이 논문은 변광성 미라와 달의 산맥을 다룬 것이었다. 그리고 1781년에 천왕성을 발견한 것으로 단번에 유명해졌다. 그는 새로운 별을 발견하였는데, 이것은 그 크기와 독특한 운행으로 보아 태양계의 하나임이 틀림없었다. 그는 처음에는 혜성이라고 생각했다. 그러나 조금 후에, 오늘날 천왕성이라고 불리는 행성인 것이 밝혀졌다. 궤도를 계산해 보니, 태양에서의 거리가 토성의 약 두 배나 되었다. 당시까지는 행성 중에 가장 외측에 있는 것은 토성이라고 알고 있었던 것이다. 그리고 이 신성의 질량이 지구의 15배인 것도 알게 되었다. 이러는 가운데 허셜에게 흥미를 가지게 된 왕은 자기도 망원경으로 이 신성을 보고 싶어서 그를 불렀다. 그 직후 그는 왕실의 천문관으로 임명되었다.

왕은 그에게 2만 파운드를 하사하여, 당시로는 가장 거대한 망원경을 만들게 하였다. 허셜의 연구에는 이것 외에도 행성과 그 위성의 자전에 관한 것이 있다. 그리고 토성에 제5, 제6의 위성들이 있다는 것도 발견했다. 그리고 그는 또 화성의 극에 있는 흰 무늬(백반)를 발견하였고, 화성에도 사계절이 있고, 그 흰 무늬는 극지방의 눈일 것이라고 추정하였다.

그러나 허셜이 한 가장 유명한 발견은 태양계 밖에 있었다. 허셜은 항성(Fixstern)도 '고정해 있는(fix)' 것이 아니고 운동하고 있다는 것과, 태양도 브래들리가 이미 상상한 것과 같이 그러한 항성의 하나로서 운동하고 있다는 것을 의심의 여지없이 인식한 것이다. 그는 태양이 운행하는 방향을 제법 정확하게 계산해서 헤르쿨레스(Hercules) 성좌 쪽으로 움직이고 있다는 것을 밝혀냈고, 태양의 운행 속도도 대략 산정하였다. 이와 같은 그의 연구 결과와 사상은 1783년에 나온 「공간 내의 태양계 운동(Motion of the solar system in space)」이라는 논문에 다음과 같이 기술되어 있다.

"여러 가지 항성이 고유한 운동을 하고 있다는 것은 이제 완전하게 확실해졌다. 핼리가 이것을 처음으로 상상한 이래, 우리는 더욱 정밀한 관측에서 '아르크투루스', '시리우스(Sirius)', '알데바란(Aldebaran)', '카스토르(Castor)', '리겔(Rigel)', '아테르'와 기타의 별들이 실제로 움직이고 있으며, 참다운 의미의 움직이지 않는 항성은 존재하지 않는 것을 알게 되었다. 내가 다음에 기술할 근거만이 이것을 가장 명확하게 할 수 있을 것이며, 전 항성, 따라서 태양계의 일반적 운동에 대해서 조금도 의문을 남기지 않게 할 것이다."

허셜도 앞서 기술한 브래들리와 마찬가지로 항성의 연주시차를 측정하는 과제를 다루었다. 그러나 브래들리와 같이 연주시차를 발견하지는 못했다. 그 대신에 매우 중요한 것을 찾아냈다. 허셜은 다음과 같은 사상에서 출발했다. 지구에서 볼 때 이중성(二重星)으로 보이는, 즉 매우 가깝게 붙어 있는 것으로 보이는 두 개의 별이 만약에 겉보기에 그럴 뿐이고 실제로는 지구에서 매우 다른 거리에 있다면, 연주시차에 의하여 겉보기의 거리에 차이가 생기지 않으면 안 된다.

그래서 허셜은 찾아낼 수 있는 '이중성'을 모조리 찾았다. 그는 무려 806조나 찾아냈으나 기대는 어긋났다. 도리어 대부분은 참 이중성, 즉 서로 주위를 도는 두 개의 별인 것을 알게 된 것이다. 따라서 뉴턴의 만유인력 법칙은 태양계 외에서도 타당하다는 것을 처음으로 제시한 셈이 된다.

일정 면적 내에 있는 별의 수를 헤아려서 평균 밀도를 정하는 소위 검증법(檢量法)에 의하여 별의 세계를 정밀히 조사하는 가운데, 허셜은 '천계의 구조'에 대한 새로운 사상을 품게 되었다. 그래서 그는 1785년에 「천계의 구조에 대하여(On the Construction of the Heavens)」라는 논문에 그 생각을 실어서 왕립협회에 제출하였다. 거기에서 다음과 같이 기술하고 있다.

"은하가 크기가 다른 많은 별들의 하나의 매우 광대한 층인 것을 이제는 의심할 여지가 없다. 그리고 우리 태양도 은하계에 속한 한 천체인 것도 명백하다. 이번에 나는 이 반짝이는 띠를 모든 면에서 관측하고 검사하여, 이 띠도 많은 별로 된 것이며, 계량에 비추어 본 별들의 수도, 육안으로 보아 강하게 또는 약하게 빛나는 정도에 따라 많기도 하고 적기도 한 것을 알았다."

즉, 허셜은 일종의 통계적 방법을 사용한 것이다. 각 계량 면적마다 존재하는 별을 등급별(등급은 별의 겉보기의 밝기로 정해지며, 일등급 내릴 때마다 밝기는 약 2.5배 낮아진다.)로 헤아려 보면, 공간의 저 먼 곳까지 일정하게 채워져 있지 않다는 것을 알게 되며, 10등급 이하에서는 별의 수가 더 이상 증가하지 않을 뿐만 아니라, 별의 수는 도리어 줄게 된다.

허셜은 은하계 형태에 대하여 대체로 올바른 표상을 만들어 내었다. 은하계는 원판 형이며, 그 직경은 축 길이의 약 5배가 된다고 하였다. 그러나 허셜은 태양이 이 은하계의 중심 가까이에 있다고 생각했다. 이것이 틀렸다는 사실을 오늘날 우리는 알고 있다. 우리는 우리가 사는 세계가 우주의 한가운데에 있다고 생각하기를 좋아하나, 실제로 우리가 사는 지구는 태양을 중심으로 그 가에서 돌고 있고, 이 태양계의 중심인 태양도 은하계의 한 귀퉁이에 있는 것이다.

영국인 토머스 라이트(Thomas Wright, 1711~1786)는 이미 1750년에 발표한 그의 논문 「우주의 근본 이론 또는 새 가정(An Original Theory or New Hypothesis of the Universe)」에 은하계에 대하여 허셜과 같은 지견을 기술하고 있었다. 그리고 칸트도 여기서 자극을 얻었다.

허셜은 이와 같은 천계의 조사를 계속하여, 마침내 2500개에 달하는 성운들을 발견하고, 다음과 같이 기술하고 있다.

"성운이라 불리는 것은 명백히 별의 무리인 것이다. 관측자는 그 수가 자꾸만 불어나는 것을 알 수 있다. 관측자가 성운을 별들로 분해해 가면, 분해할 수 없는 새로운 별들이 많이 발견된다. 그래서 그는 항성이나 성군이나 성운으로 된 광대한 한 층을 상상해 보면, 결국 이들 모두의 현상은 아주 당연하면서도 자기가 놓인 위치가 한정되어 있는 것에서 제약을 받고 있다는 것을 깨닫게 된다."

"그리고 그것이 결코 좁지 않은 공간에 있다고 하여도, 한정되어 있다고 하여 결코 잘못 말한 것이 되지는 않는다. 이 공간은 이전에는 별들의 전 영역에 걸칠 만큼 큰 것으로 생각했으나, 이제는 굽어서 가지로 나누어 나간 성운의 모양을 하고 있다고 생각되고 있다. 이 지구가 속한 성운은 원래 가장 작은 편은 아니나, 천공의 전 구조에 속하는 무수히 많은 성군 중에서 가장 눈에 띄는 것이라고는 말할 수 없다."

허셜 외에도 성운을 연구한 사람으로는 프랑스의 메시에(Charles Messier, 1730~1817)가 있다. 그는 성운들에 대하여 허셜과 같은 견해를 가졌으며, 그도 성운들을 관측하여 1784년에 성군의 목록인 '성단표'를 내놓았는데, 거기에는 이미 103개의 성운이 등록되어 있다. 이와 같이 우주에 대한 개념이 생기면서, 우리가 우주의 중심이라는 생각을 버리게 되었다.

칸트

칸트는 1755년에 『천공의 일반 자연사와 이론(Allgemeine Naturgeschichte und Theorie des Himmels)』을 내놓았다. 이 저서는 서론과 2부로 되어 있다. 1부에는 항성의 일반적 체계적 상태와 그와 같은 항성계가 다수 있다는 것을 은하의 여러 현상에서 연역하여 간단히 논하고 있다. 말할 것도 없이 칸트는 자연과학에서도 충분히 당시의 제일선에 서 있었다. 여기서는 1부에 나타난 하나의 사상을 소개하겠다.

"이 학설에서도 창조 기획에 대한 장대한 관념을 제시해 보임으로써 이 설을 가장 매력적으로 하고 있는 부분에 나는 도달하였다. 은하는 공통된 평면상에 위치하고 있는 여러 항성의 계(系)라고 생각해 두었는데, 이와 같은 상태에 있는 항성계가 우리로부터 매우 멀게 있기 때문에, 망원경을 써도 구성 성분인 개개의 별은 인식하기 어려운 정도이다. 그런데 각 별 간의 거리는 그들과 태양 간의 거리와 실로 같은 것이다. 요컨대, 관측자의 눈에서 무한할 정도로 멀게 있는 이 항성계가 바라보일 때 조금밖에 기울어져 있지 않다면, 이것들은 희미한 빛으로 반짝이는 작은 공간으로 보일 것이며, 그 모양은 면이 눈에 바로 보이면 원이 되고, 비스듬히 보이면 타원이 될 것이다."

그리고 이어서 그는 천문학자가 관측하여 기재한 성운에 대해서 논하고 있다.

"성운의 설명으로서 가장 타당하다고 생각되는 것은, 이와 같은 타원형의 것이 같은 세계 조직, 말하자면 앞서 상태를 설명한 은하라고 생각하는 것이다. 그리고 추측도 이 경우 유추와 관측이 완전히 일치하여 서로 지지한다면, 형식을 밟아 논증한 것과 같은 가치를 가지는 것이라면, 이 체계의 확실성은 이미 움직일 수 없는 것으로 보아야 한다."

알려진 것과 같이, 칸트는 자신이 하나의 가설을 논술하는 데 지나지 않는다는 것을 승인하고 있었다. 소위 '세계도(世界島, 섬 우주)'의 가설이다. 이 설에 의하면, 우리의 우주계는 비교적 폐쇄된 체계이며, 먼 저쪽 허공에 흩어진 무수한 다른 계와 병존하고 있다는 것이다. 칸트의 시대에는 이것이 가설일 수밖에 없었다. 무엇보다도, 가장 가까운 항성의 시차조차도 정할 수 없었기 때문이다. 그런데 20세기에는 관측 장치가 매우 개량되어, 이 가설이 옳다는 것이 입증되었다.

칸트의 저작에서 이 1부보다 유명한 것은, 2부 '자연의 최초 상태, 천체의 형성, 그들의 운동과 체계적 관계에 대하여, 특히 혹성 구조와 전체적 생성에 관하여'이다. 유명한 칸트의 '우주 생성론(宇宙生成論)'은 이 2부에 들어 있다.

칸트의 이 서술은 너무나 길기 때문에, 유감스럽게도 개략적으로 그의 사상을 살펴보기가 어렵다. 다만 특히 강조하고 싶은 것은 다음과 같다.

첫째로, 여기서 다루어진 것이 합리적이며 기계적인 최초의 우주 생성론이었다는 것이다. 둘째로, 칸트가 세계계의 생성을 대략 다음과 같이 말한 것이다.

"천체를 만들어 나갈 모든 물질은 태초에 요소적인 근원물질로 분해되어 전 우주에 흩어져 있었다. 이것은 생각할 수 있는 가장 단순한 상태이며, 이 이상 더 거슬러 올라갈 수 없다. 분산된 요소 중에 비교적 무거운 것은 인력으로, 가벼운 물질을 주위의 공간에서 빨아 당겨 모았다. 이렇게 하여, 큰 정지 물질 덩어리가 되어 간 것으로 생각된다. 그러나 입자들은 중심으로 빨려 가는 도중에 서로 충돌하여 진로에서 벗어나게 된다. 그래서 입자의 직진운동은 회전운동으로 돼서 큰 소용돌이가 된다. 이 소용돌이 운동이 점차로 합쳐서, 중심체를 둘러싼 일대 원운동으로 된다. 그러나 이 상태도 영속되지 않고, 입자들의 인력이 상호 작용하여 새로운 '혹성의 씨'를 형성해 간다."

이와 같이 수축해 가는 물질 덩어리도, 입자들 전체의 회전운동을 이어받아 같은 방향으로 계속해서 움직이게 된다는 것이다. 이 이론은 뉴턴도 불가능하다고 언명한 것을 해낸 것이다. 뉴턴이 제시한 바로는, 천체는 일단 형성돼서 움직이기 시작하면 기계적 법칙에 따라 사실과 같은 방법으로 순환한다. 그런데 뉴턴에 의하면, 운동에 최초의 충격을 준 것은 창조자 자신이었다. 그러나 칸트가 제시한 것에 의하면, 이 가정은 필요 없고, 운동이나 천체가 생긴 자체도 기계적 방법으로 설명될 수 있다. 칸트는 이 논문을 익명으로 냈다. 그 이유는 서문에 뚜렷이 나타나 있다.

"내가 택한 제재는 그 자체가 내포한 난점에서도, 또 종교에 관해서도, 처음부터 당장에 매우 많은 부분의 독자들에게 불편과 편견을 가지게 할 염려가 있다. 천체 그 자체의 생성이나 운동의 기원을 자연의 최초의 상태로부터 기계적 법칙에 의하여 도출하는 이와 같은 통찰은 인간의 이해력으로는 무리가 있을 거라고 생각된다. 그리고 종교 쪽에서는, 자연은 방치되어 있어도 이와 같은 결과를 도출했을 것이라는 반항적 말에 대해서 엄중히 고발한다고 위협해 올 것이며, 사람들이 지고자가 직접 손수 하신 일의 자취를 자연 속에서 인정하거나, 이와 같은 고찰이 지나친 가운데 무신론자의 변명을 찾아낼 것을 염려하는 것은 무리도 아니다. 나는 이것들의 곤란을 모두 충분히 인지하나, 그렇다고 물러서지는 않겠다."

이 논문은 출판자가 조판 중에 파산하여 소유를 모두 매각해 버렸기 때문에 거의 보급되지 못했다. 짧은 발췌본이 1791년에 나왔고, 완전한 증쇄는 겨우 1797년에야 나왔기 때문이다. 그래서 칸트가 세운 이 이론은 훨씬 후에 평가를 받게 되었다.

라플라스

칸트와 함께 '칸트-라플라스 설'로 유명한 라플라스의 우주 생성론을 고찰하기 전에, 천문학에서 그가 세운 또 하나의 공적을 먼저 고찰해 두어야 하겠다.

그 출발점은 다음과 같았다. 뉴턴은 『프린키피아』에 일련의 원리를 확립해 놓았으며, 그는 이들 원리를 태양계에 적용도 하였다. 그는 이때에 매우 단순화된 가설을 설정해 놓고 있었다. 그런데도 그는 소위 '삼천체 문제'의 해결에 손을 대기 시작하고 있었다. 이 삼천체 문제란, 태양과 지구와 달이라는 세 개 천체의 상호작용을 수학적으로 푸는 과제이다. 이것은 매우 풀기 어려운 문제이다. 그래서 뉴턴은 자기의 체계 안에서는, 혹성은 태양의 영향만을 받고, 즉 위성이나 다른 혹성의 영향은 무시하고, 위성은 그의 혹성의 영향만을 받는다는 두 개의 천체 간의 상호작용으로 단순화하기 위한 일반적 전제를 두고 있었다. 실제로 강한 2체 간의 상호작용에 비하면, 또 하나의 작용은 무시할 정도로 작아서, 개략적 계산에는 무방하다.

뉴턴의 이론을 더욱 엄밀하게 완성하기 위하여 특히 태양계에 속한 모든 천체의 상호 작용에서 오는 영향을 남김없이 산정한다는 것은, 뉴턴의 후계자들도 손들고 만 대단히 난해한 문제였다. 이 문제의 해결에 활약한 것은 오일러와 라그랑주였다. 그들의 상세한 업적에 대해서 여기서는 생략하고 넘어가자.

라플라스는 그들이 한 일들을 잘 활용할 수 있었다. 그의 저작 『천체역학(Mechanique celeste)』은 18세기에 이 분야에서 이룩한 성과를 종합해 놓고 있다. 삼천체 문제는 뉴턴의 사상으로부터 필연적으로 나올 것이나, 다른 실제적인 동기도 작용하고 있었다. 더욱 더 정밀해진 관측 결과는 대체적으로는 뉴턴의 체계와 일치하였으나, 엄밀하게는 이 체계를 보완하지 않을 수 없게 하였다. 즉, 사소한 차이가 다수 나타난 것이다. 그리고 또 하나의 동기는 핼리가 히파르코스 표와 당시의 관측 결과를 대조해 본 데서 생겼다.

히파르코스의 표와 당시의 관측 결과들을 비교해 보면, 몇 개의 항성뿐만 아니라 혹성에 대해서도 히파르코스 당시의 위치와 현재의 위치 사이에는 확실히 차이가 있다는 것을 인지하게 된다. 이것은 만유인력의 법칙에 의하여 양 시점 간에 생긴 차이이다. 그렇다면 태양계는 전체로서 과연 안정된 것일까? 뉴턴도 이미 이러한 의심을 그의 저서 『광학』에서 밝혔었다. 뉴턴은 혹성 간의 상호작용이 점차로 불규칙성을 낳아, 이것이 누적되어 가서, 결국 전체를 창조주가 다시 만들지 않으면 안 되게 된다는 의견이었다.

목성과 토성의 혹성 운동에는 확실히 불규칙성이 관측되나, 이것도 긴 시간을 통하여 보면, 역시 주기운동을 나타내고 있다는 것을 라플라스는 수학적으로 증명하였다. 이들 혹성의 주기는 900년 정도가 되는 것도 있다. 이와 같이 하여 라플라스는 자신이 언명한 것과 같이 "오랫동안 만유인력의 예외와 같이 생각되어 온 불규칙성을, 이제야 가장 특징적인 증거"로 만들고 말았다. 라플라스는 태양계가 안정한 것과 평형 상태에 있는 것을 입증한 것이다. 이 외에도 그의 장대한 이론에는 조석 현상, 위도에 의한 지표 중력의 변동, 춘분점의 세차 현상, 달의 평형 운동, 토성의 바퀴고리(환륜)와 그것의 회전 등과 기타의 많은 것이 포함되어 있다. 라플라스의 이와 같은 이론들이 주는 인상에서, 예의 '마(魔)'를 꿈꾸게 되었다는 말도 무리는 아닌 것으로 생각하게 된다.

라플라스의 우주 생성론은 주로 그의 저서 『세계계의 해명(Exposition du système du monde, 1796)』에서 볼 수 있다. 라플라스는 다음과 같은 입장에서 출발하였다.

"주의해서 혹성계를 고찰해 보면, 놀랍게도 모든 혹성은 서에서 동으로 태양을 중심으로 거의 동일 평면상을 돌고 있고, 모든 위성도 같은 방향으로 각자의 혹성을 중심으로 하여 돌고 있는 혹성과 거의 동일한 평면상을 돌고 있다. 그리고 끝으로 태양, 혹성, 그리고 자전운동이 인정된 위성들도 같은 방향으로 자기들의 주행 운동과 거의 같은 평면상에 자기 자신을 중심으로 하여 돌고 있다는 것을 알 수 있다."

그동안 알려진 바에 의하면, 모두 4개의 혹성에 부속되어 있는 몇 개의 위성은 위에 기술한 라플라스의 가정에 들어맞지 않는다. 그러나 라플라스의 말을 들어보면, 이 정도로 특이한 현상이 우연일 리가 없으며, 이러한 운동 모두에게 공통된 원인이 있다는 것을 암시하는 증거라고 한다.

라플라스가 논한 이 현상을 뉴턴도 알고 있었다. 그러나 뉴턴은 창조주 자신의 손으로 이 기적적인 규칙성을 설정하였다는 설명 이외는 하지 않았다. 뉴턴으로서는 이들 모든 것이 '카오스(혼돈)'로부터 단순한 자연법칙에 의하여 탄생하였다고 믿는 것은 너무나 비철학적이었다. 그러나 라플라스에게는 그 자신의 말과 같이 "그와 같은 가설(즉, 하나님)은 불필요"하였다. 라플라스는 도리어 처음에는 이들의 천체가 회전하는 단일의 물질 덩어리였다는 데서 공통 원인을 찾았다.

"이 물질 덩어리는 가장 바깥층의 혹성이나 혜성의 궤도까지의 태양계의 공간 전부에 미치고 있는 것이 틀림없고, 그래서 원래는 매우 가벼운 가스 상태였을 것이다. 처음에 뜨거웠던 이 가스 덩어리는 서서히 냉각되어 응결하였다. 그리고 빠르게 돌면 돌수록 그 모양은 평판으로 되어 갈 수밖에 없었다. 확실히 라플라스가 제시한 것과 같이 지구나 기타의 혹성들도 자전의 결과 극 방향으로 납작한 모양으로 되어 간 것이다. 그리고 끝으로 이 원시 태양의 적도면에서 몇 개의 환(環)이 찢겨 날아간 것이다. 그리고 이 환들은 응축하여 여러 혹성이 되었다. 이와 마찬가지로 하여 혹성에서 위성이 발생한 것이다."

이상의 라플라스 이론은 칸트의 이론과 일맥상통하기는 하나, 같은 것은 아니다. 라플라스는 태양계를 해명하려고 하였는 데 반하여, 칸트는 전 항성계에 대한 설명을 구하고 있었기 때문이다. 그리고 소형의 천체가 둥근 고리 모양으로 분리해 나간다는 사상은 라플라스에게서만 볼 수 있다. 이와 같은 라플라스의 이론은 여러 가지 이유에서 그 후의 발전에 그대로는 통용될 수 없게 되었다. 그리고 근년의 우주 생성론은 큰 줄기로 보아서는 도리어 칸트의 우주 생성론과 일치하는 면이 더 많다. 그래서 칸트의 이론 쪽이 시대의 시련에 잘 견뎌 나간 것이다.

끝으로 라플라스도 역시 성운이 머나먼 곳에 있는 세계이며, 우리의 은하계도 무한히 많은 그와 같은 세계들 중의 하나라고 인정한 것에 주목하자. 그의 저작인 『세계계』 안에 그는 다음과 같이 기술하고 있다.

"별들은 거의 같은 거리로 전 우주에 산재해 있는 것은 아니고, 각각의 집단에 속해 있는 것으로 보인다. 아마도 우리의 태양계나 가장 밝게 빛나는 별들도 역시 이와 같은 여러 집단의 한 부분이며, 이 부분이 우리가 바라볼 때 천공의 둘레에 띠 모양으로 보이는 은하를 이루고 있을 것이다."

"그 방향으로 향한 망원경의 시계에 비치는 별의 수량은 무수히 많아서, 이 별들이 무한히 깊게 퍼져 있다는 것을, 즉 지구에서 시리우스까지의 거리의 수천 배나 깊게 있다는 것을 입증하고 있다. 만약에 이 별들을 충분히 멀게 떨어져서 본다면, 마치 청백하게 융합된 작고 희미한 빛으로 보일 것이다. 따라서 매우 원거리에서 보아서 별이 없는 것같이 보이는 성운도 '별의 집단'이라는 것은 아마도 바른 말일 것이다. 즉, 더 접근해서 보면, 이것들도 우리가 보는 은하와 같은 모양으로 보일 것이다."

"각 성군에 속해 있는 별들의 상호 거리는 지구에서 태양까지의 거리의 적어도 수십만 배나 될 것이다. 그리고 더욱이 성운이라고 해도 작은 것이며, 그 수는 매우 많고, 이것들이 성운을 구성한 별들과 비교한다면 너무나 광대한 공간으로 떨어져 있다는 것을 생각할 때, 우주의 무한성에 놀라게 된다. 우리의 상상력은 쉽게 그 한계를 생각해 낼 수 없을 것이다."[2]

라플라스도 역시 우리가 보는 세계는 우주의 극소 부분에 지나지 않는다는 생각에 도달해 있다.

---

2 라플라스, 『세계계의 해명(Exposition du systeme du monde, 1796)』, 373쪽.

3. 전기학의 기초

1) 실험적 구명의 시작

고대 그리스인이 이미 전기 현상을 발견했던 것은 고대와 중세를 통하여 알려져 있었고, 많은 저서에서 이에 대해 언급한 것으로 보아도 알 수 있다. 그러나 전기에 대한 실험적 관찰을 기초로 한 과학적 고찰은 16세기의 길버트로부터 시작되었고, 전기에 대한 실질적인 과학적 연구는 18세기부터 시작된 것으로 볼 수 있다.

길버트의 전기 발견

영국의 물리학자이며 의사인 윌리엄 길버트(William Gilbert, 1540~1603)가 나오기까지 전기 현상을 실험적으로 연구한 사람은 찾아볼 수가 없다. 16세기 말에 활동한 길버트는 전기 현상의 실험적 연구를 시작했을 뿐만 아니라, 그리스어의 'elektron(호박)'으로부터 유래한 'electricity(전기)'라는 말을 처음으로 도입하였다. 더 정확히 말하면, 그는 전기를 '호박(electron)의 힘'이라는 뜻에서 라틴어로 'vis electrica'라고 불렀다. 길버트는 이미 기술한 것과 같이 16세기 말에 자기와 지구 자기에 대하여 실험에 기초한 귀납적 방법으로 전개한 설을 내놓아서, 이에 기술된 것은 실험적 연구에서 얻은 전기 이론과 함께 케플러, 갈릴레이, 데카르트 등이 이용하게 되었다. 그래서 1650년경에는 이 '전기(electricity)'라는 용어가 등장하게 되었다. 17세기가 진행함에 따라 몇 사람의 연구자, 특히 게리케(Otto von Guericke)가 전기를 사용한 실험을 더욱 진전시켰다. 그러나 근본적인 새로운 발견은 18세기에 와서 이루어졌다.

그레이의 전도성 관찰

길버트는 물질에는 마찰하면 '전기를 띠게' 되는 것(당기는 힘을 가지게 되는 것)과, 금속과 같이 그렇게 되지 않는 물질도 있다는 것을 알아냈다. 그런데 영국인 스티븐 그레이(Steven Gray, 1670~1736)는 1729년에 금속이 전기를 통하게 한다는 것을 발견하여, 이 사실을 설명하였다. 그래서 그 후에 사용되게 된 이름으로 부르면, 물질 가운데 '도체(導體)'와 '부도체(不導體)' 또는 '절연체(絕緣體)'가 있어서, 구분될 수 있게 되었다. 그리고 도체도 절연해 놓으면 전기를 띠게 되며, 이 도체를 다른 도체와 접속해 두면 전기는 후자에게도 전달된다. 이 경우 전하(電荷)는 양쪽에 배분되며, 지면과 접속하면 상실한다는 것도 알아냈다.

뒤페의 두 가지 전기

프랑스 왕실 식물원의 원장이었던 뒤페(Charles François de Cisternay Du Fay, 1698~1739)는 곧 이어서 다음의 한 발짝을 내디뎠다. 그는 두 가지의 전기를 발견한 것이다. 그 하나는 유리를 마찰하면 발생하고, 다른 하나는 수지(樹脂)를 마찰하면 나타난다. 그래서 그는 이 두 가지의 전기를 각각 '유리의 전기'와 '수지의 전기'라고 불렀다. 뒤페는 같은 성질의 전하를 띤 물질은 서로 반발하고, 반대의 전하를 가진 물체는 서로 당긴다는 것을 제시하였다. 이와 같은 전기 실험을 더욱 진보시키기 위해서는 전기를 종전보다 훨씬 더 다량으로 생산하는 것과 저장해 두는 것이 필요했다. 더욱 성능이 좋은 기전기(起電機)가 전자의 조건을, 그리고 후술할 뮈스헨브루크의 '레이던병'이 후자의 조건을 만족하게 하였다.

이미 게리케도 기전기를 조립하려고 기도하고 있었다. 그래서 18세기 초에는 불꽃 방전을 충분히 일으키는 기전기가 영국에서 처음으로 제작되었다. 이 기전기는 전기에너지를 사용하는 산업에서는 아무 쓸모가 없었으나, 간단한 전기 현상을 연구하는 데는 없어서는 안 될 귀중한 기구였다. 이런 기전기 가운데 가장 간단한 것은, 한 장의 유리 원판을 회전시키고 거기에다 마찰할 가죽 등을 댄 것이며, 회전하는 유리판 안에 마찰전기가 생기게 한 것이다. 이 기전기에서 발생된 전기는 금속성 빗으로 유리판에서 빼내서 도체 구에 저장한다. 이때의 도체 구는 대개 속이 빈 금속 구였다. 이 도체에 손을 대면 감전이 되고, 전하는 지중으로 도망가고 만다. 전하가 강하면 손가락 끝이 가까이 가기만 해도 불꽃을 튀긴다.

뮈스헨브루크의 레이던병

전기를 저장하는 혁신적 기구인 '레이던병'이 나타났다. 이것은 네덜란드 사람인 뮈스헨브루크(Pieter van Musschenbroek, 1692~1761)이 1745년경에 레이던에서 발견한 것이다. 그래서 이 발명품의 이름을 '레이던병(Leyden jar)'이라고 붙였다. 그러나 적어도 또 한 사람인, 독일인 클라이스트(Ewald George von Kleist, 1700~1748)도 같은 시기에 뮈스헨브루크와는 독립으로 같은 것을 같은 방법으로 고안해 냈다. 뮈스헨브루크는 처음에는 금속 구 대신에 물을 채운 유리병을 이용하다가, 물을 채우는 대신에 유리병의 안팎 양면을 연박(鉛箔, 연박)으로 2/3정도의 높이까지 입힌 것을 사용해 보았다. 오늘날의 용어로 말하면, 이것으로 축전 용량(蓄電容量)을 수백 배나 늘린 것이다. 뮈스헨브루크는 자신이 만든 이 축전기에 의하여 감전 충격(전격)을 받은 첫 번째 사람일 것이다. 그는 이 놀라운 경험을 다음과 같이 보고하였다.

"갑자기 나의 오른손은 마치 전신에 벼락을 맞은 것같이 무서운 힘으로 얻어맞았다. 나의 팔과 신체는 무어라 말할 수 없는 무서운 작용에 습격당했다."

뮈스헨브루크는 틀림없이 죽는 줄 믿고, "프랑스 왕을 시켜준다고 해도, 이와 같은 전기 충격은 두 번 다시 받지는 않겠다."라고 맹서했다고 한다. 그런데 얼마 지나지 않아서 이 전기 충격은 장난삼아 하는 실험에 이용되었다.

어떤 프랑스의 중이 왕을 기쁘게 하려고, 손을 잡아 이어진 수인의 친위병들에게 이 전기 충격을 주었다. 그는 또 수백 인의 샤르트뢰즈 파 중들에게도 같은 짓을 되풀이했다. 전류를 이은 순간에 그들은 일제히 나가 자빠졌다고 한다. 우습게도 이와 같은 장난이 유행한 가운데, 가벼운 전기 충격은 인체에 해를 주지 않고 도리어 좋은 영향을 준다고 믿게 되어, 엉터리 치료에도 응용되었다. 여하튼 이 '레이던병'은 전기에 대한 장난만 하게 한 것이 아니라 과학적 연구를 촉진시키기도 했다.

2) 프랭클린의 전기 연구

생애와 업적

프랭클린(Benjamin Franklin, 1706~1790)은 럼퍼드(Rumford)와 함께 자연과학사에 처음으로 나타난 저명한 미국인이다. 그는 종교적 자유를 구하여 영국에서 온 이민자의 아들로, 1706년 1월 17일 보스턴의 가배나 섬에서 태어났다. 어렸을 때 집안이 가난하여 학교를 중단하고, 17세에 필라델피아로 가서 인쇄공으로 일하였다.

그리고 잠깐 동안 영국에 가서 식자공도 하다가, 1726년 필라델피아에 돌아와서 친구와 함께 신문과 인쇄소를 일으켰으며, 1730년에는 단독 관리인이 되었다. 영국에서 돌아온 다음 해인 1727년, 그의 나이 21세에 12인의 회원을 가진 학술 모임을 조직하여, 매주 한 번씩 모여 각종 문제에 대하여 보고하고 토론했다. 이것이 미국 최초의 학회이다. 여기서 출발하여, 1743년에는 '미국 이학 협회'로 불리는 대규모의 조직으로 발전시켰다. 이 시기에 프랭클린은 청년을 교육할 학원 설립도 추진하여, 1751년에 필라델피아 대학을 설립하였고, 이 대학이 후에 펜실베이니아 대학으로 개칭되었다.

프랭클린은 1748년부터 인쇄업을 공동 사업주에게 맡기고, 자신은 오직 과학적 탐구에만 열중하였다. 이러한 그를 세인들은 여가가 많은 사람으로 보고, 각종 공무에 끌어내서 일하게 하였다. 1751년에는 펜실베이니아 주의회 의원이 되었고, 1757년에는 의회 사절로서 영국에 가서 국왕을 접견했다. 이때부터 그는 네덜란드, 영국, 프랑스를 돌아다니며 많은 외교적 사명을 완수하였고, 그의 사회적·문학적·과학적·외교적 성공에 의하여 일약 위대한 인물로 인정받게 되었다. 그는 이 같은 많은 공무에도 불구하고 과학적 연구를 계속했다. 그는 1746년부터 1774년까지 특히 전기 분야 연구에 몰두하였고, 그 후는 미국의 독립운동에 전력을 경주하여 이 격렬한 정치 운동의 지도자 가운데 한 사람이 되었다.

레이던병 방전 실험과 단일 유체설

프랭클린은 1746년, 그가 40세일 때 처음으로 전기학을 알게 되었다. 그가 보스턴에 갔을 때 스코틀랜드에서 온 스펜서 박사와 맛났는데, 그가 전기 실험을 보여준 것이다. 매우 놀랍고도 재미있는 이 실험을 보고 필라델피아에 돌아가 보니, '로열 소사이어티' 회원인 고린손으로부터 전기 실험용 기기가 도착해 있었다. 전기 실험에 대한 그의 흥미와 열의는 대단했으며, 이 실험에서 그의 천부적 재능이 나타났다. 이로부터 불과 1년 후에 그는 고린손에게 다음과 같은 편지를 보냈다.

"나의 열심과 시간이 이렇게도 어떤 일에 집중된 적은 없었습니다. 나는 혼자 있을 수만 있으면 곧 실험을 합니다. 그리고 나의 실험을 보기 위하여 모인 많은 친구 앞에서 실험을 되풀이하여 보여줍니다. 나는 이 이외의 일에는 거의 시간이 없습니다."

프랭클린은 1747년부터 1755년까지의 실험 결과를 무수히 많은 편지에 써서 대부분 고린손에게 보냈고, 그것은 고린손에 의하여 '로열 소사이어티'에 보고되었다. 그래서 1756년에 그도 '로열 소사이어티'의 회원이 되었다. 프랭클린의 초기 편지는 레이던병의 방전 실험과 그의 단일 유체설(單一流體說)에 관한 것이며, 후기의 편지는 그가 처음으로 개척한 '공중전기(空中電氣)'에 관한 것이다.

그는 레이던병의 방전 실험을 통하여 '전기의 본질에 대한 단일 유체설'이라는 이론적 결론에 도달하였다. 뒤페가 발견한 두 가지 전하가 상호 중화하는 것을 확인하고, 프랭클린은 "전기는 다만 한 가지만 존재하며, 유체의 성격을 가지고 있으며, 대전(帶電)하지 않은 물체에도 존재하고 있는데, 이 경우에는 인지될 작용을 전혀 나타내지 않는다. 뒤페가 실증한 두 가지 전기의 한쪽은 이 전기 유체가 여분으로 있기 때문이며, 또 다른 한쪽은 그것이 모자라게 있기 때문에 생긴다."라는 가설을 세웠다. 그래서 프랭클린은 뒤페가 말한 '유리 전기'를 '정(+)의 전기', '수지 전기'를 '부(−)의 전기'라고 불렀다. 그래서 두 가지의 반대 전하가 어떻게 중화될 수 있는가를 명석하게 설명하였다.

공중전기 연구와 피뢰침 발명

이미 1708년에 방전(放電)과 벼락(雷)을 비교할 수가 있다는 생각을 말했다는 영국 사람 월과 1746년에 "강력한 전기의 충격과 불꽃은 일종의 천둥과 번갯불로 보아야 하나?" 하는 의문을 논고했다는 독일인 빈쿠러를 제쳐놓으면, 18세기 중엽까지 번개에 대한 사람들의 인식은 단순한 억측이나 몽상에 지나지 않았다. 그리고 1773년에 오일러가 독일의 공녀에게 보낸 편지에서 "세상 사람들은 번개와 전기 현상의 유사성을 발견한 사람들을 몽상가로 보아 넘기고 있다."라고 말하고 있다.

이와 같이 억측으로만 제창되던 것을 프랭클린은 자기의 실험에 의하여 확실한 토대 위에 세웠다. 프랭클린은 1749년 11월 7일의 편지에 처음으로 '번개'의 전기적 성질에 대해서 기술했다. 그는 번갯불과 방전 불꽃이 일치한다는 것에 대해 다음과 같은 근거와 증명을 들었다.

① 빛과 음이 유사하다.
② 전기 불꽃과 번갯불은 물체를 태운다.
③ 양자는 생물을 죽일 힘이 있다.
④ 양자는 기계적 파괴와 유황이 타는 냄새를 낸다.
⑤ 번갯불과 전기는 같은 도체로 흐르며, 첨단에 띠어 온다.
⑥ 양자는 자기(磁氣)를 교란하고, 자석의 극을 반대로 할 수도 있다.

⑦ 전기 불꽃으로도, 번갯불과 같이 금속을 녹일 수 있다.

프랭클린은 위에 열거한 사항을 증명하기 위하여 레이던병에 의한 일련의 전기 실험을 계속하여 상술한 전기 이론을 발전시켰고, 그 유명한 '연의 실험'에 의하여 공중의 전기를 직접 증명해 냈다. 그는 1752년 6월 어느 뇌우(雷雨) 날에 가는 나무의 十자 살에 명주 천(견포)을 바른 연에 꼬리를 달고 상단에는 철사 침을 달아 배실(마사)의 연줄로 날려 올리고, 연줄 끝은 쇠고리를 통하게 하고, 이 쇠고리는 실내에 설치한 레이던병과 도선으로 연결하였으며, 쇠고리부터 집 안쪽의 연줄은 젖지 않은 명주실(견사)을 사용하여 연을 날리는 사람과 절연시켰다. 그래서 뇌운(雷雲)의 전기를 연 꼭대기의 철사 침으로 끌어들여서 젖은 삼베 연줄과 연줄 끝에 단 쇠고리와 도선을 통하여 레이던병을 충전시켰다.

그 결과 이것이 전기임을 확인하였고, 번갯불과 천둥은 대전한 구름과 구름 사이, 또는 구름과 지표 사이의 방전임을 확인하였다. 그리고 또 구름은 어떤 때는 (+)전기를, 어떤 때는 (-)전기를 가진다는 것도 알아냈다. 프랭클린은 이와 같은 실험을 통하여, 끝이 뾰족한 철봉을 세워서 건물을 번개로부터 보호하는 것을 착상하여, 피뢰침도 발명하게 되었다.

3) 전기학의 발전

에피누스의 수학적 고찰

물리학 교수이자 러시아 과학아카데미 회원이며, 페테르부르크에서 활약한 독일인 에피누스(Franz Ulrich Theodor Aepinus, 1724~1802)는, 프랭클린의 사상에 입각해서 수학적 고찰을 전기학에도 적용하는 연구를 기도한 최초의 사람이다. 에피누스는 자기의 이론을 써서, 17세기 중엽에 여러 연구자가 발견해 놓은 전기 감응 현상을 설명하려는 시도를 하여 상당한 성과를 올렸다.

프리스틀리와 캐번디시

다음에 다시 나올 유명한 두 화학자 프리스틀리(Joseph Priestley, 1733~1804)와 헨리 캐번디시(Henry Cavendish, 1731~1801)도 전기 이론을 진전시키는 데 큰 공헌을 하였다.

프리스틀리는 특히 만유인력이 '거리의 제곱 반비례한다는 법칙'이 전기적 인력과 반발력에도 적용된다는 착상을 하여 이것을 실험으로 증명하였다. 그리고 그는 당시까지의 전기학에 대한 역사서라 할 수 있는 『전기의 역사와 현황(History and Present State of Electricity, 1767)』을 저술해서 과학자들뿐만 아니라 일반인에게도 전기에 대한 관심을 높였다.

캐번디시는 매우 많은 전기 실험을 했고, 매우 소중한 성과도 얻었다. 그러나 그의 실험 성과와 의의는 맥스웰(James Clerk Maxwell, 1831~1879)이 1879년에 캐번디시의 기록을 출판함으로써 19세기 말경에야 비로소 세상에 알려졌다. 맥스웰이 출판한 캐번디시의 기록에 의하면, 그는 후세에 발견된 대부분의 전기에 관한 사항들을 시대에 앞서 이미 발견했음을 알 수 있다. 그러나 그는 이러한 중요한 발견들을 기록해 두었을 뿐이고 발표하지 않았다. 아마도 자신의 연구 성과를 발표할 만한 것으로 생각하지 않았는지, 아깝게도 잠재워 두고 말았던 것이다. 후세에 남겨진 이 논문들은 캐번디시가 새 시대의 최대의 실험적 연구가임을 보여주고 있으나, 그의 기록들이 출판되었을 때는 이미 다른 학자들이 같은 내용을 발표한 후였다. 그래서 여기서 중복해서 논할 필요가 없다.

쿨롱

쿨롱(Charles Augustin de Coulomb, 1736~1806)도 전기 이론 발전상에 수많은 업적을 남긴 프랑스의 공학자이다. 그의 업적 전부를 소개하는 것은 너무 많고 전문적인 것이므로, 여기서는 그의 업적 가운데에서 실제적 공헌과 이론상의 공헌 하나씩만 보기로 하겠다. 쿨롱의 실제적 공적은 미량으로 대전한 두 개의 구(球) 간에 작용하는 힘을 '꼬임 저울'로 측정하는 데 처음으로 성공한 것이다.

그리고 그는 전술한 프리스틀리와는 독립적으로 '제곱 반비례 법칙(쿨롱 법칙)'을 발견하고 실험으로 입증했다. 전기 이론에 있어서 쿨롱은 프랭클린이 말한 것과 같이 전기는 한 가지만 있는 것이 아니라 상반된 (+)와 (-) 두 가지가 있다는 명제를 확립했다. 그리고 대전하지 않은 물체는 이 두 가지 전기를 같은 양을 가진 것으로 보아, 당시에 알려진 모든 전기 현상은 이 이론으로 설명되었다. 그래서 전기학에서 가장 중요하고도 기본적인 '쿨롱의 법칙'을 세웠다.

"같은 전기 입자끼리는 서로 반발하며, 상반된 전기 입자끼리는 서로 당기고, 그 힘의 크기는 두 입자의 전기량을 곱한 데 비례하고, 입자 간의 거리의 제곱에 반비례한다."

"즉, 두 전하를 c_1, c_2, 그 거리를 r이라고 할 때, 그 간에 작용하는 힘 F는 $F=c_1c_2/r^2$이다."

이로부터 현재까지 이 '쿨롱의 법칙'은 전기학에서 가장 기본적인 법칙으로 적용되어 오고 있다.

4) 전류에 대한 연구

이때까지 다루어 온 전기 이론은 대전체의 작용과 행동만을 문제로 삼아 왔으며, '전류'에 대해서는 다루고 있지 않았다. 전류는 주로 이탈리아 사람인 갈바니와 볼타에 의하여 18세기의 4/4분기에 처음으로 발견되어 연구하게 되었다.

갈바니

물고기 가운데는 충격을 주는 것도 있다는 사실이 당시에도 알려져 있었다. 그런데 레이던병에 의한 전기적 충격이 알려지자, 물고기의 충격도 전기적 성질을 가진 것이 아닌가 하는 추측을 하게 되었다. 그래서 볼로냐 대학의 해부학 교수인 갈바니(Luigi Galvani, 1737~1798)는 생물의 전기에 대한 연구를 하기 시작하였는데, 의외의 큰 성과를 거두게 되었다.

1786년, 그는 개구리 한 마리를 해부하여 기전기가 놓여 있는 책상 위에 고정해 두었다. 그런데 한 제자가 해부칼 끝으로 해부한 개구리의 신경을 건드리니, 그 개구리의 다리가 움직여서 오므라들었다. 이 현상이 옆에 있는 기전기와 관련이 있는 것으로 생각돼서, 갈바니는 뇌우 중에도 같은 현상이 나타나리라 생각하고 실험해 보았다. 그는 몇 마리의 개구리를 해부하여 철책에 달린 노쇠 고리에 걸어 두었다.

그랬더니 개구리의 골격이 철책과 노쇠 고리에 동시에 닿을 때도 같은 현상이 일어나는 것을 보았다. 갈바니는 실내에서 몇 번이나 이 실험을 반복해 보았는데 같은 결과를 얻었다. 번개는 명백히 불필요했으며, 개구리 다리가 움직이는 것은 분명히 철과 노쇠 두 가지 금속에 동시에 접촉하는 데 기인했다. 그래서 갈바니는 자기가 관찰한 이 현상에 대하여 다음과 같은 설명을 하였다.

"개구리 다리에는 상당한 양의 전기가 저장되어 있는데, 이것이 두 금속에 동시에 접촉되었을 때에 방전됨으로써 일어나는 현상이다. 이 전기를 '동물적 전기'라고 이름 짓는다."

물론 이 설명은 틀린 것이나, 전류를 발견할 중요한 동기를 주었다. 기전기와 레이던 병으로 다량의 전기를 만들어 저장할 수 있게 되었다. 그래서 강력한 불꽃 방전을 마음대로 일으킬 수 있게 된 것이다. 그러나 이와 같은 실험은 방전을 화학에 응용하는 경우를 제외하면 모두 신기한 구경거리에 지나지 않았다. 전기는 전류의 발견과 더불어 비로소 과학적 의의를 가지게 된 것이다. 갈바니는 전류를 발견한 것은 사실이나, 그는 자기의 관찰에서 틀린 결론을 도출하고 말았다. 그래서 전기를 실제에 응용한 대부분의 공적은 그와 같은 나라 사람인 볼타에게 돌아가고 말았다.

볼타

볼타(Alessandro Volta, 1745~1827)는 개구리의 다리는 전기의 저장원이 아니고, 전기가 있다는 것을 나타내는 검출기에 지나지 않는다고 주장하여 갈바니의 설명에 반대하였다. 그리고 그는 두 가지 금속판 사이에 생물체가 아닌 다른 물질을 두고 연결해도 방전이 일어날 수 있다는 것을 증명하였다. 볼타는 1795년에 일련의 금속에 대한 방전 작용을 일으키는 능력을 연구하여 소위 '금속 전위 계열(金屬電位系列)'을 결정하였다.

볼타는 방전 작용을 더욱 높이기 위해서 한 짝의 금속판이 아니고 여러 장을 사용하면 된다는 것을 곧 알아냈다. 이 경험을 토대로 하여, 그는 유명한 '볼타의 전기 퇴적(電堆)'을 만들었다. 아연판, 젖은 종이, 동판을 순서대로 겹쳐서 쌓아 올린 것이다. 그리고 한쪽 끝은 아연판, 다른 쪽 끝은 동판인데, 한쪽 끝을 도선에 연결하여 다른 쪽 끝에 가까이 하면 불꽃 방전이 일어나는 것을 볼 수 있었다. 이 방전 불꽃은 레이던병에 의한 것보다 약했으나, 방전 작용은 한 번으로 소멸되지 않고 몇 번이나 일으킬 수가 있었다. 그는 아연판과 동판 사이에 젖은 종이를 통하여 전류가 흐르는 것을 발견하게 됐다. 그리고 종이를 희산(稀酸)에 적시면 더욱 많은 전류가 흐르는 것도 알아냈다. 볼타는 같은 원리로 '볼타전지'를 만들어 냈다. 이것은 직렬로 접속한 몇 개의 전지로 된 것이다. 하나의 전지는 유리그릇 안에 희산액을 담고, 그 안에 동판과 아연판을 평행하게 담근 것이며, 한 전지의 동판은 다음 전지의 아연판에 접속하는 식으로 직렬로 접속한 것이다.

이 볼타의 전지는 그 후에 발전된 모든 전지의 원형이 되었다. 그리고 발전기가 발명되기까지는 이 전지가 유일한 전원이었다. 이 전지로 항상 흐르는 전류가 처음으로 생산

된 것이다. 이것은 전기의 혁명적 응용에 도달할 길을 열어준 것인데, 당초에는 사람들을 놀라게 할 일련의 연구와 발견의 단서가 된 것이다. 볼타가 전지를 만들어서 발표한 것이 꼭 1800년이었으므로, 여기서 일단 전기 분야의 고찰은 매듭짓고, 볼타에 뒤따른 연구는 19세기에서 살펴보기로 한다.

4. 화학

18세기의 화학은 보일이 제시한 길로 나아갔다. 그러나 그 진도는 매우 느렸다. 보일이 죽은 후 50년 동안 이렇다 할 연구는 거의 찾아볼 수가 없다. 보일의 사상이 매우 느리게 침투해 간 것이다. 연금술적 관념이 아직도 많은 사람의 머리에 남아 있었다. 보일의 사상이 당시의 사람들에게 받아들여졌을 때도, 그것은 본질적으로는 옛 생각을 동요시킨 데 지나지 않았다. 이제야 넓은 광야에 새로운 지식의 전당이 세워지려고 하고 있었다.

1) 슈탈의 플로지스톤설

화학의 진보가 더디게 된 이유로, 독일인 슈탈(George Ernst Stahl, 1660~1734)이 제출한 플로지스톤설(phlogiston설, 연소설)이 자주 거론된다. 슈탈은 의사이며 할레 대학의 의학 교수였는데, 후에 베를린에서 왕의 시의가 된 사람이다. 그는 화학을 "화합물을 분해하고, 단순한 물질을 결합시키는 학문"이라고 간명 적절하게 정의하였다. 그는 일련의 개별적 발견도 했으나, 그의 이름이 유명한 것은 특히 '플로지스톤설'과 깊게 관련되어 있다. 플로지스톤설은 연소(燃燒)라는 오래된 문제와 관계되어 있다. 연소에서 무엇이 일어날까? 물질에는 왜 연소되는 것과 연소되지 않는 것이 있을까? 옛날부터 가연성 물질에는 '연소'가 포함되어 있고, 그 물질이 연소함으로써 달아난다고 믿고 있었다. 슈탈 설은 이 신념에 근거하여 다만 새로운 옷을 입힌 데 지나지 않으며, 그것의 요지는 다음과 같다.

"가연성 물질은 모두 플로지스톤을 포함하고 있다. 그 플로지스톤은 연소할 때 달아난다. 유황과 같이 플로지스톤이 특히 많이 포함되어 있어 연소하기 쉬운 물질도 많다. 대다수의 금속도 플로지스톤을 포함하고 있다. 금속을 가열하면 회분인 토성의 물질이 남는다. 가열해도 회분으로 되지 않는 금과 은은 플로지스톤을 포함하고 있지 않다."

이 설에 따르면, 금속이나 모든 가연성 물질은 원소로 볼 수는 없게 된다. 이 설이 근본적으로 틀린 것은 명백하다. 이 설에는 연금술의 생각이 아직도 남아 있다. 금속의 상태가 더 우수한 것이며, 금속의 성질이 상실되는 것은 거기서 무엇인가를 빼앗기기 때문이라는 생각이다. 이와 같은 플로지스톤설은 약 100년간이나 살아남았다. 이미 실험이 화학의 군건한 기초를 쌓아 올리고 있던 시대인데도, 당시 화학을 연구한 최고의 학자들에게조차 이 플로지스톤설이 살아남아 있었다. 이런 설도 당시에는 가치가 있었던 것이 틀림없다. 사실 이 설은, 예를 들어 유황의 연소와 같은 이미 알려진 매우 많은 현상을 설명할 수가 있었다. 그리고 영국에서는 슈탈이 세운 이 원리에 따라 유황의 대량 합성이 성공적으로 시작됐다. 플로지스톤설과 같이 작업상의 가설로서는 많은 결실을 줄 수 있는 것도, 완전한 오류로 이끌려 갈 수 있다는 것을 가르쳐 주는 실례이다.

2) 블랙, 캐번디시, 프리스틀리

표제에 내건 이 세 사람은 라부아지에에 이르기까지 18세기 화학자 중에 가장 저명한 사람들이다. 그런데 모두 생애의 태반을 플로지스톤설의 지지자로 보냈다.

블랙(Joseph Black, 1728~1799)은 의사였으나, 후에 에든버러 대학의 화학 교수가 되었다. 그는 공기와는 성질이 다른 기체인 이산화탄소를 처음으로 발견하여 보고하였고, 그것을 '고정 공기(fixed air)'라고 불렀다. 그는 생물이 호흡할 때 내뿜는 기체 중에 이 물질이 포함되어 있다고 하였다.

블랙은 또 자기의 연구에서 반응물질을 반응 전후에 가능한 한 정밀히 측량한 최초의 사람이기도 하다. 화학자에게 가장 중요한 기구인 저울(Balance)이 당시에는 아직 일반적으로 이런 일에 쓰인 사례가 없었다. 물질과 그것의 여러 성질을 연구 대상으로 삼은 화학에서는 옛날부터 이어지던 질적인 사고방식이 남아 있을 수밖에 없었다.

연소의 전후에 물질을 측량한다는 것이 누구도 착안할 수 없었던 것은 아니다. 물질이 연소하거나 금속이 산화하여 재가 될 때, 중량이 증가하는 사실을 이미 확인한 화학자도 있었다. 그러나 플로지스톤설에 집착해 있었기 때문에 플로지스톤은 '부의 질량'을 가진다고 변명해 온 것이다. 틀린 선입견에 사로잡혀 엉뚱한 생각을 하게 된 예이다.

캐번디시와 프리스틀리의 연구는 블랙이 제시한 방향으로 발전해 갔다. 두 사람은 특히 흔한 물질인 공기와 물에 대해서 연구했다. 그들은 이것들의 구성 성분을 인지하여 공기도 물도 원소일 수 없다는 것을 증명하였다.

캐번디시(Henry Cavendish, 1731~1801)는 재산이 많은 명문에서 태어났다. 일생 독신으로 살았고, '로열 소사이어티'를 빼고는 여성이나 사교라고 불리는 모든 것을 매우 꺼렸다. 임종 때조차 그는 혼자 있기를 원했다. 그래서 그는 하녀와 하인들을 쫓아내고 홀로 쓸쓸하게 죽은 것이다.

캐번디시는 측정에 미친 사람이었다. 그런 의미에서 그는 화학의 선구자이기도 했다. 블랙은 이미 이산화탄소를 발견했고, 보일은 100년 전에 이미 철을 회산(稀酸)에 녹이면 어떤 종류의 공기가 나오는 것을 알고 있었다. 이 기체의 특징은 불붙기 쉽다는 것이었다. 그래서 보일은 이것을 '가연성 공기'라고 불렀다. 그것은 바로 '수소'이다. 그런데 캐번디시는 정밀한 측량을 하여, 이산화탄소와 수소의 두 가지 물질이 서로 다른 별개의 것이며, 보통의 공기와도 전혀 다른 것임을 제시했다. '가연성 공기(수소)'는 보통의 공기보다 열한 배나 가볍고, '고정 공기(이산화탄소)'는 공기의 1.5배 무겁다는 것이다. 캐번디시는 보일이 한 것과 같은 방법으로 수소를 만들어 그 성질을 연구하였다. 물이 화합물이라는 것도 캐번디시가 보고한 것이다. 그러나 이것은 그보다 앞서 프리스틀리가 하고 있던 연구에 근거한 것이었다.

프리스틀리(Joseph Priestley, 1733~1809)의 성격과 생애와 운명은, 동료이며 같은 나라 사람인 캐번디시와는 정반대였다. 그는 가난한 집에 태어나서 목사가 되었다. 벤저민 프랭클린과 알게 되어 자극을 받아 자연과학 연구를 하게 되었다. 그의 연구는 곧 사람들의 눈을 끌게 되었다. 그래서 '로열 소사이어티'의 회원이 되었다. 그는 목사라는 지위에 있으면서도 격렬한 성격과 자유분방한 의견 때문에 여러 차례 거듭한 곤란을 겪기도 했다. 프랑스혁명이 일어난 후, 이 혁명에 공명했다는 이유로 그의 집은 군중의 습격을 받아 파괴되고 말았다. 그래서 그는 미국으로 망명하여 그곳에서 죽었다.

프리스틀리는 고정 공기와 가연성 공기를 만든 다음에, 물을 탄산으로 포화시키는 것도 발견하여 탄산수를 처음으로 발명하였다. 그리고 또 다른 기체도 발견하기 위하여 여러 가지 조사도 했다. 기체를 모으는 기계는 영국인 할레(Stephan Hales, 1677~1761)가 이미 고안해 내놓았는데, 그 기체의 수집 조에 채울 액체는 물을 사용하고 있었다. 프리스틀리는 이 물을 수은으로 대치함으로써 물에 녹는 기체도 분리할 수가 있게 하였다.

그래서 그는 염화수소와 같은 많은 기체를 발견하였다. 그는 염화수소를 '염의 정' 또는 '염산 공기'라고 불렀다. 웃기는 기체(笑氣, 소기)로 유명한 '염화질소'도 그가 발견한 것이다.

그러나 프리스틀리의 발견 가운데 첫째로 꼽아야 할 것은 '산소'의 발견이다. 그는 수은을 공기 중에서 가열하여 빨간 산화수은을 얻었다. 이 물질을 밀폐된 용기에 넣고 빛을 모으는 성질이 매우 강한 렌즈를 써서 빛으로 가열하면, 그 산화물에서 기체를 내고 원래의 수은으로 되돌아가는 것을 알아냈다. 프리스틀리는 이 새로운 기체를 다량으로 모아, 이것을 써서 다음과 같은 연구를 시작하였다.

이 새로운 기체 속에 촛불을 넣으면, 보통의 공기 중보다 밝고 오래 타는 것과, 불꽃이 꺼져 연기를 내고 있는 생나무를 그 속에 넣으면 불꽃을 내며 타버리는 것과, 일정량의 이 새로운 기체 속에서는 그것과 같은 양의 공기 중에서보다 쥐가 오래 살아 있는 것 등을 그는 발견했다. 그 자신도 이 기체를 호흡해 보았는데, '가슴이 전례 없이 시원해지는 것'을 감지했다.

이와 같은 실험으로 다음과 같은 점이 명백해졌다. 이 새로운 기체는 호흡과 연소에 불가결한 공기의 성분이며, 보일과 메이어 등이 '활성 공기'라고 이름 붙인 것과 같은 것이다. 프리스틀리는 이 새로운 기체를 '플로지스톤을 함유하지 않은 공기'라고 불렀다. 즉, 보통의 공기에는 플로지스톤이 몇 퍼센트 함유되어 있는 것으로 일반적으로 인식되어 있었고, 촛불을 유리 종으로 덮어버리면 그 속에 공기가 있는데도 꺼져버리는 것은 공기가 플로지스톤으로 포화되기 때문이라고 설명하고 있었다. 그런데 이 새로운 기체는 플로지스톤과 매우 강한 친화성을 가진 것이 명백했다. 왜냐하면 이것은 연소를 촉진하기 때문이다. 그래서 프리스틀리는 이 기체를 플로지스톤을 함유하지 않은 것으로 결론 짓고, '플로지스톤을 함유하지 않은 공기(탈플로지스톤 공기)'라고 부른 것이다.

캐번디시는 프리스틀리가 발견한 이 새로운 기체와 그가 생각해 낸 실험 방법을 연구의 도구로 하여, 물이 화합물이라는 것을 발견한 것이다. 프리스틀리는 몇 사람의 친구들을 재미있게 하기 위하여, 보통의 공기와 수소의 혼합물을 전기의 방전 불꽃으로 폭발시켜 본 적이 있는데, 폭발 후에 용기의 벽에 이슬 같은 것이 맺혀 있는 것에 착안하였다. 캐번디시는 이 실험의 규모를 크게 하여 다시 실험해 보았는데, 보통의 공기 대신에 산소(탈플로지스톤 공기)를 사용했다.

그리고 생겨난 액체를 철저히 조사해 본 결과 보통의 물이 틀림없는 것을 확인하였다.

그래서 물은 복합된 것, 즉 화합물인 것을 명백히 했다. 캐번디시에 따르면, 물은 가연성 공기(수소)와 탈플로지스톤 공기(산소)로 구성된 것이라고 했다. 그러나 이 실험에서 얻은 이 지견에도 아직 플로지스톤설을 탈피하지 못한 잔재가 남아 있었다. 만약에 프리스틀리와 캐번디시가 플로지스톤설의 굴레에서 해방되어 있었다면, 그들은 화학사에서 라부아지에가 차지하고 있는 지위까지 나아가 있었을 것이다.

3) 벨만과 셸레

벨만과 셸레는 둘 다 스웨덴에서 활약한 사람이다. 이 두 사람도 플로지스톤설을 인정하고는 있었으나, 이 설을 무조건 신봉하지는 않았다. 그들은 일반적 견해에 일절 구애되지 않고 연구를 해나갔다. 이들이 명성을 얻은 것도 이와 같은 실험적 연구 태도 때문이다.

벨만(Dorveln Bellman, 1735~1784)은 스웨덴 태생이며 화학 분석의 대가로서, 청산(靑酸), 수산(修酸), 유산(硫酸), 그리고 니켈을 발견하였고, 토주석(吐酒石)을 분석했다. 그의 이와 같은 개별적 분석보다 더욱 중요한 공적은 그가 보여준 연구 방법상의 본보기이다. 그리고 화학 이론상 무기물과 유기물을 구별한 것은 벨만이 처음이다. 그는 또 화학적 친화성의 개념도 세웠다. 물질이 서로 화합물을 형성할 때, 여러 가지 경향을 가지는 것을 알아냈다. 어떤 화합물에 그 화합물 성분의 일부보다 친화성이 큰 또 다른 물질을 반응시키면, 이것이 전의 물질을 화합물에서 쫓아내고 만다. 벨만은, 친화성은 분명히 물질의 극미 입자 간의 인력에 의하여 생기는 것이 틀림없다고 생각하고 있었다. 이 친화성의 개념은 근대 화학의 귀중한 공유재산이 되었다.

셸레(Karl Wilhelm Scheele, 1742~1786)는 슈트랄준트(Stralsund) 태생의 독일인 약제사였으나, 그의 발견은 스웨덴의 쾨핑(köping)에 있는 그의 약국에서 한 것이다. 셸레는 18세기 화학에 있어서 가장 뛰어난 천재적 실험가 가운데 한 사람이었다. 그의 업적 중에 가장 주목할 만한 것은 프리스틀리와는 독립적으로 산소를 발견한 것이다. 그의 천재적 실험에 의한 무수히 많은 연구 결과는, 그가 노고하여 기록한 연구실 일기에 보고되어 있다. 그가 발견하여 처음으로 기재한 물질 가운데는 주석산(酒石酸), 사과산, 구연산, 요산(尿酸), 염소(鹽素) 등이 있다.

4) 라부아지에의 근대 화학 창시

라부아지에의 생애와 업적

화학 분야에서 누구보다 중요한 사람은 '근대 화학의 아버지'라고 불리는 라부아지에 (Antoine Laurent Lavoisier, 1743~1794)이다. 라부아지에는 파리의 목사 가정에서 태어나 법률학을 수학했으나, 그의 흥미는 수학과 자연과학으로 향하게 되었다. 그리고 21세에 벌써 과학아카데미의 상금을 획득하였고, 그 후 곧 아카데미 정회원이 되었다. 그는 26세 때 연구비를 조달하기 위하여 세금 징수 조합에 들어갔다. 양친으로부터 받은 유산의 수입만으로는 과학 연구를 계속하기에 부족했기 때문이다. 이것이 후에 그를 악운으로 끌어넣은 길이 되고 말았다.

세금 징수 조합은 세금을 징수하는 사람들의 단체로서, 정부를 위하여 세금과 부과금을 징수하는 일을 맡아 하였다. 이것은 민중의 눈에 원수와 같았다. 덮어놓고 긁어모아 축재하는 세금 징수 청부인도 많았다. 혁명이 돌발하였을 때, 민중들은 쌓이고 쌓인 원한과 분노를 폭발하였다. 조합원의 대부분은 혁명재판소에 끌려갔다. 라부아지에는 아무런 부정 없이 직무를 집행하였으므로 이 오해와 싸웠으나, 결국 1791년에 고발되어 단두대에서 사형에 처해졌다. 그가 과학에 공헌한 공적을 들어서 처형을 취소하라는 친구들의 탄원도 허사였다. 라부아지에의 구명 운동에 대한 혁명 정권의 답은 이러했다.

"La républiquc n´a pas bcsoin des savants.(공화국은 학자를 필요로 히지 않는다.)"

당시에 프랑스의 위대한 수학자 라그랑주는 이 사건에 대해 "라부아지에의 목을 치는 데는 한 순간이면 충분하나, 그와 같은 우수한 머리가 생기는 데는 100년이 있어도 모자랄 것이다."라는 유명한 말로 애석한 심정을 나타내었다.

라부아지에가 활동을 시작하여 51세에 죽기까지 25년간, 아내의 헌신적 도움을 받으며 위대한 생애의 업적을 달성했다. 과학사는 대부분 발견자의 공적만을 기재하고, 캐롤라인 허셜이나 라부아지에 부인(후에 벤저민 톰슨 경의 부인이 됨)과 같이 무사 무욕의 봉사에 의하여 연구를 성공하게 한 사람의 역할에 대해서는 보지 않고 지나가 버린다. 라부아지에의 논문은 엄청나게 많은 수에 달한다. 그는 항상 실험을 면밀 정확하게 기록했고, 판단은 신중하여 한 발짝 물러서서 했으며, 사실과 추측을 엄밀히 구분하였다. 그의 가장 중요한 저서는 1789년의 『화학 교과서(Traité élémentaire de Chimie)』이다. 라부아지에가 화학에 기여한 공적은 너무나 많은데, 여기서는 네 가지 사항만 들어보기로 하자.

연소 이론

프리스틀리가 산소를 발견하기 이전부터 이미 라부아지에는 연소의 문제를 연구하고 있었다. 그는 자기의 실험을 통하여 다음 세 가지 사실을 확신하게 되었다. 첫째로, 금속을 가열하여 생기는 '회분(灰分)'은 원 금속보다 무겁다는 것이다. 둘째로, 유황이나 인을 연소할 때, 중량이 증가한다는 것이다. 그리고 셋째로, 한정된 체적의 공기 중에서 연소하면, 공기는 일부분 소실하고 남은 공기는 연소를 지속할 힘이 없다는 사실이다.

프리스틀리의 발견은 라부아지에의 사고적 연쇄에 아직도 결여되어 있던 한 고리를 제공해 주었다. 그래서 라부아지에는 곧 일련의 실험을 고안하여 수행했다. 이것은 이미 직감적으로 명백해진 참다운 관계를 최종적으로 해명하고 증거하게 된 것이다. 그는 연(납), 수은, 유황, 인, 탄소 등 수 많은 물질을 밀폐된 일정량의 공기 중에서 연소시켜서 무게의 변화를 확인하였다. 그래서 연소된 물질은 산소가 가해진 만큼 그 무게가 증가한다는 것을 증명했다. 그리고 나서 그는 확신을 가지고 다음과 같이 주장할 수가 있었다.

"슈탈이 말하는 플로지스톤은 상상의 산물이며 금속, 유황, 인, 등에, 한마디로 말하면 가연성 물질 모두에 플로지스톤이 들어 있다는 것은 사실무근이다. 연소와 회화(灰化)의 현상은 플로지스톤이라는 가상물을 쓰지 않는 편이 쓸 때보다 더욱 간단명료하게 설명되는 것이다."

라부아지에는 그의 설이 수용될지에 대한 회의적 예상을 말하고 있다.

"나는 나의 생각이 즉시 받아들여질 것이라고는 생각하고 있지 않다. 사람의 마음은 기성의 견해를 받아들이는 데 편리하게 되어 있어서, 일생의 대부분을 어떤 일정한 기성 관점에서 자연을 고찰하는 데 소비하는 사람들은, 이 새로운 사상을 좀처럼 받아들이려 하지 않을 것이다."

이 예상은 맞지 않았다. 그가 낸 결론은 매우 결정적이었기 때문에 화학자들은 플로지스톤설을 버리지 않을 수 없었다. 개종하지 않은 사람은 프리스틀리뿐이었다. 그 이후로는 이 새로운 연소 이론에 반대할 도리가 없었다. 이 설의 골자는, 연소에 있어서 공기

중의 산소가 연소 물질과 결합한다는 점에 있다. 따라서 연소의 산물은 단일체도 아니고 원소도 아니다. 그리고 산소는 공기의 일부를 점하고 있는 데 지나지 않는다. 공기의 태반은 라부아지에가 '아조트(azote, 질소)'라고 이름 붙였고, 프랑스에서는 오늘날도 그렇게 불리고 있다. 산소와 질소의 비를 라부아지에는 '1 : 3'이라고 하였다.

물의 근원인 수소나 산의 근원인 산소(산의 근원보다는 프리스틀리의 '불의 공기' 쪽이 더 적절한 표현인데)라는 이름을 붙인 것도 라부아지에이다. 라부아지에는 처음에 연소와 산화를 구별하고 있었다. 연소할 때는 언제나 열과 빛을 수반하는 불꽃이 생기는데, 산화할 때는 그렇지 않기 때문이다. 그러나 그는 호흡의 생리학을 연구하던 중에, 생물체 내에서도 '완만한 연소'가 일어나고 있다는 것을 인식하게 되었다. 이와 같은 그의 생리학상의 연구는 아깝게도 미완성인 채 끝나고 말았다.

물의 조성

라부아지에는 수소와 산소에서 물을 만들어 냈으나, 이것은 캐번디시의 실험을 추가적으로 시험한 것이다. 그리고 산소에 대한 연구에서도 프리스틀리의 이름을 들지도 않았고, 물의 합성에 대한 캐번디시의 선취권에 대해서도 언급하지 않았다. 그 이유는 라부아지에의 다음과 같은 연구 업적에 의하여 비로소 의의를 가지게 되기 때문이었다.

라부아지에는 산소와 수소 두 물질을 결합하여 물을 만들었고, 그 체적의 비가 '1 : 2'라고 결정하였다. 그리고 이렇게 하여 얻은 물을 다시 두 가지 기체로 분해하는 데도 성공했다. 이것에 의하여 비로소 물이 화합물이라는 것에 어떠한 의문도 남기지 않게 된 것이다.

라부아지에는 그의 연구를 시작한 첫 발짝을 내디딜 때부터 벌써 물에 대한 또 하나의 유명한 실험을 했다. 물을 충분히 긴 시간 끓이면 흙으로 변하거나, 그렇지 않다고 해도 적어도 흙이 재로 남는다는 것이 고래로부터의 연금술사의 개념이었으며, 당시에도 그렇게 믿고 있었다. 그런데 라부아지에는 완전히 순수한 물을 깨끗한 용기에 넣고 끓여서 이러한 선입견을 타파했다.

질량의 보존

질량이 보존된다는 유명한 법칙을 라부아지에는 다음과 같이 말하고 있다.

"왜냐하면 인위적 조작하에서든지 자연의 조건하에서든지 간에, 새로이 창조되는 것은 하나도 없기 때문이다. 그리고 어떠한 조작에 있어서도 조작 전후의 물질의 양은 같으며, 기본 물질의 성질과 양은 그대로 있고, 다만 변화와 변형이 있는 데 지나지 않는다는 근본 명제를 설정할 수 있다. 화학의 모든 실험 기술은 다음의 원칙에 서 있는 것이다. 즉, 연구 대상으로 한 물체와 분석에 의하여 물체에서 얻은 기본 물질과의 사이에는 항상 사실상의 동량성 내지 등식 관계가 성립한다는 원칙이다."

이 '물질의 보존법칙'은 고대로부터 내려온 가장 보편적 법칙이며, 과학에서 가장 변화 없는 근본적 법칙이다. 뉴턴은 이미, 어떠한 동력학적 변화를 받아도 질량은 일정하게 보존된다는 원리를 세웠다. 라부아지에는 이것에 첨가하여, 이 보존법칙은 화학적 변화의 경우에도 성립한다는 것을, 그의 더할 수 없는 정밀한 측정에 근거하여 제시하였다. 이 명제는 오래도록 광범위하게 인정되는 원리가 되었다. 그러나 이 원리가 군림하게 됨으로써 불리한 점도 나타났다. 모든 화학 현상의 에너지적 측면이 오래도록 주목받지 않게 된 것이다. 그러나 에너지의 본질이 밝혀져서 에너지와 질량의 동등성이 입증된 오늘날, 기존의 모든 과학적 지식이 변해 버린대도 이 보존법칙만은, 소립자라는 극미의 세계와 무한히 큰 우주에도 변함없이 적용되는 하나의 진실이다.

원소

라부아지에의 노력은 전체적으로 개관해 볼 때, 깜짝 놀랄 새로운 것을 발견하는 것이 아니고, 기지의 사실을 비판적으로 음미하는 데 쏟고 있었다. 그는 기지의 반응을 재검사하고 방법을 재검토하여 보다 정밀하게 하였다. 그는 새로운 물질을 발견하려고 뜻한 것은 아니다. 그가 첫째로 알아야 했던 것은, 기지의 물질 중에 어느 것이 보일이 요청한 의미에서의 참다운 원소인가 하는 것이었다. 라부아지에는 원소로 볼 수 있는 물질을 한 묶음으로 하여 생각하려고 했다. 그가 얼마나 주의 깊게 비판적 눈으로 이 과제를 다루었나 하는 것은, 그의 저서 『화학 교과서』에 기술한 다음 대목에서 알 수 있다.

"화학은 천연의 여러 가지 물질을 분해하여 그 화합에 참가한 여러 물질을 분해하여 조사하는 것이다. 우리가 현재 '단일(분해할 수 없다)'로 보고 있는 물질도 참으로 단일인가 아닌가를 단정할 수가 없다. 우리가 말할 수 있는 것은, 화학 분석으로 추궁해 가니 이것저것이 최후의 것이라는 것과, 현재의 지식으로는 이들 물질은 더 이상 분해할 수 없다는 것밖에는 없다."

라부아지에가 짠 원소표에는 33종의 물질이 기재되어 있다. 그가 필두에 둔 것은 '빛과 열'이었다. 즉, 그는 아직 이것들을 특수한 물질로 보고 있었다. 그 외에도 화합물을 원소로 들고 있는 것도 몇 개 있다. 그러나 그가 이용한 방법으로는 아직 그와 같은 물질을 분해할 수는 없었던 것이다. 그러나 23개에 달하는 많은 물질, 즉 '탄소, 수소, 산소, 질소, 인, 유황, 안티몬, 비소, 창연(蒼鉛, bismuth), 코발트, 동, 금, 철, 연, 망간, 수은, 몰리브덴(molybdenum), 니켈, 백금, 은, 석(주석), 텅스텐, 아연' 등은 틀림없는 원소였다. 이 표에는 17개의 금속이 기재된 반면, 비금속은 6개밖에 수록되지 않았다. 라부아지에 이후에 1800년까지의 수년간에 '우라늄(uranium)', '티타늄(titanium)', '크롬(chromium)', '테르븀(terbium)'의 4원소가 추가되었다. 이로부터 30년 후에는 알려진 원소의 수가 두 배로 늘어난 것으로 보아, 라부아지에가 이룩한 토대 위에 그 이후의 시대에 화학이 얼마나 급속히 발전해 갔는지를 알 수 있다.

화학기호

과학이 진보함에 따라 물질이나 화합물을 나타내는 기호나 식이 절실히 요구되었다. 연금술은 물질을 나타내는 일련의 기호를 가지고 있었다. 연금술의 근본적 생각에서 보면, 모든 물질은 일종의 독립체이며 그것을 나타내는 기호는 말하자면 그 독립체의 '문장(紋章)'이었다. 그러나 이와 같은 문장은 두 가지 이유에서 과학적인 화학의 요정 상 매우 부적합했다. 첫째로, 그것에 따르면 화합물을 포함한 모든 물질은 각기 독자적 기호를 가져야만 할 것이다. 기지의 물질의 수는 당시에 이미 수천이므로, 조금 후에는 수만에 달하는 기호가 필요하게 되어, 이 기호를 배우는 일 자체가 하나의 과학, 즉 지식의 집체가 되고 말 것이다. 둘째로, 이 기호는 질에만 국한된 것으로 양적 지견을 줄 가능성은 없었다. 라부아지에는 연금술의 기호와 닮은 기호를 원소에 사용했다. 그리고 그는 양에 대한 표시를 첨가할 필요를 느껴, 의사가 하던 처방 방식에 따라 각각의 연구에서 사용한 물질의 중량을 기호의 앞이나 뒤에 기재하는 대책을 강구했다. 그러나 이것은 일시적 방편에 지나지 않았다. 라부아지에와 동시대의 사람 가운데, 이것보다 훨씬 우수한 기호를 발전시킨 사람은 적지 않다. 화학기호에 있어서 최대의 전진을 가져다준 것은 독일계 프랑스 사람인 앙리(Jean Henry, 1755~1827)가 1787년에 발표한 제안이었다. 그가 제안한 기호는 오늘날 널리 사용되고 있는 기호에 매우 가까운 것이었다. 원소는 라틴어의 첫 대문자로 표시되었다.

제 18 장
에너지 연구

18세기의 과학기술상 특기할 사항은, 이 세기에 들어서서 비로소 에너지에 대한 연구가 서서히 관심의 초점이 되어 온 것이다. 그렇다고 당시에 에너지의 일반 개념이 파악되어 있어서 이론적 연구가 행해졌다는 말은 아니다. 과거를 되돌아보면, 당시의 연구가 그러한 개념 쪽으로 전진한 것은 확실하다. 그리고 또한 그러한 개념이 결여되어 있었기 때문에, 그러한 연구의 진행이 방해되거나 실험 결과가 잘못 해석되는 수도 가끔 일어나서, 각종의 국면에서 얻어진 지견을 일반 이론으로 통합하지 못한 것도 명백하다. 그러나 역사적으로 고찰해 보면 명백한 것과 같이, 일반적 개념이라는 것은 다수의 개별적 경험으로부터 비로소 조금씩 축출될 수 있는 것이다.

18세기에는 '에너지'라는 표현 자체가 아직 사용되지 않았다는 것도 이것을 뒷받침하고 있다. 이 말을 도입한 것은 토머스 영(Thomas Young)이며, 19세기 초(1807년)의 일이었다. 18세기의 에너지 연구를 살펴보는 데 있어서, 우선은 현재 우리가 가지고 있는 정리된 에너지 개념은 잊어버리기로 하자. 오늘날이면 같은 에너지가 다양한 모습으로 나타나 있다고 해석될 수 있는 현상을, 18세기의 과학자는 어떻게 생각하고 있었을까? 화학자 라부아지에가 1789년에 원소표를 정리하였을 때에, 그 필두에는 '빛'과 '열'이 기재되어 있다. 즉, 그도 당시 태반의 사람들이 생각한 것과 같이 빛과 열을 원소적인 물질이라고 생각한 것이다. 당시는 아직 빛과 열의 현상에 대한 질량 차를 인지하거나 측정할 수 없었기 때문에, 이들 물질은 무게가 없는(측량할 수가 없는) 것으로 생각할 수밖에 없었다.

물체를 가열하면 이 열 원소라고 하는 유체(流體)가 물체 속으로 흘러 들어가고, 냉각하면 이 열 원소가 흘러나온다고 생각했다. 물론 무게의 변화는 없이 말이다. 같은 생각이 자기(磁氣)와 전기(電氣)에도 적용되었다. 대전체(帶電體)에는 전기적 유체, 자기화(磁化)한 물체에는 자기적 유체가 포함되어 있으며, 이것들은 물질 같기는 하나 무게는 잴 수 없는 어떤 유체로 생각했다. 이 외에도 무게가 없는 물질로, 연소(燃燒)의 근원이라고 믿은 '연소(燃素, 플로지스톤)'라는 것이 있었다.

이와 같은 가정은 오늘날 우리의 지식에 비춰보면 틀리기는 하나, 이와 같은 설의 가치나 의의, 그리고 그러한 학설 안에서 행해진 연구를 경시할 수는 없다. 그것들은 이론상으로 해야만 할 것을 해낸 것이다. 모두 한결같이 잘하였다고 말할 수는 없으나, 이미 획득한 경험을 해석하여 논리적으로 종합하였고, 새로운 실험에 대해서도 일종의 인도 역할을 해낸 것이다. 이와 같은 실험 자체나 실험이 밝혀내 보인 사실은 매우 가치 있는 것이며, 새로이 개량된 이론의 초석이 된 것이다. 그리고 또, 과연 빛과 열과 전기 등이 당시에 생각한 것과 같은 것이 아니라는 것을 오늘날의 우리는 알고 있다. 그러나 그것들이 무엇인가는 결국 우리도 모르고 있다. 이와 같은 점에서, 근대의 물리학이 일관하여 진행해 온 길은, 갈릴레이가 '무엇인가?(What?)' 하는 본질적 물음을 단념한 때에 시작된 길이었다. 자석은 어느 정도 떨어져 있는 공간을 통하여 물체를 당기거나 반발하는데, '왜(Why)' 이와 같은 것이 가능한가? '무엇이(What)', 중간에 어떤 매체도 끼여 있지 않은데, 두 개의 떨어져 있는 물체가 상호 작용을 미치게 하는가? 하는 것을 18세기에는 이해할 수가 없었다. 그래서 어떤 종류의 유체를 가정하여, 이것이 물체 간에 작용한다고 하였다. 오늘날의 우리는 자기 작용이나 전기 작용, 그리고 중력 작용 등을 '장(場, field)'이라는 가정으로 설명하고 있다. 그러나 결국은 우리도 이와 같은 가정의 도움으로 현상이 어떻게 일어나는가를 보다 잘 설명할 수 있으므로, 그것에 만족하고 있는 셈이다.

각종의 에너지 형태에 대한 연구는 사실상의 지식을 축적하는 데 있어서나 이론을 개발하는 점에서도 그 형태에 따라 각각 다른 빠르기와 방법으로 진행되어 왔다. 방사에너지 연구의 기초가 될 '광학(光學)'은 17세기 말까지 뉴턴과 호이겐스에 의하여 빛의 본성에 관한 사상을 정립한 후 19세기에 가서 다시 다루어지기까지, 18세기에는 본질적인 진전은 아무것도 없었다. '역학적 에너지'의 발현 방식은 운동 법칙을 통하여 잘 알려져 있었다. 이 에너지에 대해서는 17세기와 18세기 초에 이미 일종의 '보존법칙'이 정립되어 있었다. 이것은 주로 라이프니츠를 위시하여 요한 베르누이와 오일러에 의하여 이루어졌다. 그 결과, 역학적 방면에서는 영구기관(永久機關)을 조립할 수 없다는 것이 확실해졌다. 오늘날도 영구기관에 관한 특허 출원이 가끔 있는데, 이 당시 이미 영구기관이라는 것이 도대체 존재할 수 없다는 것이 직관적으로도 알려져 있었다. 여하튼 프랑스 과학아카데미는 이미 1775년에 "영구기관 문제의 해결이라고 하는 것은 금후 수리하지 않는다."라는 결의를 하였다. 왜 그것을 해결할 수 없는가? 각종 에너지 형태와 관련되는 것들이 발견되기까지 그 이유를 모르고 지난 것이다.

이 장에서는 '열'과 '전기'라는 두 가지 에너지 형태에 대한 18세기의 연구와 업적을 살펴보아야 하나, 이 두 가지에 대한 연구가 시작된 단서는 각각 다르다. 열 현상은 태고로부터 인류와 관련되었으며 또한 익숙한 것이다. 뜨겁다거나 차다는 질적 감각, 열이 한 물체에서 다른 물체로 전달되는 것, 마찰하면 열이 생긴다는 것, 열이 물체를 팽창시킨다는 것 등은 고대로부터 경험해 온 자산이었다. 그러나 이제 과학적인 열 이론은, 다음과 같은 세 가지 일을 해내야 했다. 첫째, 기지의 여러 현상을 개념적으로 더욱 명확히 하는 것. 둘째, 열 현상을 정량적으로 파악하는 것을 배우는 것. 셋째, '열 원소'라는 관념을 극복하는 것. 다른 한편인

전기의 경우는, 이렇다 할 본질적인 것은 길버트가 준 조금의 경험 지식밖에는 없었다. 여기서는 우선, 현상을 많이 발견하는 것이 선결 문제였다. 앞 장에서 기술한 것과 같이, 18세기의 전기학사는 무엇보다도 일련의 실험으로 이와 같은 발견을 해나가는 과정이었다. 이와 같은 전기학 상의 실험적 발전과 발명은 아직 전기에너지의 개념을 도출할 단계까지는 가지 못했다.

1. 열 학설의 발전

1) 블랙의 열 개념

'열(熱)'이라는 것은 처음에는 매우 일반적인 개념이었고, 결코 같다고 말할 수 없는 몇 가지 사상을 동시에 의미하고 있었다. 특히 온도와 열량을 구별하지 못했다. 이 구별을 인정하게 된 것은 스코틀랜드의 유명한 화학자 블랙(Joseph Black, 1728~1799)의 공적이다. 그는 글래스고 대학에서 의학을 공부한 후, 컬렌(William Cullen, 1710~1790) 밑에서 화학을 공부하였고, 에든버러 대학에서 화학 박사 학위를 받은 후 컬렌의 뒤를 이어서 1756년에 글래스고 대학의 화학 교수가 되었으며, 이어서 에든버러 대학의 화학 교수로 지낸 저명한 화학사이다. 그는 새로운 화학 건설에 많은 공헌을 하였을 뿐만 아니라, 열 학설에 있어서도 중요한 개념을 정립했다.

블랙은 얼음에서 물, 물에서 수증기로의 상태 변화 과정을 연구하였다. 그는 당시까지 생각되어 온 것과는 달리, 열이 물체에 끊임없이 들어간다고 해서 반드시 온도도 끊임없이 올라가지는 않는다는 사실을 알게 되었다. 그가 확인한 바로는, 융해나 응고를 할 때 열이 간단없이 들어감에도 불구하고 온도는 일정하게 유지되는 것이었다. 그는 '잠열 현상(潛熱現象)'을 처음으로 발견한 것이다. 이 실험에서 얻은 결론으로 블랙은 열의 양(열량)과 세기(온도)를 개념적으로 구별하였다. 그리고 그가 이 실험에서 착안한 또 한 가지의 중요한 사실은, 일정 중량의 각종 물질의 온도를 일정하게 높이는 데는 물질에 따라 각기 다른 열량을 필요로 한다는 것이다. 즉, '열용량(熱容量)' 또는 '비열(比熱)'이라는 개념이 이와 같이 하여 얻어진 것이다.

2) 온도와 열량의 측정

갈릴레이와 그의 후계자가 열에 의한 액체의 팽창을 이용한 온도계를 발명하였다. 그러나 그들이 발명한 온도계는 대기 압력의 영향을 받기 때문에, 동일 온도를 항상 같이 표시할 수는 없었다. 그리고 그 당시에는 기준으로 잡거나 비교의 기초가 될 표준 체계도 없었다. 그래서 이것으로는 온도를 측정할 수 없었다. 따라서 그들이 발명한 것은 엄밀한 의미로는 '온도 검출기'에 지나지 않는다. 열의 지표로서 어떤 물질의 팽창을 이용한 것으로, 공기를 뺀 관 속에 이 물질을 밀봉하면 대기 압력의 영향을 받지 않고 온도를 측정할 수 있다. 이러한 근대적 온도 검출기를 처음으로 사용한 것은 페르디난트 2세이며, 17세기 중엽 경이다. 이 관의 길이를 등분하여 그 한 구분을 단위로 선정하면, 비로소 온도 눈금이 얻어진다. 가령 100개의 눈금을 새기고, 한 눈금을 관의 1/100에 상당하게 하면, 같은 온도계를 사용하는 한 온도를 비교할 수는 있게 된다. 그러나 아직도 일반적인 표준 체계는 이루지 못한다. 그것에는 두 개의 표준적 고정점이 필요하다. 이 두 개의 표준점이 정해짐으로써 온도계가 된다.

뉴턴 눈금

뉴턴은 1701년에 물의 빙점을 영(0)으로 삼을 것을 제안한 바 있다. 그리고 제2의 고정점은 인체의 체온을 채택하여, 그 사이를 처음에는 12등분하여 온도 단위로 하였다.

파렌하이트(화씨) 눈금

온도 측정의 아버지인 파렌하이트(Gabriel Daniel Fahrenheit, 1686~1736)는 위쪽 고정점을 역시 체온으로 택하고, 아래쪽 고정점으로 얼음과 식염 혼합물의 최저 온도를 택했다. 그는 처음에 이 눈금을 12등분했다가 뒤에 96등분했다. 물의 빙점은 이 눈금으로는 82도이며, 끓는점은 212도에 왔다. 이 파렌하이트(華氏) 눈금(°F)은 지금도 영국계 국가들에서는 사용되고 있다.

레오뮈르(열씨) 눈금

프랑스 사람인 레오뮈르(RenéAntoine Ferchault de Réaumur, 1683~1751)는 자연과학의 많은 분야, 특히 생산 공정을 개량하는 데 큰 공적을 남긴 사람이다. 그는 물의 빙점을 영점으로 채용하고 있다. 그리고 물의 끓는점은 그의 눈금으로는 80도가 되었다. 그러나 그가 물의 끓는점을 80도로 잡은 것은 아니고, 우연히 그렇게 된 것이다. 그는 0도 이하의 체적을 기준으로 하였고, 이 체적의 1000분의 1을 한 눈금으로 하였는데, 물의 끓는점이 그의 눈금으로 80도에 온 것이다.

셀시우스(섭씨) 눈금

가장 계산하기 쉽고 실용적인 눈금은 스웨덴의 천문학자인 셀시우스(Anders Celsius, 1701~1744)가 발명했다. 그는 물의 빙점과 끓는점의 두 온도를 기준으로 하여 빙점을 0도, 끓는점을 100도로 100등분한 눈금을 고안해 냈다. 이것이 오늘날도 가장 많이 사용되고 있는 온도 측정의 눈금이다.

액체 온도계에는 공통된 결함이 있다. 그것은 액체가 온도에 대하여 같은 비율로 팽창하지 않는다는 것이다. 이 난점은 17세기에 이미 알려진 것이었다. 그러나 기체의 팽창은 사실상 완전히 같은 비율로 규칙적 팽창을 한다고 보아도 좋았다. 그래서 과학적 온도 측정에는 기체가 적합하다는 것을 게이뤼삭(Joseph Louis Gay-Lusac, 1778~1850)이 19세기에 발견하게 된다. 액체 중에는 수은이 가장 기체에 가까운 값을 나타내기 때문에, 일반적으로 통용되게 되었다. 오늘날에는 극도로 높은 온도나 낮은 온도에 대해서는 별도의 온도 측정법을 사용한다.

열량 측정

전술한 것과 같이 열량 측성의 제일보를 내디딘 사람은 블랙이었다. 일성량의 물을 일정 도수만큼 온도를 높이는 데 얼마의 열량이 필요한가를 확정하면, 열량의 단위를 얻을 수 있다는 것을 그는 알아냈다. 오늘날의 국제 열량 단위는 이 원리에 입각하여, 물 1그램(g)을 섭씨 15도에서 16도로 높이는 데 소요되는 열량을 '1칼로리'라고 정하였다. 앞 장에서 기술한 라플라스와 라부아지에는 열량계를 개선하는 데도 공적을 세웠다.

3) 럼퍼드가 밝힌 열의 정체

19세기 말에 출간한 푸르크루아(Antoine-François Fourcroy, 1755~1809)의 저작 『화학 지식의 체계(Systeme des connaissance chimique, 1800)』의 다음 구절은 당시 열에 대한 개념을 가장 잘 나타내고 있다.

"열소(熱素)는 모든 물체에 침투하여 물체의 각 입자 간에 끼어들어 이것들을 벌려놓아 입자들이 서로 당기는 것을 방해한다. 이것은 물체를 늘어나게 해서, 고체를 액화하고 액체를 눈에 잘 보이지 않을 정도로 희박하게 하여 기체가 되게 한다. 이와 같은 일에서, 액체는 고형의 물질과 열 원소가 결합한 것이며, 기체는 물질이 열 원소 안에 녹아 있는 것이라고 할 수 있다. '열 원소' 그 자체는 자연의 모든 물질 중에 가장 미세하고, 가장 가볍고, 가장 탄성이 있는 것이다. 그래서 그 무게를 인지할 수 없다. 열 원소는 특수한 물질이며, 많은 자연과학자가 생각해 온 것과 같이 모든 물질의 변형이 아니라는 것을, 이와 같은 모든 사실이 증명하고 있다."

이 구절은 그 당시 열의 본성에 대하여 어떤 관념을 가지고 있었는가를 너무나 뚜렷하게 보여주고 있다. 그리고 이 설로도 열의 많은 작용을 설명할 수 있으나, 이것으로는 어떻게 하여도 설명할 수 없는 현상이 하나 있었다. 그것은 마찰에 의한 열의 발생이다. 이 현상은 낡은 이론을 재검토할 동기가 되었다.

미국 청년 벤저민 톰슨(Benjamin Thompson, 1753~1814)은 미국 독립전쟁에 참가한 후에 영국에 가서 결국은 바이얼 공에게 사관하게 되었다. 그리고 그의 공적이 바이얼 공에게 인정을 받아, 럼퍼드(Rumford) 백작이라는 귀족 신분이 되었다. 그래서 그의 본명보다는 '럼퍼드 백작'으로 불리게 되었다.

럼퍼드는 뮌헨에서 대포 제작에 관계하였다. 그는 대포의 구멍을 뚫을 때 다량의 열이 발생하는 것을 관찰하였다. 그런데 이것은 그가 알고 있던 '열 원소의 설'과 일치하는 것이 아니었다. 첫째로, 대포 몸체에 구멍을 뚫어가는 중에 열 원소가 소진하여야 하는데 그렇지 않았다. 그리고 둘째로, 대포 몸체나 깎아낸 부스라기에는 하등의 변화도 없었기 때문이다.

럼퍼드는 이 문제를 확실히 구명하기로 하였다. 그는 구멍을 뚫을 때 발생하는 열로 상당한 양의 물을 가열하는 장치를 고안했다. 수온이 한 시간 후에는 화씨 47도까지 올라갔다. 두 시간 후에는 화씨 200도에 달했고, 두 시간 반 후에는 구경꾼들이 놀라는 가운데 물이 끓기 시작하였다. 럼퍼드는 이 실험에서 다음과 같은 결론을 얻었다. 이 과정에서 열원은 무진장한 것 같다. 따라서 '열 물질'이라는 생각은 자기의 실험 결과와 맞지 않는다. 열은 '일종의 운동'임이 틀림없다고 결론지었다.

이와 같이 하여 1796년에 열에 대한 올바른 인식이 한 발짝 내디뎌졌다. 럼퍼드는 이것 말고 다른 실험도 하여 자기의 주장을 뒷받침하였다. 당시 물리학자 전부가 열 원소설에 찬성한 것은 아니었다. 보일도 뉴턴도 베르누이도, 열은 일종의 운동이라는 설명 쪽에 기울고 있었던 것 같다. 그럼에도 불구하고 럼퍼드의 이 확실한 실험 결과는 인정받지 못하였고, 잘못된 '열 원소론'은 19세기 중엽까지 살아 있었다. 그러나 열이 기계적 에너지로 전환한다는 확실한 증거가 나오게 되자, 완고했던 '열 원소론' 지지자들도 굴복하지 않을 수 없게 되었다. 럼퍼드는 유명한 '럼퍼드 수프'를 발명하였다. 이것은 마찰력으로 물을 끓이는 것을 증명한 것으로, 그가 뮌헨의 영국식 정원에 남겨놓은 선물이다.

2. 증기기관의 발달

전기 현상에 대한 연구를 촉진시킨 중요한 자극은, 앞 장에서 살펴본 것과 같이 이러한 현상이 나타내는 놀랍고도 신기한 것에 있었다. 그러나 사람들이 열 현상에 대하여 더욱 더 큰 흥미를 가지게 된 것은 증기가 물체를 움직일 힘을 가지고 있는 것을 알게 되고, 그것을 실생활에 이용하려는 의욕에서였다. 다행히도 이와 같은 인간 복지를 위한 실천적 발명 정신은, 그 길을 열어줄 이론적 지식을 과학이 모두 밝혀주기까지 착상의 실현을 기다릴 필요가 없었으며, 또한 대개의 경우 그렇지 않았다. 앞 절에 기술한 18세기의 열 이론은 증기기관을 조립할 기초가 될 수 없었다. 그런데도 증기기관은 이 세기의 산물인 것이다. 증기기관은 과학적 원리 없이 경험적으로 발전되었다.

이 증기기관이 발명되어 실용한 후 오랜 세월이 지나서도, 그 안에서 진행되는 일의 본질이 무엇인가를 과학은 찾아내지 못했다. 이것은 기술이 과학을 앞선 좋은 예이다. 그리고 국가적 과학기술의 발전을 위한 정책에 있어서, 특히 산업 기술의 발전 정책에 있어서, 생산 일선에 근무하는 기능공들의 발명 의욕과 착상이 얼마나 중요한가를 가르쳐주는 좋은 교훈이기도 하다. 이 장의 앞 절에서 18세기의 열 이론에 관하여 기술하였는데, 그것은 증기기관을 발명한 기초 요건으로서 기술한 것이 아니라, 그와 같은 미개상태에서 이 위대한 발명이 이루어졌다는 것을 제시하고자 기술한 것이다.

1) 증기기관의 전사(前史)

일반적으로 증기기관의 발명은 파팽(Denis Papain, 1647~1712?)에서 시작되어, 와트

(James Watt, 1736~1819)가 완성한 것으로 알려져 있으나, 따지고 보면 고대에도 이미 발명되어 있었으며, 실용화도 되어 있었다고 고대와 중세 과학사에서 이미 기술하였다. 그러나 고대와 중세의 증기기관이 18세기의 증기기관 발명에 미친 영향은 크지 않은 것으로 보인다. 아니 영향이 없었다고 보아도 좋다. 그래서 증기기관의 발달사에 관하여 영국 사가들은 와트를 위시한 몇 사람의 영국인에 의하여 발명되었다고 하며, 『대영 백과사전』에도 그렇게 기술되어 있다.

이에 반하여 아라고(Dominique François Jean Arago, 1786~1853)는 특히 파팽의 공적을 내세우며, 파팽 이전의 '증기기관의 전사(前史)'도 정리하였다. 본 절에서는 아라고가 정리한 '증기기관의 전사'를 개관한 다음, 파팽부터 시작하여 18세기에 증기기관을 발명하고 발전시켜 활용한 과정을 살펴보기로 한다.

포르타

나폴리 사람 포르타(Giovanni Battista della Porta, 1541~1604)의 『기체 장치』는 1601년에 나폴리에서 출판된 책이다. 이 라틴어 책은 1606년에 이탈리아어와 스페인어로 번역되어 출판되었다. 이탈리아어 역본에는 다음과 같은 증기기관 개발의 기초가 될 중요한 기사가 있다.

"한 용적의 물이 수배의 용적으로 변하는 것을 알 수 있다. 유리 또는 석(錫)으로 상자를 만들고 그 밑바닥에 구멍을 뚫어서, 이 구멍과 한두 온스의 물이 든 증류 병목을 연결하고, 물이 새지 않게 납땜을 한다. 그리고 같은 상자의 밑바닥으로부터 한 자루의 관을 세운다. 관의 구멍은 밑바닥에 거의 닿을 정도로 하여 겨우 물이 관으로 흘러 들어갈 수 있게 하고, 그 관은 상자 뚜껑을 뚫고 나와 있게 한다."
"그리고 상자에 물을 채운 다음에 밀폐하여 공기가 새나가지 않게 하고, 증류 병을 불 위에 두어 끓게 한다. 증류 병의 물은 수증기로 변하여, 상자 안의 물을 밀어서 관을 통하여 올라가서 바깥으로 흘러나오게 된다. 증류 병의 물이 모두 증발하였을 때, 그것의 몇 배나 되는 물이 상자로부터 흘러나온 것을 젤 수 있을 것이다. 이 유출된 물의 양에서 병 안의 물이 몇 배의 공기로 변하였는지를 알게 된다."

아라고는 이 포르타의 장치를 헤론의 장치와 비교하여, 증기압을 이용한 점에서 크게 진보된 것으로 높이 평가했다.

가라이

스페인의 왕실 문고를 담당했던 곤잘레스(Thomas Gonzales)가 1825년에 그 문고의 고문서를 기초로 하여 다음과 같은 보고를 하고 있다.

"선장 가라이(Blasco de Garay)는 1543년 카를 5세에게, 노나 돛을 사용하지 않고 선박이나 큰 배를 달리게 하는 기관을 제조할 계획을 제출하였다. 이 계획상의 장애나 곤란에도 불구하고, 황제는 바르셀로나 항에서 그것을 실험하라고 명령했다. 이 실험은 1543년 6월 17일에 시행되었다. 가라이는 자기의 발명이 널리 알려지는 것을 싫어했다. 그러나 사람들은 실험의 순간, 그것이 물을 끓이는 큰 솥과 배의 양쪽 현에 설치한 운전 차륜으로 되어 있는 것을 보았다. 이 계획의 적수인 재무관 라바고는, 그것이 세 시간 동안에 3해리밖에 달리지 못한 것과, 기관이 너무 복잡하여 비용이 많이 든다는 것과, 그리고 솥이 파열될 위험이 사람들에게 미친다는 문제를 지적하였다. 그리고 기타의 장관들은 이 배가 보통 방법으로 노를 젓는 것과 거의 같은 속도로 달릴 수 있고, 방향도 바꿀 수 있다는 점을 칭찬했다."

그러나 이 장치의 내용은 밝혀져 있지 않았다. "만약에 가라이의 실험이 그와 같이 성공하였고, 그의 기관이 증기 운전이었다면, 그것은 일종의 증기 반동 터빈으로 볼 수 있는 헤론의 '에오리필'을 이용하였을 것이다."라고 아라고는 기술하고 있다.

코트

코트(Solomon de Cort)는 『실용과 오락용 각종 기기에 의한 동력의 이용』이라는 프랑스어 책을 1615년 프랑크푸르트에서 출판했다. 이 책에는 그가 팔츠(Pfalz) 선제후의 기사와 건축사라는 직함을 쓰고 있으나, 그의 생애는 명확하지 않다. 이 책은 하이델베르크에서 원고가 작성되어서 프랑크푸르트에서 출판되었다. 아라고는 독일인이 자기의 모국에서 프랑스어로 집필할 리가 없고, 이 책이 루이 13세에게 헌납된 것으로 보아, 코트는 프랑스인이라고 단정하고 있다. 코트의 출생이 어쩌하든, 그가 이 책에 화력 기관에 관해 기술한 다음 구절은 주목할 만하다.

"물을 올리는 제3의 방법은 불의 도움에 의한 것이며, 이것에 의하여 다종다양한 기계를 만들 수 있다. 나는 여기에 그중의 하나를 설명해 둔다. 구리로 만든 구 A가 있다. 그것에는 물을 주입할 통기공 D가 있고, 구의 상부에는 관 BC가 꽂혀서 납땜되어 있고, 그 관의 한쪽 끝 C 는 구의 밑바닥에 거의 닿을 정도로 가까이 있다. 이 구의 통기공을 통하여 물을 채운 다음에 밀폐하고, 불 위에 올려놓는다. 그러면 이 구에 주어진 열은 관 BC를 통하여 구 내의 물을 모 두 뿜어낼 것이다."

이것은 1권에 기술한 '헤론의 구(球)'에서, 공기의 팽창하는 힘(팽창력) 대신에 증기의 팽창하는 힘을 이용한 것이다. 원리적으로는 가열한 증기의 압력을 이용한 것이다.

브란카

이탈리아 사람 브란카는 그의 저서 『지오반니 브란카의 기계』를 1629년 로마에서 출판하였는데, 그 안에 자기가 아는 기계들을 전부 기술하였다. 그중에는 난로 위에 놓은 '증기 분출 장치(에오리필)'가 있는데, 관에서 분출한 증기가 작은 수평 차륜의 날개를 두들겨, 그것을 회전시키는 장치가 기술되어 있다. 즉, 증기터빈을 기술한 셈이다.

서머셋

에드워드 서머셋(Edward Seymour, Duke of Somerset)은 1601년 영국에 태어났고, 영국 내란 때 찰스 1세에 편들었다는 이유로 전 재산을 잃었다. 그는 아일랜드로 도망하였다가 체포돼서 투옥되었다가, 탈옥하여 프랑스로 망명했다. 그리고 후에 찰스 2세의 명령으로 런던에 귀환하였는데, 의회당에 발각돼서 런던탑에 유폐되고 말았다. 이 유폐 중에 "이 같은 경우에 공상 외에 무엇을 하랴!"라는 그의 시구와 같이, 그는 여러 가지의 발명에 대한 공상을 하여 중요한 발명을 했다.

그가 1660년의 왕정복고로 석방된 지 3년째 되던 1663년에 『발명 백집(發明百集)』을 출간했다. 그리고 그는 자신이 발명한 일종의 증기기관인 '수제어기관(水制御機關)'을 워커스 홀에서 시운전해 보였다. 그는 이 발명권을 독점하여 잃어버린 재산을 만회하려고, 1663년에 의회에 그 권리 청구를 제출하여 '수제어기관'의 독점권을 획득했다. 그러나 그가 뜻한 바의 소득은 얻지 못하고 1667년에 사망하고 말았다. 서머셋 경이 제작하였다는 증기기관(수제어기관)의 구조는 당시의 기록에는 남아 있지 않다. 영국 사람들이 그를 증기기관의 발명자로 꼽는 유일한 근거는, 그의 저서 『발명 백집』 68번에 기술된 다음과 같은 구절이다.

"나는 불의 도움으로 물을 퍼 올리는 매우 위력이 있고, 놀라운 방법을 발견했다. 그것은 흡인(吸引)에 의한 것은 아니다. 왜냐하면 흡인은 어느 거리까지밖에 작용하지 못하므로, 철학자의 말과 같이, 우리는 작용권 내에 폐쇄되기 때문이다. 그러나 용기가 충분히 강한 힘을 가지면 나의 방법은 한계가 없다. 실제로 나는 포구(砲口)만 열려 있는 완전한 대포에 물을 3/4까지 채우고, 포구에 나사 뚜껑을 박아 완전히 밀폐하였다. 그리고 이것을 불 위에 두었더니, 24시간 후에 대포는 큰 소리를 내며 파열하였다."

"그래서 나는 용기가 그 안의 힘에 견딜 만큼 강화되는 제작 방법을 발견하여, 용기가 차례로 물로 채워지게 해보았더니, 물이 분수와 같이 끊임없이 40피트나 높이 솟아오르는 것을 볼 수 있었다."

"불의 힘에 의하여 희박하게 된 한 용기 분량의 물은 40개 분량의 냉수를 밀어 올렸다. 조작을 감독하는 직원은 다만 두 개의 마개를 열 뿐이었다. 즉, 그는 두 개의 용기 중 하나의 물이 없어진 순간 그 용기에 물을 채우게 하며, 그동안에 다른 용기의 물이 끓기 시작한다. 직원은 이와 같은 순서를 되풀이하며 불이 일정한 힘을 유지하게 한다."

모란드

사무엘 모란드(Viscount Samuel Morand) 경은 영국 내란 때 활약한 사람이다. 크롬웰(Cromwell)은 그에게 수많은 외교적 임무를 주었다. 그는 이와 동시에 사로의 비서관과 국왕의 밀사가 되기도 했다고 한다. 왕정복고 후에 찰스 2세로부터 남작 작위를 받았다. 모란드는 음향학의 문제들, 특히 메가폰 형태의 개량에 몰두했다. 그리고 1696년 하마스미스에서 사망했다. 영국 사람들이 그를 증기기관의 발명자로 꼽는 이유는 대영박물관에 소장된 그의 수고(手稿)인 『측정, 중량, 평형에 귀착되는 모든 종류의 기계에 의한 물 퍼 올리기』 중에 기술된 다음과 같은 구절 때문이다.

"물은 불의 힘으로 증발하며, 그 증기는 물이 그전에 가졌던 것보다 훨씬 많은 약 2000배의 공간을 요구하고, 늘 갇혀 있기보다는 대포의 일부라도 파열하고 나간다."

"그러나 정역학의 법칙에 따라, 또 측도, 중량, 평형에 귀착되는 과학에 의하여 잘 제어되면 증기는 좋은 말과 같이 그의 짐을 담당한다."

"그래서 이것은 물론, 특히 물을 퍼 올리는 데 있어서 인류에게 유용한 효용을 가지고 있다. 실린더의 직경과 깊이를 여러 가지로 바꾸어서, 그리고 반분까지 물을 채운 실린더에 의하여 높이 6인치까지 한 시간에 1800회나 밀어 올릴 수 있는 펌프 구동 수를 기재한 다음 표를 보라."

2) 파팽의 대기압식 증기기관 발명

파팽은 1647년 8월 22일 중부 프랑스의 블루아(Blois)에서 태어났다. 그의 아버지는 국왕의 고관이었다. 그는 15세에 앙제(Angers) 대학에 입학하여 의학과 자연과학을 수학한 다음 파리에 갔다. 그는 파리에서 기계 제작에 대한 우수한 기능과 예리한 고찰 역으로 매우 유명하게 되었다. 그리고 그는 1675년 런던으로 갔다. 거기서 유명한 물리학자 보일과 함께 공기펌프를 개량했다. 그래서 로열 소사이어티는 33세의 파팽을 회원으로 추천했다. 그는 이것에 감사하여 뼈까지 부드럽게 삶아지는 '파팽의 솥'을 기술한 책을 헌납했다.

파팽이 당시에 기대한 이 '고압솥'의 대규모 보급과 이용은 오늘날에 비로소 실현됐다. 그러나 당시에도 많은 유명한 사람이 이 파팽의 발명에 주목하였고, 이 발명에 의하여 고압으로 식료품을 삶아 부패를 방지하는 것이 가능하게 되었다. 그리고 파팽이 발명한 '안전판'은 이 고압솥을 이용하기 위한 전제가 되었다. 파팽은 당시에 자기의 고압솥을 과자 제조인, 요리인, 양조인, 염색사 등에게 추천하여 과실을 삶아 졸여서 젤리를 제조하는 데 이용하게 하였다.

파팽은 그의 방랑벽과 빨리 입신하려는 욕망에 의하여, 베네치아에 가서 2~3년 지낸 후 다시 런던으로 돌아와 그의 과학적 실험을 하기 위하여 로열 소사이어티에 고용되었다. 그는 이 기회를 놓치지 않고 많은 연구에 손댔다. 그는 대기 압력을 동력으로 이용하려고 생각했고, 압축공기에 의하여 발사되는 공기총의 발명에 몰두했다.

그러는 동안 1685년 프랑스는 1589년 앙리 4세가 신교도의 신앙적 자유를 인정한 '낭트칙령'을 폐기함으로써, 신교도인 그는 조국에 돌아갈 수 없게 되었다. 그도 당시에 앞서 있던 프랑스의 과학, 공업, 산업을 특히 프로이센에 전수하기 위하여 초빙된 수천 명의 프랑스 시민 가운데 한 사람이 되었다. 종교적 박해가 산업의 전파에 매우 큰 역할을 하게 된 것이다. 당시 헤센 백작은 연금술보다 기계학에 흥미를 가진 독일 영주 가운데 한 사람이었다. 그는 파팽의 명성을 전해 듣고, 그를 마르부르크(Marburg) 대학에 초빙했다. 1688년 파팽이 마르부르크 대학의 수학 교수로 부임하면서 행한 취임 연설은 '수리과학, 특히 수력학의 이용에 대하여'라는 제목이었다.

마르부르크는 그에게 환멸만을 느끼게 했다. 파팽이 강의하는 과목은 그의 전문적 연구 분야에 속하지 않았고, 사람들은 이 프랑스인에게 거의 무관심하였다. 거기에다 봉급은 200불 정도밖에 되지 않았다. 그러나 이곳에서 행한 발명가로서의 그의 연구는 주목할 가치가 있는 것이었다. 그는 회전펌프를 제작하였고, 동력의 원거리 전달을 연구하였다. 그는 잠수기의 실험을 하였고, 영주의 명령에 의하여 1692년 카셀(Kassel)에서 잠수함의 실험을 했다. 광산업자는 파팽에게 탄광의 기술적 개량을 의뢰했다. 그것은 특히 연료 절약에 관한 것이었다. 그는 소금물의 증발법을 개량하였다. 그는 당신 일반적인 과학 논쟁에는 무관심하였던 것 같다.

그는 전에 파리에서 라이프니츠와 알게 되었고, 라이프니츠는 그의 실험에 매우 흥미를 가지고 있었다. 1696년 파팽이 라이프니츠에게 보낸 편지에 이런 구절이 있다.

"나의 이론적 고찰에 관해서는, 나는 오늘날 그것을 완전히 포기하고 만 것을 고백하지 않을 수 없습니다. 내가 머리 안에 그리고 있는 기관과 새로운 발명의 수는 더욱더 많아져 갑니다. 그리고 그것들이 유리하게 실현될 경우, 그것들이 미칠 영향을 살아서 보고 싶은 것 이외에는 다른 소망이 없습니다. 나는 모든 일을 나 자신의 손으로 하여야 합니다. 나는 기계 제작하는 사람을 고용할 돈도 없습니다. 나는 아마도 나의 계획을 절반도 실현할 수 없을 것입니다. 그래서 나는 하나님이 나에게 주신 재능에 의하여 세계에 봉사하는 것에만 머물려고 합니다. 그리고 영원한 진리에 파고들어, 더욱더 큰 진보에 도달하기 위한 짧고 용이한 길을 후세의 사람들에게 열어주는 일은, 당신과 같이 위대하고 박학한 두뇌에 남겨져 있습니다."

상기한 그의 계획 중에는, 그를 증기기관의 위대한 선구자가 되게 한, 그가 창조한 대기 압력식 피스톤 기관도 있었다. 영주는 그에게 호이겐스의 화약 기관을 연구하라고 명령했다. 그는 약지(藥池)를 부착하여 화약 기관을 한 단 개량했다. 공기의 희박화는 매우 잘 되었다. 그러나 이 기관은 강력한 폭발에 견딜 수 없었다. 이 기관을 취급하는 것은 늘 생명을 건 것이었다. 여기서 파팽은 하나의 천재적 해결에 도달하였다. 그는 화약을 이용하는 대신에 수증기의 응결을 이용하려고 했다.

그는 실린더 안에 약간의 물을 넣고 가열하여 물이 증기가 되게 하고, 증기가 공기를 몰아내고 실린더가 수증기로 찼을 때 가열을 중지하면 냉각돼서 수증기는 다시 물로 되는데, 이때에 실린더 내에 물이 차지하는 공간은 매우 적어서 희박한 공간이 얻어지며 대기 압력이 작용하게 된다. 1690년에 파팽은 이 연구를 '큰 동력을 염가로 얻는 새로운 방법'이라는 제목으로 『악타 에디토룸』이라는 잡지에 발표하였다. 그래서 파팽은 수증기를 이용해 실용적으로 사용할 수 있는 동력 기관을 발명한 최초의 사람이 되었고, 대기 압력식 피스톤 기관의 발명자가 된 것이다.

파팽은 정교한 하나의 장치를 발명한 것으로 만족하지 않았다. 그는 산업 상의 역할에 자기의 연구 목적을 두었다. 그는 인간을 노예적 사역에서 해방하는 것을 목적으로 하였고, 노예들의 살아 있는 기관이 얼마나 비경제적인가를 지적하였다. 그는 광산 갱에서 갱내의 물이나 광석을 반출하는 데 이 기관을 이용하려고 시도했다. 또 배에 물갈퀴 차륜을 설치하여 이 기관으로 운전하려고 했다. 그뿐만 아니라 운반차를 이것으로 운전하려고 했다. 이와 같은 그의 생각이 실현되었다면, 그는 증기선과 기동차도 발명하게 되었을 것이다.

그러나 파팽이 생각한 것들은 거의 실현되지 못하고 말았다. 그는 물리적 장치는 제작할 수 있었으나, 연구실 외에서 실제적으로 이용되는 기계를 제작할 수가 없었다. 파팽의 이와 같은 희망은 영국의 기계제작가 뉴커먼(Thomas Newcomen, 1663~1729)이 로열 소사이어티의 권유로 파팽의 계획을 연구하여 처음으로 실현되었다. 뉴커먼이 대기 압력 기관에 시행한 가장 본질적 개량은 피스톤 봉에 밸런서(Balancer)를 연결하여 피스톤의 직선운동을 원운동으로 바꾼 것이다. 이로써 파팽의 희망을 실현하였다.

라이프니츠가 1705년에 영국에서 세이버리(Thomas Savery)가 증기기관을 제작했다는 것을 파팽에게 알려주었을 때, 그는 그의 기관에 대한 개량을 하게 되었다. 영주는 파팽에게 이 계획을 다시 연구하여 물을 퍼 올리는 기관을 만들어서, 그물로 수차를 돌리는 제분기를 만들라고 명령했다. 1706년 카셀에서 파팽이 새로 개량한 급수 기관이 시운전되었다. 카셀의 자연과학 박물관 앞 광장에 있는 대리석 판이 이것을 회상케 할 뿐, 실용적 성과는 얻지 못했다.

파팽은 연구할 곳을 변경하려고 결심했고, 영주가 이를 승낙하여 1707년에 다시 런던으로 돌아왔다. 라이프니츠의 추천서를 지참하고 와서 그는 런던에서 자기의 기관을 운전하여 세이버리와 경쟁하려고 했다. 그러나 누구 한 사람 돌봐주지 않았고, 옛 친구들로부터도 버림받고 말았다. 그는 런던에서 빈한하고 고독한 처지에 놓였다. 몇 번이고 로열 소사이어티의 주목을 받아 연구 보조금을 타려고 노력했으나 허사였다. 그러나 그는 하루도 연구를 포기하지는 않았다. 그가 1712년에 라이프니츠에게 보낸 최후의 편지는 다음과 같이 끝맺고 있다.

"나는 비참한 처지에 있습니다. 설사 내가 최선을 다한다고 하여도, 나는 적의만 자초할 따름입니다. 그러나 모든 것을 하나님의 뜻에 맡기고, 나는 아무것도 두려워하지 않습니다. 나는 전지전능하신 하나님의 처사만 믿습니다."

3) 뉴커먼에 의한 발전과 실용

획기적 의의를 가지는 기술상의 대발명은, 대개의 경우 그렇게 되어야만 할 사회적 요구에 의하여 생긴다. 이와 같은 요구가 적기에 적소인 영국에서, 실지로 사용되는 증기기관을 낳게 한 것이다. 영국은 이미 중세부터 그들의 국토에 매장되어 있는 광물 연료의 보고에 눈을 돌리고 있었다. 연료 수요의 증대에 따라 삼림이 훼손되어 갔고, 석탄의 채굴 규모도 커져만 갔다. 채굴 갱의 깊이는 자꾸 깊어만 갔고, 인력과 동물의 힘만으로는 갱내의 물을 퍼 올릴 수 없게 되었다. 이러한 사정에 힘입어 18세기의 영국에서 파팽의 꿈이 실현돼서, 증기기관이 실용화된 것이다.

영국에서는 광산 기사 토머스 세이버리가 서머셋 경의 장치에서 암시를 얻어, 급수 기관에 대한 연구를 하여 1698년에 '탄광 갱의 배수, 도시의 급수, 수력과 풍력의 혜택이 없는 모든 공장의 운전에 이용되면 유익한 불의 동력에 의한 급수와 모든 수차 장치를 회전하는 신발명'에 대한 특허를 받았다. 그는 1699년에 자기가 발명한 기관을 국왕과 로열 소사이어티에 공개했다. 이것은 파팽과는 독립적으로 발명된 것이나, 그 원리는 같은 것이었다.

토머스 뉴커먼(Thomas Newcomen, 1663~1729)은 세이버리와 같은 데번(Devon) 주의 다트머스에서 태어났다. 그는 고향에서 철기구상을 겸한 기계 제작소를 경영하고 있었다. 그는 업무상 자주 광산을 돌아다니는 동안, 말로 움직이는 배수펌프가 비용이 너무 많이 드는 것을 알고, 마력(馬力) 대신에 화력을 이용한 펌프를 발명하려고 생각했다. 그래서 그는 동향의 유리와 연관(鉛管) 기능공인 코리와 협력하여 세이버리와 같은 시기에 증기기관의 개발에 착수했다. 때마침 로열 소사이어티에 보고된 파팽의 계획에 주목한 훅은 이 계획을 당시에 기계 제작가로 정평이 있던 뉴커먼에게 주어서 실용화하도록 권유했고, 또한 학술적 지도도 한 것으로 보인다. 그래서 뉴커먼은 여러 가지 고심과 실험 끝에 드디어 파팽의 꿈을 실현하는 데 성공하였다. 즉, 파팽의 사상에 따라 제작한 기관을 운전하는 데 성공한 것이다.

뉴커먼은 이 발명의 특허권을 취득하려고 했는데, 이미 취득한 세이버리의 특허권과 중복되는 점이 많았다. 그래서 세이버리, 뉴커먼, 코리 세 사람의 공동 명의로 1705년에 이 새로운 기관에 대한 특허권을 받았다. 그리고 1711년에는 이 특허권이 뉴커먼 한 사람의 소유가 되었고, 1712년에 그의 이름을 붙인 기관이 처음으로 운전되었다. 처음에 이 기관은 한 시간에 겨우 10행정(行程)밖에 못 했으나, 이전에는 50두의 말로 6배의 비용을 들여서 퍼내던 수량을 퍼 올릴 수가 있었다.

이 뉴커먼의 증기기관은 근대의 증기기관과는 다른 원리이다. 이 기관의 동력은 가열된 증기압력에 의한 것이 아니라, 냉각된 증기가 응축할 때 생기는 진공에 대한 대기 압력에 의한 것이다. 이 기관의 작동 행정을 간략하게 기술하면 다음과 같다.

구형(球形)의 보일러 위에 수직으로 실린더를 세우고, 밀폐된 실린더 밑바닥은 밸브를 통하여 보일러와 연결한다. 그리고 실린더 상부로부터 피스톤을 꽂아서 상하로 움직이게 하였다. 그리고 피스톤 막대기의 상단은 쇠사슬로 밸런서의 한쪽 바퀴에 연결하였다. 가운데에 지지 주를 가진 밸런서의 다른 쪽 바퀴에는 역시 쇠사슬로 급수기(汲水器)와 추가 달려 있어서 피스톤과 평형을 이루게 하였다.

피스톤이 하단에 왔을 때 증기 밸브를 열면, 보일러의 증기가 실린더를 채우며, 피스톤은 상단까지 올라간다. 그리고 밸브를 닫고 실린더를 냉수로 냉각하면, 증기는 응결하고 내부에 진공이 생겨서, 피스톤은 대기 압력으로 밀려 내려간다. 이때에 밸런서 다른 쪽에 달린 급수기는 올라오며 물을 퍼 올린다. 그리고 피스톤이 다 내려왔을 때 밸브를 열면, 보일러의 증기가 실린더로 들어가서 실린더는 다시 증기로 차게 되며, 피스톤은 다시 올라가게 된다. 그리고 밸런서 다른 쪽에 달린 급수기는 피스톤과 정반대인 아래로 내려간다.

처음에는 실린더 내부의 증기를 응결시키기 위하여 실린더 외벽과 피스톤 상부를 찬물로 냉각했는데, 이러한 과정은 매우 느릴 수밖에 없었다. 그런데 조금 후에 실린더 내부에 증기가 찼을 때 찬물을 분사하여 빨리 응결시킴으로써 공정을 훨씬 빠르게 하였다. 그러나 이 기관의 결정적 결함은 실린더에 증기를 공급하는 밸브와 증기를 응결시키기 위하여 실린더 내에 찬물을 분사하는 밸브를 수동으로 적기에 개폐해야 하는 것이었다.

이 결정적 결함은 1713년 험프리 포터(Humphrey Potter)라는 소년이 이 밸브들의 개폐를 밸런서와 연계시킨다는 착상을 하여 제거되었다.

당시에 이러한 밸브 조작은 몇 명의 아이들이 교대로 담당하였다. 험프리가 당번을 하고 있을 때, 비번의 동무들이 환성을 올리며 놀고 있었다. 함께 놀고 싶어서 못 견딜 지경이었다. 이 천재적 소년은 자기가 해야 하는 밸브 조작 행동과 밸런서의 상하 운동의 관계를 잘 알고 있었다. 그래서 그는 몇 가닥의 줄로 밸브 손잡이와 밸런서의 팔을 연결하고 적당히 조정하여 자동으로 밸브 개폐가 되게 해놓고 나가 놀랐다는 말이 전해지고 있다. 그리고 이 소년이 해놓은 것을 본 기사 베이턴이 이것을 개량하여 완전한 자동 밸브를 만들어 냈다고 한다. 그러나 이와 같은 자동 밸브 장치는 이미 뉴커먼이 고안해 놓았다는 증거가 있다.

이와 같이 개발된 뉴커먼의 증기기관은 18세기 중엽까지 영국의 탄광과 유럽의 두세 탄광에서 중요한 역할을 했다. 그러나 물리학자들은 특별한 주의를 기울이려고 하지 않았다. 그래서 참다운 증기기관으로 개발되지 않고 있었다.

3. 와트의 증기기관

증기기관을 발명한 사람 가운데 우리에게 가장 널리 알려진 사람은 제임스 와트(Scott James Watt, 1736~1819)이다. 왜냐하면 그가 처음으로 다방면으로 이용할 수 있고 경제적으로 작업할 수 있는 증기기관다운 증기기관을 만들어 냈기 때문이다. 그가 발명한 증기기관은 공업 전반의 기술을 혁신했을 뿐만 아니라, 새로운 것을 창조할 수도 있게 해주었다. 이 위대한 공학자가 이룩한 증기기관의 개발 내용과 업적을 그의 경력과 개발 과정을 연계하여 살펴보기로 한다.

1) 와트의 청소년 시절

와트의 경력은 문화사에서도 매우 중요하다. 그의 아버지는 같은 이름인 '제임스'로 불렸고, 그리녹(Greenock)에서 집과 가구, 그리고 배를 만드는 목공이었다. 그리고 항해용의 기계 수리 등 다방면에서 기능을 가진 장인이었다. 이러한 아버지의 피를 이어받은 연약하고 내성적인 와트는 아버지의 작업장에서 각종 도구를 만지기를 좋아하였고, 고독하고 꿈 많은 아이로 자라났다.

그의 탁월한 손재주와 꼼꼼한 성격은 그를 이학 기계 제작자의 길을 택하게 했다. 그는 대학 도시인 글래스고(Glasgow)로 나와서 대학 사회에서 유명한 학자들과 접촉했으나, 그가 기능과 기술을 배우기에는 만족스럽지 못했다. 그래서 1755년 20세의 나이에 와트는 런던으로 갔다. 그 당시 런던까지 가는 교통수단은 말뿐이어서, 말을 타고 12일간이나 걸려서 갔다.

그는 런던에 도착해서 수학용·선박용 기계 제작자로 유명했던 존 모건(John Morgan)의 상점에 견습공으로 들어가 1년간 열심히 정밀기계 제작을 습득했다. 1년 후에 그는 과로와 빈곤한 생활로 건강을 해쳐서, 계약 만기가 되자 곧 고향으로 돌아갔다. 그러나 그는 그리녹에서 개업하여 촌구석에 파묻히고 싶지 않아, 다시 글래스고에 나가서 개업하려고 했다. 그런데 글래스고에서는 그곳 직업 조합(guild)이 그들의 전통적 권익을 옹호한다는 명목으로, 런던에서 온 이 젊은 기계 제작자를 침입자로 보아 개업을 못 하게 했다. 그러나 다행히도 글래스고 대학의 자연과학 분야 교수들은 21세인 젊은 와트의 기능과 재능을 인정하였다. 그래서 그는 글래스고 대학 구내에 작은 작업실 하나를 빌려서 '대학 부속 기계 제작자'라는 직함을 얻어서 대학의 실험 기기를 제작·조립하고 수리하는 일을 맡아서 하게 되었다. 이것이 장차 와트가 증기기관을 발명하게 된 기연이었다.

이 시절 와트는 대학의 유명한 학자들로부터 많은 후원을 받을 수 있었다. 그중에는 후에 『국부론(國富論)』 저자로 유명해진 아담 스미스(Adam Smith), 열학(熱學)으로 유명해진 블랙(Joseph Black)과 같은 유명한 교수들과, 후에 에든버러 대학의 이학 교수가 된 로빈슨(Robinson) 같은 학생도 있었다. 로빈슨은 학생 때부터 증기기관차를 만들 계획을 품고 있어서, 와트에게도 증기의 힘과 그 힘을 이용한 기관에 대하여 주의를 돌리게 하였다고 전해지고 있다. 그리고 대학의 교수들과 학생들은 자주 와트의 작업실에 와서 미술과 문학, 그리고 과학의 문제에 대하여 이야기의 꽃을 피웠다고 한다. 후년에 로빈슨은 이 시절의 와트에 대하여 다음과 같이 기술하였다.

"나는 아직 학생이었는데도, 내가 와트를 소개받았을 때는, 나는 내가 좋아하는 기계학이나 물리학에 있어서는 그보다 훨씬 지식이 깊다고 자만하고 있었다. 그래서 이 젊은 직인이 어떤 점에서는 나보다 우수하다는 것을 알았을 때, 나는 매우 코가 납작해진 것을 고백한다. 대학 안에서 우리가 어떤 곤란한 문제에 부딪히면, 그 성질이 어떤 것이고 간에 우리는 곧 이 직인에게 달려갔다."

젊은 와트의 재능은 이와 같이 대학의 교수와 학생들에게 인정받게 되어, 그의 장사도 번창해 갔다. 그래서 1760년경에는 그의 후원자들과 공동 출자로 대학 밖에도 점포를 내게 되었다. 그리고 그의 이학 기계 수리공으로서의 명성이 높아짐과 아울러 그의 천재적인 기계공학 상의 재주가 나타나기 시작하였다.

2) 증기기관 연구의 시초

1763년 겨울, 와트는 물리학 교수 앤더슨(Anderson)으로부터 뉴커먼 증기기관 모형의 수리를 의뢰받았다. 기계가 고쳐져 작동이 되었으나, 보일러에서 나오는 증기는 2~3행정으로 모두 다 써버려서 보일러에서 다시 증기가 나올 때까지 기다려야 했다. 그는 실린더가 한 행정마다 자기 용량의 수배나 되는 증기를 소비하는 것을 보고, 이것은 실린더를 가열했다가 다시 냉각하는 것을 반복하기 때문이라는 것을 깨닫고 이것을 개선하기 위하여 증기에 관한 부수적 실험을 하였다.

물이 증기가 되면 그 용적을 1800배나 차지한다는 것도 이 실험에서 알아낸 것이다. 그는 또 증기는 그것이 물일 때 무게의 약 6배나 되는 물을 상온에서 비등점(沸騰點)까지 올리는 것도 알아냈다. 그는 이것을 블랙 교수에게 말했는데, 이것이야말로 블랙 교수가 발견한 '속박된 열', 즉 '잠열 이론(潛熱理論)'을 실증하는 것이었다. 그래서 와트는 증기를 가장 유효하게 이용하는 방법을 찾기 시작하였고, 1765년 5월에 드디어 실린더와 응결기(凝結器, condenser)를 분리하는 착상을 했다. 그는 우선 실험실 모형을 만들어 보았는데, 이것은 매우 성공적이었다. 1765년 그가 발명한 이 원리로 증기기관의 열효율이 월등히 좋아진 것이다. 힘을 얻은 와트는 실지로 사용될 기관을 만들기로 결심하였다. 이학 기기 제작자인 와트는 그것이 얼마나 어려운 일인가를 예상할 수조차 없었다. 아마도 그가 다년간에 걸쳐서 겪어야 할 신고(辛苦)를 미리 알았다면, 그는 이 일을 포기했을지도 모를 일이다.

3) 와트 기관의 실용적 개발

이제부터 실용적 증기기관 개발을 위한 그의 신고가 시작된다. 그의 첫 시도는 실패하고 말았다. 그는 막대한 자금을 탕진했으며, 밥벌이를 위하여 새로운 일을 구해야 했다. 그래서 그는 측량 사업에 손을 댔다. 그는 이 측량 사업에서도 재능을 인정받아서 토목 기사로서도 일가를 일으킬 수 있었으나, 그가 시작한 증기기관의 개발을 포기할 수는 없었다.

로벅의 후원

글래스고 대학의 블랙 교수는 와트의 연구를 돕고 있었는데, 존 로벅(John Roebuck, 1718~1794) 박사의 후원을 얻을 수 있게 해주었다. 로벅 박사는 개업 의사였는데, 화학 공업에 성공하여 용광로와 탄광도 경영하고 있어서 와트 기관의 의의를 충분히 평가할 수 있었다. 이 기관의 경제적 응용을 보증하기 위하여 와트는 런던에 가서 특허를 받았다. 이 역사적 특허 번호는 '913호, 1769년 1월 5일부'였다. 새로운 노력은 성공할 것 같았는데, 불행히도 로벅 박사가 파산하고 말았다. 거기에다 와트가 고산지대에서 풍우를 맞으며 측량에 종사하고 있을 때, 그를 위로해 주고 힘을 북돋아 주던 내조자인 그의 아내가 두 아이를 남겨두고 죽고 말았다. 1773년의 일이다.

볼턴과의 협력

실의에 빠져 있던 와트에게 매튜 볼턴(Matthew Boulton, 1728~1809)이라는 강력한 협력자가 나타났다. 그는 해외에까지 이름이 알려진 유명한 공업가이며, 소규모의 가내공업을 하고 있던 당시에 이미 대규모 경영에 착안하여 버밍엄 부근의 소호(Soho)에 800명의 직공을 고용한 대규모 금속 가공품 제조 공장을 설립하였다. 그 외에도 모든 방면의 제조업에 손대고 있던 공업가이다. 그의 이름은 대규모 경영을 처음으로 시작한 사업가로서뿐만 아니라 당시에 정교한 화폐 주조기를 발명한 발명가로도 잘 알려져 있었다.

이미 수년 전부터 와트는 런던에서의 귀로에 그를 만나 서로 아는 처지였다. 볼턴은 로벅이 가지고 있던 와트의 특허권 2/3를 매입하고 일체의 비용을 부담하게 되었다. 와트는 측량 일을 포기하고, 1774년 5월 버밍엄의 볼턴 고택으로 이사하여 증기기관의 개발에 전념하게 되었고, 1776년에 재혼을 했다.

그러나 난관은 사라지지 않았다. 당시의 기계 제작 기술로는 실용적인 실린더를 만들 수가 없었던 것이다. 볼턴의 친구인 윌킨슨(John Wilkinson, 1728~1808)의 철공소에서 볼링봉을 발명하여 1/40인치까지 정밀한 실린더를 만들어 냈을 때, 이것은 당시에 큰 화제가 된 놀라운 일이었다. 이것 외의 실린더는 와트 기관에는 사용할 수가 없었다. 이렇게 하여 기관은 완성하였는데, 오늘날과 같이 큰 기계 공장도 없었고 그것을 운반할 수단도 없었으므로, 마치 집짓기하는 것과 같이 설치할 현장에 가서 조립하고 설치해야 했다. 그것은 비용도 많이 들 뿐 아니라 매우 어려운 일이었다. 웬만한 사업가도 선뜻 사들일 수 없는 금액이었다. 그래서 볼턴과 와트는 이 기계를 팔지 않고, 기존의 기관과 비교하여 석탄 절약 양의 1/3에 해당하는 사용료를 요구했다.

특허권의 기간은 1775에 개정하여 1800년까지로 되어 있었는데, 이 특허 기간 중에 사용주들은 매년 그 사용료를 지불해야 했다. 그런데 그 조건에 동의했던 사용자들도 석탄 소비량이 종래의 1/4밖에 되지 않는 것을 알게 되자, 연간 지불액이 막대함에 놀라 독점에 반대하는 소송까지 제기했다. 그래서 소송비용까지 겹쳐서 볼턴의 출자 손해액은 더욱 커져갔다. 기술 발전에 있어서 확고한 신념을 가진 사업가의 힘이 얼마나 큰가를 여실히 보여준다. 볼턴의 거대한 금속 제품 공장도 증기기관에 들어가는 비용을 다 메울 수는 없었다. 그래서 부채가 계속 늘어갔다. 사업으로 성립하기까지, 당시로는 엄두도 못 낼 4만 파운드에 달하는 비용을 잡아먹었던 것이다.

돈벌이가 되기 시작한 것은 1785년 말경부터인데, 1783년까지 콘월(Cornwall) 지방은 모두 와트 기관으로 대체되어 있었기 때문이다. 이 콘월 지방을 제1의 판로가 되게 한 것은 윌리엄 머독(William Murdock, 1754~1839)의 공적이었다. 그는 1777년에 볼턴에게 고용되자 약 10년간 콘월에서 와트 기관 조립에 종사했다. 그는 근면 정직하였고, 기계 기술에 우수한 기능과 발명의 재능을 가졌고, 1839년에 사망하기까지 와트와 볼턴의 사업에 큰 기둥이 되어 일하였고, 자신도 많은 발명을 했다.

와트의 공적과 만년

1781년에 볼턴은 이 기관이 물을 퍼 올리는 용도로만 쓰는 것에 만족하지 않고, 공장에도 채용하여 수차나 인력이나 동물의 일을 대체할 생각에서, 와트에게 회전운동을 하는 기관의 제작을 촉구했다. 와트는 몇 번이나 주저하다가 이 과제를 연구하게 되었다. 와트는 우선 크랭크를 사용하려고 했는데, 이것은 이미 다른 사람이 특허를 얻었기 때문에 당분간 '톱니바퀴 운동 장치(치차 운동 장치)'나 '반동차(反動車)'와 같은 특수한 기구를 고안하여 사용하다가, 후에는 '단일 운동 기관(단동기관)'을 '복합 운동 기관(복동기관)'으로 개선하게 되어, 피스톤봉과 밸런서를 쇠사슬로는 연결할 수 없게 되었다.

즉, 단일 운동 기관은 실린더 내의 증기가 응결할 때 기압(汽壓)이 피스톤을 내리누르는 힘만을 이용하기 때문에 쇠사슬로도 가능했으나, 복합 운동 기관은 증기압력에 의하여 피스톤이 밀어 올리는 힘도 이용하므로 쇠사슬에 의한 연결은 쓸 수 없다. 그래서 그는 소위 '와트의 평행 사각형'이라는 독특한 연결 기구를 1784년에 고안하여 복합 운동 기관의 직선운동을 원운동으로 전환하게 하였다.

이 복합 운동 기관으로 증기압력도 이용하려는 생각은 그가 초기에 증기의 경제적 이용을 구상했을 때 이미 생각해 두었던 것이다. 와트는 또 원심조속기(遠心調速機)를 1788년에 처음으로 그의 증기기관에 설치하여 사용했다. 그리고 기계 공정의 능력을 말의 능력에 비교하여 나타내는 것은 쉽게 생각해 낼 수 있을 것 같으나, 와트가 처음으로 '일하는 능력(Power)'의 척도로 '마력(馬力, Horse Power)'을 설정했다. 그래서 후에 전기공학이 발달하여 '전기의 일하는 능력(Electric Power)'이라는 새로운 단위가 제안되었을 때, 그의 이름을 따서 '와트(Watt)'라고 부르게 되었으며 오늘날도 사용하고 있다.

와트의 만년을 기술하기 전에 그의 만년을 장식하게 된, 그가 이룩한 증기기관 개발상의 기술적 공적을 요약해 둔다.

① 증기의 응결 행정을 실린더와 분리하여 응결기(凝結器, Condenser)에서 행하게 함으로써, 실린더를 반복하여 냉각하지 않아도 되게 하여 열효율을 훨씬 좋게 하였다.

② 실린더를 기통(汽筒) 속에 넣어두어 보온함으로써 더욱 열효율을 좋게 하였다.

③ 특수한 공기펌프로 응결기 안이 저압이 되게 하였다.

④ 실린더 안을 진공으로 하기 위하여 증기를 이용한 것이 아니라 증기압 자체에 일을 시켰다.

⑤ 양단이 폐쇄된 실린더 내에 피스톤의 상단과 하단으로부터 증기를 교대로 작용시킨 복합 운동 기관으로, 일을 훨씬 경제적으로 하게 했다.

⑥ 피스톤이 행정을 다 가기 전에 증기 공급을 중단하여 나머지 일을 증기의 팽창으로 시켰다.

⑦ 피스톤의 직선운동을 그의 '평행 사각형 기구'에 의하여 회전운동으로 전환시킴으로써 이 기관의 이용 범위를 확대했다.

⑧ 와트의 증기기관은 초기에는 증기압에 따라, 보일러의 가열 정도나 기타 요인에 따라 회전속도가 변하는 결점이 있었다. 그래서 증기 통로에 조절 밸브를 두어 수동으로 증기 공급량을 조절하여 원하는 회전속도를 유지하게 하다가, 원심조속기를 만들어서 자동으로 회전속도를 조절하게 하였다.

이것은 기관의 주축과 함께 회전하는 수직 회전축에 축과 함께 회전하면서 수직면으로 자유로이 움직일 수 있게 부착된 양팔 끝에 구형 추를 달아놓으면, 회전축의 회전속도에 따라 추는 원심력에 의하여 벌어지게 된다. 이 추의 벌어짐에 따라 조절 변을 조절하면, 회전 속도가 올라가면 그만큼 추가 벌어져서 조절 변을 닫아 속도를 내리게 되고, 속도가 내려가면 그만큼 추가 오므라져서 조절 변을 열어주어 속도가 올라가는 식으로 자동 조절하게 된다. 이것은 현대 산업 기술의 근간인 자동제어의 기본 사상으로 되어 있는 '궤환 제어(Feedback control)'를 처음으로 산업에 실현한 것이다.

볼턴과 와트에게는 아들이 있었는데, 각각 파리와 제네바에서 수학하고 프랑스혁명 직전에 귀국해 있었다. 와트와 동명인 아들 제임스는 한때 혁명에 열중하여 프랑스에서 활동하였으나, 1794년 귀국 후에는 일체 정치에서 손을 떼고 아버지의 사업을 도왔다. 그래서 그해 10월 볼턴 부자와 와트 부자의 공동 회사가 생겼다. 그들은 1795년에 소호에 주물 공장을 설립하고 거기서 기관을 완성하여 송출했는데, 그것은 이미 근대적 생산 공장의 모든 특징을 갖추고 있었을 뿐 아니라 과학적 경영을 하게 된 최초의 공장이었다.

19세기에 들어서자 증기기관의 특허 기간도 끝나서, 와트는 사업에서 손을 떼고 은퇴 생활을 하게 되었다. 한편 와트보다 여덟 살이 많은 볼턴은 계속 일하다가 1809에 사망하였다. 와트가 죽기 전에 이미 그가 개발한 증기기관에 의하여 1807년 풀턴(Robert Fulton, 1765~1815)의 증기선이 허드슨(Hudson) 강을 항해하였고, 1814년 7월에는 스티븐슨(George Stephenson, 1781~1848)이 최초의 증기기관차를 운행하였다. 이 위대한 공학자는 1819년 8월 25일 소호 근교 그의 저택에서 영예로운 일생을 마쳤다. 와트를 기념하여 웨스트민스터사원 경내에는 다음과 같이 새겨진 기념비가 설립되었다

평화의 학예가 번영하는 한 반드시 이어질 이 이름을
영원히 남기기 위해서가 아니고
인류가 그들의 감사를 바쳐야 마땅한 사람에게
존경하는 길을 알고 있는 것을 나타내기 위해서
국왕과 신하와 왕국의 무수한 귀족과 평민이 다 함께
제임스 와트를 위하여 이 기념비를 세우노라.
그는 특히 이학적 연구에서 연마된 독창적·천재적 힘을
증기기관의 개량에 쏟아 조국의 부를 확대하였고

인류의 힘을 증대하게 하였으며

과학의 가장 저명한 학도들과 세계의 참다운 은인 가운데

나란히 높은 지위에 올라갔노라.

4. 산업혁명의 발단

18세기 중엽을 훨씬 지나서도 상품 생산과 운반은 대부분 인력과 가축의 힘만으로 행해졌다. 예를 들면, 럼퍼드도 전술한 대포의 구멍을 파내는 데 말이 끄는 공작 기계를 사용했다. 일을 하기 위한 자연력으로는 풍차와 범선이 이용하는 풍력과 옛날부터 사용해온 수차에 의한 수력뿐이었다. 산업이 가장 발전한 영국에서는 더욱 강력한 에너지원이 요구되었고, 이 에너지원을 찾기 위하여 증기기관의 발달이 가장 앞서게 된 것은 필연적이었다. 이러한 에너지의 요구는 주로 광업과 방직업 부문에서 생기게 되었다.

생활수준이 올라가자 수요도 세련되었고, 이것이 각종 일용품에 대한 요구, 특히 금속 용품의 수요를 높였다. 금속을 가공하기 위해서는 다량의 연료가 필요했다. 연료 원이었던 삼림이 잠식되어 가서 이미 충분한 연료 원이 될 수는 없었다. 그래서 석탄의 채굴이 왕성하게 이루어졌다. 탄광의 갱도는 깊어만 갔고, 지하의 수맥과 얽히게 되었다. 탄광 갱에 고이는 물을 배수하는 데 엄청난 노력이 필요하게 되었으며, 인력과 가축의 힘으로는 충당할 수 없을 뿐만 아니라 비용도 너무 많이 들었다. 이러한 노동력을 기계의 힘으로 대체하여야 할 요구는 매우 절실했으며, 최초의 증기기관은 약 반세기 동안 사실상 이러한 목적에만 사용되었다.

영국에서는 전부터 방직업이 성행해 있었다. 18세기에 들어서자 인구 증가에 따른 국내 수요뿐만 아니라 수출 수요의 증대로 종전의 생산 방식으로는 도저히 물량을 충당할 수가 없게 되었다. 아마도 방직 공정이 문제가 되었을 것이다. 직물 공업이나 염색 공업은 종래와 같이 방직공이 제공하는 방사로는 턱없이 부족하였을 것이다. 이러한 시기에 영국에서는 방직기가 발명되었다. 그 발전의 역사는 1740년경부터 1780년경에 걸친 약 40년간에 이루어졌다. 그러한 발전은, 회전 롤러에 의한 방직기를 발명한 와이엇(John Wyatt, 1700~1766)과 그의 협력자 루이스 폴(Luis Pole, ?~1759), 그리고 제니 방직기를

발명한 하그리브스(James Hargreaves, ?~1778), 수력 방직기를 고안한 발명가이며 기업가인 아크라이트(Richard Arkwright, 1732~1792)와 발명가인 크롬프턴(Samuel Crompton, 1753~1827) 등의 영국 발명가에 의한 것이다.

이들이 이룩한 방직기계들은 종전의 가내공업과는 달리 큰 동력으로 움직여지는 것이며, 따라서 동력을 필요로 하였다. 초기에 이용할 수 있었던 동력 에너지원은 수차밖에 없었기 때문에 방직 공장들은 강가에 나란히 설립되었다. 이것이 근대적 공업 제도의 단서가 된 것이다. 하나의 동력원으로 여러 대의 방직기를 동시에 움직여야 했으므로, 이들의 기계를 하나의 공장 안에 종합하여 설치해야 했고, 노동자들은 산재한 각 가내 노동으로 방직하던 것을 한 공장에 모여 일하게 되었다. 1770년대의 영국은 이 점에 있어서 하나의 큰 전기를 맞이하였다. 종래에는 노동인구의 대부분이 자택에서 일했는데, 이로 인해 특정 지역의 공장에 모여서 노동하게 된 것이다. 이와 같이 영국에서 시작된 산업혁명의 물결은 전 유럽의 다른 나라에도 퍼져 나가게 되었다.

영국에서는 수력에 한도가 있었고, 계절에 따라 연중 같은 정도의 수력을 충분히 사용할 수 없었기 때문에 방직공업에 있어서 계절이나 수력의 한계에 구속받지 않고 운전할 수 있는 기관이 절실히 필요하게 되었다. 와트의 증기기관이 나타나자 방직 공장은 증기기관에 의한 작업으로 대체되어 갔으며, 거대한 증기기관 하나로 전 작업을 수행할 수 있게 되었다. 18세기 말에는 방직공업에서 동력직기(動力織機)가 사용됨에 따라, 모든 공정은 어느 정도 기계화의 단계에 도달해 있었으나, 타 산업 부문에서는 상당히 뒤떨어져 있었다.

이러한 대규모 산업에 증기기관이 가장 적합하였고, 그 후 오랫동안 다른 동력 기관이 나타나지 않았기 때문에, 노동을 할 노동자와 그의 가족들은 고향을 떠나 공장 지대로 모이게 되었다. 그래서 전원으로부터 도시로 유럽의 인구는 이동하기 시작하였다. 국가에 의한 규제나 배려는 아무것도 없었고, 먼 곳에서 통근할 교통수단도 없으므로, 노동자들은 좁고 불결한 셋집에 처박혀 살아야 했다. 그리고 그들의 노동력은 자본가에 의하여 착취되었다. 공장 건설에는 막대한 자본이 필요한 데 반하여, 공장 노동의 대부분은 미숙련공도 할 수 있는 단순한 것이었다. 이것이 자금 가치를 고양한 반면 노동 가치를 하락하게 하였다.

어떠한 노동 보호법도 없었기 때문에, 기업가는 가장 값싼 노동력인 여자와 아동들과 고아들까지도 고용하여 힘에 겨운 노동을 시키고 그들을 착취했다. 아동들의 하루 평균 노동시간은 16시간에 달하여, 아동들이 병들어 죽는 경우가 급격히 늘어났다. 직공들은 아직 조직화되지 않았고, 자기들의 이익을 지키기 위한 결사도 허락되지 않았으며, 의회에서 그들의 입장을 대변해 주지도 않았다. 이와 같은, 인류가 가장 부끄러워해야 할 병폐가 근대적 산업사회로 전환되는 과정에 생겨나서 지속되었다. 그러다가 19세기 중엽인 1847년에야 겨우 영국은 법률로 아동 노동을 제한하게 된 것이다. 1970년대 우리나라의 산업화 과정에서 빚어졌던 노동자의 희생과 참상을 상기해 보면, 200년 전 이들 근로자의 참상을 추측하고도 남음이 있다.

이와 같이 근대적 산업사회로 전환하는 한 발짝을 내디딘 1780년부터 1840년까지 60년간, 일면으로는 눈부신 기술의 진보를 이룩한 반면, 그 혜택을 받은 기업가들은 가장 빈곤한 사람들의 땀과 피를 아무런 부끄러움 없이 착취하여 부를 축적해 간 것이다. 이 시대의 이러한 영국의 사회상은, 마르크스(Karl Marx)가 연구의 대상으로 삼아 공산주의 기초 이론을 세우게 하는 데 바탕이 되었다.

제 19 장

18세기의 기타 과학

1. 지질학

지질학은 지구의 역사를 다루는 학문이다. 현대의 발전된 지질학 형태는 다음과 같은 몇 개의 분야로 구성되어 있다.

① 천체인 지구의 생성에 관한 학문으로서의 '지구 생성론'.
② 지각의 형태, 구조와 이것에 관계된 변화 과정을 다루는 학문인 '물리적 지질학'.
③ 암석에 대한 학문인 '암석학'과 '암석 기재학'.
④ 화석의 생물학, 즉 태고의 생명 형태에 대한 학문인 '고생물학'.

'지질학(Geology)'은 그 말이 가지는 일반적 의미인 '땅의 학문'으로도 종종 해석되며, 이 경우에는 지리학도 지질학의 영역 안에 들어가게 된다. 이와 같이 일단 정돈된 형태의 지질학은 18세기에 만들어진 것이며, 19세기에는 이것이 더욱 완비되어 갔다. 따라서 본 장 이후는 이것을 독립된 하나의 분야로 등장시키기로 한다. 물론 옛날에도, 예를 들면 아랍인이나 알베르투스 마그누스에게서도 두세 가지 주제에 대하여 지질학적 관찰이나 사상을 찾아볼 수가 있다. 이미 이 책에서도 몇 군데 이 점에 대하여 기술하기도 했다. 그러나 좀 더 상세히 검토해 보면, 이와 같은 발단은 수없이 있으며 매우 광범위하게 퍼져 있었다는 것을 알 수가 있다. 그렇다 하더라도 18세기 이후에야 처음으로 과학적 지질학에 대해서 기술할 수가 있었다는 데는 변함이 없다. 지질학이 다음의 한 발짝을 더 나아가기 위해서는 현재 만인의 눈앞에 가로놓여 있는 세계를 천문학, 물리학, 화학의 면에서 정확히 관찰하고, 이런 관찰에서 정확한 법칙을 도출할 준비가 정돈되어 있지 않으면 안 되기 때문이다. '다음의 한 발짝'이란 것은 현재의 자연환경 가운데 과거가 남겨놓은 발자취를 과학적으로 관찰하여, 그것으로부터 과거를 향하여 과학적으로 거슬러 올라가는 것이었다.

대부분의 유럽 나라는 이미 16~17세기에 지질학적 문제에 대한 관심이 높았고, 지질학상의 이론도 처음으로 세워지기 시작하였다. 이탈리아에서는 화석에 대하여 고찰을 한 레오나르도 다빈치를 들 수 있고, 조금 후에 의사이며 박물학자인 발리스니에리(Antonio Vallisnieri, 1661~1730)와 모로(Lazar Moro, 1687~1740)도 나왔다. 독일에는 함부르크의 사교이며 유명한 해부학자인 스테노(Nicolaus Steno, 1638~1687)가 있었다. 영국에는 우드워드(John Woodward)가 화석을 널리 관찰하여, 그것을 근거로 하여 1695년에 『지구의 자연사에 대한 시도(Try on the Natural History of the Earth, 1695)』를 출판했다. 당시의 화석 개념은 생물체의 유해뿐만 아니라 광물들도 포함한 것이었다.

우주 생성론적인 설은 근대의 데카르트에서 시작되었다. 그는 이미, 태초에는 뜨거웠던 가스 덩어리가 냉각되어 점차 딱딱한 지각이 생겼다는 지구의 생성 이론을 세워놓았다. 라이프니츠는 그의 저서 『원시의 땅(Protogaea)』 중에서 이러한 생각을 더욱 전개해 나갔다. 이 『프로토게아』는 그의 사후인 1749년에 발표되었다. 이 생각에 따른 사상 계열은 후에 '칸트-라플라스 설'의 출발점이 되었는데, 이에 대해서는 이미 앞에서 기술하였다.

우주 생성론은 천문학과 지질학의 어느 쪽에 넣어도 상관없다. 또 지질학이 다른 과학과 접촉하거나 교차하는 것은 비단 우주 생성론에 한정된 것은 아니다. 예를 들면, 지질학에 속한 고생물학이 동시에 생물학과 진화 이론에 속해 있는 것은 명백하며, 또 지질학이 시간적인 과정의 시작까지 거슬러 올라가면 우주 생성론과 합류하게 되고, 발전의 다른 끝에서는 역사학이나 지리학과 융합하는 것도 명백하다. 지질학이라는 한 분야의 내부나, 지질학과 타 과학의 이와 같은 합류 과정에 대해서는 겉핥기로 넘어갈 수밖에 없다.

1) 암석과 산맥

베르너

과학적 지질학은 어떤 한 사람이 창조한 것은 아니다. 그런데도 대부분의 과학 사가는 그 역사를 1781년부터 시작하였다고 친다. 이 해에 베르너(Abraham Gottlob Werner, 1750~1817)가 작센의 프라이부르크(Freiburg) 광산대학에서 '구조지질학' 강의를 시작하였기 때문이다. 그는 이 학교에서 광물학과 광산학의 교사로 근무하고 있었다. 베르너는 경험이라는 확실한 기초 위에 지질학을 세운 사람이다. 지칠 줄 모르는 수집가이며 관찰가였던 그는, 모든 종류의 암석을 계통적으로 조사해서 암석에 포함된 광물 조성에 근거하여 분류하는 것을 시도했다. 그는 단순 암석과 복합 암석을 구별하였고, 생성층(성층)과 그것을 구성하고 있는 개개의 암석과는 별도의 것임을 명백히 하였다. 이것으로 기재

암석학의 토대를 세웠던 것이다.

베르너는 사람을 친근케 하는 매력과 재능이 있는 교수였다. 그에게 인도된 프라이부르크 대학은 유럽 지질학자들의 메카가 되었다. 그의 문하에는 독일 쥐라기의 연구로 유명해진 부흐(Christian Leopold von Buch, 1774~1853)나 훔볼트(Alexander von Humboldt, 1769~1859)와 같은 유명한 지질학자가 있었다. 이와 같은 그의 문하들은 대부분 만년에는 스승의 이론적 견해에서 떨어져 나가고 말았다. 이것은 베르너가 경험적으로 접근한 것에 비하여 이론적 뿌리가 얕았다는 것을 시사하고 있다.

이론적인 면에 있어서 베르너는 소위 '수성론(水成論)'의 창시자이며 대표자였다고 말해도 좋다. 이 이론에 의하면, 현재의 활화산에서 생기는 암석을 제하면 모든 암석은 물을 기원으로 한다는 것이다. 특히 이 설은, 현무암도 해수의 침적으로 생겼다고 하였는데, 이 현무암이 바로 쟁점이 된 것이다. 이러한 암석 수성론을 뒤엎은 학자 중에는 괴테도 관계했으나, 누구보다도 선두에 나섰던 사람은 허턴이었다. 베르너의 제자들을 수성론에서 떼어놓은 것도 허턴이었다.

허턴

지구가 창조주의 손에 의하여 오늘날의 모양대로 창조되었다는 것은 설득력을 잃게 되었고, 시대가 지남에 따라 행해진 크고 작은 변화들이 오늘의 지구 모양을 형성했다는 사실이 인정되게 되었다. 그러자 '이 변화를 일으킨 원인이 무엇인가?' 하는 의문이 식자들을 사로잡게 되었다. 처음에는 가능한 모든 것을 단 하나의 원인에 귀착시키려고 하였다. 그 원인을 17세기에는 지진이라 하였고, 18세기에는 물에 의한 변화가 인정되었다. 그리고 여전히 하나만의 사상을 절대적인 것으로 생각하여, 관찰된 현상은 모두 그것에 의하여 설명되지 않으면 안 되었다.

마침 이와 같은 때에 영국인 허턴(James Hutton, 1726~1797)의 저서가 출간되었다. 허턴의 직업은 의사였다. 그는 에든버러, 파리, 그리고 레이던에서 수학한 후 에든버러에서 살았다. 1795년에 『논증과 예증에 의한 지구의 이론(The Theory do the Earth, with Proofs and Illustration)』 2권이 발표되었다. 그런데 이 저서는 간접적인 영향을 미쳤다. 이것은 매우 읽기 힘든 책이었기 때문이다. 이 책은 허턴에게 공명하는 해설가 플레이페어(John Playfair, 1748~1819)가 저술한 『허턴 지구 이론의 해설(1802)』이 나온 후에 비로소 알려져서 더욱 광범위하게 영향을 미치게 되었다.

허턴은 과거에 지구상에 작용했던 과정은 오늘날 작용하고 있는 과정과 같다는 원칙에서 출발했다. 따라서 그는 어떠한 억측도 배제했다. 19세기에 허턴의 위대한 후계자인 라이엘(Charles Lyell, 1797~1875)도 이 사상을 더욱 발전시켜서, 그 이후의 지질학은 모두 이 원칙을 내세우게 되었다.

수성론에 대립하는 것은 '화성론'인데, 허턴이 그 대표자이다. 그리고 그는 일체의 변화가 화성적 원인에 의해 생겼다고 주장하지는 않았다. 작용하는 원인이 몇 개나 있음을 그는 인정하고 있었다. 물이 토지를 씻어가고, 안벽(岸壁)을 깎고, 노출된 물질을 남김없이 바다로 싣고 가버리는 것을 그도 보았다. 그러나 그는 화석을 포함하지 않은 암석도 많으며, 그것들은 과거에 분명히 녹은 상태로 있었다는 것을, 그리고 더욱이 그것들 가운데는 다른 암석을 뚫고 밑에서 지표로 솟아오른 것으로 보이는 것도 적지 않다는 사실을 알고 있었다. 그래서 그는 지구의 내부는 수성론과는 반대로 고열이 지배하고 있으며, 지하의 용융물(熔融物)이 화산을 생성하였을 뿐만 아니라, 지층 전체의 모양을 변하게 해버렸다고 생각했다. 이 생각을 뒷받침할 만한 증거를 자연에서 찾아내는 것은 어렵지 않았다. 허턴은 자기의 관찰만이 아니고, 프랑스 지질학자인 게타르(Jean Étienne Guettard, 1715~1786)와 데마레(Nicholas Desmarest, 1725~1815)의 오베르뉴 화산에 관한 연구를 통해 자기의 이론을 뒷받침하였다. 그리고 스위스 사람인 소쉬르(Horace Bénédict de Saussure, 1740~1799)가 '지질학'이라는 용어를 도입했다.

2) 화석

고생물학의 창설자로 퀴비에와 라마르크 두 사람의 이름을 드는 것이 합당할 것이다. 그들의 생애는 19세기에 걸쳐 있으며, 그들의 결정적인 저서도 19세기에 발표되었다. 그러나 지구와 생물의 과학에 있어서는 세기로 구분하는 것이 적당하지 않다. 여기서는 베르너, 허턴과 더불어 퀴비에, 라마르크의 활약으로 채워진 18세기 중엽부터 1830년경까지를 하나의 시기로 하는 것이 적합하다. 그 후 지질학은 라이엘에 의하여, 생물학은 다윈에 의하여 새로운 시대를 열게 된다.

퀴비에

퀴비에(Georges Baron de Cuvier, 1769~1832)는 슈투트가르트에 있는 카를스루에 공업학교 출신이다. 그는 30세에 '콜레주 드 프랑스(Collége de France)'의 자연사 교수가 되었고, 그 후 한평생 나폴레옹 치하와 그의 몰락 후에도 높은 관직에 있었다. 그는 교육제도에 대해서도 공로가 크다. 사망할 때에는 프랑스 내무대신에 내정되어 있었다고 한다.

그는 모든 시대를 통틀어서 가장 천재적인 해부학자 가운데 한 사람이었다. 1805년 이래 5권으로 출간된 그의 『비교해부학 강의(Lecons D'Anatomie Comparee)』는 과학으로서의 비교해부학의 시초로 꼽히고 있다. 퀴비에는 소화기나 신경계와 같은 기관들을 매우 많은 동물에 대하여 비교 검토하여, 생물체와 그 각 부분의 구조와 기능 간의 관계를 인식하였다. 그가 얻은 지식은 매우 광범위하였으므로, 단 하나의 뼈로부터 그 동물 전체를 재구성하는 것도 그는 할 수가 있었다.

이와 같은 지식은 그가 화석의 연구에로 전향하였을 때도 큰 역할을 하였다. 파리 분지에서 매우 많은 화석을 발견한 것이 그가 화석 연구를 시작하는 동기가 되었다. 퀴비에는 개개의 뼈를 계통적으로 조사하여 기술하기 시작하여, 전 골격의 복원으로 나아갔으며, 다음에는 얻어진 형태를 '종(種), 속(屬), 목(目)'으로 분류하였다. 얻어진 형태의 일부분은 현재 생존하는 기지(旣知)의 생물의 것과 일치하였다. 그러나 현존의 동물에서는 찾아볼 수 없는 형태도 나왔다. 이와 같은 퀴비에의 연구 결과는 주로 1812년에 발표한 『화석 골격에 관한 연구(Recherches sur les Ossements Fossiles)』에 수록되어 있는데, 그의 지견은 주로 척추동물에 관한 것이다. 그래서 퀴비에는 척추동물의 고생물학을 창시한 사람으로 꼽힌다. 이러한 퀴비에의 업적을 다음과 같이 평가하기도 했다.

"화석 골격을 연구실에 잡다하게 모아들여서, 이제까지 결코 우리가 볼 수 없었던 동물을 만들어 내기까지, 엄밀한 과학적 방법에 의하여 결여된 부분을 보완해 간 것은 인류 정신의 최대의 위업의 하나로 볼 수가 있다."

지구사에 대해서 이와 같은 지견으로부터 어떤 결론을 도출하였을까? 이 저서의 서언 중에, 퀴비에는 자기가 발견하여 그려낸 대로 지구사의 윤곽을 나타내고 있다. 화석이 과거의 생물의 유해인 것은 이미 널리 알려진 사실이었다. 그것들 가운데 먼 옛날 멸종해 버린 생명 형태도 있다는 것이 퀴비에의 연구로 증명되었다. 생명 형태의 변천을 어떻게 설명하여야 할 것인가? 옛 형태가 멸하고 새로운 형태가 나타나는 것을 어떻게 설명해야 하나? 이미 다른 학자들이 세운 설에도, 대홍수에 관한 성서의 기사를 인용하여 설명한 것이 있었다. 퀴비에도 원칙적으로는 이 견해에 기울어 있었다. 그러나 자기의 발견에서 몇 번이나 대변동이 있었음이 틀림없다는 가정을 하지 않을 수가 없다. 전세계의 생물이나, 그렇게까지 말하지 않는다 해도 전 대륙의 생물을 절멸하게 한 것과 같은 대변동이 있었다는 증거는 어디에서나 볼 수 있다고 그는 믿었다. 그러나 대변동 후에 다른 형태의 생물이 다시 나타난 것을 설명할 때마다 퀴비에는, 전반적 또는 부분적 창조가 행해졌다고 말할 수밖에 없었다. 이것이 퀴비에의 사후에도 오래도록 지배적이였던 유명한 '천지 변동설'이다. 앞서 말한 퀴비에의 책에 기술된 다음의 내용이 이것을 잘 나타내고 있다.

"오래된 지층의 갈라짐(龜裂, 구열), 굽힘(彎曲, 만곡), 땅 미끄럼에서 판단하면, 이것들이 돌발적이며 강력한 원인에 의하여 오늘날 보는 바와 같은 상태로 변해 버린 것은 의심할 여지가 없다. 다량의 물이 미친 운동의 힘이 딱딱한 지층 사이의 이 위치에 밀어 넣은 토사(土砂)나 자갈의 퇴적 속에 아직도 생생히 나타나 있다. 지구의 생물이 가끔 무서운 사건을 당하여 멸망한 것은 명백하다. 무수한 생물이 이 대변동의 희생으로 멸망되었다. 그 하나인 육상의 것은 홍수에 익사당했고, 한편 심해에 살던 것은 해저가 갑자기 융기되는 바람에 말라죽고 말았다. 생물의 종족은 항상 절멸되어 왔으며, 자연 연구가들이 겨우 인정할 수 있는 약간의 유해를 빼면 그것들은 이 세기에 아무것도 남기지 않았다. 우리가 한 발짝씩 나아감에 따라 만나게 되는 여러 사실에서, 좋든 싫든 간에 인출될 수밖에 없고 때와 장소를 불문하고 참이라고 인정하지 않을 수 없는 결론이 이것이다. 이 위대하고도 무서운 사건은 그 역사의 비명(碑銘)을 읽을 줄 아는 모든 사람에게는 의심의 여지가 없는 것이다."

퀴비에는 그의 발견에 의해서도 많은 영향을 끼쳤으나, 그가 생생히 표현하는 문장의 힘도 발견 못지않은 영향을 끼쳤다. 1817년에 발간한 『동물계(Le Règne Animal)』도 표현력의 모범적 저작으로 평가받고 있다.

라마르크

라마르크(Jean Baptiste Pierre Antoine de Monet, Chevalier de Lamarck, 1744~1829)도 퀴비에와 나란히 꼽히는 사람인데, 그는 '무척추동물 고생물학'의 창시자이다. 라마르크는 처음에 식물학 쪽에 마음을 쏟았다. 그래서 1778년에 저술한 『프랑스 식물지(Flore Francaise)』에 의하여 과학아카데미의 회원 자격을 얻었다. 그 후 왕립식물원의 교수가 되어 유럽 나라들의 식물을 조사했다. 그리고 후에 동물학, 특히 화석을 포함한 포유동물학으로 전향했다.

라마르크가 연구에서 얻은 지구사에 대한 결론은 퀴비에와 정반대였다. 퀴비에와 마찬가지로 라마르크도 일정한 생명 형태가 소멸하고 그 대신에 다른 형태가 나타나는 것을 보았으나, 그것을 위하여 어떤 예리한 시간적 이행을 가정할 수는 없다고 생각하였다. 도리어 느린 단계적 이행이 일어난 것으로 생각하였던 것이다. 영국의 공학 기사 윌리엄 스미스(William Smith, 1769~1838)의 관찰도 라마르크의 이 생각을 뒷받침하였다. 스미스는 영국의 각지에서 운하를 건설하고 있었다. 지층은 일정한 순서로 파헤쳐졌고, 대부분의 지층에서는 화석이 발견되었으나, 어느 지층에도 다른 지층과는 다른 일정한 종의 화석이나 완전히 다른 것이 아니라, 예컨대 암모나이트에서 볼 수 있는 것과 같이 가까운 인연이나 명백히 구별되는 형태를 가진 같은 동물의 화석이 포함되어 있는 것에 착안하였다.

이것으로부터 라마르크는 다음과 같이 생각하게 되었다. 즉, 생물의 진화에 있어서는 퀴비에가 믿고 있었고 자기도 오래도록 그렇게 생각해 온 것과 같이, 대변동 후에 돌발적 변화가 일어나는 것이 아이라 여러 가지 모양이 서서히 단계적으로 교대해 온 것이 틀림없다고 생각하게 되었다. 이 사상으로 인하여 라마르크는 근대 생물학에 있어서 진화론의 할아버지로 손꼽힌다. 대개의 사상이 그러한 것과 같이 진화 사상도 사변적인 모양으로는 이미 고대의 그리스인들도 말하고 있었던 것이다. 그러나 라마르크는 그것에 경험적 근거를 준 것이다.

19세기 전반까지는 라마르크의 주장에도 불구하고 퀴비에의 '천지 변동설'이 주장되었다. 생틸레르(Etienne Geoffroy Saint-Hilaire, 1772~1844)나 괴테(Johann Wolfgang Goethe, 1749~1832) 같은 몇 사람의 사상가가 진화론에 찬성하고 있었으나, 대부분의 학자들은 이 라마르크의 사상에 등을 돌리고 퀴비에의 설에 찬동하고 있었다. 그런데 찰스 다윈(Charles Darwin, 1809~1882)이 나오고 비로소 진화 사상이 승리하게 되었다.

근대 생물학에서 '라마르크주의'라고 불리는 사상은, 생명 형태가 점차로 진화한다는 일반적인 생각은 아니다. 라마르크도 다윈도, 그리고 사실상 대부분의 현대 생물학자들도 이 점에는 공통된 의견을 가지고 있다. 의견의 차이는 생물이 진화해 왔다는 사실이 아니고, 진화가 어떻게 행해졌는가 하는 점이다. 이 의문에 대해서 라마르크는 하나의 설을 제안하였다. 라마르크주의라고 불리는 것이 바로 이 설이며, 오늘날에는 일반적으로 그다지 돌보지 않고 있다. 라마르크주의는 근본적으로 두 개의 기본 사상으로 되어 있다.

생물체의 기관 형성은 용(用)과 불용(不用)의 정도에 따라 명백히 강하게 규정된다는 것은 경험적 사실이다. 기관은 자주 사용하면 강해지고, 사용하지 않으면 위축된다. 동물이 개개의 기관을 사용하는 정도는 생활 조건, 즉 환경에 따라 결정된다. 두 가지 실례를 들면 이 점을 명백히 할 수 있다.

"지표에 기어 다니는 뱀은 높은 것이나 자기 위쪽에 있는 대상을 보는 것이 특별히 필요하다. 이 필요는 뱀의 시각 기관의 상태에 영향을 미친 것이 틀림없다. 사실 뱀의 눈은 머리 뒤나 위에 있어서 위쪽이나 옆에 있는 것을 쉽게 볼 수 있다. 그러나 바로 앞에 있는 것을 뱀은 거의 볼 수가 없다. 따라서 뱀은 이 시각 능력의 결점을 보충해야 하므로, 혀로 대상물을 식별하게 되었다. 이 습관 때문에 혀는 가늘고 매우 길며 신축성이 있는 것으로 되었을 뿐만 아니라, 많은 종류는 두 가지로 갈라지게 되었던 것이다."[1]

라마르크가 말했던 다른 예를 하나 더 들어보자. 기린은 높은 데에 있는 무성한 나뭇잎을 먹어야 했으므로 항상 목을 늘리게 되었다. 이 행동이 몇 세대나 누적되어서, 몸 구조 특히 골격과 앞발의 모양이 다른 변종을 생기게 하여 결국은 목이 이상하게 긴 오늘날의 기린이 되었다고 한다.

이상에서 알 수 있는 것과 같이, 이 두 가지 예에는 제2의 전제가 포함되어 있다. 생활 조건과 그것으로 규정되는 기관의 사용이 생물체에 영향을 주어, 생존 중에 획득하거나 받은 변이가 적어도 어느 정도 자손에게도 유전된다는 것이다. 즉, 획득형질(獲得形質)은 유전된다는 것이다.

만약에 이것이 실재의 진화를 설명한다면, 당연히 이것이 오늘날에도 관찰되어야 한다. 근대 생물학에서 라마르크의 지지자들은 이것을 증명할 새로운 예를 찾는 연구를 재삼 시도하였다. 그러나 그 연구 결과는 부정적이었다. 즉, 획득형질은 유전되지 않는다는 증거만 나타난 것이다. 말할 것도 없이 이 논쟁에서는 일반적으로 라마르크주의자가 불리하게 되었다. 그래서 진화 사상을 고수하기 위해서는 현대 유전학의 성과에서나 또

---

1 라마르크, 『동물철학(Philosophie zoologique, 1809)』.

다른 토대에서도 전혀 다른 요인을 생각해 내지 않으면 안 되게 되었다. 이와 같은 라마르크주의의 문제와 함께 우리는 현대 생물학이 당면한 문제의 한가운데에 이미 들어선 것이다. 19세기 후반에 나타나서 20세기 전반까지 인류의 사상을 뒤흔들어 온 다윈의 진화론에 대한 바른 인식을 하기 위하여 그때까지의 생물학을 살펴보자.

2. 생물학

퀴비에와 라마르크에 대해 기술하였으므로, 18세기 최고의 생물학자 두 사람에 대해서는 이미 기술한 셈이다. 그러나 18세기 말에서 19세기 초에 걸쳐서 퀴비에와 라마르크의 활동이 가장 왕성했던 시기 이전에, 생물학 발전에서 또 하나의 시기로 보아야 할 18세기가 가로놓여 있다. 퀴비에와 라마르크 두 사람은 '비교생물학'이라고 불리는 시기의 사람이며, 생물에 대한 비교 연구나 고생물학적 연구를 통하여 이미 진화론으로 나아갈 준비를 하고 있었다.

1) 린네의 자연 분류

18세기의 생물학은 아직 진화 사상에는 물들지 않고 있었다. 그리고 18세기 대부분의 생물학자는 생물의 자연적인 분류에 더 관심이 쏠려 있었다. 이와 같은 전반적인 특징은 위대한 린네에게서 특히 잘 나타난다.

린네는 스웨덴의 농가에 태어났다. 이 시기에 스웨덴의 농민은 아직 성(姓)을 가지고 있지 않아서, 통칭이나 아버지 이름으로 불리고 있었다. 린네의 아버지는 '니루스 인게말손(인게말의 자식 니루스)'이라고 불리었는데, 그가 신학을 배워 목사가 되었을 때 라틴 식으로 '린네우스'라고 이름을 지었다. 이 이름은 아마도 고향에 번성한 '보리수'에서 딴 것으로 생각된다. 그래서 1707년에 출생한 그의 아들은 '카를로스 린네우스'라고 불렀다. 이 카를로스가 후에 귀족이 되었을 때, '칼 폰 린네(Carl von Linné, 1707~1778)'라고 불리게 되었다.

젊은 린네는 신학을 배워 아버지와 같이 목사가 될 생각이었는데, 자연과학의 세계에 매혹되고 말았다. 그는 의학을 배웠고, 젊어서 식물에 관한 강의를 개설할 수 있었다.

그의 강의에 수백 명의 청강생이 몰려왔다고 한다. 그를 처음으로 유명하게 한 것은 라플란드 지방의 식물 연구 여행이었다. 학위를 받기 위하여 그는 네덜란드에도 갔는데, 이곳의 의사인 헤르만 부르하버(Hermann Boerhaave, 1668~1738)는 그에게 하렘에 있는 식물원장의 직위를 간선해 주어서 식물원 일을 하였다. 그리고 고향에 돌아오자 우선 스톡홀름에서 개업의가 되었다. 1741년에는 웁살라 대학에서 의학 강좌를 담당하였고, 그 후 곧 식물학 강좌로 옮겼다. 이때부터 그는 스웨덴에 과학학회를 설립하는 운동을 시작하여, 그 초대 회장이 되었다. 그러다 1778년에 사망하였다.

린네는 사물을 정리하는 재능을 가지고 분류하기를 좋아하였는데, 생물을 분류하는 데 특별히 뛰어났다. 이것이 바로 그의 제일가는 특징이었다. 그는 아이들과 같은 무심과 솔직함으로 이 재능을 모든 대상에 쏟았다. 그는 과학적 열심을 우선 생명의 세계에 돌려서 작은 논문 『자연의 체계(Systema naturae)』를 저술했다. 이 초고는 이미 네덜란드 시대에 썼던 것인데, 어떤 후원자가 그것을 보고 비용을 장만해 주어서 인쇄하게 되었다. 그것은 처음에 14쪽의 논문 한 편에 불과했는데, 1788년에 제12판을 세상에 내놓았을 때는 그것이 도합 6000쪽으로 된 12권의 책으로 성장해 있었다. 린네의 일평생의 연구는 이 『자연의 체계』와 『식물의 종(Species plantarum, 1753)』에 수록되어 있다. 후자는 유례가 없을 정도라고 말할 수는 없어도 가장 중요한 저서임이 틀림없다.

『자연의 체계』는 동물·식물·광물의 3계를 포괄하고 있다. 그러나 광물학에 대한 이 체계의 의의는 한정된 것에 지나지 않는다. 린네가 가장 잘한 것은 식물학이었다. 이 분야에서는 독자적인 방법으로 더없이 넓은 지식을 구사하였다. 생명의 세계에서 보이는 최대의 차이는 동물과 식물의 차이다. 동식물계의 생물들은 체구 구조의 근본 특징에 따라 우선 몇 개의 기본 군으로 분류된다. 린네는 이것을 '문(門)'이라고 이름 지었다. 그리고 더욱 분류하여, '강(綱)', '목(目)', '과(科)', '속(屬)', 그리고 '종(種)'으로 나누어 간다. 즉, '종'이 가장 좁은 개념이 된다. 세대에서 다음 세대로 같은 성질을 전해가는 개체는 모두 하나의 종에 속해 있다. 일례를 동물계에서 들어보면 다음과 같다.

문(門): 척추동물(脊椎動物, Vertebrata)

강(綱): 포유류(哺乳類, Mammalia)

목(目): 식육류(食肉類, Canivora)

과(科): 고양이류(猫類, Felidae)

속(屬): 고양이 속(猫, Felis)

종(種): 집 고양이(Felis domesticus)

그리고 이것은 식물계에도 해당된다. 린네는 분류의 원칙으로서, 동물의 경우에는 가장 현저히 나타난 외부 특징을, 또 식물계의 경우에는 생식기관의 특징만을 각각 채택했다. 그는 인간을 원숭이와 나란히 두고, 동물의 최상의 목(目)인 영장류에 넣고 있다. 린네는 하나하나의 동식물을 속과 종을 가리키는 두 명칭(이명법)으로 불렀다. 오늘날에는 이와 같이 린네가 붙인 이름을 쓸 때는 다른 사람에 의한 이름과 구별하여 'L'을 첨서하는 것이 상례로 되어 있다. 일반적으로 쓰이고 있는 것은 『자연의 체계』10판에서 따온 이름들이다. 1758년에 나온 이 판은, 아직은 린네 자신의 손으로 쓴 것이었다. 『자연의 체계』에서 임의의 한 절을 인용하여도 그다지 의미 있는 것은 아니겠으나, 린네 자신의 말을 들어 본다는 뜻에서, 후기 저작 가운데 일반성을 띈 다음의 한 절을 골라서 보자.

"하나님은 그것들(식물) 모두에게 어떤 종의 질서를 주시고, 그것들을 어느 정도 친근하게 하도록 하셨다. '이끼'는 메마른 땅에 정주하는 숱한 백성과 닮아 있다. 이끼는 지표를 덮거나 이용하는 한편, 다른 식물의 뿌리가 더위에 마르거나 혹한에 얼지 않게 보호하여 그것들에게 봉사한다. 이끼는 다른 식물이 쓸데없다고 본 토지를 개척하게끔 숙명 지워져 있다고 말할 수 있다. '잡초(雜草)'는 식물의 세계에서는 농부의 지위에 있고, 그 의무를 수행하는 것으로 보인다. 잡초는 대지의 대부분을 점유하고, 밟히거나 압박당하면 당할수록 자기 뿌리로 세력 범위를 넓혀 나가려고 더욱더 부지런히 일한다. 그들은 수와 강인함에서는 식물계에서 제일이다."

"한편 '꽃나무'은 귀족으로 보아도 좋다. 꽃들은 잎으로 장식하고, 특별히 멋진 꽃을 자랑하며, 향기나 풍미, 색과 모양으로 자기가 사는 세계를 눈이 번쩍 뜨일 만큼 아름답게 한다. '수목(樹木)'은 말하자면 영주이다. 수목은 뿌리를 땅 깊숙이 내리고, 꼭대기는 다른 식물보다 훨씬 높이 솟아 있다. 수목은 다른 생물을 태풍이나 혹서와 혹한에 의한 절멸로부터 지키고, 자기의 이슬로 생물을 습윤케 하고, 낙엽으로 보양하며, 특별히 무성하여 그것들에게 이익을 주고 있다. 수목은 이끼나 지의(地衣)를 하인으로 부리고 있으나, 자기에게 공용(供用)하게 하기 위한 것보다는 장식으로 삼고 있는 것이다."

린네 체계의 주된 공적은 다음과 같은 점들로 요약된다. 이 체계가 매우 포괄적 성격을 가져서 후세대의 생물학자에게 비할 데 없는 좋은 무기가 되었다는 것, 린네가 어느 종이든 간결하나 정확히 기재한다는 입장을 고수하였다는 점, 그의 눈부신 고찰의 재능과 멋지게 요점을 파악하는 감지 능력을 충분히 발휘하여서 확실한 명명법(命名法)을 세운 것 등이다.

린네의 체계는 '인위 체계(人爲體系)'이다. 생물학은 린네 이후에 자연 체계(自然體系), 즉 생물의 자연적 유연에 근거한 체계를 만들려고 노력해 왔다. 그러나 자연의 유연성이란 유전학적·진화적 유연성을 뜻하는 것이다. 이와 같은 생각에서 린네는 멀리 떨어져 있었다. 그는 종은 불변하다는 항상성을 확신하고 있었기 때문이다. 처음에 창조된 수만큼의 종과 속이 있다는 이 명제를 그는 선두에 내걸고 있었다. 개개의 종, 속, 과 등은 논리적으로 독립하고 또한 연속하는 하나님의 창조 사상이라고 린네는 보았다. 그것에 따르면 생물 분류의 목적은 하나님이 뜻한 '자연의 사다리(scala naturae)'를 발견하는 것이 아니면 안 된다. 앞에 인용한 문장에서도 이와 같은 사상을 엿볼 수 있다. 또 하나의 결점은 린네 자신의 탓은 아니고 문하의 탓으로 생긴 것인데, 차세대의 많은 생물학자들이 이름만 붙이면 그것으로 그 생물을 알았다고 믿게 된 것이다.

린네 후에 자연분류(自然分類)로 향한 노력이 시작되었는데, 이것은 린네의 위대한 선구자였던 영국인 존 레이(John Ray, 1627~1705)의 연구와 그의 일련의 저서 『Methodus plantarum Nova(1682)』, 『Historia generalis plantarum, 3 Vol.(1686~1704)』, 『Synopsis methodica animalium quadrupedum et serpentini generis(1693)』들과 결부되어 있다.

2) 생리학

18세기의 생리학자 중에 탁월한 인물인 할러(Albrecht von Haller)에 대해서는 '의학'을 다루는 절에 돌리기로 하고, 이 절에서는 이 분야를 대표하는 세 사람의 이름을 추가하는 데 그치기로 한다.

영국인 스티븐 헤일스(Stephan Hales, 1677~1761)는 '식물생리학의 하비'라고 불린다. 그는 특히 녹색식물이 귀중한 영양소를 공기에서 섭취하고 있다는 사실을 밝혔다. 네덜란드인 얀 잉엔하우스(Jan Ingenhousz, 1730~1799)는 이것과 프리스틀리의 산소 발견을 관련시켜서, 식물의 잎 안에서 공기 중의 이산화탄소가 햇빛의 작용을 받아 어떻게 가공되는가를 제시했다.

이탈리아인 스팔란차니(Lazzaro Spallanzani, 1729~1799)는 호흡생리학 외에도 소화 과정의 생리학도 개척하였다. 볼로냐 대학에서 철학, 수학, 언어학을 수학한 후 레기오 대학의 윤리학 교수를 하다가, 모데나 대학에서 박물학을 연구하여 파도바와 파비아 대학의 교수가 되었다. 실험동물학의 개조라고 불리는 스팔란차니는 물을 끓여서 대기와 접촉시키지 않고 두면 그 안에 어떠한 미생물도 발생하지 않는다는 것을 이미 증명하여 '자연 발생론'에 대한 반증을 제시하였다. 그럼에도 불구하고 이 '자연 발생론'은 파스퇴르에 이르기까지 명맥을 유지했다. 끝으로 스팔란차니는 발생학의 진보에도 큰 역할을 하였는데, 그것은 19세기의 이 분야를 다룰 때 다시 거론하기로 한다.

3) 진화 사상의 개척과 후계자

뷔퐁

뷔퐁(Georges-Louis Leclerc de Buffon, 1707~1788)은 린네와 동시대 사람이다. 18세기 프랑스에는 라마르크 외에도 뷔퐁이 19세기 생물학을 지배한 진화 사상을 일찍이 주장하고 있었다. 그의 주저 『박물지(Histoire naturelle generale et particuliere)』는 44권으로 되어 있으며, 1750년부터 1804년에 걸쳐서 발간되었다. 뷔퐁은 어느 점에서는 라마르크보다 앞서 있었다. 그는 어떤 유일한 원형으로부터 모든 생명 형태가 진화해 왔다고는 생각하지 않고, 어떤 일정한 무리(群) 내에서 생물의 변화를 생각하고 있었던 것 같다. 뷔퐁에게는 이미 나음과 같은 사상이 나타나 있다.

"오늘날 우리가 보는 종(種)은 소수의 과(科) 또는 계통에까지 행적을 더듬을 수가 있는 것이며, 이것들로부터 아마도 다른 모든 종(種)이 파생해 온 것일 것이다."

이래즈머스 다윈

이래즈머스 다윈(Erasmus Darwin, 1731~1802)이 뷔퐁보다는 빛나지 않았다고 하여도, 라마르크보다 앞서 더욱 솔직하고 명료하게 진화 사상을 위하여 싸운 사람이었다. 이래즈머스 다윈은 찰스 다윈과 프랜시스 골턴(Francis Galton)의 조부이기도 하다. 그는 「식물원(The Botanic Garden, 1789)」과 「자연의 전당(Temple do Natures, 1803)」이라는 두 편의 교훈시와 동식물에 관한 두 편의 산문을 남겼는데, 그의 저작 중에도 특히 『동물

고찰(Zoonomia, 1794)』이 진화론 발전에 중요한 의의를 가지고 있다. 여기서 원 생물은 일종뿐이라는 가설이 이미 세워져 있다. 이래즈머스 다윈의『동물 고찰』가운데 몇 구절을 인용해 보겠는데, 여기서 그가 진화의 사실을 제시하고 증거로 뒷받침하려는 것을 볼 수 있다. 그런데 그는 진화 방법이 어떻다는 것을 말하려는 것이 아니라 진화의 증거를 제시하려는 것이었다.

"둘째로, 인위적이거나 우연의 도태로 여러 가지 동물에게 생기는 큰 변화를 생각해 본다. 예를 들면 말의 경우, 짐 끌기와 경마에 있어서, 우리는 그의 힘셈과 빠르기를 각종의 목적에 이용한다. 또 개의 경우, 우리는 강함과 용감함을, 또는 후각의 예민, 또는 빠르기, 또는 수영 잘하기, 또는 틀이 거친 북극의 개에서 볼 수 있는 것과 같이 눈썰매를 끄는 것을 목표로 이것들을 육종해 왔다. 사육에 의하여 또는 기후나 계절의 차에 의하여, 일상 볼 수가 있는 것과 같이 작은 동물에 나타나는 모양과 색의 큰 변화도 생각해 본다."

"넷째로, 모든 온혈동물, 네발짐승(사족수)들의 구조도 인간에게 보이는 구조와 매우 유사하다는 것도 고찰해 보자. 쥐나 박쥐에서 코끼리나 고래에 이르기까지."

"다섯째로, 생애의 처음부터 끝까지, 모든 동물은 계속해서 변형된다. 이것은 일부에서는 동물의 욕망과 혐오, 만족과 고통, 또는 자극, 또는 연상의 발로인 노력에서 생기는 것이다. 그리고 이들의 획득 형태는 대부분 자손에게 전해진다."

"온혈동물의 구조에 보이는 큰 유사와 동시에 탄생 전과 후에 이것들이 받는 큰 변화를 숙고하여, 전술한 것과 같은 동물들의 변화의 대부분이 얼마나 짧은 시간 내에 일어나 왔다는 것을 고려한다면, 그것은 지구가 존재하기 시작한 이래, 아마도 인류사가 시작되기 이전의 수백만의 연대 또는 세대에 걸친 긴 동안이라고 가정한다면, 다음과 같은 생각이 너무나 대담한 것일까! 모든 온혈동물은 다만 하나의 원 생물(filament)에서 생겨났다. 이것이 동물계의 위대한 제일 원인이었다고 가정하는 것이 지나치게 대담한 것일까!"[2]

이 인용문의 다섯째 조항에서 '획득형질의 유전'이라는 라마르크의 사상을 엿볼 수 있다. 그리고 그의 손자인 찰스 다윈의 '도태 사상'도 엿볼 수 있다.

---

2 E. Darwin, 『Zoonomia(1794)』. Tayler: The Short History of Science and Scientific Thought, Chap 1, p. 221.

괴테

괴테(Johann Wolfgang von Goethe, 1749~1832)도 진화 사상의 길을 준비한 사람에 속한다. 허턴이 진화 사상에 반대하여 뷔퐁이나 라마르크 같은 사람들과 벌인 논쟁에도 괴테는 깊은 관심을 기울이고 있었다. 그의 유명한 '식물의 변태' 설, 즉 식물의 각 부분은 잎 모양의 원 기관에서 변화하여 생겼고, 식물이나 동물도 단일한 근본 계획에 따라 만들어졌다는 그의 깊은 신념이, 적어도 진화 사상에 접근해 있다고 과학 사가들은 주장한다. 이 신념을 나타낸 그의 시구를 보자.

어느 형태도 닮아 있으나, 같은 것은 둘도 없다
이 자연의 합창대는 비밀의 법칙을 엿보이게 한다
그 성스러운 수수께끼를

괴테의 자연관은 무엇보다도 우선 직관적이다. 항상 그의 머리를 떠나지 않은 것은 다양한 형태에 대한 원형의 통찰이었다. 이 통찰에 있어서, 그는 근본적으로 인간의 입장을 지키려고 항상 노력했다. 그래서 그에게는 현미경이나 망원경이 가장 중요한 연구 수단일 수 없었다. 이것들은 인간의 입장에서 벗어나며, 그가 감지하기로는 자연은 본래 이러한 도구로 밝혀질 차원이 아니라고 생각했다. 다시 말하면, 그의 자연에 대한 통찰은 과학적 수단 자체를 반대한 직관적인 것이다. 그가 '색채론' 가운데에서 뉴턴에 반대한 것은 특필할 만한 것이다. 괴테는 자기의 '색채론'에 특별한 노고를 쏟았기 때문에, 자기가 만든 가장 중요한 것은 이 '색채론'이라고 항상 생각하고 있었다. 괴테가 뉴턴의 '색채론'과 정면으로 대립한 것은 주지의 사실이다. 그 후 과학의 발전 단계에서는 뉴턴의 설이 승리하게 되었으나, 빛과 색의 생리적·정신적·주관적 면을 바라보았던 괴테의 입장이 이것으로 논파되어 버렸던 것은 아니다.

생물학도 역시 괴테에게서 많은 혜택을 받았다. '형태학(Morphologie)'이라는 말도 그가 도입한 것이며, 인간의 악간골(顎間骨) 발견도 그렇다. 물론 후자는 후에 알려진 것과 같이, 괴테 이전에 다른 사람이 이미 알고 있었던 것이다. 그러나 이와 같은 개별적인 것보다 더욱 중요한 것은, 괴테는 인격과 말의 힘으로 '산 자연' 연구의 방향을 제시하는 데 기여한 사실이다. 이 방향이란, 산 자연의 모든 형태의 변천 가운데 숨어 있는 원초적 비밀에 대하여 경외에 찬 통찰을 하는 것이다. 그가 소개한 그리스신화에 나오는 음악인 오르페우스가 지은 원 시구에도, 다음과 같은 그의 시구에도 이러한 산 자연의 모든 형태의 변천 속에 내재하는 원초적 신비에 대한 경외에 찬 통찰이 잘 나타나 있다.

> 만들어진 것을 다시 만들어
> 몸도 움직일 수 없게 굳어져 버리지 않게
> 영원히 살아 있는 역사가 작용하게
> 싹터라 만들어 내라!
> 우선 모양을 갖추고, 그것에서 모양을 바꾸어라!
> 잠깐 머물고 있는 것도 겉보기뿐이로다.

이것은 일원적 하나님의 창조와 섭리에 대한 경건한 통찰로서, 진화론자들이 말하는 것과는 본질적으로 다른 점이 있다. 여하간 당초에는 이와 같은 괴테의 영향도, 그와 같은 시대에 같은 의견을 가지고 있었던 생틸레르나 트레비라누스(Gottfried Reinhold Treviranus, 1776~1837)와 같은 생물학자들의 영향도, 생물학에 있어서 진화론이 개가를 올리게 할 정도까지는 미칠 수가 없었다. 트레비라누스는 1802년에 낸 그의 저서『생물학 또는 자연 연구자와 의사를 위한 자연의 철학(Biologie oder Philosophie der lebenden Natur fiur Naturforsher und Arzte, Vol. 6 (1802~1822)』에서 '생물학(Biologie)'이라는 말을 처음으로 쓴 사람일 것이다.

3. 의학

18세기의 이론 의학은 오름길에 있던 자연과학과 철학으로부터 받은 사상의 영향을 특히 강하게 나타내고 있다. 의학의 학파는 어느 것이나, 당시에 받아들여지고 있던 주도적 사상과 결부되어 있었다. 이와 같은 학파는 주장의 신선함으로 활기를 띤 일면도 확실히 가지고 있었으나, 주장의 일면성에 집착하여 일시적 의의를 나타낸 것에 지나지 않았다. 이론적 체계화도, 플로지스톤 주의자 슈탈이나 그의 대학 동료이며 호적수였던 호프만의 활동에서 볼 수 있는 것과 같이, 그들의 피할 수 없는 일면성 때문에 의학을 경험으로부터 사변으로 끌어넣을 위험성을 내포하고 있었다.

이것은 '생기론(生氣論) 학파'나 '자연사적(自然史的) 학파'라는 이름으로 잘 알려진 학파들에도 해당하는 것이다. 이 위험에 대해서 임상가들이 반발하여 일어섰다. 이론적 기초가 확고하지 못함을 자각한 이들은 일정한 학파를 좇으려 들지 않고, 어떤 것이든 좋은 것은 편견 없이 채용하여 순경험적인 입장이나 인격의 힘에 의하여 이것을 결합하여 하나의 통일체로 만들고 있었다. 후펠란트(Christoph Wilhelm Hufeland, 1762~1863)도 그 가운데 한 사람이다.

역사적으로 볼 때, 학파나 개념적 체계에 있어서는 경험적 지식을 경시해 온 경향이 있었다. 그런데 이런 것은 의학상의 개별 과학 중에서 얻은 경험적 지식보다 작은 의의밖에는 없다. 왜냐하면 후자가 획득한 것이 오래도록 유용하기 때문이다.

1) 병리해부학 – 모르가니

만약에 베살리우스가 정상 인체를 해부한 후에 병든 생물체의 해부학도 연구하여 기재하려던 자기의 계획을 달성했다면, 병리해부학은 실제보다 200년 정도 일찍 확고한 기초를 마련했을 것이다. 그러나 실제로 병리해부학은 18세기에 비로소 이탈리아인 모르가니(Giovanni Battista Morgani, 1682~1771)에 의해서 본격적으로 시작되었다. 물론 17세기에도 일련의 연구가 선행되었으나, 그것이 체계화된 것은 아니었다.

모르가니는 특히 정상의 인체해부학의 기초적인 면을 오래 연구해 가는 중에 병적 기관에서 보이는 구조 변화를 관찰하였고, 이것이 계기가 되어 비로소 병리해부학에 대한 체계적 연구를 시작하게 된 것이다. 그는 수십 년에 걸쳐서 연구를 진행하여 80세 가까이 되어서 『해부학자가 검출한 질병의 부위와 원인(De sedibus et causis morborum per anatomen indagatis(1761)』이라는 책을 출간했다. 이 경우의 '원인(causa)'은 현대적인 의미가 아니고, 병의 '본질 또는 병상(病狀)'이라는 뜻으로 이해해야 한다. 이 저서는 640개의 해부 사례에 대하여 모든 증상과 그에 따른 소견을 기재하여 보고하고 있다. 이 분야에서 그 후에 행해진 병리해부학에 대한 연구는 모두 이 모르가니의 저서를 기초로 하고 있다. 따라서 모르가니는 '병리해부학의 아버지'라고 불리기에 합당하며, 그가 의학에 기여한 공적은 찬양받을 만하다.

2) 생리학 – 할러

17세기에 있었던 하비의 기초적 발견 이후에 생리학 연구가 활발해졌다. 생리학이 임상의학의 단순한 부수물에 그치지 않고 독립된 하나의 기초과학으로 역사의 막을 연 것은, 당시에 '학문의 심원(深淵)'이라고 불린 할러(Albrecht von Haller, 1708~1777) 이후부터이다.

과학사에서 "향나무는 상엽(雙葉)의 새싹 때부터 향기롭다."라는 속담에 들어맞는 인물이 많은데, 할러도 그중의 하나였다. 한마디로 뛰어난 신동이었다. 그는 10세에 그리스어와 라틴어를 자유자재로 쓸 수 있었다. 튀빙겐과 레이던에서 수학하여 19세에 박사 학위를 받았고, 26세에 베른의 해부학 교수 겸 병원장이 되었다. 그리고 28세에 괴팅겐의 해부학, 외과학, 화학, 식물학 교수가 되었으며, 이 시절에 그는 이곳에 과학 학회를 창설하여 『괴팅겐 학술보고』를 창간하였다. 괴팅겐 대학은 특히 할러에 의하여 자연과학에서는 유럽에서 일류의 학부 가운데 하나가 되었다. 후에 할러는 고향 베른에 돌아가 공무와 문필 활동으로 시간을 보냈다. 그는 모든 시대의 과학사를 통해서 가장 탁월한 문필가의 한 사람이었다. 그는 『괴팅겐 학술 보고』에는 1만 편 이상이나 기고했다고 한다. 그의 독창적 논문 수도 600편을 넘고 있다. 베른에서는 세 편의 철학 소설도 썼다.

라틴어로 쓴 할러의 『인체생리학 요강(Elementa physio-logiae corporis humani)』 8권도 베른에서 1757~1766년 동안에 발간되었다. 이 저서의 공적은 무엇보다도 우선 체계적이었다는 점을 들 수 있다. 할러는 당시의 생리학적 지식을 모두 남김없이 이 책에 체계적으로 개괄하였다. 이 책은 갈레노스 이래 처음으로 나타난 포괄적인 생리학 교과서였다. 이것 외에도 이 책에는 일련의 새로운 지식이 기재되어 있다. 그중에 주요한 것들을 들어보면, '호흡의 기구, 심장 활동의 자율성, 지방 소화에서 담즙의 역할, 배(胚) 발생 등에 대한 기술'과 '신체를 각부로 분류하여 '감각성(感覺性)'의 실질과 '흥분성(興奮性)'의 실질로 한 것' 등이 있다. '감각성'이 신경(神經)의 속성 가운데 하나인 것에 대하여, '흥분성', 즉 자극에 반응하는 능력은 근육 조직의 속성 가운데 하나이며, 신경에는 관계가 없고, 적출한 조직을 써도 증명된다는 것을 할러는 알아내고 또한 증명하였다. 할러의 연구 방법은 근대적인 실험생리학의 시작이라 할 수 있다.

3) 조직학 – 비샤

프랑스의 해부학자인 비샤(Marie François Xavier Bichat, 1771~1802)는 이탈리아의 모

르가니(Giovanni Morgani, 1682~1771)의 연구 경향을 계승한 것으로 볼 수 있다. 그러나 그는 모르가니의 사고방식을 조직에도 확장하여 근대 조직학의 창설자가 되었다.

비샤가 처음으로 교단에 선 것은 25세 때였다. 그리고 30세에는 두 개의 주저 『생리학과 의학에 응용한 일반 해부학(Anatomie generale, 1801)』과 『삶과 죽음의 생리학적 연구(Physiologisch Untersuchungen uber Leben und Tod)』를 발표하였다. 비샤의 연구 태도는 너무나 맹렬하여, 마치 자기의 단명을 예상한 것 같았다. 그는 1801년의 겨울 동안에 무려 600체의 해부를 해냈다. 그리고 다음 해인 1802년에 세상을 떠나고 말았다.

4) 특수 요법 – 메스머, 하네만

이 두 사람을 던 것은, 순 경험상의 진보에 국한 할여 던 우리의 예정에 본래 반하는 것이다. 그러나 그들은 의학 사상 가장 유명한 인물에 속함으로, 적어도 한마디 해 놓아야 할 것이다. 그들의 활동의 영향은 현대의 의학에 까지 미치고 있기 때문이다.

메스머(Friedrich Anton Mesmer, 1734~1815)는 신비적이며 명상적인 심정을 가진 사람이었으며, 자석을 몸에 올려놓는 민속 의학에서 사용되는 요법으로부터 출발하였다. 그러나 그는 곧, 치료 작용은 명백히 자석에 의한 것이 아니고 의사, 즉 '자기 요법사'의 인격에 의한 것이라고 생각하게 되었다. 그래서 그는 자석을 쓰지 않고 다만 손을 몸 위에 올려놓고 치료하는 방법으로 바꾸었다. 최후에는 '자기적 유체'를 환자에게 흘려 넣기 위해서는 몸에 접촉할 필요도 없고, 도리어 의지의 집중만으로 충분하다는 것을 깨달았다. 만물에는 그와 같은 유체가 충만해 있다고 메스머는 믿었던 것이다. 병에 걸리면 보편적인 우주 힘의 장(場)에서 자기력을 받아들이는 것이 방해된다고 메스머는 생각했다. 의사의 역할은 그것을 환자에게 원래대로 도입하는 것이었다.

이와 같은 메스머의 이론은 틀린 것이었으며, 당시의 과학적 의학도 메스머가 틀렸다는 것을 지적하였다. 그러나 그가 올린 임상 치료 성적은 부정할 수 없었으며, 또한 놀라운 것이었다. 오늘날에서 보면, 메스머가 한 것은 고대의 심령 요법을 되풀이한 것에 지나지 않았다. 하지만 당시는 수학적 자연과학의 성과를 맹신하여 건강한 생활이나 병자의 생활을 너무나 단순하게 기계적으로 다루기 쉬웠던 시대였기 때문에, 이와 같은 치료가 환영받았던 것이다.

하네만(Samuel Hahnemann, 1755~1843)은 '동종 요법(同種療法, Homoopathie)'의 창시자이다. 하네만은 메스머와는 달리 이 분야의 문외한은 아니었다. 그는 당시 의학 지식의 정수를 알고 있었고, 외국이나 전 시대의 의학 문헌에도 통달해 있었다. 또한 독학으로 화학과 약학의 기초 지식을 습득하여 치료 분야에 자극을 줌으로써 이것에 실질적으로 기여하기도 했다.

하네만의 사상을 이해하기 위해서는, 당시의 투약법이 상당히 혼란스러웠다는 사실을 인지해야 한다. 의학 학파들 하나하나가 자기 나름의 투약 이론을 펴고 있었다. 임상의에게는 어떤 체계도 그것 하나로는 충분하다고 할 수 없었다. 그래서 대개는 만일을 고려하여 몇 종의 약을 병용하였고, 더욱 만전을 기하기 위해 될 수 있으면 많은 양의 약을 주는 것이 상례였다.

하네만은 개피를 비롯하여 여러 약물을 자기에게 시험해 보기 시작하였다. 이것은 주목할 만한 새로운 시도였다. 이와 같은 연구 결과, 하네만은 일반적으로 행해지는 투여량이 과다하며 또한 유해하다고 확신하게 되었다. 소량을 투여하면 유해한 부작용을 없앨 수 있을 뿐만 아니라, 치료 효과도 높일 수 있다는 것을 그는 발견하였다.

하네만이 세운 원칙에 의하면, 병을 치료하려면 그 병과 유사한 증상을 일으킬 만한 종류의 약을 쓰라고 한다. 열병을 고치기 위해서는 건강체에 고열을 일으키는 약을 쓰라는 것이다. '독을 독으로 제압한다(Similia similibus cuyantur: 비슷한 것을 비슷한 것으로 고친다)'는 것이 그의 원칙이었다. 그리고 '닮았다'라는 뜻의 그리스어를 따서, 그는 자기의 설을 'Homoopathie(동종 요법)'이라고 이름 지었다. 이 동종 요법은 올바른 핵심을 몇 개 포함하고 있었는데, 아류에 의해 너무나 일면적으로 절대화되는 운명에 빠지게 되었다.

5) 종두 – 제너

천연두의 예방접종은 고대로부터 중국인에게는 알려져 있었다. 18세기 초에 콘스탄티노플 주재 영국 대사의 부인이며 여류 작가인 몬터규(Mary Wortley Montagu, 1689~1762) 부인이 터키인의 접종 방법을 알게 되었다. 거기에서는 소녀, 특히 노예의 딸아이에게 어릴 때 접종을 받게 하는 습관이 있었고, 그 때문에 커서 천연두로 얼굴이 추하게 되는 일이 없었다. 접종 방법은 어렵지 않았다. 천연두 환자에게서 채취한 마른 고름(농)을 피부를 절개하고 심는(접종) 것이다. 1721년에 몬터규 부인이 이것을 영국과 유럽에 알렸지만 그다지 보급이 되지는 못했다.

제너(Edward Jenner, 1749~1823)는 영국의 브리스틀 지방에 살던 촌의(村醫)였다. 이 지방 사람들은, 소에게 나타나는 우두(牛痘)에 감염한 적이 있는 사람은 인간의 천연두에 평생 걸리지 않는 것을 이전부터 알고 있었다. 제너도 전에 "나는 결코 마마에 걸리지 않는다. 이미 소의 마마에 걸렸기 때문이다."라고 어떤 농부의 아내가 말하는 것을 들은 적이 있었다. 제너는 이것에 관심을 가지고 연구해 나갔다. 수년 걸려서, 소의 마마는 두 가지 방식으로 나타나고, 그중 한 가지만이 면역 효과를 가지고 있다는 것을 발견했다. 그러나 자기의 추론을 실제 실험에 옮기기 위해 수년을 또 기다려야 했다. 1796년에 그는 우두에 감염된 '소젖 짜는 여자'의 손에서 접종 물질 같은 것을 채취하여 그것을 8세의 아이에게 접종해 보았다. 아이는 가볍게 우두의 증상을 나타냈으나, 수주 후에 제너가 진짜 인두를 감염시켰을 때는 아무렇지도 않았다.

제너의 이 방법은 세계에 널리 알려졌다. 이미 19세기 초에는 유럽의 많은 나라가 법률에 의하여 종두를 실시하게 되었다. 제너는 명성이 매우 높아졌다. 고국에서는 그에게 급여를 지급토록 결의하였고, '괴팅겐 아카데미'는 그를 회원으로 맞이하였다. 나폴레옹 보나파르트가 영국 포로의 석방 여부를 결정하려는 참에 조세핀이 제너의 이름을 상기시키자, 곧 석방하기로 인가하면서 "그 이름을 들은 이상 안 된다고 할 수는 없다."라고 말했다.

제너가 '소발에 쥐잡기' 식으로 운 좋게 이 발견을 한 것은 아니다. 그는 시야가 넓고, 교양이 있으며, 취미가 다양한 인물이었다. 시를 쓰고, 음악을 들을 줄 알고, 지질학 문제도 다룬 사람이었다. 또한 그는 죽기 1년 전에 「철새에 대하여」라는 논문을 로열 소사이어티에 제출하기도 했다.

6) 18세기의 위생 상태

유럽의 평균수명은 16세기에서 18세기까지 점점 높아져 왔다. 주택 사정이 좋아졌고, 위생에 대한 인식도 커졌으며, 규칙적인 습관을 가지게 되었다. 그러면서 사람들의 일반적 위생 상태가 개선되었다. 또 과학적 의학이 크게 발전함에 따라 의사의 지위가 높아진 것도 위생 상태가 좋아진 것과 관련이 있다.

하지만 가장 중요한 원인은, 일반 의사와 위생의 양상에 대해서 국가가 강력한 법규를 포고한 것이다. 이 점에서는 프로이센이 선두에 서서, 1725년에는 일반 의사법을 설정했다. 프로이센 군(軍)의 '군의(軍醫) 제도'도 외국의 모범이 되었다.

위생 상태의 개선 모양은, 근대에 많은 나라가 빠짐없이 실행하고 있는 출생과 사망 조사에서 산출한 '평균 생존 예상 연수'에서도 명확히 볼 수가 있다. 제시한 자료(제네바

시기(연간)	신생아의 평균 생존 예상 연수
1600년 이전	8세
1600~1650년	13세
1650~1700년	27세
1700~1750년	31세
1750~1800년	40세

의 통계)가 그러한 사실을 나타낸다.

제네바의 신생아 생존 평균 예상 연수는 17세기 후반부터 19세기 말까지 매우 높아진 것을 볼 수가 있는데, 이것은 18세기의 위생 상태가 매우 향상된 것을 반영하고 있다. 그러나 19세기부터 산업혁명에 따른 공업화에 의하여, 노동인구가 위생 상태가 좋지 못한 도회의 셋집으로 쫓겨 가게 되었다. 거기에는 수도나 하수도와 같은 위생 설비조차 없었다. 그러니 위생 사정이 말도 안 될 정도로 열악했다. 그러다 19세기 중기 이후에 과학적 의학의 진보가 시작되어, 사회 전반적 상황이 느리기는 하나 향상됨에 따라 인간의 평균수명이 착실히 높아져 갔다.

4. 지리학

1) 발견

오스트레일리아와 남태평양은 18세기에도 변함없이 발견가들의 활약 무대였다. 발견의 일부로서, 이곳저곳의 섬들이 재발견되기도 했다. 이들 섬은 이미 발견한 것이었으나, 위치의 결정이 애매하여 오래도록 재발견되지 않고 있었던 것이다. 프랑스의 항해가이자 군인인 부갱빌(Louis Antoine de Bougainville, 1729~1811)은 남태평양의 제법 넓은 부분을 밝혀냈다. 그러나 선두에 선 것은 영국인이었다. 시인 바이런의 조부이며 영국의 항해가인 바이런(John Byron, Baron Ⅳ, 1723~86)과 사무엘 월리스(Samuel Wallis), 그리고 제임스 쿡(James Cook) 선장이 활약했다.

1769년에 왕립협회는 금성이 태양 면을 통과하는 것을 관측시키기 위해 쿡을 포함한 조사대를 남태평양으로 파견했다. 박물학자 뱅크스(Sir Joseph Banks, 1743~1820) 경이나 소란다 같은 과학자가 참가했다. 소란다는 린네의 문하이다.

이 여행은 1768년에 시작했는데, 영국의 플리머스(Plymouth)를 출발하여 브라질의 리우데자네이루(Rio de Janeiro)로 향했고, 다시 거기로부터 '혼 곶(Cape Horn)'을 돌아 태평양을 횡단하여 타히티 섬으로 진행해 갔다. 낙원과도 같은 아름다운 섬들을 구석구석까지 조사했다. 그러면서 쿡은 뉴질랜드의 남쪽을 돌아 오스트레일리아의 남쪽 해안에 도달했다. 그는 오늘날의 시드니에 상륙했으나, 눈앞의 땅이 그토록 찾던 '남쪽의 땅(terra australis)'인 것은 몰랐다. 그는 다시 오스트레일리아의 북쪽을 돌아서 항해를 계속했다. 여기서 배가 암초에 걸렸는데, 그래도 침몰하지는 않았다. 그는 티모르 군도와 자바 섬에 도달했다. 일행은 더 나아가서 인도양을 횡단했으나, 이 항해 도상에서 승무원들은 매일 괴혈병으로 죽어갔다. 쿡 선장은 아프리카의 남단을 돌아 영국의 모국 항구에 귀항할 수밖에 없었다.

쿡 선장은 1772년부터 1775년까지 두 번째 여행을 했다. 이때에는 남방 대륙의 문제를 철저하게 탐색해 보려는 명확한 목적이 있었다. 그러나 이 여행에서도 소극적인 결론밖에는 내리지 못했다. 그러한 대륙이 있다고 해도, 훨씬 남쪽의 남극 지방에 있음이 틀림없다는 것이었다. 그런 결론에 도달한 까닭은, 그가 케이프타운(Cape town)을 나와서 남극권에 도달할 만한 남쪽까지 항해해 보았기 때문이다. 그는 남쪽으로 멀게 돌아 뉴질랜드에 도달했다. 그리고 거기에서 남위 71도까지 두 번째로 돌진해 보았으나, 빙괴(氷塊) 때문에 되돌아갈 수밖에 없었다. 쿡 선장은 남태평양의 섬들을 더 발견하고 조사하여 모국에 귀항했는데, 그가 거친 도정은 무려 지구를 세 바퀴 돌 만한 엄청난 거리였다. 쿡 선장은 이 여행에서, 신선한 식량을 주면 괴혈병을 고치거나 걸리지 않는다는 것을 확인했다.

쿡은 세 번째 항해에 나섰다. 이번에는 '북서 항로의 발견'이라는 목표가 그의 마음을 사로잡았다. 이것을 발견하지 못했으나, 그는 멀게 북쪽으로 나아가서 알래스카 해안을 조사했다. 이 지방에 대한 조사는 영국의 항해가 밴쿠버(George Vancouver, 1758~1798)에 의해서 곧 이어져서 더욱 진행되었다. 쿡 선장은 이 세 번째 여행 중에 하와이의 어느 섬에서 죽었다. 그는 최고의 발견가 가운데 한 사람이며, 인간미가 넘치는 상관이었다. 그리고 남태평양의 소박한 민족을 충분히 이해하는 것과 자기의 전 과제에 몰두해 있었다. 남태평양의 섬들에 관한 그의 보고는 루소 철학의 시대와 일치하여, 이 철학이 일으킨 반향을 더욱 높이는 역할을 했다.

18세기가 끝날 무렵에는 남극이나 오스트레일리아까지의 각 대륙의 윤곽이 어느 정도 그려지게 되었다. 그러나 오스트레일리아의 남쪽과 서해안이 조사된 것은 19세기 전반부터였다. 덴마크 태생의 러시아 탐험가 베링(Vitus Jonassen Behring, 1681~1741)과 첼류스킨(Chelyuskin)에 의하여 아시아 대륙의 북단도 밝혀져 있었으므로, 발견 활동의 중점은 이제 각 대륙의 내륙으로 향했다. 특히 암흑대륙 아프리카의 오지에 대해서는 아무것도 알려져 있지 않았다. 아프리카 오지 깊숙이 들어갔다는 아랍 상인들로부터 여러 가지 이야기를 들을 수 있었으나, 눈으로 본 것은 거의 없었다. 프랑스인 두발이 이 점을 고려하여, 구전되는 지식을 아프리카 대륙의 지도에서 가차 없이 일소해 버리자 이 대륙의 대부분이 거대한 공백으로 남고 말았다. 해안선에서 300~600km의 기지보다 안쪽에 들어간 사람은 아무도 없었다. 1788년, 영국은 아프리카의 오지 탐험을 위해 '아프리카 탐험 협회'를 설립하였으며, 이로써 계획적인 탐험 활동이 시작되었다. 스코틀랜드의 의사인 파크(Mungo Park, 1771~1806)는 협회의 위임을 받아 1795년부터 1797년까지 나이저 강을 탐험했다.

2) 지리학 이론

이 절에는 이미 기술한 바 있는 두 사람이 등장하는데, 그들이 여기에 등장하는 것은 매우 의외일 것이다. 그 한 사람은 스웨덴의 화학자 베리만(Torbern Olof Bergmann, 1735~1784)이다. 그는 1766년 『지구의 물리학적 기술(Physische Beschreibung der Erde)』을 발표했는데, 이것은 곧 독일어판과 영어판으로 출판되었다.

그런데 쾨니히스베르크에서 한 발짝도 나가지 않은 것으로 유명한 위대한 철학자 이마누엘 칸트가 지리학의 대가 가운데 한 사람이라고 하면, 더욱 놀랄 사람이 많을 것이다. 칸트는 1757년부터 지리학 강의를 했으며, 이것이 과학 발전에 중요한 영향을 주었다. 칸트가 '전 비판 시대'에, 즉 비판하는 일에 모든 시간을 경주한 이전의 시대에 지리학 문제에 얼마나 집중해 있었는가는 칸트 전집의 목차를 훑어보기만 해도 알 수 있다. 바람의 이론을 세웠고, 지진에 대한 여러 편의 논문을 쓴 것 외에도, 지리학 분야의 구분법에 대한 지침을 곁들인 『자연 지리학 강의』도 썼다. 그가 1765년부터 1766년까지 행한 '동기 강의'의 지침을 그 후 약간 수정하여 다음과 같이 보고하고 있다.

"이 교과는 자연적·도덕적·정치적 지리학이 될 것이다. …… 이 '자연' 부는 동시에 모든 해류의 자연적 여러 관계와 그것들의 연락의 근거를 포함하는 것이며, 모든 역사의 본래의 기초인 것이다. 이것 없이는 역사가 옛이야기와 큰 차이가 없게 되고·만다. 제2부는 인류를 자연적 여러 특성의 다양성과 그들에 있어서의 도덕성의 위상에 따라 전 지구상에 걸쳐서 고찰하는 것이다. 이것은 매우 중요하며, 또한 매우 매력 있는 고찰이기도 하다. 이것 없이는 인류에 대하여 일반적 판단을 하기가 어려우며, 또 거기에는 상호의 비교나 이전의 도덕 상태와의 비교가, 인류의 하나의 큰 지도로써 바로 펼쳐주는 것이다. 끝으로, 상술한 두 개 힘의 상호작용의 결과로 볼 수 있는 것, 즉 지상의 각 국가나 각 민족의 상태가 몇 사람의 기획과 운명도 아니고, 통치의 소위나 정치 음모도 아니며, 항상적인 것, 먼 뿌리를 지세나 산물이나 관습이나 산업이나 상업이나 인구와 관련시켜서 고찰되는 것이다."[3]

칸트는 또한 지금의 '경제지리학'이라고 할 수 있는 '상업적 지리학'과 '신학적 지리학'을 처음으로 구별하였다. 그는 신학적 지리학을 지구상의 종교 분포를 연구하는 것으로 이해하고 있었다. 합리적인 사고에 투철하여 모든 것을 질서 지우고 마는 칸트의 정신은 지리학에도 질서를 세워 주었다. 지리학이 최고조에 달한 19세기의 유명한 지리학자들은 이 질서와 관련지을 수 있었던 것이다.

5. 역사학

18세기의 지도적 사조에 대해서는 '제15장. 자연과 이성'에서 이미 고찰하였다. 그러나 이것이 정신과학에서, 어떤 방식으로 나타나서 어떤 작용을 미쳤는가를 조사하는 과제는 아직도 남아 있다. 다음의 5, 6 두 절에서 가장 중요한 두 분야를 다루어 보기로 한다. 이 두 분야린, 하나는 역사적 과학이고, 또 하나는 정치와 법률, 경제와 사회과학이다. 이 두 분야는 서로 밀접하게 접촉할 뿐만 아니라 넓은 범위에 걸쳐서 서로 침투해 들어가 얽혀 있다. 그리고 18세기에는 어느 분야를 막론하고 중요한 인물이나 그들의 활동, 그리고 문제나 업적 등이 너무나 많아서 제한된 지면에 알맞게 선택한다는 것이 매우 곤란하다.

여기서는 18세기 역사 사상의 주된 방향 몇 가지를 주요한 대표자를 예로 들어 설명하기로 한다. 그리고 이 책은 어디까지나 자연과학사를 기술하는 것을 목적으로 하는 만큼, 본래의 역사 과학적 사료로 주목할 소논문보다는 일반적 문제나 이념에 눈을 돌려,

---

3 칸트, 「1765~1766년도 동기 강의안에 대한 보고」, 『칸트 전집』 제2권, 327쪽.

자연과학 발전과 연관된 문제를 다루어 보기로 한다. 18세기에는 일반 이념을 세우는 것이나 사료를 철학적으로 통괄하는 것을 특히 문제로 삼았기 때문이다.

그리고 이 경우, 문제로 삼은 '이념'은 전문적 의미에서의 역사 기술에 속한 것이 아니고 정신과학의 모든 부문에 걸친 탐구와 관련되는 것이다. 이 시기 사상가들에게 법률학, 정치학, 사회학, 역사 기술 등은 하나의 통일된 학문이었으며, 이들 각 분야에 대한 전문적인 대량의 사실 지식도 당시에는 없었다. 그런데 19세기나 20세기가 되면 대량의 사실 지식이 정신과학의 포괄적 이론을 세우려는 대부분의 시도에 대하여 몇 개 이상의 사실 또는 사실 군(群)으로 드러나게 된다. 그래서 통일성은 무너지고 다양하게 전문화되었다. 그러나 18세기까지는 이 통일성이 유지되고 있어서 지금과 같은 분류가 이루어지지 않았다. 예를 들면, 몽테스키외라는 사상가를 역사학에 넣고, 루소나 다른 인물을 정치학이나 사회학에 넣었다고 해도 이와 같은 배분은 임의적인 것에 지나지 않는다는 말이다. 몽테스키외는 법률가였으나 그의 저술은 법률학이나 정치학에서와 같이 역사 기술에도 속해 있기 때문이다. 루소는 틀림없이 역사 전문가는 아니었으나, 역사 사상에 강한 자극을 주었고 또한 결실도 가져다주었다.

1) 역사적 세계의 고유 법칙성

시대적으로 처음에 등장하는 두 인물은 '비코'와 '몽테스키외'이다. 그들의 사상은 계몽을 훨씬 넘어선 것이며, 그들 자신의 세기를 넘어서 그 후의 인류사를 보는 방법을 매우 강하게 선취하였고 또한 예고하였다. 비코는 역사적 세계의 본질적인 특수성과 고유 법칙성을 인식하였고, 몽테스키외는 이론 만들기를 비웃는 역사적 세계의 풍요함을 인식했다. 몽테스키외의 활동은 곧 유명하게 되어, 이 시기의 사상이나 정치와 사회의 발전에 매우 강력한 영향을 미쳤다. 그런데 비코의 활동은 거의 파묻혀 버리고 말았다. 괴테조차도 비코에 관해서는 잘 알지 못했다. 비코 안에 싹터 있던 것을 그 후에 발전시킨 역사 사상가들도 실제로는 그를 재인식한 것이 아니고, 대부분은 그들의 독자적인 활동 결과일 뿐이었다.

비코(Giambattista Vico, 1668~1744)는 나폴리에서 수사학 교사로 일했는데, 매우 검소하게 생활했다. 그는 20년 이상이나 쉬지 않고 엄격한 사색을 쏟아서 1725년에 그의 주저 『새 과학의 원리(Principi di una scienza nuova)』를 세상에 내놓았다. 그 후에도 거듭하여 이 저술을 개정하였다.

그가 말한 '새 과학'이란 무엇인가? 한마디로 말하면, 그것은 루네 데카르트의 '보편수학'에 대립하는 것이었다. 비코는 '역사적 세계'를 '자연의 세계'와 나란히 놓고, 동격이기는 하나 다른 것으로 바라보았다. 아마도 비코가 이와 같은 방법으로 본 최초의 사람일 것이다. 이 강력한 세계의 경관은 고립되어 이해받지 못한 사상가 비코를 나자빠질 만큼 놀라게 하였고 압도하였다. 새롭게 발견된 이 세계를 널리 세상에 알리려는 것이 이 '새 과학'의 목적이었다. 그것은 가능한가? 확실한 것이 하나 있다. 즉,'역사적 세계', '모든 국민의 세계', 비코가 '시민의 세계'라고도 부른 이 세계가 인간의 손으로 만들어졌다는 것이다. 사물을 만든 당사자 자신이 이 사물을 인식하여 기재하는 것만큼 확실한 것이 있을까?

"모든 철학자는 얼마나 일심불란하게, 하나님이 창조하셨기에 하나님만이 아시는 자연 세계의 과학을 획득하려고 노력해 왔는가! 그러고도 인류가 만들었기에 인류가 알 수 있는 '모든 국민의 세계' 또는 '역사적 세계'에 대한 사색을 얼마나 소홀히 하였는가! 이러한 상황을 한 번이라도 생각한 사람이면 누구라도 놀라지 않을 수가 없다. 역사가 인간 정신의 소산이라면, 이것을 가장 용이하게 가장 완전하게 인식할 수 있는 것도 인간의 정신이 아니겠는가! 역사의 여러 원리는 우리 자신의 정신이 모양을 바꾸어 나타난 것이 아니겠는가!"

이와 같은 비코의 사상은 매우 체계적이라고 할 수도 없고, 완성하지 못한 점도 적지 않다. 그러나 자연 인식의 설에 대해 칸트가 준 것과 같은 결론을 역사의 지식에 대해 도출할 때, 비코가 핵심에 둔 결론은 이와 같은 사상이었다. "수학적 지연과학이 가능한 것은, 자연 인식의 선험적인 여러 형식이 인간 정신 그 자체에 이미 있었기 때문이며, 그 한도 내에서 가능한 정신이 '자연의 입법자'이기 때문이다."라고 칸트는 논했다. 한편 비코도 "역사의 인식은 가능하지 않으면 안 된다. 왜냐하면 그 여러 원리는 인간 정신 그 자체 안에 존재하고 있기 때문이다."라고 논하고 있다.

"그래서 이 과학도, 크기의 세계를 자기의 원리에 비추어서 쌓아 올려서 고찰하며 창조해 가는 기하학과 똑같은 행동을 취한다. 다만 점, 선, 면으로 된 도형보다는 인간적 사건에 관한 법칙 쪽이 더욱 현실성을 가지는 것과 같을 정도로 더욱 현실성을 가지고!"[4]

666

실제로 비코에 의하면, 역사적 세계에 있어서도 자연과 마찬가지로 불멸의 법칙이 지배한다고 한다. 그러나 법칙이 지배하거나 법칙을 인정하는 것을 할 수 있는 것은, 절대로 한 번뿐이며 어떤 국면에서도 되풀이하지 않는 경과를 찾는 경우에, 그것 때문에 규칙이나 비교의 단서가 하나도 없는 경우가 아니고, 유형적 경과에서 비교할 예가 여러 가지로 주어진 것과 같은 경우이다. 비코는 역사의 유형론을 새우려고 한 것이다. 비코에 의하면 '이념적인 영원한 역사(storia ideal eterna)'라는 것이 있다. 민족사의 기본 구조라는 것이 있다. 이것이 영구히 순환하면서 되풀이되는 것이다. 어떤 인류 사회도 대비할 수 있는 일정한 여러 단계를 경과한다고 비코는 생각하여, 그 단계들을 다음과 같이 부르고 있다. '자연 상태', '하나님의 시대', '영웅의 시대', '인간의 시대'. 단 전 단계의 여음이 반드시 후 단계까지 미치기 때문에 정확히 분리하기는 어렵다고 한다.

비코는 이 '단계(期)의 법칙'을 예시하기 위하여, 거의 투시적이라고 할 예감과 공감으로 보편 역사의 그림 두루마리를 전개해 놓았다. 그는 당시에 확실한 것은 아무것도 몰랐던 초기의 역사를 찾아내는 특출한 감각을 가지고 있었다. 실제로 그는 신화나 신화의 역사적 의의를 발견한 사람이라고 말해도 좋다. 그는 인류의 사회 활동과 정신 활동의 여러 가지 면에 대해서 '자연 상태'를 제외한 이들의 '단계'에 따라 세 가지 관습과 세 가지 법과 세 가지 정치 체계가 있고, 언어나 성격조차도 세 가지가 있다고 했다.

비코는 이 전형적 도식을 완성하기 위하여 여러 가지 실례를 인용하고 있는데, 그 내용에 대해서는 더 이상 들어가지 않겠다. 그러나 다만 한 가지는 시사해 두고 싶다. 역사적 형식이나 시기가 법칙에 맞게 성쇠하며 영원히 순환한다는 이 설은 기독교적 해석과는 정면으로 대립한다는 점이다. 기독교적 견해에 의하면, 역사는 되풀이하지 않는 구원의 과정이기 때문이다. 보쉬에가 강력하게 대변한 이 기독교 역사관이 아직 비코의 머릿속에 살아 있었기 때문에, 이 두 가지의 기본적 견해의 대립은 그에게는 중심적 문제였으며, 끝내 완전히는 풀 수 없었던 문제였다.

비코는 예언자였다. 그의 저작은 왕왕 난해하기도 하고 반론의 여지도 있었다. 그러나 개관하면 장대하고, 역사 사상으로는 거의 끊이지 않는 자극의 원천이었다. 슈펭글러(Oswald Spengler)가 세운 '문화의 성장과 쇠퇴'의 설이 얼마나 비코를 본받은 것인지는 읽어보면 당장에 알 수 있다. 오늘날 비코에 대한 어떤 역사가의 평가는 다음과 같다.

---

4 비코, 『새 과학의 원리』, 110쪽.

"비코는 사실상 모국에 대해서뿐만 아니라, 전 유럽에 대해서 '북방의 마술사'라고 불린 하만 (Johann Georg Hamann, 1730~1788)의 역할을 수행했다. 다의적이며 해명하기 어렵고 때로는 혼란해 있으나, 한 구절 속에 그때까지 닫혀져 있었거나 보지 못하고 넘겨진 세계를, 인류의 정신이 아직 발견하지 못한 토대를, 과거와 현재의 깊은 공유성을 천재적으로 설명한 인물이다. 헤겔보다 100년, 헤르더(Herder)와 모저(Moser)보다 50년 앞서서 몽테스키외와 볼테르보다 깊고 넓은, 콩도르세(Condorcet)와 튀르고(Turgot)보다 중후한 비코야말로, 혼란해 있다고는 하나 심지에서 외모까지 충실한 역사적 세계의 최초의 고지자이며 발견자였다. 그는 하나의 문을 밀어 열었는데, 그것이 그로부터 200년간 아직도 충분히 정돈되었다고는 말할 수 없는 눈부신 빛의 소나기를 우리 위에 쏟고 있다."[5]

몽테스키외(Charles Louis de Secondat, Baron de la Brède et de Montesquieu, 1689~1755)는 계몽기의 역사 사상가 중에서 특수한 지위를 차지하고 있다. 즉, 계몽 사상가들은 각자 정도의 차와 다양성은 있으나 대체적으로 '교조주의'라는 합당한 비난을 받으나, 몽테스키외는 이 비난을 받을 수 없는 사상가이다. 몽테스키외는 영국에 체재할 때 영국 국민으로부터 결정적인 인상을 받았다. 그들의 현저한 특징은, 중세를 탈피한 이래 철학과 과학에 있어서 어이없을 만큼 실제적 감각으로 사물에 대처해 온 것과 일체의 교조주의에 불신을 품고 있는 것이었다. 몽테스키외의 특수성의 전부는 아닐지라도 적어도 상당한 부분은 이러한 영국의 영향에 귀착시킬 수 있다.

몽테스키외와 함께 영국의 모범직인 예가 프랑스에 알찬 영향을 미치기 시작하여, 영국에서 생긴 계몽 이념이 프랑스와 유럽 대륙에 흘러 들어오게 된 것이다. 몽테스키외의 처녀작 『페르시아인의 편지(Lettres persaner)』는 영국 체재 전에 쓴 것인데, 여기에서도 '구체세'인 사회제노에 대한 격렬한 공격을 퍼붓고 있다. 이런 그의 사상을 솔직하고도 충실하게 기술한 그의 주저는 『로마의 융성과 몰락의 원인에 관한 고찰(Consideration sur les causes de la grandeur de Romains et de leur decadence)』과 『법의 정신(L'esprit des lois)』이다.

정치가와 국법학자로서의 몽테스키외는 여러 개혁에 대하여 매우 명석하고 구체적인 생각을 가졌으며, 그러한 개혁이 프랑스에도 필요하다고 믿고 있었다. 그러나 그는 많은

---

5 슈타델만, 『위대한 역사가들(Grosse Geschichtsdenker)』, 133쪽.

계몽 역사가와는 달리, 자기의 주문에 맞는 역사적 실례나 뒷받침할 근거를 구하려고 역사에 발을 들여놓은 것은 아니었다. 그는 우선 편견 없이 사실을 바라보고, 이러한 사실들이 실로 눈부실 정도이며 어떤 기성의 이론으로도 규율할 수 없을 만큼 풍부하고 다양하다는 것을 인지한 것이다. 역사학은 인간과 인간 사회에 관한 정밀한 과학이라는 이념이 몽테스키외 안에 살아 있었다. 그러나 그는 얼마나 많은 연구와 사색이 필요한가도 알고 있었다. 그래서 그는 무엇보다도 우선 사실을 모았다. 이것으로 그의 저작은 거의 마르지 않는 지식의 원천이 되었다. 혁명의 한가운데서나 그 후도, 서로 항쟁하는 어느 당파의 정치가도 모두 그의 저서 안에서 근거를 구했다. 이 저작은 이러한 지식원으로서, 시대의 시련에도 빛나게 견뎠고 오늘날에도 가치를 잃지 않았다.

물론 몽테스키외는 흔해빠진 사실 중에서 무질서하게나 임의로 우연하게 역사적 사실을 인정한 것은 아니다. 그는 어떠한 특수한 예라 하더라도 자발적으로 따르는 근본 법칙을 찾을 수가 있다는 생각에 근거했다. 이러한 법칙은 당연히 단순하거나 일의적인 것도 아니다. 역사적 사건이란 대부분 많은 조건에 한정되어 있다. 그뿐만 아니라 조건이 매우 많기 때문에 다시 한 번 같은 조합으로 나타날 가능성은 거의 없다. 유럽 여러 나라를 여행한 몽테스키외는 법률이나 관행을 넓게 조사 연구하여 역사적 사실을 구하고 거기에서 다음과 같은 결론을 도출했다.

"풍토, 종교, 법규, 통치의 원칙, 관례 중에 남은 과거의 선례나 풍습 등이 인간을 지배하고 있고, 이것들 모두의 상호작용으로 일반적인 정신이 싹트는 것이다."

이것에서 특히 다음의 교훈이 도출된다.

"가장 좋은 국가와 바른 법률은 어떠하여야 한다는 것을 일반적으로 어디에나 통용될 모양으로 가르쳐줄 도식은 존재하지 않는다. 어떤 민족의 법이란 것은 자연적·역사적 모든 조건에서 생기는 것이며 또한 그렇게 생긴 것이 아니면 안 된다. 그런데 이러한 조건은 결코 되풀이되지 않으며, 각 민족마다 서로 다른 것이다. 법은 만들어지는 것이 아니고 자라나는 것이다. 여기서 더 나아가서, 법이나 국가 형태는 임의적으로 만들어지거나 바꾸어지게 할 수 없는 것이며, 그렇게 하는 것은 허용되지 않는다."

역사 안에서 서로 작용하는 여러 힘은 실로 풍부한 것이며, 이것을 안중에 두지 않은 일방적인 간섭은 모두 해롭다는 인식에서, 몽테스키외는 실제 문제를 혁명하는 것이 아니고 개혁하라고 권고했다. 그리고 일반 원칙을 밀어붙이는 것이 아니고, 그 시대마다의 여건에 맞춘 척도로 제한된 기준을 추천한 것이다. 그런데 이러한 여건이라는 것은 각 나라의 역사 안에서 싹터 나오는 것이다. 그는 영국의 헌법을 매우 진중하게 여겼으나, 이것을 같은 척도로 프랑스에 수입해도 좋다고는 생각하지 않았다. 몽테스키외가 구체적으로 요청한 것 가운데 가장 중요한 하나는 '자주적인 사법권을 만들라'는 것이었다. 이것은 행정권과 입법권과 나란히 자연법과 법규를 지켜야 한다는 것이다.

몽테스키외는 낭만주의나 19세기의 역사 사상에 충만해 있던 생각인 '역사의 모양이 두 번 다시 되풀이되지 않는다는 것과 관례나 국가 제도가 서서히 유기적으로 성장해 간 다는 의의'를 처음으로 강조한 역사 사상가이다.

2) 계몽주의 역사가 – 볼테르

볼테르(Voltaire, 1694~1778)는 18세기의 역사 사상가 중에서도 각별한 영향을 미친 사람이다. 볼테르도 몽테스키외와 마찬가지로 몇 년간 영국에서 살았다. 물론 그는 싫든 좋든 조국을 도망쳐 나와야 했다. 그러나 그를 통하여 영국적인 사고방식이 더욱더 프랑스에 퍼지게 되었다. 이것은 그의 저서 『철학 또는 영국 서한(Lettres philosophiques ou lettres sur les Anglais, 1734)』과 『뉴턴 철학 대요(Elements de la philosophie de Newton, 1738)』에 의해서다.

그는 모든 종류의 비관용과 좁은 시야와 압제와 싸웠다. 이 위대한 인물은 몇 권이나 되는 역사적 저작을 써냈다. 『샤를 12세 전(Histoire de Charles XII, 1731)』, 『루이 14세 시대사(Le siecle de Louis XIV, 1751~1756)』, 『러시아 역사』, 그리고 『제국만의 관습과 정신에 관한 시론(Essai sur l'histoire generale et sur les moeureet l'esprit des nations)』 등이 있다. 『제국만의 관습과 정신에 관한 시론』에는 그의 일반적 사상이 특히 잘 나타나 있다. 그가 역사 기술에 관해서 어떤 원칙을 가졌는가 하는 점이 앞에 든 저서들에 잘 나타나 있는데, 요약해 보면 다음과 같다.

제1원칙은 아주 표면적인 사항이다. 역사는 재미있지 않으면 안 된다. 역사가의 철칙 가운데 하나는 독자를 지루하게 해서는 안 된다는 것이다. 이것은 확실히 좀 무책임하고 피상적인 기준이다. 그렇다고 모래를 씹는 것과 같은 저술일수록 중요하다고 말할 수 있을까. 여하간 볼테르는 자기의 이 원칙에 충실했다. 그래서 적잖은 중대한 결과를 가져다주었다. 즉, 그의 저서는 실제로 매우 많이 읽히게 되어 당시의 정신에 큰 영향을 미쳤고, 오늘날도 재미있게 읽히고 있다.

제2원칙은 더욱 중요한 것이다. 역사가라면 무진장한 자료로부터 선택하지 않으면 안 된다. 재미있는가? 어느 정도 재미있는가? 등이 선택의 기준이 되어서는 안 되며, 알릴 가치가 있는 것을 선택해 내어야 한다. 그러면 이 '가치 있는' 것은 무엇인가? 볼테르는 그것이 왕이나 참주들의 연대표를 만드는 것도 아니고, 전쟁이나 학살도 아니라고 한다. 그런 것은 다만 기억의 짐을 무겁게 하는 것에 지나지 않는다. 결국 '제 국민의 정신이나 습속이나 관행'을 알지 않으면 안 된다.

"있었던 만큼의 불행, 행해진 만큼의 전쟁 같은 비도덕적 사실과 인류 악의 공통의 광장을 나열하기보다는, 나는 도리어 당시의 인류 사회가 어떠했는가, 사람들이 가족 중에서 어떻게 생활하고 있었는가, 어떠한 여러 방법이 행해지고 있었는가를 찾아보고 싶다."[6]

볼테르는 문화사 기술의 개조라 할 수 있으며, 전쟁이나 정략 외의 것 또는 그것들과는 관계가 없는 것에 주목하였다. 인류의 운명과 인류의 특성, 그들의 생활, 활동, 정신적 창조에 눈을 돌렸다. 인류가 중심에 있었던 것이다. 역사가란 '인류 전체(Homo sum)'에 대해서 끊임없이 언급하지 않으면 안 된다. 볼테르는 이러한 사상과 이 사상을 실천에 옮긴 방법에 있어서, 그 이전의 대부분의 사람들보다 더욱 역사의 내적 구동력에 가까워졌다. 그러나 역사를 문화사까지 넓힌 것은 중요한 것에 틀림없으나, 볼테르가 '철학자'로서 역사를 처리한다고 말할 때 의미하는 것은 이것이 아니다.

제3 원칙은 역사를 고찰하거나 기술할 때 구해야 하는 본래의 철학적 요청은 '진실하다'는 것이다. 그러나 역사적 진실이란 무엇인가? 비판적으로 역사에 맞설 때만 이 진실에 가까워지는 것일까? 그렇다면 그 비판의 기준은 무엇인가? 답은 물론 이성이다. "이성이야말로 역사에 있어서 무엇이 가능한가의 결정적 기준이 된다."

여기까지 와 보면, 볼테르를 계몽 시대의 전형적 역사가로 꼽은 이유가 명백해진다.

---

6 볼테르, 『제 국민의 습속과 정신에 관한 시론(F. M. A. Voltaire: Essai sur l'histoire generale et les moeurs et l'esprit des nations, 1756)』, 87쪽.

그리고 동시에, 그는 물론이고 그와 직결된 역사 사상가에 대해서 '비역사적'이라고 비난하는 타당한 이유도 밝혀진다. 왜냐하면 '역사에 있어서 무엇이 가능한가?'를 판단할 최고 재판관, 즉 '이성'은 볼테르의 생각에는 그 자체가 역사적이 아닌 어떠한 것이기 때문이다. 이 이성은 시간에 속박되지 않는 영원한 무엇인 것이다. 이성과 일치하지 않는 것, 예를 들면 '기적의 역사'는 어떤 종류이건 진실일 수 없다. 이성은 말하자면 '채'와 같은 것이다. 그 채의 눈을 빠져나온 것만이 역사적 사실로 허용된다. 채에 걸린 것은 버려진다. 그래서 역사 중에 매우 강력한 힘을 발휘한 비합리적인 것을 볼테르는 고찰의 대상에서 제외했다. 그의 입장이 '비역사성'을 띠었다고 평가되는 것은, 볼테르가 자기의 기준도 역시 역사적으로 만들어진 것이며 절대적이 아니고 조건부라는 것을 인정하지 않기 때문이다.

역사를 고찰하는 효용은 무엇인가? 역사를 조사해 보아도 본질적으로 신기한 것이나 놀라운 것이 튀어나올 리는 만무하며, 여기에서 얻을 수 있는 진실은 이미 처음부터 이성으로서 소유하고 있던 진실에 대응할 수밖에 없다고 한다면, 도대체 역사를 고찰하는 것에 효용이 있는 것인가? 실제로 볼테르는 역사 중에 무엇보다도 우선 인간의 본성이 어느 세상에서도 변하지 않는다고 보고 있다.

"이 서술의 결론은, 인성의 가장 깊은 내적인 것과 관련되어 있는 모든 것이 세계의 이쪽 끝에서도 저쪽 끝에서도 비슷하다는 것이다. 그리고 관례에 따라 변할 수 있는 것은 모두 각각 다르며, 비슷한 것은 우연히 닮는 데 지나지 않을 뿐이다."

이 인간의 본성을 볼테르는 도리어 비관적으로 보고 있다. 라이프니츠가 말한 "모든 세계의 것 중에 가장 좋은 것"을 볼테르만큼 신랄하게 비웃은 사람은 없다(『Candide on l'optimisme, 1750』 중에서). 볼테르는 역사 중에서 '오류와 편견의 연속, 범행, 우매, 재난' 등을 발견했다. 인류의 악은 어느 세기에도 전혀 변함이 없었다.

역사는 전체로서는 어두우나 그 안에는 네 개의 위대한 밝음, 네 개의 시기가 있었고, 결국은 이것이 있기 때문에 역사를 고찰하는 노력에 보람이 있다고 말한다. 왜냐하면 그 시기들에는 인간 정신의 위대함이 명시되어 있기 때문이다. '네 개의 시기'란 '페리클레스의 세기, 아우구스투스의 세기, 르네상스, 루이 14세의 세기'이다. 이 '행운의 네 시대'로부터 여하튼 역사 안에도 무한하다고 할 정도의 다양한 것이 있으나, 하나의 진보가 존재한다는 것을 읽을 수 있다. 이 '진보'라는 것은 '이성의 성장'을 뜻한다. 볼테르도 대부분의 계몽사상가와 마찬가지로, 자기의 세기가 시대의 정점이며 가장 개화된 시대라고 생각했으며, 이 점에 있어서 무어라 말하든 근본적으로는 낙관적 관념과 대응하고 있다.

볼테르가 기본적으로 사물을 보는 방법은 이상과 같은 것인데, 이로부터 도출되는 그 이상의 결론은 여기에서 기술하지 않겠다. 그러나 다만 그의 견해가 기독교적인 역사 해석, 즉 역사신학과 반대되는 것은 지적해 두어야 하겠다. 이 신학적 해석은 가장 가까이는 보쉬에의 저작에도 나타나 있는 생각이었다. 볼테르는 이 저서를 맹렬히 공격했다. 그리고 또 볼테르의 이례적인 '자유로움'도 지적해 두고 싶다. 그는 이 '자유로움'으로 인도적 입장에서, 즉 인류에게 초점을 맞추어서 인류 전체를 포괄하는 입장에서 국민적 편견을 말끔히 버리고 유럽 이외의 기독교적이 아닌 문화의 독자적 가치도 인정하고 있다. 이 점에 있어서는 라이프니츠를 빼고는 아마도 최초의 사람일 것이다.

볼테르에 대한 평가는 결국 다음과 같이 말할 수 있다. 초역사적인 척도를 역사에 적용하려고 한다고 19세기가 비난했다. 19세기에서 말하는 '비역사성'이라는 말은 매우 강한 비난의 뜻을 가진 것이다. 그리고 그의 입장은 20세기의 입장과도 같은 것은 아니라고 한다.

이 세기에는 모든 것을 상대적으로 보는 '역사주의'에 대하여 반대의 소리를 높여왔다. 볼테르와 나란히 독일과 영국에서도 한 무리의 역사 사상가들이 있었다. 그들은 볼테르와도 여러 점에서 다른 특색도 보이나 공통된 면도 있었다. 그들은 '계몽'이라는 사상과 이념에 일관해 있고, 이것이 역사 고찰의 기반이 되어 있었다는 점이다. 여기서는 그들의 이름을 들고 간단히 살펴보는 데 그치기로 한다. 이것으로 그들의 활동 성격이 떠오르는 것은 아니나, 웅대한 것들이 얼마나 그 속에 포함되어 있었던가를 시사하는 데 도움이 될 것이다.

칸트

칸트를 이와 같은 역사가에 속한 독일 사람으로 들 수가 있다. 그는 역사서를 쓰지는 않았으나, 『세계시민적 입장에서의 일반 역사 고찰(Idee zu einer allgemeinen Geschichte in weltburgerlichen Abaicht, 1784)』이라는 책을 써냈다. 여기에는 계몽시대의 주도 사상이 담겨 있다. 그러나 그 테두리를 넘어서지는 않았다.

칸트의 제자인 실러(Johann Christoph Friedrich von Schiller, 1759~1805)는 1788년 이

후 예나 대학의 역사학 교수였다. 그가 여기에서 한 취임 강연 '보편사란 무엇이며 어떤 목적에서 연구되나?(Was heisst unt zu welchem Ende studiert man Universalgeschichte?)'에서 역사 고찰에 대한 일반적 관점을 주었다. 그리고 『네덜란드 몰락사(Geschichte des Abfalls der Nederlande, 1788)』와 『30년전쟁사(Geschichte des 30 jahrigen Krieges, 1791~1793)』라는 역사서를 펴냈다. 이 저작은 문장력과 극적 박력이 대단했다고만 말해 두자. 몇 줄로 실러의 사관의 특징을 마무리할 수는 없다. 더욱이 그 사관이 한쪽에서는 칸트 철학과의 대결이 깊어짐에 따라, 다른 쪽에서는 사료와 더불어 변천해 갔기 때문에 더욱 어렵다. 실러가 부단하게 새로운 기백과 창작의 시도로써 맞선 중심 문제는 자연과 자유의 관계, 그리고 양자의 대립이었다. 그는 힘주어 다음과 같이 말했다.

"역사적 상태로서의 세계는, 근본적으로는 자연의 여러 힘들 간의, 또는 그것들과 인류의 자유 간의 상극 이외의 것은 아니다!"

프리드리히

프리드리히 대왕 2세(Friedrich Ⅱ, 1712~1786)는 현실 정치가의 입장에서, 그리고 이러한 사람의 독특한 냉정과 회의를 가지고 역사의 흐름에 눈을 돌렸다. 프리드리히는 『우리 시대의 역사(Hisroire de mon temps, 1756)』, 『회고록』, 그리고 『7년전쟁사(Histoire de guerre de sept ans, 1763)』에 자신이 겪은 사건들을 기술했다. 그는 이러한 사건들을 직접 자기의 눈으로 보았을 뿐만 아니라, 이러한 사건들을 일으키는 데 자기 자신이 결정적 역할을 했다. 이와 같은 역사적 저작과 그의 『반마키아벨리론(Anti machiavell, 1739)』이나 철학적 저작, 그리고 그의 편지들에 나타난 의견들을 종합해 보면, 그의 역사관이 더욱 명백히 나타난다. 역사가 잉태한 생명력과 박동력을 바라보는 프리드리히 대왕의 냉담함과 거리감은 특기해 둘 만하다.

그가 보기에, 인간은 계획을 세우거나 그것에 따른 행동을 하는데, 자세히 보면 '하나님의 손 안에서 놀아나는 인형'에 지나지 않는다. 프리드리히 대왕도 인간의 본성은 철저히 평등하다는 계몽기의 확신을 나누어 가지고 있었으나, 그럼에도 불구하고 민족성이라는 것, 항구적이며 교화에 의한 영향을 좀처럼 받지 않는 이 위대한 것의 의의를 인식하고 시인하고 있다. 그리고 역사적 원인은 여러 가지이므로, 어떤 역사적 상태를 다른 것과 꼭 맞게 비교할 수 있는 예는 하나도 없다는 점도 인정하고 있다. 이러한 데에서 그의 현실 감각이 나타나 있다. 프리드리히 대왕은 '열려 있다(계몽적이다)'라고 자칭했으며, 실제로 그랬다. 그의 통치 방법, 적어도 그의 문화 정책과 종교 정책은, 그리고 프랑스의 지도적 인물에 대한 그의 태도는 그의 저작보다 더욱 뚜렷하게 그가 계몽적임을 실증하고 있다. 그러나 그는 볼테르와 마찬가지로, 인류 전체를 계몽하여 향상시킬 가능성을 별로 믿지 않았다.

"인류를 계몽하려는 것은 헛된 노력이다. 뿐만 아니라 때로는 위험한 기획이다. 인간은 자기 자신에 대해서는 지혜롭게 되기를 원하는 정도로 만족시키지 않으면 안 되며, 우매한 대중은 오류의 손에 맡겨두고, 다만 사회질서를 문란케 하는 범행에서 그들을 격리시키는 정도로만 해두지 않으면 안 된다."

흄

데이비드 흄(David Hume, 1711~1776)은 독단적 편견으로부터 비교적 자유로우며 냉철한 정치적 시야를 가진 최고의 영국 계몽사가이다. 흄의 역사적 저작도 그의 철학적 저작과 같을 정도로 중요한 것이며, 보급이나 영향 면에서는 오히려 더 컸었다. 흄은 8권으로 된 『영국 역사(The History of Great Britain, 1754~1757)』를 썼다. 이것은 볼테르의 『시론(Essays)』보다 2년 전에 출판되기 시작했으므로, 흄도 볼테르와 함께 문화사 기술의 원조라고 보아도 좋을 것이다. 흄도 전쟁과 국교에만 한정하지 않고, 사회 정세나 풍속, 습관, 그리고 예술과 문학도 서술에 포함시켰기 때문이다. 흄의 저작은 당시의 사람들을 놀라게 할 만큼의 객관성에 도달해 있었는데, 이것은 그의 인식론의 기본적 입장에 대응한 것이며, 또한 그의 정신적 자주성의 덕택이기도 했다. 이러한 그의 인식론의 기본적 입장은, 모든 것을 관찰과 경험에서 출발시킨다는 과학적인 것이었다.

기번

기번(Edward Gibbon, 1737~1794)은 철학자로서가 아니고 기술적 역사가로서는 흄과 어깨를 나란히 하고 있다. 오늘날도 유명하며 잘 읽기는 『로마제국 쇠망 역사(The decline and fall of the Roman Empire, 1776~1788)』를 저술하였으며, 영국의 계몽사상가 가운데 한 사람으로 꼽을 수 있다. 그의 저작의 색조는 영국의 전통에 뿌리를 박은 독자적인 것이며, 비판적인 사료와 분별을 갖추고 있는 것이다. 그는 이러한 특징에 인도되었기 때문에, 이미 존재해 있던 일반 이념이나 개념에 구애되지 않고, 성장해 가는 형식이나 제도의 고유한 가치를 인정할 수가 있었던 것이다. 물론 계몽사상은 전체로서 보면 이와 같은 장점을 갖추고 있었다고는 말할 수 없었다. 도리어 이것은 당시의 보수적 반대파뿐만 아니라, 곧 뒤따라 나타난 반 계몽의 각종 반대 운동이 입을 모아 강조한 약점이기도 했던 것이다. 기번과 동시대 사람인 버크(Edmund Burke, 1729~1797)는 이 반대 운동의 첨단에 서 있었다. 그러나 그는 역사가라기보다는 정치이론가이며 국법학자였으므로, 사회학과 관련하여 기술하여야 하겠다.

3) 진보 사상 – 레싱과 콩도르세

레싱

레싱(Gotthold Ephraim Lessing, 1729~1781)은 시인이며, 독일 계몽주의 시기의 최고 비판가였다. 딜타이(Wilhelm Dilthey)의 말을 빌리면, 그는 "근대 독일 정신의 불멸의 지도자"였다. 계몽주의의 경향이나 목표를 화제에 올리면, 이성적이고 자연적인 종교이건, 합리적인 이성을 기반으로 하는 윤리에 관해서건, 종교적 관용이나 전 인류에 걸친 인도에 관한 것이건, 대부분 뚜렷한 증인으로 레싱을 끌어들이는 것이 상례였다. 한마디로 계몽주의라고 해도, 영국이나 프랑스나 독일은 각각의 국민의 기질이나 역사적 전통에 따라 여러 가지 색채와 형태를 가지고 있었다.

레싱에게서는 독일 계몽주의의 뚜렷한 득색이 나타나 있다. 즉, 독일의 특색을 영국이나 특히 프랑스의 특색과 비교하면, 윤리적으로는 더욱 충실하고 급진성에서는 보다 소극적이었다. 이것은 독일에서는 정치나 사회적 발전이 혁명을 일으킬 정도까지는 가지 않았다는 상황과 부합된 것이다. 그러나 동시에 독일의 계몽주의는 일면성도 적어서, 옛것과 새것을 결합하고 총합하는 데 힘썼다. 종교철학도 한 예이며, 자연적인 이성 종교의 가르침에 찬동하면서도 하나님의 계시를 말끔히 없애버리려고 하지 않았고, 위대한 인류 발전의 역사 중에 중요한 역할을 할당하고 있었다.

역사에는 전쟁과 살인, 증오와 압박, 열광과 종교재판 등의 비이성적 사건이 당당하게 등장해 오는데, 진보에 관해서 덮어놓고 낙관만 할 것은 못 된다는 것을 명확하게 뚫어볼 만큼 레싱은 현실가였다. 그렇다고 수습하지 않고 포기해 버릴 만큼 회의파는 아니었다. 그는 역사의 과정에 무엇인가 하나의 의미를 붙이려고 했다. 이런 고심 끝에 무엇을 찾아냈는가는 『인류의 교화(Die Erziehung des Menschen-geschlechts)』라는 그의 저서의 표제에서도 짐작할 수가 있다. 개인의 교화(敎化)는 무한한 것이며 언제까지나 완결되지 않는 과제인 것과 같이, 인류 전체의 교화도 역시 결코 완결하지 않는 과정인 것이다. 인류가 찾아갈 이 길의 도표는 계시이며, 하나님은 이 계시를 통하여 인류를 교화하신다고 했다.

하나님은 인류가 각각의 시기에 도달한 성숙의 단계에 따라 진리를 조금씩 계시해 주신다고 믿었다. 이 단계적인 방법 이외의 방법으로는 인류는 무한한 진리를 파악한다는 것은 전혀 불가능할 것이다. 인류가 할 것은 진리를 소유하는 것이 아니라, 무한히 그것을 구하여 나아가는 것이다. 완전한 진리는 하나님만의 것이라고 설하고 있다.

기독교나 신구약 성경도 이 도상에 있다. 기독교의 사명을 재인식하여 이성의 자연 종교와 이것을 통일할 시기가 왔다. 진리는 정지해 있는 것이 아니다. 그것은 무한한 과정이며, 역사적으로 생성해 온 모든 것은 이 과정의 중계역에 지나지 않는다. 이것은 기독교의 절대성을 버리는 것을 의미한다. 역사적으로 생성한 종교의 어느 하나도 절대적인 것은 없다. 여기에서 당연히 생기는 귀결은 '무조건의 관용'이다. 이러한 사상은 그의 저서 『현자 나단(Nathan der Weise, 1779)』에 기술한 유명한 3개의 반지 이야기 중에 명확히 표현되어 있다. 이것으로 보아, 19세기를 지배한 진화 사상이 계몽사상의 틀 안에서는 레싱의 정신 밑에서는 당연한 결론을 만들 수 있었던 것을 알 수 있다.

콩도르세

콩도르세(Marie Jean Antoine Condorcet, 1743~1794)도 종교적인 사상 경향은 띠고 있지 않았으나, 레싱에 못지않게 강력한 진보의 관념에 일관해 있었던 프랑스인이다. 콩도르세는 수학자이며 과학아카데미의 서기였고, 백과전서 편찬의 협력자였다. 그는 혁명 초기에는 지도적 역할을 했으나, 얼마 지나지 않아서 혁명의 주류와 대립하게 되어 숨어서 살아야 했다. 진보 세력이 그의 전도유망한 목숨을 뺏을지도 모르는 와중에도, 그는 『인간 정신의 진보에 관한 역사적 전망의 묘사(Esquisse d'un tableau historique du progres de l'esprit humain)』를 저술하여, 인류는 무한히 완성되어 갈 수 있다는 그의 확신을 발표할 만큼 내적으로 강인한 사람이었다.

"이성에 의한 인류의 향상에는 한계가 없다. 역사를 보면, 지식과 계몽은 보급되어 왔고, 여기에 완성에의 움직임이 나타나 있다. 진보가 느린지 빠른지는 모르나, 지구가 이 우주 안에 존재하는 이상 진보가 끝나는 일은 없을 것이다. 자기를 묶고 있는 사슬을 끊고, 우연의 힘을 쓸어버리고, 인류는 진리와 덕과 행복에의 길을 진행하는 것을 계속할 것이다. 이러한 견해가 세워진 참다운 철학자는, 자기에게 닥칠지도 모르는 비운과 불공정에 굴복되지는 않는다. 이 견지에 설 때, 나는 기쁨을 가지고 같은 목표를 위하여 노력하는 모든 사람과 이성의 낙원에서 합류하는 것이다."

위에 든 그의 말과 같이, 인간의 완성 능력을 깊이 믿으면 믿을수록 콩도르세는 이 완성을 실현시켜 가는 수단인 교육에 더욱 큰 비중을 두지 않을 수가 없었다. 콩도르세는 1792년에 국민의회 교육위원회의 의장으로서, 이와 같은 교육을 위하여 강력한 계획을 세웠다. 그 계획에는 장래의 방향을 매우 잘 지시한 사상이 담겨 있었다. 예를 들면, 교육에 있어서 계급적 특권을 없앤다든지, 노동자나 부인에 대해서도 성인 교육을 할 필요가 있다고 설하고 있는 것들이다.

4) 고대학과 예술사 – 빙켈만

우리는 인문주의자들과 스칼리제르(Joseph Justus Scaliger) 이후는 고대학에 대해서 언급하지 않았다. 그것은 17세기경까지의 이탈리아의 미술, 특히 건축 양식의 비판을 통하여 나타난 다채로운 외면 장식의 시대인 '바로크시대'에는 이 학문이 대체로 완전히 정체해 있었기 때문이다. 그러나 18세기에 적어도 한 사람의 대표사와 함께 나시 이 고대학을 화제에 올리지 않을 수 없다. 그 사람은 독일인 빙켈만이다.

빙켈만(Johann Joachim Winckelmann, 1717~1768)은 『호메로스』를 탐독하는 것을 유일한 위로로 삼았으며, 알트마크(Altmark)의 제하우스에서 불우한 초기의 수년을 보낸 후, 드레스덴(Dresden)으로 나왔다. 그는 이곳에서 수집한 것을 연구하여 고대학에 몰두하게 되었다. 그래서 그는 가톨릭교에 입교하여 이탈리아로 가서 사서사가 되었고, 끝내는 로마와 주변에 있는 고적의 관리자가 되었다.

빙켈만이 고적 관리자가 된 것은 1763년인데, 그보다 15년 전부터 남이탈리아의 고도 폼페이와 헬크라네움의 발굴이 시작되었었다. 기원 후 79년 8월 24일, 이 두 도시는 베수비오의 화산 폭발로 분화재에 파묻히고 말았던 것이다. 헬크라네움은 굳어서 응회석이 된 용암의 20미터 밑에 깊이 파묻혀 있었다. 화산재와 경석에 덮인 폼페이의 유적은 훨씬 접근하기 쉬웠다. 번영해 있던 이 두 도시는 건물이나 공예품이나 기구류들을 그대로 백일하에 들어내기까지 1700년간 보존되어 있었던 것이다. 역사상 유례가 없는 이 참사는 당시의 희생자들에게는 매우 죄송한 말이지만, 고고학과 고대 세계에 대한 우리의 지식을 위해서는 요행이었다고 말해도 좋을 정도였다. 빙켈만은 이 발굴의 허가를 얻는 데 무척 고생했으나, 헬크라네움의 어려운 발굴을 끝내 수행하여 그 발견에 대하여 처음으로 실질적인 발굴 기록과 발굴물을 세상에 내놓았다.

그리고 1764년에는 빙켈만의 『고대 예술사(Geschichte der Kunst des Altertums)』가 발간되었다. 이 저작이 발간된 바로 이때가 근대 고고학과 예술 과학의 탄생일이라고 볼 수 있다. 빙켈만이 고고학의 아버지이며 교사라고 칭양되는 것은 다음과 같은 이유와 근거가 있기 때문이다.

첫째, 빙켈만 이전에 행해진 그리스 예술의 고찰과 빙켈만의 고찰 사이에는, 고대의 생활을 다룬 고대 학자의 저서를 읽고 받는 인상과 발굴된 고대의 도시를 조사해 보고 받는 인상과의 차이만큼이나 현저한 차가 있다. 빙켈만은 호메로스의 견문을, 시문의 문헌 고증적 고찰이 아니고 시인 그 사람과 직접 만나는 감을 갖추고 있다고 강조하였다. 이 점이야말로 빙켈만이 고대 예술을 고찰할 때의 특징이라 할 수 있다. 그는 '고대의 예술 작품과 친구처럼 잘 사귀어 알지 않으면 안 된다'고 강조해 왔으며, 그의 처녀작 『회화와 조각 예술에 있어서 그리스 작품의 모방에 관한 고찰(Gedanken uber die Nachahmung der griechischer Werke in der Malerei unt Bildhauerkunst, 1755)』에 이미 말하고 있다.

둘째, 빙켈만은 처음으로 직접 접촉할 때의 강한 이해력으로 눈부실 정도로 많은 고대의 예술품, 증거 서류, 기념물들에 역사적 질서를 부여했다. 그는 『고대 예술사』의 서문 중에 주장하기를 "예술사는 여러 민족이나 시대나 예술가들에게 가르침을 주는 것 외에도, 예술의 기원과 성장과 변용, 그리고 몰락 그 자체라야 한다."라고 말하고 있다. 빙켈만이 근거로 한 자료들은 그 이후에 밝혀진 것에 비하면 비교도 안 될 만큼 보잘것없고 빈약한 것이었다. 그 결과 그는 상당히 일방적으로 기원전 4세기에 중점을 두고 말았다. 또 그의 결론 가운데 일부는 틀렸고, 다른 일부는 그가 조사한 범위에 대해서는 바르나 고대 예술 전체에는 적용되지 않는다. 그런데도 그는 그때까지 혼돈 상태라고 말해도 좋은 이 영역에 처음으로 질서를 준 것이다.

셋째, 빙켈만이 불붙인 고고학에 대한 열중의 불길은 곧 당시의 가장 중요한 인물들, 특히 레싱과 괴테에게로 옮겨 붙었다. 그리고 고고학 분야를 넘어서 문화 전체에 작용하게 되었다. 그리스의 작품에 구현된 '미(美)에의 귀의(歸依)'라는 큰 파도가 퍼져 나가서, 이 '미'야말로 본받을 것이며 그렇게 되지 않으면 안 된다고 생각하게 되어갔다.

유럽 특히 독일의 예술 정신과 문학 정신의 역사가, 고대에 등을 돌리거나 고대에 동화하는 것을 되풀이하면서 그것과 부단히 화해하려고 해온 역사라고 한다면, 빙켈만이야말로 '새로운 그리스 애(愛)'의 발단이 된 사람이다. 이로 인하여 독일의 정신은 그리스에 다시 쏠리게 되었고, 끝내는 그리스에 대한 사랑에 파묻히고 말았다. 레싱도 그 한 예이다. 청년 괴테는 "그리스인만이 나의 유일한 연구 대상이다."라고 했고, 편력 중에 그리스의 이상에서 눈을 뗀 적이 없었다. 실러는 비극을 쓸 때, 그리스풍의 표현에 동화하려고 악전고투하였고, 미학에 있어서는 그리스적 미의 테두리에 맞추어서 인류를 형성하려고 생각했다. 특히 훔볼트는 근대적 인문주의 '김나지움'을 이 새 인문주의의 정신 위에 세웠다.

클라이스트(Bernd Heinrich Wilhelm von Kleist, 1777~1811)나 그리스를 갈망하여 고독했던 헤르더도 그랬다. 이들은 이 강력한 정신 운동 중에서 고른 몇 사람에 지나지 않는다. 이 운동은 작용한 점에서나 반영된 점에서도 과학의 테두리 안에서 파악하거나 포괄할 수 있는 영역을 훨씬 넘어선 것이었다. 즉, 문화 전반에 걸친 정신 운동이었다.

이러한 운동을 불붙인 빙켈만은 1767년에 『미발간의 고대 미술 작품(Monumenti antichi inediti)』을 써서 고고학, 특히 신화학과 그것이 예술과 관계되는 방면에 자극을 뒤이어 주었다. 그는 새로이 태어난 이 젊은 과학에 가상 중요한 실전적 숙제를 부과했다. 즉, 올림퍼스(Olympus)를 발굴하라고 요구한 것이다. 이 요구는 그의 생전에는 물론 엄두조차 낼 수 없는 어려운 숙제였으나, 그가 죽은 지 100년 후에 겨우 실현되었다. 이렇게도 위대한 빙켈만은 1768년에, 그가 오스트리아의 여왕 마리아 테레사에게서 받은 하찮은 금메달을 강탈하려던 강도의 손에 살해되고 말았다.

5) 역사의식과 사상사

뫼저(Justus Möser, 1720~1794)는 독일 오스나브뤼크(Osnabrück)의 후작 작위를 가진 사교로서 그 교구에 봉사했다. 그가 태어나고 죽은 곳도 이곳이었다. 그의 관직은 국회의 서기관, 기사의 법률 고문, 내각 관방장관(官房長官)이었다. 그의 주저 『오스나브뤼크 역사(Osnabrückische Geschichte, 1768~1824)』에서 볼 수 있는 것과 같이, 그가 역사

기술에 있어서 관심을 집중한 것은 우선 모국에 한정된 것이었다. 그것이야말로 이 달인의 마당이라고 해도 좋다. 자기가 태어나서 자랐고 활동한 곳에 한정하여 그 역사를 깊이 팠다는 점에서, 뫼저는 좁은 의미에서의 계몽 역사가를 넘어서 있었다. 그리고 또 이것 때문에 헤르더와 함께 역사 감각의 길을 준비한 사람이라고 불릴 수 있다. 그는 인과론으로 모든 것을 기계적으로 결론짓거나, 미리 주어진 어떤 일반 원칙에 비추어 순합리적으로만 보는 짓은 하지 않았다. 그는 개개인이나 역사성에 규정되며 자라온 여러 제도의 가치에도 눈을 돌렸다. 심리적, 사회적, 정치적, 경제적인 여러 동기가 서로 얽혀서 된 '국지적 이성'에 대하여 뫼저는 말하고 있다. 이러한 의미에서 일반 원칙을 비웃으며 다음과 같이 말했다.

"모든 일반 원칙이나 법칙은 천재에게는 얼마나 불편한 것인가! 혁신자가 상도를 넘어서려는 약간의 이상 때문에 얼마나 요란스러운 방해를 받고 있는가! 이러한 것은 매일 다반사로 말해지고 있다. 그런데 모든 것 중에서 가장 귀중한 예술 작품인 헌법이 두세 가지의 일반 명제에 환원되고 만다고 한다. 그것은 프랑스의 종이 연극과도 같은 다채롭지 못한 미를 가지고, 적어도 개관과 골격과 평균치에 관해서는 한 장의 종이 위에 완전히 명시해 버릴 수 있고, 그것을 가지면 그 방면의 잘났다는 자가 약간의 기준에 맞춰 보고, 모든 위대한 것이나 고원한 것을 당장에 계산해 낼 수 있다고 한다."[7]

뫼저는 자신을 선구자라고 여기고 있었다. 그에게는 독일의 국민감정이 잘 나타나 있다. 포괄적이며 국민적인 독일 역사라는 것이 그의 눈앞에는 항상 아롱거리고 있었다. 자기 자신의 작품도 그 일부로 짜여 들어가는 것을 그는 보고 싶었다.

"내가 고국에 대하여 품고 있는 은혜에 감사하는 마음도, 이러한 자기 부정을 곤란하게 하지는 않는다. 언젠가는 독일의 리비우스가 이와 같은 가족 기사에 근거하여 완전한 독일 제국사를 편찬할 때, 내가 극히 작은 기획을 위한 것밖에는 일하지 않았다고 하지는 않을 것이다."

---

7 벨르린, 『뫼저 전집(1843)』, 제2권, 21쪽. 바그나, 『역사학』, 123쪽.

헤르더

헤르더(Johann Gottfried von Herder, 1744~1803)는 합리적 체계가와는 정반대의 인물이었다. 그래서 그의 사상의 특징을 간략하게 정리하는 것은 불가능에 가깝다. 체계가의 체계는, 그 독자적 건축학의 테두리를 벗어나지 않는 한 간략하게 다루어도 별로 지장이 없다. 그러나 그의 체계 자체가 몇 개의 토대 위에 건축되어 있을 때는 쉽지 않다. 그런데 사상가가 하나하나에 깊이 파고드는 것은, 역사를 고찰할 때에는 불가결한 것이며 결실이 많은 것이나, 그렇게 하면 할수록 그를 전체로 파악하는 것은 어려워진다. 헤르더의 경우는 거기에다 그의 역사관 자체가 변화하고 있다.

헤르더는 동프로이센에서 태어난 칸트와 동국 사람이다. 엄한 노력과 갈망의 면학 시대에, '전 비판' 시대의 칸트와 나란히 그에게 가장 강한 영향을 주었던 교사는 '북방의 마술사' 하만이었다. 하만도 역시 동프로이센 사람이다. 하만은 독일에서 처음으로 계몽주의에 반대하고 합리주의에 대항하여, 감정의 힘이나 신조의 힘, 그리고 말과 시에 표명되는 심정의 창조력을 앞세운 사람이다. 헤르더는 리가(Riga)의 사원학교에서 설교사와 학장을 잠깐 맡고 있다가 프랑스에 가서 디드로나 달랑베르 등과 지기가 되었고, 다시 바이마르의 교회 감독장이 되어 독일로 왔다. 이미 슈트라스부르크에서 알게 된 괴테가 이 지위를 주선해 준 것이다. 그들의 세계관은 근본적으로는 공통된 것이 있었는데도, 후에 이 두 사람은 소원해지고 말았다.

헤르더의 저작은 많았으며, 그의 천분과 경향은 이례적으로 다면적이었다. 헤르더의 시작이나 이론적인 저작을 제외하면, 그의 전 작품의 가장 중요한 방향은 세 가지이다. 첫째로, 철학에서 헤르더는 칸트에 반대했다. 그는 하만이나 야코비(Friedrich Heinrich Jacobi, 1743~1819)와 함께 소위 '신앙 철학자'였다. 좀 듣기 거북한 이름인데, 실제로 신앙과 감정을 근거로 하여 칸트를 비판하는 철학자들을 지칭한다. 둘째는, 언어와 문학에 관한 헤르더의 사상과 저작들이고, 끝으로 그의 역사철학을 들 수 있다.

여기서는 그의 '역사철학'에 대해서만 문제로 삼자. 그의 역사철학은 4권으로 된 『인류의 역사철학고(Ideen zur Philosophie der Geschichte der Menschheit, 1784~1791)』에 담겨 있다. 이것은 『인류형 성사의 철학적 재고(Auch eine Philosophie der Geschichte zur Bildung der Menschheit)』에서 이미 논술했던 사상을 더욱 전개한 것이다. 이해를 완전히 하기 위해서는, 헤르더의 다른 저작 중에 산재한 역사철학 상의 의견도 같이 알아야 한다. 헤르더는 적어도 한 가지 점에서는 계몽주의의 유산을 지니고 있다. '광명의 천사'가

땅에 충만할 것이다! 헤르더도 이성이 최고의 권위라는 신념, 이성의 성리의 역사가 최종 목표라는 신념을 품고는 있었다. 그의 눈에는 여러 민족의 역사가 '존엄한 인도와 인류의 가장 훌륭한 월계관을 지향한 경주자들의 훈련'으로 비쳤다. 그러나 여기서 헤르더가 계몽주의와 다른 점을 강조해 두어야 하겠다.

그는 역사를 기하학적인 것이 아니고 '생물학적인 것'으로 보았다. '전 인류사는 진정하고 순정한 자연사인 것이다.' 그의 『역사철학고』의 발상은 '별들 중의 별'인 지구에서 시작하여, 다음에 식물계와 동물계로 올라가서, 최후에 지상 생물의 '중심 창조물'인 인간에서 끝난다. 인간이야말로 모든 창조물 중에서 자유로이 태어난 최초의 것이다. 인간은 이성과 능력과 섬세한 감각과 예술이나 언어를 가질 수 있게 만들어졌다. 인간은 자유와 인도와 종교와 영생의 희망을 가지게끔 창조되었다. 여기까지 와서 헤르더는 그의 독창적인 '생물학적 고찰법'을 버리고 만다. 그리고 그의 혁신적인 것과 다른 일면을 보게 된다. 신앙이 독실한 기독교 신도인 헤르더에게는 역사를 끝까지 파고들면 결국은 거룩한 하나님의 역사가 되는 것이다. 우리는 이 처음 부분, 즉 헤르더가 처음으로 제창한 '생물학적 고찰법', 다시 말하면 '유기적 고찰법'에 대하여 좀 더 살펴보자.

이 고찰법은 살아 있는 모습에 눈을 돌린다. 그것은 형태학이 된다. 헤르더는 '국가 식물체'라고 말한다. 이 살아 있는 전체가 '민족'이며, 공통의 언어 풍속과 역사적 과제와 전통을 가진 하나의 근원적인 형성체로 유기적으로 자라온 단일체이다. 계몽사상가의 눈에 비치는 국가 기구와는 명백히 다른 것이다. 헤르더는 여러 국민의 혼에 대하여 거의 독자적인 공감력을 갖추고 있다. 그는 민속 예술과 민요를 모아 비교민족학의 기초도 세웠다. 하나의 민족은 말하자면 개개의 인간과 같이 단일한 것이며 개체적인 것이다.

"차이를 차이로서 기술할 수 있다는 인간의 특성이 이름하기 어려운 무엇이란 것을 알았을 때, 그는 어떻게 느끼고 어떻게 살아갈까? 눈으로 보거나 착상하거나 심정으로 감지하는 모든 사물이, 얼마나 다르고 독자적인 것으로 생각될까! 단 하나의 국민의 성격조차도 얼마나 깊이가 있는가! 재삼 인지되고 경탄을 불러일으켜도, 말로 정착되지 않고 도망가 버리기 쉬운 것인가! 힘이 약하고 명확치 못한 말의 그림자여!"[8]

---

8 헤르더, 『인류 형성사의 철학 재고(Auch eine Philosophie der Geschichte zur Bildung der Menschheit)』, 제5권, 501쪽.

헤르더와 같이 어디서나 개체성의 냄새를 맡아내는 사람은, 한 국민을 절대적 모범으로 받들어 올리는 빙켈만과 같은 짓을 할 수는 없을 것이다. 실제로 그는 그러한 사고방식을 노골적으로 비난한다. "그리스조차 그러한 모범일 수 없다!"라고 한다.

"자기 자신이 아니면 이해할 수 없는 개성체는, 가치 기준도 오직 자기 안에만 품고 있다."라고 한다. 그렇다면 전체로서의 역사에 있어서 개체성의 상호관계는 어떻게 되는가? "하나의 것에서 다른 것이 생겨 나온다는 의미의 직접적 관계는 없다! 도리어 모든 것이 하나님을 근원으로 받들고 있는 것이다. 이것과 저것의 관련은 마치 이 식물과 저 식물의 관련 정도에 지나지 않는다. 자연의 어느 식물도 언젠가는 시들지 않으면 안 된다. 그러나 꽃을 피운 식물은 자기의 종자를 퍼트려서 다시 생명이 있는 창조물을 만들어 낸다."

역사의 인식에 대해서 말하면, 이것은 무엇을 뜻하나? 각 국민은 지구가 중심을 가지는 것과 같이 자기 자신 안에 행복의 중심을 가지고 있다. 역사를 짊어지고 자라온 민족임을 공감을 가지고 이해하고, 경건을 가지고 존중하라는 것이 헤르더의 요청인 것이다. 이것은 특히, 겨우 성장해 온 슬라브족의 국민감정에 중요한 자극을 주었다. 그렇다면 역사에 근거하여 행동하는 것은 어떻게 하면 좋은가? 헤르더는 다음과 같은 행동 지침을 제시했다. "각자는, 자연이 되어 가야 할 지위에 있도록 노력하라! 그것은 실제로 그렇게 될 것이며, 그렇게 될 수밖에 없기 때문이다."

이것이야말로 헤르더가 역사 고찰에 가져다준 핵심과 근본적 전환점이다. 인간이 역사를 자기의 운명으로 보고, 자신의 존재 속에서 자기를 역사적으로 규정하고, 현재를 역사의 조류가 나타낸 하나의 파도로 느낀다는 깊은 의미의 역사성의 자각이 여기에 처음으로 보인다. 이러한 그의 주장은, 역사 외의 절대적 기준을 구하는 그의 고집 때문에 다시 유약한 색조를 띠게 되었다. 그러나 그의 역사 사상 중에서 그 후의 사상에 영향을 미친 것은 이 '역사주의적' 측면이었다. 그는 그 후의 모든 역사철학과 문화에 대하여 강한 자극을 주었다. 그런 점에서 그는 괴테보다 높이 평가되기도 하였다. 그에 의해서 독일 사상계는 '역사적' 사상이 중심을 차지하게 되었다. 그가 일반 사상에 미친 영향은, 그의 『인류의 역사철학에 대한 고찰(Ideen zur Philosophie der Geschichte der Menschheit)』이 출판된 지 얼마 후에 괴테가 기술한 다음과 같은 논평에서도 엿볼 수 있다.

"헤르더의 『역사철학 고찰』은 모든 대중에게 침투되어 있어서, 읽고 처음으로 알게 되었다는 독자가 적을 정도다. 당시 중요했던 모든 일은, 백 번이나 거듭 논급되어서 이제 널리 알려져 있기 때문에……."

인간이 본질적으로 역사적 존재라는 것은, 오늘까지 서구의 근본 신념으로 성장해 와 있다. 그도 이렇게 돌려서 말하지는 않았으나, 그의 사상에서 '인간은 인간이 무엇인가를 역사를 통해서만 경험한다.'라는 명제까지는 한 발짝 차이밖에는 없다.

1권의 끝맺음

이 책을 끝맺으며 우리가 살펴본 것들의 대강을 정리해 보자. 제1장에서 서양 과학의 근원인 이집트와 바빌론에 주안점을 두고, 인도와 중국을 포함한 고대의 4대 문화권의 과학을 살펴 보았다. 그들이 남긴 파피루스, 설형문 토판, 인도와 중국의 문서 조각 등에 흩어져 있는 과학에 관련된 자료들, 유적과 유물의 조각들, 그리고 후대 사람들이 전해온 이야기들을 꿰어 맞추어 볼 때, 상세히는 알 수 없으나 그들은 기원전 3000년경부터 독자적인 문화권을 이루었고, 수천 년간 성쇠를 거듭한 것으로 보이며, 과학기술도 이에 따라 발전과 쇠퇴의 변천을 거듭한 것으로 보인다. 그리고 그들의 과학기술이 정점에 있었을 때는 근세 서구의 수준을 능가할 정도였으나, 어떤 요인에 의하여 쇠퇴하게 되었고, 어느 정도까지 쇠퇴해서는 그들에게서 배운 젊은 그리스에게 주도권을 넘겨주고 말았다.

제2장에서 그리스 과학이 싹트고 자라나기 시작하는 것을 보았으며, 제3장에서는 아리스토텔레스 시대에 체계화된 과학의 큰 나무로 성장함을 보았다. 이 그리스 과학은 알렉산더의 세계 제국이 붕괴했음에도 불구하고 알렉산드리아에서 앞으로 천년 훨씬 넘게 세계의 과학을 영도할 과학의 거목으로 자라남을 제4장에서 보았다. 이 과학의 거목은 세계가 로마제국의 통치하에 들어갔어도 말라죽지 않고, 헬레니즘과 로마의 실용주의 아래서 그 나름의 발전을 해온 것을 제5장에서 보았다. 그리고 제6장에서 이 고대 과학이 점성술과 연금술로 흘러가서 쇠망하면서, 꺼져가는 촛불의 마지막 반짝임과도 같은 알렉산드리아의 말기와 그 종말을 보았다. 그리고 이들이 쇠망하며 남긴 과학의 유산들이 아랍인들의 손에 넘어가서 보존된 것을 제7장에서 보았다.

제8장에서는 서구 중세에 대하여 살펴보았다. 서구에서는 아랍권과는 달리 민족의 대이동으로 고대 과학이 완전히 말소되었고, 게르만 통치권이 수립된 후 이 야만적인 서구인을 가르친 초기의 교부들은 오직 기독교로 교화하는 데 힘써 고대 과학에는 눈도 돌리지 못하게 하였고, 게르만계의 여러 민족들도 교부들이 가르쳐준 교의를 배우는 데 전념하였다. 그래서 서구의 기독교권의 중세는 12세기까지는 과학적인 정신 활동에 있어서는 마치 '암흑시대'와 같아 보였다. 그러나 중세 후기에 아랍권에 보존된 고대 과학의 지식에 접촉하게 되자 앞으로 세계를 영도할 근대 과학이 움트기 시작하는 것을 보았다.

우리가 이 과학의 역사에서 탐구할 점은, 첫째 고대 과학의 성쇠의 기본 요인이 무엇인가

하는 것이며, 둘째로 그리스 과학이 싹트고 자라나서 위대한 거목이 된 요인과 쇠망해 버린 요인이 무엇인가 하는 것이다. 그리고 셋째로 특히 야만적 서구인이 기독교로 교화되고, 기독교 교의의 체계를 세운 것 이외에는 과학 분야에서는 아무것도 한 것 없이 1000년 가까운 중세의 '겉보기의 암흑시대'를 보냈는데도, 거기에서 근대 이후 세계를 영도하는 과학기술이 발전된 요인을 찾아내는 것이다.

첫째로 고대의 4대 문화권, 즉 이집트, 바빌론, 인도, 중국의 고대 과학을 살펴보고 우선 놀라게 되는 것은, 그들이 이룩한 과학기술의 수준이 너무나 높다는 것이다. 그 전모는 도저히 파악할 수 없으나, 그들이 수천 년 전에 남긴 것들의 극히 적은 단편에 불과한 유적과 유물, 그리고 문서들에서 추측해 보면, 근대의 서구 과학기술보다 오히려 높은 수준이었음을 알 수 있다. 이들 고대 문화권에서는 어떻게 이토록 훌륭한 문화와 과학을 발전시킬 수 있었을까? 이들에게는 그리스나 아랍이나 근대 유럽과 같이 배우고 받아들일 선생이나 기존 지식도 없었을 텐데 말이다! 이들 고대 문화권들은 모두 나일, 유프라테스와 티그리스, 인더스, 그리고 황하와 같은 큰 강 유역에서 농경사회를 이루며 독자적 과학과 문화를 발전시켜 온 것에 주목하지 않을 수 없다.

변화무상한 큰 강의 유역에서 농사를 짓는다는 것은 수렵으로 먹이를 얻는 것과는 달리, 생존을 걸고 자연의 시련에 도전하는 용기가 없이는 할 수 없으며, 그 자연을 지배하는 자연법칙에 대한 신앙과 그 법칙에 따라 자연을 정복할 수 있다는 신념 없이는 할 수 없는 것이다. 그리고 농경사회는 거짓 없는 자연에 밀접히 연관된 사회이며, 정직하게 자연을 파악하고, 그 자연법칙에 순응해야만 하는 사회이다. 이러한 사실에서 미루어 보면, 이들이 고도의 과학과 찬란한 문화를 발전시킨 원동력은 자연의 시련에 생존을 걸고 도전한 '용기'와 자연법칙에 따라 자연을 정복할 수 있다는 '신념'과 '신앙'의 힘이었다. 그리고 가장 중요한 것은 모든 탐욕과 우상적인 개념에서 벗어나서 오로지 진실에 기초한 진리만을 추구하는 과학자들의 탐구 열의와 태도였다. 이들이 부귀의 탐욕에 사로잡혀 과학을 왜곡하여 미신적으로 가식하거나, 권위에 사로잡혀 자연에 실존하는 진실을 떠나 관념적 논술만을 일삼게 되자, 그들의 과학은 발전상의 외적 조건이 더욱 좋아졌는데도 불구하고 도리어 노쇠해져서 끝내는 그들에게서 배웠던 신생 후진국인 그리스에게 그 주도권을 넘겨주게 되는 것을 보았다.

둘째로 그리스가 이집트와 바빌론의 과학을 동남아시아를 거쳐 받아들여서 과학적 인식의 거목으로 키울 수 있었던 것은, 과학 탐구에 대한 그들의 열의에 의한 것은 물론이고, 특히 중요한 것은 그들이 덮어놓고 선진 과학을 받아들인 것이 아니라 독창적 판단에 기초하여 받아들여서 그 과학적 지식을 정리하고 체계화한 것이다. 그들이 받아들인 선진 과학은 이미 노쇠하였고, 그 안에는 미신적인 요소들도 적지 않았을 것이다. 그러나 그들은 진실을 추구하는 독창적 판단으로 취사선택하여 체계화함으로써 과학적 인식의 거목으로 육성한 것이다.

그리스 과학의 성쇠가 알렉산더 대왕에 의한 세계 정복과 그가 세운 제국의 붕괴와 깊이 관련되었다는 견해도 있으나, 그렇지 않다는 증거로 알렉산더 대왕이 이룩한 세계 제국은 불과 한 세대 간에 붕괴하고 말았으나 그의 사부 아리스토텔레스가 이룩한 그리스 과학은 그후 1000년 가까이 헬레니즘의 기식 하에 세계를 영도해 온 것을 볼 수가 있다. 그리고 알렉산드리아 시대에는 한때 더욱더 완숙해 간 것을 볼 수 있으며, 로마 사람들에 의하여 실용적 공학이 발전되어 간 것을 볼 수가 있다. 이와 같이 꾸준히 발전되고 유지되어 온 고대 과학이 쇠망한 직접적 원인은 야만족의 민족이동에 의한 파괴를 들 수 있겠으나, 그보다도 근본적 원인은 그 고대 과학을 이어받은 사람들이 창조적 정신 활동으로 그것을 더욱 발전시켜 나가지 못한 데 있다. 과학기술은 인간의 창조적 정신 활동의 소산인바, 덮어놓고 변증법적 발전이나 진보를 하는 것은 아니며, 한 상태로 정체되어 있는 것도 아니다. 진실에 입각한 창조적 정신 활동으로 더욱 발전하거나, 그렇지 못하면 쇠퇴하고 마는 것이다.

셋째로 서구 사람들이 1000년 가까이 과학적 정신 활동이 거의 없었던 중세를 거치고도, 오늘날 세계를 영도하게 된 근대 과학을 이룩한 요인을 찾아보자. 이 문제는 제10장에서 다룰 근대 과학을 부흥시킨 정신적 배경과 함께 더욱 깊게 고찰되어야 할 문제이나, 우선 이미 살펴본 것을 근거로 하여 고찰해 보면, 중세의 기독교 교회와 깊이 관련된 것을 알 수 있다.

중세의 기독교 교회와 과학의 관계에 대한 20세기 초까지의 서구인늘의 일반적 견해는 "중세 전반에 걸쳐, 기독교 교리와 권위에 집착한 교회의 '자유로운 정신 활동에 대한 편견과 억압'이 중세를 '암흑시대'로 만든 중요한 원인이며, 적어도 그러한 원인의 하나"라는 것이다. 이런 견해는 근대에 그들이 꽃피운 과학의 결실을 보고 교만해진 결과, 변증법적 유물사관에 빠져서 중세 교회의 역할과 중세의 과학사적 의의를 부정적으로 비판해 온 데서 생겼다. 그러나 과학사 학회장 사턴(George Sarton)은 "중세가 과학적으로 불모(암흑시대)였다고 하는 것은, 마치 임신한 부인도 아기를 낳기까지는 석녀(石女)라고 보는 것과 같은 어리석음이다."라고 말하여, 이 시대적 사조의 잘못을 지적하기도 했다.

이집트와 바빌론에 기원한 과학적 지식을 기초로 하여 그리스 철학이 발전시킨 고대 과학은, 로마의 실용주의와 헬레니즘이 중세 초까지 전개되었고, 이것을 이어받은 아랍권에서는 보존되어 온 반면, 서구 기독교국에서는 쇠망하고 말았다. 이것을 기독교 교회의 잘못된 교의와 권위가 과학을 말살시키고 말았다고 보아 넘기는 것은 당시의 상황을 고려하지 못한 너무나 어리석은 생각이다. 어떤 지역 간에 문화적 전승이 이루어지려면, 한쪽이 다른 쪽보다 높은 문화적 수준에 있어야 하는 것은 물론이고, 그것을 받아들일 쪽의 문화 수준도 최소한 그것을 받아들일 욕구가 생길 정도의 수준에 도달해 있어야 한다. 중세 초의 기독교 교부들을 제외한 서구의 일반적 문화 수준을 고려한다면, 중세 동안에 서구가 기독교로 교화된 것만도 기적에 가까운 일이다. 중세 초의 교회가 퇴폐한 당시의 문화와 점성술과 연금술로 타락한 과학 정신을 극복하고, 서구의 야만인들을 기독교로 교화함으로써 근세 이후에 과학을 꽃피울 정신적 기반을 조성했다고 보아야 마땅하다. 중세 말에 서구인에게 그들이 보존해 온 고대의 과학 지식을 전수해 준 아랍인의 과학은 쇠망했으나, 그것을 전수받은 미개했던 서구인은 근대와 같은 놀라운 과학을 발전시킬 수 있었기 때문이다.

중세 초에 로마에 침입한 여러 야만족과 이탈리아에 지배권을 수립한 게르만족은 문화적으로 완전한 야만이며 정신적으로 백지 상태였다. 이들의 후손인 19세기의 서구 사가들이 '중세에 걸친 기독교 교회의 억압만 없었다면, 그들의 과학 발전을 1000년 정도 앞당길 수 있었을 것이다.'라고 생각하는 것은 마치 '갓난아기를 교육하지 않고 내버려 두었다면, 다윈 이상의 과학자가 되었을 것이다.'라고 여기는 것과 같다. 20세기 말의 동양인인 나에게는 그들이 기독교로 교화된 것만도 신기하기 짝이 없는 일로 생각된다. 12세기 이후에 아랍인과의 접촉으로 아랍인이 보존하고 있던 고대의 문화와 과학을 받아들일 때까지만 해도, "당시의 아랍인 중에 열렬한 '우생학 종도(優生學宗徒)'가 있었다면, 구원할 수 없는 열등성 때문에 서구인은 모두 종자를 없애 버리라고 제창하였을 것이다."라고 '조지 사턴'이 말할 정도였다. 그랬던 서구인이 불과 수세기 간에 세계의 과학을 지도하게 된 연유는 무엇일까? 19세기의 '진화 사상'에 물든 서구인들이 그들의 과학 발전을 저해했다고 비판하는 바로 그 기독교 정신과 그것을 심어준 교회의 역할 때문이었다.

중세의 모든 정신 활동은 기독교를 배우는 일이었다. 중세의 신학과 철학의 전 역사는 초기의 교부들을 대표하는 아우구스티누스가 세운 기독교 교의를 기초로 하여, 그것을 배우고 이해하려는 스콜라 학자들을 거쳐, 토마스 아퀴나스에 이르기까지 장대한 기독교 교의 체계를 세우는 과정이었다.

19세기 말의 서구 학자들은 "아우구스티누스가 비과학적"이라고 비난한다. 그러나 아우구스티누스의 『고백(11~13권; 창세기)』을 보면, 그의 사고가 너무나 과학적이며, 19세기의 과학 수준으로는 이해하기 힘든 높은 수준임을 알 수 있다. "스콜라 학자들은 초기 교부들의 권위에 묶여 자신들의 독창적 정신 활동을 못 했을 뿐만 아니라, 남도 못 하게 했다."라고 비난한다. 그러나 당시에 학문을 하는 사람은 교회의 비호를 받는 이들이 전부였으며, 이들은 초기의 교부들의 가르침을 배우는 데도 힘겨운 상태였다. 겨우 중세 말의 '토마스 아퀴나스'에 이르러 초기 교부들의 가르침을 이해할 수 있었다. 그러나 그들은 그러한 배움의 과정에서 진리 탐구에 대한 열정과 올바른 인식 이상을 키워갔다. 이것이 서구의 근대 과학을 꽃피게 한 원동력이 된 것이다.

그들의 인식 이상은 진리의 직관이며, 진리는 하나님 안에 있으며, 하나님은 곧 진리이시다. 중세의 인식 사상은 시공 차원을 초월한 영원불변의 창조주 하나님의 진리를 믿는 데 기초하였으며, 그 양상과 특징을 한마디로 말하면 '일원성과 보편성'이다. 서구의 근대적 과학 정신을 일깨운 선구자 로저 베이컨이나 프랜시스 베이컨이 제창한 것도 따지고 보면 여기에서 비롯되었다. 즉, 모든 우상적 권위와 탐욕을 배제하고 오직 일원적 진리만을 탐구한다는 정신은 바로 중세의 교회가 교화한 기독교의 신앙이며, 중세의 인식 이상인 일원성에 연유한 것이다. 그들이 주장한 실험을 통한 귀납적인 과학의 탐구 방법도, 진리의 보편성에 기초한 것이다. 데카르트의 수학적 정식화를 주장한 '보편수학'의 사상도 중세 사상인 진리의 일원성과 보편성을 전제로 한 것이며, 진실이라고 확인할 수 있는 단순한 것에서 수학적 논리로써 보다 복잡한 사항을 내포한 보편적 진리를 수식 화할 수 있으며, 그렇게 하여야만 한다는 것이다. 그렇다고 해서 중세의 교회와 스콜라 학자들이 이러한 기독교적 인식 이상에 따라서 탐구해 왔고, 기독교 정신에 입각한 올바른 신앙생활만을 실천했다는 말은 아니다. 그들은 마치 로지 베이컨이나 프랜시스 베이컨이 그들이 주장한 과학적 탐구를 사신들이 하지 못한 것같이 중세 교회도 그들의 신앙과 인식 이상에 배치되는 행동과 과학의 발전을 저해하는 짓을 많이 하였다. 그러나 그로 인해 기독교 정신이 근대 서구 과학을 발전시킨 정신적 기반이 되었던 것을 부정할 수는 없다.

고대 과학은 인간의 정신 활동이 미신이나 탐욕의 개입 없이 오직 진실만을 탐구할 때 발전하였으며, 우상과 탐욕이 개입되었을 때 마술과 사기술로 전락하여 쇠망함을 보았다. 그리고 서양의 과학은 우상과 탐욕을 기독교 정신으로 극복하고 오직 창조주의 진리를 인식하려는 열정에서 탐구되고 발전되어, 가장 뒤떨어져 있던 그들이 근대 이후 세계를 영도하게 되었다. 이것은 결코 그들이 젊은 생기와 용맹으로 로마제국을 무력으로 침공한 데 기인한 것이 아니고, 그들이 비난하는 중세의 기독교 교화에 의하여 올바른 정신 기반, 즉 '마음 밭'을 이룬 데 있다. 올바른 과학의 탐구 방향은 우상과 탐욕을 극복하는 데 있고, 과학 발전의 추진력은 진실에 입각하여 진리를 인식하려는 열정에 있다. 이것이 성경에 기록된 '씨 뿌리는 비유'의 말씀에 나오는 수십 배로 결실하는 '마음 밭'과 같은 것이며, 과학기술을 결실하게 하는 '마음 밭'인 것이다.

그리고 이 권의 후반에서 우리가 살펴본 서구의 근세과학사를 대강 정리해 보자. 제10장에서, 중세의 모든 굴레에서 벗어나 근대 과학을 시작하게 된 정신적 배경을 살펴보았다. 이 변혁의 시대적 사조를 파악하기 위하여 인문주의, 종교철학의 변혁, 르네상스와 종교개혁, 레오나르도 다빈치의 과학적 사고를 고찰해 보았고, 프랜시스 베이컨이 대변한 근대 과학의 정신인 경험론에 입각한 귀납적 인식 방법 등을 살펴보았다. 이 시대의 모든 정신적 활동의 특색은 마치 어린아이가 사춘기에 접어들며 반항적이며 독창적으로 변모하는 것과 같이, 기존의 권위를 뒤엎고 독자적인 사고를 시작한 것이다. 이와 같은 정신 기반 위에서 갈릴레이와 케플러 등이 기존의 우주관을 뒤엎고 새로운 우주관과 근대 과학의 기초를 구축하는 과정을 제11장에서 살펴보았다. 이와 같은 과학의 발달로 사고 범위와 시야가 넓어진 서구인들이 맞이한 발견의 시대를 제12장에서 살펴보았다. 그리고 제13장에서 17세기를 주도한 데카르트의 '보편수학' 사상과 이 시대에 제기된 새로운 인식 이상과 인식 문제에 대하여 살펴보았다. 일원적이며 보편적인 자연의 진리는 단순하고도 명확한 수학적 논거를 연쇄해 나감으로써 보다 복잡하고 보편적인 사항을 수식화할 수 있으며, 올바른 진리의 인식은 그렇게 해야만 된다는 것이다. 이와 같은 인식 이상은 데카르트 자신이 개발한 해석기하학과 라이프니츠와 뉴턴에 의하여 발견된 미적분학에 의하여 17세기의 자연과학뿐만 아니라 정신과학까지도 주도하게 되었다. 양적으로 파악되고 실험으로 검증할 수가 있는 자연과학은 이와 같은 수학적 인식 방법으로 확고한 근대 자연과학의 토대를 구축한 반면, 질적으로만 파악할 수 있고 실험으로 검증할 수가 없는 정신과학 분야에 있어서는 혼란을 일으키기도 했다.

제14장에서 우리는 과학사에서 가장 위대한 업적을 남긴 뉴턴의 자연과학을 살펴보았다. 뉴턴의 만유인력의 발견과 수식화된 그의 역학과 광학은 어둠에 싸여 왔던 자연의 신비를 백일하에 드러나게 하였다. 그리고 제15장에서 17세기 자연과학의 눈부신 발전을 보았다. 이후로 인간의 정신 활동은 자연과학에 이끌려 가게 된다. 심지어 신학까지도 자연과학적 사고방식에 물들게 된다. 제16장에서는 18세기를 주도한 사상인 '자연과 이성'에 대하여 고찰해 보았다. 그리고 제17장에서 18세기 자연과학의 기초를 살펴보았다. 18세기의 과학기술에서 특기할 사항은 '에너지 연구'를 개시한 것이며, 이에 대하여 18장에서 특별히 상세히 살펴보았다. 제임스 와트가 개발한 증기기관은 산업혁명을 일어나게 하였고, 이것은 생산성을 향상시

켜 물질적 풍요를 가져다준 반면, 심대한 사회문제도 야기했다. 그리고 제19장에서는 18세기의 기타 과학을 살펴보았다.

근세 초의 갈릴레이를 비롯한 케플러 등 자연과학자들은, 스콜라학적 사회 사조와 교리주의적인 교회의 박해에도 굴하지 않고, 오로지 자연과학의 탐구에 심혈을 기울인 결과 근대 과학의 기초를 확립하였다. 그리고 뉴턴에 이르러 암흑에 싸여 있던 자연의 신비가 백일하에 밝혀지게 되었다. 과학이 밝혀낸 이 새로운 진실에 놀란 사람들은 과학 만능적 개념에 물들어, 과학의 발전을 저해해 온 교회와 교리를 비판하기 시작하였고, 급진주의자들은 기독교 신앙을 미신으로 보는 무신론적 사조에 빠져 교회를 정면으로 비난하고 공격하게 되었다. 한편 교회를 비호하는 세력은 과학기술을 교회의 적인 '악마의 올무'라고 생각하였다. 거기에다 과학기술이 18세기 말부터 영국을 위시하여 전 유럽에 파급시킨 산업혁명은 자본가들에게는 전례 없는 부를 가져다준 반면에, 아동들까지 죽을 때까지 혹사하는 전례 없는 사회악을 생기게 했고, 과학기술에 의하여 개발된 무기를 사용한 새로운 전쟁은 전례 없는 비참한 양상을 나타냈다. 이와 같은 현상은 과학기술에 대한 상반된 견해를 더욱 심화시키고 양극화하게 되었다.

이와 같이 양극화된 사조의 싸움은 마치 기독교와 과학기술이 상반된 정신이며, 교회와 과학자들과의 싸움으로 오인되고 있다. 그런데 이 싸움의 내용을 면밀히 고찰해 보면, 기독교 신앙과 과학기술이 상반된 데서 생긴 것은 아니고, 기독교 교회와 자연과학자들이 싸운 것도 아니다. 따지고 보면, 무지가 낳은 미신의 싸움이었다. 이 싸움의 발단은 스콜라학의 과학에 대한 무지와 갈릴레이의 명성에 대한 질투에서였고, 그 후 오늘날까지 교회를 옹호한다는 명분과 과학을 옹호한다는 명분으로 싸움을 벌인 사람들은 주로 인문철학자들, 특히 사회·정치·경제학자들끼리였으며, 그들의 주장 저변에 깔린 사고방식 자체는 그들 나름대로 이해한 자연과학적 사고방식에 입각한 것이었으나, 실은 과학을 탐구해 보지 못한 무지에서 생긴 과학에 대한 미신 때문이었다. 근대 과학의 아버지로 불리는 갈릴레이가 종교재판에 시달리고 있을 때, 그의 친구에게 보낸 편지에 기술된 그의 말을 상기해 보자.

"우리가 새로운 것을 밝히는 것은, 정신을 혼란시키기 위한 것이 아니고 계몽하기 위한 것이며, 과학을 파괴하기 위한 것이 아니고 진리의 기초 위에 세우기 위한 것입니다. 그러나 우리의 적수는 반박할 수가 없게 되면, 위선적인 종교적 열심을 방패로 삼고, 성서를 자기 의도대로 놀려서, 이것을 허위라고 하고 이단이라고 매도합니다. 성서를 단순한 낱말의 뜻으로만 고집한다면, 성서가 하나님의 눈과 손과 노여움으로 말씀하고 계신 대목에 대해서 모순을 지적하지 않으면 안 될 것입니다. 그러나 그것이 백성의 이해력에 응하기 위한 말씀이라고 한다면 그 뜻으로 받아들여야 합니다. 특히 자연과학 분야에서와 같이, 민중의 인지와는 매우 동떨어져 있고 영혼의 구제에는 아무런 관계가 없는 대상에 대해서는 더욱 참작되어야만 할 것입니다. 이 방면에서는 성서의 권위에서 출발할 것이 아니라, 지각과 증명으로 시작해야 합니다. 성서는 많은 것을 비유적으로 말씀하고 있으므로, 지각과 증명으로 명백히 이해될 사항을 성서 중의 어느 쪽 의미로도 취할 수 있는 대목에 의하여 의심하는 짓은 하지 말아야 합니다. 무엇보다도 사람은 사실을 확인해야 합니다. 성서는 사실에 위배되지 않습니다. 성서에는 당시의 인민이 사물을 본 대로 말씀하고 계십니다. 만약에 성서에 지구가 돌고 있고 태양이 정지해 있는 것으로 말씀하셨다면, 이것은 민중의 이해를 혼란시켰을 것입니다. 그런데 성서는 이 새로운 설을 어디에서 죄로 정하고 있습니까? 만약에 생각을 뒤집어서, 증명된 사실에 따라 성서의 의미를 해석하는 대신에, 자연을 강제하고 실험을 부인하여 증명을 물리치려고 한다면, 이것이야말로 성서의 위신을 위태롭게 하는 것이 아니겠습니까?"

"과학 자체를 금지하는 것은 실로 성서에 위배하는 것입니다. 성서는 많은 개소에서, 하나님의 영광과 위대함을, 그가 하신 일을 통하여 신기하게 빛나고 있는 것들, 특히 하늘에 펼쳐진 책에서 읽어낼 것을 가르치고 계십니다. 그리고 이 두루마리에 쓰인 숭고한 사상을 읽는 것은, 단순히 별들의 반짝임에 매혹되기만 하라는 것으로 생각할 수 없습니다. 거기에는 가장 예리한 정신을 가진 헤아릴 수 없는 많은 사람이 수천 년간의 탐구와 연구로도 모두 규명할 수가 없고, 연구와 발견의 기쁨을 영구히 포장하고 있을 정도로 심원한 비밀과 숭고한 개념이 있습니다."

갈릴레이가 교회의 강압에 자기의 학설을 부인하고 나오면서, "그래도 지구는 돌고 있다!"라고 말했다고 전해지고 있는데, 이것은 그가 교회를 사랑했기 때문에, 교회가 진실을 밝히는 자를 처형하는 죄를 범하지 않게 하기 위하여 스스로 자기의 학설을 부인한 그의 심정을 극적으로 표현한 것이다. 이런 갈릴레이의 서신을 살펴보면, 그가 독실한 기독교 신앙을 가지고 있었으며, 그의 자연과학 연구가 성경 말씀에 기초한 것임을 알 수 있다. 이것은 비단 갈릴레이 한 사람에 국한된 특례가 아니고, 근대 자연과학 발전에 위대한 공적을 남긴 케플러, 데카르트, 파스칼, 뉴턴, 라이프니츠 등 대부분의 자연과학자에게 공통된 것이다. 그들은 기독교 신앙의 기초 위에 인류 역사상 전례 없는 과학기술을 발전시킬 수 있었다. 수천 년간 인류가 믿어온 가장 확실한 진리의 말씀인 성경의 창세기에는 다음과 같이 기록되어 있다.

"하나님께서 만유(자연)를 창조하시고, 끝으로 자신을 닮은 인간을 창조하사, 그들에게 복을 주시며 이르시되 '생육하고 번성하여 땅에 충만하라! 땅을 정복하라! 모든 생물도 다스리라!'고 하셨다."

즉, '자연을 정복하고 다스리라!'라는 축복의 명령을 내리셨다. 따라서 자연을 정복하고 다스리는 방법인 자연과학과 기술은 결코 악한 것이 아니며, 하나님께서 주신 축복인 것이다. 다만 우리 인간이 이것을 하나님의 뜻에 따라 '이웃을 서로 사랑하는 데 활용하느냐, 또는 서로를 공격하고 착취하는 방법으로 사용하느냐'에 따라 선하기도 하고 악하기도 할 수 있는 것이다.

과학기술이 기독교 신앙의 기초 위에서 발전된 것이라 하여, 이것이 곧 기독교 신앙의 궁극적 소망인 '하나님의 나라'에 부합된 수단이라고 말할 수 없는 것은 물론이고, 세속적 복지 사회를 이루는 데도 많은 문제점을 내포하고 있다. 이제 20세기 말에 서서, 21세기를 눈앞에 둔 우리는, 근대로부터 발전해 온 현대과학을 경험하였고, 그 안에 내재한 불안과 위험도 감지하고 있다. 우리는 '과학의 본질'을 재인식하고, 앞으로의 과학기술의 진로를 설정하기 위하여 현대 과학기술의 문제점을 살펴보아야 한다.

근대로부터 발전해 온 과학기술의 특징은, 우리의 본질과 삶의 목적에 대한 '무엇(What)'과 '왜(Why)'의 물음을 포기하고 오직 '어떻게(How)' 살아야 하는지 그 방법만을 추구함으로써 급속히 발전한 반면, 그에 따른 불안과 위험도 내포하게 되었다. 이에 반하여, 중세의 정신 활동은 오직 인간의 궁극적 목적을 추구하는 데 전념하였다. 이것은 비교적 안심할 수 있는 폐쇄적 우주관을 가지게 했다. 태양은 인류를 비추기 위해 창조되었으며, 식물은 인류를 먹여 살리기 위해 창조되었고, 인류는 지상에 태어나서 하나님의 뜻에 봉사하기 위해 창조되었다. 이와 같은 인식은 매우 명확하여 믿고 안심할 수 있는 이점을 가진 반면, 큰 결점도 있었다. 하나님의 뜻에 따라 우리가 사물을 지배하려고 할 경우에, 이러한 인식은 하등의 도움이 될 수 없었다. 그런데 근대 과학을 개척한 갈릴레이와 케플러 등 자연과학자들은 목적 추구를 신학을 비롯한 정신과학 분야에 맡기고, 자기들의 연구 분야에서는 제외해 버렸다. 그리고 17세기 중엽부터 자연과학과 기술을 영도해 온 영국의 '로열 소사이어티'도 창설 당초의 '보이지 않는 학회(Invisible Collage)' 시절부터 정치와 종교에 관한 논의는 일절 제외한다는 규약 아래 과학적 활동을 하게 되었다. 이러한 자연과학이 눈부신 발전을 하여 뉴턴에 이르러 암흑 속에 있던 자연의 신비를 밝혀내자, 모든 분야의 학자들은 자연과학적 인식 방식과 사고방식을 본받게 되었다. 심지어 신학도 그랬다. 그래서 중세의 일원적 목적의식은 사라지고 말았다. 궁극적 목적의식을 상실한 과학은 대상으로 하는 사물에 따라 각자의 전문 분야로 분열해 나갔다. 그 결과 각각의 좁은 전문 분야에서 급속히 발전했으나, 그 발전 방향이 무엇을 지향하는지는 모르고 있다. 이것이 바로 근대 과학기술에서 감지되는 불안과 위험의 요인인 것이다.

20세기 후반의 현대 과학은 '무엇'과 '왜'는 덮어놓고 '어떻게'만을 추구하던 근세 이래의 사고방식에서 벗어나서, 무엇을 왜 어떻게 하는가 하는 완전한 물음에 대한 해답을 요구하고 있다. 즉, 현대의 과학기술은 분석(Analysis)만이 아니고 종합(Synthesis)에 기초한 계통 공학(System Eng.), 전문 분야의 분화가 아닌 종합을 지향한 거대과학, 물질 분야와 정신 분야까지도 하드웨어와 소프트웨어가 통합된 정보사회의 요구를 충족해 가야 한다. 그런데 우리가 가진 목적의식은 중세의 기독교 신앙이 가졌던 '하나님의 나라'에 대한 성숙한 소망에 비하면 어린아이의 만화적인 욕구에 근거한 환상에 불과하다. 우리는 중세의 교회가 성서에서 찾아낸 인간의 궁극적이며 일원적인 목적의식을 다시 살펴보아야 한다.

중세의 인식 이상은 시간 차원을 초월한 영원불변의 창조주의 진리를 직관하는 것, 곧 믿음을 기초로 했으며, 그 양상을 한마디로 말하면 '일원적 보편성'이다. 근세 초에 로저 베이컨이나 프랜시스 베이컨이 제창한 과학 정신도, 따지고 보면 여기에서 나왔다. 즉, 모든 우상적 권위와 탐욕을 배제하고 오직 하나의 진리만을 탐구한다는 정신은 바로 중세의 교회가 교화한 기독교의 신앙이며 중세의 인식 이상인 일원성에 연유한 것이다. 그들이 주창한 경험과 실험을 통한 귀납법적인 과학의 탐구 방법도, 진리의 보편성에 기초한 것이다. 데카르트의 보편수학 사상에 따른 수학적 정식화도 진리의 일원성과 보편성을 전제로 한 것이며, 진리로 확인할 수 있는 단순한 수학적 논리로써 보다 복잡한 사항을 내포한 보편적 진리를 정식화할 수 있으며, 그렇게 해야만 한다는 것이다. 즉, 과학의 본질은 일원적이며 보편적인 진리를 인식하는 데 기초하여야 한다는 것이다.

참고 문헌

Abraham de Moivre | Doctrine of changes or a method of calculating probabilities, 1718.

Abraham Gottlob & Alfred Werner | Lehrbuch der Stereochemie, 1904; Neuere Anschaungen auf dem Gebiete der anorganischen Chemie, 1905.

Adam Riese | Rechnung auf der Linihen, 1518; Rechnung nach der Lemge auff der Linihen und Feder, 1550.

Adam Smith | An Inquiry into the Nature and Causes of the Wealth of Nations, 1766; The Theory of Moral Sentiments, 1759.

Ahmad al-Biruni | Ta'rikh al-Hind, 1030.

Ahmes | Rhind papyrus, BC 1650.

Albert Einstein | Die Grundlage der allgemeinen Relativitatschtheorie, 1916; Uber die spezifisch und allgemeine Relativitatstheorie, 1922; My philosophy, 1934.

Albertus Magnus | De vegetabilikus; De animalikus.

Albrecht von Haller | Die Alpen; Elementa physiologiae corporis humani, 1757~1766.

Alexander von Humboldt | Kosmos; Reisebe-schreibung, 1799~1804.

al-Ghazali Abu Hamid Muhammad | Kimiyaul-Sa'adat.

al-Khwarizmi, Abu Abdullah Muhammad b.Musa | Sind-hind; Mukhtasar min hisab al-jabr wa'l muqabala.

Al-Razi | Liber continens, 20 vols.

Andreas Vesalius | De humani corporis fabrica libri septem, 1543.

Antoine Laurent Lavoisier | Traite elementaire Chimie, 1789; Reflexions sur la phlogistique, 177.

Apianus Petrus | Cosmographicus liber, 1524; Astronomicon Caesareum, 1540.

Apollonios, Perge | Konikon biblia, BC 240~200.

Archimedes | Psammites.

Aristoteles | Historia animalium, 1866.

August Boeckh | Die Staatshaushaltung der Athener, 1817; Corpus Inscriptionum Graecarum, 1828~1843; Enzyklopadie und Methodologie der philologischen Wissenschaft, 1877.

Augustin Louis Cauchy | Cours d'analyce de l'Ecole Polytechnique, 1821; Lesumes des lecons donnees a l'Ecole Royale Polytechnique sur le calcul infinitesimal, 1823.

Aulus Cornelius Celsus | De re medicina.

Aurelius Augustinus | Confessiones, 400?; De Civitate Dei, 413~426.

Baruch de Spinoza | Ethica ordine geometrico demonstrata, 1675.

Beda Venerabilis | Historia ecclesiastica gentis Anglorum, 5 vol.

Bernhard Wallen | Geographia Seneralis, 1650.

696

Boethius | De consolatione philosophiae, 15 Vol, 1473.

Brahmagupta | Brahma-sphuta-sidd'-hanta, 628?.

Carl von Linne | Systema naturae, 1735; Genera plantarum, 1737; Species plantarum, 1753.

Charles Darwin | Origin of Species by means of Natural Selection, 1859; Descent of Man, and Selection in Relation ot Sex, 1871.

Charles Louis de Secondat, Baron de la Brede et de Montesquieu | Lettres persanes, 1721; L'esprit des lois, 1748; Consideration sur les causes de la grandeur de Ramians et de leur decadance, 1734.

Charles Lyell | Principle of Geology, 1830~1833.

Christian Huygens | Systema Saturnium; Traite de la lumiere, 1673.

Cornelius Tacitus | De vita Julii Agricolae, 98; De origine et situ Germanorum, 98; Annales, 16 vol; Historiae, 4 vol.

Crotus Rubianus, Nikolaus Gerbel, Ulrich von Hutten | Epistolae obscurorum virorum, 1520.

Dante Alighieri | Il Convivio, 1308; Divi na Comedia, 1300~1321; De vulgari eloquentia.

David Hume | The Hitory of Great Britain, 1754~1757.

Denis Diderot | Grande Encyclopedie.

Desiderius Erasmus | De libero arhitrio; Encomium Moriae, 1509.

Diophantos | Arithmetica.

Draper | History of the Intellectual Development of Europe, 1861.

Edmond Halley | A Synopsis of the Astronomy of Comets.

Eduard Zeller | Grundriss der Geschichte der griechischen Philosophie, 1883.

Edward Gibbon | The decline and fall of the Roman empire, 1776~1788.

Edward Jenner | An inquiry into the causes and effects of the variolate vaccinae.

Ephraim Chambers | Cyclopaedia, 1728.

Erasmus Darwin | Temple of Natures, 1803; The Botanic Garden, 1789; Zoonomia, 1794.

Eratosthenes | Cribrum Eratosthenis; Geographica.

Ernst Cassirer | Die philosophie der Aufklarung, 1932; The Problem of Knowledge, 1950.

Euclid, Eukleides | Elemente der Geometrie; Optik.

Eusebios Caesarea | Ekklesiastike historia, 10 vol; Chronicon.

Francesco Accorso | Franciscus Accursius, 1185~1263; Glossa ordinaria, 1228.

Francesco Grimaldi | Physiche Matesis, 1665.

Francis Bacon | Uber den Wert und die Vermehrung der Wissenschaften; Novum Organon, 1620.

Francois Marie Arouet Voltaire | Candide ou l'optimisme, 1750; Histoire de Charles XII, 1731; Essai sur les moeurs; Esprit sur les moeurs et l'esprit des nations, 1756; Essays, 1752; Lettres philosophi ques ou lettres sur les Anglais, 1734; Elements de la philosophie de Newton, 1738; Le siecle de Louis XIV, 1751~1756; Geschichte RuBlands.

Francois Viete | In arten ana lyticam iasgoge, 1591.

Francois Zavier Bichat | Physiologische Untersuchungen uber Leben und Tod, 1850.

Fravio Biond | Italia illustrata; Roma instaurata.

Friedrich Dannemann | Die Naturwissenschaften in ihrer Entwicklung und in ihrem Zusammen-hang, vol. 4, 1910~1913.

Friedrich der GroBe | Histoire de Guerre de sept ans, 1763; Anti machiavell, 1739; Histoire de mon temps, 1746.

Friedrich von Schiller | Geschichte des 30 jahrigen Krieges, 1791~1793; Was heisst und zu welchen Ende studiert man Universalgeschichte?, 1789.

Gaius Julius, Caesar | Die Geschichte des Gallisshen Krieges.

Gaius Plinius Secundus | Naturalis historia, 37 vol.

Georg Bauer Agricola | De re metallica, 1556.

Georg Wilhelm Friedrich Hegel | Anrede an seine Zuhorer bei Eroffnung seiner Vorlesungen in Berlin, 1818; Gesellschaft-Staat-Geschichte; Philosophie der Weltgeschichte, 1944; Vorlesungen uber die Philosophie der Geschichte; Die Vernunft in der Geschichte.

George Alfred Leon Sarton | Introduction to the history of science, 2 vol, 1927~1931; The study of the history of science, 1936; The life of science, 1948; Science and tradition, 1951.

George Berkeley | Principles of human knowledge, 1710; Three dialogues between Hylas and Philonous, 1713.

Georges Baron de Cuvier | Recherches pur les ossements fossiles, 1812; Lecons d'anatomie comparee, 1801~1805.

Georges Louis Leclerc Comte de Buffon. | Histoire naturelle generale particuliere, 1750~1840.

Georgios Gcmistos Plcthon | Nomon syngraphe.

Gerhardus Mercators(Gerhard Kremer) | Atlas, 1595; Tabulae geographicae, 1578~1584.

Giam Battista Vico | Principi di una scienza nuova, 1725.

Giovanni Alfonso Borelli | De motu animalium, 2 vol, 1680~1681

Giovanni Battista Morgani | De sedibus et causis morborun per anatomen indagatis, 1761.

Girard Desargues | Erster Entwurf eines Berichts uberdie Ereignisse Zusammentreffen eines Kegels mit einer Ebene.

Gottfried Reinhold Treviranus | Biologie oder Philosophie der lebenden Naturfur Natur forscher und Arzte, 1802.

Gottofried Wilhelm Leibnitz | Nova methodus pro maximiset minimis, 1684; Descriptio machinal arithmetical, 1710; Naturgeschichte der Erde; Protogaea, 1749; Acta Eruditorum, 1682; De arte combinatoria, 1666; Geschichte Braunschweiqs, 1843.

Gottohold Ephraim Lessing | Nathan der Weise, 1799; Die Erziehung des Men schengeschlechts, 1780.

Gratianus | Decretum Gratiani; Concordantia discordantium canonum.

Hermann Conring | De origine juris germanici, 1643.

Hermann Diels | Fragmente der Vorsokratiker.

Herodotos | Historia.

Heron | Metrika; Peri dioptras; Pneumatika; Peri automatopoietika.

Homeros | Odysseia.

Hrabanus Maurus | De univer solibri XXII.

Hugo Grotius | De jure praedae, 1868; Annolen der Niederlade, 1657; De jure belli ac pacio, 1625; Mare liberum, 1609; De veritate neligionis Christianae, 1627.

Imanuel Kant | Allgemeine Naturgeschichte und Theorie des Himmels, 1755; Zum evigen Frieden; Beantwortung der Frage; Was ist Aufklarung?, 1784; Kritik der reinen Vernouft, 1781; Idee zu einer allgemeien Absicht, 1784; Die Religion innerhalb der Grenzen der blossen Vernunft, 1793.

Isaac Newton | De analysis per aequationes numero terminorum infinitas, 1669; Naturalis philosophiae principia mathematica, 1687; Opticks or a treatise of the reflections, refractions, inflections and colours of light, 1704.

Isidor da Sevilla | Etymologiae, Origines 20 vols.

Jacob Burckhardt | Die Kultur der Renaissance in Italien, 1860; Cice rone, 1855; Die Zeit Konstantins des GroBen, 1853; Weltgeschichtliche Betrochrungen, 1905; Kultur der Renaissance, 1860.

Jacques Alexandre Cesar Charles | Gay-Lussac or Charles or Boyles law.

Jacques Bénique Bossuet | Discours sur l'histoire universelle, 1681.

Jakob Bernoulli | Ars coniecturandi, 1713.

James Clerk Maxwell | Theory of heat, 1871; Treatise on Electricity and Magnetism, 2 vol, 1873.

James Gregory | Optica Promota, 1663; Geometriae pars universaalis, 1668; Exercitationes geometricae, 1668.

James Hutton | The Theory of the Earth, with Proofs and Illustrations, 1795.

Jan Swammerdam | Biblia Naturae, 1738.

Jean Baptiste Pierre Antoine de Monet, Chevalier de Lamarck | Philosophie zoologique, 1809; Flore francaise, 1778.

Jean Bodin | Methodus ad tacilem historiarum cognitionem, 1566.

Jean Calvin, Jean Chauvin | Institutio christianae religionis, 1536.

Jean Jacques Rousseau | Emile, ou traite de l'education, 1762; Du contart social ou principes du droit politique, 1762; Discourssur l'origine de l'inegalite parmi les hommes, 1754.

Jean Lerond D'Alembert | Traité de Dynamique.

Jeremy Bentham | Introduction to the Principles of Morals and Legislation, 1789.

Johann Georg Hamann | Maqus des Nordens.

Johann Gottfried von Herder | Auch eine Philosophie der Geschichte zur Bildung der Menschheit, 1774; Ideen zur Philosophie der Geschichte der Menschheit, 1784; Journal meiner Reise im Johre, 1769~1877.

Johann Joachim Winckelmann | Gedanken uber die Nachahmung der griechischer Werke in der Malerei und Bildhauerkunst, 1775; Geschichte der Kunst des Altertuns, 1764.

Johann Oldendorp | Elementaria introductio iuris naturae, gentium et civilis, 1539; Wat byllich unn recht is, 1529.

Johannes Althaus, Althusius | Politica methodice digesta atgue exemplis pocris et profanis illustrata, 1603.

Johannes Kepler | Mysterium Cosmogrophicum, 1595; Dioptik; Nova Stereometria Doliorum Vinariorum, 1615; Astronomia noua, 1609; Harmonicus mundi, 1619.

John Dalton | Meteorological observations and essays, 1793; Absorption of gases by water and other liquids, 1805; A New System of Chemical Philosophy, 1808.

John Flamsteed | Histoira coelestis Britannica, 1712.

John Herman Randall | The Making of the Modern Spirit, 1940.

John Locke | Reasonableness of Christianity, 1695; An Essay Concerning Human Underatanding, 1689~1690.

John Playfair | Illustrations of the Huttonian Theory of the Earth, 1082.

John Ray | Methodus plantarum nova, 1682.

John Wallis | Arithmetica infinitorum, 1655; De algebra tractatus, historicus et practicus, 1673.

John Woodward | Versuch einer Naturgeschichte der Erde, 1695.

Jordanus Nemorarius | Spherae atque astrorum.

Joseph Louis Lagrange | Mecanique analytique, 1788.

Joseph Pricstlcy | History and Present State of Electricity, 1767.

Joseph Scaliger | Thesaurus temporum, 1606; Ethica ordioe geometrico demonstrata.

Justus Moser | Osnabruckische Geschichte.

Karl Marx | Zur Kirtik der Politischen Okonomie, 1859; Das Kapita, 1867; Misere de la philosophie, reponce a la philosophie de la misere de M.Proudhon, 1847.

Karl Ritter | Vergleichende Geographie, 1852.

Konrad Celtis | Germania illustrata.

Leon Battista Alberti | De re aedificatori ilbri X, 1485.

Leonard da Vinci | Codice sul volo degli uccellie varie altre matarie 1893; Codex atlanticus.

Leonard Fibonacci, L. Pisano | Proctica geometrica; Liber aboci, 1202.

Leonhard Euler | Las lettres a d'Allemagne sur quelques sujets de physique et de philosophie, 1770.

Leopold von Ranke | Englische Geschichte im 16 und 17. Jahrnunderte, 1859~1868; Die grossen Machte; Zur Kritik neuerer Geschichtsschriber, 1824; Die nomischen Papste in den letzten vier Jahrhunderten, 1834~1839; Deutsche Geschichte im Zeitalter der Reformation; Fursterund Volker von Sudeuropa im 16 und 17. Jahrhundert; Das Politische Gesprach, Weltgeschichte, 1881~1888; Geschichte der romanischen und germanischen Volker von 1494~1514, 1824; Geschichte der romanischen und germanischen Volker von 1494~1535, 1824; Franzosische Geschichte im 16 und 17. Jahrhunderte, 1852~1861.

Marcus Porcius Cato | Origines; De agricultura.

Marcus Terentius Varro | De lingua latina; Rerum rusticarum libri, 3 Vol, BC 37.

Marcus Vitruvius | De architectura.

Marie Jean Antoine Condorcet | Esquisse d'un tableau historique des progrés de l'esprit humain.

Marin Mersenne | Cogitata physicomathe matica, 1644; Harmonie universelle, 2 vol, 1636~1637.

Marsilio Ficino | Platonica theologia de animorum immortalitate.

Martianus Capella | De nuptiis philologiae et mercurii et de septem artibus liberalibus libri novem.

Martin Luther | De servo arlistrio; An die Ratsherren aller Stadte deutschen Landes, daB sie christliche Schulen aufrichten und erhalten sollen, 1524.

Michael Stifel | Arithmetica integra, 1544; Ein Rechen Buchlein, 1532; Deutsche Arithmetica, 1545.

Moritz Cantor | Vorlesungen uber Geschichte der Mathematik, 3 vol, 1880~1908; Abhandlungen zur Geschichte der Mathematik, 1877~1912.

Niccolo Machiavelli | Il Principe, 1532; Arte della guerra; Drei Bucher uber die erste Dekade des Titus Livius, 1531.

Niccolo Tartaglia, Nicola Fontana | Quesite ed inventioni diverse, 1554; General trattato dénumeri e misure, 3 vol, 1556~1560.

Nicolaus Copernicus | De revolutionibus orbium coelestium.

Nicolaus Cusanus, Krebs | De concordantia catholica, 1433; De docta ignorantia, 1440.

Nicolaus Oresmius | De origine, natura, jure et mutationibus monetarum; Abhandlung uber die Breite der Formen; Trohtot gegen die Astrologen; Algorismus Proprtionum.

Nikomachos Gerasa | Introductio Arithmetica.

Oswald Spengler | The Dawn of the West.

Otto von Freising | Chronicon sive historia de duabus civitatibus; Gesta Friderici I imperatoris.

Otto von Guerike | Das deutsche Genossenschaftsrecht(1868~1913).

Paracelsus, Philippus Aureolus, Theophrastus Bombastus von Hohenheim | Astrologia magna; Programm der Basler Vorlesung, 1527; Opus paramirum.

Paul Henri Dietrich von Holbach | Systeme de la nature ou des lois du mond physique et du monde morale, 1770.

Paul Tannery | Pour l'histoire de la science hellene.

Paulus Diaconus | Hisroria Romanna; Historia gentis Sangobqrdorum, 6 vol.

Petrus Pergrinus | Epistola de magnete, 1269.

Philipp Cluver | Introductio in Universam geographiam.

Philipp Melanchthon, Schwarzerd | Wittenberger Antrittsrede vom 29. August, 1518.

Pico della Mirandola | De dignitate hominis.

Pierre Bayle | Dictionnaire historique et critique, 1697.

Pierre Simon, Marquis de Laplace | Essai philosophique surles probablites, 1814; Exposition du
   systeme du mond, 1796; Welt system; Mechanique celeste.

Platon | Ion, Protagoras, Lisis, Apologia, Gorgias, Menon, Kratylos, Simposion, BC 399~385;
   Politeia, Respublica, Phaidros, Parmenides, Theaitetos, BC 377~369; Sophistes, Politikos,
   Philebos, Timaios, Nomoie, BC 367~347.

Plutarchos | Alexandros; Bioi paralleloi.

Polybios | Historiae, 40 vol.

Pomponius Mela | De sibyetu orbis 43 vol.

Procopius, Caesarea | Historica, 8 vol.

Ptolemaios Klaudios | Megale syntaxis, Almagest; Geographike hyphegesis; Analemma, Math
   theory; Tetrabiblos, Optics; Cosmographia, 1475.

Rene Descartes | Die Meteore; Die Geometrie; Dioptrik; Discours de la methode.

Robert & Henri Estienne | Thesaurus Graecae linguae, 1572; Thesaurus linguae Latinae, 1532.

Robert Boyle | The Sceptical Chymist, 1661.

Robert Hooke | Micrographia or philosophical description of minute bodies, 1667.

Robert Koch | Untersuchungen uber die Atiologie der Wundinfektion-skrankheiten, 1878; Zur
   Unter-suchunger von pathogenen Mikroorganismus, 1878; Milz-brandimpfung, 1882; Heilmittel
   gegen Tuberkulose, 1891; Bubonenpest, 1898; Ergebnisse der vom Deutschen Reich ausge-
   sandten Malarix-Expedition, 1900; Bekampfung des Typhus, 1902.

Rodolphus Agricola | De formando studio, 1448.

Roger Bacon | Scriptum principale, Opus tertus, Opus minus, 1267; Compendium studii philo-
   sophiae.

Samuel von Pufendorf | De iure natural et gentium, 1672; De officio hominis et civis; Einleitung
   zur Histoire der vornehmsten Reichen und Staten in Europa.

Sebastian Munster | Cosmographia universalis, 1544.

Simon Stevin, Stevinus | De Beghinselen des Waterwichts, 1586.

Sir Frederick William Herschel | On the Proper Motion of the Sun and Solar System; Motion of
   the solar system in space; On the Construction of the Heaven.

Stephan Hales | Vegetable statistics, 1727.

702

Theodor Mommsen | Romicsche Staatsrecht, 1871~1875.

Theophrastos | Botanik; The Cause of the Botany; Character.

Thomas Aquinas | Summa theologiae, 1265~1273; Summa contra gentiles, 1259~1264.

Thomas Aquinas | Summa theologica, 1266~1267; Summa de veritate catholicae fidei contra gentiles, 1259~1264; De ente et essentia, 1256~1259.

Thomas Harriot | Artis analyticae praxis ad aequationes algebraicas resolvendas, 1631.

Thomas Hobbes | Elementa philosophiae, 1642.

Thomas Wright | Theorie des Universums, 1750.

Titus Carus Lucretius | De rerum natura.

Titus Livius | Ab urbe condita libri, 142 vol.

Torbern Olof Bergmann | Physische Beschreibung der Erde, 1766.

Tycho Brache | De cometa anni, 1577.

Vincent Beauvais | Speculum majus, 80 Vol, 1473.

Wilhellm Dilthey | Das 18 Jahrhundert und die geschichtliche Welt; Einleitung in die Geistes-wissenschaften, 1883; Der Aufbau der geschichtlichen Welt in den Geisteswissenschaft, 1910.

Wilhelm von Humboldt | Uber die Verschiedenheit des Sprach-baues und ihren EinfiuB auf die geistige Entwicklung des Menschengeschlechts; Ideen zu einem Versuch die Grenzen der Wirk-samkeit des Staates zu bestimmen, 1790; Uber die Kawisprache auf der Insel Jawa, 1836.

Will Durant | The Life of Greece, 1939; The Age of Faith, 1950; Story of Civilization.

William Gilbert | De magnete magneticisque corporikus et de magno magnete tellure, 1600.

William Harvey | Ecercitatio de notu cordis et sanguinis imanimalibus, 1628; Exercitatio anato-mica de motu cordis et sanguinis in animalibus.

William of Wykeham(Ware?) | Correctorium Fratris Thomas, 1278.

Willibrord Snel | Cyclometria, 1621; Doctrinae triangulorum, 1627.

Zakariya Ibn Muhammad ibn-Mamud al-Qazwni | Aja ibul makhluqat wa atharul bilad.

Zosimos | Historia nea, 6 vol, 425?.

인명 찾아보기

자연과학사 1 – 고대·중세·근세 편

초판 1쇄 펴낸날 | 2016년 1월 20일

지은이 | 박인용

펴낸이 | 박세경
펴낸곳 | 도서출판 경당
출판등록 | 1995년 3월 22일(등록번호 제1-1862호)
주소 | (04002) 서울시 마포구 서교동 460-14번지 1층
전화 | 02-3142-4414~5
팩스 | 02-3142-4405
이메일 | kdpub@naver.com

북디자인 | design NAPAL

ISBN 978-89-86377-50-7   94400
ISBN 978-89-86377-49-1 (전2권)
값 38,000원

■ 잘못 만들어진 책은 바꾸어드립니다.